The Majors of Golf

3

The Majors of Golf

Complete Results of The Open, the U.S. Open, the PGA Championship and the Masters, 1860–2008

MORGAN G. BRENNER

Volume 3

(The Players, H–Z; Appendices; Bibliography)

McFarland & Company, Inc., Publishers
Jefferson, North Carolina, and London

Volume 3

LIBRARY OF CONGRESS CATALOGUING-IN-PUBLICATION DATA

Brenner, Morgan G.
The majors of golf : complete results of The Open, the U.S. Open,
the PGA Championship and the Masters, 1860–2008 /
Morgan G. Brenner.
p. cm.
Includes bibliographical references.

3 volume set—
ISBN 978-0-7864-3360-5
softcover : 50# alkaline paper ♾

1. Golf—Tournaments—History. 2. Golf—Records.
I. Title.
GV970.B72 2009 796.352'66—dc22 2009019843

British Library cataloguing data are available

Cover photograph: The U.S. Open Trophy near the 18th green during the 2008 U.S. Open at Torrey Pines (photograph by Wendy Uzelac)

Manufactured in the United States of America

McFarland & Company, Inc., Publishers
Box 611, Jefferson, North Carolina 28640
www.mcfarlandpub.com

TABLE OF CONTENTS

• Volume 1 •

• Volume 2 •

• Volume 3 •

Year	Event	A	Pos	R1	R2	R3	R4	Tot	P/M	SBW	R2T	R3T	R1P	R2P	R3P	W
Haarlow, Chris																
1994	US		CUT	82	74			156	14		156		153T	138T		1,000
Haas, Bernie B.																
1962	PGA		CUT	74	78			152	12		152		48T	92T		
1963	PGA		80	70	80	79	79	308	24	29	150	229	7T	67T	78T	150
1966	PGA		CUT	78	76			154	14		154		102T	102T		
Haas, Frederick T., Jr.																
1935	M	A	37T	75	73	75	79	302	14	20	148	223	32T	28T	28T	
1936	M	A	WD	87	74			161	17		161		50	44T		
	US	A	CUT	76	76			152	8		152		81T	77T		
1937	M	A	WD	78	70	78		226	12		148	226	39T	14T	28T	
	US	A	CUT	76	80			156	12		156		55T	96T		
1941	US	A	WD	78	76	83		237	27		154	237	82T	44T	59T	
1946	M		15	71	75	68	80	294	6	12	146	214	3T	11T	3T	175
	US		43T	74	75	77	75	301	13	17	149	226	30T	31T	44T	
1947	M		17T	70	74	73	73	290	2	9	144	217	3T	19T	14T	125
	US		31T	74	73	76	73	296	12	14	147	223	42T	27T	37T	75
1948	M		18T	75	75	76	69	295	7	16	150	226	35T	31T	34T	80
1949	M		29	75	70	75	79	299	11	17	145	220	23T	4T	11	
	US		19T	74	73	73	75	295	11	9	147	220	25T	16T	18T	100
1950	M		10T	74	76	73	71	294	6	11	150	223	13T	19T	13T	321
	US		18T	73	74	76	72	295	15	8	147	223	29T	29T	31T	100
1951	M		39T	79	76	73	75	303	15	23	155	228	52T	51T	43T	100
	PGA		64T													100
	US		29T	77	75	77	73	302	22	15	152	229	59T	47T	41T	100
1952	PGA		8T													500
	US		WD	81				81	11				119T			
1953	M		26	74	73	71	77	295	7	21	147	218	26T	22T	18T	400
	PGA		32T													200
	US		12T	74	73	72	78	297	9	14	147	219	18T	9T	7T	200
1954	M		33T	76	78	78	70	302	14	13	154	232	32T	38T	54T	250
	PGA		32T													200
	US		6T	73	73	71	72	289	9	5	146	217	17T	14T	8T	570
1955	M		WD	75	77			152	8		152		19T	36T		250
	PGA		32T													200
	US		34T	75	76	79	77	307	27	20	151	230	13T	14T	30T	180
1956	M		29T	78	72	75	79	304	16	15	150	225	64T	33T	24T	300
	PGA		32T													
	US		14T	72	71	72	78	293	13	12	143	215	10T	10T	9T	300
1957	M		CUT	74	81			155	11		155		16T	67T		300
	US		35T	72	73	77	76	298	18	16	145	222	17T	13T	34T	240
1958	US		WD	75	77	78		230	20		152	230	12T	28T	46T	
1960	PGA		WD	69	77			146	6		146		3T	24T		
1961	PGA		50T	72	76	75	73	296	16	19	148	223	24T	57T	54T	225
	US		CUT	79	72			151	11		151		122T	73T		
1962	PGA		23T	75	71	74	69	289	9	11	146	220	67T	39T	43T	665
1963	PGA		27T	80	70	70	70	290	6	11	150	220	131T	67T	39T	559
1964	US		CUT	77	76			153	13		153		77T	83T		300
1966	O		CUT	75	80			155	13		155		52T	88T		
	PGA		37T	78	73	75	70	296	16	16	151	226	102T	67T	62T	659
1967	PGA		51T	74	72	79	72	297	9	16	146	225	47T	22T	61T	430
1968	PGA		WD	77				77	7				103T			
1972	PGA		51T	74	74	73	76	297	17	16	148	221	54T	49T	51T	333
1973	PGA		CUT	75	79			154	12		154		66T	110T		
Haas, Frederick T., Sr.																
1941	US		WD	81				81	11				119T			
Haas, Hunter Jefferson																
2000	M	A	CUT	80	73			153	9		153		83T	79T		
2008	US		CUT	80	70			150	8		150		136T	81T		2,000
Haas, Jay Dean																
1974	US	A	54T	78	73	79	77	307	27	20	151	230	78T	46T	59T	
1975	US	A	18T	74	69	72	78	293	9	6	143	215	38T	7T	7T	
1976	M	A	CUT	76	77			153	9		153		54T	51T		
1977	US		5T	72	68	71	72	283	3	5	140	211	27T	7T	9T	10,875
1978	M		47T	74	73	74	76	297	9	20	147	221	34T	36T	38T	1,800
	PGA		58T	73	71	77	75	296	12	20	144	221	31T	20T	58T	500
	US		CUT	77	76			153	11		153		70T	85T		600
1979	PGA		7T	68	69	73	69	279	-1	7	137	210	3T	2T	10T	9,200
1980	M		17T	72	74	70	70	286	-2	11	146	216	19T	42T	25T	5,075
	PGA		50T	72	74	75	75	296	16	22	146	221	32T	39T	46T	796

Year	*Event*	*A*	*Pos*	*R1*	*R2*	*R3*	*R4*	*Tot*	*P/M*	*SBW*	*R2T*	*R3T*	*R1P*	*R2P*	*R3P*	*W*
	US		26T	67	74	70	75	286	6	14	141	211	6T	19T	10T	2,275
1981	M		31T	75	71	72	75	293	5	13	146	218	44T	27T	28T	2,013
	PGA		19T	73	68	74	69	284	4	11	141	215	55T	18T	37T	3,631
	US		CUT	73	77			150	10		150		58T	89T		600
1982	M		44	76	74	76	78	304	16	20	150	226	32T	22T	40T	1,500
	O		27T	78	72	75	71	296	8	12	150	225	95T	53T	42T	1,600
	PGA		5T	71	66	68	72	277	-3	5	137	205	21T	5T	2T	16,000
	US		6T	75	74	70	68	287	-1	5	149	219	43T	35T	21T	8,011
1983	M		27T	73	69	73	78	293	5	13	142	215	42T	11T	9T	3,667
	O		19T	73	72	68	70	283	-1	8	145	213	62T	57T	22T	2,957
	PGA		9T	68	72	69	73	282	-2	8	140	209	7T	14T	7T	10,800
	US		43T	74	74	74	78	300	16	20	148	222	25T	25T	27T	2,847
1984	M		21T	74	71	70	72	287	-1	10	145	215	49T	32T	21T	6,475
	O		36T	73	71	73	72	289	1	13	144	217	55T	30T	33T	2,230
	PGA		39T	70	69	75	77	291	3	18	139	214	13T	6T	17T	2,506
	US		11T	73	73	70	71	287	7	11	146	216	53T	42T	19T	9,891
1985	M		5	73	73	72	67	285	-3	3	146	218	27T	25T	22T	28,000
	PGA		38T	71	75	74	70	290	2	12	146	220	32T	49T	48T	2,950
	US		15T	69	66	77	74	286	6	7	135	212	3T	2T	10T	8,398
1986	M		6T	76	69	71	67	283	-5	4	145	216	46T	17T	22T	27,800
	PGA		53T	69	77	74	72	292	8	16	146	220	9T	65T	69T	1,740
	US		CUT	78	77			155	15		155		77T	110T		600
1987	M		7T	72	72	72	73	289	1	4	144	216	9T	9T	11T	26,200
	O		35T	69	74	76	72	291	7	12	143	219	9T	31T	39T	3,500
	PGA		28T	74	70	76	77	297	9	10	144	220	40T	11T	22T	4,383
1988	M		CUT	81	71			152	8		152		79T	47T		1,500
	O		38T	71	76	78	68	293	9	20	147	225	8T	45T	66T	3,455
	PGA		38T	73	71	71	72	287	3	15	144	215	58T	61T	38T	3,211
	US		25T	73	67	74	73	287	3	9	140	214	38T	9T	12T	8,856
1989	M		46T	73	77	79	72	301	13	18	150	229	21T	37T	51	3,125
	PGA		CUT	80	70			150	6		150		139T	106T		1,000
	US		CUT	69	78			147	7		147		9T	86T		1,000
1990	PGA		CUT	82	78			160	16		160		136T	130T		1,000
	US		CUT	78	78			156	12		156		136T	146T		1,000
1992	PGA		62T	75	73	74	72	294	10	16	148	222	93T	69T	66T	2,725
	US		23T	70	77	74	74	295	7	10	147	221	7T	51T	51T	13,906
1993	M		38	70	73	75	74	292	4	15	143	218	14T	25T	35T	8,000
	PGA		20T	69	68	70	72	279	-5	7	137	207	23T	14T	13T	18,500
	US		77T	71	69	75	75	290	10	18	140	215	45T	13T	63T	5,122
1994	M		5T	72	72	72	69	285	-3	6	144	216	17T	16T	12T	73,000
	PGA		14	71	66	68	75	280	0	11	137	205	27T	2T	2	32,000
	US		CUT	75	73			148	6		148		71T	66T		1,000
1995	M		3T	71	64	72	70	277	-11	3	135	207	24T	1	3T	127,600
	O		79T	76	72	70	78	296	8	14	148	218	135T	95T	52T	4,500
	PGA		8T	69	71	64	70	274	-10	7	140	204	26T	37T	7T	50,000
	US		4T	70	73	72	69	284	4	4	143	215	11T	30T	15T	66,634
1996	M		36T	70	73	75	77	295	7	19	143	218	11T	16T	27T	12,333
	O		22T	70	72	71	68	281	-3	10	142	213	25T	44T	44T	11,875
	PGA		31T	72	71	69	73	285	-3	8	143	212	52T	32T	19T	13,000
	US		90T	73	72	74	76	295	15	17	145	219	65T	56T	71T	5,305
1997	O		24T	71	70	73	70	284	0	12	141	214	11T	9T	27T	10,362
	PGA		61T	71	69	73	79	292	12	23	140	213	33T	16T	19T	4,333
	US		5T	73	69	68	72	282	2	6	142	210	58T	19T	5T	79,875
1998	M		12T	72	71	71	72	286	-2	7	143	214	11T	4T	7T	64,800
	PGA		40T	72	73	73	69	287	7	16	145	218	60T	60T	62T	11,250
	US		CUT	76	72			148	8		148		91T	61T		1,000
1999	M		44T	74	69	79	75	297	9	17	143	222	41T	13T	51T	14,000
	PGA		3T	68	67	75	70	280	-8	3	135	210	2T	1	5T	203,000
	US		17T	74	72	73	72	291	11	12	146	219	95T	46T	25T	46,756
2000	M		37T	75	71	75	73	294	6	16	146	221	39T	30T	38T	21,620
	PGA		64T	73	74	68	76	291	3	21	147	215	42T	66T	39T	9,700
2002	PGA		CUT	77	73			150	6		150	0	105T	86T		2,000
	US		12T	73	73	70	72	288	8	11	146	216	41T	20T	17T	102,338
2003	M		CUT	79	76			155	11		155		72T	69T		5,000
	O		CUT	80	72			152	10		152		125T	84T		3,000
	PGA		5T	70	74	69	69	282	2	6	144	213	13T	25T	12T	214,000
	US		CUT	75	72			147	7		147	0	108T	104T		1,000
2004	M		17T	69	75	72	73	289	1	10	144	216	2T	14T	9T	97,500
	O		CUT	70	76			146	4		146		26T	74T		3,000
	PGA		37T	68	72	71	77	288	0	8	140	211	8T	11T	11T	24,688
	US		9T	66	74	76	71	287	7	11	140	216	1T	12T	34T	145,281
2005	M		48	76	71	76	78	301	13	25	147	223	52T	35T	44T	21,700
	PGA		CUT	77	69			146	6		146		132T	91T		2,000
	US		CUT	82	70			152	12		152		150T	113T		2,000

Year	Event	A	Pos	R1	R2	R3	R4	Tot	P/M	SBW	R2T	R3T	R1P	R2P	R3P	W
1922	O		43T	83	83	77	77	320		20	166	243	60T	64T	50	
1924	O		31T	76	83	80	80	319		18	159	239	8T	31T	28T	
1925	O		67T	85	89	83	86	343	55	43	174	257	73T	78T	72	
1926	O		CUT	83	81			164	22		164		87T	90T		
1927	O		36T	79	75	75	78	307	15	22	154	229	75T	45T	34T	
1928	O		CUT	86	75			161	17		161		100T	66T		

Hallam, William

Year	Event	A	Pos	R1	R2	R3	R4	Tot	P/M	SBW	R2T	R3T	R1P	R2P	R3P	W
1902	O		WD													
1906	O		62T	80	82	86	84	332		32	162	248			59T	

Hallberg, Gary George

Year	Event	A	Pos	R1	R2	R3	R4	Tot	P/M	SBW	R2T	R3T	R1P	R2P	R3P	W
1976	US	A	CUT	76	80			156	16		156		73T	101T		
1978	M	A	47T	73	73	78	73	297	9	20	146	224	20T	32T	48T	
1979	O	A	CUT	78	78			156	14		156		93T	102T		
1980	US	A	22T	74	68	70	73	285	5	13	142	212	72T	25T	18T	
1981	PGA		CUT	75	74			149	9		149		88T	87T		550
	US		53T	70	77	69	75	291	11	18	147	216	16T	59T	42T	1,350
1982	PGA		CUT	77	72			149	9		149		121T	94T		650
1983	M		32T	71	71	75	78	295	7	15	142	217	22T	11T	23T	2,900
	PGA		42T	71	75	71	72	289	5	15	146	217	27T	58T	45T	1,875
1984	PGA		6T	69	71	68	72	280	-8	7	140	208	4T	10T	6T	17,250
	US		CUT	80	76			156	16		156		141T	130T		600
1985	M		6T	68	73	75	70	286	-2	4	141	216	1	4	8T	22,663
	PGA		59T	73	74	74	74	295	7	17	147	221	76T	61T	54T	1,662
	US		CUT	76	76			152	12		152		96T	115T		600
1986	M		CUT	78	73			151	7		151		65T	51T		1,500
1987	PGA		CUT	74	86			160	16		160		40T	119T		1,000
	US		73	71	72	69	85	297	17	20	143	212	18T	31T	11T	3,165
1988	M		42T	73	69	80	79	301	13	20	142	222	10T	3T	29T	4,000
	PGA		CUT	73	73			146	4		146		58T	78T		1,000
1991	O		32T	68	70	73	72	283	3	11	138	211	5T	1T	12T	5,633
	PGA		CUT	72	82			154	10		154		39T	118T		1,000
1992	PGA		56T	71	72	72	78	293	9	15	143	215	20T	15T	20T	3,000
	US		44T	71	70	73	83	297	9	12	141	214	17T	5T	5T	8,007
1993	M		57T	72	74	78	75	299	11	22	146	224	35T	51T	58	3,800
	PGA		14T	70	69	68	71	278	-6	6	139	207	36T	26T	13T	25,000
1994	PGA		CUT	70	78			148	8		148		15T	98T		1,200
	US		CUT	78	78			156	14		156		118T	138T		1,000
1995	O		68T	72	74	72	77	295	7	13	146	218	60T	68T	52T	4,975
	US		28T	70	76	69	73	288	8	8	146	215	11T	59T	15T	13,912
1998	US		CUT	77	72			149	9		149		110T	76T		1,000
1999	US		42T	74	72	75	76	297	17	18	146	221	95T	46T	37T	15,068

Hallberg, Mats

Year	Event	A	Pos	R1	R2	R3	R4	Tot	P/M	SBW	R2T	R3T	R1P	R2P	R3P	W
1993	O		CUT	69	77			146	6		146		29T	110T		600
1995	O		68T	68	76	75	76	295	7	13	144	219	5T	41T	63T	4,975
1996	O		CUT	79	72			151	9		151		153T	143T		650
1998	O		CUT	77	77			154	14		154		147T	139T		700

Halldorson, Daniel Albert

Year	Event	A	Pos	R1	R2	R3	R4	Tot	P/M	SBW	R2T	R3T	R1P	R2P	R3P	W
1980	PGA		CUT	78	72			150	10		150		112T	78T		500
1981	M		CUT	76	73			149	5		149		53T	49T		1,500
	PGA		WD													
1982	PGA		16T	69	71	72	71	283	3	11	140	212	7T	14T	20T	4,625
1983	PGA		CUT	73	77			150	8		150		65T	108T		1,000
1984	US		CUT	76	73			149	9		149		105T	72T		600
1985	PGA		CUT	75	77			152	8		152		105T	114T		1,000
	US		CUT	76	71			147	7		147		96T	67T		600
1986	PGA		CUT	75	73			148	6		148		105T	87T		1,000
1988	US		40T	72	71	74	73	290	6	12	143	217	21T	19T	34T	6,015
1989	US		63T	72	70	76	78	296	16	18	142	218	51T	28T	46T	4,099
1991	US		CUT	76	75			151	7		151		90T	98T		1,000
1992	US		CUT	75	78			153	9		153		82T	113T		1,000

Hallet, James Oliver

Year	Event	A	Pos	R1	R2	R3	R4	Tot	P/M	SBW	R2T	R3T	R1P	R2P	R3P	W
1983	M	A	40T	68	73	78	78	297	9	17	141	219	4T	7T	28T	
1987	O		CUT	75	77			152	10		152		97T	123T		400
	PGA		21T	73	78	73	71	295	7	8	151	224	23T	59T	47T	7,500
1988	PGA		38T	72	68	74	73	287	3	15	140	214	44T	18T	31T	3,211
	US		61	72	74	77	73	296	12	18	146	223	21T	49T	64	3,691
1989	PGA		CUT	72	74			146	2		146		50T	71T		1,000
	US		CUT	73	73			146	6		146		66T	72T		1,000
1991	PGA		27T	69	74	73	72	288	0	12	143	216	8T	20T	28T	8,150
	US		44T	72	74	73	77	296	8	14	146	219	24T	45T	19T	7,478
1993	US		CUT	82	79			161	21		161		156	155		1,000

Year	Event	A	Pos	R1	R2	R3	R4	Tot	P/M	SBW	R2T	R3T	R1P	R2P	R3P	W
Halliwell, John																
1974	O		CUT	80	82			162	20		162		107T	119T		50
Hallum, W. R.																
1950	O		CUT	81	79			160	20		160		85T	90		
Halsall, Robert "Bobby"																
1946	O		CUT	77	80			157	13		157		23T	39T		
1950	O		CUT	76	75			151	11		151		52T	51T		
1951	O		40T	80	74	77	75	306	18	21	154	231	69T	42T	41T	
1952	O		35T	74	75	78	81	308	8	21	149	227	28T	31T	32T	
1953	O		CUT	78	79			157	13		157		41T	64T		
1954	O		15T	72	73	73	73	291	-1	8	145	218	7T	12T	12T	
1955	O		22T	71	74	76	72	293	5	12	145	221	10T	20T	30T	
1957	O		CUT	73	77			150	6		150		30T	55T		
1958	O		CUT	78	72			150	8		150		80T	60T		
1959	O		CUT	78	73			151	7		151		69T	58T		
1961	O		CUT	74	86			160	16		160		46T	85T		
1965	O		CUT	75	76			151	5		151		41T	62T		
Halstead, Grant																
1927	US		CUT	82	87			169	25		169		62T	96T		
Haltom, Bart																
1959	US		CUT	78	73			151	11		151		93T	62T		
1961	US		CUT	78	74			152	12		152		106T	91T		
1963	US		CUT	82	79			161	19		161		127T	123T		150
Ham, Arthur																
1924	PGA		32T													75
1929	US		58	79	79	83	83	324	36	30	158	241	60T	50T	58T	
1930	US		48T	77	79	76	80	312	20	25	156	232	52T	59T	42T	
1937	US		50T	77	75	76	75	303	15	22	152	228	70T	55T	54T	
1946	US		CUT	78	78			156	12		156		93T	106T		
Hamarik, John																
1984	US		CUT	76	76			152	12		152		105T	98T		600
Hamblen, Floyd																
1949	US		CUT	79	79			158	16		158		107T	108T		
1957	PGA		128T													50
Hambleton, Walter																
1902	O		CUT	91	83			174			174					
1905	O		CUT	87	92			179			179					
1910	O		UNK													
1911	O		35T	83	78	78	80	319		16	161	239	113T	52T	33T	
1912	O		48T	83	83	82	83	331		36	166	248	43T	50	48	
1914	O		25T	79	75	86	83	323		17	154	240	25T	5T	18T	
Hambrick, Archie																
1931	US		CUT	79	81			160	18		160		63T	76T		
1933	US		21T	81	71	75	74	301	13	14	152	227	101T	25T	22T	50
1934	US		CUT	79	82			161	21		161		64T	108T		
Hambro, Angus V.																
1904	O	A	CUT	88	83			171			171					
1905	O	A	WD													
1911	O	A	46T	81	77	84	80	322		19	158	242	76T	37T	49T	
1922	O	A	62T	84	82	83	79	328		28	166	249	66T	64T	66T	
Hambro, C. Eric																
1894	O	A	23T	96	90	82	87	355		29	186	268	53T	37T	25T	
1897	O	A	39T	86	93	83	88	350		36	179	262				
1898	O	A	CUT	87	90			177			177		50T	50		
1899	O	A	21	78	86	88	82	334		24	164	252	7T	18T	23T	
1903	O		UNK	92												
1904	O	A	CUT	89	87			176			176					
Hamer, George S., Jr.																
1947	M	A	50T	77	77	77	74	305	17	24	154	231	48T	51T	51	
	US	A	CUT	77	78			155	13		155		95T	93T		
1948	M	A	WD	77	78	76		231	15		155	231	44T	49T	48	
Hamer, Stephen																
1983	O	A	CUT	77	78			155	13		155		120T	133T		
1987	O	A	CUT	81	78			159	17		159		152	150		

Year	Event	A	Pos	R1	R2	R3	R4	Tot	P/M	SBW	R2T	R3T	R1P	R2P	R3P	W
Hamill, Harry																
1902	O		WD	77	83			160			160					
1905	O		CUT	94	86			180			180					
1906	O		19T	83	78	79	77	317		17	161	240			35T	
1907	O		50T	86	87	84	86	343		31	173	257	33T	47T	46T	
Hamilton, Ed																
1959	PGA		CUT	82	78			160	20		160		167T	165T		
Hamilton, Edward D.																
1937	O	A	CUT	81	78			159	15		159		92T	76T		
1939	O	A	CUT	78	78			156	10		156		84T	85T		
Hamilton, J. C., Jr.																
1941	US	A	CUT	78	80			158	18		158		82T	77T		
Hamilton, Robert																
2002	M	A	CUT	77	77			154	10		154		72T	76T		
Hamilton, Robert T.																
1941	US		45T	76	79	80	75	310	30	26	155	235	45T	51T	54T	
1944	PGA		1													3,500
1945	PGA		32T													200
1946	M		3	75	69	71	72	287	-1	5	144	215	20T	4T	6	1,000
	PGA		32T													200
	US		WD	70	80	77		227	11		150	227	3T	39T	49T	
1947	M		42T	72	78	74	77	301	13	20	150	224	16T	40T	39T	
	PGA		64T													100
	US		29T	75	71	75	74	295	11	13	146	221	60T	20T	32T	100
1948	M		18T	72	72	76	75	295	7	16	144	220	13T	11T	15T	80
	PGA		64T													100
1949	M		23T	77	79	69	73	298	10	16	156	225	38T	49T	29T	188
	PGA		32T													200
	US		CUT	76	77			153	11		153		55T	71T		
1950	M		32T	74	73	78	79	304	16	21	147	225	13T	11T	23T	
	PGA		64T													100
1951	PGA		32T													200
	US		42T	74	77	79	76	306	26	19	151	230	14T	37T	49T	100
1952	M		40T	80	71	81	75	307	19	21	151	232	62T	38T	54T	200
	PGA		3T													750
1953	M		4	71	69	70	73	283	-5	9	140	210	6T	2	3	1,400
1957	M		WD	78				78	6				59T			300
1966	PGA		WD	80				80	10				131T			
1968	PGA		59T	78	71	74	76	299	19	18	149	223	119T	64T	52T	369
Hamilton, William "Buddy"																
1970	US		CUT	82	76			158	14		158		114T	103T		500
Hamilton, William Todd "Todd"																
1988	US		CUT	78	75			153	11		153		123T	109T		1,000
1992	O		CUT	76	78			154	12		154		141T	153		600
1996	O		45T	71	70	74	70	285	1	14	141	215	43T	35T	57T	6,400
2003	O		CUT	76	77			153	11		153		65T	97T		2,500
	PGA		29T	70	74	73	73	290	10	14	144	217	13T	25T	30T	36,600
2004	M		40	77	71	76	75	299	11	20	148	224	67T	32T	41T	29,250
	O		1PO	71	67	67	69	274	-10	-1	138	205	40T	5T	1	720,000
	PGA		37T	72	73	75	68	288	0	8	145	220	40T	57T	64T	24,688
	US		CUT	77	74			151	11		151	0	135T	124T		1,000
2005	M		39T	77	70	71	77	295	7	19	147	218	62T	35T	26T	32,200
	O		CUT	74	74			148	4		148		74T	100T		2,500
	PGA		47T	73	70	70	74	287	7	11	143	213	81T	49T	39T	15,371
	US		CUT	75	74			149	9		149		75T	84T		2,000
2006	M		CUT	74	76			150	6		150		37T	55T		5,000
	O		68T	72	71	74	78	295	7	25	143	217	68T	57T	58T	9,300
	PGA		CUT	77	76			153	9		153		138T	144T		2,000
	US		CUT	77	78			155	15		155		90T	121T		2,000
2007	M		CUT	74	80			154	10		154		20T	66T		5,000
	O		CUT	81	72			153	11		153		150T	130T		2,100
	PGA		66T	73	72	74	75	294	14	22	145	219	53T	55T	63T	13,300
	US		CUT	81	77			158	18		158		144T	127T		2,000
2008	M		36T	74	73	75	73	295	7	15	147	222	44T	40T	40	36,875
	O		32T	74	74	72	75	295	15	12	148	220	38T	52T	20T	25,036
	PGA		CUT	76	73			149	9		149		90T	74T		2,500
	US		36T	74	74	73	72	293	9	10	148	221	49T	49T	42T	35,709
Hamlet, William R.																
1911	O		CUT	80	84			164			164		59T	86T		

Year	*Event*	*A*	*Pos*	*R1*	*R2*	*R3*	*R4*	*Tot*	*P/M*	*SBW*	*R2T*	*R3T*	*R1P*	*R2P*	*R3P*	*W*
Hamm, Gene																
1958	PGA		CUT	82	84			166	26		166		142T	145T		
1960	US		CUT	79	74			153	11		153		114T	97T		
Hamman, Leland																
1935	M	A	58	75	79	79	79	312	24	30	154	233	32T	55	59T	
	US	A	CUT	84	83			167	23		167		115T	108T		
Hammer, Laurie																
1967	US		CUT	79	75			154	14		154		129T	115T		400
1968	PGA		57T	70	78	78	72	298	18	17	148	226	6T	58T	67T	395
1977	PGA		CUT	76	78			154	10		154		64T	88T		250
1978	PGA		64T	74	72	77	77	300	16	24	146	223	44T	38T	68T	500
1981	PGA		CUT	75	74			149	9		149		88T	87T		550
1984	PGA		CUT	75	74			149	5		149		73T	71T		1,000
1985	PGA		CUT	74	80			154	10		154		94T	126T		1,000
Hammett, J. T.																
1952	US		CUT	82	80			162	22		162		124T	118T		
Hammil, Stephen																
1989	O		CUT	74	73			147	3		147		81T	81T		500
Hammond, Donald William "Donnie"																
1981	US		CUT	78	79			157	17		157		129T	139T		600
1982	US		CUT	80	73			153	9		153		115T	76T		600
1983	US		60T	74	73	81	75	303	19	23	147	228	25T	20T	60T	1,907
1984	PGA		16T	70	69	71	74	284	-4	11	139	210	13T	6T	9T	7,800
1985	PGA		32T	71	76	73	69	289	1	11	147	220	32T	61T	48T	3,408
1986	M		11T	73	71	67	74	285	-3	6	144	211	19T	13T	2T	16,960
	O		65T	74	71	79	78	302	22	22	145	224	16T	10T	48T	1,650
	PGA		11T	70	71	68	75	284	0	8	141	209	17T	11T	4T	12,000
	US		CUT	78	73			151	11		151		77T	71T		600
1987	M		27T	73	75	74	73	295	7	10	148	222	14T	32T	30T	6,267
	PGA		47T	76	74	79	71	300	12	13	150	229	69T	54T	68T	2,400
	US		71T	75	71	76	74	296	16	19	146	222	88T	63T	71T	3,165
1988	PGA		31T	72	72	73	69	286	2	14	144	217	44T	61T	53T	4,843
1989	PGA		CUT	75	75			150	6		150		95T	106T		1,000
1990	M		24T	71	74	75	71	291	3	13	145	220	12T	19T	31T	11,000
	O		8T	70	71	68	70	279	-9	9	141	209	17T	33T	14T	22,000
	PGA		63T	77	70	80	76	303	15	21	147	227	90T	32T	67T	2,400
	US		CUT	71	75			146	2		146		24T	69T		1,000
1991	M		42T	72	73	73	71	289	1	12	145	218	31T	44T	50T	4,875
	O		44T	70	75	67	73	285	5	13	145	212	18T	67T	22T	4,235
1992	O		5T	70	65	70	74	279	-5	7	135	205	36T	5T	4T	30,072
	US		23T	73	73	73	76	295	7	10	146	219	46T	36T	36T	13,906
1993	O		CUT	69	75			144	4		144		29T	79T		600
	PGA		61T	73	70	68	76	287	3	15	143	211	86T	62T	33T	2,800
1994	PGA		71T	74	69	76	73	292	12	23	143	219	80T	38T	72T	2,513
1997	US		77T	75	71	76	79	301	21	25	146	222	93T	57T	69T	5,275
2001	US		CUT	76	75			151	11		151	0	108T	112T		1,000
2002	US		37T	73	77	71	73	294	14	17	150	221	41T	60T	50T	26,783
Hammond, John Langdale																
1975	O		CUT	82	76			158	14		158		143T	143		100
1976	O		55T	74	76	73	77	300	12	21	150	223	24T	55T	35T	175
Hammond, Mike																
1988	US		CUT	75	78			153	11		153		74T	109T		1,000
Hampton, Harry H.																
1913	US		WD	78	80			158	16		152		21T	11T		
1915	US		41T	79	81	78	82	320	32	23	160	238	35T	42T	37T	
1919	PGA		16T													60
	US		11T	79	81	77	78	315	31	14	160	237	16T	28T	17	63
1920	PGA		3T													125
	US		22	79	76	74	79	308	20	13	155	229	38T	23T	16T	
1921	PGA		32T													50
	US		22T	80	78	79	77	314	34	25	158	237	38T	30T	26T	
1922	PGA		16T													60
	US		19T	76	75	77	77	305	25	17	151	228	20T	18T	23	
1923	US		49T	78	84	84	82	328	40	32	162	246	31T	50T	50	
1924	PGA		32T													75
	US		WD	79	80	79		238	22		159	238	30T	39T	32T	
1925	US		20T	79	75	76	74	304	20	13	154	230	51T	32T	30T	
1926	PGA		8T													
	US		27T	81	75	78	76	310	22	17	156	234	81T	34T	33T	

Year	Event	A	Pos	R1	R2	R3	R4	Tot	P/M	SBW	R2T	R3T	R1P	R2P	R3P	W
1927	US		7T	73	78	80	77	308	20	7	151	231	1T	6	7T	73
1928	US		25T	77	76	72	80	305	21	11	153	225	37T	29T	11T	
1929	US		38T	78	78	79	81	316	28	22	156	235	45T	32T	35T	
1933	US		57	79	76	76	82	313	25	26	155	231	66T	52T	46T	
1937	US		CUT	78	77			155	11		155		83T	87T		

Hampton, Morgan

Year	Event	A	Pos	R1	R2	R3	R4	Tot	P/M	SBW	R2T	R3T	R1P	R2P	R3P	W
1941	US		CUT	82	85			167	27		167		130T	128T		

Hamrich, Robert H.

Year	Event	A	Pos	R1	R2	R3	R4	Tot	P/M	SBW	R2T	R3T	R1P	R2P	R3P	W
1958	US		CUT	83	81			164	24		164		120T	125T		
1965	PGA		CUT	84	78			162	20		162		157T	150T		

Hancock, Philip Ranson

Year	Event	A	Pos	R1	R2	R3	R4	Tot	P/M	SBW	R2T	R3T	R1P	R2P	R3P	W
1974	US	A	CUT	77	78			155	15		155		52T	75T		
1976	US	A	CUT	81	76			157	17		157		121T	111T		
1977	US		44T	74	73	72	75	294	14	16	147	219	60T	54T	42T	1,150
1978	PGA		16T	70	73	70	75	288	4	12	143	213	7T	13T	8T	3,767
	US		20T	71	73	75	74	293	9	8	144	219	5T	9T	16T	2,288
1979	PGA		CUT	79	71			150	10		150		135T	105T		350
1980	US		60T	76	70	75	78	299	19	27	146	221	96T	56T	58T	1,310
1981	M		CUT	82	77			159	15		159		80T	80		1,500
	PGA		CUT	72	78			150	10		150		43T	96T		550
1983	PGA		CUT	73	83			156	14		156		65T	144		1,000
1984	PGA		CUT	81	77			158	14		158		136T	130T		1,000
1990	PGA		CUT	82	75			157	13		157		136T	115T		1,000

Hancock, Roland

Year	Event	A	Pos	R1	R2	R3	R4	Tot	P/M	SBW	R2T	R3T	R1P	R2P	R3P	W
1926	US	A	CUT	80	83			163	19		163		69T	86T		
1927	PGA		32T													
	US		CUT	85	82			167	23		167		91T	80T		
1928	US		3	74	77	72	72	295	11	1	151	223	15T	15T	8	300
1929	US		CUT	80	80			160	16		160		77T	68T		
1933	US		CUT	79	80			159	15		159		66T	94T		
1934	US		CUT	80	76			156	16		156		76T	66T		

Hancock, Stanley

Year	Event	A	Pos	R1	R2	R3	R4	Tot	P/M	SBW	R2T	R3T	R1P	R2P	R3P	W
1934	US		CUT	87	79			166	26		166		142T	132		
1936	US		CUT	82	81			163	19		163		152T	145T		

Hancock, William C. A.

Year	Event	A	Pos	R1	R2	R3	R4	Tot	P/M	SBW	R2T	R3T	R1P	R2P	R3P	W
1937	O		CUT	86	76			162	18		162		129T	101T		
1946	O		CUT	71	86			157	13		157		4T	39T		
1949	O		CUT	75	75			150	6		150		58T	53T		
1951	O		35T	78	74	72	80	304	16	19	152	224	51T	34T	17T	
1952	O		CUT	74	78			152	2		162		28T	88T		
1953	O		CUT	79	76			155	11		155		50T	50T		
1954	O		CUT	76	76			152	6		152		45T	51T		
1955	O		CUT	78	77			155	11		155		81T	84T		
1961	O		CUT	77	79			156	12		156		81T	62T		
1962	O		CUT	79	80			159	15		159		77T	94T		
1963	O		CUT	77	83			160	20		160		78T	111T		
1966	O		CUT	78	79			157	15		157		89T	100T		

Hane, Ray

Year	Event	A	Pos	R1	R2	R3	R4	Tot	P/M	SBW	R2T	R3T	R1P	R2P	R3P	W
1960	US	A	CUT	82	80			162	20		162		138T	143T		

Hanefeld, Kirk C.

Year	Event	A	Pos	R1	R2	R3	R4	Tot	P/M	SBW	R2T	R3T	R1P	R2P	R3P	W
1990	PGA		CUT	76	77			153	9		153		82T	88T		1,000
	US		CUT	80	73			153	9		153		147T	131T		1,000

Haneke, Arnold

Year	Event	A	Pos	R1	R2	R3	R4	Tot	P/M	SBW	R2T	R3T	R1P	R2P	R3P	W
1966	PGA		CUT	82	89			171	31		171		149T	154		

Hanell, Christopher Lares Henrik

Year	Event	A	Pos	R1	R2	R3	R4	Tot	P/M	SBW	R2T	R3T	R1P	R2P	R3P	W
1999	O		CUT	81	76			157	15		157		119T	100T		369

Haney, Fred W.

Year	Event	A	Pos	R1	R2	R3	R4	Tot	P/M	SBW	R2T	R3T	R1P	R2P	R3P	W
1979	US		CUT	79	86			165	23		165		103T	136T		600
1980	US		CUT	77	80			157	17		157		110T	134T		600

Hanger, Bill

Year	Event	A	Pos	R1	R2	R3	R4	Tot	P/M	SBW	R2T	R3T	R1P	R2P	R3P	W
1957	PGA		128T													50

Hanley, David

Year	Event	A	Pos	R1	R2	R3	R4	Tot	P/M	SBW	R2T	R3T	R1P	R2P	R3P	W
1925	US		WD	83	82	84		249	36		165	249	80T	81T	73	
1926	US		CUT	80	80			160	16		160		69T	63T		

Year	Event	A	Pos	R1	R2	R3	R4	Tot	P/M	SBW	R2T	R3T	R1P	R2P	R3P	W
Hanscom, Dick																
1980	US		CUT	77	81			158	18		158		110T	140T		600
Hansen, Anders Rosenbjerg																
1999	O		CUT	82	84			166	24		166		131T	145T		328
2002	O		77T	71	72	79	71	293	9	15	143	222	38T	50T	79T	8,500
	PGA		CUT	79	73			152	8		152	0	132T	105T		2,000
2003	O		CUT	76	75			151	9		151		65T	76T		3,000
	PGA		CUT	78	77			155	15		155	0	115T	121T		2,000
2004	O		CUT	76	74			150	8		150		128T	121T		2,250
2006	PGA		24T	72	71	70	71	284	-4	14	143	213	61T	42T	29T	53,100
2007	O		57T	72	73	74	76	295	11	18	145	219	39T	42T	53T	10,800
	PGA		12T	71	71	71	69	282	2	10	142	213	23T	19T	17T	119,833
	US		55T	71	79	79	73	302	22	17	150	229	5T	51T	62T	18,829
2008	M		CUT	80	75			155	11		155		88T	88		10,000
	O		19T	78	68	74	74	294	14	11	146	220	110T	27T	20T	37,771
	PGA		CUT	75	76			151	11		151		75T	95T		2,500
Hansen, Herluf																
1975	O		60	74	74	73	78	299	11	20	148	221	55T	63T	60T	175
Hansen, Neil C.																
1986	O		CUT	77	75			152	12		152		54T	78T		400
1987	O		62T	75	69	80	75	299	15	20	144	224	97T	45T	64T	1,975
1988	O		CUT	80	82			162	20		162		135T	149		450
1989	O		CUT	73	74			147	3		147		61T	81T		500
Hansen, Soren																
2001	O		CUT	71	75			146	4		146		34T	83T		1,100
2002	O		8T	68	69	73	70	280	-4	2	137	210	4T	6T	2	77,500
	PGA		43T	73	69	78	76	296	8	18	142	220	38T	12T	27T	17,000
2003	O		CUT	80	74			154	12		154		125T	107T		2,500
2005	O		41T	72	72	66	77	287	-1	13	144	210	41T	55T	9T	14,977
2007	PGA		CUT	74	79			153	13		153		70T	124T		2,000
2008	M		CUT	75	78			153	9		153		52T	82T		10,000
	O		64T	75	69	77	78	299	19	16	144	221	52T	16T	27T	10,200
	PGA		CUT	77	76			153	13		153		109T	113T		2,500
	US		53T	78	70	76	71	295	11	12	148	224	112T	49T	66T	20,251
Hanson, Peter																
2005	O		34T	72	72	71	71	286	-2	12	144	215	41T	55T	50T	22,000
	PGA		59T	73	71	72	72	288	8	12	144	216	81T	62T	60T	13,343
	US		CUT	76	73			149	9		149		94T	84T		2,000
2007	O		69T	70	74	76	80	300	16	23	144	220	13T	31T	62T	9,650
	PGA		23T	72	71	69	73	285	5	13	143	212	36T	30T	15T	51,000
	US		30T	71	74	78	74	297	17	12	145	223	5T	13T	35T	45,313
2008	O		58T	71	72	78	77	298	18	15	143	221	7T	11T	27T	10,650
	PGA		52T	71	73	75	76	295	15	18	144	219	16T	21T	39T	16,250
Hanton, Ernest P.																
1923	O		71T	81	82	81	81	325		30	163	244				
1930	O		CUT	81	78			159	15		159		76T	63T		
Harban, L. Lee																
1903	US	A	WD	89	84	90		263			173	263	61T	49T	52T	
Harbert, Melvin Robert "Chick"																
1935	US	A	CUT	86	81			167	23		167		139T	108T		
1939	M	A	18T	74	73	75	74	296	8	17	147	222	16T	13T	19T	
	US	A	CUT	81	85			166	28		166		128T	147T		
1940	M	A	33T	74	77	75	75	301	13	21	151	226	27T	38T	38T	
	US		CUT	78	78			156	12		156		84T	92T		
1941	US		CUT	73	84			157	17		157		16T	68T		
1942	M		10T	73	73	72	75	293	5	13	146	218	14T	12T	10	100
1946	M		7T	69	75	76	70	290	2	8	144	220	1T	4T	15	356
	PGA		64T													100
	US		8T	72	78	67	70	287	-1	3	150	217	14T	39T	9T	225
1947	M		33T	71	72	71	83	297	9	16	143	214	10T	11T	4T	
	PGA		2													1,500
	US		12	67	72	81	70	290	6	8	139	220	1T	1T	25T	200
1948	M		3	71	70	70	76	287	-1	8	141	211	6T	3T	2	1,000
	PGA		8T													500
	US		28T	72	72	77	72	293	9	17	144	221	23T	19T	33T	75
1949	M		WD	73	73	75		221	5		146	221	8T	9	12T	
	US		23T	70	78	75	74	297	13	11	148	223	2T	28T	32T	100
1950	M		24T	76	75	73	75	299	11	16	151	224	27T	23T	19T	240
	PGA		16T													350

Year	Event	A	Pos	R1	R2	R3	R4	Tot	P/M	SBW	R2T	R3T	R1P	R2P	R3P	W
1951	M		44T	76	73	77	80	306	18	26	149	226	33T	29T	37T	100
	PGA		32T													200
	US		CUT	80	76			156	16		156		102T	89T		
1952	PGA		2													1,500
	US		24T	75	75	73	75	298	18	17	150	223	42T	34T	22T	100
1953	M		5T	68	73	70	74	285	-3	11	141	211	1	3T	4	900
	PGA		64T													100
	US		42T	76	76	75	79	306	18	23	152	227	39T	44T	35T	150
1954	M		12T	73	75	75	73	296	8	7	148	223	7T	7T	12T	631
	PGA		1													5,000
1955	M		32T	76	80	73	76	305	17	26	156	229	26T	55T	37T	250
	PGA		32T													200
	US		34T	77	75	80	75	307	27	20	152	232	41T	22T	39T	180
1956	M		40T	73	76	78	80	307	19	18	149	227	17T	29T	33T	300
	PGA		64T													
	US		CUT	81	76			157	17		157		134T	107T		
1957	M		CUT	79	75			154	10		154		68T	61T		300
	PGA		128T													50
	US		8T	68	79	71	72	290	10	8	147	218	1T	21T	16T	465
1958	M		17T	69	74	73	76	292	4	8	143	216	2T	6T	13	975
	PGA		CUT	75	76	78		229	19		151	229	43T	52T	65T	
	US		52T	75	78	78	80	311	31	28	153	231	12T	37T	49	200
1959	M		14T	74	72	74	71	291	3	7	146	220	19T	18T	26T	1,425
	PGA		28T	73	71	71	74	289	9	12	144	215	42T	23T	19T	390
	US		26T	78	68	76	74	296	16	14	146	222	93T	22T	31T	240
1960	M		39T	73	77	74	77	301	13	19	150	224	22T	43T	33T	500
	PGA		32T	78	72	71	75	296	16	15	150	221	122T	68T	30T	247
	US		31T	72	74	69	77	292	8	12	146	215	19T	39T	15T	360
1961	M		35	74	73	76	76	299	11	19	147	223	22T	25T	36T	500
	PGA		52T	73	75	73	76	297	17	20	148	221	41T	57T	45T	225
	US		29T	75	71	69	79	294	14	13	146	215	50T	28T	14	350
1962	M		43	75	74	74	77	300	12	20	149	223	44T	40T	41T	500
	PGA		11T	68	76	69	73	286	6	8	144	213	2	21T	6T	1,450
1963	M		CUT	75	79			154	10		154		27T	56T		600
	PGA		CUT	77	78			155	13		155		94T	112T		
	US		CUT	81	74			155	13		155		118T	73T		150
1964	M		CUT	76	74			150	6		150		63T	51T		700
	PGA		44T	74	75	68	74	291	11	20	149	217	65T	82T	31T	403
	US		50T	76	74	80	78	308	28	30	150	230	63T	48T	52	300
1965	PGA		CUT	76	76			152	10		152		78T	78T		
1966	PGA		CUT	75	77			152	12		152		58T	78T		
	US		CUT	81	75			156	16		156		140	102T		300
1967	PGA		67T	73	76	77	76	302	14	21	149	226	30T	50T	65T	300
	US		CUT	79	76			155	15		155		129T	122T		400
1973	PGA		WD	82				82	11				140T			

Harcke, Byron

Year	Event	A	Pos	R1	R2	R3	R4	Tot	P/M	SBW	R2T	R3T	R1P	R2P	R3P	W
1937	US		CUT	78	76			154	10		154		83T	78T		
1938	US		CUT	84	79			163	21		163		125T	117T		
1945	PGA		32T													200

Harden, Jack

Year	Event	A	Pos	R1	R2	R3	R4	Tot	P/M	SBW	R2T	R3T	R1P	R2P	R3P	W
1948	US		35T	72	73	73	78	296	12	20	145	218	23T	23T	20T	
1949	PGA		32T													200
	US		CUT	77	76			153	11		153		74T	71T		
1950	US		CUT	74	77			151	11		151		40T	59T		
1951	PGA		16T													350
	US		42T	75	75	80	76	306	26	19	150	230	27T	27T	49T	100
1952	US		WD	80				80	10				108T			
1953	US		CUT	77	85			162	18		162		60T	128T		
1955	US		CUT	81	78			159	19		159		93T	86T		

Hardie, Leslie Allan

Year	Event	A	Pos	R1	R2	R3	R4	Tot	P/M	SBW	R2T	R3T	R1P	R2P	R3P	W
1937	O	A	CUT	82	81			163	19		163		104T	105T		

Hardin, Christian

Year	Event	A	Pos	R1	R2	R3	R4	Tot	P/M	SBW	R2T	R3T	R1P	R2P	R3P	W
1987	O	A	CUT	73	80			153	12		153		64T	131T		
1988	O	A	CUT	77	77			154	12		154		99T	113T		
1989	M	A	CUT	85	85			170	26		170		85	84		

Hardin, Gary Wayne

Year	Event	A	Pos	R1	R2	R3	R4	Tot	P/M	SBW	R2T	R3T	R1P	R2P	R3P	W
1986	PGA		CUT	77	73			150	8		150		130T	109T		1,000

Hardin, Hordon W.

Year	Event	A	Pos	R1	R2	R3	R4	Tot	P/M	SBW	R2T	R3T	R1P	R2P	R3P	W
1952	US	A	WD	89				89	19				154			

Year	Event	A	Pos	R1	R2	R3	R4	Tot	P/M	SBW	R2T	R3T	R1P	R2P	R3P	W
Hardman, Cyril E.																
1931	O	A	WD	85				85	11				103T			
Hardwicke, J. C.																
1952	US		CUT	90	88			178	38		178		155T	142T		
1954	US		CUT	84	79			163	23		163		132T	126T		
Hardwicke, Rosson B.																
1948	US		CUT	75	80			155	13		155		74T	110T		
Hardy, Jim																
1969	US		CUT	76	74			150	10		150		79T	75T		500
1972	US		55T	78	76	79	77	310	22	20	154	233	72T	60T	65T	835
Hare, Andrew D.																
1989	O	A	CUT	73	82			155	11		155		61T	141T		
1990	O		CUT	73	72			145	1		145		81T	83T		550
1992	O		CUT	73	74			147	5		147		98T	111T		600
Hargreaves, Jack A.																
1937	O		CUT	82	77			159	15		159		104T	76T		
1947	O		CUT	75	82			157	21		157		11T	41T		
1948	O		3T	76	68	73	73	290	18	6	144	217	47T	10T	10	41
1949	O		CUT	76	77			153	9		153		68T	68T		
1950	O		CUT	75	76			151	11		151		38T	51T		
1951	O		19T	73	78	79	69	299	11	14	151	230	8T	26T	37T	
1952	O		27T	75	75	79	75	304	4	17	150	229	40T	36T	37T	
1953	O		33	81	73	76	74	304	16	22	154	230	68T	42T	38T	25
1954	O		20T	77	72	77	67	293	1	10	149	226	59T	32T	45T	
1955	O		CUT	74	78			152	8		152		45T	66T		
1956	O		17T	72	80	75	73	300	16	14	152	227	12T	34T	25T	
1957	O		CUT	76	75			151	7		151		61T	62T		
1959	O		41T	72	74	79	75	300	12	16	146	225	14T	19T	46	
1962	O		CUT	86	83			169	25		169		116T	117		
1963	O		CUT	74	78			152	12		152		30T	69T		
1964	O		CUT	85	83			168	24		168		106T	115T		
Harland, John																
1895	US		7T	45	48	43	47	183		10	93	136	3T	6	6T	
1897	O		WD	93	86			179			179					
1898	US		17	84	93	93	87	357		29	177	270	8T	19T	20T	
1899	US		WD	98				98					60T			
1901	US		28T	92	92	93	84	361		30	184	277	34T	38T	35T	
1902	US		20T	82	82	83	85	332		25	164	247	12T	9T	17T	
1903	US		36T	82	82	84	91	339		32	164	248	22T	22T	26T	
1912	US		40	76	84	81	83	324	28	30	160	241	16T	49T	41T	
Harman, Anthony John																
1952	O		CUT	78	74			152	2		152		73T	47T		
1954	O		CUT	78	78			156	10		156		68T	79T		
Harmon, Craig Wood																
1980	PGA		CUT	89	80			169	29		169		148	142		500
Harmon, Eugene Claude "Claude," Jr.																
1970	US		66T	80	72	76	82	310	22	29	152	228	82T	38T	50T	800
1975	US		CUT	82	70			152	10		152		137T	81T		500
Harmon, Eugene Claude "Claude," Sr.																
1940	US		WD	74	79	77		230	14		153	230	36T	56T	57T	
1945	PGA		3T													750
1946	M		18	76	75	74	71	296	8	14	151	225	27T	26T	29T	100
	PGA		64T													100
	US		15T	72	77	70	72	291	3	7	149	219	14T	31T	19T	125
1947	M		26T	73	69	76	77	295	7	14	142	218	22T	6T	20T	
	PGA		16T													350
	US		19T	74	72	74	72	292	8	10	146	220	42T	20T	25T	100
1948	M		1	70	70	69	70	279	-9	-5	140	209	2T	2	1	2,500
	O		27	75	73	78	72	298	26	14	148	226	34T	28T	34T	
	PGA		3T													750
	US		CUT	75	82			157	15		157		74T	125T		
1949	M		11T	73	75	73	72	293	5	11	148	221	8T	14T	12T	303
	PGA		32T													200
	US		8T	71	72	74	74	291	7	5	143	217	6T	4T	6T	300
1950	M		32T	77	77	74	76	304	16	21	154	228	33T	43T	33T	
	PGA		16T													350
	US		38T	71	74	77	80	302	22	15	145	222	7T	20T	26T	100

Year	Event	A	Pos	R1	R2	R3	R4	Tot	P/M	SBW	R2T	R3T	R1P	R2P	R3P	W
1951	M		35T	75	77	74	76	302	14	22	152	226	27T	43T	37T	100
	PGA		64T													100
	US		54T	74	75	79	83	311	31	24	149	228	14T	16T	36T	100
1952	M		14T	73	74	77	73	297	9	11	147	224	24T	24T	20T	443
	PGA		64T													100
1953	M		34T	75	73	75	75	298	10	24	148	223	35T	31T	34T	200
	PGA		3T													750
	US		CUT	75	79			154	10		154		23T	61T		
1954	M		53T	77	75	77	78	307	19	18	152	229	44T	27T	42T	250
	PGA		32T													200
	US		15T	75	72	72	74	293	13	9	147	219	28T	16T	17T	240
1955	M		28T	77	75	78	73	303	15	24	152	230	31T	36T	39T	250
	PGA		16T													350
	US		CUT	81	78			159	19		159		93T	86T		
1956	M		46T	77	79	76	77	309	21	20	156	232	53T	59T	49T	300
	PGA		32T													
1957	M		38T	78	72	77	76	303	15	20	150	227	59T	29T	38	300
	PGA		6PO													2,000
1958	M		9T	71	76	72	70	289	1	5	147	219	9T	21T	21T	1,266
	PGA		56T	77	75	76	75	303	23	27	152	228	81T	59T	59T	100
	US		CUT	83	79			162	22		162		120T	102T		
1959	M		CUT	74	77			151	7		151		19T	47T		350
	PGA		38T	73	73	72	74	292	12	15	146	218	42T	43T	38T	200
	US		3T	72	71	70	71	284	4	2	143	213	16T	9T	6T	3,600
1960	M		16T	69	72	75	78	294	6	12	141	216	2T	2T	8T	1,050
	US		27T	73	73	75	70	291	7	11	146	221	35T	39T	46T	368
1961	M		CUT	76	81			157	13		157		54T	68T		400
	PGA		CUT	72	78			150	10		150		24T	74T		
1962	M		CUT	79	77			156	12		156		85T	82T		400
	PGA		44T	73	73	75	73	294	14	16	146	221	29T	39T	49T	360
	US		CUT	80	78			158	16		158		129T	122T		
1963	M		WD	82				82	10				72T			500
1964	M		CUT	77	77			154	10		154		71T	78T		700
	US		CUT	78	79			157	17		157		95T	118T		300
1965	M		CUT	74	79			153	9		153		52T	68T		900
1966	M		WD	87				87	15				103			1,000
1967	M		WD													1,000
1968	M		WD													1,000
1969	M		WD	83				83	11				82T			1,000
1971	M		WD													1,000

Harmon, Michael S.

Year	Event	A	Pos	R1	R2	R3	R4	Tot	P/M	SBW	R2T	R3T	R1P	R2P	R3P	W
1980	US		CUT	76	76			152	12		152		96T	102T		600

Harmon, Peter C.

Year	Event	A	Pos	R1	R2	R3	R4	Tot	P/M	SBW	R2T	R3T	R1P	R2P	R3P	W
1923	US		44T	89	77	83	75	324	36	28	166	249	68	53T	54T	
1925	US		45T	79	77	79	80	315	31	24	156	235	51T	45T	44T	

Harmon, Sid

Year	Event	A	Pos	R1	R2	R3	R4	Tot	P/M	SBW	R2T	R3T	R1P	R2P	R3P	W
1930	US		CUT	81	84			165	19		165		99T	116T		

Harmon, Thomas J., Jr.

Year	Event	A	Pos	R1	R2	R3	R4	Tot	P/M	SBW	R2T	R3T	R1P	R2P	R3P	W
1922	PGA		64T													
	US		38T	80	72	80	79	311	31	23	152	232	56T	23T	36T	
1923	US		44T	77	79	84	84	324	36	28	156	240	20T	24T	42T	
1924	PGA		32T													75
	US		33T	85	77	81	77	320	32	23	162	243	76T	50T	49	
1925	US		32T	80	73	79	77	309	25	18	153	232	56T	28T	33T	
1926	PGA		16T													
	US		27T	73	81	76	80	310	22	17	154	230	11T	21T	20T	
1927	PGA		16T													
	US		29T	79	77	80	79	315	27	14	156	236	26T	19T	24T	
1928	US		CUT	82	79			161	19		161		100T	75T		
1929	US		42T	79	78	79	81	317	29	23	157	236	60T	39T	38T	
1933	US		60T	76	79	82	79	316	28	29	155	237	29T	52T	62T	
1940	PGA		64T													100
1942	PGA		16T													
1954	US		WD													

Harned, Frank W.

Year	Event	A	Pos	R1	R2	R3	R4	Tot	P/M	SBW	R2T	R3T	R1P	R2P	R3P	W
1953	US		CUT	76	82			158	14		158		39T	105T		
1955	US		43T	78	77	80	76	311	31	24	155	235	60T	49T	54T	180
1959	US		CUT	83	78			161	21		161		138T	128T		
1960	PGA		55T	75	74	74	78	301	21	20	149	223	66T	52T	44T	200
	US		CUT	78	82			160	18		160		108T	138T		
1961	PGA		CUT	77	72			149	9		149		105T	66T		

Year	Event	A	Pos	R1	R2	R3	R4	Tot	P/M	SBW	R2T	R3T	R1P	R2P	R3P	W
1963	PGA		CUT	80	78			158	16		158		131T	132T		
1965	PGA		CUT	83	77			160	18		160		153T	141T		

Harney, Russell Paul "Paul"

Year	Event	A	Pos	R1	R2	R3	R4	Tot	P/M	SBW	R2T	R3T	R1P	R2P	R3P	W
1956	US		CUT	75	76			151	11		151		45T	59T		
1958	US		37T	77	77	72	77	303	23	20	154	226	46T	43T	29T	200
1959	M		25T	75	69	77	73	294	6	10	144	221	33T	3T	30T	1,200
	PGA		14T	74	71	71	70	286	6	9	145	216	56T	32T	25T	1,050
	US		51T	74	76	76	79	305	25	23	150	226	33T	49T	53T	240
1960	PGA		18T	69	78	73	72	292	12	11	147	220	3T	35T	24T	1,050
	US		12T	73	70	72	71	286	2	6	143	215	35T	15T	15T	1,240
1961	M		6	71	73	68	74	286	-2	6	144	212	5T	12	3T	4,800
	PGA		11T	70	73	69	71	283	3	6	143	212	7T	16T	7T	1,650
	US		55T	71	77	75	81	304	24	23	148	223	4T	39T	47	250
1962	M		15T	74	71	74	72	291	3	11	145	219	28T	15T	19T	1,160
	PGA		7T	70	73	72	69	284	4	6	143	215	7T	13T	14T	2,967
	US		28T	73	73	71	82	299	15	16	146	217	15T	17T	11T	400
1963	M		WD	75	77	78		230	14		152	230	27T	44T	45T	600
	PGA		23T	72	74	71	72	289	5	10	146	217	20T	30T	21T	775
	US		4	78	70	73	73	294	10	1	148	221	79T	13T	5T	5,000
1964	M		5T	73	72	71	70	286	-2	10	145	216	20T	21T	14T	3,700
	US		39T	75	73	79	73	300	20	22	148	227	47T	31T	44	350
1965	M		11T	74	74	71	70	289	1	18	148	219	52T	41T	23T	1,550
	PGA		33T	74	74	72	74	294	10	14	148	220	44T	40T	31T	738
1966	M		8T	75	68	76	74	293	5	5	143	219	29T	1T	7T	2,500
	PGA		15T	74	73	71	72	290	10	10	147	218	34T	24T	14T	2,350
1967	M		6T	73	71	74	69	287	-1	7	144	218	17T	9T	15	4,150
	PGA		55T	75	75	74	74	298	10	17	150	224	62T	57T	53T	389
	US		18T	71	75	72	71	289	9	14	146	218	14T	35T	24T	1,475
1968	M		40T	78	70	70	74	292	4	15	148	218	61T	42T	28T	1,375
	US		57T	74	73	78	75	300	20	25	147	225	42T	42T	60	730
1970	US		18T	78	73	75	70	296	8	15	151	226	51T	31T	33T	1,675
1971	US		46T	73	74	72	74	293	13	13	147	219	54T	49T	47T	960
1972	M		22T	71	69	75	81	296	8	10	140	215	4T	2	3T	2,160
	PGA		40T	74	71	77	73	295	15	14	145	222	54T	25T	55T	784
	US		21T	79	72	75	77	303	15	13	151	226	88T	30T	30T	1,625
1973	M		24T	77	71	74	73	295	7	12	148	222	53T	33T	30T	2,100
1974	M		CUT	77	76			153	9		153		66T	68T		1,200

Harper, Charles M., Jr.

Year	Event	A	Pos	R1	R2	R3	R4	Tot	P/M	SBW	R2T	R3T	R1P	R2P	R3P	W
1947	US	A	WD	73				73	2				30T			
1953	US		CUT	77	87			164	20		164		60T	137T		
1954	US		CUT	78	78			156	16		156		63T	75T		
1956	PGA		16T													
	US		CUT	82	83			165	25		165		142T	146T		
1957	PGA		32T													

Harper, John Chandler "Chandler"

Year	Event	A	Pos	R1	R2	R3	R4	Tot	P/M	SBW	R2T	R3T	R1P	R2P	R3P	W
1935	US		CUT	81	86			167	23		167		81T	108T		
1937	US		CUT	78	79			157	13		157		83T	109T		
1939	US		CUT	80	76			156	18		156		114T	92T		
1942	M		13	75	75	76	69	295	7	15	150	226	27T	27T	20T	
1946	M		19	74	76	73	74	297	9	15	150	223	12T	23T	20T	100
	PGA		16T													350
	US		15T	76	74	67	74	291	3	7	150	217	57T	39T	9T	125
1947	M		8T	77	72	68	70	287	-1	6	149	217	48T	36T	14T	335
	PGA		32T													200
	US		WD	71	80	77		228	15		151	228	14T	60T	59T	
1948	M		40T	76	76	77	75	304	16	25	152	229	41T	42T	45	
	PGA		32T													200
	US		WD	73	74	77		224	11		147	224	35T	38T	45T	
1949	PGA		64T													100
	US		CUT	78	73			151	9		151		88T	52T		
1950	PGA		1													3,500
1951	M		WD	77	72	76		225	9		149	225	43T	29T	34T	100
	PGA		64T													100
	US		WD													
1952	M		38T	76	74	79	77	306	18	20	150	229	45T	35T	39T	200
	PGA		32T													200
	US		41T	73	76	80	77	306	26	25	149	229	22T	23T	48T	100
1953	M		10T	74	72	69	74	289	1	15	146	215	26T	16T	9	523
	PGA		64T													100
	US		WD	76				76	4				39T			
1954	M		WD	83				83	11				71T			250
	US		CUT	76	76			152	12		152		38T	51T		

Year	Event	A	Pos	R1	R2	R3	R4	Tot	P/M	SBW	R2T	R3T	R1P	R2P	R3P	W
1955	M		WD	77	79			156	12		156		31T	55T		250
	US		WD	81				81	11				93T			
1957	M		CUT	80	78			158	14		158		81T	82T		300
	PGA		128T													50
1958	M		CUT	79	75			154	10		154		73T	61T		350
	PGA		CUT	78	78			156	16		156		92T	106T		
1959	M		14T	71	74	74	72	291	3	7	145	219	2T	10T	18T	1,425
	PGA		WD	73	77			150	10		150		42T	84T		
1960	M		CUT	76	78			154	10		154		50T	65T		350
	PGA		CUT	76	76			152	12		152		83T	96T		
1961	M		WD	74				74	2				22T			400
1962	M		48T	73	76	79	74	302	14	22	149	228	22T	40T	51	500
1967	PGA		DQ	73				73	1				30T			
1971	PGA		WD	73	76	80		229	13		149	229	33T	71T	82	

Harper, Kevin

Year	Event	A	Pos	R1	R2	R3	R4	Tot	P/M	SBW	R2T	R3T	R1P	R2P	R3P	W
2007	O		CUT	77	75			152	10		152		128T	124T		2,375

Harper, Lee C.

Year	Event	A	Pos	R1	R2	R3	R4	Tot	P/M	SBW	R2T	R3T	R1P	R2P	R3P	W
1978	US		CUT	80	81			161	19		161		120T	130T		600
1982	PGA		CUT	72	77			149	9		149		41T	94T		650

Harrell, Mark

Year	Event	A	Pos	R1	R2	R3	R4	Tot	P/M	SBW	R2T	R3T	R1P	R2P	R3P	W
2007	US	A	CUT	75	76			151	11		151		77T	64T		

Harrelson, Kenneth Smith "Hawk"

Year	Event	A	Pos	R1	R2	R3	R4	Tot	P/M	SBW	R2T	R3T	R1P	R2P	R3P	W
1972	O		CUT	75	78			153	11		153		52T	89T		50

Harrigan, Michael

Year	Event	A	Pos	R1	R2	R3	R4	Tot	P/M	SBW	R2T	R3T	R1P	R2P	R3P	W
1977	US		CUT	75	79			154	14		154		77T	111T		500
1985	PGA		CUT	78	85			163	19		163		134T	145		1,000

Harriman, Herbert M.

Year	Event	A	Pos	R1	R2	R3	R4	Tot	P/M	SBW	R2T	R3T	R1P	R2P	R3P	W
1899	US	A	13T	87	88	85	79	339		24	175	260	23T	27T	20T	
1902	US	A	WD	85	94			179			179	0	28T	59T		

Harrington, Clifton W.

Year	Event	A	Pos	R1	R2	R3	R4	Tot	P/M	SBW	R2T	R3T	R1P	R2P	R3P	W
1961	US		CUT	79	72			151	11		151		122T	73T		

Harrington, Dennis

Year	Event	A	Pos	R1	R2	R3	R4	Tot	P/M	SBW	R2T	R3T	R1P	R2P	R3P	W
1996	US		60T	75	71	71	74	291	11	13	146	217	100T	73T	47T	5,825

Harrington, Padraig P.

Year	Event	A	Pos	R1	R2	R3	R4	Tot	P/M	SBW	R2T	R3T	R1P	R2P	R3P	W
1996	O		18T	68	68	73	71	280	-4	9	136	209	10T	6T	18T	15,500
1997	O		5T	75	69	69	67	280	-4	8	144	213	50T	26T	18T	62,500
	PGA		CUT	77	71			148	8		148		125T	84T		1,300
	US		CUT	75	76			151	11		151		93T	116T		1,000
1998	O		CUT	73	76			149	9		149		89T	103T		800
	US		32T	73	72	76	72	293	13	13	145	221	37T	26T	44T	18,372
1999	O		29	77	74	74	74	299	15	9	151	225	55T	30T	25T	13,500
2000	M		19T	76	69	75	71	291	3	13	145	220	54T	24T	31T	53,820
	O		20T	68	72	70	72	282	-6	13	140	210	4T	15T	13T	25,500
	PGA		58T	75	72	69	74	290	2	20	147	216	80T	66T	43T	10,250
	US		5T	73	71	72	73	289	5	17	144	216	39T	11T	3T	162,526
2001	M		27T	75	69	72	71	287	-1	15	144	216	66T	34T	32T	40,600
	O		37T	75	66	74	71	286	2	12	141	215	105T	26T	52T	16,300
	PGA		CUT	75	74			149	9		149	0	128T	123T		2,000
	US		30T	73	70	71	74	288	8	12	143	214	46T	23T	23T	30,055
2002	M		5T	69	70	72	71	282	-6	6	139	211	4T	4T	8T	212,800
	O		5T	69	67	76	67	279	-5	1	136	212	16T	1T	10T	140,000
	PGA		17T	71	73	74	72	290	2	12	144	218	11T	23T	13T	72,000
	US		8T	70	68	73	75	286	6	9	138	211	7T	2	5T	138,669
2003	M		CUT	77	73			150	6		150		53T	50T		5,000
	O		22T	75	73	74	69	291	7	8	148	222	54T	35T	49T	32,916
	PGA		29T	72	76	69	73	290	10	14	148	217	31T	61T	30T	36,600
	US		10T	69	72	72	68	281	1	9	141	213	10T	40T	33T	124,936
2004	M		13T	74	74	68	72	288	0	9	148	216	31T	32T	9T	125,667
	O		CUT	76	71			147	5		147		128T	85T		2,500
	PGA		45T	68	71	72	78	289	1	9	139	211	8T	7T	11T	18,500
	US		31T	73	71	76	75	295	15	19	144	220	60T	45T	59T	41,758
2005	M		CUT	72	77			149	5		149		14T	51T		5,000
	PGA		CUT	76	77			153	13		153		119T	140T		2,000
	US		CUT	77	74			151	11		151		113T	106T		2,000
2006	M		27T	73	70	75	74	292	4	11	143	218	30T	10T	22T	49,700
	O		CUT	75	74			149	5		149		124T	123T		2,250
	PGA		CUT	75	74			149	5		149		116T	124T		2,000
	US		5	73	69	74	71	287	7	2	142	216	26T	5T	8T	501,249

Year	Event	A	Pos	R1	R2	R3	R4	Tot	P/M	SBW	R2T	R3T	R1P	R2P	R3P	W
2007	M		7T	77	68	75	73	293	5	4	145	220	59T	8T	4T	233,812
	O		1PO	69	73	68	67	277	-7	-1	142	210	8T	13T	3T	750,000
	PGA		42T	69	73	72	74	288	8	16	142	214	6T	19T	24T	20,850
	US		CUT	73	80			153	13		153		34T	92T		2,000
2008	M		5T	74	71	69	72	286	-2	6	145	214	44T	21T	7T	273,750
	O		1	74	68	72	69	283	3	-4	142	214	38T	4T	2T	750,000
	PGA		1	71	74	66	66	277	-3	-2	145	211	16T	26T	4T	1,350,000
	US		36T	78	67	77	71	293	9	10	145	222	112T	22T	47T	35,709
Harrington, Robert																
1950	US	A	CUT	86	90			176	36		176		159	150		
Harris, Arthur																
1958	PGA		CUT	75	76	80		231	21		151	231	43T	52T	79T	
1959	PGA		CUT	75	79			154	14		154		77T	132T		
1966	PGA		CUT	84	81			165	25		165		158T	149T		
Harris, Bob																
1949	US		WD	76	69	77		222	9		145	222	55T	8T	27T	
1955	US		21T	77	71	78	77	303	23	16	148	226	41T	7T	16T	226
1956	M		40T	73	79	77	78	307	19	18	152	229	17T	46T	40T	300
1959	PGA		CUT	78	78			156	16		156		137T	144T		
1960	PGA		32T	71	76	77	72	296	16	15	147	224	9T	35T	52T	247
	US		15T	73	71	71	72	287	3	7	144	215	35T	22T	15T	840
1961	M		CUT	79	78			157	13		157		69T	68T		400
	PGA		CUT	79	76			155	15		155		129T	122T		
	US		34T	75	67	78	75	295	15	14	142	220	50T	9T	29T	325
1963	US		50T	73	79	86	82	320	36	27	152	238	11T	42T	50	300
1964	US		CUT	78	74			152	12		152		95T	70T		300
1968	US		CUT	77	78			155	15		155		101T	116T		500
Harris, C.																
1911	O		CUT	84	87			171			171		130T	144T		
Harris, George Thomas																
1899	O		WD													
Harris, Harry James																
1894	O		WD	98	95			193			193		64T	62T		
1898	O		37	85	84	85	83	337		30	169	254	41T	40	38T	
1899	O		34T	86	88	82	94	350		40	174	256	36T	33T	30T	
1901	O		CUT	87	89			176			176			39T		
1904	O		WD	84	82			166			166					
Harris, Jamie																
2000	O		CUT	76	78			154	10		154		123T	148T		900
Harris, John Richard																
1977	US		CUT	80	74			154	14		154		137T	111T		500
1994	M	A	50T	72	76	80	77	305	17	26	148	228	17T	36T	50	
	O	A	CUT	73	76			149	9		149		93T	131T		
	US	A	CUT	79	77			156	14		156		133T	138T		
2001	US	A	CUT	76	77			153	13		153	0	108T	131T		
Harris, Labron E.																
1941	US		WD	81				81	11				119T			
1947	US		WD	78				78	7				113T			
1952	PGA		32T													200
1953	PGA		16T													350
1954	PGA		64T													100
1958	US		27T	74	72	77	77	300	20	17	146	223	8T	6	15T	200
1959	PGA		CUT	78	74			152	12		152		137T	108T		
1960	US		CUT	77	74			151	9		151		98T	83T		
1961	PGA		CUT	75	79			154	14		154		71T	110T		
Harris, Labron E., Jr.																
1962	US	A	CUT	77	78			155	13		155		85T	96T		
1963	M	A	32T	79	71	73	75	298	10	12	150	223	58T	34T	21T	
	US	A	CUT	79	76			155	13		155		91T	73T		
1964	M	A	43	74	74	77	72	297	9	21	148	225	33T	37T	47	
	US	A	28T	72	76	74	75	297	17	19	148	222	8T	31T	28T	
1965	US		24T	74	76	74	73	297	17	15	150	224	30T	37T	39T	733
1967	US		28T	75	71	72	73	291	11	16	146	218	65T	35T	24T	1,063
1968	US		43T	70	72	77	75	294	14	19	142	219	4	7T	31T	860
1969	US		58T	71	75	75	78	299	19	18	146	221	14T	36T	52T	805
1970	US		CUT	83	73			156	12		156		128T	85T		500
1971	PGA		64T	76	72	74	76	298	10	17	148	222	84T	62T	56T	258

Year	Event	A	Pos	R1	R2	R3	R4	Tot	P/M	SBW	R2T	R3T	R1P	R2P	R3P	W
	US		46T	67	77	76	73	293	13	13	144	220	1	24T	51T	960
1972	M		CUT	79	75			154	10		154		73T	57T		1,000
	PGA		CUT	78	73			151	11		151		103T	80T		
1973	PGA		CUT	76	74			150	8		150		78T	77T		
1976	PGA		68	73	73	80	75	301	21	20	146	226	48T	47T	71T	450

Harris, Michael

Year	Event	A	Pos	R1	R2	R3	R4	Tot	P/M	SBW	R2T	R3T	R1P	R2P	R3P	W
2000	US		CUT	77	78			155	13		155		100T	113T		1,000
2006	US		CUT	76	81			157	17		157		68T	137T		2,000

Harris, Robert

Year	Event	A	Pos	R1	R2	R3	R4	Tot	P/M	SBW	R2T	R3T	R1P	R2P	R3P	W
1911	O	A	27T	77	80	76	83	316		13	157	233	22T	33T	15T	
1920	O	A	35T	84	79	81	81	325		22	163	244	56T	33T	38T	
1921	O	A	63T	81	85	78	78	322		26	166	244	62T	78T	67T	
1922	O	A	38T	80	83	74	82	319		19	163	237	35T	47T	27T	
1925	O	A	11T	75	81	78	77	311	23	11	156	234	4T	16T	11T	
1927	O	A	36T	74	75	82	76	307	15	22	149	231	14T	13T	40T	

Harris, Tom

Year	Event	A	Pos	R1	R2	R3	R4	Tot	P/M	SBW	R2T	R3T	R1P	R2P	R3P	W
1906	O		CUT	88	87			175			175					

Harrison, A. G.

Year	Event	A	Pos	R1	R2	R3	R4	Tot	P/M	SBW	R2T	R3T	R1P	R2P	R3P	W
1939	O		CUT	73	79			152	6		152		16T	46T		
1946	O		CUT	81	86			167	23		167		58T	92T		
1948	O		CUT	76	74			150	14		150		47T	45T		
1949	O		CUT	75	73			148	4		148		58T	32T		

Harrison, Charles W.

Year	Event	A	Pos	R1	R2	R3	R4	Tot	P/M	SBW	R2T	R3T	R1P	R2P	R3P	W
1960	M	A	CUT	74	79			153	9		153		35T	57T		
1965	US	A	CUT	77	79			156	16		156		64T	89T		
1966	US	A	36T	72	77	80	70	299	19	21	149	229	16T	34T	61T	
1973	M	A	CUT	81	81			162	18		162		72T	79T		

Harrison, Ernest Joe "EJ" "Dutch"

Year	Event	A	Pos	R1	R2	R3	R4	Tot	P/M	SBW	R2T	R3T	R1P	R2P	R3P	W
1936	US		36T	74	75	76	73	298	10	16	149	225	37T	45T	42T	
1937	US		32T	74	71	74	78	297	9	16	145	219	29T	11T	13T	33
1939	PGA		3T													
	US		25T	75	72	74	74	295	19	11	147	221	48T	27T	29T	50
1940	M		31T	72	76	74	77	299	11	19	148	222	12T	26T	25T	
	PGA		64T													100
	US		WD	74	70	74		218	2		144	218	36T	7T	12	
1941	PGA		64T													100
	US		7T	70	82	71	71	294	14	10	152	223	2T	32T	16T	217
1942	M		7T	74	70	71	77	292	4	12	144	215	17T	8T	6T	200
	PGA		32T													
1945	PGA		32T													200
1946	M		37T	75	77	75	76	303	15	21	152	227	20T	31T	34T	
	PGA		16T													350
	US		10T	75	71	72	70	288	0	4	146	218	45T	15T	13T	175
1947	M		29T	74	71	74	77	296	8	15	145	219	27T	21T	24T	
	US		13T	76	72	70	73	291	7	9	148	218	76T	35T	16T	140
1948	M		13T	73	77	73	70	293	5	14	150	223	17T	31T	23T	188
	PGA		64T													100
	US		35T	75	72	72	77	296	12	20	147	219	74T	38T	24T	
1949	M		23T	73	78	75	72	298	10	16	151	226	8T	29T	35T	188
	US		CUT	76	76			152	10		152		55T	64T		
1950	M		WD													
	US		4	72	67	73	76	288	8	1	139	212	18T	1	2	800
1951	M		15T	76	71	76	71	294	6	14	147	223	33T	19T	27T	338
	US		47T	73	78	78	78	307	27	20	151	229	4T	37T	41T	100
1952	PGA		64T													100
	US		33T	71	79	77	73	300	20	19	150	227	6T	34T	43T	100
1953	PGA		32T													200
	US		14T	77	75	70	76	298	10	15	152	222	60T	44T	11T	200
1954	M		4T	70	79	74	68	291	3	2	149	223	1T	13T	12T	1,938
	PGA		16T													350
1955	PGA		64T													100
1956	US		17T	72	76	72	74	294	14	13	148	220	10T	32T	20T	260
1957	M		CUT	75	81			156	12		156		29T	73T		300
	US		CUT	76	76			152	12		152		61T	61T		
1958	US		23T	76	76	73	74	299	19	16	152	225	32T	28T	23T	200
1960	US		3T	74	70	70	69	283	-1	3	144	214	47T	22T	11T	3,950
1961	M		WD	74	74	78		226	10		148	226	22T	34T	40	400
	US		17T	74	71	76	69	290	10	9	145	221	35T	24T	37T	625
1963	PGA		49T	73	73	75	74	295	11	16	146	221	30T	30T	48T	335
1964	US		CUT	80	74			154	14		154		120T	88T		300

Year	*Event*	*A*	*Pos*	*R1*	*R2*	*R3*	*R4*	*Tot*	*P/M*	*SBW*	*R2T*	*R3T*	*R1P*	*R2P*	*R3P*	*W*
1965	US		28T	78	72	72	76	298	18	16	150	222	82T	37T	22T	630
1967	US		16T	70	76	72	70	288	8	13	146	218	9T	35T	24T	1,650
1968	M		CUT	81	74			155	11		155		70T	68		1,000
	US		CUT	75	76			151	11		151		59T	79T		500
1971	US		CUT	74	80			154	14		154		70T	107T		500
Harrison, J. R.																
1939	O		CUT	81	81			162	16		162		119T	118T		
Harrison, John H.																
1896	US		24	92	91			183		31			30T			
1897	US		24	97	87			184		22			30			
1898	US		WD	90	86	87		263			176	263	23T	16T	14T	
1899	US		38	92	93	84	89	358		43	185	269	48T	46T	39	
1900	US		45	102	90	93	98	383		70	192	285	59	54	49	
1901	US		35T	92	93	93	90	368		37	185	278	34T	40T	37T	
1902	US		48T	91	89	85	88	353		46	180	265	63T	62T	46T	
Harrison, John W.																
1924	O		74	86	88	81	85	340		39	174	255	79T	85	77	
Harrison, Peter W.																
1985	O		CUT	72	79			151	11		151		39T	99T		375
1987	O		CUT	73	75			148	6		148		64T	88T		400
Harrison, Philip																
1979	O		CUT	82	80			162	20		162		133T	139T		200
1982	O		58	78	74	74	78	304	16	20	152	226	95T	71T	54T	600
1989	O		CUT	79	76			155	11		155		140T	141T		500
1990	O		CUT	72	75			147	3		147		51T	110T		550
1992	O		CUT	75	71			146	4		146		130T	102T		600
Harrison, Robert W.																
1961	US		29T	79	70	71	74	294	14	13	149	220	122T	47T	29T	350
1966	PGA		CUT	81	75			156	16		156		141T	115T		
Harrison, T. A. "Tommy"																
1953	O		CUT	75	81			156	12		156		15T	54T		
1954	O		CUT	81	81			162	16		162		86T	93T		
Harston, Robert A. "Buddy"																
2002	PGA		CUT	76	83			159	15		159	0	89T	145T		2,000
Hart, ____																
1879	O		WD													
Hart, Charles D. "Chuck"																
1970	PGA		CUT	85	79			164	24		164		134T	130T		
1973	PGA		CUT	78	78			156	14		156		104T	120T		
1974	PGA		CUT	78	81			159	19		159		110T	123T		
1975	US		CUT	77	78			155	13		155		89T	113T		500
Hart, Dick																
1959	PGA		CUT	69	79	82		230	20		148	230	1T	62T	95T	
1961	PGA		CUT	73	77			150	10		150		41T	74T		
1962	PGA		30T	70	73	76	73	292	12	14	143	219	7T	13T	35T	470
	US		CUT	77	76			153	11		153		85T	75T		
1963	PGA		17T	66	72	76	74	288	4	9	138	214	1	1	8T	1,075
1964	PGA		28T	73	73	72	70	288	8	17	146	218	50T	47T	40T	800
	US		CUT	75	76			151	11		151		47T	56T		300
1965	PGA		45T	72	77	72	76	297	13	17	149	221	19T	52T	39T	528
	US		44T	74	75	80	74	303	23	21	149	229	30T	30T	49T	420
1966	PGA		CUT	75	77			152	12		152		58T	78T		
	US		CUT	79	80			159	19		159		122T	130T		300
1967	PGA		60T	73	75	75	76	299	11	18	148	223	30T	43T	47T	300
1969	PGA		41T	73	73	72	72	290	6	14	146	218	38T	44T	43T	687
1973	US		CUT	79	75			154	12		154		103T	88T		500
1976	PGA		CUT	85	79			164	24		164		135T	129T		250
Hart, Howard Dudley "Dudley"																
1992	PGA		CUT	77	75			152	10		152		126T	109T		1,200
	US		23T	76	71	71	77	295	7	10	147	218	101T	51T	28T	13,906
1993	PGA		6T	66	68	71	72	277	-7	5	134	205	3T	4T	8T	47,813
1994	M		CUT	76	75			151	7		151		52T	61T		1,500
	PGA		55T	72	71	75	71	289	9	20	143	218	39T	38T	68T	3,158
1997	M		CUT	74	77			151	7		151		25T	53T		5,000
	O		CUT	78	77			155	13		155		99T	131T		700
	PGA		CUT	74	76			150	10		150		78T	103T		1,300

Year	Event	A	Pos	R1	R2	R3	R4	Tot	P/M	SBW	R2T	R3T	R1P	R2P	R3P	W
1998	O		81	73	72	85	80	310	30	30	145	230	89T	47T	79T	5,200
	PGA		44T	70	75	69	74	288	8	17	145	214	21T	60T	35T	7,990
	US		WD	78				78	8				124T			1,000
1999	O		37T	73	79	75	74	301	17	11	152	227	4T	46T	37T	9,500
	PGA		CUT	75	73			148	4		148		101T	84T		1,750
	US		17T	73	73	76	69	291	11	12	146	222	71T	46T	46T	46,756
2000	M		28T	75	71	72	75	293	5	15	146	218	39T	30T	16T	28,673
	O		WD	69	74			143	-1		143		11T	44T		6,999
	PGA		WD	79				79	7				130T			
	US		CUT	77	73			150	8		150		100T	64T		1,000
2001	M		43T	74	70	78	71	293	5	21	144	222	56T	34T	46T	19,600
	O		37T	74	69	69	74	286	2	12	143	212	87T	48T	28T	16,300
	PGA		16T	66	68	73	70	277	-3	12	134	207	2T	5T	18T	70,666
	US		62T	71	73	74	75	293	13	17	144	218	21T	34T	53T	11,443
2002	O		CUT	74	77			151	9		151		106T	138T		2,250
	PGA		CUT	82	75			157	13		157	0	147T	138T		2,000
	US		12T	69	76	70	73	288	8	11	145	215	3T	17T	13T	102,338
2003	O		CUT	76	79			155	13		155		65T	113T		2,500
	US		CUT	72	73			145	5		145	0	57T	81T		1,000
2004	PGA		WD													
	US		53T	71	73	70	85	299	19	23	144	214	30T	45T	19T	19,390
2005	PGA		10T	70	73	66	71	280	0	4	143	209	28T	49T	14T	131,800
2006	PGA		WD	78				78	6				146T			

Hart, Jeffrey Robert

Year	Event	A	Pos	R1	R2	R3	R4	Tot	P/M	SBW	R2T	R3T	R1P	R2P	R3P	W
1985	US		CUT	77	70			147	7		147		115T	67T		600
1992	US		CUT	78	79			157	13		157		131T	140T		1,000
2001	US		CUT	80	75			155	15		155	0	148T	136T		1,000

Hart, Jim

Year	Event	A	Pos	R1	R2	R3	R4	Tot	P/M	SBW	R2T	R3T	R1P	R2P	R3P	W
1964	PGA		CUT	75	80			155	15		155		83T	117T		
	US		CUT	79	82			161	21		161		108T	140T		300

Hart, P. O.

Year	Event	A	Pos	R1	R2	R3	R4	Tot	P/M	SBW	R2T	R3T	R1P	R2P	R3P	W
1921	US		30T	83	80	76	77	316	36	27	163	239	61T	51T	30T	
1922	US		40T	80	77	79	76	312	32	24	157	236	56T	52T	48T	
1923	US		24T	79	80	78	78	315	27	19	159	237	34T	39T	32T	
1924	US		33T	81	75	80	84	320	32	23	156	236	48T	24T	20T	
1926	US		23T	76	81	76	76	309	21	16	157	233	28T	42T	29T	
1927	US		24T	77	77	86	73	313	25	12	154	240	11T	14T	37T	
1928	US		56T	76	80	79	81	316	32	22	156	235	29T	46T	51T	
1929	PGA		32T													
	US		13T	76	78	75	77	306	18	12	154	229	21T	18T	13T	85
1930	US		CUT	80	78			158	12		158		86T	76T		

Hart, Steven L.

Year	Event	A	Pos	R1	R2	R3	R4	Tot	P/M	SBW	R2T	R3T	R1P	R2P	R3P	W
1984	US		38T	73	73	72	75	293	13	17	146	218	53T	42T	29T	4,060
1989	US		CUT	74	80			154	14		154		87T	138T		1,000
1997	US		CUT	74	78			152	12		152		80T	127T		1,000

Harter, Charles E.

Year	Event	A	Pos	R1	R2	R3	R4	Tot	P/M	SBW	R2T	R3T	R1P	R2P	R3P	W
1949	US		WD	76				76	5				55T			
1951	PGA		64T													100
	US		WD													
1952	PGA		32T													200
1953	PGA		64T													100
1958	PGA		CUT	75	77	78		230	20		152	230	43T	59T	75T	
1959	US		CUT	80	81			161	21		161		112T	128T		
1961	PGA		CUT	78	76			154	14		154		120T	110T		
1963	PGA		CUT	81	78			159	17		159		137T	136T		

Hartley, Rex Weller

Year	Event	A	Pos	R1	R2	R3	R4	Tot	P/M	SBW	R2T	R3T	R1P	R2P	R3P	W
1926	O	A	CUT	76	84			160	18		160		18T	62T		
1928	O	A	41T	81	77	76	82	316	28	24	158	234	49T	40T	23T	
1930	O	A	CUT	79	84			163	19		163		54T	89T		
1931	O	A	60T	80	79	79	83	321	33	25	159	238	64T	58T	53T	
1932	O	A	WD													
1933	O	A	CUT	77	76			153	7		154		72T	72T		
1934	O	A	CUT	80	81			161	17		161		84T	97T		

Hartley, William Lister "Lister"

Year	Event	A	Pos	R1	R2	R3	R4	Tot	P/M	SBW	R2T	R3T	R1P	R2P	R3P	W
1926	O	A	14T	74	77	79	76	306	22	15	151	230	8T	11T	19T	
1927	O	A	WD	80				80	7				84T			
1930	O	A	36T	79	78	79	75	311	23	20	157	236	54T	50T	52T	
1931	O	A	40T	79	79	74	81	313	25	17	158	232	55T	48T	32T	
1932	O	A	25T	76	73	80	73	302	14	19	149	229	44T	17T	38T	

Year	Event	A	Pos	R1	R2	R3	R4	Tot	P/M	SBW	R2T	R3T	R1P	R2P	R3P	W
1933	O	A	CUT	77	76			153	7		153		72T	62T		
1934	O	A	42T	76	77	77	78	308	20	25	153	230	37T	59T	50T	
1938	O	A	CUT	75	84			159	19		159		39T	104T		
Hartmann, Rick																
1984	O		62T	70	73	76	77	296	8	20	143	219	10T	24T	57T	1,100
1985	O		CUT	76	77			153	13		153		116T	111T		375
1990	O		CUT	73	71			144	0		144		81T	73T		550
2000	US		46T	73	75	75	76	299	15	27	148	223	39T	45T	24T	15,891
2002	PGA		CUT	79	73			152	8		152	0	132T	105T		2,000
Hartshorn, William																
1926	US		CUT	79	82			161	17		161		55T	70T		
Harvey, Garry																
1979	O		CUT	82	80			162	20		162		133T	139T		200
Harvey, Sam																
1974	PGA		CUT	77	80			157	17		157		96T	120T		
Harwell, Bernard																
1948	US	A	CUT	88	81			169	27		169		168T	156T		
Harwood, Michael Geoffrey																
1986	O		CUT	77	78			155	15		155		54T	109T		400
1987	O		CUT	76	76			152	10		152		115T	123T		400
1988	O		CUT	79	77			156	14		156		124T	122T		450
1989	O		39T	71	72	72	72	287	-1	12	143	215	25T	36T	39T	4,100
1990	O		CUT	72	72			144	0		144		51T	73T		550
1991	O		2	68	70	69	67	274	-6	2	138	207	5T	1T	3T	70,000
	PGA		CUT	73	85			158	14		158		58T	134T		1,000
	US		49T	71	74	77	76	298	10	16	145	222	16T	30T	48T	6,034
1992	O		45T	72	68	76	72	288	4	16	140	216	81T	28T	55T	4,675
	PGA		CUT	76	78			154	12		154		111T	124T		1,200
	US		CUT	76	77			153	9		153		101T	113T		1,000
1993	O		73T	72	70	72	76	290	10	23	142	214	84T	47T	51T	3,500
1994	O		CUT	77	69			146	6		146		140T	102T		600
Haskell, Richard L. "Rich"																
1949	US		CUT	81	76			157	15		157		133T	99T		
1951	US		CUT	77	78			155	15		155		59T	74T		
1956	PGA		128T													50
Haskins, Steve																
1988	US		CUT	77	80			157	15		157		105T	136T		1,000
2002	US		CUT	74	77			151	11		151	0	55T	73T		1,000
Hasmann, Eddie																
1927	US		WD													
Hassall, J. Ernest																
1924	O	A	59T	78	84	84	82	328		27	162	246	18T	50T	60T	
Hassall, T.																
1937	O		CUT	86	89			175	31		175		129T	136T		
1950	O		CUT	75	80			155	15		155		38T	74T		
1952	O		CUT	80	79			159	9		159		84T	77T		
1954	O		CUT	75	77			152	6		152		35T	51T		
Hassanein, Hassan																
1950	O		30T	73	72	77	73	295	15	16	145	222	17T	17T	30T	
1951	O		44	79	73	74	81	307	19	22	152	226	60T	34T	28T	
1953	O		17T	78	71	73	76	298	10	16	149	222	41T	18T	14	30
1955	O		27T	73	72	76	73	294	6	13	145	221	32T	20T	30T	
Hassen, K.																
1950	O		CUT	74	80			154	14		154		30T	70T		
Hastie, James Laurence																
1906	O		CUT	84	85			169			169					
Hastings, William MacKenzie "Willie"																
1938	O		23T	74	74	83	84	315	35	20	148	231	28T	31T	26T	10
1939	O		CUT	78	78			156	10		156		84T	85T		
1950	O		CUT	76	83			159	19		159		52T	89		
1951	O		CUT	84	80			164	20		164		97T	94T		
Hatalsky, Morris																
1977	US		49T	70	74	72	80	296	16	18	144	216	8T	26T	29T	1,095
1978	PGA		38T	77	71	69	75	292	8	16	148	217	101T	62T	26T	1,350

Year	Event	A	Pos	R1	R2	R3	R4	Tot	P/M	SBW	R2T	R3T	R1P	R2P	R3P	W
	US		CUT	77	74			151	9		151		70T	64T		600
1980	PGA		59T	70	73	74	81	298	18	24	143	217	10T	13T	17T	743
1981	US		65T	71	76	72	75	294	14	21	147	219	32T	59T	59T	1,300
1982	M		24T	73	77	75	70	295	7	11	150	225	4T	22T	32T	3,075
	PGA		54T	72	73	69	76	290	10	18	145	214	41T	65T	30T	1,182
	US		CUT	79	81			160	16		160		99T	128T		600
1983	M		CUT	77	74			151	7		151		72T	62T		1,610
	PGA		47T	69	75	73	73	290	6	16	144	217	12T	38T	45T	1,730
1984	M		44	73	71	75	76	295	7	18	144	219	31T	24T	39T	2,300
	O		CUT	76	73			149	5		149		120T	97T		330
	PGA		CUT	77	74			151	7		151		100T	88T		1,000
	US		52T	70	73	69	83	295	15	19	143	212	12T	15T	6T	2,802
1985	PGA		54T	68	74	72	80	294	6	16	142	214	9	19T	12T	1,764
	US		52T	71	72	77	73	293	13	14	143	220	15T	30T	57T	2,887
1987	PGA		56T	76	75	75	75	301	13	14	151	226	69T	59T	56T	1,856
1988	PGA		CUT	76	73			149	7		149		110T	101T		1,000
1989	M		CUT	78	81			159	15		159		74	79		1,500
1990	PGA		14T	73	78	71	72	294	6	12	151	222	29T	70T	34T	20,600
1991	M		29T	71	72	70	73	286	-2	9	143	213	22T	30T	24T	9,200
	PGA		CUT	74	77			151	7		151		77T	104T		1,000

Hatano, Osamu

Year	Event	A	Pos	R1	R2	R3	R4	Tot	P/M	SBW	R2T	R3T	R1P	R2P	R3P	W
1979	O		CUT	79	79			158	16		158		106T	119T		200

Hatch, Terry T.

Year	Event	A	Pos	R1	R2	R3	R4	Tot	P/M	SBW	R2T	R3T	R1P	R2P	R3P	W
2003	PGA		CUT	84	81			165	25		165	0	153T	150		2,000

Hattersley, Harry W.

Year	Event	A	Pos	R1	R2	R3	R4	Tot	P/M	SBW	R2T	R3T	R1P	R2P	R3P	W
1938	O		CUT	74	76			150	10		150		28T	43T		

Hatwood, Freeman, Jr.

Year	Event	A	Pos	R1	R2	R3	R4	Tot	P/M	SBW	R2T	R3T	R1P	R2P	R3P	W
1957	US		CUT	83	88			171	31		171		146T	152		

Haugsrud, Per

Year	Event	A	Pos	R1	R2	R3	R4	Tot	P/M	SBW	R2T	R3T	R1P	R2P	R3P	W
1997	O		CUT	79	75			154	12		154		117T	125T		700

Havers, Arthur Gladstone

Year	Event	A	Pos	R1	R2	R3	R4	Tot	P/M	SBW	R2T	R3T	R1P	R2P	R3P	W
1914	O		69T	83	80	84	90	337		31	163	247	59T	38T	43T	
1920	O		7T	80	78	81	74	313		10	158	239	24T	7T	14T	8
1921	O		4	76	74	77	72	299		3	150	227	17T	8T	10T	25
1922	O		12T	78	80	78	74	310		10	158	236	23T	21T	23T	
1923	O		1	73	73	73	76	295		-1	146	219				75
1924	O		28T	79	77	86	75	317		16	156	242	27T	21	40T	
1925	O		20T	77	80	80	79	316	28	16	157	237	14T	19T	18T	
1926	O		28T	75	76	82	78	311	27	20	151	233	11T	11T	31T	
1927	O		7T	80	74	73	70	297	5	12	154	227	84T	45T	24T	10
	US		15T	79	77	74	80	310	22	9	156	230	26T	19T	6	50
1928	O		CUT	81	79			160	16		160		49T	54T		
1929	O		11	80	74	76	76	306	2	14	154	230	62T	37T	15T	
1931	O		10T	75	76	72	79	302	14	6	151	223	11T	8T	2T	10
	US		CUT	86	80			166	24		166		127T	110T		
1932	O		3	74	71	68	76	289	1	6	145	213	12T	6T	2	50
1933	O		14T	80	72	71	74	297	5	5	152	223	101T	53T	20T	10
1935	O		41T	79	74	76	76	305	17	22	153	229	83T	57T	43T	
1936	O		60	78	78	80	79	315	19	28	156	236	50T	57T	58T	
1937	O		17T	77	75	76	76	304	16	14	152	228	39T	28T	21T	10
1938	O		CUT	78	79			157	17		157		78T	92T		
1946	O		CUT	80	77			157	13		157		52T	39T		
1947	O		27T	80	76	79	76	311	39	18	156	235	59T	32T	32T	
1949	O		CUT	77	78			155	11		155		77T	81T		

Haverstick, Harry H. "Billy," Jr.

Year	Event	A	Pos	R1	R2	R3	R4	Tot	P/M	SBW	R2T	R3T	R1P	R2P	R3P	W
1939	US	A	WD	77				77	8				84T			
1940	US	A	CUT	80	77			157	13		157		109T	101T		
1953	US	A	42T	73	77	79	77	306	18	23	150	229	11T	22T	41T	

Haviland, Paul

Year	Event	A	Pos	R1	R2	R3	R4	Tot	P/M	SBW	R2T	R3T	R1P	R2P	R3P	W
1964	PGA		33T	68	73	73	75	289	9	18	141	214	4T	13T	17T	663
	US		CUT	75	78			153	13		153		47T	83T		300
1965	US		CUT	78	75			153	13		153		82T	69T		300
1966	PGA		CUT	78	79			157	17		157		102T	121T		

Havret, Gregory

Year	Event	A	Pos	R1	R2	R3	R4	Tot	P/M	SBW	R2T	R3T	R1P	R2P	R3P	W
2007	O		CUT	72	76			148	6		148		39T	81T		2,650
	PGA		CUT	75	74			149	9		149		85T	98T		2,000
2008	O		19T	71	75	77	71	294	14	11	146	223	7T	27T	48T	37,771

Year	Event	A	Pos	R1	R2	R3	R4	Tot	P/M	SBW	R2T	R3T	R1P	R2P	R3P	W
Hawkes, Jeffrey Owen																
1977	O		CUT	79	70	74		223	13		149	223	124T	73T	69T	200
1982	O		CUT	79	73	75		227	11		152	227	109T	71T	61T	440
1984	O		CUT	78	72			150	6		150		139T	113T		330
1986	O		46T	78	73	72	75	298	18	18	151	223	71T	63T	41T	2,475
1987	O		74	71	74	80	78	303	19	24	145	225	28T	52T	67T	1,600
1989	O		30T	75	67	69	75	286	-2	11	142	211	101T	27T	13T	4,711
1990	O		CUT	75	73			148	4		148		127T	123T		550
Hawkesworth, John F.																
1984	O	A	CUT	79	77			156	12		156		146T	149T		
1991	O		CUT	77	73			150	10		150		134T	118T		600
1995	O		94T	73	74	75	76	298	10	16	147	222	85T	81T	86T	4,000
Hawkins, Frederick E.																
1948	US		CUT	76	75			151	9		151		91T	75T		
1951	US		6T	76	72	75	71	294	14	7	148	223	40T	9T	12T	388
1952	M		7T	71	73	78	71	293	5	7	144	222	6T	10T	16T	625
	US		48T	75	76	74	84	309	29	28	151	225	42T	44T	33T	100
1953	M		10T	75	70	74	70	289	1	15	145	219	35T	12T	20T	523
1954	M		58T	78	80	76	75	309	21	20	158	234	47T	62T	59T	250
1955	PGA		8T													500
	US		19T	73	78	75	76	302	22	15	151	226	5T	14T	16T	226
1956	M		29T	71	73	76	84	304	16	15	144	220	9T	9T	8T	300
	PGA		8T													
	US		CUT	77	77			154	14		154		78T	86T		
1957	M		16T	75	74	72	74	295	7	12	149	221	29T	27T	16T	779
	PGA		128T													50
	US		6T	72	72	71	71	286	6	4	144	215	17T	9T	8T	840
1958	M		2T	71	75	68	71	285	-3	1	146	214	9T	17T	8T	4,500
	PGA		14T	72	75	70	73	290	10	14	147	217	17T	28T	17T	875
	US		WD	76	80			156	16		156		32T	64T		
1959	M		7	77	71	68	73	289	1	5	148	216	52T	28T	5T	2,100
	PGA		28T	72	69	72	76	289	9	12	141	213	27T	9T	12T	390
	US		11T	76	72	69	74	291	11	9	148	217	58T	32T	13T	600
1960	M		16T	69	78	72	75	294	6	12	147	219	2T	24T	16T	1,050
	PGA		10T	73	69	72	74	288	8	7	142	214	34T	6T	6T	1,750
	US		CUT	76	75			151	9		151		82T	83T		
1961	M		24T	74	75	72	72	293	5	13	149	221	22T	38T	32T	1,000
	PGA		22T	75	73	71	69	288	8	11	148	219	71T	57T	36T	780
	US		CUT	76	78			154	14		154		69T	110T		
1962	M		CUT	81	77			158	14		158		97T	94T		400
	PGA		CUT	75	73	79		227	17		148	227	67T	54T	76T	
	US		38T	73	77	77	75	302	18	19	150	227	15T	38T	45T	350
1963	US		CUT	76	80			156	14		156		45T	83T		150
Hawkins, John Henry																
1939	O		CUT	78	83			161	15		161		84T	116T		
1951	O		CUT	76	82			158	14		158		36T	64T		
1952	O		37T	76	72	82	79	309	9	22	148	230	54T	24T	41T	
Hay, ____																
1861	O	A	UNK													
Hay, Garry																
1980	O	A	CUT	80	81			161	19		161		135T	149		
1982	O		WD	75				75	3		0		45T			225
Hay, John																
1979	O		CUT	75	77	76		228	15		152	228	36T	67T	62T	300
1992	O		CUT	79	79			158	16		158		154T	155T		600
Hay, Robert																
1861	O	A	UNK													
Hayashi, Yoshiro																
1956	O		CUT	81	82			163	21		163		88T	87T		
Hayden, Ray																
1956	O		CUT	77	83			160	18		160		63T	78T		
1958	O		CUT	75	73			148	6		148		49T	41T		
1959	O		48	75	72	77	79	303	15	19	147	224	40T	34T	43T	
Hayek, Victor, Jr.																
1978	US		CUT	84	78			162	20		162		146T	134T		600
Hayes, Benjamin																
2006	US		CUT	76	77			153	13		153		68T	98T		2,000

Year	Event	A	Pos	R1	R2	R3	R4	Tot	P/M	SBW	R2T	R3T	R1P	R2P	R3P	W
Hayes, Clayton "Teddy"																
1938	US		WD	82				82	11				106T			
Hayes, Dale																
1969	O	A	CUT	80	75			155	13		155		112T	94T		
1971	O		17	71	72	70	75	288	-4	10	143	213	12T	11T	6T	800
1972	O		CUT	75	77	79		231	18		152	231	52T	78T	86T	75
1973	O		39T	76	72	73	75	296	8	20	148	221	55T	33T	26T	173
1974	O		CUT	77	81			158	16		158		46T	90T		50
1975	M		CUT	77	74			151	7		151		64T	59T		1,250
	O		32T	73	71	73	75	292	4	13	144	217	41T	23T	28T	275
1976	M		19T	75	74	73	70	292	4	21	149	222	46T	35T	31T	2,550
	O		48T	77	71	74	77	299	11	20	148	222	66T	39T	26T	180
1977	M		CUT	75	75			150	6		150		40T	51T		1,500
1978	O		11T	74	70	71	71	286	-2	5	144	215	68T	23T	13T	3,017
1979	O		CUT	76	77			153	11		153		58T	83T		200
1980	O		38T	71	70	74	76	291	7	20	141	215	13T	11T	27T	600
1981	O		CUT	80	72			152	12		152		120T	91T		225
Hayes, Furman																
1953	US		CUT	81	74			155	11		155		125T	73T		
1954	US		CUT	80	79			159	19		159		92T	101T		
1956	PGA		128T													50
1957	PGA		64T													
	US		38T	74	75	70	80	299	19	17	149	219	33T	35T	19T	240
1958	PGA		CUT	80	79			159	19		159		126T	127T		
1959	US		CUT	82	79			161	21		161		130T	128T		
1963	PGA		63T	76	71	74	78	299	15	20	147	221	83T	39T	48T	230
1964	PGA		56T	74	72	74	73	293	13	22	146	220	65T	47T	53T	270
Hayes, John Otway																
1948	O		28T	74	73	75	78	300	28	16	147	222	21T	22T	24T	
1964	O		CUT	84	77			161	17		161		104T	94T		
1965	O		CUT	77	76			153	7		153		77T	80T		
Hayes, John Patrick "JP"																
1992	US		CUT	74	78			152	8		152		65T	107T		1,000
1998	O		CUT	70	79			149	9		149		28T	103T		800
	PGA		CUT	74	76			150	10		150		99T	111T		1,500
1999	M		CUT	76	74			150	6		150		65T	62T		5,000
	PGA		54T	68	76	76	74	294	6	17	144	220	2T	40T	56T	7,400
2000	PGA		19T	69	68	68	76	281	-7	11	137	205	5T	3T	4	56,200
	US		CUT	76	79			155	13		155		86T	113T		1,000
2001	O		42T	69	71	74	73	287	3	13	140	214	5T	17T	40T	13,500
2002	PGA		64T	73	75	78	76	302	14	24	148	226	38T	57T	63T	10,750
2003	US		64T	70	73	79	71	293	13	21	143	222	25T	54T	68	14,200
2004	US		CUT	72	74			146	6		146	0	40T	67T		1,000
2005	US		71T	77	71	74	76	298	18	18	148	222	113T	72T	63T	12,551
Hayes, Mark Stephen																
1973	US		CUT	81	75			156	14		156		128T	105T		500
1974	US		40T	73	77	76	77	303	23	16	150	226	9T	35T	32T	980
1975	PGA		22T	67	71	75	75	288	8	12	138	213	1	3T	9T	2,115
1976	PGA		15T	69	72	73	73	287	7	6	141	214	7T	14T	18T	3,400
	US		14T	74	74	70	71	289	9	12	148	218	34T	32T	20T	2,310
1977	M		33T	71	72	72	76	291	3	15	143	215	9T	12T	13T	1,950
	O		9T	76	63	72	73	284	4	16	139	211	82T	6T	9T	2,875
	PGA		19T	68	75	74	74	291	3	9	143	217	2T	12T	20T	2,700
	US		41T	76	68	73	76	293	13	15	144	217	94T	26T	33T	1,180
1978	O		14T	70	75	75	67	287	-1	6	145	220	6T	37T	40T	2,400
	PGA		CUT	76	73			149	7		149		75T	73T		303
	US		35T	73	70	76	79	298	14	13	143	219	18T	5T	16T	1,567
1979	O		30T	75	75	77	71	298	14	15	150	227	36T	45T	58T	712
	PGA		62T	71	73	77	72	293	13	21	144	221	27T	36T	70T	535
	US		CUT	80	78			158	16		158		114T	102T		600
1980	M		CUT	74	76			150	6		150		40T	68T		1,500
	O		32T	70	73	76	71	290	6	19	143	219	8T	22T	59T	779
	PGA		59T	73	75	75	75	298	18	24	148	223	45T	53T	60T	743
	US		6T	66	71	69	74	280	0	8	137	206	3T	6	4T	11,950
1981	M		CUT	76	75			151	7		151		53T	57T		1,500
	PGA		33T	70	74	68	74	286	6	13	144	212	12T	36T	20T	2,250
	US		14T	71	70	72	69	282	2	9	141	213	32T	21T	26T	3,617
1982	M		10T	74	73	73	70	290	2	6	147	220	10T	8T	16T	8,550
	PGA		34T	69	72	70	76	287	7	15	141	211	7T	17T	15T	2,350
	US		CUT	78	75			153	9		153		78T	76T		600

Year	Event	A	Pos	R1	R2	R3	R4	Tot	P/M	SBW	R2T	R3T	R1P	R2P	R3P	W
1983	M		20T	71	73	76	72	292	4	12	144	220	22T	26T	30T	5,214
	PGA		CUT	72	76			148	6		148		39T	88T		1,000
	US		26T	75	72	74	75	296	12	16	147	221	40T	20T	19T	4,465
1984	M		CUT	76	78			154	10		154		70T	82		1,500
	US		43T	72	74	75	73	294	14	18	146	221	33T	42T	50T	3,374
1986	PGA		CUT	73	74			147	5		147		70T	74T		1,000
1987	PGA		CUT	75	81			156	12		156		52T	94T		1,000
1988	US		CUT	72	78			150	8		150		21T	89T		1,000
1990	US		CUT	73	79			152	8		152		61T	128T		1,000

Hayes, Robert L.

Year	Event	A	Pos	R1	R2	R3	R4	Tot	P/M	SBW	R2T	R3T	R1P	R2P	R3P	W
1956	PGA		128T													50
1958	PGA		CUT	81	74			155	15		155		136T	94T		

Hayes, Ted, Jr.

Year	Event	A	Pos	R1	R2	R3	R4	Tot	P/M	SBW	R2T	R3T	R1P	R2P	R3P	W
1968	US		CUT	77	78			155	15		155		101T	116T		500
1970	US		22T	79	73	73	72	297	9	16	152	225	68T	38T	26T	1,452
1971	US		CUT	75	75			150	10		150		87T	72T		500
1972	US		CUT	76	82			158	14		158		45T	95T		500

Haynes, James Clifton "Jimmy"

Year	Event	A	Pos	R1	R2	R3	R4	Tot	P/M	SBW	R2T	R3T	R1P	R2P	R3P	W
1958	PGA		WD	83				83	13				147T			

Haynes, Stuart

Year	Event	A	Pos	R1	R2	R3	R4	Tot	P/M	SBW	R2T	R3T	R1P	R2P	R3P	W
1934	O	A	WD	82				82	10				96T			

Hayward, Cecil Hugh

Year	Event	A	Pos	R1	R2	R3	R4	Tot	P/M	SBW	R2T	R3T	R1P	R2P	R3P	W
1925	O	A	61T	84	83	84	86	337	49	37	167	251	66T	63T	61T	
1928	O	A	CUT	82	85			167	23		167		66T	97T		

Hazelden, Matthew

Year	Event	A	Pos	R1	R2	R3	R4	Tot	P/M	SBW	R2T	R3T	R1P	R2P	R3P	W
2004	O		CUT	79	71			150	8		150		147T	121T		2,250

Hazeltine, Scott

Year	Event	A	Pos	R1	R2	R3	R4	Tot	P/M	SBW	R2T	R3T	R1P	R2P	R3P	W
1987	US		CUT	77	71			148	8		148		121T	78T		600

Head, E. S. Nugent

Year	Event	A	Pos	R1	R2	R3	R4	Tot	P/M	SBW	R2T	R3T	R1P	R2P	R3P	W
1938	O	A	CUT	77	80			157	17		157		67T	92T		

Head, Gary

Year	Event	A	Pos	R1	R2	R3	R4	Tot	P/M	SBW	R2T	R3T	R1P	R2P	R3P	W
1975	PGA		CUT	78	74			152	12		152		103T	96T		
1985	PGA		CUT	81	80			161	17		161		144T	144		1,000

Headings, Donald W., Jr.

Year	Event	A	Pos	R1	R2	R3	R4	Tot	P/M	SBW	R2T	R3T	R1P	R2P	R3P	W
1965	US		CUT	82	83			165	25		165		124T	134		300
1968	PGA		CUT	81	76			157	17		157		147T	134T		
1970	PGA		CUT	78	79			157	17		157		103T	114T		

Heafner, Clayton Vance

Year	Event	A	Pos	R1	R2	R3	R4	Tot	P/M	SBW	R2T	R3T	R1P	R2P	R3P	W
1939	US		16T	73	73	66	80	292	16	8	146	212	24T	21T	2T	67
1940	M		WD	73	82			155	11		155	0	16T	49T		
	US		WD	77				77	5				69T			
1941	M		12T	73	70	76	73	292	4	12	143	219	9T	4T	9T	50
	US		21T	72	72	78	78	300	20	16	144	222	9T	1T	14T	50
1946	M		7T	74	69	71	76	290	2	8	143	214	12T	3	3T	356
	PGA		64T													100
	US		12T	75	72	71	71	289	1	5	147	218	45T	21T	13T	150
1947	M		29T	75	73	75	73	296	8	15	148	223	34T	29T	37T	
	PGA		32T													200
	US		CUT	77	76			153	11		153		95T	82T		
1948	US		CUT	73	78			151	9		151		35T	75T		
1949	M		8T	71	74	72	75	292	4	10	145	217	3T	4T	8	312
	PGA		8T													500
	US		2T	72	71	71	73	287	3	1	143	214	13T	4T	3T	1,250
1950	M		7T	74	77	69	72	292	4	9	151	220	13T	23T	8	405
	US		WD													
1951	M		20T	74	72	73	78	297	9	17	146	219	18T	16T	14T	308
	PGA		64T													100
	US		2	72	75	73	69	289	9	2	147	220	2T	4T	5T	2,000
1952	M		24T	76	74	74	78	302	14	16	150	224	45T	35T	20T	400
	US		WD	77				77	7				73T			
1953	M		WD	78	74	79		231	15		152	231	54T	48T	58	200
	US		26T	75	75	76	75	301	13	18	150	226	23T	22T	27T	150

Heafner, Clayton Vance "Vance," Jr.

Year	Event	A	Pos	R1	R2	R3	R4	Tot	P/M	SBW	R2T	R3T	R1P	R2P	R3P	W
1978	M	A	45T	73	74	74	75	296	8	19	147	221	20T	36T	38T	
	US	A	CUT	76	75			151	9		151		57T	64T		
1979	US		CUT	77	79			156	14		156		69T	92T		600

Year	*Event*	*A*	*Pos*	*R1*	*R2*	*R3*	*R4*	*Tot*	*P/M*	*SBW*	*R2T*	*R3T*	*R1P*	*R2P*	*R3P*	*W*
1980	US		CUT	80	71			151	11		151		140T	92T		600
1981	PGA		11T	68	70	70	72	280	0	7	138	208	4T	6T	5T	6,750
1982	PGA		54T	68	71	76	75	290	10	18	139	215	7T	9T	41T	1,182
	US		53T	75	74	74	76	299	11	17	149	223	43T	35T	45T	1,409
1983	PGA		47T	73	74	72	71	290	6	16	147	219	65T	69T	56T	1,730
	US		CUT	76	77			153	11		153		61T	78T		600
1985	PGA		CUT	80	74			154	10		154		142T	126T		1,000
1993	US		52T	70	72	73	71	286	6	14	142	215	19T	44T	63T	6,526
Healing, S. Fred																
1930	O		CUT	83	78			161	17		161		92T	78T		
Healy, Kevin																
1989	US		CUT	76	82			158	18		158		115T	149T		1,000
Healy, Terry M.																
1978	O		CUT	74	75			149	5		149		68T	81T		175
1979	O		CUT	82	76			158	16		158		133T	119T		200
Heaney, James P.																
1933	US		CUT	78	80			158	14		158		51T	78T		
Heaney, Michael J.																
1929	US		WD	86				86	14				138T			
Heard, Jerry Michael																
1966	US	A	CUT	78	78			156	16		156		105T	102T		
1970	US		CUT	79	81			160	16		160		68T	118T		500
1971	M		48	76	74	75	79	304	16	25	150	225	47T	44T	41T	1,600
	PGA		9T	73	71	72	71	287	-1	6	144	216	33T	16T	11T	4,800
	US		13T	73	71	73	69	286	6	6	144	217	54T	24T	30T	2,200
1972	M		5T	73	71	72	74	290	2	4	144	216	16T	7T	5T	6,200
	O		28T	75	75	71	72	293	9	15	150	221	52T	49T	32T	245
	PGA		7T	69	70	72	74	285	5	4	139	211	3T	1	3T	6,383
	US		29T	73	74	77	81	305	17	15	147	224	11T	14T	20T	1,217
1973	M		56	76	75	72	80	303	15	20	151	223	47T	55T	38T	1,600
	PGA		66T	72	75	78	73	298	14	21	147	225	22T	49T	72T	360
	US		7T	74	70	66	73	283	-1	4	144	210	31T	16T	1T	6,000
1974	M		11T	70	70	73	71	284	-4	6	140	213	10T	6T	11T	3,375
	O		CUT	75	83			158	16		158		27T	90T		50
	PGA		48T	73	76	73	70	292	12	16	149	222	43T	69T	58T	495
	US		45T	73	77	75	79	304	24	17	150	225	9T	35T	24T	935
1975	M		26T	71	75	72	73	291	3	15	146	218	10T	27T	19T	2,000
	PGA		25T	75	70	70	74	289	9	13	145	215	69T	39T	17T	1,800
	US		29T	77	67	78	73	295	11	8	144	222	89T	12T	43T	1,193
1976	PGA		22T	72	74	69	73	288	8	7	146	215	35T	47T	25T	2,064
1978	PGA		64T	76	71	72	81	300	16	24	147	219	75T	48T	41T	500
1979	M		CUT	75	73			148	4		148		57T	52T		1,500
	US		CUT	75	81			156	14		156		47T	92T		600
Heard, Peter F.																
1954	O	A	CUT	82	76			158	12		158		93T	84T		
Hearn, David Geoffrey																
2005	US		CUT	77	79			156	16		156		113T	143T		2,000
2008	US		CUT	76	75			151	9		151		85T	92T		2,000
Heath, Gerald D. "Skeeter"																
1982	US		49T	73	74	74	77	298	10	16	147	221	17T	21T	34T	1,599
1983	US		39T	73	76	74	76	299	15	19	149	223	17T	36T	30T	3,268
1985	US		34T	70	70	77	72	289	9	10	140	217	8T	11T	38T	4,994
Heath, Richard "Rick"																
2000	US		CUT	79	81			160	18		160		130T	148T		1,000
Hebert, Benjamin																
2008	O	A	CUT	79	73			152	12		152		123T	114T		
Hebert, Junius Joseph "Jay"																
1953	US		9T	72	72	74	78	296	8	13	144	218	7T	5	4T	325
1954	M		16T	79	74	74	70	297	9	8	153	227	56T	34T	31T	563
	US		17	77	70	70	77	294	14	10	147	217	46T	16T	8T	240
1955	M		15T	75	74	74	72	295	7	16	149	223	19T	20T	18T	563
	PGA		32T													200
1956	M		53T	74	76	82	81	313	25	24	150	232	30T	33T	49T	300
	PGA		64T													
	US		17T	71	76	73	74	294	14	13	147	220	3T	23T	20T	260
1957	M		10	74	72	76	70	292	4	9	146	222	16T	8T	19T	1,006

Year	Event	A	Pos	R1	R2	R3	R4	Tot	P/M	SBW	R2T	R3T	R1P	R2P	R3P	W
	PGA		7PO													1,500
1958	M		9T	72	73	73	71	289	1	5	145	218	18T	14T	16T	1,266
	PGA		5T	68	71	73	73	285	5	9	139	212	2	1T	5T	1,600
	US		7T	77	76	71	69	293	13	10	153	224	46T	37T	20T	1,017
1959	M		8T	72	73	72	73	290	2	6	145	217	5T	10T	10T	1,740
	PGA		25T	72	70	69	77	288	8	11	142	211	27T	12T	6T	510
	US		17T	73	70	78	72	293	13	11	143	221	27T	9T	28T	420
1960	M		39T	69	77	78	77	301	13	19	146	224	2T	18T	33T	500
	PGA		1	72	67	72	70	281	1	-1	139	211	19T	1	2T	11,000
	US		CUT	77	72			149	7		149		98T	66T		
1961	M		30T	72	75	69	80	296	8	16	147	216	9T	25T	13T	500
	PGA		13	68	72	72	72	284	4	7	140	212	2T	5T	7T	1,500
	US		49T	77	71	77	75	300	20	19	148	225	87T	39T	52T	275
1962	M		WD	74				74	2				28T			400
	PGA		10	73	72	70	70	285	5	7	145	215	29T	31T	14T	1,750
	US		17T	75	72	73	74	294	10	11	147	220	47T	23T	17T	800
1963	M		27	70	70	81	75	296	8	10	140	221	3T	2T	16	750
	PGA		40T	75	76	73	69	293	9	14	151	224	65T	67T	64T	410
	US		38T	73	76	83	77	309	25	16	149	232	11T	15T	42T	350
1964	M		30T	74	74	69	75	292	4	16	148	217	33T	37T	16T	875
	PGA		CUT	74	76	72		222	12		150	222	65T	90T	66T	
	US		CUT	79	77			156	16		156		108T	110T		300
1965	M		CUT	75	77			152	8		152		64T	61T		900
	PGA		54T	72	73	78	77	300	16	20	145	223	19T	17T	49T	403
	US		CUT	74	78			152	12		152		30T	58T		300
1966	M		10T	72	74	73	75	294	6	6	146	219	6T	12T	7T	1,770
	PGA		12T	75	73	70	71	289	9	9	148	218	58T	38T	14T	2,933
	US		CUT	73	79			152	12		152		26T	65T		300
1967	M		21T	72	77	68	76	293	5	13	149	217	6T	38T	12T	1,700
	PGA		CUT	77	75			152	8		152		94T	76T		
1968	M		28T	74	71	71	73	289	1	12	145	216	30T	22T	20T	1,400
	PGA		CUT	74	80			154	14		154		51T	109T		
1969	PGA		63T	75	74	73	74	296	12	20	149	222	72T	69T	70T	241
1971	PGA		CUT	74	79			153	9		153		48T	106T		
1974	PGA		CUT	76	80			156	16		156		84T	114T		
1976	PGA		CUT	83	76			159	19		159		133T	121T		250
1977	PGA		CUT	80	79			159	15		159		112T	115T		250

Hebert, Lionel P.

Year	Event	A	Pos	R1	R2	R3	R4	Tot	P/M	SBW	R2T	R3T	R1P	R2P	R3P	W
1952	US		CUT	83	78			161	21		161		133T	113T		
1953	US		33T	80	71	80	72	303	15	20	151	231	112T	31T	51T	150
1954	US		39	75	75	77	76	303	23	19	150	227	28T	30T	40T	180
1955	PGA		32T													200
1956	M		61T	77	77	80	83	317	29	28	154	234	53T	52T	54T	300
	PGA		16T													
	US		CUT	74	78			152	12		152		27T	69T		
1957	PGA		1													8,000
1958	M		32T	71	77	75	75	298	10	14	148	223	9T	28T	35T	350
	PGA		16T	69	73	74	75	291	11	15	142	216	3T	8T	13T	740
	US		CUT	79	78			157	17		157		69T	77T		
1959	M		39	77	72	76	75	300	12	16	149	225	52T	38T	40	350
	PGA		31T	71	69	75	75	290	10	13	140	215	19T	6T	19T	263
	US		28T	71	74	70	82	297	17	15	145	215	6T	19T	10	240
1960	M		9T	74	70	73	73	290	2	8	144	217	35T	13T	12T	1,575
	PGA		18T	75	72	70	75	292	12	11	147	217	66T	35T	15T	1,050
	US		27T	73	72	71	75	291	7	11	145	216	35T	29T	24T	368
1961	M		30T	74	69	74	79	296	8	16	143	217	22T	5T	16T	500
	PGA		CUT	75	74			149	9		149		71T	66T		
	US		CUT	73	77			150	10		150		20T	58T		
1962	M		20T	72	73	71	76	292	4	12	145	216	12T	15T	9T	1,000
	PGA		CUT	77	75			152	12		152		108T	92T		
	US		23T	75	72	75	74	296	12	13	147	222	47T	23T	25T	575
1963	M		39T	75	74	77	76	302	14	16	149	226	27T	28T	33T	750
	PGA		CUT	78	76			154	12		154		108T	99T		
	US		14T	71	79	76	76	302	18	9	150	226	3T	24T	18T	900
1964	M		32T	74	74	73	72	293	5	17	148	221	33T	37T	37T	850
	PGA		CUT	78	74			152	12		152		126T	99T		
	US		21T	73	74	72	75	294	14	16	147	219	22T	26T	16T	625
1965	M		CUT	70	80			150	6		150		12T	50T		900
	PGA		49T	73	73	76	76	298	14	18	146	222	30T	23T	42T	467
	US		CUT	75	78			153	13		153		41T	69T		300
1966	M		WD	73	79	81		233	17		152	233	10T	47T	61T	1,000
	PGA		65T	75	74	75	77	301	21	21	149	224	58T	48T	52T	300
	US		CUT	79	75			154	14		154		122T	90T		300

Year	Event	A	Pos	R1	R2	R3	R4	Tot	P/M	SBW	R2T	R3T	R1P	R2P	R3P	W
1967	M		8T	77	71	67	73	288	0	8	148	215	60T	30T	7T	3,350
	PGA		14T	75	71	70	71	287	-1	6	146	216	62T	22T	16T	2,360
1968	M		7T	72	71	71	68	282	-6	5	143	214	17T	12T	12T	3,460
	PGA		30T	75	71	70	74	290	10	9	146	216	65T	27T	24T	863
1969	M		8T	69	73	70	73	285	-3	4	142	212	5T	5T	6T	3,600
	PGA		CUT	76	74			150	8		150		91T	81T		
	US		52T	74	73	77	73	297	17	16	147	224	47T	43T	61T	865
1970	M		CUT	75	78			153	9		153		32T	61T		1,000
	PGA		CUT	76	75			151	11		151		78T	71T		
	US		CUT	81	79			160	16		160		101T	118T		500
1971	PGA		WD	72	70			142	-2		142		17T	4T		
1972	PGA		74T	72	76	80	79	307	27	26	148	228	22T	49T	74T	333
1973	PGA		CUT	74	77			151	9		151		52T	90T		
	US		CUT	74	79			153	11		153		31T	80T		500
1974	PGA		CUT	78	78			156	16		156		110T	114T		
	US		CUT	84	73			157	17		157		141T	92T		500
1975	PGA		CUT	76	73			149	9		149		79T	72T		
1976	PGA		CUT	77	73			150	10		150		92T	77T		250
1977	PGA		CUT	79	78			157	13		157		103T	106T		250
1981	PGA		CUT	73	77			150	10		150		55T	96T		550

Hebert, Scott

Year	Event	A	Pos	R1	R2	R3	R4	Tot	P/M	SBW	R2T	R3T	R1P	R2P	R3P	W
2007	PGA		CUT	79	76			155	15		155		132T	134T		2,000
2008	PGA		CUT	80	76			156	16		156		143T	133T		2,500

Heck, Marion

Year	Event	A	Pos	R1	R2	R3	R4	Tot	P/M	SBW	R2T	R3T	R1P	R2P	R3P	W
1964	US	A	CUT	75	77			152	12		152		47T	70T		
1966	US	A	CUT	79	79			158	18		158		122T	123T		
1976	US		CUT	77	76			153	13		153		89T	79T		500

Heckel, Steve

Year	Event	A	Pos	R1	R2	R3	R4	Tot	P/M	SBW	R2T	R3T	R1P	R2P	R3P	W
1987	PGA		CUT	76	79			155	11		155		69T	89T		1,000

Hector, William

Year	Event	A	Pos	R1	R2	R3	R4	Tot	P/M	SBW	R2T	R3T	R1P	R2P	R3P	W
1962	O		CUT	81	80			161	17		161		100T	100T		
1964	O		CUT	83	79			162	18		162		93T	98T		
1965	O		37T	76	70	79	78	303	11	18	146	225	59T	18T	36T	
1966	O		60T	76	72	78	85	311	27	29	148	226	61T	29T	46T	37
1969	O		CUT	77	85			162	20		162		82T	119T		
1970	O		CUT	77	74			151	7		151		113T	86T		
1971	O		CUT	77	78			155	9		155		92T	107T		
1973	O		CUT	78	78			156	12		156		87T	115T		50
1975	O		CUT	80	79			159	15		159		133T	144T		100

Hedblom, Peter Mikael

Year	Event	A	Pos	R1	R2	R3	R4	Tot	P/M	SBW	R2T	R3T	R1P	R2P	R3P	W
1990	O		CUT	75	71			146	2		146		127T	102T		550
1991	O		96T	74	74	73	71	292	12	20	148	221	94T	98T	102T	3,000
1996	O		7T	70	65	75	67	277	-7	6	135	210	25T	3T	22T	35,000
1997	O		CUT	76	72			148	6		148		63T	71T		1,000
1998	O		CUT	76	82			158	18		158		137T	153		650
2004	O		CUT	78	73			151	9		151		142T	127T		2,250
2005	US		11T	77	66	70	75	288	8	8	143	213	113T	20T	7T	123,857
2006	O		CUT	73	77			150	6		150		92T	131T		2,000
	US		21T	72	74	71	75	292	12	7	146	217	15T	21T	11T	74,252
2008	PGA		CUT	76	80			156	16		156		90T	133T		2,500

Hederstrom, Leif

Year	Event	A	Pos	R1	R2	R3	R4	Tot	P/M	SBW	R2T	R3T	R1P	R2P	R3P	W
1988	O		CUT	79	77			156	14		156		124T	122T		450

Hedges, Peter J.

Year	Event	A	Pos	R1	R2	R3	R4	Tot	P/M	SBW	R2T	R3T	R1P	R2P	R3P	W
1973	O	A	CUT	79	78			157	13		157		105T	120T		
1978	O	A	CUT	75	80			155	11		155		83T	133T		

Heffernan, Wes

Year	Event	A	Pos	R1	R2	R3	R4	Tot	P/M	SBW	R2T	R3T	R1P	R2P	R3P	W
2001	US		CUT	77	79			156	16		156	0	120T	136T		1,000

Heggarty, James "Jimmy"

Year	Event	A	Pos	R1	R2	R3	R4	Tot	P/M	SBW	R2T	R3T	R1P	R2P	R3P	W
1976	O		CUT	78	72	78		228	12		150	228	75T	55T	72T	150
1981	O		DQ	75	72			147	7		147		40T	38T		225
1982	O		CUT	81	82			163	19		163		129T	143T		225
1983	O		CUT	73	78			151	9		151		62T	114T		250
1984	O		36T	71	74	72	72	289	1	13	145	217	21T	42T	33T	2,230
1985	O		CUT	77	81			158	18		158		129T	137T		375
1986	O		65T	75	72	80	75	302	22	22	147	227	22T	23T	64T	1,650
1991	O		CUT	74	76			150	10		150		94T	118T		600

Year	*Event*	*A*	*Pos*	*R1*	*R2*	*R3*	*R4*	*Tot*	*P/M*	*SBW*	*R2T*	*R3T*	*R1P*	*R2P*	*R3P*	*W*
Heggarty, James M.																
1935	O		CUT	81	74			155	11		155		99T	71T		
Heib, John																
1981	O	A	CUT	82	80			162	22		162		133T	146T		
Heilemann, Kenneth R.																
1947	US	A	CUT	78	79			157	15		157		113T	104T		
Heinen, William Michael "Mike," Jr.																
1994	PGA		CUT	75	73			148	8		148		97T	98T		1,200
1995	M		CUT	73	74			147	3		147		43T	55T		1,500
	PGA		CUT	75	70			145	3		145		119T	101T		1,200
	US		CUT	75	74			149	9		149		108T	96T		1,000
1996	US		CUT	73	76			149	9		149		65T	109T		1,000
Heiner, Carson W.																
1946	US		CUT	83	79			162	18		162		154T	143T		
Heinlein, William A.																
1936	US		CUT	85	77			162	18		162		160T	141T		
1937	US		CUT	78	77			155	11		155		83T	87T		
1941	PGA		32T													
1946	PGA		32T													200
	US		CUT	78	76			154	10		154		93T	88T		
1949	PGA		64T													100
1950	PGA		64T													100
1952	PGA		64T													100
1956	PGA		128T													50
1957	PGA		64T													
1958	PGA		CUT	75	77	81		233	23		152	233	43T	59T	87T	
1961	PGA		60	69	77	79	76	301	21	24	146	225	4T	38T	62	225
Heins, Bobby																
1982	US		CUT	73	79			152	8		152		17T	67T		600
1983	PGA		77T	73	74	75	78	300	16	26	147	222	65T	69T	73T	1,500
	US		CUT	81	72			153	11		153		131T	78T		600
1985	PGA		CUT	78	78			156	12		156		134T	133T		1,000
1989	PGA		CUT	75	74			149	5		149		95T	98T		1,000
Heintz, Robert Edward																
1999	US		CUT	73	77			150	10		150		71T	96T		1,000
Heintzelman, Webb R.																
1988	US		CUT	79	76			155	13		155		133T	124T		1,000
1989	US		54T	72	70	75	76	293	13	15	142	217	51T	28T	43T	4,300
1990	US		24T	70	75	74	68	287	-1	7	145	219	12T	54T	59T	11,309
1992	US		CUT	81	76			157	13		157		148T	140T		1,000
Held, Edmund R. "Eddie"																
1922	US	A	WD	86	82			168	28		168	0	76T	77T		
1923	US	A	26T	80	75	79	82	316	28	20	155	234	43T	22T	23T	
1926	US	A	CUT	82	80			162	18		162		93T	78T		
1927	US	A	34T	83	79	78	77	317	29	16	162	240	68T	47T	37T	
1929	US	A	CUT	77	84			161	17		161		33T	82T		
1939	US	A	WD	75	77			152	14		152	0	48T	60T		
1940	US		CUT	79	83			162	18		162		96T	135T		
1941	US		WD	81				81	11				119T			
1947	US		CUT	78	80			158	16		158		113T	108T		
1951	US		CUT	76	77			153	13		153		40T	56T		
1954	US		WD	83				83	13				125T			
Helwig, Russell J.																
1972	US		CUT	88	76			164	20		164		149T	127T		500
1976	US		CUT	76	79			155	15		155		73T	92T		500
1982	PGA		CUT	77	79			156	16		156		121T	134T		650
Hend, Scott Robert																
2004	US		CUT	75	78			153	13		153	0	99T	141T		1,000
2005	O		CUT	73	76			149	5		149		56T	114T		2,250
2006	US		32T	72	72	75	75	294	14	9	144	219	15T	11T	20T	41,912
Henderson, Donald Alastair "Alastair"																
1953	O		CUT	82	76			158	14		158		72T	67T		
Henderson, J. Percy																
1894	O	A	WD	93	100			193			193		39T	62T		

Year	Event	A	Pos	R1	R2	R3	R4	Tot	P/M	SBW	R2T	R3T	R1P	R2P	R3P	W
Henderson, James A.																
1951	O		CUT	74	81			155	11		155		16T	47T		
1959	O		CUT	78	73			151	7		151		69T	58T		
1961	O		35T	72	78	77	78	305	17	21	150	227	25T	22T	32T	
1962	O		CUT	81	77			158	14		158		100T	90T		
1963	O		CUT	76	75			151	11		151		59T	59T		
1968	O		CUT	80	76			156	12		156		87T	70T		
Henderson, Jerry																
1938	US		CUT	87	81			168	26		168		147T	134T		
Henderson, Jimmy																
2008	US	A	CUT	81	82			163	21		163		143T	147T		
Henderson, Jock D.																
1931	O		60T	79	78	81	83	321	33	25	157	238	55T	42T	53T	
1932	O		CUT	84	78			162	18		162		104T	98T		
1935	O		CUT	81	77			158	14		158		99T	86T		
1937	O		CUT	81	81			162	18		162		92T	101T		
1947	O		36	78	78	81	79	316	44	23	156	237	35T	32T	37	
1948	O		CUT	79	79			158	22		158		71T	80T		
Henderson, M.																
1966	O		CUT	77	75			152	10		152		77T	68T		
Henderson, Scott																
1998	O		CUT	77	80			157	17		157		147T	152		650
2001	O		69T	75	69	81	76	301	17	27	144	225	105T	62T	70	8,075
2002	O		CUT	78	68			146	4		146		148T	95T		2,500
Henderson, William																
1873	O		UNK													
Henderson, William A. "Will"																
1903	O	A	UNK													
1910	O	A	50T	81	77	79	87	324		25	158	237			35T	
Henderson, William John																
1951	O		19T	77	73	76	73	299	11	14	150	226	46T	22T	28T	
1953	O		45T	78	74	80	81	313	25	31	152	232	41T	26T	43T	25
1954	O		42T	74	72	76	78	300	8	17	146	222	26T	15T	30T	
1955	O		15T	74	71	72	72	289	1	8	145	217	45T	20T	15T	
1957	O		46	72	75	82	76	305	17	26	147	229	20T	37T	46	
1958	O		CUT	79	69			148	6		148		84T	41T		
1959	O		CUT	76	75			151	7		151		48T	58T		
1961	O		CUT	77	90			167	23		167		81T	104T		
1966	O		CUT	83	82			165	23		165		124T	127		
Hendricks, John																
1991	PGA		CUT	83	80			163	19		163		148T	146T		1,000
Hendricks, Robert W.																
1961	PGA		CUT	81	82			163	23		163		145T	151		
1964	US		WD	84				84	14				144T			300
Hendrickson, Richard L.																
1956	PGA		128T													50
1965	US		40T	74	76	72	80	302	22	20	150	222	30T	37T	22T	455
1968	US		CUT	77	75			152	12		152		101T	94T		500
1970	PGA		CUT	70	85			155	15		155		5T	106T		
1972	US		67T	80	74	79	82	315	27	25	154	233	103T	60T	65T	800
1973	PGA		35T	73	72	72	73	290	6	13	145	217	33T	30T	30T	1,054
	US		CUT	83	78			161	19		161		137T	127T		500
1982	PGA		CUT	76	79			155	15		155		107T	129T		650
Hendrie, Peter																
1912	US		CUT	83	86			169	21		169		74T	90T		
Hendry, James																
1923	US		WD	79	81			160	7		160	0	34T	46T		
1924	US		WD	89				89	17				83T			
Hendry, John "Jock"																
1924	US		46	79	80	83	84	326	38	29	159	242	30T	39T	46T	
1926	PGA		32T													100
1927	US		CUT	84	83			167	23		167		78T	80T		
1928	US		CUT	77	82			159	17		159		37T	66T		
1929	PGA		32T													
	US		CUT	80	80			160	16		160		77T	68T		

Year	Event	A	Pos	R1	R2	R3	R4	Tot	P/M	SBW	R2T	R3T	R1P	R2P	R3P	W
1930	US		58T	77	78	79	83	317	25	30	155	234	52T	50T	48T	
1931	US		WD	83				83	12				108T			
1935	US		CUT	82	80			162	18		162		90T	68T		

Hendry, T. S.

Year	Event	A	Pos	R1	R2	R3	R4	Tot	P/M	SBW	R2T	R3T	R1P	R2P	R3P	W
1885	O	A	27T	94	95			189		18						

Henge, Fredrik

Year	Event	A	Pos	R1	R2	R3	R4	Tot	P/M	SBW	R2T	R3T	R1P	R2P	R3P	W
1998	O		CUT	75	76			151	11		151		127T	124T		700

Henke, Nolan Jay

Year	Event	A	Pos	R1	R2	R3	R4	Tot	P/M	SBW	R2T	R3T	R1P	R2P	R3P	W
1989	US		21T	75	69	72	70	286	6	8	144	216	107T	44T	34T	11,306
1991	M		53T	73	71	72	77	293	5	16	144	216	53T	39T	42T	3,200
	O		38T	77	71	66	70	284	4	12	148	214	134T	98T	40T	4,980
	PGA		57T	74	70	75	74	293	5	17	144	219	77T	29T	54T	2,538
	US		7	67	71	77	73	288	0	6	138	215	1T	2T	5T	32,176
1992	M		6T	70	71	70	70	281	-7	6	141	211	19T	14T	11T	43,829
	PGA		CUT	77	74			151	9		151		126T	102T		1,200
	US		CUT	75	82			157	13		157		82T	140T		1,000
1993	M		27T	76	69	71	73	289	1	12	145	216	74T	41T	24T	12,350
	PGA		6T	72	70	67	68	277	-7	5	142	209	74T	48T	22T	47,813
	US		7T	72	71	67	69	279	-1	7	143	210	76T	57T	12T	35,481
1994	M		CUT	77	73			150	6		150		64T	52T		1,500
	PGA		CUT	72	75			147	7		147		39T	87T		1,200
	US		CUT	75	78			153	11		153		71T	123T		1,000
1995	PGA		23T	68	73	67	70	278	-6	11	141	208	15T	48T	21T	15,500
1996	PGA		69T	72	70	75	75	292	4	15	142	217	52T	25T	56T	3,813
1999	PGA		CUT	73	75			148	4		148		58T	84T		1,750

Henley, William

Year	Event	A	Pos	R1	R2	R3	R4	Tot	P/M	SBW	R2T	R3T	R1P	R2P	R3P	W
1910	O		UNK	85												

Henning, Alan

Year	Event	A	Pos	R1	R2	R3	R4	Tot	P/M	SBW	R2T	R3T	R1P	R2P	R3P	W
1966	O		30T	73	73	74	78	298	14	16	146	220	15T	17T	22T	102

Henning, Graham

Year	Event	A	Pos	R1	R2	R3	R4	Tot	P/M	SBW	R2T	R3T	R1P	R2P	R3P	W
1967	O		CUT	74	78			152	8		152		41T	76T		

Henning, Harold Ralph

Year	Event	A	Pos	R1	R2	R3	R4	Tot	P/M	SBW	R2T	R3T	R1P	R2P	R3P	W
1957	O		29	75	73	71	75	294	6	15	148	219	45T	41T	25T	
1958	O		13	70	71	72	73	286	2	8	141	213	9T	11T	12T	30
1959	O		23T	73	73	72	76	294	6	10	146	218	23T	19T	17T	
1960	M		CUT	77	74			151	7		151		61T	46T		350
	O		3T	72	72	69	69	282	-10	4	144	213	9T	13T	6	533
1961	O		10T	68	74	75	76	293	5	9	142	217	1T	1T	5T	140
1962	M		11T	75	73	72	70	290	2	10	148	220	44T	33T	25T	1,450
	O		30T	74	73	79	77	303	15	27	147	226	12T	10T	24T	
1963	O		20T	76	68	71	78	293	13	16	144	215	59T	14T	7T	78
1964	M		CUT	75	77			152	8		152		48T	64T		700
	O		8T	78	73	71	70	292	4	13	151	222	43T	23T	10T	183
1965	M		CUT	72	79			151	7		151		34T	58T		900
1966	M		22T	77	74	70	77	298	10	10	151	221	58T	40T	13T	1,300
	O		13T	71	69	75	76	291	7	9	140	215	3T	3T	6	210
1967	M		36T	74	73	77	73	297	9	17	147	224	28T	23T	39T	1,275
	O		6T	74	70	71	71	286	-2	8	144	215	41T	10T	11T	575
	US		CUT	75	75			150	10		150		65T	80T		400
1968	M		22T	72	71	71	74	288	0	11	143	214	17T	12T	12T	1,760
	PGA		45T	73	74	76	71	294	14	13	147	223	35T	43T	52T	535
	US		37T	75	68	76	73	292	12	17	143	219	59T	18T	31T	950
1969	M		13T	73	72	71	72	288	0	7	145	216	31T	24T	18T	2,700
	O		16T	72	71	75	73	291	7	11	143	218	18T	11T	18T	327
	PGA		44T	74	73	70	74	291	7	15	147	217	54T	54T	35T	513
1970	M		CUT	74	77			151	7		151		24T	49T		1,000
	O		3T	67	72	73	73	285	-3	2	139	212	3T	4T	7	2,750
1971	M		41	72	75	77	74	298	10	19	147	224	12T	26T	39T	1,600
1973	O		10T	73	73	73	70	289	1	13	146	219	16T	18T	17T	1,350
1975	O		CUT	80	70			150	6		150		133T	87T		100
1980	O		51T	77	71	69	76	293	9	22	148	217	96T	66T	39T	554
1981	O		CUT	73	82			155	15		155		17T	112T		225
1982	O		41	74	74	76	75	299	11	15	148	224	32T	40T	35T	650
1983	O		6T	71	69	70	69	279	-5	4	140	210	31T	14T	11T	12,250
1984	O		CUT	72	75	74		221	5		147	221	38T	68T	71T	610

Henning, Nicholas Graham

Year	Event	A	Pos	R1	R2	R3	R4	Tot	P/M	SBW	R2T	R3T	R1P	R2P	R3P	W
1994	O		80	70	73	70	78	291	11	23	143	213	31T	61T	66T	3,550
2000	O		CUT	78	69			147	3		147		142T	99T		1,100

Year	*Event*	*A*	*Pos*	*R1*	*R2*	*R3*	*R4*	*Tot*	*P/M*	*SBW*	*R2T*	*R3T*	*R1P*	*R2P*	*R3P*	*W*
Henninger, Brian Hatfield																
1994	PGA		75T	77	65	78	78	298	18	29	142	220	121T	28T	74T	2,413
1995	M		10T	70	68	68	76	282	-6	8	138	206	16T	7T	1T	57,200
	PGA		CUT	72	71			143	1		143		82T	73T		1,200
1996	M		CUT	76	79			155	11		155		69T	80T		1,500
	US		CUT	78	76			154	14		154		138T	142T		1,000
1997	PGA		49T	74	68	75	72	289	9	20	142	217	78T	29T	49T	6,375
2000	PGA		46T	70	74	71	73	288	0	18	144	215	10T	32T	39T	12,650
	US		CUT	77	73			150	8		150		100T	64T		1,000
2001	US		CUT	75	78			153	13		153	0	88T	131T		1,000
2003	US		66T	76	67	76	76	295	15	23	143	219	125T	54T	63T	13,711
Henrit, Robert H.																
1910	O		CUT	82	84			166			166					
1927	O		CUT	80	76			156	10		156		84T	63T		
Henry, George W. "Bunky"																
1966	M	A	CUT	77	79			156	12		156		58T	77T		
	US	A	CUT	77	80			157	17		157		86T	117T		
1967	US	A	CUT	77	78			155	15		155		101T	122T		
1969	PGA		11T	69	68	70	76	283	-1	7	137	207	1T	3	2T	3,544
	US		9	70	72	68	75	285	5	4	142	210	8T	12T	3T	3,500
1970	M		CUT	77	74			151	7		151		55T	49T		1,000
	US		30T	80	68	77	74	299	11	18	148	225	82T	8T	26T	1,150
1972	US		CUT	88	73			161	17		161		149T	116T		500
1977	**US**		**CUT**	**73**	**75**			**148**	**8**		**148**		**35T**	**61T**		**500**
Henry, H.																
1906	O		CUT	84	86			170			170					
Henry, Peter J., Sr.																
1923	US		WD													
1933	US		CUT	87	78			165	21		165		144	126T		
Henry, Ronald J. J. "JJ," III																
2002	PGA		63	78	70	77	76	301	13	23	148	225	123T	57T	60T	11,000
2004	US		64	75	69	86	76	306	26	30	144	230	99T	45T	66	15,630
2005	US		57T	73	73	76	74	296	16	16	146	222	46T	45T	63T	15,223
2006	O		CUT	73	73			146	2		146		92T	91T		2,500
	PGA		41T	68	73	73	74	288	0	18	141	214	4T	25T	34T	23,080
	US		CUT	77	77			154	14		154		90T	113T		2,000
2007	M		37T	71	78	77	76	302	14	13	149	226	5T	27T	26T	31,900
	O		27T	70	71	71	74	286	2	9	141	212	13T	7T	15T	26,179
	PGA		CUT	71	75			146	6		146		23T	73T		2,000
	US		26T	71	78	75	72	296	16	11	149	224	5T	43T	40T	57,026
2008	PGA		CUT	76	74			150	10		150		90T	87T		2,500
Henry, Wayne																
1989	O		CUT	76	73			149	5		149		117T	105T		500
Hensby, Mark Adam																
2004	PGA		68T	74	69	77	76	296	8	16	143	220	83T	31T	64T	12,150
2005	M		5T	69	73	70	72	284	-4	8	142	212	4T	6T	6T	237,300
	O		15T	67	77	69	70	283	-5	9	144	213	2	55T	29T	46,286
	PGA		59T	69	70	75	74	288	8	12	139	214	18T	15T	44T	13,343
	US		3T	71	68	72	74	285	5	5	139	211	17T	4T	4T	320,039
2006	M		22T	80	67	70	74	291	3	10	147	217	79T	39T	16T	67,200
	O		22T	68	72	74	69	283	-5	13	140	214	7T	22T	48T	35,375
	US		CUT	73	78			151	11		151		28T	73T		2,000
2007	O		CUT	79	75			154	12		154		142T	138T		2,100
Hensley, Geoffrey																
1973	US		CUT	79	72			151	9		151		103T	66T		500
1974	US		CUT	75	82			157	17		157		25T	92T		500
1976	US		CUT	81	80			161	21		161		121T	132T		500
1978	PGA		CUT	76	79			155	13		155		75T	113T		303
1985	PGA		CUT	78	82			160	16		160		134T	141T		1,000
Hepburn, James																
1897	O		49T	97	93	91	84	365		51	190	281				
1898	O		WD	87	83	85		255			170	255	50T	41T	40	
1899	O		WD	88	85			173			173		46T	32		
1900	O		33T	89	86	87	89	351		42	175	262	47T	44T	32T	
1901	O		CUT	90	86			176			176			39T		
1902	O		CUT	87	82			169			169					
1903	O		25T	78	82	87	77	324		24	160	247			39T	
1904	O		30T	87	80	79	80	326		30	167	246			29T	

Year	Event	A	Pos	R1	R2	R3	R4	Tot	P/M	SBW	R2T	R3T	R1P	R2P	R3P	W
1905	O		24T	84	84	87	83	338		20	168	255			30T	
1906	O		30T	81	78	84	77	320		20	159	243			45T	
1907	O		35T	80	88	79	89	336		24	168	247	5T	20T	17T	
1908	O		24T	80	79	79	76	314		23	159	238	35T	33T	29T	
1909	O		8T	78	77	76	76	307		12	155	231	21T	11T	10T	
1910	O		19T	78	82	76	78	314		15	160	236			28T	
1911	O		10T	74	77	83	75	309		6	151	234	6T	9T	17T	
1912	O		WD	83	84			167			167		43T	51T		
1914	O		56T	83	80	85	84	332		26	163	248	59T	38T	50T	
1915	US		WD	76	87			163	19		163		10T	49T		
Hepler, Denny																
1982	O		CUT	78	75			153	9		153		95T	88T		225
1983	US		CUT	80	78			158	16		158		112T	114T		600
1984	US		CUT	77	78			155	15		155		123T	127T		600
1989	US		CUT	77	73			150	10		150		128T	110T		1,000
1990	US		CUT	74	81			155	11		155		80T	142T		1,000
1991	PGA		70T	71	75	75	76	297	9	21	146	221	27T	57T	66T	2,225
1992	PGA		CUT	78	72			150	8		150		137T	92T		1,200
1994	PGA		CUT	77	74			151	11		151		121T	123T		1,200
1995	PGA		CUT	78	79			157	15		157		144T	147		1,200
Herbert, Paul R.																
1974	O		CUT	80	80			160	18		160		107T	103T		50
1976	O		CUT	79	73	75		227	11		152	227	100T	77T	67T	150
Herd, Alexander "Sandy"																
1885	O		UNK													
1888	O		8	93	84			177		6						
1889	O		UNK													
1891	O		14	87	91			178		12						
1892	O		2T	77	78	77	76	308		3	155	232			3	25
1893	O		3	82	81	78	84	325		3	163	241	10T	6T	2	20
1894	O		8	83	85	82	88	338		12	168	250	1	5T	4T	3
1895	O		2	82	77	82	85	326		4	159	241	4T		1	20
1896	O		5	72	84	79	85	320		4	156	235				7
1897	O		5	78	81	79	80	318		4	159	238				10
1898	O		17T	80	79	84	82	325		18	159	243	9T	9T	15T	
1899	O		16T	82	81	80	89	332		22	163	243	19T	14T	12	
1900	O		10T	81	85	81	84	331		22	166	247	5T	10T	7	
1901	O		5	87	81	81	76	325		16	168	249		15T	12	10
1902	O		1	77	76	73	81	307		-1	153	226			1	50
1903	O		4	73	83	76	77	309		9	156	232			3T	10
1904	O		9	84	76	76	75	311		15	160	236			11T	
1905	O		15	80	82	83	87	332		14	162	245			7T	
1906	O		19T	81	79	77	80	317		17	160	237			19T	
1907	O		12	83	81	83	77	324		12	164	247	12T	12T	17T	
1908	O		4	74	74	79	75	302		11	148	227	4T	3T	4T	10
1909	O		8T	76	75	80	76	307		12	151	231	8T	4	10T	
1910	O		2	78	74	75	76	303		4	152	227			3T	25
1911	O		3T	77	73	76	78	304		1	150	226	22T	5T	2T	15
1912	O		5T	76	81	76	76	309		14	157	233	12T	17T	11T	8
1913	O		11T	73	81	84	80	318		14	154	238	1T	5T	10T	
1914	O		29T	79	87	79	79	324		18	166	245	25T	57T	34T	
1920	O		2	72	81	77	75	305		2	153	230	1T	2T	2T	40
1921	O		6T	75	74	73	80	302		6	149	222	9T	4T	1T	6
1922	O		32T	76	79	83	79	317		17	155	238	12T	10T	31T	
1923	O		22T	82	75	74	76	307		12	157	231				
1924	O		13T	76	79	76	79	310		9	155	231	8T	16T	11	
1925	O		14T	76	79	82	77	314	26	14	155	237	7T	13T	18T	
1926	O		21T	81	76	75	76	308	24	17	157	232	66T	36T	23T	
1927	O		10T	76	75	78	71	300	8	15	151	229	34T	24T	34T	3
1928	O		CUT	82	81			163	19		163		66T	79T		
1929	O		CUT	84	83			167	15		167		99T	100T		
1933	O		WD	83				83	7				114T			
Herd, David																
1889	O		UNK													
1891	O		40	91	94			185		19						
1893	O		41T	87	96	84	87	354		32	183	267	34T	53T	44T	
1894	O		20T	92	93	84	84	353		27	185	269	34T	37T	28T	
1895	O		20	85	85	84	91	345		23	170	254	11T		13T	
	O		WD	93	89			182			182		48T			
1896	O		27	85	87	86	82	340		24	172	258				
1897	O		WD	88	91			179			179					

Year	Event	A	Pos	R1	R2	R3	R4	Tot	P/M	SBW	R2T	R3T	R1P	R2P	R3P	W
1898	O		21T	79	81	83	85	328		21	160	243	6T	10	15T	
1899	O		28	80	88	83	89	340		30	168	251	13	24T	21T	
1901	O		25T	90	80	82	87	339		30	170	252		23T	18T	
1902	O		28T	82	81	84	85	332		25	163	247			25T	
Herd, Frederick																
1898	US		1	84	85	75	84	328		-7	169	244	8T	7	1	150
1899	US		25T	85	86	93	86	350		35	171	264	14T	14	27T	
1900	US		16T	85	89	84	86	344		31	174	258	13T	19T	17T	
1902	US		24	82	79	83	89	333		26	161	244	12T	4T	11T	
Herd, James L.																
1904	US		CUT	94	95			189			189		64T	64T		
1911	US		WD	83	81			164	12		164		49T	42T		
Herd, Robert A.																
1925	O		WD	90				90	18				83			
1927	O		WD	83				83	10				106T			
Heron, Albert W. "Sandy"																
1927	US		WD	80				80	8				36T			
1928	US		CUT	83	80			163	21		163		104T	92T		
1930	US		11T	76	78	74	73	301	9	14	154	228	33T	38T	26T	86
1937	US		DQ	79	73			152	8		152		98T	55T		
Herr, A. G.																
1906	US		42T	86	81	82	85	334		39	167	249	54T	45T	45T	
1914	US		45T	80	78	79	83	320	32	30	158	237	53T	48T	41	
Herrera, Eduardo J.																
1994	O		CUT	77	79			156	16		156		140T	154		600
1995	O		58T	74	72	73	75	294	6	12	146	219	100T	68T	63T	5,475
1999	O		CUT	81	86			167	25		167		119T	149T		287
Herreshoff, Fred																
1907	US	A	CUT	92	79			171			171		71T	56T		
1909	US	A	WD	77	79			156			156		22T	34T		
1910	US	A	20	76	77	79	79	311		13	153	232	12T	13T	16T	
1913	US	A	16T	75	78	83	82	318	34	14	153	236	8T	14T	19T	
Herring, Daniel																
1951	US		CUT	81	86			167	27		167		119T	143T		
1954	US		49	76	75	79	84	314	34	30	151	230	38T	41T	48	180
Herrington, Gordon																
1974	O		CUT	83	83			166	24		166		135T	139T		50
Herron, Carson																
1963	US		CUT	85	78			163	21		163		145T	131T		150
Herron, Carson Lee																
1934	US		CUT	81	84			165	25		165		98T	131		
Herron, George																
1925	US		29T	75	77	77	78	307	23	16	152	229	15T	23T	26T	
1926	US		WD	81	76	84		241	25		157	241	81T	42T	58	
1929	US		CUT	83	79			162	18		162		117T	92T		
Herron, Timothy Daniel																
1995	US		CUT	78	72			150	10		150		141T	107T		1,000
1996	M		CUT	76	76			152	8		152		69T	69T		1,500
	O		CUT	74	75			149	7		149		109T	128T		650
	PGA		31T	71	73	68	73	285	-3	8	144	212	29T	45T	19T	13,000
	US		CUT	75	74			149	9		149		100T	109T		1,000
1997	PGA		13T	72	73	68	71	284	4	15	145	213	46T	57T	19T	35,100
1998	M		CUT	76	75			151	7		151		54T	47T		5,000
	PGA		75	73	70	79	76	298	18	27	143	222	81T	36T	73T	5,300
	US		53T	75	72	77	73	297	17	17	147	224	76T	50T	54T	8,531
1999	M		44T	75	69	74	79	297	9	17	144	218	55T	18T	32T	14,000
	O		30T	81	70	74	75	300	16	10	151	225	119T	30T	25T	11,557
	PGA		CUT	74	77			151	7		151		80T	117T		1,750
	US		6	69	72	70	75	286	6	7	141	211	10T	10T	3T	116,935
2000	M		CUT	84	74			158	14		158		92T	88T		5,000
	O		CUT	77	72			149	5		149		135T	128T		1,000
	PGA		CUT	72	77			149	5		149		22T	98T		2,000
	US		CUT	75	75			150	8		150		72T	64T		1,000
2001	PGA		CUT	72	74			146	6		146	0	87T	106T		2,000
	US		40T	71	74	73	71	289	9	13	145	218	21T	43T	53T	23,933
2002	PGA		CUT	76	75			151	7		151	0	89T	100T		2,000

Year	Event	A	Pos	R1	R2	R3	R4	Tot	P/M	SBW	R2T	R3T	R1P	R2P	R3P	W
	US		50T	75	74	73	74	296	16	19	149	222	74T	52T	54T	16,294
2003	PGA		14T	69	72	74	71	286	6	10	141	215	6T	5T	25T	98,250
2004	M		CUT	80	74			154	10		154		84T	85T		5,000
	O		CUT	72	76			148	6		148		57T	102T		2,500
	PGA		CUT	77	79			156	12		156	0	129T	141T		2,000
	US		13T	75	66	73	74	288	8	12	141	214	99T	18T	19T	119,720
2005	M		11T	76	68	70	72	286	-2	10	144	214	52T	11T	10T	168,000
	O		41T	73	72	68	74	287	-1	13	145	213	56T	70T	29T	14,977
	PGA		CUT	78	73			151	11		151		141T	132T		2,000
	US		33T	74	73	70	75	292	12	12	147	217	54T	57T	26T	35,759
2006	M		36T	76	71	71	76	294	6	13	147	218	55T	39T	22T	34,416
	O		CUT	76	73			149	5		149		137T	123T		2,250
	PGA		14T	69	67	72	73	281	-7	11	136	208	10T	1T	8T	115,000
	US		63	73	76	79	77	305	25	20	149	228	28T	53T	63	15,836
2007	M		37T	72	75	83	72	302	14	13	147	230	10T	15T	48T	31,900
	PGA		66T	75	68	71	80	294	14	22	143	214	85T	30T	24T	13,300
Hesler, Phil																
1920	PGA		32T													50
Hewes, Jeff																
1981	US		CUT	76	76			152	12		152		102T	106T		600
Hewitt, John G.																
1974	O		CUT	77	82			159	17		159		46T	99T		50
Hezlet, Charles Owen																
1928	O	A	17	79	76	78	76	309	21	17	155	233	23T	23T	20T	
1930	O	A	CUT	79	82			161	17		161		54T	78T		
Hibschman, Robert J.																
1975	US		CUT	85	81			166	24		166		149T	150		500
Hickman, Frank																
1911	O		CUT	85	91			176			176		143T	172T		
Hickman, Gregory C.																
1980	US		CUT	74	78			152	12		152		72T	102T		600
1984	US		CUT	75	78			153	13		153		89T	113T		600
1990	US		CUT	75	74			149	5		149		100T	103T		1,000
1992	US		CUT	76	78			154	10		154		101T	124T		1,000
Hickman, Jack M.																
1938	O		CUT	78	78			156	16		156		78T	90T		
Hickok, Darrell C.																
1959	US		46T	76	72	73	82	303	23	21	148	221	58T	32T	28T	240
1962	US		CUT	77	79			156	14		156		85T	108T		
1965	PGA		CUT	78	82			160	18		160		119T	141T		
1967	PGA		CUT	72	80			152	8		152		19T	76T		
1972	US		CUT	83	81			164	20		164		130T	127T		500
1975	PGA		WD	85				85	15				133			
Hicks, Justin Douglas																
2004	US		CUT	75	71			146	6		146	0	99T	67T		1,000
2008	US		74T	68	80	75	78	301	17	18	148	223	1T	49T	58T	14,306
Hicks, M. J.																
1972	O		CUT	82	79			161	19		161		146T	138T		50
Higashi, Satoshi																
1996	M		CUT	76	75			151	7		151		69T	64T		1,500
	O		CUT	75	72			147	5		147		124T	107T		650
	PGA		78T	72	72	80	73	297	9	20	144	224	52T	45T	80T	3,613
Higgins, Carl I.																
1971	US		CUT	79	83			162	22		162		132T	141T		500
1976	O		48T	77	67	81	74	299	11	20	144	225	66T	8T	52T	180
	US		CUT	77	78			155	15		155		89T	92T		500
Higgins, David																
2007	O		CUT	79	71			150	8		150		142T	105T		2,375
Higgins, Doug, Jr.																
1955	US		WD	77				77	7				41T			
1956	US		27T	74	75	72	76	297	17	16	149	221	27T	39T	22T	200
1961	US		45T	76	73	75	75	299	19	18	149	224	69T	47T	48T	275
1962	US		CUT	77	78			155	13		155		85T	96T		
1963	PGA		40T	74	74	75	70	293	9	14	148	223	40T	49T	60T	410
1977	US		CUT	78	78			156	16		156		123T	125T		500

Year	Event	A	Pos	R1	R2	R3	R4	Tot	P/M	SBW	R2T	R3T	R1P	R2P	R3P	W
Higgins, Frank																
1941	US		CUT	81	82			163	23		163		119T	117T		
Higgins, Jack																
1950	US		CUT	79	81			160	20		160		108T	123T		
1958	PGA		CUT	76	78	75		229	19		154	229	67T	85T	65T	
Higgins, Joe																
1979	O		CUT	77	75	78		230	17		152	230	77T	67T	73T	300
1988	O		CUT	74	76			150	8		150		51T	77T		450
1990	O		CUT	78	73			151	7		151		147T	145T		550
1994	O		CUT	78	76			154	14		154		148T	151T		600
Higgins, Joseph M.																
1930	US		WD	86				86	13				135T			
Higgins, Liam																
1973	O		CUT	75	78			153	9		153		38T	85T		50
1976	O		63T	77	74	75	76	302	14	23	151	226	66T	70T	59T	175
1977	O		CUT	77	76			153	13		153		93T	101T		150
1978	O		CUT	75	74			149	5		149		83T	81T		175
Higgins, Michael P.																
1982	O	A	CUT	83	80			163	19		163		143T	143T		
Higgins, Phillip T. L.																
1961	O		CUT	82	87			169	25		169		106	106T		
1965	O		CUT	87	80			167	21		167		129T	126T		
Higham, Harris G. "Harry"																
1919	US		CUT	89	82			171	29		171		100T	72T		
Higham, John																
1947	O		CUT	80	80			160	24		160		59T	65T		
Highmoor, Peter S.																
1979	O		CUT	85	76			161	19		161		148T	136T		200
Hilgendorf, Charles																
1922	PGA		32T													50
1924	US		WD	81	89	80		250	34		170	250	48T	74T	65T	
1927	US		WD	90				90	18				120T			
1928	US		18T	76	77	79	71	303	19	9	153	232	29T	29T	33T	50
1929	US		13T	72	79	75	80	306	18	12	151	226	4T	12	10	85
1930	US		28T	74	81	76	75	306	14	19	155	231	16T	50T	37T	
1931	US		CUT	78	84			162	20		162		51T	90T		
1932	US		WD													
1939	US		CUT	78	78			156	18		156		96T	92T		
Hill, Bryce D.																
1948	US	A	WD	83				83	12				158T			
Hill, E. Frank																
1935	O		49T	77	76	79	76	308	20	25	153	232	58T	57T	57T	
1937	O		CUT	87	79			166	22		166		133T	121T		
1938	O		CUT	79	73			152	12		152		92T	63T		
1939	O		CUT	75	76			151	5		151		35T	35T		
Hill, Frank																
1965	O		CUT	83	76			159	13		159		126	114T		
1967	O		CUT	82	77			159	15		159		122T	115T		
Hill, James David "Dave"																
1961	US		51T	76	71	75	79	301	21	20	147	222	69T	32T	40T	250
1962	PGA		CUT	76	76			152	12		152		82T	92T		
	US		WD	74				74	3				30T			
1963	PGA		17T	73	72	69	74	288	4	9	145	214	30T	22T	8T	1,075
1964	PGA		CUT	77	71	74		222	12		148	222	114T	70T	66T	
	US		CUT	76	76			152	12		152		63T	70T		300
1966	US		22T	72	71	79	73	295	15	17	143	222	16T	7T	29T	1,175
1967	PGA		11T	66	73	74	73	286	-2	5	139	213	1	2T	5T	3,200
	US		18T	76	69	69	75	289	9	14	145	214	87T	29T	12T	1,475
1968	M		50T	79	70	73	75	297	9	20	149	222	67T	46T	45T	1,350
	PGA		17T	72	74	69	71	286	6	5	146	215	23T	27T	17T	2,050
	US		16T	74	68	74	72	288	8	13	142	216	42T	7T	18T	1,633
1969	M		24T	75	73	72	71	291	3	10	148	220	53T	44T	36	1,800
	PGA		15T	74	75	67	68	284	0	8	149	216	54T	69T	26T	2,713
	US		13T	73	74	70	70	287	7	6	147	217	39T	43T	31T	1,889
1970	M		5T	73	70	70	70	283	-5	4	143	213	15T	7T	7T	6,667

Year	Event	A	Pos	R1	R2	R3	R4	Tot	P/M	SBW	R2T	R3T	R1P	R2P	R3P	W
	PGA		68T	76	74	79	77	306	26	27	150	229	78T	63T	67	400
	US		2	75	69	71	73	288	0	7	144	215	8T	2	2	15,000
1971	M		27T	74	73	70	76	293	5	14	147	217	35T	26T	17T	1,750
	PGA		6T	74	71	71	70	286	-2	5	145	216	48T	27T	11T	6,500
	US		CUT	76	74			150	10		150		105T	72T		500
1972	M		CUT	76	78			154	10		154		49T	57T		1,000
	PGA		DQ	72	77			149	9		149		22T	55T		
	US		29T	74	78	74	79	305	17	15	152	226	17T	38T	30T	1,217
1973	M		37T	77	70	76	75	298	10	15	147	223	53T	28T	38T	1,675
	O		18T	75	74	74	69	292	4	16	149	223	38T	43T	43T	409
	PGA		CUT	74	77			151	9		151		52T	90T		
1974	M		11T	71	72	70	71	284	-4	6	143	213	16T	20T	11T	3,375
	PGA		3T	74	69	67	69	279	-1	3	143	210	58T	20T	6T	10,956
	US		CUT	79	75			154	14		154		92T	67T		500
1975	M		7	75	71	70	68	284	-4	8	146	216	48T	27T	12T	6,000
	PGA		7T	71	71	74	68	284	4	8	142	216	17T	19T	25T	6,918
1976	M		15T	69	73	76	73	291	3	20	142	218	6T	10T	18T	2,950
	PGA		22T	76	66	75	71	288	8	7	142	217	84T	20T	36	2,064
1977	M		39T	71	72	76	74	293	5	17	143	219	9T	12T	34T	1,900
	PGA		48T	73	77	74	75	299	11	17	150	224	29T	57T	51T	550
1978	M		45T	72	76	74	74	296	8	19	148	222	8T	43T	43T	1,825
	PGA		50T	69	76	75	74	294	10	18	145	220	3T	29T	46T	513
	US		CUT	75	77			152	10		152		44T	75T		600
1979	M		CUT	75	74			149	5		149		57T	55T		1,500

Hill, John S.

Year	Event	A	Pos	R1	R2	R3	R4	Tot	P/M	SBW	R2T	R3T	R1P	R2P	R3P	W
1902	O		CUT	87	88			175			175					
1903	O		55	85	84	88	87	344		44	169	257			56T	
1904	O		CUT	87	89			176			176					

Hill, Malcolm E.

Year	Event	A	Pos	R1	R2	R3	R4	Tot	P/M	SBW	R2T	R3T	R1P	R2P	R3P	W
1961	O		CUT	75	80			155	11		155		60T	53T		
1965	O		CUT	77	77			154	8		154		77T	90T		

Hill, Michael Joseph

Year	Event	A	Pos	R1	R2	R3	R4	Tot	P/M	SBW	R2T	R3T	R1P	R2P	R3P	W
1970	PGA		16T	71	70	74	73	288	8	9	141	215	11T	3T	9T	3,100
	US		CUT	80	74			154	10		154		82T	74T		500
1971	PGA		47T	72	72	74	77	295	7	14	144	218	17T	16T	24T	348
	US		CUT	77	73			150	10		150		116T	72T		500
1972	PGA		40T	73	72	74	76	295	15	14	145	219	36T	25T	32T	784
	US		55T	75	77	75	83	310	22	20	152	227	31T	38T	35T	835
1973	M		CUT	79	78			157	13		157		65T	71T		1,000
	PGA		24T	69	73	75	70	287	3	10	142	217	3T	9T	30T	1,774
1974	PGA		11T	76	72	68	68	284	4	8	148	216	84T	58T	24T	4,275
1975	PGA		17T	72	71	70	74	287	7	11	143	213	26T	24T	9T	2,925
1976	PGA		15T	72	70	73	72	287	7	6	142	215	35T	20T	25T	3,400
1978	M		37T	73	75	74	71	293	5	16	148	222	20T	43T	43T	1,900
	PGA		CUT	78	72			150	8		150		111T	82T		303
1980	PGA		CUT	78	80			158	18		158		112T	124T		500

Hill, Ray Wade

Year	Event	A	Pos	R1	R2	R3	R4	Tot	P/M	SBW	R2T	R3T	R1P	R2P	R3P	W
1940	PGA		32T													
1949	PGA		8T													500
	US		46	75	74	78	78	305	21	19	149	227	38T	38T	47T	
1950	M		53T	75	78	80	78	311	23	28	153	233	20T	36T	51	
	PGA		64T													100
1951	PGA		64T													100
1952	US		CUT	80	74			154	14		154		108T	68T		
1955	PGA		32T													200
1956	US		CUT	78	78			156	16		156		101T	97T		
1957	PGA		128T													50
	US		CUT	79	80			159	19		159		106T	121T		
1960	PGA		CUT	84	81			165	25		165		179T	176T		
1964	PGA		CUT	80	79			159	19		159		145T	143T		

Hill, Robert A.

Year	Event	A	Pos	R1	R2	R3	R4	Tot	P/M	SBW	R2T	R3T	R1P	R2P	R3P	W
1950	US	A	CUT	80	87			167	27		167		122T	147		
1957	US		CUT	77	75			152	12		152		74T	61T		
1960	US		CUT	75	79			154	12		154		64T	104T		
1961	US		CUT	78	73			151	11		151		106T	73T		
1962	PGA		CUT	76	74	77		227	17		150	227	82T	73T	76T	
	US		CUT	82	78			160	18		160		141T	132T		
1963	PGA		CUT	77	80			157	15		157		94T	123T		
1964	PGA		52T	72	70	75	75	292	12	21	142	217	35T	17T	31T	319
1965	PGA		CUT	77	76			153	11		153		104T	90T		
1966	PGA		CUT	74	78			152	12		152		34T	78T		

Year	Event	A	Pos	R1	R2	R3	R4	Tot	P/M	SBW	R2T	R3T	R1P	R2P	R3P	W
1967	PGA		CUT	82	79			161	17		161		138T	129T		
1968	PGA		CUT	80	72			152	12		152		140T	93T		
Hill, Walter																
1951	O		CUT	80	81			161	17		161		69T	81T		
1959	O		CUT	76	73			149	5		149		48T	49T		
Hiller, Greg																
2003	US		CUT	78	77			155	15		155	0	142T	150		1,000
Hills, Alfred																
1904	O		WD													
Hills, Percy																
1902	O		CUT	86	85			171			171					
1904	O		30T	85	83	80	78	326		30	168	248			37	
1905	O		22T	87	84	84	81	336		18	171	255			30T	
1906	O		38T	73	82	83	84	322		22	155	238			23T	
1909	O		48T	79	78	84	83	324		29	157	241	27T	20T	41T	
1910	O		UNK													
1911	O		62	80	77	89	81	327		24	157	246	59T	33T	57T	
1913	O		45	79	79	90	89	337		33	158	248	27T	18T	36T	
1921	O		36T	75	76	83	77	311		15	151	234	9T	12	35T	
Hilton, Harold Horsfall																
1891	O	A	8T	89	86			175		9						
1892	O	A	1	78	81	72	74	305		-3	159	231			2	
1893	O	A	8T	88	81	82	81	332		10	169	251	41T	12T	11	
1894	O	A	WD	91				91					27T			
1895	O	A	WD	88	90			178			178		26T			
1896	O	A	23	82	85	85	85	337		21	167	252				
1897	O	A	1	80	75	84	75	314		-1	155	239				
1898	O	A	3	76	81	77	75	309		2	157	234	1T	5T	5	
1899	O	A	12T	86	80	80	83	329		19	166	246	36T	20T	17	
1900	O	A	16T	83	87	87	81	338		29	170	257	15T	18T	23T	
1901	O	A	4	89	80	75	76	320		11	169	244		18T	4T	
1902	O	A	6T	79	76	81	78	314		7	155	236			7T	
1903	O	A	25T	81	79	83	81	324		24	160	243			24T	
1904	O	A	WD	83				83								
1905	O	A	CUT	87	88			175			175					
1909	O	A	WD	80	84			164			164		36T	56T		
1911	O	A	3T	76	74	78	76	304		1	150	228	17T	5T	8	
1913	O	A	WD	79	83			162			162		27T	35T		
1914	O	A	WD	79	81			160			160		25T	25T		
Hilton, W. R. S.																
1897	O		WD	93	88	88		269			181	269				
Hindmarch, D. S.																
1888	O	A	UNK													
Hiner, Jack																
1932	US		CUT	81	80			161	21		161		60T	74T		
Hines, James "Jimmy"																
1932	PGA		32T													85
1933	PGA		3T													
1934	M		7T	70	74	74	74	292	4	8	144	218	1T	3T	8T	175
	US		8T	80	70	77	72	299	19	6	150	227	76T	19T	16T	116
1935	M		9T	70	70	77	74	291	3	9	140	217	6T	4T	9T	138
	PGA		32T													100
	US		CUT	84	84			168	24		168		115T	120T		
1936	M		39T	79	82	74	76	311	23	26	161	235	31T	44T	41T	
	PGA		8T													
1937	M		10T	77	72	68	77	294	6	11	149	217	33T	21T	7T	100
	PGA		8T													
	US		20T	75	72	76	72	295	7	14	147	223	45T	19T	33T	50
1938	M		10T	75	71	75	72	293	5	8	146	221	24T	10T	11T	100
	PGA		3T													
	US		11T	70	75	69	83	297	13	13	145	214	1T	6T	2	106
1939	M		22T	76	73	74	75	298	10	19	149	223	28T	19T	21T	
	US		20T	73	74	77	69	293	17	9	147	224	24T	27T	35T	50
1940	M		27T	75	76	74	72	297	9	17	151	225	35T	38T	37	
	PGA		16T													
	US		20T	73	74	77	72	296	8	9	147	224	19T	22T	30T	50
1941	M		19T	76	74	75	72	297	9	17	150	225	28T	26T	25T	
	PGA		8T													

Year	Event	A	Pos	R1	R2	R3	R4	Tot	P/M	SBW	R2T	R3T	R1P	R2P	R3P	W
	US		24	75	74	76	76	301	21	17	149	225	37T	19T	21T	50
1942	M		33T	77	76	79	73	305	17	25	153	232	34T	33T	36T	
	PGA		32T													
1944	PGA		16T													350
1946	M		49	79	80	77	80	316	28	34	159	236	42T	47T	48	
	PGA		64T													100
	US		37	77	73	75	74	299	11	15	150	225	77T	39T	38T	
1948	PGA		32T													200
	US		35T	75	71	76	74	296	12	20	146	222	74T	29T	37T	
1950	PGA		32T													200
	US		CUT	74	85			159	19		159		40T	117T		
1952	O		21T	73	78	74	77	302	2	15	151	225	20T	42T	25T	
1953	PGA		64T													100
	US		CUT	79	76			155	11		155		92T	73T		
1954	PGA		64T													100
1960	PGA		CUT	79	74			153	13		153		140T	105T		

Hinkle, Lon Currey

Year	Event	A	Pos	R1	R2	R3	R4	Tot	P/M	SBW	R2T	R3T	R1P	R2P	R3P	W
1975	O		19T	76	72	69	72	289	1	10	148	217	90T	63T	28T	769
1976	US		38T	75	74	70	78	297	17	20	149	219	53T	45T	23T	1,200
1977	PGA		31T	72	72	74	75	293	5	11	144	218	21T	15T	26T	1,350
1978	PGA		63	73	73	74	79	299	15	23	146	220	31T	38T	46T	500
	US		CUT	81	78			159	17		159		129T	124T		600
1979	M		CUT	77	72			149	5		149		64T	55T		1,500
	O		CUT	75	78			153	11		153		36T	83T		200
	PGA		65T	73	72	71	78	294	14	22	145	216	52T	51T	48T	515
	US		53T	70	77	76	81	304	20	20	147	223	1T	17T	29T	1,265
1980	M		WD	78				78	6				79T			1,500
	O		CUT	81	69			150	8		150		146T	88T		225
	PGA		3T	70	69	69	75	283	3	9	139	208	10T	2T	2	22,500
	US		3T	66	70	69	71	276	-4	4	136	205	3T	2T	3	17,400
1981	M		28T	69	70	74	79	292	4	12	139	213	1T	2T	6T	2,350
	PGA		39T	69	76	69	73	287	7	14	145	214	7T	45T	31T	1,750
	US		6T	69	71	70	70	280	0	7	140	210	8T	16T	11T	9,920
1982	M		CUT	81	75			156	12		156		62T	52T		1,500
	PGA		9T	70	68	71	71	280	0	8	138	209	18T	7T	9	7,919
	US		45T	73	75	69	80	297	9	15	148	217	17T	27T	14T	1,855
1983	PGA		47T	70	75	74	71	290	6	16	145	219	19T	47T	56T	1,730
1984	PGA		70	74	72	72	81	299	11	26	146	218	54T	43T	38T	1,500
1985	PGA		51T	70	75	76	72	293	5	15	145	221	18T	40T	54T	1,905
1987	PGA		73	74	76	79	89	318	30	31	150	229	40T	54T	68T	1,600

Hinson, Larry W.

Year	Event	A	Pos	R1	R2	R3	R4	Tot	P/M	SBW	R2T	R3T	R1P	R2P	R3P	W
1969	PGA		44T	75	74	70	72	291	7	15	149	219	72T	69T	51T	513
	US		58T	73	75	76	75	299	19	18	148	224	39T	56T	61T	805
1970	M		31T	72	72	71	79	294	6	15	144	215	11T	9T	10T	1,650
	PGA		4T	69	71	74	68	282	2	3	140	214	3T	1T	7T	8,800
1971	M		30T	75	71	76	72	294	6	15	146	222	39T	24T	33T	1,750
	PGA		13T	71	73	73	71	288	0	7	144	217	5T	16T	18T	3,400
	US		9T	71	71	70	73	285	5	5	142	212	18T	11T	8T	3,325
1972	M		45T	77	74	79	78	308	20	22	151	230	60T	42T	43T	1,600
	PGA		33T	75	74	73	71	293	13	12	149	222	69T	55T	55T	1,305
	US		36T	78	73	72	83	306	18	16	151	223	72T	30T	14T	1,090
1973	PGA		12T	73	70	71	71	285	1	8	143	214	33T	15T	14	3,975
1974	PGA		26T	74	73	69	72	288	8	12	147	216	58T	47T	24T	1,765
	US		23T	75	76	75	73	299	19	12	151	226	25T	46T	32T	1,450
1975	PGA		28T	68	73	72	77	290	10	14	141	213	2T	11T	9T	1,531
	US		CUT	77	76			153	11		153		89T	93T		500

Hinton, Peter H.

Year	Event	A	Pos	R1	R2	R3	R4	Tot	P/M	SBW	R2T	R3T	R1P	R2P	R3P	W
1984	O		CUT	79	80			159	15		159		146T	155T		330

Hinton, Philip

Year	Event	A	Pos	R1	R2	R3	R4	Tot	P/M	SBW	R2T	R3T	R1P	R2P	R3P	W
1997	O		CUT	78	77			155	13		155		99T	131T		700

Hiratsuka, Tetsuji

Year	Event	A	Pos	R1	R2	R3	R4	Tot	P/M	SBW	R2T	R3T	R1P	R2P	R3P	W
2004	O		36T	70	74	70	75	289	5	15	144	214	26T	53T	23T	18,750
	PGA		CUT	80	74			154	10		154	0	148T	133T		2,000

Hird, Keith

Year	Event	A	Pos	R1	R2	R3	R4	Tot	P/M	SBW	R2T	R3T	R1P	R2P	R3P	W
1987	O	A	CUT	75	79			154	12		154		97T	138T		

Hirigoyen, Joseph

Year	Event	A	Pos	R1	R2	R3	R4	Tot	P/M	SBW	R2T	R3T	R1P	R2P	R3P	W
1932	O		CUT	83	83			166	22		166		101T	105T		

Hirigoyen, Pierre

Year	Event	A	Pos	R1	R2	R3	R4	Tot	P/M	SBW	R2T	R3T	R1P	R2P	R3P	W
1928	O		41T	81	74	78	83	316	28	24	155	233	49T	23T	20T	

Year	Event	A	Pos	R1	R2	R3	R4	Tot	P/M	SBW	R2T	R3T	R1P	R2P	R3P	W
1930	O		21T	75	79	76	76	306	18	15	154	230	16T	34T	24T	
1931	O		CUT	82	80			162	18		162		84T	78T		
1932	O		29T	79	73	75	76	303	15	20	152	227	79T	40T	25T	
1933	O		CUT	76	78			154	8		154		50T	72T		
1934	O		CUT	84	74			158	14		158		98T	89T		
1936	O		CUT	79	83			162	14		162		60T	82T		
1937	O		CUT	80	83			163	19		163		78T	105T		
Hirschoff, Ernie																
1940	US		WD													
Hiser, Harold L.																
1940	US		CUT	80	78			158	14		158		109T	114T		
Hiskey, Bryant "Babe"																
1964	US		53	78	72	78	83	311	31	33	150	228	95T	48T	45T	300
1965	US		CUT	81	78			159	19		159		114T	107T		300
1966	PGA		CUT	74	78			152	12		152		34T	78T		
1971	PGA		41T	75	72	69	78	294	6	13	147	216	72T	54T	11T	693
1972	PGA		48T	73	75	72	76	296	16	15	148	220	36T	49T	40T	471
	US		CUT	78	77			155	11		155		72T	71T		500
1973	M		17T	74	73	72	74	293	5	10	147	219	23T	28T	15T	2,550
	PGA		46T	74	73	71	74	292	8	15	147	218	52T	49T	42T	540
	US		CUT	80	77			157	15		157		119T	112T		500
1974	M		41T	70	78	75	72	295	7	17	148	223	10T	43T	42	1,700
1975	US		CUT	77	77			154	12		154		89T	98T		500
1989	O		CUT	75	77			152	8		152		101T	127T		500
Hiskey, James R.																
1957	US	A	CUT	75	78			153	13		153		51T	75T		
1959	US		CUT	76	82			158	18		158		58T	115T		
1971	O		CUT	74	76	77		227	8		150	227	47T	61T	73	60
Hiskson, John																
1997	PGA		CUT	76	84			160	20		160		108T	143		1,300
Hitchcock, James "Jimmy"																
1953	O		CUT	75	80			155	11		155		15T	50T		
1954	O		29T	73	72	76	74	295	3	12	145	221	19T	12T	26T	
1955	O		CUT	77	75			152	8		152		72T	66T		
1956	O		CUT	75	84			159	17		159		40T	74T		
1957	O		23	69	74	73	76	292	4	13	143	216	4T	8T	12T	
1958	O		CUT	85	76			161	19		161		93T	92		
1959	O		11T	75	68	70	77	290	2	6	143	213	40T	6T	3T	
1961	O		CUT	74	83			157	13		157		46T	70T		
1962	O		30T	78	74	72	79	303	15	27	152	224	65T	33T	16T	
1963	O		26T	75	73	70	76	294	14	17	148	218	42T	32T	17T	60
1964	O		CUT	78	80			158	14		158		43T	77T		
1965	O		49	75	74	85	76	310	18	25	149	234	41T	44T	50	
1966	M		61T	76	77	78	83	314	26	26	153	231	42T	56T	60	1,125
	O		16T	70	77	74	72	293	9	11	147	221	1T	23T	26T	174
1967	O		CUT	79	76			155	11		155		107T	95T		
1968	O		CUT	78	76	75		229	13		154	229	62T	55T	46T	
1969	O		40T	74	74	73	76	297	13	17	148	221	46T	46T	36T	132
1970	O		CUT	75	76			151	7		151		86T	86T		
Hixon, Douglas																
1992	PGA		CUT	80	78			158	16		158		145T	140T		1,200
Hixon, Frank P.																
1948	US	A	CUT	77	75			152	10		152		109T	87T		
Hixon, Harvey																
1974	PGA		CUT	78	77			155	15		155		110T	108T		
Hjertstedt, Gabriel Steig Johan Eric																
1994	O		CUT	71	76			147	7		147		39T	110T		600
1998	M		CUT	79	78			157	13		157		71T	74T		5,000
	PGA		CUT	76	78			154	14		154		122T	134T		1,500
1999	M		CUT	74	78			152	8		152		41T	71T		5,000
	O		CUT	79	78			157	15		157		83T	100T		369
	PGA		16T	72	70	73	72	287	-1	10	142	215	36T	16T	24T	48,600
	US		34T	75	72	79	70	296	16	17	147	226	120T	59T	61T	19,084
2000	M		CUT	78	73			151	7		151		71T	73T		5,000
2001	US		30T	72	74	70	72	288	8	12	146	216	36T	61T	35T	30,055
2004	US		CUT	75	77			152	12		152	0	99T	132T		1,000

Year	Event	A	Pos	R1	R2	R3	R4	Tot	P/M	SBW	R2T	R3T	R1P	R2P	R3P	W
Ho, Ming-Chung																
1986	O		43T	77	74	69	77	297	17	17	151	220	54T	63T	16T	2,800
Ho, Suk-Hu																
2003	O		28T	70	73	72	77	292	8	9	143	215	4T	2T	8T	26,000
2004	O		CUT	72	74			146	4		146		57T	74T		3,000
	PGA		55T	72	73	73	74	292	4	12	145	218	40T	57T	58T	13,200
2005	O		74T	73	71	72	77	293	5	19	144	216	56T	55T	56T	8,800
	PGA		CUT	76	77			153	13		153		119T	140T		2,000
2006	O		11T	68	73	69	70	280	-8	10	141	210	7T	37T	16T	69,333
	PGA		CUT	74	79			153	9		153		100T	144T		2,000
Hoad, Paul G. J.																
1979	O	A	CUT	77	80			157	15		157		77T	111T		
1982	O		CUT	73	79	76		228	12		152	228	18T	71T	66T	440
1983	O		CUT	73	70	75		218	5		143	218	62T	35T	64T	425
1984	O		CUT	75	77			152	8		152		95T	132T		330
1989	O		61T	72	71	77	72	292	4	17	143	220	42T	36T	73T	2,675
1990	O		CUT	75	76			151	7		151		127T	145T		550
Hoare, William Vincent "Willie"																
1896	US		15	90	81			171		19			27			
1897	US		5	82	87			169		7			3			10
1898	US		6	84	84	87	87	342		14	168	255	8T	6	5	
1899	US		43T	87	94	90	94	365		50	181	271	23T	40	42T	
1900	US		27T	90	87	91	85	353		40	177	268	37T	31T	32T	
1904	US		36	88	85	83	83	339		36	173	256	45T	41T	38T	
1905	US		37T	89	80	86	85	340		26	169	255	57T	34T	38T	
1906	US		39T	86	81	82	83	332		37	167	249	54T	45T	45T	
1907	US		46	86	80	86	85	337		35	166	252	58T	41T	47	
1908	US		CUT	93	94			187			187		43T	61T		
1911	US		42T	82	82	81	84	329	25	22	164	245	39T	42T	42T	
1919	US		37T	82	83	82	79	326	42	25	165	247	38T	48T	42T	
Hobbins, John																
1899	O		WD	90				90					58T			
Hobby, David L.																
1985	US		CUT	80	74			154	14		154		137T	130T		600
1986	US		50T	76	74	71	73	294	14	15	150	221	48T	55T	45T	3,427
1987	US		51T	77	70	73	72	292	12	15	147	220	121T	71T	63T	3,462
Hobby, Jay, Jr.																
1996	US	A	CUT	74	76			150	10		150		84T	115T		
Hobby, Timothy L.																
1990	M	A	CUT	76	82			158	14		158		57T	80T		
1995	US		CUT	72	76			148	8		148		46T	87T		1,000
Hobday, Justin Richard																
1992	O		CUT	75	74			149	7		149		130T	127T		600
Hobday, Simon F. N.																
1971	O		WD													
1975	O		28T	70	70	76	75	291	3	12	140	216	8T	11T	25T	335
1976	O		21T	79	71	75	68	293	5	14	150	225	100T	55T	52T	522
1977	O		CUT	75	75	75		225	15		150	225	62T	79T	78	200
1978	O		52T	73	71	77	75	296	8	15	144	221	41T	23T	48T	305
1979	O		30T	75	77	71	75	298	14	15	152	223	36T	67T	33T	712
1980	O		51T	76	71	71	75	293	9	22	147	218	72T	54T	50T	554
1983	O		19T	70	73	70	70	283	-1	8	143	213	17T	35T	22T	2,957
1984	O		CUT	72	73	77		222	6		145	222	38T	42T	82T	610
1985	O		CUT	72	78			150	10		150		39T	87T		375
1995	US		CUT	77	74			151	11		151		135T	117T		1,000
Hobens, John Owen "Jack"																
1901	US		35T	90	90	89	99	368		37	180	269	25T	30T	25T	
1902	US		14T	85	82	80	81	328		21	167	247	28T	22T	17T	
1903	US		9T	76	81	82	84	323		16	157	239	3T	8	9	33
1904	US		11T	77	82	80	80	319		16	159	239	4	10T	9	
1905	US		7T	82	80	81	78	321		7	162	243	21T	12T	12T	45
1906	US		10	75	84	76	79	314		19	159	235	4	19	10T	30
1907	US		4	76	75	73	85	309		7	151	224	2T	2	1	80
1908	US		6T	86	81	85	81	333		11	167	252	14T	7T	8	45
1909	US		4T	75	78	72	74	299		9	153	225	9T	17T	7	70
1910	US		7	74	77	74	76	301		3	151	225	5T	6T	3T	50
1911	US		41	82	82	81	83	328	24	21	164	245	39T	42T	42T	

Year	Event	A	Pos	R1	R2	R3	R4	Tot	P/M	SBW	R2T	R3T	R1P	R2P	R3P	W
Jackson, David																
1991	US		CUT	70	81			151	7		151		7T	98T		1,000
Jackson, Fred																
1902	O		23T	80	81	83	85	329		22	161	244			21T	
Jackson, Hugh																
1969	O		46	69	78	75	79	301	17	21	147	222	4T	35T	42T	125
1970	O		8	69	72	73	74	288	0	5	141	214	16T	12T	8T	1,400
1971	O		22T	71	73	72	75	291	-1	13	144	216	12T	14T	13T	363
1972	O		CUT	76	78			154	12		154		71T	99T		50
1974	O		31T	78	76	73	74	301	17	19	154	227	66T	46T	32T	213
1976	O		CUT	76	88			164	20		164		52T	149T		100
1977	O		CUT	79	79			158	18		158		124T	135T		150
Jackson, James																
1936	O		CUT	86	81			167	19		167		102T	99T		
Jackson, James G. C.																
1952	US	A	19T	74	76	75	71	296	16	15	150	225	29T	34T	33T	
1953	M	A	38T	75	77	74	74	300	12	26	152	226	35T	48T	44T	
1954	M	A	64T	75	82	79	78	314	26	25	157	236	25T	55T	63T	
1955	M	A	43T	79	75	77	77	308	20	29	154	231	53T	48T	45T	
1956	M	A	51T	77	74	76	84	311	23	22	151	227	53T	40T	33T	
1957	M	A	CUT	83	76			159	15		159		95T	87T		
1975	US	A	CUT	83	79			162	20		162		145T	143T		
Jackson, Jeff																
1989	PGA		CUT	73	79			152	8		152		57T	123T		1,000
Jackson, John M., Jr.																
1977	US		CUT	73	77			150	10		150		35T	77T		500
1980	PGA		CUT	76	82			158	18		158		87T	124T		500
1981	PGA		75	75	70	76	76	297	17	24	145	221	88T	45T	70T	750
1982	PGA		CUT	68	78			146	6		146		7T	75T		650
1983	PGA		CUT	72	77			149	7		149		39T	92T		1,000
1984	US		CUT	73	79			152	12		152		53T	98T		600
1985	PGA		CUT	76	77			153	9		153		121T	120T		1,000
1987	PGA		72	77	74	84	78	313	25	26	151	235	86T	59T	74	1,600
1989	PGA		CUT	75	76			151	7		151		95T	116T		1,000
Jackson, L.																
1926	O		CUT	83	79			162	20		162		87T	78T		
Jackson, Lewis																
1934	O		CUT	77	78			155	11		155		52T	76T		
Jackson, Logan																
1974	US		CUT	81	82			163	23		163		119T	128T		500
Jackson, Paul																
1931	US		CUT	82	80			162	20		162		97T	90T		
Jackson, Tim																
1995	M	A	CUT	79	76			155	11		155		77T	79T		
2002	M	A	CUT	76	78			154	10		154		67T	76T		
Jackson, Wayne																
1963	US		CUT	81	79			160	18		160		118T	118T		150
Jacob, Ernest G.																
1929	US		CUT	79	87			166	22		166		60T	112T		
Jacobs, Burleigh E., Jr.																
1938	US	A	CUT	87	81			168	26		168		147T	134T		
Jacobs, John Alexander																
1973	US		CUT	76	78			154	12		154		60T	88T		500
1975	O		53T	72	76	73	76	297	9	18	148	221	20T	63T	60T	175
1976	US		58T	75	75	74	78	302	22	25	150	224	53T	54T	48T	1,035
1984	O		CUT	73	77			150	6		150		55T	113T		330
1985	US		CUT	77	76			153	13		153		115T	123T		600
2003	PGA		WD	87				87	17		0	0	156			
Jacobs, John Archibald																
1935	O		16T	78	74	75	71	298	10	15	152	227	70T	44T	33T	10
1937	O		CUT	79	80			159	15		159		60T	76T		
1938	O		CUT	76	73			149	9		149		47T	38T		
1939	O		CUT	80	78			158	12		158		110T	98T		
1946	O		23T	76	77	80	79	312	20	22	153	233	15T	24T	24T	

Year	Event	A	Pos	R1	R2	R3	R4	Tot	P/M	SBW	R2T	R3T	R1P	R2P	R3P	W
1947	O		25T	75	80	76	79	310	38	17	155	231	11T	29T	27	
1948	O		CUT	77	78			155	19		155		56T	70T		
1951	O		37T	76	77	77	75	305	17	20	153	230	36T	38T	37T	
1952	O		25T	74	72	81	76	303	3	16	146	227	28T	15T	32T	
1953	O		CUT	79	81			160	16		160		50T	74T		
1954	O		CUT	81	78			159	13		159		86T	89T		
1955	O		CUT	76	74			150	6		150		64T	56T		
1957	O		CUT	78	75			153	9		153		76T	76T		
1964	O		CUT	83	78			161	17		161		93T	94T		

Jacobs, John J., III

Year	Event	A	Pos	R1	R2	R3	R4	Tot	P/M	SBW	R2T	R3T	R1P	R2P	R3P	W
1941	US	A	54	74	77	82	83	316	36	32	151	233	26T	26T	47T	

Jacobs, John Robert Maurice

Year	Event	A	Pos	R1	R2	R3	R4	Tot	P/M	SBW	R2T	R3T	R1P	R2P	R3P	W
1951	O		CUT	81	76			157	13		157		79T	58T		
1952	O		27T	72	76	79	77	304	4	17	148	227	12T	24T	32T	
1953	O		14T	79	74	71	73	297	9	15	153	224	50T	33T	15T	30
1954	O		20T	71	73	80	69	293	1	10	144	224	4T	7T	38T	
1955	O		12T	71	70	71	76	288	0	7	141	212	10T	5T	3T	
1956	O		16	73	77	76	72	298	14	12	150	226	22T	18T	21T	
1957	O		CUT	76	74			150	6		150		61T	55T		
1958	O		CUT	78	72			150	8		150		80T	60T		
1959	O		CUT	76	75			151	7		151		48T	58T		
1960	O		32T	74	71	75	73	293	1	15	145	220	31T	21T	32T	60
1961	O		20T	71	79	76	74	300	12	16	150	226	13T	22T	23T	
1962	O		CUT	79	75			154	10		154		77T	52T		
1963	O		CUT	77	73			150	10		150		78T	48T		

Jacobs, Keith Thomas "Tommy"

Year	Event	A	Pos	R1	R2	R3	R4	Tot	P/M	SBW	R2T	R3T	R1P	R2P	R3P	W
1952	M	A	60	79	81	77	79	316	28	30	160	237	61	64	59T	
1957	US		CUT	76	76			152	12		152		61T	61T		
1958	US		10T	76	75	71	72	294	14	11	151	222	32T	26T	11T	567
1959	M		CUT	77	73			150	6		150		52T	43T		350
	PGA		14T	73	71	68	74	286	6	9	144	212	42T	23T	9T	1,050
	US		35T	76	71	76	77	300	20	18	147	223	58T	26T	37T	240
1960	PGA		CUT	72	77	78		227	17		149	227	19T	52T	70T	
1961	US		CUT	75	77			152	12		152		50T	91T		
1962	PGA		23T	73	73	73	70	289	9	11	146	219	29T	39T	35T	665
	US		6T	74	71	73	70	288	4	5	145	218	30T	12T	14T	2,750
1963	M		28T	78	74	73	72	297	9	11	152	225	52T	44T	26T	750
	PGA		8T	74	72	70	70	286	2	7	146	216	40T	30T	16T	2,090
	US		32T	73	78	81	75	307	23	14	151	232	11T	31T	42T	367
1964	M		CUT	76	75			151	7		151		63T	57T		700
	PGA		CUT	76	71	76		223	13		147	223	98T	56T	71T	
	US		2	72	64	70	76	282	2	4	136	206	8T	1	1	8,500
1965	M		15T	71	74	72	73	290	2	19	145	217	21T	16T	14T	1,300
	PGA		CUT	76	76			152	10		152		78T	78T		
	US		28T	76	71	74	77	298	18	16	147	221	50T	17T	19T	630
1966	M		2PO	75	71	70	72	288	0	-2	146	216	29T	12T	1T	12,300
	PGA		CUT	75	77			152	12		152		58T	78T		
	US		CUT	76	78			154	14		154		70T	90T		300
1967	M		CUT	80	79			159	15		159		75T	77T		1,000
	PGA		67T	74	74	76	78	302	14	21	148	224	47T	43T	53T	300
	US		CUT	77	75			152	12		152		101T	100T		400
1968	M		CUT	77	74			151	7		151		58T	57T		1,000
1969	US		CUT	81	79			160	20		160		131T	134T		500
1970	PGA		61T	77	70	75	77	299	19	20	147	222	95T	37T	45T	400
1972	PGA		CUT	78	77			155	15		155		103T	107T		
1973	PGA		CUT	78	72			150	8		150		104T	77T		
1976	PGA		CUT	81	74			155	15		155		124T	109T		250

Jacobs, L. Stanley

Year	Event	A	Pos	R1	R2	R3	R4	Tot	P/M	SBW	R2T	R3T	R1P	R2P	R3P	W
1908	US	A	WD	104				104					81			
1909	US		56T	78	79	85	85	327		37	157	242	28T	37T	49T	

Jacobs, Robert

Year	Event	A	Pos	R1	R2	R3	R4	Tot	P/M	SBW	R2T	R3T	R1P	R2P	R3P	W
1905	O		CUT	89	92			181			181					
1906	O		CUT	89	79			168			168					
1911	O		CUT	81	86			167			167		76T	115T		

Jacobsen, Peter Erling

Year	Event	A	Pos	R1	R2	R3	R4	Tot	P/M	SBW	R2T	R3T	R1P	R2P	R3P	W
1979	PGA		23T	70	74	67	73	284	4	12	144	211	16T	36T	13T	2,900
1980	PGA		10T	71	73	74	70	288	8	14	144	218	20T	20T	22T	6,000
	US		22T	70	69	72	74	285	5	13	139	211	20T	9T	10T	2,400
1981	M		11T	71	70	72	74	287	-1	7	141	213	12T	8T	6T	7,333
	PGA		27T	74	71	71	69	285	5	12	145	216	71T	45T	43T	2,850

Year	Event	A	Pos	R1	R2	R3	R4	Tot	P/M	SBW	R2T	R3T	R1P	R2P	R3P	W
	US		37T	71	74	71	72	288	8	15	145	216	32T	40T	42T	1,660
1982	M		20T	78	75	70	71	294	6	10	153	223	47T	36T	28T	4,300
	PGA		34T	73	70	69	75	287	7	15	143	212	64T	37T	20T	2,350
1983	M		20T	73	71	76	72	292	4	12	144	220	42T	26T	30T	5,214
	O		12T	72	69	70	70	281	-3	6	141	211	48T	19T	13T	7,250
	PGA		3	73	70	68	65	276	-8	2	143	211	65T	32T	13T	40,000
	US		34T	75	75	77	71	298	14	18	150	227	40T	47T	56T	3,687
1984	M		25T	72	70	75	71	288	0	11	142	217	23T	13T	32T	4,680
	O		22T	67	73	73	73	286	-2	10	140	213	1T	10T	8T	3,850
	PGA		18T	70	72	72	71	285	-3	12	142	214	13T	20T	17T	7,050
	US		7T	72	73	73	67	285	5	9	145	218	33T	32T	29T	14,237
1985	M		CUT	78	76			154	10		154		65T	65T		1,500
	O		11T	71	74	68	73	286	6	4	145	213	24T	26T	7T	11,400
	PGA		10T	66	71	75	72	284	-4	6	137	212	2T	5T	6T	12,625
	US		31T	71	73	72	72	288	8	9	144	216	15T	40T	28T	5,431
1986	M		25T	75	73	68	73	289	1	10	148	216	37T	32T	22T	6,533
	O		CUT	77	75			152	12		152		54T	78T		400
	PGA		3	68	70	70	71	279	-5	3	138	208	4T	4T	3	60,000
	US		59T	76	72	73	76	297	17	18	148	221	48T	30T	45T	2,791
1987	O		WD	81				81	10				149T			400
	PGA		20	73	75	73	73	294	6	7	148	221	23T	35T	28T	8,500
	US		24T	72	71	71	73	287	7	10	143	214	34T	31T	23T	7,720
1988	PGA		47	73	68	75	72	288	4	16	141	216	58T	28T	46T	2,400
	US		21T	76	70	76	64	286	2	8	146	222	89T	49T	60T	10,345
1989	M		34T	74	73	78	71	296	8	13	147	225	26T	17T	38T	6,000
	O		30T	71	74	71	70	286	-2	11	145	216	25T	57T	47T	4,711
	PGA		27T	70	70	73	72	285	-3	9	140	213	21T	14T	30T	7,536
	US		8	71	70	71	70	282	2	4	141	212	35T	18T	13T	24,307
1990	M		30T	67	75	76	75	293	5	15	142	218	3	5T	22T	8,133
	O		16T	68	70	70	73	281	-7	11	138	208	4T	9T	8T	11,150
	PGA		26T	74	75	71	76	296	8	14	149	220	41T	49T	19T	8,650
	US		CUT	71	75			146	2		146		24T	69T		1,000
1991	M		17T	73	70	68	72	283	-5	6	143	211	53T	30T	9T	18,920
	O		73T	75	72	68	73	288	8	16	147	215	115T	87T	54T	3,000
	US		31T	72	73	74	75	294	6	12	145	219	24T	30T	19T	10,133
1992	M		61T	72	70	77	76	295	7	20	142	219	36T	23T	55T	3,300
	PGA		28T	73	71	72	73	289	5	11	144	216	52T	29T	27T	9,000
	US		63	74	71	77	80	302	14	17	145	222	65T	29T	56T	5,773
1993	PGA		28T	71	67	74	70	282	-2	10	138	212	58T	18T	41T	10,167
	US		CUT	76	71			147	7		147		130T	112T		1,000
1994	O		24T	69	70	67	72	278	-2	10	139	206	15T	22T	9T	7,972
1995	M		31T	72	73	69	74	288	0	14	145	214	34T	42T	27T	13,325
	O		31T	71	76	70	73	290	2	8	147	217	34T	81T	39T	8,122
	PGA		23T	69	67	71	71	278	-6	11	136	207	26T	9T	16T	15,500
	US		51T	72	72	74	74	292	12	12	144	218	46T	42T	35T	5,843
1996	O		45T	72	70	74	69	285	1	14	142	216	63T	44T	64T	6,400
	PGA		WD	71				71	-1				29T			1,300
	US		23T	71	74	70	71	286	6	8	145	215	24T	56T	28T	23,806
1997	PGA		67T	74	72	75	72	293	13	24	146	221	78T	68T	70T	4,100
2003	PGA		CUT	73	77			150	10		150	0	42T	83T		2,000
2005	US		15T	72	73	69	75	289	9	9	145	214	32T	33T	11T	88,120
2006	US		CUT	76	76			152	12		152		68T	82T		2,000

Jacobson, Earl

Year	Event	A	Pos	R1	R2	R3	R4	Tot	P/M	SBW	R2T	R3T	R1P	R2P	R3P	W
1968	PGA		41T	73	74	74	72	293	13	12	147	221	35T	43T	45T	586

Jacobson, Gary S.

Year	Event	A	Pos	R1	R2	R3	R4	Tot	P/M	SBW	R2T	R3T	R1P	R2P	R3P	W
1974	US	A	CUT	81	76			157	17		157		119T	92T		
1977	O		58T	74	73	70	81	298	18	30	147	217	48T	46T	36T	250
	US		5T	73	70	67	73	283	3	5	143	210	35T	21T	3T	10,875
1978	M		CUT	79	74			153	9		153		65T	64T		1,500
	US		CUT	77	80			157	15		157		70T	112T		600

Jacobson, Ulf Yngve Fredrik "Fredrik"

Year	Event	A	Pos	R1	R2	R3	R4	Tot	P/M	SBW	R2T	R3T	R1P	R2P	R3P	W
1998	O		76	67	78	81	79	305	25	25	145	226	6T	47T	68T	5,450
2000	O		CUT	82	73			155	11		155		157	150T		900
2001	O		CUT	74	71			145	3		145		87T	71T		1,300
2002	O		CUT	78	73			151	9		151		148T	138T		2,250
2003	O		6T	70	76	70	70	286	2	3	146	216	4T	16T	10T	134,500
	PGA		CUT	76	74			150	10		150	0	95T	83T		2,000
	US		5T	69	67	73	71	280	0	8	136	209	10T	5T	15T	185,934
2004	M		17T	74	74	67	74	289	1	10	148	215	31T	32T	8	97,500
	O		CUT	75	71			146	4		146		114T	74T		3,000
	PGA		17T	72	70	70	73	285	-3	5	142	212	40T	23T	18T	76,857
	US		CUT	75	77			152	12		152	0	99T	132T		1,000

Year	Event	A	Pos	R1	R2	R3	R4	Tot	P/M	SBW	R2T	R3T	R1P	R2P	R3P	W
2005	M		CUT	77	75			152	8		152		62T	64T		5,000
	O		52T	71	70	72	75	288	0	14	141	213	30T	25T	29T	10,931
	PGA		34T	72	69	73	71	285	5	9	141	214	59T	30T	44T	31,917
2008	O		19T	71	72	79	72	294	14	11	143	222	7T	11T	35T	37,771
	PGA		24T	75	71	70	73	289	9	12	146	216	75T	35T	22T	57,000
	US		CUT	74	79			153	11		153		49T	107T		2,000

Jacobus, George R.

Year	Event	A	Pos	R1	R2	R3	R4	Tot	P/M	SBW	R2T	R3T	R1P	R2P	R3P	W
1923	US		WD													
1934	M		52T	79	80	77	81	317	29	33	159	236	52T	59	53T	

Jacoby, Louis

Year	Event	A	Pos	R1	R2	R3	R4	Tot	P/M	SBW	R2T	R3T	R1P	R2P	R3P	W
1914	US	A	WD	80	84			164	20		164		53T	61		

Jacquelin, Raphael

Year	Event	A	Pos	R1	R2	R3	R4	Tot	P/M	SBW	R2T	R3T	R1P	R2P	R3P	W
1997	O		CUT	81	78			159	17		159		142T	146T		650
2001	O		13T	71	68	69	72	280	-4	6	139	208	34T	9T	5T	40,036
2002	O		CUT	74	73			147	5		147		106T	108T		2,500
2003	O		53T	77	71	72	76	296	12	13	148	220	82T	35T	34T	10,200
2004	O		54T	72	72	73	75	292	8	18	144	217	57T	53T	51T	10,550
	PGA		CUT	74	72			146	2		146	0	83T	74T		2,000
2007	O		65T	74	69	76	79	298	14	21	143	219	78T	20T	53T	10,050
	PGA		CUT	76	73			149	9		149		103T	98T		2,000

Jaeckel, Barry

Year	Event	A	Pos	R1	R2	R3	R4	Tot	P/M	SBW	R2T	R3T	R1P	R2P	R3P	W
1972	US		36T	78	69	82	77	306	18	16	147	229	72T	14T	48T	1,090
1973	O		CUT	77	76			153	9		153		77T	85T		50
1976	US		28T	74	77	69	74	294	14	17	151	220	34T	60T	28T	1,412
1977	US		CUT	79	76			155	15		155		130T	117T		500
1978	PGA		CUT	76	75			151	9		151		75T	86T		303
	US		CUT	78	75			153	11		153		80T	85T		600
1979	M		CUT	75	71			146	2		146		57T	46T		1,500
	PGA		60T	71	73	75	73	292	12	20	144	219	27T	36T	62T	548
1981	PGA		67T	72	74	69	78	293	13	20	146	215	43T	60T	37T	760
1982	PGA		42T	72	69	74	73	288	8	16	141	215	41T	17T	41T	1,643
1983	PGA		42T	73	74	67	75	289	5	15	147	214	65T	69T	22T	1,875
1984	PGA		CUT	81	81			162	18		162		136T	140T		1,000
	US		43T	75	72	73	74	294	14	18	147	220	89T	55T	42T	3,374
1986	PGA		CUT	73	74			147	5		147		70T	74T		1,000
	US		50T	75	74	71	74	294	14	15	149	220	24T	46T	36T	3,427
1987	US		36T	73	70	72	74	289	9	12	143	215	54T	31T	35T	5,626

Jaffray, Clive T.

Year	Event	A	Pos	R1	R2	R3	R4	Tot	P/M	SBW	R2T	R3T	R1P	R2P	R3P	W
1916	US	A	WD	82				82	10				58			

Jagger, David

Year	Event	A	Pos	R1	R2	R3	R4	Tot	P/M	SBW	R2T	R3T	R1P	R2P	R3P	W
1970	O		CUT	76	85			161	17		161		104T	128T		
1972	O		CUT	75	77	79		231	18		152	231	52T	78T	86T	75
1973	O		51T	76	74	74	75	299	11	23	150	224	55T	53T	55T	130
1974	O		28T	80	71	76	73	300	16	18	151	227	107T	27T	32T	245
1975	O		CUT	77	75			152	8		152		106T	104T		100
1976	O		38T	78	72	74	73	297	9	18	150	224	75T	55T	46T	237
1978	O		CUT	76	75			151	7		151		103T	106T		175
1979	O		CUT	78	78			156	14		156		93T	102T		200
1980	O		60T	72	77	69	77	295	11	24	149	218	18T	80T	50T	550
1981	O		CUT	72	74	80		226	16		146	226	9T	27T	74T	350
1982	O		CUT	75	81			156	12		156		45T	118T		225

Jaidee, Thongchai

Year	Event	A	Pos	R1	R2	R3	R4	Tot	P/M	SBW	R2T	R3T	R1P	R2P	R3P	W
2001	US		74T	73	73	72	78	296	16	20	146	218	46T	61T	53T	8,863
2002	O		WD	80				80	9				154T			2,000
2004	PGA		CUT	80	78			158	14		158	0	148T	147T		2,000
2005	O		52T	73	68	75	72	288	0	14	141	216	56T	25T	56T	10,931
	PGA		CUT	76	74			150	10		150		119T	121T		2,000
2006	M		CUT	78	75			153	9		153		68T	69T		5,000
2007	PGA		CUT	80	73			153	13		153		143T	124T		2,000

James, A. (earlier)

Year	Event	A	Pos	R1	R2	R3	R4	Tot	P/M	SBW	R2T	R3T	R1P	R2P	R3P	W
1897	O		WD	84	95			179			179					

James, A. (later)

Year	Event	A	Pos	R1	R2	R3	R4	Tot	P/M	SBW	R2T	R3T	R1P	R2P	R3P	W
1913	O		37	78	81	85	86	330		26	159	244	18T	23T	27T	

James, B. F.

Year	Event	A	Pos	R1	R2	R3	R4	Tot	P/M	SBW	R2T	R3T	R1P	R2P	R3P	W
1911	O		WD													
1928	O		WD	88				88	16				108T			

Year	Event	A	Pos	R1	R2	R3	R4	Tot	P/M	SBW	R2T	R3T	R1P	R2P	R3P	W
James, Lee Scott																
1994	O	A	CUT	75	70			145	5		145		125T	93T		
1995	M	A	CUT	77	80			157	13		157		70T	81T		
James, Mark Hugh																
1973	O	A	CUT	83	85			168	24		168		141T	149		
1974	O	A	CUT	79	77	81		237	24		156	237	89T	73T	78	
1976	O		5T	76	72	74	66	288	0	9	148	222	52T	39T	26T	2,820
1977	O		CUT	75	73	85		233	23		148	233	62T	61T	87	200
1978	O		CUT	74	74	76		224	8		148	224	68T	70T	73T	225
1979	O		4	76	69	69	73	287	3	4	145	214	58T	17T	3T	7,500
1980	M		CUT	74	74			148	4		148		40T	62T		1,500
	O		45T	69	72	75	76	292	8	21	141	216	3T	11T	29T	575
1981	O		3T	72	70	68	73	283	3	7	142	210	9T	6T	2T	11,750
1982	O		51T	74	73	79	76	302	14	18	147	226	32T	34T	54T	617
1983	O		29T	70	70	74	71	285	1	10	140	214	17T	14T	31T	1,465
1984	O		44T	70	73	72	75	290	2	14	143	215	10T	24T	22T	1,927
1985	O		20T	71	78	66	73	288	8	6	149	215	24T	70T	11T	5,260
1986	O		35T	75	73	73	75	296	16	16	148	221	22T	30T	24T	3,168
1987	O		CUT	75	73			148	6		148		97T	88T		400
1988	O		62T	71	77	74	76	298	14	25	148	222	8T	57T	57T	2,400
1989	O		13T	69	70	71	72	282	-6	7	139	210	9T	7T	12	13,000
1990	O		31T	73	69	70	72	284	-4	14	142	212	81T	46T	34T	5,125
	PGA		CUT	77	76			153	9		153		90T	88T		1,000
	US		CUT	74	74			148	4		148		80T	89T		1,000
1991	O		26T	72	68	70	72	282	2	10	140	210	61T	10T	8T	6,750
1992	O		CUT	70	76			146	4		146		36T	102T		600
	PGA		40T	75	72	72	72	291	7	13	147	219	93T	57T	49T	5,163
1993	O		27T	70	70	70	71	281	1	14	140	210	48T	24T	24T	7,225
	PGA		CUT	75	71			146	4		146		121T	100T		1,200
1994	O		4T	72	67	66	68	273	-7	5	139	205	68T	22T	8	50,666
	PGA		CUT	71	76			147	7		147		27T	87T		1,200
1995	O		8T	72	75	68	70	285	-3	3	147	215	60T	81T	21T	33,333
1996	O		22T	70	68	75	68	281	-3	10	138	213	25T	16T	44T	11,875
	PGA		CUT	73	75			148	4		148		71T	102T		1,300
	US		CUT	75	79			154	14		154		100T	142T		1,000
1997	O		20T	76	67	70	70	283	-1	11	143	213	63T	18T	18T	14,500
1998	O		19T	71	74	74	71	290	10	10	145	219	42T	47T	25T	17,220
1999	O		43T	76	74	74	78	302	18	12	150	224	37T	21T	18T	8,700
	PGA		31T	70	74	79	67	290	2	13	144	223	10T	40T	69T	20,000
2000	O		CUT	76	75			151	7		151		123T	138T		900
James, S. G.																
1911	O	A	52T	80	82	83	79	324		21	162	245	59T	58T	57T	
Jamieson, Andrew, Jr.																
1926	O	A	WD													
1933	O	A	53	75	75	76	84	310	18	18	150	226	37T	42T	36T	
Jamieson, James																
1967	US	A	CUT	81	77			158	18		158		141T	134T		
1971	PGA		6T	72	72	72	70	286	-2	5	144	216	17T	16T	11T	6,500
	US		CUT	76	74			150	10		150		105T	72T		500
1972	M		5T	72	70	71	77	290	2	4	142	213	6T	4	2	6,200
	PGA		2T	69	72	72	70	283	3	2	141	213	3T	4T	10	20,850
	US		CUT	82	75			157	13		157		120T	89T		500
1973	M		3T	73	71	70	71	285	-3	2	144	214	15T	10T	2T	12,500
	PGA		18T	71	73	71	71	286	2	9	144	215	12T	27T	15T	2,603
	US		58T	74	76	79	74	303	19	24	150	229	31T	55T	62T	820
1974	M		CUT	80	75			155	11		155		75T	73T		1,200
	PGA		WD	81				81	11				129T			
	US		26T	77	73	75	75	300	20	13	150	225	52T	35T	24T	1,300
Jamieson, Robert M.																
1974	O		CUT	77	79	76		232	19		156	232	46T	73T	61T	75
1978	O		CUT	75	77			152	8		152		83T	113T		175
1982	O		CUT	74	80			154	10		154		32T	100T		225
Jamieson, T.																
1905	O		CUT	94	86			180			180					
Jamison, Al																
1946	PGA		64T													100
Jamison, T. S., Jr.																
1935	US	A	CUT	79	84			163	19		163		57T	76T		
1936	US	A	CUT	76	77			153	9		153		81T	85T		

Year	Event	A	Pos	R1	R2	R3	R4	Tot	P/M	SBW	R2T	R3T	R1P	R2P	R3P	W
Jans, Carl																
1958	PGA		CUT	87	84			171	31		171		159T	154		
Jans, Henry																
1935	US		CUT	85	81			166	22		166		129T	106		
Janson, Lynn C.																
1974	US		49T	77	74	77	77	305	25	18	151	228	52T	46T	46T	905
1975	US		56T	71	73	78	78	300	16	13	144	222	9T	12T	43T	865
1976	US		CUT	76	80			156	16		156		73T	101T		500
1979	PGA		35T	73	71	72	71	287	7	15	144	216	52T	36T	48T	1,600
	US		32T	77	71	77	73	298	14	14	148	225	69T	24T	47T	1,725
1980	PGA		CUT	76	76			152	12		152		87T	89T		500
1981	PGA		CUT	75	76			151	11		151		88T	105T		550
	US		CUT	79	78			157	17		157		141T	139T		600
1982	US		CUT	84	82			166	22		166		146T	145T		600
1984	PGA		CUT	72	77			149	5		149		30T	71T		1,000
1985	PGA		CUT	76	77			153	9		153		121T	120T		1,000
	US		CUT	74	73			147	7		147		64T	67T		600
1986	PGA		CUT	74	76			150	8		150		89T	109T		1,000
1988	PGA		CUT	77	80			157	15		157		116T	138T		1,000
January, Donald Ray																
1952	US	A	CUT	77	83			160	20		160		73T	110T		
1956	US		CUT	78	78			156	16		156		101T	97T		
1958	US		7T	79	73	68	73	293	13	10	152	220	69T	28T	7	1,017
1959	M		36	74	75	70	78	297	9	13	149	219	19T	38T	18T	350
	PGA		49T	73	74	74	73	294	14	17	147	221	42T	53T	59T	200
	US		19T	71	73	73	77	294	14	12	144	217	6T	12T	13T	300
1960	M		20T	70	72	74	79	295	7	13	142	216	5T	6T	8T	875
	PGA		5	70	70	72	72	284	4	3	140	212	5T	2	5	2,800
1961	M		4T	74	68	72	71	285	-3	5	142	214	22T	4	6T	7,000
	PGA		2PO	72	66	67	72	277	-3	-3	138	205	24T	2T	1	5,500
	US		CUT	76	75			151	11		151		69T	73T		
1962	M		20T	71	73	74	74	292	4	12	144	218	7T	10T	16T	1,000
	PGA		27T	70	74	72	75	291	11	13	144	216	7T	21T	16T	530
	US		CUT	75	76			151	9		151		47T	52T		
1963	M		9T	73	75	72	71	291	3	5	148	220	10T	25T	12T	1,800
	PGA		40T	76	75	69	73	293	9	14	151	220	83T	67T	39T	410
	US		11	72	74	78	75	299	15	6	146	224	7T	9T	13T	1,400
1964	M		18T	70	72	75	72	289	1	13	142	217	6T	3T	16T	1,100
	PGA		CUT	68	78	78		224	14		146	224	4T	47T	80T	
	US		11T	75	73	74	69	291	11	13	148	222	47T	31T	28T	1,333
1965	M		CUT	72	78			150	6		150		34T	50T		900
	US		CUT	79	72			151	11		151		93T	52T		300
1966	M		6T	71	73	73	75	292	4	4	144	217	2T	3T	3	3,900
	PGA		12T	69	71	73	76	289	9	9	140	213	3T	2T	3T	2,933
	US		17T	73	73	75	73	294	14	16	146	221	26T	19T	23T	1,430
1967	M		26T	74	74	76	71	295	7	15	148	224	28T	30T	39T	1,300
	PGA		1PO	71	72	70	68	281	-7	-1	143	213	13T	7T	5T	25,000
	US		3	69	72	70	70	281	1	6	141	211	2T	7	5T	10,000
1968	M		14T	71	68	72	73	284	-4	7	139	211	10T	1T	2T	2,650
	PGA		51T	78	71	75	72	296	16	15	149	224	119T	64T	57T	445
	US		24T	71	75	71	73	290	10	15	146	217	10T	32T	22T	1,204
1969	M		5T	74	73	70	66	283	-5	2	147	217	44T	35T	24T	6,750
	PGA		15T	75	70	70	69	284	0	8	145	215	72T	35T	22T	2,713
	US		WD	76				76	6				79T			500
1970	M		12T	76	73	69	70	288	0	9	149	218	44T	37T	19T	3,000
	PGA		12T	73	71	73	69	286	6	7	144	217	34T	19T	19T	3,750
1971	M		4T	69	69	73	72	283	-5	4	138	211	2T	1	3	9,050
	PGA		CUT	76	74			150	6		150		84T	84T		
	US		27T	75	73	71	70	289	9	9	148	219	87T	59T	47T	1,253
1972	M		CUT	75	77			152	8		152		37T	48T		1,000
	PGA		CUT	75	77			152	12		152		69T	84T		
	US		11T	76	71	74	79	300	12	10	147	221	45T	14T	9T	2,500
1973	M		10T	75	71	75	70	291	3	8	146	221	38T	19T	23T	3,425
1975	PGA		10T	72	70	71	73	286	6	10	142	213	26T	19T	9T	4,468
	US		29T	72	75	73	75	295	11	8	147	220	17T	35T	27T	1,193
1976	M		33T	73	74	76	73	296	8	25	147	223	29T	27T	36	1,900
	PGA		2T	70	69	71	72	282	2	1	139	210	12T	3T	4	20,000
	US		14T	71	74	69	75	289	9	12	145	214	7T	15T	12T	2,310
1977	M		8T	69	76	71	69	285	-3	9	145	216	2T	26T	18T	5,667
	PGA		6T	75	69	70	72	286	-2	4	144	214	54T	15T	9T	7,300
1978	M		11T	72	70	72	70	284	-4	7	142	214	8T	8T	14T	4,417
	PGA		19T	73	72	75	69	289	5	13	145	220	31T	29T	46T	3,100

Year	Event	A	Pos	R1	R2	R3	R4	Tot	P/M	SBW	R2T	R3T	R1P	R2P	R3P	W
1979	M		CUT	73	73			146	2		146		34T	46T		1,500
	PGA		7T	69	70	71	69	279	-1	7	139	210	5T	9T	10T	9,200
1980	M		CUT	75	72			147	3		147		55T	53T		1,500
	PGA		CUT	82	72			154	14		154		138T	103T		500
1981	PGA		19T	70	72	70	72	284	4	11	142	212	12T	24T	20T	3,631
1982	PGA		CUT	73	73			146	6		146		64T	75T		650

Janzen, Lee MacLeod

Year	Event	A	Pos	R1	R2	R3	R4	Tot	P/M	SBW	R2T	R3T	R1P	R2P	R3P	W
1985	US	A	CUT	82	79			161	21		161		148T	153		
1991	US		CUT	74	74			148	4		148		61T	66T		1,000
1992	M		54T	74	71	74	74	293	5	18	145	219	64T	55T	55T	3,440
	O		39T	66	73	73	75	287	3	15	139	212	5T	18T	26T	5,084
	PGA		21T	74	71	72	71	288	4	10	145	217	70T	39T	35T	14,000
	US		CUT	76	74			150	6		150		101T	90T		1,000
1993	M		39T	67	73	76	77	293	5	16	140	216	1T	7	24T	6,817
	O		48T	69	71	73	71	284	4	17	140	213	29T	24T	42T	4,850
	PGA		22T	70	68	71	72	281	-3	9	138	209	36T	18T	22T	14,500
	US		1	67	67	69	69	272	-8	-2	134	203	4T	1	1	290,000
1994	M		30T	75	71	76	73	295	7	16	146	222	44T	27T	35T	13,300
	O		35T	74	69	69	67	279	-1	11	143	212	112T	61T	55T	6,700
	PGA		66T	73	71	73	74	291	11	22	144	217	61T	52T	59T	2,600
	US		CUT	77	71			148	6		148		104T	66T		1,000
1995	M		12T	69	69	74	71	283	-5	9	138	212	9T	7T	19T	48,400
	O		24T	73	73	71	72	289	1	7	146	217	85T	68T	39T	10,316
	PGA		23T	66	70	72	70	278	-6	11	136	208	5T	9T	21T	15,500
	US		13T	70	72	72	72	286	6	6	142	214	11T	21T	12T	30,934
1996	M		12T	68	71	75	73	287	-1	11	139	214	5	5T	9T	52,500
	O		CUT	74	77			151	9		151		109T	143T		650
	PGA		8T	68	71	71	70	280	-8	3	139	210	4T	6T	12T	57,500
	US		10T	68	75	71	69	283	3	5	143	214	3T	27T	22T	52,591
1997	M		26T	72	73	74	73	292	4	22	145	219	8T	16T	24T	21,195
	O		CUT	78	71			149	7		149		99T	86T		800
	PGA		4	69	67	74	69	279	-1	10	136	210	11T	1	3T	125,000
	US		52T	72	73	75	73	293	13	17	145	220	40T	45T	61T	7,138
1998	M		33T	76	74	72	72	294	6	15	150	222	54T	40T	38T	18,112
	O		24T	72	69	80	70	291	11	11	141	221	62T	12T	44T	12,480
	PGA		CUT	76	72			148	8		148		122T	93T		1,500
	US		1	73	66	73	68	280	0	-1	139	212	37T	4T	4T	535,000
1999	M		14T	70	69	73	76	288	0	8	139	212	5T	3T	5T	70,000
	O		70	80	74	79	78	311	27	21	154	233	100T	64T	70T	6,000
	PGA		CUT	73	75			148	4		148		58T	84T		1,750
	US		46T	74	73	76	75	298	18	19	147	223	95T	59T	54T	12,060
2000	M		CUT	76	76			152	8		152		54T	76T		5,000
	O		CUT	75	72			147	3		147		111T	99T		1,100
	PGA		19T	76	70	70	65	281	-7	11	146	216	99T	51T	43T	56,200
	US		37T	71	73	79	75	298	14	26	144	223	18T	11T	24T	22,056
2001	M		31T	67	70	72	79	288	0	16	137	209	4T	4T	10T	33,208
	PGA		CUT	70	74			144	4		144	0	56T	96T		2,000
	US		CUT	77	70			147	7		147	0	120T	80T		1,000
2002	M		CUT	74	75			149	5		149		38T	56T		5,000
	O		80T	70	69	84	72	295	11	17	139	223	23T	17T	82T	8,500
	PGA		53T	70	76	77	75	298	10	20	146	223	6T	38T	48T	11,743
	US		CUT	76	77			153	13		153	0	96T	94T		1,000
2003	M		CUT	78	73			151	7		151		64T	55T		5,000
	O		CUT	76	75			151	9		151		65T	76T		3,000
	PGA		34T	68	74	72	77	291	11	15	142	214	4T	12T	20T	29,000
	US		55T	72	68	72	77	289	9	17	140	212	57T	27T	33T	16,199
2004	US		24T	72	70	71	79	292	12	16	142	213	40T	23T	13T	63,328
2005	PGA		CUT	71	74			145	5		145		40T	80T		2,000
	US		57T	74	74	74	74	296	16	16	148	222	54T	72T	63T	15,223
2006	US		CUT	82	72			154	14		154		149T	113T		2,000
2007	US		13T	73	73	73	73	292	12	7	146	219	34T	19T	17T	124,706
2008	US		CUT	75	78			153	11		153		64T	107T		2,000

Jarman, Edward William George "Ted"

Year	Event	A	Pos	R1	R2	R3	R4	Tot	P/M	SBW	R2T	R3T	R1P	R2P	R3P	W
1930	O		36T	76	76	79	80	311	23	20	152	231	26T	20T	31T	
1932	O		39T	75	76	79	76	306	18	23	151	230	28T	33T	44T	
1934	O		13T	74	76	74	75	299	11	16	150	224	24T	33T	21T	10
1935	O		59T	74	78	80	79	311	23	28	152	232	19T	44T	57T	
1936	O		44T	75	77	81	77	310	14	23	152	233	23T	33T	47T	
1938	O		CUT	71	78			149	9		149		7T	38T		
1949	O		CUT	78	77			155	11		155		84T	81T		

Jarman, Fred

Year	Event	A	Pos	R1	R2	R3	R4	Tot	P/M	SBW	R2T	R3T	R1P	R2P	R3P	W
1922	O		74	86	84	86	82	338		38	170	256	73	73T	74T	

Year	Event	A	Pos	R1	R2	R3	R4	Tot	P/M	SBW	R2T	R3T	R1P	R2P	R3P	W
1927	O		CUT	82	78			160	14		160		101T	91T		
1929	O		39T	79	76	82	79	316	12	24	155	237	49T	44T	41T	
1932	O		CUT	74	81			155	11		155		12T	65T		
1934	O		39T	76	76	79	76	307	19	24	152	231	37T	49T	56T	
1935	O		49T	74	78	79	77	308	20	25	152	231	19T	44T	50T	
Jarman, John "Jack"																
1924	O		40T	84	78	78	83	323		22	162	240	69T	50T	30T	
1927	O		CUT	80	79			159	13		159		84T	80T		
1929	O		39T	80	77	81	78	316	12	24	157	238	62T	54T	49T	
Jarman, Robert S. "Bobby"																
1947	O		CUT	82	79			161	25		161		77T	76T		
1952	O		CUT	81	77			158	8		158		90T	73T		
1956	O		CUT	85	77			162	20		162		95	85T		
1958	O		CUT	74	74			148	6		148		39T	41T		
Jarvis, Norm																
1984	US		CUT	79	77			156	16		156		136T	130T		600
Jawor, Casmere R.																
1966	US		CUT	76	81			157	17		157		70T	117T		300
1970	PGA		CUT	79	78			157	17		157		108T	114T		
Jeffrey, Ben																
1914	O		WD	83	97	84		264			180	264	59T	95	88	
Jeffries, William T.																
1910	O		38T	79	76	81	85	321		22	155	236			28T	
1911	O		67	77	84	88	85	334		31	161	249	22T	52T	68	
Jeffs, G.																
1906	O	A	WD													
Jelliffe, William L.																
1934	US		CUT	80	76			156	16		156		76T	66T		
1935	PGA		64T													85
1936	PGA		64T													
1938	US		CUT	84	78			162	20		162		125T	109T		
1941	US		CUT	76	82			158	18		158		45T	77T		
1946	US		48T	73	74	80	76	303	15	19	147	227	24T	21T	49T	
Jenkins, James L. C.																
1914	O	A	8T	79	80	73	83	315		9	159	232	25T	19T	3	
1927	O	A	CUT	77	80			157	11		157		49T	70T		
Jenkins, T. Courtney																
1899	US	A	49	88	98	96	87	369		54	186	282	29T	52T	53	
Jenkins, Thomas Wayne																
1972	US		52T	73	80	75	81	309	21	19	153	228	11T	45T	42T	890
1974	PGA		17T	70	73	71	71	285	5	9	143	214	10T	20T	13T	2,925
	US		CUT	77	78			155	15		155		52T	75T		500
1975	PGA		48T	72	75	73	74	294	14	18	147	220	26T	55T	48T	518
1976	M		CUT	75	79			154	10		154		46T	57T		1,350
	US		26T	72	74	75	72	293	13	16	146	221	13T	20T	31T	1,540
1977	PGA		66T	78	73	77	80	308	20	26	151	228	94T	64T	67T	488
1981	PGA		56T	73	73	73	72	291	11	18	146	219	55T	60T	60T	810
1982	PGA		65T	69	71	75	77	292	12	20	140	215	7T	14T	41T	1,123
	US		CUT	75	81			156	12		156		43T	102T		600
1984	PGA		CUT	75	75			150	6		150		73T	81T		1,000
1992	US		CUT	75	79			154	10		154		82T	124T		1,000
Jennings, Charles T. "Chuck"																
1947	O	A	CUT	83	79			162	26		162		85T	78T		
Jennings, Roger																
1948	O		CUT	78	79			157	21		157		71T	77T		
Jensen, Clint																
2005	US		CUT	77	76			153	13		153		113T	122T		2,000
Jenson, Charles R.																
1898	US		WD	117	110	107		334			227	334	48	45	41	
Jerome, James C.																
1954	US	A	WD	89				89	19				159			
Jerrel, Jeffrey L.																
1977	US		CUT	81	75			156	16		156		143T	125T		500
1979	US		CUT	78	81			159	17		159		94T	110T		600

Year	Event	A	Pos	R1	R2	R3	R4	Tot	P/M	SBW	R2T	R3T	R1P	R2P	R3P	W
Jesmer, Jerry																
1977	US		CUT	82	77			159	19		159		148T	141T		500
Jetter, Rick																
1964	PGA		CUT	85	84			169	29		169		161	159		
1965	PGA		CUT	78	78			156	14		156		119T	116T		
1969	PGA		CUT	80	87			167	25		167		128T	139		
Jewell, F. C. "Fred"																
1920	O		35T	85	79	79	82	325		22	164	243	64T	39T	31T	
1921	O		56	81	81	78	79	319		23	162	240	62T	63T	54T	
1922	O		12T	75	80	78	77	310		10	155	233	4T	10T	13T	
1923	O		25T	80	78	70	80	308		13	158	228				
1925	O		43T	75	81	85	87	328	40	28	156	241	4T	16T	32T	
1929	O		CUT	84	80			164	12		164		99T	93T		
1930	O		CUT	83	83			166	22		166		92T	99T		
Jewell, James W.																
1967	US		CUT	76	80			156	16		156		87T	124T		400
1972	US		CUT	80	78			158	14		158		103T	95T		500
Jewell, Richard M.																
1973	O		CUT	74	81			155	11		155		25T	107T		50
1974	O		CUT	79	76	83		238	25		155	238	89T	60T	79	75
Jewell, Vince M.																
2008	PGA		CUT	85	78			163	23		163		153	153		2,500
Jewett, Rader																
1932	US		CUT	81	85			166	26		166		60T	108T		
1934	US		CUT	80	76			156	16		156		76T	66T		
1936	PGA		64T													
1939	US		CUT	80	81			161	23		161		114T	129T		
1940	US		CUT	80	79			159	15		159		109T	120T		
1949	US		CUT	78	79			157	15		157		88T	99T		
Jimenez, David																
1966	US		57T	75	73	81	75	304	24	26	148	229	58T	30T	61T	565
1967	US		CUT	75	76			151	11		151		65T	93T		400
1973	PGA		CUT	76	75			151	9		151		78T	90T		
1976	PGA		CUT	81	77			158	18		158		124T	119T		250
1979	PGA		CUT	77	75			152	12		152		116T	120T		350
1981	PGA		CUT	74	85			159	19		159		71T	137T		550
Jimenez, Joe																
1958	US		45T	76	76	80	75	307	27	24	152	232	32T	28T	50	200
1959	US		CUT	78	75			153	13		153		93T	80T		
1962	PGA		CUT	80	76			156	16		156		150T	136T		
1964	US		CUT	78	80			158	18		158		95T	126T		300
1966	US		CUT	77	76			153	13		153		86T	74T		300
1969	PGA		CUT	76	75			151	9		151		91T	94T		
1970	PGA		65T	75	73	80	77	305	25	26	148	228	61T	48T	65T	400
1972	PGA		CUT	75	79			154	14		154		69T	100T		
1978	O		CUT	77	75			152	8		152		119T	113T		175
	PGA		CUT	78	79			157	15		157		111T	125T		303
1980	PGA		CUT	81	79			160	20		160		134T	134T		500
Jimenez Rodriguez, Miguel Angel																
1991	O		80T	74	74	72	69	289	9	17	148	220	94T	98T	96T	3,000
1993	O		51T	69	74	72	70	285	5	18	143	215	29T	64T	62T	4,356
1994	O		CUT	71	74			145	5		145		39T	93T		600
1995	M		CUT	71	75			146	2		146		24T	48T		1,500
	O		88T	75	73	76	73	297	9	15	148	224	116T	95T	93T	4,125
	PGA		13T	69	69	67	70	275	-9	8	138	205	26T	21T	10T	33,750
	US		28T	72	72	75	69	288	8	8	144	219	46T	42T	46T	13,912
1996	O		CUT	75	75			150	8		150		124T	138T		650
	PGA		24T	71	71	71	70	283	-5	6	142	213	29T	25T	25T	21,500
1997	O		CUT	82	70			152	10		152		147T	111T		700
1998	O		DQ	73	78			151	11		151		89T	124T		650
1999	M		CUT	72	77			149	5		149		20T	57T		5,000
	O		CUT	81	74			155	13		155		119T	74T		1,100
	PGA		10T	70	70	75	70	285	-3	8	140	215	10T	9T	24T	72,167
	US		23T	73	70	72	77	292	12	13	143	215	71T	20T	10T	33,505
2000	M		49T	76	71	79	72	298	10	20	147	226	54T	39T	55T	11,623
	O		26T	73	71	71	68	283	-5	14	144	215	76T	60T	45T	20,000
	PGA		64T	70	77	74	70	291	3	21	147	221	10T	66T	73T	9,700
	US		2T	66	74	76	71	287	3	15	140	216	2	2T	3T	391,150

Year	Event	A	Pos	R1	R2	R3	R4	Tot	P/M	SBW	R2T	R3T	R1P	R2P	R3P	W
2001	M		10T	68	72	71	69	280	-8	8	140	211	7T	14T	16T	128,800
	O		3T	69	72	67	70	278	-6	4	141	208	5T	26T	5T	141,667
	PGA		CUT	74	74			148	8		148	0	117T	118T		2,000
	US		CUT	77	73			150	10		150	0	120T	103T		1,000
2002	M		9T	70	71	74	70	285	-3	9	141	215	7T	9T	13T	151,200
	O		CUT	73	75			148	6		148		86T	118T		2,250
2003	M		CUT	76	77			153	9		153		42T	60T		5,000
2004	O		47T	74	71	71	75	291	7	17	145	216	95T	59T	47T	11,964
	PGA		31T	76	65	75	71	287	-1	7	141	216	119T	14T	47T	34,250
	US		CUT	77	69			146	6		146	0	135T	67T		1,000
2005	M		31T	74	74	73	72	293	5	17	148	221	33T	42T	40T	46,550
	O		52T	69	72	76	71	288	0	14	141	217	13T	25T	66T	10,931
	PGA		40T	72	72	69	73	286	6	10	144	213	59T	62T	39T	22,300
	US		CUT	79	74			153	13		153		135T	122T		2,000
2006	M		11T	72	74	69	72	287	-1	6	146	215	19T	30T	10T	161,000
	O		41T	67	70	76	74	287	-1	17	137	213	2T	5T	39T	14,857
	PGA		65T	70	73	75	78	296	8	26	143	218	21T	42T	57T	13,175
	US		16T	70	75	74	72	291	11	6	145	219	2T	14T	20T	99,417
2007	M		44T	79	73	76	76	304	16	14	152	228	75T	46T	44T	22,533
	O		12T	69	70	72	71	282	-2	5	139	211	8T	3T	10T	58,571
	PGA		CUT	78	72			150	10		150		126T	109T		2,000
2008	M		8T	77	70	72	68	287	-1	7	147	219	75T	40T	35T	217,500
	O		CUT	72	82			154	14		154		15T	127T		2,375
	PGA		CUT	73	78			151	11		151		43T	95T		2,500
	US		6T	75	66	74	72	287	3	4	141	215	64T	5T	6T	220,686

Job, Leonard C.

Year	Event	A	Pos	R1	R2	R3	R4	Tot	P/M	SBW	R2T	R3T	R1P	R2P	R3P	W
1911	O		WD	91				91					197T			

Job, Nicholas J.

Year	Event	A	Pos	R1	R2	R3	R4	Tot	P/M	SBW	R2T	R3T	R1P	R2P	R3P	W
1966	O		CUT	81	80			161	19		161		113T	121		
1969	O		CUT	72	79	76		227	14		151	227	18T	65T	66T	
1971	O		WD	89				89	16				149			
1972	O		CUT	76	81			157	15		157		71T	118T		50
1977	O		CUT	80	74			154	14		154		134T	110T		150
1978	O		22T	73	75	68	73	289	1	8	148	216	41T	70T	19T	950
1979	O		CUT	82	77			159	17		159		133T	128T		200
1981	O		14T	70	69	75	74	288	8	12	139	214	1T	2T	6T	3,240
1982	O		CUT	83	80			163	19		163		143T	143T		225
1983	O		CUT	78	71			149	7		149		130T	97T		250

Jobe, Brandt William

Year	Event	A	Pos	R1	R2	R3	R4	Tot	P/M	SBW	R2T	R3T	R1P	R2P	R3P	W
1990	US		CUT	76	74			150	6		150		115T	113T		1,000
1992	US		CUT	79	70			149	5		149		139T	79T		1,000
1994	US		39T	72	74	68	80	294	10	15	146	214	23T	43T	19T	8,006
1995	O		CUT	74	76			150	6		150		100T	116T		650
	US		62T	71	72	76	75	294	14	14	143	219	29T	30T	46T	3,969
1996	US		CUT	75	76			151	11		151		100T	126T		1,000
1998	O		52T	70	73	82	71	296	16	16	143	225	28T	30T	64T	6,860
	PGA		CUT	70	78			148	8		148		21T	93T		1,500
1999	M		14T	72	71	74	71	288	0	8	143	217	20T	13T	29T	70,000
	O		CUT	77	79			156	14		156		55T	83T		1,100
	PGA		16T	69	74	69	75	287	-1	10	143	212	5T	26T	9T	48,600
2000	M		48	73	74	76	74	297	9	19	147	223	22T	39T	49T	12,604
	US		CUT	72	79			151	9		151		29T	76T		1,000
2001	US		52T	77	68	71	76	292	12	16	145	216	120T	43T	35T	13,164
2003	US		35T	70	68	76	71	285	5	13	138	214	25T	12T	42T	32,552
2005	US		33T	68	73	79	72	292	12	12	141	220	3T	10T	48T	35,759
2006	M		32T	72	76	77	68	293	5	12	148	225	19T	44T	46T	40,512
	O		41T	69	71	75	72	287	-1	17	140	215	20T	22T	51T	14,857
	PGA		CUT	76	70			146	2		146		131T	84T		2,000
	US		CUT	76	76			152	12		152		68T	82T		2,000
2008	US		18T	73	75	69	73	290	6	7	148	217	31T	49T	15T	87,230

Johansson, Per-Ulrik

Year	Event	A	Pos	R1	R2	R3	R4	Tot	P/M	SBW	R2T	R3T	R1P	R2P	R3P	W
1992	O		68T	67	74	77	75	293	9	21	141	218	9T	37T	66T	3,238
1993	O		CUT	69	79			148	8		148		29T	125T		600
1994	O		60T	73	69	69	73	284	4	16	142	211	93T	54T	46T	4,350
1995	O		15T	69	78	68	72	287	-1	5	147	215	9T	81T	21T	18,200
	PGA		58T	72	69	71	72	284	0	17	141	212	82T	48T	49T	3,630
	US		CUT	74	74			148	8		148		83T	87T		1,000
1996	O		CUT	70	77			147	5		147		25T	107T		650
	PGA		8T	73	72	66	69	280	-8	3	145	211	71T	60T	15T	57,500
1997	M		12T	72	73	73	69	287	-1	17	145	218	8T	16T	18T	52,920
	O		66T	72	75	73	75	295	11	23	147	220	17T	62T	62T	5,450

Year	Event	A	Pos	R1	R2	R3	R4	Tot	P/M	SBW	R2T	R3T	R1P	R2P	R3P	W
	PGA		67T	73	69	73	78	293	13	24	142	215	64T	29T	34T	4,100
1998	M		12T	74	75	67	70	286	-2	7	149	216	25T	35T	14T	64,800
	O		CUT	74	76			150	10		150		113T	113T		800
	PGA		23T	69	74	71	68	282	2	11	143	214	10T	36T	35T	26,000
	US		25T	71	75	73	73	292	12	12	146	219	16T	38T	30T	25,640
1999	M		24T	75	72	71	73	291	3	11	147	218	55T	35T	32T	35,200
	O		CUT	79	81			160	18		160		83T	126T		328
	PGA		CUT	76	73			149	5		149		116T	100T		1,750
	US		CUT	75	77			152	12		152		120T	119T		1,000
2000	O		64T	72	69	76	74	291	3	22	141	217	50T	25T	64T	7,225
2002	US		CUT	78	74			152	12		152	0	128T	86T		1,000
Johns, Charles																
1909	O		4	72	76	79	75	302		7	148	227	1	2	4	10
1910	O		WD													
1911	O		43T	79	79	83	80	321		18	158	241	47T	37T	44T	
1912	O		37T	81	81	83	82	327		32	162	245	33T	34T	40T	
1914	O		56T	84	79	88	81	332		26	163	251	65T	38T	66T	
1920	O		16T	82	78	81	78	319		16	160	241	43T	16T	23T	
1921	O		41T	78	82	80	74	314		18	160	240	31T	49T	54T	
1922	O		11	78	76	80	75	309		9	154	234	23T	9	17T	
1924	O		16T	77	77	78	81	313		12	154	232	14T	14T	12T	
1925	O		64	83	81	87	88	339	51	39	164	251	56T	46T	61T	
1926	O		39T	81	75	81	78	315	31	24	156	237	66T	29T	44T	
1927	O		17T	74	78	73	76	301	9	16	152	225	14T	31T	17	
Johnson, ____																
1905	O	A	WD													
Johnson, Carl Richard Stanley "Richard"																
2003	US		CUT	71	74			145	5		145	0	45T	81T		1,000
2005	PGA		CUT	73	74			147	7		147		81T	98T		2,000
2006	PGA		CUT	79	76			155	11		155		149T	150T		2,000
2008	PGA		CUT	75	75			150	10		150		75T	87T		2,500
Johnson, Charles D.																
1904	US		CUT	90	89			179			179		56T	56T		
1906	US		WD	87	83			170			170		57T	55		
Johnson, Charles R.																
1957	PGA		128T													50
Johnson, Clayton J.																
1964	PGA		CUT	75	73	79		227	17		148	227	83T	70T	86T	
1966	PGA		CUT	81	76			157	17		157		141T	121T		
1967	PGA		CUT	78	79			157	13		157		109T	113T		
Johnson, Drue																
1975	US		CUT	79	73			152	10		152		120T	81T		500
1985	PGA		CUT	74	78			152	8		152		94T	114T		1,000
1990	PGA		CUT	79	84			163	19		163		119T	139T		1,000
1995	PGA		CUT	74	78			152	10		152		109T	138T		1,200
Johnson, Dustin																
2008	US		48T	74	72	75	73	294	10	11	146	221	49T	35T	42T	23,985
Johnson, E. W.																
1904	O		CUT	90	92			182			182					
Johnson, Eric L.																
1991	US		CUT	77	71			148	4		148		105T	66T		1,000
1994	US		CUT	77	72			149	7		149		104T	82T		1,000
Johnson, Eugene																
1963	PGA		CUT	80	82			162	20		162		131T	148T		
Johnson, George (earlier)																
1904	O		CUT	96	88			184			184					
1905	O		UNK													
Johnson, George (later)																
1936	O		CUT	80	81			161	13		161		73T	77T		
1946	O		CUT	77	82			159	15		159		23T	53T		
1948	O		CUT	75	74			149	13		149		34T	37T		
1949	O		CUT	73	75			148	4		148		32T	32T		
1952	O		37T	73	75	78	83	309	9	22	148	226	20T	24T	28T	
1959	O		CUT	83	80			163	19		163		88T	88		
1962	O		CUT	79	77			156	12		156		77T	72T		

Year	Event	A	Pos	R1	R2	R3	R4	Tot	P/M	SBW	R2T	R3T	R1P	R2P	R3P	W
Johnson, George "GG"																
1970	US		CUT	80	78			158	14		158		82T	103T		500
1971	US		CUT	73	76			149	9		149		54T	65T		500
1972	PGA		CUT	76	78			154	14		154		87T	100T		
1975	PGA		54T	73	74	74	75	296	16	20	147	221	39T	55T	55T	429
	US		CUT	81	74			155	13		155		133T	113T		500
Johnson, Glenn H.																
1959	US	A	CUT	74	80			154	14		154		33T	87T		
1961	US	A	CUT	80	81			161	21		161		131T	141T		
1972	US	A	CUT	87	83			170	26		170		148	146		
Johnson, Gordon																
1990	US		CUT	75	74			149	5		149		100T	103T		1,000
1992	PGA		CUT	79	75			154	12		154		139T	124T		1,200
Johnson, Gunnard																
1930	PGA		32T													
1933	PGA		32T													85
1934	US		50T	76	79	80	79	314	34	21	155	235	22T	54T	50T	
1935	US		CUT	84	84			168	24		168		115T	120T		
1955	PGA		64T													100
	US		CUT	84	87			171	31		171		129T	140T		
1959	PGA		CUT	76	82			158	18		158		102T	153T		
Johnson, Harold Edward "Eddie"																
1960	US		CUT	75	75			150	8		150		64T	73T		
Johnson, Henry J.																
1938	US		WD													
Johnson, Henry M., Jr.																
1969	US		CUT	81	82			163	23		163		131T	141T		500
Johnson, Herbert																
1939	US		CUT	82	80			162	24		162		139T	133T		
1940	US		CUT	85	76			161	17		161		151T	128T		
Johnson, Howard Arthur "Howie"																
1957	US		45T	72	77	77	77	303	23	21	149	226	17T	35T	43T	240
1960	US		49T	72	75	74	77	298	14	18	147	221	19T	48T	46T	240
1962	PGA		44T	75	75	72	72	294	14	16	150	222	67T	73T	55T	360
1963	US		CUT	80	83			163	21		163		105T	131T		150
1965	PGA		CUT	76	78			154	12		154		78T	102T		
	US		CUT	74	79			153	13		153		30T	69T		300
1966	US		CUT	77	79			156	16		156		86T	102T		300
1967	US		23T	74	73	71	72	290	10	15	147	218	49T	50T	24T	1,275
1969	PGA		19T	73	68	72	72	285	1	9	141	213	38T	14T	16T	2,138
	US		13T	72	73	72	70	287	7	6	145	217	27T	26T	31T	1,889
1970	M		18T	75	71	73	71	290	2	11	146	219	32T	17T	25T	2,500
	PGA		35T	71	72	76	74	293	13	14	143	219	11T	10T	29T	1,017
	US		12T	75	72	75	73	295	7	14	147	222	8T	6T	15T	2,150
1971	M		46T	73	74	82	74	303	15	24	147	229	24T	26T	47	1,600
	O		20T	69	76	72	73	290	-2	12	145	217	1T	19T	18T	450
	PGA		41T	77	71	75	71	294	6	13	148	223	104T	62T	63T	693
	US		CUT	75	74			149	9		149		87T	65T		500
1974	US		CUT	81	79			160	20		160		119T	113T		500
Johnson, James M.																
1998	US		53T	74	73	79	71	297	17	17	147	226	56T	50T	59T	8,531
Johnson, James S. "Jimmy"																
1937	US	A	CUT	81	81			162	18		162		132T	141T		
1946	US		CUT	81	81			162	18		162		131T	143T		
1948	PGA		64T													100
	US		45T	76	71	77	75	299	15	23	147	224	91T	38T	45T	
1949	PGA		32T													200
1951	US		CUT	75	79			154	14		154		27T	64T		
1952	US		CUT	78	75			153	13		153		85T	60T		
1953	US		CUT	78	81			159	15		159		77T	114T		
1954	US		CUT	82	78			160	20		160		116T	113T		
1955	PGA		64T													100
1956	PGA		128T													50
1957	PGA		128T													50
1958	PGA		CUT	78	74	77		229	19		152	229	92T	59T	65T	
1959	US		43T	76	74	75	77	302	22	20	150	225	58T	49T	46T	240
1960	PGA		CUT	75	74	82		231	21		149	231	66T	52T	89T	
1964	PGA		62T	71	74	72	78	295	15	24	145	217	22T	35T	31T	220

Year	*Event*	*A*	*Pos*	*R1*	*R2*	*R3*	*R4*	*Tot*	*P/M*	*SBW*	*R2T*	*R3T*	*R1P*	*R2P*	*R3P*	*W*
Johnson, John W. "Johnny"																
1962	O		36	76	74	81	76	307	19	31	150	231	33T	22T	36T	
1966	O		CUT	73	83			156	14		156		15T	96T		
1967	O		CUT	75	76			151	7		151		63T	65T		
1971	O		CUT	83	75			158	12		158		141T	126T		
1972	O		CUT	80	77			157	15		157		132T	118T		50
1973	O		CUT	74	76	84		234	18		150	234	25T	53T	84	75
1977	O		CUT	84	76			160	20		160		150T	142		150
1978	O		CUT	81	82			163	19		163		148T	154T		175
Johnson, Kenneth Robert "Chip," Jr.																
1988	US		40T	72	72	76	70	290	6	12	144	220	21T	28T	51T	6,015
2005	PGA		CUT	72	74			146	6		146		59T	91T		2,000
Johnson, Kevin J.																
2000	US		CUT	74	76			150	8		150		53T	64T		1,000
2001	US		CUT	77	76			153	13		153	0	120T	131T		1,000
Johnson, Mark																
1982	O		CUT	76	77			153	9		153		64T	88T		225
1983	O		56T	70	72	71	76	289	5	14	142	213	17T	26T	22T	725
Johnson, Norman																
1961	O	A	14T	69	80	70	79	298	10	14	149	219	4T	18T	8T	
1963	O		CUT	80	78			158	18		158		103T	101T		
Johnson, Rob																
2006	US		CUT	82	82			164	24		164		149T	155		2,000
Johnson, Robert																
1970	US		CUT	80	74			154	10		154		82T	74T		500
1972	US		CUT	83	77			160	16		160		130T	107T		500
1973	US		CUT	75	83			158	16		158		48T	119T		500
Johnson, Scott																
2001	US		CUT	82	73			155	15		155	0	153T	136T		1,000
Johnson, Sterling C. "Terl"																
1938	PGA		32T													
1939	US		38T	73	76	76	74	299	23	15	149	225	24T	41T	41T	
1940	US		CUT	77	79			156	12		156		69T	92T		
1945	PGA		16T													350
1950	US		34T	72	77	74	77	300	20	13	149	223	18T	42T	31T	100
1956	PGA		8T													
1957	M		CUT	77	80			157	13		157		46T	78T		300
	PGA		128T													50
Johnson, Steven C.																
1974	US	A	CUT	77	82			159	19		159		52T	107T		
Johnson, W.																
1864	O	A	WD													
Johnson, Zachery Harris																
2004	O		CUT	73	76			149	7		149		73T	112T		2,250
	PGA		37T	75	70	69	74	288	0	8	145	214	104T	57T	35T	24,688
	US		48T	70	73	75	80	298	18	22	143	218	20T	34T	48T	23,324
2005	M		CUT	81	71			152	8		152		85T	64T		5,000
	O		CUT	77	70			147	3		147		128T	92T		2,500
	PGA		17T	70	70	73	69	282	2	6	140	213	28T	23T	39T	82,500
	US		CUT	74	75			149	9		149		54T	84T		2,000
2006	M		32T	74	72	77	70	293	5	12	146	223	37T	30T	41T	40,512
	O		CUT	73	73			146	2		146		92T	91T		2,500
	PGA		CUT	71	74			145	1		145		40T	71T		2,000
	US		CUT	73	77			150	10		150		28T	64T		2,000
2007	M		1	71	73	76	69	289	1	-2	144	220	5T	4T	4T	1,305,000
	O		20T	73	73	68	70	284	0	7	146	214	60T	53T	24T	42,000
	PGA		CUT	74	76			150	10		150		70T	109T		2,000
	US		45T	76	74	76	74	300	20	15	150	226	90T	51T	50T	25,016
2008	M		20T	70	76	68	77	291	3	11	146	214	6T	29T	7T	84,300
	O		51T	73	72	76	76	297	17	14	145	221	27T	22T	27T	11,786
	PGA		CUT	76	73			149	9		149		90T	74T		2,500
	US		CUT	76	74			150	8		150		85T	81T		2,000
Johnston, Alan																
1962	PGA		CUT	76	75	78		229	19		151	229	82T	81T	86T	
1963	US		CUT	76	79			155	13		155		45T	73T		150
1968	O		CUT	80	80			160	16		160		87T	101T		

Year	Event	A	Pos	R1	R2	R3	R4	Tot	P/M	SBW	R2T	R3T	R1P	R2P	R3P	W
Johnston, C. William "Billy"																
1955	US		CUT	82	82			164	24		164		112T	121T		
1956	PGA		3T													
1957	M		28T	77	70	78	74	299	11	16	147	225	46T	13T	28T	300
	PGA		64T													
	US		CUT	80	72			152	12		152		125T	61T		
1958	PGA		44T	75	72	77	75	299	19	23	147	224	43T	28T	39T	100
	US		CUT	83	80			163	23		163		120T	115T		
1959	US		CUT	79	78			157	17		157		105T	108T		
1960	O		26T	75	74	71	71	291	-1	13	149	220	41T	42T	32T	60
	PGA		CUT	73	72	80		225	15		145	225	34T	15T	61T	
	US		42	73	74	73	75	295	11	15	147	220	35T	48T	42T	300
1961	PGA		CUT	77	75			152	12		152		105T	93T		
1962	PGA		47T	74	72	72	77	295	15	17	146	218	48T	39T	27T	325
	US		CUT	78	76			154	12		154		104T	87T		
1963	PGA		8T	71	72	72	71	286	2	7	143	215	13T	8T	13T	2,090
	US		32T	77	75	76	79	307	23	14	152	228	65T	42T	26T	367
1964	M		CUT	77	77			154	10		154		71T	78T		700
	O		CUT	77	81			158	14		158		28T	77T		
	PGA		CUT	76	76			152	12		152		98T	99T		
1971	PGA		CUT	79	74			153	9		153		123T	106T		
1973	PGA		CUT	76	77			153	11		153		78T	102T		
Johnston, Harrison R. "Jimmy"																
1916	US	A	55T	86	75	85	82	328	40	42	161	246	63	58T	59	
1920	US	A	48T	80	81	76	80	317	29	22	161	237	44T	54T	46T	
1922	US	A	35T	78	75	80	76	309	29	21	153	233	43T	30T	40T	
1926	US	A	23T	79	76	77	77	309	21	16	155	232	55T	28T	25T	
1927	US	A	18T	73	74	87	77	311	23	10	147	234	1T	1	16T	
1928	US	A	22T	77	75	79	73	304	20	10	152	231	37T	23T	30T	
1929	US	A	CUT	79	81			160	16		160		60T	68T		
1930	US	A	CUT	80	81			161	15		161		86T	99T		
Johnston, J. F.																
1862	O	A	6	64	69	75		208		45	133					
1863	O	A	11T	66	66	65		197		29	132		11T	11T		
Johnston, James																
1929	US		CUT	81	82			163	19		163		93T	98T		
1933	US		50T	76	77	81	76	310	22	23	153	234	29T	41T	56T	
1934	US		CUT	83	79			162	22		162		123T	111T		
1937	US		55T	75	76	81	72	304	16	23	151	232	45T	48T	60T	
Johnston, Jimmy																
1992	US		CUT	81	76			157	13		157		148T	140T		1,000
1998	US		CUT	84	78			162	22		162		153T	148T		1,000
Johnston, John																
1905	O		41	87	81	94	91	353		35	168	262			41T	
1906	O		65	83	78	89	84	334		34	161	250			66	
Johnston, R. Herbert																
1891	O	A	30T	95	87			182		16						
1892	O	A	WD	88	95			183								
Johnston, Ralph W.																
1971	US		27T	70	75	73	71	289	9	9	145	218	8T	34T	38T	1,253
1972	PGA		77	75	74	75	89	313	33	32	149	224	69T	55T	65	333
	US		52T	74	72	79	84	309	21	19	146	225	17T	8T	25T	890
1973	US		13T	71	73	76	68	288	4	9	144	220	5T	16T	25T	2,333
1974	M		15T	72	71	70	72	285	-3	7	143	213	22T	20T	11T	2,900
	US		WD	87				87	17				148			500
1975	M		20T	74	73	69	73	289	1	13	147	216	39T	37T	12T	2,550
1976	M		CUT	76	83			159	15		159		54T	69T		1,350
Johnstone, Anthony Alastair																
1982	O		CUT	75	77	80		232	16		152	232	45T	71T	84	375
1983	O		CUT	74	73			147	5		147		82T	84T		250
1984	O		CUT	78	71			149	5		149		139T	97T		330
1985	O		39T	68	72	80	72	292	12	10	140	220	2T	3T	50T	2,600
1986	O		CUT	87	73			160	20		160		149T	135T		400
1988	O		CUT	76	75			151	9		151		83T	86T		450
1989	O		52T	71	71	74	75	291	3	16	142	216	25T	27T	47T	3,100
1991	O		73T	69	74	71	74	288	8	16	143	214	12T	39T	40T	3,000
1992	O		34T	72	71	74	69	286	2	14	143	217	81T	63T	60T	5,760
	PGA		CUT	74	79			153	11		153		70T	116T		1,200
1993	M		CUT	74	76			150	6		150		54T	68T		1,500

Year	Event	A	Pos	R1	R2	R3	R4	Tot	P/M	SBW	R2T	R3T	R1P	R2P	R3P	W
	O		CUT	72	72			144	4		144		84T	79T		600
	PGA		CUT	70	80			150	8		150		36T	128T		1,200
	US		77T	71	72	74	73	290	10	18	143	217	45T	57T	76T	5,122
1994	O		CUT	75	70			145	5		145		125T	93T		600
	PGA		CUT	75	71			146	6		146		97T	77T		1,200
1995	O		CUT	75	75			150	6		150		116T	116T		650
1996	O		CUT	70	76			146	4		146		25T	96T		650
1998	O		CUT	73	74			147	7		147		89T	82T		1,000
2000	O		CUT	79	75			154	10		154		148T	148T		900
Johnstone, Hugo Richards																
1900	US	A	31T	85	87	90	94	356		43	172	262	13T	15	22T	
1905	US	A	WD													
1908	US	A	WD	88	89			177			177		19	28T		
Johnstone, Ian																
1964	O		CUT	89	85			174	30		174		117	120T		
Johnstone, John C. "Jimmy"																
1905	O		18T	85	86	84	80	335		17	171	255			30T	
1906	O		CUT	84	87			171			171					
1911	O		29T	82	79	78	78	317		14	161	239	89T	52T	33T	
Johnstone, Walter P.																
1936	US		CUT	79	78			157	13		157		125T	124T		
Jolly, Herbert Charles																
1920	O		40T	81	84	77	84	326		23	165	242	33T	43T	26T	
1923	O		8T	79	75	75	74	303		8	154	229				4
1926	O		23	79	76	79	75	309	25	18	155	234	41T	24T	35T	
1927	O		CUT	82	80			162	16		162		101T	97T		
	US		42T	84	78	75	84	321	33	20	162	237	78T	47T	27T	
1928	O		33T	84	73	75	82	314	26	22	157	232	90T	35T	17T	
1929	O		15T	72	80	78	79	309	5	17	152	230	2T	23T	15T	
1930	O		WD													
1932	O		34T	75	74	80	75	304	16	21	149	229	28T	17T	38T	
1933	O		54T	71	78	80	82	311	19	19	149	229	5T	34T	49T	
1934	O		35T	73	77	76	80	306	18	23	150	226	15T	33T	29T	
1935	O		CUT	82	78			160	16		160		103T	97T		
1936	O		CUT	81	76			157	9		157		84T	63T		
Jolly, John I. "Jack"																
1902	US		46T	84	87	95	86	352		45	171	266	24T	32T	50	
1903	US		43T	85	91	87	84	347		40	176	263	41T	58T	52T	
1905	US		26T	82	83	85	85	335		21	165	250	21T	18T	28T	
1906	US		14T	78	82	79	81	320		25	160	239	12T	20T	20T	
1907	US		25	78	86	81	78	323		21	164	245	9T	34T	29T	
1908	US		CUT	93	95			188			188		43T	67T		
1909	US		WD	81	80	81		242			161	242	51T	50T	49T	
1910	US		41	83	80	82	80	325		27	163	245	48T	39T	42T	
1911	US		48T	80	82	84	89	335	31	28	162	246	22T	32T	46T	
1912	US		46T	80	79	78	89	326	30	32	159	237	50T	444	29T	
1914	US		37T	81	77	79	78	315	27	25	158	237	59T	48T	39T	
1916	US		55T	78	84	82	84	328	40	42	162	244	39T	60	57	
Jolly, Robert																
1912	US		WD													
Jolly, T. B.																
1925	O		43T	86	81	81	80	328	40	28	167	248	77T	63T	52T	
Jones, Arthur F., Jr.																
1957	PGA		128T													50
Jones, B. Earle																
1898	US	A	WD	102	102	107		311			204	311	42T	43T	40	
Jones, Brendan																
2004	O		CUT	71	76			147	5		147		40T	85T		2,500
	PGA		CUT	72	79			151	7		151	0	40T	120T		2,000
	US		CUT	71	78			149	9		149	0	30T	107T		1,000
2008	O		70T	74	73	83	71	301	21	18	147	230	38T	38T	82T	9,350
	PGA		CUT	71	78			149	9		149		16T	74T		2,500
Jones, Brian																
1976	O		CUT	77	73	78		228	12		150	228	66T	55T	72T	150
1979	O		CUT	76	74	79		229	16		150	229	58T	45T	67T	300
1981	O		8T	73	76	66	71	286	6	10	149	215	17T	66T	10T	6,500

Year	Event	A	Pos	R1	R2	R3	R4	Tot	P/M	SBW	R2T	R3T	R1P	R2P	R3P	W
1982	O		CUT	81	71	76		228	12		152	228	129T	71T	66T	440
1987	O		59T	73	72	80	73	298	14	19	145	225	64T	52T	67T	2,150
1990	O		CUT	72	76			148	4		148		51T	123T		550
Jones, Chester C.																
1930	US	A	WD	86				86	13				135T			
Jones, Craig																
1994	O		CUT	71	76			147	7		147		39T	110T		600
Jones, D. C.																
1930	O		44T	75	77	82	79	313	25	22	152	234	16T	20T	40T	
1931	O		CUT	85	82			167	23		167		103T	95T		
1932	O		36T	75	78	73	79	305	17	22	153	226	28T	50T	22T	
1933	O		22T	75	72	78	76	301	9	9	147	225	37T	21T	31T	10
1936	O		CUT	77	83			160	12		160		39T	71T		
Jones, David																
1974	O		CUT	83	80			163	21		163		135T	126T		50
1975	O		CUT	73	74	77		224	8		147	224	41T	55T	75T	150
1976	O		CUT	81	72			153	9		153		123T	85T		100
1977	O		58T	73	74	73	78	298	18	30	147	220	36T	46T	54T	250
1978	O		CUT	72	72	82		226	10		144	226	26T	23T	78T	225
1979	O		CUT	78	76			154	12		154		93T	88T		200
1980	O		CUT	75	75			150	8		150		58T	88T		225
1981	O		50T	77	71	74	74	296	16	20	148	222	72T	54T	54T	667
Jones, David R.																
1986	O		72T	75	76	79	75	305	25	25	151	230	22T	63T	73T	1,500
1987	O		77	72	74	83	78	307	23	28	146	229	45T	70T	76T	1,600
1988	O		CUT	78	77			155	13		155		113T	119T		450
1990	O		CUT	74	74			148	4		148		105T	123T		550
Jones, David Richard																
1987	O	A	CUT	80	78			158	16		158		146T	148T		
Jones, E. T. "Ernie"																
1957	O		CUT	75	74			149	5		149		45T	47T		
1964	O		CUT	77	78			155	11		155		28T	50T		
1965	O		CUT	75	76			151	5		151		41T	62T		
1966	O		CUT	75	77			152	10		152		52T	68T		
1967	O		CUT	77	76			153	9		153		86T	84T		
1968	O		CUT	83	81			164	20		164		116T	121		
1969	O		CUT	78	76			154	12		154		93T	87T		
1972	O		46T	75	74	74	73	296	12	18	149	223	52T	44T	42T	143
Jones, Ernest C.																
1911	O		24T	77	82	81	75	315		12	159	240	22T	45	40T	
1912	O		31T	76	81	86	79	322		27	157	243	12T	17T	33T	
1913	O		18T	75	85	81	80	321		17	160	241	4T	27T	17T	
1914	O		21T	87	81	80	74	322		16	168	248	87T	66T	50T	
Jones, Gordon E.																
1965	PGA		20T	72	76	71	73	292	8	12	148	219	19T	40T	23T	1,450
	US		32T	71	74	75	79	299	19	17	145	220	8T	8T	14T	550
1966	PGA		CUT	81	73			154	14		154		141T	102T		
	US		CUT	77	79			156	16		156		86T	102T		300
1967	US		CUT	77	72			149	9		149		101T	67T		400
1969	US		CUT	74	78			152	12		152		47T	84T		500
1970	PGA		65T	75	75	78	77	305	25	26	150	228	61T	63T	65T	400
Jones, Gregg C.																
1981	US	A	CUT	79	77			156	16		156		141T	133T		
1985	PGA		CUT	73	76			149	5		149		76T	85T		1,000
1986	PGA		CUT	79	83			162	20		162		140T	148		1,000
1988	PGA		CUT	76	76			152	10		152		110T	119T		1,000
1989	PGA		CUT	77	71			148	4		148		120T	88T		1,000
1993	PGA		CUT	70	74			144	2		144		36T	75T		1,200
1994	PGA		CUT	71	79			150	10		150		27T	111T		1,200
Jones, Grier Stewart																
1967	US	A	CUT	75	78			153	13		153		65T	111T		
1970	M		38T	73	75	73	75	296	8	17	148	221	15T	33T	35T	1,575
	PGA		CUT	80	74			154	14		154		114T	92T		
1971	PGA		41T	74	75	73	72	294	6	13	149	222	48T	71T	56T	693
	US		CUT	77	75			152	12		152		116T	95T		500
1972	M		33T	73	75	76	76	300	12	14	148	224	16T	24T	34T	1,675
	PGA		53T	72	76	74	76	298	18	17	148	222	22T	49T	55T	333

Year	Event	A	Pos	R1	R2	R3	R4	Tot	P/M	SBW	R2T	R3T	R1P	R2P	R3P	W
1973	M		37T	71	72	77	78	298	10	15	143	220	6T	6T	19T	1,675
	PGA		51T	75	72	72	75	294	10	17	147	219	66T	49T	48T	360
	US		45T	73	76	76	74	299	15	20	149	225	16T	41T	51T	930
1974	PGA		32T	70	74	71	75	290	10	14	144	215	10T	26T	19T	1,260
1975	PGA		CUT	78	71			149	9		149		103T	72T		
	US		18T	69	73	79	72	293	9	6	142	221	4T	7T	36T	1,675
1976	PGA		30T	71	70	75	74	290	10	9	141	216	21T	14T	30T	1,425
	US		28T	76	69	71	78	294	14	17	145	216	73T	15T	16T	1,412
1977	PGA		25T	72	74	72	74	292	4	10	146	218	21T	28T	26T	1,717
	US		35T	69	75	72	75	291	11	13	144	216	1T	26T	29T	1,270
1978	PGA		16T	70	73	71	74	288	4	12	143	214	7T	13T	12T	3,767
1979	PGA		CUT	73	75			148	8		148		52T	84T		350
1984	US		CUT	77	71			148	8		148		123T	64T		600
Jones, J. G.																
1902	US		WD	86	100			186			186	0	36T	70T		
Jones, J. H.																
1910	O		CUT	83	84			167			167					
Jones, Jack R.																
1948	US		CUT	74	81			155	13		155		57T	110T		
1950	US		WD	77				77	7				89T			
1951	US		CUT	82	82			164	24		164		131T	133T		
1952	PGA		32T													200
1959	PGA		CUT	84	80			164	24		164		174	172		
Jones, Jerry																
1978	PGA		CUT	88	90			178	36		178		148T	149		303
Jones, John "Jack"																
1898	US		8T	83	84	90	90	347		19	167	257	6T	4T	6	
1901	US		12T	87	84	87	90	348		17	171	258	13T	8T	11T	
1902	US		42	89	88	88	82	347		40	177	265	52T	52T	46T	
1905	US		32T	89	82	87	81	339		25	171	258	57T	46T	45T	
1908	US		5	81	81	87	82	331		9	162	249	3	2	4	70
Jones, John Paul																
1963	PGA		CUT	77	75			152	10		152		94T	84T		
Jones, John William "Jack"																
1952	O	A	27T	73	70	78	83	304	4	17	143	221	20T	4T	10T	
1956	O	A	CUT	76	88			164	22		164		55T	92T		
Jones, Johnny H.																
1927	US		48T	80	82	81	82	325	37	24	162	243	36T	47T	48T	
1928	US		53T	73	79	82	81	315	31	21	152	234	8T	23T	46T	
Jones, Kevin																
1992	O		CUT	69	81			150	8		150		21T	137T		600
Jones, Lee																
1985	O		CUT	77	79			156	16		156		129T	128T		375
1998	O		CUT	77	73			150	10		150		147T	113T		800
Jones, Leslie																
1947	US		CUT	75	81			156	14		156		60T	98T		
1949	US		CUT	77	83			160	18		160		74T	125T		
Jones, Nick																
2005	US		CUT	80	75			155	15		155		145T	137T		2,000
Jones, Paul																
1947	US		WD													
Jones, Peter																
1967	O		CUT	69	82			151	7		151		2T	65T		
1968	O		CUT	83	77			160	16		160		116T	101T		
Jones, Robert Tyre "Bobby," Jr.																
1920	US	A	8T	78	74	70	77	299	11	4	152	222	30T	11T	5T	
1921	O	A	WD	78	74			152			152		31T	13T		
	US	A	5T	78	71	77	77	303	23	14	149	226	22T	4	5T	
1922	US	A	2T	74	72	70	73	289	9	1	146	216	12T	5	1T	
1923	US	A	1PO	71	73	76	76	296	8	-6	144	220	2	2	1	
1924	US	A	2	74	73	75	78	300	12	3	147	222	4T	1T	1T	
1925	US	A	2PO	77	70	70	74	291	7	-1	147	217	36T	10T	4T	
1926	O	A	1	72	72	73	74	291	7	-2	144	217	5	1T	2	
	US	A	1	70	79	71	73	293	5	-1	149	220	2T	6T	3	

Year	Event	A	Pos	R1	R2	R3	R4	Tot	P/M	SBW	R2T	R3T	R1P	R2P	R3P	W
1927	O	A	1	68	72	73	72	285	-7	-6	140	213	1	1	1	
	US	A	11T	76	77	79	77	309	21	8	153	232	9T	10T	11T	
1928	US	A	2PO	73	71	73	77	294	10	-1	144	217	8T	1	1	
1929	US	A	1PO	69	75	71	79	294	6	-2	144	215	1	3T	1	
1930	O	A	1	70	72	74	75	291	3	-2	142	216	1T	1	2	
	US	A	1	71	73	68	75	287	-5	-2	144	212	3T	2T	1	
1934	M	A	13T	76	74	72	72	294	6	10	150	222	35T	28T	18T	
1935	M	A	25T	74	72	73	78	297	9	15	146	219	25T	18T	16T	
1936	M	A	33	78	78	73	77	306	18	21	156	229	26T	36T	32	
1937	M	A	29T	79	74	73	77	303	15	20	153	226	42T	37T	28T	
1938	M	A	16T	76	74	72	75	297	9	12	150	222	30T	25T	16T	
1939	M	A	33T	76	77	78	73	304	16	25	153	231	28T	32T	36	
1940	M	A	WD	79	76			155	11		155	0	53T	49T		
1941	M	A	40	76	74	78	79	307	19	27	150	228	28T	26T	36T	
1942	M	A	28T	72	75	79	78	304	16	24	147	226	10T	15T	20T	
1946	M	A	32T	75	72	77	78	302	14	20	147	224	20T	14T	26T	
1947	M	A	55T	75	79	78	80	312	24	31	154	232	34T	51T	52T	
1948	M	A	50	76	81	79	79	315	27	36	157	236	41T	53T	52	

Jones, Rowland

Year	Event	A	Pos	R1	R2	R3	R4	Tot	P/M	SBW	R2T	R3T	R1P	R2P	R3P	W
1893	O		WD	85	87			172			172		20T	20T		
1894	O		29	89	88	93	88	358		32	177	270	18T	23T	30T	
1896	O		33T	88	85	89	87	349		33	173	262				
1901	O		11	85	82	81	83	331		22	167	248		11T	10T	
1902	O		12T	79	78	85	79	321		14	157	242			14T	
1903	O		DQ	82	82			164			164					
1904	O		27T	89	77	77	82	325		29	166	243			25T	
1905	O		2T	81	77	87	78	323		5	158	245			7T	20
1906	O		5	74	78	73	83	308		8	152	225			2	10
1907	O		WD	90	83			173			173		55T	47T		
1908	O		24T	75	77	83	79	314		23	152	235	7T	10T	25T	
1909	O		26T	80	79	79	78	316		21	159	238	36T	27T	27T	
1910	O		38T	81	80	80	80	321		22	161	241			46T	
1911	O		16T	80	76	85	72	313		10	156	241	59T	26T	44T	
1912	O		27T	78	82	84	77	321		26	160	244	24T	30T	36T	
1921	O		39T	77	77	79	80	313		17	154	233	22T	25T	31T	
1922	O		61	81	90	81	75	327		27	171	252	45T	75T	69T	
1924	O		22T	80	73	82	81	316		15	153	235	38T	8T	17T	
1927	O		CUT	78	84			162	16		162		62T	97T		
1928	O		CUT	82	78			160	16		160		66T	54T		

Jones, S.

Year	Event	A	Pos	R1	R2	R3	R4	Tot	P/M	SBW	R2T	R3T	R1P	R2P	R3P	W
1897	O		WD	88	88	87		263			176	263				

Jones, S. J.

Year	Event	A	Pos	R1	R2	R3	R4	Tot	P/M	SBW	R2T	R3T	R1P	R2P	R3P	W
1932	O		45T	79	75	74	80	308	20	25	154	228	79T	57T	31T	

Jones, Stephen Kent "Kent"

Year	Event	A	Pos	R1	R2	R3	R4	Tot	P/M	SBW	R2T	R3T	R1P	R2P	R3P	W
1996	US		82T	71	74	76	73	294	14	16	145	221	24T	56T	87T	5,415
1997	US		CUT	78	74			152	12		152		137T	127T		1,000
2002	US		68T	76	74	74	79	303	23	26	150	224	96T	60T	63T	11,546
2003	US		CUT	76	73			149	9		149	0	125T	124T		1,000
2006	US		48T	73	74	73	77	297	17	12	147	220	28T	29T	32T	20,482

Jones, Steven Glen

Year	Event	A	Pos	R1	R2	R3	R4	Tot	P/M	SBW	R2T	R3T	R1P	R2P	R3P	W
1987	PGA		61T	72	75	74	81	302	14	15	147	221	16T	26T	28T	1,740
1988	M		30T	74	74	75	73	296	8	15	148	223	18T	23T	34T	6,500
	PGA		9T	69	68	72	73	282	-2	10	137	209	13T	5T	5T	21,500
1989	M		31T	74	73	80	67	294	6	11	147	227	26T	17T	46T	6,900
	O		CUT	73	77			150	6		150		61T	110T		500
	PGA		51T	71	74	71	73	289	1	13	145	216	38T	62T	51T	2,750
	US		46T	69	75	77	70	291	11	13	144	221	9T	44T	61T	5,486
1990	M		20T	77	69	72	71	289	1	11	146	218	63T	24T	22T	15,100
	O		16T	72	67	72	70	281	-7	11	139	211	51T	15T	27T	11,150
	PGA		CUT	74	78			152	8		152		41T	75T		1,000
	US		8T	67	76	74	67	284	-4	4	143	217	4T	27T	48T	22,236
1991	M		CUT	73	75			148	4		148		53T	62T		1,500
	O		64T	70	77	71	69	287	7	15	147	218	18T	87T	83T	3,155
	US		CUT	76	76			152	8		152		90T	111T		1,000
1996	O		CUT	73	73			146	4		146		92T	96T		650
	PGA		CUT	76	75			151	7		151		122T	122T		1,300
	US		1	74	66	69	69	278	-2	-1	140	209	84T	5T	2	425,000
1997	M		CUT	82	78			160	16		160		77T	78T		5,000
	O		48T	76	71	68	75	290	6	18	147	215	63T	62T	31T	6,700
	PGA		41T	69	73	75	70	287	7	18	142	217	11T	29T	49T	8,375
	US		60T	72	75	69	79	295	15	19	147	216	40T	74T	35T	6,270

Year	Event	A	Pos	R1	R2	R3	R4	Tot	P/M	SBW	R2T	R3T	R1P	R2P	R3P	W
1998	M		26T	75	70	75	70	290	2	11	145	220	42T	11T	31T	26,133
	O		57T	73	72	79	73	297	17	17	145	224	89T	47T	60T	6,264
	US		CUT	72	77			149	9		149		24T	76T		1,000
1999	M		CUT	77	79			156	12		156		75T	87T		5,000
	PGA		CUT	75	73			148	4		148		101T	84T		1,750
	US		CUT	72	82			154	14		154		52T	132T		1,000
2000	M		25T	71	70	76	75	292	4	14	141	217	5T	5T	11T	37,567
	O		31T	70	70	72	72	284	-4	15	140	212	26T	15T	27T	16,750
	PGA		24T	72	71	70	69	282	-6	12	143	213	22T	19T	23T	41,000
	US		27T	75	73	75	73	296	12	24	148	223	72T	45T	24T	34,066
2001	M		27T	74	70	72	71	287	-1	15	144	216	56T	34T	32T	40,600
	O		CUT	74	77			151	9		151		87T	130T		1,000
	US		30T	73	73	72	70	288	8	12	146	218	46T	61T	53T	30,055
2002	O		43T	68	75	73	70	286	2	8	143	216	4T	50T	43T	13,750
	US		CUT	74	80			154	14		154	0	55T	107T		1,000
2005	US		57T	69	74	74	79	296	16	16	143	217	6T	20T	26T	15,223
2006	US		32T	74	74	71	75	294	14	9	148	219	39T	42T	20T	41,912
Jones, Thomas L.																
1927	US		CUT	87	84			171	27		171		103T	99T		
Jones, Thomas S.																
1919	US		CUT	88	83			171	29		171		89T	72T		
1925	US		64	83	79	84	81	327	43	36	162	246	80T	67T	70T	
Jonzon, Michael																
1996	O		60T	69	73	73	72	287	3	16	142	215	18T	44T	57T	5,475
2000	O		CUT	76	83			159	15		159		123T	156		900
Jopes, Paul E.																
1936	US		CUT	79	78			157	13		157		125T	124T		
Jordan, Harold C.																
1928	US		CUT	77	86			163	21		163		37T	92T		
1929	US		CUT	83	81			164	20		164		117T	104T		
1931	US		CUT	79	84			163	21		163		63T	98T		
Jordan, Peter B.																
1993	US		72T	71	70	73	75	289	9	17	141	214	45T	28T	46T	5,405
1995	US		21T	74	71	71	71	287	7	7	145	216	83T	50T	23T	20,085
1996	US		27T	71	74	72	70	287	7	9	145	217	24T	56T	47T	17,809
1997	PGA		76T	76	70	75	76	297	17	28	146	221	108T	68T	70T	3,675
1998	US		CUT	81	72			153	13		153		145T	112T		1,000
2001	US		CUT	77	70			147	7		147	0	120T	80T		1,000
2002	US		CUT	76	79			155	15		155	0	96T	119T		1,000
2004	US		CUT	79	72			151	11		151	0	147T	124T		1,000
Joseph, Eddie																
1947	PGA		16T													350
1952	PGA		64T													100
1953	PGA		64T													100
1955	PGA		64T													100
1958	PGA		CUT	77	73	80		230	20		150	230	81T	47T	75T	
Jowle, Frank W.																
1946	O		18T	78	74	76	80	308	16	18	152	228	32T	18T	14T	
1947	O		32T	75	80	80	79	314	42	21	155	235	11T	29T	32T	
1948	O		18T	70	78	74	73	295	23	11	148	222	4T	28T	24T	
1949	O		CUT	76	72			148	4		148		68T	32T		
1952	O		CUT	76	83			159	9		159		54T	77T		
1954	O		47T	80	70	79	75	304	12	21	150	229	80T	39T	49	
1955	O		3	70	71	69	74	284	-4	3	141	210	4T	5T	2	350
1958	O		CUT	72	77			149	7		149		23T	52T		
1959	O		CUT	77	74			151	7		151		63T	58T		
1961	O		CUT	74	85			159	15		159		46T	79T		
Joy, Tony J.																
1939	PGA		64T													100
1940	US		CUT	75	82			157	13		157		45T	101T		
Joyce, Michael																
1973	PGA		73T	76	73	79	75	303	19	26	149	228	78T	68T	74	360
	US		CUT	79	80			159	17		159		103T	125		500
Joyce, Tom																
1972	US		CUT	78	83			161	17		161		72T	116T		500
1973	US		63T	78	70	81	76	305	21	26	148	229	86T	36T	62T	800
1974	US		CUT	79	77			156	16		156		92T	82T		500

Year	Event	A	Pos	R1	R2	R3	R4	Tot	P/M	SBW	R2T	R3T	R1P	R2P	R3P	W
1976	PGA		CUT	80	74			154	14		154		117T	104T		250
1977	US		CUT	75	74			149	9		149		77T	70T		500
1979	PGA		CUT	74	79			153	13		153		75T	125T		350
1992	PGA		CUT	77	80			157	15		157		126T	137T		1,200
1993	PGA		CUT	79	79			158	16		158		146T	146T		1,200
Jukes, J. S. "Jeff"																
1973	O		CUT	78	77			155	11		155		87T	107T		50
Julian, Jeffrey Jackson																
1990	US		CUT	79	79			158	14		158		143T	149T		1,000
1995	US		CUT	74	75			149	9		149		83T	96T		1,000
1996	US		CUT	74	75			149	9		149		84T	109T		1,000
Junor, John A.																
1926	US		49T	70	80	84	84	318	30	25	150	234	2T	8T	33T	
Jurado, Jose																
1926	O		8T	77	76	74	76	303	19	12	153	227	24T	18T	10T	8
1928	O		6T	74	71	76	80	301	13	9	145	221	3	1	2T	10
1929	O		25T	77	73	81	82	313	9	21	150	231	32T	15T	17T	
1931	O		2	76	71	73	77	297	9	1	147	220	19T	1T	1	75
1932	US		6	74	71	75	76	296	16	10	145	220	3T	1T	2T	350
Jurgensen, Steve																
1996	US		CUT	74	77			151	11		151		84T	126T		1,000
Justa, Edwin A.																
1964	US	A	CUT	82	76			158	18		158		135T	126T		
Justice, Donald M.																
1958	US	A	CUT	84	77			161	21		161		131T	97T		
Justin, Frank K.																
1933	US	A	CUT	83	82			165	21		165		124T	126T		
Kaczenski, Tony																
1954	US		CUT	85	77			162	22		162		142T	123T		
Kaczor, Edwin S.																
1958	US	A	CUT	92	79			171	31		171		159	152		
Kai, Shintaro																
2008	O		CUT	80	81			161	21		161		136T	150		2,100
Kaiser, Henry J.																
1932	US		CUT	82	80			162	22		162		74T	80T		
1933	US		33T	81	71	74	79	305	17	18	152	226	101T	25T	18T	
1939	US		CUT	81	82			163	25		163		128T	140T		
1940	PGA		64T													100
	US		50T	71	78	80	79	308	20	21	149	229	8T	32T	50T	
1947	PGA		64T													100
	US		CUT	81	80			161	19		161		135T	126T		
Kaiser, William H.																
1935	US		21T	78	82	78	74	312	24	13	160	238	47T	54T	36T	
1936	M		34T	77	78	77	75	307	19	22	155	232	20T	30T	36T	
1937	US		CUT	80	74			154	10		154		113T	78T		
1939	US		CUT	75	81			156	18		156		48T	92T		
1941	US		38	72	78	80	76	306	26	22	150	230	9T	22T	39T	
1947	US		CUT	76	83			159	17		159		76T	120T		
1953	US		CUT	84	78			162	18		162		145T	128T		
1955	US		CUT	81	78			159	19		159		93T	86T		
1958	PGA		CUT	75	77	79		231	21		152	231	43T	59T	79T	
Kalinka, John F.																
1971	US		CUT	77	79			156	16		156		116T	125T		500
Kallam, Jim																
1987	PGA		CUT	79	76			155	11		155		106T	89T		1,000
Kallam, Michael G.																
1991	PGA		CUT	74	78			152	8		152		77T	109T		1,000
Kaloustian, Tony																
1979	PGA		CUT	74	79			153	13		153		75T	125T		350
Kamiyama, Takashi																
2004	O		27T	70	73	71	73	287	3	13	143	214	26T	37T	23T	29,000

Year	Event	A	Pos	R1	R2	R3	R4	Tot	P/M	SBW	R2T	R3T	R1P	R2P	R3P	W
Kamm, Brian T.																
1991	US		31T	69	73	73	79	294	6	12	142	215	4T	10T	5T	10,133
1994	US		CUT	79	76			155	13		155		133T	135T		1,000
1995	PGA		70	71	66	74	78	289	5	22	137	211	58T	16T	46T	3,200
Kammer, August Frederick "Fred," Jr.																
1946	US	A	53T	75	76	74	80	305	17	21	151	225	45T	53T	38T	
1948	M	A	51T	78	75	77	86	316	28	37	153	230	50T	45T	46T	
Kanada, Craig																
2007	US		CUT	72	85			157	17		157		21T	123T		2,000
Kanai, Seiichi																
1986	O		CUT	87	71			158	18		158		149T	131T		400
Kane, Christie																
1951	O		45	75	76	81	77	309	21	24	151	232	26T	26T	44T	
1952	O		CUT	74	84			158	8		158		28T	73T		
1954	O		17T	74	72	74	72	292	0	9	146	220	26T	15T	19T	
1955	O		41T	73	71	76	79	299	11	18	144	220	32T	16T	23T	
1959	O		40	77	69	77	76	299	11	15	146	223	63T	19T	39T	
Kane, Grenville																
1903	US	A	WD	98	84	95		277			182	277	87	78	74	
Kane, James M.																
1992	PGA		66T	72	73	76	74	295	11	17	145	221	32T	39T	63T	2,575
	US		23T	73	71	76	75	295	7	10	144	220	46T	23T	44T	13,906
2006	PGA		70	71	71	80	79	301	13	31	142	222	40T	33T	68T	12,726
Kaneko, Yoshinori																
1996	O		CUT	73	73			146	4		146		92T	96T		650
1997	M		CUT	77	77			154	10		154		47T	66T		5,000
	O		WD	84				84	13				150T			650
	PGA		71T	72	73	76	74	295	15	26	145	221	46T	57T	70T	3,875
Kang, Anthony																
2001	US		74T	74	72	77	73	296	16	20	146	223	63T	61T	77T	8,863
Kapur, Shiv																
2006	O		CUT	72	73			145	1		145		68T	84T		2,500
Karbowski, Richard W. "Rick"																
1981	US		CUT	74	78			152	12		152		71T	106T		600
1983	PGA		CUT	78	74			152	10		152		132T	126T		1,000
1984	PGA		CUT	74	76			150	6		150		54T	81T		1,000
Karl, Richard "Richie"																
1974	PGA		55T	72	77	75	71	295	15	19	149	224	29T	69T	69T	321
1975	M		46	72	75	79	76	302	14	26	147	226	17T	37T	45	1,650
	PGA		WD	81				81	11				123T			
1980	US		CUT	80	77			157	17		157		140T	134T		600
Karlsson, Harry																
1951	O		CUT	79	81			160	16		160		60T	75T		
Karlsson, Jan Robert "Robert"																
1989	O	A	77T	75	70	76	78	299	11	24	145	221	101T	57T	77T	
1992	O		5T	70	68	70	71	279	-5	7	138	208	36T	11T	10T	30,072
1993	O		CUT	74	72			146	6		146		132T	110T		600
1995	O		CUT	77	74			151	7		151		147T	128T		650
1997	O		CUT	76	72			148	6		148		63T	71T		1,000
1998	O		CUT	72	82			154	14		154		62T	139T		700
	PGA		65T	71	73	75	73	292	12	21	144	219	46T	45T	66T	5,750
	US		CUT	78	76			154	14		154		124T	121T		1,000
1999	O		CUT	76	82			158	16		158		37T	110T		369
	PGA		41T	70	76	73	73	292	4	15	146	219	10T	63T	48T	11,250
2000	O		CUT	80	73			153	9		153		153T	144T		900
2001	O		CUT	75	71			146	4		146		105T	83T		1,100
	PGA		CUT	74	72			146	6		146	0	117T	106T		2,000
2002	O		CUT	72	74			146	4		146		60T	95T		2,500
	US		45T	71	76	72	76	295	15	18	147	219	13T	33T	35T	20,072
2003	PGA		CUT	75	79			154	14		154	0	77T	115T		2,000
2005	US		CUT	75	74			149	9		149		75T	84T		2,000
2006	O		35T	70	71	71	74	286	-2	16	141	212	33T	37T	33T	19,625
	PGA		29T	71	73	69	72	285	-3	15	144	213	40T	62T	29T	41,100
2007	M		30T	77	73	79	72	301	13	12	150	229	59T	33T	46T	43,085
	O		CUT	74	78			152	10		152		78T	124T		2,375

Year	Event	A	Pos	R1	R2	R3	R4	Tot	P/M	SBW	R2T	R3T	R1P	R2P	R3P	W
	PGA		57T	73	71	75	71	290	10	18	144	219	53T	42T	63T	14,400
	US		CUT	77	81			158	18		158		104T	127T		2,000
2008	M		8T	70	73	71	73	287	-1	7	143	214	6T	13T	7T	217,500
	O		7T	75	73	75	69	292	12	9	148	223	52T	52T	48T	96,944
	PGA		20T	68	77	71	72	288	8	11	145	216	1T	26T	22T	78,900
	US		4T	70	70	75	71	286	2	3	140	215	7T	2T	6T	307,303
Karlsson, Olle																
1993	O		63T	70	71	73	73	287	7	20	141	214	48T	35T	51T	3,850
1995	O		68T	71	76	73	75	295	7	13	147	220	34T	81T	72T	4,975
2001	O		CUT	72	75			147	5		147		52T	94T		1,100
Kase, Hideki																
1997	US		28T	68	73	73	74	288	8	12	141	214	6T	9T	21T	17,443
Kaser, Lamont A. "Monty"																
1968	US		50T	73	72	75	77	297	17	22	145	220	28T	24T	37T	795
1970	PGA		CUT	76	78			154	14		154		78T	92T		
	US		46T	76	77	74	76	303	15	22	153	227	22T	52T	41T	940
1971	US		CUT	79	83			162	22		162		132T	141T		500
1974	US		CUT	77	79			156	16		156		52T	82T		500
Katayama, Shingo																
1999	O		71	76	75	78	83	312	28	22	151	229	37T	30T	52T	6,000
2000	O		CUT	71	77			148	4		148		40T	115T		1,000
	PGA		CUT	76	79			155	11		155		99T	129T		2,000
2001	M		40T	75	70	73	74	292	4	20	145	218	66T	41T	37T	22,960
	O		CUT	75	75			150	8		150		105T	123T		1,000
	PGA		4T	67	64	69	70	270	-10	5	131	200	11T	1T	3T	222,500
	US		CUT	77	75			152	12		152	0	120T	122T		1,000
2002	M		CUT	78	72			150	6		150		75T	61T		5,000
	O		50T	72	68	74	74	288	4	10	140	214	60T	26T	23T	10,267
	PGA		CUT	74	78			152	8		152	0	53T	105T		2,000
	US		35T	74	72	74	73	293	13	16	146	220	55T	20T	42T	31,945
2003	M		37T	74	72	76	74	296	8	15	146	222	27T	21T	34T	31,650
	O		34T	76	73	73	71	293	9	10	149	222	65T	48T	49T	18,778
	PGA		CUT	75	75			150	10		150	0	77T	83T		2,000
2004	PGA		62T	74	70	76	73	293	5	13	144	220	83T	44T	64T	12,650
2005	M		33T	72	74	73	75	294	6	18	146	219	14T	23T	35T	39,620
	PGA		23T	71	66	74	72	283	3	7	137	211	40T	6T	24T	56,400
	US		CUT	74	75			149	9		149		54T	84T		2,000
2006	M		27T	75	70	73	74	292	4	11	145	218	48T	23T	22T	49,700
	O		CUT	74	74			148	4		148		108T	117T		2,250
	US		CUT	81	75			156	16		156		140T	128T		2,000
2007	M		44T	79	72	80	73	304	16	15	151	231	75T	40T	51T	22,533
	PGA		50T	76	67	72	74	289	9	17	143	215	103T	30T	38T	15,236
	US		36T	72	74	79	73	298	18	13	146	225	21T	19T	45T	37,159
2008	M		CUT	79	73			152	8		152		86T	76T		10,000
	US		CUT	77	76			153	11		153		100T	107T		2,000
Kaufman, Christopher J.																
1995	US		CUT	79	79			158	18		158		147T	149		1,000
1998	US		CUT	77	72			149	9		149		110T	76T		1,000
2000	US		CUT	76	75			151	9		151		86T	76T		1,000
Kawagishi, Ryoken "Ricky"																
1991	O		CUT	71	81			152	12		152		29T	134T		600
	PGA		CUT	75	74			149	5		149		103T	89T		1,000
1993	O		CUT	79	76			155	15		155		153T	152T		600
1995	O		79T	72	76	80	68	296	8	14	148	228	60T	95T	103	4,500
Kay, Andrew T.																
1922	O		38T	82	81	78	78	319		19	163	241	55T	47T	41T	
1924	US		44T	80	81	79	85	325	37	28	161	240	41T	44T	38T	
1935	M		47T	78	74	77	76	305	17	23	152	229	52T	49T	49T	
Kay, Jack, Jr.																
1986	M	A	CUT	80	74			154	10		154		81T	71T		
1991	US		CUT	79	83			162	18		162		132T	148T		1,000
Kay, James																
1887	O		12T	89	87			176		15						
1890	O		11T	86	91			177		13						1
1891	O		15T	93	86			179		13						
1892	O		5T	82	78	74	78	312		7	160	234			5	9
1893	O		6T	81	81	80	85	327		5	162	242	4T	2T	3T	5
1894	O		41T	98	89	90	91	368		42	187	277	64T	47T	39T	

Year	Event	A	Pos	R1	R2	R3	R4	Tot	P/M	SBW	R2T	R3T	R1P	R2P	R3P	W
1895	O		25T	88	85	92	86	351		29	173	265	26T		29T	
1896	O		14T	77	88	83	82	330		14	165	248				
1897	O		25	86	81	86	85	338		24	167	253				
1898	O		12	81	81	77	83	322		15	162	239	13T	14T	9	
1899	O		29	85	81	86	89	341		31	166	252	32T	20T	23T	
1900	O		22T	84	81	87	90	342		33	165	252	19T	8T	12T	
1901	O		31	89	84	86	86	345		36	173	259		30T	31T	
1902	O		CUT	88	84			172			172					
1903	O		33T	86	82	80	79	327		27	168	248			41T	
1904	O		CUT	88	86			174			174					
1905	O		30	85	83	85	87	340		22	168	253			25T	
1906	O		30T	80	79	81	80	320		20	159	240			35T	
1907	O		54	87	84	91	84	346		34	171	262	41T	34T	57	
1908	O		56	89	80	81	83	333		42	169	250	64	60T	58T	
1909	O		38T	79	78	82	81	320		25	157	239	27T	20T	33T	
1912	O		58	92	81	85	85	343		48	173	258	62	61T	58	

Kay, Robert L.

Year	Event	A	Pos	R1	R2	R3	R4	Tot	P/M	SBW	R2T	R3T	R1P	R2P	R3P	W
1954	PGA		64T													100
1955	PGA		64T													100
1956	PGA		16T													
	US		24T	75	74	76	71	296	16	15	149	225	45T	39T	38T	200
1957	M		CUT	88	78			166	22		166		100T	94		300
1958	PGA		CUT	81	80			161	21		161		136T	137T		
1960	PGA		CUT	81	76			157	17		157		157T	135T		
1961	PGA		CUT	75	74			149	9		149		71T	66T		
1962	PGA		44T	76	73	72	73	294	14	16	149	221	82T	66T	49T	360
1964	PGA		CUT	76	80			156	16		156		98T	124T		
1966	PGA		CUT	81	77			158	18		158		141T	128T		
1978	PGA		CUT	83	88			171	29		171		141T	148		303

Kaye, James

Year	Event	A	Pos	R1	R2	R3	R4	Tot	P/M	SBW	R2T	R3T	R1P	R2P	R3P	W
1919	US		CUT	88	89			177	35		177		89T	97T		

Kaye, Jonathan Andrew

Year	Event	A	Pos	R1	R2	R3	R4	Tot	P/M	SBW	R2T	R3T	R1P	R2P	R3P	W
2000	PGA		51T	69	74	71	75	289	1	19	143	214	5T	19T	32T	10,964
	US		CUT	74	78			152	10		152		53T	91T		1,000
2001	M		43T	74	71	74	74	293	5	21	145	219	56T	41T	42T	19,600
	PGA		59T	67	68	78	71	284	4	19	135	213	11T	11T	68T	10,300
2002	O		DQ	74				74	3				106T			
	PGA		CUT	77	73			150	6		150	0	105T	86T		2,000
2003	O		CUT	75	81			156	14		156		54T	122T		2,250
	PGA		61T	74	73	72	79	298	18	22	147	219	58T	49T	43T	12,000
	US		10T	70	70	72	69	281	1	9	140	212	25T	27T	33T	124,936
2004	M		CUT	79	72			151	7		151		80T	67T		5,000
	O		CUT	74	76			150	8		150		95T	121T		2,250
	PGA		CUT	74	81			155	11		155	0	83T	137T		2,000
	US		CUT	77	69			146	6		146	0	135T	67T		1,000
2005	M		43T	72	74	76	74	296	8	20	146	222	14T	23T	42T	28,000
	PGA		CUT	73	77			150	10		150		81T	121T		2,000

Kaymer, Martin

Year	Event	A	Pos	R1	R2	R3	R4	Tot	P/M	SBW	R2T	R3T	R1P	R2P	R3P	W
2008	M		CUT	76	72			148	4		148		65T	46T		10,000
	O		80	75	72	79	77	303	23	20	147	226	52T	38T	73T	8,700
	PGA		CUT	75	79			154	14		154		75T	120T		2,500
	US		53T	75	70	73	77	295	11	12	145	218	64T	22T	19T	20,251

Kearney, Bob

Year	Event	A	Pos	R1	R2	R3	R4	Tot	P/M	SBW	R2T	R3T	R1P	R2P	R3P	W
1997	US	A	CUT	76	81			157	17		157		115T	146T		

Keartland, Basil J.

Year	Event	A	Pos	R1	R2	R3	R4	Tot	P/M	SBW	R2T	R3T	R1P	R2P	R3P	W
1951	O	A	CUT	81	87			168	24		168		79T	98		

Keating, Charles M. "Chuck"

Year	Event	A	Pos	R1	R2	R3	R4	Tot	P/M	SBW	R2T	R3T	R1P	R2P	R3P	W
1977	PGA		CUT	82	72			154	10		154		127T	88T		250

Keck, Frank D.

Year	Event	A	Pos	R1	R2	R3	R4	Tot	P/M	SBW	R2T	R3T	R1P	R2P	R3P	W
1957	O	A	CUT	83	82			165	21		165		94T	95		

Keddie, James

Year	Event	A	Pos	R1	R2	R3	R4	Tot	P/M	SBW	R2T	R3T	R1P	R2P	R3P	W
1886	O		29T	84	90			174		17						
1894	O		WD	101				101					78T			

Keefe, Dan

Year	Event	A	Pos	R1	R2	R3	R4	Tot	P/M	SBW	R2T	R3T	R1P	R2P	R3P	W
1966	PGA		CUT	79	77			156	16		156		118T	115T		
1968	US		CUT	73	77			150	10		150		28T	72T		500
1969	US		WD													

Year	Event	A	Pos	R1	R2	R3	R4	Tot	P/M	SBW	R2T	R3T	R1P	R2P	R3P	W
Keenan, John J.																
1902	US		WD	90	80			170			170	0	56T	27T		
Keene, Foxhall Parker																
1897	US	A	31T	93	99			192		30			27T			
Keffer, Karl																
1910	US		45	84	79	87	79	329		31	163	250	56T	39T	47	
1912	US		38T	76	76	86	85	323	27	29	152	238	16T	11T	34T	
1913	US		45T	79	84	81	88	332	48	28	163	244	25T	45T	40T	
Kehoe, Justin																
2007	O		CUT	78	79			157	15		157		136T	147T		2,100
Keim, James W.																
1972	US	A	CUT	78	87			165	21		165		72T	132T		
Keiser, Herman W.																
1940	PGA		32T													
	US		DQ	73	76	81		230	14		149	230	19T	32T	57T	
1941	PGA		64T													100
	US		26T	74	77	76	76	303	23	19	151	227	26T	26T	27T	50
1942	M		23T	74	74	78	76	302	14	22	148	226	17T	20T	20T	
1946	M		1	69	68	71	74	282	-6	-1	137	208	1T	1	1	2,500
	PGA		64T													100
	US		38T	76	75	72	77	300	12	16	151	223	57T	53T	28T	
1947	M		24T	74	75	73	72	294	6	13	149	222	27T	36T	36	
	PGA		64T													100
1948	M		10T	70	72	76	73	291	3	12	142	218	2T	5T	9T	250
	PGA		64T													100
	US		14T	71	71	73	75	290	6	14	142	215	8T	10T	12T	114
1949	M		11T	75	68	78	72	293	5	11	143	221	23T	1T	12T	303
	PGA		64T													100
	US		CUT	75	76			151	9		151		38T	52T		
1950	M		14T	75	72	75	75	297	9	14	147	222	20T	11T	9T	261
1951	M		39T	77	73	79	74	303	15	23	150	229	43T	35T	46T	100
	PGA		64T													100
	US		CUT	77	79			156	16		156		59T	89T		
1954	PGA		64T													100
1955	M		56T	82	79	75	76	312	24	33	161	236	70T	67	61T	250
1957	M		CUT	80	78			158	14		158		81T	82T		300
	PGA		32T													
1958	M		CUT	76	81			157	13		157		60T	68T		350
1959	M		CUT	78	77			155	11		155		60T	62T		350
1960	M		CUT	78	78			156	12		156		64T	70T		350
1961	M		CUT	81	81			162	18		162		83T	80T		400
1962	M		WD	75				75	3				44T			400
1963	M		45	75	77	79	74	305	17	19	152	231	27T	44T	49T	750
1964	M		CUT	79	76			155	11		155		84T	82T		700
1965	M		WD	80				80	8				87T			900
1966	M		CUT	78	78			156	12		156		70T	77T		1,000
1967	M		CUT	78	77			155	11		155		66T	70T		1,000
	PGA		CUT	81	73			154	10		154		130T	99T		
1968	M		CUT	71	79			150	6		150		10T	53T		1,000
1969	M		WD	71	77	80		228	12		148	228	16T	44T	47T	1,000
	PGA		WD													
1970	M		CUT	79	79			158	14		158		72T	76T		1,000
1971	M		WD	81				81	9				71			1,000
1972	M		CUT	80	79			159	15		159		77T	76T		1,000
1974	M		CUT	76	79			155	11		155		56T	73T		1,200
1982	M		WD													1,500
Keister, Edward, Jr.																
1950	US	A	WD	81				81	11				136T			
Keith, Robert																
1968	PGA		CUT	75	75			150	10		150		65T	75T		
Kelleher, Thomas																
1927	US		CUT	94	87			181	37		181		135	122		
1928	US		CUT	81	91			172	30		172		90T	122T		
1935	US		WD	82	78	84		244	28		160	244	90T	54T	62	
Keller, Franklin R.																
1958	US		CUT	84	79			163	23		163		131T	115T		
1959	PGA		CUT	80	74			154	14		154		153T	132T		
1963	PGA		CUT	81	77			158	16		158		137T	132T		

Year	Event	A	Pos	R1	R2	R3	R4	Tot	P/M	SBW	R2T	R3T	R1P	R2P	R3P	W
1965	PGA		CUT	86	76			162	20		162		164	150T		
	US		50	77	73	79	78	307	27	25	150	229	64T	37T	49T	370
1967	PGA		CUT	78	76			154	10		154		109T	99T		
Keller, William R. "Bob"																
1960	PGA		CUT	76	74	79		229	19		150	229	83T	68T	86T	
1961	PGA		29T	72	73	72	73	290	10	13	145	217	24T	28T	26T	425
	US		CUT	77	74			151	11		151		87T	73T		
1962	PGA		CUT	74	75	74		223	13		149	223	48T	66T	61T	
1963	PGA		CUT	77	80			157	15		157		94T	123T		
	US		CUT	79	79			158	16		158		91T	101T		150
1964	PGA		39T	69	75	72	74	290	10	19	144	216	10T	28T	24T	527
	US		CUT	78	77			155	15		155		95T	102T		300
1965	US		CUT	81	80			161	21		161		114T	121T		300
1966	PGA		49T	72	76	72	78	298	18	18	148	220	12T	38T	26T	436
1973	PGA		CUT	79	71			150	8		150		117T	77T		
Kelley, Albert, Jr.																
1978	US		CUT	78	76			154	12		154		80T	93T		600
Kelley, George																
1974	US		CUT	76	85			161	21		161		41T	122		500
1975	O		CUT	74	70	79		223	7		144	223	55T	23T	68T	150
Kelley, Lloyd W.																
1959	US		CUT	82	81			163	23		163		130T	140T		
Kelley, Tony																
2000	PGA		CUT	84	83			167	23		167		144T	144		2,000
Kellick, Ernest																
1910	US		CUT	88	92			180			180		63T	64		
Kellogg, L. L., Jr.																
1903	US	A	51T	91	89	90	86	356		49	180	270	75T	74T	69	
Kelly, Al																
1971	PGA		56T	73	74	74	75	296	8	15	147	221	33T	54T	47T	258
Kelly, Brian P.																
1990	US		CUT	81	76			157	13		157		150T	148		1,000
Kelly, J.																
1939	O		CUT	76	77			153	7		153		49T	53T		
Kelly, Jerome Patrick "Jerry"																
1997	O		44T	76	68	72	73	289	5	17	144	216	63T	26T	37T	7,050
	PGA		CUT	81	76			157	17		157		147T	138T		1,300
1998	PGA		WD	75				75	5				110T			
1999	PGA		26T	69	74	71	75	289	1	12	143	214	5T	26T	18T	24,000
	US		57T	73	74	79	75	301	21	22	147	226	71T	59T	61T	8,840
2000	PGA		CUT	74	74			148	4		148		58T	81T		2,000
	US		37T	73	73	81	71	298	14	26	146	227	39T	26T	52T	22,056
2001	O		CUT	74	77			151	9		151		87T	130T		1,000
	PGA		44T	69	67	72	73	281	1	16	136	208	40T	17T	28T	14,250
2002	M		20T	72	74	71	72	289	1	13	146	217	22T	30T	22T	65,240
	O		28T	73	71	70	70	284	0	6	144	214	86T	68T	23T	24,000
	PGA		CUT	77	73			150	6		150	0	105T	86T		2,000
	US		CUT	76	79			155	15		155	0	96T	119T		1,000
2003	M		48	72	76	77	79	304	16	23	148	225	8T	37T	44T	19,800
	O		WD	86				86	15		0		152T			2,000
	PGA		CUT	78	75			153	13		153	0	115T	114		2,000
	US		CUT	75	72			147	7		147	0	108T	104T		1,000
2004	M		31T	74	72	73	76	295	7	16	146	219	31T	22T	20T	41,275
	O		47T	75	70	73	73	291	7	17	145	218	114T	59T	60T	11,964
	PGA		CUT	76	77			153	9		153	0	119T	126T		2,000
	US		40T	76	69	71	81	297	17	21	145	216	119T	57T	34T	30,671
2005	M		20T	75	70	73	71	289	1	13	145	218	42T	18T	26T	84,840
	O		CUT	74	73			147	3		147		74T	92T		2,500
	PGA		34T	70	65	74	76	285	5	9	135	209	28T	2	14T	31,917
	US		83	76	71	78	80	305	25	25	147	225	94T	57T	80T	9,921
2006	O		26T	72	67	69	76	284	-4	14	139	208	68T	9T	10T	29,100
	PGA		48	70	74	74	72	290	2	20	144	218	21T	62T	57T	17,300
2007	M		5T	75	69	78	70	292	4	3	144	222	28T	4T	8T	275,500
	O		49T	74	70	71	76	291	7	14	144	215	78T	31T	31T	13,000
	PGA		CUT	79	77			156	16		156		132T	140T		2,000
	US		7T	74	71	73	72	290	10	5	145	218	57T	13T	13T	194,245
2008	M		CUT	72	77			149	5		149		19T	56T		10,000

Year	Event	A	Pos	R1	R2	R3	R4	Tot	P/M	SBW	R2T	R3T	R1P	R2P	R3P	W
	O		CUT	83	77			160	20		160		151	148T		4,197
	PGA		CUT	79	74			153	13		153		136T	113T		2,500
	US		CUT	75	82			157	15		157		64T	131T		2,000
Kelly, John																
2007	M	A	CUT	77	77			154	10		154		59T	66T		
	US	A	CUT	74	84			158	18		158		57T	127T		
Kelly, Lester																
1956	US	A	CUT	77	86			163	23		163		78T	141T		
Kelly, Paul E.																
1959	US	A	CUT	75	79			154	14		154		39T	87T		
1962	US		CUT	80	77			157	15		157		129T	116T		
1963	US		49	72	79	80	85	316	32	23	151	231	7T	31T	38T	300
1965	PGA		28T	76	71	75	71	293	9	13	147	222	78T	31T	42T	915
	US		48T	75	74	78	78	305	25	23	149	227	41T	30T	46T	385
1966	US		CUT	77	77			154	14		154		86T	90T		300
1968	PGA		CUT	73	81			154	14		154		35T	109T		
Kelly, R. R.																
1937	O		CUT	78	79			157	13		157		51T	62T		
1938	O		WD	85				85	15				119			
Kelly, Richard S.																
1894	O		WD	99	85			184			184		72T	34T		
1895	O		WD	93	87			180			180		48T			
Kelly, Roger																
1938	US	A	CUT	84	74			158	16		158		125T	79T		
Kelly, Shawn M.																
1996	US		108	73	75	79	82	309	29	31	148	227	65T	98T	108	5,000
1997	PGA		CUT	76	80			156	16		156		108T	135T		1,300
1999	PGA		CUT	74	77			151	7		151		80T	117T		1,750
2000	PGA		CUT	74	77			151	7		151		58T	111T		2,000
Kelly, Troy																
2005	US		CUT	83	67			150	10		150		154T	99T		2,000
Kemp, Harcourt																
1971	US	A	CUT	80	83			163	23		163		143T	145T		
1979	US	A	CUT	83	80			163	21		163		136T	128T		
Kemp, John																
2001	O	A	CUT	76	78			154	12		154		125T	144T		
2002	O	A	CUT	74	74			148	6		148		106T	118T		
Kemp, R. H. "Dick," Jr.																
1958	O		CUT	77	74			151	9		151		69T	70T		
1960	O		CUT	78	74			152	6		152		66T	60T		
1961	O		CUT	73	85			158	14		158		35T	75T		
1971	O		CUT	78	77			155	9		155		107T	107T		
1974	O		CUT	84	84			168	26		168		143T	145		50
Kemp, R. H. "Dick," Sr.																
1952	O		CUT	75	81			156	6		156		40T	64T		
1958	O		CUT	82	78			160	18		160		90T	91		
Kempa, Loddie P.																
1950	US		46T	71	74	78	83	306	26	19	145	223	7T	20T	31T	100
1951	US		CUT	76	82			158	18		158		40T	102T		
1953	US		CUT	80	79			159	15		159		112T	114T		
1954	US		48	75	75	85	75	310	30	26	150	235	28T	30T	50	180
Kendall, Jules I. "Skip"																
1992	US		CUT	76	76			152	8		152		101T	107T		1,000
1996	US		82T	77	71	73	73	294	14	16	148	221	129T	98T	87T	5,415
1998	O		CUT	74	77			151	11		151		113T	124T		700
	PGA		10T	72	68	68	71	279	-1	8	140	208	60T	15T	6T	69,000
1999	PGA		21T	74	65	71	78	288	0	11	139	210	80T	5T	5T	33,200
2000	M		56	76	72	77	83	308	20	30	148	225	54T	49T	52T	10,580
	PGA		27T	72	72	69	70	283	-5	13	144	213	22T	32T	23T	34,167
2001	PGA		59T	72	67	73	72	284	4	19	139	212	87T	45T	63T	10,300
	US		CUT	74	74			148	8		148	0	63T	90T		1,000
2002	PGA		CUT	74	76			150	6		150	0	53T	86T		2,000
2003	O		59T	73	76	73	75	297	13	14	149	222	19T	48T	49T	9,550
	PGA		CUT	80	79			159	19		159	0	137T	137T		2,000
2004	O		11T	69	66	75	72	282	-2	8	135	210	13T	1	9T	69,334

Year	Event	A	Pos	R1	R2	R3	R4	Tot	P/M	SBW	R2T	R3T	R1P	R2P	R3P	W
	PGA		73	72	73	79	80	304	16	24	145	224	40T	57T	72T	11,700
	US		17T	68	75	74	73	290	10	14	143	217	5T	34T	43T	98,477
2006	US		59T	73	75	76	78	302	22	17	148	224	28T	42T	55T	16,676
Kennedy, J.																
1952	O	A	CUT	79	83			162	12		162		79T	88T		
Kennedy, Jack																
1921	US		WD	88	85			173	33		173	0	80T	77T		
1926	US		WD	82				82	10				93T			
Kennedy, John E.																
1971	US		CUT	71	78			149	9		149		18T	65T		500
Kennedy, Leslie																
1949	US		19T	69	74	79	73	295	11	9	143	222	1	4T	27T	100
1950	M		59	81	80	82	82	325	37	42	161	243	58T	61	59T	
	US		WD	81				81	11				136T			
1957	US		WD													
1960	PGA		WD	78	73			151	11		151	0	122T	81T		
Kennedy, Roger																
1980	PGA		CUT	80	88			168	28		168		126T	141		500
1981	PGA		CUT	78	81			159	19		159		128T	137T		550
1982	PGA		CUT	80	75			155	15		155		140T	129T		650
Kennedy, T. A.																
1905	O	A	CUT	91	89			180			180					
1906	O	A	CUT	81	85			166			166					
Kennedy, William John																
1973	PGA		CUT	79	80			159	17		159		117T	134		
Kennett, Arthur																
1939	US		CUT	83	85			168	30		168		150T	152		
Kennett, Charles H.																
1905	O		CUT	92	90			182			182					
1910	O		UNK	81												
1911	O		CUT	83	84			167			167		113T	115T		
1914	O		WD	91	81			172			172		98T	84T		
Kennett, Frank																
1922	US		47T	80	82	80	73	315	35	27	162	242	56T	65T	64T	
1928	US		CUT	83	76			159	17		159		104T	66T		
Kennett, Leonard																
1956	PGA		64T													
1957	PGA		128T													50
1958	PGA		CUT	86	82			168	28		168		157T	151T		
Kennett, Tom																
1920	PGA		16T													60
	US		WD	82	81			163	19		163	0	55T	63T		
1925	US		38T	78	77	78	80	313	29	22	155	233	43T	39T	39T	
Kennett, Walter																
1927	O		30T	78	75	75	78	306	14	21	153	228	62T	40T	30T	
	US		WD	89				89	17				117T			
Kenney, James W.																
1926	US		49T	79	76	83	80	318	30	25	155	238	55T	28T	56	
1929	US		WD	86				86	14				138T			
1930	US		CUT	80	77			157	11		157		86T	70T		
1935	US		CUT	82	81			163	19		163		90T	76T		
Kenny, Daniel F.																
1905	O		CUT	89	91			180			180					
1906	O		24T	82	75	83	78	318		18	157	240			35T	
1907	US		WD	90				90					65T			
1912	US		WD	76	79			155	7		155	0	16T	18T		
1914	US		20T	76	75	76	76	303	15	13	151	227	16T	16T	17T	
1915	US		49	78	80	81	86	325	37	28	158	239	25T	33T	40T	
1920	US		59T	78	81	79	84	322	34	27	159	238	30T	44T	48T	
1922	PGA		32T													50
Kenny, James W.																
1930	PGA		32T													

Year	*Event*	*A*	*Pos*	*R1*	*R2*	*R3*	*R4*	*Tot*	*P/M*	*SBW*	*R2T*	*R3T*	*R1P*	*R2P*	*R3P*	*W*
Kent, Kenneth																
1936	US		WD	84				84	12				157T			
Kent, Paul																
1987	O		CUT	73	78			151	9		151		64T	117T		400
1988	O		47T	74	70	79	71	294	10	21	144	223	51T	19T	62T	3,050
1989	O		CUT	78	79			157	13		157		130T	146T		500
Kenyon, Ernest William Henry																
1928	O		47T	79	79	81	78	317	29	25	158	239	23T	40T	48	
1930	O		48T	79	76	79	80	314	26	23	155	234	54T	41T	40T	
1931	O		29T	75	78	78	78	309	21	13	153	231	11T	17T	26T	
1932	O		22T	74	73	76	78	301	13	18	147	223	12T	11T	12T	10
1933	O		44T	76	75	77	80	308	16	16	151	228	50T	49T	46T	
1935	O		12T	70	74	74	79	297	9	14	144	218	4T	4T	5T	10
1938	O		28T	77	71	86	83	317	37	22	148	234	67T	31T	32T	
1939	O		9T	73	75	74	74	296	4	6	148	222	16T	17T	11T	10
1946	O		CUT	83	77			160	16		160		78T	61T		
1949	O		29	72	75	77	77	301	13	18	147	224	24T	25T	29	
1950	O		CUT	79	74			153	13		153		78T	67T		
1955	O		CUT	76	78			154	10		154		64T	77T		
Kepler, Robert A.																
1934	US	A	CUT	76	83			159	19		159		22T	86T		
1945	PGA		16T													350
1946	US		CUT	82	76			158	14		158		145T	119T		
1947	US		31T	76	72	69	79	296	12	14	148	217	76T	35T	11T	75
1949	US		CUT	75	80			155	13		155		38T	87T		
Keppler, Stephen D.																
1981	O	A	CUT	79	71	73		223	13		150	223	105T	75T	62T	
1995	PGA		CUT	75	71			146	4		146		119T	111T		1,200
1998	PGA		CUT	73	76			149	9		149		81T	107T		1,500
1999	PGA		CUT	73	78			151	7		151		58T	117T		1,750
2001	PGA		CUT	72	70			142	2		142	0	87T	77T		2,000
Kerby, Edward S.																
1927	US		CUT	85	81			166	22		166		91T	77T		
1932	US		65	77	80	79	81	317	37	31	157	236	12T	39T	55T	
1935	US		CUT	81	87			168	24		168		81T	120T		
1940	US		CUT	80	76			156	12		156		109T	92T		
Kern, Paul																
1958	PGA		CUT	79	77			156	16		156		111T	106T		
1959	PGA		CUT	77	70	75		222	12		147	222	119T	53T	65T	
1961	PGA		CUT	77	81			158	18		158		105T	136T		
1968	PGA		CUT	86	84			170	30		170		162T	159T		
Kern, Peter																
1974	US		CUT	83	80			163	23		163		135T	128T		500
Kernohan, John F.																
1997	O		38T	76	70	74	68	288	4	16	146	220	63T	49T	62T	7,550
Kerr, J. G.																
1937	O		CUT	80	85			165	21		165		78T	114T		
Kerr, J. S.																
1906	O		UNK													
Kerr, Sam																
1937	US		CUT	77	81			158	14		158		70T	117T		
Kerr, William H.																
1961	M		CUT	75	78			153	9		153		45T	57T		400
Kerrigan, George E.																
1922	US		31T	76	78	78	76	308	28	20	154	232	20T	36T	36T	
1924	US		WD	80	78			158	14		158	0	41T	32T		
1925	US		31	75	75	78	80	308	24	17	150	228	15T	15T	23T	
1934	M		43T	84	74	76	77	311	23	27	158	234	70T	55T	47T	
1937	PGA		64T													
Kerrigan, Thomas Francis																
1913	US		CUT	83	85			168	26		168		48T	62		
1914	US		20T	76	73	77	77	303	15	13	149	226	16T	9T	14T	
1915	US		10T	78	75	76	77	306	18	9	153	229	25T	13T	11T	6
1916	PGA		8T													75
	US		30T	79	72	78	77	306	18	20	151	229	45T	22T	27T	

Year	Event	A	Pos	R1	R2	R3	R4	Tot	P/M	SBW	R2T	R3T	R1P	R2P	R3P	W
1919	PGA		16T													60
	US		26T	80	79	82	81	322	38	21	159	241	21T	22T	24T	
1920	US		23T	77	81	74	77	309	21	14	158	232	22T	37T	26T	
1921	O		3	74	80	72	72	298		2	154	226	3T	25T	8T	40
	PGA		32T													50
	US		35T	73	81	86	79	319	39	30	154	240	3T	14T	37T	
1922	PGA		8T													75
	US		31T	80	79	75	74	308	28	20	159	234	56T	59T	42T	
1923	US		46T	85	77	81	83	326	38	30	162	243	60T	50T	47T	
1924	US		19T	77	74	89	74	314	26	17	151	240	16T	8T	38T	
1925	PGA		8T													
	US		18T	75	79	74	75	303	19	12	154	228	15T	32T	23T	
1926	US		CUT	83	81			164	20		164		103T	94T		
1927	US		CUT	88	77			165	21		165		110T	72T		
1928	US		CUT	78	83			161	19		161		53T	75T		
1929	US		CUT	80	81			161	17		161		77T	82T		
1934	M		42	76	79	77	78	310	22	26	155	232	35T	46T	43T	
1935	US		WD	80				80	8				65T			
1936	US		11T	70	75	72	75	292	4	10	145	217	4T	14T	12T	82
1937	M		36T	75	77	77	79	308	20	25	152	229	23T	32T	37	
	US		CUT	77	78			155	11		155		70T	87T		

Kertes, Stanley

Year	Event	A	Pos	R1	R2	R3	R4	Tot	P/M	SBW	R2T	R3T	R1P	R2P	R3P	W
1936	US		CUT	73	81			154	10		154		25T	97T		
1938	US		27T	77	72	82	75	306	22	22	149	231	35T	20T	38T	50
1949	US		CUT	74	78			152	10		152		25T	64T		

Kesselring, Gerald "Jerry"

Year	Event	A	Pos	R1	R2	R3	R4	Tot	P/M	SBW	R2T	R3T	R1P	R2P	R3P	W
1955	US		53T	79	76	79	81	315	35	28	155	234	69T	49T	47T	180
1957	US		26T	74	71	75	75	295	15	13	145	220	33T	13T	23T	240

Kestner, Darrell Lee

Year	Event	A	Pos	R1	R2	R3	R4	Tot	P/M	SBW	R2T	R3T	R1P	R2P	R3P	W
1979	US		CUT	82	83			165	23		165		130T	136T		600
1987	US		CUT	73	77			150	10		150		54T	105T		600
1988	PGA		CUT	78	76			154	12		154		123T	130T		1,000
	US		CUT	83	77			160	18		160		153T	147T		1,000
1991	PGA		CUT	74	78			152	8		152		77T	109T		1,000
	US		CUT	78	83			161	17		161		123T	146T		1,000
1992	PGA		CUT	79	80			159	17		159		139T	143T		1,200
1993	PGA		CUT	70	75			145	3		145		36T	89T		1,200
1994	PGA		CUT	73	74			147	7		147		61T	87T		1,200
1995	PGA		CUT	72	71			143	1		143		82T	73T		1,200
	US		CUT	73	75			148	8		148		65T	87T		1,000
1996	US		CUT	77	72			149	9		149		129T	109T		1,000
1997	PGA		CUT	79	83			162	22		162		139T	144		1,300
1999	PGA		CUT	75	80			155	11		155		101T	138T		1,750
2000	US		CUT	74	78			152	10		152		53T	91T		1,000
2001	PGA		CUT	73	77			150	10		150	0	101T	128T		2,000
2002	US		CUT	77	86			163	23		163	0	113T	147T		1,000
2005	PGA		78	72	70	78	79	299	19	23	142	220	59T	36T	77	11,700

Kettley, Anthony F.

Year	Event	A	Pos	R1	R2	R3	R4	Tot	P/M	SBW	R2T	R3T	R1P	R2P	R3P	W
1905	O		CUT	86	93			179			179					
1906	O		CUT	81	84			165			165					
1910	O		UNK	84												
1911	O		29T	79	77	81	80	317		14	156	237	47T	26T	27T	
1914	O		46T	83	84	80	83	330		24	167	247	59T	61T	43T	
1920	O		74	86	89	81	87	343		40	175	256	69T	77T	72	
1923	O		84T	83	77	82	88	330		35	160	242				

Kettley, M.

Year	Event	A	Pos	R1	R2	R3	R4	Tot	P/M	SBW	R2T	R3T	R1P	R2P	R3P	W
1904	O		CUT	95	90			185			185					

Keyes, George

Year	Event	A	Pos	R1	R2	R3	R4	Tot	P/M	SBW	R2T	R3T	R1P	R2P	R3P	W
1954	US		CUT	78	74			152	12		152		63T	51T		
1955	US		56	80	75	79	82	316	36	29	155	234	81T	49T	47T	180
1956	PGA		64T													
1957	PGA		64T													
1958	PGA		CUT	76	83			159	19		159		67T	127T		
1961	PGA		CUT	81	75			156	16		156		145T	130T		
1964	US		CUT	81	74			155	15		155		129T	102T		300
1966	US		CUT	78	74			152	12		152		105T	65T		300
1967	PGA		CUT	79	77			156	12		156		121T	110T		
1968	PGA		WD	82				82	12				153T			
1971	US		CUT	75	80			155	15		155		87T	116T		500

Year	Event	A	Pos	R1	R2	R3	R4	Tot	P/M	SBW	R2T	R3T	R1P	R2P	R3P	W
Khan, Simon																
2000	O		CUT	76	72			148	4		148		123T	115T		1,000
2005	O		41T	69	70	78	70	287	-1	13	138	217	13T	3T	66T	14,977
2006	O		31T	70	72	68	75	285	-3	15	142	210	33T	48T	16T	24,500
	PGA		CUT	74	77			151	7		151		100T	134T		2,000
2008	O		39T	77	72	71	76	296	16	13	149	220	91T	69T	20T	16,646
Kidd, Harry																
1907	O		25T	84	90	82	77	333		21	174	256	22T	52T	43T	
1926	O		43T	78	78	82	79	317	33	26	156	238	30T	29T	47T	
1930	O		56T	79	75	85	80	319	31	28	154	239	54T	34T	57T	
Kidd, Michael																
1899	O		WD	103				103					75			
Kidd, Thomas																
1873	O		1	91	88			179		-1						11
1874	O		8T	84	83			167		8						1
1876	O		WD													
1879	O		5	87	88			175		6						4
1882	O		11T	87	93			180		9	180					2
Kidd, William "Willie"																
1914	US		35T	80	77	81	75	313	25	23	157	238	53T	42T	42T	
1916	US		WD	76	75	78		229	13		151	229	21T	22T	27T	
1919	PGA		32T													50
1920	US		30T	77	81	76	77	311	23	16	158	234	22T	37T	36T	
1926	US		CUT	83	84			167	23		167		103T	111T		
1927	PGA		32T													
1928	PGA		32T													
1929	US		CUT	82	88			170	26		170		106T	123T		
1930	US		CUT	77	81			158	12		158		52T	76T		
Kiefer, Leo C. "Jack"																
1976	PGA		60T	72	71	75	79	297	17	16	143	218	35T	30T	37T	450
1980	US		CUT	75	78			153	13		153		86T	109T		600
1987	PGA		CUT	84	88			172	28		172		137T	145		1,000
Kiely, Jim																
1982	PGA		CUT	72	75			147	7		147		41T	82T		650
Killen, David G.																
1946	US		CUT	84	84			168	24		168		157T	156		
1948	US		CUT	71	80			151	9		151		8T	75T		
1954	US		CUT	87	82			169	29		169		152T	145		
Killian, Emmett																
1927	US		WD													
1928	US		CUT	78	84			162	20		162		53T	85T		
Killian, Michael P.																
1973	M	A	CUT	79	76			155	11		155		65T	67T		
1975	US		CUT	75	75			150	8		150		52T	68T		500
Kilthau, Edward W.																
1983	US		CUT	84	81			165	23		165		146T	143T		600
Kim, Anthony																
2007	PGA		50T	73	72	71	73	289	9	17	145	216	53T	55T	44T	15,236
	US		20T	74	73	80	67	294	14	9	147	227	57T	27T	57T	
2008	O		7T	72	74	71	75	292	12	9	146	217	15T	27T	5T	96,944
	PGA		55T	70	75	74	77	296	16	19	145	219	8T	26T	39T	15,750
	US		26T	74	75	70	72	291	7	8	149	219	49T	65T	24T	61,252
Kim, Jong-Duk																
1997	O		CUT	77	75			152	10		152		90T	111T		700
1999	O		CUT	83	76			159	17		159		142T	116T		369
Kim, Seung-Hak																
1973	O		CUT	75	74	77		226	10		149	226	38T	43T	65T	75
Kim, Sung-Yoon																
2000	M	A	CUT	75	75			150	6		150		39T	65T		
Kimball, Karl																
1998	PGA		CUT	80	75			155	15		155		144T	139T		1,500
2000	PGA		CUT	75	76			151	7		151		80T	111T		2,000
Kimball, Richard																
1908	US		10T	84	86	83	86	339		17	170	253	6T	12T	9T	

Year	Event	A	Pos	R1	R2	R3	R4	Tot	P/M	SBW	R2T	R3T	R1P	R2P	R3P	W
1909	US		45T	77	82	77	85	321		31	159	236	22T	42T	38	
1911	US		WD	83	82	87		252	24		165	252	49T	52T	59	
1912	US		WD	76	80			156	8		156	0	16T	30T		
Kimmell, Rodney																
1983	US		CUT	80	84			164	22		164		112T	138T		600
Kinch, Henry Charles																
1921	O		23T	73	77	81	77	308		12	150	231	2	8T	23T	
1922	O		71T	80	89	86	78	333		33	169	255	35T	71T	72T	
1923	O		66T	81	84	82	75	322		27	165	247				
1925	O		35T	78	79	84	81	322	34	22	157	241	21T	19T	32T	
1926	O		CUT	81	79			160	18		160		66T	62T		
1927	O		23T	80	73	73	77	303	11	18	153	226	84T	40T	18T	
1928	O		CUT	83	77			160	16		160		80T	54T		
1930	O		CUT	78	83			161	17		161		35T	78T		
1939	O		CUT	79	79			158	12		158		96T	98T		
Kinder, John "Johnny"																
1931	US		21T	79	72	75	77	303	19	11	151	226	63T	19T	15T	25
1932	PGA		16T													
	US		35T	79	77	75	77	308	28	22	156	231	30T	34T	29T	
1933	US		46T	79	77	74	79	309	21	22	156	230	66T	60T	39T	
1934	M		32	77	76	74	76	303	15	19	153	227	41T	37T	30T	
	US		CUT	75	81			156	16		156		13T	66T		
1936	PGA		64T													
	US		40T	75	74	77	73	299	11	17	149	226	60T	45T	54T	
1937	PGA		64T													
	US		WD	77				77	5				70T			
1938	PGA		64T													100
1939	PGA		64T													100
	US		CUT	76	78			154	16		154		65T	78T		
1940	PGA		32T													
Kinell, Krister																
1985	O		CUT	76	76			152	12		152		116T	106T		375
King, Alex G.																
1957	O		CUT	82	75			157	13		157		92T	91		
1963	O		11T	71	73	73	72	289	9	12	144	217	10T	14T	10T	138
1964	O		CUT	88	76			164	20		164		116	105T		
1971	O		CUT	75	83			158	12		158		61T	126T		
King, Bill																
1989	PGA		CUT	83	74			157	13		157		148	136T		1,000
1990	US		CUT	79	86			165	21		165		143T	156		1,000
King, Claude Keith																
1962	US		CUT	78	74			152	10		152		104T	64T		
1964	US		CUT	73	84			157	17		157		22T	118T		300
1966	US		57T	74	77	77	76	304	24	26	151	228	41T	55T	58T	565
1968	PGA		WD	83				83	13				158T			
	US		CUT	80	72			152	12		152		134T	94T		500
1970	PGA		CUT	80	74			154	14		154		114T	92T		
1972	PGA		CUT	75	80			155	15		155		69T	107T		
King, James "Jimmy"																
1977	US		CUT	73	77			150	10		150		35T	77T		500
1978	PGA		CUT	81	82			163	21		163		129T	137T		303
1982	PGA		CUT	74	76			150	10		150		86T	109T		650
	US		62T	71	77	80	77	305	17	23	148	228	3T	27T	61T	1,300
1983	PGA		87	73	73	78	84	308	24	34	146	224	65T	58T	80T	1,500
1984	PGA		CUT	75	80			155	11		155		73T	115T		1,000
King, Kevin D.																
1977	US	A	CUT	77	79			156	16		156		105T	125T		
King, Michael G.																
1969	O	A	CUT	81	78			159	17		159		118T	110T		
1976	O		CUT	78	73	77		228	12		151	228	75T	70T	72T	150
1977	O		48T	73	75	72	75	295	15	27	148	220	36T	61T	54T	259
1978	O		CUT	81	72			153	9		153		148T	124T		175
1979	O		36T	75	70	73	81	299	15	16	145	218	36T	17T	15T	575
1980	O		CUT	74	78			152	10		152		46T	104T		225
1981	O		CUT	84	76			160	20		160		147T	141T		225
1982	O		59	73	78	74	80	305	17	21	151	225	18T	61T	42T	600
1984	O		CUT	71	75	74		220	4		146	220	21T	58T	64T	610

Year	Event	A	Pos	R1	R2	R3	R4	Tot	P/M	SBW	R2T	R3T	R1P	R2P	R3P	W
1985	O		CUT	71	75	77		223	13		146	223	24T	36T	69T	700
1987	O		CUT	75	73			148	6		148		97T	88T		400
King, R. A.																
1953	O		CUT	80	84			164	20		164		58T	84T		
King, Rufus																
1938	US	A	CUT	91	72			163	21		163		159T	117T		
1950	M	A	WD	80	78			158	14		158		54T	53T		
King, Samuel Leonard																
1932	O		CUT	77	78			155	11		155		54T	65T		
1933	O		CUT	74	81			155	9		155		23T	79T		
1935	O		23T	76	74	75	75	300	12	17	150	225	44T	32T	26T	10
1936	O		28T	79	74	75	76	304	8	17	153	228	60T	40T	30T	
1937	O		29T	79	74	75	82	310	22	20	153	228	60T	36T	21T	
1938	O		23T	74	73	83	85	315	35	20	147	230	28T	25T	19T	10
1939	O		3T	74	72	75	73	294	2	4	146	221	26T	10T	9T	48
1947	O		6T	75	72	77	73	297	25	4	147	224	11T	2T	10T	
1948	O		7T	69	72	74	76	291	19	7	141	215	1T	2T	3T	15
1949	O		4T	71	69	74	72	286	-2	3	140	214	15T	1	4T	63
1950	O		9T	70	75	68	73	286	6	7	145	213	4	17T	6T	20
1951	O		35T	78	76	77	73	304	16	19	154	231	51T	42T	41T	
1952	O		5T	71	74	74	76	295	-5	8	145	219	7T	10T	4T	23
1953	O		7	74	73	72	71	290	2	8	147	219	9T	11T	10T	30
1954	O		8T	69	74	74	70	287	-5	4	143	217	1T	3T	8T	63
1955	O		CUT	75	77			152	8		152		54T	66T		
1957	O		24T	76	72	70	75	293	5	14	148	218	61T	41T	20T	
1958	O		30T	71	73	76	75	295	11	17	144	220	16T	23T	32	25
1959	O		5T	70	74	68	76	288	0	4	144	212	4T	10T	1T	258
1961	O		35T	70	77	79	79	305	17	21	147	226	7T	5T	23T	
1962	O		CUT	79	75			154	10		154		77T	52T		
King, Tom, Jr.																
1921	O		54T	80	80	77	81	318		22	160	237	53T	49T	46T	
1922	O		23T	83	78	78	75	314		14	161	239	60T	38T	34T	
1925	O		48T	85	81	81	84	331	43	31	166	247	73T	58T	49T	
1926	O		CUT	82	79			161	19		161		75T	70T		
1927	O		28T	73	74	74	84	305	13	20	147	221	9T	7T	7T	
1929	O		CUT	84	79			163	11		163		99T	89T		
King, Tom, Sr.																
1904	O		CUT	96	86			182			182					
King, Walter L.																
1957	US		CUT	76	80			156	16		156		61T	97T		
Kingsley, Edwin C.																
1937	US	A	32T	72	76	75	74	297	9	16	148	223	12T	25T	33T	
1938	US	A	CUT	84	82			166	24		166		125T	129T		
1939	US	A	38T	76	75	73	75	299	23	15	151	224	65T	57T	35T	
1948	O	A	11T	77	69	77	70	293	21	9	146	223	56T	16T	27T	
Kingsrud, Ralph																
1928	US		53T	77	78	80	80	315	31	21	155	235	37T	39T	51T	
Kingston, James Hubert																
2002	O		CUT	76	81			157	15		157		133T	153T		2,000
2004	O		57T	73	72	74	74	293	9	19	145	219	73T	59T	62T	10,200
2008	O		CUT	77	73			150	10		150		91T	84T		3,200
	PGA		55T	72	76	74	74	296	16	19	148	222	33T	59T	56T	15,750
Kinnear, James B. "Jimmy"																
1924	US		WD	84	83	80		247	31		167	247	69T	67T	56T	
1927	US		WD													
1932	US		WD													
Kinnell, David L.																
1898	O		6	80	77	79	80	316		9	157	236	9T	5T	6T	10
1900	O		CUT	89	87			176			176		47T	47T		
1903	O		18T	82	78	80	80	320		20	160	240			16T	
1906	O		11	78	76	80	79	313		13	154	234			11T	
1908	O		5T	75	73	80	78	306		15	148	228	7T	3T	6T	8
Kinnell, James																
1895	O		23	84	83	88	92	347		25	167	255	7T		15T	
1896	O		WD	87	88			175			175					
1897	O		20T	82	83	78	93	336		22	165	243				

Year	Event	A	Pos	R1	R2	R3	R4	Tot	P/M	SBW	R2T	R3T	R1P	R2P	R3P	W
1898	O		15T	77	81	78	88	324		17	158	236	3T	7T	6T	
1899	O		7T	76	84	80	84	324		14	160	240	1T	7T	3T	
1900	O		CUT	91	86			177			177		60T	51T		
1901	O		7T	79	85	86	78	328		19	164	250		4T	13T	8
1902	O		6T	78	80	79	77	314		7	158	237			9T	8
1903	O		15T	78	86	76	79	319		19	164	240			16T	
1904	O		CUT	84	89			173			173					
1905	O		4	82	79	82	81	324		6	161	243			2T	10
1906	O		28T	81	75	82	81	319		19	156	238			23T	
1907	O		30T	89	79	80	86	334		22	168	248	49T	20T	20	
1910	O		8T	79	74	77	79	309		10	153	230			9	1
1911	O		CUT	86	83			169			169		157T	128T		
Kinsella, James Joseph "Jimmy"																
1957	O		CUT	81	73			154	10		154		90T	79T		
1968	O		CUT	78	78			156	12		156		62T	70T		
1969	O		CUT	78	80			158	16		158		93T	108T		
1970	O		CUT	76	75			151	7		151		104T	86T		
1971	O		40T	74	68	80	74	296	4	18	142	222	47T	6T	47T	170
1973	O		CUT	78	79			157	13		157		87T	120T		50
Kinsey, John																
1972	PGA		CUT	84	81			165	25		165		134T	129T		
Kinsman, George																
1907	US		CUT	91	79			170			170		68T	52T		
1912	US		CUT	79	93			172	24		172		44T	103		
Kinsman, George, Jr.																
1949	US		CUT	75	79			154	12		154		38T	83T		
1951	US		29T	75	73	75	79	302	22	15	148	223	27T	9T	12T	100
Kinsman, J.																
1885	O		46	100	99			199		28						
1891	O		UNK													
Kinsman, Robert																
1876	O		11	88	100			188		12						
1879	O		18T	88	97			185		16						
1882	O		29T	99	93			192		21	192					
1885	O		27T	96	93			189		18						
1888	O	A	UNK													
Kippax, John Martin "Martin"																
1969	O	A	CUT	78	80			158	16		158		93T	108T		
Kiraly, Frank K.																
1951	PGA		64T													100
1953	US		CUT	81	84			165	21		165		125T	142		
1956	PGA		128T													50
	US		CUT	81	77			158	18		158		134T	116T		
1958	PGA		CUT	75	74	83		232	22		149	232	43T	38T	83T	
1962	US		CUT	77	74			151	9		151		85T	52T		
1965	PGA		CUT	76	82			158	16		158		78T	135T		
1966	US		CUT	79	79			158	18		158		122T	123T		300
Kirby, Alfred George "George"																
1920	O		35T	87	84	79	75	325		22	171	250	74T	68T	62T	
1922	O		52T	84	81	80	78	323		23	165	245	66T	58T	55T	
1923	O		33T	77	82	74	77	310		15	159	233				
1924	O		47T	80	77	83	85	325		24	157	240	38T	22T	30T	
1926	O		CUT	79	80			159	17		159		41T	54T		
1928	O		WD	80				80	8				35T			
1929	O		CUT	79	79			158	6		158		49T	65T		
1930	O		CUT	81	78			159	15		159		76T	63T		
1932	O		48T	79	72	82	76	309	21	26	151	233	79T	33T	59T	
Kirby, Edward T. "Eddie"																
1984	US	A	CUT	76	73			149	9		149		105T	72T		
1987	US		58T	73	69	75	76	293	13	16	142	217	54T	24T	47T	3,178
1989	US		33T	70	70	73	76	289	9	11	140	213	22T	7T	18T	7,577
1993	US		52T	72	71	72	71	286	6	14	143	215	76T	57T	63T	6,526
Kirchner, John																
1983	PGA		CUT	87	83			170	28		170		150	150		1,000
Kirk, Chris																
2008	US		78T	75	74	78	77	304	20	21	149	227	64T	65T	78	13,276

Year	*Event*	*A*	*Pos*	*R1*	*R2*	*R3*	*R4*	*Tot*	*P/M*	*SBW*	*R2T*	*R3T*	*R1P*	*R2P*	*R3P*	*W*
Kirk, Eddie																
1937	US		CUT	81	79			160	16		160		132T	130T		
1940	PGA		8T													
	US		23T	73	77	74	73	297	9	10	150	224	19T	35T	30T	50
Kirk, James																
1879	O	A	41	105	97			202		33						
1882	O	A	28	101	90			191		20	191					
1885	O	A	38T	99	96			195		24						
1888	O	A	UNK													
1891	O	A	50T	91	98			189		23						
Kirk, Robert, Jr.																
1865	O		4	64	54	54		172		11	118		10T	5T		2
1866	O		5	60	62	58		180		11	122					
1867	O		5	57	60	60		177		7	117					
1868	O		7	56	59	56		171		17	115		5	9		
1869	O		2	53	58	57		168		11	111			3		4
1870	O		2PO	52	52	57		161		12	104					4
1873	O		3T	91	92			183		-4						
1876	O		8T	95	92			187		11						1
1877	O		UNK													
1878	O		2	53	55	51		159		2	108					4
1879	O		37T	99	98			197		28						
1882	O		31	103	90			193		22	193					
Kirk, Robert Walter																
1892	O		35T	87	82	84	84	337		32	169	253			35	
1893	O		WD													
1894	O		50T	98	97	94	93	382		56	195	289	64T	68T	57	
1896	O		24T	85	87	84	83	339		23	172	256				
1897	O		37T	85	86	92	86	349		35	171	263				
1901	O		WD	89				89								
Kirk, Thomas																
1879	O		WD													
Kirk, W.																
1882	O	A	36	103	96			199		28	199					
Kirk, William																
1899	US		41T	93	92	88	91	364		49	185	273	51T	46T	44T	
1901	US		34	99	86	93	88	366		35	185	278	49T	40T	37T	
Kirkaldy, Andrew "Andra"																
1879	O		2PO	86	86			172		3						7
1880	O		7	85	85			170		8						
1888	O		6T	87	89			176		5						1
1889	O		2PO	39	38	39	39	155		-4	77	116				5
1890	O		4T	81	89			170		6						3
1891	O		2PO	84	84			168		2						6
1892	O		13T	84	82	80	75	321		16	166	246			22T	4
1893	O		4T	85	82	82	77	326		4	167	249	20T	9T	9	9
1894	O		3	86	79	83	84	332		6	165	248	8T	2T	2	10
1895	O		3	81	83	84	84	332		10	164	248	2T		3T	10
1896	O		14T	84	85	79	82	330		14	169	248				
1897	O		10T	83	83	82	82	330		16	166	248				3
1898	O		21T	82	84	85	77	328		21	166	251	18T	31T	34T	
1899	O		3	81	79	82	77	319		9	160	242	14T	7T	9T	15
1900	O		10T	87	83	82	79	331		22	170	252	34T	18T	12T	
1901	O		18T	82	87	86	81	336		27	169	255		18T	23T	
1902	O		10T	77	78	83	82	320		13	155	238			11T	
1903	O		11T	82	79	78	78	317		17	161	239			14T	
1904	O		7T	78	79	74	79	310		14	157	231			7T	
1905	O		24T	83	83	83	89	338		20	166	249			15	
1906	O		WD													
1907	O		WD	84	87			171			171		22T	34T		
1909	O		WD	83	80	85		248			163	248	57T	51T	59T	
1910	O		UNK	82												
1911	O		WD	77	85			162			162		22T	58T		
Kirkaldy, David																
1910	O		UNK	82												
Kirkaldy, Hugh																
1885	O		37	101	93			194		23						
1887	O		19	89	92			181		20						

Year	Event	A	Pos	R1	R2	R3	R4	Tot	P/M	SBW	R2T	R3T	R1P	R2P	R3P	W
1888	O		11T	98	84			182		11						
1889	O		10T	44	39	43	40	166		11	83	126				
1890	O		7T	82	91			173		9						1
1891	O		1	83	83			166		-2						10
1892	O		2T	77	83	73	75	308		3	160	233			4	25
1893	O		4T	83	79	82	82	326		4	162	244	13T	2T	6	9
1894	O		13T	90	85	80	89	344		18	175	255	20T	13T	9	1
1895	O		15T	87	87	83	84	341		19	174	257	22T		19	

Kirkaldy, John "Jack"

Year	Event	A	Pos	R1	R2	R3	R4	Tot	P/M	SBW	R2T	R3T	R1P	R2P	R3P	W
1879	O		12T	92	89			181		12						
1882	O		3T	86	89			175		4	175					6
1884	O		9T					172		12						
1885	O		11T	94	84			178		7						
1887	O		12T	89	87			176		15						
1888	O		18T	92	93			185		14						
1891	O		15T	90	89			179		13						
1892	O		WD													
1898	O		32T	82	82	85	85	334		27	164	249	18T	23T	28T	
1900	O		19T	86	85	87	82	340		31	171	258	29T	25T	27T	
1905	O		CUT	89	88			177			177					
1906	O		CUT	85	81			166			166					

Kirkby, Alan W.

Year	Event	A	Pos	R1	R2	R3	R4	Tot	P/M	SBW	R2T	R3T	R1P	R2P	R3P	W
1954	O		CUT	78	78			156	10		156		68T	79T		

Kirkby, Oswald

Year	Event	A	Pos	R1	R2	R3	R4	Tot	P/M	SBW	R2T	R3T	R1P	R2P	R3P	W
1909	US	A	58T	85	78	82	83	328		38	163	245	70	58T	55T	
1915	US	A	CUT	86	82			168	24		168		61T	57T		

Kirkpatrick, David

Year	Event	A	Pos	R1	R2	R3	R4	Tot	P/M	SBW	R2T	R3T	R1P	R2P	R3P	W
1998	US		CUT	78	72			150	10		150		124T	89T		1,000

Kirkwood, Joseph Henry, Jr.

Year	Event	A	Pos	R1	R2	R3	R4	Tot	P/M	SBW	R2T	R3T	R1P	R2P	R3P	W
1948	US		21T	72	70	72	77	291	7	15	142	214	23T	10T	10T	100
1949	M		7	73	72	70	75	290	2	8	145	215	8T	4T	2T	330
1950	M		14T	75	74	77	71	297	9	14	149	226	20T	16T	28T	261
	US		5T	71	74	74	70	289	9	2	145	219	7T	20T	14T	500
1951	M		20T	73	71	78	75	297	9	17	144	222	12T	9T	20T	308
	US		21T	74	78	73	74	299	19	12	152	225	14T	47T	24T	100
1952	M		19T	71	77	74	76	298	10	12	148	222	6T	27T	16T	420
1953	M		WD													200
1956	PGA		64T													
1957	PGA		32T													
1959	PGA		CUT	75	75	73		223	13		150	223	77T	84T	69T	
1960	PGA		CUT	73	79			152	12		152		34T	96T		

Kirkwood, Joseph Henry, Sr.

Year	Event	A	Pos	R1	R2	R3	R4	Tot	P/M	SBW	R2T	R3T	R1P	R2P	R3P	W
1921	O		6T	76	74	73	79	302		6	150	223	17T	8T	3T	6
	US		33T	75	81	80	82	318	38	29	156	236	8T	23T	24T	
1922	O		20T	79	76	80	78	313		13	155	235	29T	10T	19T	
	US		13T	77	74	75	74	300	20	12	151	226	33T	18T	13T	25
1923	O		4	72	79	69	78	298		3	151	220				15
	PGA		8T													
	US		12T	77	77	79	75	308	20	12	154	233	20T	14T	20T	58
1924	US		22T	77	80	80	78	315	27	18	157	237	16T	29T	26T	
1925	O		14T	83	79	76	76	314	26	14	162	238	56T	39T	23T	
	US		45T	81	73	82	79	315	31	24	154	236	63T	32T	48T	
1926	O		24T	81	76	78	75	310	26	19	157	235	66T	36T	39T	
1927	O		4T	72	72	75	74	293	1	8	144	219	3T	3	3T	20
	US		CUT	81	84			165	21		165		50T	72T		
1928	US		41T	80	78	77	76	311	27	17	158	235	75T	59T	51T	
1929	PGA		32T													
	US		19T	75	82	76	76	309	21	15	157	233	15T	39T	27T	50
1930	PGA		3T													
	US		CUT	78	80			158	12		158		60T	76T		
1931	O		26T	75	75	77	81	308	20	12	150	227	11T	5T	13	
	PGA		32T													85
1932	PGA		32T													85
	US		23T	76	77	75	76	304	24	18	153	228	8T	18T	16T	
1933	O		14T	72	73	71	81	297	5	5	145	216	8T	8T	1T	10
	US		9T	74	70	79	73	296	8	9	144	223	8T	3	7T	156
1934	O		4T	74	69	71	78	292	4	9	143	214	24T	3T	2	25
	US		12T	75	73	78	74	300	20	7	148	226	13T	8T	10T	78
1935	O		WD													
	US		WD													

Year	Event	A	Pos	R1	R2	R3	R4	Tot	P/M	SBW	R2T	R3T	R1P	R2P	R3P	W
1936	M		29T	81	76	73	75	305	17	20	157	230	39T	38T	33T	
1937	O		CUT	80	77			157	13		157		78T	62T		
1938	US		WD	81				81	10				91T			
1942	PGA		16T													
1946	O		8T	71	75	78	74	298	6	8	146	224	4T	6T	8T	15
	US		57T	78	73	75	81	307	19	23	151	226	93T	53T	44T	
1947	US		23T	72	73	70	78	293	9	11	145	215	22T	13T	6T	100
1948	M		WD	78	77	82		237	21		155	237	50T	49T	53T	
	US		28T	73	75	73	72	293	9	17	148	221	35T	47T	33T	75
1949	US		WD	77	73			150	8		150	0	74T	44T		

Kitchen, George

Year	Event	A	Pos	R1	R2	R3	R4	Tot	P/M	SBW	R2T	R3T	R1P	R2P	R3P	W
1899	O		WD	104				104					76			
1910	O		UNK	86												
1911	O		CUT	78	87			165			165		35T	100T		

Kite, Chris

Year	Event	A	Pos	R1	R2	R3	R4	Tot	P/M	SBW	R2T	R3T	R1P	R2P	R3P	W
1987	M	A	CUT	80	76			156	12		156		76T	72T		

Kite, Thomas Oliver, Jr.

Year	Event	A	Pos	R1	R2	R3	R4	Tot	P/M	SBW	R2T	R3T	R1P	R2P	R3P	W
1970	US	A	CUT	82	76			158	14		158		114T	103T		
1971	M	A	42T	76	74	70	80	300	12	21	150	220	47T	44T	28T	
1972	M	A	27T	74	74	76	73	297	9	11	148	224	25T	24T	34T	
	US	A	19T	75	73	79	75	302	14	12	148	227	31T	21T	35T	
1974	PGA		39T	71	74	73	73	291	11	15	145	218	20T	34T	32T	817
	US		8T	74	70	77	72	293	13	6	144	221	17T	5T	10T	5,500
1975	M		10T	72	74	71	69	286	-2	10	146	217	17T	27T	16T	3,600
	PGA		33T	77	71	72	71	291	11	15	148	220	90T	66T	48T	1,215
	US		CUT	75	80			155	13		155		52T	113T		500
1976	M		5T	73	67	72	73	285	-3	14	140	212	29T	5T	5T	11,167
	O		5T	70	74	73	71	288	0	9	144	217	4T	8T	7T	2,820
	PGA		13T	66	72	73	75	286	6	5	138	211	2T	2	5T	4,350
	US		CUT	75	79			154	14		154		53T	87T		500
1977	M		3T	70	73	70	67	280	-8	4	143	213	4T	12T	6T	17,500
	PGA		13T	73	73	70	72	288	0	6	146	216	29T	28T	18T	4,350
	US		27T	71	73	70	76	290	10	12	144	214	18T	26T	19T	1,413
1978	M		18T	71	74	71	71	287	-1	10	145	216	5T	27T	24T	2,550
	O		2T	72	69	72	70	283	-5	2	141	213	26T	6T	7T	7,313
	PGA		CUT	74	75			149	7		149		44T	73T		303
	US		20T	73	73	70	77	293	9	8	146	216	18T	19T	8T	2,288
1979	M		5	71	72	68	72	283	-5	3	143	211	16T	22T	6T	13,000
	O		30T	73	74	77	74	298	14	15	147	224	16T	27T	42T	712
	PGA		35T	72	72	69	74	287	7	15	144	213	39T	36T	22T	1,600
	US		CUT	75	79			154	12		154		47T	79T		600
1980	M		6T	69	71	74	69	283	-5	8	140	214	6T	4T	15T	9,958
	O		27T	72	72	74	70	288	4	17	144	218	18T	30T	50T	1,125
	PGA		20T	73	70	76	72	291	11	17	143	219	45T	13T	29T	3,450
	US		CUT	73	78			151	11		151		50T	92T		600
1981	M		5T	74	72	70	68	284	-4	4	146	216	36T	27T	18T	12,667
	PGA		4T	71	67	69	72	279	-1	6	138	207	26T	6T	3T	13,146
	US		20T	73	74	67	70	284	4	11	147	214	58T	59T	30T	2,550
1982	M		5T	76	69	73	69	287	-1	3	145	218	32T	3	11T	13,500
	O		CUT	73	76	79		228	12		149	228	18T	46T	66T	440
	PGA		9T	73	70	70	67	280	0	8	143	213	64T	37T	25T	7,919
	US		29	73	71	75	74	293	5	11	144	219	17T	8T	21T	3,006
1983	M		2T	70	72	73	69	284	-4	4	142	215	11T	11T	9T	44,000
	O		29T	71	72	72	70	285	1	10	143	215	31T	35T	42T	1,465
	PGA		67T	72	75	73	74	294	10	20	147	220	39T	69T	63T	1,506
	US		20T	75	76	70	73	294	10	14	151	221	40T	58T	19T	5,555
1984	M		6T	70	68	69	75	282	-6	5	138	207	7T	2	1	19,425
	O		22T	69	71	74	72	286	-2	10	140	214	5T	10T	16T	3,850
	PGA		34T	74	72	74	69	289	1	16	146	220	54T	43T	50T	3,317
	US		CUT	75	77			152	12		152		89T	98T		600
1985	M		CUT	75	79			154	10		154		46T	65T		1,500
	O		8T	73	73	67	72	285	5	3	146	213	59T	36T	7T	15,566
	PGA		12T	69	75	71	70	285	-3	7	144	215	10T	29T	18T	9,017
	US		13	69	70	71	74	284	4	5	139	210	3T	7T	5T	10,738
1986	M		2T	70	74	68	68	280	-8	1	144	212	5T	13T	6T	70,400
	O		CUT	78	74			152	12		152		71T	78T		400
	PGA		26T	72	73	71	71	287	3	11	145	216	46T	50T	38T	4,900
	US		35T	74	74	73	70	291	11	12	148	221	12T	30T	45T	5,170
1987	M		24T	73	74	74	73	294	6	9	147	221	14T	24T	27T	7,900
	O		72T	73	72	81	76	302	18	23	145	226	64T	52T	70T	1,600
	PGA		10T	72	77	71	72	292	4	5	149	220	16T	42T	22T	17,000
	US		46T	76	69	70	76	291	11	14	145	215	103T	56T	35T	4,240

Year	Event	A	Pos	R1	R2	R3	R4	Tot	P/M	SBW	R2T	R3T	R1P	R2P	R3P	W
1988	M		44	73	76	77	76	302	14	21	149	226	10T	29T	43T	3,700
	O		20T	75	71	73	68	287	3	14	146	219	63T	34T	36T	7,000
	PGA		4T	72	69	71	67	279	-5	7	141	212	44T	28T	19T	45,800
	US		36T	72	69	73	75	289	5	11	141	214	21T	11T	12T	7,003
1989	M		18T	72	72	72	75	291	3	8	144	216	11T	8	4T	14,000
	O		19T	70	74	67	72	283	-5	8	144	211	17T	44T	13T	8,575
	PGA		34T	67	73	72	74	286	-2	10	140	212	3T	14T	18T	5,750
	US		9T	67	69	69	78	283	3	5	136	205	4T	2	1	19,969
1990	M		14T	75	73	66	74	288	0	10	148	214	50T	42T	10T	20,650
	O		CUT	71	73			144	0		144		31T	73T		550
	PGA		40T	79	71	74	74	298	10	16	150	224	119T	65T	53T	4,750
	US		56T	75	70	74	74	293	5	13	145	219	100T	54T	59T	4,694
1991	M		56	71	75	78	71	295	7	18	146	224	22T	54T	57	3,100
	O		44T	77	71	68	69	285	5	13	148	216	134T	98T	66T	4,235
	PGA		52T	73	72	75	72	292	4	16	145	220	58T	43T	60T	2,725
	US		37T	71	75	74	75	295	7	13	146	220	16T	45T	30T	8,560
1992	O		19T	70	69	71	72	282	-2	10	139	210	36T	18T	18T	11,067
	PGA		21T	73	73	69	73	288	4	10	146	215	52T	48T	20T	14,000
	US		1	71	72	70	72	285	-3	-2	143	213	17T	12T	2T	275,000
1993	M		CUT	73	78			151	7		151		45T	73T		1,500
	O		14T	72	70	68	68	278	-2	11	142	210	84T	47T	24T	15,214
	PGA		56T	73	69	71	73	286	2	14	142	213	86T	48T	51T	3,110
	US		CUT	75	70			145	5		145		125T	89T		1,000
1994	M		4	69	72	71	71	283	-5	4	141	212	2T	5T	4	96,000
	O		8T	71	69	66	69	275	-5	7	140	206	39T	29T	9T	30,000
	PGA		9T	72	68	69	70	279	-1	10	140	209	39T	14T	13T	41,000
	US		33T	73	71	72	77	293	9	14	144	216	34T	30T	25T	9,578
1995	M		CUT	74	73			147	3		147		53T	55T		1,500
	O		58T	72	76	71	75	294	6	12	148	219	60T	95T	63T	5,475
	PGA		54T	70	69	70	74	283	-1	16	139	209	44T	29T	34T	4,050
	US		67T	70	72	82	71	295	15	15	142	224	11T	21T	72	3,349
1996	M		CUT	75	77			152	8		152		57T	69T		1,500
	O		27T	77	66	69	70	282	-2	11	143	212	143T	58T	34T	9,525
	PGA		CUT	76	73			149	5		149		122T	110		1,300
	US		82T	76	71	72	75	294	14	16	147	219	115T	87T	71T	5,415
1997	M		2	77	69	66	70	282	-6	12	146	212	47T	22T	4T	291,600
	O		10T	72	67	74	69	282	-2	10	139	213	17T	6T	18T	24,300
	PGA		5	68	71	71	70	280	0	11	139	210	4T	9T	3T	105,000
	US		68T	75	69	82	72	298	18	22	144	226	93T	36T	80T	5,742
1998	M		38	73	74	74	74	295	7	16	147	221	18T	21T	35T	15,680
	O		38T	72	69	79	74	294	14	14	141	220	62T	12T	30T	8,350
	PGA		CUT	73	77			150	10		150		81T	111T		1,500
	US		43T	70	75	76	74	295	15	15	145	221	10T	26T	44T	12,537
1999	PGA		CUT	77	77			154	10		154		123T	133T		1,750
	US		60T	74	72	80	76	302	22	23	146	226	95T	46T	61T	8,460
2000	O		70T	72	72	76	74	294	6	25	144	220	50T	60T	71	7,000
	PGA		19T	70	72	69	70	281	-7	11	142	211	10T	15T	15T	56,200
	US		32T	72	77	77	71	297	13	25	149	226	29T	53T	48T	28,247
2001	PGA		CUT	72	71			143	3		143	0	87T	85T		2,000
	US		5T	73	72	72	64	281	1	5	145	217	46T	43T	44T	172,912
2002	M		CUT	77	73			150	6		150		72T	61T		5,000
	US		CUT	80	73			153	13		153	0	142T	94T		1,000
2003	US		CUT	72	76			148	8		148	0	57T	113T		1,000
2004	US		57T	72	71	75	84	302	22	26	143	218	40T	34T	48T	17,304

Kitta, Tadashi

Year	Event	A	Pos	R1	R2	R3	R4	Tot	P/M	SBW	R2T	R3T	R1P	R2P	R3P	W
1970	O		CUT	75	73	80		228	12		148	228	86T	65T	76T	30
1971	O		CUT	79	72	74		225	6		151	225	120T	74T	65T	60

Kivlin, Bob, Jr.

Year	Event	A	Pos	R1	R2	R3	R4	Tot	P/M	SBW	R2T	R3T	R1P	R2P	R3P	W
1954	US		CUT	81	75			156	16		156		105T	75T		
1957	PGA		128T													50

Kiyota, Taichiro

Year	Event	A	Pos	R1	R2	R3	R4	Tot	P/M	SBW	R2T	R3T	R1P	R2P	R3P	W
2002	US	A	CUT	73	79			152	12		152	0	41T	86T		

Kjeldsen, Soren Panum

Year	Event	A	Pos	R1	R2	R3	R4	Tot	P/M	SBW	R2T	R3T	R1P	R2P	R3P	W
2001	O		CUT	73	72			145	3		145		70T	71T		1,300
2003	O		CUT	74	78			152	10		152		35T	84T		3,000
2005	US		52T	74	71	77	73	295	15	15	145	222	54T	33T	63T	17,667
2006	O		41T	71	71	71	74	287	-1	17	142	213	50T	48T	39T	14,857
2007	US		CUT	76	75			151	11		151		90T	64T		2,000
2008	O		CUT	81	70			151	11		151		143T	102T		2,650
	PGA		CUT	75	74			149	9		149		75T	74T		2,500

Year	*Event*	*A*	*Pos*	*R1*	*R2*	*R3*	*R4*	*Tot*	*P/M*	*SBW*	*R2T*	*R3T*	*R1P*	*R2P*	*R3P*	*W*
Klapprott, Bradley																
2001	US		CUT	75	77			152	12		152	0	88T	122T		1,000
Klebusch, Anthony																
1940	US		CUT	86	81			167	23		167		157T	143T		
Klein, Charles B. "Chuck"																
1951	PGA		64T													100
	US		35T	73	74	81	75	303	23	16	147	228	4T	4T	36T	100
1953	PGA		64T													100
	US		CUT	79	77			156	12		156		92T	85T		
1958	PGA		49T	78	75	74	74	301	21	25	153	227	92T	74T	52T	100
1959	PGA		CUT	69	73	81		223	13		142	223	1T	12T	69T	
Klein, Donald																
1960	PGA		CUT	76	78			154	14		154		83T	112T		
1963	PGA		CUT	82	83			165	23		165		148T	155		
1967	PGA		CUT	78	81			159	15		159		109T	123T		
Klein, Jeffrey																
1983	US		CUT	77	80			157	15		157		82T	104T		600
Klein, Mike																
1981	US		CUT	74	80			154	14		154		71T	117T		600
Klein, Robert, Jr.																
1988	PGA		CUT	81	77			158	16		158		148T	143T		1,000
1989	PGA		CUT	78	82			160	16		160		130T	142T		1,000
Kleist, Jake																
1956	US	A	CUT	84	83			167	27		167		153T	149T		
Klenk, Don																
1972	US		CUT	82	82			164	20		164		120T	127T		500
1976	O		CUT	76	71	80		227	11		147	227	52T	30T	67T	150
1983	US		CUT	88	83			171	29		171		156	152		600
Kletcke, Eddie																
1948	US	A	CUT	81	80			161	19		161		145T	144		
Klier, Kevin C.																
1980	US		CUT	80	84			164	24		164		140T	153		600
1987	US		CUT	76	72			148	8		148		103T	78T		600
Klinchock, Joseph																
2002	PGA		CUT	79	77			156	12		156	0	132T	133T		2,000
Kline, Charles V. "Vic"																
1961	US	A	CUT	79	86			165	25		165		122T	149		
1970	US		CUT	86	82			168	24		168		142T	147		500
Kline, John W.																
1964	US	A	CUT	78	78			156	16		156		95T	110T		
Kline, William L. "Willie"																
1923	PGA		32T													
	US		40T	79	78	82	84	323	35	27	157	239	34T	28T	38T	
1925	US		43T	72	81	79	82	314	30	23	153	232	4T	28T	33T	
1926	US		9T	76	74	75	76	301	13	8	150	225	28T	8T	9	68
1927	PGA		16T													
	US		34T	79	78	84	76	317	29	16	157	241	26T	24T	41T	
1928	PGA		32T													
	US		46T	79	77	77	79	312	28	18	156	233	63T	46T	41T	
1929	US		32T	81	78	77	78	314	26	20	159	236	93T	59T	38T	
1930	US		43T	75	77	77	80	309	17	22	152	229	26T	27T	29T	
1931	US		23T	75	80	70	79	304	20	12	155	225	20T	44T	11T	
1932	US		35T	79	72	79	78	308	28	22	151	230	30T	9T	25T	
1933	PGA		32T													85
	US		33T	77	78	72	78	305	17	18	155	227	42T	52T	22T	
1935	M		WD	72	75	76		223	7		147	223	11T	25T	28T	
	PGA		64T													85
1936	PGA		32T													
	US		36T	75	73	75	75	298	10	16	148	223	60T	33T	34T	
1937	US		CUT	79	76			155	11		155		98T	87T		
1938	PGA		64T													100
1941	US		39	73	80	78	76	307	27	23	153	231	16T	36T	42T	
Kluth, Howard																
1956	PGA		128T													50

Year	*Event*	*A*	*Pos*	*R1*	*R2*	*R3*	*R4*	*Tot*	*P/M*	*SBW*	*R2T*	*R3T*	*R1P*	*R2P*	*R3P*	*W*
Knapp, E. S.																
1903	US	A	WD	89	96			185			185		61T	80T		
Knauss, Carlo																
1981	O		CUT	79	76			155	15		155		105T	112T		225
1982	O		CUT	79	82			161	17		161		109T	139T		225
Kneece, Harold L. "Catfish"																
1960	US		31T	76	71	71	74	292	8	12	147	218	82T	48T	32T	360
1961	US		CUT	77	74			151	11		151		87T	73T		
1966	PGA		CUT	82	76			158	18		158		149T	128T		
Knepper, Rudolph E.																
1920	US	A	47	76	77	83	80	316	28	21	153	236	15T	16T	44T	
1928	US	A	31T	81	74	77	76	308	24	14	155	232	90T	39T	33T	
1934	US	A	62	82	73	85	82	322	42	29	155	240	114T	54T	64	
1935	US	A	CUT	82	85			167	23		167		90T	108T		
1936	US	A	CUT	76	82			158	14		158		81T	130T		
Knesper, Joe																
1937	US		CUT	80	84			164	20		164		113T	151T		
Knicely, Darrel																
1974	PGA		CUT	77	82			159	19		159		96T	123T		
Knight, Dick																
1956	US		CUT	77	77			154	14		154		78T	86T		
1959	US		10	69	75	73	73	290	10	8	144	217	1T	12T	13T	900
1960	M		CUT	75	76			151	7		151		45T	46T		350
	PGA		46T	74	75	73	76	298	18	17	149	222	49T	52T	39T	200
	US		CUT	77	72			149	7		149		98T	66T		
Knight, Dwaine																
1973	PGA		CUT	79	73			152	10		152		117T	98T		
Knight, George																
1931	O	A	CUT	88	88			176	32		176		107	106		
1935	O		CUT	81	78			159	15		159		99T	93T		
1937	O		37T	76	75	78	83	312	24	22	151	229	26T	19T	26T	
1939	O		CUT	79	75			154	8		154		96T	65T		
1946	O		21T	77	75	82	76	310	18	20	152	234	23T	18T	27T	
1949	O		CUT	75	77			152	8		152		58T	62T		
1952	O		43	74	75	80	82	311	11	24	149	229	28T	31T	37T	
1953	O		42T	75	78	81	78	312	24	30	153	234	15T	33T	47T	25
Knight, James, Jr.																
1862	O	A	5	62	61	63		186		23	123					
1863	O	A	8	66	65	59		190		22	131		11T	10		
1864	O	A	WD													
1866	O	A	UNK													
1867	O	A	WD													
Knight, John																
1955	US		CUT	76	81			157	17		157		22T	69T		
1956	US		CUT	74	78			152	12		152		27T	69T		
Knight, Marcus																
1992	O		CUT	79	71			150	8		150		154T	137T		600
Knight, Reginald Albert																
1947	O		CUT	79	81			160	24		160		47T	65T		
1949	O		CUT	74	78			152	8		152		43T	62T		
1951	O		CUT	78	80			158	14		158		51T	64T		
1953	O		24T	74	79	74	74	301	13	19	153	227	9T	33T	30T	25
1955	O		CUT	72	79			151	7		151		21T	61T		
1957	O		30T	71	73	75	76	295	7	16	144	219	11T	14T	25T	
1958	O		CUT	74	74			148	6		148		39T	41T		
1959	O		23T	71	71	74	78	294	6	10	142	216	7T	3T	10T	
1961	O		14T	71	80	73	74	298	10	14	151	224	13T	30T	18T	
1966	O		55T	77	73	77	80	307	23	25	150	227	77T	55T	52T	37
Knipe, John																
1938	O		CUT	75	79			154	14		154		39T	76T		
1948	O		CUT	73	76			149	13		149		14T	37T		
1949	O		14T	76	71	72	72	291	3	8	147	219	68T	25T	16T	
1951	O		CUT	78	81			159	15		159		51T	68T		
Knoll, Arden																
1993	US		62T	71	70	73	73	287	7	15	141	214	45T	28T	46T	5,941
1994	US		CUT	77	76			153	11		153		104T	123T		1,000

Year	Event	A	Pos	R1	R2	R3	R4	Tot	P/M	SBW	R2T	R3T	R1P	R2P	R3P	W
Knoll, Jim																
1975	US	A	CUT	81	82			163	21		163		133T	148		
1977	US		CUT	75	73			148	8		148		77T	61T		500
Knowles, Charles B., Jr.																
1962	US		CUT	75	77			152	10		152		47T	64T		
1963	US		CUT	82	77			159	17		159		127T	111T		150
Knowles, Robert W., Jr.																
1951	M	A	50T	78	79	75	81	313	25	33	157	232	49T	54T	52T	
1952	M	A	42T	78	77	79	74	308	20	22	155	234	58T	59T	56T	
1953	US	A	CUT	80	79			159	15		159		112T	114T		
Knox, Edward Kenneth "Kenny"																
1982	US		62T	76	75	77	77	305	17	23	151	228	56T	54T	61T	1,300
1985	US		CUT	74	74			148	8		148		64T	79T		600
1986	M		CUT	75	76			151	7		151		37T	51T		1,500
	PGA		CUT	74	76			150	8		150		89T	109T		1,000
	US		45T	72	76	74	71	293	13	14	148	222	3T	30T	53T	3,963
1987	M		45T	75	75	75	75	300	12	15	150	225	35T	40T	45T	2,800
	PGA		CUT	80	78			158	14		158		118T	108T		1,000
	US		17T	72	71	69	74	286	6	9	143	212	34T	31T	11T	9,747
1988	M		CUT	75	77			152	8		152		29T	47T		1,500
	PGA		9T	72	69	68	73	282	-2	10	141	209	44T	28T	5T	21,500
1989	PGA		CUT	79	69			148	4		148		133T	88T		1,000
1990	O		CUT	74	72			146	2		146		105T	102T		550
1991	M		CUT	72	79			151	7		151		31T	72T		1,500
	PGA		4	67	71	70	74	282	-6	6	138	208	1T	3	2T	75,000
1992	M		CUT	73	73			146	2		146		48T	64T		1,500
	PGA		CUT	76	80			156	14		156		111T	134T		1,200
Knudson, George A.																
1962	PGA		51T	72	75	74	75	296	16	18	147	221	18T	47T	49T	280
1964	PGA		28T	76	69	72	71	288	8	17	145	217	98T	35T	31T	800
1965	M		10	72	73	69	74	288	0	17	145	214	34T	16T	8T	1,800
	PGA		20T	75	69	73	75	292	8	12	144	217	59T	14T	13T	1,450
	US		17T	80	69	73	72	294	14	12	149	222	105T	30T	22T	1,088
1966	M		6T	73	76	72	71	292	4	4	149	221	10T	28T	13T	3,900
	PGA		43T	72	74	77	74	297	17	17	146	223	12T	14T	46T	543
	US		44T	75	76	72	77	300	20	22	151	223	58T	55T	35T	698
1967	M		31T	72	74	75	75	296	8	16	146	221	6T	16T	28T	1,300
1968	M		28T	75	71	72	71	289	1	12	146	218	38T	28T	28T	1,400
1969	M		2T	70	73	69	70	282	-6	1	143	212	12T	14T	6T	12,333
	PGA		25T	70	75	67	75	287	3	11	145	212	10T	35T	11T	1,300
	US		36T	70	70	76	75	291	11	10	140	216	8T	5T	23T	1,070
1970	M		45T	73	72	78	76	299	11	20	145	223	15T	12T	43	1,500
	PGA		55T	77	73	74	74	298	18	19	150	224	95T	63T	57T	400
	US		61T	82	71	76	77	306	18	25	153	229	114T	52T	56T	805
1971	PGA		CUT	74	77			151	7		151		48T	91T		
1972	PGA		CUT	79	74			153	13		153		112T	94T		
1973	M		CUT	79	77			156	12		156		65T	69T		1,000
	PGA		56T	71	77	76	71	295	11	18	148	224	12T	64T	68T	360
1974	US		51T	78	75	75	78	306	26	19	153	228	78T	58T	46T	880
Knutzon, Jason																
2003	US		CUT	75	81			156	16		156	0	108T	151		1,000
Kober, David																
1916	US		WD	80	81			161	17		161		51T	58T		
Koch, Gary Donald																
1973	US	A	57	74	74	79	75	302	18	23	148	227	31T	36T	55T	
1974	M	A	CUT	76	74			150	6		150		56T	50T		
	US	A	CUT	76	81			157	17		157		41T	92T		
1975	M	A	CUT	77	74			151	7		151		64T	59T		
	O	A	CUT	75	75			150	6		150		73T	87T		
1976	PGA		CUT	74	79			153	13		153		57T	99T		250
1977	M		42T	78	71	72	73	294	6	18	149	221	67T	44T	42T	1,875
	PGA		CUT	77	81			158	14		158		79T	111T		250
	US		CUT	74	82			156	16		156		60T	125T		500
1978	PGA		64T	74	72	77	77	300	16	24	146	223	44T	38T	68T	500
	US		CUT	79	82			161	19		161		105T	130T		600
1979	PGA		10T	71	71	71	67	280	0	8	142	213	27T	19T	22T	6,750
1980	PGA		46T	71	71	78	75	295	15	21	142	220	20T	6T	34T	893
	US		CUT	75	76			151	11		151		86T	92T		600
1981	US		CUT	76	74			150	10		150		102T	89T		600

Year	Event	A	Pos	R1	R2	R3	R4	Tot	P/M	SBW	R2T	R3T	R1P	R2P	R3P	W
1982	US		6T	78	73	69	67	287	-1	5	151	220	78T	54T	28T	8,011
1983	M		CUT	76	77			153	9		153		66T	70T		1,520
	O		14T	75	71	66	70	282	-2	7	146	212	101T	71T	18T	5,040
	PGA		CUT	72	78			150	8		150		39T	108T		1,000
	US		24T	78	71	72	74	295	11	15	149	221	96T	36T	19T	5,017
1984	M		35T	70	75	70	76	291	3	14	145	215	7T	32T	21T	3,100
	O		60T	75	73	70	77	295	7	19	148	218	95T	79T	46T	1,100
	PGA		54T	74	73	70	76	293	5	20	147	217	54T	51T	34T	1,778
	US		34T	74	71	75	72	292	12	16	145	220	72T	32T	42T	4,574
1985	M		16T	72	70	73	74	289	1	7	142	215	14T	5	5T	11,550
	O		11T	75	72	70	69	286	6	4	147	217	97T	51T	22T	11,400
	PGA		CUT	83	75			158	14		158		147T	138T		1,000
	US		CUT	76	79			155	15		155		96T	133T		600
1986	M		16T	69	74	71	72	286	-2	7	143	214	3T	9T	9T	12,000
	O		6T	73	72	72	71	288	8	8	145	217	12T	10T	5T	22,000
	PGA		66	68	77	74	75	294	10	18	145	219	4T	50T	62T	1,590
	US		15T	73	73	71	71	288	8	9	146	217	9T	18T	22T	8,885
1987	M		22T	76	75	72	70	293	5	8	151	223	49T	46T	37T	9,750
	US		CUT	77	75			152	12		152		121T	118T		600
1988	M		25T	72	73	74	75	294	6	13	145	219	7T	12T	18T	7,975
	O		4T	71	72	70	68	281	-3	8	143	213	8T	9T	9T	33,500
	PGA		31T	72	65	78	71	286	2	14	137	215	44T	5T	38T	4,843
	US		CUT	77	71			148	6		148		105T	73T		1,000
1989	M		CUT	76	80			156	12		156		51T	71T		1,500
	O		30T	72	71	74	69	286	-2	11	143	217	42T	36T	55T	4,711
	PGA		61T	71	72	77	72	292	4	16	143	220	38T	41T	64T	2,330
	US		CUT	74	81			155	15		155		87T	143		1,000
1992	US		CUT	75	75			150	6		150		82T	90T		1,000
1995	US		CUT	74	76			150	10		150		83T	107T		1,000
2001	US		CUT	75	72			147	7		147	0	88T	80T		1,000

Kochan, Tom

Year	Event	A	Pos	R1	R2	R3	R4	Tot	P/M	SBW	R2T	R3T	R1P	R2P	R3P	W
1962	US		CUT	78	73			151	9		151		104T	52T		
1969	US		CUT	72	82			154	14		154		27T	100T		500

Kocsis, Charles R. "Chuck"

Year	Event	A	Pos	R1	R2	R3	R4	Tot	P/M	SBW	R2T	R3T	R1P	R2P	R3P	W
1934	US	A	CUT	78	81			159	19		159		50T	86T		
1936	US	A	14T	72	71	73	77	293	5	11	143	216	15T	8T	11	
1937	M	A	35	76	72	77	82	307	19	24	148	225	28T	14T	27	
	US	A	10T	72	73	76	71	292	4	11	145	221	12T	11T	21T	
1938	M	A	22T	76	73	77	73	299	11	14	149	226	30T	22T	22T	
1940	M	A	44T	76	79	74	77	306	18	26	155	229	39T	49T	45T	
1941	US	A	CUT	77	87			164	24		164		66T	121T		
1949	US	A	CUT	77	74			151	9		151		74T	52T		
1950	M	A	35T	77	71	79	78	305	17	22	148	227	33T	14T	30T	
1951	US	A	16T	75	74	76	72	297	17	10	149	225	27T	16T	24T	
1952	M	A	14T	75	78	71	73	297	9	11	153	224	41T	50T	20T	
	US	A	CUT	78	78			156	16		156		85T	78T		
1953	M	A	45T	75	75	75	77	302	14	28	150	225	35T	39T	41T	
1957	M	A	CUT	77	77			154	10		154		46T	61T		
	US	A	32T	76	74	74	73	297	17	15	150	224	61T	40T	40T	
1958	M	A	CUT	76	75			151	7		151		60T	47T		
1959	M	A	22T	73	75	70	75	293	5	9	148	218	10T	28T	14T	
1960	M	A	34T	76	72	78	74	300	12	18	148	226	50T	31T	39T	
	US	A	CUT	74	76			150	8		150		47T	73T		
1961	M	A	CUT	77	73			150	6		150		61T	42T		

Kocsis, Emerick

Year	Event	A	Pos	R1	R2	R3	R4	Tot	P/M	SBW	R2T	R3T	R1P	R2P	R3P	W
1929	US		30T	79	76	77	81	313	25	19	155	232	60T	24T	24T	
1930	US		39T	77	75	80	76	308	16	21	152	232	52T	27T	42T	
1932	US		CUT	83	82			165	25		165		90T	99T		
1937	US		CUT	77	76			153	9		153		70T	66T		
1938	US		CUT	78	83			161	19		161		47T	100T		
1939	PGA		8T													
1941	US		WD	78	77	81		236	26		155	236	82T	51T	56T	
1950	US		WD													

Kocsis, Sam David

Year	Event	A	Pos	R1	R2	R3	R4	Tot	P/M	SBW	R2T	R3T	R1P	R2P	R3P	W
1964	US	A	WD	79				79	9				108T			

Koehler, Arnold C.

Year	Event	A	Pos	R1	R2	R3	R4	Tot	P/M	SBW	R2T	R3T	R1P	R2P	R3P	W
1962	PGA		CUT	76	76			152	12		152		82T	92T		
1965	PGA		CUT	76	76			152	10		152		78T	78T		
1966	PGA		WD													
1970	PGA		CUT	86	76			162	22		162		136	128T		

Year	Event	A	Pos	R1	R2	R3	R4	Tot	P/M	SBW	R2T	R3T	R1P	R2P	R3P	W
Koennecker, Jack L.																
1948	US	A	WD	81				81	10				145T			
1960	US		CUT	78	78			156	14		156		108T	118T		
Kokrak, Jason																
2007	US	A	CUT	76	80			156	16		156		90T	114T		
Kollmeyer, Keith																
1982	US		CUT	77	77			154	10		154		68T	85T		600
Kondo, Tomohiro																
2007	O		CUT	74	73			147	5		147		78T	71T		3,200
Kono, Takaaki																
1969	M		13T	71	75	68	74	288	0	7	146	214	16T	28T	10T	2,700
1970	M		12T	75	68	71	74	288	0	9	143	214	32T	7T	9	3,000
1971	M		CUT	77	74			151	7		151		57T	49T		1,000
1972	M		19T	76	72	73	74	295	7	9	148	221	49T	24T	22T	2,500
1973	M		51T	74	74	78	74	300	12	17	148	226	23T	33T	52T	1,600
Konsek, John P., III																
1958	US	A	CUT	80	81			161	21		161		82T	97T		
1960	US	A	CUT	75	81			156	14		156		64T	118T		
Koontz, Charles																
1927	PGA		32T													
1930	US		WD	80				80	7				86T			
Kop, Guinea																
1948	US		CUT	76	74			150	8		150		91T	64T		
Korns, William L. "Billy"																
1948	US	A	CUT	81	75			156	14		156		145T	118T		
Kortan, Brian Joseph																
2008	US		CUT	78	84			162	20		162		112T	143T		2,000
Kosikowski, Edward																
1947	US	A	CUT	90	84			174	32		174		160	146		
Koskinen, John																
2006	US		CUT	79	74			153	13		153		127T	98T		2,000
2007	US		CUT	78	80			158	18		158		115T	127T		2,000
Kosko, Joseph T.																
1946	US		WD	80				80	8				124T			
Kossman, Walter																
1927	US		CUT	84	83			167	23		167		78T	80T		
1928	US		56T	77	81	78	80	316	32	22	158	236	37T	59T	58	
1930	US		CUT	88	82			170	24		170		140T	128T		
Kostelecky, William, Jr.																
1937	US	A	CUT	80	85			165	21		165		113T	156T		
Kosten, Lee																
1941	PGA		64T													100
Kotlarczyk, Joe																
1962	PGA		CUT	78	75			153	13		153		132T	105T		
1964	PGA		CUT	77	70	78		225	15		147	225	114T	56T	82T	
Kovach, Stephen																
1941	US	A	CUT	76	81			157	17		157		45T	68T		
1942	M	A	35	76	79	78	73	306	18	26	155	233	31T	39	38	
1946	US		15T	71	72	73	75	291	3	7	143	216	5T	6	6T	125
1947	M		47T	78	73	78	75	304	16	23	151	229	53T	44T	47T	
	US		CUT	75	83			158	16		158		60T	108T		
Kowal, Matthew J.																
1936	PGA		64T													
1939	US		25T	69	76	75	75	295	19	11	145	220	2T	16T	22T	50
1940	US		36T	72	75	77	77	301	13	14	147	224	13T	22T	30T	
1949	PGA		64T													100
Kozak, Bill																
1971	PGA		CUT	80	79			159	15		159		129T	132T		
Kozak, Walter																
1930	US		28T	74	76	78	78	306	14	19	150	228	16T	18T	26T	
1931	US		39T	75	77	80	78	310	26	18	152	232	20T	23T	37T	

Year	Event	A	Pos	R1	R2	R3	R4	Tot	P/M	SBW	R2T	R3T	R1P	R2P	R3P	W
1932	US		40T	76	78	77	78	309	29	23	154	231	8T	21T	29T	
1933	US		33T	76	77	76	76	305	17	18	153	229	29T	41T	31T	
1934	US		CUT	79	78			157	17		157		64T	76T		
1935	M		56T	78	77	77	78	310	22	28	155	232	52T	56T	57T	
	US		58T	81	78	81	85	325	37	26	159	240	81T	48T	46T	
1936	PGA		64T													
1956	US		CUT	83	80			163	23		163		149T	141T		

Kraay, Lawrence

Year	Event	A	Pos	R1	R2	R3	R4	Tot	P/M	SBW	R2T	R3T	R1P	R2P	R3P	W
1950	US	A	WD	83				83	13				148T			

Kraft, Gregory Thomas

Year	Event	A	Pos	R1	R2	R3	R4	Tot	P/M	SBW	R2T	R3T	R1P	R2P	R3P	W
1994	O		47T	69	74	66	72	281	1	13	143	209	15T	61T	27T	5,450
	PGA		47T	74	69	70	75	288	8	19	143	213	80T	38T	34T	4,113
1995	PGA		CUT	73	74			147	5		147		98T	115T		1,200
1996	PGA		CUT	78	75			153	9		153		136T	135T		1,300
1997	US		68T	77	69	76	76	298	18	22	146	222	125T	57T	69T	5,742
1998	PGA		23T	71	73	65	73	282	2	11	144	209	46T	45T	10T	26,000
1999	PGA		61T	74	70	75	77	296	8	19	144	219	80T	40T	48T	6,975
	US		53T	70	73	82	75	300	20	21	143	225	24T	20T	59T	9,562
2000	PGA		69T	71	73	75	73	292	4	22	144	219	16T	32T	65T	9,425
2006	US		CUT	76	77			153	13		153		68T	98T		2,000
2008	PGA		CUT	78	79			157	17		157		124T	138T		2,500

Kraft, John F.

Year	Event	A	Pos	R1	R2	R3	R4	Tot	P/M	SBW	R2T	R3T	R1P	R2P	R3P	W
1938	US	A	CUT	80	78			158	16		158		82T	79T		

Krak, Michael

Year	Event	A	Pos	R1	R2	R3	R4	Tot	P/M	SBW	R2T	R3T	R1P	R2P	R3P	W
1954	PGA		64T													100
	US		CUT	86	81			167	27		167		148T	138T		
1955	US		CUT	82	81			163	23		163		112T	112T		
1956	PGA		32T													
	US		CUT	77	76			153	13		153		78T	80T		
1957	PGA		32T													
1958	PGA		53T	74	78	74	76	302	22	26	152	226	31T	59T	46T	100
1959	PGA		CUT	69	76	78		223	13		145	223	1T	32T	69T	
1960	PGA		CUT	74	72	81		227	17		146	227	49T	24T	70T	
1961	PGA		57T	71	76	77	76	300	20	23	147	224	14T	47T	58T	225
	US		CUT	86	73			159	19		159		150	137T		
1963	PGA		34T	73	73	72	73	291	7	12	146	218	30T	30T	30T	480
1965	PGA		73T	71	80	76	79	306	22	26	151	227	13T	70T	71T	300
1966	US		CUT	76	79			155	15		155		70T	97T		300
1969	PGA		CUT	74	76			150	8		150		54T	81T		

Kramer, Howard A.

Year	Event	A	Pos	R1	R2	R3	R4	Tot	P/M	SBW	R2T	R3T	R1P	R2P	R3P	W
1970	US		WD													

Krantz, Mikael

Year	Event	A	Pos	R1	R2	R3	R4	Tot	P/M	SBW	R2T	R3T	R1P	R2P	R3P	W
1978	O		39T	75	72	75	71	293	5	12	147	222	83T	59T	54T	405
1979	O		CUT	83	78			161	19		161		141T	136T		200
1990	O		CUT	72	73			145	1		145		51T	83T		550
1993	O		77	77	66	72	77	292	12	25	143	215	149T	64T	62T	3,500
1994	O		CUT	70	74			144	4		144		31T	82T		600

Kratzert, William August, II

Year	Event	A	Pos	R1	R2	R3	R4	Tot	P/M	SBW	R2T	R3T	R1P	R2P	R3P	W
1962	PGA		CUT	77	77			154	14		154		108T	118T		

Kratzert, William August "Billy," III

Year	Event	A	Pos	R1	R2	R3	R4	Tot	P/M	SBW	R2T	R3T	R1P	R2P	R3P	W
1974	M	A	CUT	79	73			152	8		152		71T	62T		
1975	US		CUT	76	76			152	10		152		73T	81T		500
1977	M		24T	69	71	78	70	288	0	12	140	218	2T	3T	28T	2,200
	PGA		25T	71	76	75	70	292	4	10	147	222	14T	36T	44T	1,717
	US		19T	73	69	75	70	287	7	9	142	217	35T	13T	33T	1,888
1978	M		5T	70	74	67	69	280	-8	3	144	211	3T	16T	5T	11,750
	O		CUT	76	76			152	8		152		103T	113T		175
	PGA		12T	70	77	73	67	287	3	11	147	220	7T	48T	46T	4,813
	US		6T	72	74	70	73	289	5	4	146	216	12T	19T	8T	7,548
1979	M		17T	73	68	71	76	288	0	8	141	212	34T	12T	11T	2,700
	PGA		CUT	74	76			150	10		150		75T	105T		350
	US		36T	77	73	73	76	299	15	15	150	223	69T	38T	29T	1,560
1980	M		19T	73	69	72	73	287	-1	12	142	214	30T	12T	15T	3,990
	PGA		50T	74	73	75	74	296	16	22	147	222	58T	48T	53T	796
1981	M		CUT	83	75			158	14		158		82	79		1,500
	PGA		CUT	77	73			150	10		150		117T	96T		550
	US		33T	69	69	73	76	287	7	14	138	211	8T	5T	14T	1,828
1982	PGA		CUT	74	76			150	10		150		86T	109T		650
1985	M		14T	73	77	69	69	288	0	6	150	219	27T	59T	24T	12,950

Year	Event	A	Pos	R1	R2	R3	R4	Tot	P/M	SBW	R2T	R3T	R1P	R2P	R3P	W
	PGA		40T	72	71	78	70	291	3	13	143	221	52T	22T	54T	2,500
1986	M		42T	68	72	76	79	295	7	16	140	216	1T	2	22T	3,200
Krause, Glyn R.																
1991	O		CUT	75	78			153	13		153		115T	138T		600
Kresge, Clifford Terry																
2003	O		CUT	81	73			154	12		154		133T	107T		2,500
	US		10T	69	70	72	70	281	1	9	139	211	10T	18T	24T	124,936
2004	US		62T	72	73	77	82	304	24	28	145	222	40T	57T	64T	15,888
2008	PGA		CUT	83	72			155	15		155		153	125T		2,500
Kribel, Joel Phillip																
1997	US	A	CUT	70	78			148	8		148		10T	85T		
1998	M	A	45	74	76	76	75	301	13	22	150	226	25T	40T	45	
	US	A	CUT	83	75			158	18		158		151T	141T		
2001	US		CUT	74	77			151	11		151	0	63T	112T		1,000
Krick, Phil																
1965	US		CUT	80	79			159	19		159		105T	107T		300
1968	US		CUT	79	75			154	14		154		125T	110T		500
Krieger, Ken S.																
1981	US		CUT	78	73			151	11		151		129T	99T		600
1989	US		CUT	76	78			154	14		154		115T	138T		1,000
1993	PGA		CUT	71	74			145	3		145		58T	89T		1,200
2000	US		CUT	81	79			160	18		160		147T	148T		1,000
Kringle, Edward																
1958	US		WD	77				77	7				46T			
1962	US		WD													
Kringle, Francis P. "Frank"																
1941	PGA		64T													100
1945	PGA		32T													200
Kroll, Edward J.																
1963	US		CUT	87	82			169	27		169		150	146T		150
1964	PGA		23T	75	72	72	68	287	7	16	147	219	83T	56T	46T	930
1965	PGA		CUT	77	79			156	14		156		104T	116T		
1966	PGA		67T	75	75	74	78	302	22	22	150	224	58T	58T	52T	300
1967	PGA		CUT	78	77			155	11		155		109T	105T		
1969	PGA		73T	72	70	79	77	298	14	22	142	221	25T	17T	64T	241
1975	PGA		CUT	83	76			159	19		159		128T	119T		
Kroll, Thadeus John "Ted"																
1941	US		CUT	72	86			158	18		158		9T	77T		
1950	PGA		16T													350
	US		25T	75	72	78	72	297	17	10	147	225	52T	29T	39T	100
1951	M		25T	76	75	71	76	298	10	18	151	222	33T	39T	20T	150
	PGA		64T													100
1952	M		14T	74	74	76	73	297	9	11	148	224	29T	27T	20T	443
	PGA		3T													750
	US		7T	71	75	76	70	292	12	11	146	222	6T	13	19T	350
1953	M		7	71	70	73	72	286	-2	12	141	214	6T	3T	6T	700
	PGA		64T													100
	US		7T	76	71	74	74	295	7	12	147	221	39T	9T	9T	450
1954	M		51T	78	76	75	77	306	18	17	154	229	47T	38T	42T	250
	PGA		16T													350
	US		27T	70	79	73	76	298	18	14	149	222	2T	25T	24T	180
1955	PGA		32T													200
	US		CUT	81	78			159	19		159		93T	86T		
1956	M		51T	75	75	79	82	311	23	22	150	229	38T	33T	40T	300
	PGA		2													3,000
	US		4T	72	70	70	73	285	5	4	142	212	10T	7T	2T	1,033
1957	M		CUT	79	77			156	12		156		68T	73T		300
	PGA		16T													
	US		CUT	76	76			152	12		152		61T	61T		
1958	M		23T	73	75	75	72	295	7	11	148	223	32T	28T	35T	900
	PGA		20T	69	74	75	74	292	12	16	143	218	3T	12T	19T	566
1959	M		14T	76	71	73	71	291	3	7	147	220	45T	21T	26T	1,425
	PGA		25T	72	74	71	71	288	8	11	146	217	27T	43T	34T	510
	US		11T	71	73	73	74	291	11	9	144	217	6T	12T	13T	600
1960	M		13T	72	76	71	74	293	5	11	148	219	12T	31T	16T	1,225
	PGA		12T	73	71	72	74	290	10	9	144	216	34T	10T	11T	1,500
	US		3T	72	69	75	67	283	-1	3	141	216	19T	6T	24T	3,950
1961	M		24T	73	70	72	78	293	5	13	143	215	16T	5T	9T	1,000

Year	Event	A	Pos	R1	R2	R3	R4	Tot	P/M	SBW	R2T	R3T	R1P	R2P	R3P	W
	PGA		4	72	68	70	71	281	1	4	140	210	24T	5T	3T	3,100
	US		27T	78	69	73	73	293	13	12	147	220	106T	32T	29T	375
1962	M		25T	72	74	72	76	294	6	14	146	218	12T	21T	16T	625
	PGA		30T	73	70	76	73	292	12	14	143	219	29T	13T	35T	470
1963	PGA		59T	81	70	74	73	298	14	19	151	225	137T	67T	68T	275
	US		CUT	76	79			155	13		155		45T	73T		150
1964	PGA		23T	72	73	72	70	287	7	16	145	217	35T	35T	31T	930
1965	PGA		63T	73	75	77	78	303	19	23	148	225	30T	40T	60T	300
	US		24T	76	74	72	75	297	17	15	150	222	50T	37T	22T	733
1967	US		48T	73	72	74	78	297	17	22	145	219	34T	29T	30T	715
Krueger, Alvin H. "Butch" "Red"																
1934	US		14T	76	75	75	75	301	21	8	151	226	22T	25T	10T	65
1935	PGA		16T													125
	US		6T	71	77	78	80	306	18	7	148	226	1	2	4T	219
1936	M		36T	75	76	77	80	308	20	23	151	228	6T	19T	30T	
	PGA		32T													
	US		CUT	77	78			155	11		155		98T	106T		
1937	PGA		32T													
	US		CUT	76	77			153	9		153		55T	66T		
1938	PGA		32T													
	US		27T	79	69	79	79	306	22	22	148	227	61T	12T	24T	50
1939	US		32T	71	77	73	76	297	21	13	148	221	11T	31T	29T	13
1949	US		CUT	80	76			156	14		156		120T	93T		
Krueger, Gary																
1985	US		CUT	78	77			155	15		155		126T	133T		600
1986	US		CUT	84	77			161	21		161		144T	140T		600
1987	US		CUT	74	74			148	8		148		71T	78T		600
Krueger, Jerome																
1961	PGA		CUT	74	83			157	17		157		54T	132T		
Kruse, Bob																
1968	PGA		CUT	79	83			162	22		162		127T	149T		
Krutilla, John																
1947	US		WD	78				78	7				113T			
1949	US		CUT	75	80			155	13		155		38T	87T		
1958	US		CUT	82	85			167	27		167		110T	141T		
Kubiak, Don																
1964	PGA		CUT	80	82			162	22		162		145T	153T		
1967	PGA		CUT	73	80			153	9		153		30T	85T		
Kuboya, Kenichi																
2002	O		59T	70	73	73	73	289	5	11	143	216	23T	50T	43T	9,300
Kuchar, Matthew Gregory																
1998	M	A	21T	72	76	68	72	288	0	9	148	216	11T	27T	14T	
	O	A	CUT	75	75			150	10		150		127T	113T		
	US	A	14T	70	69	76	74	289	9	9	139	215	10T	4T	10T	
1999	M	A	50T	77	71	73	78	299	11	19	148	221	75T	43T	48T	
	US	A	CUT	76	79			155	15		155		132T	135T		
2002	M		CUT	73	77			150	6		150		25T	61T		5,000
	O		CUT	75	70			145	3		145		124T	84T		3,000
	PGA		CUT	78	74			152	8		152	0	123T	105T		2,000
	US		CUT	76	75			151	11		151	0	96T	73T		1,000
2005	US		CUT	75	74			149	9		149		75T	84T		2,000
2006	US		CUT	78	76			154	14		154		112T	113T		2,000
2007	O		CUT	74	76			150	8		150		78T	105T		2,375
2008	O		CUT	79	73			152	12		152		123T	114T		2,650
	US		48T	73	73	76	72	294	10	11	146	222	31T	35T	47T	23,985
Kuchar, Wally																
1989	PGA		CUT	81	77			158	14		158		144T	140T		1,000
Kudysch, Jonathan																
1987	US		CUT	84	72			156	16		156		154	145T		600
Kuehne, Ernest W. "Trip," III																
1995	M	A	CUT	79	76			155	11		155		77T	79T		
1996	US	A	79T	79	69	73	72	293	13	15	148	221	146T	98T	87T	
2003	US	A	57T	74	67	76	73	290	10	18	141	217	92T	40T	58T	
2005	US	A	CUT	75	75			150	10		150		75T	99T		
2007	US	A	CUT	79	80			159	19		159		128T	137		
2008	M	A	CUT	78	72			150	6		150		84T	63T		

Year	*Event*	*A*	*Pos*	*R1*	*R2*	*R3*	*R4*	*Tot*	*P/M*	*SBW*	*R2T*	*R3T*	*R1P*	*R2P*	*R3P*	*W*
Kuehne, Henry August "Hank," II																
1999	M	A	CUT	74	78			152	8		152		41T	71T		
	US	A	65	72	75	81	78	306	26	27	147	228	52T	59T	65T	
2003	PGA		CUT	70	81			151	11		151	0	13T	94T		2,000
Kugelmuller, Toni																
1972	O		CUT	74	77	75		226	13		151	226	35T	63T	65T	75
Kulzer, Keith																
1999	US		CUT	75	77			152	12		152		120T	119T		1,000
Kummer, Gordon																
1932	US		CUT	89	91			180	40		180		135T	135		
Kuna, Edward																
1961	PGA		CUT	87	80			167	27		167		161	154T		
1963	PGA		71T	73	71	79	79	302	18	23	144	223	30T	12T	60T	175
1964	PGA		CUT	80	76			156	16		156		145T	124T		
1965	PGA		CUT	79	76			155	13		155		134T	110T		
Kunes, Gene Laverne																
1932	PGA		16T													
1934	M		38T	80	76	78	75	309	21	25	156	234	58T	48T	47T	
	PGA		3T													
	US		CUT	84	76			160	20		160		132T	101T		
1935	M		28T	76	72	77	73	298	10	16	148	225	40T	28T	36T	
	PGA		64T													85
	US		21T	76	79	77	80	312	24	13	155	232	21T	22T	16T	
1936	M		39T	81	76	76	78	311	23	26	157	233	39T	38T	38T	
	US		50T	73	77	75	77	302	14	20	150	225	25T	48T	42T	
1939	US		42T	76	73	75	76	300	24	16	149	224	65T	41T	35T	
1940	US		16T	76	72	73	74	295	7	8	148	221	58T	28T	20	50
1941	M		19T	76	74	76	71	297	9	17	150	226	28T	26T	28T	
	PGA		32T													
	US		20	71	79	74	75	299	19	15	150	224	4T	22T	20	50
1942	M		10T	74	74	74	71	293	5	13	148	222	17T	20T	12T	100
1944	PGA		32T													200
1946	M		29T	76	72	77	76	301	13	19	148	225	27T	17T	29T	
	US		19T	74	73	73	72	292	4	8	147	220	30T	21T	22T	100
1947	M		39T	74	73	78	75	300	12	19	147	225	27T	27T	42T	
	US		19T	71	77	72	72	292	8	10	148	220	14T	35T	25T	100
1948	M		WD	74	76	76		226	10		150	226	24T	31T	34T	
1950	PGA		64T													100
1951	PGA		16T													350
	US		42T	77	75	77	77	306	26	19	152	229	59T	47T	41T	100
Kunes, Joe																
1979	US		CUT	78	84			162	20		162		94T	125T		600
Kunkle, Charles, Jr.																
1956	M	A	77	78	82	85	95	340	52	51	160	245	64T	70T	75	
Kuntz, Robert W.																
1953	US	A	CUT	85	75			160	16		160		152T	120T		
1954	M	A	64T	80	77	82	75	314	26	25	157	239	62T	55T	66T	
Kuntz, William R. "Billy"																
1956	US	A	CUT	78	79			157	17		157		101T	107T		
Kuo, Chi-Hsiung "CH"																
1972	O		40T	74	72	76	73	295	11	17	146	222	35T	24T	36T	168
1974	O		CUT	80	80			160	18		160		107T	103T		50
Kuramoto, Masahiro "Massy"																
1978	O	A	CUT	72	78			150	6		150		26T	91T		
1982	O		4T	71	73	71	71	286	-2	2	144	215	7T	13T	6T	11,000
	PGA		42T	71	70	70	77	288	8	16	141	211	21T	17T	15T	1,643
1983	O		45T	70	74	73	70	287	3	12	144	217	17T	50T	56T	791
1984	O		CUT	71	73	82		226	10		144	226	21T	30T	92T	610
1986	O		30T	77	73	73	72	295	15	15	150	223	54T	51T	41T	3,800
	PGA		CUT	73	75			148	6		148		70T	87T		1,000
1987	O		CUT	74	73			147	5		147		79T	79T		400
1991	O		CUT	71	80			151	11		151		29T	131T		600
1993	US		CUT	72	73			145	5		145		76T	89T		1,000
1994	US		CUT	79	72			151	9		151		133T	103T		1,000
1995	PGA		CUT	73	71			144	2		144		98T	87T		1,200

Year	Event	A	Pos	R1	R2	R3	R4	Tot	P/M	SBW	R2T	R3T	R1P	R2P	R3P	W
Kuramoto, Yasunobu																
1990	O	A	CUT	77	72			149	5		149		142T	134T		
Kyi, Hia-Han																
2000	O		CUT	71	81			152	8		152		40T	143		900
Kyle, Alexander Thompson																
1939	O	A	20T	74	76	75	76	301	9	11	150	225	26T	29T	22T	
1946	O	A	CUT	81	79			160	16		160		58T	61T		
1952	O	A	34	71	75	80	81	307	7	20	146	226	7T	15T	28T	
Kyle, Denis H.																
1921	O	A	26T	77	77	81	74	309		13	154	235	22T	25T	38T	
1933	O	A	CUT	76	83			159	13		159		50T	104T		
1939	O	A	CUT	77	81			158	12		158		65T	98T		
Kynch, Edward R.																
1963	PGA		CUT	73	79			152	10		152		30T	84T		
1964	PGA		CUT	82	80			162	22		162		156T	153T		
1965	PGA		CUT	78	82			160	18		160		119T	141T		
1966	PGA		CUT	83	76			159	19		159		156T	131T		
Kynch, Walter																
1963	US		CUT	84	83			167	25		167		141T	143T		150
La Belle, Douglas Norman, II																
2003	US		CUT	72	76			148	8		148	0	57T	113T		1,000
2008	O		51T	78	70	74	75	297	17	14	148	222	110T	52T	35T	11,786
Labritz, Rob M.																
2002	PGA		CUT	78	75			153	9		153	0	123T	119T		2,000
2003	PGA		CUT	76	75			151	11		151	0	95T	94T		2,000
Lacey, Arthur J.																
1927	O		46T	76	78	78	78	310	18	25	154	232	34T	45T	47T	
1928	O		31T	80	77	79	77	313	25	21	157	236	35T	35T	34T	
1929	O		CUT	80	79			159	7		159		62T	69T		
1930	O		24T	78	79	74	76	307	19	16	157	231	35T	50T	31T	
1931	O		9	74	80	74	73	301	13	5	154	228	5T	26T	14T	15
1932	O		7T	73	73	71	76	293	5	10	146	217	6T	9T	3T	18
1935	O		23T	71	75	74	80	300	12	17	146	220	7T	12T	9T	10
1936	O		8T	76	74	72	72	294	-2	7	150	222	33T	25T	13	15
1937	O		7T	75	73	75	75	298	10	8	148	223	17T	8T	11T	17
1938	O		17	74	72	82	81	309	29	14	146	228	28T	16T	17	10
1939	O		CUT	73	81			154	8		154		16T	65T		
1948	O		CUT	72	77			149	13		149		9T	37T		
1949	O		20T	72	73	73	78	296	8	13	145	218	24T	12T	14T	
1951	O		40T	75	76	79	76	306	18	21	151	230	26T	26T	37T	
Lacey, Charles																
1930	PGA		3T													
	US		7	74	70	77	77	298	6	11	144	221	16T	2T	8T	350
1931	US		WD	79				79	8				63T			
1932	PGA		32T													85
	US		23T	77	76	78	73	304	24	18	153	231	12T	18T	29T	
1933	US		43T	77	79	75	77	308	20	21	156	231	42T	60T	46T	
1934	M		31	74	73	80	74	301	13	17	147	227	13T	13T	30T	
	US		37T	71	78	81	79	309	29	16	149	230	1T	12T	29T	
1935	PGA		64T													85
1936	US		40T	74	74	77	74	299	11	17	148	225	37T	33T	42T	
1937	O		3	76	75	70	72	293	5	3	151	221	26T	19T	5	50
	US		40T	73	75	72	80	300	12	19	148	220	21T	25T	17T	
1938	US		22	77	75	75	75	302	18	18	152	227	35T	29T	24T	50
1941	US		WD	81				81	11				119T			
Lacinik, A.																
1938	O		CUT	77	80			157	17		157		67T	92T		
Lafeber, Maarten																
2000	O		CUT	73	72			145	1		145		76T	75T		1,300
2003	US		CUT	75	73			148	8		148	0	108T	113T		1,000
2004	O		CUT	74	74			148	6		148		95T	102T		2,500
2005	O		41T	73	70	67	77	287	-1	13	143	210	56T	47T	9T	14,977
	PGA		CUT	77	71			148	8		148		132T	109T		2,000
2006	US		CUT	76	83			159	19		159		68T	141T		2,000
Laffoon, George Ky "Ky" "Chief"																
1932	US		CUT	85	78			163	23		163		114T	87T		
1933	US		26T	74	78	79	72	303	15	16	152	231	8T	25T	46T	

Year	Event	A	Pos	R1	R2	R3	R4	Tot	P/M	SBW	R2T	R3T	R1P	R2P	R3P	W
1934	M		18T	72	79	72	73	296	8	12	151	223	8T	31T	22T	
	PGA		16T													
	US		23T	76	73	80	76	305	25	12	149	229	22T	12T	25T	
1935	M		28T	76	73	72	77	298	10	16	149	221	40T	36T	22T	
	PGA		16T													125
	US		28T	75	83	81	75	314	26	15	158	239	11T	43T	43T	
1936	M		6T	75	70	75	73	293	5	8	145	220	6T	4T	9T	250
	PGA		32T													
	US		5T	71	74	70	74	289	1	7	145	215	10T	14T	4T	350
1937	M		5	73	70	74	73	290	2	7	143	217	13T	6T	7T	400
	PGA		3T													
	US		20T	74	74	74	73	295	7	14	148	222	29T	25T	27T	50
1938	M		27T	78	76	74	74	302	14	17	154	228	37T	36T	28T	
	PGA		32T													
	US		CUT	81	76			157	15		157		91T	73T		
1939	M		22T	72	75	73	78	298	10	19	147	220	6T	13T	14	
	PGA		32T													
	US		9T	76	70	73	70	289	13	5	146	219	65T	21T	19T	175
1940	M		WD	78	76			154	10		154	0	51T	46T		
	PGA		32T													
	US		WD	74	76	77		227	11		150	227	36T	35T	41T	
1942	PGA		16T													
1945	PGA		8T													500
1946	M		4T	74	73	70	72	289	1	7	147	217	12T	14T	9T	683
1947	M		33T	74	74	73	76	297	9	16	148	221	27T	29T	30T	
	PGA		8T													500
	US		WD	73				73	2				30T			
1948	M		35T	74	75	76	78	303	15	24	149	225	24T	27T	32T	
	PGA		16T													350

Lafitte, Eugene

Year	Event	A	Pos	R1	R2	R3	R4	Tot	P/M	SBW	R2T	R3T	R1P	R2P	R3P	W
1920	O		13	75	85	84	73	317		14	160	244	4	16T	38T	
1934	O		CUT	80	79			159	15		159		84T	92T		

Lagerblade, Herbert C.

Year	Event	A	Pos	R1	R2	R3	R4	Tot	P/M	SBW	R2T	R3T	R1P	R2P	R3P	W
1912	US		WD	80	82			162	14		162	0	50T	54T		
1914	US		32T	75	78	75	84	312	24	22	153	228	13T	28T	20T	
1915	US		WD	86	80			166	22		166		61T	53T		
1916	US		15T	77	78	72	73	300	12	14	155	227	31T	39T	22T	
1919	US		26T	79	80	82	81	322	38	21	159	241	16T	22T	24T	
1924	US		WD	74	83	83		240	24		157	240	4T	29T	38T	
1925	US		37	76	79	77	79	311	27	20	155	232	30T	39T	33T	

Laidlaw, H. S.

Year	Event	A	Pos	R1	R2	R3	R4	Tot	P/M	SBW	R2T	R3T	R1P	R2P	R3P	W
1933	O	A	CUT	80	83			163	17		163		101T	111T		

Laidlaw, William

Year	Event	A	Pos	R1	R2	R3	R4	Tot	P/M	SBW	R2T	R3T	R1P	R2P	R3P	W
1934	O		35T	71	77	83	75	306	18	23	148	231	3T	20T	56T	
1935	O		18T	74	71	75	79	299	11	16	145	220	19T	7T	9T	10
1937	O		7T	77	72	73	76	298	10	8	149	222	39T	14T	6T	17
1938	O		CUT	76	79			155	15		155		47T	82T		

Laidlay, John Ernest "Johnny"

Year	Event	A	Pos	R1	R2	R3	R4	Tot	P/M	SBW	R2T	R3T	R1P	R2P	R3P	W
1885	O	A	13T	87	92			179		8						
1886	O	A	8T	80	82			162		5						
1887	O	A	4	86	80			166		5						
1888	O	A	10	93	87			180		9						
1889	O	A	4T	42	39	40	41	162		7	81	121				
1890	O	A	11T	89	88			177		13						
1891	O	A	20T	90	90			180		14						
1893	O	A	2	80	83	80	81	324		2	163	243	3	6T	5	
1895	O	A	17	91	83	82	86	342		20	174	256	38T		17T	
1896	O	A	18T	85	82	82	86	335		19	167	249				
1897	O	A	29	82	86	86	89	343		29	168	254				
1899	O	A	32	83	88	91	82	344		34	171	262	23T	30T	33T	
1900	O	A	26T	85	87	85	86	343		34	172	257	24T	31T	23T	
1901	O	A	7T	84	82	82	80	328		19	166	248		9T	10T	
1903	O	A	36T	81	88	81	78	328		28	169	250			48T	
1906	O	A	60T	82	81	85	83	331		31	163	248			59T	

Laird, Martin

Year	Event	A	Pos	R1	R2	R3	R4	Tot	P/M	SBW	R2T	R3T	R1P	R2P	R3P	W
2007	US		CUT	76	79			155	15		155		90T	107T		2,000

Lake, Harold S.

Year	Event	A	Pos	R1	R2	R3	R4	Tot	P/M	SBW	R2T	R3T	R1P	R2P	R3P	W
1919	US	A	CUT	86	89			175	33		175		81T	91T		

Year	*Event*	*A*	*Pos*	*R1*	*R2*	*R3*	*R4*	*Tot*	*P/M*	*SBW*	*R2T*	*R3T*	*R1P*	*R2P*	*R3P*	*W*
Lally, Joe																
1919	US		CUT	84	88			172	30		172		58T	77T		
Lally, M. Tom																
1926	US		CUT	83	84			167	23		167		103T	111T		
Lally, Terry E.																
1967	PGA		CUT	86	84			170	26		170		142T	139		
Lam, Chih-Bing																
2007	O		CUT	76	77			153	11		153		118T	130T		2,100
2008	O		83	72	75	83	81	311	31	28	147	230	15T	38T	82T	8,400
Lamaze, Henri																
1949	O	A	CUT	76	74			150	6		150		68T	53T		
Lamb, Bradlay																
2008	O		CUT	85	74			159	19		159		153T	145T		2,375
Lamb, David I.																
1876	O	A	12T	95	94			189		13						
1891	O	A	UNK													
Lamb, Henry A.																
1873	O	A	8	96	96			192		13						
1876	O	A	7	94	92			186		10						
1879	O	A	15T	91	93			184		15						
1882	O	A	11T	88	92			180		9	180					
1891	O	A	UNK													
Lamb, Jesse "Pete"																
1946	US		CUT	78	79			157	13		157		93T	113T		
1947	US		WD	77				77	6				95T			
1949	US		CUT	78	81			159	17		159		88T	119T		
1950	PGA		64T													100
Lamb, Thomas R.																
1887	O	A	WD													
Lamberger, Larry, Sr.																
1946	PGA		32T													200
Lambert, G.																
1896	O		WD	91	92	96		279			183	279				
Lambert, John																
1883	O		31	96	90			186		27	186					
1886	O		12T	78	86			164		7						
Lambert, Richard H.																
1973	O		56T	78	74	72	77	301	13	25	152	224	87T	78T	55T	125
Lambie, Ian S.																
1973	O		CUT	87	75			162	18		162		150T	141T		50
Lambo, Jerry																
1962	PGA		WD	82				82	12				159T			
Lamielle, Joey																
2008	US		CUT	76	79			155	13		155		85T	117T		2,000
Lamont, ____																
1899	O	A	WD													
La Montagne, Steven F.																
1989	US		CUT	78	71			149	9		149		139T	106T		1,000
Lamore, Tom																
1986	O		59T	76	71	77	77	301	21	21	147	224	38T	23T	48T	1,925
Lancaster, Grady Neal "Neal"																
1992	PGA		84T	75	72	79	81	307	23	29	147	226	93T	57T	81T	2,138
1994	PGA		44T	73	72	72	70	287	7	18	145	217	61T	65T	59T	5,200
1995	M		CUT	74	77			151	7		151		53T	73T		1,500
	US		4T	70	72	77	65	284	4	4	142	219	11T	21T	46T	66,634
1996	M		CUT	76	74			150	6		150		69T	60T		1,500
	PGA		52T	71	72	73	73	289	1	12	143	216	29T	32T	45T	4,717
	US		82T	74	67	74	79	294	14	16	141	215	84T	10T	28T	5,415
1998	PGA		CUT	75	75			150	10		150		110T	111T		1,500
2002	O		37T	71	71	76	67	285	1	7	142	218	38T	43T	59T	16,917
	PGA		34T	72	73	75	74	294	6	16	145	220	22T	27T	27T	26,300
2003	US		CUT	72	72			144	4		144	0	57T	69T		1,000

Year	Event	A	Pos	R1	R2	R3	R4	Tot	P/M	SBW	R2T	R3T	R1P	R2P	R3P	W
Landehoff, Greg																
1990	US		CUT	73	74			147	3		147		61T	78T		1,000
Landers, Robert																
1980	US	A	CUT	83	77			160	20		160		153T	146T		
Landreth, William Alvin																
1946	US	A	WD													
Landrum, Ralph L.																
1978	M	A	CUT	79	77			156	12		156		65T	69T		
1981	US		CUT	75	73			148	8		148		85T	71T		600
1982	US		CUT	78	77			155	11		155		78T	94T		600
1983	US		8T	75	73	69	74	291	7	11	148	217	40T	25T	9T	10,711
1984	M		CUT	79	78			157	13		157		83T	87		1,500
	US		CUT	76	72			148	8		148		105T	64T		600
1985	PGA		CUT	76	79			155	11		155		121T	130T		1,000
	US		CUT	74	75			149	9		149		64T	90T		600
1987	US		46T	72	71	74	74	291	11	14	143	217	34T	31T	47T	4,240
1988	PGA		CUT	75	74			149	7		149		100T	101T		1,000
1989	PGA		CUT	79	82			161	17		161		133T	144T		1,000
Lane, Barry Douglas																
1987	O		CUT	76	71			147	5		147		115T	79T		400
1988	O		CUT	78	85			163	21		163		113T	150T		450
1989	O		CUT	74	73			147	3		147		81T	81T		500
1991	O		17T	68	72	71	70	281	1	9	140	211	5T	10T	12T	10,055
1992	O		51T	73	69	73	74	289	5	17	142	215	98T	44T	47T	4,075
1993	O		13	70	68	71	68	277	-3	10	138	209	48T	12T	14T	20,500
	PGA		71T	67	74	77	76	294	10	22	141	218	5T	36T	69T	2,513
	US		16T	74	68	70	69	281	1	9	142	212	116T	44T	23T	21,577
1994	M		CUT	76	82			158	14		158		52T	83		1,500
	O		CUT	73	72			145	5		145		93T	93T		600
	PGA		25T	70	73	68	72	283	3	14	143	211	15T	38T	19T	13,000
	US		47T	77	70	76	74	297	13	18	147	223	104T	58T	55T	5,105
1995	O		20T	72	73	68	75	288	0	6	145	213	60T	56T	10T	13,500
	PGA		63T	74	68	75	68	285	1	18	142	217	109T	59T	71	3,400
	US		44	74	72	71	73	290	10	10	146	217	83T	59T	32T	8,147
1996	O		CUT	71	73			144	2		144		43T	78T		650
	US		CUT	75	76			151	11		151		100T	126T		1,000
1998	O		CUT	72	75			147	7		147		62T	82T		1,000
2001	O		29	70	72	72	70	284	0	10	142	214	21T	35T	40T	25,000
2002	O		50T	74	68	72	74	288	4	10	142	214	106T	43T	23T	10,267
2004	O		14T	69	68	71	75	283	-1	9	137	208	13T	3T	6	56,500
2006	O		CUT	75	75			150	6		150		124T	131T		2,000
Lane, Dick																
1929	US	A	WD	81				81	9				93T			
Langenaeken, Arnaud																
1996	O		77	72	71	77	78	298	14	27	143	220	63T	58T	76T	4,700
Langer, Bernhard																
1976	O		CUT	82	79			161	17		161		134T	144T		100
1978	O		CUT	78	73			151	7		151		128T	106T		175
1980	O		51T	73	72	72	76	293	9	22	145	217	35T	40T	39T	554
1981	O		2	73	67	70	70	280	0	4	140	210	17T	4	2T	17,500
1982	M		CUT	77	78			155	11		155		39T	49T		1,500
	O		13T	70	69	78	73	290	2	6	139	217	4T	3T	8T	5,400
	US		CUT	80	79			159	15		159		115T	123T		600
1983	O		56T	67	72	76	74	289	5	14	139	215	2T	9T	42T	725
1984	M		31T	73	70	74	72	289	1	12	143	217	31T	16T	32T	4,000
	O		2T	71	68	68	71	278	-10	2	139	207	21T	6T	3T	31,900
1985	M		1	72	74	68	68	282	-6	-2	146	214	14T	25T	3T	126,000
	O		3T	72	69	68	75	284	4	2	141	209	39T	6T	1T	23,600
	PGA		32T	69	72	76	72	289	1	11	141	217	10T	10T	33T	3,408
	US		CUT	76	76			152	12		152		96T	115T		600
1986	M		16T	74	68	69	75	286	-2	7	142	211	25T	4T	2T	12,000
	O		3T	72	70	76	68	286	6	6	142	218	6T	5	8T	35,000
	PGA		CUT	73	74			147	5		147		70T	74T		1,000
	US		8T	74	70	70	70	284	4	5	144	214	12T	7T	10T	14,501
1987	M		7T	71	72	70	76	289	1	4	143	213	3T	6T	3T	26,200
	O		17T	69	69	76	72	286	2	7	138	214	9T	6T	18T	7,450
	PGA		21T	70	78	77	70	295	7	8	148	225	4T	35T	51T	7,500
	US		4T	69	69	73	72	283	3	6	138	211	5T	3T	5T	24,543
1988	M		9T	71	72	71	73	287	-1	6	143	214	3T	5T	4T	28,000
	O		69	73	75	75	80	303	19	30	148	223	35T	57T	62T	2,100
	PGA		CUT	74	77			151	9		151		78T	112T		1,000

Year	Event	A	Pos	R1	R2	R3	R4	Tot	P/M	SBW	R2T	R3T	R1P	R2P	R3P	W
	US		CUT	75	72			147	5		147		74T	66T		1,000
1989	M		26T	74	75	71	73	293	5	10	149	220	26T	29T	16T	8,240
	O		80	71	73	83	82	309	21	34	144	227	25T	44T	80	2,400
	PGA		61T	74	71	75	72	292	4	16	145	220	77T	62T	64T	2,330
	US		59T	66	78	77	73	294	14	16	144	221	1T	44T	61T	4,120
1990	M		7T	70	73	69	74	286	-2	8	143	212	5T	10T	5T	35,150
	O		48T	74	69	75	68	286	-2	16	143	218	105T	57T	70T	3,720
	PGA		CUT	75	78			153	9		153		60T	88T		1,000
	US		CUT	78	70			148	4		148		136T	89T		1,000
1991	M		32T	71	68	74	74	287	-1	10	139	213	22T	6T	24T	8,000
	O		9T	71	71	70	67	279	-1	7	142	212	29T	28T	22T	22,833
	PGA		CUT	75	74			149	5		149		103T	89T		1,000
	US		CUT	75	74			149	5		149		76T	72T		1,000
1992	M		31T	69	73	69	74	285	-3	10	142	211	7T	23T	11T	8,717
	O		59T	70	72	76	73	291	7	19	142	218	36T	44T	66T	3,650
	PGA		40T	72	74	72	73	291	7	13	146	218	32T	48T	42T	5,163
	US		23T	73	72	75	75	295	7	10	145	220	46T	29T	44T	13,906
1993	M		1	68	70	69	70	277	-11	-4	138	207	6T	2T	1	306,000
	O		3	67	66	70	67	270	-10	3	133	203	5T	2	3T	67,000
	PGA		CUT	75	69			144	2		144		121T	75T		1,200
	US		CUT	74	71			145	5		145		116T	89T		1,000
1994	M		25T	74	74	72	73	293	5	14	148	220	26T	36T	22T	16,800
	O		60T	72	70	70	72	284	4	16	142	212	68T	54T	55T	4,350
	PGA		25T	73	71	67	72	283	3	14	144	211	61T	52T	19T	13,000
	US		23T	72	72	73	72	289	5	10	144	217	23T	30T	29T	17,223
1995	M		31T	71	69	73	75	288	0	14	140	213	24T	11T	24T	13,325
	O		24T	72	71	73	73	289	1	7	143	216	60T	31T	29T	10,316
	US		36T	74	67	74	74	289	9	9	141	215	83T	11T	15T	9,812
1996	M		36T	75	70	72	78	295	7	19	145	217	57T	28T	23T	12,333
	O		WD	75				75	4				124T			650
	PGA		76	73	72	78	72	295	7	18	145	223	71T	60T	79	3,675
	US		DQ	75				75	4				100T			1,000
1997	M		7T	72	72	74	68	286	-2	16	144	218	8T	13T	18T	78,570
	O		38T	72	74	69	73	288	4	16	146	215	17T	49T	31T	7,550
	PGA		23T	73	71	72	69	285	5	16	144	216	64T	50T	38T	22,500
	US		CUT	73	75			148	8		148		58T	85T		1,000
1998	M		39T	75	73	74	74	296	8	17	148	222	42T	27T	38T	14,720
	O		CUT	74	75			149	9		149		113T	103T		800
	US		CUT	75	78			153	13		153		76T	112T		1,000
1999	M		11T	76	66	72	73	287	-1	7	142	214	65T	7T	13T	92,000
	O		18T	72	77	73	75	297	13	7	149	222	2T	15T	9T	20,500
	PGA		61T	71	75	74	76	296	8	19	146	220	24T	63T	56T	6,975
2000	M		28T	71	71	75	76	293	5	15	142	217	5T	7T	11T	28,673
	O		11T	74	70	66	71	281	-7	12	144	210	94T	60T	13T	37,111
	PGA		46T	75	69	73	71	288	0	18	144	217	80T	32T	52T	12,650
	US		CUT	77	80			157	15		157		100T	130T		1,000
2001	M		6T	73	69	68	69	279	-9	7	142	210	43T	20T	14T	181,300
	O		3T	71	69	67	71	278	-6	4	140	207	34T	17T	1T	141,667
	PGA		CUT	69	73			142	2		142	0	40T	77T		2,000
	US		40T	71	73	71	74	289	9	13	144	215	21T	34T	30T	23,933
2002	M		32T	73	72	73	74	292	4	16	145	218	25T	23T	29T	32,410
	O		28T	72	72	71	69	284	0	6	144	215	60T	68T	39T	24,000
	PGA		23T	70	72	77	73	292	4	14	142	218	6T	12T	13T	44,250
	US		35T	72	76	70	75	293	13	16	148	218	25T	41T	25T	31,945
2003	M		CUT	79	76			155	11		155		72T	69T		5,000
	O		CUT	76	76			152	10		152		65T	84T		3,000
	PGA		57T	75	72	75	75	297	17	21	147	222	77T	49T	60T	12,450
	US		42T	70	70	73	73	286	6	14	140	213	25T	27T	33T	25,002
2004	M		4T	71	73	69	72	285	-3	6	144	213	8T	14T	4T	286,000
	PGA		66T	74	70	75	75	294	6	14	144	219	83T	44T	60T	12,350
2005	M		20T	74	74	70	71	289	1	13	148	218	33T	42T	26T	84,840
	O		5T	71	69	70	71	281	-7	7	140	210	30T	15T	9T	122,166
	PGA		47T	68	72	72	75	287	7	11	140	212	7T	23T	31T	15,371
	US		33T	74	73	71	74	292	12	12	147	218	54T	57T	35T	35,759
2006	M		CUT	79	74			153	9		153		72T	69T		5,000
	O		CUT	74	74			148	4		148		108T	117T		2,250
	PGA		CUT	76	75			151	7		151		131T	134T		2,000
2007	M		CUT	78	77			155	11		155		72T	74T		5,000
2008	M		CUT	74	77			151	7		151		44T	71T		10,000

Langert, H. Edward "Eddie"

Year	Event	A	Pos	R1	R2	R3	R4	Tot	P/M	SBW	R2T	R3T	R1P	R2P	R3P	W
1963	PGA		CUT	82	72			154	12		154		148T	99T		
1969	PGA		CUT	75	76			151	9		151		72T	94T		

Year	Event	A	Pos	R1	R2	R3	R4	Tot	P/M	SBW	R2T	R3T	R1P	R2P	R3P	W
Langford, John																
1948	US		CUT	85	77			162	20		162		165	145T		
1959	PGA		CUT	77	73	74		224	14		150	224	119T	84T	77T	
1960	PGA		CUT	81	75			156	16		156		157T	128T		
Langham, James Franklin "Franklin"																
2000	PGA		7	72	71	65	69	277	-11	7	143	208	22T	19T	9T	157,000
2001	M		40T	72	73	75	72	292	4	20	145	220	33T	41T	44T	22,960
	PGA		CUT	70	76			146	6		146	0	56T	106T		2,000
	US		72T	75	71	75	74	295	15	19	146	221	88T	61T	73T	9,508
2002	US		37T	70	76	74	74	294	14	17	146	220	7T	20T	42T	26,783
2005	US		CUT	74	81			155	15		155		54T	137T		2,000
Langley, John Douglas Algernon																
1937	O	A	CUT	83	77			160	16		160		117T	83T		
1946	O	A	CUT	83	76			159	15		159		78T	53T		
Lankford, Jeffrey C., III																
1997	PGA		CUT	72	76			148	8		148		46T	84T		1,300
1998	PGA		CUT	78	81			159	19		159		134T	146T		1,500
1999	PGA		CUT	78	71			149	5		149		133T	100T		1,750
2001	PGA		CUT	77	74			151	11		151	0	135T	133T		2,000
2002	PGA		CUT	80	76			156	12		156	0	140T	133T		2,000
2003	PGA		CUT	78	76			154	14		154	0	115T	115T		2,000
2004	PGA		CUT	77	83			160	16		160	0	129T	151		2,000
Lanner, Mats Ake																
1987	O		50T	71	74	79	71	295	11	16	145	224	28T	52T	64T	2,525
1988	O		CUT	75	75			150	8		150		63T	77T		450
1991	O		CUT	75	75			150	10		150		115T	118T		600
1992	O		28T	72	68	71	74	285	1	13	140	211	81T	28T	22T	6,659
1994	O		51T	69	74	69	70	282	2	14	143	212	15T	61T	55T	4,925
Lanning, George																
1977	PGA		CUT	73	80			153	9		153		29T	82T		250
Lanza, Joe J.																
1978	PGA		CUT	83	82			165	23		165		141T	143		303
Laoretti, Larry P.																
1966	PGA		49T	73	77	72	76	298	18	18	150	222	17T	58T	38T	436
1974	US		CUT	81	84			165	25		165		119T	137T		500
La Parl, Ronald B.																
1956	PGA		128T													50
La Pola, Andy																
1949	PGA		64T													100
La Porte, Tony																
1977	PGA		WD	87				87	15				135T			250
Lardon, Bradford Thomas																
2002	US		58	73	73	74	78	298	18	21	146	220	41T	20T	42T	13,988
2004	US		CUT	73	75			148	8		148	0	60T	95T		1,000
2007	PGA		CUT	70	76			146	6		146		13T	73T		2,000
Large, Edward "Ted"																
1953	O	A	CUT	80	84			164	20		164		58T	84T		
1954	O	A	CUT	81	72			153	7		153		86T	61T		
1956	O		CUT	80	79			159	17		159		83T	74T		
1958	O		CUT	74	74			148	6		148		39T	41T		
1963	O		33T	78	71	76	71	296	16	19	149	225	86T	40T	44	55
1964	O		CUT	85	77			162	18		162		106T	98T		
1965	O		CUT	78	73			151	5		151		90T	62T		
1966	O		CUT	76	76			152	10		152		61T	68T		
Large, Harold "Harry"																
1926	O		CUT	85	80			165	23		165		105T	97T		
1929	O		CUT	80	79			159	7		159		62T	69T		
1930	O		21T	79	74	78	75	306	18	15	153	231	54T	29T	31T	
1931	O		50T	78	80	75	83	316	28	20	158	233	47T	48T	35T	
1932	O		CUT	82	76			158	14		158		94T	81T		
1936	O		61	77	77	85	79	318	22	31	154	239	39T	44T	61	
Large, James																
1967	O		CUT	81	88			169	25		169		117T	128T		

Year	Event	A	Pos	R1	R2	R3	R4	Tot	P/M	SBW	R2T	R3T	R1P	R2P	R3P	W
Large, William, Jr.																
1958	O		39T	70	72	81	80	303	19	25	142	223	9T	15T	38T	25
1962	O		CUT	76	79			155	11		155		33T	62T		
1963	O		CUT	76	74			150	10		150		59T	48T		
1964	O		CUT	84	73			157	13		157		144T	68T		
1965	O		31T	76	73	74	78	301	9	16	149	223	59T	44T	22T	
1966	O		CUT	78	76			154	12		154		89T	82T		
1967	O		CUT	75	76			151	7		151		63T	65T		
1968	O		CUT	77	76	76		229	13		153	229	42T	44T	46T	
1969	O		CUT	75	79			154	12		154		58T	87T		
1970	O		CUT	75	73	83		231	15		148	231	86T	65T	80	30
1971	O		25T	73	75	73	71	292	0	14	148	221	29T	43T	38T	266
1972	O		CUT	78	85			163	21		163		107T	146T		50
Large, William, Sr.																
1930	O		17T	78	74	77	76	305	17	14	152	229	35T	20T	21T	
1931	O		47T	74	84	81	76	315	27	19	158	239	5T	48T	59T	
Larke, Frank Arthur																
1901	O		CUT	92	91			183			183					
1902	O		WD													
1903	O		36T	82	87	78	81	328		28	169	247			39T	
1906	O		56T	81	82	82	84	329		29	163	245			50T	
1907	O		55	91	86	84	86	347		35	177	261	61T	59T	55T	
1909	O		WD	85	81			166			166		62T	60		
1910	O		CUT	84	82			166			166					
1911	O		49T	82	80	81	80	323		20	162	243	89T	58T	52T	
Larkin, Eugene F.																
1929	US		CUT	84	80			164	20		164		127T	104T		
1932	US		CUT	87	78			165	25		165		125T	99T		
1940	US		CUT	78	78			156	12		156		84T	92T		
Larratt, Bob																
1983	O		CUT	74	78			152	10		152		82T	118T		250
Larrazabal, Alejandro "Alex"																
2002	O	A	CUT	77	75			152	10		152		142T	146T		
2003	M	A	CUT	82	81			163	19		163		82T	84T		
Larrazabal, Pablo																
2008	O		70T	75	74	73	79	301	21	18	149	222	52T	69T	35T	9,350
	PGA		CUT	80	78			158	18		158		143T	143T		2,500
Larson, Garrett																
1998	US		CUT	80	79			159	19		159		138T	144T		1,000
Lasken, Bob																
1991	US		CUT	81	74			155	11		155		142T	127T		1,000
Lassen, E. A. "Bertie"																
1909	O	A	10T	82	74	74	78	308		13	156	230	50T	17T	6T	
1910	O	A	CUT	85	82			167			167					
1911	O	A	64	81	79	85	85	330		27	160	245	76T	46T	57T	
1913	O	A	14T	79	78	80	82	319		15	157	237	27T	11T	5T	
1914	O	A	17T	85	78	79	77	319		13	163	242	75T	38T	25T	
Latham, Richard A.																
1985	O	A	CUT	84	84			168	28		168		153	153		
Laureti, Mario																
1956	US		CUT	77	80			157	17		157		78T	107T		
Lavacek, Robert																
1962	PGA		CUT	80	78			158	18		158		150T	143T		
1963	PGA		CUT	81	80			161	19		161		137T	143T		
Lavender, Dennis																
1953	US		45T	76	77	78	76	307	19	24	153	231	39T	50T	51T	150
Law, Gordon																
1996	O		64T	74	69	71	74	288	4	17	143	214	109T	58T	52T	5,300
Law, James B.																
1925	US		WD	75	82			157	15		157	0	15T	54T		
1927	US		CUT	84	87			171	27		171		78T	103T		
Law, Victor R.																
1965	O		CUT	77	83			160	14		160		77T	116T		
1966	O		CUT	81	78			159	17		159		113T	111T		

Year	Event	A	Pos	R1	R2	R3	R4	Tot	P/M	SBW	R2T	R3T	R1P	R2P	R3P	W
1970	O		CUT	76	79			155	11		155		104T	109T		
1971	O		CUT	76	81			157	11		157		78T	121T		
Lawrence, C.																
1899	O		WD	91				91					61T			
Lawrence, Charles H.																
1904	O		CUT	96	94			190			190					
Lawrence, Duff																
1963	US		CUT	80	79			159	17		159		105T	111T		150
1965	US		36T	73	73	75	79	300	20	18	146	221	20T	11T	19T	495
1973	PGA		CUT	79	81			160	18		160		117T	135T		
Lawrence, Mark																
1981	O	A	CUT	83	80			163	23		163		141T	149T		
Lawrence, Mark A.																
1981	US	A	CUT	77	77			154	14		154		115T	117T		
Lawrence, Mike																
1988	PGA		CUT	79	75			154	12		154		137T	130T		1,000
1990	US		CUT	73	75			148	4		148		61T	89T		1,000
1991	PGA		CUT	82	79			161	17		161		146T	142		1,000
1995	PGA		CUT	83	77			160	18		160		150	148		1,200
Lawrence, Palmer																
1957	PGA		128T													50
Lawrence, R. B.																
1952	O	A	WD													
Lawrence, R. J.																
1933	O		CUT	85	82			167	21		167		117	114T		
Lawrence, V. S.																
1919	US	A	CUT	85	89			174	32		174		70T	87T		
Lawrie, Charles Dundas																
1955	O	A	CUT	74	75			149	5		149		45T	50T		
1957	O	A	CUT	79	74			153	9		153		84T	76T		
Lawrie, John C.																
1946	O	A	CUT	79	79			158	14		158		39T	45T		
Lawrie, Paul Stewart																
1992	O		22T	70	72	68	73	283	-1	11	142	210	36T	44T	18T	8,950
1993	O		6T	72	68	69	65	274	-6	7	140	209	84T	24T	14T	33,167
1994	O		24T	71	69	70	68	278	-2	10	140	210	39T	29T	39T	7,972
1995	O		58T	73	71	74	76	294	6	12	144	218	85T	41T	52T	6,165
1996	O		CUT	78	77			155	13		155		149T	151		650
1998	O		CUT	73	76			149	9		149		89T	103T		800
1999	O		1PO	73	74	76	67	290	6	-1	147	223	4T	7T	14T	350,000
	PGA		34T	73	72	72	74	291	3	14	145	217	58T	53T	32T	15,429
2000	M		CUT	79	74			153	9		153		78T	79T		5,000
	O		CUT	78	75			153	9		153		142T	144T		900
	PGA		72T	75	71	73	75	294	6	24	146	219	80T	51T	65T	9,275
2001	M		CUT	73	76			149	5		149		43T	67T		5,000
	O		42T	72	70	69	76	287	3	13	142	211	52T	35T	24T	13,500
	PGA		CUT	69	74			143	3		143	0	40T	85T		2,000
	US		CUT	73	77			150	10		150	0	46T	103T		1,000
2002	M		CUT	75	74			149	5		149		53T	56T		5,000
	O		59T	70	70	78	71	289	5	11	140	218	23T	26T	59T	9,300
	PGA		CUT	75	74			149	5		149	0	75T	73T		2,000
	US		30T	73	73	73	73	292	12	15	146	219	41T	20T	35T	35,639
2003	M		15T	72	72	73	73	290	2	9	144	217	8T	5T	11T	93,000
	O		CUT	81	74			155	13		155		133T	113T		2,500
	US		CUT	75	74			149	9		149	0	108T	124T		1,000
2004	M		37T	77	70	73	77	297	9	18	147	220	67T	25T	26T	32,663
	O		CUT	78	77			155	13		155		142T	145		2,000
	US		CUT	76	77			153	13		153	0	119T	141T		1,000
2005	O		52T	72	71	75	70	288	0	14	143	218	41T	47T	70T	10,931
2006	O		CUT	76	74			150	6		150		137T	131T		2,000
2007	O		CUT	73	74			147	5		147		60T	71T		3,200
2008	O		CUT	77	73			150	10		150		91T	84T		3,200
Lawrie, Peter																
2005	O		CUT	74	78			152	8		152		74T	135T		2,000

Year	*Event*	*A*	*Pos*	*R1*	*R2*	*R3*	*R4*	*Tot*	*P/M*	*SBW*	*R2T*	*R3T*	*R1P*	*R2P*	*R3P*	*W*
Laws, Steven																
1979	O		CUT	82	80			162	20		162		133T	139T		200
Lawson, Andrew																
1889	O	A	UNK													
1891	O	A	46T	94	94			188		22						
1893	O	A	36T	89	89	85	89	352		30	178	263	47T	44T	33T	
Lawson, Brian S.																
1981	O		CUT	82	74			156	16		156		133T	123T		225
Laycock, Scott																
2002	O		CUT	73	74			147	5		147		86T	108T		2,500
	PGA		CUT	80	76			156	12		156	0	140T	133T		2,000
2007	O		CUT	74	80			154	12		154		78T	138T		2,100
Layton, E. Noel																
1911	O	A	66	78	82	87	86	333		30	160	247	35T	46T	65T	
1922	O	A	69	85	84	84	78	331		31	169	253	70T	71T	71T	
Lazane, M. Robert "Babe"																
1948	US		CUT	76	79			155	13		155		91T	110T		
Leach, Frederick																
1905	O		UNK													
1907	O		47T	88	87	86	81	342		30	175	261	46T	55T	55T	
1910	O		UNK	80												
1911	O		27T	75	79	87	75	316		13	154	241	10T	21T	44T	
1912	O		17T	75	82	81	77	315		20	157	238	7T	17T	19T	
1913	O		42T	80	84	88	83	335		31	164	252	32T	44T	43T	
1914	O		21T	76	86	78	82	322		16	162	240	7T	36T	18T	
1920	O		29T	83	82	78	81	324		21	165	243	51T	43T	31T	
1921	O		6T	78	75	76	73	302		6	153	229	31T	18T	13T	6
1922	O		36T	82	79	79	78	318		18	161	240	55T	38T	39T	
1923	O		70	79	82	77	85	323		28	161	238				
1924	O		22T	78	74	86	78	316		15	152	238	18T	6T	25T	
1928	O		CUT	83	80			163	19		163		80T	79T		
Leach, James O. "Jack"																
1929	US		51T	79	78	83	80	320	32	26	157	240	60T	39T	52T	
Leach, William M. "Whitey"																
1921	PGA		32T													50
	US		37	79	83	77	81	320	40	31	162	239	30T	44T	30T	
1923	PGA		64T													
1925	PGA		32T													
1926	PGA		16T													
	US		32T	79	74	79	80	312	24	19	153	232	55T	18T	25T	
1927	US		CUT	81	83			164	20		164		50T	63T		
1928	US		6T	72	74	73	80	299	15	5	146	219	4T	2T	2T	74
1929	US		57	79	79	80	85	323	35	29	158	238	60T	50T	47T	
1930	US		CUT	83	77			160	14		160		123T	95T		
Leaney, Stephen John																
1995	O		CUT	76	74			150	6		150		135T	116T		650
1998	O		CUT	75	76			151	11		151		127T	124T		700
	PGA		68	72	70	72	79	293	13	22	142	214	60T	29T	35T	5,650
1999	O		CUT	79	77			156	14		156		83T	83T		1,100
	PGA		CUT	76	76			152	8		152		116T	126T		1,750
	US		CUT	76	72			148	8		148		132T	69T		1,000
2000	O		CUT	75	70			145	1		145		111T	75T		1,300
2001	O		CUT	76	69			145	3		145		124T	71T		1,300
2002	O		37T	71	70	75	69	285	1	7	141	216	38T	36T	43T	16,917
2003	O		65T	74	76	78	70	298	14	15	150	228	35T	59T	72T	9,050
	PGA		CUT	73	76			149	9		149	0	42T	71T		2,000
	US		2	67	68	68	72	275	-5	3	135	203	5T	3T	2	650,000
2004	M		17T	76	71	73	69	289	1	10	147	220	53T	25T	26T	97,500
	O		CUT	73	74			147	5		147		73T	85T		2,500
	PGA		CUT	74	73			147	3		147	0	83T	92T		2,000
	US		40T	72	70	71	84	297	17	21	142	213	40T	23T	13T	30,671
2005	PGA		CUT	74	72			146	6		146		97T	91T		2,000
2007	PGA		CUT	77	78			155	15		155		116T	134T		2,000
Leaver, Bob																
1978	PGA		CUT	85	79			164	22		164		146	140T		303
1985	PGA		CUT	78	74			152	8		152		134T	114T		1,000
1986	PGA		CUT	78	83			161	19		161		137T	145T		1,000

Year	*Event*	*A*	*Pos*	*R1*	*R2*	*R3*	*R4*	*Tot*	*P/M*	*SBW*	*R2T*	*R3T*	*R1P*	*R2P*	*R3P*	*W*
Leaver, Tom																
1911	O		CUT	91	86			177			177		197T	178T		
Leaver, William John																
1897	O		39T	89	85	90	86	350		36	174	264				
1899	O		WD	91				91					61T			
1902	O		38T	85	82	82	90	339		32	167	249			31T	
1903	O		8	79	79	77	80	315		15	158	235			7T	
1904	O		33T	85	80	82	81	328		32	165	247			34T	
1906	O		12T	80	76	78	81	315		15	156	234			11T	
1908	O		13T	79	79	75	78	311		20	158	233	28T	28T	18T	
1910	O		32T	79	81	77	81	318		19	160	237			35T	
1911	O		CUT	85	84			169			169		143T	128T		
Lebeck, David																
1999	US		46T	74	70	78	76	298	18	19	144	222	95T	29T	46T	12,060
Leber, Kenneth																
1979	US		CUT	82	76			158	16		158		130T	102T		600
Lebouc, Antoine																
1996	O		CUT	72	76			148	6		148		63T	120T		650
Le Brocq, Terry S.																
1968	O		CUT	80	77			157	13		157		87T	81T		
1973	O		CUT	78	79			157	13		157		87T	120T		50
1975	O		57T	72	76	72	78	298	10	19	148	220	20T	63T	50T	175
1976	O		CUT	80	79			159	15		159		114T	132T		100
1980	O		CUT	79	81			160	18		160		123T	146T		225
LeClair, Huston L., Jr.																
1959	US		CUT	82	77			159	19		159		130T	120T		
1960	US		33T	70	74	76	73	293	9	13	144	220	4T	22T	42T	330
1962	US		CUT	79	72			151	9		151		124T	52T		
1963	US		CUT	80	75			155	13		155		105T	73T		150
1964	PGA		56T	73	74	72	74	293	13	22	147	219	50T	56T	46T	270
1965	PGA		71T	77	74	75	79	305	21	25	151	226	104T	70T	62T	300
LeClerce, Andrew																
1962	O		CUT	83	87			170	26		170		109T	118		
Ledesma, Jorge C., Jr.																
1963	M	A	CUT	76	79			155	11		155		42T	61T		
Lee, Daren																
1992	O	A	68T	68	72	77	76	293	9	21	140	217	15T	28T	60T	
1998	O		CUT	76	78			154	14		154		137T	139T		700
2001	O		CUT	76	72			148	6		148		124T	103T		1,100
Lee, David																
1973	PGA		CUT	79	79			158	16		158		117T	129T		
1984	US		CUT	76	85			161	21		161		105T	144T		600
Lee, Dong-Hwan																
2007	O		CUT	75	78			153	11		153		104T	130T		2,100
Lee, Emory																
1962	PGA		CUT	82	80			162	22		162		159T	157T		
1968	US		CUT	79	84			163	23		163		125T	148		500
Lee, Howard B.																
1912	US	A	41T	82	80	81	82	325	29	31	162	243	65T	54T	47T	
1920	US	A	64	83	82	83	79	327	39	32	165	248	61T	65T	65	
Lee, Ian																
1981	O		CUT	91	81			172	32		172		153	153		225
Lee, Jeff																
1991	US	A	CUT	80	78			158	14		158		140T	139T		
2000	US		CUT	79	78			157	15		157		130T	130T		1,000
Lee, John																
1994	PGA		CUT	77	74			151	11		151		121T	123T		1,200
1997	PGA		CUT	74	81			155	15		155		78T	132T		1,300
Lee, Patrick (England)																
1964	O		CUT	83	75			158	14		158		93T	77T		
Lee, Patrick (USA)																
1998	US		CUT	72	76			148	8		148		24T	61T		1,000

Year	Event	A	Pos	R1	R2	R3	R4	Tot	P/M	SBW	R2T	R3T	R1P	R2P	R3P	W
Lee, Richard (earlier)																
1973	US		CUT	83	82			165	23		165		137T	144		500
Lee, Richard (later)																
2007	US	A	WD	79				79	9				128T			
Lee, Robert																
1985	O		25T	68	73	74	74	289	9	7	141	215	2T	6T	11T	3,742
1986	O		21T	71	75	75	73	294	14	14	146	221	2T	18T	24T	5,022
1987	O		CUT	74	77			151	9		151		79T	117T		400
1988	O		CUT	75	77			152	10		152		63T	95T		450
1993	O		CUT	72	74			146	6		146		84T	110T		600
1996	O		CUT	77	73			150	8		150		143T	138T		650
Lee, Seung-Ho																
2007	O		CUT	77	76			153	11		153		128T	130T		2,100
Lee, Terence																
1962	O	A	CUT	90	84			174	30		174		119	119		
Lee, Won-Joon																
2007	O		49T	73	73	70	75	291	7	14	146	216	60T	53T	37T	13,000
Leeder, Malcolm T.																
1962	O		CUT	76	82			158	14		158		33T	90T		
1963	O		20T	76	73	74	70	293	13	16	149	223	59T	40T	36T	78
1964	O		44	77	76	75	80	308	20	29	153	228	28T	37T	38T	28
1966	O		CUT	82	76			158	16		158		117T	106T		
1967	O		36T	72	76	75	74	297	9	19	148	223	23T	35T	40T	79
1968	O		CUT	82	81			163	19		163		110T	117T		
1972	O		CUT	77	80			157	15		157		86T	118T		50
Leeds, Herbert Corey																
1898	US	A	8T	81	84	93	89	347		19	165	258	2T	3	7T	
Leen, Randy																
1996	US	A	60T	77	71	70	73	291	11	13	148	218	129T	98T	54T	
Lees, Arthur																
1935	O		41T	76	77	76	76	305	17	22	153	229	44T	57T	43T	
1936	O		39	79	74	78	77	308	12	21	153	231	60T	40T	39T	
1938	O		CUT	75	75			150	10		150		39T	43T		
1939	O		CUT	81	73			154	8		154		119T	65T		
1946	O		18T	77	71	78	82	308	16	18	148	226	23T	11T	11T	
1947	O		6T	75	74	72	76	297	25	4	149	221	11T	5T	1T	
1948	O		11T	73	69	73	78	293	21	9	142	215	14T	4T	3T	
1949	O		6T	74	70	72	71	287	-1	4	144	216	43T	6T	7T	20
1950	O		7T	68	76	68	72	284	4	5	144	212	1	11T	4T	20
1951	O		31T	75	74	76	78	303	15	18	149	225	26T	19T	23T	
1952	O		9T	76	72	76	74	298	-2	11	148	224	54T	24T	19T	
1953	O		13	76	76	72	72	296	8	14	152	224	25T	26T	15T	30
1955	O		CUT	76	78			154	10		154		64T	77T		
1957	O		45	75	71	77	80	303	15	24	146	223	45T	27T	42T	
1962	O		CUT	78	83			161	17		161		65T	100T		
1963	O		CUT	75	79			154	14		154		42T	81T		
Lees, Harold																
1956	O		CUT	81	75			156	14		156		88T	63T		
Lees, Walter																
1947	O		CUT	78	80			158	22		158		35T	47T		
1948	O		CUT	75	78			153	17		153		34T	54T		
1949	O		17	74	72	69	78	293	5	10	146	215	43T	19T	6	
1951	O		CUT	79	77			156	12		156		60T	55T		
1952	O		CUT	77	85			162	12		162		67T	88T		
1953	O		CUT	83	76			159	15		159		81T	70T		
1954	O		CUT	78	75			153	7		153		68T	61T		
1955	O		CUT	74	76			150	6		150		45T	56T		
1957	O		CUT	77	78			155	11		155		69T	84T		
1962	O		CUT	80	77			157	13		157		92T	83T		
Legg, Harry G.																
1916	US	A	40T	76	80	76	80	312	24	26	156	232	21T	41T	36T	
Leggatt, Ian Donald																
2002	PGA		CUT	75	74			149	5		149	0	75T	73T		2,000
	US		54T	72	77	72	76	297	17	20	149	221	25T	52T	50T	14,764
2003	US		20T	68	70	68	77	283	3	11	138	206	7T	12T	5T	64,170

Year	Event	A	Pos	R1	R2	R3	R4	Tot	P/M	SBW	R2T	R3T	R1P	R2P	R3P	W
2005	US		CUT	75	76			151	11		151		75T	106T		2,000
2008	US		74T	72	76	76	77	301	17	18	148	224	19T	49T	66T	14,306

Legrange, Cobie

Year	Event	A	Pos	R1	R2	R3	R4	Tot	P/M	SBW	R2T	R3T	R1P	R2P	R3P	W
1964	O		CUT	87	76			163	19		163		114T	103T		
1965	M		CUT	76	76			152	8		152		72T	61T		900
	O		17T	76	73	75	72	296	4	11	149	224	59T	44T	30T	103
1966	M		CUT	78	81			159	15		159		70T	92T		1,000
	O		CUT	75	77			152	10		152		52T	68T		
1967	US		CUT	74	75			149	9		149		49T	67T		400
1969	O		11T	79	70	71	69	289	5	9	149	220	102T	55T	30T	657

Lehman, John E.

Year	Event	A	Pos	R1	R2	R3	R4	Tot	P/M	SBW	R2T	R3T	R1P	R2P	R3P	W
1931	US	A	CUT	87	81			168	26		168		132T	113T		
1932	US	A	CUT	87	83			170	30		170		125T	125		
1934	US	A	CUT	77	82			159	19		159		44T	86T		
1938	US	A	CUT	82	78			160	18		160		106T	97T		
1940	US	A	CUT	82	72			154	10		154		138T	66T		
1949	US	A	CUT	79	78			157	15		157		107T	99T		

Lehman, Thomas Edward

Year	Event	A	Pos	R1	R2	R3	R4	Tot	P/M	SBW	R2T	R3T	R1P	R2P	R3P	W
1986	US		CUT	78	77			155	15		155		77T	110T		600
1987	US		CUT	77	72			149	9		149		121T	96T		600
1990	US		CUT	75	71			146	2		146		100T	69T		1,000
1992	US		6T	69	74	72	77	292	4	7	143	215	6	12T	8T	32,316
1993	M		3T	67	75	73	68	283	-5	6	142	215	1T	17T	17T	81,600
	O		59T	69	71	73	73	286	6	19	140	213	29T	24T	42T	4,025
	PGA		CUT	74	74			148	6		148		103T	118T		1,200
	US		19T	71	70	71	70	282	2	10	141	212	45T	28T	23T	18,072
1994	M		2	70	70	69	72	281	-7	2	140	209	4T	2T	1	216,000
	O		24T	70	69	70	69	278	-2	10	139	209	31T	22T	27T	7,972
	PGA		39T	73	71	68	74	286	6	17	144	212	61T	52T	25T	6,030
	US		33T	77	68	73	75	293	9	14	145	218	104T	36T	36T	9,578
1995	M		40	71	72	74	75	292	4	18	143	217	24T	29T	42	9,500
	PGA		CUT	72	75			147	5		147		82T	115T		1,200
	US		3	70	72	67	74	283	3	3	142	209	11T	21T	1T	131,974
1996	M		18T	75	70	72	73	290	2	14	145	217	57T	28T	23T	32,600
	O		1	67	67	64	73	271	-13	-2	134	198	2T	1T	1	200,000
	PGA		14T	71	71	69	70	281	-7	4	142	211	29T	25T	15T	39,000
	US		2T	71	72	65	71	279	-1	1	143	208	24T	27T	1	204,801
1997	M		12T	73	76	69	69	287	-1	17	149	218	18T	40T	18T	52,920
	O		24T	74	72	72	66	284	0	12	146	218	40T	49T	48T	10,362
	PGA		10T	69	72	72	70	283	3	14	141	213	11T	21T	19T	60,000
	US		3	67	70	68	73	278	-2	2	137	205	4T	1	1	172,828
1998	M		CUT	80	76			156	12		156		78T	71T		5,000
	O		CUT	71	79			150	10		150		42T	113T		800
	PGA		29T	71	71	70	72	284	4	13	142	212	46T	29T	24T	17,100
	US		5T	68	75	68	75	286	6	6	143	211	3T	14T	2T	107,392
1999	M		31T	73	72	73	75	293	5	13	145	218	34T	22T	32T	23,720
	O		CUT	76	80			156	14		156		37T	83T		1,100
	PGA		34T	70	74	76	71	291	3	14	144	220	10T	40T	56T	15,429
	US		28T	73	74	73	73	293	13	14	147	220	71T	59T	33T	26,186
2000	M		6	69	72	75	69	285	-3	7	141	216	2	5T	9T	165,600
	O		4T	68	70	70	70	278	-10	9	138	208	4T	6T	7T	130,000
	PGA		WD	82				82	10				141T			
	US		23T	71	73	78	73	295	11	23	144	222	18T	11T	22T	45,537
2001	M		18T	75	68	71	68	282	-6	10	143	214	66T	30T	25T	81,200
	O		CUT	75	72			147	5		147		105T	94T		1,100
	PGA		CUT	72	72			144	4		144	0	87T	96T		2,000
	US		24T	76	68	69	74	287	7	11	144	213	108T	34T	16T	42,523
2002	M		CUT	76	72			148	4		148		67T	46T		5,000
	O		CUT	70	76			146	4		146		23T	95T		2,500
	PGA		29T	71	72	77	73	293	5	15	143	220	11T	19T	27T	33,500
	US		45T	71	76	72	76	295	15	18	147	219	13T	33T	35T	20,072
2003	M		CUT	75	76			151	7		151		35T	55T		5,000
	O		46T	77	73	72	73	295	11	12	150	222	82T	59T	49T	11,864
	PGA		CUT	75	75			150	10		150	0	77T	83T		2,000
2004	O		CUT	73	78			151	9		151		73T	127T		2,250
2005	M		13T	74	74	70	69	287	-1	11	148	218	33T	42T	26T	135,333
	O		23T	75	69	70	70	284	-4	10	144	214	97T	55T	39T	32,500
	PGA		CUT	72	79			151	11		151		59T	132T		2,000
	US		CUT	77	72			149	9		149		113T	84T		2,000
2006	M		CUT	76	75			151	7		151		55T	60T		5,000
	O		CUT	68	77			145	1		145		7T	84T		2,500
	PGA		CUT	77	71			148	4		148		138T	109T		2,000

Year	Event	A	Pos	R1	R2	R3	R4	Tot	P/M	SBW	R2T	R3T	R1P	R2P	R3P	W
	US		CUT	78	76			154	14		154		112T	113T		2,000
2007	O		51T	73	73	74	73	293	9	16	146	220	60T	53T	62T	12,125
	PGA		69T	73	71	74	78	296	16	24	144	218	53T	42T	58T	13,050
2008	O		32T	74	73	73	75	295	15	12	147	220	38T	38T	20T	25,036
	PGA		42T	74	70	75	74	293	13	16	144	219	61T	21T	39T	24,500
Lehmann, Ernest																
1892	O	A	51	100	86	91	90	367		62	186	277			51	
1894	O	A	50T	91	98	94	99	382		56	189	283	27T	51T	54T	
Lehms, Richard F., Jr.																
1957	US	A	CUT	84	82			166	26		166		151T	146T		
Lehnhard, Bruce B.																
1971	US		CUT	80	79			159	19		159		143T	136T		500
1987	PGA		CUT	84	82			166	22		166		137T	139T		1,000
1989	PGA		CUT	82	74			156	12		156		146T	133T		1,000
1992	PGA		CUT	77	79			156	14		156		126T	134T		1,200
Leibovich, Ricardo A. "Rick"																
2008	PGA		CUT	78	78			156	16		156		124T	133T		2,500
Leider, Charles																
1966	PGA		CUT	80	75			155	15		155		131T	107T		
Leigh, Charles Henry																
1899	O		WD	101				101					73T			
Leiper, Alex																
1961	PGA		CUT	75	79			154	14		154		71T	110T		
Leishman, Gordon W.																
1957	PGA		128T													50
1960	PGA		CUT	78	78			156	16		156		122T	128T		
1962	PGA		CUT	75	82			157	17		157		67T	139T		
1963	PGA		CUT	81	75			156	14		156		137T	119T		
1973	PGA		CUT	81	81			162	20		162		133T	139		
Leitch, Daniel																
1888	O		UNK													
1896	US		WD	83				83					13T			
1899	US		22	87	85	85	90	347		32	172	257	23T	15T	15	
1901	US		WD	96	97	86		279			193	279	45T	48T	40	
1902	US		40T	84	86	87	88	345		38	170	257	24T	27T	34T	
Leitch, David																
1883	O	A	20	88	86			174		15	174					
1886	O	A	UNK													
1887	O	A	WD													
1888	O	A	26	93	96			189		18						
1889	O	A	UNK													
1890	O	A	13	86	93			179		15						
1891	O	A	46T	98	90			188		22						
1892	O	A	34	85	88	79	84	336		31	173	252			33T	
1895	O	A	WD	91	91			182			182		38T			
Lema, Anthony David																
1956	US		50	77	71	79	81	308	28	27	148	227	78T	32T	47T	200
1962	PGA		WD	74	73			147	7		147	0	48T	47T		
	US		CUT	76	75			151	9		151		64T	52T		
1963	M		2	74	69	74	70	287	-1	1	143	217	14T	6T	4T	12,000
	PGA		13T	70	71	77	69	287	3	8	141	218	7T	2T	30T	1,550
	US		5T	71	74	74	76	295	11	2	145	219	3T	6T	2T	3,167
1964	M		9T	75	68	74	70	287	-1	11	143	217	48T	5T	16T	1,700
	O		1	73	68	68	70	279	-9	-5	141	209	5T	1	1	1,500
	PGA		9T	71	68	72	71	282	2	11	139	211	22T	5T	10T	2,300
	US		20	71	72	75	75	293	13	15	143	218	3T	6T	11T	700
1965	M		21T	67	73	77	74	291	3	20	140	217	2T	5	14T	1,200
	O		5T	68	72	75	74	289	-3	4	140	215	1	1T	2T	475
	PGA		61T	71	76	75	80	302	18	22	147	222	13T	31T	42T	300
	US		8T	72	74	73	70	289	9	7	146	219	10T	11T	12T	2,500
1966	M		22T	74	74	74	76	298	10	10	148	222	16T	21T	19T	1,300
	O		30T	71	76	76	75	298	14	16	147	223	3T	23T	35	102
	PGA		34T	78	71	72	74	295	15	15	149	221	102T	48T	32T	775
	US		4T	71	74	70	71	286	6	8	145	215	9T	12T	7T	6,500
Lenczyk, Ted N.																
1955	M	A	59T	77	80	77	81	315	27	36	157	234	31T	59T	54T	
1957	US	A	CUT	75	78			153	13		153		51T	75T		

Year	Event	A	Pos	R1	R2	R3	R4	Tot	P/M	SBW	R2T	R3T	R1P	R2P	R3P	W
Lendzion, Robert L.																
1983	PGA		CUT	74	74			148	6		148		86T	88T		1,000
1985	PGA		CUT	75	79			154	10		154		105T	126T		1,000
1987	PGA		CUT	78	84			162	18		162		94T	128T		1,000
1988	PGA		CUT	78	75			153	11		153		123T	125T		1,000
1991	PGA		CUT	76	83			159	15		159		117T	137T		1,000
1995	PGA		WD	76				76	5				130T			1,200
Lennox, Brodie A.																
1948	O	A	CUT	79	79			158	22		158		71T	80T		
Leonard, Floyd G.																
1933	US		WD	84				84	12				130T			
Leonard, G. L.																
1950	US		WD	87				87	17				160			
Leonard, Grant																
1947	US		WD													
Leonard, Justin Charles Garret																
1993	M	A	CUT	76	73			149	5		149		74T	65T		
	O	A	CUT	74	74			148	8		148		132T	125T		
	US	A	68T	69	71	73	75	288	8	16	140	213	13T	13T	36T	
1995	O		58T	73	67	77	77	294	6	12	140	217	85T	10T	39T	5,475
	PGA		8T	68	66	70	70	274	-10	7	134	204	15T	3	7T	50,000
1996	M		27T	72	74	75	72	293	5	17	146	221	33T	37T	34T	18,900
	O		CUT	79	68			147	5		147		153T	107T		650
	PGA		5T	71	66	72	70	279	-9	2	137	209	29T	2	7T	86,667
	US		50T	71	76	67	76	290	10	12	147	214	24T	87T	22T	6,619
1997	M		7T	76	69	71	70	286	-2	16	145	216	42T	16T	12T	78,570
	O		1	69	66	72	65	272	-12	-3	135	207	3T	2	3T	250,000
	PGA		2	68	70	65	71	274	-6	5	138	203	4T	3T	1T	280,000
	US		36T	69	72	78	70	289	9	13	141	219	8T	9T	53T	13,483
1998	M		8T	74	73	69	69	285	-3	6	147	216	25T	21T	14T	89,600
	O		57T	73	73	82	69	297	17	17	146	228	89T	65T	76T	6,264
	PGA		CUT	70	77			147	7		147		21T	83T		1,500
	US		40T	71	75	77	71	294	14	14	146	223	16T	38T	52T	15,155
1999	M		18T	70	72	73	74	289	1	9	142	215	5T	7T	17T	52,160
	O		2PO	73	74	71	72	290	6	-1	147	218	4T	7T	2T	185,000
	PGA		CUT	73	75			148	4		148		58T	84T		1,750
	US		15T	69	75	73	73	290	10	11	144	217	10T	29T	14T	58,215
2000	M		28T	72	71	77	73	293	5	15	143	220	10T	12T	31T	28,673
	O		41T	70	74	72	71	287	-1	18	144	216	26T	60T	55T	10,345
	PGA		41T	73	73	71	70	287	-1	17	146	217	42T	51T	52T	17,000
	US		16T	73	73	75	72	293	9	21	146	221	39T	26T	15T	65,214
2001	M		27T	73	71	72	71	287	-1	15	144	216	43T	34T	32T	40,600
	O		CUT	74	71			145	3		145		87T	71T		1,300
	PGA		10T	70	69	67	69	275	-5	10	139	206	56T	45T	14T	122,000
	US		CUT	78	73			151	11		151	0	136T	112T		1,000
2002	M		20T	70	75	74	70	289	1	13	145	219	7T	23T	32T	65,240
	O		14T	71	72	68	70	281	-3	3	143	211	38T	50T	3T	49,750
	PGA		4T	72	66	69	77	284	-4	6	138	207	22T	1T	1	235,000
	US		12T	73	71	68	76	288	8	11	144	212	41T	10T	8T	102,338
2003	M		CUT	82	73			155	11		155		82T	69T		5,000
	O		CUT	74	77			151	9		151		35T	76T		3,000
	PGA		CUT	79	75			154	14		154	0	123T	115T		2,000
	US		20T	66	70	72	75	283	3	11	136	208	3T	5T	12T	64,170
2004	M		35T	76	72	72	76	296	8	17	148	220	53T	32T	26T	35,913
	O		16T	70	72	71	71	284	0	10	142	213	26T	24T	20T	47,000
	PGA		2PO	66	69	70	75	280	-8	-1	135	205	2T	1T	2	550,000
	US		CUT	71	75			146	6		146	0	30T	67T		1,000
2005	M		13T	75	71	70	71	287	-1	11	146	216	42T	23T	16T	135,333
	O		52T	73	71	75	69	288	0	14	144	219	56T	55T	73T	10,931
	PGA		CUT	69	76			145	5		145		18T	80T		2,000
	US		23T	76	71	70	73	290	10	10	147	217	94T	57T	26T	59,633
2006	M		39T	75	70	79	71	295	7	14	145	224	48T	23T	43T	30,100
	PGA		CUT	75	71			146	2		146		116T	84T		2,000
	US		CUT	77	75			152	12		152		90T	82T		2,000
2007	O		CUT	74	73			147	5		147		78T	71T		3,200
	PGA		CUT	75	72			147	7		147		85T	85T		2,000
	US		CUT	75	76			151	11		151		77T	64T		2,000
2008	M		20T	72	74	72	73	291	3	11	146	218	19T	29T	28T	84,300
	O		16T	77	70	73	73	293	13	10	147	220	91T	38T	20T	53,167
	PGA		58T	74	71	72	80	297	17	20	145	217	61T	26T	31T	15,375
	US		36T	75	72	75	71	293	9	10	147	222	64T	42T	47T	35,709

Year	Event	A	Pos	R1	R2	R3	R4	Tot	P/M	SBW	R2T	R3T	R1P	R2P	R3P	W
Leonard, Paul																
1972	O		CUT	74	76	79		229	16		150	229	35T	49T	82T	75
1975	O		12T	70	69	73	74	286	-2	7	139	212	8T	6T	14T	1,750
1976	O		CUT	81	79			160	16		160		123T	140T		100
1984	O		CUT	75	76			151	7		151		95T	125T		330
Leonard, Stanley																
1952	M		34T	75	76	75	79	305	17	19	151	226	41T	38T	30T	200
1955	M		8T	77	73	68	74	292	4	13	150	218	31T	25T	7T	813
1956	M		24T	75	75	79	74	303	15	14	150	229	38T	33T	40T	480
	O		CUT	72	83			155	13		155		12T	55T		
1957	M		11T	75	72	68	78	293	5	10	147	215	29T	13T	2T	941
	US		32T	71	76	73	77	297	17	15	147	220	11T	21T	23T	240
1958	M		4T	72	70	73	71	286	-2	2	142	215	18T	4T	11T	1,969
1959	M		4T	69	74	69	75	287	-1	3	143	212	1	2	1T	2,625
1960	M		9T	72	72	72	74	290	2	8	144	216	12T	13T	8T	1,575
	US		CUT	76	75			151	9		151		82T	83T		
1961	M		15T	72	74	71	72	289	1	9	146	217	9T	18T	16T	1,300
1962	M		CUT	77	74			151	7		151		70T	61T		400
	US		25T	72	73	78	74	297	13	14	145	223	10T	12T	28T	500
1963	M		21T	74	72	73	75	294	6	8	146	219	14T	11T	9T	1,000
	US		CUT	82	75			157	15		157		127T	94T		150
1964	M		CUT	77	76			153	9		153		71T	71T		700
1965	M		CUT	71	84			155	11		155		21T	77T		900
Lepre, Charles																
1952	PGA		64T													100
1955	US		CUT	83	84			167	27		167		121T	130T		
1956	PGA		32T													
1957	US		CUT	81	83			164	24		164		137T	144		
1958	PGA		CUT	78	74	77		229	19		152	229	92T	59T	65T	
1959	US		CUT	83	84			167	27		167		138T	146		
1960	PGA		CUT	76	76			152	12		152		83T	96T		
1962	PGA		CUT	76	79			155	15		155		82T	130T		
1963	PGA		CUT	75	79			154	12		154		65T	99T		
1964	PGA		CUT	76	73	78		227	17		149	227	98T	82T	86T	
1965	PGA		CUT	81	77			158	16		158		148T	135T		
Lesch, Gene																
1963	PGA		CUT	76	78			154	12		154		83T	99T		
1964	PGA		CUT	80	79			159	19		159		145T	143T		
Lesher, Gregory																
1989	US	A	63T	70	72	76	78	296	16	18	142	218	22T	28T	46T	
1996	US		CUT	81	73			154	14		154		153	142T		1,000
Leskosky, Vincent L.																
1958	PGA		CUT	82	75			157	17		157		142T	117T		
Leslie, P.																
1967	O		CUT	83	86			169	25		169		127T	128T		
Leslie, Perry																
1980	PGA		CUT	79	81			160	20		160		118T	134T		500
Leslie, Richard																
1897	US		21T	90	92			182		20			20T			
Leslie, William																
1900	US		WD	97	96	95		288			193	288	53T	55T	52	
Lesser, Les																
1960	PGA		CUT	77	86			163	23		163		106T	170T		
Lester, Eric G.																
1953	O		17T	83	70	72	73	298	10	16	153	225	81T	33T	20T	30
1954	O		20T	72	75	73	73	293	1	10	147	220	7T	21T	19T	
1955	O		CUT	76	75			151	7		151		64T	61T		
1956	O		22T	70	76	77	78	301	17	15	146	223	3T	6	12T	
1957	O		15T	71	76	70	73	290	2	11	147	217	11T	37T	16T	
1958	O		8T	73	66	71	74	284	0	6	139	210	31T	5T	7T	125
1959	O		35T	73	71	78	75	297	9	13	144	222	23T	10T	34T	
1961	O		25T	71	77	75	78	301	13	17	148	223	13T	9T	15T	
1962	O		CUT	80	75			155	11		155		92T	62T		
1963	O		CUT	77	81			158	18		158		78T	101T		
1966	O		47T	74	76	74	79	303	19	21	150	224	34T	55T	36T	78
1967	O		CUT	75	75			150	6		150		63T	59T		
1974	O		CUT	79	81			160	18		160		89T	103T		50

Year	Event	A	Pos	R1	R2	R3	R4	Tot	P/M	SBW	R2T	R3T	R1P	R2P	R3P	W
Lester, Horace																
1956	O		CUT	74	85			159	17		159		30T	74T		
Lester, Robert A.																
1936	US	A	CUT	77	77			154	10		154		98T	97T		
Letellier, Ron																
1965	US		CUT	84	70			154	14		154		137T	76T		300
1967	US		CUT	73	79			152	12		152		34T	100T		400
1972	PGA		58T	75	75	70	79	299	19	18	150	220	69T	63T	40T	333
	US		47T	75	77	74	82	308	20	18	152	226	31T	38T	30T	930
1975	PGA		65T	76	72	75	75	298	18	22	148	223	79T	66T	60T	429
Letzig, Michael Richard																
2008	O		CUT	78	74			152	12		152		110T	114T		2,650
	US		CUT	77	75			152	10		152		100T	104T		2,000
Leven, George																
1978	O		CUT	79	80			159	15		159		139T	149T		175
Levenson, Gavan Neil																
1975	O	A	CUT	80	77			157	13		157		133T	135T		
1979	O		CUT	80	76			156	14		156		118T	102T		200
1980	O		CUT	79	72			151	9		151		123T	95T		225
1983	US		CUT	74	83			157	15		157		25T	104T		600
1984	O		36T	74	70	73	72	289	1	13	144	217	69T	30T	33T	2,230
	PGA		CUT	78	71			149	5		149		109T	71T		1,000
	US		CUT	75	79			154	14		154		89T	122T		600
1987	O		CUT	75	72			147	5		147		97T	79T		400
1989	O		79	69	76	77	79	301	13	26	145	222	9T	57T	79	2,400
1990	O		CUT	75	74			149	5		149		127T	134T		550
1991	O		57T	72	73	73	68	286	6	14	145	218	61T	67T	83T	3,550
Levergne, Gerald "Red"																
1964	PGA		CUT	83	87			170	30		170		160	160		
Levermore, D. A.																
1946	O		CUT	79	81			160	16		160		39T	61T		
Levermore, Stuart J.																
1970	O		CUT	70	83			153	9		153		25T	102T		
1974	O		50	77	77	76	76	306	22	24	154	230	46T	46T	47T	130
Le Vesconte, Adam																
2003	O		CUT	82	80			162	20		162		137T	146T		2,000
2004	O		CUT	77	80			157	15		157		137T	148T		2,000
Levet, Thomas Jean Roger																
1998	O		CUT	72	75			147	7		147		62T	82T		1,000
1999	O		49T	78	76	76	74	304	20	14	154	230	68T	64T	61T	7,217
2001	O		66T	72	72	77	75	296	12	22	144	221	52T	62T	69	8,225
2002	O		2PO	72	66	74	66	278	-6	-1	138	212	60T	9T	10T	286,667
	PGA		71	78	70	82	80	310	22	32	148	230	123T	57T	68T	10,200
	US		18T	71	77	70	72	290	10	13	148	218	13T	41T	25T	68,995
2003	M		CUT	79	77			156	12		156		72T	78T		5,000
	O		22T	71	73	74	73	291	7	8	144	218	6T	4T	18T	32,916
2004	O		5T	66	70	71	72	279	-5	5	136	207	1T	2	5	159,500
	PGA		CUT	74	72			146	2		146	0	83T	74T		2,000
	US		CUT	75	75			150	10		150	0	99T	118T		1,000
2005	M		13T	71	75	68	73	287	-1	11	146	214	8T	23T	10T	135,333
	O		34T	69	71	75	71	286	-2	12	140	215	13T	14T	50T	22,000
	PGA		CUT	79	68			147	7		147		149T	98T		2,000
	US		52T	75	73	73	74	295	15	15	148	221	75T	72T	57T	17,667
2006	M		CUT	78	71			149	5		149		68T	48T		5,000
2008	US		CUT	74	76			150	8		150		49T	81T		2,000
Levi, Wayne John																
1975	US		CUT	80	73			153	11		153		127T	93T		500
1976	US		28T	74	73	74	73	294	14	17	147	221	34T	26T	31T	1,412
1977	US		CUT	75	76			151	11		151		77T	84T		500
1978	US		46T	76	73	74	77	300	16	15	149	223	57T	39T	37T	1,350
1979	US		25T	77	73	75	72	297	13	13	150	225	69T	38T	47T	2,000
1980	M		CUT	76	71			147	3		147		62T	53T		1,500
	PGA		CUT	74	79			153	13		153		58T	96T		500
	US		45T	72	71	73	75	291	11	19	143	216	30T	30T	38T	1,530
1981	M		25T	72	71	73	75	291	3	11	143	216	18T	13T	18T	2,700
	PGA		49T	70	71	73	75	289	9	16	141	214	12T	18T	31T	913
1982	M		24T	77	76	72	70	295	7	11	153	225	39T	36T	32T	3,075

Year	Event	A	Pos	R1	R2	R3	R4	Tot	P/M	SBW	R2T	R3T	R1P	R2P	R3P	W
	PGA		CUT	76	73			149	9		149		107T	94T		650
1983	M		12T	72	70	74	73	289	1	9	142	216	29T	11T	16T	10,125
	US		43T	74	76	74	76	300	16	20	150	224	25T	47T	37T	2,847
1984	M		11T	71	72	69	72	284	-4	7	143	212	13T	16T	10T	13,200
	PGA		CUT	76	76			152	8		152		87T	93T		1,000
	US		WD	75				75	5				89T			600
1985	M		18T	75	72	70	73	290	2	8	147	217	46T	39T	15T	9,128
	PGA		18T	72	69	74	71	286	-2	8	141	215	52T	10T	18T	6,600
	US		46T	75	71	70	76	292	12	13	146	216	85T	57T	28T	3,496
1986	M		35	73	76	67	76	292	4	13	149	216	19T	40T	22T	4,300
	PGA		30T	68	73	71	76	288	4	12	141	212	4T	11T	12T	4,000
	US		55T	77	70	74	75	296	16	17	147	221	66T	22T	45T	2,915
1987	PGA		CUT	76	82			158	14		158		69T	108T		1,000
1990	M		CUT	77	81			158	14		158		63T	80T		1,500
	US		CUT	71	76			147	3		147		24T	78T		1,000
1991	M		32T	69	73	70	75	287	-1	10	142	212	9T	20T	14T	8,000
	PGA		16T	73	71	72	70	286	-2	10	144	216	58T	29T	28T	17,000
	US		49T	72	72	76	78	298	10	16	144	220	24T	20T	30T	6,034
1992	PGA		CUT	77	74			151	9		151		126T	102T		1,200
1993	PGA		31T	69	73	66	75	283	-1	11	142	208	23T	48T	19T	7,058
	US		25T	71	69	69	74	283	3	11	140	209	45T	13T	6T	14,532
1994	US		47T	76	70	73	78	297	13	18	146	219	86T	43T	38T	5,105

Levin, Donald Neil

Year	Event	A	Pos	R1	R2	R3	R4	Tot	P/M	SBW	R2T	R3T	R1P	R2P	R3P	W
1983	US		CUT	80	78			158	16		158		112T	114T		600

Levin, Spencer

Year	Event	A	Pos	R1	R2	R3	R4	Tot	P/M	SBW	R2T	R3T	R1P	R2P	R3P	W
2004	US	A	13T	69	73	71	75	288	8	12	142	213	14T	23T	13T	
2005	US	A	CUT	73	77			150	10		150		46T	99T		
2007	O		CUT	76	74			150	8		150		118T	105T		2,375

Levinson, John O.

Year	Event	A	Pos	R1	R2	R3	R4	Tot	P/M	SBW	R2T	R3T	R1P	R2P	R3P	W
1939	US	A	CUT	84	74			158	20		158		154T	111T		
1950	US	A	CUT	78	82			160	20		160		99T	123T		
1953	US	A	CUT	76	79			155	11		155		39T	73T		
1957	US	A	CUT	78	77			155	15		155		92T	90T		

Levinson, John W.

Year	Event	A	Pos	R1	R2	R3	R4	Tot	P/M	SBW	R2T	R3T	R1P	R2P	R3P	W
1969	US		CUT	78	77			155	15		155		104T	106T		500

Levitt, Jon

Year	Event	A	Pos	R1	R2	R3	R4	Tot	P/M	SBW	R2T	R3T	R1P	R2P	R3P	W
2000	US		CUT	79	78			157	15		157		130T	130T		1,000

Lewis, Alfred John "Alf"

Year	Event	A	Pos	R1	R2	R3	R4	Tot	P/M	SBW	R2T	R3T	R1P	R2P	R3P	W
1901	O		18T	85	82	83	86	336		27	167	250		11T	13T	
1902	O		CUT	83	87			170			170					
1903	O		36T	80	82	81	85	328		28	162	243			24T	
1904	O		WD	91				91								
1905	O		CUT	89	94			183			183					
1906	O		53T	82	79	84	82	327		27	161	245			50T	
1907	O		WD	86	86			172			172		33T	43T		
1908	O		55	82	83	86	81	332		41	165	251	50T	55T	61T	
1910	O		UNK													

Lewis, Charles F. "Chuck," III

Year	Event	A	Pos	R1	R2	R3	R4	Tot	P/M	SBW	R2T	R3T	R1P	R2P	R3P	W
1961	M	A	CUT	74	76			150	6		150		22T	42T		

Lewis, D. H.

Year	Event	A	Pos	R1	R2	R3	R4	Tot	P/M	SBW	R2T	R3T	R1P	R2P	R3P	W
1938	O		CUT	72	83			155	15		155		14T	82T		

Lewis, David H.

Year	Event	A	Pos	R1	R2	R3	R4	Tot	P/M	SBW	R2T	R3T	R1P	R2P	R3P	W
1964	O		CUT	80	77			157	13		157		60T	68T		
1966	O		CUT	76	77			153	11		153		61T	76T		

Lewis, Don A.

Year	Event	A	Pos	R1	R2	R3	R4	Tot	P/M	SBW	R2T	R3T	R1P	R2P	R3P	W
1958	O		CUT	74	77			151	9		151		39T	70T		

Lewis, Edward

Year	Event	A	Pos	R1	R2	R3	R4	Tot	P/M	SBW	R2T	R3T	R1P	R2P	R3P	W
1958	US		CUT	85	79			164	24		164		141T	125T		

Lewis, George

Year	Event	A	Pos	R1	R2	R3	R4	Tot	P/M	SBW	R2T	R3T	R1P	R2P	R3P	W
1967	US		CUT	72	78			150	10		150		21T	80T		400

Lewis, Hugh

Year	Event	A	Pos	R1	R2	R3	R4	Tot	P/M	SBW	R2T	R3T	R1P	R2P	R3P	W
1959	O		34	73	73	78	72	296	8	12	146	224	23T	19T	43T	
1963	O		14T	71	77	69	74	291	11	14	148	217	10T	32T	10T	115
1964	O		CUT	81	75			156	12		156		74T	56T		
1966	O		CUT	78	78			156	14		156		89T	96T		
1967	O		CUT	76	75			151	7		151		75T	65T		

Year	Event	A	Pos	R1	R2	R3	R4	Tot	P/M	SBW	R2T	R3T	R1P	R2P	R3P	W
1968	O		CUT	79	79			158	14		158		75T	92T		
1969	O		CUT	75	72	78		225	12		147	225	58T	35T	52T	

Lewis, J. S.

Year	Event	A	Pos	R1	R2	R3	R4	Tot	P/M	SBW	R2T	R3T	R1P	R2P	R3P	W
1912	US		CUT	86	88			174	26		174		101T	109T		

Lewis, Jack Weston, Jr.

Year	Event	A	Pos	R1	R2	R3	R4	Tot	P/M	SBW	R2T	R3T	R1P	R2P	R3P	W
1967	M	A	CUT	81	81			162	18		162		79T	80		
1968	M	A	45T	78	71	76	70	295	7	18	149	225	61T	46T	45T	
	US	A	60T	73	75	80	74	302	22	27	148	228	28T	56T	62	
1969	M	A	CUT	75	78			153	9		153		53T	68T		
1972	US		CUT	79	88			167	23		167		88T	139T		500
1978	US		CUT	78	79			157	15		157		80T	112T		600
1980	PGA		CUT	76	80			156	16		156		87T	116T		500
1981	PGA		CUT	79	75			154	14		154		134T	125T		550
1985	PGA		CUT	80	73			153	9		153		142T	120T		1,000
1986	US		CUT	77	77			154	14		154		66T	101T		600
1989	PGA		CUT	73	76			149	5		149		57T	98T		1,000

Lewis, Jeff

Year	Event	A	Pos	R1	R2	R3	R4	Tot	P/M	SBW	R2T	R3T	R1P	R2P	R3P	W
1984	US		CUT	75	76			151	11		151		89T	87T		600
1986	US		CUT	79	76			155	15		155		94T	110T		600

Lewis, John L. "JL"

Year	Event	A	Pos	R1	R2	R3	R4	Tot	P/M	SBW	R2T	R3T	R1P	R2P	R3P	W
1993	PGA		CUT	74	76			150	8		150		103T	128T		1,200
1994	PGA		CUT	77	77			154	14		154		121T	140T		1,200
1996	US		40T	76	69	73	71	289	9	11	145	218	115T	56T	54T	9,818
1999	PGA		21T	73	70	74	71	288	0	11	143	217	58T	26T	32T	33,200
2000	US		CUT	77	82			159	17		159		100T	143T		1,000
2001	US		30T	68	68	77	75	288	8	12	136	213	4	1T	16T	30,055
2002	PGA		CUT	76	73			149	5		149	0	89T	73T		2,000
2003	O		22T	78	70	72	71	291	7	8	148	220	101T	35T	34T	32,916
	PGA		34T	71	75	71	74	291	11	15	146	217	22T	39T	30T	29,000
2004	M		CUT	77	72			149	5		149		67T	45T		5,000
	PGA		24T	73	69	72	72	286	-2	6	142	214	61T	23T	35T	46,714
	US		CUT	73	75			148	8		148	0	60T	95T		1,000
2005	PGA		47T	72	72	70	73	287	7	11	144	214	59T	62T	44T	15,371
	US		49T	75	73	76	70	294	14	14	148	224	75T	72T	79	20,275

Lewis, Joseph J. "Bud"

Year	Event	A	Pos	R1	R2	R3	R4	Tot	P/M	SBW	R2T	R3T	R1P	R2P	R3P	W
1950	US		CUT	75	76			151	11		151		52T	59T		
1954	US		CUT	84	81			165	25		165		132T	131T		

Lewis, Leonard G.

Year	Event	A	Pos	R1	R2	R3	R4	Tot	P/M	SBW	R2T	R3T	R1P	R2P	R3P	W
1906	O		CUT	81	88			169			169					
1910	O		UNK													
1911	O		WD	93				93					205T			

Lewis, Malcolm E.

Year	Event	A	Pos	R1	R2	R3	R4	Tot	P/M	SBW	R2T	R3T	R1P	R2P	R3P	W
1978	O	A	CUT	74	78			152	8		152		68T	113T		
1982	O	A	42T	74	74	77	75	300	12	16	148	225	32T	40T	42T	

Lewis, Mark F.

Year	Event	A	Pos	R1	R2	R3	R4	Tot	P/M	SBW	R2T	R3T	R1P	R2P	R3P	W
1911	O		CUT	85	89			174			174		143T	165T		

Lewis, Robert C., Jr.

Year	Event	A	Pos	R1	R2	R3	R4	Tot	P/M	SBW	R2T	R3T	R1P	R2P	R3P	W
1978	US	A	CUT	79	84			163	21		163		105T	139T		
1981	M	A	40T	77	70	73	76	296	8	16	147	220	63T	35T	36T	
1982	M	A	CUT	83	78			161	17		161		68	67T		
1983	M	A	CUT	74	79			153	9		153		53T	70T		
	US	A	CUT	77	80			157	15		157		82T	104T		
1984	M	A	41T	73	70	75	75	293	5	16	143	218	31T	16T	35T	
1986	M	A	CUT	74	78			152	8		152		25T	56T		
	US	A	CUT	83	79			162	22		162		138T	145T		
1987	M	A	54	74	77	79	79	309	21	24	151	230	26T	46T	53T	
1988	M	A	CUT	87	83			170	26		170		89	89		

Lewis, Wade "Chip"

Year	Event	A	Pos	R1	R2	R3	R4	Tot	P/M	SBW	R2T	R3T	R1P	R2P	R3P	W
1972	US		CUT	83	83			166	22		166		130T	136T		500

Lewis, William Price

Year	Event	A	Pos	R1	R2	R3	R4	Tot	P/M	SBW	R2T	R3T	R1P	R2P	R3P	W
1892	O		WD	96				96								
1893	O		WD	99				99			0		68			
1899	O		WD	89				89					51T			
1901	O		UNK													
1902	O		41	83	84	89	87	343		36	167	256			41	
1903	O		UNK													
1904	O		CUT	90	89			179			179					

Year	Event	A	Pos	R1	R2	R3	R4	Tot	P/M	SBW	R2T	R3T	R1P	R2P	R3P	W
1905	O		CUT	90	87			177			177					
1906	O		CUT	86	82			168			168					
1907	O		56T	93	91	80	87	351		39	184	264	64T	66	59T	
1910	O		45T	80	80	82	81	323		24	160	242			52	
1911	O		WD	89				89					189T			

Liang, Wen-Chong

Year	Event	A	Pos	R1	R2	R3	R4	Tot	P/M	SBW	R2T	R3T	R1P	R2P	R3P	W
2008	M		CUT	76	78			154	10		154		65T	86T		10,000
	O		64T	77	71	77	74	299	19	16	148	225	91T	52T	64T	10,200

Lichardus, Milton J. "Babe"

Year	Event	A	Pos	R1	R2	R3	R4	Tot	P/M	SBW	R2T	R3T	R1P	R2P	R3P	W
1953	PGA		64T													100
1954	US		CUT	77	80			157	17		157		46T	84T		
1955	US		40T	73	80	81	76	310	30	23	153	234	5T	33T	47T	180
1956	PGA		32T													
1957	US		38T	72	76	74	77	299	19	17	148	222	17T	26T	34T	240
1958	US		47T	76	76	73	83	308	28	25	152	225	32T	28T	28	200
1959	PGA		17T	71	73	72	71	287	7	10	144	216	19T	23T	25T	775
	US		CUT	78	74			152	12		152		93T	69T		
1960	PGA		CUT	78	79			157	17		157		122T	135T		
	US		CUT	76	72			148	6		148		82T	56T		
1964	PGA		44T	72	74	73	72	291	11	20	146	219	35T	47T	46T	403
1966	PGA		37T	72	75	73	76	296	16	16	147	220	12T	24T	26T	659
1967	PGA		44T	75	75	71	75	296	8	15	150	221	62T	57T	41T	501
1968	PGA		CUT	73	81			154	14		154		35T	109T		
1972	PGA		CUT	76	82			158	18		158		87T	113T		
1973	PGA		73T	73	72	76	82	303	19	26	145	221	33T	30T	55T	360
1975	PGA		CUT	77	74			151	11		151		90T	89T		
1977	PGA		CUT	79	76			155	11		155		103T	94T		250
1978	PGA		CUT	83	81			164	22		164		141T	140T		303
1979	PGA		CUT	78	76			154	14		154		125T	131T		350

Lickliter, Franklin Ray, II

Year	Event	A	Pos	R1	R2	R3	R4	Tot	P/M	SBW	R2T	R3T	R1P	R2P	R3P	W
1994	US		CUT	79	76			155	13		155		133T	135T		1,000
1996	US		67T	75	71	73	73	292	12	14	146	219	100T	73T	71T	5,645
1997	US		CUT	71	82			153	13		153		18T	135T		1,000
1998	PGA		4T	68	71	69	68	276	-4	5	139	208	2T	10T	6T	118,000
	US		18T	73	71	72	74	290	10	10	144	216	37T	20T	13T	41,833
1999	M		CUT	72	77			149	5		149		20T	57T		5,000
	PGA		CUT	73	77			150	6		150		58T	110T		1,750
2000	US		CUT	81	77			158	16		158		147T	138T		1,000
2001	O		37T	71	71	73	71	286	2	12	142	215	34T	35T	52T	16,300
	PGA		51T	71	69	71	71	282	2	17	140	211	70T	57T	50T	11,343
	US		52T	75	71	70	76	292	12	16	146	216	88T	61T	35T	13,164
2002	M		WD	73				73	1		0		25T			5,000
	O		CUT	74	76			150	8		150		106T	131T		2,250
	PGA		CUT	77	76			153	9		153	0	105T	119T		2,000
	US		50T	74	76	68	78	296	15	19	150	218	55T	60T	25T	16,294
2003	PGA		29T	71	72	71	76	290	10	14	143	214	22T	18T	20T	36,600
2004	O		CUT	77	77			154	12		154		137T	141T		2,000
	PGA		WD	80				80	8		0	0	148T			
2005	US		57T	75	73	78	70	296	16	16	148	226	75T	72T	82T	15,223
2007	PGA		50T	70	75	75	69	289	9	17	145	220	13T	55T	66T	14,236

Liebler, Steven M.

Year	Event	A	Pos	R1	R2	R3	R4	Tot	P/M	SBW	R2T	R3T	R1P	R2P	R3P	W
1984	US		43T	71	75	73	75	294	14	18	146	219	19T	42T	36T	3,374
1985	US		CUT	75	74			149	9		149		85T	90T		600

Liechty, John H.

Year	Event	A	Pos	R1	R2	R3	R4	Tot	P/M	SBW	R2T	R3T	R1P	R2P	R3P	W
1964	US	A	CUT	79	80			159	19		159		108T	134T		

Lietzke, Bruce Alan

Year	Event	A	Pos	R1	R2	R3	R4	Tot	P/M	SBW	R2T	R3T	R1P	R2P	R3P	W
1972	US	A	CUT	83	76			159	15		159		130T	103T		
1975	US		CUT	77	77			154	12		154		89T	98T		500
1976	PGA		38T	75	73	68	76	292	12	11	148	216	70T	59T	30T	1,000
	US		47T	76	73	77	73	299	19	22	149	226	73T	45T	58T	1,120
1977	M		28T	73	71	72	73	289	1	13	144	216	24T	19T	18T	2,000
	PGA		15T	74	70	74	71	289	1	7	144	218	40T	15T	26T	3,700
	US		19T	74	68	71	74	287	7	9	142	213	60T	13T	14T	1,888
1978	PGA		62	75	72	73	78	298	14	22	147	220	61T	48T	46T	500
	US		20T	72	73	72	76	293	9	8	145	217	12T	15T	11T	2,288
1979	M		6	67	75	68	74	284	-4	4	142	210	1	15T	4T	11,500
	PGA		16T	69	69	71	73	282	2	10	138	209	5T	5T	7T	3,780
	US		41T	74	77	73	76	300	16	16	151	224	29T	51T	38T	1,430
1980	M		CUT	81	69			150	6		150		85T	68T		1,500
	O		19T	74	69	73	70	286	2	15	143	216	46T	22T	29T	2,012

Year	Event	A	Pos	R1	R2	R3	R4	Tot	P/M	SBW	R2T	R3T	R1P	R2P	R3P	W
	PGA		30T	71	75	74	73	293	13	19	146	220	20T	39T	34T	2,200
	US		38T	71	72	70	77	290	10	18	143	213	25T	30T	21T	1,630
1981	M		11T	72	67	73	75	287	-1	7	139	212	18T	2T	4T	7,333
	O		6T	76	69	71	69	285	5	9	145	216	59T	20T	16T	7,750
	PGA		4T	70	70	71	68	279	-1	6	140	211	12T	12T	14T	13,146
	US		17T	70	71	71	71	283	3	10	141	212	16T	21T	19T	2,950
1982	M		20T	76	75	69	74	294	6	10	151	220	32T	32T	16T	4,300
	O		CUT	77	78			155	11		155		82T	109T		225
	PGA		16T	73	71	70	69	283	3	11	144	214	64T	48T	30T	4,625
	US		CUT	76	76			152	8		152		56T	67T		600
1983	M		42T	69	75	82	72	298	10	18	144	226	9T	26T	47	2,050
	PGA		6T	67	71	70	71	279	-5	5	138	208	4T	7T	4T	19,000
	US		CUT	75	77			152	10		152		40T	72T		600
1984	M		33T	75	70	75	70	290	2	13	145	220	62T	32T	43T	3,600
	PGA		65T	73	75	73	76	297	9	24	148	221	42T	60T	57T	1,543
1985	M		6T	72	71	73	70	286	-2	4	143	216	14T	6T	8T	22,663
	PGA		18T	70	74	72	70	286	-2	8	144	216	18T	29T	24T	6,600
	US		31T	72	71	74	71	288	8	9	143	217	30T	30T	38T	5,431
1986	M		31T	78	70	68	75	291	3	12	148	216	65T	32T	22T	4,875
	PGA		5T	69	71	70	71	281	-3	5	140	210	9T	8T	6T	32,500
1987	M		49	75	74	77	76	302	14	17	149	226	35T	38T	48T	2,300
	PGA		28T	75	76	74	72	297	9	10	151	225	52T	59T	51T	4,383
1988	PGA		62T	70	72	76	74	292	8	20	142	218	19T	42T	61T	1,930
1989	M		34T	74	75	79	68	296	8	13	149	228	26T	29T	48T	6,000
	PGA		46T	70	72	73	73	288	0	12	142	215	21T	28T	48T	3,220
1990	PGA		CUT	78	74			152	8		152		109T	75T		1,000
1991	PGA		2	68	69	72	70	279	-9	3	137	209	3T	2	4	140,000
1992	M		13T	69	72	68	73	282	-6	7	141	209	7T	14T	7T	26,500
	PGA		73T	75	70	80	73	298	14	20	145	225	93T	39T	78T	2,400
1993	M		31T	74	71	71	74	290	2	13	145	216	54T	41T	24T	10,533
	PGA		CUT	77	70			147	5		147		137T	108T		1,200
1995	M		31T	72	71	71	74	288	0	14	143	214	34T	29T	27T	13,325
	PGA		23T	73	68	67	70	278	-6	11	141	208	98T	48T	21T	15,500

Lievie, William H.

Year	Event	A	Pos	R1	R2	R3	R4	Tot	P/M	SBW	R2T	R3T	R1P	R2P	R3P	W
1928	US		CUT	80	87			167	25		167		75T	111T		

Lile, Craig Alexander

Year	Event	A	Pos	R1	R2	R3	R4	Tot	P/M	SBW	R2T	R3T	R1P	R2P	R3P	W
2000	US	A	CUT	78	78			156	14		156		122T	121T		

Liljeholm, Thomas

Year	Event	A	Pos	R1	R2	R3	R4	Tot	P/M	SBW	R2T	R3T	R1P	R2P	R3P	W
1968	PGA		CUT	76	76			152	12		152		83T	93T		
1974	PGA		CUT	76	83			159	19		159		84T	123T		

Lima, Jose-Filipe

Year	Event	A	Pos	R1	R2	R3	R4	Tot	P/M	SBW	R2T	R3T	R1P	R2P	R3P	W
2005	US		CUT	75	75			150	10		150		75T	99T		2,000
2007	O		CUT	75	79			154	12		154		104T	138T		2,100
2008	O		70T	73	76	75	77	301	21	18	149	224	27T	69T	59T	9,350

Limpriere, A. M.

Year	Event	A	Pos	R1	R2	R3	R4	Tot	P/M	SBW	R2T	R3T	R1P	R2P	R3P	W
1910	O		CUT	88	84			172			172					

Linares, Richard

Year	Event	A	Pos	R1	R2	R3	R4	Tot	P/M	SBW	R2T	R3T	R1P	R2P	R3P	W
1924	US		47T	86	82	78	81	327	39	30	168	246	78T	71T	53T	
1926	PGA		16T													
1927	US		WD													

Lincoln, Robert James "Bobby"

Year	Event	A	Pos	R1	R2	R3	R4	Tot	P/M	SBW	R2T	R3T	R1P	R2P	R3P	W
1981	O		CUT	79	75			154	14		154		105T	102T		225

Lind, Charles "Babe"

Year	Event	A	Pos	R1	R2	R3	R4	Tot	P/M	SBW	R2T	R3T	R1P	R2P	R3P	W
1947	M	A	46	75	76	75	77	303	15	22	151	226	34T	44T	45	

Lind, Dean N.

Year	Event	A	Pos	R1	R2	R3	R4	Tot	P/M	SBW	R2T	R3T	R1P	R2P	R3P	W
1974	PGA		CUT	76	79			155	15		155		84T	108T		
1975	US		CUT	82	77			159	17		159		137T	135T		500

Lindeblad, Nils

Year	Event	A	Pos	R1	R2	R3	R4	Tot	P/M	SBW	R2T	R3T	R1P	R2P	R3P	W
1992	O		CUT	69	79			148	6		148		21T	119T		600

Lindgren, Lars Fredrik "Fredrik"

Year	Event	A	Pos	R1	R2	R3	R4	Tot	P/M	SBW	R2T	R3T	R1P	R2P	R3P	W
1991	O		CUT	79	76			155	15		155		148T	149T		600
1994	O		CUT	78	72			150	10		150		148T	137T		600

Lindley, Brian R.

Year	Event	A	Pos	R1	R2	R3	R4	Tot	P/M	SBW	R2T	R3T	R1P	R2P	R3P	W
1982	M		CUT	80	78			158	14		158		59T	61T		1,500

Lindner, Henry G.

Year	Event	A	Pos	R1	R2	R3	R4	Tot	P/M	SBW	R2T	R3T	R1P	R2P	R3P	W
1951	US		CUT	79	75			154	14		154		90T	64T		

Year	*Event*	*A*	*Pos*	*R1*	*R2*	*R3*	*R4*	*Tot*	*P/M*	*SBW*	*R2T*	*R3T*	*R1P*	*R2P*	*R3P*	*W*
1954	US		CUT	78	79			157	17		157		63T	84T		
1957	PGA		64T													
Lindsay, Ken																
1974	PGA		CUT	74	78			152	12		152		58T	88T		
Lindsey, Patrick James																
1980	US		CUT	76	76			152	12		152		96T	102T		600
1983	PGA		74T	74	72	80	71	297	13	23	146	226	86T	58T	85T	1,500
1984	M		CUT	75	74			149	5		149		62T	61T		1,500
	PGA		CUT	80	72			152	8		152		131T	93T		1,000
Ling, Stephen																
1981	O	A	CUT	82	75			157	17		157		133T	127T		
Linhares, Art																
1955	US	A	CUT	82	80			162	22		162		112T	107T		
Linhart, Pedro																
1995	O		103	72	75	77	79	303	15	21	147	224	60T	81T	93T	4,000
1999	O		CUT	80	75			155	13		155		100T	74T		1,100
Linneaweaver, C. P.																
1899	US	A	57	100	102	103	97	402		87	202	305	62T	65T	61	
Linskey, Tom																
1976	O		CUT	78	77			155	11		155		75T	105T		100
1977	O		CUT	77	76			153	13		153		93T	101T		150
Lint, Merle																
1959	PGA		CUT	82	77			159	19		159		167T	161T		
Lipchik, Pete																
1958	US		CUT	84	73			157	17		157		131T	77T		
Lippy, T. S.																
1906	US	A	CUT	90	88			178			178		61T	64		
Liprando, Larry																
1974	US		CUT	84	85			169	29		169		141T	145		500
Lipscomb, Victor																
1981	PGA		CUT	75	73			148	8		148		88T	79T		550
1983	PGA		CUT	78	74			152	10		152		132T	126T		1,000
List, Luke																
2003	US	A	CUT	75	74			149	9		149	0	108T	124T		
2005	M	A	33T	77	69	78	70	294	6	18	146	224	62T	23T	46	
	US	A	CUT	82	71			153	13		153		150T	122T		
2007	US		CUT	77	79			156	16		156		104T	114T		2,000
Lister, John Malcolm																
1970	O		CUT	76	75			151	7		151		104T	86T		
1971	M		42T	78	72	75	75	300	12	21	150	225	63T	44T	41T	1,600
	O		25T	74	71	74	73	292	0	14	145	219	47T	19T	24T	266
	US		37T	73	75	72	70	290	10	10	148	220	54T	59T	51T	1,980
1972	O		CUT	80	80			160	18		160		132T	134T		50
1973	US		58T	76	74	80	73	303	19	24	150	230	60T	55T	64	820
1976	PGA		43T	74	72	73	74	293	13	12	146	219	57T	47T	44T	725
1977	M		CUT	80	71			151	7		151		73T	57T		1,500
	PGA		62T	70	75	80	78	303	15	21	145	225	8T	23T	57T	488
	US		27T	72	73	68	77	290	10	12	145	213	27T	36T	14T	1,413
1978	PGA		CUT	73	78			151	9		151		31T	86T		303
Lithgo, Edward S.																
1965	O		CUT	80	76			156	10		156		109T	100T		
1974	O		CUT	85	86			171	29		171		146T	149T		50
Litster, James																
1898	US		14T	92	88	90	85	355		27	180	270	33T	24T	20T	
1903	US		WD													
Little, Euan																
2003	O		CUT	80	77			157	15		157		125T	132T		2,250
2004	O		CUT	74	72			146	4		146		95T	74T		3,000
Little, John A.																
1964	O		CUT	81	83			164	20		164		74T	105T		
Little, Sam																
2006	O		CUT	83	74			157	13		157		156	151T		2,000

Year	Event	A	Pos	R1	R2	R3	R4	Tot	P/M	SBW	R2T	R3T	R1P	R2P	R3P	W
Little, Stuart James																
2000	O		CUT	79	72			151	7		151		148T	138T		900
Little, William Lawson "Lawson," Jr.																
1934	US	A	25T	83	72	76	75	306	26	13	155	231	123T	54T	34T	
1935	M	A	6	74	72	70	72	288	0	6	146	216	25T	18T	8	
	O	A	4T	75	71	74	69	289	1	6	146	220	32T	12T	9T	
1936	M		20T	75	75	73	77	300	12	15	150	223	6T	16T	14T	
1937	M		19T	70	79	74	76	299	11	16	149	223	3T	21T	21T	
	US		CUT	75	83			158	14		158		45T	117T		
1938	M		10T	72	75	74	72	293	5	8	147	221	7T	12T	11T	100
	US		38T	78	77	78	76	309	25	25	155	233	47T	55T	48T	
1939	M		3T	72	72	68	70	282	-6	3	144	212	6T	7T	3T	550
	O		CUT	79	80			159	13		159		96T	109T		
	US		42T	69	74	76	81	300	24	16	143	219	2T	6T	19T	
1940	M		19T	70	77	75	72	294	6	14	147	222	5T	20T	25T	
	US		1PO	72	69	73	73	287	-1	-1	141	214	13T	1T	2T	1,000
1941	M		8	71	70	74	75	290	2	10	141	215	2T	3	4T	200
	US		17T	71	73	79	74	297	17	13	144	223	4T	1T	16T	50
1942	M		7T	71	74	72	75	292	4	12	145	217	6T	10T	8T	200
1946	M		21T	74	74	78	73	299	11	17	148	226	12T	17T	32T	50
	O		10	78	75	72	74	299	7	9	153	225	32T	24T	10	15
	PGA		32T													200
	US		10T	72	69	76	71	288	0	4	141	217	14T	3	9T	175
1947	M		14T	71	71	76	71	289	1	8	142	218	10T	6T	20T	188
	US		31T	75	73	75	73	296	12	14	148	223	60T	35T	37T	75
1948	M		40T	73	77	76	78	304	16	25	150	226	17T	31T	34T	
	O		32T	72	76	76	78	302	30	18	148	224	9T	28T	31T	
	PGA		64T													100
	US		CUT	72	78			150	8		150		23T	64T		
1949	M		23T	72	77	73	76	298	10	16	149	222	7	21T	18T	188
	PGA		64T													100
	US		CUT	77	76			153	11		153		74T	71T		
1950	M		9	70	73	75	75	293	5	10	143	218	2T	4	6	360
	US		CUT	79	74			153	13		153		108T	75T		
1951	M		6	72	73	72	72	289	1	9	145	217	9T	12T	10T	600
	PGA		32T													200
	US		CUT	76	79			155	15		155		40T	74T		
1952	M		WD													200
	PGA		64T													100
	US		CUT	79	77			156	16		156		100T	78T		
1953	M		WD													200
	US		45T	78	75	79	75	307	19	24	153	232	77T	50T	54	150
1954	M		38T	76	77	74	76	303	15	14	153	227	32T	34T	31T	250
	US		35T	78	73	73	77	301	21	17	151	224	63T	41T	29	180
1955	M		65	81	77	77	84	319	31	40	158	235	64T	62T	58T	250
	US		CUT	81	80			161	21		161		93T	101T		
1956	M		72T	77	81	85	82	325	37	36	158	243	53T	67T	72T	300
1957	M		28T	76	72	77	74	299	11	16	148	225	38T	20T	28T	300
Littler, Gene Alec																
1954	M		22T	79	75	73	72	299	11	10	154	227	56T	38T	31T	443
	US		2	70	69	76	70	285	5	1	139	215	2T	1	3T	3,600
1955	M		22T	75	72	76	75	298	10	19	147	223	19T	14T	18T	513
	US		15	76	73	73	78	300	20	13	149	222	22T	10	10	226
1956	M		12T	73	77	74	74	298	10	9	150	224	17T	33T	18T	735
	US		34T	75	74	74	76	299	19	18	149	223	45T	39T	29T	200
1957	M		CUT	76	75			151	7		151		38T	41T		300
	PGA		64T													
	US		32T	73	76	73	75	297	17	15	149	222	28T	35T	34T	240
1958	M		42	75	73	74	80	302	14	18	148	222	53T	28T	29T	350
	US		4	74	73	67	76	290	10	7	147	214	8T	7T	2	2,000
1959	M		8T	72	75	72	71	290	2	6	147	219	5T	21T	18T	1,740
	PGA		10	69	70	72	73	284	4	7	139	211	1T	4T	6T	1,450
	US		11T	69	74	75	73	291	11	9	143	218	1T	9T	21T	600
1960	M		CUT	71	82			153	9		153		8T	57T		350
	PGA		18T	74	70	75	73	292	12	11	144	219	49T	10T	20T	1,050
	US		CUT	76	74			150	8		150		82T	73T		
1961	M		15T	72	73	72	72	289	1	9	145	217	9T	13T	16T	1,300
	PGA		5T	71	70	72	69	282	2	5	141	213	14T	8T	11T	2,208
	US		1	73	68	72	68	281	1	-11	141	213	20T	3T	7T	14,000
1962	M		4	71	68	71	72	282	-6	2	139	210	7T	3	4	6,000
	O		CUT	79	74			153	9		153		77T	40T		
	PGA		23T	73	75	72	69	289	9	11	148	220	29T	54T	43T	665

Year	Event	A	Pos	R1	R2	R3	R4	Tot	P/M	SBW	R2T	R3T	R1P	R2P	R3P	W
	US		8T	69	74	72	75	290	6	7	143	215	1	7T	7	1,767
1963	M		24T	77	72	78	68	295	7	9	149	227	47T	28T	38T	1,000
	PGA		34T	71	72	75	73	291	7	12	143	218	13T	8T	30T	480
	US		21T	75	77	80	72	304	20	11	152	232	37T	42T	42T	525
1964	M		13T	70	72	78	68	288	0	12	142	220	6T	3T	33T	1,340
	PGA		33T	75	72	74	68	289	9	18	147	221	83T	56T	60T	663
	US		11T	73	71	74	73	291	11	13	144	218	22T	9T	11T	1,333
1965	M		6T	71	74	67	74	286	-2	15	145	212	21T	16T	6T	3,800
	PGA		28T	78	70	70	75	293	9	13	148	218	119T	40T	17T	915
	US		8T	73	71	73	72	289	9	7	144	217	20T	6T	6T	2,500
1966	M		44T	76	76	72	80	304	16	16	152	224	42T	47T	25T	1,150
	PGA		3T	75	71	71	69	286	6	6	146	217	58T	14T	12T	8,333
	US		48T	68	83	72	78	301	21	23	151	223	2T	55T	35T	655
1967	M		26T	72	74	74	75	295	7	15	146	220	6T	16T	22T	1,300
	PGA		7T	73	72	71	69	285	-3	4	145	216	30T	16T	16T	4,750
	US		CUT	76	75			151	11		151		87T	93T		400
1968	M		43T	73	73	76	72	294	6	17	146	222	24T	28T	45T	1,350
	PGA		30T	73	74	74	69	290	10	9	147	221	35T	43T	45T	863
1969	M		8T	69	75	70	71	285	-3	4	144	214	5T	17T	10T	3,600
	PGA		48T	73	76	71	72	292	8	16	149	220	38T	69T	56T	289
	US		CUT	72	80			152	12		152		27T	84T		500
1970	M		2PO	69	70	70	70	279	-9	-1	139	209	2T	1T	2	17,500
	PGA		4T	72	71	69	70	282	2	3	143	212	20T	10T	4	8,800
	US		12T	77	72	71	75	295	7	14	149	220	35T	15T	6T	2,150
1971	M		4T	72	69	73	69	283	-5	4	141	214	12T	5T	7T	9,050
	PGA		76T	73	71	82	76	302	14	21	144	226	33T	16T	75T	258
	US		37T	74	74	71	71	290	10	10	148	219	70T	59T	47T	1,080
1973	M		17T	77	72	71	73	293	5	10	149	220	53T	43T	19T	2,550
	PGA		CUT	77	73			150	8		150		94T	77T		
	US		18T	71	74	70	76	291	7	12	145	215	5T	20T	11T	1,775
1974	M		39T	69	71	78	74	292	4	14	140	218	5T	6T	32T	1,700
	O		18T	77	76	70	74	297	13	15	153	223	46T	38T	15T	550
	PGA		28T	76	72	70	71	289	9	13	148	218	84T	58T	32T	1,565
	US		CUT	80	75			155	15		155		107T	75T		500
1975	M		22T	72	72	72	74	290	2	14	144	216	17T	17T	12T	2,275
	O		CUT	75	82			157	13		157		73T	135T		100
	PGA		7T	76	71	66	71	284	4	8	147	213	79T	55T	9T	6,918
	US		49T	74	73	73	79	299	15	12	147	220	38T	35T	27T	905
1976	M		12T	71	72	74	72	289	1	18	143	217	11T	13T	14T	3,567
	O		32T	75	74	73	74	296	8	17	149	222	38T	48T	26T	285
	PGA		22T	71	69	73	75	288	8	7	140	213	21T	6T	13T	2,064
	US		50T	76	75	71	78	300	20	23	151	222	73T	60T	38T	1,090
1977	M		8T	71	72	73	69	285	-3	9	143	216	9T	12T	18T	5,667
	PGA		2PO	67	69	70	76	282	-6	-1	136	206	1	1	1	25,000
1978	M		24T	72	68	70	78	288	0	11	140	210	8T	3T	4	2,200
	PGA		CUT	76	73			149	7		149		75T	73T		303
	US		35T	73	75	77	73	298	14	13	148	225	18T	34T	50T	1,567
1979	M		10T	74	71	69	72	286	-2	6	145	214	49T	39T	16T	6,500
	PGA		16T	71	71	67	73	282	2	10	142	209	27T	19T	7T	3,780
	US		CUT	79	74			153	11		153		103T	72T		600
1980	M		49	72	72	77	75	296	8	21	144	221	19T	27T	47T	1,500
	PGA		CUT	77	77			154	14		154		102T	103T		500
	US		38T	72	68	75	75	290	10	18	140	215	30T	11T	34T	1,630
1981	PGA		CUT	79	72			151	11		151		134T	105T		550
1982	PGA		49T	73	72	67	77	289	9	17	145	212	64T	65T	20T	1,315
	US		22T	74	75	72	71	292	4	10	149	221	33T	35T	34T	3,404
1983	PGA		CUT	75	78			153	11		153		104T	136T		1,000

Littler, Robert, Jr.

Year	Event	A	Pos	R1	R2	R3	R4	Tot	P/M	SBW	R2T	R3T	R1P	R2P	R3P	W
1964	US	A	CUT	82	77			159	19		159		135T	134T		

Litton, Mark

Year	Event	A	Pos	R1	R2	R3	R4	Tot	P/M	SBW	R2T	R3T	R1P	R2P	R3P	W
1996	O		CUT	72	75			147	5		147		63T	107T		650
1998	O		CUT	75	80			155	15		155		127T	146T		650

Lively, John, Jr.

Year	Event	A	Pos	R1	R2	R3	R4	Tot	P/M	SBW	R2T	R3T	R1P	R2P	R3P	W
1952	US		CUT	86	79			165	25		165		148T	127T		
1959	PGA		CUT	81	73			154	14		154		162T	132T		
1968	PGA		37T	74	74	72	72	292	12	11	148	220	51T	58T	40T	686
	US		CUT	77	78			155	15		155		101T	116T		500
1970	US		CUT	85	82			167	23		167		142T	145T		500
1975	PGA		CUT	77	78			155	15		155		90T	110T		

Livesay, E.

Year	Event	A	Pos	R1	R2	R3	R4	Tot	P/M	SBW	R2T	R3T	R1P	R2P	R3P	W
1933	US		WD	86				86	14				141T			

Year	Event	A	Pos	R1	R2	R3	R4	Tot	P/M	SBW	R2T	R3T	R1P	R2P	R3P	W
Livesey, Roger A.																
1969	O		CUT	76	79			155	13		155		71T	94T		
Livie, David S.																
1908	US		WD													
1911	US		36T	82	83	77	85	327	23	20	165	242	39T	52T	33T	
1912	US		30T	82	80	76	79	317	21	23	162	238	65T	54T	34T	
1916	US		48T	77	77	80	81	315	27	29	154	234	31T	32T	45T	
Livingston, Louis L., Jr.																
1902	US	A	43T	90	83	87	88	348		41	173	260	56T	40T	41T	
Livingston, P. C.																
1895	O	A	48	97	86	95	97	375		53	183	278	64T		47	
Livingston, Richard D. S.																
1968	O		CUT	79	80			159	15		159		75T	95T		
1969	O		CUT	75	74	76		225	12		149	225	58T	55T	52T	
1970	O		56	75	73	75	81	304	16	21	148	223	86T	65T	53T	125
1971	O		CUT	76	73	79		228	9		149	228	78T	57T	74T	60
Livingstone, Josiah																
1901	O	A	CUT	93	88			181			181					
Llewellyn, David John																
1971	O		CUT	84	78			162	16		162		144T	142T		
1972	O		56T	72	73	79	75	299	15	21	145	224	15T	17T	50T	125
1974	O		CUT	82	77			159	17		159		128T	99T		50
1984	O		CUT	74	75			149	5		149		69T	97T		330
1985	O		CUT	74	79			153	13		153		77T	111T		375
1986	O		CUT	82	73			155	15		155		130T	109T		400
1987	O		CUT	77	75			152	10		152		124T	123T		400
1989	O		CUT	78	72			150	6		150		130T	110T		500
Lloyd, Gilbert																
1973	O		CUT	84	73			157	13		157		146T	120T		50
Lloyd, Joseph																
1893	O		17T	85	91	84	81	341		19	176	260	20T	33T	25T	
1894	O		17	95	81	86	83	345		19	176	262	51T	20T	18T	
1896	US		7T	78	82			160		8			1T			5
1897	O		20T	86	84	82	84	336		22	170	252				
	US		1	83	79			162		-1			4T			150
1898	US		4	87	80	86	86	339		11	167	253	16T	4T	4	25
1899	US		WD	91				91					44T			
1901	US		20	90	87	86	89	352		21	177	263	25T	22T	19	
1903	US		24T	84	85	80	83	332		25	169	249	36T	36T	30T	
1905	US		16T	75	86	83	84	328		14	161	244	1	8T	15T	
1908	US		WD	90	90			180			180		26T	36T		
Lobban, Keith M.																
1982	O		CUT	81	80			161	17		161		129T	139T		225
Locatelli, Silvano																
1976	O		CUT	80	75			155	11		155		114T	105T		100
1977	O		62T	72	72	76	79	299	19	31	144	220	22T	27T	54T	250
1978	O		CUT	76	73			149	5		149		103T	81T		175
Lock, William "Willie"																
1908	US		CUT	92	93			185			185		40T	54T		
Locke, Arthur d'Arcy "Bobby"																
1936	O	A	8T	75	73	72	74	294	-2	7	148	220	23T	13T	7T	
1937	O	A	17T	74	74	77	79	304	16	14	148	225	11T	8T	15	
1938	O		10T	73	72	81	79	305	25	10	145	226	21T	10T	14	10
1939	O		9T	70	75	76	75	296	4	6	145	221	1T	4T	9T	10
1946	O		2T	69	74	75	76	294	2	4	143	218	1	4T	5	88
1947	M		14T	74	74	71	70	289	1	8	148	219	27T	29T	24T	188
	PGA		64T													100
	US		3T	68	74	70	73	285	1	3	142	212	4	7T	2T	900
1948	M		10T	71	71	74	75	291	3	12	142	216	6T	5T	5T	250
	US		4	70	69	73	70	282	-2	6	139	212	5T	2T	5T	800
1949	M		13T	74	74	74	72	294	6	12	148	222	16T	14T	18T	285
	O		1PO	69	76	68	70	283	-5	-2	145	213	3T	12T	1T	300
	US		4T	74	71	73	71	289	5	3	145	218	25T	8T	11T	700
1950	O		1	69	72	70	68	279	-1	-2	141	211	2T	3	1T	300
1951	O		6T	71	74	74	74	293	5	8	145	219	5T	5T	5T	20
	US		3	73	71	74	73	291	11	4	144	218	4T	1	1T	1,500

Year	Event	A	Pos	R1	R2	R3	R4	Tot	P/M	SBW	R2T	R3T	R1P	R2P	R3P	W
1952	M		21T	74	71	79	75	299	11	13	145	224	29T	15T	20T	420
	O		1	69	71	74	73	287	-13	-1	140	214	3	2	2	300
	US		WD	78	73			151	11		151	0	85T	44T		
1953	O		8	72	73	74	72	291	3	9	145	219	3T	7T	10T	30
	US		14T	78	70	74	76	298	10	15	148	222	77T	15T	11T	200
1954	O		2T	74	71	69	70	284	-8	1	145	214	26T	12T	4	350
	US		5	74	70	74	70	288	8	4	144	218	21T	8T	13T	960
1955	O		4	74	69	70	72	285	-3	4	143	213	45T	13T	6T	200
1956	O		CUT	76	79			155	13		155		55T	55T		
1957	O		1	69	72	68	70	279	-9	-3	141	209	4T	3T	1	1,000
1958	O		16T	76	70	72	70	288	4	10	146	218	59T	30T	28T	30
1959	O		29T	73	73	76	73	295	7	11	146	222	23T	19T	34T	
1961	O		CUT	75	84			159	15		159		60T	79T		
1962	O		CUT	78	77			155	11		155		65T	62T		
1963	O		CUT	80	72			152	12		152		103T	69T		
1964	O		CUT	78	78			156	12		156		43T	56T		
1967	O		CUT	76	77			153	9		153		75T	84T		
1970	O		CUT	77	81			158	14		158		113T	123T		
1971	O		49T	75	73	74	76	298	6	20	148	222	61T	43T	47T	129
1972	O		CUT	79	81			160	18		160		118T	134T		50
1974	O		CUT	81	86			167	25		167		118T	142T		50
1975	O		CUT	82	80			162	18		162		143T	149T		100
1976	O		CUT	83	81			164	20		164		148T	149T		100
1977	O		WD	84				84	14				150T			150
1978	O		CUT	83	80			163	19		163		154	154T		175

Lockerbie, Gary

Year	Event	A	Pos	R1	R2	R3	R4	Tot	P/M	SBW	R2T	R3T	R1P	R2P	R3P	W
2006	O		CUT	78	76			154	10		154		147T	147T		2,000

Lockett, Samuel H.

Year	Event	A	Pos	R1	R2	R3	R4	Tot	P/M	SBW	R2T	R3T	R1P	R2P	R3P	W
1904	US	A	CUT	86	90			176			176		37T	50T		

Lockhart, Gordon

Year	Event	A	Pos	R1	R2	R3	R4	Tot	P/M	SBW	R2T	R3T	R1P	R2P	R3P	W
1914	O	A	34T	83	78	85	80	326		20	161	246	59T	29T	38T	
1923	O		12T	78	71	76	79	304		9	149	225				
1926	O		CUT	83	80			163	21		163		87T	83T		
1927	O		CUT	78	78			156	10		156		62T	63T		
1935	O		37T	78	72	82	72	304	16	21	150	232	70T	32T	57T	
1937	O		CUT	79	76			155	11		155		60T	51T		

Lockie, Edward

Year	Event	A	Pos	R1	R2	R3	R4	Tot	P/M	SBW	R2T	R3T	R1P	R2P	R3P	W
1968	PGA		CUT	77	83			160	20		160		103T	143T		

Lockie, Gary

Year	Event	A	Pos	R1	R2	R3	R4	Tot	P/M	SBW	R2T	R3T	R1P	R2P	R3P	W
1969	PGA		CUT	82	76			158	16		158		132T	128T		

Lockie, William R.

Year	Event	A	Pos	R1	R2	R3	R4	Tot	P/M	SBW	R2T	R3T	R1P	R2P	R3P	W
1975	O		CUT	73	76	75		224	8		149	224	41T	80T	75T	150
1976	O		63T	78	74	74	76	302	14	23	152	226	75T	77T	59T	175
1977	O		CUT	75	77			152	12		152		62T	97T		150
1978	O		CUT	79	71			150	6		150		139T	91T		175
1980	O		CUT	74	78			152	10		152		46T	104T		225

Lockwood, Arthur G.

Year	Event	A	Pos	R1	R2	R3	R4	Tot	P/M	SBW	R2T	R3T	R1P	R2P	R3P	W
1901	US	A	17T	82	89	89	91	351		20	171	260	2T	8T	13T	
1902	US	A	51T	96	81	87	92	356		49	177	264	75T	52T	45	
1905	US	A	11T	84	85	76	80	325		11	169	245	35T	34T	17	
1913	US	A	CUT	88	83			171	29		171		62T	66		

Lockyer, Percy John

Year	Event	A	Pos	R1	R2	R3	R4	Tot	P/M	SBW	R2T	R3T	R1P	R2P	R3P	W
1924	O		WD	86				86					79T			

Loeffler, Archie

Year	Event	A	Pos	R1	R2	R3	R4	Tot	P/M	SBW	R2T	R3T	R1P	R2P	R3P	W
1922	PGA		64T													
1929	US		CUT	80	83			163	19		163		77T	98T		

Loeffler, Emil F. "Dutch," Jr.

Year	Event	A	Pos	R1	R2	R3	R4	Tot	P/M	SBW	R2T	R3T	R1P	R2P	R3P	W
1912	US		CUT	86	87			173	25		173		101T	104T		
1915	US		WD	83	84			167	23		167		51T	55T		
1920	US		35T	76	80	77	79	312	24	17	156	233	15T	27T	33T	
1921	PGA		32T													50
	US		10	74	77	74	81	306	26	17	151	225	5T	9T	4	75
1922	PGA		8T													75
1923	US		WD	76	82			158	4		158	0	13T	36T		
1926	US		49T	76	82	78	82	318	30	25	158	236	28T	45T	48T	
1927	US		CUT	84	80			164	20		164		78T	63T		
1928	US		WD	79				79	8				63T			

Year	Event	A	Pos	R1	R2	R3	R4	Tot	P/M	SBW	R2T	R3T	R1P	R2P	R3P	W
1931	US		WD	79				79	8				63T			
1933	US		63T	80	76	82	84	322	34	35	156	238	87T	60T	64T	
1934	US		WD	77				77	7				44T			
1936	US		CUT	79	84			163	19		163		125T	145T		
Loeffler, Walter																
1921	US		WD													
1922	PGA		64T													
1926	US		WD													
1927	US		CUT	81	83			164	20		164		50T	63T		
Loeffler, William R.																
1979	US	A	CUT	84	79			163	21		163		140T	128T		
1988	M	A	CUT	77	79			156	12		156		45T	69T		
2001	PGA		CUT	78	81			159	19		159	0	139T	147		2,000
Loesch, J. Rodney																
1982	PGA		CUT	75	75			150	10		150		99T	109T		650
Logan, David, Jr.																
1952	US		CUT	76	80			156	16		156		58T	78T		
Logan, Garry W.																
1981	O		CUT	81	74			155	15		155		126T	112T		225
Logan, Hugh																
1903	O		UNK	86												
1904	O		CUT	92	86			178			178					
1906	O		WD	79	84			163			163					
Logue, James																
1974	PGA		CUT	74	77			151	11		151		58T	84T		
1976	US		CUT	81	75			156	16		156		121T	101T		500
1979	PGA		CUT	78	76			154	14		154		125T	131T		350
1981	PGA		CUT	78	79			157	17		157		128T	132T		550
1982	PGA		CUT	77	70			147	7		147		121T	82T		650
1983	PGA		77T	73	74	77	76	300	16	26	147	224	65T	69T	80T	1,500
Lohr, Robert Harold																
1985	PGA		CUT	69	82			151	7		151		10T	106T		1,000
1986	PGA		CUT	74	76			150	8		150		89T	109T		1,000
	US		CUT	73	78			151	11		151		9T	71T		600
1987	PGA		CUT	75	89			164	20		164		52T	132T		1,000
	US		58T	76	67	79	71	293	13	16	143	222	103T	31T	71T	3,178
1988	PGA		CUT	75	71			146	4		146		100T	78T		1,000
	US		CUT	78	75			153	11		153		123T	109T		1,000
1989	M		46T	75	76	77	73	301	13	18	151	228	43T	48T	48T	3,125
	PGA		41T	75	69	69	74	287	-1	11	144	213	95T	50T	30T	4,260
1990	PGA		CUT	78	74			152	8		152		109T	75T		1,000
	US		33T	71	74	72	72	289	1	9	145	217	24T	54T	48T	8,221
1991	PGA		CUT	78	70			148	4		148		134T	78T		1,000
1992	PGA		CUT	76	82			158	16		158		111T	140T		1,200
1993	PGA		CUT	74	72			146	4		146		103T	100T		1,200
1994	PGA		CUT	77	73			150	10		150		121T	111T		1,200
1995	O		79T	76	68	79	73	296	8	14	144	223	135T	41T	89T	4,500
1996	PGA		CUT	75	73			148	4		148		109T	102T		1,300
Lohren, Carl A.																
1958	US	A	CUT	80	79			159	19		159		82T	86T		
1969	US		CUT	76	79			155	15		155		79T	106T		500
1983	US		CUT	80	89			169	27		169		112T	150		600
Lojko, Frank H.																
1947	US		CUT	77	81			158	16		158		95T	108T		
1951	US		WD	85				85	15				148T			
1952	US		CUT	78	82			160	20		160		85T	110T		
Lomas, Jonathan Anthony Charles																
1994	O		11T	66	70	72	68	276	-4	8	136	208	2	5T	24T	19,333
1995	O		68T	74	73	75	73	295	7	13	147	222	100T	81T	86T	4,975
1997	O		33T	72	71	69	74	286	2	14	143	212	17T	18T	13T	8,283
2005	US		57T	72	74	75	75	296	16	16	146	221	32T	45T	57T	15,223
2008	O		64T	75	73	76	75	299	19	16	148	224	52T	52T	59T	10,200
Lomelli, Ralph																
1948	US		CUT	73	76			149	7		149		35T	58T		
Lonard, Peter L.																
1997	O		24T	72	70	69	73	284	0	12	142	211	17T	13T	11T	10,362

Year	Event	A	Pos	R1	R2	R3	R4	Tot	P/M	SBW	R2T	R3T	R1P	R2P	R3P	W
	PGA		CUT	75	79			154	14		154		97T	129T		1,300
1998	PGA		CUT	72	81			153	13		153		60T	130		1,500
1999	O		49T	76	78	74	76	304	20	14	154	228	37T	64T	44T	7,217
2001	O		47T	72	70	74	72	288	4	14	142	216	52T	35T	60T	10,629
	US		66T	76	69	70	79	294	14	18	145	215	108T	43T	30T	10,368
2002	O		14T	72	72	68	69	281	-3	3	144	212	60T	68T	10T	49,750
	PGA		17T	69	73	75	73	290	2	12	142	217	3T	12T	10T	72,000
	US		11	73	74	73	67	287	7	10	147	220	41T	33T	42T	119,357
2003	M		CUT	78	82			160	16		160		64T	83		5,000
	O		59T	73	73	70	81	297	13	14	146	216	19T	16T	10T	9,550
	PGA		29T	74	74	69	73	290	10	14	148	217	58T	61T	30T	36,600
	US		20T	72	69	74	68	283	3	11	141	215	57T	40T	50T	64,170
2004	M		CUT	74	75			149	5		149		31T	45T		5,000
	O		CUT	76	71			147	5		147		128T	85T		2,500
	PGA		CUT	74	72			146	2		146	0	83T	74T		2,000
	US		31T	71	73	77	74	295	15	19	144	221	30T	45T	62T	41,758
2005	M		CUT	75	77			152	8		152		42T	64T		5,000
	O		66	68	70	77	75	290	2	16	138	215	3T	3T	50T	9,700
	PGA		CUT	71	76			147	7		147		40T	98T		2,000
	US		42T	71	74	74	74	293	13	13	145	219	17T	33T	41T	26,223
2006	M		CUT	76	74			150	6		150		55T	55T		5,000
	O		16T	71	69	68	74	282	-6	12	140	208	50T	22T	10T	45,000
	PGA		CUT	70	78			148	4		148		21T	109T		2,000
2008	M		CUT	71	81			152	8		152		11T	76T		10,000
	PGA		68T	74	74	74	78	300	20	23	148	222	61T	59T	56T	14,150

Lonardi, Martin

Year	Event	A	Pos	R1	R2	R3	R4	Tot	P/M	SBW	R2T	R3T	R1P	R2P	R3P	W
1998	US		CUT	76	78			154	14		154		91T	121T		1,000

Long, David J.

Year	Event	A	Pos	R1	R2	R3	R4	Tot	P/M	SBW	R2T	R3T	R1P	R2P	R3P	W
2008	PGA		CUT	80	82			162	22		162		143T	152		2,500

Long, Harold A.

Year	Event	A	Pos	R1	R2	R3	R4	Tot	P/M	SBW	R2T	R3T	R1P	R2P	R3P	W
1927	PGA		16T													
	US		WD													
1937	US		CUT	84	77			161	17		161		160T	135T		

Long, Harold S.

Year	Event	A	Pos	R1	R2	R3	R4	Tot	P/M	SBW	R2T	R3T	R1P	R2P	R3P	W
1924	US		54	84	81	83	85	333	45	36	165	248	69T	61T	61T	
1925	US		55T	77	83	76	84	320	36	29	160	236	36T	62T	48T	
1926	US		53T	79	79	84	78	320	32	27	158	242	55T	45T	59	
1927	US		38T	83	78	79	79	319	31	18	161	240	68T	41T	37T	
1931	US		WD	86				86	15				127T			
1938	US		CUT	76	83			159	17		159		25T	91T		

Long, John S. "Johnny"

Year	Event	A	Pos	R1	R2	R3	R4	Tot	P/M	SBW	R2T	R3T	R1P	R2P	R3P	W
1959	PGA		CUT	77	80			157	17		157		119T	148T		

Long, Kenneth F.

Year	Event	A	Pos	R1	R2	R3	R4	Tot	P/M	SBW	R2T	R3T	R1P	R2P	R3P	W
1946	US		CUT	80	78			158	14		158		124T	119T		

Long, Michael Richard

Year	Event	A	Pos	R1	R2	R3	R4	Tot	P/M	SBW	R2T	R3T	R1P	R2P	R3P	W
1997	O		CUT	78	70			148	6		148		99T	71T		1,000
1998	O		66T	70	74	78	77	299	19	19	144	222	28T	38T	50T	5,800
1999	O		CUT	78	78			156	14		156		68T	83T		1,100

Long, Travis G.

Year	Event	A	Pos	R1	R2	R3	R4	Tot	P/M	SBW	R2T	R3T	R1P	R2P	R3P	W
2005	PGA		CUT	76	71			147	7		147		119T	98T		2,000

Longhurst, Joseph Gordon

Year	Event	A	Pos	R1	R2	R3	R4	Tot	P/M	SBW	R2T	R3T	R1P	R2P	R3P	W
1894	O		39T	91	93	92	91	367		41	184	276	27T	34T	36T	

Longmuir, William G.

Year	Event	A	Pos	R1	R2	R3	R4	Tot	P/M	SBW	R2T	R3T	R1P	R2P	R3P	W
1978	O		52T	75	71	75	75	296	8	15	146	221	83T	51T	48T	305
1979	O		30T	65	74	77	82	298	14	15	139	216	1	3	8T	712
1980	O		CUT	73	79			152	10		152		35T	104T		225
1981	O		CUT	78	77			155	15		155		90T	112T		225
1982	O		47T	77	72	77	75	301	13	17	149	226	82T	46T	54T	650
1984	O		55T	67	71	79	76	293	5	17	138	217	1T	5	33T	1,295
1985	O		CUT	76	79			155	15		155		116T	121T		375
1986	O		CUT	83	76			159	19		159		134T	133T		400
1987	O		CUT	79	71			150	8		150		143T	109T		400
1995	O		94T	72	76	72	78	298	10	16	148	220	60T	95T	72T	4,000

Longo, Anthony D.

Year	Event	A	Pos	R1	R2	R3	R4	Tot	P/M	SBW	R2T	R3T	R1P	R2P	R3P	W
1926	US		CUT	84	79			163	19		163		118T	86T		
1929	US		CUT	78	88			166	22		166		45T	112T		
1937	US		CUT	74	80			154	10		154		29T	78T		

Year	Event	A	Pos	R1	R2	R3	R4	Tot	P/M	SBW	R2T	R3T	R1P	R2P	R3P	W
1938	US		CUT	79	79			158	16		158		61T	79T		
1958	US		CUT	88	80			168	28		168		153T	144T		
1959	PGA		CUT	81	73			154	14		154		162T	132T		
Longworth, Art W.																
1927	US		WD													
Longworth, Dewey																
1928	US		CUT	81	79			160	18		160		90T	69T		
1930	US		CUT	76	82			158	12		158		33T	76T		
1931	US		CUT	81	78			159	17		159		87T	65T		
1933	US		CUT	81	80			161	17		161		101T	106T		
Longworth, Ted																
1927	US		55T	79	84	83	86	332	44	31	163	246	26T	57T	55	
1929	US		23T	74	82	73	82	311	23	17	156	229	8T	32T	13T	
1932	PGA		32T													85
1934	US		CUT	81	83			164	24		164		98T	124T		
1935	US		CUT	84	81			165	21		165		115T	99T		
1936	US		33T	71	74	74	78	297	9	15	145	219	10T	14T	20T	
1937	PGA		64T													
	US		55T	72	76	77	79	304	16	23	148	225	12T	25T	42T	
1938	US		CUT	79	77			156	14		156		61T	61T		
1944	PGA		32T													200
1946	PGA		64T													100
Lonie, John C.																
1911	O		CUT	83	85			168			168		113T	121T		
1912	O		37T	83	77	80	87	327		32	160	240	43T	30T	27T	
1914	O		29T	77	84	82	81	324		18	161	243	13T	29T	29T	
Lonie, William Roy																
1910	O		UNK	85												
Loos, Edward W. "Eddie"																
1919	PGA		32T													50
1920	PGA		32T													50
	US		17T	75	74	73	84	306	18	11	149	222	10T	7	5T	
1921	US		12	76	79	75	78	308	28	19	155	230	15T	19T	13T	55
1922	US		15	75	76	73	77	301	21	13	151	224	17T	18T	9T	
1923	PGA		64T													
1924	US		10T	73	81	75	78	307	19	10	154	229	2T	14T	9T	63
1926	US		37T	78	81	76	79	314	26	21	159	235	46T	55T	42T	
1927	US		11T	78	75	79	77	309	21	8	153	232	15T	10T	11T	55
1928	US		36T	80	77	76	77	310	26	16	157	233	75T	52T	41T	
1931	US		CUT	81	78			159	17		159		87T	65T		
1934	PGA		32T													85
	US		25T	76	75	78	77	306	26	13	151	229	22T	25T	25T	
1935	PGA		32T													100
	US		CUT	80	83			163	19		163		65T	76T		
Loosigian, Greg																
1988	US		CUT	77	76			153	11		153		105T	109T		1,000
Lopez, Francisco																
1959	PGA		CUT	74	80			154	14		154		56T	132T		
1960	PGA		CUT	80	83			163	23		163		148T	170T		
Lopez, Joseph D., Jr.																
1963	PGA		CUT	79	79			158	16		158		124T	132T		
1964	PGA		CUT	76	77			153	13		153		98T	108T		
1965	US		CUT	76	77			153	13		153		50T	69T		300
1969	US		CUT	81	75			156	16		156		131T	115T		500
Lopez, Joseph D., Sr.																
1946	US		CUT	82	81			163	19		163		145T	148		
1950	US		CUT	74	78			152	12		152		40T	67T		
Lopez, Tomas Alveron																
1970	O		50T	70	72	75	84	301	13	18	142	217	25T	15T	20T	125
1971	O		CUT	77	73	76		226	7		150	226	92T	61T	69T	60
Lopez, Tony																
1972	US		CUT	86	91			177	33		177		144T	150		500
Lo Presti, Tom																
1936	PGA		32T													
1939	PGA		64T													100

Year	Event	A	Pos	R1	R2	R3	R4	Tot	P/M	SBW	R2T	R3T	R1P	R2P	R3P	W
Lord, Benjamin J.																
1912	US		41T	80	76	88	81	325	29	31	156	244	50T	30T	50T	
1922	US		70	80	83	87	86	336	56	48	163	250	56T	67T	73T	
1924	US		55	83	83	84	87	337	49	40	166	250	64T	64T	65T	
Lorimer, William																
1904	US		37	86	84	87	83	340		37	170	257	37T	34T	41T	
Lorms, Charles H.																
1920	US		56T	82	79	78	82	321	33	26	161	239	55T	54T	51T	
1923	US		WD													
1924	US		33T	78	85	75	82	320	32	23	163	238	23T	54T	32T	
1927	US		CUT	88	84			172	28		172		110T	106		
1928	US		CUT	85	83			168	26		168		124T	114T		
Loth, R.																
1953	O		CUT	85	82			167	23		167		88	89		
Lott, Clinton Lynwood "Lyn," III																
1975	US		CUT	78	77			155	13		155		106T	113T		500
1976	PGA		64	70	72	76	80	298	18	17	142	218	12T	20T	37T	450
	US		8T	71	71	70	73	285	5	8	142	212	7T	6T	5T	7,000
1977	M		46T	76	72	77	71	296	8	20	148	225	51T	36T	48T	1,825
	PGA		25T	76	75	67	74	292	4	10	151	218	64T	64T	26T	1,717
	US		7T	73	73	68	70	284	4	6	146	214	35T	44T	19T	8,000
1978	M		41	72	76	71	75	294	6	17	148	219	8T	43T	34T	1,875
	US		CUT	77	76			153	11		153		70T	85T		600
1980	US		CUT	76	76			152	12		152		96T	102T		600
1982	PGA		54T	70	73	72	75	290	10	18	143	215	18T	37T	41T	1,182
	US		12T	72	71	75	71	289	1	7	143	218	8T	4T	16T	5,511
1983	M		CUT	77	71			148	4		148		72T	50T		1,820
	US		CUT	79	81			160	18		160		105T	128T		600
Lotz, John C.																
1967	US		CUT	76	80			156	16		156		87T	124T		400
1968	US		CUT	76	73			149	9		149		76T	65T		500
1969	US		CUT	76	77			153	13		153		79T	93T		500
1973	US		CUT	84	78			162	20		162		140T	135T		500
Lotz, Richard M.																
1967	US		60T	76	67	80	76	299	19	24	143	223	87T	15T	56T	615
1969	PGA		48T	75	73	69	75	292	8	16	148	217	72T	59T	35T	289
	US		CUT	79	73			152	12		152		116T	84T		500
1970	M		18T	74	72	72	72	290	2	11	146	218	24T	17T	19T	2,500
	PGA		8T	72	70	75	67	284	4	5	142	217	20T	6T	19T	5,650
	US		CUT	81	75			156	12		156		101T	85T		500
1971	M		24T	77	72	73	70	292	4	13	149	222	57T	40T	33T	2,100
	PGA		58T	76	73	77	71	297	9	16	149	226	84T	71T	75T	258
	US		24T	72	72	73	71	288	8	8	144	217	38T	24T	30T	1,500
1972	M		CUT	77	78			155	11		155		60T	63T		1,000
Louden, David C.																
1948	O	A	CUT	76	80			156	20		156		47T	74T		
Loudermilk, Hardy																
1959	PGA		CUT	80	78			158	18		158		153T	153T		
1961	PGA		CUT	80	78			158	18		158		140T	136T		
1962	PGA		CUT	81	78			159	19		159		155T	148T		
Loustalot, Gary																
1968	PGA		CUT	82	80			162	22		162		153T	149T		
Loustalot, Tim																
1999	US		CUT	79	78			157	17		157		149T	144T		1,000
Loustalot, Victor																
1965	US	A	CUT	78	74			152	12		152		82T	58T		
1966	US	A	CUT	74	82			156	16		156		41T	102T		
1970	US	A	CUT	77	79			156	12		156		35T	85T		
Lovato, Delio																
1974	O		CUT	83	84			167	25		167		135T	142T		50
1976	O		CUT	82	72			154	10		154		134T	96T		100
1977	O		CUT	75	75	81		231	21		150	231	62T	79T	86	200
Love, Davis Milton, Jr.																
1955	M	A	68	82	85	83	77	327	39	48	167	250	70T	72	69	
1960	US		CUT	74	74			148	6		148		47T	56T		

Year	Event	A	Pos	R1	R2	R3	R4	Tot	P/M	SBW	R2T	R3T	R1P	R2P	R3P	W
1962	PGA		CUT	73	81			154	14		154		29T	118T		
1963	US		14T	71	74	78	79	302	18	9	145	223	3T	6T	10T	900
1964	M		34T	69	75	74	76	294	6	18	144	218	1T	9T	24T	850
	US		43	77	72	71	82	302	22	24	149	220	77T	39T	20T	325
1967	PGA		55T	69	79	76	74	298	10	17	148	224	3T	43T	53T	389
1968	US		CUT	75	77			152	12		152		59T	94T		500
1969	O		6T	70	73	71	71	285	1	5	143	214	7T	11T	8T	1,375
	PGA		63T	73	71	76	76	296	12	20	144	220	38T	28T	56T	241
1970	O		55	71	74	73	85	303	15	20	145	218	31T	34T	25T	125
	US		72	77	76	88	74	315	27	34	153	241	35T	52T	72	800
1971	US		CUT	77	76			153	13		153		116T	99T		500
1973	PGA		CUT	80	77			157	15		157		128T	123T		
1974	PGA		CUT	82	74			156	16		156		134T	114T		
	US		CUT	78	78			156	16		156		78T	82T		500

Love, Davis Milton, III

Year	Event	A	Pos	R1	R2	R3	R4	Tot	P/M	SBW	R2T	R3T	R1P	R2P	R3P	W
1986	PGA		47T	70	72	72	77	291	7	15	142	214	17T	17T	22T	2,250
1987	O		CUT	72	77			149	7		149		45T	99T		400
	PGA		CUT	74	83			157	13		157		40T	102T		1,000
1988	M		CUT	73	79			152	8		152		10T	47T		1,500
	O		CUT	80	71			151	9		151		135T	86T		450
	US		CUT	75	74			149	7		149		74T	81T		1,000
1989	O		23T	72	70	73	69	284	-4	9	142	215	42T	27T	39T	6,733
	PGA		17T	73	69	72	69	283	-5	7	142	214	57T	28T	42T	15,000
	US		33T	71	74	73	71	289	9	11	145	218	35T	57T	46T	7,577
1990	O		CUT	73	75			148	4		148		81T	123T		550
	PGA		40T	72	72	77	77	298	10	16	144	221	16T	10T	24T	4,750
1991	M		42T	72	71	74	72	289	1	12	143	217	31T	30T	47T	4,875
	O		44T	71	72	69	73	285	5	13	143	212	29T	39T	22T	4,235
	PGA		32T	72	72	72	73	289	1	13	144	216	39T	29T	28T	6,000
	US		11T	70	76	73	71	290	2	8	146	219	7T	45T	19T	20,909
1992	M		25T	68	72	72	72	284	-4	9	140	212	3T	9T	19T	11,467
	O		CUT	73	77			150	8		150		98T	137T		600
	PGA		33T	77	71	70	72	290	6	12	148	218	126T	69T	42T	7,000
	US		60T	72	71	74	83	300	12	15	143	217	30T	12T	23T	5,773
1993	M		54T	73	72	76	77	298	10	21	145	221	45T	41T	49T	3,900
	O		CUT	70	74			144	4		144		48T	79T		600
	PGA		31T	70	72	72	69	283	-1	11	142	214	36T	48T	56T	7,058
	US		33T	70	74	68	72	284	4	12	144	212	19T	72T	23T	11,052
1994	M		CUT	76	78			154	10		154		52T	71T		1,500
	O		38T	71	67	68	74	280	0	12	138	206	39T	13T	9T	6,100
	PGA		CUT	73	73			146	6		146		61T	77T		1,200
	US		28T	74	72	74	72	292	8	13	146	220	49T	43T	45T	11,514
1995	M		2	69	69	71	66	275	-13	1	138	209	9T	7T	11T	237,600
	O		98T	70	78	74	78	300	12	18	148	222	18T	95T	86T	4,000
	PGA		CUT	71	72			143	1		143		58T	73T		1,200
	US		4T	72	68	73	71	284	4	4	140	213	46T	7T	10T	66,634
1996	M		7T	72	71	74	68	285	-3	9	143	217	33T	16T	23T	77,933
	O		CUT	72	74			146	4		146		63T	96T		650
	PGA		CUT	73	73			146	2		146		71T	83T		1,300
	US		2T	71	69	70	69	279	-1	1	140	210	24T	5T	3T	204,801
1997	M		7T	72	71	72	71	286	-2	16	143	215	8T	10T	10T	78,570
	O		10T	70	71	74	67	282	-2	10	141	215	6T	9T	31T	24,300
	PGA		1	66	71	66	66	269	-11	-5	137	203	1T	2	1T	470,000
	US		16T	75	70	69	71	285	5	9	145	214	93T	45T	21T	40,086
1998	M		33T	74	75	67	78	294	6	15	149	216	25T	35T	14T	18,112
	O		8	67	73	77	68	285	5	5	140	217	6T	6T	14T	49,500
	PGA		7T	70	68	69	70	277	-3	6	138	207	21T	5T	3T	89,500
	US		CUT	78	75			153	13		153		124T	112T		1,000
1999	M		2	69	72	70	71	282	-6	2	141	211	1T	5T	3T	432,000
	O		7T	74	74	77	69	294	10	4	148	225	11T	12T	25T	50,000
	PGA		49T	71	72	75	75	293	5	16	143	218	24T	26T	41T	8,180
	US		12T	70	73	74	72	289	9	10	143	217	24T	20T	14T	67,347
2000	M		7T	75	72	68	71	286	-2	8	147	215	39T	39T	5T	143,367
	O		11T	74	66	74	67	281	-7	12	140	214	94T	15T	41T	37,111
	PGA		9T	68	69	72	70	279	-9	9	137	209	3T	3T	11T	112,500
	US		CUT	75	79			154	12		154		72T	106T		1,000
2001	M		CUT	71	75			146	2		146		21T	48T		5,000
	O		21T	73	67	74	67	281	-3	7	140	214	70T	17T	40T	32,500
	PGA		37T	71	67	65	77	280	0	15	138	203	70T	26T	6	21,000
	US		7T	72	69	71	70	282	2	6	141	212	36T	11T	11T	125,172
2002	M		14T	67	75	74	71	287	-1	11	142	216	1	13T	17T	98,000
	O		14T	71	72	71	67	281	-3	3	143	214	38T	50T	23T	49,750
	PGA		48T	70	75	76	76	297	9	19	145	221	6T	27T	35T	13,120

Year	Event	A	Pos	R1	R2	R3	R4	Tot	P/M	SBW	R2T	R3T	R1P	R2P	R3P	W
	US		24T	71	71	72	77	291	11	14	142	214	13T	3T	10T	47,439
2003	M		15T	77	71	71	71	290	2	9	148	219	53T	37T	23T	93,000
	O		4T	69	72	72	72	285	1	2	141	213	2T	1	2	185,000
	PGA		CUT	74	75			149	9		149	0	58T	71T		2,000
	US		CUT	76	75			151	11		151	0	125T	138		1,000
2004	M		6T	75	67	74	70	286	-2	7	142	216	44T	6T	9T	189,893
	O		5T	72	69	71	67	279	-5	5	141	212	57T	17T	15T	159,500
	PGA		CUT	79	69			148	4		148	0	144T	102T		2,000
	US		CUT	76	75			151	11		151	0	119T	124T		1,000
2005	M		CUT	76	75			151	7		151		52T	60T		5,000
	O		CUT	75	74			149	5		149		97T	114T		2,250
	PGA		4T	68	68	68	74	278	-2	2	136	204	7T	3T	1T	286,000
	US		6T	77	70	70	69	286	6	6	147	217	113T	57T	26T	187,813
2006	M		22T	74	71	74	72	291	3	10	145	219	37T	23T	29T	67,200
	O		CUT	75	72			147	3		147		124T	106T		2,250
	PGA		34T	68	69	73	76	286	-2	16	137	210	4T	5T	18T	34,500
	US		CUT	76	78			154	14		154		68T	113T		2,000
2007	M		27T	72	77	77	74	300	12	11	149	226	10T	27T	26T	53,650
	O		CUT	79	71			150	8		150		142T	105T		2,375
	PGA		CUT	72	74			146	6		146		36T	73T		2,000
	US		CUT	75	80			155	15		155		77T	107T		2,000
2008	O		19T	75	74	70	75	294	14	11	149	219	52T	69T	15T	37,771
	PGA		CUT	77	75			152	12		152		109T	105T		2,500
	US		53T	72	69	76	78	295	11	12	141	217	19T	5T	15T	20,251

Love, Van-Oren

Year	Event	A	Pos	R1	R2	R3	R4	Tot	P/M	SBW	R2T	R3T	R1P	R2P	R3P	W
1961	PGA		CUT	79	78			157	17		157		129T	132T		

Lovekin, W. R. "Bim"

Year	Event	A	Pos	R1	R2	R3	R4	Tot	P/M	SBW	R2T	R3T	R1P	R2P	R3P	W
1906	US		22T	77	85	78	84	324		29	162	240	10T	29T	24	
1930	US		CUT	81	82			163	17		163		99T	111T		

Lovell, John

Year	Event	A	Pos	R1	R2	R3	R4	Tot	P/M	SBW	R2T	R3T	R1P	R2P	R3P	W
1998	O		CUT	72	78			150	10		150		62T	113T		800

Loveridge, Henry Alexander

Year	Event	A	Pos	R1	R2	R3	R4	Tot	P/M	SBW	R2T	R3T	R1P	R2P	R3P	W
1905	O		CUT	93	93			186			186					

Loving, Benjamin

Year	Event	A	Pos	R1	R2	R3	R4	Tot	P/M	SBW	R2T	R3T	R1P	R2P	R3P	W
1936	US		CUT	78	77			155	11		155		113T	106T		
1942	PGA		32T													

Loving, Elmer W.

Year	Event	A	Pos	R1	R2	R3	R4	Tot	P/M	SBW	R2T	R3T	R1P	R2P	R3P	W
1913	US		11T	76	80	75	81	312	28	8	156	231	13T	22T	9T	20
1915	US		32T	78	78	75	85	316	28	19	156	231	25T	24T	17T	

Low, Alistair James

Year	Event	A	Pos	R1	R2	R3	R4	Tot	P/M	SBW	R2T	R3T	R1P	R2P	R3P	W
1964	O	A	CUT	90	79			169	25		169		118T	117T		

Low, George W. "Tiny," Jr.

Year	Event	A	Pos	R1	R2	R3	R4	Tot	P/M	SBW	R2T	R3T	R1P	R2P	R3P	W
1936	US		48T	75	72	77	77	301	13	19	147	224	60T	23T	37T	
1938	US		CUT	78	81			159	17		159		47T	91T		

Low, George W., Sr.

Year	Event	A	Pos	R1	R2	R3	R4	Tot	P/M	SBW	R2T	R3T	R1P	R2P	R3P	W
1899	US		2T	82	79	89	76	326		11	161	250	6T	3	11	125
1900	US		6	84	80	85	82	331		18	164	249	7T	6	7T	70
1901	US		9T	82	89	85	85	341		10	171	256	2T	8T	8T	
1902	US		12T	83	84	78	81	326		19	167	245	19T	22T	14T	
1903	US		WD													
1904	US		23T	89	81	82	79	331		28	170	252	49T	34T	33	
1905	US		15	83	82	81	81	327		13	165	246	29T	18T	18T	
1906	US		11T	79	82	76	79	316		21	161	237	15T	24T	14T	10
1907	US		5T	78	76	79	77	310		8	154	233	9T	8T	6T	60
1908	US		12T	92	80	84	84	340		18	172	256	40T	16T	14T	
1909	US		27T	78	75	74	85	312		22	153	227	28T	17T	9T	
1910	US		12T	75	77	79	74	305		7	152	231	10T	9T	15	
1911	US		15T	80	78	82	76	316	12	9	158	240	22T	16T	25T	
1913	US		WD	80	81			161	19		161		32T	40T		
1915	US		7	78	74	76	75	303	15	6	152	228	25T	10T	10	60
1919	US		41T	81	81	84	81	327	43	26	162	246	28T	37T	39T	
1934	US		WD													

Low, George William

Year	Event	A	Pos	R1	R2	R3	R4	Tot	P/M	SBW	R2T	R3T	R1P	R2P	R3P	W
1957	O	A	CUT	75	74			149	5		149		45T	47T		
1958	O	A	CUT	76	75			151	9		151		59T	70T		
1959	O	A	41T	75	73	78	74	300	12	16	148	226	40T	38T	47	
1960	O	A	21T	72	74	71	73	290	-2	12	146	217	9T	31T	20T	

Year	Event	A	Pos	R1	R2	R3	R4	Tot	P/M	SBW	R2T	R3T	R1P	R2P	R3P	W
1961	O	A	38T	76	76	76	78	306	18	22	152	228	73T	34T	35T	
1962	O		29	77	75	77	73	302	14	26	152	229	47T	33T	35	
1965	O		37T	74	75	77	77	303	11	18	149	226	23T	44T	40T	
1966	O		47T	75	72	79	77	303	19	21	147	226	52T	23T	46T	78
1970	O		CUT	74	77			151	7		151		74T	86T		
Low, John Laing																
1892	O	A	43	84	93	83	86	346		41	177	260			43T	
1894	O	A	44	93	98	89	91	371		45	191	280	39T	58T	49T	
1895	O	A	36	92	86	88	94	360		38	178	266	44T		34T	
1896	O	A	WD	86	88	90		264			174	264				
1899	O	A	WD													
1900	O	A	WD	87	83			170			170		34T	18T		
1901	O	A	CUT	88	88			176			176			39T		
Low, Willie																
1938	US		WD	83				83	12				113T			
1941	US		WD													
Lowe, George																
1878	O		18	57	61	63		181		24	118					
1879	O		34T	94	100			194		25						
1882	O		13T	95	86			181		10	181					
1891	O		UNK													
1894	O		WD	93	92			185			185		39T	37T		
1896	O		35	91	85	88	88	352		36	176	264				
1897	O		WD	93	80			173			173					
Lowe, James																
1957	US		CUT	86	87			173	33		173		156	153		
Lowe, William George																
1913	O		WD	87	90			177			177		62T	64		
Lowery, Harold																
1938	US		CUT	84	82			166	24		166		125T	129T		
Lowery, Melvin																
1938	US		WD	90				90	19				157T			
1940	US		CUT	83	85			168	24		168		142T	145T		
Lowery, Stephen Brent																
1988	US		CUT	74	73			147	5		147		56T	66T		1,000
1993	US		33T	72	71	75	66	284	4	12	143	218	76T	57T	80T	11,052
1994	PGA		CUT	72	77			149	9		149		39T	103T		1,200
	US		16T	71	71	68	76	286	2	7	142	210	10T	15T	7T	25,900
1995	M		CUT	75	73			148	4		148		59T	63T		1,500
	O		79T	69	74	76	77	296	8	14	143	219	9T	31T	63T	4,500
	PGA		8T	69	68	68	69	274	-10	7	137	205	26T	16T	10T	50,000
	US		56T	69	72	75	77	293	13	13	141	216	5T	11T	23T	4,834
1996	M		41T	71	74	75	77	297	9	21	145	220	18T	28T	32T	10,050
	PGA		CUT	72	77			149	5		149		52T	110T		1,300
	US		60T	73	74	73	71	291	11	13	147	220	65T	87T	80T	5,825
1997	PGA		58T	72	69	79	71	291	11	22	141	220	46T	21T	67T	4,700
1998	PGA		44T	76	69	72	71	288	8	17	145	217	122T	60T	54T	7,990
1999	US		CUT	74	75			149	9		149		95T	82T		1,000
2000	PGA		51T	73	74	73	69	289	1	19	147	220	42T	66T	70T	10,964
2001	M		40T	72	72	78	70	292	4	20	144	222	33T	34T	46T	22,960
	PGA		3	67	67	66	68	268	-12	3	134	200	11T	5T	3T	354,000
	US		24T	71	73	72	71	287	7	11	144	216	21T	34T	35T	42,523
2002	M		40T	75	71	76	73	295	7	19	146	222	53T	30T	42T	22,960
	PGA		10T	71	71	73	74	289	1	11	142	215	11T	12T	7T	110,714
	US		CUT	70	82			152	12		152	0	7T	86T		1,000
2003	M		CUT	78	76			154	10		154		64T	62T		5,000
	PGA		CUT	75	75			150	10		150	0	77T	83T		2,000
	US		42T	70	72	70	74	286	6	14	142	212	25T	46T	33T	25,002
2004	O		36T	69	73	75	72	289	5	15	142	217	13T	24T	51T	18,750
	PGA		CUT	80	74			154	10		154	0	148T	133T		2,000
2005	US		CUT	78	74			152	12		152		131T	113T		2,000
2006	PGA		60T	70	72	76	75	293	5	23	142	218	21T	33T	57T	13,750
	US		CUT	79	75			154	14		154		127T	113T		2,000
2008	M		CUT	81	76			157	13		157		91T	90		10,000
	PGA		CUT	74	77			151	11		151		61T	95T		2,500
Lowles, A. J. "Tony"																
1967	O		CUT	78	77			155	11		155		101T	95T		

Year	Event	A	Pos	R1	R2	R3	R4	Tot	P/M	SBW	R2T	R3T	R1P	R2P	R3P	W
Loxley, Peter E.																
1953	O		CUT	80	77			157	13		157		58T	64T		
Loxley, Philip E.																
1977	O		CUT	73	80			153	13		153		36T	101T		150
1981	O		CUT	77	76			153	13		153		72T	100T		225
Loy, Bobby																
1965	US		CUT	78	80			158	18		158		82T	104T		300
Lozano, Daniel																
1989	O		CUT	79	74			153	9		153		140T	133T		500
Lu, Chien-Soon																
1983	O		29T	71	72	74	68	285	1	10	143	217	31T	35T	56T	1,465
1984	O		CUT	75	74			149	5		149		95T	97T		330
	US		CUT	72	79			151	11		151		33T	87T		600
1988	O		CUT	78	79			157	15		157		113T	130T		450
Lu, Hsi-Chuen																
1979	O		CUT	78	79			157	15		157		93T	111T		200
1980	US		CUT	73	74			147	7		147		50T	64T		600
1981	PGA		CUT	77	75			152	12		152		117T	110T		550
	US		CUT	72	82			154	14		154		47T	117T		600
1986	O		46T	80	69	73	76	298	18	18	149	222	105T	42T	34T	2,475
Lu, Liang-Huan																
1964	O		24T	76	71	78	74	299	11	20	147	225	20T	8T	24T	61
1969	M		CUT	80	76			156	12		156		80T	78		1,000
1971	O		2	70	70	69	70	279	-13	1	140	209	5T	3	2T	4,000
1972	M		37	75	72	80	74	301	13	15	147	227	37T	18T	37T	1,675
	O		40T	77	73	71	74	295	11	17	150	221	86T	49T	32T	168
1973	M		43T	74	72	75	78	299	11	16	146	221	23T	19T	23T	1,675
1974	O		5T	72	72	75	73	292	8	10	144	219	8T	5T	6T	2,300
1975	M		43T	73	74	78	72	297	9	21	147	225	33T	37T	44	1,700
	O		53T	76	72	72	77	297	9	18	148	220	90T	63T	50T	175
Lucas, P. M.																
1894	O	A	WD	94	101			195			195		48T	68T		
Lucas, Percy Belgrave "Laddie"																
1935	O	A	23T	74	73	72	81	300	12	17	147	219	19T	16T	8	
Lucchesi, Dino																
2003	PGA		CUT	79	78			157	17		157	0	123T	128T		2,000
Luce, Arthur "Buck"																
1950	US		CUT	73	77			150	10		150		29T	53T		
1951	US		CUT	79	76			155	15		155		90T	74T		
Lucius, Jim																
1960	US		CUT	72	76			148	6		148		19T	56T		
1963	PGA		71T	77	74	77	74	302	18	23	151	228	94T	67T	74T	175
1966	PGA		CUT	79	76			155	15		155		118T	107T		
1970	PGA		CUT	76	79			155	15		155		78T	106T		
1982	PGA		CUT	78	82			160	20		160		133T	143		650
Ludes, Joseph C.																
1932	US		CUT	90	85			175	35		175		139	132T		
1940	US		CUT	83	77			160	16		160		142T	125T		
Ludwell, Nick																
2006	O		CUT	75	76			151	7		151		124T	136T		2,000
Ludwig, William A. "Buddy"																
1981	US	A	CUT	77	79			156	16		156		115T	133T		
1984	US	A	CUT	83	77			160	20		160		153T	142T		
Lula, Ben																
1963	PGA		CUT	77	77			154	12		154		94T	99T		
Lumb, Nicholas "Nicky"																
1977	O		CUT	84	85			169	29		169		150T	153		150
Lumpkin, Jack																
1960	US		CUT	78	75			153	11		153		108T	97T		
1961	US		57	73	76	81	79	309	29	28	149	230	20T	47T	57	250
1964	PGA		CUT	75	74	74		223	13		149	223	83T	82T	71T	
1965	US		44T	74	74	74	81	303	23	21	148	222	30T	25T	22T	420

Year	Event	A	Pos	R1	R2	R3	R4	Tot	P/M	SBW	R2T	R3T	R1P	R2P	R3P	W
Lumpkin, Jay																
1988	PGA		CUT	74	82			156	14		156		78T	135T		1,000
Lumsden, Alexander																
1893	O		WD	89	90			179			179		47T	47T		
1894	O		30	90	93	87	89	359		33	183	270	20T	31T	30T	
Luna Torres, Santiago																
1991	O		80T	67	77	72	73	289	9	17	144	216	2T	54T	66T	3,000
1996	O		CUT	72	72			144	2		144		63T	78T		650
1998	O		35T	70	72	80	71	293	13	13	142	222	28T	22T	50T	8,900
1999	O		58T	78	74	80	73	305	21	15	152	232	68T	46T	68T	6,563
Lund, Eddie																
1932	US		CUT	87	85			172	32		172		125T	128T		
Lund, Hans-Henrik																
1970	O		WD	81				81	9				131T			
Lundahl, Richard																
1954	US		CUT	83	73			156	16		156		125T	75T		
1955	PGA		64T													100
1956	PGA		64T													
1959	PGA		CUT	75	73	78		226	16		148	226	77T	62T	84T	
1960	PGA		39T	76	73	75	73	297	17	16	149	224	83T	52T	52T	200
1963	PGA		CUT	77	80			157	15		157		94T	123T		
Lunde, Bill																
2003	US		CUT	74	73			147	7		147	0	92T	104T		1,000
Lundie, D.																
1879	O	A	37T	98	99			197		28						
Lundstrom, David Ralph																
1976	US		CUT	81	75			156	16		156		121T	101T		500
1983	US		CUT	80	79			159	17		159		112T	121T		600
1994	US		CUT	80	80			160	18		160		146T	152T		1,000
Lunn, Robert J.																
1968	PGA		30T	72	75	72	71	290	10	9	147	219	23T	43T	35T	863
	US		24T	74	73	73	70	290	10	15	147	220	42T	42T	37T	1,204
1969	M		CUT	74	75			149	5		149		44T	49T		1,000
	PGA		21T	69	74	73	70	286	2	10	143	216	1T	23T	26T	1,719
	US		42T	71	72	76	75	294	14	13	143	219	14T	14T	41T	955
1970	M		10T	70	70	75	72	287	-1	8	140	215	4T	3T	10T	3,500
	PGA		41T	74	69	70	81	294	14	15	143	213	45T	10T	5T	750
	US		3T	77	72	70	70	289	1	8	149	219	35T	15T	5	9,000
1971	M		34	69	76	81	69	295	7	16	145	226	2T	17T	45	1,675
	PGA		9T	72	70	73	72	287	-1	6	142	215	17T	4T	4T	4,800
	US		27T	71	73	71	74	289	9	9	144	215	18T	24T	21T	1,253
1972	PGA		CUT	73	79			152	12		152		36T	84T		
	US		CUT	74	81			155	11		155		17T	71T		500
1973	M		43T	76	74	72	77	299	11	16	150	222	47T	51T	30T	1,675
1987	US		CUT	75	77			152	12		152		88T	118T		600
Luther, Merlin H. "Ted"																
1930	US		54T	76	78	82	79	315	23	28	154	236	33T	38T	57T	
1931	US		CUT	80	79			159	17		159		76T	65T		
1932	US		66T	78	82	75	83	318	38	32	160	235	21T	61T	51T	
1934	US		12T	78	71	78	73	300	20	7	149	227	50T	12T	16T	78
1935	US		26T	80	76	84	73	313	25	14	156	240	65T	29T	46T	
1936	M		36T	74	75	77	82	308	20	23	149	226	3T	13T	26T	
	PGA		64T													
	US		CUT	78	76			154	10		154		113T	97T		
1937	US		60T	75	77	80	75	307	19	26	152	232	45T	55T	60T	
1938	PGA		64T													100
	US	A	CUT	90	87			177	35		177		157T	146		
1939	PGA		64T													100
	US		55	73	75	77	78	303	27	19	148	225	24T	31T	41T	
1949	US		CUT	75	76			151	9		151		38T	52T		
1951	US		CUT	82	79			161	21		161		131T	123T		
1952	US		WD	84				84	14				140T			
Lutz, John Elmer "Buddy," Jr.																
1951	US	A	CUT	80	81			161	21		161		102T	123T		
Lux, Frederick E.																
1957	US		CUT	81	87			168	28		168		137T	149T		

Lye, Mark Ryan

Year	Event	A	Pos	R1	R2	R3	R4	Tot	P/M	SBW	R2T	R3T	R1P	R2P	R3P	W
1977	O		CUT	79	74			153	13		153		124T	101T		150
1980	PGA		CUT	86	73			159	19		159		146T	130T		500
	US		26T	68	72	77	69	286	6	14	140	217	9T	11T	43T	2,275
1981	PGA		56T	67	76	74	74	291	11	18	143	217	2T	27T	49T	810
	US		69	70	72	76	78	296	16	23	142	218	16T	26T	51T	1,300
1982	PGA		67T	72	73	70	78	293	13	21	145	215	41T	65T	41T	1,110
1983	PGA		63T	75	67	75	76	293	9	19	142	217	104T	25T	45T	1,535
1984	M		6T	69	66	73	74	282	-6	5	135	208	3T	1	2	19,425
	PGA		54T	74	74	73	72	293	5	20	148	221	54T	60T	57T	1,778
	US		CUT	76	76			152	12		152		105T	98T		600
1985	M		36T	72	73	79	70	294	6	12	145	224	14T	13T	52T	3,612
	PGA		47T	70	72	77	73	292	4	14	142	219	18T	19T	44T	2,075
1986	PGA		36T	72	71	70	76	289	5	13	143	213	46T	27T	16T	3,400
	US		45T	80	70	70	73	293	13	14	150	220	111T	55T	36T	3,963
1987	US		CUT	78	70			148	8		148		136T	78T		600
1988	US		36T	75	71	71	72	289	5	11	146	217	74T	49T	34T	7,003
1989	US		13T	71	69	72	72	284	4	6	140	212	35T	7T	13T	15,634
1990	M		39T	75	73	73	75	296	8	18	148	221	50T	42T	35T	5,500
	PGA		WD	72				72	0				16T			1,000
	US		CUT	74	76			150	6		150		80T	113T		1,000
1994	US		CUT	73	76			149	7		149		34T	82T		1,000

Lyle, Alexander Walter Barr "Sandy"

Year	Event	A	Pos	R1	R2	R3	R4	Tot	P/M	SBW	R2T	R3T	R1P	R2P	R3P	W
1974	O	A	CUT	75	77	84		236	23		152	236	27T	32T	77	
1977	O	A	CUT	75	80			155	15		155		62T	121T		
1978	O		CUT	72	78			150	6		150		26T	91T		175
1979	O		19T	74	76	75	70	295	11	12	150	225	25T	45T	46T	1,810
1980	M		48T	76	70	70	78	294	6	19	146	216	62T	42T	25T	1,500
	O		12T	70	71	70	73	284	0	13	141	211	8T	11T	7T	4,250
	US		CUT	73	76			149	9		149		50T	79T		600
1981	M		28T	73	70	76	73	292	4	12	143	219	28T	13T	35	2,350
	O		14T	73	73	71	71	288	8	12	146	217	17T	27T	21T	3,240
	PGA		CUT	76	73			149	9		149		107T	87T		550
	US		CUT	74	74			148	8		148		71T	71T		600
1982	O		8T	74	66	73	74	287	-1	3	140	213	32T	5T	3T	8,750
1983	M		CUT	74	74			148	4		148		53T	50T		1,820
	O		CUT	73	71	74		218	5		144	218	62T	50T	64T	425
1984	O		14T	75	71	72	67	285	-3	9	146	218	95T	58T	46T	6,752
1985	M		25T	78	65	76	73	292	4	10	143	219	65T	6T	24T	5,670
	O		1	68	71	73	70	282	2	-1	139	212	2T	1T	3T	65,000
1986	M		11T	76	70	68	71	285	-3	6	146	214	46T	19T	9T	16,960
	O		30T	78	73	70	74	295	15	15	151	221	71T	63T	24T	3,800
	US		45T	78	71	72	72	293	13	14	149	221	77T	46T	45T	3,963
1987	M		17T	77	74	68	72	291	3	6	151	219	58T	46T	20T	13,050
	O		17T	76	69	71	70	286	2	7	145	216	115T	52T	27T	7,450
	US		36T	70	74	72	73	289	9	12	144	216	8T	48T	42T	5,626
1988	M		1	71	67	72	71	281	-7	-1	138	210	3T	1	1	183,800
	O		7T	73	69	67	74	283	-1	10	142	209	35T	6T	4	21,000
	US		25T	68	71	75	73	287	3	9	139	214	1T	5T	12T	8,856
1989	M		CUT	77	76			153	9		153		64T	56T		1,500
	O		46T	73	73	71	72	289	1	14	146	217	61T	69T	55T	3,550
	US		CUT	78	74			152	12		152		139T	122T		1,000
1990	M		CUT	77	74			151	7		151		63T	59T		1,500
	O		16T	72	70	67	72	281	-7	11	142	209	51T	46T	14T	11,150
	US		CUT	78	72			150	6		150		136T	113T		1,000
1991	M		CUT	77	76			153	9		153		73T	77T		1,500
	O		DQ	79				79	9				154			600
	PGA		16T	68	75	71	72	286	-2	10	143	214	3T	20T	13T	17,000
	US		16T	72	70	74	75	291	3	9	142	216	24T	10T	8T	17,186
1992	M		37T	72	69	70	75	286	-2	11	141	211	36T	14T	11T	6,800
	O		12T	68	70	70	72	280	-4	8	138	208	15T	11T	10T	17,384
	PGA		CUT	74	78			152	10		152		70T	109T		1,200
	US		51T	73	74	75	76	298	10	13	147	222	46T	51T	56T	6,370
1993	M		21T	73	71	71	73	288	0	11	144	215	45T	32T	17T	17,000
	O		CUT	70	76			146	6		146		48T	110T		600
	PGA		56T	69	73	70	74	286	2	14	142	212	23T	48T	41T	3,110
	US		52T	70	74	70	72	286	6	14	144	214	19T	72T	46T	6,526
1994	M		38T	75	73	78	73	299	11	20	148	226	44T	36T	45T	9,000
	O		74	71	72	72	72	287	7	19	143	215	39T	61T	75T	3,850
	PGA		73T	75	70	76	76	297	17	28	145	221	97T	65T	76	2,463
1995	M		CUT	75	71			146	2		146		59T	48T		1,500
	O		79T	71	71	79	75	296	8	14	142	221	34T	20T	78T	4,500
	PGA		39T	67	73	69	71	280	-4	13	140	209	11T	37T	34T	6,750

Year	Event	A	Pos	R1	R2	R3	R4	Tot	P/M	SBW	R2T	R3T	R1P	R2P	R3P	W
1996	M		CUT	75	74			149	5		149		57T	56T		1,500
	O		56T	71	69	73	73	286	2	15	140	213	43T	29T	44T	5,688
1997	M		34T	73	73	74	75	295	7	25	146	220	18T	22T	30T	14,918
	O		CUT	78	75			153	11		153		99T	118T		700
1998	M		CUT	74	77			151	7		151		25T	47T		5,000
	O		19T	71	72	75	72	290	10	10	143	218	42T	30T	16T	17,220
1999	M		48T	71	77	70	80	298	10	18	148	218	12T	43T	32T	12,000
	O		CUT	85	81			166	24		166		149T	145T		328
2000	M		CUT	79	72			151	7		151		78T	73T		5,000
	O		CUT	71	78			149	5		149		40T	128T		1,000
2001	M		CUT	74	73			147	3		147		56T	55T		5,000
	O		69T	72	71	77	81	301	17	27	143	220	52T	48T	68	8,075
2002	M		CUT	73	81			154	10		154		25T	76T		5,000
	O		75T	68	76	73	75	292	8	14	144	217	4T	68T	54T	8,500
2003	M		CUT	82	73			155	11		155		82T	69T		5,000
	O		CUT	73	79			152	10		152		19T	84T		3,000
2004	M		37T	72	74	75	76	297	9	18	146	221	15T	22T	34T	32,663
	O		73	70	73	81	79	303	19	29	143	224	26T	37T	73	8,800
2005	M		CUT	74	78			152	8		152		33T	64T		5,000
	O		32T	74	67	69	75	285	-3	11	141	210	74T	25T	9T	26,500
2006	M		CUT	80	81			161	17		161		79T	88		5,000
	O		CUT	73	73			146	2		146		92T	91T		2,500
2007	M		43	79	73	80	71	303	15	14	152	232	75T	46T	56T	26,825
	O		65T	73	73	73	79	298	14	21	146	219	60T	53T	53T	10,050
2008	M		45	72	75	78	77	302	14	22	147	225	19T	40T	44T	24,750
	O		WD													

Lyle, Ian

Year	Event	A	Pos	R1	R2	R3	R4	Tot	P/M	SBW	R2T	R3T	R1P	R2P	R3P	W
1936	O	A	CUT	86	77			163	15		163		102T	90T		

Lyle, Jarrod

Year	Event	A	Pos	R1	R2	R3	R4	Tot	P/M	SBW	R2T	R3T	R1P	R2P	R3P	W
2006	O		CUT	74	70			144	0		144		108T	72T		3,000
2008	US		48T	75	74	74	71	294	10	11	149	223	64T	65T	58T	23,985

Lyle, Walter Barr

Year	Event	A	Pos	R1	R2	R3	R4	Tot	P/M	SBW	R2T	R3T	R1P	R2P	R3P	W
1946	O		CUT	84	83			167	23		167		84T	92T		
1948	O		36	72	75	80	80	307	35	23	147	227	9T	22T	36	
1949	O		CUT	73	79			152	8		152		32T	62T		
1950	O		CUT	76	78			154	14		154		52T	70T		
1966	O		CUT	74	85			159	17		159		34T	111T		

Lyles, Steve

Year	Event	A	Pos	R1	R2	R3	R4	Tot	P/M	SBW	R2T	R3T	R1P	R2P	R3P	W
1971	US		CUT	71	82			153	13		153		18T	99T		500
1972	PGA		CUT	78	84			162	22		162		103T	123T		

Lynch, Levi

Year	Event	A	Pos	R1	R2	R3	R4	Tot	P/M	SBW	R2T	R3T	R1P	R2P	R3P	W
1932	US		CUT	83	81			164	24		164		90T	93T		
1935	PGA		16T													125
1937	PGA		64T													
1938	PGA		64T													100
	US		38T	74	74	81	80	309	25	25	148	229	7T	12T	30T	

Lynch, Nicholas G.

Year	Event	A	Pos	R1	R2	R3	R4	Tot	P/M	SBW	R2T	R3T	R1P	R2P	R3P	W
1961	O		CUT	78	82			160	16		160		94T	85T		
1963	O		CUT	74	78			152	12		152		30T	69T		
1969	O		CUT	76	76			152	10		152		71T	74T		

Lynn, David Anthony

Year	Event	A	Pos	R1	R2	R3	R4	Tot	P/M	SBW	R2T	R3T	R1P	R2P	R3P	W
2003	O		53T	73	76	71	76	296	12	13	149	220	19T	48T	34T	10,200

Lyon, George Seymour

Year	Event	A	Pos	R1	R2	R3	R4	Tot	P/M	SBW	R2T	R3T	R1P	R2P	R3P	W
1905	O	A	CUT	89	90			179			179					

Lyons, Denny

Year	Event	A	Pos	R1	R2	R3	R4	Tot	P/M	SBW	R2T	R3T	R1P	R2P	R3P	W
1967	US	A	CUT	82	78			160	20		160		146T	141T		
1971	US		CUT	74	77			151	11		151		70T	88T		500
1972	PGA		40T	73	73	74	75	295	15	14	146	220	36T	32T	40T	784
1973	PGA		12T	73	70	67	75	285	1	8	143	210	33T	15T	4	3,975
	US		20T	72	74	75	72	293	9	14	146	221	11T	24T	28T	1,600
1974	PGA		CUT	78	76			154	14		154		110T	104T		
	US		CUT	79	80			159	19		159		92T	107T		500
1975	PGA		CUT	80	69			149	9		149		117T	72T		
1976	PGA		CUT	76	76			152	12		152		84T	94T		250
1978	PGA		CUT	76	83			159	17		159		75T	130T		303
1980	PGA		CUT	76	76			152	12		152		87T	89T		500

Year	Event	A	Pos	R1	R2	R3	R4	Tot	P/M	SBW	R2T	R3T	R1P	R2P	R3P	W
Lyons, John																
1984	US		CUT	79	84			163	23		163		136T	152		600
Lyons, Paul																
1990	O		CUT	77	76			153	9		153		142T	153T		550
Lyons, Toby																
1938	US	A	CUT	77	79			156	14		156		35T	61T		
1939	US	A	CUT	76	84			160	22		160		65T	123T		
1940	US	A	58	77	76	80	80	313	25	26	153	233	69T	56T	61T	
1946	US		31T	74	73	72	77	296	8	12	147	219	30T	21T	19T	100
1947	US		55T	77	74	76	77	304	20	22	151	227	95T	60T	55T	
1949	US		WD	79				79	8				107T			
1951	PGA		64T													100
	US		CUT	77	78			155	15		155		59T	74T		
1953	PGA		64T													100
	US		30T	73	78	74	77	302	14	19	151	225	11T	31T	22T	150
1954	PGA		32T													200
	US		42T	77	74	75	79	305	25	21	151	226	46T	41T	36T	180
1956	PGA		16T													
	US		CUT	77	76			153	13		153		78T	80T		
1957	PGA		128T													50
	US		CUT	82	78			160	20		160		141T	126T		
1958	PGA		53T	75	73	74	80	302	22	26	148	222	43T	35T	36T	100
1959	US		CUT	80	80			160	20		160		112T	125T		
1962	PGA		CUT	78	75			153	13		153		132T	105T		
1963	US		CUT	76	80			156	14		156		45T	83T		150
Lytle, Bill																
1992	US		CUT	76	82			158	14		158		101T	147T		1,000
MacAndrew, Charles F.																
1927	US		CUT	90	89			179	35		179		120T	121		
1928	US		CUT	80	82			162	20		162		75T	85T		
1929	US		62	78	80	88	83	329	41	35	158	246	45T	50T	66	
1933	US		46T	78	77	79	75	309	21	22	155	234	51T	52T	56T	
1934	US		CUT	86	85			171	31		171		139T	138		
MacAndrew, Jock																
1926	US		WD	83	76	84		243	27		159	243	103T	55T	60	
1927	US		CUT	83	84			167	23		167		68T	80T		
MacArthur, G.																
1866	O		UNK													
MacBain, William																
1906	O	A	WD													
MacCarty, Warren																
1968	PGA		CUT	86	79			165	25		165		162T	156		
MacCaskill, Iain A.																
1962	O	A	CUT	79	82			161	17		161		77T	100T		
MacDonald, A.																
1930	O		CUT	79	82			161	17		161		54T	78T		
MacDonald, Albert E. "Scotty"																
1929	US		WD	84				84	12				127T			
MacDonald, Allan																
1999	O		CUT	80	85			165	23		165		100T	143T		328
MacDonald, Angus																
1900	O	A	CUT	91	92			183			183		60T	63T		
1901	O	A	WD	95				95								
1903	O		UNK	93												
MacDonald, Bruce P.																
1981	PGA		CUT	75	76			151	11		151		88T	105T		550
Macdonald, Charles Blair																
1895	US	A	WD													
1896	US	A	WD	83				83					13T			
1897	US	A	11T	85	89			174		12			6T			
1900	US	A	30	86	90	90	89	355		42	176	266	18T	27T	28T	
1902	US	A	53	87	91	90	89	357		50	178	268	41T	55T	52T	
MacDonald, Doug																
1969	PGA		CUT	84	76			160	18		160		137	132T		

Year	Event	A	Pos	R1	R2	R3	R4	Tot	P/M	SBW	R2T	R3T	R1P	R2P	R3P	W
MacDonald, Ian D.																
1961	O	A	CUT	77	78			155	11		155		81T	53T		
1962	O		CUT	77	77			154	10		154		47T	52T		
1963	O		14T	71	71	74	75	291	11	14	142	216	10T	8T	10T	115
1964	O		CUT	77	77			154	10		154		28T	46T		
1966	O		CUT	78	77			155	13		155		89T	88T		
1968	O		CUT	80	79			159	15		159		87T	95T		
1972	O		CUT	77	80			157	15		157		86T	118T		50
MacDonald, J. Scott																
1970	O	A	CUT	75	76			151	7		151		86T	86T		
MacDonald, Jack																
1932	US		WD	81	77			158	18		158		60T	46T		
MacDonald, Joe																
1947	M	A	WD	85	80	81		246	30		165	246	58	58	58	
MacDonald, John A.																
1957	O		35T	73	71	76	76	296	8	17	144	220	30T	14T	31T	
1959	O		CUT	76	73			149	5		149		48T	49T		
1960	O		21T	76	71	69	74	290	-2	12	147	216	50T	35T	15T	60
1961	O		CUT	70	85			155	11		155		7T	53T		
1962	O		CUT	78	82			160	16		160		65T	98T		
1963	O		20T	73	75	75	70	293	13	16	148	223	22T	32T	36T	78
1964	O		19T	78	74	74	72	298	10	19	152	226	43T	31T	28T	86
1965	O		CUT	73	77			150	4		150		15T	51T		
1966	O		CUT	76	83			159	17		159		61T	111T		
MacDonald, Keith A.																
1957	O		39T	69	74	76	79	298	10	19	143	219	4T	8T	25T	
1959	O		CUT	80	77			157	13		157		82T	80T		
1962	O		27T	69	77	76	79	301	13	25	146	222	1	7T	13T	
1964	O		CUT	75	80			155	11		155		15T	50T		
1965	O		CUT	79	78			157	11		157		99T	106T		
1966	O		26	75	74	70	77	296	12	14	149	219	52T	41T	19T	132
1967	O		CUT	76	84			160	16		160		75T	118T		
1968	O		24T	80	71	73	77	301	13	12	151	224	87T	28T	17T	195
MacDonald, Leon M.																
1914	US		WD	78	89			167	23		167		37T	63		
MacDonald, Norman R.																
1963	O		CUT	81	81			162	22		162		109T	116T		
MacDonald, Robert George																
1910	O		CUT	85	83			168			168					
1911	US		29T	80	82	75	87	324	20	17	162	237	22T	32T	17T	
1912	US		WD													
1913	US		28T	80	79	84	79	322	38	18	159	243	32T	33T	38T	
1914	US		WD	78	77			155	11		155		37T	38T		
1915	US		3	72	77	73	78	300	12	3	149	222	3	5T	2T	150
1916	PGA		16T													60
	US		8	74	72	77	73	296	8	10	146	223	10T	5T	11T	50
1919	PGA		3T													125
	US		29T	81	78	80	84	323	39	22	159	239	28T	22T	20T	
1920	PGA		8T													75
	US		10	73	78	71	78	300	12	5	151	222	3T	9T	5T	75
1922	US		13T	73	76	75	76	300	20	12	149	224	6T	10T	9T	25
1923	US		32T	76	80	77	85	318	30	22	156	233	13T	24T	20T	
1925	US		15T	75	77	77	72	301	17	10	152	229	15T	23T	26T	
1926	US		27T	77	79	77	77	310	22	17	156	233	39T	34T	29T	
1927	US		29T	77	83	78	77	315	27	14	160	238	11T	38T	32T	
1928	PGA		16T													
1929	US		CUT	82	84			166	22		166		106T	112T		
1932	US		27T	82	77	74	73	306	26	20	159	233	74T	52T	37T	
1933	US		60T	80	75	81	80	316	28	29	155	236	87T	52T	61	
1935	M		54T	73	79	76	81	309	21	27	152	228	15T	49T	49T	
	US		WD	79	78	81		238	22		157	238	57T	36T	36T	
1936	US		WD	76				76	4				81T			
1940	US		CUT	81	76			157	13		157		125T	101T		
1941	US		WD	77				77	7				66T			
MacDonald, William S.																
1950	O		CUT	84	72			156	16		156		91T	78T		
1952	O		CUT	81	85			166	16		166		90T	93		
1953	O		CUT	80	81			161	17		161		58T	77T		
1955	O		CUT	78	75			153	9		153		81T	73T		

Year	*Event*	*A*	*Pos*	*R1*	*R2*	*R3*	*R4*	*Tot*	*P/M*	*SBW*	*R2T*	*R3T*	*R1P*	*R2P*	*R3P*	*W*
MacDowall, William																
1903	O		CUT	91	85			176			176					
Macey, C.																
1927	O		CUT	82	77			159	13		159		101T	80T		
MacFarlane, Charles B.																
1898	O	A	CUT	83	91			174			174		24T	48T		
1903	O	A	CUT	90	81			171			171					
1912	O	A	55	86	81	87	84	338		43	167	254	58T	51T	55	
MacFarlane, J. G.																
1898	O	A	CUT	89	82			171			171		61T	44T		
MacFarlane, William A. "Willie"																
1912	US		18T	77	81	73	80	311	15	17	158	231	23T	41T	13T	
1913	US		WD	81	84			165	23		165		38T	51T		
1914	US		WD	78	76			154	10		154		37T	35T		
1915	US		35T	81	83	75	78	317	29	20	164	239	44T	51	40T	
1916	PGA		3T													125
1920	PGA		32T													50
	US		8T	76	75	74	74	299	11	4	151	225	15T	9T	12T	80
1922	US		WD	80	76	75		231	21		156	231	56T	44T	29T	
1923	PGA		8T													
1924	PGA		16T													100
1925	US		1PO	74	67	72	78	291	7	-1	141	213	12T	1T	1	500
1926	US		20T	72	79	75	81	307	19	14	151	226	6T	13T	10T	50
1927	US		18T	82	76	80	73	311	23	10	158	238	62T	26T	32T	50
1928	PGA		16T													
	US		14T	73	74	73	80	300	16	6	147	220	8T	4T	4T	50
1929	US		27T	79	78	76	79	312	24	18	157	233	60T	39T	27T	
1930	US		43T	74	77	82	76	309	17	22	151	233	16T	23T	45T	
1931	PGA		16T													
1932	US		CUT	83	78			161	21		161		90T	74T		
1934	M		6	74	73	70	74	291	3	7	147	217	13T	13T	6T	300
1935	M		31T	73	77	75	74	299	11	17	150	225	15T	42T	36T	
	US		47T	77	81	78	84	320	32	21	158	236	28T	43T	29T	
1937	M		19T	73	76	73	77	299	11	16	149	222	13T	21T	18T	
	PGA		32T													
	US		47T	73	78	75	76	302	14	21	151	226	21T	48T	45T	
1938	M		38	76	80	75	78	309	21	24	156	231	30T	39T	33T	
	US		32T	79	73	78	78	308	24	24	152	230	61T	29T	34T	
1946	US		WD	76				76	4				57T			
MacFie, Allan Fullarton																
1887	O	A	22T	94	90			184		23						
1888	O	A	18T	94	91			185		14						
1891	O	A	34T	94	89			183		17						
1892	O	A	WD													
MacGregor, James																
1919	US		37T	83	78	82	83	326	42	25	161	243	47T	32T	34	
MacGregor, Roy Carrick																
1950	O	A	CUT	80	76			156	16		156		83T	78T		
Machado, Vito																
1939	US		CUT	79	77			156	18		156		108T	92T		
Mack, Bob																
1976	US		CUT	76	81			157	17		157		73T	111T		500
Mack, Stan																
1967	PGA		CUT	86	85			171	27		171		142T	140		
Mackay, John																
1929	O		CUT	82	80			162	10		162		84T	85T		
Mackay, Roger J.																
1988	O		CUT	80	80			160	18		160		135T	139T		450
1992	O		51T	73	70	73	73	289	5	17	143	216	98T	63T	55T	4,075
	PGA		66T	76	72	71	76	295	11	17	148	219	111T	69T	49T	2,575
Mackay, T. S.																
1938	O		CUT	87	78			165	25		165		120	118		
MacKenzie, Brock																
2004	US	A	CUT	73	76			149	9		149	0	60T	107T		

Year	Event	A	Pos	R1	R2	R3	R4	Tot	P/M	SBW	R2T	R3T	R1P	R2P	R3P	W
MacKenzie, Fred M.																
1900	O	A	22T	88	82	89	83	342		33	170	259	39T	18T	29T	
1902	O	A	WD	80	81			161			161					
1904	US		3	76	79	74	80	309		6	155	229	3	3T	1	125
1905	US		16T	81	85	80	82	328		14	166	246	10T	24T	18T	
1910	O		16T	78	80	75	80	313		14	158	233			14T	
1927	O		CUT	75	80			155	9		155		24T	55T		
MacKenzie, James H.																
1922	O		32T	78	81	80	78	317		17	159	239	23T	28T	34T	
1923	O		8T	76	78	74	75	303		8	154	228				4
MacKenzie, Malcolm John																
1984	O		55T	72	72	74	75	293	5	17	144	218	38T	30T	46T	1,295
1986	O		59T	79	70	77	75	301	21	21	149	226	96T	42T	59T	1,925
1987	O		CUT	76	71			147	5		147		115T	79T		400
1990	O		71	70	71	76	75	292	4	22	141	217	17T	33T	69	2,700
1991	O		80T	71	73	74	71	289	9	17	144	218	29T	54T	83T	3,000
1992	O		5T	71	67	70	71	279	-5	7	138	208	57T	11T	10T	30,072
1993	O		27T	72	71	71	67	281	1	14	143	214	84T	64T	51T	7,225
1996	O		CUT	71	75			146	4		146		43T	96T		650
2002	O		CUT	76	76			152	10		152		133T	146T		2,000
2003	O		CUT	82	79			161	19		161		137T	143T		2,250
MacKenzie, Robert																
1910	O		CUT	86	83			169			169					
1911	O		WD	84				84					130T			
1920	O		77	88	91	89	93	361		58	179	268	78T	82	81	
1921	O		78T	84	83	77	89	333		37	167	244	80T	80	67T	
Mackenzie, Roland Redus																
1926	O	A	CUT	79	84			163	21		163		41T	83T		
	US	A	CUT	87	81			168	24		168		135T	117T		
1929	US	A	48T	78	79	84	78	319	31	25	157	241	45T	39T	58T	
1934	US		CUT	88	79			167	27		167		144T	133		
1935	US		40T	72	82	80	84	318	30	19	154	234	2	18T	23T	
MacKenzie, Walter Willis "Willis"																
1929	O	A	25T	80	71	80	82	313	9	21	151	231	62T	18T	17T	
Mackenzie, William Ruggles "Will"																
2007	PGA		57T	72	70	74	74	290	10	18	142	216	36T	19T	44T	14,400
Mackey, Lee, Jr.																
1950	US		25T	64	81	75	77	297	17	10	145	220	1	20T	18T	100
1951	US		WD	84				84	14				144T			
1958	US		WD	86				86	16				145T			
Mackie, Dan S.																
1909	US		CUT	83	85			168			168		61T	70		
Mackie, George W.																
1948	O	A	CUT	77	74			151	15		151		56T	49T		
Mackie, I.																
1900	O		CUT	83	96			179			179		15T	56T		
Mackie, Isaac S.																
1901	US		16	87	88	85	90	350		19	175	260	13T	16T	13T	
1902	US		WD	84	81			165			165	0	24T	16T		
1903	US		13T	83	80	78	84	325		18	163	241	28T	16T	10	
1904	US		33T	83	87	80	85	335		32	170	250	22T	34T	27T	
1905	US		29T	82	82	83	90	337		23	164	247	21T	15T	21T	
1906	US		37T	87	81	82	81	331		36	168	250	57T	47T	48	
1907	US		22T	82	83	79	78	322		20	165	244	35T	39T	27T	
1908	US		23T	94	88	84	81	347		25	182	266	50T	44T	29T	
1909	US		4T	77	75	74	73	299		9	152	226	22T	12T	8	70
1910	US		36T	81	82	80	80	323		25	163	243	39T	39T	35T	
1912	US		WD	81	83			164	16		164	0	62T	64T		
1915	US		45T	79	81	81	82	323	35	26	160	241	35T	42T	45T	
1919	US		13T	82	75	78	81	316	32	15	157	235	38T	17T	14T	18
1920	PGA		32T													50
1921	US		63	81	83	84	89	337	57	48	164	248	43T	56T	61	
1925	US		WD													
Mackie, John B. "Jack"																
1902	US		29	88	82	84	84	338		31	170	254	46T	27T	29T	
1903	US		WD	86	85	87		258			171	258	46T	43T	45T	
1905	US		43T	81	90	88	84	343		29	171	259	10T	46T	48T	

Year	Event	A	Pos	R1	R2	R3	R4	Tot	P/M	SBW	R2T	R3T	R1P	R2P	R3P	W
Mackie, William L.																
1898	O		CUT	92	87			179			179		70T	65T		
1899	O		WD	101				101					73T			
1900	O		CUT	91	93			184			184		60T	65T		
1904	O		CUT	91	86			177			177					
1905	O		CUT	91	89			180			180					
1908	O		58T	81	80	85	90	336		45	161	246	40T	43T	49T	
1910	O		UNK													
Mackrell, James N.																
1896	US		16T	89	83			172		20			25T			
1901	US		WD	95	94	96		285			189	285	44	45T	44	
1908	US		CUT	94	91			185			185		50T	54T		
MacMaster, Carroll T.																
1932	US		CUT	83	81			164	24		164		90T	93T		
1937	US		CUT	79	77			156	12		156		98T	96T		
MacNamara, W. E. "Willie"																
1906	O		CUT	92	87			179			179					
Macy, Tim																
1971	US		CUT	79	86			165	25		165		132T	147		500
Madden, John J.																
1931	US		CUT	82	81			163	21		163		97T	98T		
Maddera, Baker																
1983	US		CUT	86	82			168	26		168		152T	149		600
1988	US		CUT	83	79			162	20		162		153T	152		1,000
1992	PGA		CUT	83	77			160	18		160		150T	146		1,200
1994	US		CUT	75	74			149	7		149		71T	82T		1,000
Maddison, F. B.																
1893	O	A	WD													
Maddox, Don																
1983	PGA		CUT	79	76			155	13		155		140T	141T		1,000
Mader, Gustave G.																
1933	US	A	CUT	84	83			167	23		167		130T	132T		
Madison, Frank																
1939	US		WD	80				80	11				114T			
Madison, Gray																
1955	US	A	CUT	83	83			166	26		166		121T	125T		
Madison, Leslie																
1932	US		CUT	83	83			166	26		166		90T	108T		
1933	US		54T	76	78	77	81	312	24	25	154	231	29T	46T	46T	
1936	PGA		32T													
	US		55T	70	75	81	77	303	15	21	145	226	4T	14T	54T	
Maeda, Shinsaku																
1985	O		CUT	75	77			152	12		152		97T	106T		375
	US		CUT	79	69			148	8		148		134T	79T		600
Maestroni, Battista																
1975	O		CUT	76	81			157	13		157		90T	135T		100
1979	O		CUT	87	90			177	35		177		151	151		200
Maged, Theodore																
1951	US		WD	91				91	21				158T			
Magee, Andrew Donald																
1981	US	A	CUT	78	79			157	17		157		129T	139T		
1986	PGA		CUT	74	73			147	5		147		89T	74T		1,000
	US		CUT	82	77			159	19		159		130T	134T		600
1988	O		CUT	72	78			150	8		150		19T	77T		450
	PGA		69	71	73	74	79	297	13	25	144	218	32T	61T	61T	1,800
	US		CUT	76	77			153	11		153		89T	109T		1,000
1989	M		CUT	73	80			153	9		153		21T	56T		1,500
	PGA		CUT	74	73			147	3		147		77T	80T		1,000
1990	PGA		45T	75	74	73	77	299	11	17	149	222	60T	49T	34T	3,700
	US		CUT	79	70			149	5		149		143T	103T		1,000
1991	M		7T	70	72	68	70	280	-8	3	142	210	13T	20T	6T	42,100
	O		57T	71	74	69	72	286	6	14	145	214	29T	67T	40T	3,550
	PGA		13T	69	73	68	75	285	-3	9	142	210	8T	13T	5T	24,000
	US		CUT	74	79			153	9		153		61T	116T		1,000

Year	Event	A	Pos	R1	R2	R3	R4	Tot	P/M	SBW	R2T	R3T	R1P	R2P	R3P	W
1992	M		19T	73	70	70	70	283	-5	8	143	213	48T	35T	21T	17,550
	O		5T	67	72	70	70	279	-5	7	139	209	9T	18T	15T	30,072
	PGA		56T	74	71	74	74	293	9	15	145	219	70T	39T	49T	3,000
	US		17T	77	69	72	76	294	6	9	146	218	118T	36T	28T	18,069
1993	M		31T	75	69	70	76	290	2	13	144	214	68T	32T	12T	10,533
	O		39T	71	72	71	69	283	3	16	143	214	70T	64T	51T	5,328
	PGA		51T	71	72	74	68	285	1	13	143	217	58T	62T	67T	3,600
1994	M		41T	74	74	76	76	300	12	21	148	224	26T	36T	42T	7,400
	O		CUT	67	80			147	7		147		3	110T		600
	PGA		47T	70	74	71	73	288	8	19	144	215	15T	52T	47T	4,113
1995	US		CUT	74	76			150	10		150		83T	107T		1,000
1997	O		36T	70	75	72	70	287	3	15	145	217	6T	40T	45T	7,950
	PGA		75	71	70	80	75	296	16	27	141	221	33T	21T	70T	3,750
1998	M		31T	74	72	74	73	293	5	14	146	220	25T	18T	31T	21,280
	O		CUT	75	78			153	13		153		127T	136T		700
	PGA		21T	70	68	72	71	281	1	10	138	210	21T	5T	15T	32,000
	US		CUT	70	78			148	8		148		10T	61T		1,000
1999	M		36T	70	77	72	75	294	6	14	147	219	5T	35T	39T	20,100
	O		CUT	77	79			156	14		156		55T	83T		1,100
	PGA		54T	72	72	77	73	294	6	17	144	221	36T	40T	61T	7,400
	US		CUT	73	75			148	8		148		71T	69T		1,000
2000	PGA		CUT	75	73			148	4		148		80T	81T		2,000
	US		CUT	74	79			153	11		153		53T	99T		1,000

Magee, Bob

Year	Event	A	Pos	R1	R2	R3	R4	Tot	P/M	SBW	R2T	R3T	R1P	R2P	R3P	W
1963	US	A	WD	82				82	11				127T			

Magee, Gerald J. "Jerry"

Year	Event	A	Pos	R1	R2	R3	R4	Tot	P/M	SBW	R2T	R3T	R1P	R2P	R3P	W
1956	US	A	CUT	77	73			150	10		150		78T	52T		
1957	M	A	CUT	77	79			156	12		156		46T	73T		
1958	US		19T	76	77	75	70	298	18	15	153	228	32T	37T	40T	300

Maggert, Jeffrey Allan

Year	Event	A	Pos	R1	R2	R3	R4	Tot	P/M	SBW	R2T	R3T	R1P	R2P	R3P	W
1986	US		CUT	81	73			154	14		154		121T	101T		600
1987	US		CUT	79	78			157	17		157		142T	147T		600
1992	O		CUT	68	77			145	3		145		15T	91T		600
	PGA		6	71	72	65	74	282	-2	4	143	208	20T	15T	2T	60,000
1993	M		21T	70	67	75	76	288	0	11	137	212	14T	1	4T	17,000
	O		CUT	72	73			145	5		145		84T	96T		600
	PGA		51T	72	69	71	73	285	1	13	141	212	74T	36T	41T	3,600
	US		52T	69	70	73	74	286	6	14	139	212	13T	7T	23T	6,526
1994	M		50T	75	73	82	75	305	17	26	148	230	44T	36T	51	5,000
	O		24T	69	74	67	68	278	-2	10	143	210	15T	61T	39T	7,972
	PGA		CUT	78	75			153	13		153		135T	134T		1,200
	US		9T	71	68	75	70	284	0	5	139	214	10T	5T	19T	37,180
1995	M		CUT	78	70			148	4		148		76	63T		1,500
	O		68T	75	70	78	72	295	7	13	145	223	116T	56T	89T	4,975
	PGA		3T	66	69	65	69	269	-15	2	135	200	5T	4T	2T	116,000
	US		4T	69	72	77	66	284	4	4	141	218	5T	11T	35T	66,634
1996	M		7T	71	73	72	69	285	-3	9	144	216	18T	22T	18T	77,933
	O		5T	69	70	72	65	276	-8	5	139	211	18T	22T	29T	50,000
	PGA		73T	73	70	76	74	293	5	16	143	219	71T	32T	68T	3,738
	US		97T	75	69	81	72	297	17	19	144	225	100T	42T	105T	5,165
1997	M		CUT	77	76			153	9		153		47T	62T		5,000
	O		51T	76	69	71	75	291	7	19	145	216	63T	40T	37T	6,156
	PGA		3	69	69	73	65	276	-4	7	138	211	11T	3T	5T	175,000
	US		4	73	66	68	74	281	1	5	139	207	58T	4T	2T	120,454
1998	M		23T	72	73	72	72	289	1	10	145	217	11T	11T	20T	33,280
	O		CUT	73	74			147	7		147		89T	82T		1,000
	PGA		44T	71	73	73	71	288	8	17	144	217	46T	45T	54T	7,990
	US		7T	69	69	75	74	287	7	7	138	213	7T	2T	6T	83,794
1999	M		CUT	78	76			154	10		154		79T	81T		5,000
	O		30T	75	77	75	73	300	16	10	152	227	24T	46T	37T	11,557
	PGA		CUT	73	76			149	5		149		58T	100T		1,750
	US		7T	71	69	74	73	287	7	8	140	214	35T	8T	9	96,260
2000	M		CUT	77	72			149	5		149		65T	58T		5,000
	O		41T	72	71	69	75	287	-1	18	143	212	50T	44T	27T	10,345
	PGA		CUT	73	75			148	4		148		42T	81T		2,000
	US		CUT	72	79			151	9		151		29T	76T		1,000
2001	M		20T	72	70	70	71	283	-5	11	142	212	33T	20T	19T	65,240
	O		CUT	72	76			148	6		148		52T	103T		1,100
	PGA		CUT	70	72			142	2		142	0	56T	77T		2,000
	US		44T	69	73	72	76	290	10	14	142	214	5T	17T	23T	18,780
2002	O		47T	71	68	80	68	287	3	9	139	219	38T	17T	67T	12,000
	PGA		CUT	78	77			155	11		155	0	123T	126T		2,000

Year	Event	A	Pos	R1	R2	R3	R4	Tot	P/M	SBW	R2T	R3T	R1P	R2P	R3P	W
	US		3	69	73	68	72	282	2	5	142	210	3T	3T	3T	362,356
2003	M		5	72	73	66	75	286	-2	5	145	211	8T	10T	1	240,000
	PGA		CUT	79	73			152	12		152	0	123T	108T		2,000
	US		CUT	74	72			146	6		146	0	92T	90T		1,000
2004	M		CUT	78	72			150	6		150		75T	58T		5,000
	US		3	68	67	74	72	281	1	5	135	209	5T	3	6T	424,604
2005	M		20T	74	74	72	69	289	1	13	148	220	33T	42T	37T	84,840
	PGA		CUT	73	81			154	14		154		81T	147T		2,000
	US		78T	72	75	75	78	300	20	20	147	222	32T	57T	63T	11,048
2006	O		CUT	75	69			144	0		144		124T	72T		3,000
	PGA		62T	75	68	78	74	295	7	25	143	221	116T	42T	67	13,425
Maginnes, John David																
1995	US		71T	75	71	74	77	297	17	17	146	220	108T	59T	54T	2,807
2001	US		CUT	79	76			155	15		155	0	145T	136T		1,000
2002	US		59T	79	69	73	78	299	19	22	148	221	137T	41T	50T	13,493
2003	US		28T	72	70	72	70	284	4	12	142	214	57T	46T	42T	41,254
Magnussen, Bernard L.																
1957	US	A	CUT	82	84			166	26		166		141T	146T		
Magnusson, Herb																
1962	PGA		CUT	77	81			158	18		158		108T	143T		
Maguire, Paul																
1974	PGA		CUT	79	82			161	21		161		120T	128T		
Maguire, William "Willie"																
1905	US		CUT	87	95			182			182		50T	65T		
1910	US		38T	76	83	81	84	324		26	159	240	12T	25T	27T	
1913	US		43T	85	80	82	82	329	45	25	165	247	58T	51T	44T	
1914	US		45T	77	80	81	82	320	32	30	157	238	25T	42T	42T	
1923	PGA		64T													
1926	PGA		32T													100
	US		WD													
Mahaffey, John Drayton, Jr.																
1970	US	A	36T	77	73	74	77	301	13	20	150	224	35T	23T	20T	
1972	US		CUT	79	79			158	14		158		88T	95T		500
1973	PGA		30T	75	71	72	70	288	4	11	146	218	66T	40T	42T	1,435
	US		29T	74	72	74	75	295	11	16	146	220	31T	24T	25T	1,212
1974	M		CUT	71	78			149	5		149		16T	45T		1,200
	O		44T	78	77	75	75	305	21	23	155	230	66T	60T	47T	148
	PGA		9T	72	72	71	67	282	2	6	144	215	29T	26T	19T	5,850
	US		12T	74	73	75	73	295	15	8	147	222	17T	14T	15	2,633
1975	M		CUT	77	75			152	8		152		64T	64T		1,250
	O		10T	71	68	69	76	284	-4	5	139	208	12T	6T	5T	2,125
	PGA		28T	71	70	75	74	290	10	14	141	216	17T	11T	25T	1,531
	US		2PO	73	71	72	71	287	3	-1	144	216	29T	12T	10T	20,000
1976	M		39T	72	74	78	75	299	11	28	146	224	22T	22T	37T	1,750
	PGA		WD	76	72	71		219	9		148	219	84T	59T	44T	250
	US		4T	70	68	69	73	280	0	3	138	207	2T	1	1	11,250
1978	PGA		1PO	75	67	68	66	276	-8	-4	142	210	61T	6T	5	50,000
1979	PGA		51T	72	74	71	73	290	10	18	146	217	39T	65T	52T	600
	US		36T	77	73	74	75	299	15	15	150	224	69T	38T	38T	1,560
1980	M		44T	75	70	73	75	293	5	18	145	218	55T	35T	35T	1,500
	O		32T	77	71	69	73	290	6	19	148	217	96T	66T	39T	779
	PGA		15T	71	77	69	72	289	9	15	148	217	20T	53T	17T	4,375
	US		28T	72	73	69	73	287	7	15	145	214	30T	51T	28T	2,125
1981	M		8T	72	71	69	74	286	-2	6	143	212	18T	13T	4T	9,667
	PGA		CUT	76	75			151	11		151		107T	105T		550
	US		CUT	75	73			148	8		148		85T	71T		600
1982	M		CUT	76	80			156	12		156		32T	52T		1,500
	PGA		42T	74	70	72	72	288	8	16	144	216	86T	48T	54T	1,643
	US		22T	77	72	70	73	292	4	10	149	219	68T	35T	21T	3,404
1983	M		40T	72	75	74	76	297	9	17	147	221	29T	43T	36	2,200
	PGA		CUT	77	72			149	7		149		127T	92T		1,000
	US		34T	69	72	79	78	298	14	18	141	220	1T	1T	16T	3,687
1984	M		CUT	73	75			148	4		148		31T	56T		1,500
	PGA		20T	72	72	72	70	286	-2	13	144	216	30T	30T	29T	6,030
	US		30T	72	74	77	68	291	11	15	146	223	33T	42T	57T	5,031
1985	M		14T	72	75	70	71	288	0	6	147	217	14T	39T	15T	12,950
	PGA		23T	74	73	71	69	287	-1	9	147	218	94T	61T	40T	5,260
	US		39T	72	70	75	73	290	10	11	142	217	30T	22T	38T	4,433
1986	M		42T	79	69	72	75	295	7	16	148	220	73T	32T	36T	3,200
	O		30T	75	73	75	72	295	15	15	148	223	22T	30T	41T	3,800

Year	Event	A	Pos	R1	R2	R3	R4	Tot	P/M	SBW	R2T	R3T	R1P	R2P	R3P	W
	PGA		CUT	71	78			149	7		149		26T	97T		1,000
	US		CUT	79	73			152	12		152		94T	85T		600
1987	M		35T	73	75	76	73	297	9	12	148	224	14T	32T	43T	4,257
	PGA		65T	77	72	77	80	306	18	19	149	226	86T	42T	56T	1,650
	US		24T	72	72	67	76	287	7	10	144	211	34T	48T	5T	7,720
1988	PGA		15T	71	71	70	71	283	-1	11	142	212	32T	42T	19T	16,500
1989	PGA		CUT	73	77			150	6		150		57T	106T		1,000
	US		46T	77	68	74	72	291	11	13	145	219	128T	57T	59	5,486
1990	M		42T	72	74	75	76	297	9	19	146	221	20T	24T	35T	4,867
	PGA		40T	75	72	76	75	298	10	16	147	223	60T	32T	43T	4,750
	US		CUT	76	77			153	9		153		115T	131T		1,000
1991	PGA		CUT	77	74			151	7		151		125T	104T		1,000
1992	PGA		CUT	74	79			153	11		153		70T	116T		1,200
1993	PGA		CUT	73	76			149	7		149		86T	123T		1,200
	US		CUT	78	71			149	9		149		147T	129T		1,000
1994	PGA		CUT	72	74			146	6		146		39T	77T		1,200
	US		CUT	78	70			148	6		148		118T	66T		1,000
1995	PGA		CUT	75	72			147	5		147		119T	115T		1,200
	US		CUT	74	75			149	9		149		83T	96T		1,000
1997	PGA		WD	78				78	8				132T			1,300

Mahan, Hunter Myles

Year	Event	A	Pos	R1	R2	R3	R4	Tot	P/M	SBW	R2T	R3T	R1P	R2P	R3P	W
2003	M	A	28T	73	72	73	76	294	6	13	145	218	11T	10T	18T	
	US	A	CUT	74	72			146	6		146	0	92T	90T		
2004	O		36T	74	69	71	75	289	5	15	143	214	95T	37T	23T	18,750
2005	PGA		CUT	72	73			145	5		145		59T	80T		2,000
2006	O		26T	73	70	68	73	284	-4	14	143	211	92T	57T	25T	29,100
2007	O		6T	73	73	69	65	280	-4	3	146	215	60T	53T	31T	145,500
	PGA		18T	71	73	72	68	284	4	12	144	216	23T	42T	44T	81,600
	US		13T	73	74	72	73	292	12	7	147	219	34T	27T	17T	124,706
2008	M		CUT	77	72			149	5		149		75T	56T		10,000
	O		CUT	80	72			152	12		152		136T	114T		2,650
	PGA		CUT	81	79			160	20		160		148T	149T		2,500
	US		18T	72	74	69	75	290	6	7	146	215	19T	35T	6T	87,230

Mahan, Thomas

Year	Event	A	Pos	R1	R2	R3	R4	Tot	P/M	SBW	R2T	R3T	R1P	R2P	R3P	W
1922	PGA		64T													
1935	US		CUT	81	86			167	23		167		81T	108T		
1939	US		CUT	77	79			156	18		156		84T	92T		

Maharaj, Sookdeo

Year	Event	A	Pos	R1	R2	R3	R4	Tot	P/M	SBW	R2T	R3T	R1P	R2P	R3P	W
1965	O		CUT	80	77			157	11		157		109T	106T		
1967	O		CUT	82	79			161	17		161		122T	121T		

Mahlberg, Barry D.

Year	Event	A	Pos	R1	R2	R3	R4	Tot	P/M	SBW	R2T	R3T	R1P	R2P	R3P	W
1984	US		CUT	74	76			150	10		150		72T	79T		600
1985	US		CUT	80	79			159	19		159		137T	148T		600
2002	PGA		CUT	80	86			166	22		166	0	140T	152		2,000

Mahlberg, Scott

Year	Event	A	Pos	R1	R2	R3	R4	Tot	P/M	SBW	R2T	R3T	R1P	R2P	R3P	W
1992	PGA		CUT	76	77			153	11		153		111T	116T		1,200
1994	PGA		CUT	79	79			158	18		158		143T	148T		1,200

Mahon, P. J. "Pat" "Paddy"

Year	Event	A	Pos	R1	R2	R3	R4	Tot	P/M	SBW	R2T	R3T	R1P	R2P	R3P	W
1934	O		CUT	72	82			154	10		154		10T	70T		
1935	O		44T	71	79	81	75	306	18	23	150	231	7T	32T	50T	
1937	O		CUT	77	79			156	12		156		39T	56T		
1938	O		20T	73	74	83	83	313	33	18	147	230	21T	25T	19T	10
1939	O		CUT	79	76			155	9		155		96T	75T		

Maiden, James C. "Jimmy"

Year	Event	A	Pos	R1	R2	R3	R4	Tot	P/M	SBW	R2T	R3T	R1P	R2P	R3P	W
1902	US		WD	87	95			182			182	0	41T	66		
1905	US		26T	80	86	83	86	335		21	166	249	6T	24T	26T	
1906	US		3T	80	73	77	75	305		10	153	230	24T	3	5T	90
1908	US		33	94	85	86	90	355		33	179	265	50T	33T	26T	
1909	US		27T	76	78	80	78	312		22	154	234	15T	25T	31T	
1925	US		WD													

Maiden, Stewart

Year	Event	A	Pos	R1	R2	R3	R4	Tot	P/M	SBW	R2T	R3T	R1P	R2P	R3P	W
1908	US		42T	93	89	85	92	359		37	182	267	43T	44T	32T	

Main, Kirk

Year	Event	A	Pos	R1	R2	R3	R4	Tot	P/M	SBW	R2T	R3T	R1P	R2P	R3P	W
1939	O	A	CUT	83	82			165	19		165		125	124		

Main, Mac H.

Year	Event	A	Pos	R1	R2	R3	R4	Tot	P/M	SBW	R2T	R3T	R1P	R2P	R3P	W
1959	PGA		49T	75	70	73	76	294	14	17	145	218	77T	32T	38T	200
1960	PGA		WD	77				77	7				106T			

Year	Event	A	Pos	R1	R2	R3	R4	Tot	P/M	SBW	R2T	R3T	R1P	R2P	R3P	W
	US		CUT	79	75			154	12		154		114T	104T		
1961	US		CUT	79	73			152	12		152		122T	91T		
1963	US		CUT	80	78			158	16		158		105T	101T		150
1966	PGA		CUT	75	79			154	14		154		58T	102T		
	US		CUT	78	80			158	18		158		105T	123T		300
1975	PGA		CUT	77	75			152	12		152		90T	96T		
1978	PGA		CUT	86	81			167	25		167		147	144T		303
Mair, James																
1890	O	A	26	98	96			194		30						
Mair, Robert																
1928	US		CUT	79	81			160	18		160		63T	69T		
1930	US		CUT	88	82			170	24		170		140T	128T		
Maisey, George A.																
1947	O		CUT	85	81			166	30		166		92T	87T		
1948	O		CUT	77	75			152	16		152		56T	52T		
1952	O		CUT	78	77			155	5		155		73T	59T		
1954	O		CUT	79	75			154	8		154		76T	69T		
Maisey, George R.																
1959	O		CUT	75	77			152	8		152		40T	67T		
1963	O		CUT	81	73			154	14		154		109T	81T		
1965	O		CUT	78	72			150	4		150		90T	51T		
Majure, William A.																
1968	PGA		CUT	81	83			164	24		164		147T	154T		
Makalena, Ted																
1957	US		CUT	79	83			162	22		162		106T	137T		
1958	US		CUT	79	80			159	19		159		69T	86T		
1963	US		27T	75	77	76	77	305	21	12	152	228	37T	42T	26T	400
1964	US		23T	73	74	75	73	295	15	17	147	222	22T	26T	28T	475
1965	US		CUT	79	76			155	15		155		93T	83T		300
1968	US		CUT	73	78			151	11		151		28T	79T		500
Makoski, Robert																
1988	PGA		58T	69	72	72	78	291	7	19	141	213	13T	28T	28T	1,990
1990	PGA		CUT	82	76			158	14		158		136T	120T		1,000
1995	PGA		CUT	74	73			147	5		147		109T	115T		1,200
1997	PGA		CUT	79	75			154	14		154		139T	129T		1,300
Malan, Terry																
1964	PGA		CUT	77	79			156	16		156		114T	124T		
1965	PGA		WD													
Malarkey, Don																
1939	US		CUT	80	76			156	18		156		114T	92T		
1941	US		CUT	86	86			172	32		172		154T	133T		
Malaska, Michael																
1982	US		CUT	89	74			163	19		163		151	140		600
1986	US		68	74	74	80	75	303	23	24	148	228	12T	30T	69	2,791
1988	PGA		CUT	77	75			152	10		152		116T	119T		1,000
Malchaski, Charles "Chuck"																
1959	PGA		CUT	78	73			151	11		151		137T	100T		
1961	PGA		50T	72	73	77	74	296	16	19	145	222	24T	28T	48T	225
	US		55T	76	73	77	78	304	24	23	149	226	69T	47T	54T	250
1962	US		CUT	74	78			152	10		152		30T	64T		
1969	PGA		CUT	78	79			157	15		157		113T	125T		
Malcolm, William N.																
1934	US		CUT	80	80			160	20		160		76T	101T		
1935	PGA		64T													85
1936	US		CUT	78	83			161	17		161		113T	140		
Malia, Joseph "Hap"																
1956	PGA		64T													
1967	PGA		CUT	81	84			165	21		165		130T	137T		
Malizia, Mike																
2000	US		CUT	76	81			157	15		157		86T	130T		1,000
Malley, Bill																
1987	O		CUT	78	74			152	10		152		134T	123T		400
1993	O		CUT	74	71			145	5		145		132T	96T		600

Year	Event	A	Pos	R1	R2	R3	R4	Tot	P/M	SBW	R2T	R3T	R1P	R2P	R3P	W
Mallinger, John Charles																
2005	US		67T	74	72	73	78	297	17	17	146	219	54T	45T	41T	13,553
2006	US		CUT	77	74			151	11		151		90T	73T		2,000
2008	PGA		60T	72	75	77	74	298	18	21	147	224	33T	48T	65T	15,000
	US		65T	73	75	78	72	298	14	15	148	226	31T	49T	75T	16,514
Mallon, Bill																
1977	US		53	73	71	77	77	298	18	20	144	221	35T	26T	48T	1,070
Mallon, Jack																
1950	US		CUT	71	80			151	11		151		7T	59T		
1952	US		CUT	79	77			156	16		156		100T	78T		
1953	US		CUT	82	79			161	17		161		133T	125T		
Mallory, Leo R.																
1936	PGA		64T													
1937	US		28T	73	74	76	73	296	8	15	147	223	21T	19T	33T	50
1938	M		34T	76	75	81	74	306	18	21	151	232	30T	31T	37T	
	PGA		64T													100
	US		CUT	83	81			164	22		164		113T	119T		
1940	US		CUT	76	81			157	13		157		58T	101T		
1941	PGA		64T													100
	US		CUT	78	80			158	18		158		82T	77T		
Mallouf, M.																
1903	US		WD	91				91					75T			
Malloy, Charles																
1941	PGA		64T													100
Malloy, Frank																
1972	O		CUT	77	78			155	13		155		86T	107T		50
Malloy, Jack																
1937	US	A	CUT	78	78			156	12		156		83T	96T		
Malone, Thomas "Tommy"																
1965	PGA		CUT	77	79			156	14		156		104T	116T		
1966	PGA		CUT	78	74			152	12		152		102T	78T		
Maltbie, Roger Lin																
1975	PGA		CUT	76	78			154	14		154		79T	105T		
1976	M		9T	72	75	70	71	288	0	17	147	217	22T	27T	14T	6,000
	PGA		43T	76	72	73	72	293	13	12	148	221	84T	59T	57T	725
1977	M		CUT	77	76			153	9		153		63T	67T		1,500
	O		26T	71	66	72	80	289	9	21	137	209	15T	1	4T	449
	PGA		31T	70	79	70	74	293	5	11	149	219	8T	48T	33T	1,350
	US		CUT	75	74			149	9		149		77T	70T		500
1981	PGA		61T	69	78	76	69	292	12	19	147	223	7T	69T	76T	783
	US		41T	71	74	74	70	289	9	16	145	219	32T	40T	59T	1,570
1982	PGA		54T	71	73	72	74	290	10	18	144	216	21T	48T	54T	1,182
1983	PGA		14T	71	71	71	70	283	-1	9	142	213	27T	25T	18T	6,750
	US		32T	76	72	69	80	297	13	17	148	217	61T	25T	9T	4,014
1984	PGA		65T	72	75	76	74	297	9	24	147	223	30T	51T	68T	1,543
1985	PGA		28T	69	73	72	74	288	0	10	142	214	10T	19T	12T	4,300
1986	M		23T	71	75	69	73	288	0	9	146	215	11T	19T	16T	8,000
	O		43T	78	71	76	72	297	17	17	149	225	71T	42T	54T	2,800
	PGA		47T	73	70	74	74	291	7	15	143	217	70T	27T	49T	2,250
	US		41T	76	70	73	73	292	12	13	146	219	48T	18T	31T	4,566
1987	M		4T	76	66	70	74	286	-2	1	142	212	49T	2T	1T	37,200
	PGA		28T	74	72	75	76	297	9	10	146	221	40T	18T	28T	4,383
	US		46T	73	73	75	70	291	11	14	146	221	54T	63T	67T	4,240
1988	M		CUT	76	78			154	10		154		39T	57T		1,500
	US		55T	75	71	74	74	294	10	16	146	220	74T	49T	51T	3,897
1989	PGA		CUT	74	74			148	4		148		77T	88T		1,000
1992	US		CUT	75	73			148	4		148		82T	67T		1,000
1993	US		CUT	75	71			146	6		146		125T	106T		1,000
Malutic, John																
1937	US		63	74	78	80	77	309	21	28	152	232	29T	55T	60T	
1938	PGA		64T													100
1939	US		CUT	82	80			162	24		162		139T	133T		
1940	US		CUT	78	76			154	10		154		84T	66T		
1947	US		CUT	82	79			161	19		161		142T	126T		
Mamat, Mardan																
1997	O		CUT	83	75			158	16		158		149	143T		650
2005	O		CUT	75	72			147	3		147		97T	92T		2,500

Year	Event	A	Pos	R1	R2	R3	R4	Tot	P/M	SBW	R2T	R3T	R1P	R2P	R3P	W
Manarchy, Ross																
1946	US		CUT	74	79			153	9		153		30T	71T		
Manca, Pietro																
1948	O		CUT	77	82			159	23		159		56T	85T		
Mancour, David																
1965	US		CUT	83	80			163	23		163		131T	127T		300
Mancour, Larry M.																
1967	PGA		44T	75	76	72	73	296	8	15	151	223	62T	67T	47T	501
1971	PGA		72T	74	71	78	77	300	12	19	145	223	48T	27T	63T	258
1972	PGA		CUT	81	81			162	22		162		127T	123T		
1973	PGA		CUT	74	76			150	8		150		52T	77T		
1974	PGA		73T	75	73	76	78	302	22	26	148	224	69T	58T	69T	321
	US		CUT	86	81			167	27		167		146T	142T		500
1975	PGA		CUT	82	75			157	17		157		126T	114T		
Mandeville, Robert																
1956	US	A	CUT	91	84			175	35		175		160T	155		
Mandeville, Robert M.																
1954	O		47T	74	73	78	79	304	12	21	147	225	26T	21T	43T	
1955	O		CUT	78	78			156	12		156		81T	88T		
1959	O		CUT	74	78			152	8		152		33T	67T		
1961	O		CUT	73	84			157	13		157		35T	70T		
1965	O		40T	72	76	77	80	305	13	20	148	225	6T	37T	36T	
Mandly, Harold Hollingsworth "Holly," Jr.																
1940	US	A	CUT	73	82			155	11		155		19T	79T		
1951	US	A	CUT	85	78			163	23		163		148T	129T		
Manero, Anthony T.																
1927	PGA		16T													
	US		WD													
1928	PGA		32T													
	US		41T	80	77	81	73	311	27	17	157	238	75T	52T	59	
1929	PGA		8T													
	US		CUT	81	79			160	16		160		93T	68T		
1931	O		CUT	82	80			162	18		162		84T	78T		
	US		19T	74	75	80	73	302	18	10	149	229	13T	13	26T	50
1932	US		45T	81	78	75	76	310	30	24	159	234	60T	52T	47T	
1933	US		29T	79	73	77	75	304	16	17	152	229	66T	25T	31T	
1934	M		WD	81	77	81		239	23		158	239	65T	55T	59T	
	US		CUT	83	76			159	19		159		123T	86T		
1935	M		45T	72	76	77	79	304	16	22	148	225	11T	28T	36T	
	PGA		16T													125
	US		40T	77	80	76	85	318	30	19	157	233	28T	36T	22	
1936	PGA		8T													
	US		1	73	69	73	67	282	-6	-2	142	215	25T	7	4T	1,000
1937	M		13T	71	72	78	75	296	8	13	143	221	6T	6T	16T	
	O		CUT	78	76			154	10		154		51T	48T		
	PGA		3T													
	US		40T	76	73	77	74	300	12	19	149	226	55T	35T	45T	
1938	M		27T	72	78	82	70	302	14	17	150	232	7T	25T	37T	
	PGA		32T													
	US		48	74	80	81	78	313	29	29	154	235	7T	47T	53T	
1939	M		26T	76	73	77	74	300	12	21	149	226	28T	19T	27T	
	PGA		32T													
	US		56T	74	76	78	76	304	28	20	150	228	38T	51T	57T	
1940	M		29T	75	75	73	75	298	10	18	150	223	35T	34T	32T	
	US		36T	75	75	77	74	301	13	14	150	227	45T	35T	41T	
1941	M		44T	73	80	78	82	313	25	33	153	231	9T	39T	41	
	US		CUT	82	79			161	21		161		130T	106T		
1944	PGA		16T													350
1946	US		CUT	76	77			153	9		153		57T	71T		
1947	US		WD	74	75			149	7		149		42T	46T		
1948	US		CUT	78	78			156	14		156		118T	118T		
1949	PGA		64T													100
	US		CUT	79	78			157	15		157		107T	99T		
1950	US		CUT	77	75			152	12		152		89T	67T		
1951	US		CUT	77	79			156	16		156		59T	89T		
1952	US		DQ													
1954	US		CUT	77	80			157	17		157		46T	84T		
1955	M		WD	87				87	15				76			250
1956	M		WD	81	80			161	17		161		76	74T		300

Year	Event	A	Pos	R1	R2	R3	R4	Tot	P/M	SBW	R2T	R3T	R1P	R2P	R3P	W
1957	M		CUT	78	84			162	18		162		59T	92T		300
1958	M		CUT	82	82			164	20		164		80T	81T		350
1959	M		CUT	82	83			165	21		165		79	82T		350
1960	M		CUT	78	79			157	13		157		64T	75		350
1961	M		CUT	80	82			162	18		162		73T	80T		400
1962	M		WD													400

Manero, Clarence

Year	Event	A	Pos	R1	R2	R3	R4	Tot	P/M	SBW	R2T	R3T	R1P	R2P	R3P	W
1926	US		57T	77	79	81	85	322	34	29	156	237	39T	34T	52T	

Maness, Mark C.

Year	Event	A	Pos	R1	R2	R3	R4	Tot	P/M	SBW	R2T	R3T	R1P	R2P	R3P	W
1988	US		CUT	72	79			151	9		151		21T	95T		1,000

Mangrum, Lloyd Eugene

Year	Event	A	Pos	R1	R2	R3	R4	Tot	P/M	SBW	R2T	R3T	R1P	R2P	R3P	W
1937	US		CUT	79	76			155	11		155		98T	87T		
1939	US		56T	70	74	81	79	304	28	20	144	225	5T	11T	41T	
1940	M		2	64	75	71	74	284	-4	4	139	210	1	1T	2	800
	US		5T	75	70	71	74	290	2	3	145	216	45T	11T	5T	325
1941	M		9T	71	72	72	76	291	3	11	143	215	2T	4T	4T	117
	PGA		3T													
	US		10T	73	74	72	76	295	15	11	147	219	16T	14T	5T	125
1942	M		WD	74				74	2				17T			
	PGA		16T													
1946	M		16T	76	75	72	72	295	7	13	151	223	27T	26T	20T	138
	PGA		64T													100
	US		1PO	74	70	68	72	284	-4	-1	144	212	30T	7T	2T	1,500
1947	M		8T	76	73	68	70	287	-1	6	149	217	45T	36T	14T	335
	PGA		8T													500
	US		23T	77	72	69	75	293	9	11	149	218	95T	46T	16T	100
1948	M		4T	69	73	75	71	288	0	9	142	217	1	5T	7T	750
	PGA		32T													200
	US		21T	71	72	74	74	291	7	15	143	217	8T	13T	18T	100
1949	M		2T	69	74	72	70	285	-3	3	143	215	1	1T	2T	1,100
	PGA		3T													750
	US		14T	74	74	70	76	294	10	8	148	218	25T	28T	11T	125
1950	M		6	76	74	73	68	291	3	8	150	223	27T	19T	13T	480
	PGA		8T													500
	US		2PO	72	70	69	76	287	7	-1	142	211	18T	6T	1	2,500
1951	M		3T	69	74	70	73	286	-2	6	143	213	2T	5T	4	1,163
	PGA		16T													350
	US		4T	75	74	74	70	293	13	6	149	223	27T	16T	12T	700
1952	M		6	71	74	75	72	292	4	6	145	220	6T	15T	10	800
	PGA		32T													200
	US		10T	75	74	72	72	293	13	12	149	221	42T	23T	14T	200
1953	M		3	74	68	71	69	282	-6	8	142	213	26T	5T	5	1,700
	O		24T	75	76	74	76	301	13	19	151	225	15T	24T	20T	25
	US		3	73	70	74	75	292	4	9	143	217	11T	4	3	1,500
1954	M		4T	71	75	76	69	291	3	2	146	222	3T	3T	8T	1,938
	US		3T	72	71	72	71	286	6	2	143	215	8T	4T	3T	1,500
1955	M		7	74	73	72	72	291	3	12	147	219	12T	14T	10T	875
1956	M		4T	72	74	72	74	292	4	3	146	218	11T	11T	4T	2,325
1957	M		28T	77	71	74	77	299	11	16	148	222	46T	20T	19T	300
	US		CUT	79	76			155	15		155		106T	90T		
1958	M		CUT	76	75			151	7		151		60T	47T		350
	US		37T	72	78	75	78	303	23	20	150	225	4T	20T	23T	200
1959	M		CUT	74	77			151	7		151		19T	47T		350
1960	M		43	74	74	76	78	302	14	20	148	224	35T	31T	33T	500
	US		23T	72	73	71	74	290	6	10	145	216	19T	29T	24T	390
1961	M		CUT	80	75			155	11		155		73T	64T		400
1962	M		33T	75	74	71	76	296	8	16	149	220	44T	40T	25T	500

Mangrum, Ray

Year	Event	A	Pos	R1	R2	R3	R4	Tot	P/M	SBW	R2T	R3T	R1P	R2P	R3P	W
1930	US		CUT	78	79			157	11		157		60T	70T		
1935	M		13T	68	71	76	77	292	4	10	139	215	2T	2T	7	50
	PGA		32T													100
	US		4T	76	76	72	79	303	15	4	152	224	21T	8T	3	500
1936	M		6T	76	73	68	76	293	5	8	149	217	12T	13T	4T	250
	PGA		32T													
	US		11T	69	71	76	76	292	4	10	140	216	1T	1T	8T	82
1937	M		24T	71	80	72	77	300	12	17	151	223	6T	27T	21T	
	US		14T	75	75	71	72	293	5	12	150	221	45T	45T	21T	113
1938	M		18T	78	72	76	72	298	10	13	150	226	37T	25T	22T	
	PGA		16T													
	US		27T	77	77	73	79	306	22	22	154	227	35T	47T	24T	50
1939	M		WD	77				77	5				34T			

Year	Event	A	Pos	R1	R2	R3	R4	Tot	P/M	SBW	R2T	R3T	R1P	R2P	R3P	W
	PGA		32T													
	US		32T	71	74	81	71	297	21	13	145	226	11T	16T	50T	13
1940	PGA		32T													
	US		27	73	78	75	72	298	10	11	151	226	19T	42T	35T	50
1941	M		28	76	70	78	74	298	10	18	146	224	28T	11T	23T	
	PGA		64T													100
	US		WD	80	76	82		238	28		156	238	108T	59T	61T	
1948	US		WD	75	71	84		230	17		146	230	74T	29T	57	
Manion, John J.																
1927	US		CUT	87	80			167	23		167		134T	80T		
1928	US		CUT	81	82			163	21		163		90T	92T		
1929	US		WD	83				83	11				117T			
1930	US		CUT	79	84			163	17		163		72T	111T		
1931	US		WD	85				85	14				119T			
1936	US		CUT	74	78			152	8		152		37T	77T		
1939	US		CUT	76	84			160	22		160		65T	123T		
1941	US		WD	84				84	14				147T			
Manley, Hobart L., Jr.																
1948	US	A	CUT	80	77			157	15		157		139T	125T		
1950	US	A	CUT	75	83			158	18		158		52T	109T		
1953	US	A	CUT	73	81			154	10		154		11T	61T		
Manley, Thomas K.																
1922	PGA		64T													
Mann, Craig																
1992	O		45T	74	69	72	73	288	4	16	143	215	111T	63T	47T	4,675
Mann, Harry																
1910	O		UNK													
1911	O		WD	92				92					202T			
Mann, Jack																
1938	US		CUT	79	80			159	17		159		61T	91T		
Mann, Lindsay S.																
1988	O		CUT	81	75			156	14		156		143T	122T		450
Mann, Robert Joseph																
1974	US		CUT	82	78			160	20		160		131T	113T		500
1978	US		CUT	75	77			152	10		152		44T	75T		600
1979	PGA		51T	71	73	71	75	290	10	18	144	215	27T	36T	38T	600
1980	US		CUT	75	74			149	9		149		86T	79T		600
1982	US		CUT	75	78			153	9		153		43T	76T		600
1984	US		CUT	78	80			158	18		158		128T	135T		600
1985	US		CUT	76	71			147	7		147		96T	67T		600
1988	PGA		CUT	78	73			151	9		151		123T	112T		1,000
1989	PGA		CUT	77	75			152	8		152		120T	123T		1,000
	US		CUT	72	74			146	6		146		51T	72T		1,000
Mann, Robin W.																
1976	O		CUT	85	74			159	15		159		153	132T		100
1979	O		CUT	79	75			154	12		154		106T	88T		200
1991	O		108T	73	74	75	75	297	17	25	147	222	77T	87T	106T	3,000
Mann, William P.																
1955	US	A	CUT	84	85			169	29		169		129T	134T		
Mann, Willie G.																
1911	US		36T	84	79	81	83	327	23	20	163	244	56T	37T	39T	
Mannelli, Massimo																
1978	O		CUT	82	78			160	16		160		151T	151T		175
1981	O		CUT	75	74	76		225	15		149	225	40T	66T	68T	350
1983	O		CUT	75	70	73		218	5		145	218	101T	57T	64T	425
1985	O		CUT	74	74	77		225	15		148	225	77T	60T	80T	700
Manning, Charles E.																
1927	US		CUT	83	81			164	20		164		68T	63T		
1933	US		54T	76	76	82	78	312	24	25	152	234	29T	25T	56T	
1934	US		CUT	82	81			163	23		163		114T	121T		
1936	US		CUT	79	77			156	12		156		125T	113T		
1939	US		CUT	81	77			158	20		158		128T	111T		
Manning, Eric																
2008	PGA		CUT	81	88			169	29		169		148T	154		2,500

Year	Event	A	Pos	R1	R2	R3	R4	Tot	P/M	SBW	R2T	R3T	R1P	R2P	R3P	W
Manning, J. N.																
1919	US	A	CUT	83	89			172	30		172		47T	77T		
Manning, Peter																
1929	US		CUT	82	88			170	26		170		106T	123T		
Manning, Roger																
1971	O		60T	73	72	76	80	301	9	23	145	221	29T	19T	38T	94
Mansfield, James L.																
1882	O	A	7T	91	87			178		7	178					
Manson, Gordon David																
1981	O		CUT	78	77			155	15		155		90T	112T		225
Manton, H. R. "Reg"																
1936	O		28T	76	78	77	73	304	8	17	154	231	33T	44T	39T	
1938	O		CUT	75	77			152	12		152		39T	63T		
1939	O		CUT	76	82			158	12		158		49T	98T		
1947	O		CUT	80	78			158	22		158		59T	47T		
1949	O		CUT	77	84			161	17		161		77T	94T		
Manzie, Tom																
1873	O		15	96	104			200		21						
1876	O	A	WD													
1879	O		33	96	97			193		24						
Mapes, James J.																
1925	US		WD	80	74			154	12		154	0	56T	32T		
Marad, David R.																
1978	PGA		CUT	75	81			156	14		156		61T	121T		303
March, Gary																
1998	US		CUT	76	81			157	17		157		91T	139T		1,000
1999	US		CUT	72	79			151	11		151		52T	105T		1,000
Marchbank, Brian																
1980	O		CUT	77	71	72		220	7		148	220	96T	66T	66T	350
1982	O		CUT	76	77			153	9		153		64T	88T		225
1984	O		CUT	73	74	79		226	10		147	226	55T	68T	92T	610
1985	O		CUT	76	80			156	16		156		116T	128T		375
1986	O		8T	78	70	72	69	289	9	9	148	220	71T	30T	16T	17,333
1987	O		44T	72	72	76	73	293	9	14	144	220	45T	45T	42T	2,825
1988	O		38T	73	74	73	73	293	9	20	147	220	35T	45T	45T	3,455
1989	O		30T	69	74	73	70	286	-2	11	143	216	9T	36T	47T	4,711
1991	O		92T	72	73	75	70	290	10	18	145	220	61T	67T	96T	3,000
1992	O		45T	71	72	71	74	288	4	16	143	214	57T	63T	40T	4,675
1994	O		38T	71	70	70	69	280	0	12	141	211	39T	42T	46T	6,100
2000	O		CUT	74	74			148	4		148		94T	115T		1,000
Marchbank, Ian																
1960	O		CUT	77	74			151	5		151		59T	55T		
Marchi, Albert																
1937	US		CUT	78	76			154	10		154		83T	78T		
1939	US		CUT	80	80			160	22		160		114T	123T		
Marchi, Gene																
1938	PGA		64T													100
1940	PGA		64T													100
1957	PGA		128T													50
Marcussen, Herb																
1960	PGA		55T	77	72	74	78	301	21	20	149	223	106T	52T	44T	200
Marich, Peter																
1961	PGA		CUT	79	79			158	18		158		129T	136T		
Marino, Stephen Paul, Jr.																
2007	US		CUT	79	78			157	17		157		128T	123T		2,000
2008	PGA		60T	73	74	75	76	298	18	21	147	222	43T	48T	56T	15,000
	US		CUT	73	78			151	9		151		31T	92T		2,000
Markey, Lee																
1950	US	A	CUT	84	81			165	25		165		154T	145		
1952	US	A	CUT	79	91			170	30		170		100T	136		
Markham, William W.																
1954	US		CUT	79	74			153	13		153		77T	56T		

Year	Event	A	Pos	R1	R2	R3	R4	Tot	P/M	SBW	R2T	R3T	R1P	R2P	R3P	W
1959	PGA		CUT	76	75			151	11		151		102T	100T		
1962	US		CUT	76	80			156	14		156		64T	108T		
Marks, Geoffrey C.																
1965	O	A	CUT	80	83			163	17		163		109T	123T		
Marks, W.																
1894	O		WD	103	108	101		312			211	312	82T	81T	61	
1895	O		WD													
Marks, W. S.																
1906	O		CUT	94	90			184			184					
Marksaeng, Prayad																
1999	O		CUT	91	79			170	28		170		156	152		287
2008	M		WD	82				82	10				93			10,000
	O		CUT	77	73			150	10		150		91T	84T		3,200
	PGA		15T	76	70	68	73	287	7	10	146	214	90T	35T	13T	107,060
Marling, Alick																
1906	O		CUT	87	85			172			172					
Marlowe, Gary																
1982	US	A	CUT	79	73			152	8		152		99T	67T		
1983	US		CUT	75	82			157	15		157		40T	104T		600
1985	US		CUT	75	73			148	8		148		85T	79T		600
Marlowe, Tom																
1964	PGA		CUT	80	75			155	15		155		145T	117T		
Maroney, Harry																
1925	US		WD	88	86			174	32		174	0	89	86		
Marovich, Eli																
1964	PGA		CUT	74	77			151	11		151		65T	94T		
1970	US		CUT	86	86			172	28		172		142T	148		500
Marr, Alexander																
1899	O		WD													
1900	O		WD	84	90			174			174		19T	38T		
1901	O		34	87	87	93	91	358		49	174	267		35T	34	
Marr, David Francis, Jr.																
1952	US	A	CUT	82	84			166	26		166		124T	130		
1956	US		CUT	75	76			151	11		151		45T	59T		
1957	US		CUT	78	81			159	19		159		92T	121T		
1958	PGA		44T	72	79	74	74	299	19	23	151	225	17T	52T	44T	100
1959	US		15T	75	73	69	75	292	12	10	148	217	39T	32T	13T	510
1960	M		34T	73	77	77	73	300	12	18	150	227	22T	43T	44	500
	PGA		10T	75	71	69	73	288	8	7	146	215	66T	24T	8T	1,750
	US		17T	72	73	70	73	288	4	8	145	215	19T	29T	15T	630
1961	PGA		22T	72	74	73	69	288	8	11	146	219	24T	38T	36T	780
	US		CUT	75	75			150	10		150		50T	58T		
1962	M		CUT	78	73			151	7		151		79T	61T		400
	PGA		51T	71	72	77	76	296	16	18	143	220	12T	13T	43T	280
1963	PGA		CUT	83	71			154	12		154		154T	99T		
	US		21T	75	74	77	78	304	20	11	149	226	37T	15T	18T	525
1964	M		2T	70	73	69	70	282	-6	6	143	212	6T	5T	3	10,100
	PGA		65	72	73	74	77	296	16	25	145	219	35T	35T	46T	200
1965	M		CUT	75	78			153	9		153		64T	68T		900
	PGA		1	70	69	70	71	280	-4	-2	139	209	8T	2T	1T	25,000
	US		CUT	79	73			152	12		152		93T	58T		300
1966	M		CUT	78	76			154	10		154		70T	65T		1,000
	O		8T	73	76	69	70	288	4	6	149	218	15T	41T	15T	330
	PGA		18T	75	75	68	73	291	11	11	150	218	58T	58T	14T	1,863
	US		4T	71	74	68	73	286	6	8	145	213	9T	12T	4T	6,500
1967	M		16T	73	74	70	75	292	4	12	147	217	17T	23T	12T	2,100
	PGA		33T	75	72	71	75	293	5	12	147	218	62T	30T	22T	750
	US		9T	70	74	70	71	285	5	10	144	214	9T	21T	12T	2,567
1968	M		20T	74	71	71	71	287	-1	10	145	216	30T	22T	20T	2,050
	PGA		CUT	77	76			153	13		153		103T	100T		
	US		32T	70	72	74	75	291	11	16	142	216	4	7T	18T	1,020
1969	M		CUT	77	76			153	9		153		69T	68T		1,000
	PGA		48T	78	68	71	75	292	8	16	146	217	113T	44T	35T	289
	US		10T	75	69	71	71	286	6	5	144	215	72T	20T	16T	2,800
1970	M		CUT	75	76			151	7		151		32T	49T		1,000
	O		41T	71	71	74	82	298	10	15	142	216	31T	15T	14T	145
	PGA		35T	76	71	74	72	293	13	14	147	221	78T	37T	41T	1,017

Year	Event	A	Pos	R1	R2	R3	R4	Tot	P/M	SBW	R2T	R3T	R1P	R2P	R3P	W
	US		30T	82	69	74	74	299	11	18	151	225	114T	31T	26T	1,150
1971	US		CUT	75	75			150	10		150		87T	72T		500
1972	O		11T	70	74	71	72	287	3	9	144	215	3T	13T	8T	1,350
	PGA		CUT	74	85			159	19		159		54T	116T		
	US		CUT	79	80			159	15		159		88T	103T		500
1973	O		CUT	84	73			157	13		157		146T	120T		50
	PGA		46T	76	72	73	71	292	8	15	148	221	78T	64T	55T	540

Marra, Joseph C.

Year	Event	A	Pos	R1	R2	R3	R4	Tot	P/M	SBW	R2T	R3T	R1P	R2P	R3P	W
1959	US	A	CUT	78	74			152	12		152		93T	69T		

Marrello, Fran

Year	Event	A	Pos	R1	R2	R3	R4	Tot	P/M	SBW	R2T	R3T	R1P	R2P	R3P	W
1979	US	A	WD	85				85	14				149T			
1984	US		CUT	70	82			152	12		152		12T	98T		600
1990	US		CUT	76	80			156	12		156		115T	146T		1,000
1991	PGA		CUT	75	80			155	11		155		103T	124T		1,000
1995	US		CUT	75	78			153	13		153		108T	129T		1,000

Marseilles, Craig

Year	Event	A	Pos	R1	R2	R3	R4	Tot	P/M	SBW	R2T	R3T	R1P	R2P	R3P	W
1995	US		CUT	75	77			152	12		152		108T	124T		1,000

Marsh, David Max

Year	Event	A	Pos	R1	R2	R3	R4	Tot	P/M	SBW	R2T	R3T	R1P	R2P	R3P	W
1965	O	A	CUT	75	78			153	7		153		41T	80T		

Marsh, Graham Vivian

Year	Event	A	Pos	R1	R2	R3	R4	Tot	P/M	SBW	R2T	R3T	R1P	R2P	R3P	W
1970	O		25T	75	72	74	74	295	7	12	147	221	86T	57T	47T	250
1971	O		57	75	73	72	79	299	7	21	148	220	61T	43T	29T	94
1972	O		50T	78	73	74	73	298	14	20	151	225	107T	63T	57T	130
1973	O		31T	74	71	78	71	294	6	18	145	223	25T	12T	43T	213
1974	M		31T	76	69	72	73	290	2	12	145	217	56T	26T	27T	1,775
	O		44T	79	75	77	74	305	21	23	154	231	89T	46T	53T	148
1975	M		22T	75	70	74	71	290	2	14	145	219	48T	23T	28T	2,275
	O		6	72	67	71	71	281	-7	2	139	210	20T	6T	12	3,000
1976	M		9T	73	68	75	72	288	0	17	141	216	29T	7T	11T	6,000
	O		17T	71	73	72	76	292	4	13	144	216	7T	8T	4T	963
1977	M		31T	77	72	72	69	290	2	14	149	221	63T	44T	42T	1,975
	O		15T	73	69	71	74	287	7	19	142	213	36T	18T	14T	1,350
	PGA		58T	74	74	77	77	302	14	20	148	225	40T	42T	57T	488
	US		35T	74	72	72	73	291	11	13	146	218	60T	44T	41	1,270
1978	O		CUT	73	77			150	6		150		41T	91T		175
	PGA		7T	72	74	68	70	284	0	8	146	214	23T	38T	12T	8,000
	US		CUT	75	76			151	9		151		44T	64T		600
1979	M		28T	71	72	73	75	291	3	11	143	216	16T	22T	23T	2,000
	O		7T	74	68	75	74	291	7	8	142	217	25T	7	12T	5,000
	PGA		16T	69	70	71	72	282	2	10	139	210	5T	9T	10T	3,780
	US		16T	77	71	72	74	294	10	10	148	220	69T	24T	20T	2,833
1980	M		33T	71	72	72	76	291	3	16	143	215	13T	23T	21T	1,860
	O		45T	73	72	72	75	292	8	21	145	217	35T	40T	39T	575
1981	O		19T	75	71	72	71	289	9	13	146	218	40T	27T	27T	2,013
1982	O		25T	76	76	72	71	295	7	11	152	224	64T	71T	35T	1,950
1983	O		4	69	70	74	64	277	-7	2	139	213	10T	9T	22T	15,000
1984	O		9T	70	74	73	67	284	-4	8	144	217	10T	30T	33T	11,264
1985	O		20T	71	75	69	73	288	8	6	146	215	24T	36T	11T	5,260
1986	O		56T	79	71	75	75	300	20	20	150	225	96T	51T	54T	2,150
1987	O		11T	69	70	72	74	285	1	6	139	211	9T	10T	8T	13,500
1988	O		38T	75	73	71	74	293	9	20	148	219	63T	57T	36T	3,455
1991	O		44T	69	73	72	71	285	5	13	142	214	12T	28T	40T	4,235
1998	US		CUT	75	77			152	12		152		76T	105T		1,000

Marsh, Kevin

Year	Event	A	Pos	R1	R2	R3	R4	Tot	P/M	SBW	R2T	R3T	R1P	R2P	R3P	W
2006	M	A	CUT	79	81			160	16		160		72T	85T		

Marsh, Samuel E.

Year	Event	A	Pos	R1	R2	R3	R4	Tot	P/M	SBW	R2T	R3T	R1P	R2P	R3P	W
1966	US		CUT	84	81			165	25		165		149T	146T		300

Marshall, Andrew

Year	Event	A	Pos	R1	R2	R3	R4	Tot	P/M	SBW	R2T	R3T	R1P	R2P	R3P	W
2005	O		CUT	84	74			158	14		158		155T	151T		2,000
2006	O		48T	72	71	68	77	288	0	18	143	211	68T	57T	25T	11,607

Marshall, Dick

Year	Event	A	Pos	R1	R2	R3	R4	Tot	P/M	SBW	R2T	R3T	R1P	R2P	R3P	W
1965	PGA		63T	74	73	84	72	303	19	23	147	231	44T	31T	76	300
1967	PGA		WD	77				77	5				94T			

Marshall, James B.

Year	Event	A	Pos	R1	R2	R3	R4	Tot	P/M	SBW	R2T	R3T	R1P	R2P	R3P	W
1976	PGA		CUT	77	75			152	12		152		92T	94T		250
1977	US		CUT	81	78			159	19		159		143T	141T		500
1982	PGA		CUT	77	76			153	13		153		121T	123T		650

Year	Event	A	Pos	R1	R2	R3	R4	Tot	P/M	SBW	R2T	R3T	R1P	R2P	R3P	W
Marshall, Robert McReynolds																
1958	PGA		CUT	79	81			160	20		160		111T	132T		
1963	O		CUT	79	77			156	16		156		94T	93T		
Marshall, William																
1897	US		11T	87	87			174		12			10T			
1899	US		41T	87	101	89	87	364		49	188	277	23T	56	48	
1900	US		WD	91				91					41T			
1904	US		33T	83	81	86	85	335		32	164	250	22T	18T	27T	
1906	US		22T	85	77	81	81	324		29	162	243	51T	29T	27	
1911	US		CUT	85	85			170	18		170		60T	63		
Marston, Maxwell Rolston "Max"																
1915	US	A	19T	77	77	80	74	308	20	11	154	234	17T	17T	23T	
1934	US	A	CUT	82	82			164	24		164		114T	124T		
1939	US	A	CUT	75	82			157	19		157		48T	104T		
Marszalek, Christopher																
1977	US		CUT	73	78			151	11		151		35T	84T		500
Martell, Henry																
1959	M		CUT	80	77			157	13		157		70	71T		350
Marti, Elroy																
1940	US		WD	80				80	8				109T			
1946	PGA		64T													100
1947	US		CUT	75	80			155	13		155		60T	93T		
1948	PGA		64T													100
1950	US		CUT	75	78			153	13		153		52T	75T		
1952	US		CUT	78	78			156	16		156		85T	78T		
1953	PGA		64T													100
1954	PGA		16T													350
1956	PGA		64T													
1958	PGA		WD	80				80	10				126T			
	US		CUT	84	79			163	23		163		131T	115T		
1960	PGA		CUT	77	79			156	16		156		106T	128T		
Marti, Frederick W.																
1969	PGA		25T	73	70	71	73	287	3	11	143	214	38T	23T	19T	1,300
1970	PGA		CUT	75	76			151	11		151		61T	71T		
	US		54T	75	78	77	75	305	17	24	153	230	8T	52T	61T	850
1971	PGA		9T	72	71	74	70	287	-1	6	143	217	17T	11T	18T	4,800
1972	PGA		CUT	77	76			153	13		153		97T	94T		
	US		CUT	86	74			160	16		160		144T	107T		500
1973	US		CUT	79	75			154	12		154		103T	88T		500
Martin, A. S.																
1905	US		WD	94				94					71T			
Martin, Bradley																
2008	PGA		CUT	77	81			158	18		158		109T	143T		2,500
Martin, Casey																
1998	US		23T	74	71	74	72	291	11	11	145	219	56T	26T	30T	34,043
Martin, Denis H. R.																
1934	O	A	CUT	77	82			159	15		159		52T	92T		
1949	O	A	CUT	75	78			153	9		153		58T	68T		
Martin, Douglas A.																
1994	US		60T	76	70	74	81	301	17	22	146	220	86T	43T	45T	3,967
1995	PGA		CUT	72	73			145	3		145		82T	101T		1,200
	US		CUT	72	75			147	7		147		46T	74T		1,000
1996	PGA		CUT	73	74			147	3		147		71T	94T		1,300
1997	PGA		23T	69	75	74	67	285	5	16	144	218	11T	50T	59T	22,500
1998	US		CUT	74	75			149	9		149		56T	76T		1,000
Martin, Earl																
1939	PGA		64T													100
1941	PGA		64T													100
1947	PGA		32T													200
1956	PGA		128T													50
1957	PGA		128T													50
1958	PGA		CUT	83	83			166	26		166		147T	145T		
Martin, Edward P.																
1950	US	A	CUT	80	81			161	21		161		122T	132T		

Year	Event	A	Pos	R1	R2	R3	R4	Tot	P/M	SBW	R2T	R3T	R1P	R2P	R3P	W
Martin, George																
1922	US		44T	76	80	81	76	313	33	25	156	237	20T	44T	55T	
Martin, Harold "Happy"																
1926	US		WD	80				80	8				69T			
Martin, Hutton																
1923	US		29T	78	78	76	85	317	29	21	156	232	31T	24T	19	
1925	US		WD													
Martin, Ian																
1955	O		30T	70	72	79	74	295	7	14	142	221	4T	8T	30T	
1957	O		CUT	75	79			154	10		154		45T	79T		
Martin, Iverson																
1941	US	A	CUT	80	79			159	19		159		108T	87T		
1948	US		51T	73	73	80	76	302	18	26	146	226	35T	29T	51T	
1949	US		CUT	78	80			158	16		158		88T	108T		
1951	US		CUT	77	80			157	17		157		59T	97T		
1952	PGA		64T													100
	US		36T	76	74	77	77	304	24	23	150	227	58T	34T	43T	100
1953	PGA		32T													200
1958	US		CUT	83	77			160	20		160		120T	92T		
Martin, James "Jimmy"																
1951	O		CUT	80	80			160	16		160		69T	75T		
1956	O		36T	74	79	78	75	306	22	20	153	231	30T	42T	41T	
1957	O		CUT	74	75			149	5		149		37T	47T		
1960	O		28T	72	72	72	76	292	0	14	144	216	9T	13T	15T	60
1961	O		CUT	75	80			155	11		155		60T	53T		
1962	O		16T	73	72	76	76	297	9	21	145	221	10T	3T	9T	
1963	O		CUT	76	75			151	11		151		59T	59T		
1964	O		24T	74	72	79	74	299	11	20	146	225	10T	6T	24T	61
1965	O		CUT	74	79			153	7		153		23T	80T		
1966	O		CUT	79	75			154	12		154		104T	82T		
1967	O		56T	75	73	80	80	308	20	30	148	228	63T	35T	57T	46
1968	O		35T	81	72	74	78	305	17	16	153	227	102T	44T	32T	130
1969	O		CUT	72	79	72		223	10		151	223	18T	65T	43T	
1970	O		48T	71	74	75	80	300	12	17	145	220	31T	34T	41T	125
1971	O		CUT	78	78			156	10		156		107T	115T		
1974	O		CUT	73	83	79		235	22		156	235	13T	73T	75T	75
1979	O		CUT	78	78			156	14		156		93T	102T		200
Martin, James (earlier)																
1892	O		40T	93	80	85	86	344		39	173	258			40	
Martin, James (later)																
1922	O		58T	82	83	81	79	325		25	165	246	55T	58T	59T	
Martin, James (USA)																
1951	US	A	WD	85				85	15				148T			
Martin, Jeffrey R.																
2005	PGA		CUT	80	78			158	18		158		154T	152T		2,000
2008	PGA		CUT	78	79			157	17		157		124T	138T		2,500
Martin, Michael G.																
1997	US		CUT	87	73			160	20		160		155T	151T		1,000
Martin, Pablo																
2007	US	A	30T	71	76	77	73	297	17	12	147	224	5T	27T	40T	
Martin, Richard																
1930	US	A	65T	78	78	82	83	321	29	34	156	238	60T	59T	64T	
Martin, Robert Bell																
1873	O		9T	97	97			194		15						
1874	O		4	85	79			164		5						4
1875	O		2	56	58	54		168		2	114					5
1876	O		1WO	86	90			176		-7						10
1877	O		UNK													
1878	O		4PO	57	53	55		165		8	110					2
1879	O		21T	93	93			186		17						
1881	O		4	57	62	59		178		8	119					1
1882	O		3T	89	86			175		4	175					6
1885	O		1	84	87			171		-1						10
1887	O		2	81	81			162		1						5
1888	O		16T	86	98			184		13						

Year	Event	A	Pos	R1	R2	R3	R4	Tot	P/M	SBW	R2T	R3T	R1P	R2P	R3P	W
1891	O		34T	89	94			183		17						
1895	O		WD	95	93			188			188		57T			
Martin, Runcie B.																
1906	US	A	CUT	86	85			171			171		54T	56T		
Martin, Stephen W.																
1980	O		CUT	76	75			151	9		151		72T	95T		225
1981	O		CUT	79	72			151	11		151		105T	84T		225
1982	O		CUT	81	78			159	15		159		129T	134T		225
1985	O		CUT	74	74	74		222	12		148	222	77T	60T	62T	700
Martin, Victor M.																
1974	US		CUT	84	84			168	28		168		141T	144		500
Martin, W. J. "Billy"																
1930	O		WD	82				82	10				89T			
1934	O		CUT	79	79			158	14		158		73T	89T		
1935	O		46T	74	75	80	78	307	19	24	149	229	19T	26T	43T	
1937	O		CUT	83	78			161	17		161		117T	94T		
Martin Lopez, Miguel Angel																
1987	O		62T	74	71	77	77	299	15	20	145	222	79T	52T	52T	1,975
1989	O		30T	68	73	73	72	286	-2	11	141	214	2T	18T	33T	4,711
1990	O		CUT	74	72			146	2		146		105T	102T		550
1991	O		64T	71	75	71	70	287	7	15	146	217	29T	78T	75T	3,155
1994	O		CUT	69	75			144	4		144		15T	82T		600
1995	O		CUT	73	77			150	6		150		85T	116T		650
1997	O		CUT	79	72			151	9		151		117T	103T		800
1999	O		24T	74	76	72	76	298	14	8	150	222	11T	21T	9T	15,300
Martin-Smith, E.																
1911	O		CUT	83	81			164			164		113T	86T		
Martindale, Bill																
1964	US		44T	72	76	80	75	303	23	25	148	228	8T	31T	45T	325
1966	PGA		15T	73	75	70	72	290	10	10	148	218	17T	38T	14T	2,350
1967	PGA		38T	73	76	74	71	294	6	13	149	223	30T	50T	47T	633
	US		CUT	78	71			149	9		149		119T	67T		400
Martinez, J.																
1939	O		CUT	77	76			153	7		153		65T	53T		
Martinez, Richard																
1966	US		CUT	78	77			155	15		155		105T	97T		300
1968	US		CUT	77	76			153	13		153		101T	101T		500
1979	PGA		WD	81				81	11				142T			350
Martucci, James A.																
1932	US		CUT	78	84			162	22		162		21T	80T		
1936	US		CUT	76	80			156	12		156		81T	113T		
Martucci, Louis																
1919	PGA		8T													75
Martz, Lloyd A.																
1937	US	A	CUT	80	81			161	17		161		113T	135T		
1939	US	A	CUT	76	78			154	16		154		65T	78T		
1946	US	A	CUT	76	79			155	11		155		57T	98T		
1947	US	A	CUT	80	78			158	16		158		129T	108T		
1951	US	A	CUT	80	75			155	15		155		102T	74T		
Marucci, George E. "Buddy," Jr.																
1996	M	A	CUT	79	81			160	16		160		85T	87T		
Marusic, Milon																
1949	PGA		64T													100
1950	US		CUT	80	82			162	22		162		122T	138T		
1951	PGA		32T													200
1952	PGA		16T													350
	US		15T	73	76	74	72	295	15	14	149	223	22T	23T	22T	113
1953	M		38T	70	72	77	81	300	12	26	142	219	4T	5T	20T	200
	PGA		64T													100
	US		CUT	82	73			155	11		155		133T	73T		
1954	PGA		64T													100
1956	PGA		128T													50
1957	PGA		16T													
1958	PGA		CUT	80	73	78		231	21		153	231	126T	74T	79T	
1960	PGA		46T	74	77	73	74	298	18	17	151	224	49T	81T	52T	200

Year	Event	A	Pos	R1	R2	R3	R4	Tot	P/M	SBW	R2T	R3T	R1P	R2P	R3P	W
1961	PGA		45T	75	73	74	73	295	15	18	148	222	71T	57T	48T	225
	US		29T	75	74	71	74	294	14	13	149	220	50T	47T	29T	350
1962	PGA		CUT	74	75	77		226	16		149	226	48T	66T	70T	

Maruyama, Shigeki

Year	Event	A	Pos	R1	R2	R3	R4	Tot	P/M	SBW	R2T	R3T	R1P	R2P	R3P	W
1996	O		14T	68	70	69	72	279	-5	8	138	207	10T	16T	7T	20,250
1997	O		10T	74	69	70	69	282	-2	10	143	213	40T	18T	18T	24,300
	PGA		23T	69	70	74	72	285	5	16	139	213	11T	9T	19T	22,500
1998	M		CUT	74	80			154	10		154		25T	65T		5,000
	O		29T	70	73	75	74	292	12	12	143	218	28T	30T	16T	10,030
	PGA		65T	68	77	73	74	292	12	21	145	218	2T	60T	62T	5,750
1999	M		31T	78	70	71	74	293	5	13	148	219	79T	43T	39T	23,720
	O		CUT	78	80			158	16		158		68T	110T		369
	PGA		CUT	77	70			147	3		147		123T	75T		1,750
2000	M		46T	76	71	74	75	296	8	18	147	221	54T	39T	38T	13,800
	O		55T	68	76	69	76	289	1	20	144	213	4T	60T	31T	7,800
	PGA		46T	77	69	71	71	288	0	18	146	217	113T	51T	52T	12,650
	US		CUT	77	80			157	15		157		100T	130T		1,000
2001	M		CUT	77	70			147	3		147		78T	55T		5,000
	O		CUT	75	71			146	4		146		105T	83T		1,100
	PGA		22T	68	72	71	67	278	-2	13	140	211	23T	57T	50T	44,285
2002	M		14T	75	72	73	67	287	-1	11	147	220	53T	39T	36T	98,000
	O		5T	68	68	75	68	279	-5	1	136	211	4T	1T	3T	140,000
	PGA		43T	76	72	75	73	296	8	18	148	223	89T	57T	48T	17,000
	US		16T	76	67	73	73	289	9	12	143	216	96T	7T	17T	86,372
2003	M		CUT	75	75			150	6		150		35T	50T		5,000
	O		CUT	83	73			156	14		156		145T	122T		2,250
	PGA		48T	75	72	73	74	294	14	18	147	220	77T	49T	52T	14,733
	US		CUT	75	73			148	8		148	0	108T	113T		1,000
2004	M		CUT	82	71			153	9		153		88T	79T		5,000
	O		30T	71	72	74	71	288	4	14	143	217	40T	37T	51T	24,500
	PGA		CUT	72	78			150	6		150	0	40T	117T		2,000
	US		4T	66	68	74	76	284	4	8	134	208	1T	1T	4T	267,756
2005	M		CUT	82	76			158	14		158		85T	85T		5,000
	O		CUT	77	72			149	5		149		128T	114T		2,250
	PGA		CUT	73	77			150	10		150		81T	121T		2,000
	US		33T	71	74	72	75	292	12	12	145	217	17T	33T	26T	35,759
2006	M		CUT	79	75			154	10		154		72T	73T		5,000
	PGA		CUT	76	70			146	2		146		131T	84T		2,000

Marwood, G.

Year	Event	A	Pos	R1	R2	R3	R4	Tot	P/M	SBW	R2T	R3T	R1P	R2P	R3P	W
1932	O	A	CUT	82	79			161	17		161		94T	96T		

Marzolf, Francis A.

Year	Event	A	Pos	R1	R2	R3	R4	Tot	P/M	SBW	R2T	R3T	R1P	R2P	R3P	W
1928	US		CUT	83	81			164	22		164		104T	101T		
1933	US		CUT	82	75			157	13		157		116T	68T		

Mason, Gene C. "Bunny"

Year	Event	A	Pos	R1	R2	R3	R4	Tot	P/M	SBW	R2T	R3T	R1P	R2P	R3P	W
1961	US		CUT	76	80			156	16		156		69T	118T		
1965	US		WD	85				85	15				141T			300
1966	US		CUT	82	78			160	20		160		141T	135		300

Mason, George

Year	Event	A	Pos	R1	R2	R3	R4	Tot	P/M	SBW	R2T	R3T	R1P	R2P	R3P	W
1885	O		38T	94	101			195		24						
1888	O		32T	100	95			195		24						
1889	O		UNK													
1891	O		24T	94	87			181		15						

Mason, James D.

Year	Event	A	Pos	R1	R2	R3	R4	Tot	P/M	SBW	R2T	R3T	R1P	R2P	R3P	W
1997	PGA		CUT	78	80			158	18		158		132T	141T		1,300

Mason, James T.

Year	Event	A	Pos	R1	R2	R3	R4	Tot	P/M	SBW	R2T	R3T	R1P	R2P	R3P	W
1977	M	A	CUT	76	75			151	7		151		51T	57T		
1978	US		DQ	79				79	8				105T			600

Mason, Mark

Year	Event	A	Pos	R1	R2	R3	R4	Tot	P/M	SBW	R2T	R3T	R1P	R2P	R3P	W
1994	US		CUT	83	77			160	18		160		156T	152T		1,000

Mason, Roy

Year	Event	A	Pos	R1	R2	R3	R4	Tot	P/M	SBW	R2T	R3T	R1P	R2P	R3P	W
1950	O		CUT	79	77			156	16		156		78T	78T		
1962	O		CUT	78	81			159	15		159		65T	94T		

Mason, Stuart Carl "Carl"

Year	Event	A	Pos	R1	R2	R3	R4	Tot	P/M	SBW	R2T	R3T	R1P	R2P	R3P	W
1974	O		CUT	81	76			157	15		157		118T	82T		50
1975	O		62	73	72	75	81	301	13	22	145	220	41T	32T	50T	175
1978	O		24T	70	74	72	74	290	2	9	144	216	6T	23T	19T	685
1979	O		50T	77	72	76	76	301	17	18	149	225	77T	37T	46T	462

Year	Event	A	Pos	R1	R2	R3	R4	Tot	P/M	SBW	R2T	R3T	R1P	R2P	R3P	W
1980	O		4T	72	69	70	69	280	-4	9	141	211	18T	11T	7T	9,250
1981	O		CUT	82	76			158	18		158		133T	131T		225
1982	O		CUT	78	75			153	9		153		95T	88T		225
1983	O		CUT	73	75			148	6		148		62T	94T		250
1985	O		CUT	75	76			151	11		151		97T	99T		375
1986	O		56T	76	73	73	78	300	20	20	149	222	38T	42T	34T	2,150
1987	O		44T	70	69	78	76	293	9	14	139	217	19T	10T	30T	2,825
1988	O		57T	75	69	77	75	296	12	23	144	221	63T	19T	52T	2,625
1993	O		39T	69	73	72	69	283	3	16	142	214	29T	47T	51T	5,328
1994	O		67T	69	71	73	72	285	5	17	140	213	15T	29T	66T	4,050
1995	O		CUT	75	77			152	8		152		116T	137T		650
1996	O		22T	68	70	70	73	281	-3	10	138	208	10T	16T	11T	11,875
1997	O		CUT	78	70			148	6		148		99T	71T		1,000

Mason, Walter E.

Year	Event	A	Pos	R1	R2	R3	R4	Tot	P/M	SBW	R2T	R3T	R1P	R2P	R3P	W
1898	O	A	CUT	87	96			183			183		50T	69		
1904	O	A	WD													

Massengale, Donald

Year	Event	A	Pos	R1	R2	R3	R4	Tot	P/M	SBW	R2T	R3T	R1P	R2P	R3P	W
1965	US		CUT	75	77			152	12		152		41T	58T		300
1966	PGA		28T	74	72	75	73	294	14	14	146	221	34T	14T	32T	900
	US		36T	68	79	78	74	299	19	21	147	225	2T	25T	46T	790
1967	M		49T	74	73	77	78	302	14	22	147	224	28T	23T	39T	1,250
	PGA		2PO	70	75	70	66	281	-7	-1	145	215	7T	16T	11T	15,000
1968	M		45T	76	73	73	73	295	7	18	149	222	48T	46T	45T	1,350
	PGA		CUT	75	76			151	11		151		65T	83T		
1969	US		CUT	79	76			155	15		155		116T	106T		500
1972	US		15T	72	81	70	78	301	13	11	153	223	7T	45T	14T	1,900
1973	M		55	74	74	76	78	302	14	19	148	224	23T	33T	46T	1,600
	PGA		CUT	79	78			157	15		157		117T	123T		
	US		CUT	79	81			160	18		160		103T	126		500
1974	PGA		24T	74	71	70	72	287	7	11	145	215	58T	34T	19T	1,925
1975	PGA		CUT	75	74			149	9		149		69T	72T		
1976	PGA		22T	71	74	73	70	288	8	7	145	218	21T	42T	37T	2,064
1982	PGA		CUT	76	75			151	11		151		107T	118		650

Massengale, Richard Gregg "Rik"

Year	Event	A	Pos	R1	R2	R3	R4	Tot	P/M	SBW	R2T	R3T	R1P	R2P	R3P	W
1969	M	A	CUT	75	76			151	7		151		53T	62T		
1972	US		CUT	73	82			155	11		155		11T	71T		500
1974	US		30T	79	72	74	76	301	21	14	151	225	92T	46T	24T	1,160
1975	PGA		CUT	76	74			150	10		150		79T	85T		
	US		14T	71	74	71	76	292	8	5	145	216	9T	23T	10T	2,025
1976	M		23T	70	72	78	73	293	5	22	142	220	8T	10T	24T	2,225
	PGA		30T	71	72	73	74	290	10	9	143	216	21T	30T	30T	1,425
	US		33T	70	78	70	77	295	15	18	148	218	2T	32T	20T	1,330
1977	M		3T	70	73	67	70	280	-8	4	143	210	4T	12T	3	17,500
	O		26T	73	71	74	71	289	9	21	144	218	36T	27T	43T	449
	PGA		36T	77	73	70	74	294	6	12	150	220	79T	57T	41T	1,125
	US		39T	71	72	77	72	292	12	14	143	220	18T	21T	45T	1,210
1978	M		CUT	81	75			156	12		156		74T	69T		1,500
	PGA		CUT	81	74			155	13		155		129T	113T		303
	US		CUT	79	83			162	20		162		105T	134T		600
1979	US		CUT	77	77			154	12		154		69T	79T		600
1980	PGA		WD	82				82	12				138T			500
1981	US		26T	70	75	70	71	286	6	13	145	215	16T	40T	35T	2,100

Masserio, James B., Sr.

Year	Event	A	Pos	R1	R2	R3	R4	Tot	P/M	SBW	R2T	R3T	R1P	R2P	R3P	W
1971	US	A	63T	71	75	77	79	302	22	22	146	223	18T	42T	61T	
1974	US		51T	75	75	76	80	306	26	19	150	226	25T	35T	32T	880
1975	US		CUT	78	76			154	12		154		106T	98T		500
1978	US		CUT	77	75			152	10		152		70T	75T		600
1979	PGA		35T	69	73	71	74	287	7	15	142	213	5T	19T	22T	1,600
	US		CUT	77	78			155	13		155		69T	85T		600
1981	US		CUT	79	72			151	11		151		141	99T		600
1983	PGA		CUT	76	73			149	7		149		116T	92T		1,000
1991	PGA		CUT	74	79			153	9		153		77T	116T		1,000

Massey, Odell

Year	Event	A	Pos	R1	R2	R3	R4	Tot	P/M	SBW	R2T	R3T	R1P	R2P	R3P	W
1973	PGA		CUT	75	75			150	8		150		66T	77T		
1975	PGA		CUT	79	79			158	18		158		110T	117T		

Massingill, Scott

Year	Event	A	Pos	R1	R2	R3	R4	Tot	P/M	SBW	R2T	R3T	R1P	R2P	R3P	W
1981	US	A	CUT	80	83			163	23		163		150T	152T		

Masson, Grant

Year	Event	A	Pos	R1	R2	R3	R4	Tot	P/M	SBW	R2T	R3T	R1P	R2P	R3P	W
1999	US		CUT	74	79			153	13		153		95T	125T		1,000

Year	*Event*	*A*	*Pos*	*R1*	*R2*	*R3*	*R4*	*Tot*	*P/M*	*SBW*	*R2T*	*R3T*	*R1P*	*R2P*	*R3P*	*W*
Massy, Arnaud George Watson																
1902	O		10T	77	81	78	84	320		13	158	236			7T	
1903	O		36T	81	84	77	86	328		28	165	242			20T	
1904	O		WD	83	85			168			168					
1905	O		5T	81	80	82	82	325		7	161	243			2T	8
1906	O		6	76	80	76	78	310		10	156	232			8T	8
1907	O		1	76	81	78	77	312		-2	157	235	1T	1	2	50
1908	O		9T	76	75	76	81	308		17	151	227	10T	8T	4T	
1909	O		35T	76	84	80	79	319		24	160	240	8T	35T	38T	
1910	O		22T	78	77	81	79	315		16	155	236			28T	
1911	O		2PO	75	78	74	76	303		-1	153	227	10T	14T	4T	25
1912	O		10	74	77	82	78	311		16	151	233	5T	6T	11T	
1913	O		7T	77	80	81	79	317		13	157	238	11T	11T	10T	3
1914	O		10T	77	82	75	82	316		10	159	234	13T	19T	7T	
1920	O		29T	81	82	80	81	324		21	163	243	33T	33T	31T	
1921	O		6T	74	75	74	79	302		6	149	223	3T	4T	3T	6
1922	O		WD	83	84			167			157		60T	18T		
1924	O		WD	78	87			165			165		18T	68T		
1925	O		WD	80	86			166	22		166		34T	58T		
1928	O		41T	79	79	79	79	316	28	24	158	237	23T	40T	40T	
1929	O		CUT	81	77			158	6		158		79T	65T		
1930	O		CUT	78	81			159	15		159		35T	63T		
Mast, Kenneth																
1976	PGA		CUT	80	77			157	17		157		117T	116T		250
Mast, Richard Lyle																
1985	US		52T	71	71	77	74	293	13	14	142	219	15T	22T	47T	2,887
1986	US		65	76	74	76	74	300	20	21	150	226	48T	55T	66T	2,791
1988	PGA		71	71	72	72	85	300	16	28	143	215	32T	51T	38T	1,800
	US		50T	69	75	75	73	292	8	14	144	219	4T	28T	46T	4,492
1993	PGA		CUT	72	73			145	3		145		74T	89T		1,200
	US		CUT	72	74			146	6		146		76T	106T		1,000
1997	US		77T	73	69	83	76	301	21	25	142	225	58T	19T	79	5,275
1998	US		CUT	76	76			152	12		152		91T	105T		1,000
Masters, Richard																
1986	O		CUT	73	81			154	14		154		12T	99T		400
Masuda, Nobuhiro																
2007	US		CUT	76	77			153	13		153		90T	92T		2,000
Mather, Nathan																
1907	US		CUT	84	89			173			173		50T	59T		
Mathews, Jeff																
1985	O		CUT	74	71	77		222	12		145	222	77T	26T	62T	700
Matkovich, Peter James																
1968	O		CUT	82	78			160	16		160		110T	101T		
1970	O		CUT	74	82			156	12		156		74T	116T		
Matlack, Charles "Chuck"																
1963	US		CUT	79	77			156	14		156		91T	83T		150
1966	US		CUT	78	75			153	13		153		105T	74T		300
Matlock, Kenneth M.																
1947	US		CUT	85	79			164	22		164		152T	136T		
Matsumura, Michio																
2008	O		CUT	82	76			158	18		158		145T	142T		2,375
Matsuo, Hiroshi																
2003	US		CUT	72	74			146	6		146	0	57T	90T		1,000
Matteson, Troy Jason																
2007	M		CUT	79	79			158	14		158		75T	84T		5,000
	PGA		66T	72	69	73	80	294	14	22	141	214	36T	15T	24T	13,300
Matthew, David																
1982	O		CUT	76	76	78		230	14		152	230	64T	71T	78T	375
Matthews, A. G. "Algie"																
1932	O		CUT	82	76			158	14		158		94T	81T		
1934	O		50T	75	72	81	81	309	21	26	147	228	29T	12T	36T	
1937	O		CUT	79	78			157	13		157		60T	62T		
1938	O		CUT	73	77			150	10		150		21T	43T		
1939	O		CUT	77	78			155	9		155		65T	75T		
1947	O		CUT	81	77			158	22		158		70T	47T		
1949	O		CUT	74	79			153	9		153		43T	68T		

Year	Event	A	Pos	R1	R2	R3	R4	Tot	P/M	SBW	R2T	R3T	R1P	R2P	R3P	W
Matthews, Alfred "Alf"																
1904	O		24T	85	81	78	78	322		26	166	244			27	
1905	O		36	84	84	87	92	347		29	168	255			30T	
1906	O		28T	84	77	80	78	319		19	161	241			39T	
1907	O		17T	82	80	84	82	328		16	162	246	9T	7T	15T	
1909	O		38T	80	80	85	75	320		25	160	245	36T	35T	56	
1910	O		UNK	84												
1911	O		68	79	79	87	90	335		32	158	245	47T	37T	57T	
Matthews, Andrew David																
2007	US		CUT	79	81			160	20		160		128T	138T		2,000
Matthews, Duke E.																
1967	PGA		CUT	75	78			153	9		153		62T	85T		
Matthews, Joseph F.																
1926	US		CUT	74	86			160	16		160		14T	63T		
1927	US		CUT	85	84			169	25		169		91T	96T		
1933	US		CUT	78	84			162	18		162		51T	111T		
Matthews, Llewellyn																
2007	O	A	CUT	75	83			158	16		158		104T	149T		
Matthews, S. T.																
1937	O	A	CUT	84	83			167	23		167		122T	128T		
Mattiace, Leonard Earl																
1985	US	A	58T	74	72	73	77	296	16	17	146	219	64T	57T	47T	
1988	M	A	CUT	79	77			156	12		156		62T	69T		
1997	PGA		CUT	72	75			147	7		147		46T	78T		1,300
	US		24T	71	75	73	68	287	7	11	146	219	18T	57T	53T	24,173
1998	PGA		CUT	71	75			146	6		146		46T	76T		1,500
1999	O		30T	73	74	75	78	300	16	10	147	222	4T	7T	9T	11,557
	US		42T	72	75	75	75	297	17	18	147	222	52T	59T	46T	15,068
2001	PGA		CUT	74	71			145	5		145	0	117T	100T		2,000
2002	O		69T	68	73	77	73	291	7	13	141	218	4T	36T	59T	8,517
	PGA		48T	74	73	76	74	297	9	19	147	223	53T	42T	48T	13,120
	US		68T	72	73	78	80	303	23	26	145	223	25T	17T	59T	11,546
2003	M		2PO	73	74	69	65	281	-7	-2	147	216	11T	24T	8T	648,000
	O		65T	74	75	74	75	298	14	15	149	223	35T	48T	58T	9,050
	PGA		51T	74	70	75	76	295	15	19	144	219	58T	25T	43T	13,320
	US		57T	69	73	77	71	290	10	18	142	219	10T	46T	63T	15,643
2004	M		CUT	76	75			151	7		151		53T	67T		5,000
2005	US		CUT	76	79			155	15		155		94T	137T		2,000
Mattson, Len																
1935	PGA		64T													85
Mattson, Ronald																
1968	PGA		CUT	79	76			155	15		155		127T	119T		
Mauney, Terry Lynn																
1980	PGA		CUT	76	79			155	15		155		87T	111T		500
Maurycy, John J.																
1963	US		CUT	78	76			154	12		154		79T	63T		150
1964	US		CUT	80	71			151	11		151		120T	56T		300
1965	US		CUT	81	82			163	23		163		114T	127T		300
1971	PGA		CUT	86	78			164	20		164		144	139T		
Maus, Albert																
1956	PGA		128T													50
Mawhinney, William C.																
1951	M	A	55T	83	75	73	84	315	27	35	158	231	63	57T	49T	
1953	M		WD													200
1955	US		CUT	77	80			157	17		157		41T	69T		
Maxon, Joey H.																
2001	US		CUT	74	76			150	10		150	0	63T	103T		1,000
2004	US		CUT	78	82			160	20		160	0	142T	153		1,000
Maxwell, Billy Joe																
1952	M	A	49T	77	77	77	79	310	22	24	154	231	51T	54T	51T	
	US	A	CUT	78	74			152	12		152		85T	54T		
1954	M		43T	75	77	77	75	304	16	15	152	229	25T	27T	42T	250
1955	M		18T	77	72	77	71	297	9	18	149	226	31T	20T	25T	525
	US		27	77	74	75	79	305	25	18	151	226	41T	14T	16T	180
1956	M		34T	75	75	81	74	305	17	16	150	231	38T	33T	48	300

Year	Event	A	Pos	R1	R2	R3	R4	Tot	P/M	SBW	R2T	R3T	R1P	R2P	R3P	W
	US		12	72	71	76	72	291	11	10	143	219	10T	10T	17T	300
1957	M		WD	81				81	9				90T			300
	US		8T	70	76	72	72	290	10	8	146	218	6T	16T	16T	465
1958	M		9T	71	70	72	76	289	1	5	141	213	9T	2T	4T	1,266
	PGA		25T	75	69	74	75	293	13	17	144	218	43T	14T	19T	425
	US		27T	78	76	76	70	300	20	17	154	230	58T	43T	46T	200
1959	M		8T	73	71	72	74	290	2	6	144	216	10T	3T	5T	1,740
	PGA		11T	70	76	70	69	285	5	8	146	216	10T	43T	25T	1,250
	US		26T	75	75	70	76	296	16	14	150	220	39T	49T	25T	240
1960	M		25T	72	71	79	75	297	9	15	143	222	12T	9T	24T	875
	PGA		24T	74	77	72	71	294	14	13	151	223	49T	81T	44T	660
	US		CUT	77	72			149	7		149		98T	66T		
1961	PGA		27T	71	72	73	73	289	9	12	143	216	14T	16T	22T	575
	US		22T	73	74	72	73	292	12	11	147	219	20T	32T	26T	410
1962	M		5T	71	73	72	71	287	-1	7	144	216	7T	10T	9T	3,600
	PGA		WD	81				81	11				155T			
	US		8T	71	70	75	74	290	6	7	141	216	4T	3	8T	1,767
1963	M		15T	72	75	76	70	293	5	7	147	223	8T	17T	21T	1,100
	PGA		5T	73	71	69	71	284	0	5	144	213	30T	12T	5T	3,125
	US		5T	73	73	75	74	295	11	2	146	221	11T	9T	5T	3,167
1964	M		18T	73	73	69	74	289	1	13	146	215	20T	25T	8T	1,100
	PGA		13T	72	71	70	70	283	3	12	143	213	35T	21T	15T	1,650
	US		CUT	76	78			154	14		154		63T	88T		300
1965	M		26T	74	72	76	71	293	5	22	146	222	52T	25T	41T	1,075
	PGA		43T	71	75	74	76	296	12	16	146	220	13T	23T	31T	573
	US		14	76	73	71	71	291	11	9	149	220	50T	30T	14T	1,500
1966	M		39T	75	77	77	73	302	14	14	152	229	29T	47T	53T	1,150
	US		36T	73	74	74	78	299	19	21	147	221	26T	25T	23T	790
1968	US		52T	72	74	78	74	298	18	23	146	224	19T	32T	57T	765
1969	PGA		63T	76	73	75	72	296	12	20	149	224	91T	69T	78	241
1970	PGA		10T	72	71	73	69	285	5	6	143	216	20T	10T	13T	4,800
1971	PGA		41T	75	71	76	72	294	6	13	146	222	72T	43T	56T	693

Maxwell, J. H.

Year	Event	A	Pos	R1	R2	R3	R4	Tot	P/M	SBW	R2T	R3T	R1P	R2P	R3P	W
1903	O	A	UNK													

Maxwell, Robert

Year	Event	A	Pos	R1	R2	R3	R4	Tot	P/M	SBW	R2T	R3T	R1P	R2P	R3P	W
1900	O	A	7T	81	81	86	81	329		20	162	248	5T	4	8	
1902	O	A	4	79	77	79	74	309		2	156	235			6	
1903	O	A	13T	82	84	76	76	318		18	166	242			20T	
1904	O	A	10T	80	80	76	77	313		17	160	236			11T	
1905	O	A	CUT	89	88			177			177					
1906	O	A	7	73	78	77	83	311		11	151	228			5T	
1909	O	A	13	75	80	80	74	309		14	155	235	5T	11T	19T	

May, Brownie

Year	Event	A	Pos	R1	R2	R3	R4	Tot	P/M	SBW	R2T	R3T	R1P	R2P	R3P	W
1947	US	A	CUT	87	74			161	19		161		158	126T		

May, Dean

Year	Event	A	Pos	R1	R2	R3	R4	Tot	P/M	SBW	R2T	R3T	R1P	R2P	R3P	W
1973	US	A	CUT	85	82			167	25		167		146T	146		

May, Richard

Year	Event	A	Pos	R1	R2	R3	R4	Tot	P/M	SBW	R2T	R3T	R1P	R2P	R3P	W
1920	O		63T	82	87	85	79	333		30	169	254	43T	59T	71	
1921	O		66T	77	79	87	80	323		27	156	243	22T	30T	61T	
1923	O		74T	82	85	79	80	326		31	167	246				
1925	O		24T	82	77	78	80	317	29	17	159	237	53T	30T	18T	
1926	O		CUT	85	85			170	28		170		105T	106		
1933	US		CUT	82	77			159	15		159		116T	94T		
1935	US		CUT	85	79			164	20		164		129T	91T		

May, Robert Anthony

Year	Event	A	Pos	R1	R2	R3	R4	Tot	P/M	SBW	R2T	R3T	R1P	R2P	R3P	W
1998	O		74	70	73	85	75	303	23	23	143	228	28T	30T	76T	5,550
2000	O		11T	72	72	66	71	281	-7	12	144	210	50T	60T	13T	37,111
	PGA		2PO	72	66	66	66	270	-18	-5	138	204	22T	6T	2T	540,000
	US		23T	72	76	75	72	295	11	23	148	223	29T	45T	24T	45,537
2001	M		43T	71	74	73	75	293	5	21	145	218	21T	41T	37T	19,600
	O		CUT	77	72			149	7		149		135T	112T		1,000
	PGA		73	71	70	76	74	291	11	26	141	217	70T	69T	76	9,600
	US		30T	72	72	69	75	288	8	12	144	213	36T	34T	16T	30,055

Mayer, Alvin Richard "Dick"

Year	Event	A	Pos	R1	R2	R3	R4	Tot	P/M	SBW	R2T	R3T	R1P	R2P	R3P	W
1948	US	A	41T	75	73	78	72	298	14	22	148	226	74T	47T	51T	
1950	US		12T	73	76	73	72	294	14	7	149	222	29T	42T	26T	133
1951	M		25T	71	75	79	73	298	10	18	146	225	5T	16T	34T	150
	US		CUT	78	76			154	14		154		76T	64T		
1952	US		28T	74	77	69	79	299	19	18	151	220	29T	44T	11T	100

Year	Event	A	Pos	R1	R2	R3	R4	Tot	P/M	SBW	R2T	R3T	R1P	R2P	R3P	W
1953	M		16T	73	72	71	76	292	4	18	145	216	13T	12T	10T	443
	US		54T	77	76	76	82	311	23	28	153	229	60T	50T	41T	150
1954	M		29T	76	75	72	77	300	12	11	151	223	32T	22T	12T	333
	US		3T	72	71	70	73	286	6	2	143	213	8T	4T	2	1,500
1955	M		10T	78	72	72	71	293	5	14	150	222	46T	25T	15T	696
	US		CUT	78	80			158	18		158		60T	79T		
1956	M		43T	75	74	81	78	308	20	19	149	230	38T	29T	43T	300
	PGA		64T													
	US		41T	76	73	78	75	302	22	21	149	227	64T	39T	47T	200
1957	M		35T	80	70	75	77	302	14	19	150	225	81T	29T	28T	300
	PGA		5PO													2,500
	US		1PO	70	68	74	70	282	2	-1	138	212	6T	1T	2	7,200
1958	M		CUT	74	79			153	9		153		42T	58T		350
	PGA		14T	69	76	69	76	290	10	14	145	214	3T	20T	9T	875
	US		23T	76	74	71	78	299	19	16	150	221	32T	20T	8T	200
1959	M		4T	73	75	71	68	287	-1	3	148	219	10T	28T	18T	2,625
	PGA		CUT	73	76	73		222	12		149	222	42T	75T	65T	
	US		CUT	77	80			157	17		157		73T	108T		
1961	M		19T	76	72	70	73	291	3	11	148	218	54T	34T	22T	1,133
	US		42T	75	73	75	75	298	18	17	148	223	50T	39T	42T	300
1962	M		CUT	76	74			150	6		150		60T	53T		400
1963	M		15T	73	70	80	70	293	5	7	143	223	10T	6T	21T	1,100
	US		CUT	74	81			155	13		155		22T	73T		150
1965	M		CUT	76	77			153	9		153		72T	68T		900
	PGA		CUT	78	78			156	14		156		119T	116T		
1966	M		CUT	82	76			158	14		158		96T	88T		1,000
1967	M		DQ	79				79	7				72T			1,000

Mayer, Joe

Year	Event	A	Pos	R1	R2	R3	R4	Tot	P/M	SBW	R2T	R3T	R1P	R2P	R3P	W
1950	US		CUT	79	82			161	21		161		108T	132T		

Mayering, Herbert

Year	Event	A	Pos	R1	R2	R3	R4	Tot	P/M	SBW	R2T	R3T	R1P	R2P	R3P	W
1923	PGA		64T													

Mayes, Bobby

Year	Event	A	Pos	R1	R2	R3	R4	Tot	P/M	SBW	R2T	R3T	R1P	R2P	R3P	W
1974	US		CUT	77	81			158	18		158		52T	101T		500

Mayfair, William Frederick "Billy"

Year	Event	A	Pos	R1	R2	R3	R4	Tot	P/M	SBW	R2T	R3T	R1P	R2P	R3P	W
1988	M	A	CUT	80	75			155	11		155		70T	62T		
	US	A	25T	71	72	71	73	287	3	9	143	214	12T	19T	12T	
1989	US		33T	72	69	76	72	289	9	11	141	217	51T	18T	43T	7,577
1990	PGA		5T	70	71	75	74	290	2	8	141	216	4T	4T	6T	51,667
	US		CUT	73	75			148	4		148		61T	89T		1,000
1991	M		12T	72	72	72	66	282	-6	5	144	216	31T	39T	42T	26,500
	PGA		CUT	73	77			150	6		150		58T	99T		1,000
	US		37T	72	73	76	74	295	7	13	145	221	24T	30T	40T	8,560
1992	M		42T	71	71	72	73	287	-1	12	142	214	29T	23T	31T	5,450
	PGA		CUT	74	75			149	7		149		70T	86T		1,200
	US		23T	74	73	75	73	295	7	10	147	222	65T	51T	56T	13,906
1993	PGA		28T	68	73	70	71	282	-2	10	141	211	14T	36T	33T	10,167
1994	M		CUT	74	77			151	7		151		26T	61T		1,500
	PGA		39T	73	72	71	70	286	6	17	145	216	61T	65T	56T	6,030
	US		CUT	76	73			149	7		149		86T	82T		1,000
1995	PGA		23T	68	68	72	70	278	-6	11	136	208	15T	9T	21T	15,500
1996	M		CUT	77	77			154	10		154		76T	79		1,500
	O		45T	70	72	74	69	285	1	14	142	216	25T	44T	64T	6,400
	PGA		52T	71	73	71	74	289	1	12	144	215	29T	45T	33T	4,717
	US		32T	72	71	74	71	288	8	10	143	217	43T	27T	47T	14,071
1997	PGA		53T	75	68	75	72	290	10	21	143	218	97T	41T	59T	5,280
1998	M		CUT	76	75			151	7		151		54T	47T		5,000
	O		52T	72	73	77	74	296	16	16	145	222	62T	47T	50T	6,860
	PGA		7T	73	67	67	70	277	-3	6	140	207	81T	15T	3T	89,500
1999	M		CUT	78	75			153	9		153		79T	76T		5,000
	O		CUT	81	80			161	19		161		119T	131T		328
	PGA		34T	75	69	75	72	291	3	14	144	219	101T	40T	48T	15,429
	US		10T	67	72	74	75	288	8	9	139	213	1T	4T	8	78,863
2000	PGA		74T	74	73	76	74	297	9	27	147	223	58T	66T	78	9,150
	US		CUT	83	75			158	16		158		152T	138T		1,000
2001	O		3T	69	72	67	70	278	-6	4	141	208	5T	26T	5T	141,667
	PGA		CUT	73	72			145	5		145	0	101T	100T		2,000
2002	M		32T	74	71	72	75	292	4	16	145	217	38T	23T	22T	32,410
	O		CUT	71	75			146	4		146		38T	95T		2,500
	PGA		CUT	77	76			153	9		153	0	105T	119T		2,000
	US		5T	69	74	68	74	285	5	8	143	211	3T	7T	5T	182,882
2003	M		37T	75	70	77	74	296	8	15	145	222	35T	10T	34T	31,650

Year	Event	A	Pos	R1	R2	R3	R4	Tot	P/M	SBW	R2T	R3T	R1P	R2P	R3P	W
	PGA		61T	76	72	78	72	298	18	22	148	226	95T	61T	69	12,000
	US		10T	69	71	67	74	281	1	9	140	207	10T	27T	9T	124,936
2004	US		66	70	70	81	89	310	30	34	140	221	20T	12T	62T	15,089
2005	PGA		CUT	73	75			148	8		148		81T	109T		2,000
2006	M		14T	71	72	73	72	288	0	7	143	216	8T	10T	12T	129,500
	PGA		37T	69	69	73	76	287	-1	17	138	211	10T	8T	21T	29,250
	US		CUT	72	81			153	13		153		15T	98T		2,000
2007	M		59	76	75	83	77	311	23	22	151	234	43T	40T	58T	16,095
	PGA		60T	76	69	75	71	291	11	19	145	220	103T	55T	66T	14,025
2008	PGA		47T	69	78	75	72	294	14	17	147	222	3T	48T	56T	18,070

Mayfield, Shelley

Year	Event	A	Pos	R1	R2	R3	R4	Tot	P/M	SBW	R2T	R3T	R1P	R2P	R3P	W
1953	US		33T	76	75	75	77	303	15	20	151	226	39T	31T	27T	150
1954	PGA		8T													500
	US		6T	73	75	72	69	289	9	5	148	220	17T	22T	19T	570
1955	M		36T	77	73	80	76	306	18	27	150	230	31T	25T	39T	250
	PGA		3T													750
	US		12T	75	76	75	72	298	18	11	151	226	13T	14T	16T	226
1956	M		8T	68	74	80	74	296	8	7	142	222	3T	3T	13T	975
	PGA		32T													
	US		29T	75	71	75	77	298	18	17	146	221	45T	16T	22T	200
1957	M		CUT	78	77			155	11		155		59T	67T		300
	PGA		64T													
	US		CUT	75	78			153	13		153		51T	75T		
1959	US		35T	75	74	73	78	300	20	18	149	222	39T	40T	31T	240
1960	PGA		32T	73	73	75	75	296	16	15	146	221	34T	24T	30T	247
	US		CUT	76	78			154	12		154		82T	104T		
1961	PGA		22T	70	74	72	72	288	8	11	144	216	7T	21T	22T	780
1962	PGA		30T	74	70	74	74	292	12	14	144	218	48T	21T	27T	470
	US		CUT	77	81			158	16		158		85T	122T		
1963	PGA		53T	69	72	76	79	296	12	17	141	217	2T	2T	21T	319
1965	US		WD	79				79	9				93T			300

Mayo, Charles Henry

Year	Event	A	Pos	R1	R2	R3	R4	Tot	P/M	SBW	R2T	R3T	R1P	R2P	R3P	W
1907	O		17T	86	78	82	82	328		16	164	246	33T	12T	15T	
1908	O		30T	83	79	80	75	317		26	162	242	54T	47T	36T	
1909	O		42T	78	83	83	77	321		26	161	244	21T	41T	50T	
1910	O		44	80	79	82	81	322		23	159	241			46T	
1911	O		16T	78	78	79	78	313		10	156	235	35T	26T	23T	
1912	O		11T	76	77	78	81	312		17	153	231	12T	8T	8	
1913	O		27T	83	82	78	82	325		21	165	243	55T	48T	25T	
1920	PGA		16T													60
	US		56T	77	81	83	80	321	33	26	158	241	22T	37T	56T	
1925	US		26	75	74	78	78	305	21	14	149	227	15T	13T	18T	
1926	US		47T	75	83	76	83	317	29	24	158	234	20T	45T	33T	
1932	US		CUT	83	85			168	28		168		90T	119T		
1933	US		CUT	74	84			158	14		158		8T	78T		

Mayo, Paul Michael

Year	Event	A	Pos	R1	R2	R3	R4	Tot	P/M	SBW	R2T	R3T	R1P	R2P	R3P	W
1987	O	A	57T	72	70	75	80	297	13	18	142	217	45T	25T	30T	
1988	M	A	CUT	81	80			161	17		161		79T	81		
1989	O		CUT	75	73			148	4		148		101T	98T		500
1990	O		CUT	73	72			145	1		145		81T	83T		550
1991	O		110T	71	74	71	83	299	19	27	145	216	29T	67T	66T	3,000
1992	O		74	70	72	79	74	295	11	23	142	221	36T	44T	73T	3,200
1995	O		CUT	77	82			159	15		159		147T	156		650
2002	O		CUT	84	73			157	15		157		156	153T		2,000

Mays, Jeff

Year	Event	A	Pos	R1	R2	R3	R4	Tot	P/M	SBW	R2T	R3T	R1P	R2P	R3P	W
1976	PGA		CUT	86	86			172	32		172		137	137		250

Mazur, Peter J., Jr.

Year	Event	A	Pos	R1	R2	R3	R4	Tot	P/M	SBW	R2T	R3T	R1P	R2P	R3P	W
1957	US		CUT	83	80			163	23		163		146T	141T		

Mazza, John D.

Year	Event	A	Pos	R1	R2	R3	R4	Tot	P/M	SBW	R2T	R3T	R1P	R2P	R3P	W
1989	US		CUT	80	71			151	11		151		151T	114T		1,000
1997	PGA		CUT	71	78			149	9		149		33T	94T		1,300
	US		CUT	73	76			149	9		149		58T	93T		1,000
2001	PGA		CUT	70	77			147	7		147	0	56T	114T		2,000

McAdoo, F. H.

Year	Event	A	Pos	R1	R2	R3	R4	Tot	P/M	SBW	R2T	R3T	R1P	R2P	R3P	W
1909	US	A	CUT	91	89			180			180		78T	78		

McAllister, Jim

Year	Event	A	Pos	R1	R2	R3	R4	Tot	P/M	SBW	R2T	R3T	R1P	R2P	R3P	W
1963	O		CUT	75	81			156	16		156		42T	93T		
1965	O		44T	72	75	77	82	306	14	21	147	224	6T	23T	30T	
1982	O		CUT	79	76			155	11		155		109T	109T		225

Year	Event	A	Pos	R1	R2	R3	R4	Tot	P/M	SBW	R2T	R3T	R1P	R2P	R3P	W
McAllister, Stephen Drummond																
1987	O		CUT	75	75			150	8		150		97T	109T		400
1991	O		107	79	69	70	77	295	15	23	148	218	148T	98T	83T	3,000
McAndrew, John																
1903	O		CUT	87	86			173			173					
1904	O		WD	87				87								
1905	O		CUT	90	92			182			182					
1906	O		WD	85				85								
1909	O		62	83	88	80	90	341		46	171	251	57T	67	61	
1910	O		CUT	85	86			171			171					
1911	O		CUT	84	88			172			172		130T	154T		
1914	O		82	87	90	86	85	348		42	177	263	87T	92T	87	
McAndrew, Robert G.																
1897	US		21T	90	92			182		20			20T			
1898	US		8T	85	90	86	86	347		19	175	261	11T	14T	11T	
1900	US		23T	87	93	87	84	351		38	180	267	25T	38T	30T	
1904	US		40T	83	85	88	89	345		42	168	256	22T	27T	38T	
1905	US		CUT	91	85			176			176		66T	58		
McArthur, C.																
1867	O		WD													
1869	O		WD	76	67			143			143			12		
McArthur, George																
1869	O		WD	58	61			119			119			7		
McArthur, Wallace																
1953	O	A	CUT	77	79			156	12		156		32T	54T		
McAuliffe, Raymond																
1932	US		CUT	85	78			163	23		163		114T	87T		
McAvoy, John																
1903	O	A	CUT	90	97			187			187					
McBeath, David M. "Scotty"																
1964	PGA		CUT	70	79	74		223	13		149	223	14T	82T	71T	
1965	PGA		CUT	77	81			158	16		158		104T	135T		
1967	PGA		44T	74	72	75	75	296	8	15	146	221	47T	22T	41T	501
1968	PGA		CUT	76	80			156	16		156		83T	125T		
1969	US		CUT	74	79			153	13		153		47T	93T		500
McBee, Rives Russell																
1966	US		13T	76	64	74	78	292	12	14	140	214	70T	3T	6	1,900
1967	M		42T	75	73	74	76	298	10	18	148	222	44T	30T	33T	1,275
	US		60T	76	72	73	78	299	19	24	148	221	87T	58T	42T	615
1969	US		58T	71	77	76	75	299	19	18	148	224	14T	56T	61T	805
1970	US		51T	78	73	74	79	304	16	23	151	225	51T	31T	26T	900
1973	PGA		CUT	81	74			155	13		155		133T	115T		
1974	PGA		CUT	78	74			152	12		152		110T	88T		
	US		CUT	80	80			160	20		160		107T	113T		500
1975	US		CUT	76	77			153	11		153		73T	93T		500
1976	PGA		CUT	77	75			152	12		152		92T	94T		250
1978	PGA		CUT	76	77			153	11		153		75T	105T		303
1980	PGA		CUT	86	71			157	17		157		146T	119T		500
1986	PGA		CUT	77	78			155	13		155		130T	136T		1,000
McBride, Dan																
1939	O		CUT	73	83			156	10		156		16T	85T		
McBride, William "Will"																
1908	US		CUT	97	95			192			192		68T	74		
McBurney, Malcolm																
1905	US	A	CUT	90	94			184			184		60T	69T		
McCachnie, G.																
1874	O		10T	79	90			169		10						
McCallister, Blaine																
1984	US		CUT	75	78			153	13		153		89T	113T		600
1987	PGA		CUT	74	80			154	10		154		40T	82T		1,000
1988	PGA		25T	73	67	75	70	285	1	13	140	215	58T	18T	38T	6,667
	US		CUT	75	75			150	8		150		74T	89T		1,000
1989	M		CUT	76	77			153	9		153		51T	56T		1,500
	PGA		17T	71	72	70	70	283	-5	7	143	213	38T	41T	30T	15,000
1990	M		CUT	73	77			150	6		150		33T	55T		1,500

Year	Event	A	Pos	R1	R2	R3	R4	Tot	P/M	SBW	R2T	R3T	R1P	R2P	R3P	W
	O		57T	71	68	75	74	288	0	18	139	214	31T	15T	49T	3,225
	PGA		19T	75	73	74	73	295	7	13	148	222	60T	38T	34T	14,000
	US		56T	71	72	75	75	293	5	13	143	218	24T	27T	54T	4,694
1991	PGA		57T	71	76	77	69	293	5	17	147	224	27T	68T	75T	2,538
	US		46T	72	72	76	77	297	9	15	144	220	24T	20T	30T	6,876
1992	M		48T	71	71	76	72	290	2	15	142	218	29T	23T	52T	3,933
	PGA		62T	73	75	76	70	294	10	16	148	224	52T	69T	72T	2,725
1993	US		19T	68	73	73	68	282	2	10	141	214	6T	28T	46T	18,072
1994	M		CUT	79	78			157	13		157		80	82		1,500
	PGA		36T	74	64	75	72	285	5	16	138	213	80T	5T	34T	7,000
1995	PGA		CUT	75	71			146	4		146		119T	111T		1,200
	US		CUT	73	74			147	7		147		65T	74T		1,000
1996	PGA		CUT	74	74			148	4		148		94T	102T		1,300
	US		97T	71	75	76	75	297	17	19	146	222	24T	73T	95T	5,165
2000	PGA		34T	73	71	70	71	285	-3	15	144	214	42T	32T	32T	24,000
2002	US		CUT	77	79			156	16		156	0	113T	126T		1,000

McCallister, Donald Robert "Bob"

Year	Event	A	Pos	R1	R2	R3	R4	Tot	P/M	SBW	R2T	R3T	R1P	R2P	R3P	W
1951	US		CUT	80	80			160	20		160		102T	116T		
1961	US		CUT	73	77			150	10		150		20T	58T		
1962	PGA		11T	74	66	70	76	286	6	8	140	210	48T	5T	2T	1,450
	US		38T	76	74	74	78	302	18	19	150	224	64T	38T	33T	350
1963	PGA		49T	71	76	73	75	295	11	16	147	220	13T	39T	39T	335
	US		21T	75	77	76	76	304	20	11	152	228	37T	42T	26T	525
1964	US		CUT	76	75			151	11		151		63T	56T		300
1965	PGA		8T	76	68	70	73	287	3	7	144	214	78T	14T	9	4,040
1966	M		CUT	79	76			155	11		155		85T	70T		1,000
	PGA		58T	74	76	73	76	299	19	19	150	223	34T	58T	46T	340
	US		CUT	72	81			153	13		153		16T	74T		300
1967	US		42T	75	73	74	73	295	15	20	148	222	65T	58T	48T	785
1968	US		CUT	75	79			154	14		154		59T	110T		500

McCammon, Ormsby

Year	Event	A	Pos	R1	R2	R3	R4	Tot	P/M	SBW	R2T	R3T	R1P	R2P	R3P	W
1899	US	A	58	94	102	110	116	422		107	196	306	54T	62	62	

McCandlish, L. G. "Groff"

Year	Event	A	Pos	R1	R2	R3	R4	Tot	P/M	SBW	R2T	R3T	R1P	R2P	R3P	W
1965	O	A	CUT	80	83			163	17		163		109T	123T		

McCarron, Scott Michael

Year	Event	A	Pos	R1	R2	R3	R4	Tot	P/M	SBW	R2T	R3T	R1P	R2P	R3P	W
1996	M		10T	70	70	72	74	286	-2	10	140	212	11T	7T	4T	65,000
	PGA		47T	69	72	74	73	288	0	11	141	215	11T	18T	33T	6,000
	US		82T	72	72	75	75	294	14	16	144	219	43T	42T	71T	5,415
1997	M		30T	77	71	72	74	294	6	24	148	220	47T	28T	30T	17,145
	O		CUT	73	77			150	8		150		29T	97T		800
	PGA		10T	74	71	67	71	283	3	14	145	212	78T	57T	11T	60,000
	US		10T	73	71	69	70	283	3	7	144	213	58T	36T	15T	56,949
1998	M		16T	73	71	72	71	287	-1	8	144	216	18T	9T	14T	48,000
	PGA		CUT	69	78			147	7		147		10T	83T		1,500
	US		40T	72	73	77	72	294	14	14	145	222	24T	26T	50T	15,155
1999	M		18T	69	68	76	76	289	1	9	137	213	1T	2	9T	52,160
2001	PGA		66T	69	67	73	77	286	6	21	136	209	40T	17T	32T	9,725
2002	M		CUT	75	73			148	4		148		53T	46T		5,000
	O		18T	71	68	72	71	282	-2	4	139	211	38T	17T	3T	41,000
	PGA		39T	73	71	79	72	295	7	17	144	223	38T	23T	48T	21,500
	US		30T	72	72	70	78	292	12	15	144	214	25T	10T	10T	35,639
2003	M		23T	77	71	72	73	293	5	12	148	220	53T	37T	27T	57,600
	O		34T	71	74	73	75	293	9	10	145	218	6T	11T	18T	18,778
	PGA		14T	74	70	71	71	286	6	10	144	215	58T	25T	25T	98,250
	US		CUT	74	79			153	13		153	0	92T	142T		1,000
2004	PGA		CUT	70	78			148	4		148	0	22T	102T		2,000
2005	PGA		59T	72	72	74	70	288	8	12	144	218	59T	62T	73T	13,343
	US		CUT	76	78			154	14		154		94T	132T		2,000
2008	O		CUT	75	75			150	10		150		52T	84T		3,200

McCarthy, Eugene K.

Year	Event	A	Pos	R1	R2	R3	R4	Tot	P/M	SBW	R2T	R3T	R1P	R2P	R3P	W
1915	US		51	82	84	81	84	331	43	34	166	247	48T	53T	51	
1919	US		56	82	85	90	83	340	56	39	167	257	38T	57T	56	
1920	US		67	76	83	87	91	337	49	42	159	246	15T	44T	63T	
1923	US		46T	79	75	84	88	326	38	30	154	238	34T	14T	34T	
1924	US		50T	81	84	80	83	328	40	31	165	245	48T	61T	50T	
1926	US		CUT	83	84			167	23		167		103T	111T		

McCarthy, Harry

Year	Event	A	Pos	R1	R2	R3	R4	Tot	P/M	SBW	R2T	R3T	R1P	R2P	R3P	W
1958	PGA		CUT	79	76			155	15		155		111T	94T		

Year	Event	A	Pos	R1	R2	R3	R4	Tot	P/M	SBW	R2T	R3T	R1P	R2P	R3P	W
McCarthy, Herbert Botterill																
1898	O	A	WD													
1903	O	A	UNK	89												
McCarthy, Maurice J., Jr.																
1928	US	A	CUT	77	86			163	21		163		37T	92T		
1933	US	A	WD	73	76	84		233	17		149	233	2T	9T	54T	
1935	US	A	55T	79	81	81	83	324	36	25	160	241	57T	54T	55T	
1936	US	A	59T	76	75	74	79	304	16	22	151	225	81T	60T	42T	
1949	US	A	CUT	82	80			162	20		162		139T	135T		
McCarthy, Morton																
1936	US	A	73	72	76	83	80	311	23	29	148	231	15T	33T	71T	
McCarthy, Simon																
1998	O	A	CUT	73	75			148	8		148		89T	94T		
1999	O	A	CUT	82	89			171	29		171		131T	153		
McCartney, J.																
1931	O		CUT	82	80			162	18		162		84T	78T		
1951	O		CUT	80	79			159	15		159		69T	68T		
McCarty, Sean																
2003	US		CUT	78	69			147	7		147	0	142T	104T		1,000
McCathie, R. F. B.																
1980	O	A	CUT	83	76			159	17		159		148T	144T		
McCawley, W. M.																
1899	US	A	55	100	102	97	98	397		82	202	299	62T	65T	59	
McCharen, W. D. "Bill"																
1960	US		CUT	86	79			165	23		165		149T	146T		
McClain, Walter R.																
1946	US	A	CUT	81	85			166	22		166		131T	153		
1947	US	A	CUT	73	81			154	12		154		30T	87T		
McClean, R. "Dick"																
1978	US		55T	78	71	72	82	303	19	18	149	221	80T	39T	28T	1,255
1981	O		61	75	73	72	83	303	23	27	148	220	40T	54T	39T	550
McClellan, Craig																
1992	O		CUT	72	74			146	4		146		81T	102T		600
McClelland, Douglas W.																
1970	O		CUT	75	81			156	12		156		86T	116T		
1971	O		CUT	80	74			154	8		154		129T	98T		
1972	O		23T	73	74	72	72	291	7	13	147	219	23T	29T	21T	325
1973	O		14T	76	71	69	74	290	2	14	147	216	55T	22T	9	950
1974	O		28T	75	79	73	73	300	16	18	154	227	27T	46T	32T	245
1976	O		48T	74	73	77	75	299	11	20	147	224	24T	30T	46T	180
1977	O		CUT	76	71	81		228	18		147	228	82T	46T	85	200
1978	O		CUT	76	71	77		224	8		147	224	103T	59T	73T	225
McCloskey, Alan																
1988	O		CUT	83	78			161	19		161		151T	147T		450
McCloskey, Dennis																
1974	US		CUT	83	88			171	31		171		135T	146		500
McCloskey, J. J.																
1899	US		WD													
McColl, William J.																
1980	O		23T	75	73	68	71	287	3	16	148	216	58T	66T	29T	1,362
1981	O		CUT	76	78			154	14		154		59T	102T		225
1985	O		CUT	69	80	75		224	14		149	224	7T	70T	74T	700
1987	O		59T	71	75	77	75	298	14	19	146	223	28T	70T	59T	2,150
1996	O		CUT	74	72			146	4		146		109T	96T		650
McConachie, Jack																
1980	PGA		CUT	83	80			163	23		163		143T	138T		500
1983	PGA		CUT	82	84			166	24		166		149	149		1,000
McCord, Gary Dennis																
1976	PGA		CUT	74	80			154	14		154		57T	104T		250
1980	PGA		CUT	79	77			156	16		156		118T	116T		500
1983	PGA		CUT	72	80			152	10		152		39T	126T		1,000
1984	PGA		54T	73	73	76	71	293	5	20	146	222	42T	43T	64T	1,778

Year	Event	A	Pos	R1	R2	R3	R4	Tot	P/M	SBW	R2T	R3T	R1P	R2P	R3P	W
McCormack, Mark H.																
1958	US		CUT	78	81			159	19		159		58T	86T		
McCormick, Bruce N.																
1948	US		CUT	79	73			152	10		152		130T	87T		
McCoy, James Clinton																
1956	M	A	68T	77	81	81	82	321	33	32	158	239	53T	67T	63T	
1970	PGA		CUT	80	79			159	19		159		114T	120T		
1972	PGA		CUT	79	84			163	23		163		112T	126T		
McCreary, Richard E., Jr.																
1952	US	A	CUT	79	77			156	16		156		100T	78T		
McCredie, John																
1933	O	A	CUT	79	75			154	8		154		94T	72T		
1935	O	A	CUT	79	82			161	17		161		83T	101T		
McCulloch, Duncan G.																
1923	O		66T	84	77	76	85	322		27	161	237				
1925	O		20T	76	77	84	79	316	28	16	153	237	7T	7T	18T	
1926	O		CUT	79	80			159	17		159		41T	54T		
1927	O		27	74	77	78	75	304	12	19	151	229	14T	24T	34T	
1928	O		18T	78	78	78	76	310	22	18	156	234	18T	31T	23T	
1929	O		CUT	80	78			158	6		158		62T	65T		
1930	O		30T	78	78	79	74	309	21	18	156	235	35T	47T	47T	
1931	O		29T	76	78	77	78	309	21	13	154	231	19T	26T	26T	
1932	O		CUT	78	78			156	12		156		69T	70T		
1934	O		31T	73	74	75	83	305	17	22	147	222	15T	12T	13T	
1935	O		CUT	79	81			160	16		160		83T	97T		
McCullough, J.																
1892	O		40T	85	84	90	85	344		39	169	259			41T	
1901	O		CUT	93	91			184			184					
McCullough, Michael Earl																
1974	US		51T	76	76	74	80	306	26	19	152	226	41T	56T	32T	880
1977	PGA		40T	77	69	72	77	295	7	13	146	218	79T	28T	26T	975
	US		10T	73	73	69	70	285	5	7	146	215	35T	44T	22T	4,100
1978	M		WD	82				82	10				77			1,500
	PGA		58T	76	71	75	74	296	12	20	147	222	75T	48T	65T	500
	US		12T	75	75	73	68	291	7	6	150	223	44T	49T	37T	3,400
1979	M		CUT	73	77			150	6		150		34T	60T		1,500
	PGA		CUT	82	71			153	13		153		148T	125T		350
	US		CUT	82	79			161	19		161		130T	119T		600
1983	O		29T	74	69	72	70	285	1	10	143	215	82T	35T	42T	1,465
	PGA		CUT	72	78			150	8		150		39T	108T		1,000
1984	US		CUT	78	74			152	12		152		128T	98T		600
McCullough, W. B. "Duff," Jr.																
1941	M	A	44T	79	74	84	76	313	25	33	153	237	45	39T	46	
McCumber, Josh																
2005	US		CUT	73	80			153	13		153		46T	122T		2,000
McCumber, Mark Randall																
1979	M		CUT	75	78			153	9		153		57T	64T		1,500
	PGA		28T	75	68	70	72	285	5	13	143	213	90T	26T	22T	2,300
1981	PGA		56T	70	74	73	74	291	11	18	144	217	12T	36T	49T	810
	US		CUT	78	73			151	11		151		129T	99T		600
1982	PGA		CUT	74	76			150	10		150		86T	109T		650
	US		CUT	79	75			154	10		154		99T	85T		600
1983	PGA		CUT	79	70			149	7		149		140T	92T		1,000
1984	M		35T	73	71	74	73	291	3	14	144	218	31T	24T	35T	3,100
	O		8	74	67	72	70	283	-5	7	141	213	69T	13T	8T	14,300
	PGA		48T	73	74	73	72	292	4	19	147	220	42T	51T	50T	1,978
	US		16T	71	73	71	73	288	8	12	144	215	19T	23T	15T	7,799
1985	M		18T	73	73	79	65	290	2	8	146	225	27T	25T	55T	9,128
	O		CUT	75	75			150	10		150		97T	87T		375
	PGA		WD	70				70	-2				18T			1,000
1986	M		11T	76	67	71	71	285	-3	6	143	214	46T	9T	9T	16,960
	PGA		53T	71	74	68	79	292	8	16	145	213	26T	50T	16T	1,740
	US		8T	74	71	68	71	284	4	5	145	213	12T	14T	5T	14,501
1987	M		12T	75	71	69	75	290	2	5	146	215	35T	19T	9T	17,640
	PGA		5T	74	69	69	77	289	1	2	143	212	40T	9T	1T	37,500
	US		51T	72	72	69	79	292	12	15	144	213	34T	48T	21T	3,462
1988	M		24	79	71	72	71	293	5	12	150	222	62T	38T	29T	9,600

Year	Event	A	Pos	R1	R2	R3	R4	Tot	P/M	SBW	R2T	R3T	R1P	R2P	R3P	W
	O		47T	75	71	72	76	294	10	21	146	218	63T	34T	31T	3,050
	PGA		CUT	76	75			151	9		151		110T	112T		1,000
	US		32T	72	72	71	73	288	4	10	144	215	21T	28T	23T	7,726
1989	M		43T	72	75	81	72	300	12	17	147	228	11T	17T	48T	3,900
	O		46T	71	68	70	80	289	1	14	139	209	25T	7T	9T	3,550
	PGA		65	70	73	74	77	294	6	18	143	217	21T	41T	54T	2,260
	US		2T	70	68	72	69	279	-1	1	138	210	22T	5T	7T	67,823
1990	M		36T	74	74	76	71	295	7	17	148	224	38T	42T	46T	6,133
	O		31T	69	74	69	72	284	-4	14	143	212	12T	57T	34T	5,125
	PGA		49T	73	76	74	77	300	12	18	149	223	29T	49T	43T	2,866
	US		47T	76	68	74	73	291	3	11	144	218	115T	37T	54T	6,141
1991	M		17T	67	71	73	72	283	-5	6	138	211	1T	2T	9T	18,920
	PGA		52T	74	72	71	75	292	4	16	146	217	77T	57T	40T	2,725
	US		CUT	76	73			149	5		149		90T	72T		1,000
1992	M		37T	72	70	76	68	286	-2	11	142	218	36T	23T	52T	6,800
	PGA		CUT	73	77			150	8		150		52T	92T		1,200
	US		13T	70	76	73	74	293	5	8	146	219	7T	36T	36T	22,532
1993	M		CUT	76	80			156	12		156		74T	84T		1,500
	PGA		31T	67	72	75	69	283	-1	11	139	214	5T	26T	56T	7,058
	US		46T	70	71	73	71	285	5	13	141	214	19T	28T	46T	8,179
1994	PGA		19T	73	70	71	68	282	2	13	143	214	61T	38T	42T	18,667
1995	M		35T	73	69	69	79	290	2	16	142	211	43T	24T	15T	10,840
	O		CUT	73	77			150	6		150		85T	116T		650
	PGA		CUT	73	74			147	5		147		98T	115T		1,200
	US		13T	70	71	77	68	286	6	6	141	218	11T	11T	35T	30,934
1996	M		CUT	78	82			160	16		160		78T	87T		1,500
	O		2T	67	69	71	66	273	-11	2	136	207	2T	6T	7T	125,000
	PGA		CUT	75	76			151	7		151		109T	122T		1,300
	US		CUT	76	76			152	12		152		115T	135T		1,000
McDeever, Tom																
1904	US		29T	81	82	88	83	334		31	163	251	15T	15T	31T	
McDermott, Fred																
1928	PGA		32T													
McDermott, John Joseph "Johnny," "Jack," Jr.																
1909	US		48T	80	81	78	83	322		32	161	239	44T	50T	43T	
1910	US		2PO	74	74	75	75	298		-1	148	223	5T	2T	1	150
1911	US		1PO	81	72	75	79	307	3	-1	153	228	30T	4T	2T	300
1912	US		1	74	75	74	71	294	-2	-2	149	223	5T	4T	2	300
1913	O		5T	75	80	77	83	315		11	155	232	4T	8T	3	8
	US		8	74	79	77	78	308	24	4	153	230	6T	14T	6T	50
1914	US		9T	77	74	74	75	300	12	10	151	225	25T	16T	10T	45
McDermott, Joseph G.																
1967	US	A	CUT	74	84			158	18		158		49T	134T		
1968	US		CUT	78	76			154	14		154		115T	110T		500
1982	PGA		CUT	77	84			161	21		161		121T	144T		650
McDermott, Matthew																
1927	O		WD	77				77	4				49T			
McDonagh, Sean																
2005	O		CUT	77	76			153	9		153		128T	139T		2,000
McDonald, A. W.																
1910	O		UNK	83												
McDonald, Ken																
1992	PGA		84T	78	69	78	82	307	23	29	147	225	137T	57T	78T	2,138
McDonald, M. G.																
1903	US	A	60	94	97	89	92	372		65	191	280	84	84	75	
McDonald, Ronald "Ronnie"																
1972	O		CUT	73	78	82		233	20		151	233	23T	63T	88	75
1975	O		CUT	86	77			163	19		163		152T	151T		100
McDonald, Trevor J.																
1976	O		CUT	75	72	81		228	12		147	228	38T	30T	72T	150
McDougal, Ronald E.																
1992	PGA		CUT	79	74			153	11		153		139T	116T		1,200
1993	PGA		CUT	74	74			148	6		148		103T	118T		1,200
1994	PGA		61T	76	69	72	73	290	10	21	145	217	112T	65T	59T	2,800
1995	PGA		CUT	71	72			143	1		143		58T	73T		1,200
1998	PGA		CUT	77	74			151	11		151		128T	121T		1,500

Year	Event	A	Pos	R1	R2	R3	R4	Tot	P/M	SBW	R2T	R3T	R1P	R2P	R3P	W
McDowall, George																
1910	O		CUT	82	81			163			163					
1911	O		CUT	77	86			163			163		22T	74T		
1912	O		WD	84	87			171			171		51T	59T		
McDowall, James																
1923	O		44T	75	81	80	80	316		21	156	236				
1926	O		30T	75	82	75	80	312	28	21	157	232	11T	36T	23T	
1927	O		CUT	81	78			159	13		159		93T	80T		
1928	O		37T	82	75	80	78	315	27	23	157	237	66T	35T	40T	
1929	O		CUT	80	81			161	9		161		62T	78T		
1930	O		CUT	92	81			173	29		173		109	106		
1931	O		40T	77	77	76	83	313	25	17	154	230	29T	26T	25	
1932	O		CUT	76	79			155	11		155		44T	65T		
1933	O		48T	75	73	81	80	309	17	17	148	229	37T	26T	49T	
1934	O		16T	73	74	76	77	300	12	17	147	223	15T	12T	18T	10
1935	O		CUT	76	79			155	11		155		44T	71T		
McDowall, Stewart																
1955	O		CUT	81	74			155	11		155		94	84T		
McDowell, Bert, Jr.																
1936	US		CUT	78	81			159	15		159		113T	130T		
1937	US	A	CUT	91	84			175	31		175		166	163		
McDowell, Graeme																
2004	O		CUT	79	73			152	10		152		147T	133T		2,000
	PGA		CUT	77	75			152	8		152	0	129T	124T		2,000
2005	M		CUT	79	70			149	5		149		78T	51T		5,000
	O		11T	69	72	74	67	282	-6	8	141	215	13T	25T	50T	66,750
	PGA		CUT	72	76			148	8		148		59T	109T		2,000
	US		80T	74	74	72	81	301	21	21	148	220	54T	72T	48T	10,547
2006	O		61T	66	73	72	79	290	2	20	139	211	1	9T	25T	9,950
	PGA		37T	75	68	72	72	287	-1	17	143	215	116T	42T	40T	29,250
	US		48T	71	72	75	79	297	17	12	143	218	7T	7T	16T	20,482
2007	O		CUT	77	73			150	8		150		128T	105T		2,375
	US		30T	73	72	75	77	297	17	12	145	220	34T	13T	25	45,313
2008	O		19T	69	73	80	72	294	14	11	142	222	1T	4T	35T	37,771
	PGA		15T	74	72	68	73	287	7	10	146	214	61T	35T	13T	107,060
McElhinney, Brian																
2004	O	A	CUT	76	76			152	10		152		128T	133T		
2005	O	A	CUT	78	75			153	9		153		138T	139T		
2006	M	A	CUT	80	75			155	11		155		79T	76T		
McElligott, Eddie																
1928	PGA		32T													
1930	US		CUT	78	81			159	13		159		60T	88T		
1935	US		WD													
McElmurry, Mac																
1961	PGA		CUT	75	79			154	14		154		71T	110T		
McEntee, Shawn																
1989	PGA		CUT	74	76			150	6		150		77T	106T		1,000
1991	PGA		CUT	81	82			163	19		163		142T	146T		1,000
1992	US		CUT	74	80			154	10		154		65T	124T		1,000
McEvoy, Peter M.																
1976	O	A	CUT	78	78			156	12		156		75T	115T		
1977	O	A	CUT	78	75			153	13		153		109T	101T		
1978	M	A	53	73	75	77	77	302	14	25	148	225	20T	43T	51	
	O	A	39T	71	74	76	72	293	5	12	145	221	13T	37T	48T	
1979	M	A	CUT	79	79			158	14		158		70T	68		
	O	A	17T	71	74	72	77	294	10	11	145	217	5T	17T	12T	
1980	M	A	CUT	79	76			155	11		155		82T	84T		
	O	A	CUT	77	78			155	13		155		96T	131T		
1984	O	A	WD	75	73			148	4		148		95T	79T		
McEwan, David (II)																
1893	O		32	88	89	88	83	348		26	177	265	41T	35T	41T	
1894	O		31T	86	92	91	92	361		35	178	269	8T	26T	28T	
1895	O		25T	85	90	90	86	351		29	175	265	11T		29T	
1896	O		18T	83	89	81	82	335		19	172	253				
1898	O		38	82	84	88	89	343		36	166	254	18T	31T	38T	
1899	O		CUT	87	90			177			177		41T	47T		
1900	O		WD	89	86			175			175		47T	44T		

Year	Event	A	Pos	R1	R2	R3	R4	Tot	P/M	SBW	R2T	R3T	R1P	R2P	R3P	W
1901	O		29T	86	84	86	86	342		33	170	256		23T	26T	
1904	O		CUT	84	87			171			171					
1906	O		19T	79	79	81	78	317		17	158	239			31T	
1907	O		25T	89	83	80	81	333		21	172	252	49T	43T	27T	
McEwan, Douglas (II)																
1885	O		44T	97	101			198		27						
1887	O		27	94	93			187		26						
1889	O		UNK	42												
1890	O		WD													
1891	O		50T	101	88			189		23						
1892	O		25T	84	84	82	79	329		24	168	250			29T	1
1893	O		43	88	91	88	89	356		34	179	267	41T	47T	44T	
1895	O		39T	95	85	92	91	363		41	180	272	57T		41	
1896	O		WD	88	87			175			175					
1897	O		WD	96	84	87		267			180	267				
1898	O		WD	80	85			165			165		9T	27T		
1900	O		WD	88	83			171			171		39T	25T		
1901	O		CUT	92	87			179			179			54T		
1902	O		CUT	83	86			169			169					
1903	O		CUT	83	87			170			170					
1905	O		CUT	93	95			188			177					
McEwan, Douglas (III)																
1947	O		39	77	79	87	84	327	55	34	156	243	26T	32T	39	
McEwan, Peter (II)																
1861	O		6	56	60	62		178		15	116					
McEwan, Peter (III)																
1893	O		45T	93	92	88	86	359		37	185	273	59T	56T	50T	
1895	O		WD	88	84			172			172		26T			
1896	O		11	83	81	80	84	328		12	164	244				2
1897	O		14T	86	79	85	82	332		18	165	250				
1898	O		17T	83	83	77	82	325		18	166	243	24T	31T	15T	
1899	O		WD	88	86			174			174		46T	33T		
1900	O		21	85	80	89	87	341		32	165	254	24T	8T	19T	
1902	O		36	84	84	82	86	336		29	168	250			34T	
1903	O		CUT	85	85			170			170					
1904	O		CUT	88	86			174			174					
1906	O		44	78	80	80	86	324		24	158	238			23T	
1907	O		42T	85	85	88	81	339		27	170	258	26T	31T	48T	
1910	O		38T	80	79	80	82	321		22	159	239			42T	
McEwan, William "Willie"																
1890	O		9	87	87			174		10						1
1892	O		19T	79	83	84	79	325		20	162	246			22T	
1893	O		28T	88	84	90	83	345		23	172	262	41T	20T	28T	
1897	O		WD	88				88								
1898	O		CUT	87	88			175			175		50T	53T		
1899	O		24	84	86	83	85	338		28	170	253	25T	29	25T	
1902	O		25T	83	84	81	82	330		23	167	248			28T	
1903	O		47	85	78	88	80	331		31	163	251			51T	
1904	O		43	86	81	86	85	338		42	167	253			43T	
1905	O		WD	93				93								
1906	O		62T	82	81	84	85	332		32	163	247			57T	
1907	O		32T	79	89	85	82	335		23	168	253	3T	20T	31T	
1908	O		42T	76	83	86	80	325		34	159	245	10T	33T	47T	
1911	O		WD													
1913	O		WD	82	82			164			164		48T	44T		
McFarlane, Ross A.																
1989	O		CUT	73	77			150	6		150		61T	110T		500
1994	O		55T	68	74	67	74	283	3	15	142	209	4T	54T	27T	4,700
1996	O		CUT	73	73			146	4		146		92T	96T		650
1997	O		CUT	80	74			154	12		154		131T	125T		700
1999	O		CUT	77	78			155	13		155		55T	74T		1,100
McGee, Jerry Lynn																
1967	US		CUT	78	79			157	17		157		119T	131T		400
1970	US		69T	80	73	78	80	311	23	30	153	231	82T	52T	63T	800
1971	PGA		22T	73	74	71	73	291	3	10	147	218	33T	54T	24T	2,088
	US		13T	72	67	77	70	286	6	6	139	216	38T	3	24T	2,200
1972	M		5T	73	74	71	72	290	2	4	147	218	16T	18T	11T	6,200
	PGA		29T	73	74	72	73	292	12	11	147	219	36T	42T	32T	1,497
	US		40T	79	72	71	85	307	19	17	151	222	88T	30T	11T	994

Year	Event	A	Pos	R1	R2	R3	R4	Tot	P/M	SBW	R2T	R3T	R1P	R2P	R3P	W
1973	M		CUT	81	72			153	9		153		72T	64		1,000
	PGA		66T	74	73	72	79	298	14	21	147	219	52T	49T	48T	360
	US		CUT	76	77			153	11		153		60T	80T		500
1974	PGA		55T	75	73	71	76	295	15	19	148	219	69T	58T	41T	321
	US		30T	77	72	78	74	301	21	14	149	227	52T	24T	42T	1,160
1975	PGA		40T	73	74	73	72	292	12	16	147	220	39T	55T	48T	813
	US		CUT	73	78			151	9		151		29T	73T		500
1976	M		15T	71	73	72	75	291	3	20	144	216	11T	15T	11T	2,950
	PGA		8T	68	72	72	72	284	4	3	140	212	4T	6T	10T	6,000
1977	M		28T	73	73	72	71	289	1	13	146	218	24T	30T	28T	2,000
	PGA		6T	68	70	77	71	286	-2	4	138	215	2T	2	15T	7,300
	US		19T	76	69	76	66	287	7	9	145	221	94T	36T	48T	1,888
1978	M		11T	71	73	71	69	284	-4	7	144	215	5T	16T	20T	4,417
	PGA		DQ	70	74	76		220	7		144	220	7T	20T	46T	303
	US		27T	74	76	71	75	296	12	11	150	221	25T	49T	28T	1,950
1979	M		CUT	77	69			146	2		146		64T	46T		1,500
	PGA		12T	73	69	71	68	281	1	9	142	213	52T	19T	22T	5,250
1980	M		CUT	82	70			152	8		152		87T	73T		1,500
	PGA		CUT	75	75			150	10		150		78T	78T		500
	US		32T	72	72	70	74	288	8	16	144	214	30T	43T	28T	1,900

McGee, Mike

Year	Event	A	Pos	R1	R2	R3	R4	Tot	P/M	SBW	R2T	R3T	R1P	R2P	R3P	W
1988	US		CUT	76	84			160	18		160		89T	147T		1,000

McGimpsey, Garth M.

Year	Event	A	Pos	R1	R2	R3	R4	Tot	P/M	SBW	R2T	R3T	R1P	R2P	R3P	W
1985	O	A	CUT	78	78			156	16		156		136T	128T		
1986	M	A	CUT	78	78			156	12		156		65T	77T		
	O	A	CUT	85	76			161	21		161		139T	137T		
1987	M	A	CUT	79	77			156	12		156		71T	72T		

McGinley, Paul Noel

Year	Event	A	Pos	R1	R2	R3	R4	Tot	P/M	SBW	R2T	R3T	R1P	R2P	R3P	W
1992	O		CUT	76	69			145	3		145		141T	91T		600
1993	O		CUT	73	72			145	5		145		107T	96T		600
1994	O		CUT	71	73			144	4		144		39T	82T		600
1996	O		14T	69	65	74	71	279	-5	8	134	208	18T	1T	11T	20,250
1997	O		66T	76	71	77	71	295	11	23	147	224	63T	62T	71	5,450
	US		CUT	75	73			148	8		148		93T	85T		1,000
1998	O		CUT	72	75			147	7		147		62T	82T		1,000
1999	O		CUT	83	77			160	18		160		142T	126T		328
2000	O		20T	69	72	71	70	282	-6	13	141	212	11T	25T	27T	25,500
	PGA		CUT	74	75			149	5		149		58T	98T		2,000
2001	O		54T	69	72	72	76	289	5	15	141	213	5T	26T	33T	8,943
	PGA		22T	68	72	71	67	278	-2	13	140	211	23T	57T	50T	44,285
2002	M		18T	72	74	71	71	288	0	12	146	217	22T	30T	22T	81,200
	O		CUT	72	74			146	4		146		60T	95T		2,500
	PGA		CUT	74	79			153	9		153	0	53T	119T		2,000
	US		CUT	75	79			154	14		154	0	74T	107T		1,000
2003	O		28T	77	73	69	73	292	8	9	150	219	82T	59T	27T	26,000
	PGA		CUT	73	76			149	9		149	0	42T	71T		2,000
2004	O		57T	69	76	75	73	293	9	19	145	220	13T	59T	66T	10,200
	PGA		6T	69	74	70	69	282	-6	2	143	213	17T	31T	25T	196,000
2005	O		41T	70	75	73	69	287	-1	13	145	218	21T	70T	70T	14,977
	PGA		23T	72	70	72	69	283	3	7	142	214	59T	36T	44T	56,400
	US		42T	76	72	71	74	293	13	13	148	219	94T	72T	41T	26,223
2006	M		CUT	78	77			155	11		155		68T	76T		5,000
	O		CUT	71	73			144	0		144		50T	72T		3,000
	US		CUT	74	76			150	10		150		39T	64T		2,000
2007	O		19	67	75	68	73	283	-1	6	142	210	2	13T	3T	46,000
	PGA		60T	74	66	76	75	291	11	19	140	216	70T	9T	44T	14,025

McGinnis, John Thomas "Tom"

Year	Event	A	Pos	R1	R2	R3	R4	Tot	P/M	SBW	R2T	R3T	R1P	R2P	R3P	W
1980	US		55	69	71	81	74	295	15	23	140	221	13T	11T	58T	1,370
1986	US		CUT	83	73			156	16		156		138T	122T		600

McGivern, Jack

Year	Event	A	Pos	R1	R2	R3	R4	Tot	P/M	SBW	R2T	R3T	R1P	R2P	R3P	W
1954	US	A	WD	84				84	14				132T			

McGohan, Randy R.

Year	Event	A	Pos	R1	R2	R3	R4	Tot	P/M	SBW	R2T	R3T	R1P	R2P	R3P	W
1992	US		CUT	76	79			155	11		155		101T	128T		1,000

McGonagill, James W. "Jimmy"

Year	Event	A	Pos	R1	R2	R3	R4	Tot	P/M	SBW	R2T	R3T	R1P	R2P	R3P	W
1936	US	A	WD	72				72	0				15T			
1937	US	A	CUT	80	76			156	12		156		113T	96T		
1949	M	A	WD	82	78	77		237	21		160	237	56T	55	53T	
1952	US	A	WD	75				75	5				42T			

Year	*Event*	*A*	*Pos*	*R1*	*R2*	*R3*	*R4*	*Tot*	*P/M*	*SBW*	*R2T*	*R3T*	*R1P*	*R2P*	*R3P*	*W*
McGonigle, John																
1954	O		CUT	81	81			162	16		162		86T	93T		
McGough, John "Jack"																
1979	US	A	CUT	81	77			158	16		158		127T	102T		
1981	US		CUT	75	74			149	9		149		85T	82T		600
1985	US		CUT	75	78			153	13		153		85T	123T		600
McGovern, Brendan																
1997	O		CUT	84	74			158	16		158		150T	143T		650
McGovern, James David																
1989	US		CUT	79	73			152	12		152		147T	122T		1,000
1991	US		CUT	77	77			154	10		154		105T	121T		1,000
1992	US		CUT	74	74			148	4		148		65T	67T		1,000
1993	O		CUT	74	74			148	8		148		132T	125T		600
	PGA		22T	71	67	69	74	281	-3	9	138	207	58T	18T	13T	14,500
1994	M		5T	72	70	71	72	285	-3	6	142	213	17T	10T	5T	73,000
	O		CUT	78	70			148	8		148		148T	120T		600
	PGA		CUT	73	74			147	7		147		61T	87T		1,200
	US		13T	73	69	74	69	285	1	6	142	216	34T	15T	25T	29,767
1995	M		CUT	77	73			150	6		150		70T	72		1,500
	PGA		CUT	73	71			144	2		144		98T	87T		1,200
	US		45T	73	69	81	68	291	11	11	142	223	65T	21T	70T	7,146
1996	PGA		CUT	71	77			148	4		148		29T	102T		1,300
1997	US		CUT	72	80			152	12		152		40T	127T		1,000
1999	US		CUT	71	77			148	8		148		35T	69T		1,000
2000	US		CUT	76	76			152	10		152		86T	91T		1,000
2001	US		78	71	73	77	76	297	17	21	144	221	21T	34T	73T	8,325
2002	US		CUT	75	79			154	14		154	0	74T	107T		1,000
McGovern, Terry																
1931	US		CUT	86	85			171	29		171		127T	123		
McGowan, John "Jack"																
1961	PGA		43T	76	70	77	71	294	14	17	146	223	92T	38T	54T	225
1965	M		42T	73	75	77	72	297	9	26	148	225	45T	41T	45T	1,025
	PGA		CUT	75	79			154	12		154		59T	102T		
	US		CUT	74	77			151	11		151		30T	52T		300
1969	PGA		69T	76	73	72	76	297	13	21	149	221	91T	69T	64T	241
McGowan, Patrick Ray																
1978	PGA		CUT	74	75			149	7		149		44T	73T		303
	US		27T	74	73	72	77	296	12	11	147	219	25T	25T	16T	1,950
1980	US		16T	69	69	73	73	284	4	12	138	211	13T	7T	10T	2,892
1981	M		CUT	73	78			151	7		151		28T	57T		1,500
1983	PGA		4	68	67	73	69	277	-7	3	135	208	7T	3	4T	30,000
	US		13T	75	71	75	72	293	9	13	146	221	40T	17T	19T	6,994
1984	M		CUT	72	75			147	3		147		23T	48T		1,500
	PGA		CUT	76	74			150	6		150		87T	81T		1,000
	US		38T	74	72	77	70	293	13	17	146	223	72T	42T	57T	4,060
1985	PGA		CUT	73	78			151	7		151		76T	106T		1,000
1986	PGA		CUT	76	74			150	8		150		118T	109T		1,000
1987	PGA		CUT	78	80			158	14		158		94T	108T		1,000
McGowan, Ross Ian Thomas																
2008	US		77	76	72	78	77	303	19	20	148	226	85T	49T	75T	13,718
McGrane, Damien																
2008	O		CUT	79	71			150	10		150		123T	84T		3,200
McGrath, Christopher J.																
1898	US		WD	111				111					46			
1919	US		WD													
McGrath, Robert																
2007	PGA		CUT	80	78			158	18		158		143T	145T		2,000
McGraw, Gervis																
1949	US		CUT	89	85			174	32		174		158T	148T		
McGuigan, Douglas Gordon																
2005	O		CUT	74	76			150	6		150		74T	123T		2,250
2007	O		CUT	77	80			157	15		157		128T	147T		2,100
2008	O		CUT	79	75			154	14		154		123T	127T		2,375
McGuire, Matthew																
1998	O		CUT	74	77			151	11		151		113T	124T		700
2001	O		CUT	71	85			156	14		156		34T	150T		900

Year	Event	A	Pos	R1	R2	R3	R4	Tot	P/M	SBW	R2T	R3T	R1P	R2P	R3P	W
McGuire, Paul																
1954	US		37T	78	69	78	77	302	22	18	147	225	63T	16T	30T	180
1958	PGA		CUT	80	77			157	17		157		126T	117T		
	US		CUT	80	81			161	21		161		82T	97T		
McGuire, Ray																
1946	PGA		64T													100
McGuirk, John F.																
1969	O		CUT	76	74	78		228	15		150	228	71T	60T	68T	
McGuirk, Patrick "Paddy"																
1969	O		CUT	79	77			156	14		156		102T	101T		
1974	O		CUT	79	82			161	19		161		89T	113T		50
1976	O		32T	76	70	77	73	296	8	17	146	223	52T	21T	35T	285
McGuirk, Tom F.																
1977	PGA		CUT	83	85			168	24		168		130T	133T		250
McHale, James B. "Jimmy," Jr.																
1947	US	A	23T	79	72	65	77	293	9	11	151	216	124T	60T	9T	
1948	M	A	35T	78	73	77	75	303	15	24	151	228	50T	39T	41T	
1949	US	A	27T	72	76	74	76	298	14	12	148	222	13T	28T	27T	
1950	M	A	51T	82	78	75	75	310	22	27	160	235	60T	58T	55T	
	O	A	17T	73	73	74	70	290	10	11	146	220	17T	22T	23T	
	US	A	38T	75	73	80	74	302	23	15	148	228	52T	35T	46T	
1951	M	A	35T	75	76	76	75	302	14	22	151	227	27T	39T	42	
1952	M	A	WD	72	77	81		230	14		149	230	14T	30T	43T	
	US	A	CUT	82	76			158	18		158		124T	99T		
1953	US	A	26T	79	74	75	73	301	13	18	153	228	92T	50T	37T	
1954	M	A	66	78	82	79	76	315	27	26	160	239	47T	68T	66T	
1955	O	A	30T	72	76	72	75	295	7	14	148	220	21T	42T	23T	
1959	US	A	CUT	79	77			156	16		156		105T	103T		
McHardy, William																
1961	O		35T	76	76	76	77	305	17	21	152	228	73T	34T	35T	
1964	O		CUT	87	81			168	24		168		114T	115T		
1969	O		CUT	77	84			161	19		161		82T	118		
McHenry, John Joseph																
1992	O		CUT	72	72			144	2		144		81T	76T		600
McHugh, John J.																
1928	O	A	CUT	79	86			165	21		165		23T	89T		
McIlree, Harry																
1956	O	A	CUT	82	82			164	22		164		91T	92T		
McIlroy, Rory																
2007	O	A	42T	68	76	73	72	289	5	12	144	217	3T	31T	45T	
McIlvenny, Charles																
1922	O		50T	80	82	77	83	322		22	162	239	35T	47T	34T	
1923	O		53T	79	79	79	81	318		23	158	237				
1930	O		44T	76	75	79	83	313	25	22	151	230	26T	15T	24T	
McInnes, Robert																
1914	O		62T	84	91	78	82	335		29	175	253	65T	89T	71T	
McInnis, E.																
1932	O		CUT	75	81			156	12		156		28T	70T		
1937	O		CUT	87	89			176	32		176		133T	138		
McIntosh, David B.																
1904	US		39	89	81	85	88	343		40	170	255	49T	34T	36T	
1906	US		22T	79	79	81	85	324		29	158	239	15T	17T	20T	
McIntosh, Gregor W.																
1937	O		37T	79	74	81	78	312	24	22	153	234	60T	36T	43T	
1938	O		CUT	75	76			151	11		151		39T	54T		
1939	O		CUT	79	74			153	7		153		96T	53T		
1946	O		CUT	79	81			160	16		160		39T	61T		
1947	O		CUT	80	79			159	23		159		59T	58T		
1948	O		CUT	78	80			158	22		158		71T	80T		
1949	O		20T	70	77	76	73	296	8	13	147	223	10T	25T	26T	
1951	O		40T	76	71	80	79	306	18	21	147	227	36T	12T	32T	
1952	O		CUT	74	81			155	5		155		28T	59T		
1953	O		47T	78	75	80	81	314	26	32	153	233	41T	33T	45T	25
1955	O		CUT	77	76			153	9		153		72T	73T		

Year	Event	A	Pos	R1	R2	R3	R4	Tot	P/M	SBW	R2T	R3T	R1P	R2P	R3P	W
1961	O		CUT	76	82			158	14		158		73T	75T		
1962	O		CUT	76	78			154	10		154		33T	52T		
McIntyre, Neal																
1926	PGA		16T													
1929	PGA		32T													
	US		CUT	82	84			166	22		166		106T	112T		
1931	US		53	78	78	84	79	319	35	27	156	240	51T	50T	58	
1932	PGA		32T													85
McKay, David																
1914	US	A	41T	77	82	79	79	317	29	27	159	238	25T	54	42T	
1915	US		CUT	89	87			176	32		176		65	62		
1922	PGA		64T													
1923	PGA		64T													
	US		36T	79	82	79	80	320	32	24	161	240	34T	49	42T	
1927	US		CUT	90	84			174	30		174		120T	109T		
McKay, George																
1966	O		CUT	76	81			157	15		157		61T	100T		
1977	O		CUT	75	79			154	14		154		62T	110T		150
1980	O		CUT	80	80			160	18		160		135T	146T		225
McKay, James																
1890	O		29	104	96			200		36						
1901	O		CUT	91	92			183			183					
McKay, James "Jack," Jr.																
1935	O	A	CUT	77	78			155	11		155		58T	71T		
McKelvey, Jack																
1987	PGA		CUT	83	90			173	29		173		132T	146T		1,000
McKendrick, Bob "Buck"																
1946	PGA		64T													100
1952	US		CUT	84	84			168	28		168		140T	134		
1955	US		CUT	85	78			163	23		163		141T	112T		
McKenna, Charles F.																
1920	US		WD	84	82			166	22		166	0	65T	67T		
1927	PGA		32T													
McKenna, Don																
1935	US	A	WD	79				79	7				57T			
McKenna, James John																
1906	O		CUT	86	85			171			171					
McKenna, John																
1951	O		28T	74	76	76	76	302	14	17	150	226	16T	22T	28T	
McKenna, Ned																
1922	US		69	78	85	84	82	329	49	41	163	247	43T	67T	71T	
1932	US		CUT	82	84			166	26		166		74T	108T		
McKenzie, J.																
1880	O		UNK													
McKenzie, P. G.																
1906	O	A	38T	83	79	76	84	322		22	162	238			23T	
McKenzie, Roy, Jr.																
1953	US		CUT	78	76			154	10		154		77T	61T		
1954	US		CUT	87	79			166	26		166		152T	135T		
McKenzie, Theodore Richard																
1971	US		CUT	74	76			150	10		150		70T	72T		500
McKeown, George																
1969	PGA		CUT	77	77			154	12		154		103T	113T		
McKinney, Bud																
1938	US		CUT	84	81			165	23		165		125T	122T		
McKnight, Gene Thomas "Tom"																
1999	M	A	44T	73	74	73	77	297	9	17	147	220	34T	35T	45T	
	US	A	CUT	72	83			155	15		155		52T	135T		
McLachlan, Colin																
1978	O	A	CUT	78	80			158	14		158		128T	145T		

Year	*Event*	*A*	*Pos*	*R1*	*R2*	*R3*	*R4*	*Tot*	*P/M*	*SBW*	*R2T*	*R3T*	*R1P*	*R2P*	*R3P*	*W*
McLachlan, Jack																
1952	O		CUT	84	81			165	15		165		96	92		
McLachlin, Parker Nicholas																
2004	US		CUT	75	74			149	9		149	0	99T	107T		1,000
2008	PGA		CUT	76	77			153	13		153		90T	113T		2,500
McLardy, Andrew R.																
1998	O		75	72	74	80	78	304	24	24	146	226	62T	65T	68T	5,500
McLaren, Alex																
1902	O		WD													
1903	O		UNK													
McLaren, Jack																
1910	O		CUT	87	90			177			177					
McLean, David																
1976	O	A	CUT	82	79			161	17		161		134T	144T		
McLean, George S.																
1915	US		45T	85	80	80	78	323	35	26	165	245	59T	52	49T	
1916	PGA		16T													60
	US		20T	77	76	74	74	301	13	15	153	227	31T	28T	22T	
1919	PGA		3T													125
	US		5T	81	75	76	76	308	24	7	156	232	28T	14T	7T	90
1920	PGA		3T													125
	US		30T	83	76	73	79	311	23	16	159	232	61T	44T	26T	
1921	O		26T	76	73	82	78	309		13	149	231	17T	4T	23T	
	PGA		8T													75
	US		48T	81	79	80	87	327	47	38	160	240	43T	38T	37T	
1922	PGA		64T													
	US		44T	78	78	79	78	313	33	25	156	235	43T	44T	46T	
1923	PGA		3T													
1926	US		16T	74	74	79	79	306	18	13	148	227	14T	4T	15T	50
1927	US		CUT	87	81			168	24		168		134T	91T		
1932	US		61T	83	77	75	80	315	35	29	160	235	90T	61T	51T	
McLean, James C.																
1971	US	A	CUT	76	80			156	16		156		105T	125T		
1972	M	A	43T	75	75	78	79	307	19	21	150	228	37T	36T	39T	
	US	A	CUT	81	81			162	18		162		111T	121T		
McLean, John "Jack"																
1933	O	A	18T	75	74	75	74	298	6	6	149	224	37T	34T	25T	
1934	O	A	16T	77	76	69	78	300	12	17	153	222	52T	59T	13T	
1935	O	A	46T	77	74	75	81	307	19	24	151	226	58T	38T	31T	
1936	O	A	34T	72	78	79	77	306	10	19	150	229	3T	25T	32T	
1937	O		26T	78	74	81	76	309	21	19	152	233	51T	28T	36T	
1938	O		22	72	74	83	85	314	34	19	146	229	14T	16T	18	10
1939	O		CUT	79	74			153	7		153		96T	53T		
1946	O		CUT	79	79			158	14		158		39T	45T		
1947	O		CUT	75	85			160	24		160		11T	65T		
McLean, Michael Paul																
1980	O	A	CUT	76	76			152	10		152		72T	104T		
1982	O		CUT	81	75			156	12		156		129T	118T		225
1985	O		CUT	72	85			157	17		157		39T	135T		375
1991	O		64T	71	75	72	69	287	7	15	146	218	29T	78T	83T	3,155
1992	O		CUT	73	77			150	8		150		98T	137T		600
McLendon, Benson Rayfield "Mac," Jr.																
1968	US		22T	72	76	70	71	289	9	14	148	218	19T	56T	27T	1,425
1969	M		45	72	75	76	80	303	15	22	147	223	24T	35T	44	1,400
	PGA		35T	73	68	75	73	289	5	13	141	216	38T	14T	26T	890
1972	PGA		CUT	75	78			153	13		153		69T	94T		
1975	M		CUT	71	78			149	5		149		10T	47T		1,250
	PGA		25T	73	71	70	75	289	9	13	144	214	39T	33T	15T	1,800
	US		CUT	79	82			161	19		161		120T	140T		500
1976	PGA		65T	77	72	76	74	299	19	18	149	225	92T	67T	70	450
1977	M		45	72	70	78	75	295	7	19	142	220	16T	8T	38T	1,850
	PGA		48T	75	73	76	75	299	11	17	148	224	54T	42T	51T	550
1978	M		29T	72	72	72	74	290	2	13	144	216	8T	16T	24T	1,975
	PGA		WD													
	US		35T	75	73	69	81	298	14	13	148	217	44T	34T	11T	1,567
1979	M		CUT	74	77			151	7		151		49T	62T		1,500
	PGA		CUT	78	74			152	12		152		125T	120T		350
	US		62	77	74	80	78	309	25	25	151	231	69T	51T	61	1,210

Year	Event	A	Pos	R1	R2	R3	R4	Tot	P/M	SBW	R2T	R3T	R1P	R2P	R3P	W
McLeod, Alastair Ewing																
1937	O	A	WD	85				85	13				127T			
1946	O	A	CUT	82	81			163	19		163		71T	79T		
McLeod, Frederick Robertson "Freddie"																
1903	US		26T	83	80	79	91	333		26	163	242	28T	16T	11T	
1904	US		29T	86	88	81	79	334		31	174	255	37T	44T	36T	
1905	US		19	80	84	80	86	330		16	164	244	6T	15T	15T	
1906	US		35T	81	79	78	92	330		35	160	238	27T	20T	18T	
1907	US		5T	79	77	79	75	310		8	156	235	18T	11T	11	60
1908	US		1PO	82	82	81	77	322		-5	164	245	4T	4	2	300
1909	US		13T	78	76	74	75	303		13	154	228	28T	25T	16T	
1910	US		4	78	70	78	73	299		1	148	226	22T	2T	6	80
1911	US		4	77	72	76	83	308	4	1	149	225	8T	1T	1	80
1912	US		13T	79	77	75	77	308	12	14	156	231	44T	30T	13T	
1913	US		39T	80	85	82	80	327	43	23	165	247	32T	511	44T	
1914	US		3T	78	73	75	71	297	9	7	151	226	37T	16T	14T	125
1915	US		8T	74	76	76	79	305	17	8	150	226	4T	7	8	45
1916	US		25T	74	75	77	77	303	15	17	149	226	10T	12T	18T	
1919	PGA		2													250
	US		8	78	77	79	78	312	28	11	155	234	11T	10T	11T	75
1920	US		13	75	77	73	79	304	16	9	152	225	10T	11T	12T	60
1921	O		63T	78	79	83	82	322		26	157	240	31T	35T	54T	
	PGA		8T													75
	US		2T	74	74	76	74	298	18	9	148	224	5T	2T	2T	250
1923	PGA		8T													
1924	PGA		32T													75
	US		40T	81	76	80	86	323	35	26	157	237	48T	29T	26T	
1926	O		7	71	75	76	79	301	17	10	146	222	3T	4T	4	10
	PGA		32T													100
	US		CUT	74	86			160	16		160		14T	63T		
1928	US		41T	73	76	84	78	311	27	17	149	233	8T	11T	41T	
1929	US		CUT	82	84			166	22		166		106T	112T		
1931	US		CUT	82	80			162	20		162		97T	90T		
1934	M		50T	80	81	79	76	316	28	32	161	240	58T	65T	63T	
1935	M		64	84	76	83	81	324	36	42	160	243	65	65	65	
1936	M		WD	88	81			169	25		169		51T	52		
1946	US		WD													
1951	M		WD	86	88			174	30		174		64	64		100
1952	M		WD													200
1953	M		WD													200
1954	M		WD													250
1955	M		WD	91				91	19				77			250
1956	M		WD	90	88			178	34		178		83	82		300
1957	M		WD	88				88	16				100T			300
1958	M		WD													350
1959	M		WD	89				89	17				86			350
1960	M		WD													350
1961	M		WD													400
1962	M		WD													400
McLeun, Jedd																
2000	US	A	CUT	79	79			158	16		158		130T	137T		
McMahon, John M. J.																
1976	O		CUT	81	81			162	18		162		123T	147T		100
1977	O		CUT	75	76			151	11		151		62T	88T		150
McManus, Roger T.																
1959	M	A	CUT	81	79			160	16		160		71T	76T		
McMillan, John Millar																
1931	O		CUT	81	79			160	16		160		76T	67T		
1933	O		56	77	74	80	81	312	20	20	151	231	72T	49T	55T	
1934	O		50T	74	75	79	81	309	21	26	149	228	24T	27T	36T	
1937	O		CUT	81	76			157	13		157		92T	62T		
1938	O		CUT	76	76			152	12		152		47T	63T		
1947	O		CUT	79	81			160	24		160		47T	65T		
1949	O		CUT	78	78			156	12		156		84T	86T		
McMillan, R. B.																
1939	O		WD													
McMillan, Robert C.																
1983	O		CUT	75	77			152	10		152		101T	118T		250

Year	Event	A	Pos	R1	R2	R3	R4	Tot	P/M	SBW	R2T	R3T	R1P	R2P	R3P	W
McMillen, Jeffrey K.																
1993	US		CUT	79	69			148	8		148		151	118T		1,000
1998	US		CUT	82	81			163	23		163		147T	151		1,000
McMinn, William Alexander "Willie"																
1924	O		47T	80	88	79	78	325		24	168	247	38T	77T	64T	
1925	O		40	77	80	82	86	325	37	25	157	239	14T	19T	25T	
1930	O		48T	82	75	77	80	314	26	23	157	234	89T	50T	40T	
1931	O		29T	78	78	79	74	309	21	13	156	235	47T	36T	40T	
1932	O		61	73	81	78	82	314	26	31	154	232	6T	57T	53T	
1937	O		42T	72	81	80	81	314	26	24	153	233	2T	36T	36T	
1938	O		CUT	74	77			151	11		151		28T	54T		
1939	O		CUT	79	79			158	12		158		96T	98T		
1946	O		CUT	84	78			162	18		162		84T	69T		
1949	O		20T	70	75	78	73	296	8	13	145	223	10T	12T	26T	
McMullin, John																
1958	US		CUT	80	76			156	16		156		82T	64T		
1959	M		CUT	78	79			157	13		157		60T	71T		350
	PGA		35T	76	71	69	75	291	11	14	147	216	102T	53T	25T	200
	US	A	CUT	77	78			155	15		155		73T	96T		
McMunn, James S.																
1948	US		CUT	80	75			155	13		155		139T	110T		
McNair, Andrew A., Jr.																
1932	O	A	CUT	78	84			162	18		162		69T	98T		
1937	O	A	CUT	79	82			161	17		161		60T	94T		
McNair, James																
1958	US		CUT	82	85			167	27		167		110T	141T		
McNally, Michael																
1976	O	A	CUT	78	81			159	15		159		75T	132T		
McNamara, Frank																
1920	US		14T	78	77	76	74	305	17	10	155	231	30T	23T	22T	18
1922	US		67	77	79	87	82	325	45	37	156	243	33T	44T	66T	
McNamara, J.																
1911	O		CUT	82	88			170			170		89T	137T		
McNamara, Robert H. "Rob"																
1983	US	A	CUT	84	77			161	19		161		146T	132T		
1990	US		CUT	72	75			147	3		147		40T	78T		1,000
McNamara, Thomas L.																
1903	US		39	86	84	85	88	343		36	170	255	46T	40T	40T	
1904	US		CUT	87	90			177			177		43T	52T		
1905	US		20T	81	79	82	89	331		17	160	242	10T	7	9T	
1907	US		14	82	79	78	76	315		13	161	239	35T	24T	19T	
1908	US		10T	85	82	86	86	339		17	167	253	8T	7T	9T	
1909	US		2	73	69	75	77	294		4	142	217	5T	1	1	150
1910	US		5T	73	78	73	76	300		2	151	224	2T	6T	2	65
1911	US		29T	77	87	79	81	324	20	17	164	243	8T	42T	36T	
1912	US		2	74	80	73	69	296	0	2	154	227	5T	15T	5	150
1913	O		25	80	78	85	80	323		19	158	243	32T	18T	25T	
	US		16T	73	86	75	84	318	34	14	159	234	4T	33T	17	
1914	US		13T	72	71	76	83	302	14	12	143	219	3T	2	2	
1915	US		2	78	71	74	75	298	10	1	149	223	25T	5T	6	3
1916	PGA		32T													300
	US		15T	75	79	73	73	300	12	14	154	227	15T	32T	22T	50
1919	PGA		16T													60
	US		3T	80	73	79	74	306	22	5	153	232	21T	6T	7T	175
1922	PGA		64T													
McNamara, William Edward																
1907	O		56T	87	89	88	87	351		39	176	264	41T	57T	59T	
1911	O		WD	85				85					143T			
McNaney, John, Jr.																
1982	US		CUT	81	72			153	9		153		122T	76T		600
McNaughton, Tim																
1956	O		CUT	75	80			155	13		155		40T	55T		
1957	O		CUT	75	76			151	7		151		45T	62T		
1960	O		CUT	76	77			153	7		153		50T	63T		

Year	Event	A	Pos	R1	R2	R3	R4	Tot	P/M	SBW	R2T	R3T	R1P	R2P	R3P	W
McNeill, George																
2002	US		CUT	79	79			158	18		158	0	137T	138T		1,000
2006	US		CUT	77	82			159	19		159		90T	141T		2,000
2007	US		63	72	76	77	81	306	26	21	148	225	21T	33T	45T	16,363
2008	PGA		CUT	78	77			155	15		155		124T	125T		2,500
McNeill, Hugh																
1902	O		CUT	84	86			170			170					
1909	O		44T	75	87	77	83	322		27	162	239	5T	45T	33T	
1911	O		CUT	84	82			166			166		130T	109T		
1912	O		15T	76	78	82	78	314		19	154	236	12T	10T	15T	
1913	O		18T	80	81	81	79	321		17	161	242	32T	30T	21T	
1930	O		CUT	78	85			163	19		163		35T	89T		
1933	O		CUT	74	82			156	10		156		23T	86T		
McNeill, Ted																
1948	O		CUT	80	73			153	17		153		86T	54T		
1951	O		CUT	75	80			155	11		155		26T	47T		
McNickle, Arthur Stiles "Artie"																
1971	US	A	CUT	81	81			162	22		162		146T	141T		
1975	US		CUT	74	84			158	16		158		38T	133T		500
1978	US		16T	74	75	70	73	292	8	7	149	219	25T	39T	16T	2,650
1979	M		17T	71	72	74	71	288	0	8	143	217	16T	22T	28T	2,700
	PGA		28T	69	70	72	74	285	5	13	139	211	5T	9T	13T	2,300
1980	M		CUT	70	79			149	5		149		8T	66T		1,500
	PGA		30T	71	71	76	75	293	13	19	142	218	20T	6T	22T	2,200
	US		38T	76	70	72	72	290	10	18	146	218	96T	56T	53T	1,630
McNulty, Gene																
1955	US	A	CUT	90	94			184	44		184		155T	150		
McNulty, J. Robert																
1916	PGA		32T													50
McNulty, Mark William																
1980	O		23T	71	73	72	71	287	3	16	144	216	13T	30T	29T	1,362
1981	O		23T	74	74	74	68	290	10	14	148	222	29T	54T	54T	1,219
	US		53T	72	69	75	75	291	11	18	141	216	47T	21T	42T	1,350
1982	O		54T	76	74	76	77	303	15	19	150	226	64T	53T	54T	600
	PGA		54T	76	69	76	69	290	10	18	145	221	107T	65T	71T	1,182
	US		CUT	82	75			157	13		157		135T	108T		600
1983	O		45T	72	69	68	78	287	3	12	141	209	48T	19T	7T	791
	US		50T	75	76	75	76	302	18	22	151	226	40T	58T	52T	2,105
1984	US		CUT	72	77			149	9		149		33T	72T		600
1985	O		CUT	74	76			150	10		150		77T	87T		375
	PGA		70T	74	73	77	75	299	11	21	147	224	94T	61T	70T	1,500
	US		CUT	71	77			148	8		148		15T	79T		600
1986	O		59T	80	71	79	71	301	21	21	151	230	105T	63T	73T	1,925
	PGA		CUT	75	72			147	5		147		105T	74T		1,000
	US		35T	75	72	68	76	291	11	12	147	215	24T	22T	15	5,170
1987	O		11T	71	69	75	70	285	1	6	140	215	28T	16T	23T	13,500
	PGA		WD	73	73	75		221	5		146	221	23T	18T	28T	1,000
	US		66T	73	72	73	76	294	14	17	145	218	54T	56T	53T	3,165
1988	M		16T	74	71	73	72	290	2	9	145	218	18T	12T	14T	16,000
	O		28T	73	73	72	72	290	6	17	146	218	35T	34T	31T	4,600
	PGA		17T	73	70	67	74	284	0	12	143	210	58T	51T	8T	11,500
	US		17T	73	72	72	68	285	1	7	145	217	38T	33T	34T	11,981
1989	M		CUT	80	75			155	11		155		77	69T		1,500
	O		11T	75	70	70	66	281	-7	6	145	215	101T	57T	39T	17,000
	US		CUT	73	74			147	7		147		66T	86T		1,000
1990	O		2T	74	68	68	65	275	-13	5	142	210	105T	46T	20T	60,000
	PGA		8T	74	72	75	71	292	4	10	146	221	41T	18T	24T	34,375
1991	M		35T	72	74	75	67	288	0	11	146	221	31T	54T	56	6,371
	O		64T	76	71	70	70	287	7	15	147	217	129T	87T	75T	3,155
	PGA		27T	75	71	69	73	288	0	12	146	215	103T	57T	19T	8,150
1992	O		28T	71	70	70	74	285	1	13	141	211	57T	37T	22T	6,659
	US		33T	74	72	69	81	296	8	11	146	215	65T	36T	8T	10,531
1993	O		14T	67	71	71	69	278	-2	11	138	209	5T	12T	14T	15,214
	PGA		CUT	74	70			144	2		144		103T	75T		1,200
1994	O		11T	71	70	68	67	276	-4	8	141	209	39T	42T	27T	19,333
	PGA		15T	72	68	70	71	281	1	12	140	210	39T	14T	17T	27,000
1995	M		CUT	75	73			148	4		148		59T	63T		1,500
	O		40T	67	76	74	74	291	3	9	143	217	1T	31T	39T	7,050
	US		CUT	72	76			148	8		148		46T	87T		1,000
1996	O		14T	69	71	70	69	279	-5	8	140	210	18T	29T	22T	20,250

Year	Event	A	Pos	R1	R2	R3	R4	Tot	P/M	SBW	R2T	R3T	R1P	R2P	R3P	W
	PGA		CUT	75	71			146	2		146		109T	83T		1,300
1997	M		CUT	81	72			153	9		153		75T	62T		5,000
	O		32	78	67	72	68	285	1	13	145	217	99T	40T	45T	8,750
	US		28T	67	73	75	73	288	8	12	140	215	4T	8	28T	17,443
1998	O		CUT	73	78			151	11		151		89T	124T		700
1999	O		37T	73	77	76	75	301	18	12	150	226	4T	21T	33T	9,500
2000	O		11T	69	72	70	70	281	-7	12	141	211	11T	25T	18T	37,111
2001	O		CUT	70	79			149	7		149		21T	112T		1,000
	PGA		CUT	71	80			151	11		151	0	70T	133T		2,000
2003	O		53T	79	71	77	69	296	12	13	150	227	115T	59T	70T	10,200
McPhate, Jim																
1967	US		CUT	75	75			150	10		150		65T	80T		400
McPherson, Ian																
1937	O		CUT	87	84			171	27		171		133T	134		
1939	O		CUT	75	78			153	7		153		35T	53T		
1946	O		CUT	81	82			163	19		163		58T	79T		
McQuaig, Duncan																
1869	O	A	WD	71	65			136			136			12		
McQuiston, Henry J., Jr.																
1962	PGA		CUT	76	79			155	15		155		82T	130T		
1963	US		CUT	80	83			163	21		163		105T	131T		150
McQuitty, Guy																
1986	O		CUT	95	87			182	42		182		152	151		400
McReynolds, J. L. "Tex"																
1956	PGA		128T													50
1961	PGA		62	73	74	79	78	304	24	27	147	226	41T	47T	63	225
McRoy, Robert Lynn "Spike," Jr.																
1997	US		CUT	73	77			150	10		150		58T	108T		1,000
1999	US		53T	70	74	76	80	300	20	21	144	220	24T	29T	33T	9,562
2002	PGA		CUT	74	76			150	6		150	0	53T	86T		2,000
	US		65	75	75	74	77	301	21	24	150	224	74T	60T	63T	12,340
2003	US		CUT	71	73			144	4		144	0	45T	69T		1,000
2004	O		CUT	71	78			149	7		149		40T	112T		2,250
	US		40T	72	72	72	81	297	17	21	144	216	40T	45T	34T	30,671
McRuvie, Eric Alexander																
1931	O	A	36T	75	83	79	75	312	24	16	158	237	11T	48T	49T	
1932	O	A	48T	77	75	80	77	309	21	26	152	232	54T	40T	53T	
1935	O	A	49T	70	79	81	78	308	20	25	149	230	4T	26T	49	
1946	O	A	CUT	81	77			158	14		158		58T	45T		
McSpaden, Harold L. "Jug"																
1928	US		CUT	91	87			178	36		178		139T	130		
1932	US		40T	80	74	79	76	309	29	23	154	233	46T	21T	37T	
1933	US		CUT	79	84			163	19		163		66T	119T		
1934	M		7T	77	74	72	69	292	4	8	151	223	41T	31T	22T	175
1935	M		19T	75	72	75	74	296	8	14	147	222	32T	25T	27	
	US		CUT	80	83			163	19		163		65T	76T		
1936	M		15T	77	75	71	76	299	11	14	152	223	20T	25	14T	
	PGA		8T													
	US		18T	75	71	78	70	294	6	12	146	224	60T	19T	37T	50
1937	M		32	77	79	72	76	304	16	21	156	228	33T	42T	35T	
	PGA		2PO													
	US		20T	74	75	73	73	295	7	14	149	222	29T	35T	27T	50
1938	M		16T	72	75	77	73	297	9	12	147	224	7T	12T	18T	
	PGA		32T													
	US		16T	76	67	74	82	299	15	15	143	217	25T	3T	5T	50
1939	M		12T	75	72	74	72	293	5	14	147	221	19T	13T	15T	33
	PGA		64T													100
	US		9T	70	73	71	75	289	13	5	143	214	5T	6T	7T	175
1940	M		17T	73	71	74	75	293	5	13	144	218	16T	8T	14T	
	PGA		3T													
	US		12T	74	72	70	77	293	5	6	146	216	36T	15T	5T	100
1941	M		9T	75	74	72	70	291	3	11	149	221	23T	22T	16T	117
	PGA		16T													
	US		7T	71	75	74	74	294	14	10	146	220	4T	8T	8T	217
1942	M		18T	74	72	79	74	299	11	19	146	225	17T	12T	18T	
	PGA		16T													
1944	PGA		8T													500
1945	PGA		32T													200

Year	Event	A	Pos	R1	R2	R3	R4	Tot	P/M	SBW	R2T	R3T	R1P	R2P	R3P	W
1946	M		29T	75	74	75	77	301	13	19	149	224	20T	21T	26T	
	PGA		3T													750
	US		31T	76	73	74	73	296	8	12	149	223	57T	31T	28T	100
1947	M		4T	74	69	70	71	284	-4	3	143	213	27T	11T	2T	900
	PGA		64T													100
1948	M		33	77	75	76	73	301	13	22	152	228	44T	42T	41T	
	US		12T	74	69	69	77	289	5	13	143	212	57T	13T	5T	150
1949	M		WD	85				85	13				58			

McTear, John

Year	Event	A	Pos	R1	R2	R3	R4	Tot	P/M	SBW	R2T	R3T	R1P	R2P	R3P	W
1972	O		CUT	78	84			162	20		162		107T	142T		50
1973	O		51T	76	74	71	78	299	11	23	150	221	55T	53T	26T	130
1974	O		CUT	87	82			169	27		169		152T	146T		50
1975	O		CUT	79	78			157	13		157		125T	135T		100
1976	O		CUT	79	77			156	12		156		100T	115T		100
1977	O		CUT	73	79			152	12		152		36T	97T		150

McVicker, Cleophas

Year	Event	A	Pos	R1	R2	R3	R4	Tot	P/M	SBW	R2T	R3T	R1P	R2P	R3P	W
1948	US	A	WD	87				87	16				166T			

McWatt, Robert

Year	Event	A	Pos	R1	R2	R3	R4	Tot	P/M	SBW	R2T	R3T	R1P	R2P	R3P	W
1910	US		42T	83	79	82	82	326		28	162	244	48T	33T	39T	

McWatt, Thomas G.

Year	Event	A	Pos	R1	R2	R3	R4	Tot	P/M	SBW	R2T	R3T	R1P	R2P	R3P	W
1886	O		12T	81	83			164		7						
1889	O		UNK													

McWhannel, T. D.

Year	Event	A	Pos	R1	R2	R3	R4	Tot	P/M	SBW	R2T	R3T	R1P	R2P	R3P	W
1873	O	A	WD													

McWhinney, Peter J.

Year	Event	A	Pos	R1	R2	R3	R4	Tot	P/M	SBW	R2T	R3T	R1P	R2P	R3P	W
1988	O		CUT	76	77			153	11		153		83T	104T		450

Meade, Linden L.

Year	Event	A	Pos	R1	R2	R3	R4	Tot	P/M	SBW	R2T	R3T	R1P	R2P	R3P	W
1962	US		CUT	78	75			153	11		153		104T	75T		

Mearns, Robert "Robbie," Sr.

Year	Event	A	Pos	R1	R2	R3	R4	Tot	P/M	SBW	R2T	R3T	R1P	R2P	R3P	W
1889	O		UNK	39												
1890	O		23T	96	93			189		25						
1891	O		15T	88	91			179		13						
1893	O		23T	86	84	86	88	344		22	170	256	27T	14T	19	
1895	O		32	88	88	85	94	355		33	176	261	26T		26	

Mears, G. Arnold

Year	Event	A	Pos	R1	R2	R3	R4	Tot	P/M	SBW	R2T	R3T	R1P	R2P	R3P	W
1934	US		CUT	80	83			163	23		163		76T	121T		
1937	US		CUT	82	78			160	16		160		143T	130T		

Mechan, John K.

Year	Event	A	Pos	R1	R2	R3	R4	Tot	P/M	SBW	R2T	R3T	R1P	R2P	R3P	W
1933	O	A	CUT	79	78			157	11		157		94T	95T		

Medart, William S.

Year	Event	A	Pos	R1	R2	R3	R4	Tot	P/M	SBW	R2T	R3T	R1P	R2P	R3P	W
1928	US	A	CUT	87	86			173	31		173		133	126		

Mediate, Rocco Anthony

Year	Event	A	Pos	R1	R2	R3	R4	Tot	P/M	SBW	R2T	R3T	R1P	R2P	R3P	W
1984	US	A	CUT	72	79			151	11		151		33T	87T		
1988	PGA		31T	68	74	70	74	286	2	14	142	212	6T	42T	19T	4,843
1990	PGA		69T	75	72	77	81	305	17	23	147	224	60T	32T	53T	2,225
1991	M		22T	72	69	71	72	284	-4	7	141	212	31T	14T	14T	12,960
	O		CUT	76	75			151	11		151		129T	131T		600
	PGA		16T	71	71	73	71	286	-2	10	142	215	27T	13T	19T	17,000
	US		CUT	77	74			151	7		151		105T	98T		1,000
1992	M		37T	70	73	70	73	286	-2	11	143	213	19T	35T	21T	6,800
	O		45T	67	75	73	73	288	4	16	142	215	9T	44T	47T	4,675
	PGA		40T	72	68	74	77	291	7	13	140	214	32T	7T	12T	5,163
	US		44T	71	75	70	81	297	9	12	146	216	17T	36T	13T	8,007
1993	O		39T	71	71	72	69	283	3	16	142	214	70T	47T	51T	5,328
	PGA		68T	70	73	74	73	290	6	18	143	217	36T	62T	67T	2,588
	US		25T	68	72	73	70	283	3	11	140	213	6T	13T	36T	14,532
1994	US		WD	76	70	79		225	12		146	225	86T	43T	60T	1,000
1996	O		18T	69	70	69	72	280	-4	9	139	208	18T	22T	11T	15,500
	PGA		36T	71	72	67	76	286	-2	9	143	210	29T	32T	12T	9,050
1998	PGA		CUT	75	72			147	7		147		110T	83T		1,500
1999	M		27T	73	74	69	76	292	4	12	147	216	34T	35T	25T	29,000
	O		CUT	79	76			155	13		155		83T	74T		1,100
	PGA		49T	71	72	78	72	293	5	16	143	221	24T	26T	61T	8,180
	US		34T	69	72	76	79	296	16	17	141	217	10T	10T	14T	19,084
2000	M		52T	71	74	75	79	299	11	21	145	220	5T	24T	31T	10,948
	O		52T	74	69	76	69	288	0	19	143	219	94T	44T	69T	8,400

Year	Event	A	Pos	R1	R2	R3	R4	Tot	P/M	SBW	R2T	R3T	R1P	R2P	R3P	W
	PGA		WD	77				77	5				113T			
	US		32T	69	76	75	77	297	13	25	145	220	7T	19T	12T	28,247
2001	M		15T	72	70	66	73	281	-7	9	142	208	33T	20T	8T	95,200
	O		WD	74				74	3		0		87T			900
	PGA		66T	71	65	73	76	285	5	20	136	209	70T	17T	32T	9,950
	US		4	71	68	67	72	278	-2	2	139	206	21T	6T	3T	226,777
2002	M		36T	75	68	77	74	294	6	18	143	220	53T	16T	36T	26,950
	O		47T	71	72	74	70	287	3	9	143	217	38T	50T	54T	12,000
	PGA		6	72	73	70	70	285	-3	7	145	215	22T	27T	7T	185,000
	US		37T	72	72	74	76	294	14	17	144	218	25T	10T	25T	26,783
2003	M		33T	73	74	73	75	295	7	14	147	220	11T	24T	27T	36,375
	PGA		18T	72	74	71	70	287	7	11	146	217	31T	39T	30T	73,000
	US		CUT	73	74			147	7		147	0	81T	104T		1,000
2004	M		CUT	75	76			151	7		151		44T	67T		5,000
	PGA		CUT	74	72			146	2		146	0	83T	74T		2,000
2005	US		6T	67	74	74	71	286	6	6	141	215	1T	10T	15T	187,813
2006	M		36T	68	73	73	80	294	6	13	141	214	2	2T	4T	34,416
	US		CUT	76	77			153	13		153		68T	98T		2,000
2007	PGA		WD	72				72	2				36T			
2008	O		19T	69	73	76	76	294	14	11	142	218	1T	4T	9T	37,771
	PGA		72	73	74	72	85	304	24	27	147	219	43T	48T	39T	13,800
	US		2PO	69	71	72	71	283	-1		140	212	3T	2T	3	810,000

Medlin, Scott

Year	Event	A	Pos	R1	R2	R3	R4	Tot	P/M	SBW	R2T	R3T	R1P	R2P	R3P	W
1994	US		CUT	79	82			161	19		161		133T	157T		1,000

Mednick, Adam

Year	Event	A	Pos	R1	R2	R3	R4	Tot	P/M	SBW	R2T	R3T	R1P	R2P	R3P	W
1996	O		CUT	75	76			151	9		151		124T	143T		650
2002	O		CUT	75	74			149	7		149		124T	126T		2,250
2003	O		34T	76	72	76	69	293	9	10	148	224	65T	35T	61T	18,778

Meehan, James J.

Year	Event	A	Pos	R1	R2	R3	R4	Tot	P/M	SBW	R2T	R3T	R1P	R2P	R3P	W
1923	PGA		32T													
1925	US		WD	83	80	83		246	33		163	246	80T	71T	70T	
1928	US		CUT	79	82			161	19		161		63T	75T		

Meek, Russell G.

Year	Event	A	Pos	R1	R2	R3	R4	Tot	P/M	SBW	R2T	R3T	R1P	R2P	R3P	W
1966	O		CUT	76	79			155	13		155		61T	88T		
1973	O		CUT	78	75			153	9		153		87T	85T		50
1974	O		CUT	83	80			163	21		163		135T	126T		50

Meeks, Eric S.

Year	Event	A	Pos	R1	R2	R3	R4	Tot	P/M	SBW	R2T	R3T	R1P	R2P	R3P	W
1989	M	A	CUT	83	79			162	18		162		82T	81T		
	O	A	CUT	81	80			161	17		161		152T	155		
	US	A	CUT	75	75			150	10		150		107T	110T		
1995	US		CUT	73	75			148	8		148		65T	87T		1,000

Mehlhorn, William E.

Year	Event	A	Pos	R1	R2	R3	R4	Tot	P/M	SBW	R2T	R3T	R1P	R2P	R3P	W
1919	PGA		32T													50
	US		WD	85				85	14				70T			
1920	PGA		16T													60
	US		27T	78	74	79	79	310	22	15	152	231	30T	11T	22T	
1921	O		16T	75	77	76	78	306		10	152	228	9T	13T	12	
1922	US		4	73	71	72	74	290	10	2	144	216	6T	2	1T	200
1923	US		8T	73	79	75	79	306	18	10	152	227	4T	9T	8	82
1924	PGA		32T													75
	US		3	72	75	76	78	301	13	4	147	223	1	1T	3	300
1925	PGA		2													
	US		15T	78	72	75	76	301	17	10	150	225	43T	15T	16T	
1926	O		8T	70	74	79	80	303	19	12	144	223	2	1T	5T	8
	US		3T	68	75	76	78	297	9	4	143	219	1	1	2	188
1927	O		CUT	77	80			157	11		157		49T	70T		
	PGA		32T													
	US		5	75	77	80	73	305	17	4	152	232	6T	7T	11T	100
1928	O		9	71	78	76	77	302	14	10	149	225	1	4T	5T	8
	PGA		32T													
	US		49T	80	77	86	70	313	29	19	157	243	75T	52T	62	
1929	O		36T	74	74	84	83	315	11	23	148	232	14T	9T	23T	
	PGA		16T													
	US		55T	81	77	82	82	322	34	28	158	240	93T	50T	52T	
1930	PGA		32T													
	US		9T	76	74	75	75	300	8	13	150	225	33T	18T	12T	138
1931	PGA		16T													
	US		4T	77	73	75	71	296	12	4	150	225	43T	14T	11T	450
1932	US		35T	81	76	78	73	308	28	22	157	235	60T	39T	51T	
1934	M		WD	78	77	74		229	13		155	229	48T	46T	38T	

Year	Event	A	Pos	R1	R2	R3	R4	Tot	P/M	SBW	R2T	R3T	R1P	R2P	R3P	W
	PGA		32T													85
	US		37T	78	77	77	77	309	29	16	155	232	50T	54T	39T	
1935	M		35T	76	70	77	78	301	13	19	146	223	40T	18T	28T	
1936	PGA		3T													
1937	M		33T	73	76	77	79	305	17	22	149	226	13T	21T	28T	
	PGA		64T													
	US		50T	76	76	75	76	303	15	22	152	227	55T	55T	48T	

Meichtry, Eric

Year	Event	A	Pos	R1	R2	R3	R4	Tot	P/M	SBW	R2T	R3T	R1P	R2P	R3P	W
2005	US		CUT	75	74			149	9		149		75T	84T		2,000

Meiklejohn, Stuart R.

Year	Event	A	Pos	R1	R2	R3	R4	Tot	P/M	SBW	R2T	R3T	R1P	R2P	R3P	W
1980	O		CUT	77	70	76		223	10		147	223	96T	54T	80T	350
1981	O		CUT	81	76			157	17		157		126T	127T		225

Meissner, Richard E.

Year	Event	A	Pos	R1	R2	R3	R4	Tot	P/M	SBW	R2T	R3T	R1P	R2P	R3P	W
1970	US		CUT	82	79			161	17		161		114T	124T		500
1974	US		CUT	80	83			163	23		163		107T	128T		500

Meister, Edward L., Jr.

Year	Event	A	Pos	R1	R2	R3	R4	Tot	P/M	SBW	R2T	R3T	R1P	R2P	R3P	W
1936	US	A	CUT	76	77			153	9		153		81T	85T		
1939	US	A	61	71	76	81	79	307	31	23	147	228	11T	27T	57T	
1946	US	A	CUT	72	81			153	9		153		14T	71T		
1947	US	A	CUT	78	79			157	15		157		113T	104T		
1955	M	A	67	86	87	74	77	324	36	45	173	247	75	73	68	
	US	A	CUT	81	80			161	21		161		93T	101T		
1956	M	A	58T	78	78	84	76	316	28	27	156	240	64T	59T	66T	
1957	M	A	CUT	80	75			155	11		155		81T	67T		
1961	US	A	49T	78	71	75	76	300	20	19	149	224	106T	47T	48T	
1962	US	A	25T	78	72	76	71	297	13	14	150	226	104T	38T	43T	

Meldin, Edwin

Year	Event	A	Pos	R1	R2	R3	R4	Tot	P/M	SBW	R2T	R3T	R1P	R2P	R3P	W
1912	US		CUT	87	83			170	22		170		109T	97T		

Melnick, John

Year	Event	A	Pos	R1	R2	R3	R4	Tot	P/M	SBW	R2T	R3T	R1P	R2P	R3P	W
1977	US		54T	71	75	78	75	299	19	21	146	224	18T	44T	57T	1,055

Melnyk, Steven Nicholas

Year	Event	A	Pos	R1	R2	R3	R4	Tot	P/M	SBW	R2T	R3T	R1P	R2P	R3P	W
1970	M	A	43	73	76	71	77	297	9	18	149	220	15T	37T	31T	
	O	A	41T	69	74	76	79	298	10	15	143	219	16T	24T	36T	
	US	A	CUT	81	79			160	16		160		101T	118T		
1971	M	A	24T	73	70	75	74	292	4	13	143	218	24T	11T	23T	
	O	A	49T	76	74	74	74	298	6	20	150	224	78T	61T	59T	
1972	M		12T	72	72	74	74	292	4	6	144	218	6T	7T	11T	3,100
1973	M		34T	72	74	79	72	297	9	14	146	225	8T	19T	49T	1,750
	PGA		CUT	77	74			151	9		151		94T	90T		
1974	US		35T	74	79	73	76	302	22	15	153	226	17T	58T	32T	1,060
1975	PGA		17T	71	72	74	70	287	7	11	143	217	17T	24T	30T	2,925
	US		29T	75	73	74	73	295	11	8	148	222	52T	49T	43T	1,193
1976	US		CUT	77	81			158	18		158		89T	118T		500
1977	PGA		44T	71	75	74	77	297	9	15	146	220	14T	28T	41T	750
	US		16T	70	73	70	73	286	6	8	143	213	8T	21T	14T	2,400
1978	M		51	71	78	75	76	300	12	23	149	224	5T	50T	48T	1,725
	PGA		CUT	73	79			152	10		152		31T	95T		303
	US		35T	79	71	69	79	298	14	13	150	219	105T	49T	16T	1,567
1979	US		CUT	79	73			152	10		152		103T	64T		600
1981	US		53T	70	75	73	73	291	11	18	145	218	16T	40T	51T	1,350
1982	PGA		CUT	72	76			148	8		148		41T	88T		650

Melton, Brett A.

Year	Event	A	Pos	R1	R2	R3	R4	Tot	P/M	SBW	R2T	R3T	R1P	R2P	R3P	W
2005	PGA		CUT	72	75			147	7		147		59T	98T		2,000

Melton, Green T. "Doc"

Year	Event	A	Pos	R1	R2	R3	R4	Tot	P/M	SBW	R2T	R3T	R1P	R2P	R3P	W
1948	US	A	CUT	83	83			166	24		166		158T	155		

Melville, David L.

Year	Event	A	Pos	R1	R2	R3	R4	Tot	P/M	SBW	R2T	R3T	R1P	R2P	R3P	W
1955	O		CUT	80	72			152	8		152		92T	66T		
1958	O		38	76	71	76	79	302	18	24	147	223	59T	38T	38T	25
1961	O		CUT	74	85			159	15		159		46T	79T		
1965	O		CUT	76	74			150	4		150		59T	51T		
1966	O		CUT	74	77			151	9		151		34T	65T		
1967	O		36T	74	74	74	75	297	9	19	148	222	41T	35T	36T	79

Melville, Thomas

Year	Event	A	Pos	R1	R2	R3	R4	Tot	P/M	SBW	R2T	R3T	R1P	R2P	R3P	W
1978	O		CUT	75	80			155	11		155		83T	133T		175
1979	O		CUT	78	79			157	15		157		93T	111T		200

Year	Event	A	Pos	R1	R2	R3	R4	Tot	P/M	SBW	R2T	R3T	R1P	R2P	R3P	W
Melvin, Barrett W.																
1936	US	A	CUT	81	82			163	19		163		145T	145T		
1939	US		CUT	77	77			154	16		154		84T	78T		
1940	US		CUT	76	78			154	10		154		58T	66T		
1946	US		CUT	81	76			157	13		157		131T	113T		
1948	US		CUT	76	80			156	14		156		91T	118T		
Menefee, Tod																
1958	PGA		CUT	77	75	81		233	23		152	233	81T	59T	87T	
1962	PGA		CUT	79	78			157	17		157		140T	139T		
1963	PGA		CUT	84	77			161	19		161		158T	143T		
Mengert, Alfred																
1952	M	A	34T	74	77	78	76	305	17	19	151	229	29T	38T	39T	
1953	M		23T	77	70	75	72	294	6	20	147	222	50T	22T	30T	407
	US		21T	75	71	78	76	300	12	17	146	224	23T	7T	19T	163
1954	M		38T	76	79	73	75	303	15	14	155	228	32T	45T	39T	250
	US		13T	71	72	73	75	291	11	7	143	216	5T	4T	6T	240
1955	M		32T	79	71	78	77	305	17	26	150	228	53T	25T	32T	250
	US		16T	76	76	72	77	301	21	14	152	224	22T	22T	12T	226
1956	M		24T	74	72	79	78	303	15	14	146	225	30T	11T	24T	480
1957	M		21T	75	75	71	75	296	8	13	150	221	29T	29T	16T	729
	US		45T	77	73	71	82	303	23	21	150	221	74T	40T	29T	240
1958	M		9T	73	71	69	76	289	1	5	144	213	32T	12T	4T	1,266
	US		CUT	77	78			155	15		155		46T	56T		
1959	M		CUT	76	76			152	8		152		45T	52T		350
1960	US		38T	75	71	74	74	294	10	14	146	220	64T	39T	42T	300
1961	PGA		29T	72	74	72	72	290	10	13	146	218	24T	38T	30T	425
1964	PGA		CUT	75	72	76		223	13		147	223	83T	56T	71T	
1965	PGA		33T	75	76	75	68	294	10	14	151	226	59T	70T	62T	738
1966	PGA		49T	72	77	76	73	298	18	18	149	225	12T	48T	59T	436
	US		26T	67	77	71	81	296	16	18	144	215	1	10T	7T	998
1967	US		CUT	75	77			152	12		152		65T	100T		400
1968	PGA		20T	71	73	70	73	287	7	6	144	214	13T	19T	11T	1,700
1969	PGA		32T	74	72	72	70	288	4	12	146	218	54T	44T	43T	1,055
1970	PGA		18T	76	72	70	71	289	9	10	148	218	78T	48T	26T	2,500
	US		54T	76	77	76	76	305	17	24	153	229	22T	52T	56T	850
1973	PGA		CUT	83	80			163	21		163		143T	140T		
1977	PGA		CUT	80	77			157	13		157		112T	106T		250
1979	PGA		CUT	76	71			147	7		147		102T	75T		350
Menne, Robert A.																
1970	PGA		31T	73	72	75	72	292	12	13	145	220	34T	26T	33T	1,225
1973	US		WD	80				80	9				119T			500
1974	PGA		CUT	73	78			151	11		151		43T	84T		
1975	M		CUT	76	82			158	14		158		56T	74T		1,250
1977	US		CUT	73	75			148	8		148		35T	61T		500
1982	PGA		CUT	75	74			149	9		149		99T	94T		650
1988	PGA		CUT	77	77			154	12		154		116T	130T		1,000
Mentiply, David B.																
1900	US		41	90	89	94	91	364		51	179	273	37T	36T	43	
Menzies, Alexander																
1926	O	A	CUT	82	84			166	24		166		75T	99T		
Menzies, Fred W.																
1899	US	A	34T	86	90	95	85	356		41	176	271	19T	31T	42T	
1902	US	A	WD	95	92			187			187	0	73T	73		
Mercer, Anderson																
1901	US		WD	100				100					52T			
Mercer, David																
1973	O		CUT	82	78			160	16		160		131T	137T		50
Mercer, J. H.																
1898	US		23T	85	95	93	93	366		38	180	273	11T	24T	26T	
Mercer, John																
1900	O		CUT	94	89			183			183		74T	63T		
Merkle, Louis J.																
1973	PGA		CUT	78	79			157	15		157		104T	123T		
1978	PGA		CUT	82	85			167	25		167		134T	144T		303
Merrell, Hans																
1956	US		CUT	83	76			159	19		159		149T	123T		

Year	Event	A	Pos	R1	R2	R3	R4	Tot	P/M	SBW	R2T	R3T	R1P	R2P	R3P	W
1957	PGA		128T													50
1959	PGA		CUT	77	76			153	13		153		119T	121T		
Merrick, John Sampson																
2005	US		CUT	77	73			150	10		150		113T	99T		2,000
2008	PGA		52T	73	75	70	77	295	15	18	148	218	43T	59T	33T	16,250
	US		6T	73	72	71	71	287	3	4	145	216	31T	22T	11T	220,686
Merrins, Martin Edward "Eddie"																
1957	US		CUT	77	81			158	18		158		74T	115T		
1961	US		CUT	77	76			153	13		153		87T	102T		
1962	PGA		CUT	81	73			154	14		154		155T	118T		
1963	PGA		34T	74	70	73	74	291	7	12	144	217	40T	12T	21T	480
1965	US		CUT	78	85			163	23		163		82T	127T		300
1966	US		CUT	75	78			153	13		153		58T	74T		300
1967	PGA		CUT	76	77			153	9		153		80T	85T		
	US		CUT	74	76			150	10		150		49T	80T		400
1968	PGA		CUT	75	81			156	16		156		65T	125T		
	US		CUT	73	78			151	11		151		28T	79T		500
1969	PGA		79	75	70	77	80	302	18	26	145	222	72T	35T	70T	241
1971	PGA		CUT	74	78			152	8		152		48T	99T		
	US		CUT	74	79			153	13		153		70T	99T		500
1973	US		CUT	86	78			164	22		164		149	140T		500
Merritt, Richard, Jr.																
1968	PGA		CUT	81	79			160	20		160		147T	143T		
Merz, Jack																
1964	PGA		CUT	82	82			164	24		164		156T	155T		
Meshiai, Hajime																
1988	O		CUT	75	74			149	7		149		63T	72T		450
1994	M		41T	71	71	80	78	300	12	21	142	222	10T	10T	35T	7,400
	O		60T	72	71	71	70	284	4	16	143	214	68T	61T	74	4,350
	PGA		75T	74	71	74	79	298	18	29	145	219	80T	65T	72T	2,413
	US		CUT	71	77			148	6		148		10T	66T		1,000
1996	O		CUT	76	72			148	6		148		136T	120T		650
Meskell, Rick																
1989	PGA		CUT	81	82			163	19		163		144T	146		1,000
Methvin, Marion C., Jr.																
1962	M	A	CUT	72	79			151	7		151		12T	61T		
Metters, Ernest																
1904	O		WD													
1905	O		CUT	98	89			187			187					
1910	O		UNK	88												
Metz, Richard																
1933	PGA		32T													85
1934	M		WD	75	79	76		230	14		154	230	27T	43T	40	
	PGA		8T													
	US		CUT	81	76			157	17		157		98T	76T		
1935	M		31T	75	73	73	78	299	11	17	148	221	32T	28T	22T	
	PGA		32T													100
	US		10T	77	76	76	78	307	19	8	153	229	28T	13T	9T	95
1936	M		27	79	78	76	70	303	15	18	157	233	31T	38T	38T	
	PGA		32T													
	US		28T	74	73	73	76	296	8	14	147	220	37T	23T	25T	
1938	M		8T	70	77	74	71	292	4	7	147	221	2T	12T	11T	175
	PGA		16T													
	US		2	73	68	70	79	290	6	6	141	211	5T	2	1	800
1939	M		31T	72	80	77	74	303	15	24	152	229	6T	29T	34	
	PGA		3T													
	US		7T	76	72	71	69	288	12	4	148	219	65T	31T	19T	325
1940	M		21T	71	74	75	75	295	7	15	145	220	7T	10T	21T	
	PGA		16T													
	US		9	75	72	72	72	291	3	4	147	219	45T	22T	13T	175
1941	M		19T	74	72	75	76	297	9	17	146	221	18T	11T	16T	
	PGA		64T													100
	US		10T	71	74	76	74	295	15	11	145	221	4T	5T	11T	125
1942	PGA		32T													
1946	M		32T	77	75	71	79	302	14	20	152	223	35T	31T	20T	
	PGA		32T													200
	US		8T	76	70	72	69	287	-1	3	146	218	57T	15T	13T	225
1947	M		8T	72	72	72	71	287	-1	6	144	216	16T	19T	9T	335

Year	Event	A	Pos	R1	R2	R3	R4	Tot	P/M	SBW	R2T	R3T	R1P	R2P	R3P	W
	PGA		16T													350
	US		13T	69	70	78	74	291	7	9	139	217	5T	1T	11T	140
1948	M		10T	71	72	75	73	291	3	12	143	218	6T	10	9T	250
	US		CUT	75	80			155	13		155		74T	110T		
1949	M		30T	71	76	76	77	300	12	18	147	223	3T	10T	24T	
	US		CUT	76	77			153	11		153		55T	71T		
1950	PGA		32T													200
	US		20T	76	71	71	78	296	16	9	147	218	75T	29T	11T	100
1952	US		6	70	74	76	71	291	11	10	144	220	3T	8T	11T	500
1953	M		23T	73	72	71	78	294	6	20	145	216	13T	12T	10T	407
	US		7T	75	70	74	76	295	7	12	145	219	23T	6	7T	450
1954	US		29T	75	75	72	77	299	19	15	150	222	28T	30T	24T	180
1958	US		7T	71	78	73	71	293	13	10	149	222	1T	12T	11T	1,017
1959	M		CUT	78	74			152	8		152		60T	52T		350
	US		CUT	78	74			152	12		152		93T	69T		
Metzger, Frank																
1948	US	A	CUT	76	83			159	17		159		91T	134T		
Mew, Alan D. A.																
1979	O		CUT	77	81			158	16		158		77T	119T		200
1983	O		CUT	75	74			149	7		149		101T	97T		250
Meyer, Dennis W.																
1973	US		CUT	81	83			164	22		164		128T	140T		500
1974	US		CUT	79	78			157	17		157		92T	92T		500
1975	PGA		67T	72	74	74	80	300	20	24	146	220	26T	48T	48T	429
Meyer, Robert																
1991	US		CUT	76	74			150	6		150		90T	87T		1,000
Meyers, Bill																
1955	US		WD													
Meyers, Claude F., Jr.																
1935	US		CUT	92	89			181	37		181		157	146		
Meyers, Lewis																
1927	US		CUT	86	81			167	23		167		97T	80T		
Miartuz, Emilio "Chico"																
1956	US		WD	79				79	9				118T			
1957	US		CUT	77	76			153	13		153		74T	75T		
Micheel, Shaun Carl																
1999	US		CUT	73	77			150	10		150		71T	96T		1,000
2001	US		40T	73	70	75	71	289	9	13	143	218	46T	23T	53T	23,933
2003	PGA		1	69	68	69	70	276	-4	-2	137	206	6T	1	1T	1,080,000
2004	M		22T	72	76	72	70	290	2	11	148	220	15T	32T	26T	70,200
	O		47T	70	72	70	79	291	7	17	142	212	26T	24T	15T	11,964
	PGA		24T	77	68	70	71	286	-2	6	145	215	129T	57T	41T	46,714
	US		28T	71	72	70	80	293	13	17	143	213	30T	34T	13T	51,774
2005	M		CUT	75	78			153	9		153		42T	74T		5,000
	O		CUT	75	73			148	4		148		97T	100T		2,500
	PGA		CUT	72	73			145	5		145		59T	80T		2,000
	US		CUT	78	74			152	12		152		131T	113T		2,000
2006	M		CUT	82	70			152	8		152		85T	65T		5,000
	O		CUT	72	75			147	3		147		68T	106T		2,250
	PGA		2	69	70	67	69	275	-13	5	139	206	10T	12T	5T	734,400
	US		CUT	77	74			151	11		151		90T	73T		2,000
2007	M		CUT	82	77			159	15		159		87T	87T		5,000
	O		35T	70	76	70	72	288	4	11	146	216	13T	53T	37T	20,107
	PGA		32T	73	71	70	72	286	6	14	144	214	53T	42T	24T	34,750
	US		CUT	78	73			151	11		151		115T	64T		2,000
2008	M		CUT	76	74			150	6		150		65T	63T		10,000
Mickelson, Philip Alfred, Jr.																
1990	US	A	29T	74	71	71	72	288	0	8	145	216	80T	54T	40T	
1991	M	A	46T	69	73	74	74	290	2	13	142	216	9T	20T	42T	
	O	A	73T	77	67	73	71	288	8	16	144	217	134T	54T	75T	
	US	A	55T	73	72	80	75	300	12	18	145	225	45T	30T	58T	
1992	US		CUT	68	81			149	5		149		3T	79T		1,000
1993	M		34T	72	71	75	73	291	3	14	143	218	35T	25T	35T	8,975
	PGA		6T	67	71	69	70	277	-7	5	138	207	5T	18T	13T	47,813
1994	O		CUT	78	74			152	12		152		148T	144T		600
	PGA		3	68	71	67	70	276	-4	7	139	206	3T	8T	3T	110,000
	US		47T	75	70	73	79	297	13	18	145	218	71T	36T	36T	5,105

Year	Event	A	Pos	R1	R2	R3	R4	Tot	P/M	SBW	R2T	R3T	R1P	R2P	R3P	W
1995	M		7T	66	71	70	73	280	-8	6	137	207	1T	4T	3T	70,950
	O		40T	70	71	77	73	291	3	9	141	218	18T	13T	52T	7,050
	PGA		CUT	77	71			148	6		148		138T	127T		1,200
	US		4T	68	70	72	74	284	4	4	138	210	3T	3T	3T	66,634
1996	M		3	65	73	72	72	282	-6	6	138	210	2	3T	3	170,000
	O		41T	72	71	72	69	284	0	13	143	215	63T	58T	57T	7,150
	PGA		8T	67	67	74	72	280	-8	3	134	208	2T	1	4T	57,500
	US		94T	76	71	73	76	296	16	18	147	220	115T	87T	80T	5,235
1997	M		CUT	76	74			150	6		150		42T	47T		5,000
	O		24T	76	68	69	71	284	0	12	144	213	63T	26T	18T	10,362
	PGA		29T	69	69	73	75	286	6	17	138	211	11T	3T	5T	13,625
	US		43T	75	68	73	74	290	10	14	143	216	93T	29T	35T	10,491
1998	M		12T	74	69	69	74	286	-2	7	143	212	25T	4T	2T	64,800
	O		79	71	74	85	78	308	28	28	145	230	42T	47T	79T	5,300
	PGA		34T	70	70	78	67	285	5	14	140	218	21T	15T	62T	14,250
	US		10T	71	73	74	70	288	8	8	144	218	16T	20T	25T	64,490
1999	M		6T	74	69	71	71	285	-3	5	143	214	41T	13T	13T	125,200
	O		CUT	79	76			155	13		155		83T	74T		1,100
	PGA		57T	72	72	74	77	295	7	18	144	218	36T	40T	41T	7,175
	US		2	67	70	73	70	280	0	1	137	210	1T	1T	2	370,000
2000	M		7T	71	68	76	71	286	-2	8	139	215	5T	2T	5T	143,367
	O		11T	72	66	71	72	281	-7	12	138	209	50T	6T	11T	37,111
	PGA		9T	70	70	69	70	279	-9	9	140	209	10T	9T	11T	112,500
	US		16T	71	73	73	76	293	9	21	144	217	18T	11T	5T	65,214
2001	M		3	67	69	69	70	275	-13	3	136	205	4T	2T	2	380,800
	O		30T	70	72	72	71	285	1	11	142	214	21T	35T	40T	21,500
	PGA		2	66	66	66	68	266	-14	1	132	198	2T	3T	2	562,000
	US		7T	70	69	68	75	282	2	6	139	207	10T	6T	6	125,172
2002	M		3	69	72	68	71	280	-8	4	141	209	4T	9T	4T	380,800
	O		66T	68	76	76	70	290	6	12	144	220	4T	68T	72T	8,800
	PGA		34T	76	72	78	68	294	6	16	148	226	89T	57T	63T	26,300
	US		2	70	73	67	70	280	0	3	143	210	7T	7T	3T	585,000
2003	M		3	73	70	72	68	283	-5	2	143	215	11T	3T	5T	408,000
	O		59T	74	72	73	78	297	13	14	146	219	35T	16T	27T	9,550
	PGA		23T	66	75	72	75	288	8	12	141	213	1T	5T	12T	52,000
	US		55T	70	70	75	74	289	9	17	140	215	25T	27T	50T	16,199
2004	M		1	72	69	69	69	279	-9	-1	141	210	15T	4T	1T	1,170,000
	O		3	73	66	68	68	275	-9	1	139	207	73T	10T	3T	275,000
	PGA		6T	69	72	67	74	282	-6	2	141	208	17T	14T	3T	196,000
	US		2	68	66	73	71	278	-2	2	134	207	5T	1T	2T	675,000
2005	M		10	70	72	69	74	285	-3	9	142	211	6T	6T	4T	189,000
	O		60T	74	67	72	76	289	1	15	141	213	74T	25T	29T	10,000
	PGA		1	67	65	72	72	276	-4	-1	132	204	1T	1	1T	1,170,000
	US		33T	69	77	72	74	292	12	12	146	218	6T	45T	35T	35,759
2006	M		1	70	72	70	69	281	-7	-2	142	212	4T	5T	1	1,260,000
	O		22T	69	71	73	70	283	-5	13	140	213	20T	22T	39T	35,375
	PGA		16T	69	71	68	74	282	-6	12	140	208	10T	18T	8T	94,000
	US		2T	70	73	69	74	286	6	1	143	212	2T	7T	1T	501,249
2007	M		24T	76	73	73	77	299	11	10	149	222	43T	27T	8T	63,800
	O		CUT	71	77			148	6		148		25T	81T		2,650
	PGA		32T	73	69	75	69	286	6	14	142	217	53T	19T	56T	34,750
	US		CUT	74	77			151	11		151		57T	64T		2,000
2008	M		5T	71	68	75	72	286	-2	6	139	214	11T	3T	7T	273,750
	O		19T	79	68	76	71	294	14	11	147	223	123T	38T	48T	37,771
	PGA		7T	70	73	71	70	284	4	7	143	214	8T	14T	13T	231,250
	US		18T	71	75	76	68	290	6	7	146	222	12T	35T	47T	87,230

Micklem, Gerald Hugh

Year	Event	A	Pos	R1	R2	R3	R4	Tot	P/M	SBW	R2T	R3T	R1P	R2P	R3P	W
1946	O	A	CUT	85	82			167	23		167		90T	92T		

Middlecoff, Emmett Cary "Cary"

Year	Event	A	Pos	R1	R2	R3	R4	Tot	P/M	SBW	R2T	R3T	R1P	R2P	R3P	W
1946	M	A	12T	72	76	71	74	293	5	11	148	219	6T	17T	13T	
1947	M		29T	71	69	76	80	296	8	15	140	216	10T	1T	9T	
	US		CUT	75	79			154	12		154		60T	87T		
1948	M		2	74	71	69	70	284	-4	5	145	214	24T	13T	3	1,500
	US		21T	74	71	73	73	291	7	15	145	218	57T	23T	20T	100
1949	M		23T	76	77	72	73	298	10	16	153	225	29T	38T	29T	188
	US		1	75	67	69	75	286	2	-1	142	211	38T	2T	1	2,000
1950	M		7T	75	76	68	73	292	4	9	151	219	20T	23T	7	405
	US		10T	71	71	71	79	292	12	5	142	213	7T	6T	3T	225
1951	M		12T	73	73	69	78	293	5	13	146	215	12T	16T	6T	356
	US		24T	76	73	79	73	301	21	14	149	228	40T	16T	36T	100
1952	M		11	72	72	72	78	294	6	8	144	216	14T	10T	3	520
	PGA		8T													500

Year	Event	A	Pos	R1	R2	R3	R4	Tot	P/M	SBW	R2T	R3T	R1P	R2P	R3P	W
	US		24T	75	74	75	74	298	18	17	149	224	42T	23T	27T	100
1953	M		27T	75	76	68	77	296	8	22	151	219	35T	42T	20T	200
	PGA		32T													200
	US		WD	76	73			149	5		149	0	39T	17T		
1954	M		9T	73	76	70	75	294	6	5	149	219	7T	13T	3T	781
	PGA		3T													750
	US		11T	72	71	72	75	290	10	6	143	215	8T	4T	3T	300
1955	M		1	72	65	72	70	279	-9	-7	137	209	4T	1	1	5,000
	PGA		2													3,000
	US		21T	76	78	74	75	303	23	16	154	228	22T	40T	24	226
1956	M		3	67	72	75	77	291	3	2	139	214	2	2	2	3,750
	US		1	71	70	70	70	281	1	-1	141	211	3T	3T	1	6,000
1957	M		CUT	79	73			152	8		152		68T	50T		300
	O		14	72	71	74	72	289	1	10	143	217	20T	8T	16T	
	US		2PO	71	75	68	68	282	2	-1	146	214	11T	16T	3T	4,200
1958	M		6T	70	73	69	75	287	-1	3	143	212	6T	6T	3	1,519
	PGA		20T	71	73	76	72	292	12	16	144	220	10T	14T	28T	566
	US		27T	75	79	75	71	300	20	17	154	229	12T	43T	43T	200
1959	M		2	74	71	68	72	285	-3	1	145	213	19T	10T	3	7,500
	PGA		8T	72	68	70	72	282	2	5	140	210	27T	6T	4T	1,600
	US		19T	71	73	73	77	294	14	12	144	217	6T	12T	13T	300
1960	M		CUT	75	76			151	7		151		45T	46T		350
	PGA		29T	73	74	73	75	295	15	14	147	220	34T	35T	24T	450
	US		43T	77	70	72	77	296	12	16	147	219	98T	48T	39T	270
1961	M		CUT	75	75			150	6		150		45T	42T		400
	PGA		11T	74	69	71	69	283	3	6	143	214	54T	16T	14T	1,650
	US		CUT	74	76			150	10		150		35T	58T		
1962	M		29T	75	74	73	73	295	7	15	149	222	44T	40T	37T	500
	PGA		15T	73	66	74	74	287	7	9	139	213	29T	2T	6T	1,225
	US		CUT	74	79			153	11		153		30T	75T		
1963	M		CUT	87	81			168	24		168		80T	79		600
	US		CUT	80	78			158	16		158		105T	101T		150
1964	M		CUT	79	77			156	12		156		84T	85		700
1965	M		CUT	76	75			151	7		151		72T	58T		900
1966	M		WD	83				83	11				101T			1,000
	US		WD	77				77	7				86T			300
1967	M		CUT	84	76			160	16		160		81T	79		1,000
1968	M		CUT	76	76			152	8		152		48T	60T		1,000
1969	M		WD	72	76	80		228	12		148	228	24T	44T	47T	1,000
1970	M		CUT	78	75			153	9		153		63T	61T		1,000
1971	M		WD	75				75	3				39T			1,000

Middleton, Harry

Year	Event	A	Pos	R1	R2	R3	R4	Tot	P/M	SBW	R2T	R3T	R1P	R2P	R3P	W
1951	O		CUT	81	82			163	19		163		79T	88T		

Mielke, Mark S.

Year	Event	A	Pos	R1	R2	R3	R4	Tot	P/M	SBW	R2T	R3T	R1P	R2P	R3P	W
1988	US		CUT	82	77			159	17		159		148T	144T		1,000
1993	PGA		CUT	75	70			145	3		145		121T	89T		1,200
	US		CUT	72	73			145	5		145		76T	89T		1,000
1994	US		CUT	80	74			154	12		154		146T	131T		1,000
1995	PGA		CUT	78	67			145	3		145		144T	101T		1,200
1998	PGA		CUT	74	74			148	8		148		99T	93T		1,500
1999	US		CUT	78	81			159	19		159		146T	150T		1,000
2001	PGA		CUT	80	76			156	16		156	0	146T	144		2,000
2005	PGA		CUT	77	73			150	10		150		132T	121T		2,000

Miguel, Angel

Year	Event	A	Pos	R1	R2	R3	R4	Tot	P/M	SBW	R2T	R3T	R1P	R2P	R3P	W
1955	O		CUT	77	74			151	7		151		72T	61T		
1956	O		13T	71	74	75	77	297	13	11	145	220	7T	4T	5T	
1957	O		4	72	72	69	72	285	-3	6	144	213	20T	14T	4T	200
1958	O		29	71	70	75	77	293	9	15	141	216	16T	11T	20T	25
1959	M		25T	72	72	76	74	294	6	10	144	220	5T	3T	26T	1,200
	O		38T	73	75	73	77	298	10	14	148	221	23T	38T	29T	
1960	M		CUT	78	73			151	7		151		64T	46T		350
	O		16T	72	73	72	71	288	-4	10	145	217	9T	21T	20T	60
1961	M		CUT	75	75			150	6		150		45T	42T		400
	O		14T	73	79	74	72	298	10	14	152	226	35T	34T	23T	
1962	M		CUT	74	77			151	7		151		28T	61T		400
1963	M		CUT	78	79			157	13		157		52T	67T		600
1964	O		8T	73	76	72	71	292	4	13	149	221	5T	14T	9	183
1965	O		CUT	80	77			157	11		157		109T	106T		

Miguel, Sebastian Ricardo

Year	Event	A	Pos	R1	R2	R3	R4	Tot	P/M	SBW	R2T	R3T	R1P	R2P	R3P	W
1955	O		CUT	75	77			152	8		152		54T	66T		
1956	O		40T	72	78	84	73	307	23	21	150	234	12T	18T	44T	

Year	Event	A	Pos	R1	R2	R3	R4	Tot	P/M	SBW	R2T	R3T	R1P	R2P	R3P	W
1957	O		15T	71	75	76	68	290	2	11	146	222	11T	27T	37T	
1958	O		26T	74	71	73	74	292	8	14	145	218	39T	28T	28T	25
1959	O		CUT	78	73			151	7		151		69T	58T		
1960	O		26T	73	68	74	76	291	-1	13	141	215	21T	3T	8T	60
1961	M		CUT	74	78			152	8		152		22T	52T		400
	O		14T	71	80	70	77	298	10	14	151	221	13T	30T	12T	
1962	M		CUT	77	79			156	12		156		70T	82T		400
	O		12T	72	79	73	72	296	8	20	151	224	5T	26T	16T	
1963	O		9T	73	69	73	73	288	8	11	142	215	22T	8T	7T	163
1964	M		CUT	74	77			151	7		151		33T	57T		700
	O		CUT	94	75			169	25		169		120	117T		
1965	O		8T	72	73	72	73	290	-2	5	145	217	6T	15T	7T	275
1966	O		8T	74	72	70	72	288	4	6	146	216	34T	17T	7T	330
1967	O		6T	72	74	68	72	286	-2	8	146	214	23T	23T	8T	575
1968	O		21T	73	75	76	76	300	12	11	148	224	9T	15T	17T	220

Mijovic, Danny

Year	Event	A	Pos	R1	R2	R3	R4	Tot	P/M	SBW	R2T	R3T	R1P	R2P	R3P	W
1985	US		CUT	77	73			150	10		150		115T	99T		600
1989	US		CUT	76	76			152	12		152		115T	122T		1,000
1990	O		57T	69	74	71	74	288	0	18	143	214	12T	57T	49T	3,225
1991	O		80T	70	72	74	73	289	9	17	142	216	18T	28T	66T	3,000
1992	O		64T	70	71	80	71	292	8	20	141	221	36T	37T	73T	3,425

Mikles, Lee

Year	Event	A	Pos	R1	R2	R3	R4	Tot	P/M	SBW	R2T	R3T	R1P	R2P	R3P	W
1978	US		CUT	78	80			158	16		158		80T	119T		600

Milam, Tony A.

Year	Event	A	Pos	R1	R2	R3	R4	Tot	P/M	SBW	R2T	R3T	R1P	R2P	R3P	W
1987	PGA		CUT	83	87			170	26		170		132T	143		1,000

Milanovich, Ronald

Year	Event	A	Pos	R1	R2	R3	R4	Tot	P/M	SBW	R2T	R3T	R1P	R2P	R3P	W
1976	US	A	CUT	73	84			157	17		157		22T	111T		

Miles, Alfred J.

Year	Event	A	Pos	R1	R2	R3	R4	Tot	P/M	SBW	R2T	R3T	R1P	R2P	R3P	W
1914	O		73T	82	84	87	86	339		33	166	253	49T	57T	71T	
1920	O		40T	79	82	81	84	326		23	161	242	17T	22T	26T	
1921	O		41T	75	78	81	80	314		18	153	234	9T	18T	35T	
1922	O		58T	75	86	81	83	325		25	161	242	4T	38T	46T	
1923	O		38T	77	78	76	83	314		19	155	231				
1927	O		43T	74	76	82	76	308	16	23	150	232	14T	18T	47T	
1928	O		CUT	81	83			164	20		164		49T	84T		
1929	O		49T	80	77	80	82	319	15	27	157	237	62T	54T	41T	
1930	O		CUT	79	80			159	15		159		54T	63T		
1934	O		WD	73	78			151	7		151		15T	41T		

Miles, Eldridge L.

Year	Event	A	Pos	R1	R2	R3	R4	Tot	P/M	SBW	R2T	R3T	R1P	R2P	R3P	W
1967	US		CUT	77	77			154	14		154		101T	115T		400
1968	US		CUT	76	81			157	17		157		76T	134T		500
1970	PGA		CUT	76	77			153	13		153		78T	85T		
1977	PGA		CUT	88	79			167	23		167		137	131T		250

Miles, John G.

Year	Event	A	Pos	R1	R2	R3	R4	Tot	P/M	SBW	R2T	R3T	R1P	R2P	R3P	W
1961	US	A	CUT	81	76			157	17		157		139T	122T		

Miles, Michael

Year	Event	A	Pos	R1	R2	R3	R4	Tot	P/M	SBW	R2T	R3T	R1P	R2P	R3P	W
1987	US		CUT	79	76			155	15		155		142T	140T		600

Miley, Fred P.

Year	Event	A	Pos	R1	R2	R3	R4	Tot	P/M	SBW	R2T	R3T	R1P	R2P	R3P	W
1919	US		CUT	90	86			176	34		176		108T	95T		

Millar, Anthony

Year	Event	A	Pos	R1	R2	R3	R4	Tot	P/M	SBW	R2T	R3T	R1P	R2P	R3P	W
2004	O		CUT	78	86			164	22		164		142T	155T		2,000

Millar, George

Year	Event	A	Pos	R1	R2	R3	R4	Tot	P/M	SBW	R2T	R3T	R1P	R2P	R3P	W
1883	O	A	19	80	92			172		13	172					
1886	O	A	UNK													

Millar, J. M.

Year	Event	A	Pos	R1	R2	R3	R4	Tot	P/M	SBW	R2T	R3T	R1P	R2P	R3P	W
1870	O		12	66	62	54		182		33	128					

Millensted, Dudley J.

Year	Event	A	Pos	R1	R2	R3	R4	Tot	P/M	SBW	R2T	R3T	R1P	R2P	R3P	W
1966	O	A	CUT	76	78			154	12		154		61T	82T		
1969	O		WD	78				78	7				93T			

Miller, Allen L., III

Year	Event	A	Pos	R1	R2	R3	R4	Tot	P/M	SBW	R2T	R3T	R1P	R2P	R3P	W
1969	M	A	CUT	77	74			151	7		151		69T	62T		
1970	M	A	CUT	81	76			157	13		157		77T	74T		
1971	M	A	42T	76	73	81	70	300	12	21	149	230	47T	40T	48	
1973	PGA		64T	74	73	77	73	297	13	20	147	224	52T	49T	68T	360
1974	PGA		77	71	78	74	83	306	26	30	149	223	20T	69T	63T	321

Year	Event	A	Pos	R1	R2	R3	R4	Tot	P/M	SBW	R2T	R3T	R1P	R2P	R3P	W
	US		CUT	75	79			154	14		154		25T	67T		500
1975	M		15T	68	75	72	73	288	0	12	143	215	2T	15T	7T	2,900
1976	M		CUT	79	77			156	12		156		71	65T		1,350
1978	PGA		CUT	75	75			150	8		150		61T	82T		303
1980	PGA		CUT	77	75			152	12		152		102T	89T		500
1983	PGA		82T	69	78	77	78	302	18	28	147	224	12T	69T	80T	1,500
1984	PGA		39T	72	72	71	76	291	3	18	144	215	30T	30T	23T	2,506
Miller, Andy																
2002	US		62T	76	74	75	75	300	20	23	150	225	96T	60T	65T	12,794
Miller, Bill																
1973	PGA		CUT	81	82			163	21		163		133T	140T		
Miller, Brady																
1974	US		CUT	83	82			165	25		165		135T	137T		500
1976	US		CUT	85	75			160	20		160		147T	126T		500
Miller, Danny																
1985	US		CUT	78	75			153	13		153		126T	123T		600
Miller, David																
1960	O		36T	75	73	74	73	295	3	17	148	222	41T	38T	38T	50
1961	O		29T	69	79	80	74	302	14	18	148	228	4T	9T	35T	
1962	O		39	76	74	81	78	309	21	33	150	231	33T	22T	36T	
1963	O		CUT	74	79			153	13		153		30T	78T		
1965	O		33T	77	70	76	79	302	10	17	147	223	77T	23T	22T	
1966	O		52T	73	77	78	78	306	22	24	150	228	15T	55T	54T	72
1967	O		CUT	80	82			162	18		162		114T	126T		
1971	O		CUT	77	77			154	8		154		92T	98T		
1972	O		CUT	79	78			157	15		157		118T	118T		50
Miller, E. R. "Eddie"																
1930	US		CUT	80	85			165	19		165		86T	116T		
1932	US		CUT	81	82			163	23		163		60T	87T		
1934	US		CUT	82	77			159	19		159		114T	86T		
1936	US		CUT	81	78			159	15		159		145T	130T		
Miller, Eric E.																
1953	O		CUT	79	77			156	12		156		50T	54T		
Miller, F. R.																
1958	US		CUT	87	88			175	35		175		150T	155T		
Miller, Frank E.																
1956	O		43T	72	78	78	80	308	24	22	150	228	12T	18T	29T	
1958	O		CUT	76	78			154	12		154		59T	83T		
1959	O		CUT	77	79			156	12		156		63T	78T		
1962	O		CUT	75	81			156	12		156		21T	72T		
1963	O		CUT	74	77			151	11		151		30T	59T		
Miller, Harry E.																
1938	US	A	CUT	81	77			158	16		158		91T	79T		
Miller, J.																
1876	O	A	WD													
Miller, James (earlier)																
1863	O	A	9	63	63	66		192		24	126		8	8		
Miller, James (later)																
1997	O	A	CUT	80	84			164	22		164		131T	152T		
Miller, John Laurence "Johnny"																
1966	US	A	8T	70	72	74	74	290	10	12	142	216	5T	5T	10	
1967	M	A	53T	72	78	81	74	305	17	25	150	231	6T	46T	55	
	US		CUT	77	76			153	13		153		101T	111T		400
1969	US		42T	71	70	80	73	294	14	13	141	221	14T	8T	52T	955
1970	PGA		12T	68	77	70	71	286	6	7	145	215	1T	26T	9T	3,750
	US		18T	79	73	73	71	296	8	15	152	225	68T	38T	26T	1,675
1971	M		2T	72	73	68	68	281	-7	2	145	213	12T	17T	6	17,500
	O		47T	72	76	70	79	297	5	19	148	218	20T	43T	20T	148
	PGA		20T	71	76	72	71	290	2	9	147	219	5T	54T	33T	2,300
	US		5T	70	73	70	70	283	3	3	143	213	8T	17T	11T	6,500
1972	M		CUT	76	76			152	8		152		49T	48T		1,000
	O		15T	76	66	72	75	289	5	11	142	214	71T	3T	6T	850
	PGA		20T	70	76	70	74	290	10	9	146	216	8T	32T	23T	2,385
	US		7	74	73	71	79	297	9	7	147	218	17T	14T	5T	5,000
1973	M		6T	75	69	71	73	288	0	5	144	215	38T	10T	5T	6,250

Year	Event	A	Pos	R1	R2	R3	R4	Tot	P/M	SBW	R2T	R3T	R1P	R2P	R3P	W
	O		2T	70	68	69	72	279	-9	3	138	207	4	2T	2	3,625
	PGA		18T	72	71	74	69	286	2	9	143	217	22T	15T	30T	2,603
	US		1	71	69	76	63	279	-5	-1	140	216	5T	3T	13T	35,000
1974	M		15T	72	74	69	70	285	-3	7	146	215	22T	32T	19T	2,900
	O		10	72	75	73	74	294	10	12	147	220	8T	13T	9T	1,500
	PGA		39T	71	75	72	73	291	11	15	146	218	20T	39T	32T	817
	US		35T	76	75	74	77	302	22	15	151	225	41T	46T	24T	1,060
1975	M		2T	75	71	65	66	277	-11	1	146	211	48T	27T	3	21,250
	O		3T	71	69	66	74	280	-8	1	140	206	12T	11T	3	3,867
	PGA		CUT	78	74			152	12		152		103T	96T		
	US		38T	75	72	76	73	296	12	9	147	223	52T	35T	48T	1,040
1976	M		23T	71	73	74	75	293	5	22	144	218	11T	15T	18T	2,225
	O		1	72	68	73	66	279	-9	-6	140	213	10T	2	2	7,500
	US		10	74	72	69	71	286	6	9	146	215	34T	20T	14T	5,500
1977	M		35T	78	71	69	74	292	4	16	149	218	67T	44T	28T	1,925
	O		9T	69	74	67	74	284	4	16	143	210	6T	21T	7T	2,875
	PGA		11T	70	74	73	70	287	-1	5	144	217	8T	15T	20T	5,250
	US		27T	71	73	70	76	290	10	12	144	214	18T	26T	19T	1,413
1978	M		32T	77	72	72	70	291	3	14	149	221	57T	50T	38T	1,950
	O		CUT	73	77			150	6		150		41T	91T		175
	PGA		38T	69	72	72	79	292	8	16	141	213	3T	5	8T	1,350
	US		6T	78	69	68	74	289	5	4	147	215	80T	25T	5T	7,548
1979	M		CUT	77	71			148	4		148		64T	52T		1,500
	O		57T	77	73	77	76	303	19	20	150	227	77T	45T	58T	450
	US		CUT	74	78			152	10		152		29T	64T		600
1980	M		38T	74	72	71	75	292	4	17	146	217	40T	42T	32T	1,525
	O		CUT	77	70	73		220	7		147	220	96T	54T	66T	350
	PGA		68T	70	71	80	79	300	20	26	141	221	10T	5	46T	705
	US		CUT	72	75			147	7		147		30T	64T		600
1981	M		2T	69	72	73	68	282	-6	2	141	214	1T	8T	10T	30,500
	O		39T	71	73	73	76	293	13	17	144	217	3T	14T	21T	590
	PGA		CUT	77	73			150	10		150		117T	96T		550
	US		23T	69	71	73	72	285	5	12	140	213	8T	16T	26T	2,350
1982	M		CUT	81	80			161	17		161		62T	67T		1,500
	O		22T	71	76	75	72	294	6	10	147	222	7T	34T	28T	2,200
	PGA		32T	76	67	73	70	286	6	14	143	216	107T	37T	54T	2,850
	US		45T	78	69	78	72	297	9	15	147	225	78T	21T	54T	1,855
1983	M		12T	72	72	71	74	289	1	9	144	215	29T	26T	9T	10,125
	PGA		30T	72	75	73	67	287	3	13	147	220	39T	69T	63T	2,650
	US		CUT	78	76			154	12		154		96T	85T		600
1984	M		CUT	74	75			149	5		149		49T	61T		1,500
	O		31T	75	71	70	72	288	0	12	146	216	95T	58T	26T	2,598
	PGA		WD	75				75	3				73T			1,000
	US		4T	74	68	70	70	282	2	6	142	212	72T	10T	6T	22,335
1985	M		25T	77	68	76	71	292	4	10	145	221	58T	13T	34T	5,670
	PGA		CUT	77	73			150	6		150		128T	96T		1,000
	US		8	74	71	68	69	282	2	3	145	213	64T	45T	13T	14,921
1986	M		28T	74	70	77	69	290	2	11	144	221	25T	13T	39T	5,667
	O		CUT	75	77			152	12		152		22T	78T		400
	PGA		WD	72	71	73		216	3		143	216	46T	27T	38T	1,000
	US		45T	76	72	71	74	293	13	14	148	219	48T	30T	31T	3,963
1987	M		42T	75	75	71	77	298	10	13	150	221	35T	40T	27T	3,333
	PGA		WD	76				76	4				69T			1,000
	US		CUT	71	77			148	8		148		18T	78T		600
1988	O		52T	75	73	72	75	295	11	22	148	220	63T	57T	45T	2,800
1989	O		49T	72	69	76	73	290	2	15	141	217	42T	18T	55T	3,400
1991	O		CUT	74	80			154	14		154		94T	145T		600
1994	M		CUT	77	73			150	6		150		64T	52T		1,500
	US		CUT	81	76			157	15		157		151T	143T		1,000

Miller, John "Spider"

Year	Event	A	Pos	R1	R2	R3	R4	Tot	P/M	SBW	R2T	R3T	R1P	R2P	R3P	W
1997	M	A	CUT	82	81			163	19		163		77T	83T		
1999	M	A	CUT	81	81			162	18		162		92	92		

Miller, Lindy Ray

Year	Event	A	Pos	R1	R2	R3	R4	Tot	P/M	SBW	R2T	R3T	R1P	R2P	R3P	W
1975	US	A	CUT	80	77			157	15		157		127T	128T		
1977	US	A	54T	73	73	76	77	299	19	21	146	222	35T	44T	54T	
1978	M	A	16T	74	71	70	71	286	-2	9	145	215	34T	27T	20T	
	US	A	CUT	74	77			151	9		151		25T	64T		
1979	M		45	73	67	75	86	301	13	21	140	215	34T	8T	18T	1,750
	PGA		CUT	76	71			147	7		147		102T	75T		350
	US		CUT	79	73			152	10		152		103T	64T		600
1981	US		CUT	75	78			153	13		153		85T	114T		600
1985	US		CUT	72	75			147	7		147		30T	67T		600

Year	Event	A	Pos	R1	R2	R3	R4	Tot	P/M	SBW	R2T	R3T	R1P	R2P	R3P	W
1987	PGA		71	73	78	82	78	311	23	24	151	233	23T	59T	73	1,600
1989	PGA		CUT	73	77			150	6		150		57T	106T		1,000
1991	PGA		57T	72	72	77	72	293	5	17	144	221	39T	29T	66T	2,538
Miller, Massie B.																
1929	US		21T	75	82	75	78	310	22	16	157	232	15T	39T	24T	50
1930	US		CUT	82	80			162	16		162		112T	106T		
1931	US		41T	75	78	81	77	311	27	19	153	234	20T	33T	46T	
Miller, Michael John																
1978	O	A	44T	70	74	74	76	294	6	13	144	218	6T	23T	29T	
1981	O		CUT	82	72			154	14		154		133T	102T		225
1982	O		32T	74	72	78	73	297	9	13	146	224	32T	27T	35T	1,200
1983	O		CUT	70	83			153	11		153		17T	120T		250
1991	O		32T	73	74	67	69	283	3	11	147	214	77T	87T	40T	5,633
1993	O		70T	73	68	76	72	289	9	22	141	217	107T	35T	74T	3,517
1997	O		CUT	82	72			154	12		154		147T	125		700
Miller, Ralph Larry																
1935	US		CUT	89	89			178	34		178		150T	145		
Miller, William (earlier)																
1865	O	A	9T	63	60	66		189		27	123		9	10		
Miller, William (later)																
1961	O		CUT	79	86			165	21		165		94T	101T		
Millett, A. C.																
1925	O		WD	88	79	82		249	33		167	249	81T	63T	55T	
Millett, Donald J.																
1959	US	A	CUT	81	75			156	16		156		121T	103T		
Millett, Paul A.																
1948	US	A	CUT	78	85			163	21		163		118T	149T		
Millholland, James																
1933	US		CUT	79	79			158	14		158		66T	78T		
Milligan, James																
1912	US		WD	80	75			155	7		155	0	50T	18T		
Mills, Andrew A. "Buster"																
1946	US		CUT	80	78			158	14		158		124T	119T		
1947	US		WD	80				80	9				129T			
1948	US		53T	71	75	83	84	313	29	37	146	229	8T	29T	55T	
Mills, Eugene																
1936	US		CUT	81	78			159	15		159		145T	130T		
Mills, Jonathan David																
2007	US		CUT	73	78			151	11		151		34T	64T		2,000
2008	US		36T	72	75	75	71	293	9	10	147	222	19T	42T	47T	35,709
Mills, Ralph Peter "Peter"																
1952	O		CUT	76	80			156	6		156		54T	64T		
1953	O		38T	80	73	72	81	306	18	24	153	225	58T	33T	20T	25
1954	O		32T	73	76	70	77	296	4	13	149	219	19T	32T	16T	
1957	O		CUT	78	73			151	7		151		76T	62T		
1958	O		CUT	77	71			148	6		148		69T	41T		
1959	O		23T	75	71	72	76	294	6	10	146	218	40T	19T	17T	
1960	O		20	71	74	70	74	289	-3	11	145	215	8	21T	8T	60
1967	O		22T	72	75	73	72	292	4	14	147	220	23T	27T	27T	135
1968	O		42T	71	76	80	84	311	22	22	147	227	3T	10T	32T	100
Milne, Gary																
1989	O	A	CUT	79	75			154	10		154		140T	137T		
Milne, John "Jack"																
1894	O		48T	98	98	91	90	377		51	196	287	64T	72T	56	
1897	O		WD	90	87			177			177					
1903	O		25T	81	86	79	78	324		24	167	246			36T	
1904	O		CUT	88	81			169			169					
1911	O		CUT	83	82			165			165		113T	100T		
Milne, William T. G. "Willie"																
1973	O	A	CUT	75	79			154	10		154		38T	99T		
1974	O		CUT	75	80	79		234	21		155	234	27T	60T	69T	75
1976	O		CUT	79	77			156	12		156		100T	115T		100
1977	O		CUT	78	73			151	11		151		109T	88T		150
1979	O		CUT	81	72			153	11		153		130T	83T		200

Year	Event	A	Pos	R1	R2	R3	R4	Tot	P/M	SBW	R2T	R3T	R1P	R2P	R3P	W
Milner, Jack W.																
1925	O		43T	77	78	85	88	328	40	28	155	240	14T	13T	28T	
Milon, Michael																
1979	PGA		CUT	75	74			149	9		149		90T	97T		350
Milward, James "Jimmy"																
1935	US	A	CUT	82	85			167	23		167		90T	108T		
1936	US	A	CUT	77	76			153	9		153		98T	85T		
1938	US		CUT	75	86			161	19		161		18T	100T		
1939	US		CUT	76	77			153	15		153		65T	67T		
1940	US		43T	74	79	76	76	305	17	18	153	229	36T	56T	50T	
1941	US		CUT	76	84			160	20		160		45T	96T		
1946	US		CUT	75	79			154	10		154		45T	88T		
1947	PGA		32T													200
1949	US		CUT	74	77			151	9		151		25T	52T		
1951	US		WD	80				80	10				102T			
1954	PGA		32T													200
1956	PGA		128T													50
1960	PGA		CUT	77	78			155	15		155		106T	121T		
Mims, Beard																
1941	US		CUT	78	81			159	19		159		82T	87T		
1948	US		CUT	79	79			158	16		158		130T	131T		
Minch, Frank																
1927	US		CUT	90	85			175	31		175		120T	113T		
Miner, D. E.																
1902	US		WD	96	101			197			197	0	75T	78		
1912	US		WD	82	83			165	17		165	0	65T	72T		
Miner, Ralph S.																
1922	PGA		16T													60
1923	PGA		32T													
1934	US		CUT	86	76			162	22		162		139T	111T		
Minor, Gerald F.																
1983	US		CUT	80	75			155	13		155		112T	91T		600
Minoza, Frankie																
1991	M		CUT	78	75			153	9		153		78T	77T		1,500
1997	PGA		WD	80				80	10				145T			1,300
1998	O		52T	69	75	76	76	296	16	16	144	220	21T	38T	30T	6,860
Minshall, Tony																
1979	O		CUT	79	80			159	17		159		106T	128T		200
1981	O		CUT	79	79			158	18		158		105T	131T		225
Mitchell, Alexander M.																
1965	O		CUT	78	75			153	7		153		90T	80T		
1970	O		CUT	77	85			162	18		162		113T	131		
Mitchell, Arthur																
1908	O		WD	80	79	85		244			159	244	35T	33T	43T	
1910	O		CUT	81	83			164			164					
1911	O		CUT	84	83			167			167		130T	115T		
1913	O		WD	81	81			162			162		42T	35T		
1928	O		CUT	80	80			160	16		160		35T	54T		
Mitchell, Bobby Wayne																
1966	US		CUT	82	81			163	23		163		141T	141T		300
1967	PGA		55T	76	74	70	78	298	10	17	150	220	80T	57T	36T	389
	US		CUT	74	75			149	9		149		49T	67T		400
1968	PGA		59T	74	75	72	78	299	19	18	149	221	51T	64T	45T	369
	US		CUT	76	76			152	12		152		76T	94T		500
1969	PGA		48T	73	71	75	73	292	8	16	144	219	38T	28T	51T	289
	US		25T	72	74	66	77	289	9	8	146	212	27T	36T	6T	1,300
1970	PGA		35T	72	76	76	69	293	13	14	148	224	20T	48T	57T	1,017
	US		12T	74	78	74	69	295	7	14	152	226	5T	38T	33T	2,150
1971	M		22T	72	70	74	75	291	3	12	142	216	12T	9T	13T	2,250
	PGA		35T	70	73	75	75	293	5	12	143	218	2T	11T	24T	1,037
	US		27T	72	74	72	71	289	9	9	146	218	38T	42T	38T	1,253
1972	M		2T	73	72	71	73	289	1	3	145	216	16T	12T	5T	15,833
	PGA		WD	79				79	9				112T			
	US		21T	74	80	73	76	303	15	13	154	227	17T	60T	35T	1,625
1973	M		CUT	81	74			155	11		155		72T	67T		1,000
	US		CUT	80	75			155	13		155		119T	100T		500

Year	*Event*	*A*	*Pos*	*R1*	*R2*	*R3*	*R4*	*Tot*	*P/M*	*SBW*	*R2T*	*R3T*	*R1P*	*R2P*	*R3P*	*W*
1974	PGA		CUT	76	77			153	13		153		84T	99T		
	US		23T	77	73	73	76	299	19	12	150	223	52T	35T	16T	1,450
1975	US		CUT	77	79			156	14		156		89T	123T		500
1977	US		CUT	74	82			156	16		156		60T	125T		500
1984	PGA		CUT	79	78			157	13		157		119T	123T		1,000

Mitchell, C. Bayard, II

Year	*Event*	*A*	*Pos*	*R1*	*R2*	*R3*	*R4*	*Tot*	*P/M*	*SBW*	*R2T*	*R3T*	*R1P*	*R2P*	*R3P*	*W*
1934	M	A	60	84	79	84	85	332	44	48	163	247	70T	68T	67	

Mitchell, Christopher

Year	*Event*	*A*	*Pos*	*R1*	*R2*	*R3*	*R4*	*Tot*	*P/M*	*SBW*	*R2T*	*R3T*	*R1P*	*R2P*	*R3P*	*W*
1981	O	A	CUT	81	77			158	18		158		126T	131T		

Mitchell, Christopher Louis

Year	*Event*	*A*	*Pos*	*R1*	*R2*	*R3*	*R4*	*Tot*	*P/M*	*SBW*	*R2T*	*R3T*	*R1P*	*R2P*	*R3P*	*W*
1989	PGA		CUT	74	73			147	3		147		77T	80T		1,000

Mitchell, Earl

Year	*Event*	*A*	*Pos*	*R1*	*R2*	*R3*	*R4*	*Tot*	*P/M*	*SBW*	*R2T*	*R3T*	*R1P*	*R2P*	*R3P*	*W*
1948	US		WD	79				79	8				130T			

Mitchell, Gene, Jr.

Year	*Event*	*A*	*Pos*	*R1*	*R2*	*R3*	*R4*	*Tot*	*P/M*	*SBW*	*R2T*	*R3T*	*R1P*	*R2P*	*R3P*	*W*
1968	PGA		70T	75	70	82	79	306	26	25	145	227	65T	23T	70T	365

Mitchell, Henry Abraham "Abe"

Year	*Event*	*A*	*Pos*	*R1*	*R2*	*R3*	*R4*	*Tot*	*P/M*	*SBW*	*R2T*	*R3T*	*R1P*	*R2P*	*R3P*	*W*
1904	O	A	CUT	84	86			170			170					
1906	O	A	45T	79	80	84	82	325		25	159	243			45T	
1907	O	A	42T	94	83	81	81	339		27	177	258	66	59T	48T	
1911	O	A	CUT	80	86			166			166		59T	109T		
1913	O	A	WD	86	82			168			158		60T	18T		
1914	O		4T	76	78	79	79	312		6	154	233	7T	5T	4T	9
1920	O		4	74	73	84	76	307		4	147	231	3	1	4T	15
1921	O		13T	78	79	76	71	304		8	157	233	31T	35T	31T	
	US		WD	81				81	11				43T			
1922	O		19	79	79	78	76	312		12	158	236	29T	21T	23T	
	US		17T	79	75	76	73	303	23	15	154	230	48T	36T	26T	
1923	O		8T	77	77	72	77	303		8	154	226				4
1924	O		WD	81	77			158			158		50T	26T		
1925	O		5	77	76	75	77	305	17	5	153	228	14T	7T	4T	10
1926	O		5T	78	78	72	71	299	15	8	156	228	30T	29T	12T	20
1928	O		21T	78	75	82	76	311	23	19	153	235	18T	15T	30T	
1929	O		4T	72	72	78	78	300	-4	8	144	222	2T	3	3T	15
1930	O		13T	75	78	77	72	302	14	11	153	230	16T	29T	24T	
1931	O		12T	77	74	77	75	303	15	7	151	228	29T	8T	14T	10
	US		WD													
1932	O		10T	77	71	75	72	295	7	12	148	223	54T	13T	12T	10
1933	O		7T	74	68	74	79	295	3	3	142	216	23T	3T	1T	14
1934	O		WD	75	78			153	9		153		29T	59T		
1935	O		CUT	78	79			157	13		157		70T	81T		
1939	O		CUT	75	76			151	5		151		35T	35T		

Mitchell, Jack R.

Year	*Event*	*A*	*Pos*	*R1*	*R2*	*R3*	*R4*	*Tot*	*P/M*	*SBW*	*R2T*	*R3T*	*R1P*	*R2P*	*R3P*	*W*
1937	US		CUT	84	84			168	24		168		160T	160		
1947	PGA		64T													100
1949	US		CUT	77	81			158	16		158		74T	108T		

Mitchell, Jeffrey Keith

Year	*Event*	*A*	*Pos*	*R1*	*R2*	*R3*	*R4*	*Tot*	*P/M*	*SBW*	*R2T*	*R3T*	*R1P*	*R2P*	*R3P*	*W*
1978	PGA		CUT	82	75			157	15		157		134T	125T		303
1980	M		38T	66	75	75	76	292	4	17	141	216	1T	9T	25T	1,525
	PGA		CUT	77	76			153	13		153		102T	96T		500
	US		59	69	75	73	81	298	18	26	144	217	13T	43T	43T	1,330
1982	PGA		65T	73	72	73	74	292	12	20	145	218	64T	65T	66T	1,123

Mitchell, Joe

Year	*Event*	*A*	*Pos*	*R1*	*R2*	*R3*	*R4*	*Tot*	*P/M*	*SBW*	*R2T*	*R3T*	*R1P*	*R2P*	*R3P*	*W*
1909	US		39T	83	78	79	78	318		28	161	240	61T	50T	45T	
1910	US		44	78	82	83	84	327		29	160	243	22T	27T	35T	
1914	US		13T	77	69	77	79	302	14	12	146	223	25T	4T	6T	3
1915	US		26T	76	80	74	83	313	25	16	156	230	10T	24T	14T	
1916	PGA		32T													50
	US		23T	75	75	76	76	302	14	16	150	226	15T	19T	18T	

Mitchell, Joseph W.

Year	*Event*	*A*	*Pos*	*R1*	*R2*	*R3*	*R4*	*Tot*	*P/M*	*SBW*	*R2T*	*R3T*	*R1P*	*R2P*	*R3P*	*W*
1899	US		WD	100	93			193			193		62T	59		
1900	US		23T	88	96	82	85	351		38	184	266	27T	47T	28T	
1901	US		33	94	94	92	83	363		32	188	280	40T	44	41	
1902	US		51T	91	84	92	89	356		49	175	267	63T	47	51	
1903	US		40T	85	84	91	85	345		38	169	260	41T	36T	48T	
1904	US		CUT	88	87			175			175		45T	48T		
1905	US		CUT	90	91			181			181		60T	63T		
1912	US		CUT	88	85			173	25		173		113T	104T		

Year	Event	A	Pos	R1	R2	R3	R4	Tot	P/M	SBW	R2T	R3T	R1P	R2P	R3P	W
Mitchell, Nicholas																
1980	O	A	CUT	77	75			152	10		152		96T	104T		
1983	O		CUT	77	80			157	15		157		120T	143T		250
Mitchell, Peter Robert																
1979	O		CUT	83	77			160	18		160		141T	132T		200
1984	O		CUT	75	76			151	7		151		95T	125T		330
1988	O		71	73	75	79	81	308	24	35	148	227	35T	57T	70	2,050
1989	O		CUT	75	75			150	6		150		101T	110T		500
1990	O		CUT	72	75			147	3		147		51T	110T		550
1992	O		22T	69	71	72	71	283	-1	11	140	212	21T	28T	26T	8,950
1993	O		73T	73	70	72	75	290	10	23	143	215	107T	64T	62T	3,500
1994	O		CUT	74	72			146	6		146		112T	102T		600
1995	O		20T	73	74	71	70	288	0	6	147	218	85T	81T	52T	13,500
1996	O		27T	71	68	71	72	282	-2	11	139	210	43T	22T	22T	9,525
1997	O		51T	75	69	76	71	291	7	19	144	220	50T	26T	62T	6,156
	US		CUT	75	78			153	13		153		93T	135T		1,000
1998	O		CUT	76	72			148	8		148		137T	94T		800
Mitchell, Robert Y. "Bobby"																
1981	O	A	CUT	78	74			152	12		152		90T	91T		
1985	O		CUT	78	82			160	20		160		136T	146T		375
Mitchell, William																
1862	O	A	UNK													
1863	O	A	13	70	70	66		206		38	140		13	13		
Mitchell-Innes, Gilbert																
1869	O	A	7	64	58	58		180		23	122			8		
Mitchum, Kelly L.																
1995	US		CUT	76	81			157	17		157		124T	145T		1,000
2005	PGA		CUT	78	80			158	18		158		141T	152T		2,000
2006	PGA		CUT	71	79			150	6		150		40T	129T		2,000
2007	PGA		CUT	77	72			149	9		149		116T	98T		2,000
Mix, Bob																
1960	PGA		CUT	81	85			166	26		166		157T	178T		
1961	PGA		CUT	74	76			150	10		150		54T	74T		
Miyamoto, E. Tomekichi "Tommy"																
1932	O		CUT	79	79			158	14		158		79T	81T		
	US		CUT	82	82			164	24		164		74T	93T		
1935	US		CUT	82	85			167	23		167		90T	108T		
Miyase, Hirofumi																
1997	O		CUT	79	75			154	12		154		117T	125T		700
2000	O		CUT	72	73			145	1		145		50T	75T		1,300
2003	O		CUT	81	73			154	12		154		133T	107T		2,500
Miyazato, Kiyoshi																
2002	O		CUT	77	82			159	17		159		142T	155		2,000
Mize, Frank																
1974	PGA		67T	76	72	79	72	299	19	23	148	227	84T	58T	77	321
Mize, Larry Hogan																
1981	US		CUT	76	75			151	11		151		102T	99T		600
1982	US		CUT	82	74			156	12		156		135	102T		600
1983	PGA		47T	70	70	75	75	290	6	16	140	215	19T	14T	29T	1,730
1984	M		11T	71	70	71	72	284	-4	7	141	212	13T	6T	10T	13,200
	O		CUT	76	72	73		221	5		148	221	120T	79T	71T	610
	PGA		6T	71	69	67	73	280	-8	7	140	207	22T	10T	4T	17,250
1985	M		47T	71	75	76	76	298	10	16	146	222	9T	25T	41T	2,115
	PGA		23T	71	70	73	73	287	-1	9	141	214	32T	10T	12T	5,260
	US		39T	72	73	70	75	290	10	11	145	215	30T	45T	23T	4,433
1986	M		16T	75	74	72	65	286	-2	7	149	221	37T	40T	39T	12,000
	O		46T	79	69	75	75	298	18	18	148	223	96T	30T	41T	2,475
	PGA		53T	69	76	75	72	292	8	16	145	220	9T	50T	69T	1,740
	US		24T	75	71	73	70	289	9	10	146	219	24T	18T	31T	6,462
1987	M		1PO	70	72	72	71	285	-3	-1	142	214	2	2T	5T	162,000
	O		26T	68	71	76	73	288	4	9	139	215	5T	10T	23T	4,833
	PGA		CUT	75	81			156	12		156		52T	94T		1,000
	US		4T	71	68	72	72	283	3	6	139	211	18T	8T	5T	24,543
1988	M		45T	78	71	76	79	304	16	23	149	225	53T	29T	42	3,400
	O		CUT	72	77			149	7		149		19T	72T		450
	PGA		CUT	73	77			150	8		150		58T	107T		1,000
	US		12T	69	67	72	76	284	0	6	136	208	4T	2	5T	14,781

Year	Event	A	Pos	R1	R2	R3	R4	Tot	P/M	SBW	R2T	R3T	R1P	R2P	R3P	W
1989	M		26T	72	77	69	75	293	5	10	149	218	11T	29T	9T	8,240
	O		19T	71	74	66	72	283	-5	8	145	211	25T	57T	13T	8,575
	PGA		17T	73	71	68	71	283	-5	7	144	212	57T	50T	18T	15,000
	US		33T	72	72	71	74	289	9	11	144	215	51T	44T	25T	7,577
1990	M		14T	70	76	71	71	288	0	10	146	217	5T	24T	19T	20,650
	O		31T	71	72	70	71	284	-4	14	143	213	31T	57T	43T	5,125
	PGA		12T	72	68	76	77	293	5	11	140	216	16T	2T	6T	27,000
	US		14T	72	70	69	74	285	-3	5	142	211	40T	17T	7T	15,712
1991	M		17T	72	71	66	74	283	-5	6	143	209	31T	30T	5	18,920
	O		CUT	75	75			150	10		150		115T	118T		600
	PGA		CUT	72	77			149	5		149		39T	89T		1,000
	US		55T	73	73	79	75	300	12	18	146	225	45T	45T	58T	5,165
1992	M		6T	73	69	71	68	281	-7	6	142	213	48T	23T	21T	43,829
	O		CUT	68	76			144	2		144		15T	76T		600
	PGA		40T	74	74	71	72	291	7	13	148	219	70T	69T	49T	5,163
	US		CUT	76	77			153	9		153		101T	113T		1,000
1993	M		21T	67	74	74	73	288	0	11	141	215	1T	8T	17T	17,000
	O		27T	67	69	74	71	281	1	14	136	210	5T	7T	24T	7,225
	PGA		CUT	75	71			146	4		146		121T	100T		1,200
	US		CUT	73	74			147	7		147		99T	112T		1,000
1994	M		3	68	71	72	71	282	-6	3	139	211	1	1	3	136,000
	O		11T	73	69	64	70	276	-4	8	142	206	93T	54T	9T	19,333
	PGA		15T	72	72	67	70	281	1	12	144	211	39T	52T	19T	27,000
	US		CUT	77	72			149	7		149		104T	82T		1,000
1995	M		CUT	76	71			147	3		147		64T	55T		1,500
	O		CUT	74	77			151	7		151		100T	128T		650
	PGA		CUT	76	68			144	2		144		130T	87T		1,200
	US		CUT	73	74			147	7		147		65T	74T		1,000
1996	M		23T	75	71	77	68	291	3	15	146	223	57T	37T	41T	25,000
	PGA		8T	71	70	69	70	280	-8	3	141	210	29T	18T	12T	57,500
	US		CUT	74	76			150	10		150		84T	115T		1,000
1997	M		30T	79	69	74	72	294	6	24	148	222	68T	28T	41T	17,145
	PGA		58T	71	73	73	74	291	11	22	144	217	33T	50T	49T	4,700
	US		58T	70	74	76	74	294	14	18	144	220	10T	36T	61T	6,530
1998	M		CUT	73	79			152	8		152		18T	57T		5,000
	O		52T	70	75	79	72	296	16	16	145	224	28T	47T	60T	6,860
	PGA		CUT	75	71			146	6		146		110T	76T		1,500
1999	M		23	76	70	72	72	290	2	10	146	218	65T	29T	32T	41,600
	US		64	69	75	84	76	304	24	25	144	228	10T	29T	65T	7,966
2000	M		25T	78	67	73	74	292	4	14	145	218	71T	24T	16T	37,567
	US		37T	73	72	76	77	298	14	26	145	221	39T	19T	15T	22,056
2001	M		CUT	74	74			148	4		148		56T	59T		5,000
2002	M		CUT	74	74			148	4		148		38T	46T		5,000
2003	M		CUT	78	74			152	8		152		64T	58T		5,000
	US		CUT	76	72			148	8		148	0	125T	113T		1,000
2004	M		CUT	76	74			150	6		150		53T	58T		5,000
2005	M		CUT	78	75			153	9		153		74T	74T		5,000
2006	M		42T	75	72	77	72	296	8	15	147	224	48T	39T	43T	25,900
2007	M		CUT	83	78			161	17		161		89T	90		5,000
2008	M		CUT	77	81			158	14		158		75T	91		10,000

Mizumaki, Yoshinori

Year	Event	A	Pos	R1	R2	R3	R4	Tot	P/M	SBW	R2T	R3T	R1P	R2P	R3P	W
1993	O		27T	69	69	73	70	281	1	14	138	211	29T	12T	32T	7,225
1998	O		CUT	71	77			148	8		148		42T	94T		800
2000	O		CUT	74	74			148	4		148		94T	115T		1,000

Moe, Donald K.

Year	Event	A	Pos	R1	R2	R3	R4	Tot	P/M	SBW	R2T	R3T	R1P	R2P	R3P	W
1930	O	A	15T	74	73	76	80	303	15	12	147	223	10T	4T	9T	
	US	A	58T	75	81	79	82	317	25	30	156	235	26T	59T	53T	

Moe, Kristen

Year	Event	A	Pos	R1	R2	R3	R4	Tot	P/M	SBW	R2T	R3T	R1P	R2P	R3P	W
1985	O		25T	70	76	73	70	289	9	7	146	219	12T	36T	42T	3,742
1986	O		76	76	74	82	82	314	34	34	150	232	38T	51T	76T	1,500

Moe, Lester

Year	Event	A	Pos	R1	R2	R3	R4	Tot	P/M	SBW	R2T	R3T	R1P	R2P	R3P	W
1956	PGA		64T													
1958	PGA		CUT	87	83			170	30		170		159T	153		
1959	PGA		CUT	75	77			152	12		152		77T	108T		

Moe, Mahlon

Year	Event	A	Pos	R1	R2	R3	R4	Tot	P/M	SBW	R2T	R3T	R1P	R2P	R3P	W
1973	US		CUT	78	84			162	20		162		86T	135T		500
1974	US		CUT	86	80			166	26		166		146T	140T		500
1975	US		CUT	78	76			154	12		154		106T	98T		500

Moehling, Ed, Jr.

Year	Event	A	Pos	R1	R2	R3	R4	Tot	P/M	SBW	R2T	R3T	R1P	R2P	R3P	W
1964	US		CUT	80	83			163	23		163		120T	144T		300

Year	Event	A	Pos	R1	R2	R3	R4	Tot	P/M	SBW	R2T	R3T	R1P	R2P	R3P	W
1966	US		CUT	72	80			152	12		152		16T	65T		300
1968	PGA		CUT	75	76			151	11		151		65T	83T		
	US		CUT	77	74			151	11		151		101T	79T		500
1969	PGA		CUT	79	74			153	11		153		12OT	107T		
Moffat, William																
1863	O	A	14	75	78	80		233		65	153		14	14		
Moffatt, A. Marshall																
1935	O	A	CUT	82	85			167	23		167		103T	107		
Moffitt, Ralph Lawson																
1955	O	A	CUT	76	75			151	7		151		64T	61T		
1956	O	A	CUT	75	79			154	12		154		40T	50T		
1957	O	A	38	71	75	77	74	297	9	18	146	223	11T	27T	42T	
1958	O	A	CUT	77	72			149	7		149		69T	52T		
1959	O	A	41T	74	72	76	78	300	12	16	146	222	33T	19T	34T	
1960	O	A	21T	72	71	76	71	290	-2	12	143	219	9T	8T	29T	
1961	O	A	25T	73	80	73	75	301	13	17	153	226	35T	40T	23T	
1962	O		11	75	70	74	76	295	7	19	145	219	21T	3T	6	
1963	O		CUT	77	75			152	12		152		78T	69T		
1964	O		13T	76	72	74	74	296	8	17	148	222	20T	11T	10T	122
1965	O		CUT	76	77			153	7		153		59T	80T		
1971	O		CUT	76	75	75		226	7		151	226	78T	74T	69T	60
Mogg, Brian																
1995	US		CUT	73	77			150	10		150		65T	107T		1,000
Moir, Maurice J.																
1961	O	A	CUT	75	90			165	21		165		60T	101T		
1963	O		CUT	79	80			159	19		159		94T	105T		
1969	O		CUT	81	81			162	20		162		118T	119T		
1971	O		CUT	80	78			158	12		158		129T	126T		
1973	O		46T	76	75	70	76	297	9	21	151	221	55T	68T	26T	150
Moir, Richard																
2005	O		CUT	83	75			158	14		158		154	151T		2,000
Moise, Vaughn																
1983	US	A	CUT	82	78			160	18		160		136T	128T		
Molder, Bryce Wade																
1999	US	A	CUT	73	78			151	11		151		71T	105T		
2001	US	A	30T	75	71	68	74	288	8	12	146	214	88T	61T	23T	
2003	US		CUT	74	72			146	6		146	0	92T	90T		1,000
Molenda, John A.																
1970	PGA		CUT	75	80			155	15		155		61T	106T		
1971	PGA		81	75	72	79	78	304	16	23	147	226	72T	54T	75T	258
1972	PGA		CUT	80	83			163	23		163		123T	126T		
Molesworth, Arthur H.																
1885	O		UNK													
1892	O	A	48	91	89	87	93	360		55	180	267			46	
1897	O	A	WD	96	93			189			169					
1911	O	A	CUT	107	94			201			201		212	187		
Molina, Florentino																
1970	O		32T	67	75	78	77	297	9	14	142	220	3T	15T	41T	175
1971	O		CUT	75	79			154	8		154		61T	98T		
1974	O		CUT	77	80			157	15		157		46T	82T		50
1977	US		39T	69	76	75	72	292	12	14	145	220	1T	36T	45T	1,210
1978	O		CUT	76	72	75		223	7		148	223	103T	70T	65T	225
1981	O		39T	78	68	74	73	293	13	17	146	220	90T	27T	39T	590
Molinari, Edoardo																
2005	O	A	60T	70	70	74	75	289	1	15	140	214	21T	15T	39T	
2006	M	A	CUT	80	77			157	13		157		79T	80T		
	O	A	68T	73	70	77	75	295	7	25	143	220	92T	57T	67T	
	US	A	CUT	77	76			153	13		153		90T	98T		
Molinari, Francesco																
2007	O		CUT	76	74			150	8		150		118T	105T		2,375
Molinari, James J.																
1955	US	A	WD													
Moller, John, Jr.																
1903	US		WD													

Year	Event	A	Pos	R1	R2	R3	R4	Tot	P/M	SBW	R2T	R3T	R1P	R2P	R3P	W
Moloney, Paul																
1992	O		CUT	74	73			147	5		147		111T	111T		600
1993	O		39T	70	71	71	71	283	3	16	141	212	48T	35T	37T	5,328
Monaghan, Andrew																
1881	O		UNK													
1884	O		WD													
1887	O		17T	90	90			180		19						
1890	O		WD													
Money, Monte N. "Monte Carlo"																
1979	US		CUT	84	87			171	29		171		140T	150		600
1984	US		CUT	79	82			161	21		161		136T	144T		600
Monguzzi, Robert																
1968	O	A	CUT	77	75	82		234	18		152	234	42T	38T	64T	
Monk, Arthur Charles																
1899	O		WD													
Monk, Arthur Harold "Harry"																
1920	O		47T	78	84	85	80	327		24	162	247	10T	27T	50T	
1922	O		28T	80	78	78	80	316		16	158	236	35T	21T	23T	
1928	O		CUT	82	78			160	16		160		66T	54T		
Monroe, Lloyd S.																
1972	US		CUT	81	85			166	22		166		111T	136T		500
1973	US		CUT	85	73			158	16		158		146T	119T		500
1974	US		CUT	79	79			158	18		158		92T	101T		500
1975	PGA		CUT	77	72			149	9		149		90T	72T		
	US		CUT	76	75			151	9		151		73T	73T		500
1979	PGA		CUT	74	76			150	10		150		75T	105T		350
1982	US		62T	79	70	78	78	305	17	23	149	227	99T	35T	60	1,300
Montague, John "Mysterious Montague"																
1940	US		CUT	80	82			162	18		162		109T	135T		
Montes, A. Larry																
1931	O		CUT	82	83			165	21		165		84T	89T		
	US		CUT	81	79			160	18		160		87T	76T		
Montes, Manuel																
1983	O		CUT	73	72	76		221	8		145	221	62T	57T	78T	400
Montgomerie, Colin Stuart																
1990	O		48T	72	69	74	71	286	-2	16	141	215	51T	33T	60T	3,720
1991	O		26T	71	69	71	71	282	2	10	140	211	29T	10T	12T	6,750
1992	M		37T	72	71	73	70	286	-2	11	143	216	36T	35T	43T	6,800
	O		CUT	76	70			146	4		146		141T	102T		600
	PGA		33T	72	76	69	73	290	6	12	148	217	32T	69T	35T	7,000
	US		3	70	71	77	70	288	0	3	141	218	7T	5T	28T	84,245
1993	M		52T	71	72	78	75	296	8	19	143	221	22T	25T	49T	4,050
	O		CUT	74	70			144	4		144		132T	79T		600
	PGA		CUT	74	70			144	2		144		103T	75T		1,200
	US		33T	71	72	73	68	284	4	12	143	216	45T	57T	71T	11,052
1994	M		CUT	77	73			150	6		150		64T	52T		1,500
	O		8T	72	69	65	69	275	-5	7	141	206	68T	42T	9T	30,000
	PGA		36T	67	76	70	72	285	5	16	143	213	1T	38T	34T	7,000
	US		2PO	71	65	73	70	279	-5	-1	136	209	10T	1	3T	141,828
1995	M		17T	71	69	76	69	285	-3	11	140	216	24T	11T	39T	28,786
	O		CUT	75	75			150	6		150		116T	116T		650
	PGA		2PO	68	67	67	65	267	-17	-2	135	202	15T	4T	4	216,000
	US		28T	71	74	75	68	288	8	8	145	220	29T	50T	54T	13,912
1996	M		39T	72	74	75	75	296	8	20	146	221	33T	37T	34T	11,050
	O		CUT	73	74			147	5		147		92T	107T		650
	PGA		CUT	71	77			148	4		148		29T	102T		1,300
	US		10T	70	72	69	72	283	3	5	142	211	13T	19T	6T	52,591
1997	M		30T	72	67	74	81	294	6	24	139	213	8T	2	6T	17,145
	O		24T	76	69	69	70	284	0	12	145	214	63T	40T	27T	10,362
	PGA		13T	74	71	67	72	284	4	15	145	212	78T	57T	11T	35,100
	US		2	65	76	67	69	277	-3	1	141	208	1	9T	4	275,000
1998	M		8T	71	75	69	70	285	-3	6	146	215	5T	18T	10T	89,600
	O		CUT	73	74			147	7		147		89T	82T		1,000
	PGA		44T	70	67	77	74	288	8	17	137	214	21T	2T	35T	7,990
	US		18T	70	74	77	69	290	10	10	144	221	10T	20T	44T	41,833
1999	M		11T	70	72	71	74	287	-1	7	142	213	5T	7T	9T	92,000
	O		15T	74	76	72	74	296	12	6	150	222	11T	21T	9T	26,000

Year	Event	A	Pos	R1	R2	R3	R4	Tot	P/M	SBW	R2T	R3T	R1P	R2P	R3P	W
	PGA		6T	72	70	70	70	282	-6	5	142	212	36T	16T	9T	112,000
	US		15T	72	72	74	72	290	10	11	144	218	52T	29T	20T	58,215
2000	M		19T	76	69	77	69	291	3	13	145	222	54T	24T	48	53,820
	O		26T	71	70	72	70	283	-5	14	141	213	40T	25T	31T	20,000
	PGA		39T	74	72	70	70	286	-2	16	146	216	58T	51T	43T	20,500
	US		46T	73	74	79	73	299	15	27	147	226	39T	36T	48T	15,891
2001	M		CUT	73	76			149	5		149		43T	67T		5,000
	O		13T	65	70	73	72	280	-4	6	135	208	1	1	5T	40,036
	PGA		DQ	71	69	74	72	286	2		140	214	70T	57T	70T	2,000
	US		52T	71	70	77	74	292	12	16	141	218	21T	11T	53T	13,164
2002	M		14T	75	71	70	71	287	-1	11	146	216	53T	30T	17T	98,000
	O		82	74	64	84	75	297	13	19	138	222	106T	9T	79T	8,500
	PGA		CUT	74	78			152	8		152	0	53T	105T		2,000
	US		CUT	75	76			151	11		151	0	74T	73T		1,000
2003	M		CUT	78	76			154	10		154		64T	62T		5,000
	O		WD													2,000
	PGA		CUT	82	74			156	16		156	0	146T	126T		2,000
	US		42T	69	74	71	72	286	6	14	143	214	10T	54T	42T	25,002
2004	M		CUT	71	80			151	7		151		8T	67T		5,000
	O		25T	69	69	72	76	286	2	12	138	210	13T	5T	9T	32,250
	PGA		70	73	72	78	74	297	9	17	145	223	61T	57T	70T	12,000
2005	O		2	71	66	70	72	279	-9	5	137	207	30T	2	3T	430,000
	PGA		CUT	77	71			148	8		148		132T	109T		2,000
	US		42T	72	75	72	74	293	13	13	147	219	32T	57T	41T	26,223
2006	M		CUT	74	75			149	5		149		37T	48T		5,000
	O		CUT	73	75			148	4		148		92T	117T		2,250
	PGA		CUT	77	71			148	4		148		138T	109T		2,000
	US		2T	69	71	75	71	286	6	1	140	215	1	2	4T	501,249
2007	M		CUT	76	77			153	9		153		43T	61T		5,000
	O		CUT	73	74			147	5		147		60T	71T		3,200
	PGA		42T	72	73	73	70	288	8	16	145	218	36T	55T	58T	20,850
	US		CUT	76	82			158	18		158		90T	127T		2,000
2008	O		58T	73	75	74	76	298	18	15	148	222	27T	52T	35T	10,650
	PGA		CUT	76	84			160	20		160		90T	149T		2,500
	US		CUT	79	77			156	14		156		126T	124T		2,000

Montgomery, Brian

Year	Event	A	Pos	R1	R2	R3	R4	Tot	P/M	SBW	R2T	R3T	R1P	R2P	R3P	W
1987	M	A	CUT	77	84			161	17		161		58T	82T		
1988	M	A	CUT	78	81			159	15		159		53T	78T		

Montgomery, Jack C.

Year	Event	A	Pos	R1	R2	R3	R4	Tot	P/M	SBW	R2T	R3T	R1P	R2P	R3P	W
1968	US		CUT	77	79			156	16		156		101T	126T		500
1969	US		42T	74	73	72	75	294	14	13	147	219	47T	43T	41T	955

Montgomery, Ray

Year	Event	A	Pos	R1	R2	R3	R4	Tot	P/M	SBW	R2T	R3T	R1P	R2P	R3P	W
1970	US		CUT	86	78			164	20		164		142T	139T		500
1974	PGA		CUT	76	76			152	12		152		84T	88T		

Monti, Eric

Year	Event	A	Pos	R1	R2	R3	R4	Tot	P/M	SBW	R2T	R3T	R1P	R2P	R3P	W
1948	US		CUT	77	78			155	13		155		109T	110T		
1949	PGA		64T													100
	US		11T	75	72	70	75	292	8	6	147	217	38T	16T	6T	175
1950	M		26	74	79	74	73	300	12	17	153	227	13T	36T	30T	
	US		WD													
1952	PGA		64T													100
	US		CUT	80	76			156	16		156		108T	78T		
1953	PGA		64T													100
1954	PGA		64T													100
1955	PGA		64T													100
	US		28T	76	76	78	76	306	26	19	152	230	22T	22T	30T	180
1958	PGA		20T	73	71	73	75	292	12	16	144	217	26T	14T	17T	566
1959	PGA		31T	74	72	71	73	290	10	13	146	217	56T	43T	34T	263
1960	US		CUT	82	75			157	15		157		138T	126T		
1961	US		6T	74	67	72	73	286	6	5	141	213	35T	3T	7T	2,617
1962	M		CUT	77	74			151	7		151		70T	61T		400
	PGA		39T	76	74	71	72	293	13	15	150	221	82T	73T	49T	400
	US		CUT	76	78			154	12		154		64T	87T		
1963	PGA		CUT	81	80			161	19		161		137T	143T		
1965	US		21T	76	71	75	73	295	15	13	147	222	50T	17T	22T	925

Montoya, Ralph A.

Year	Event	A	Pos	R1	R2	R3	R4	Tot	P/M	SBW	R2T	R3T	R1P	R2P	R3P	W
1979	PGA		CUT	76	74			150	10		150		102T	105T		350

Montressor, Ron

Year	Event	A	Pos	R1	R2	R3	R4	Tot	P/M	SBW	R2T	R3T	R1P	R2P	R3P	W
1959	PGA		CUT	78	82			160	20		160		137T	165T		

Year	Event	A	Pos	R1	R2	R3	R4	Tot	P/M	SBW	R2T	R3T	R1P	R2P	R3P	W
Moodie, James J.																
1988	US		CUT	77	81			158	16		158		105T	140T		1,000
Moody, Christopher																
1981	O		CUT	75	76			151	11		151		40T	84T		225
1983	O		39T	74	69	70	73	286	2	11	143	213	82T	35T	22T	967
1984	O		CUT	74	71	75		220	4		145	220	69T	42T	64T	610
1985	O		CUT	72	77	74		223	13		149	223	39T	70T	69T	700
1987	O		76	76	70	81	79	306	22	27	146	227	115T	70T	72T	1,600
1988	O		CUT	81	77			158	16		158		143T	134T		450
1989	O		CUT	81	73			154	10		154		152T	137T		500
1990	O		CUT	71	74			145	1		145		31T	83T		550
1991	O		101T	74	71	78	71	294	14	22	145	223	94T	67T	110	3,000
Moody, J. V.																
1947	O	A	CUT	84	80			164	28		164		90T	82T		
Moody, Orville Cleve																
1962	US		CUT	77	76			153	11		153		85T	75T		
1969	O		16T	71	70	74	76	291	7	11	141	215	11T	6T	10T	327
	PGA		7T	70	68	71	72	281	-3	5	138	209	10T	4T	6T	5,143
	US		1	71	70	68	72	281	1	-11	141	209	14T	8T	2	30,000
1970	M		18T	73	72	71	74	290	2	11	145	216	15T	12T	14T	2,500
	O		CUT	71	76	79		226	10		147	226	31T	57T	70T	35
	PGA		41T	75	72	75	72	294	14	15	147	222	61T	37T	45T	750
	US		CUT	79	77			156	12		156		68T	85T		500
1971	M		20T	79	69	70	72	290	2	11	148	218	67T	35T	23T	2,450
	PGA		CUT	76	74			150	6		150		84T	84T		
	US		27T	71	71	76	71	289	9	9	142	218	18T	11T	38T	1,253
1972	M		CUT	80	81			161	17		161		77T	80		1,000
	PGA		WD	79				79	9				112T			
	US		15T	71	77	79	74	301	13	11	148	227	1T	21T	35T	1,900
1973	M		CUT	81	77			158	14		158		72T	73T		1,000
	PGA		30T	73	74	70	71	288	4	11	147	217	33T	49T	30T	1,435
	US		CUT	78	73			151	9		151		86T	66T		500
1974	M		44	74	73	78	77	302	14	24	147	225	38T	37T	43T	1,700
1975	US		CUT	79	73			152	10		152		120T	81T		500
1978	O		11T	73	69	74	70	286	-2	5	142	216	41T	12T	19T	3,017
1979	O		19T	71	74	76	74	295	11	12	145	221	5T	17T	26T	1,810
	PGA		CUT	72	75			147	7		147		39T	75T		350
1980	O		CUT	73	72	75		220	7		145	220	35T	40T	66T	350
Moody, William G. "Griff," III																
1980	M	A	CUT	79	76			155	11		155		82T	84T		
1982	US		CUT	83	81			164	20		164		139T	141T		600
1983	US		20T	76	72	73	73	294	10	14	148	221	61T	25T	19T	5,555
1984	US		55T	76	71	76	73	296	16	20	147	223	105T	55T	57T	2,544
1985	US		CUT	74	74			148	8		148		64T	79T		600
Mooney, Jim, Jr.																
1965	PGA		CUT	81	80			161	19		161		148T	145T		
1968	PGA		54T	75	74	73	75	297	17	16	149	222	65T	64T	49T	415
1970	US		CUT	81	82			163	19		163		101T	138		500
Moore, Anthony R.																
1963	O		42T	72	74	75	78	299	19	22	146	221	16T	24T	30T	43
1964	O		CUT	82	78			160	16		160		86T	90T		
1965	O		CUT	76	79			155	9		155		59T	94T		
Moore, C. Parker, Jr.																
1977	M	A	CUT	76	76			152	8		152		51T	62T		
1981	US		CUT	77	78			155	15		155		115T	124T		600
Moore, David Graham																
1973	O		CUT	78	74	76		228	12		152	228	87T	78T	73T	75
Moore, Eric L.																
1950	O		5T	74	68	73	68	283	3	4	142	215	30T	4T	9T	35
1956	O		25T	75	75	78	74	302	18	16	150	228	40T	18T	29T	
1958	O		16T	72	72	70	74	288	4	10	144	214	23T	23T	14	30
Moore, Frank F.																
1932	US		68T	78	77	76	89	320	40	34	155	231	21T	31T	29T	
1933	US		CUT	78	82			160	16		160		51T	100T		
1935	US		CUT	79	88			167	23		167		57T	108T		
1936	US		14T	70	74	75	74	293	5	11	144	219	4T	10T	20T	60
1937	M		39	73	79	76	82	310	22	27	152	228	13T	32T	35T	

Year	*Event*	*A*	*Pos*	*R1*	*R2*	*R3*	*R4*	*Tot*	*P/M*	*SBW*	*R2T*	*R3T*	*R1P*	*R2P*	*R3P*	*W*
	US		60T	77	73	79	78	307	19	26	150	229	70T	45T	58T	
1938	PGA		32T													
	US		7T	79	73	72	71	295	11	11	152	224	61T	29T	19T	217
1939	M		22T	75	74	75	74	298	10	19	149	224	19T	19T	23T	
	US		38T	73	70	77	79	299	23	15	143	220	24T	6T	22T	
1940	M		31T	76	72	73	78	299	11	19	148	221	39T	26T	23T	
1946	PGA		8T													500
	US		CUT	78	77			155	11		155		93T	98T		
1947	M		33T	76	74	71	76	297	9	16	150	221	45T	40T	30T	
	US		45T	75	73	77	76	301	17	19	148	225	60T	35T	48T	
1948	PGA		32T													200
	US		28T	73	75	73	72	293	9	17	148	221	35T	47T	33T	75
1949	PGA		32T													200
	US		CUT	78	73			151	9		151		88T	52T		
1950	US		CUT	78	75			153	13		153		99T	75T		
Moore, Horace																
1960	PGA		CUT	78	79			157	17		157		122T	135T		
1963	PGA		CUT	77	84			161	19		161		94T	143T		
1966	PGA		67T	74	74	76	78	302	22	22	148	224	34T	38T	52T	300
1967	PGA		CUT	80	73			153	9		153		126T	85T		
1968	PGA		59T	72	76	77	74	299	19	18	148	225	23T	58T	64T	369
Moore, James																
1878	O		21	62	62	65		189		32	124					
1884	O		WD													
1898	O		CUT	92	89			181			181		70T	67		
Moore, Joe, Jr.																
1957	US		CUT	81	73			154	14		154		137T	81T		
1960	PGA		CUT	74	74	79		227	17		148	227	49T	43T	70T	
1961	PGA		CUT	75	74			149	9		149		71T	66T		
1962	US		38T	77	73	74	78	302	18	19	150	224	85T	38T	33T	350
Moore, Jonathan																
2006	US	A	CUT	77	78			155	15		155		90T	121T		
Moore, Matt																
1954	US		WD	85				85	15				142T			
Moore, Nathaniel Ford																
1904	US	A	CUT	95	86			181			181		66T	58		
Moore, Ned																
1950	US	A	CUT	73	78			151	11		151		29T	59T		
Moore, Oswald																
1985	O		CUT	73	73	77		223	13		146	223	59T	36T	69T	700
1986	O		70T	76	74	79	74	303	23	23	150	229	38T	51T	69T	1,500
	PGA		CUT	76	76			152	10		152		118T	122T		1,000
	US		CUT	78	75			153	13		153		77T	93T		600
1987	O		44T	71	72	76	74	293	9	14	143	219	28T	31T	39T	2,825
1990	O		CUT	74	75			149	5		149		105T	134T		550
Moore, Patrick Joseph																
1995	US		CUT	77	70			147	7		147		135T	74T		1,000
Moore, Robert J.																
1955	US		CUT	75	83			158	18		158		13T	79T		
1956	PGA		64T													
1957	PGA		64T													
1958	PGA		CUT	87	79			166	26		166		159T	145T		
1961	PGA		CUT	80	74			154	14		154		140T	110T		
1965	US		CUT	81	80			161	21		161		114T	121T		300
Moore, Ronald L.																
1960	US	A	CUT	79	78			157	15		157		114T	126T		
Moore, Roy, Jr.																
1956	US	A	CUT	80	78			158	18		158		127T	116T		
1958	US	A	CUT	87	88			175	35		175		150T	155T		
Moore, Ryan D.																
2002	US	A	CUT	76	79			155	15		155	0	96T	119T		
2003	M	A	45T	73	74	75	79	301	13	20	147	222	11T	24T	34T	
2005	M	A	13T	71	71	75	70	287	-1	11	142	217	8T	6T	21T	
	US	A	57T	75	73	75	73	296	16	16	148	223	75T	72T	75T	
2006	PGA		9T	71	72	67	69	279	-9	9	143	210	40T	42T	18T	165,000
2007	O		42T	72	72	74	71	289	5	12	144	218	39T	31T	50T	16,375

Year	Event	A	Pos	R1	R2	R3	R4	Tot	P/M	SBW	R2T	R3T	R1P	R2P	R3P	W
	PGA		CUT	79	74			153	13		153		132T	124T		2,000
	US		CUT	78	73			151	11		151		115T	64T		2,000
2008	PGA		CUT	70	79			149	9		149		8T	74T		2,500
Moore, Tommy																
1981	US	A	CUT	75	80			155	15		155		85T	124T		
1990	US		CUT	72	74			146	2		146		40T	69T		1,000
Moore-Brabazon, John Theodore Cuthbert																
1932	O	A	CUT	83	82			165	21		165		101T	103T		
Morales, Gilberto																
1999	O		CUT	80	76			156	14		156		100T	83T		1,100
Moran, Donald Charles "Chuck"																
1980	US		CUT	73	80			153	13		153		50T	109T		600
Moran, Michael "Dyke"																
1909	O		21T	82	81	74	77	314		19	163	237	50T	51T	23T	
1910	O		14T	77	75	79	81	312		13	152	231			10	
1911	O		21T	72	78	83	81	314		11	150	233	2T	5T	15T	
1912	O		15T	76	79	80	79	314		19	155	235	12T	12T	14	
1913	O		3T	76	74	89	74	313		9	150	239	9T	3	13T	13
1914	O		25T	82	83	82	76	323		17	165	247	49T	51T	43T	
Moran, Paul J., Jr.																
1970	US		CUT	79	79			158	14		158		68T	103T		500
1972	US		CUT	81	77			158	14		158		111T	95T		500
1973	US		39T	75	74	76	73	298	14	19	149	225	48T	41T	51T	1,000
1975	PGA		69	79	69	78	76	302	22	26	148	226	110T	66T	69T	429
1976	PGA		CUT	75	76			151	11		151		70T	87T		250
	US		CUT	78	74			152	12		152		102T	67T		500
Moran, William J.																
1955	US		CUT	83	73			156	16		156		121T	59T		
1959	PGA		CUT	76	73	79		228	18		149	228	102T	75T	91T	
1960	PGA		CUT	75	88			163	23		163		66T	170T		
1962	PGA		CUT	82	77			159	19		159		159T	148T		
More, John S.																
1959	O		47	72	75	76	79	302	14	18	147	223	14T	34T	39T	
1961	O		CUT	76	80			156	12		156		73T	62T		
1962	O		CUT	78	78			156	12		156		65T	72T		
1964	O		CUT	79	83			162	18		162		56T	98T		
More, W. D. "Willie"																
1891	O		5	84	87			171		5						4
1892	O		21T	87	75	80	84	326		21	162	242			15T	
1893	O		WD	85	92			177			177		20T	35T		
1894	O		WD	93	96	94		283			189	283	39T	51T	54T	
Moreland, David James, IV																
1995	US		CUT	75	74			149	9		149		108T	96T		1,000
2004	US		CUT	75	75			150	10		150	0	99T	118T		1,000
Moreland, Gus Turner																
1933	US	A	7T	76	76	71	72	295	7	8	152	223	29T	25T	7T	
1934	US	A	57	77	76	85	79	317	37	24	153	238	44T	40T	59T	
1935	M	A	47T	78	74	75	78	305	17	23	152	227	52T	49T	47T	
Moreland, Robert P.																
1977	PGA		CUT	75	80			155	11		155		54T	94T		250
1981	PGA		CUT	77	79			156	16		156		117T	130T		550
1982	PGA		CUT	80	77			157	17		157		140T	137T		650
Moreland, Steven R.																
1983	US		CUT	87	83			170	28		170		154T	151		600
Morelli, Jay																
1977	PGA		CUT	86	79			165	21		165		133T	129T		250
Moresco, Joseph L.																
1962	US		CUT	76	79			155	13		155		64T	96T		
1964	US		CUT	81	77			158	18		158		129T	126T		300
1967	PGA		CUT	75	77			152	8		152		62T	76T		
1981	PGA		CUT	79	79			158	18		158		134T	134T		550
Morey, Dale E.																
1947	US	A	WD	79	71	74		224	11		150	224	124T	53T	43T	
1949	US	A	CUT	78	77			155	13		155		88T	87T		

Year	Event	A	Pos	R1	R2	R3	R4	Tot	P/M	SBW	R2T	R3T	R1P	R2P	R3P	W
1950	US	A	CUT	75	80			155	15		155		52T	92T		
1951	US	A	42T	76	75	75	80	306	26	19	151	226	40T	37T	28T	
1954	M	A	WD	83	75	76		234	18		158	234	71T	62T	59T	
1955	M	A	63T	82	77	81	78	318	30	39	159	240	70T	65	65	
1956	M	A	65T	83	75	83	78	319	31	30	158	241	79T	67T	68T	
1957	M	A	CUT	80	78			158	14		158		81T	82T		
1958	M	A	CUT	74	77			151	7		151		42T	47T		
1961	US	A	CUT	82	77			159	19		159		144T	137T		
1962	US	A	CUT	78	77			155	13		155		104T	96T		
1963	US	A	CUT	83	79			162	20		162		137T	129T		
1965	M	A	CUT	74	82			156	12		156		52T	80T		
1966	M	A	57T	75	78	76	79	308	20	20	153	229	29T	56T	53T	

Morgan, C.

Year	Event	A	Pos	R1	R2	R3	R4	Tot	P/M	SBW	R2T	R3T	R1P	R2P	R3P	W
1902	O		WD													

Morgan, Edward J., Jr.

Year	Event	A	Pos	R1	R2	R3	R4	Tot	P/M	SBW	R2T	R3T	R1P	R2P	R3P	W
1937	US		CUT	76	80			156	12		156		55T	96T		

Morgan, Gilmer Bryan, II

Year	Event	A	Pos	R1	R2	R3	R4	Tot	P/M	SBW	R2T	R3T	R1P	R2P	R3P	W
1975	PGA		17T	73	71	71	72	287	7	11	144	215	39T	33T	17T	2,925
1976	PGA		8T	66	68	75	75	284	4	3	134	209	2T	1	2T	6,000
1977	M		CUT	73	79			152	8		152		24T	62T		1,500
	PGA		15T	74	68	70	77	289	1	7	142	212	40T	9T	4T	3,700
	US		41T	76	70	69	78	293	13	15	146	215	94T	44T	22T	1,180
1978	M		18T	73	73	70	71	287	-1	10	146	216	20T	32T	24T	2,550
	PGA		4T	76	71	66	67	280	-4	4	147	213	75T	48T	8T	14,500
	US		CUT	79	75			154	12		154		105T	93T		600
1979	M		31T	72	69	71	80	292	4	12	141	212	24T	12T	11T	1,975
	O		CUT	76	76	77		229	16		152	229	58T	67T	67T	300
	PGA		28T	72	73	70	70	285	5	13	145	215	39T	51T	38T	2,300
	US		CUT	78	77			155	13		155		94T	85T		600
1980	M		19T	74	71	75	67	287	-1	12	145	220	40T	35T	42T	3,990
	O		10T	70	70	71	72	283	-1	12	140	211	8T	5T	7T	5,750
	PGA		3T	68	70	73	72	283	3	9	138	211	2T	1	3T	22,500
	US		16T	73	70	70	71	284	4	12	143	213	50T	30T	21T	2,892
1981	M		21T	74	73	70	73	290	2	10	147	217	36T	35T	24T	3,600
	PGA		19T	70	69	74	71	284	4	11	139	213	12T	9T	23T	3,631
	US		CUT	77	71			148	8		148		115T	71T		600
1982	M		CUT	78	78			156	12		156		47T	52T		1,500
	O		CUT	74	74	81		229	13		148	229	32T	40T	72T	375
	PGA		22T	76	66	68	74	284	4	12	142	210	107T	26T	10T	3,600
	US		22T	75	75	68	74	292	4	10	150	218	43T	46T	16T	3,404
1983	M		8T	67	70	76	74	287	-1	7	137	213	1T	1	6T	14,500
	PGA		55T	72	73	74	72	291	7	17	145	219	39T	47T	56T	1,610
	US		3	73	72	70	68	283	-1	3	145	215	17T	11T	6	29,000
1984	M		3T	73	71	69	67	280	-8	3	144	213	31T	24T	12T	34,800
	O		22T	71	71	71	73	286	-2	10	142	213	21T	20T	8T	3,850
	PGA		CUT	70	79			149	5		149		13T	71T		1,000
	US		21T	70	74	72	73	289	9	13	144	216	12T	23T	19T	6,576
1985	M		CUT	74	80			154	10		154		41T	65T		1,500
	PGA		28T	69	77	72	70	288	0	10	146	218	10T	49T	40T	4,300
	US		23T	71	72	72	72	287	7	8	143	215	15T	30T	23T	6,345
1986	PGA		CUT	77	72			149	7		149		130T	97T		1,000
1987	PGA		21T	75	74	70	76	295	7	8	149	219	52T	42T	17T	7,500
	US		51T	72	71	76	73	292	12	15	143	219	34T	31T	60T	3,462
1988	PGA		CUT	76	72			148	6		148		110T	95T		1,000
	US		CUT	73	75			148	6		148		38T	73T		1,000
1989	PGA		CUT	73	73			146	2		146		57T	71T		1,000
	US		WD	71				71	1				35T			1,000
1990	PGA		3	77	72	65	72	286	-2	4	149	214	90T	49T	4T	90,000
	US		56T	70	72	73	78	293	5	13	142	215	12T	17T	32T	4,694
1991	M		CUT	77	76			153	9		153		73T	77T		1,500
	O		64T	72	74	74	67	287	7	15	146	220	61T	78T	96T	3,155
	PGA		16T	70	71	74	71	286	-2	10	141	215	14T	8T	19T	17,000
	US		CUT	76	73			149	5		149		90T	72T		1,000
1992	PGA		21T	71	69	73	75	288	4	10	140	213	20T	7T	7T	14,000
	US		13T	66	69	77	81	293	5	8	135	212	1	1	1	22,532
1993	M		50T	72	74	72	77	295	7	18	146	218	35T	51T	35T	4,250
	O		14T	70	68	70	70	278	-2	11	138	208	48T	12T	12T	15,214
	PGA		CUT	75	72			147	5		147		121T	108T		1,200
	US		CUT	73	72			145	5		145		99T	89T		1,000
1994	M		CUT	74	76			150	6		150		26T	52T		1,500
	O		CUT	73	76			149	9		149		93T	131T		600
	PGA		39T	71	68	73	74	286	6	17	139	212	27T	8T	25T	6,030

Year	Event	A	Pos	R1	R2	R3	R4	Tot	P/M	SBW	R2T	R3T	R1P	R2P	R3P	W
	US		CUT	79	73			152	10		152		133T	116T		1,000
1995	PGA		31T	66	73	74	66	279	-5	12	139	213	5T	29T	57T	8,906
1996	PGA		41T	72	72	72	71	287	-1	10	144	216	52T	45T	45T	7,375
Morgan, John Duncan																
1968	O		CUT	91	82			173	29		173		129	128		
1973	O		CUT	79	78			157	13		157		105T	120T		50
1974	O		13T	69	75	76	76	296	12	14	144	220	1T	5T	9T	1,000
1975	O		CUT	74	75	77		226	10		149	226	55T	80T	82	150
1977	O		36T	72	71	71	77	291	11	23	143	214	22T	21T	21T	345
1978	O		29T	74	68	77	72	291	3	10	142	219	68T	12T	35T	527
1979	O		CUT	77	80			157	15		157		77T	111T		200
1981	O		31T	77	72	73	69	291	11	15	149	222	72T	66T	54T	875
1988	O		CUT	78	76			154	12		154		113T	113T		450
1990	O		CUT	74	70			144	0		144		105T	73T		550
Morgan, William Fellows, Jr.																
1909	US	A	52	78	84	84	78	324		34	162	246	28T	55T	57T	
Mori, Shigenori																
1997	O		CUT	80	76			156	14		156		131T	137T		650
Morin, Alan R.																
1998	US		CUT	80	82			162	22		162		138T	148T		1,000
2002	PGA		CUT	82	77			159	15		159	0	147T	145T		2,000
2003	PGA		CUT	84	79			163	23		163	0	153T	149		2,000
	US		CUT	79	74			153	13		153	0	151T	142T		1,000
2005	PGA		CUT	76	75			151	11		151		119T	132T		2,000
2008	PGA		CUT	76	76			152	12		152		90T	105T		2,500
Morine, Kenneth H.																
1934	US	A	CUT	80	80			160	20		160		76T	101T		
Morley, Al																
1964	PGA		CUT	80	77			157	17		157		145T	133T		
1965	PGA		CUT	76	85			161	19		161		78T	145T		
1966	PGA		CUT	78	81			159	19		159		102T	131T		
1971	PGA		CUT	85	81			166	22		166		142T	141		
Morley, Alston																
1939	PGA		64T													100
Morley, Michael E.																
1967	M	A	CUT	74	80			154	10		154		28T	67T		
1975	PGA		47	70	72	75	76	293	13	17	142	217	8T	19T	30T	585
1976	PGA		15T	69	72	72	74	287	7	6	141	213	7T	14T	13T	3,400
	US		14T	71	71	70	77	289	9	12	142	212	7T	6T	5T	2,310
1977	M		48	75	73	73	76	297	9	21	148	221	40T	36T	42T	1,800
	PGA		44T	71	74	80	72	297	9	15	145	225	14T	23T	57T	750
	US		27T	70	73	74	73	290	10	12	143	217	8T	21T	33T	1,413
1978	M		CUT	78	73			151	7		151		61T	59T		1,500
	PGA		42T	70	73	73	77	293	9	17	143	216	7T	13T	22T	813
	US		60	77	73	78	80	308	24	23	150	228	70T	49T	58T	1,220
1980	PGA		46T	71	73	76	75	295	15	21	144	220	20T	20T	34T	893
	US		8T	73	68	69	72	282	2	10	141	210	50T	19T	9	8,050
1981	M		CUT	76	77			153	9		153		53T	63T		1,500
	PGA		61T	72	71	71	78	292	12	19	143	214	43T	27T	31T	783
	US		CUT	75	74			149	9		149		85T	82T		600
Morley, Philip																
1979	O		CUT	83	82			165	23		165		141T	148T		200
Morosco, Anthony																
1968	US		CUT	78	81			159	19		159		115T	142		500
1976	PGA		CUT	75	86			161	21		161		70T	123T		250
Morrell, Frank																
1952	O	A	45	75	74	86	79	314	14	27	149	235	40T	31T	46	
Morris, A. John																
1939	O		CUT	77	81			158	12		158		65T	98T		
1946	O		CUT	81	77			158	14		158		58T	45T		
1947	O		CUT	83	80			163	27		163		85T	80T		
1948	O		CUT	78	82			160	24		160		71T	91T		
1949	O		CUT	76	83			159	15		159		68T	91		
Morris, Finlay																
1966	O		CUT	78	74			152	10		152		89T	68T		
1967	O		CUT	76	76			152	8		152		75T	76T		

Year	Event	A	Pos	R1	R2	R3	R4	Tot	P/M	SBW	R2T	R3T	R1P	R2P	R3P	W
Morris, H.																
1899	O		WD													
Morris, Hugh																
1903	O		UNK													
Morris, J. E. "Jim"																
1928	O		CUT	87	81			168	24		168		105T	101		
Morris, James Ogilvie Fairlie "Jamie" "JOF"																
1873	O		11T	96	99			195		16						
1874	O		10T	88	81			169		10						
1876	O		WD													
1877	O		UNK													
1878	O		3	50	56	55		161		4	106					3
1879	O		8T	92	87			179		10						2
1881	O		UNK													
1884	O		13T					174		14						
1885	O		9T	91	86			177		6						1
1886	O		11	81	82			163		6						
1888	O		23T	96	90			186		15						
Morris, John "Jack"																
1873	O		16	106	100			206		27						
1878	O		16	58	57	64		179		22	115					
1881	O		UNK													
1885	O		36	98	95			193		22						
1887	O		25T	93	93			186		25						
1894	O		WD													
Morris, John W. "Johnny"																
1939	US		CUT	73	80			153	15		153		24T	67T		
1940	US		36T	75	77	74	75	301	13	14	152	226	45T	48T	35T	
1941	US		26T	72	73	81	77	303	23	19	145	226	9T	5T	23T	50
1942	M		40	83	75	80	75	313	25	33	158	238	42	41	40	
1946	US		CUT	79	77			156	12		156		111T	106T		
1947	PGA		64T													100
1948	US		CUT	75	80			155	13		155		74T	110T		
1949	US		CUT	78	76			154	12		154		88T	83T		
1950	US		45	74	74	80	77	305	25	18	148	228	40T	35T	46T	100
Morris, Kevin P.																
1981	PGA		CUT	78	74			152	12		152		128T	110T		550
1982	PGA		CUT	84	77			161	21		161		150	144T		650
1983	PGA		CUT	75	76			151	9		151		104T	119T		1,000
	US		CUT	76	77			153	11		153		61T	78T		600
1985	PGA		73T	72	74	78	77	301	13	23	146	224	52T	49T	70T	1,500
1986	PGA		CUT	74	73			147	5		147		89T	74T		1,000
Morris, Robert																
1959	PGA		CUT	82	80			162	22		162		167T	170		
1960	PGA		CUT	78	82			160	20		160		122T	154T		
Morris, Thomas Mitchell "Young Tom," Jr.																
1865	O		WD	60	57			117			117		5T	3T		
1866	O		9	63	60	64		187		18	123					
1867	O		4	58	59	58		175		5	117					1
1868	O		1	51	54	49		154		-3	105		1	2		6
1869	O		1	50	55	52		157		-11	105			1		6
1870	O		1	47	51	51		149		-12	98					6
1872	O		1	57	56	53		166		-3	113		2	2		8
1873	O		3T	94	89			183		4						
1874	O		2	83	78			161		2						6
Morris, Thomas Mitchell "Old Tom," Sr.																
1860	O		2	58	59	59		176		2	117					
1861	O		1	54	56	53		163		-4	110					
1862	O		1	52	55	56		163		-13	107					
1863	O		2	56	58	56		170		2	114		2T	2		5
1864	O		1	54	58	55		167		-2	112					6
1865	O		5	57	61	56		174		12	118		4	5T		
1866	O		4	61	58	59		178		9	119					
1867	O		1	58	54	58		170		-2	112					7
1868	O		2	54	50	53		157		3	104		3T	1		4
1869	O		6	56	62	58		176		19	118			6		
1870	O		4	56	52	54		162		13	108					
1872	O		4T	62	60	57		179		13	122		5	5		3

Year	Event	A	Pos	R1	R2	R3	R4	Tot	P/M	SBW	R2T	R3T	R1P	R2P	R3P	W
1873	O		7	93	96			189		10						
1874	O		18T	90	86			176		17						
1876	O		4PO	90	95			185		9						3
1877	O		UNK													
1878	O		11	55	53	63		171		14	108					
1879	O		18T	92	93			185		16						
1880	O		10	87	88			175		13						
1881	O		5T	58	65	58		181		11	123					1
1883	O		10T	86	81			167		8	167					
1884	O		13T					174		14						
1885	O		29T	96	94			190		19						
1886	O		27T	88	85			173		16						
1887	O		WD													
1888	O		27T	94	96			190		19						
1889	O		UNK													
1890	O		WD													
1891	O		58T	99	94			193		27						
1892	O		50	91	90	91	92	364		59	181	272			48T	
1893	O		52	96	94	10	93	383		61	190	290	66T	61T	57	
1894	O		WD	99	97	100		296			196	296	72T	72T	59	
1895	O		49	107	92	96	97	392		70	199	295	72		49	
1896	O		WD	101	103	105		309			204	309				
Morris, Tom																
1908	US		WD	101				101					75			
1916	US		44T	78	78	82	76	314	26	28	156	238	39T	41T	53T	
Morris, Wayne																
1973	PGA		CUT	76	76			152	10		152		78T	98T		
1974	US		CUT	83	83			166	26		166		135T	140T		500
Morrison, Fred B.																
1928	US		59T	73	82	77	86	318	34	24	155	232	8T	39T	33T	
1929	PGA		16T													
1930	US		50T	78	76	80	79	313	21	26	154	234	60T	38T	48T	
1931	US		CUT	82	80			162	20		162		97T	90T		
1932	US		14T	77	80	69	76	302	22	16	157	226	12T	39T	12T	63
1936	US		CUT	77	75			152	8		152		98T	77T		
1937	US		20T	71	76	74	74	295	7	14	147	221	8T	19T	21T	50
1938	US		CUT	82	80			162	20		162		106T	109T		
Morrison, Hugh																
1875	O		9T	62	59	62		183		17	121					
1887	O		WD													
Morrison, John Harrower																
1962	O	A	CUT	83	80			163	19		163		109T	109T		
Morrison, Kenneth																
1964	O		CUT	82	80			162	18		162		86T	98T		
1965	O		CUT	80	86			166	20		166		109T	125		
1969	O		CUT	83	77			160	18		160		126T	114T		
Morrow, Clark																
1957	PGA		128T													50
1958	PGA		WD	83				83	13				147T			
Morse, Andrew																
1996	US		67T	76	72	74	70	292	12	14	148	222	115T	98T	95T	5,645
1997	US		CUT	87	77			164	24		164		155T	153		1,000
2006	US		CUT	74	76			150	10		150		39T	64T		2,000
Morse, Clarke																
1931	US		52	77	81	79	80	317	33	25	158	237	43T	60T	54T	
1932	US		CUT	82	80			162	22		162		74T	80T		
1937	PGA		64T													
Morse, John Paul																
1984	US		CUT	75	77			152	12		152		89T	98T		600
1987	US		CUT	74	74			148	8		148		71T	78T		600
1991	O		101T	73	71	77	73	294	14	22	144	221	77T	54T	102T	3,000
1994	US		CUT	77	75			152	10		152		104T	116T		1,000
1995	M		CUT	74	74			148	4		148		53T	63T		1,500
	O		CUT	75	74			149	5		149		116T	104T		650
	PGA		CUT	74	70			144	2		144		109T	87T		1,200
1996	PGA		41T	74	69	72	72	287	-1	10	143	215	94T	32T	33T	7,375
	US		4	68	74	68	70	280	0	2	142	210	3T	19T	3T	111,235

Year	*Event*	*A*	*Pos*	*R1*	*R2*	*R3*	*R4*	*Tot*	*P/M*	*SBW*	*R2T*	*R3T*	*R1P*	*R2P*	*R3P*	*W*
1997	M		CUT	77	73			150	6		150		47T	47T		5,000
	US		68T	71	74	76	77	298	18	22	145	221	18T	45T	66T	5,742
Morse, Robert																
1947	US		CUT	80	79			159	17		159		129T	120T		
Morton, Alfred																
1984	US		CUT	78	74			152	12		152		128T	98T		600
1988	US		CUT	74	81			155	13		155		56T	124T		1,000
Morton, J. C. "Jack"																
1911	US		54	81	84	84	91	340	36	33	165	249	30T	52T	53T	
Morton, James																
1916	US		51T	83	77	80	78	318	30	32	160	240	59T	55T	55	
Morton, Rick																
1989	PGA		CUT	74	75			149	5		149		77T	98T		1,000
2000	PGA		CUT	84	78			162	18		162		144T	140		2,000
Mose, Dave																
1952	US		CUT	84	81			165	25		165		140T	127T		
Mosel, Stanton																
1952	US	A	28T	71	77	75	76	299	19	18	148	223	6T	16T	22T	
1955	US		CUT	79	83			162	22		162		69T	107T		
1957	US		48T	74	75	77	78	304	24	22	149	226	33T	35T	43T	240
1958	US		CUT	85	79			164	24		164		141T	125T		
1959	US		CUT	85	77			162	22		162		145T	136T		
1960	US		CUT	72	76			148	6		148		19T	56T		
1961	US		CUT	77	75			152	12		152		87T	91T		
1963	PGA		39	71	77	74	70	292	8	13	148	222	13T	49T	53T	450
1964	US		CUT	72	80			152	12		152		8T	70T		300
1967	PGA		CUT	77	78			155	11		155		94T	105T		
1968	PGA		54T	76	73	77	71	297	17	16	149	226	83T	64T	67T	415
	US		CUT	74	77			151	11		151		42T	79T		500
Moseley, Frederick G.																
1949	M	A	45T	77	75	78	76	306	18	24	152	230	38T	35T	46T	
1950	M	A	57	82	77	78	79	316	28	33	159	237	60T	56T	57	
1952	US	A	WD	78				78	8				85T			
1961	US	A	CUT	73	78			151	11		151		20T	73T		
Moseley, Jarrod James																
1999	O		CUT	85	74			159	17		159		149T	116T		369
2000	O		41T	70	71	70	76	287	-1	18	141	211	26T	25T	18T	10,345
2002	O		66T	70	73	75	72	290	6	12	143	218	23T	50T	59T	8,800
2003	O		CUT	74	79			153	11		153		35T	97T		2,500
Moser, Harold																
1946	US		CUT	81	86			167	23		167		131T	154T		
Moses, J. R.																
1951	O		CUT	78	81			159	15		159		51T	68T		
1953	O		42T	81	73	76	82	312	24	30	154	230	68T	42T	38T	25
1954	O		CUT	81	77			158	12		158		86T	84T		
1959	O		23T	72	73	73	76	294	6	10	145	218	14T	13T	17T	
1961	O		CUT	79	83			162	18		162		94T	94T		
1962	O		CUT	75	78			153	9		153		21T	40T		
Mosey, Ian J.																
1970	O	A	CUT	74	81			155	11		155		74T	109T		
1972	O	A	CUT	74	76	77		227	14		150	227	35T	49T	70T	
1974	O		CUT	78	76	78		232	19		154	232	66T	46T	61T	75
1976	O		38T	73	74	75	75	297	9	18	147	222	15T	30T	26T	237
1977	O		58T	75	73	73	77	298	18	30	148	221	62T	61T	60T	250
1979	O		CUT	75	78			153	11		153		36T	83T		200
1980	O		CUT	75	76			151	9		151		58T	95T		225
1981	O		CUT	78	76			154	14		154		90T	102T		225
1983	O		CUT	73	72	74		219	6		145	219	62T	57T	69T	400
1985	O		CUT	73	77			150	10		150		59T	87T		375
1987	O		CUT	77	72			149	7		149		124T	99T		400
Moss, Cole																
1940	US		CUT	84	71			155	11		155		148T	79T		
Moss, Robert Perry "Perry"																
1998	US		CUT	76	78			154	14		154		91T	121T		1,000

Year	Event	A	Pos	R1	R2	R3	R4	Tot	P/M	SBW	R2T	R3T	R1P	R2P	R3P	W
Moss, Robert S.																
2005	PGA		CUT	74	72			146	6		146		97T	91T		2,000
Mosser, Karl E.																
1919	US	A	CUT	93	88			181	39		181		116T	105		
Mothersole, Charles L.																
1921	PGA		16T													60
	US		22T	81	78	79	76	314	34	25	159	238	43T	34T	28T	
1923	US		16T	77	80	71	82	310	22	14	157	228	20T	28T	9T	
1925	US		WD													
Mouland, Mark Gary																
1983	O		CUT	74	80			154	12		154		82T	127T		250
1985	O		47T	72	75	74	73	294	14	12	147	221	39T	51T	56T	2,128
1986	O		CUT	77	76			153	13		153		54T	88T		400
1988	O		CUT	76	84			160	18		160		83T	139T		450
1989	O		CUT	77	75			152	8		152		126T	127T		500
1990	O		CUT	76	73			149	5		149		137T	134T		550
1991	O		17T	68	74	68	71	281	1	9	142	210	5T	28T	8T	10,055
1992	O		CUT	73	78			151	9		151		98T	145T		600
1994	O		CUT	76	76			152	12		152		136T	144T		600
Mouland, Sidney																
1964	O		CUT	85	82			167	23		167		106T	114		
Mounce, Tom																
1921	O		80	84	81	86	85	336		40	165	251	80T	74T	80T	
1927	O		CUT	79	80			159	13		159		75T	80T		
1928	O		CUT	81	85			166	22		166		49T	94T		
Moussa, Mohammed Said "Doche"																
1968	O		39T	77	76	75	79	307	18	18	153	228	42T	44T	40T	110
Mowlds, Jerry																
1965	US		CUT	78	78			156	16		156		82T	89T		300
1967	US		CUT	76	80			156	16		156		87T	124T		400
1969	PGA		CUT	75	77			152	10		152		72T	101T		
1975	PGA		CUT	77	82			159	19		159		90T	119T		
Mowry, Larry																
1961	US		CUT	72	80			152	12		152		11T	91T		
1964	US		CUT	83	74			157	17		157		140T	118T		300
1969	PGA		11T	69	71	69	74	283	-1	7	140	209	1T	9T	6T	3,544
1977	PGA		CUT	76	76			152	8		152		64T	72T		250
Moyer, John E.																
1933	US		WD	82				82	10				116T			
Moyers, Michael																
1992	PGA		CUT	82	80			162	20		162		149	147T		1,200
Mozel, Joe																
1938	US		CUT	80	85			165	23		165		82T	122T		
1944	PGA		32T													200
1946	PGA		64T													100
	US		57T	73	77	77	80	307	19	23	150	227	24T	39T	49T	
1948	US		CUT	77	82			159	17		159		109T	134T		
Mucci, Patrick																
1949	US	A	WD													
1951	US	A	CUT	87	81			168	28		168		155T	145		
Mudd, Joseph Martin "Jodie"																
1980	US	A	CUT	78	78			156	16		156		127T	126T		
1981	US	A	CUT	77	78			155	15		155		115T	124T		
1982	M	A	20T	77	74	67	76	294	6	10	151	218	39T	32T	11T	
1983	M		42T	72	68	72	86	298	10	18	140	212	29T	5T	4T	2,050
	US		CUT	81	77			158	16		158		131T	114T		600
1986	PGA		41T	72	73	73	72	290	6	14	145	218	46T	50T	57T	2,850
	US		15T	73	75	69	71	288	8	9	148	217	9T	30T	22T	8,885
1987	M		4T	74	72	71	69	286	-2	1	146	217	26T	19T	13T	37,200
	PGA		CUT	85	76			161	17		161		142T	123T		1,000
	US		17T	72	75	71	68	286	6	9	147	218	34T	71T	53T	9,747
1988	M		CUT	84	78			162	18		162		84T	82T		1,500
	PGA		52T	70	73	77	70	290	6	18	143	220	19T	51T	70T	2,093
1989	M		7	73	76	72	66	287	-1	4	149	221	21T	29T	24T	37,200
	O		5	73	67	68	70	278	-10	3	140	208	61T	15T	7T	30,000

Year	Event	A	Pos	R1	R2	R3	R4	Tot	P/M	SBW	R2T	R3T	R1P	R2P	R3P	W
	PGA		67	71	70	80	75	296	8	20	141	221	38T	23T	68T	2,220
	US		51T	73	71	74	74	292	12	14	144	218	66T	44T	46T	4,690
1990	M		30T	74	70	73	76	293	5	15	144	217	38T	14T	19T	8,133
	O		4T	72	66	72	66	276	-12	6	138	210	51T	9T	20T	40,000
	US		CUT	72	76			148	4		148		40T	89T		1,000
1991	M		7T	70	70	71	69	280	-8	3	140	211	13T	10T	9T	42,100
	O		5T	72	70	72	63	277	-3	5	142	214	61T	28T	40T	34,167
	PGA		32T	74	71	74	70	289	1	13	145	219	77T	43T	54T	6,000
	US		26T	71	70	77	75	293	5	11	141	218	16T	8T	16T	11,712
1992	M		CUT	69	78			147	3		147		7T	67T		1,500
	O		28T	71	69	74	71	285	1	13	140	214	57T	28T	40T	6,659
Muehr, Michael Paul																
1995	US		CUT	75	80			155	15		155		108T	137T		1,000
1999	US		CUT	74	74			148	8		148		95T	69T		1,000
2002	US		CUT	77	78			155	15		155	0	113T	119T		1,000
Mueller, Eric																
1976	US		CUT	81	82			163	23		163		121T	140T		500
Mueller, Gunnar																
1973	O		60	76	70	78	81	305	17	29	146	224	55T	18T	55T	125
1974	O		CUT	85	82			167	25		167		146T	142T		50
1975	O		CUT	77	78			155	11		155		106T	117T		100
1977	O		CUT	79	75			154	14		154		124T	110T		150
1978	O		CUT	77	75			152	8		152		119T	113T		175
Muir, James																
1866	O		UNK	59												
Mulcahy, Charles W., Jr.																
1948	US	A	CUT	81	82			163	21		163		145T	149T		
Mulcahy, William F.																
1919	US		CUT	89	81			170	28		170		100T	66T		
Mulgrew, Thomas J.																
1908	US		CUT	94	91			185			185		50T	54T		
1912	US		38T	79	85	76	84	324	27	30	164	240	44T	64T	38T	
1913	US		CUT	82	84			166	24		166		44T	56T		
1919	US		37T	77	83	84	82	326	42	25	160	244	6T	28T	35T	
Mullen, Richard E.																
1962	PGA		CUT	76	81			157	17		157		82T	139T		
Muller, Grant Andrew																
2004	O		CUT	73	74			147	5		147		73T	85T		2,500
Mullinax, Thomas																
1975	US		CUT	81	73			154	12		154		133T	98T		500
Mullins, Clyde "Moon"																
1962	PGA		CUT	77	77			154	14		154		108T	118T		
1964	PGA		CUT	72	76	79		227	17		148	227	35T	70T	86T	
Mumma, Clyde																
1936	US		CUT	80	86			166	22		166		138T	151T		
1946	US		CUT	79	79			158	14		158		111T	119T		
Munday, Ronald "Rod"																
1934	US	A	CUT	80	79			159	19		159		76T	86T		
1935	US		CUT	84	88			172	28		172		115T	134T		
1936	PGA		64T													
	US		CUT	77	77			154	10		154		98T	97T		
1939	PGA		8T													
1940	M		39T	73	76	75	81	305	17	25	149	224	16T	32T	35T	
	PGA		64T													100
1942	PGA		32T													
1946	M		44	78	77	76	78	309	21	27	155	231	38T	39T	42	
	US		50T	77	72	78	77	304	16	20	149	227	77T	31T	49T	
1947	US		CUT	77	81			158	16		158		95T	108T		
1950	PGA		32T													200
1951	PGA		32T													200
1953	PGA		64T													100
1957	PGA		128T													50
Mundy, Rupert Herbert																
1900	O		CUT	92	95			187			187		67T	69T		
1904	O		WD													
1906	O		WD	96				96								

Year	Event	A	Pos	R1	R2	R3	R4	Tot	P/M	SBW	R2T	R3T	R1P	R2P	R3P	W
Munger, Jack R.																
1935	M	A	61	79	78	77	83	317	29	35	157	234	60T	61T	61	
1936	M	A	WD	84	79			163	19		163		46T	50		
	US	A	28T	74	70	76	76	296	8	14	144	220	37T	10T	25T	
1937	M	A	WD	84	81	78		243	27		165	243	46	46	44	
1938	US	A	WD	87				87	16				147T			
1941	US	A	WD	74	81			155	15		155	0	26T	51T		
Munn, Lionel Oulton Moore																
1911	O	A	41T	78	76	83	83	320		17	154	237	35T	21T	27T	
1932	O	A	29T	74	75	78	76	303	15	20	149	227	12T	17T	25T	
Munro, J. W. "Jack"																
1914	US		25T	83	74	75	75	307	19	17	157	232	63T	42T	29T	
Munro, Raymond A. G.																
1960	O	A	47	72	77	82	77	308	16	30	149	231	9T	42T	47	
Munro, Robert																
1892	O		WD	90				90								
1894	O		WD	101	99			200			200		78T	78		
1897	O		44	92	88	90	87	357		43	180	270				
1900	O		CUT	92	93			185			185		67T	68		
1901	O		WD	95				95								
1902	O		CUT	83	87			170			170					
1904	O		CUT	91	85			176			176					
Munsie, Larry																
1952	US	A	CUT	86	91			177	37		177		148T	141		
Munson, Charles S., Jr.																
1936	US	A	CUT	81	82			163	19		163		145T	145T		
Munson, Chesney F. "Chet"																
1958	PGA		CUT	80	77			157	17		157		126T	117T		
Muntz, Rolf Frederick Cornelis, Jr.																
1990	O	A	CUT	78	74			152	8		152		147T	150T		
1991	M	A	CUT	80	75			155	11		155		84	82T		
	O	A	CUT	75	79			154	14		154		115T	145T		
2003	O		CUT	82	71			153	11		153		137T	97T		2,500
Murakami, Artemio																
2008	US		CUT	79	83			162	20		162		126T	143T		2,000
Murakami, Takashi																
1976	M		37T	74	71	80	73	298	10	27	145	225	37T	18T	39T	1,800
1977	M		CUT	78	73			151	7		151		67T	57T		1,500
Murchison, Bill																
1995	US		CUT	76	77			153	13		153		124T	129T		1,000
1996	US		60T	76	68	74	73	291	11	13	144	218	115T	42T	54T	5,825
Murdoch, George																
1925	O		WD	86				86	14				77T			
1926	O		CUT	83	90			173	31		173		87T	108T		
Murphy, Dan P.																
1968	PGA		CUT	79	78			157	17		157		127T	134T		
1969	PGA		CUT	79	79			158	16		158		120T	128T		
1977	US		CUT	78	80			158	18		158		123T	135T		500
1980	PGA		CUT	81	78			159	19		159		134T	130T		500
1984	PGA		CUT	79	83			162	18		162		119T	140T		1,000
Murphy, Edward P. "Eddie"																
1925	US		55T	82	82	77	79	320	36	29	164	241	74T	76T	59T	
1926	US		27T	74	77	80	79	310	22	17	151	231	14T	13T	23T	
1927	PGA		32T													
	US		DQ	81	80			161	17		161		50T	41T		
Murphy, Gary																
1997	O		CUT	84	72			156	14		156		150T	137T		650
2003	O		34T	73	74	73	73	293	9	10	147	220	19T	28T	34T	18,778
Murphy, Jack R.																
1950	US		CUT	81	82			163	23		163		136T	143		
1951	US		CUT	81	84			165	25		165		119T	137T		
Murphy, Michael A. "Mick"																
1964	O		34T	76	74	76	77	303	15	24	150	226	20T	18T	28T	50

Year	Event	A	Pos	R1	R2	R3	R4	Tot	P/M	SBW	R2T	R3T	R1P	R2P	R3P	W
1968	O		35T	77	74	77	77	305	17	16	151	228	42T	28T	40T	130
1969	O		CUT	83	69			152	10		152		126T	74T		
1976	O		CUT	78	80			158	14		158		75T	127T		100

Murphy, Patrick F.

Year	Event	A	Pos	R1	R2	R3	R4	Tot	P/M	SBW	R2T	R3T	R1P	R2P	R3P	W
1919	US		WD	95				95	24				123T			

Murphy, Paul

Year	Event	A	Pos	R1	R2	R3	R4	Tot	P/M	SBW	R2T	R3T	R1P	R2P	R3P	W
1902	US	A	35T	86	90	83	82	341		34	176	259	36T	48T	37T	

Murphy, Robert Joseph, Jr.

Year	Event	A	Pos	R1	R2	R3	R4	Tot	P/M	SBW	R2T	R3T	R1P	R2P	R3P	W
1966	M	A	59T	76	77	81	78	312	24	24	153	234	42T	56T	63	
	US	A	15T	73	72	75	73	293	13	15	145	220	26T	12T	18T	
1967	M	A	52	73	77	76	77	303	15	23	150	226	17T	46T	51T	
	US	A	23T	73	73	75	69	290	10	15	146	221	34T	35T	42T	
1968	US		32T	76	71	70	74	291	11	16	147	217	76T	42T	22T	1,020
1969	M		CUT	71	79			150	6		150		16T	57T		1,000
	PGA		63T	74	71	75	76	296	12	20	145	220	54T	35T	56T	241
	US		5	66	72	74	71	283	3	2	138	212	1	2T	6T	7,000
1970	M		23T	78	70	73	71	292	4	13	148	221	63T	33T	35T	2,020
	PGA		2T	71	73	71	66	281	1	2	144	215	11T	19T	9T	18,500
	US		CUT	76	80			156	12		156		22T	85T		500
1971	M		13T	69	70	76	73	288	0	9	139	215	2T	2T	10T	3,000
	PGA		47T	74	68	78	75	295	7	14	142	220	48T	4T	40T	348
	US		CUT	71	80			151	11		151		18T	88T		500
1972	M		43T	75	76	77	79	307	19	21	151	228	37T	42T	39T	1,600
	PGA		40T	75	70	70	80	295	15	14	145	215	69T	25T	15T	784
	US		63T	79	74	83	75	311	23	21	153	236	88T	45T	69	800
1973	PGA		35T	74	73	71	72	290	6	13	147	218	52T	49T	42T	1,054
	US		20T	77	70	75	71	293	9	14	147	222	72T	30T	34T	1,600
1974	PGA		32T	74	73	71	72	290	10	14	147	218	58T	47T	32T	1,260
1975	M		42	70	72	80	74	296	8	20	142	222	7T	11T	38T	1,750
	PGA		25T	75	68	69	77	289	9	13	143	212	69T	24T	6T	1,800
	US		3T	74	73	72	69	288	4	1	147	219	38T	35T	21T	10,875
1976	M		28T	72	74	76	73	295	7	24	146	222	22T	22T	31T	1,950
	O		48T	75	77	73	74	299	11	20	152	225	38T	77T	52T	180
	PGA		CUT	74	76			150	10		150		57T	77T		250
	US		CUT	75	78			153	13		153		53T	79T		500
1977	M		31T	74	72	71	73	290	2	14	146	217	33T	30T	24T	1,975
	PGA		25T	72	72	72	76	292	4	10	144	216	21T	15T	18T	1,717
1978	PGA		54T	71	75	71	78	295	11	19	146	217	17T	38T	26T	500
	US		CUT	78	73			151	9		151		80T	64T		600
1979	PGA		CUT	71	78			149	9		149		27T	97T		350
	US		25T	72	79	69	77	297	13	13	151	220	13T	51T	20T	2,000
1980	PGA		20T	68	80	72	71	291	11	17	148	220	2T	53T	34T	3,450
	US		CUT	73	76			149	9		149		50T	79T		600
1981	PGA		18	66	69	73	75	283	3	10	135	208	1	1	5T	4,500
1982	PGA		34T	71	74	68	74	287	7	15	145	213	21T	65T	25T	2,350
1983	US		50T	69	81	74	78	302	18	22	150	224	1T	47T	37T	2,105
1984	PGA		CUT	76	78			154	10		154		87T	112T		1,000
1985	PGA		62T	73	71	80	72	296	8	18	144	224	76T	29T	70T	1,600
1986	PGA		69	73	73	74	77	297	13	21	146	220	70T	65T	69T	1,560
	US		CUT	79	72			151	11		151		94T	71T		600
1987	M		CUT	82	73			155	11		155		82	68T		1,500

Murphy, Sean

Year	Event	A	Pos	R1	R2	R3	R4	Tot	P/M	SBW	R2T	R3T	R1P	R2P	R3P	W
1993	US		CUT	72	74			146	6		146		76T	106T		1,000
1996	O		CUT	76	69			145	3		145		136T	87T		650
	US		32T	71	75	68	74	288	8	10	146	214	24T	73T	22T	14,071
1997	US		CUT	75	74			149	9		149		93T	93T		1,000
2003	US		CUT	78	71			149	9		149	0	142T	124T		1,000

Murphy, Thomas "Tommy"

Year	Event	A	Pos	R1	R2	R3	R4	Tot	P/M	SBW	R2T	R3T	R1P	R2P	R3P	W
1964	PGA		CUT	74	78			152	12		152		65T	99T		

Murra, Mike

Year	Event	A	Pos	R1	R2	R3	R4	Tot	P/M	SBW	R2T	R3T	R1P	R2P	R3P	W
1938	US		50T	81	71	78	85	315	31	31	152	230	91T	29T	34T	

Murray, A.

Year	Event	A	Pos	R1	R2	R3	R4	Tot	P/M	SBW	R2T	R3T	R1P	R2P	R3P	W
1880	O		UNK													

Murray, Alan

Year	Event	A	Pos	R1	R2	R3	R4	Tot	P/M	SBW	R2T	R3T	R1P	R2P	R3P	W
1964	O		19T	77	73	76	72	298	10	19	150	226	28T	18T	28T	86

Murray, Albert H.

Year	Event	A	Pos	R1	R2	R3	R4	Tot	P/M	SBW	R2T	R3T	R1P	R2P	R3P	W
1909	US		39T	80	80	82	76	318		28	160	242	44T	46T	49T	
1912	US		26	78	79	79	78	314	18	20	157	236	34T	35T	26T	
1913	US		33T	76	82	81	85	324	40	20	158	239	13T	30T	25T	

Year	Event	A	Pos	R1	R2	R3	R4	Tot	P/M	SBW	R2T	R3T	R1P	R2P	R3P	W
Murray, Alex																
1949	O		CUT	79	75			154	10		154		89T	76T		
Murray, Andrew Stephen																
1982	O		CUT	78	80			158	14		158		95T	131T		225
1986	O		CUT	83	78			161	21		161		134T	137T		400
1990	O		CUT	74	76			150	6		150		105T	142T		550
Murray, Brent																
1999	PGA		CUT	76	75			151	7		151		116T	117T		1,750
Murray, Charles R.																
1903	US		32T	83	84	84	85	336		29	167	251	28T	30T	34T	
1904	US		11T	84	81	76	78	319		16	165	241	29T	20T	13T	
1905	US		29T	84	85	83	85	337		23	169	252	35T	34T	31T	
1909	US		30T	77	75	77	84	313		23	152	229	22T	12T	18T	
1912	US		9	75	78	77	76	306	10	12	153	230	13T	14	9T	40
1913	US		21T	80	80	80	79	319	35	15	160	240	32T	37T	29T	
1914	US		WD	76	76			152	8		152		16T	22T		
1921	US		21	75	73	82	83	313	33	24	148	230	8T	2T	13T	
Murray, Dan																
1926	O		CUT	84	80			164	22		164		99T	90T		
1927	O		30T	72	78	77	79	306	14	21	150	227	3T	18T	24T	
Murray, Ewen																
1973	O		31T	79	71	73	71	294	6	18	150	223	105T	53T	43T	213
1978	O		63	76	70	76	78	300	12	19	146	222	103T	51T	54T	300
1979	O		CUT	77	75	76		228	15		152	228	77T	67T	62T	300
1984	O		36T	72	74	71	72	289	1	13	146	217	38T	58T	33T	2,230
Murray, F. A. "Midge"																
1919	US		WD													
Murray, Jimmy																
1974	O		CUT	77	81			158	16		158		46T	90T		50
Murray, Robert																
1906	O		56T	83	78	87	81	329		29	161	248			59T	
Murray, Stuart W. T.																
1955	O	A	CUT	77	78			155	11		155		72T	84T		
1964	O		40T	80	73	78	74	305	17	26	153	231	60T	37T	42T	28
1965	O		CUT	74	77			151	5		151		23T	62T		
1966	O		CUT	77	77			154	12		154		77T	82T		
Murray, Walter																
1929	US		WD	78	78	84		240	24		156	240	45T	32T	52T	
1931	PGA		16T													
Murray, William Alexander																
1921	O	A	47T	81	79	76	80	316		20	160	236	62T	49T	44T	
Murray, William Balfour																
1971	O		CUT	78	78			156	10		156		107T	115T		
1972	O		CUT	81	85			166	24		166		138T	151T		50
1973	O		56T	78	71	74	78	301	13	25	149	223	87T	43T	43T	125
1975	O		CUT	80	77			157	13		157		133T	135T		100
1979	O		CUT	80	82			162	20		162		118T	139T		200
Muscroft, Hedley W.																
1960	O		CUT	73	82			155	9		155		21T	67T		
1963	O		46T	72	77	81	75	305	25	28	149	230	16T	40T	46	43
1964	O		CUT	86	80			166	22		166		111T	111T		
1965	O		CUT	75	80			155	9		155		41T	94T		
1966	O		43T	73	75	79	75	302	18	20	148	227	15T	29T	52T	81
1967	O		18T	72	73	72	73	290	2	12	145	217	23T	16T	18T	157
1968	O		CUT	76	80			156	12		156		28T	70T		
1969	O		28T	68	77	73	76	294	10	14	145	218	2T	23T	18T	190
1970	O		CUT	75	76			151	7		151		86T	86T		
1971	O		CUT	77	78			155	9		155		92T	107T		
1972	O		CUT	76	76	78		230	17		152	230	71T	78T	84T	75
1973	O		CUT	77	75	74		226	10		152	226	77T	78T	65T	75
1974	O		CUT	78	83			161	19		161		66T	113T		50
1975	O		CUT	78	74			152	8		152		119T	104T		100
1982	O		CUT	81	79			160	16		160		129T	136T		225
1983	O		CUT	77	73			150	8		150		120T	106T		250

Year	Event	A	Pos	R1	R2	R3	R4	Tot	P/M	SBW	R2T	R3T	R1P	R2P	R3P	W
Musser, John M.																
1953	US		WD	79				79	7				92T			
Musto, Steve																
1955	US	A	CUT	90	92			182	42		182		155T	147T		
Musty, Edward Thomas																
1934	O		50T	76	77	78	78	309	21	26	153	231	37T	59T	56T	
1947	O		CUT	84	75			159	23		159		90T	58T		
Muthiya, Madalitso																
2006	US		CUT	81	80			161	21		161		140T	149T		2,000
Muto, Toshinori																
2006	O		CUT	75	74			149	5		149		124T	123T		2,250
2007	O		CUT	74	79			153	11		153		78T	130T		2,100
Myddelton, R. E.																
1909	O	A	42T	76	83	78	84	321		26	159	237	8T	27T	23T	
Myers, Harold W.																
1935	O		37T	74	73	81	76	304	16	21	147	228	19T	16T	38T	
1936	O		CUT	84	83			167	19		167		98T	99T		
1937	O		CUT	85	80			165	21		165		127T	114T		
1947	O		CUT	79	79			158	22		158		47T	47T		
1952	O		CUT	76	76			152	2		152		54T	47T		
1953	O		CUT	82	77			159	15		159		72T	70T		
Myers, Kent																
1956	US	A	CUT	82	83			165	25		165		142T	146T		
Myers, Scott																
1979	O	A	CUT	85	75			160	18		160		148T	132T		
Myles, Reggie, Jr.																
1929	US		WD	82				82	10				141			
1931	US		43T	76	76	80	80	312	28	20	152	232	34T	23T	37T	
1932	PGA		16T													
1933	PGA		32T													85
1934	US		43T	80	75	84	72	311	31	18	155	239	76T	54T	62T	
1937	US		CUT	79	74			153	9		153		98T	66T		
1939	PGA		64T													100
1940	PGA		64T													100
1947	PGA		16T													350
1951	PGA		8T													500
1952	M		54	77	75	80	80	312	24	26	152	232	51T	47T	54T	200
1957	US		CUT	76	78			154	14		154		61T	81T		
1961	PGA		CUT	75	84			159	19		159		71T	141T		
Na, Kevin Sangwook																
2005	PGA		CUT	70	76			146	6		146		28T	91T		2,000
Nabholtz, Laurence																
1922	PGA		64T													
	US		WD	82	74	85		241	31		156	241	69T	44T	61T	
1924	PGA		3T													150
1925	US		WD	80	88	77		245	32		168	245	56T	85	69	
1926	PGA		32T													100
	US		39T	80	78	78	79	315	27	22	158	236	69T	45T	48T	
1927	O		CUT	77	81			158	12		158		49T	76T		
	US		24T	75	81	78	79	313	25	12	156	234	6T	19T	16T	
1928	US		CUT	80	79			159	17		159		75T	66T		
1929	PGA		16T													
	US		42T	74	81	76	86	317	29	23	155	231	8T	24T	19T	
Nagel, Earl																
1927	US		WD													
Nagle, Kelvin David George "Kel"																
1951	O		19T	76	76	72	75	299	11	14	152	224	36T	34T	17T	
1955	O		19T	72	72	74	74	292	4	11	144	218	21T	16T	19T	
1960	M		CUT	77	75			152	8		152		61T	54T		350
	O		1	69	67	71	71	278	-14	-1	136	207	2T	2	1	1,250
1961	M		CUT	75	78			153	9		153		45T	57T		400
	O		5T	68	75	75	71	289	1	5	143	218	1T	3T	7	400
	US		17T	71	71	74	74	290	10	9	142	216	4T	9T	15T	625
1962	M		CUT	75	79			154	10		154		44T	75T		400
	O		2	71	71	70	70	282	-6	6	142	212	3T	2	2	1,000

Year	Event	A	Pos	R1	R2	R3	R4	Tot	P/M	SBW	R2T	R3T	R1P	R2P	R3P	W
1963	M		35T	75	74	76	75	300	12	14	149	225	27T	28T	26T	750
	O		4	69	70	73	71	283	3	6	139	212	5T	4	5	650
	US		CUT	81	72			153	11		153		118T	52T		150
1964	M		21T	69	77	71	73	290	2	14	146	217	1T	25T	16T	1,100
	O		45	77	76	80	80	313	25	34	153	233	28T	37T	44T	28
	US		CUT	74	77			151	11		151		36T	56T		300
1965	M		15T	75	70	74	71	290	2	19	145	219	64T	16T	23T	1,300
	O		5T	74	70	73	72	289	-3	4	144	217	23T	11T	7T	475
	PGA		20T	74	75	71	72	292	8	12	149	220	44T	52T	31T	1,450
	US		2PO	68	73	72	69	282	2	-2	141	213	1	2T	2T	13,500
1966	M		CUT	78	77			155	11		155		70T	70T		1,000
	O		4T	72	68	76	70	286	2	4	140	216	7T	3T	7T	705
	PGA		CUT	75	77			152	12		152		58T	78T		
	US		34T	70	73	81	74	298	18	20	143	224	5T	7T	42T	870
1967	M		31T	73	75	74	74	296	8	16	148	222	17T	30T	33T	1,300
	O		22T	70	74	69	79	292	4	14	144	213	6T	10T	6T	135
	US		9T	70	72	72	71	285	5	10	142	214	9T	8T	12T	2,567
1968	M		30T	76	71	72	71	290	2	13	147	219	48T	36T	35T	1,400
	O		13T	74	75	75	74	298	10	9	149	224	12T	20T	17T	321
	US		52T	72	75	76	75	298	18	23	147	223	19T	42T	52T	765
1969	O		9	74	71	72	70	287	3	7	145	217	46T	23T	13T	1,000
	US		CUT	80	73			153	13		153		126T	93T		500
1970	O		32T	71	74	73	79	297	9	14	145	218	31T	34T	25T	175
	US		30T	78	75	73	73	299	11	18	153	226	51T	52T	33T	1,150
1971	O		11T	70	75	73	69	287	-5	9	145	218	5T	19T	20T	1,150
1972	O		31T	79	72	74	69	294	10	16	151	225	118T	63T	57T	205
1973	O		39T	74	76	73	73	296	8	20	150	223	25T	53T	43T	173
1974	O		CUT	78	78	83		239	26		156	239	66T	73T	80T	75
1975	O		40T	72	73	73	75	293	5	14	145	218	20T	32T	40T	218
1976	O		CUT	81	74			155	11		155		123T	105T		100
1978	O		CUT	76	83			159	15		159		103T	159T		175
1984	O		CUT	84	75			159	15		159		157	155T		330

Nagle, Patrick

Year	Event	A	Pos	R1	R2	R3	R4	Tot	P/M	SBW	R2T	R3T	R1P	R2P	R3P	W
2006	US	A	CUT	81	75			156	16		156		140T	128T		

Nagorski, Walter J.

Year	Event	A	Pos	R1	R2	R3	R4	Tot	P/M	SBW	R2T	R3T	R1P	R2P	R3P	W
1949	US		CUT	84	80			164	22		164		150T	138T		
1952	US		WD	88				88	18				151T			

Nakajima, Tsuneyuki "Tommy"

Year	Event	A	Pos	R1	R2	R3	R4	Tot	P/M	SBW	R2T	R3T	R1P	R2P	R3P	W
1978	M		CUT	80	80			160	16		160		72T	73		1,500
	O		17T	70	71	76	71	288	0	7	141	217	6T	6T	25T	1,600
1979	O		CUT	79	75			154	12		154		106T	88T		200
1983	M		16T	72	70	72	76	290	2	10	142	214	29T	11T	8	8,000
	PGA		CUT	76	74			150	8		150		116T	108T		1,000
	US		26T	75	74	74	73	296	12	16	149	223	40T	36T	30T	4,465
1984	M		33T	75	70	70	75	290	2	13	145	215	62T	32T	21T	3,600
	O		36T	70	71	74	74	289	1	13	141	215	10T	13T	22T	2,230
	PGA		10T	72	68	67	74	281	-7	8	140	207	30T	10T	4T	12,083
	US		CUT	79	75			154	14		154		136T	122T		600
1985	M		47T	77	70	78	73	298	10	16	147	225	58T	39T	55T	2,115
	PGA		CUT	73	80			153	9		153		76T	120T		1,000
1986	M		8T	70	71	71	72	284	-4	5	141	212	5T	3	6T	23,200
	O		8T	74	67	71	77	289	9	9	141	212	16T	3T	2	17,333
	PGA		47T	71	73	71	76	291	7	15	144	215	26T	38T	33T	2,250
	US		53T	72	72	78	73	295	15	16	144	222	3T	7T	53T	3,092
1987	M		CUT	73	81			154	10		154		14T	65T		1,500
	O		59T	73	72	77	76	298	14	19	145	222	64T	52T	52T	2,150
	PGA		CUT	78	74			152	8		152		94T	75T		1,000
	US		9T	68	70	74	72	284	4	7	138	212	2T	3T	11T	15,004
1988	M		33T	74	72	77	74	297	9	16	146	223	18T	17T	34T	5,667
	PGA		3	69	68	74	67	278	-6	6	137	211	13T	5T	14T	70,000
	US		32T	74	72	69	73	288	4	10	146	215	56T	49T	23T	7,726
1989	M		CUT	76	81			157	13		157		51T	73T		1,500
1991	M		10T	74	71	67	69	281	-7	4	145	212	62T	44T	14T	35,150
	PGA		CUT	72	76			148	4		148		39T	78T		1,000
1992	M		CUT	72	74			146	2		146		36T	64T		1,500
	O		CUT	72	72			144	2		144		81T	76T		600
	PGA		21T	71	75	69	73	288	4	10	146	215	20T	48T	20T	14,000
1993	PGA		CUT	74	75			149	7		149		103T	123T		1,200
1994	O		55T	73	68	69	73	283	3	15	141	210	93T	42T	39T	4,700
	PGA		61T	73	71	74	72	290	10	21	144	218	61T	52T	68T	2,800
1995	M		CUT	72	74			146	2		146		34T	48T		1,500
	O		49T	73	72	72	75	292	4	10	145	217	85T	56T	39T	6,350

Year	Event	A	Pos	R1	R2	R3	R4	Tot	P/M	SBW	R2T	R3T	R1P	R2P	R3P	W
	PGA		CUT	76	72			148	6		148		130T	127T		1,200
1996	PGA		52T	73	72	69	75	289	1	12	145	214	71T	60T	30T	4,717
2002	O		CUT	75	72			147	5		147		124T	108T		2,500
Nakamura, Kanekichi																
1935	US		58T	82	79	78	86	325	37	26	161	239	90T	60T	43T	
Nakamura, Torakichi "Pete"																
1958	M		41	76	73	76	76	301	13	17	149	225	60T	35T	41T	350
Nakamura, Toru																
1979	O		24T	77	75	67	77	296	12	13	152	219	77T	67T	18T	674
1980	M		CUT	81	71			152	8		152		85T	73T		1,500
	O		38T	76	72	69	74	291	7	20	148	217	72T	66T	39T	600
	PGA		59T	70	76	78	74	298	18	24	146	224	10T	39T	63T	743
1982	O		20T	77	68	77	71	293	5	9	145	222	82T	21T	28T	2,500
1983	O		29T	73	69	72	71	285	1	10	142	214	62T	26T	31T	1,465
1985	O		CUT	76	84			160	20		160		116T	146T		375
Nakazaki, Tracy																
1986	US		CUT	82	70			152	12		152		130T	85T		600
Nallen, Chris																
2005	US		80T	76	72	78	75	301	21	21	148	226	94T	72T	82T	10,547
2006	US		CUT	79	74			153	13		153		127T	98T		2,000
Napier, Darrell R.																
1934	US		CUT	80	80			160	20		160		76T	101T		
Napoleoni, Mario																
1969	O		CUT	84	80			164	22		164		129	123T		
1973	O		CUT	82	77			159	15		159		131T	131T		50
Nari, Elcido																
1964	O		CUT	81	79			160	16		160		74T	90T		
Nary, S. William																
1941	US		53	77	76	83	79	315	35	31	153	236	66T	36T	56T	
1947	US		13T	77	71	70	73	291	7	9	148	218	95T	35T	16T	140
1948	M		49	74	79	86	74	313	25	34	153	239	24T	45T	55	
	US		35T	73	75	75	73	296	12	20	148	223	35T	47T	42T	
1949	PGA		64T													100
	US		WD	77				77	6				74T			
1950	US		8	73	70	74	73	290	10	3	143	217	29T	12T	8T	350
1951	M		25T	76	73	73	76	298	10	18	149	222	33T	29T	20T	150
	US		49T	77	75	77	79	308	28	21	152	229	59T	47T	41T	100
1952	US		CUT	75	83			158	18		158		42T	99T		
1953	PGA		8T													500
	US		17T	76	74	73	76	299	11	16	150	223	39T	22T	14T	200
1954	M		46T	78	74	78	75	305	17	16	152	230	47T	27T	47T	250
	PGA		32T													200
	US		CUT	78	75			153	13		153		63T	56T		
1955	PGA		32T													200
1956	US		CUT	74	78			152	12		152		27T	69T		
1957	PGA		64T													
	US		CUT	78	78			156	16		156		92T	97T		
Nash, Anthony C.																
1988	O	A	CUT	75	79			154	12		154		63T	113T		
1990	O	A	CUT	73	72			145	1		145		81T	83T		
1993	O		CUT	70	81			151	11		151		48T	145T		600
Nash, Derek A.																
1964	O		CUT	81	77			158	14		158		74T	77T		
1966	O		CUT	74	79			153	11		153		34T	76T		
1967	O		CUT	77	79			156	12		156		86T	102T		
1968	O		CUT	79	84			163	19		163		75T	117T		
1974	O		CUT	77	80			157	15		157		46T	82T		50
Nastri, Frank																
1964	PGA		CUT	79	81			160	20		160		139T	149T		
Natale, Anthony F. "Al" "Tony"																
1921	US		60	88	83	73	90	334	54	45	171	244	80T	75	48T	
Naylor, H.																
1908	O		61	90	85	92	86	353		62	175	267	65	64	64	
Neaves, Charles																
1895	O		WD	104	94			198			198		70T			

Year	Event	A	Pos	R1	R2	R3	R4	Tot	P/M	SBW	R2T	R3T	R1P	R2P	R3P	W
1898	O		WD	81	83	85		249			164	249	13T	23T	28T	
1901	O		22T	84	87	81	85	337		28	171	252		26T	18T	
1903	O		52T	86	81	79	89	335		35	167	246			36T	
1904	O		38T	86	80	80	85	331		35	166	246			29T	
1906	O		CUT	83	81			164			164					
Neech, David G.																
1963	O	A	CUT	77	79			156	16		156		78T	93T		
Neilan, William A.																
1933	US		54T	76	77	81	78	312	24	25	153	234	29T	41T	56T	
Neist, Ted A.																
1947	PGA		64T													100
	US		CUT	76	77			153	11		153		76T	82T		
1949	PGA		64T													100
1953	US		CUT	75	81			156	12		156		23T	85T		
1955	PGA		64T													100
	US		43T	79	75	76	81	311	31	24	154	230	69T	40T	30T	180
Nelford, James Cameron																
1979	PGA		CUT	74	73			147	7		147		75T	75T		350
	US		41T	75	76	73	76	300	16	16	151	224	47T	51T	38T	1,430
1981	US		53T	74	73	69	75	291	11	18	147	216	71T	59T	42T	1,350
1982	PGA		61T	73	71	73	74	291	11	19	144	217	64T	48T	62T	1,138
1983	PGA		61T	72	72	76	72	292	8	18	144	220	39T	38T	63T	1,565
	US		67	72	79	79	77	307	23	27	151	230	8T	58T	64T	1,898
1984	PGA		CUT	73	76			149	5		149		42T	71T		1,000
	US		CUT	73	78			151	11		151		53T	87T		600
Nelson, A. B. "Al"																
1929	US		CUT	81	80			161	17		161		93T	82T		
1932	US		WD	85				85	15				114T			
1934	PGA		32T													85
1936	US		75	72	78	81	82	313	25	31	150	231	15T	48T	71T	
1939	US		WD	80				80	11				114T			
1941	PGA		64T													100
1946	PGA		32T													200
Nelson, Albert M., Jr.																
1954	US		CUT	87	73			160	20		160		152T	113T		
1959	PGA		CUT	75	77			152	12		152		77T	108T		
1961	PGA		CUT	76	78			154	14		154		92T	110T		
1962	PGA		39T	79	70	72	72	293	13	15	149	221	140T	66T	49T	400
1963	US		CUT	82	79			161	19		161		127T	123T		150
Nelson, Chester P.																
1911	US		14	79	85	74	77	315	11	8	164	238	15T	42T	19T	
1914	US		28T	77	81	77	75	310	22	20	158	235	25T	48T	36T	
Nelson, David C.																
1982	US	A	CUT	79	76			155	11		155		99T	94T		
Nelson, Dick																
1974	PGA		CUT	81	72			153	13		153		129T	99T		
Nelson, E. M.																
1912	US		CUT	83	90			173	25		173		74T	104T		
Nelson, Ernest R.																
1938	US	A	CUT	87	81			168	26		168		147T	134T		
Nelson, Gunnar A.																
1924	US		37T	76	85	76	85	322	34	25	161	237	12T	44T	26T	
1926	PGA		32T													100
1927	US		WD	90				90	18				120T			
1932	PGA		32T													85
	US		WD													
1935	PGA		64T													85
1936	US		40T	74	76	74	75	299	11	17	150	224	37T	48T	37T	
1937	US		CUT	80	78			158	14		158		113T	117T		
Nelson, James																
1905	O		CUT	89	88			177			177					
1906	O		WD	77	84			161			161					
1910	O		UNK													
Nelson, John Byron "Byron," Jr.																
1934	US		CUT	79	83			162	22		162		64T	111T		

Year	Event	A	Pos	R1	R2	R3	R4	Tot	P/M	SBW	R2T	R3T	R1P	R2P	R3P	W
1935	M		9T	71	74	72	74	291	3	9	145	217	10	15T	9T	138
	US		32T	75	81	82	77	315	27	16	156	238	11T	29T	36T	
1936	M		13T	76	71	77	74	298	10	13	147	224	12T	9T	18T	50
	US		CUT	79	74			153	9		153		125T	85T		
1937	M		1	66	72	75	70	283	-5	-2	138	213	1	1	3	1,500
	O		5	75	76	71	74	296	8	6	151	222	17T	19T	6T	25
	PGA		8T													
	US		20T	73	78	71	73	295	7	14	151	222	21T	48T	27T	50
1938	M		5	73	74	70	73	290	2	5	147	217	12T	12T	6	400
	PGA		8T													
	US		5T	77	71	74	72	294	10	10	148	222	35T	12T	12T	413
1939	M		7	71	69	72	75	287	-1	8	140	212	3T	2T	3T	250
	PGA		2PO													
	US		1PO	72	73	71	68	284	8	-1	145	216	17T	16T	12T	1,000
1940	M		3	69	72	74	70	285	-3	5	141	215	3T	3	6	600
	PGA		1													1,100
	US		5T	72	74	70	74	290	2	3	146	216	13T	15T	5T	325
1941	M		2	71	69	73	70	283	-5	3	140	213	2T	2	3	800
	PGA		2PO													
	US		17T	73	73	74	77	297	17	13	146	220	16T	8T	8T	50
1942	M		1PO	68	67	72	73	280	-8	-3	135	207	3T	1	1	1,500
	PGA		3T													
1944	PGA		2													1,500
1945	PGA		1													3,750
1946	M		7T	72	73	71	74	290	2	8	145	216	6T	8T	7T	356
	PGA		8T													500
	US		2PO	71	71	69	73	284	-4	-1	142	211	5T	4T	1	875
1947	M		2T	69	72	72	70	283	-5	2	141	213	1T	3T	2T	1,500
1948	M		8T	71	73	72	74	290	2	11	144	216	6T	11T	5T	350
1949	M		8T	75	70	74	73	292	4	10	145	219	23T	4T	9T	312
	US		CUT	74	77			151	9		151		25T	52T		
1950	M		4T	75	70	69	74	288	0	5	145	214	20T	7T	3T	720
1951	M		8T	71	73	73	74	291	3	11	144	217	5T	9T	10T	450
1952	M		24T	72	75	78	77	302	14	16	147	225	14T	24T	28T	400
1953	M		29T	73	73	78	73	297	9	23	146	224	13T	16T	38T	200
1954	M		12T	73	76	74	73	296	8	7	149	223	7T	13T	12T	631
1955	M		10T	72	75	74	72	293	5	14	147	221	4T	14T	12T	696
	O		32T	72	75	78	71	296	8	15	147	225	21T	32T	44T	
	US		28T	77	74	80	75	306	26	19	151	231	41T	14T	35T	180
1956	M		39	73	75	78	80	306	18	17	148	226	17T	23T	29T	300
1957	M		16T	74	72	73	76	295	7	12	146	219	16T	8T	11T	779
1958	M		20T	71	77	74	71	293	5	9	148	222	9T	28T	29T	956
1959	M		WD	75	73			148	4		148		33T	28T		350
1960	M		CUT	76	76			152	8		152		50T	54T		350
1961	M		32T	71	72	78	77	298	10	18	143	221	5T	5T	32T	500
1962	M		33T	72	76	72	76	296	8	16	148	220	12T	33T	25T	500
1963	M		CUT	79	77			156	12		156		58T	64T		600
1964	M		CUT	75	76			151	7		151		48T	57T		700
1965	M		15T	70	74	72	74	290	2	19	144	216	12T	10T	12T	1,300
1966	M		CUT	76	78			154	10		154		42T	65T		1,000

Nelson, John C.

Year	Event	A	Pos	R1	R2	R3	R4	Tot	P/M	SBW	R2T	R3T	R1P	R2P	R3P	W
1993	PGA		CUT	79	73			152	10		152		146T	136T		1,200
1996	PGA		CUT	82	85			167	23		167		149T	149		1,300

Nelson, John "Rocky"

Year	Event	A	Pos	R1	R2	R3	R4	Tot	P/M	SBW	R2T	R3T	R1P	R2P	R3P	W
1975	US		CUT	76	76			152	10		152		73T	81T		500
1977	US		CUT	78	79			157	17		157		123T	133T		500
1978	PGA		CUT	83	81			164	22		164		141T	140T		303
1980	US		CUT	80	68			148	8		148		140T	75T		600

Nelson, Larry Gene

Year	Event	A	Pos	R1	R2	R3	R4	Tot	P/M	SBW	R2T	R3T	R1P	R2P	R3P	W
1976	PGA		34T	75	71	74	71	291	11	10	146	220	70T	47T	50T	1,225
	US		21T	75	74	70	72	291	11	14	149	219	53T	45T	23T	1,775
1977	PGA		54T	77	69	79	76	301	13	19	146	225	79T	28T	57T	488
	US		54T	69	75	78	77	299	19	21	144	222	1T	26T	54T	1,055
1978	PGA		12T	76	71	70	70	287	3	11	147	217	75T	48T	26T	4,813
	US		CUT	77	78			155	13		155		70T	99T		600
1979	M		31T	70	75	70	77	292	4	12	145	215	11T	39T	18T	1,975
	PGA		28T	70	75	70	70	285	5	13	145	215	16T	51T	38T	2,300
	US		4T	71	68	76	73	288	4	4	139	215	6T	1T	5T	13,733
1980	M		6T	69	72	73	69	283	-5	8	141	214	6T	9T	15T	9,958
	O		12T	72	70	71	71	284	0	13	142	213	18T	17T	18T	4,250
	PGA		CUT	79	74			153	13		153		118T	96T		500
	US		62	70	74	76	79	299	19	27	144	220	20T	43T	57	1,310

Year	Event	A	Pos	R1	R2	R3	R4	Tot	P/M	SBW	R2T	R3T	R1P	R2P	R3P	W
1981	M		CUT	78	73			151	7		151		70T	57T		1,500
	PGA		1	70	66	66	71	273	-7	-4	136	202	12T	2T	1	60,000
	US		20T	70	73	69	72	284	4	11	143	212	16T	31T	19T	2,550
1982	M		7T	79	71	70	69	289	1	5	150	220	53T	22T	16T	11,067
	O		32T	77	69	77	74	297	9	13	146	223	82T	27T	34	1,200
	PGA		CUT	74	75			149	9		149		86T	94T		650
	US		19T	74	72	74	71	291	3	9	146	220	33T	17T	28T	4,008
1983	M		CUT	73	75			148	4		148		42T	50T		1,820
	O		53T	70	73	73	72	288	4	13	143	216	17T	35T	51T	725
	PGA		36T	72	68	68	80	288	4	14	140	208	39T	14T	4T	2,088
	US		1	75	73	65	67	280	-4	-1	148	213	40T	25T	3T	72,000
1984	M		5	76	69	66	70	281	-7	4	145	211	70T	32T	7T	24,000
	O		CUT	75	69	76		220	4		144	220	95T	30T	64T	610
	PGA		CUT	72	77			149	5		149		30T	71T		1,000
	US		CUT	82	76			158	18		158		149T	135T		600
1985	M		36T	73	75	74	72	294	6	12	148	222	27T	47T	41T	3,612
	O		56T	70	75	75	77	297	17	15	145	220	12T	26T	50T	1,625
	PGA		23T	70	74	71	72	287	-1	9	144	215	18T	29T	18T	5,260
	US		39T	71	71	77	71	290	10	11	142	219	15T	22T	47T	4,433
1986	M		36T	73	73	71	76	293	5	14	146	217	19T	19T	28T	3,850
	O		CUT	81	75			156	16		156		116T	116T		400
	PGA		CUT	74	74			148	6		148		89T	87T		1,000
	US		35T	75	73	70	73	291	11	12	148	218	24T	30T	26T	5,170
1987	M		CUT	75	79			154	10		154		35T	65T		1,500
	O		48T	70	75	76	73	294	10	15	145	221	19T	52T	48T	2,675
	PGA		1PO	70	72	73	72	287	-1	-1	142	215	4T	5T	7	150,000
	US		CUT	76	75			151	11		151		103T	111T		600
1988	M		33T	69	78	75	75	297	9	16	147	222	1T	19T	29T	5,667
	O		13T	73	71	68	73	285	1	12	144	212	35T	19T	5T	14,000
	PGA		38T	70	71	76	70	287	3	15	141	217	19T	28T	53T	3,211
	US		62T	78	67	80	72	297	13	19	145	225	123T	33T	65	3,691
1989	M		CUT	77	76			153	9		153		64T	56T		1,500
	O		CUT	73	74			147	3		147		61T	81T		500
	PGA		46T	71	74	68	75	288	0	12	145	213	38T	62T	30T	3,220
	US		13T	68	73	68	75	284	4	6	141	209	9T	18T	4T	15,634
1990	M		48	74	73	79	74	300	12	22	147	226	38T	34T	48T	3,600
	PGA		CUT	77	75			152	8		152		90T	75T		1,000
	US		14T	74	67	69	75	285	-3	5	141	210	80T	11T	3T	15,712
1991	M		55	74	69	76	75	294	6	17	143	219	62T	30T	52T	3,100
	PGA		CUT	75	77			152	8		152		103T	109T		1,000
	US		3T	73	72	72	68	285	-3	3	145	217	45T	30T	12T	62,574
1992	M		DQ	73				73	1				48T			1,500
	PGA		28T	72	68	75	74	289	5	11	140	215	32T	7T	20T	9,000
	US		CUT	77	76			153	9		153		118T	113T		1,000
1993	PGA		56T	73	67	74	72	286	2	14	140	214	86T	32T	56T	3,110
	US		46T	70	71	71	73	285	5	13	141	212	19T	28T	23T	8,179
1994	PGA		CUT	75	71			146	6		146		97T	77T		1,200
	US		CUT	75	73			148	6		148		71T	66T		1,000
1995	PGA		CUT	70	75			145	3		145		44T	101T		1,200
1996	PGA		WD	73	72			145	1		145	0	71T	60T		1,300
1997	PGA		71T	76	70	76	73	295	15	26	146	222	108T	68T	75T	3,875
	US		CUT	74	75			149	9		149		80T	93T		1,000
1999	PGA		CUT	79	77			156	12		156		141T	144T		1,750
2001	PGA		CUT	68	74			142	2		142	0	23T	77T		2,000
2002	PGA		CUT	76	73			149	5		149	0	89T	73T		2,000
2006	PGA		CUT	80	72			152	8		152		151T	140T		2,000

Nelson, Lee M.

Year	Event	A	Pos	R1	R2	R3	R4	Tot	P/M	SBW	R2T	R3T	R1P	R2P	R3P	W
1911	US		33	80	84	81	80	325	21	18	164	245	22T	42T	42T	
1914	US		WD	76	85			161	17		161		16T	56T		

Nelson, Walter "Wallie"

Year	Event	A	Pos	R1	R2	R3	R4	Tot	P/M	SBW	R2T	R3T	R1P	R2P	R3P	W
1911	US		53	82	82	80	92	336	32	29	164	244	39T	42T	39T	
1920	PGA		32T													50
1921	US		51T	78	82	84	85	329	49	40	160	244	22T	38T	48T	
1926	US		CUT	80	85			165	21		165		69T	99T		

Nelthorpe, Burns O. "Blackie"

Year	Event	A	Pos	R1	R2	R3	R4	Tot	P/M	SBW	R2T	R3T	R1P	R2P	R3P	W
1937	US		CUT	82	82			164	20		164		143T	151T		

Neptune, Stanley

Year	Event	A	Pos	R1	R2	R3	R4	Tot	P/M	SBW	R2T	R3T	R1P	R2P	R3P	W
1946	US		CUT	79	79			158	14		158		111T	119T		

Nesbit, Michael J.

Year	Event	A	Pos	R1	R2	R3	R4	Tot	P/M	SBW	R2T	R3T	R1P	R2P	R3P	W
1971	US	A	CUT	75	80			155	15		155		87T	116T		

Year	Event	A	Pos	R1	R2	R3	R4	Tot	P/M	SBW	R2T	R3T	R1P	R2P	R3P	W
Ness, David																
1889	O	A	UNK													
Nettlebladt, Harry T.																
1934	US		CUT	85	74			159	19		159		134T	86T		
1935	PGA		64T													85
1937	PGA		64T													
1938	PGA		32T													
1940	PGA		32T													
1942	PGA		32T													
1944	PGA		32T													200
1945	PGA		32T													200
1946	US		CUT	76	78			154	10		154		57T	88T		
Nettlefold, Leonard																
1927	O	A	52T	71	81	85	81	318	26	33	152	237	2	31T	47T	
Nettles, Tom																
1975	US		CUT	80	82			162	20		162		127T	143T		500
Nevil, Dwight D.																
1972	US		69	76	77	81	82	316	28	26	153	234	45T	45T	68	800
1973	PGA		60T	76	70	76	74	296	12	19	146	222	78T	40T	60T	360
1974	PGA		53T	75	72	75	72	294	14	18	147	222	69T	47T	58T	321
1982	PGA		CUT	80	78			158	18		158		140T	141T		650
1986	PGA		CUT	79	77			156	14		156		140T	139T		1,000
1987	PGA		CUT	85	77			162	18		162		142T	128T		1,000
1988	PGA		CUT	81	84			165	23		165		148T	149		1,000
Neville, John Francis "Jack"																
1914	US	A	39T	78	77	80	81	316	28	26	155	235	37T	38T	36T	
Newberry, Ernest																
1904	O		CUT	99	88			187			187					
1911	O		WD													
Newberry, Percy																
1927	O		CUT	80	81			161	15		161		84T	95T		
1929	O		CUT	83	76			159	7		159		95T	69T		
1930	O		CUT	81	86			167	23		167		76T	102		
1931	O		CUT	81	84			165	21		165		76T	89T		
Newcombe, William K., Jr.																
1963	M	A	CUT	81	77			158	14		158		70T	70T		
Newdick, Ross R.																
1964	O		CUT	83	73			156	12		156		93T	56T		
1965	O		46	75	72	80	80	307	15	22	147	227	41T	23T	44T	
Newell, Frank, Jr.																
1952	PGA		64T													100
Newnham, F. N.																
1909	US		CUT	90	82			172			172		77	73		
Newquist, David L.																
1975	US		CUT	76	76			152	10		152		73T	81T		500
Newton, Francis Clement																
1919	US	A	CUT	84	88			172	30		172		58T	77T		
Newton, Howard L., Jr.																
1929	US		CUT	85	82			167	23		167		135T	117T		
1932	US		CUT	91	85			176	36		176		140	134		
Newton, Jack, Jr.																
1971	O		49T	73	72	76	77	298	6	20	145	221	29T	19T	38T	129
1972	O		40T	77	72	70	76	295	11	17	149	219	86T	44T	21T	168
1973	O		CUT	78	71	80		229	13		149	229	87T	43T	77T	75
1974	O		CUT	81	75	77		233	20		156	233	118T	73T	66T	75
1975	O		2PO	69	71	65	74	279	-9	-1	140	205	2T	11T	2	6,000
1976	M		CUT	76	83			159	15		159		54T	69T		1,350
	O		17T	70	74	76	72	292	4	13	144	220	4T	8T	17T	963
1977	M		CUT	76	77			153	9		153		51T	67T		1,500
	O		CUT	75	80			155	15		155		62T	121T		150
1978	O		24T	69	76	71	74	290	2	9	145	216	2T	37T	19T	685
	PGA		50T	73	71	71	79	294	10	18	144	215	31T	20T	15T	513
1979	M		12T	70	72	69	76	287	-1	7	142	211	11T	15T	6T	3,740
	O		57T	76	73	78	76	303	19	20	149	227	58T	37T	58T	450

Year	Event	A	Pos	R1	R2	R3	R4	Tot	P/M	SBW	R2T	R3T	R1P	R2P	R3P	W
1980	M		2T	68	74	69	68	279	-9	4	142	211	4T	12T	3T	30,500
	O		10T	69	71	73	70	283	-1	12	140	213	3T	5T	18T	5,750
	PGA		20T	72	73	73	73	291	11	17	145	218	32T	31T	22T	3,450
	US		32T	72	71	74	71	288	8	16	143	217	30T	30T	43T	1,900
1981	M		CUT	79	73			152	8		152		72T	62		1,500
Newton, Silas M.																
1926	US		CUT	84	95			179	35		179		118T	129		
Nicholls, F. Bernard "Ben"																
1896	O		43T	90	102	87	88	367		51	192	279				
1897	O		35T	85	88	86	87	346		32	173	259				
	US		6T	87	85			172		10			10T			
1898	US		8T	86	87	88	86	347		19	173	261	15	10T	11T	
1899	US		17	86	88	85	84	343		28	174	259	19T	23T	16T	
1901	US		5T	84	85	83	83	335		4	169	252	5T	5T	4T	75
1902	US		28	89	84	84	79	336		29	173	257	52T	40T	34T	
1903	US		19	85	78	82	83	328		21	163	245	41T	16T	18T	
1904	US		4T	80	77	79	78	314		11	157	236	10T	6T	6T	90
1905	US		20T	80	82	85	84	331		17	162	247	6T	12T	21T	
1906	US		11T	79	77	79	81	316		21	156	235	15T	9T	10T	10
1907	US		8T	76	76	81	78	311		9	152	233	2T	3T	6T	35
1909	O		10T	78	76	77	77	308		13	154	231	21T	7T	10T	
1910	O		CUT	80	86			166			166					
1911	O		CUT	79	85			164			164		47T	86T		
1919	US		CUT	92	92			184	42		184		114T	108T		
Nicholls, Gilbert C.																
1898	US		23T	91	92	91	92	366		38	183	274	28T	31T	30T	
1899	US		20T	90	83	86	87	346		31	173	259	40T	20T	16T	
1901	US		14T	87	87	88	87	349		18	174	262	13T	14T	16T	
1902	US		18T	88	86	73	84	331		24	174	247	46T	44T	17T	
1903	US		15T	86	82	78	80	326		19	168	246	46T	34T	21T	
1904	US		2	80	76	79	73	308		5	156	235	10T	5	4T	150
1905	US		7T	82	76	84	79	321		7	158	242	21T	3T	9T	45
1906	US		8T	76	81	77	79	313		18	157	234	5T	14T	9	40
1907	US		2	80	73	72	79	304		2	153	225	20T	6T	2	150
1908	US		DQ	89	77	87	78	331		9	166	253	20T	5T	9T	60
1909	US		17	73	75	79	79	306		16	148	227	5T	4T	9T	
1910	US		5T	73	75	77	75	300		2	148	225	2T	2T	3T	65
1911	US		5T	76	78	74	81	309	5	2	154	228	3T	9T	2T	65
1912	US		WD	84	77	80		241	19		161	241	85T	52T	41T	
1915	US		10T	78	81	73	74	306	18	9	159	232	25T	37T	20T	6
1916	US		4T	73	76	71	73	293	5	7	149	220	5T	12T	4T	83
1919	US		16T	81	78	82	77	318	34	17	159	241	28T	22T	24T	
1920	US		23T	77	82	75	75	309	21	14	159	234	22T	44T	36T	
1921	US		WD													
1922	PGA		64T													
1924	O		13T	75	78	79	78	310		9	153	232	5T	8T	12T	
	US		WD	81				81	9				48T			
1926	US		CUT	83	81			164	20		164		103T	94T		
1929	US		CUT	77	83			160	16		160		33T	68T		
Nichols, Joe, Jr.																
1932	US	A	CUT	84	81			165	25		165		106T	99T		
Nichols, John, Jr.																
1981	PGA		CUT	76	81			157	17		157		107T	132T		550
Nichols, Mark																
1995	O		101T	75	68	78	81	302	14	20	143	221	116T	31T	78T	4,000
Nichols, Robert Herman "Bobby"																
1958	US	A	52T	79	75	84	73	311	31	28	154	238	69T	43T	55	
1962	PGA		6	72	70	71	70	283	3	5	142	213	18T	7T	6T	2,500
	US		3T	70	72	70	73	285	1	2	142	212	2T	4T	1T	5,500
1963	M		24T	76	74	73	72	295	7	9	150	223	42T	34T	21T	1,000
	PGA		23T	74	73	71	71	289	5	10	147	218	40T	39T	30T	775
	US		14T	74	75	75	78	302	18	9	149	224	22T	15T	13T	900
1964	M		25T	75	71	75	70	291	3	15	146	221	48T	25T	37T	875
	PGA		1	64	71	69	67	271	-9	-3	135	204	1	1	1	18,000
	US		14T	72	72	76	72	292	12	14	144	220	8T	9T	20T	900
1965	M		35T	73	71	75	76	295	7	24	144	219	45T	10T	23T	1,050
	PGA		54T	74	75	77	74	300	16	20	149	226	44T	52T	62T	403
	US		CUT	77	74			151	11		151		64T	52T		300
1966	M		22T	77	73	74	74	298	10	10	150	224	58T	35T	25T	1,335

Year	Event	A	Pos	R1	R2	R3	R4	Tot	P/M	SBW	R2T	R3T	R1P	R2P	R3P	W
	PGA		CUT	81	78			159	19		159		141T	131T		
	US		7	74	72	71	72	289	9	11	146	217	41T	19T	11T	4,000
1967	M		2	72	69	70	70	281	-7	1	141	211	6T	2T	1T	14,000
	PGA		14T	75	75	67	70	287	-1	6	150	217	62T	57T	20T	2,360
	US		23T	74	71	73	72	290	10	15	145	218	49T	29T	24T	1,275
1968	M		30T	74	73	73	70	290	2	13	147	220	30T	36T	39T	1,400
	PGA		57T	75	72	76	75	298	18	17	147	223	65T	43T	52T	395
	US		4	74	71	68	69	282	2	7	145	213	42T	24T	5T	7,500
1969	M		29T	78	69	74	73	294	6	13	147	221	74T	35T	37T	1,450
	PGA		44T	74	71	75	71	291	7	15	145	220	54T	35T	56T	513
	US		31T	74	74	72	70	290	10	9	148	220	47T	56T	46T	1,140
1970	PGA		26T	71	76	72	72	291	11	12	147	219	11T	37T	29T	1,480
	US		46T	75	73	80	75	303	15	22	148	228	8T	8T	50T	940
1971	PGA		47T	74	72	74	75	295	7	14	146	220	48T	43T	40T	348
	US		9T	69	72	69	75	285	5	5	141	210	5T	5T	3	3,325
1972	M		31T	72	71	80	76	299	11	13	143	223	6T	5T	30T	1,750
	PGA		62T	76	74	70	80	300	20	19	150	220	87T	63T	40T	333
	US		11T	77	74	72	77	300	12	10	151	223	56T	30T	14T	2,500
1973	M		24T	79	72	76	68	295	7	12	151	227	65T	55T	55	2,100
	PGA		51T	73	76	72	73	294	10	17	149	221	33T	68T	55T	360
	US		20T	75	71	74	73	293	9	14	146	220	48T	24T	25T	1,600
1974	M		7T	73	68	68	73	282	-6	4	141	209	28T	11T	4T	4,750
	PGA		39T	72	74	72	73	291	11	15	146	218	29T	39T	32T	817
	US		49T	72	77	80	76	305	25	18	149	229	4T	24T	52T	905
1975	M		4T	67	74	72	69	282	-6	6	141	213	1	5T	5T	12,500
	PGA		33T	72	75	72	72	291	11	15	147	219	26T	55T	45T	1,215
	US		CUT	79	77			156	14		156		120T	123T		500
1976	M		CUT	78	77			155	11		155		66T	61T		1,350
	PGA		CUT	74	79			153	13		153		57T	99T		250
	US		CUT	73	80			153	13		153		22T	79T		500
1977	PGA		51T	72	75	78	75	300	12	18	147	225	21T	36T	57T	488
1978	PGA		19T	75	67	73	74	289	5	13	142	215	61T	6T	15T	3,100
	US		52	74	72	80	75	301	17	16	146	226	25T	19T	52T	1,290
1979	PGA		CUT	74	82			156	16		156		75T	138T		350
	US		25T	76	75	71	75	297	13	13	151	222	59T	51T	26T	2,000
1980	PGA		CUT	78	77			155	15		155		112T	111T		500
	US		CUT	74	73			147	7		147		72T	64T		600
1981	PGA		CUT	77	79			156	16		156		117T	130T		550
	US		53T	71	71	78	71	291	11	18	142	220	32T	26T	65T	1,350
1982	PGA		34T	73	69	74	71	287	7	15	142	216	64T	26T	54T	2,350
	US		CUT	81	74			155	11		155		122T	94T		600
1983	PGA		36T	75	69	74	70	288	4	14	144	218	104T	38T	51T	2,088
	US		CUT	76	83			159	17		159		61T	121T		600
1984	PGA		CUT	77	76			153	9		153		100T	102T		1,000
1985	PGA		40T	75	71	75	70	291	3	13	146	221	105T	49T	54T	2,500

Nichols, Robert W.

Year	Event	A	Pos	R1	R2	R3	R4	Tot	P/M	SBW	R2T	R3T	R1P	R2P	R3P	W
1968	PGA		CUT	84	78			162	22		162		160	149T		
1980	PGA		CUT	80	90			170	30		170		126T	143T		500

Nichols, William "Willie," Jr.

Year	Event	A	Pos	R1	R2	R3	R4	Tot	P/M	SBW	R2T	R3T	R1P	R2P	R3P	W
1914	US		WD	83	83			166	22		166		63T	62		

Nicklaus, Gary Thomas

Year	Event	A	Pos	R1	R2	R3	R4	Tot	P/M	SBW	R2T	R3T	R1P	R2P	R3P	W
1997	US		CUT	73	77			150	10		150		58T	108T		1,000
2001	US		CUT	78	74			152	12		152	0	136T	122T		1,000

Nicklaus, Jack William

Year	Event	A	Pos	R1	R2	R3	R4	Tot	P/M	SBW	R2T	R3T	R1P	R2P	R3P	W
1957	US	A	CUT	80	80			160	20		160		125T	126T		
1958	US	A	41T	79	75	73	77	304	24	21	154	227	69T	43T	34T	
1959	M	A	CUT	76	74			150	6		150		45T	43T		
	US	A	CUT	77	77			154	14		154		73T	87T		
1960	M	A	13T	75	71	72	75	293	5	11	146	218	45T	18T	14T	
	US	A	2	71	71	69	71	282	-2	2	142	211	12T	11T	5T	
1961	M	A	7T	70	75	70	72	287	-1	7	145	215	4	13T	9T	
	US	A	4T	75	69	70	70	284	4	3	144	214	50T	18T	10T	
1962	M		15T	74	75	70	72	291	3	11	149	219	28T	40T	19T	1,160
	O		34T	80	72	74	79	305	17	29	152	226	92T	33T	24T	
	PGA		3T	71	74	69	67	281	1	3	145	214	12T	31T	12T	3,450
	US		1PO	72	70	72	69	283	-1	-2	142	214	10T	4T	5T	17,500
1963	M		1	74	66	74	72	286	-2	-1	140	214	14T	2T	1	20,000
	O		3	71	67	70	70	278	-2	1	138	208	10T	3	3T	800
	PGA		1	69	73	69	68	279	-5	-2	142	211	2T	5T	3	13,000
	US		CUT	76	77			153	11		153		45T	52T		150
1964	M		2T	71	73	71	67	282	-6	6	144	215	10T	9T	8T	10,100

Year	Event	A	Pos	R1	R2	R3	R4	Tot	P/M	SBW	R2T	R3T	R1P	R2P	R3P	W
	O		2	76	74	66	68	284	-4	5	150	216	20T	18T	2	1,000
	PGA		2T	67	73	70	64	274	-6	3	140	210	2T	9T	5T	9,000
	US		23T	72	73	77	73	295	15	17	145	222	8T	15T	28T	475
1965	M		1	67	71	64	69	271	-17	-9	138	202	2T	1T	1	20,000
	O		12T	73	71	77	73	294	2	9	144	221	15T	11T	17T	133
	PGA		2T	69	70	72	71	282	-2	2	139	211	7	2T	4T	12,500
	US		32T	78	72	73	76	299	19	17	150	223	82T	37T	35T	550
1966	M		1PO	68	76	72	72	288	0	-2	144	216	1	3T	1T	20,000
	O		1	70	67	75	70	282	-2	-1	137	212	1T	1	2	2,100
	PGA		22T	75	71	75	71	292	12	12	146	221	58T	14T	32T	1,400
	US		3	71	71	69	74	285	5	7	142	211	9T	5T	3	9,000
1967	M		CUT	72	79			151	7		151		6T	56T		1,000
	O		2	71	69	71	69	280	-8	2	140	211	14T	1T	3	1,500
	PGA		3T	67	75	69	71	282	-6	1	142	211	2	6	2T	9,000
	US		1	71	67	72	65	275	-5	-4	138	210	14T	2	2T	30,000
1968	M		5T	69	71	74	67	281	-7	4	140	214	2T	3T	12T	5,500
	O		2T	76	69	73	73	291	3	2	145	218	28T	5T	4	1,738
	PGA		CUT	71	79			150	10		150		13T	75T		
	US		2	72	70	70	67	279	-1	4	142	212	19T	7T	3T	15,000
1969	M		24T	68	75	72	76	291	3	10	143	215	4	14T	13T	1,800
	O		6T	75	70	68	72	285	1	5	145	213	58T	23T	6T	1,375
	PGA		11T	70	68	74	71	283	-1	7	138	212	10T	4T	11T	3,544
	US		25T	74	67	75	73	289	9	8	141	216	47T	8T	23T	1,300
1970	M		8	71	75	69	69	284	-4	5	146	215	9T	17T	10T	4,500
	O		1PO	68	69	73	73	283	-5	-2	137	210	8T	2T	2T	5,250
	PGA		6T	68	76	73	66	283	3	4	144	217	1T	19T	19T	6,800
	US		51T	81	72	75	76	304	16	23	153	228	101T	52T	50T	900
1971	M		2T	70	71	68	72	281	-7	2	141	209	7T	5T	1T	17,500
	O		5T	71	71	72	69	283	-9	5	142	214	12T	6T	9T	2,300
	PGA		1	69	69	70	73	281	-7	-2	138	208	1	1	1	40,000
	US		2PO	69	72	68	71	280	0	-2	141	209	5T	5T	2	15,000
1972	M		1	68	71	73	74	286	-2	-3	139	212	1	1	1	25,000
	O		2	70	72	71	66	279	-5	1	142	213	3T	3T	5	4,000
	PGA		13T	72	75	68	72	287	7	6	147	215	22T	42T	15T	4,167
	US		1	71	73	72	74	290	2	-3	144	216	1T	1T	1	30,000
1973	M		3T	69	77	73	66	285	-3	2	146	219	2T	19T	15T	12,500
	O		4	69	70	76	65	280	-8	4	139	215	2T	4	7T	2,750
	PGA		1	72	68	68	69	277	-7	-4	140	208	22T	3T	1	45,000
	US		4T	71	69	74	68	282	-2	3	140	214	5T	3T	9T	9,000
1974	M		4T	69	71	72	69	281	-7	3	140	212	5T	6T	9T	10,833
	O		3	74	72	70	71	287	3	5	146	216	19T	9T	3	3,250
	PGA		2	69	69	70	69	277	-3	1	138	208	4T	5	2T	25,700
	US		10T	75	74	76	69	294	14	7	149	225	25T	24T	24T	3,750
1975	M		1	68	67	73	68	276	-12	-1	135	208	2T	1	2	40,000
	O		3T	69	71	68	72	280	-8	1	140	208	2T	11T	5T	3,867
	PGA		1	70	68	67	71	276	-4	-2	138	205	8T	3T	1	45,000
	US		7T	72	70	75	72	289	5	2	142	217	17T	7T	15T	7,500
1976	M		3T	67	69	73	73	282	-6	11	136	209	3T	2	2	16,250
	O		2T	74	70	72	69	285	-3	6	144	216	24T	8T	4T	5,250
	PGA		4T	71	69	69	74	283	3	2	140	209	21T	6T	2T	9,750
	US		11T	74	70	75	68	287	7	10	144	219	34T	14	23T	4,000
1977	M		2	72	70	70	66	278	-10	2	142	212	16T	8T	4T	30,000
	O		2	68	70	65	66	269	-11	1	138	203	3T	2T	1T	8,000
	PGA		3	69	71	70	73	283	-5	1	140	210	5T	3T	2	15,000
	US		10T	74	68	71	72	285	5	7	142	213	60T	13T	14T	4,100
1978	M		7	72	73	69	67	281	-7	4	145	214	8T	27T	14T	10,000
	O		1	71	72	69	69	281	-7	-2	143	212	13T	17T	3T	12,500
	PGA		CUT	79	74			153	11		153		118T	105T		303
	US		6T	73	69	74	73	289	5	4	142	216	18T	2T	8T	7,548
1979	M		4	69	71	72	69	281	-7	1	140	212	6T	8T	11T	15,000
	O		2T	72	69	73	72	286	2	3	141	214	9T	5T	3T	11,250
	PGA		65T	73	72	78	71	294	14	22	145	223	52T	51T	72T	515
	US		9T	74	77	72	68	291	7	7	151	223	29T	51T	29T	7,500
1980	M		33T	74	71	73	73	291	3	16	145	218	40T	35T	35T	1,860
	O		4T	73	67	71	69	280	-4	9	140	211	35T	5T	7T	9,250
	PGA		1	70	69	66	69	274	-6	-7	139	205	10T	2T	1	60,000
	US		1	63	71	70	68	272	-8	-2	134	204	1T	1	1T	55,000
1981	M		2T	70	65	75	72	282	-6	2	135	210	5T	1	2	30,500
	O		23T	83	66	71	70	290	10	14	149	220	141T	66T	39T	1,219
	PGA		4T	71	68	71	69	279	-1	6	139	210	26T	9T	12T	13,146
	US		6T	69	68	71	72	280	0	7	137	208	8T	3T	4T	9,920
1982	M		15T	69	77	71	75	292	4	8	146	217	1	4T	8T	5,850
	O		10T	77	70	72	69	288	0	4	147	219	82T	34T	15T	7,350
	PGA		16T	74	70	72	67	283	3	11	144	216	86T	48T	54T	4,625

Year	Event	A	Pos	R1	R2	R3	R4	Tot	P/M	SBW	R2T	R3T	R1P	R2P	R3P	W
	US		2	74	70	71	69	284	-4	2	144	215	33T	8T	7T	34,506
1983	M		WD	73				73	1				42T			1,500
	O		29T	71	72	72	70	285	1	10	143	215	31T	35T	42T	1,465
	PGA		2	73	65	71	66	275	-9	1	138	209	65T	7T	7T	60,000
	US		43T	73	74	77	76	300	16	20	147	224	17T	20T	37T	2,847
1984	M		18T	73	73	70	70	286	-2	9	146	216	31T	44T	30T	8,400
	O		31T	76	72	68	72	288	0	12	148	216	120T	79T	26T	2,598
	PGA		25T	77	70	71	69	287	-1	14	147	218	100T	51T	38T	4,506
	US		21T	71	71	70	77	289	9	13	142	212	19T	10T	6T	6,576
1985	M		6T	71	74	72	69	286	-2	4	145	217	9T	13T	15T	22,663
	O		CUT	77	75			152	12		152		129T	106T		375
	PGA		32T	66	75	74	74	289	1	11	141	215	2T	10T	18T	3,408
	US		CUT	76	73			149	9		149		96T	90T		600
1986	M		1	74	71	69	65	279	-9	-1	145	214	25T	17T	9T	144,000
	O		46T	78	73	76	71	298	18	18	151	227	71T	63T	64T	2,475
	PGA		16T	70	68	72	75	285	1	9	138	210	17T	4T	6T	8,500
	US		8T	77	72	67	68	284	4	5	149	216	66T	46T	16T	14,501
1987	M		7T	74	72	73	70	289	1	4	146	219	26T	19T	20T	26,200
	O		72T	74	71	81	76	302	18	23	145	226	79T	52T	70T	1,600
	PGA		24T	76	73	74	73	296	8	9	149	223	69T	42T	41T	5,975
	US		46T	70	68	76	77	291	11	14	138	214	8T	3T	23T	4,240
1988	M		21T	75	73	72	72	292	4	11	148	220	29T	23T	21T	11,200
	O		25T	75	70	75	68	288	4	15	145	220	63T	27T	45T	5,500
	PGA		CUT	72	79			151	9		151		44T	112T		1,000
	US		CUT	74	73			147	5		147		56T	66T		1,000
1989	M		18T	73	74	73	71	291	3	8	147	220	21T	17T	16T	14,000
	O		30T	74	71	71	70	286	-2	11	145	216	81T	57T	47T	4,711
	PGA		27T	68	72	73	72	285	-3	9	140	213	6T	14T	30T	7,536
	US		43T	67	74	74	75	290	10	12	141	215	4T	18T	25T	6,281
1990	M		6	72	70	69	74	285	-3	7	142	211	20T	5T	4	45,000
	O		63T	71	70	77	71	289	1	19	141	218	31T	33T	70T	2,950
	PGA		CUT	78	74			152	8		152		109T	75T		1,000
	US		33T	71	74	68	76	289	1	9	145	213	24T	54T	20T	8,221
1991	M		35T	68	72	72	76	288	0	11	140	212	4T	10T	14T	6,371
	O		44T	70	75	69	71	285	5	13	145	214	18T	67T	40T	4,235
	PGA		23T	71	72	73	71	287	-1	11	143	216	27T	20T	28T	11,500
	US		46T	70	76	77	74	297	9	15	146	223	7T	45T	54T	6,876
1992	M		42T	69	75	69	74	287	-1	12	144	213	7T	49T	21T	5,450
	O		CUT	75	73			148	6		148		130T	119T		600
	PGA		CUT	72	78			150	8		150		32T	92T		1,200
	US		CUT	77	74			151	7		151		118T	99T		1,000
1993	M		27T	67	75	76	71	289	1	12	142	218	1T	17T	35T	12,350
	O		CUT	69	75			144	4		144		29T	79T		600
	PGA		CUT	71	73			144	2		144		58T	75T		1,200
	US		72T	70	72	76	71	289	9	17	142	218	19T	44T	80T	5,405
1994	M		CUT	78	74			152	8		152		72T	65T		1,500
	O		CUT	72	73			145	5		145		68T	93T		600
	PGA		CUT	74	76			150	10		150		80T	111T		1,200
	US		28T	69	70	77	76	292	8	13	139	216	2T	5T	25T	11,514
1995	M		35T	67	78	70	75	290	2	16	145	215	4T	42T	33T	10,840
	O		79T	78	70	77	71	296	8	14	148	225	153T	95T	96T	4,500
	PGA		67T	69	71	71	76	287	3	20	140	211	26T	37T	46T	3,263
	US		CUT	71	81			152	12		152		29T	124T		1,000
1996	M		41T	70	73	76	78	297	9	21	143	219	11T	16T	30T	10,500
	O		45T	69	66	77	73	285	1	14	135	212	18T	3T	34T	6,400
	PGA		CUT	77	69			146	2		146		132T	83T		1,300
	US		27T	72	74	69	72	287	7	9	146	215	43T	73T	28T	17,809
1997	M		39T	77	70	74	78	299	11	29	147	221	47T	24T	36T	11,600
	O		60T	73	74	71	75	293	9	21	147	218	29T	62T	48T	5,750
	PGA		CUT	74	76			150	10		150		78T	103T		1,300
	US		52T	73	71	75	74	293	13	17	144	219	58T	36T	53T	7,138
1998	M		6T	73	72	70	68	283	-5	4	145	215	18T	11T	10T	111,200
	US		43T	73	74	73	75	295	15	15	147	220	37T	50T	39T	12,537
1999	US		CUT	78	75			153	13		153		146T	125T		1,000
2000	M		54T	74	70	81	78	303	15	25	144	225	32T	18T	52T	10,672
	O		CUT	77	73			150	6		150		135T	135T		900
	PGA		CUT	77	71			148	4		148		113T	81T		2,000
	US		CUT	73	82			155	13		155		39T	113T		1,000
2001	M		CUT	73	75			148	4		148		43T	59T		5,000
2003	M		CUT	85	77			162	18		162		92	84T		5,000
2004	M		CUT	75	75			150	6		150		44T	58T		5,000
2005	M		CUT	77	76			153	9		153		62T	74T		5,000
	O		CUT	75	72			147	3		147		97T	92T		2,500

Year	*Event*	*A*	*Pos*	*R1*	*R2*	*R3*	*R4*	*Tot*	*P/M*	*SBW*	*R2T*	*R3T*	*R1P*	*R2P*	*R3P*	*W*
Nicolette, Michael Rexford																
1983	M		44T	73	74	78	74	299	11	19	147	225	42T	43T	43T	1,970
	PGA		47T	72	71	73	74	290	6	16	143	216	39T	32T	38T	1,730
	US		13T	76	69	73	75	293	9	13	145	218	61T	11T	12	6,994
1984	M		CUT	76	76			152	8		152		70T	75T		1,500
	US		59	73	72	74	80	299	19	23	145	219	53T	32T	36T	2,413
1987	US		CUT	76	72			148	8		148		103T	78T		600
1988	US		40T	68	73	77	72	290	6	12	141	218	1T	11T	41T	6,015
Nicoll, Harry																
1919	US		CUT	90	84			174	32		174		108T	87T		
Nicoll, Herbert																
1919	US		WD	80	84			164	22		164	0	21T	43T		
1923	PGA		64T													
Nieberding, Bob A., Jr.																
1975	US		CUT	77	77			154	12		154		89T	98T		500
1981	PGA		CUT	80	78			158	18		158		140T	134T		550
Nielsen, Lonnie Dean																
1977	US		CUT	73	79			152	12		152		35T	96T		500
1980	PGA		CUT	76	74			150	10		150		87T	78T		500
1983	US		CUT	80	79			159	17		159		112T	121T		600
1986	PGA		11T	73	69	72	70	284	0	8	142	214	70T	17T	22T	12,000
1987	PGA		56T	78	73	74	76	301	13	14	151	225	94T	59T	51T	1,856
1988	PGA		CUT	78	74			152	10		152		123T	119T		1,000
1989	PGA		CUT	80	80			160	16		160		139T	142T		1,000
1990	PGA		CUT	72	81			153	9		153		16T	88T		1,000
1991	PGA		70T	74	71	74	78	297	9	21	145	219	77T	43T	54T	2,225
1994	PGA		CUT	73	77			150	10		150		61T	111T		1,200
1996	PGA		CUT	80	71			151	7		151		145T	122T		1,300
Niemeyer, Harold																
1931	US		CUT	82	83			165	23		165		97T	105T		
Nieporte, Thomas M.																
1955	US		CUT	82	76			158	18		158		112T	79T		
1958	US		17T	75	73	74	75	297	17	14	148	222	12T	9T	11T	300
1959	US		CUT	79	74			153	13		153		105T	80T		
1960	PGA		18T	72	74	74	72	292	12	11	146	220	19T	24T	24T	1,050
	US		CUT	72	80			152	10		152		19T	89T		
1961	PGA		52T	75	72	75	75	297	17	20	147	222	71T	47T	48T	225
1962	PGA		30T	75	75	69	73	292	12	14	150	219	67T	73T	35T	470
	US		CUT	76	76			152	10		152		64T	64T		
1963	US		CUT	79	78			157	15		157		91T	94T		150
1964	PGA		5T	68	71	68	72	279	-1	8	139	207	4T	5T	3T	3,850
	US		32T	73	73	76	76	298	18	20	146	222	22T	20T	28T	375
1965	M		26T	71	73	75	74	293	5	22	144	219	21T	10T	23T	1,075
	PGA		54T	75	74	83	68	300	16	20	149	232	59T	52T	77	403
1966	US		44T	71	77	74	78	300	20	22	148	222	9T	30T	29T	698
1967	PGA		33T	73	73	73	74	293	5	12	146	219	30T	22T	26T	750
	US		34T	72	71	74	75	292	12	17	143	217	21T	15T	20T	940
1968	US		CUT	78	78			156	16		156		115T	126T		500
1969	US		CUT	76	73			149	9		149		79T	69T		500
1970	US		CUT	80	79			159	15		159		82T	113T		500
1972	PGA		CUT	76	77			153	13		153		87T	94T		
1974	PGA		60T	70	73	76	77	296	16	20	143	219	10T	20T	41T	321
1975	PGA		CUT	74	75			149	9		149		57T	72T		
1977	PGA		CUT	79	77			156	12		156		103T	101T		250
Nisbet, David W.																
1960	O	A	CUT	77	76			153	7		153		59T	63T		
Nobilo, Frank Ivan Joseph																
1986	O		59T	76	75	71	79	301	21	21	151	222	38T	63T	34T	1,925
1990	O		16T	72	67	68	74	281	-7	11	139	207	51T	15T	6T	11,150
1991	O		73T	74	74	71	69	288	8	16	148	219	94T	98T	92T	3,000
1992	PGA		33T	69	74	74	73	290	6	12	143	217	6T	15T	35T	7,000
1993	O		51T	69	70	74	72	285	5	18	139	213	29T	18T	42T	4,356
	PGA		22T	69	66	74	72	281	-3	9	135	209	23T	9T	22T	14,500
1994	O		11T	69	67	72	68	276	-4	8	136	208	15T	5T	24T	19,333
	PGA		47T	72	67	74	75	288	8	19	139	213	39T	8T	34T	4,113
	US		9T	69	71	68	76	284	0	5	140	208	2T	7T	2	37,180
1995	M		CUT	81	73			154	10		154		84	78		1,500
	O		68T	70	71	80	74	295	7	13	141	221	18T	13T	78T	4,975
	PGA		CUT	68	76			144	2		144		15T	87T		1,200

Year	Event	A	Pos	R1	R2	R3	R4	Tot	P/M	SBW	R2T	R3T	R1P	R2P	R3P	W
	US		10T	72	72	70	71	285	5	5	144	214	46T	42T	12T	44,184
1996	M		4	71	71	72	69	283	-5	7	142	214	18T	12T	9T	120,000
	O		27T	70	72	68	72	282	-2	11	142	210	25T	44T	22T	9,525
	PGA		8T	69	72	71	68	280	-8	3	141	212	11T	18T	19T	57,500
	US		13T	69	71	70	74	284	4	6	140	210	5T	5T	3T	43,725
1997	M		46	76	72	74	81	303	15	33	148	222	42T	28T	41T	8,370
	O		10T	74	72	68	68	282	-2	10	146	214	40T	49T	27T	24,300
	PGA		29T	72	73	67	74	286	6	17	145	212	46T	57T	11T	13,625
	US		36T	71	74	70	74	289	9	13	145	215	18T	45T	28T	13,483
1998	M		CUT	77	76			153	9		153		62T	61T		5,000
	O		CUT	76	77			153	13		153		137T	136T		700
	PGA		CUT	75	78			153	13		153		110T	130T		1,500
	US		40T	76	67	76	75	294	14	14	143	219	91T	14T	30T	15,155
1999	O		18T	76	76	70	75	297	13	7	152	222	37T	46T	9T	20,500
2000	US		CUT	75	76			151	9		151		72T	76T		1,000
Nodus, Robert																
1961	US	A	CUT	78	79			157	17		157		106T	122T		
Noe, Terry																
1997	US	A	CUT	75	76			151	11		151		93T	116T		
Noke, Eddie																
1952	O		21T	72	78	76	76	302	2	15	150	226	12T	36T	28T	
Nolan, William "Pat"																
1926	O		CUT	85	82			167	25		167		105T	102T		
1927	O		CUT	76	80			156	10		156		34T	63T		
1928	O		CUT	86	80			166	22		166		100T	94T		
1929	O		23T	80	76	79	77	312	8	20	156	235	62T	47T	33T	
1930	O		36T	78	79	74	80	311	23	20	157	231	35T	50T	31T	
1931	O		CUT	77	83			160	16		160		29T	67T		
1933	O		31T	71	75	79	80	305	13	13	146	225	5T	13T	31T	
1934	O		21T	73	71	75	83	302	14	19	144	219	15T	6T	8T	10
1935	O		CUT	74	80			154	10		154		19T	63T		
1937	O		37T	77	76	78	81	312	24	22	153	231	39T	36T	29T	
1938	O		CUT	75	74			149	9		149		39T	38T		
Nonnenberg, Fred K.																
1937	US	A	CUT	83	78			161	17		161		149T	135T		
1947	US		CUT	83	82			165	23		165		145T	138T		
1956	US		CUT	78	78			156	16		156		101T	97T		
1968	PGA		CUT	77	85			162	22		162		103T	149T		
Noon, James M.																
1989	O	A	CUT	81	77			158	14		158		152T	151T		
Noon, William R.																
1923	US		WD													
1929	US		WD													
Noonan, James E.																
1930	US		CUT	83	82			165	19		165		123T	116T		
Norby, Ted																
1990	US		CUT	78	77			155	11		155		136T	142T		1,000
Norcross, Monte P., Jr.																
1957	PGA		128T													50
1958	PGA		CUT	78	74	82		234	24		152	234	92T	59T	90T	
1966	PGA		CUT	80	76			156	16		156		131T	115T		
Nordberg, Bjorn Olle "Olle"																
1995	US		CUT	71	77			148	8		148		29T	87T		1,000
Nordberg, Charles P.																
1933	US		CUT	81	77			158	14		158		101T	78T		
Nordling, Chris																
1979	US	A	CUT	80	86			166	24		166		114T	144T		
Nordone, August "Augie"																
1926	US		CUT	84	83			167	23		167		118T	111T		
1929	US		CUT	82	78			160	16		160		106T	68T		
1931	US		39T	83	73	78	76	310	26	18	156	234	108T	50T	46T	
1941	PGA		32T													
1945	PGA		32T													200
1946	US		CUT	75	78			153	9		153		45T	71T		
1948	PGA		64T													100

Year	Event	A	Pos	R1	R2	R3	R4	Tot	P/M	SBW	R2T	R3T	R1P	R2P	R3P	W
1950	PGA		64T													100
1956	PGA		64T													
1957	PGA		128T													50
	US		CUT	79	78			157	17		157		106T	107T		
1958	PGA		CUT	83	77			160	20		160		147T	132T		
1960	PGA		CUT	81	81			162	22		162		157T	164T		

Noren, Alexander

Year	Event	A	Pos	R1	R2	R3	R4	Tot	P/M	SBW	R2T	R3T	R1P	R2P	R3P	W
2008	O		19T	72	70	75	77	294	14	11	142	217	15T	4T	5T	37,771

Norman, Gregory John

Year	Event	A	Pos	R1	R2	R3	R4	Tot	P/M	SBW	R2T	R3T	R1P	R2P	R3P	W
1977	O		CUT	78	72	74		224	14		150	224	109T	79T	71T	200
1978	O		29T	72	73	74	72	291	3	10	145	219	26T	37T	35T	527
1979	O		10T	73	71	72	76	292	8	9	144	216	16T	12T	8T	4,000
	US		48T	76	74	74	78	302	18	18	150	224	59T	38T	38T	1,313
1980	O		CUT	74	74	76		224	11		148	224	46T	66T	85	350
1981	M		4	69	70	72	72	283	-5	3	139	211	1T	2T	3	16,000
	O		31T	72	75	72	72	291	11	15	147	219	9T	38T	34T	875
	PGA		4T	73	67	68	71	279	-1	6	140	208	55T	12T	5T	13,146
	US		33T	71	67	73	76	287	7	14	138	211	32T	5T	14T	1,828
1982	M		36T	73	75	73	79	300	12	16	148	221	4T	15T	23	1,875
	O		27T	73	75	76	72	296	8	12	148	224	18T	40T	35T	1,600
	PGA		5T	66	69	70	72	277	-3	5	135	205	2T	3T	2T	16,000
1983	M		30T	71	74	70	79	294	6	14	145	215	22T	32T	9T	3,350
	O		19T	75	71	70	67	283	-1	8	146	216	101T	71T	51T	2,957
	PGA		42T	72	72	70	75	289	5	15	144	214	39T	38T	22T	1,875
	US		50T	74	75	81	72	302	18	22	149	230	25T	36T	64T	2,105
1984	M		25T	75	71	73	69	288	0	11	146	219	62T	44T	39T	4,680
	O		6T	67	74	74	67	282	-6	6	141	215	1T	13T	22T	16,390
	PGA		39T	75	72	73	71	291	3	18	147	220	73T	51T	50T	2,506
	US		2PO	70	68	69	69	276	-4	-5	138	207	12T	3T	3	47,000
1985	M		47T	73	72	75	78	298	10	16	145	220	27T	13T	30T	2,115
	O		16T	71	72	71	73	287	7	5	143	214	24T	14T	9T	7,900
	PGA		CUT	75	73			148	4		148		105T	77T		1,000
	US		15T	72	71	71	72	286	6	7	143	214	30T	30T	17T	8,398
1986	M		2T	70	72	68	70	280	-8	1	142	210	5T	4T	1	70,400
	O		1	74	63	74	69	280	0	-5	137	211	16T	1	1	70,000
	PGA		2	65	68	69	76	278	-6	2	133	202	1	1	1	80,000
	US		12T	71	68	71	75	285	5	6	139	210	2	1	1	11,870
1987	M		2PO	73	74	66	72	285	-3	-1	147	213	14T	24T	3T	79,200
	O		35T	71	71	74	75	291	7	12	142	216	28T	25T	27T	3,500
	PGA		70	73	78	79	79	309	21	22	151	230	23T	59T	71T	1,600
	US		51T	72	69	74	77	292	12	15	141	215	34T	18T	35T	3,462
1988	M		5T	77	73	71	64	285	-3	4	150	221	45T	38T	25T	36,500
	PGA		9T	68	71	72	71	282	-2	10	139	211	6T	12T	14T	21,500
	US		WD	74				74	3				56T			1,000
1989	M		3T	74	75	68	67	284	-4	1	149	217	26T	29T	7T	64,450
	O		2PO	69	70	72	64	275	-13	-2	139	211	9T	7T	13T	55,000
	PGA		12T	74	71	67	70	282	-6	6	145	212	77T	62T	18T	21,900
	US		33T	72	68	73	76	289	9	11	140	213	51T	7T	18T	7,577
1990	M		CUT	78	72			150	6		150		74T	55T		1,500
	O		6T	66	66	76	69	277	-11	7	132	208	1T	1T	8T	28,500
	PGA		19T	77	69	76	73	295	7	13	146	222	90T	18T	34T	14,000
	US		5T	72	73	69	69	283	-5	3	145	214	40T	54T	28T	33,271
1991	M		CUT	78	69			147	3		147		78T	58T		1,500
	O		9T	74	68	71	66	279	-1	7	142	213	94T	28T	31T	22,833
	PGA		32T	70	74	72	73	289	1	13	144	216	14T	29T	28T	6,000
	US		WD	78				78	6				123T			1,000
1992	M		6T	70	70	73	68	281	-7	6	140	213	19T	9T	21T	43,829
	O		18	71	72	70	68	281	-3	9	143	213	57T	63T	31T	13,200
	PGA		15T	71	74	71	70	286	2	8	145	216	20T	39T	27T	24,000
1993	M		31T	74	68	71	77	290	2	13	142	213	54T	17T	8T	10,533
	O		1	66	68	69	64	267	-13	-2	134	203	1T	3T	3T	100,000
	PGA		2PO	68	68	67	69	272	-12	-1	136	203	14T	12T	1	155,000
	US		CUT	73	74			147	7		147		99T	112T		1,000
1994	M		18T	70	70	75	77	292	4	13	140	215	4T	2T	8T	24,343
	O		11T	71	67	69	69	276	-4	8	138	207	39T	13T	20T	19,333
	PGA		4T	71	69	67	70	277	-3	8	140	207	27T	14T	5T	76,667
	US		6T	71	71	69	72	283	-1	4	142	211	10T	15T	9T	49,485
1995	M		3T	73	68	68	68	277	-11	3	141	209	43T	19T	11T	127,600
	O		15T	71	74	72	70	287	-1	5	145	217	34T	56T	39T	18,200
	PGA		20T	66	69	70	72	277	-7	10	135	205	5T	4T	10T	21,000
	US		2	68	67	74	73	282	2	2	135	209	3T	1	1T	207,000
1996	M		2	63	69	71	78	281	-9	5	132	203	1	1	1	270,000

Year	Event	A	Pos	R1	R2	R3	R4	Tot	P/M	SBW	R2T	R3T	R1P	R2P	R3P	W
	O		7T	71	68	71	67	277	-7	6	139	210	43T	22T	22T	35,000
	PGA		17T	68	72	69	73	282	-6	5	140	209	4T	8T	7T	27,286
	US		10T	73	66	74	70	283	3	5	139	213	65T	2T	15T	52,591
1997	M		CUT	77	74			151	7		151		47T	53T		5,000
	O		36T	69	73	70	75	287	3	15	142	212	3T	13T	13T	7,950
	PGA		13T	68	71	74	71	284	4	15	139	213	4T	9T	19T	35,100
	US		CUT	75	79			154	14		154		93T	139T		1,000
1998	M		CUT	76	78			154	10		154		54T	65T		5,000
1999	M		3	71	68	71	73	283	-5	3	139	210	12T	3T	2	272,000
	O		6	76	70	75	72	293	9	3	146	221	37T	4T	7T	70,000
	PGA		CUT	75	74			149	5		149		101T	100T		1,750
	US		CUT	73	78			151	11		151		71T	105T		1,000
2000	M		11T	80	68	70	70	288	0	10	148	218	83T	49T	16T	105,800
	PGA		CUT	75	77			152	8		152		80T	114T		2,000
	US		CUT	77	82			159	17		159		100T	143T		1,000
2001	M		CUT	71	82			153	9		153		21T	83T		5,000
	PGA		29T	70	68	71	70	279	-1	14	138	209	56T	26T	32T	29,437
2002	M		36T	71	76	72	75	294	6	18	147	219	18T	39T	32T	26,950
	O		18T	71	72	71	68	282	-2	4	143	214	38T	50T	23T	41,000
	PGA		53T	71	74	73	80	298	10	20	145	218	11T	27T	13T	11,743
	US		59T	75	73	74	77	299	19	22	148	222	74T	41T	54T	13,493
2003	O		18T	69	79	74	68	290	6	7	148	222	2T	35T	49T	42,000
	PGA		CUT	79	70			149	9		149		123T	71T		2,000
2004	O		CUT	73	76			149	7		149		73T	112T		2,250
2005	O		60T	72	71	70	76	289	1	15	143	213	41T	47T	29T	10,000
2008	O		3T	70	70	72	77	289	9	6	140	212	4T	2	1	255,000

Norman, Murray Irwin "Moe"

Year	Event	A	Pos	R1	R2	R3	R4	Tot	P/M	SBW	R2T	R3T	R1P	R2P	R3P	W
1956	M	A	WD	75	78			153	9		153		38T	49T		
1957	M		CUT	77	74			151	7		151		46T	41T		300

Norrie, George

Year	Event	A	Pos	R1	R2	R3	R4	Tot	P/M	SBW	R2T	R3T	R1P	R2P	R3P	W
1919	US		CUT	95	90			185	43		185		123T	110		

Norris, Timothy Garrett

Year	Event	A	Pos	R1	R2	R3	R4	Tot	P/M	SBW	R2T	R3T	R1P	R2P	R3P	W
1981	US		CUT	73	78			151	11		151		58T	99T		600
1982	US		CUT	86	71			157	13		157		148	108T		600
1983	M		CUT	75	75			150	6		150		63T	58T		1,690
	PGA		CUT	74	76			150	8		150		86T	108T		1,000
1984	PGA		CUT	76	74			150	6		150		87T	81T		1,000
	US		CUT	73	76			149	9		149		53T	72T		600
1985	PGA		40T	71	70	74	76	291	3	13	141	215	32T	10T	18T	2,500
	US		CUT	73	74			147	7		147		47T	67T		600

Norsworthy, Clarence

Year	Event	A	Pos	R1	R2	R3	R4	Tot	P/M	SBW	R2T	R3T	R1P	R2P	R3P	W
1931	US		CUT	80	79			159	17		159		76T	65T		
1941	PGA		64T													100

North, Andrew Stewart

Year	Event	A	Pos	R1	R2	R3	R4	Tot	P/M	SBW	R2T	R3T	R1P	R2P	R3P	W
1974	PGA		39T	73	74	73	71	291	11	15	147	220	43T	47T	51T	817
1975	PGA		4	72	74	70	65	281	1	5	146	216	26T	48T	25T	10,500
	US		12T	75	72	72	72	291	7	4	147	219	52T	35T	21T	2,800
1976	M		37T	66	81	75	76	298	10	27	147	222	2	27T	31T	1,800
	PGA		49T	72	73	79	70	294	14	13	145	224	35T	42T	68T	525
	US		14T	74	72	69	74	289	9	12	146	215	34T	20T	14T	2,310
1977	M		24T	74	74	71	69	288	0	12	148	219	33T	36T	34T	2,200
	PGA		CUT	78	79			157	13		157		94T	106T		250
	US		CUT	77	73			150	10		150		105T	77T		500
1978	M		32T	73	76	72	70	291	3	14	149	221	20T	50T	38T	1,950
	PGA		42T	76	71	73	73	293	9	17	147	220	75T	48T	46T	813
	US		1	70	70	71	74	285	1	-1	140	211	2T	1	1	45,000
1979	M		12T	72	72	74	69	287	-1	7	144	218	24T	32T	37T	3,740
	O		CUT	82	74			156	14		156		133T	102T		200
	PGA		CUT	76	73			149	9		149		102T	97T		350
	US		11T	77	74	68	74	293	9	9	151	219	69T	51T	18T	4,340
1980	M		24T	70	72	69	77	288	0	13	142	211	8T	12T	3T	3,025
	O		45T	75	72	72	73	292	8	21	147	219	58T	54T	59T	575
	PGA		15T	72	70	73	74	289	9	15	142	215	32T	6T	9T	4,375
	US		8T	68	75	72	67	282	2	10	143	215	9T	30T	34T	8,050
1981	M		CUT	82	73			155	11		155		80T	73T		1,500
	PGA		11T	68	69	70	73	280	0	7	137	207	4T	5	3T	6,750
	US		43T	73	74	72	71	290	10	17	147	219	58T	59T	59T	1,453
1982	M		CUT	86	72			158	14		158		71T	61T		1,500
	PGA		70T	72	72	77	73	294	14	22	144	221	41T	48T	71T	1,100
	US		22T	72	71	77	72	292	4	10	143	220	8T	4T	28T	3,404
1983	M		30T	72	75	72	75	294	6	14	147	219	29T	43T	28T	3,350

Year	Event	A	Pos	R1	R2	R3	R4	Tot	P/M	SBW	R2T	R3T	R1P	R2P	R3P	W
	PGA		CUT	75	74			149	7		149		104T	92T		1,000
	US		10T	73	71	72	76	292	8	12	144	216	17T	8T	7T	8,976
1984	M		41T	76	68	80	69	293	5	16	144	224	70T	24T	47	2,600
	US		CUT	74	78			152	12		152		72T	98T		600
1985	PGA		CUT	72	76			148	4		148		52T	77T		1,000
	US		1	70	65	70	74	279	-1	-1	135	205	8T	2T	2	103,000
1986	PGA		CUT	72	75			147	5		147		46T	74T		1,000
	US		67	79	71	77	75	302	22	23	150	227	94T	55T	68	2,791
1987	M		CUT	79	74			153	9		153		71T	61T		1,500
	PGA		CUT	75	78			153	9		153		52T	77T		1,000
	US		CUT	74	74			148	8		148		71T	78T		600
1988	M		36T	74	74	75	75	298	10	17	148	223	18T	23T	34T	4,900
	O		47T	77	68	74	75	294	10	21	145	219	99T	27T	36T	3,050
	PGA		CUT	74	74			148	6		148		78T	95T		1,000
	US		CUT	74	75			149	7		149		56T	81T		1,000
1989	M		CUT	77	75			152	8		152		64T	53T		1,500
	PGA		58T	69	75	77	70	291	3	15	144	221	13T	50T	68T	2,380
	US		CUT	72	75			147	7		147		51T	86T		1,000
1990	M		27T	71	73	77	71	292	4	14	144	221	12T	14T	35T	9,267
	O		39T	71	71	72	71	285	-3	15	142	214	31T	46T	49T	4,217
	US		51T	74	71	71	76	292	4	12	145	216	80T	54T	40T	5,184
1991	US		37T	71	71	77	76	295	7	13	142	219	16T	10T	19T	8,560
1992	US		CUT	77	76			153	9		153		118T	113T		1,000
1993	US		CUT	77	70			147	7		147		139T	112T		1,000
1994	US		CUT	78	73			151	9		151		118T	103T		1,000
1995	US		CUT	75	75			150	10		150		108T	107T		1,000

Northern, Mike

Year	Event	A	Pos	R1	R2	R3	R4	Tot	P/M	SBW	R2T	R3T	R1P	R2P	R3P	W
2001	PGA		CUT	78	79			157	17		157	0	139T	145T		2,000
2004	PGA		CUT	77	78			155	11		155	0	129T	137T		2,000

Norton, Bryan J.

Year	Event	A	Pos	R1	R2	R3	R4	Tot	P/M	SBW	R2T	R3T	R1P	R2P	R3P	W
1980	US	A	CUT	79	77			156	16		156		133T	126T		
1981	US	A	CUT	74	74			148	8		148		71T	71T		
1990	O		31T	71	72	68	73	284	-4	14	143	211	31T	57T	27T	5,125
1991	US		CUT	78	77			155	11		155		123T	127T		1,000
1992	US		CUT	79	73			152	8		152		139T	107T		1,000

Norton, James H. "Jimmy"

Year	Event	A	Pos	R1	R2	R3	R4	Tot	P/M	SBW	R2T	R3T	R1P	R2P	R3P	W
1899	US		WD	107				107					70T			
1902	US		WD	96	90			186			186	0	75T	70T		
1904	US		WD	99				99					68			

Norton, Ken

Year	Event	A	Pos	R1	R2	R3	R4	Tot	P/M	SBW	R2T	R3T	R1P	R2P	R3P	W
1976	O		CUT	80	75			155	11		155		114T	105T		100
1977	O		CUT	77	74			151	11		151		93T	88T		150

Norton, Thomas W.

Year	Event	A	Pos	R1	R2	R3	R4	Tot	P/M	SBW	R2T	R3T	R1P	R2P	R3P	W
1927	US		WD	90				90	18				120T			

Norton, William "Willie"

Year	Event	A	Pos	R1	R2	R3	R4	Tot	P/M	SBW	R2T	R3T	R1P	R2P	R3P	W
1895	US		WD	51	58			109			109		11	11		
1896	US		26	87	98			185		33			19			
1899	US		WD	105	89			194			194		69	60		
1900	US		19T	87	87	84	87	345		32	174	258	25T	19T	17T	
1902	US		11	83	82	79	81	325		18	165	244	19T	16T	11T	25
1903	US		20T	78	81	83	87	329		22	159	242	8T	10T	11T	
1907	US		CUT	91	86			177			177		68T	68		

Norville, Richard S.

Year	Event	A	Pos	R1	R2	R3	R4	Tot	P/M	SBW	R2T	R3T	R1P	R2P	R3P	W
1962	M	A	CUT	80	76			156	12		156		90T	82T		

Notley, Mick

Year	Event	A	Pos	R1	R2	R3	R4	Tot	P/M	SBW	R2T	R3T	R1P	R2P	R3P	W
1968	O		CUT	82	84			166	22		166		110T	124T		
1969	O		CUT	79	81			160	18		160		102T	114T		

Novak, Fred

Year	Event	A	Pos	R1	R2	R3	R4	Tot	P/M	SBW	R2T	R3T	R1P	R2P	R3P	W
1925	US		38T	78	77	79	79	313	29	22	155	234	43T	39T	42T	

Novak, Joe

Year	Event	A	Pos	R1	R2	R3	R4	Tot	P/M	SBW	R2T	R3T	R1P	R2P	R3P	W
1921	US		40T	80	78	85	81	324	44	35	158	243	38T	30T	46T	
1924	US		37T	81	80	80	81	322	34	25	161	241	48T	44T	44T	
1925	US		47T	77	85	76	78	316	32	25	162	238	36T	67T	54T	

Novak, Vernon S., Jr.

Year	Event	A	Pos	R1	R2	R3	R4	Tot	P/M	SBW	R2T	R3T	R1P	R2P	R3P	W
1973	US		CUT	78	78			156	14		156		86T	105T		500

Year	*Event*	*A*	*Pos*	*R1*	*R2*	*R3*	*R4*	*Tot*	*P/M*	*SBW*	*R2T*	*R3T*	*R1P*	*R2P*	*R3P*	*W*
Novick, Joseph G.																
1949	US		CUT	87	82			169	27		169		155T	144T		
1950	US		CUT	81	85			166	26		166		136T	146		
Novitsky, Tony																
1962	PGA		CUT	77	73	79		229	19		150	229	108T	73T	86T	
1964	US		CUT	84	74			158	18		158		144T	126T		300
1966	PGA		CUT	80	80			160	20		160		131T	138T		
1967	PGA		CUT	79	83			162	18		162		121T	133T		
Novotny, A. L. "Gus"																
1930	US	A	63T	77	78	85	79	319	27	32	155	240	52T	50T	67T	
Noyes, Sidney W., Jr.																
1935	US	A	CUT	82	88			170	26		170		90T	132T		
Nuckolls, Rod																
1982	US		39T	78	73	69	76	296	8	14	151	220	78T	54T	28T	2,175
1985	US		CUT	74	73			147	7		147		64T	67T		600
1994	PGA		CUT	74	77			151	11		151		80T	123T		1,200
Nunez, Juan Carlos																
1970	O		CUT	77	79			156	12		156		113T	116T		
1973	O		CUT	82	71			153	9		153		131T	85T		50
Nunnally, Frank																
1928	US		WD	79	79			158	16		158	0	63T	59T		
Nunneley, L. C.																
1938	O	A	CUT	78	81			159	19		159		78T	104T		
1939	O	A	CUT	77	80			157	11		157		65T	90T		
Nusbaum, Andy																
1974	US		CUT	80	82			162	22		162		107T	123T		500
1975	US		CUT	83	79			162	20		162		145T	143T		500
Nutbrown, Gifford																
1965	PGA		CUT	79	78			157	15		157		134T	129T		
1967	PGA		CUT	81	76			157	13		157		130T	113T		
Nutter, John Michael "Mike"																
1972	O		CUT	78	80			158	16		158		107T	127T		50
1975	O		CUT	75	76			151	7		151		73T	97T		100
1976	O		CUT	82	76			158	14		158		134T	127T		100
1980	O		CUT	79	80			159	17		159		123T	144T		225
Nyman, Per																
1999	O		CUT	81	75			156	14		156		119T	83T		1,100
Oakley, Bud																
1937	PGA		64T													
	US		CUT	78	78			156	12		156		83T	96T		
1940	US		CUT	77	78			155	11		155		69T	79T		
1941	PGA		32T													
Oakley, David K.																
1972	O		46T	72	75	77	72	296	12	18	147	224	15T	29T	50T	143
1973	US		CUT	77	80			157	15		157		72T	112T		500
Oakley, Peter H.																
1975	US		CUT	77	79			156	14		156		89T	123T		500
1980	US		CUT	80	71			151	11		151		140T	92T		600
1983	PGA		CUT	72	77			149	7		149		39T	92T		1,000
	US		CUT	83	84			167	25		167		140T	148		600
1986	PGA		CUT	72	77			149	7		149		46T	97T		1,000
1987	PGA		CUT	83	75			158	14		158		132T	108T		1,000
1994	PGA		CUT	77	76			153	13		153		121T	134T		1,200
1995	PGA		CUT	71	73			144	2		144		58T	87T		1,200
1997	PGA		CUT	78	77			155	15		155		132T	132T		1,300
2005	O		CUT	81	78			159	15		159		151T	154		2,000
Oaks, Wilbur, Sr.																
1912	US		WD	78	79			157	9		157	0	34T	35T		
1919	US		46	84	85	79	82	330	46	29	169	248	58T	63T	45T	
Oates, John																
1991	O		110T	77	71	76	75	299	19	27	148	224	134T	98T	111T	3,000
Oatman, Harold L.																
1949	PGA		64T													100

Year	Event	A	Pos	R1	R2	R3	R4	Tot	P/M	SBW	R2T	R3T	R1P	R2P	R3P	W
1950	US		CUT	78	83			161	21		161		99T	132T		
1951	PGA		64T													100
Obendorf, Herbert																
1923	PGA		64T													
Oberholser, Aaron Matthew																
2004	PGA		13T	73	71	70	70	284	-4	4	144	214	61T	44T	35T	110,250
2005	PGA		28T	74	68	69	73	284	4	8	142	211	97T	36T	24T	41,500
	US		9T	76	67	71	73	287	7	7	143	214	94T	20T	11T	150,834
2006	M		14T	69	75	73	71	288	0	7	144	217	3	17T	16T	129,500
	O		CUT	73	75			148	4		148		92T	117T		2,250
	PGA		CUT	75	70			145	1		145		116T	71T		2,000
	US		16T	75	68	74	74	291	11	6	143	217	52T	7T	11T	99,417
2007	M		58	74	76	84	76	310	22	21	150	234	20T	33T	58T	16,240
	O		45T	73	71	72	74	290	6	13	144	216	60T	31T	37T	14,500
	PGA		4T	68	72	70	69	279	-1	7	140	210	3T	9T	6T	308,000
	US		CUT	73	81			154	14		154		34T	99T		2,000
2008	M		25T	71	70	74	77	292	4	12	141	215	11T	8T	16T	54,844
O'Bey, Vin																
1947	US		CUT	78	79			157	15		157		113T	104T		
O'Brien, Chester																
1931	US	A	CUT	86	75			161	19		161		127T	82T		
1933	US	A	CUT	82	80			162	18		162		116T	111T		
1939	US	A	CUT	83	81			164	26		164		150T	143T		
O'Brien, Dan																
1954	O		WD	81				81	8				86T			
O'Brien, J. J.																
1912	US		CUT	84	82			166	18		166		85T	80T		
1913	US		WD	83	82			165	23		165		48T	51T		
1914	US		13T	74	72	77	79	302	14	12	146	223	10T	4T	6T	3
1915	US		32T	82	75	80	79	316	28	19	157	237	48T	31T	30T	
1916	PGA		8T													75
	US		9T	76	72	73	76	297	9	11	148	221	21T	8T	6T	30
1920	US		23T	82	77	73	77	309	21	14	159	232	55T	44T	26T	
O'Brien, Patrick																
1994	PGA		CUT	76	77			153	13		153		112T	134T		1,200
Ochoa, Alberto																
1999	US		CUT	77	75			152	12		152		136T	119T		1,000
Ockenden, James																
1911	O		29T	75	78	81	83	317		14	153	234	10T	14T	17T	
1912	O		37T	81	83	82	81	327		32	164	246	33T	44T	42T	
1914	O		7	75	76	83	80	314		8	151	234	5T	2	7T	5
1920	O		66T	86	86	80	83	335		32	172	252	69T	72T	67	
1921	O		51T	79	84	79	75	317		21	163	242	43T	67T	59T	
1923	O		25T	78	79	75	76	308		13	157	232				
1925	O		20T	80	78	80	78	316	28	16	158	238	34T	26T	23T	
1926	O		39T	79	76	80	80	315	31	24	155	235	41T	24T	39T	
1928	O		23T	80	78	79	75	312	24	20	158	237	35T	40T	40T	
1929	O		49T	78	76	81	84	319	15	27	154	235	40T	37T	33T	
1932	O		CUT	80	77			157	13		157		85T	74T		
1935	O		CUT	83	79			162	18		162		107	103T		
O'Connell, David																
1941	PGA		64T													100
O'Connell, Eoghan Patrick																
1987	O	A	CUT	77	77			154	12		154		124T	138T		
1991	O		108T	74	74	74	75	297	17	25	148	222	94T	98T	106T	3,000
1993	O		CUT	74	70			144	4		144		132T	79T		600
O'Connor, Arnold																
1968	O	A	CUT	81	75			156	12		156		102T	70T		
1976	O		55T	76	76	74	74	300	12	21	152	226	52T	77T	59T	175
1977	O		CUT	74	77			151	11		151		48T	88T		150
O'Connor, Christopher Patrick "Christy, Jr."																
1970	O		CUT	76	79			155	11		155		104T	109T		
1974	O		24T	78	76	72	73	299	15	17	154	226	66T	46T	25T	291
1975	O		47T	72	73	73	77	295	7	16	145	218	20T	32T	40T	185
1976	O		5T	69	73	75	71	288	0	9	142	217	1T	3T	7T	2,820
1977	M		CUT	78	79			157	13		157		67T	74		1,500

Year	Event	A	Pos	R1	R2	R3	R4	Tot	P/M	SBW	R2T	R3T	R1P	R2P	R3P	W
	O		52T	75	73	71	77	296	16	28	148	219	62T	61T	49T	250
1978	O		CUT	76	74			150	6		150		103T	91T		175
1980	O		CUT	73	78			151	9		151		35T	95T		225
1982	O		CUT	76	79			155	11		155		64T	109T		225
1983	O		8T	72	69	71	68	280	-4	5	141	212	48T	19T	18T	9,625
1984	O		CUT	74	73	74		221	5		147	221	69T	68T	71T	610
1985	O		3T	64	76	72	72	284	4	2	140	212	1	3T	3T	23,600
1986	O		11T	75	71	75	69	290	10	10	146	221	22T	18T	24T	14,000
1987	O		CUT	74	73			147	5		147		79T	79T		400
1988	O		CUT	75	75			150	8		150		63T	77T		450
1989	O		49T	71	73	72	74	290	2	15	144	216	25T	44T	47T	3,400
1990	O		25T	68	72	71	72	283	-5	13	140	211	4T	23T	27T	6,383
1991	O		32T	72	71	71	69	283	3	11	143	214	61T	39T	40T	5,633
1993	O		39T	72	68	69	74	283	3	16	140	209	84T	24T	14T	5,328
1994	O		60T	71	69	71	73	284	4	16	140	211	39T	29T	46T	4,350
2000	O		60T	69	75	72	74	290	2	21	144	216	11T	60T	55T	7,425

O'Connor, John J. "Jack"

Year	Event	A	Pos	R1	R2	R3	R4	Tot	P/M	SBW	R2T	R3T	R1P	R2P	R3P	W
1925	US		47T	75	78	76	87	316	32	25	153	229	15T	28T	26T	
1926	US		57T	74	84	87	83	328	40	35	158	245	14T	45T	61	

O'Connor, Maurice

Year	Event	A	Pos	R1	R2	R3	R4	Tot	P/M	SBW	R2T	R3T	R1P	R2P	R3P	W
1931	US		CUT	84	77			161	19		161		114T	82T		
1932	US		CUT	82	80			162	22		162		74T	80T		
1933	US		CUT	79	79			158	14		158		66T	78T		
1939	US		CUT	75	79			154	16		154		48T	78T		
1954	US		CUT	81	76			157	17		157		105T	84T		

O'Connor, Patrick Christopher "Christy, Sr."

Year	Event	A	Pos	R1	R2	R3	R4	Tot	P/M	SBW	R2T	R3T	R1P	R2P	R3P	W
1951	O		19T	79	74	72	74	299	11	14	153	225	60T	38T	23T	
1953	O		24T	77	77	72	75	301	13	19	154	226	32T	42T	26T	25
1954	O		20T	74	72	72	75	293	1	10	146	218	26T	15T	12T	
1955	O		10T	71	75	70	71	287	-1	6	146	216	10T	26T	13T	
1956	O		10T	73	78	74	70	295	11	9	151	225	22T	26T	17T	
1957	O		19T	77	69	72	73	291	3	12	146	218	69T	27T	20T	
1958	O		3T	67	68	73	71	279	-5	1	135	208	2	1	4T	425
1959	O		5T	73	74	72	69	288	0	4	147	219	23T	34T	20T	258
1960	O		36T	80	67	76	72	295	3	17	147	223	72T	35T	40T	50
1961	O		3T	71	77	67	73	288	0	4	148	215	13T	9T	3	710
1962	O		16T	74	78	73	72	297	9	21	152	225	12T	33T	20T	
1963	O		6	74	68	76	68	286	6	9	142	218	30T	8T	17T	350
1964	O		6T	71	73	74	73	291	3	12	144	218	1T	3T	5T	313
1965	O		2T	69	73	74	71	287	-5	2	142	216	2	5T	4T	1,125
1966	O		13T	73	72	74	72	291	7	9	145	219	15T	11T	19T	210
1967	O		21	70	74	71	76	291	3	13	144	215	6T	10T	11T	145
1968	O		CUT	81	76			157	13		157		102T	81T		
1969	O		5	71	65	74	74	284	0	4	136	210	11T	2	2T	1,750
1970	O		17T	72	68	74	79	293	5	10	140	214	45T	10T	8T	593
1971	O		35T	74	72	76	72	294	2	16	146	222	47T	29T	47T	205
1972	O		23T	73	74	73	71	291	7	13	147	220	23T	29T	25T	325
1973	O		7T	73	68	74	73	288	0	12	141	215	16T	5	7T	1,716
1974	O		56T	80	74	77	78	309	25	27	154	231	107T	46T	53T	125
1976	O		CUT	81	74			155	11		155		123T	105T		100
1977	O		CUT	75	75	76		226	16		150	226	62T	79T	79T	200
1979	O		36T	79	73	71	76	299	15	16	152	223	106T	67T	33T	575

O'Connor, Peter

Year	Event	A	Pos	R1	R2	R3	R4	Tot	P/M	SBW	R2T	R3T	R1P	R2P	R3P	W
1961	O		CUT	79	87			166	22		166		94T	103		

O'Connor, Tom

Year	Event	A	Pos	R1	R2	R3	R4	Tot	P/M	SBW	R2T	R3T	R1P	R2P	R3P	W
1939	PGA		16T													
	US		WD	76	73			149	11		149		65T	41T		
1941	US		56	73	78	79	88	318	38	34	151	230	16T	26T	39T	

Odams, T. E. "Tom"

Year	Event	A	Pos	R1	R2	R3	R4	Tot	P/M	SBW	R2T	R3T	R1P	R2P	R3P	W
1938	O		CUT	78	77			155	15		155		78T	82T		
1947	O		31	80	76	79	77	312	40	19	156	235	59T	32T	32T	
1949	O		CUT	77	80			157	13		157		77T	88T		

Odate, Toshiaki

Year	Event	A	Pos	R1	R2	R3	R4	Tot	P/M	SBW	R2T	R3T	R1P	R2P	R3P	W
2001	O		CUT	76	80			156	14		156		125T	150T		900

O'Donnell, John James

Year	Event	A	Pos	R1	R2	R3	R4	Tot	P/M	SBW	R2T	R3T	R1P	R2P	R3P	W
1946	US		CUT	78	75			153	9		153		93T	71T		
1947	US		55T	74	74	81	75	304	20	22	148	229	42T	35T	62T	
1950	US		51	76	72	83	85	316	36	29	148	231	75T	35T	50T	100
1954	PGA		32T													200

Year	Event	A	Pos	R1	R2	R3	R4	Tot	P/M	SBW	R2T	R3T	R1P	R2P	R3P	W
	US		CUT	80	81			161	21		161		92T	120T		
1956	PGA		64T													
	US		CUT	75	79			154	14		154		45T	86T		
1958	US		CUT	79	77			156	16		156		69T	64T		
1960	PGA		59	71	71	82	81	305	25	24	142	224	9T	6T	52T	200
1961	US		CUT	84	78			162	22		162		149	146T		
Ogden, Bill																
1953	US		12T	71	78	75	73	297	9	14	149	224	5T	17T	19T	200
1954	M		60T	81	76	77	76	310	22	21	157	234	68T	55T	59T	250
	US		CUT	84	74			158	18		158		132T	95T		
1955	US		CUT	78	78			156	16		156		60T	59T		
1956	US		17T	76	73	76	69	294	14	13	149	225	64T	39T	38T	260
1957	M		CUT	74	77			151	7		151		16T	41T		300
1958	PGA		CUT	76	77	76		229	19		153	229	67T	74T	65T	
1959	PGA		49T	73	69	76	76	294	14	17	142	218	42T	12T	38T	200
	US		CUT	76	78			154	14		154		58T	87T		
1960	PGA		CUT	72	77	78		227	17		149	227	19T	52T	70T	
1961	PGA		CUT	79	75			154	14		154		129T	110T		
1963	US		30T	73	76	78	79	306	22	13	149	227	11T	15T	24T	388
1964	PGA		61	73	76	71	74	294	14	23	149	220	50T	82T	53T	240
	US		21T	73	73	73	75	294	14	16	146	219	22T	20T	16T	625
1965	US		44T	75	73	79	76	303	23	21	148	227	41T	25T	46T	420
1966	PGA		CUT	79	77			156	16		156		118T	115T		
1968	US		CUT	76	74			150	10		150		76T	72T		500
1969	US		56T	76	72	75	75	298	18	17	148	223	79T	56T	58T	835
1970	PGA		CUT	77	76			153	13		153		95T	85T		
	US		CUT	83	76			159	15		159		128T	113T		500
1971	PGA		WD	85				85	13				142T			
	US		CUT	74	75			149	9		149		70T	65T		500
1972	PGA		CUT	73	78			151	11		151		36T	80T		
	US		CUT	80	81			161	17		161		103T	116T		500
1973	PGA		CUT	77	73			150	8		150		94T	77T		
Ogden, Clay																
2006	M	A	CUT	83	76			159	15		159		88	82T		
Ogden, Granville A.																
1976	O		CUT	79	80			159	15		159		100T	132T		100
Ogg, William "Willie"																
1919	US		41T	82	79	81	85	327	43	26	161	242	38T	32T	30T	
1922	PGA		32T													50
	US		19T	79	72	78	76	305	25	17	151	229	48T	18T	24T	
1923	PGA		16T													
	US		18T	74	76	80	81	311	23	15	150	230	7T	7T	12T	
1924	PGA		32T													75
	US		15T	75	80	76	79	310	22	13	155	231	8T	21T	14T	
1925	PGA		32T													
1926	US		CUT	79	83			162	18		162		55T	78T		
1927	US		CUT	88	82			170	26		170		110T	99T		
1928	PGA		32T													
	US		CUT	88	77			165	23		165		134T	103T		
1929	US		WD	81				81	9				93T			
Ogilvie, Alex, Jr.																
1940	US		CUT	79	77			156	12		156		96T	92T		
Ogilvie, David, Sr.																
1899	US		WD	93	92			185			185		51T	46T		
1902	US		33T	86	90	83	81	340		33	176	259	36T	48T	37T	
1903	US		20T	81	86	81	81	329		22	167	248	18T	30T	26T	
1905	US		37T	90	80	85	85	340		26	170	255	60T	40T	38T	
1907	US		26T	82	81	81	80	324		22	163	244	35T	31T	27T	
1908	US		27T	91	89	87	83	350		28	180	267	33T	36T	32T	
1909	US		18T	76	78	79	74	307		17	154	233	15T	25T	27T	
1912	US		16T	74	83	73	80	310	14	16	157	230	5T	35T	9T	
1913	US		33T	81	77	82	84	324	40	20	158	240	38T	30T	29T	
1915	US		29T	75	78	83	79	315	27	18	153	236	6T	13T	27T	
Ogilvie, David Gillespie, Jr.																
1929	US		WD	84				84	12				127T			
1934	M		38T	79	75	77	78	309	21	25	154	231	52T	43T	41T	
Ogilvie, Norman Joseph "Joe"																
2000	PGA		58T	73	74	71	72	290	2	20	147	218	42T	66T	58T	10,250
2001	O		25T	69	68	71	75	283	-1	9	137	208	5T	3T	5T	27,500

Year	Event	A	Pos	R1	R2	R3	R4	Tot	P/M	SBW	R2T	R3T	R1P	R2P	R3P	W
2003	US		CUT	70	74			144	4		144	0	25T	69T		1,000
2004	PGA		49T	75	68	70	77	290	2	10	143	213	104T	31T	25T	14,660
	US		40T	70	75	74	78	297	17	21	145	219	20T	57T	55T	30,671
2005	M		25T	74	73	73	70	290	2	14	147	220	33T	35T	37T	61,600
	O		34T	74	70	73	69	286	-2	12	144	217	74T	55T	66T	22,000
	PGA		17T	74	68	69	71	282	2	6	142	211	97T	36T	24T	82,500
	US		CUT	79	75			154	14		154		135T	132T		2,000
2006	M		CUT	74	77			151	7		151		37T	60T		5,000
2007	PGA		CUT	77	70			147	7		147		116T	85T		2,000
2008	US		36T	71	76	73	73	293	9	10	147	220	12T	42T	35T	35,709

Ogilvie, William N. "Willie"

Year	Event	A	Pos	R1	R2	R3	R4	Tot	P/M	SBW	R2T	R3T	R1P	R2P	R3P	W
1907	US		30T	80	83	82	80	325		23	163	245	20T	31T	29T	

Ogilvy, Geoff Charles

Year	Event	A	Pos	R1	R2	R3	R4	Tot	P/M	SBW	R2T	R3T	R1P	R2P	R3P	W
1999	O		CUT	81	78			159	17		159		119T	116T		369
2001	O		CUT	76	75			151	9		151		124T	130T		1,000
2003	PGA		27T	71	71	77	70	289	9	13	142	219	22T	12T	43T	43,000
	US		CUT	74	71			145	5		145	0	92T	81T		1,000
2004	PGA		24T	68	73	71	74	286	-2	6	141	212	8T	14T	18T	46,714
2005	O		5T	71	74	67	69	281	-7	7	145	212	30T	70T	22T	122,166
	PGA		6T	69	69	72	69	279	-1	3	138	210	18T	11T	20T	201,500
	US		28T	72	74	71	74	291	11	11	146	217	32T	45T	26T	44,486
2006	M		16T	70	75	73	71	289	1	8	145	218	4T	23T	22T	112,000
	O		16T	71	69	70	72	282	-6	12	140	210	50T	22T	16T	45,000
	PGA		9T	69	68	68	74	279	-9	9	137	205	10T	5T	4	165,000
	US		1	71	70	72	72	285	5	-1	141	213	7T	3T	3	1,225,000
2007	M		24T	75	70	81	73	299	11	10	145	226	28T	8T	26T	63,800
	O		CUT	75	74			149	7		149		104T	91T		2,650
	PGA		6T	69	68	74	69	280	0	8	137	211	6T	3T	13T	227,500
	US		42T	71	75	78	75	299	19	14	146	224	5T	19T	40T	31,084
2008	M		39T	75	71	76	74	296	8	16	146	222	52T	29T	40T	33,000
	O		CUT	77	74			151	11		151		91T	102T		2,650
	PGA		31T	73	74	74	70	291	11	14	147	221	43T	48T	51T	38,825
	US		9T	69	73	72	74	288	4	5	142	214	3T	9T	4T	160,769

Ogle, Brett J.

Year	Event	A	Pos	R1	R2	R3	R4	Tot	P/M	SBW	R2T	R3T	R1P	R2P	R3P	W
1989	O		52T	74	70	76	71	291	3	16	144	220	81T	44T	73T	3,100
1990	O		CUT	78	70			148	4		148		147T	123T		550
1991	O		73T	73	75	66	74	288	8	16	148	214	77T	98T	40T	3,000
1993	M		50T	70	74	71	80	295	7	18	144	215	14T	32T	17T	4,250
	PGA		CUT	77	72			149	7		149		137T	123T		1,200
1994	M		CUT	74	77			151	7		151		26T	61T		1,500
	PGA		CUT	75	76			151	11		151		97T	123T		1,200
1995	O		11T	73	69	71	73	286	-2	4	142	213	85T	20T	10T	26,000
	PGA		CUT	72	71			143	1		143		82T	73T		1,200
	US		21T	71	75	72	69	287	7	7	146	218	29T	59T	35T	20,085
1996	O		67T	70	73	73	73	289	5	18	143	216	25T	58T	64T	5,150
	US		32T	70	75	72	71	288	8	10	145	217	13T	56T	47T	14,071

Oglesby, Paul A.

Year	Event	A	Pos	R1	R2	R3	R4	Tot	P/M	SBW	R2T	R3T	R1P	R2P	R3P	W
1985	O		CUT	76	69	80		225	15		145	225	116T	26T	80T	700
1989	US		CUT	77	79			156	16		156		128T	144T		1,000
1991	US		CUT	86	81			167	23		167		155T	152T		1,000

O'Grady, Phillip McClelland "Mac"

Year	Event	A	Pos	R1	R2	R3	R4	Tot	P/M	SBW	R2T	R3T	R1P	R2P	R3P	W
1984	PGA		CUT	79	84			163	19		163		119T	143		1,000
1985	PGA		CUT	76	75			151	7		151		121T	106T		1,000
1986	M		CUT	82	70			152	8		152		87T	56T		1,500
	O		46T	76	75	77	70	298	18	18	151	228	38T	63T	69T	2,475
	PGA		CUT	72	76			148	6		148		46T	87T		1,000
	US		50T	75	69	73	77	294	14	15	144	217	24T	7T	22T	3,427
1987	M		50T	72	79	79	75	305	17	20	151	230	9T	46T	53T	2,200
	PGA		43T	78	70	71	80	299	11	12	148	219	94T	35T	17T	3,050
	US		9T	71	69	72	72	284	4	7	140	212	18T	12T	11T	15,004
1988	M		30T	74	73	76	73	296	8	15	147	223	18T	19T	34T	6,500
	PGA		CUT	70	76			146	4		146		19T	78T		1,000
	US		CUT	75	72			147	5		147		74T	66T		1,000
1989	US		CUT	73	73			146	6		146		66T	72T		1,000

Ogrin, David Allen

Year	Event	A	Pos	R1	R2	R3	R4	Tot	P/M	SBW	R2T	R3T	R1P	R2P	R3P	W
1979	US	A	CUT	77	78			155	13		155		69T	85T		
1983	US		13T	75	69	75	74	293	9	13	144	219	40T	8T	13T	6,994
1984	M		45	73	73	76	74	296	8	19	146	222	31T	44T	46	2,200
	PGA		CUT	78	73			151	7		151		109T	88T		1,000
	US		38T	74	72	74	73	293	13	17	146	220	72T	42T	42T	4,060

Year	Event	A	Pos	R1	R2	R3	R4	Tot	P/M	SBW	R2T	R3T	R1P	R2P	R3P	W
1985	PGA		47T	76	70	76	70	292	4	14	146	222	121T	49T	63T	2,075
1986	US		62T	76	73	74	75	298	18	19	149	223	48T	46T	59T	2,791
1987	US		74	74	72	74	78	298	18	21	146	220	71T	63T	63T	3,165
1989	PGA		CUT	77	80			157	13		157		120T	136T		1,000
	US		54T	73	72	73	75	293	13	15	145	218	66T	57T	46T	4,300
1994	US		CUT	74	77			151	9		151		49T	103T		1,000
1996	PGA		36T	75	70	68	73	286	-2	9	145	213	109T	60T	25T	9,050
	US		67T	72	74	72	74	292	12	14	146	218	43T	73T	54T	5,645
1997	M		CUT	77	74			151	7		151		47T	53T		5,000
	PGA		41T	74	72	71	70	287	7	18	146	217	78T	68T	49T	8,375
	US		10T	70	69	71	73	283	3	7	139	210	10T	4T	5T	56,949
1998	M		CUT	77	78			155	11		155		62T	69T		5,000
	PGA		44T	73	72	71	72	288	8	17	145	216	81T	60T	50T	7,990
	US		CUT	70	80			150	10		150		10T	89T		1,000

Oh, David

Year	Event	A	Pos	R1	R2	R3	R4	Tot	P/M	SBW	R2T	R3T	R1P	R2P	R3P	W
2005	US		CUT	74	77			151	11		151		54T	106T		2,000
2006	US		CUT	83	77			160	20		160		151T	147T		2,000

Oh, Ted

Year	Event	A	Pos	R1	R2	R3	R4	Tot	P/M	SBW	R2T	R3T	R1P	R2P	R3P	W
1993	US	A	CUT	76	79			155	15		155		130T	150T		
1998	US		CUT	74	81			155	15		155		56T	130T		1,000

O'Hair, Sean Marc

Year	Event	A	Pos	R1	R2	R3	R4	Tot	P/M	SBW	R2T	R3T	R1P	R2P	R3P	W
2005	O		15T	73	67	70	73	283	-5	9	140	210	56T	15T	9T	46,286
	PGA		59T	71	71	76	70	288	8	12	142	218	40T	36T	73T	13,343
2006	M		CUT	76	76			152	8		152		55T	65T		5,000
	O		14T	69	73	72	67	281	-7	11	142	214	20T	48T	48T	56,500
	PGA		12T	72	70	70	68	280	-8	10	142	212	61T	33T	25T	134,500
	US		26T	76	72	74	71	293	13	8	148	222	68T	42T	46T	52,341
2007	O		67T	71	75	74	79	299	15	22	146	220	25T	53T	62T	9,850
	PGA		42T	70	72	70	76	288	8	16	142	212	13T	19T	15T	20,850
	US		CUT	73	80			153	13		153		34T	92T		2,000
2008	M		14T	72	71	71	75	289	1	9	143	214	19T	13T	7T	135,000
	O		82	75	73	80	78	306	26	23	148	228	52T	52T	79T	8,500
	PGA		31T	69	73	76	73	291	11	14	142	218	3T	7T	33T	38,825

O'Hara, Pat

Year	Event	A	Pos	R1	R2	R3	R4	Tot	P/M	SBW	R2T	R3T	R1P	R2P	R3P	W
1920	PGA		32T													50
1921	PGA		32T													50
	US		30T	77	78	79	82	316	36	27	155	234	18T	19T	19T	
1922	US		35T	79	76	76	78	309	29	21	155	231	48T	38T	29T	

O'Hara, Peter V.

Year	Event	A	Pos	R1	R2	R3	R4	Tot	P/M	SBW	R2T	R3T	R1P	R2P	R3P	W
1919	US		CUT	89	83			172	30		172		100T	77T		
1920	PGA		8T													75
	US		27T	84	74	74	78	310	22	15	158	232	65T	37T	26T	
1921	PGA		32T													50
	US		18T	81	82	76	73	312	32	23	163	239	43T	51T	30T	
1924	US		7T	76	79	74	76	305	17	8	155	229	12T	21T	9T	85
1925	US		WD	80	84	78		242	29		164	242	56T	76T	64T	
1926	US		WD	91				91	19				143T			
1928	US		CUT	80	81			161	19		161		75T	75T		
1929	US		8T	74	76	73	78	301	13	7	150	223	8T	9T	6T	300
1930	US		11T	75	77	73	76	301	9	14	152	225	26T	27T	12T	86
1931	PGA		16T													
	US		36T	78	76	81	74	309	25	17	154	235	51T	38T	49T	
1932	US		49T	83	76	75	77	311	31	25	159	234	90T	52T	47T	
1933	US		CUT	83	76			159	15		159		124T	94T		
1935	US		CUT	83	85			168	24		168		105T	120T		

O'Hare, Patrick

Year	Event	A	Pos	R1	R2	R3	R4	Tot	P/M	SBW	R2T	R3T	R1P	R2P	R3P	W
1914	O		37T	81	84	84	78	327		21	165	249	38T	51T	50T	

O'Hern, Jim

Year	Event	A	Pos	R1	R2	R3	R4	Tot	P/M	SBW	R2T	R3T	R1P	R2P	R3P	W
1964	PGA		CUT	78	78			156	16		156		126T	124T		
1965	PGA		CUT	83	81			164	22		164		153T	155T		
1968	PGA		CUT	79	74			153	13		153		127T	100T		
1969	PGA		CUT	81	74			155	13		155		130T	118T		
1970	PGA		55T	75	74	73	76	298	18	19	149	222	61T	59T	45T	400
1971	PGA		CUT	82	76			158	14		158		136T	128T		
	US		CUT	78	77			155	15		155		126T	116T		500
1972	PGA		68T	74	76	76	76	302	22	21	150	226	54T	63T	69T	333
1973	US		CUT	78	79			157	15		157		86T	112T		500
1974	US		CUT	88	75			163	23		163		149T	128T		500
1977	US		CUT	77	77			154	14		154		105T	111T		500

Year	*Event*	*A*	*Pos*	*R1*	*R2*	*R3*	*R4*	*Tot*	*P/M*	*SBW*	*R2T*	*R3T*	*R1P*	*R2P*	*R3P*	*W*
1978	PGA		CUT	76	82			158	16		158		75T	129		303
1985	PGA		CUT	79	79			158	14		158		141	138T		1,000
O'Hern, Nicholas																
2000	O		41T	69	74	70	74	287	-1	18	143	213	11T	44T	31T	10,345
2001	PGA		CUT	73	72			145	5		145	0	101T	100T		2,000
2003	O		CUT	82	70			152	10		152		137T	84T		3,000
2004	PGA		31T	73	71	68	75	287	-1	7	144	212	61T	44T	18T	34,240
2005	M		45T	72	72	76	77	297	9	21	144	220	14T	11T	37T	25,200
	O		15T	73	69	71	70	283	-5	9	142	213	56T	39T	29T	46,234
	PGA		CUT	76	73			149	9		149		119T	118T		2,000
	US		49T	72	71	78	73	294	14	14	143	221	32T	20T	57T	20,275
2006	M		19T	71	72	76	71	290	2	9	143	219	8T	10T	29T	91,000
	O		CUT	70	75			145	1		145		33T	84T		2,500
	PGA		CUT	74	73			147	3		147		100T	100T		2,000
	US		6T	75	70	74	69	288	8	3	145	219	52T	14T	20T	183,255
2007	M		CUT	76	80			156	12		156		43T	77T		5,000
	O		CUT	71	78			149	7		149		25T	91T		2,650
	PGA		50T	72	72	72	73	289	9	17	144	216	36T	42T	44T	15,236
	US		23T	76	74	71	74	295	15	10	150	221	90T	51T	26T	71,905
2008	M		CUT	74	75			149	5		149		44T	56T		10,000
	O		32T	74	75	74	72	295	15	12	149	223	38T	69T	48T	25,036
	PGA		CUT	74	76			150	10		150		61T	87T		2,500
Oke, John H. "Jack"																
1901	O		15T	91	83	80	80	334		25	174	254		35T	22	
1902	O		CUT	90	84			174			174					
1903	O		29T	80	81	81	83	325		25	161	242			20T	
1905	US		43T	85	84	86	88	343		29	169	255	39T	34T	38T	
1906	O		38T	81	79	78	84	322		22	160	238			23T	
1907	O		30T	86	85	82	81	334		22	171	253	33T	34T	31T	
1910	O		UNK													
1911	O		CUT	82	82			164			164		89T	86T		
1915	US		WD	87				87	15				63T			
Oke, William George "George"																
1914	O		77	89	83	80	88	340		34	172	252	94T	84T	68T	
1920	O		56T	82	84	80	84	330		27	166	246	43T	49T	46T	
1922	O		50T	91	80	77	74	322		22	171	248	79	75T	63T	
1923	O		59T	86	78	77	79	320		25	164	241				
1925	O		46	83	82	85	79	329	41	29	165	250	56T	54T	59T	
1930	O		CUT	75	84			159	15		159		16T	63T		
1931	O		17T	74	80	75	75	304	16	8	154	229	5T	26T	18T	10
1932	O		36T	77	74	76	78	305	17	22	151	227	54T	33T	25T	
1933	O		CUT	77	78			155	9		155		72T	79T		
1935	O		CUT	82	76			158	14		158		103T	86T		
1936	O		CUT	81	81			162	14		162		84T	82T		
1938	O		CUT	77	81			158	18		158		67T	101T		
O'Keefe, Jack																
1996	US		90T	72	71	76	76	295	15	17	143	219	43T	27T	71T	5,305
Olander, Clarence E.																
1937	O	A	CUT	80	78			158	14		158		78T	72T		
Olander, Hants Marten "Marten"																
2003	O		CUT	79	75			154	12		154		115T	107T		2,500
2004	O		66T	68	74	78	77	297	13	23	142	220	4T	24T	66T	9,450
Olazabal Manterola, Jose Maria																
1984	O	A	CUT	74	75			149	5		149		69T	97T		
1985	M	A	CUT	81	76			157	13		157		75	71T		
	O	A	25T	72	76	71	70	289	9	7	148	219	39T	60T	42T	
1986	O		16T	78	69	72	73	292	12	12	147	219	71T	23T	12T	9,000
1987	M		CUT	79	75			154	10		154		71T	65T		1,500
	O		11T	70	73	70	72	285	1	6	143	213	19T	31T	16T	13,500
	PGA		CUT	79	77			156	12		156		106T	94T		1,000
	US		68T	76	69	76	74	295	15	18	145	221	103T	56T	67T	3,165
1988	O		36T	73	71	73	75	292	8	19	144	217	35T	19T	24T	3,950
1989	M		8T	77	73	70	68	288	0	5	150	220	64T	37T	16T	32,200
	O		23T	68	72	69	75	284	-4	9	140	209	2T	15T	9T	6,733
	PGA		CUT	73	74			147	3		147		57T	80T		1,000
	US		9T	69	72	70	72	283	3	5	141	211	9T	18T	9T	19,969
1990	M		13	72	73	68	74	287	-1	9	145	213	20T	19T	7T	26,300
	O		16T	71	67	71	72	281	-7	11	138	209	31T	9T	14T	11,150
	PGA		14T	73	77	72	72	294	6	12	150	222	29T	65T	34T	20,600

Year	Event	A	Pos	R1	R2	R3	R4	Tot	P/M	SBW	R2T	R3T	R1P	R2P	R3P	W
	US		8T	73	69	69	73	284	-4	4	142	211	61T	17T	7T	22,237
1991	M		2	68	71	69	70	278	-10	1	139	208	4T	6T	3T	145,800
	O		80T	74	67	74	74	289	9	17	141	215	94T	17T	54T	3,000
	PGA		CUT	77	73			150	6		150		125T	99T		1,000
	US		8T	73	71	75	70	289	1	7	144	219	45T	20T	19T	26,958
1992	M		42T	76	69	72	70	287	-1	12	145	217	73T	55T	49T	5,450
	O		3	70	67	69	68	274	-10	2	137	206	36T	8T	7T	64,000
	PGA		CUT	73	77			150	8		150		52T	92T		1,200
	US		CUT	73	77			150	6		150		46T	90T		1,000
1993	M		7T	70	72	74	68	284	-4	7	142	216	14T	17T	24T	54,850
	O		CUT	73	74			147	7		147		107T	118T		600
	PGA		56T	73	69	73	71	286	2	14	142	215	86T	48T	62T	3,110
	US		CUT	74	74			148	8		148		116T	118T		1,000
1994	M		1	74	67	69	69	279	-9	-2	141	210	26T	5T	2	360,000
	O		38T	72	71	69	68	280	0	12	143	212	68T	61T	55T	6,100
	PGA		7T	72	66	70	70	278	-2	9	138	208	39T	5T	8T	57,500
	US		CUT	76	74			150	8		150		86T	98T		1,000
1995	M		14T	66	74	72	72	284	-4	10	140	212	1T	11T	19T	39,600
	O		31T	72	72	74	72	290	2	8	144	218	60T	41T	52T	8,122
	PGA		31T	72	66	70	71	279	-5	12	138	208	82T	21T	21T	8,906
	US		28T	73	70	72	73	288	8	8	143	215	65T	30T	15T	13,912
1997	M		12T	71	70	74	72	287	-1	17	141	215	5T	4T	10T	52,920
	O		20T	75	68	73	67	283	-1	11	143	216	50T	18T	37T	14,500
	PGA		CUT	79	73			152	12		152		139T	118T		1,300
	US		16T	71	71	72	71	285	5	9	142	214	18T	19T	21T	40,086
1998	M		12T	70	73	71	72	286	-2	7	143	214	2T	4T	7T	64,800
	O		15T	73	72	75	69	289	9	9	145	220	89T	47T	30T	23,650
	PGA		CUT	75	74			149	9		149		110T	107T		1,500
	US		18T	68	77	71	74	290	10	10	145	216	3T	26T	13T	41,833
1999	M		1	70	66	73	71	280	-8	-2	136	209	5T	1	1	720,000
	O		CUT	78	79			157	15		157		68T	100T		369
	PGA		CUT	79	72			151	7		151		141T	117T		1,750
	US		WD	75				75	5				120T			1,000
2000	M		CUT	72	77			149	5		149		10T	58T		5,000
	O		31T	72	70	71	71	284	-4	15	142	213	50T	36T	31T	16,750
	PGA		4T	76	68	63	69	276	-12	6	144	207	99T	32T	6T	198,667
	US		12T	70	71	76	75	292	8	20	141	217	11T	4T	5T	86,223
2001	M		15T	70	68	71	72	281	-7	9	138	209	15T	9T	10T	95,200
	O		54T	69	74	73	73	289	5	15	143	216	5T	48T	60T	8,943
	PGA		37T	71	70	68	71	280	0	15	141	209	70T	69T	32T	21,000
	US		CUT	77	72			149	9		149	0	120T	97T		1,000
2002	M		4	70	69	71	71	281	-7	5	139	210	7T	4T	7	268,800
	O		CUT	73	72			145	3		145		86T	84T		3,000
	PGA		69	73	75	77	80	305	17	27	148	225	38T	57T	60T	10,400
	US		50T	71	77	75	73	296	16	19	148	223	13T	41T	59T	16,294
2003	M		8T	73	71	71	73	288	0	7	144	215	11T	5T	5T	162,000
	O		CUT	74	77			151	9		151		35T	76T		3,000
	PGA		51T	74	74	76	71	295	15	19	148	224	58T	61T	66T	13,320
	US		CUT	74	70			144	4		144	0	92T	69T		1,000
2004	M		30	71	69	79	75	294	6	15	140	219	8T	2T	20T	46,150
	PGA		CUT	70	76			146	2		146	0	22T	74T		2,000
2005	M		CUT	77	76			153	9		153		62T	74T		5,000
	O		3T	68	70	68	74	280	-8	6	138	206	3T	3T	2	242,500
	PGA		47T	76	67	72	72	287	7	11	143	215	119T	49T	54T	15,371
2006	M		3T	76	71	71	66	284	-4	3	147	218	55T	39T	22T	315,700
	O		56T	73	68	76	72	289	1	19	141	217	92T	37T	58T	10,300
	PGA		55T	72	68	75	77	292	4	22	140	215	61T	18T	40T	14,320
	US		21T	75	73	73	71	292	12	7	148	221	52T	42T	37T	74,252
2007	M		44T	74	75	78	77	304	16	15	149	227	20T	27T	34T	22,533
	PGA		CUT	75	80			155	15		155		85T	134T		2,000
	US		45T	70	78	78	74	300	20	15	148	226	3T	33T	50T	25,016
2008	M		CUT	76	75			151	7		151		65T	71T		10,000

Oldcorn, Andrew Steven

Year	Event	A	Pos	R1	R2	R3	R4	Tot	P/M	SBW	R2T	R3T	R1P	R2P	R3P	W
1982	O	A	CUT	79	74			153	9		153		109T	88T		
1984	O		CUT	76	79			155	11		155		120T	146T		330
1986	O		CUT	80	73			153	13		153		105T	88T		400
1987	O		CUT	75	74			149	7		149		97T	99T		400
1990	O		CUT	74	71			145	1		145		105T	83T		550
1991	O		64T	71	67	77	72	287	7	15	138	215	29T	1T	54T	3,155
1994	O		CUT	77	71			148	8		148		140T	120T		600
1995	O		WD	73				73	1				85T			650
1996	O		CUT	77	73			150	8		150		143T	138T		650
1998	O		80	75	71	84	79	309	29	29	146	230	127T	65T	79T	5,250

Year	Event	A	Pos	R1	R2	R3	R4	Tot	P/M	SBW	R2T	R3T	R1P	R2P	R3P	W
2000	O		CUT	71	76			147	3		147		40T	99T		1,100
2001	O		CUT	73	76			149	7		149		70T	112T		1,000
	PGA		44T	73	67	74	67	281	1	16	140	214	101T	57T	70T	14,250
2002	O		CUT	79	69			148	6		148		152T	118T		2,250
2003	O		28T	72	74	73	73	292	8	9	146	219	13T	16T	27T	26,000
2004	O		42T	73	70	71	76	290	6	16	143	214	73T	37T	23T	14,800
2005	O		CUT	76	72			148	4		148		116T	100T		2,500

Oldfield, Ed

Year	Event	A	Pos	R1	R2	R3	R4	Tot	P/M	SBW	R2T	R3T	R1P	R2P	R3P	W
1960	US		CUT	84	76			160	18		160		146T	138T		

O'Leary, Dennis

Year	Event	A	Pos	R1	R2	R3	R4	Tot	P/M	SBW	R2T	R3T	R1P	R2P	R3P	W
1968	PGA		CUT	86	75			161	21		161		162T	147T		

O'Leary, John E.

Year	Event	A	Pos	R1	R2	R3	R4	Tot	P/M	SBW	R2T	R3T	R1P	R2P	R3P	W
1971	O		40T	70	75	75	76	296	4	18	145	220	5T	19T	29T	170
1972	O		56T	75	76	74	74	299	15	21	151	225	52T	63T	57T	125
1974	O		44T	71	79	78	77	305	21	23	150	228	5T	21T	38T	148
1975	O		CUT	73	75	74		222	6		148	222	41T	63T	64T	150
1976	O		CUT	79	72	80		231	15		151	231	100T	70T	80T	150
1977	O		26T	74	73	68	74	289	9	21	147	215	48T	46T	27T	449
1979	O		13T	73	73	74	73	293	9	10	146	220	16T	25T	21T	3,125
1980	O		CUT	76	72	73		221	8		148	221	72T	66T	74T	350
1981	O		58T	73	74	75	77	299	19	23	147	222	17T	38T	54T	550
1982	O		WD	80				80	8		0		123T			225
1983	O		59T	74	68	69	79	290	6	15	142	211	82T	26T	13T	725
1987	O		54T	71	73	79	73	296	12	17	144	223	28T	45T	59T	2,350

O'Leary, John T.

Year	Event	A	Pos	R1	R2	R3	R4	Tot	P/M	SBW	R2T	R3T	R1P	R2P	R3P	W
2007	PGA		CUT	75	77			152	12		152		85T	118T		2,000

O'Leary, Paul R.

Year	Event	A	Pos	R1	R2	R3	R4	Tot	P/M	SBW	R2T	R3T	R1P	R2P	R3P	W
1949	US		CUT	84	75			159	17		159		150T	119T		
1950	US		CUT	75	79			154	14		154		52T	84T		
1955	US		CUT	80	76			156	16		156		81T	59T		
1956	US		41T	76	73	77	76	302	22	21	149	226	64T	39T	44T	200

Olinger, Randy

Year	Event	A	Pos	R1	R2	R3	R4	Tot	P/M	SBW	R2T	R3T	R1P	R2P	R3P	W
1979	US		CUT	81	77			158	16		158		127T	102T		600

Oliphant, David L.

Year	Event	A	Pos	R1	R2	R3	R4	Tot	P/M	SBW	R2T	R3T	R1P	R2P	R3P	W
1977	PGA		CUT	87	83			170	26		170		135T	135		250

Oliver, Edward S. "Porky," Jr.

Year	Event	A	Pos	R1	R2	R3	R4	Tot	P/M	SBW	R2T	R3T	R1P	R2P	R3P	W
1939	US		29T	75	77	72	72	296	20	12	152	224	48T	60T	35T	50
1940	M		19T	73	75	74	72	294	6	14	148	222	16T	26T	25T	
	US		WD	69	77	70		216	0		146	216	2T	15T	5T	
1946	M		37T	79	73	71	80	303	15	21	152	223	42T	31T	20T	
	PGA		2													1,500
	US		6T	71	71	74	70	286	-2	2	142	216	5T	4T	6T	350
1947	M		8T	70	72	74	71	287	-1	6	142	216	3T	6T	9T	335
	PGA		16T													350
	US		3T	73	70	71	71	285	1	3	143	214	30T	11T	4T	900
1948	PGA		16T													350
	US		CUT	76	74			150	8		150		91T	64T		
1949	PGA		64T													100
1951	PGA		32T													200
	US		24T	81	71	77	72	301	21	14	152	229	119T	47T	41T	100
1952	M		30T	72	72	77	83	304	16	18	144	221	14T	10T	11T	200
	US		2	71	72	70	72	285	5	4	143	213	6T	5T	3	2,500
1953	M		2	69	73	67	70	279	-9	5	142	209	2T	5T	2	2,500
	PGA		64T													100
	US		58T	79	74	87	76	316	28	33	153	240	92T	50T	59	150
1954	M		22T	75	75	75	74	299	11	10	150	225	25T	17T	22T	443
	PGA		16T													350
1955	M		53T	77	76	81	77	311	23	32	153	234	31T	41T	54T	250
	PGA		64T													100
	US		CUT	79	81			160	20		160		69T	95T		
1956	PGA		128T													50
	US		41T	74	74	76	78	302	22	21	148	224	27T	32T	36T	200
1957	US		22T	74	73	73	74	294	14	12	147	220	33T	21T	23T	260
1958	PGA		8T	74	73	71	69	287	7	11	147	218	31T	28T	19T	1,300
1959	M		14T	75	69	73	74	291	3	7	144	217	33T	3T	10T	1,425
	PGA		11T	75	70	69	71	285	5	8	145	214	77T	32T	16T	1,250
1960	M		20T	74	75	73	73	295	7	13	149	222	35T	37T	24T	875

Year	Event	A	Pos	R1	R2	R3	R4	Tot	P/M	SBW	R2T	R3T	R1P	R2P	R3P	W
Oliver, John																
1949	US	A	WD	79				79	8				107T			
O'Loughlin, Martin J.																
1906	US		WD	81	87	89		257			168	257	27T	47T	54	
1907	US		16T	81	81	77	78	317		15	162	239	28T	27T	19T	
1909	US		WD	89				89					75T			
1910	US		23T	77	82	80	76	315		17	159	239	16T	25T	25T	
1925	US		51T	80	82	74	81	317	33	26	162	236	56T	67T	48T	
Olsen, Dan																
2004	US		CUT	73	74			147	7		147	0	60T	87T		1,000
Olson, Alex																
1929	US		CUT	83	86			169	25		169		117T	121T		
Olson, Gary J.																
1964	US		CUT	79	78			157	17		157		108T	118T		300
Olson, Karl "Doug"																
1968	M	A	CUT	78	74			152	8		152		61T	60T		
Olson, Leif																
2004	US		CUT	76	77			153	13		153	0	119T	141T		1,000
Olsson, Daniel																
1997	O	A	CUT	80	73			153	11		153		131T	118T		
O'Malley, Peter Anthony																
1991	O		38T	72	71	70	71	284	4	12	143	213	61T	39T	31T	4,980
1992	O		68T	72	70	76	75	293	9	21	142	218	81T	44T	66T	3,238
1995	O		55T	71	73	74	75	293	5	11	144	218	34T	41T	52T	5,900
1996	O		CUT	73	72			145	3		145		92T	87T		650
	US		67T	75	73	70	74	292	12	14	148	218	100T	98T	54T	5,645
1997	O		7T	73	70	70	68	281	-3	9	143	213	29T	18T	18T	40,666
1998	O		24T	71	71	78	71	291	11	11	142	220	42T	22T	30T	12,480
1999	O		24T	76	75	74	73	298	14	8	151	225	37T	30T	25T	15,300
	PGA		CUT	75	73			148	4		148		101T	84T		1,750
2000	PGA		CUT	74	74			148	4		148		58T	81T		2,000
2001	O		CUT	71	74			145	3		145		34T	71T		1,300
2002	O		8T	72	68	75	65	280	-4	2	140	215	60T	26T	39T	77,500
	PGA		CUT	79	74			153	9		153	0	132T	119T		2,000
	US		CUT	75	76			151	11		151	0	74T	73T		1,000
2003	O		CUT	78	76			154	12		154		101T	107T		2,500
2004	O		CUT	77	70			147	5		147		137T	85T		2,500
O'Meara, Mark Francis																
1980	M	A	CUT	80	81			161	17		161		84	88		
	US	A	CUT	79	77			156	16		156		133T	126T		
1981	O		47T	74	73	73	75	295	15	19	147	220	29T	38T	39T	575
	PGA		70T	72	71	74	77	294	14	21	143	217	43T	27T	49T	750
	US		CUT	79	77			156	16		156		141T	133T		600
1982	US		58	77	74	77	74	302	14	20	151	228	68T	54T	61T	1,336
1983	PGA		CUT	72	76			148	6		148		39T	88T		1,000
1984	PGA		25T	75	69	71	72	287	-1	14	144	215	73T	30T	23T	4,506
	US		7T	71	74	71	69	285	5	9	145	216	19T	32T	19T	14,237
1985	M		24	73	76	72	70	291	3	9	149	221	27T	50T	34T	7,280
	O		3T	70	72	70	72	284	4	2	142	212	12T	13	3T	23,600
	PGA		28T	71	76	71	70	288	0	10	147	218	32T	61T	40T	4,300
	US		15T	72	67	75	72	286	6	7	139	214	30T	7T	17T	8,398
1986	M		48	74	73	81	73	301	13	22	147	228	25T	29T	48	2,300
	O		43T	80	69	74	74	297	17	17	149	223	105T	42T	41T	2,800
	PGA		CUT	73	74			147	5		147		70T	74T		1,000
	US		41T	76	73	71	72	292	12	13	149	220	48T	46T	36T	4,566
1987	M		24T	75	74	71	74	294	6	9	149	220	35T	38T	24T	7,900
	O		66T	73	72	82	73	300	16	21	145	227	64T	52T	72T	1,750
	PGA		CUT	77	78			155	11		155		86T	89T		1,000
	US		CUT	76	79			155	15		155		103T	140T		600
1988	M		39T	74	76	74	76	300	12	19	150	224	18T	38T	40T	4,400
	O		27	75	69	75	70	289	5	16	144	219	63T	19T	36T	5,200
	PGA		9T	70	71	70	71	282	-2	10	141	211	19T	28T	14T	21,500
	US		3T	71	72	66	71	280	-4	2	143	209	12T	19T	7	41,370
1989	M		11T	74	71	72	72	289	1	6	145	217	26T	9T	7T	25,567
	O		42T	72	74	69	73	288	0	13	146	215	42T	69T	39T	3,725
	PGA		CUT	68	79			147	3		147		6T	80T		1,000
	US		CUT	78	73			151	11		151		139T	114T		1,000
1990	M		CUT	75	74			149	5		149		50T	50T		1,500

Year	Event	A	Pos	R1	R2	R3	R4	Tot	P/M	SBW	R2T	R3T	R1P	R2P	R3P	W
	O		48T	70	69	73	74	286	-2	16	139	212	17T	15T	34T	3,720
	PGA		19T	69	76	79	71	295	7	13	145	224	2T	15T	53T	14,000
	US		CUT	76	73			149	5		149		115T	103T		1,000
1991	M		27T	74	68	72	71	285	-3	8	142	214	62T	20T	28T	10,200
	O		3T	71	68	67	69	275	-5	3	139	206	29T	4T	1T	55,000
	PGA		CUT	75	79			154	10		154		103T	118T		1,000
	US		CUT	73	76			149	5		149		45T	72T		1,000
1992	M		4T	74	67	69	70	280	-8	5	141	210	64T	14T	10	66,000
	O		12T	71	68	72	69	280	-4	8	139	211	57T	18T	22T	17,384
	PGA		CUT	75	75			150	8		150		93T	92T		1,200
	US		CUT	73	75			148	4		148		46T	67T		1,000
1993	M		21T	75	69	73	71	288	0	11	144	217	68T	32T	32T	17,000
	O		CUT	71	76			147	7		147		70T	118T		600
	PGA		CUT	78	72			150	8		150		141T	128T		1,200
	US		CUT	80	78			158	18		158		152	153		1,000
1994	M		15T	75	70	76	70	291	3	12	145	221	44T	21T	31T	34,000
	US		CUT	72	76			148	6		148		23T	66T		1,000
1995	M		31T	68	72	71	77	288	0	14	140	211	7T	11T	15T	13,325
	O		49T	72	72	75	73	292	4	10	144	219	60T	41T	63T	6,350
	PGA		6T	64	67	69	73	273	-11	6	131	200	2T	1T	2T	68,500
1996	M		18T	72	71	75	72	290	2	14	143	218	33T	16T	27T	32,600
	O		33T	67	69	72	75	283	-1	12	136	208	2T	6T	11T	7,843
	PGA		26T	71	70	74	69	284	-4	7	141	215	29T	18T	33T	18,000
	US		16T	72	73	68	72	285	5	7	145	213	43T	56T	15T	33,188
1997	M		30T	75	74	70	75	294	6	24	149	219	33T	40T	24T	17,145
	O		38T	73	73	74	68	288	4	16	146	220	29T	49T	62T	7,550
	PGA		13T	69	73	75	67	284	4	15	142	217	11T	29T	49T	35,100
	US		36T	73	73	71	72	289	9	13	146	217	58T	57T	42T	13,483
1998	M		1	74	70	68	67	279	-9	-1	144	212	25T	9T	2T	576,000
	O		1PO	72	68	72	68	280	0	-1	140	212	62T	6T	2T	300,000
	PGA		4T	69	70	69	68	276	-4	5	139	208	10T	10T	6T	118,000
	US		32T	70	76	78	69	293	13	13	146	224	10T	38T	54T	18,372
1999	M		31T	70	76	69	78	293	5	13	146	215	5T	29T	17T	23,720
	O		CUT	83	74			157	15		157		142T	100T		369
	PGA		57T	72	74	73	76	295	7	18	146	219	36T	63T	48T	7,175
	US		CUT	71	79			150	10		150		35T	96T		1,000
2000	M		CUT	75	75			150	6		150		39T	65T		5,000
	O		26T	70	73	69	71	283	-5	14	143	212	26T	44T	27T	20,000
	PGA		46T	71	72	70	75	288	0	18	143	213	16T	19T	23T	12,650
	US		51T	74	74	78	74	300	16	28	148	226	53T	45T	48T	13,578
2001	M		20T	69	74	72	68	283	-5	11	143	215	11T	30T	29T	65,240
	O		42T	70	69	72	76	287	3	13	139	211	21T	9T	24T	13,500
	PGA		22T	72	63	70	73	278	-2	13	135	205	87T	11T	10T	44,285
	US		CUT	74	74			148	8		148	0	63T	90T		1,000
2002	M		CUT	78	71			149	5		149		75T	56T		5,000
	O		22T	69	69	77	68	283	-1	5	138	215	16T	9T	39T	32,000
	PGA		CUT	75	76			151	7		151	0	75T	100T		2,000
	US		18T	76	70	69	75	290	10	13	146	215	96T	20T	13T	68,995
2003	M		8T	76	71	70	71	288	0	7	147	217	42T	24T	11T	162,000
	O		65T	73	77	77	71	298	14	15	150	227	19T	59T	70T	9,050
	PGA		CUT	73	82			155	15		155	0	42T	121T		2,000
	US		35T	72	68	67	78	285	5	13	140	207	57T	27T	9T	32,552
2004	M		27T	73	70	75	74	292	4	13	143	218	22T	11T	16T	51,025
	O		30T	71	74	68	75	288	4	14	145	213	40T	59T	20T	24,500
	PGA		CUT	73	76			149	5		149	0	61T	113T		2,000
2005	M		31T	72	74	72	75	293	5	17	146	218	14T	23T	26T	46,550
	O		CUT	71	75			146	2		146		30T	81T		3,000
2006	M		CUT	82	72			154	10		154		85T	73T		5,000
	O		63T	71	70	77	73	291	3	21	141	218	50T	37T	64T	9,750
2007	M		CUT	77	76			153	9		153		59T	61T		5,000
	O		60T	74	72	76	74	296	12	19	146	222	78T	53T	67T	10,500
2008	M		CUT	71	78			149	5		149		11T	56T		10,000
	O		CUT	74	77			151	11		151		38T	102T		2,650
	US		CUT	75	76			151	9		151		64T	92T		2,000

Omohundro, Sale

Year	Event	A	Pos	R1	R2	R3	R4	Tot	P/M	SBW	R2T	R3T	R1P	R2P	R3P	W
1978	US		CUT	83	79			162	20		162		139T	134T		600
1979	US		CUT	79	82			161	19		161		103T	119T		600

O'Neil, George

Year	Event	A	Pos	R1	R2	R3	R4	Tot	P/M	SBW	R2T	R3T	R1P	R2P	R3P	W
1906	US		29T	84	82	82	78	326		31	166	248	48T	43T	40T	

O'Neil, Thomas

Year	Event	A	Pos	R1	R2	R3	R4	Tot	P/M	SBW	R2T	R3T	R1P	R2P	R3P	W
1904	US		CUT	93	92			185			185		62T	62		
1906	US		41	84	82	83	84	333		38	166	249	48T	43T	45T	

Year	Event	A	Pos	R1	R2	R3	R4	Tot	P/M	SBW	R2T	R3T	R1P	R2P	R3P	W
O'Neill, Daniel R. "Danny"																
1972	US	A	70	78	76	77	86	317	29	27	154	231	72T	60T	60T	
1976	US		CUT	76	80			156	16		156		73T	101T		500
1985	US		CUT	83	75			158	18		158		154T	143T		600
O'Neill, Moses																
1925	O		52T	81	89	78	84	332	44	32	170	248	44T	74T	52T	
1926	O		CUT	80	79			159	17		159		58T	54T		
1928	O		CUT	81	80			161	17		161		49T	66T		
Ono, Koichi																
1958	M		CUT	74	81			155	11		155		42T	65T		350
1963	M		CUT	82	71			153	9		153		72T	51T		600
Onoretta, Edmond "Monty"																
1932	US		CUT	85	89			174	34		174		114T	131		
1937	US		CUT	81	86			167	23		167		132T	159		
1939	US		CUT	82	79			161	23		161		139T	129T		
1947	US		WD	74	77			151	9		151	0	42T	60T		
1948	PGA		64T													100
1950	US		CUT	80	78			158	18		158		122T	109T		
1951	US		CUT	82	79			161	21		161		131T	123T		
1952	US		CUT	81	72			153	13		153		119T	60T		
Onsham, Sukree																
1970	M		CUT	78	84			162	18		162		63T	81		1,000
1971	M		CUT	77	78			155	11		155		57T	65		1,000
Oosterhuis, Peter Arthur																
1968	O	A	CUT	77	83			160	16		160		42T	101T		
1969	O		CUT	74	80			154	12		154		46T	87T		
1970	O		6T	73	69	69	76	287	-1	4	142	211	64T	15T	5T	1,750
1971	M		CUT	72	79			151	7		151		12T	49T		1,000
	O		18T	76	71	66	76	289	-3	11	147	213	78T	36T	6T	650
1972	M		38T	74	76	80	73	303	15	17	150	230	25T	36T	43T	1,675
	O		28T	75	75	73	70	293	9	15	150	223	52T	49T	42T	245
1973	M		3T	73	70	68	74	285	-3	2	143	211	15T	6T	1	12,500
	O		18T	80	71	69	72	292	4	16	151	220	119T	68T	21T	409
1974	M		31T	79	68	68	75	290	2	12	147	215	71T	37T	19T	1,775
	O		2	71	71	73	71	286	2	4	142	215	5T	2T	2	4,000
1975	M		CUT	79	72			151	7		151		71T	59T		1,250
	O		7T	68	70	71	73	282	-6	3	138	209	1	2T	10T	2,700
	PGA		40T	74	72	72	74	292	12	16	146	218	57T	48T	35T	813
	US		7T	69	73	72	75	289	5	2	142	214	4T	7T	4T	7,500
1976	M		23T	76	74	75	68	293	5	22	150	225	54T	43T	39T	2,225
	O		42T	74	75	77	72	298	10	19	149	226	24T	48T	59T	208
	PGA		38T	75	73	73	71	292	12	11	148	221	70T	59T	57T	1,000
	US		55T	73	75	74	79	301	21	24	148	222	22T	32T	38T	1,060
1977	M		46T	73	75	76	72	296	8	20	148	224	24T	36T	47	1,825
	US		10T	71	70	74	70	285	5	7	141	215	18T	9T	22T	4,100
1978	M		14T	74	70	70	71	285	-3	8	144	214	34T	16T	14T	3,300
	O		6	72	70	69	73	284	-4	3	142	211	26T	12T	1T	5,000
	PGA		26T	73	72	72	73	290	6	14	145	217	31T	29T	26T	2,350
	US		27T	72	72	78	74	296	12	11	144	222	12T	9T	35T	1,950
1979	M		34T	73	72	73	75	293	5	13	145	218	34T	39T	37T	1,950
	O		41T	75	74	73	78	300	16	17	149	222	36T	37T	32	478
1980	O		23T	72	71	75	69	287	3	16	143	218	18T	22T	50T	1,362
	PGA		CUT	75	78			153	13		153		78T	96T		500
1981	O		CUT	74	75	74		223	13		149	223	29T	66T	62T	350
	PGA		CUT	75	73			148	8		148		88T	79T		550
1982	M		24T	73	74	75	73	295	7	11	147	222	4T	8T	24T	3,075
	O		2T	74	67	74	70	285	-3	1	141	215	32T	7T	6T	19,300
	PGA		22T	72	72	74	66	284	4	12	144	218	41T	48T	66T	3,600
	US		30T	73	78	67	76	294	6	12	151	218	17T	54T	16T	2,718
1983	M		20T	73	69	78	72	292	4	12	142	220	42T	11T	30T	5,214
	O		CUT	75	73			148	6		148		101T	94T		250
	PGA		47T	75	71	71	73	290	6	16	146	217	104T	58T	45T	1,730
	US		50T	75	76	77	74	302	18	22	151	228	40T	58T	60T	2,105
1984	M		CUT	74	73			147	3		147		49T	48T		1,500
	PGA		CUT	76	78			154	10		154		87T	112T		1,000
	US		25T	73	71	71	75	290	10	14	144	215	53T	23T	15T	5,718
1985	US		56	73	71	76	74	294	14	15	144	220	47T	40T	57T	2,698
1986	US		69	78	70	78	78	304	24	25	148	226	77T	30T	66T	2,791
Oosthuizen, Andries																
1974	O		CUT	82	83			165	23		165		128T	135T		50

Year	Event	A	Pos	R1	R2	R3	R4	Tot	P/M	SBW	R2T	R3T	R1P	R2P	R3P	W
1975	O		12T	69	69	70	78	286	-2	7	138	208	2T	2T	5T	1,750
1976	O		55T	75	73	78	74	300	12	21	148	226	38T	39T	59T	175
1977	O		CUT	81	80			161	21		161		139T	143T		150
Oosthuizen, Lodewicus Theodorus "Louis"																
2004	O		CUT	74	82			156	14		156		95T	146T		2,000
2006	O		CUT	78	69			147	3		147		147T	106T		2,250
2008	PGA		73	76	72	81	77	306	26	29	148	229	90T	59T	73	13,700
Oppenheimer, Raymond Harry																
1928	O	A	CUT	81	79			160	16		160		49T	54T		
1930	O	A	59	79	78	82	82	321	33	30	157	239	54T	50T	57T	
1935	O	A	CUT	77	79			156	12		156		58T	78T		
Oppermann, Stephen R.																
1965	US		15	72	77	73	70	292	12	10	149	222	10T	30T	22T	1,400
1966	M		50T	74	74	73	84	305	17	17	148	221	16T	21T	13T	1,125
	US		48T	73	76	74	78	301	21	23	149	223	26T	34T	35T	655
1967	US		48T	73	73	76	75	297	17	22	146	222	34T	35T	48T	715
Ordonez, Carlos A.																
1975	O		CUT	74	75	79		228	12		149	228	55T	80T	84	150
1978	O		CUT	75	77			152	8		152		83T	113T		175
Orellana, Enrique																
1964	M		CUT	80	80			160	16		160		87T	91T		700
Orff, Erle "Babe"																
1956	PGA		128T													50
Orlick, Warren																
1956	PGA		128T													50
Ormiston, George A.																
1906	US	A	WD	81	80	87		248			161	248	27T	24T	40T	
Orr, Gary Hamish																
1993	O		CUT	72	78			150	10		150		84T	142T		600
1994	O		CUT	76	72			148	8		148		136	120T		600
1997	O		CUT	76	72			148	6		148		63T	71T		1,000
1998	O		CUT	78	78			156	16		156		153T	148T		650
2000	O		41T	72	71	72	72	287	-1	18	143	215	50T	44T	45T	10,345
	PGA		CUT	77	71			148	4		148		113T	81T		2,000
2001	O		CUT	73	75			148	6		148		70T	103T		1,100
	PGA		CUT	73	70			143	3		143	0	101T	85T		2,000
	US		74T	74	72	74	76	296	16	20	146	220	63T	61T	69T	8,863
Orr, John																
1955	O	A	CUT	80	77			157	13		157		92T	92T		
Orr, R. W.																
1903	O	A	48T	79	90	82	82	333		33	169	251			51T	
1909	O	A	59	87	83	78	82	330		35	170	248	69	65T	59	
1914	O	A	46T	79	80	87	84	330		24	159	246	25T	19T	38T	
Ortman, Jack																
1962	PGA		CUT	79	74			153	13		153		140T	105T		
1971	PGA		CUT	76	81			157	13		157		84T	125T		
Osberg, Richard C. "Rick"																
1978	US		CUT	78	83			161	19		161		80T	130T		600
1984	PGA		CUT	76	77			153	9		153		87T	102T		1,000
1985	PGA		CUT	73	79			152	8		152		76T	114T		1,000
1990	PGA		CUT	73	79			152	8		152		29T	75T		1,000
1991	US		CUT	73	81			154	10		154		45T	121T		1,000
Osborn, Payton Lee																
2004	US		CUT	76	77			153	13		153	0	119T	141T		1,000
Osborne, Herbert E.																
1947	O		CUT	82	75			157	21		157		77T	41T		
1948	O		CUT	77	78			155	19		155		56T	70T		
1949	O		26	73	74	75	76	298	10	15	147	222	32T	25T	21T	
Osborne, Herbert John																
1911	O		CUT	88	83			171			171		181T	144T		
1913	O		WD	82	81			163			163		48T	39T		
1922	O		20T	80	81	76	76	313		13	161	237	35T	38T	27T	
1923	O		56T	82	82	78	77	319		24	164	242				
1924	O		30	80	81	82	75	318		17	161	243	38T	43T	43T	
1925	O		37T	85	79	82	77	323	35	23	164	246	73T	46T	45T	

Year	Event	A	Pos	R1	R2	R3	R4	Tot	P/M	SBW	R2T	R3T	R1P	R2P	R3P	W
Osborne, J.																
1906	O	A	WD	95				95								
Oschmann, Dan A.																
1989	US		CUT	77	74			151	11		151		128T	114T		1,000
O'Shea, Jerome J.																
1989	O	A	CUT	80	75			155	11		155		148T	141T		
Ostrega, Gary																
1985	PGA		CUT	72	78			150	6		150		52T	96T		1,000
1986	PGA		CUT	77	84			161	19		161		130T	145T		1,000
1992	PGA		CUT	75	79			154	12		154		93T	124T		1,200
Otis, Wayne H.																
1956	PGA		128T													50
1957	PGA		128T													50
1959	PGA		62	74	74	73	79	300	20	23	148	221	56T	62T	59T	200
Ott, E. Leonard																
1935	US		CUT	82	80			162	18		162		90T	68T		
1938	US		CUT	79	77			156	14		156		61T	61T		
1940	US		CUT	81	74			155	11		155		125T	79T		
1941	PGA		16T													
Ottman, Irvin, Sr.																
1928	US		31T	75	81	78	74	308	24	14	156	234	22T	46T	46T	
1929	US		CUT	80	82			162	18		162		77T	92T		
1930	US		WD	73	83	81		237	18		156	237	10T	59T	60T	
Otto, Hendrik Johannes "Hennie"																
2003	O		10T	68	76	75	69	288	4	5	144	219	1	4T	27T	68,000
2004	O		CUT	74	77			151	9		151		95T	127T		2,250
2008	O		CUT	79	77			156	16		156		123T	136T		2,375
	PGA		CUT	76	76			152	12		152		90T	105T		2,500
Ouimet, Francis DeSales																
1913	US	A	1PO	77	74	74	79	304	20	-3	151	225	17T	7T	1T	
1914	O	A	56T	86	79	85	82	332		26	165	250	78T	51T	57T	
	US	A	5T	69	76	75	78	298	10	8	145	220	2	3	3	
1915	US	A	35T	77	79	80	81	317	29	20	156	236	17T	24T	27T	
1919	US	A	18T	76	79	79	85	319	35	18	155	234	5	10T	11T	
1923	US	A	29T	82	75	78	82	317	29	21	157	235	51T	28T	27T	
1925	US	A	3T	70	73	73	76	292	8	1	143	216	1	3T	3	
1941	M	A	WD	82				82	10				48			
Oulds, Scott																
1987	PGA		CUT	79	85			164	20		164		106T	132T		1,000
Outhwaite, John H.																
1895	O	A	WD	86	86			172			172		15T			
1897	O		WD	88				88								
Overholser, Buddy L.																
1971	US		CUT	75	83			158	18		158		87T	132T		500
Overton, James A. "Jay," III																
1979	PGA		CUT	74	76			150	10		150		75T	105T		350
1980	PGA		CUT	84	77			161	21		161		145	136T		500
1985	US		CUT	78	82			160	20		160		126T	150T		600
1986	PGA		CUT	72	80			152	10		152		46T	122T		1,000
1987	PGA		CUT	81	83			164	20		164		123T	132T		1,000
	US		CUT	78	74			152	12		152		136T	118T		600
1988	PGA		17T	68	66	76	74	284	0	12	134	210	6T	2	8T	11,500
1990	PGA		CUT	77	79			156	12		156		90T	106T		1,000
1991	US		CUT	81	73			154	10		154		142T	121T		1,000
1992	PGA		62T	73	73	76	72	294	10	16	146	222	52T	48T	66T	2,725
1993	PGA		CUT	69	75			144	2		144		23T	75T		1,200
1997	PGA		CUT	77	72			149	9		149		125T	94T		1,300
1998	PGA		CUT	77	72			149	9		149		128T	107T		1,500
1999	PGA		CUT	75	75			150	6		150		101T	110T		1,750
Overton, Jeffrey																
2008	O		70T	72	75	75	79	301	21	18	147	222	15T	38T	35T	9,350
Owen, Carl																
1972	US		CUT	79	84			163	19		163		88T	126		500

Year	Event	A	Pos	R1	R2	R3	R4	Tot	P/M	SBW	R2T	R3T	R1P	R2P	R3P	W
Owen, Clarence																
1936	US		50T	76	75	75	76	302	14	20	151	226	81T	60T	54T	
1951	US		CUT	82	83			165	25		165		131T	137T		
Owen, Gregory Clive																
1999	O		CUT	78	81			159	17		159		68T	116T		369
2000	O		55T	70	74	72	73	289	1	20	144	216	26T	60T	55T	7,800
2001	O		23T	69	68	72	73	282	-2	8	137	209	5T	3T	14T	30,500
2002	O		CUT	76	72			148	6		148		133T	118T		2,250
	PGA		CUT	76	73			149	5		149	0	89T	73T		2,000
2003	O		CUT	79	77			156	14		156		115T	122T		2,250
	PGA		CUT	77	73			150	10		150	0	104T	83T		2,000
2005	PGA		47T	68	69	70	80	287	7	11	137	207	7T	6T	8T	15,371
2006	O		22T	67	73	68	75	283	-5	13	140	208	2T	22T	10T	35,375
	PGA		CUT	74	71			145	1		145		100T	71T		2,000
Owen, Simon M.																
1975	O		CUT	80	72			152	8		152		133T	104T		100
1976	O		CUT	76	78			154	10		154		52T	96T		100
1977	O		CUT	73	74	75		222	12		147	222	36T	46T	65T	200
1978	O		2T	70	75	67	71	283	-5	2	145	212	6T	37T	3T	7,313
1979	M		CUT	74	75			149	5		149		49T	55T		1,500
	O		13T	75	76	74	68	293	9	10	151	225	36T	56T	46T	3,125
1980	O		64	72	73	72	80	297	13	26	145	217	18T	40T	39T	550
1981	O		23T	71	74	70	75	290	10	14	145	215	3T	20T	10T	1,219
1982	O		CUT	73	77	81		231	15		150	231	18T	53T	81T	375
1984	O		CUT	74	75			149	5		149		69T	97T		330
Owens, Clarence																
1937	PGA		64T													
1939	PGA		64T													100
Owens, John C.																
1952	US	A	CUT	91	76			167	27		167		158T	131T		
1961	US	A	CUT	80	77			157	17		157		131T	122T		
1964	M	A	CUT	81	79			160	16		160		92T	91T		
Owens, Leonard A.																
1973	O		CUT	80	77			157	13		157		119T	120T		50
1974	O		CUT	81	82			163	21		163		118T	126T		50
Oxmer, Charles																
1938	US	A	WD	87				87	16				147T			
Ozaki, Masashi "Jumbo"																
1972	M		CUT	74	80			154	10		154		25T	57T		1,000
1973	M		8T	69	74	73	73	289	1	6	143	216	2T	6T	9T	4,250
1974	M		CUT	79	70			149	5		149		71T	45T		1,200
1975	M		43T	73	73	83	68	297	9	21	146	229	33T	27T	46	1,700
1976	M		33T	72	75	75	74	296	8	25	147	222	22T	27T	31T	1,900
1978	M		CUT	76	74			150	6		150		50T	54T		1,500
	O		14T	72	69	75	71	287	-1	6	141	216	26T	6T	19T	2,400
1979	M		CUT	76	75			151	7		151		63	62T		1,500
	O		10T	75	69	75	73	292	8	9	144	219	36T	12T	18T	4,000
1980	O		60T	73	68	73	81	295	11	24	141	214	35T	11T	23T	550
1981	O		35T	75	72	71	74	292	12	16	147	218	40T	38T	27T	694
	PGA		CUT	73	80			153	13		153		55T	116T		550
1987	M		CUT	73	82			155	11		155		14T	68T		1,500
	O		11T	69	72	71	73	285	1	6	141	212	9T	19T	12T	13,500
	US		17T	71	69	72	74	286	6	9	140	212	18T	12T	11T	9,747
1988	US		CUT	77	78			155	13		155		105T	124T		1,000
1989	M		18T	71	75	73	72	291	3	8	146	219	6T	12T	11T	14,000
	O		30T	71	73	70	72	286	-2	11	144	214	25T	44T	33T	4,711
	US		6T	70	71	68	72	281	1	3	141	209	22T	18T	4T	28,221
1990	M		23	70	71	77	72	290	2	12	141	218	5T	4	22T	13,000
	O		CUT	72	75			147	3		147		51T	110T		550
	PGA		69T	75	74	79	77	305	17	23	149	228	60T	49T	71T	2,225
	US		24T	73	72	74	68	287	-1	7	145	219	61T	54T	59T	11,309
1991	M		35T	68	77	69	74	288	0	11	145	214	4T	44T	28T	6,371
	US		CUT	77	75			152	8		152		105T	111T		1,000
1992	O		CUT	74	76			150	8		150		111T	137T		600
	US		23T	77	70	72	76	295	7	10	147	219	118T	51T	36T	13,906
1993	M		45T	75	71	77	71	294	6	17	146	223	68T	51T	57	4,940
	US		33T	71	71	72	70	284	4	12	142	214	45T	44T	46T	11,052
1994	M		CUT	76	74			150	6		150		52T	52T		1,500
	O		38T	69	71	66	74	280	0	12	140	206	15T	29T	9T	6,100

Year	Event	A	Pos	R1	R2	R3	R4	Tot	P/M	SBW	R2T	R3T	R1P	R2P	R3P	W
	PGA		47T	71	69	72	76	288	8	19	140	212	27T	14T	25T	4,113
	US		28T	70	73	69	80	292	8	13	143	212	6T	23T	12T	11,514
1995	M		29T	70	74	70	73	287	-1	13	144	214	16T	38T	27T	15,300
	O		CUT	70	79			149	5		149		18T	104T		650
	PGA		49T	73	68	69	72	282	-2	15	141	210	98T	48T	39T	4,620
	US		28T	69	68	80	71	288	8	8	137	217	5T	2	32T	13,912
1996	M		CUT	71	77			148	4		148		18T	51T		1,500
	PGA		CUT	75	79			154	10		154		109T	139T		1,300
	US		67T	69	72	77	74	292	12	14	141	218	5T	10T	54T	5,645
1997	M		42	74	74	74	78	300	12	30	148	222	25T	28T	41T	10,530
	US		CUT	79	73			152	12		152		144T	127T		1,000
1998	M		CUT	75	77			152	8		152		42T	57T		5,000
	PGA		CUT	74	74			148	8		148		99T	93T		1,500
	US		CUT	78	71			149	9		149		124T	76T		1,000
1999	M		CUT	71	79			150	6		150		12T	62T		5,000
	PGA		70T	73	73	78	75	299	11	22	146	224	58T	63T	71T	6,550
	US		CUT	80	74			154	14		154		154	132T		1,000
2000	M		28T	72	72	74	75	293	5	15	144	218	10T	18T	16T	28,673
	PGA		78	74	71	76	79	300	12	30	145	221	58T	41T	73T	9,000
Ozaki, Naomichi "Joe"																
1984	O		62T	72	76	70	78	296	8	20	148	218	38T	79T	46T	1,100
1985	O		CUT	82	77			159	19		159		151	141T		375
1989	O		46T	71	71	69	78	289	1	14	142	211	25T	27T	13T	3,550
	PGA		CUT	75	73			148	4		148		95T	88T		1,000
1990	M		33T	75	73	74	72	294	6	16	148	222	50T	42T	43T	7,100
	O		39T	71	71	74	69	285	-3	15	142	216	31T	46T	64T	4,217
	PGA		CUT	77	81			158	14		158		90T	120T		1,000
1992	M		CUT	77	71			148	4		148		79T	69T		1,500
	O		CUT	72	76			148	6		148		81T	119T		600
	PGA		28T	76	72	74	67	289	5	11	148	222	111T	69T	66T	9,000
1993	M		45T	74	70	78	72	294	6	17	144	222	54T	32T	53T	4,940
	O		CUT	70	77			147	7		147		48T	118T		600
	PGA		44T	73	68	66	77	284	0	12	141	207	86T	36T	13T	4,607
	US		25T	70	70	74	69	283	3	11	140	214	19T	13T	46T	14,532
1995	PGA		31T	71	70	65	73	279	-5	12	141	206	58T	48T	15	8,906
1996	PGA		CUT	75	76			151	7		151		109T	122T		1,300
1997	O		WD	76				76	5				63T			650
	PGA		CUT	75	75			150	10		150		97T	103T		1,300
1998	O		38T	72	73	76	73	294	14	14	145	221	62T	47T	44T	8,350
	PGA		44T	73	71	75	69	288	8	17	144	219	81T	45T	66T	7,990
1999	O		45T	74	78	75	76	303	19	13	152	227	11T	46T	37T	8,113
2000	M		CUT	75	77			152	8		152		39T	76T		5,000
	O		CUT	79	70			149	5		149		148T	128T		1,000
	PGA		CUT	81	75			156	12		156		139T	132T		2,000
2001	O		CUT	77	73			150	8		150		135T	123T		1,000
	PGA		CUT	78	73			151	11		151	0	139T	133T		2,000
Ozaki, Tateo "Jet"																
1985	O		CUT	76	77			153	13		153		116T	111T		375
1987	O		66T	72	73	78	77	300	16	21	145	223	45T	52T	59T	1,750
1989	O		52T	75	71	73	72	291	3	16	146	219	101T	69T	68T	3,100
Pabian, Henry J.																
1940	US	A	CUT	84	84			168	24		168		148T	145T		
1941	US	A	CUT	81	81			162	22		162		119T	112T		
1948	US		CUT	87	82			169	27		169		166T	156T		
Pace, Roy W.																
1965	US		CUT	82	81			163	23		163		124T	127T		300
1967	US		CUT	75	75			150	10		150		65T	80T		400
1971	US		60T	72	76	73	76	297	17	17	148	221	38T	59T	57T	835
1974	PGA		63T	75	71	76	75	297	17	21	146	222	69T	39T	58T	321
	US		62T	74	76	78	85	313	33	26	150	228	17T	35T	46T	800
1975	US		CUT	77	78			155	13		155		89T	113T		500
Packer, Graham W.																
1951	O	A	CUT	82	81			163	19		163		89T	88T		
Paddock, Harold D., Jr.																
1948	US	A	CUT	81	81			162	20		162		145T	145T		
1950	M	A	56	78	79	78	79	314	26	31	157	235	43T	51T	55T	
	US	A	CUT	76	77			153	13		153		75T	75T		
1951	M	A	49	75	78	80	79	312	24	32	153	233	27T	45T	55	
	US	A	CUT	80	87			167	27		167		102T	143T		
1952	US		CUT	75	82			157	17		157		42T	92T		

Year	Event	A	Pos	R1	R2	R3	R4	Tot	P/M	SBW	R2T	R3T	R1P	R2P	R3P	W
1960	PGA		CUT	83	78			161	21		161		176T	161T		
1961	US		CUT	80	79			159	19		159		131T	137T		
1964	PGA		CUT	77	77			154	14		154		114T	108T		
1966	PGA		CUT	84	84			168	28		168		158T	152		

Padfield, Joel

Year	Event	A	Pos	R1	R2	R3	R4	Tot	P/M	SBW	R2T	R3T	R1P	R2P	R3P	W
1990	US		CUT	76	75			151	7		151		115T	123T		1,000

Padgett, Dave

Year	Event	A	Pos	R1	R2	R3	R4	Tot	P/M	SBW	R2T	R3T	R1P	R2P	R3P	W
1992	O		CUT	76	77			153	11		153		141T	151T		600

Padgett, Donald E., II

Year	Event	A	Pos	R1	R2	R3	R4	Tot	P/M	SBW	R2T	R3T	R1P	R2P	R3P	W
1976	PGA		43T	71	71	72	79	293	13	12	142	214	21T	20T	18T	725
1977	US		27T	70	74	66	80	290	10	12	144	210	8T	26T	3T	1,413
1978	US		CUT	76	75			151	9		151		57T	64T		600
1979	PGA		46T	71	75	73	70	289	9	17	146	219	27T	65T	62T	704
	US		CUT	75	82			157	15		157		47T	96T		600
1981	PGA		61T	74	71	73	74	292	12	19	145	218	71T	45T	54T	783
1982	PGA		72	72	72	74	77	295	15	23	144	218	41T	48T	66T	1,100
1983	PGA		CUT	73	76			149	7		149		65T	92T		1,000
1984	PGA		CUT	80	71			151	7		151		131T	88T		1,000
1987	PGA		CUT	81	80			161	17		161		123T	123T		1,000

Padgham, Alfred Harry "Alf"

Year	Event	A	Pos	R1	R2	R3	R4	Tot	P/M	SBW	R2T	R3T	R1P	R2P	R3P	W
1930	O		39T	78	80	74	80	312	24	21	158	232	35T	58T	37T	
1931	O		40T	77	81	77	78	313	25	17	158	235	29T	48T	40T	
1932	O		4T	76	72	74	70	292	4	9	148	222	44T	13T	11	25
1933	O		7T	74	73	74	74	295	3	3	147	221	23T	21T	15T	14
1934	O		3	71	70	75	74	290	2	7	141	216	3T	2	4	50
1935	O		2	70	72	74	71	287	-1	4	142	216	4T	2T	3	75
1936	O		1	73	72	71	71	287	-9	-1	145	216	6T	3T	3T	100
1937	O		7T	72	74	76	76	298	10	8	146	222	2T	4T	6T	17
1938	O		4T	74	72	75	82	303	23	8	146	221	28T	16T	4	24
1946	O		30T	79	74	76	87	316	24	26	153	229	39T	24T	17T	
1947	O		13T	75	75	74	76	300	28	7	150	224	11T	9T	10T	
1948	O		7T	73	70	71	77	291	19	7	143	214	14T	6T	2	15
1949	O		CUT	72	77			149	5		149		24T	43T		
1950	O		20T	77	71	74	69	291	11	12	148	222	60T	31T	30T	
1951	O		CUT	81	74			155	11		155		79T	47T		
1953	O		CUT	77	80			157	13		157		32T	64T		
1954	O		CUT	75	77			152	6		152		35T	51T		

Paesani, John

Year	Event	A	Pos	R1	R2	R3	R4	Tot	P/M	SBW	R2T	R3T	R1P	R2P	R3P	W
1988	PGA		CUT	79	78			157	15		157		137T	138T		1,000
1991	US		CUT	82	75			157	13		157		148T	135T		1,000
1997	PGA		CUT	79	85			164	24		164		139T	146		1,300

Pagan, Walker A. "Dub," Jr.

Year	Event	A	Pos	R1	R2	R3	R4	Tot	P/M	SBW	R2T	R3T	R1P	R2P	R3P	W
1952	US	A	CUT	80	79			159	19		159		108T	107T		

Paige, Richard L.

Year	Event	A	Pos	R1	R2	R3	R4	Tot	P/M	SBW	R2T	R3T	R1P	R2P	R3P	W
1951	US	A	CUT	78	87			165	25		165		76T	137T		

Palacio, Matias D., Jr.

Year	Event	A	Pos	R1	R2	R3	R4	Tot	P/M	SBW	R2T	R3T	R1P	R2P	R3P	W
1938	US	A	CUT	86	78			164	22		164		145T	119T		

Paletti, Joe

Year	Event	A	Pos	R1	R2	R3	R4	Tot	P/M	SBW	R2T	R3T	R1P	R2P	R3P	W
1933	US		CUT	78	80			158	14		158		51T	78T		
1934	M		36T	73	79	75	80	307	19	23	152	227	10T	35T	30T	
	PGA		32T													85
	US		CUT	83	76			159	19		159		123T	86T		

Palmer, Alistair J.

Year	Event	A	Pos	R1	R2	R3	R4	Tot	P/M	SBW	R2T	R3T	R1P	R2P	R3P	W
1971	O		CUT	74	77	74		225	6		151	225	47T	74T	65T	60

Palmer, Arnold Daniel

Year	Event	A	Pos	R1	R2	R3	R4	Tot	P/M	SBW	R2T	R3T	R1P	R2P	R3P	W
1953	US	A	CUT	84	78			162	18		162		145T	128T		
1954	US	A	CUT	81	73			154	14		154		105T	61T		
1955	M		10T	76	76	72	69	293	5	14	152	224	26T	36T	21T	696
	US		21T	77	76	74	76	303	23	16	153	227	41T	33T	21T	226
1956	M		21	73	75	74	79	301	13	12	148	222	17T	23T	13T	630
	US		7	72	70	72	73	287	7	6	142	214	10T	7T	6T	600
1957	M		7T	73	73	69	76	291	3	8	146	215	7T	8T	2T	1,138
	US		CUT	76	76			152	12		152		61T	61T		
1958	M		1	70	73	68	73	284	-4	-1	143	211	6T	6T	1T	11,250
	PGA		40T	76	71	77	74	298	18	22	147	224	67T	28T	39T	110
	US		23T	75	75	77	72	299	19	16	150	227	12T	20T	34T	200
1959	M		3	71	70	71	74	286	-2	2	141	212	2T	1	1T	4,500

Year	Event	A	Pos	R1	R2	R3	R4	Tot	P/M	SBW	R2T	R3T	R1P	R2P	R3P	W
	PGA		14T	72	72	71	71	286	6	9	144	215	27T	23T	19T	1,050
	US		5T	71	69	72	74	286	6	4	140	212	6T	2T	3T	2,100
1960	M		1	67	73	72	70	282	-6	-1	140	212	1	1	1	17,500
	O		2	70	71	70	68	279	-13	1	141	211	4T	3T	3T	900
	PGA		7T	67	74	75	70	286	6	5	141	216	1	3T	11T	2,125
	US		1	72	71	72	65	280	-4	-2	143	215	19T	15T	15T	14,400
1961	M		2T	68	69	73	71	281	-7	1	137	210	1T	1T	2	12,000
	O		1	70	73	69	72	284	-4	-1	143	212	7T	3T	1	1,400
	PGA		5T	73	72	69	68	282	2	5	145	214	41T	28T	14T	2,208
	US		14T	74	75	70	70	289	9	8	149	219	35T	47T	26T	900
1962	M		1PO	70	66	69	75	280	-8	-2	136	205	3T	1	1	20,000
	O		1	71	69	67	69	276	-12	-6	140	207	3T	1	1	1,400
	PGA		17T	71	72	73	72	288	8	10	143	216	12T	13T	16T	967
	US		2PO	71	68	73	71	283	-1	-2	139	212	4T	1T	1T	10,500
1963	M		9T	74	73	73	71	291	3	5	147	220	14T	17T	12T	1,800
	O		26T	76	71	71	76	294	14	17	147	218	59T	27T	17T	60
	PGA		40T	74	73	73	73	293	9	14	147	220	40T	39T	39T	410
	US		2PO	73	69	77	74	293	9	-1	142	219	11T	1T	2T	8,500
1964	M		1	69	68	69	70	276	-12	-6	137	206	1T	1	1	20,000
	PGA		2T	68	68	69	69	274	-6	3	136	205	4T	2	2	9,000
	US		5T	68	69	75	74	286	6	8	137	212	1	2	3	3,750
1965	M		2T	70	68	72	70	280	-8	9	138	210	12T	1T	3T	10,200
	O		16	70	71	75	79	295	3	10	141	216	3T	3T	4T	115
	PGA		33T	72	75	74	73	294	10	14	147	221	19T	31T	39T	738
	US		CUT	76	76			152	12		152		50T	58T		300
1966	M		4T	74	70	74	72	290	2	2	144	218	16T	3T	4T	5,700
	O		8T	73	72	69	74	288	4	6	145	214	15T	11T	4T	330
	PGA		6T	75	73	71	68	287	7	7	148	219	58T	38T	23T	5,000
	US		2PO	71	66	70	71	278	-2	-7	137	207	9T	1T	1	14,000
1967	M		4	73	73	70	69	285	-3	5	146	216	17T	16T	9T	6,600
	PGA		14T	70	71	72	74	287	-1	6	141	213	7T	5	5T	2,360
	US		2	69	68	73	69	279	-1	4	137	210	2T	1	2T	15,000
1968	M		CUT	72	79			151	7		151		17T	57T		1,000
	O		10T	77	71	72	77	297	9	8	148	220	42T	15T	8	402
	PGA		2T	71	69	72	70	282	2	1	140	212	13T	4T	3T	12,500
	US		59	73	74	79	75	301	21	26	147	226	28T	42T	61	720
1969	M		27	73	75	70	74	292	4	11	148	218	31T	44T	27T	1,450
	PGA		WD	82				82	11				132T			
	US		6T	70	73	69	72	284	4	3	143	212	8T	14T	6T	5,000
1970	M		36T	75	73	74	73	295	7	16	148	222	32T	33T	39T	1,575
	O		12	68	72	76	74	290	2	7	140	216	8T	10T	14T	1,200
	PGA		2T	70	72	69	70	281	1	2	142	211	5T	6T	3	18,500
	US		54T	79	74	75	77	305	17	24	153	228	68T	52T	50T	850
1971	M		18T	73	72	71	73	289	1	10	145	216	24T	17T	13T	2,650
	PGA		18T	75	71	70	73	289	1	8	146	216	72T	43T	11T	2,700
	US		24T	73	68	73	74	288	8	8	141	214	54T	5T	16T	1,500
1972	M		33T	70	75	74	81	300	12	14	145	219	3	12T	13T	1,675
	O		7T	73	73	69	71	286	2	8	146	215	23T	24T	8T	1,663
	PGA		16T	69	75	72	73	289	9	8	144	216	3T	15T	23T	3,262
	US		3	77	68	73	76	294	6	4	145	218	56T	7	5T	10,000
1973	M		24T	77	72	76	70	295	7	12	149	225	53T	43T	49T	2,100
	O		14T	72	76	70	72	290	2	14	148	218	10T	33T	13T	950
	PGA		CUT	76	74			150	8		150		78T	77T		
	US		4T	71	71	68	72	282	-2	3	142	210	5T	6T	1T	9,000
1974	M		11T	76	71	70	67	284	-4	6	147	217	56T	37T	27T	3,375
	PGA		28T	72	75	70	72	289	9	13	147	217	29T	47T	30T	1,565
	US		5T	73	70	73	76	292	12	5	143	216	9T	1T	3	8,000
1975	M		13T	69	71	75	72	287	-1	11	140	215	4T	2T	7T	3,250
	O		16T	74	72	69	73	288	0	9	146	215	55T	45T	18T	1,150
	PGA		33T	73	72	73	73	291	11	15	145	218	39T	39T	35T	1,215
	US		9T	69	75	73	73	290	6	3	144	217	4T	12T	15T	5,000
1976	M		CUT	74	81			155	11		155		37T	61T		1,350
	O		55T	75	72	76	77	300	12	21	147	223	38T	30T	35T	175
	PGA		15T	71	76	68	72	287	7	6	147	215	21T	52T	25T	3,400
	US		50T	75	75	75	75	300	20	23	150	225	53T	54T	55T	1,090
1977	M		24T	76	71	71	70	288	0	12	147	218	51T	34T	28T	2,200
	O		7	73	73	67	69	282	2	14	146	213	36T	41T	14T	3,750
	PGA		19T	72	73	73	73	291	3	9	145	218	21T	23T	26T	2,700
	US		19T	70	72	73	72	287	7	9	142	215	8T	13T	22T	1,888
1978	M		37T	73	69	74	77	293	5	16	142	216	20T	8T	24T	1,900
	O		34T	71	71	75	75	292	4	11	142	217	13T	12T	25T	450
	PGA		CUT	78	74			152	10		152		111T	95T		303
	US		CUT	76	75			151	9		151		57T	64T		600
1979	M		CUT	74	72			146	2		146		49T	46T		1,500

Year	Event	A	Pos	R1	R2	R3	R4	Tot	P/M	SBW	R2T	R3T	R1P	R2P	R3P	W
	PGA		CUT	81	74			155	15		155		142T	137		350
	US		59T	76	73	75	81	305	21	21	149	224	59T	31T	38T	1,235
1980	M		24T	73	73	73	69	288	0	13	146	219	30T	42T	37T	3,025
	O		CUT	76	74			150	8		150		72T	88T		225
	PGA		72T	74	74	78	76	302	22	28	148	226	58T	53T	73T	700
	US		63	73	73	77	78	301	21	29	146	223	50T	56T	60T	1,300
1981	M		CUT	75	78			153	9		153		44T	63T		1,500
	O		23T	72	74	73	71	290	10	14	146	219	9T	27T	34T	1,219
	PGA		76	74	73	74	77	298	18	25	147	221	71T	69T	70T	750
	US		CUT	77	78			155	15		155		115T	124T		600
1982	M		47	75	76	78	80	309	21	25	151	229	18T	32T	45	1,500
	O		27T	71	73	78	74	296	8	12	144	222	7T	13T	28T	1,600
	PGA		CUT	74	76			150	10		150		86T	109T		650
	US		CUT	81	75			156	12		156		122T	102T		600
1983	M		36T	68	74	76	78	296	8	16	142	218	4T	11T	26T	2,450
	O		56T	72	74	68	75	289	5	14	146	214	48T	71T	31T	725
	PGA		67T	74	73	74	73	294	10	20	147	221	86T	69T	68T	1,506
	US		60T	74	75	78	76	303	19	23	149	227	25T	36T	56T	1,907
1984	M		CUT	77	76			153	9		153		77T	80T		1,500
	O		CUT	76	77			153	9		153		120T	139T		330
	PGA		CUT	79	73			152	8		152		119T	93T		1,000
1985	M		CUT	83	72			155	11		155		76	69		1,500
	PGA		65T	75	72	75	76	298	10	20	147	222	105T	61T	63T	1,536
1986	M		CUT	80	76			156	12		156		81T	77T		1,500
	PGA		CUT	75	77			152	10		152		105T	122T		1,000
1987	M		CUT	83	77			160	16		160		83	79T		1,500
	O		CUT	75	78			153	11		153		97T	131T		400
	PGA		65T	76	75	79	76	306	18	19	151	230	69T	59T	71T	1,650
1988	M		CUT	80	77			157	13		157		70T	74T		1,500
	PGA		CUT	74	76			150	8		150		78T	107T		1,000
1989	M		CUT	81	80			161	17		161		78T	80		1,500
	O		CUT	82	82			164	20		164		156	156		500
	PGA		63T	68	74	81	70	293	5	17	142	223	6T	28T	70	2,290
1990	M		CUT	76	80			156	12		156		57T	77T		1,500
	O		CUT	73	71			144	0		144		81T	73T		550
	PGA		CUT	81	81			162	18		162		129T	135T		1,000
1991	M		CUT	78	77			155	11		155		78T	82T		1,500
	PGA		CUT	77	78			155	11		155		125T	124T		1,000
1992	M		CUT	75	73			148	4		148		69T	69T		1,500
	PGA		CUT	79	83			162	20		162		139T	147T		1,200
1993	M		CUT	74	78			152	8		152		54T	77T		1,500
	PGA		CUT	77	76			153	11		153		137T	141T		1,200
1994	M		CUT	78	77			155	11		155		72T	77T		1,500
	PGA		CUT	79	74			153	13		153		143T	134T		1,200
	US		CUT	77	81			158	16		158		104T	146T		1,000
1995	M		CUT	79	73			152	8		152		77T	75T		1,500
	O		CUT	83	75			158	14		158		159	154T		650
1996	M		CUT	74	76			150	6		150		48T	60T		1,500
1997	M		CUT	89	87			176	32		176		86	85		5,000
1998	M		CUT	79	87			166	22		166		71T	86		5,000
1999	M		CUT	83	78			161	17		161		93	91		5,000
2000	M		CUT	78	82			160	16		160		71T	91		5,000
2001	M		CUT	82	76			158	14		158		90	86T		5,000
2002	M		CUT	89	85			174	30		174		88	87		5,000
2003	M		CUT	83	83			166	22		166		90T	90		5,000
2004	M		CUT	84	84			168	24		168		91	92		5,000

Palmer, C. A.

Year	Event	A	Pos	R1	R2	R3	R4	Tot	P/M	SBW	R2T	R3T	R1P	R2P	R3P	W
1905	O	A	CUT	91	85			176			176					

Palmer, Donald J.

Year	Event	A	Pos	R1	R2	R3	R4	Tot	P/M	SBW	R2T	R3T	R1P	R2P	R3P	W
1958	PGA		CUT	81	75			156	16		156		136T	106T		
1961	PGA		CUT	74	77			151	11		151		54T	83T		
1964	PGA		CUT	81	75			156	16		156		154T	124T		

Palmer, Ian Stanley

Year	Event	A	Pos	R1	R2	R3	R4	Tot	P/M	SBW	R2T	R3T	R1P	R2P	R3P	W
1983	O		CUT	82	72			154	12		154		149	127T		250
1992	O		CUT	73	71			144	2		144		98T	76T		600

Palmer, John "Johnny"

Year	Event	A	Pos	R1	R2	R3	R4	Tot	P/M	SBW	R2T	R3T	R1P	R2P	R3P	W
1941	US		21T	74	76	76	74	300	20	16	150	226	26T	22T	23T	50
1942	M		26T	78	75	75	75	303	15	23	153	228	38T	33T	28T	
1946	M		32T	76	75	77	74	302	14	20	151	228	27T	26T	37T	
	US		35T	77	74	74	73	298	10	14	151	225	77T	53T	38T	
1947	M		17T	70	73	74	73	290	2	9	143	217	3T	11T	14T	125

Year	Event	A	Pos	R1	R2	R3	R4	Tot	P/M	SBW	R2T	R3T	R1P	R2P	R3P	W
	US		6T	72	70	75	72	289	5	7	142	217	22T	7T	11T	400
1948	M		28T	75	73	76	74	298	10	19	148	224	35T	23T	27T	
	PGA		32T													200
	US		35T	74	74	76	72	296	12	20	148	224	57T	47T	45T	
1949	M		4T	73	71	70	72	286	-2	4	144	214	8T	3	1	440
	PGA		2													1,500
	US		8T	71	75	72	73	291	7	5	146	218	6T	11T	11T	300
1950	M		24T	72	76	76	75	299	11	16	148	224	9	14T	19T	240
	PGA		8T													500
	US		10T	73	70	70	79	292	12	5	143	213	29T	12T	3T	225
1951	M		30T	73	74	77	75	299	11	19	147	224	12T	19T	32T	100
	PGA		64T													100
	US		24T	73	78	76	74	301	21	14	151	227	4T	37T	33T	100
1952	M		12	69	74	75	77	295	7	9	143	218	1T	6T	6	500
	PGA		64T													100
1953	M		13	74	73	72	71	290	2	16	147	219	26T	22T	20T	450
	PGA		64T													100
1954	M		33T	75	81	77	69	302	14	13	156	233	25T	52T	57T	250
	PGA		32T													200
1955	M		18T	77	73	72	75	297	9	18	150	222	31T	25T	15T	525
	PGA		16T													350
	US		34T	80	74	75	78	307	27	20	154	229	81T	40T	25T	180
1956	M		11	76	74	74	73	297	9	8	150	224	47T	33T	18T	875
1957	M		24T	77	73	73	74	297	9	14	150	223	46T	29T	21T	700
	PGA		64T													
1958	PGA		CUT	73	80	76		229	19		153	229	26T	74T	65T	
	US		CUT	77	78			155	15		155		46T	56T		
1960	US		CUT	79	78			157	15		157		114T	126T		

Palmer, Raymond

Year	Event	A	Pos	R1	R2	R3	R4	Tot	P/M	SBW	R2T	R3T	R1P	R2P	R3P	W
1954	M	A	70	84	78	80	77	319	31	30	162	242	74	71T	70T	

Palmer, Ryan Hunter

Year	Event	A	Pos	R1	R2	R3	R4	Tot	P/M	SBW	R2T	R3T	R1P	R2P	R3P	W
1998	US	A	CUT	82	73			155	15		155		147T	130T		
2005	M		39T	70	74	74	77	295	7	19	144	218	6T	11T	26T	32,200
	PGA		47T	73	70	73	71	287	7	11	143	216	81T	49T	60T	15,371
2006	PGA		49T	70	73	72	76	291	3	21	143	215	21T	42T	40T	15,533
2007	US		CUT	84	84			168	28		168		152T	154T		2,000

Palumbo, William C. "Willie"

Year	Event	A	Pos	R1	R2	R3	R4	Tot	P/M	SBW	R2T	R3T	R1P	R2P	R3P	W
1960	PGA		CUT	80	80			160	20		160		148T	154T		
1962	PGA		CUT	79	80			159	19		159		140T	148T		

Pampling, Rodney

Year	Event	A	Pos	R1	R2	R3	R4	Tot	P/M	SBW	R2T	R3T	R1P	R2P	R3P	W
1999	O		CUT	71	86			157	15		157		1	100T		369
2003	PGA		14T	66	74	73	73	286	6	10	140	213	1T	4	12T	98,250
	US		CUT	72	77			149	9		149	0	57T	124T		1,000
2004	O		27T	72	68	74	73	287	3	13	140	214	57T	15T	23T	29,000
	PGA		55T	73	69	70	80	292	4	12	142	212	61T	23T	18T	13,200
2005	M		5T	73	71	70	70	284	-4	8	144	214	27T	11T	10T	237,300
	O		78T	74	71	71	80	296	8	22	145	216	74T	70T	56T	8,450
	PGA		CUT	73	77			150	10		150		81T	121T		2,000
	US		CUT	80	79			159	19		159		145T	150		2,000
2006	M		16T	72	73	72	72	289	1	8	145	217	19T	23T	16T	112,000
	O		35T	69	71	74	72	286	-2	16	140	214	20T	22T	48T	19,625
	PGA		CUT	71	76			147	3		147		40T	100T		2,000
	US		32T	73	75	75	71	294	14	9	148	223	28T	42T	50T	41,912
2007	M		37T	77	75	74	76	302	14	13	152	226	59T	46T	26T	31,900
	O		27T	70	72	72	72	286	2	9	142	214	13T	13T	24T	26,179
	PGA		42T	70	74	72	72	288	8	16	144	216	13T	42T	44T	20,850
	US		CUT	81	75			156	16		156		144T	114T		2,000
2008	O		CUT	77	77			154	14		154		91T	127T		2,375
	PGA		CUT	70	81			151	11		151		8T	95T		2,500
	US		14T	74	70	75	70	289	5	6	144	219	49T	16T	24T	122,159

Panasik, Robert

Year	Event	A	Pos	R1	R2	R3	R4	Tot	P/M	SBW	R2T	R3T	R1P	R2P	R3P	W
1964	US		42	72	78	78	73	301	21	23	150	228	8T	48T	45T	350
1965	US		CUT	85	85			170	30		170		141T	140		300
1968	US		CUT	76	74			150	10		150		76T	72T		500
1969	US		CUT	79	78			157	17		157		116T	118T		500
1970	US		CUT	84	76			160	16		160		135T	118T		500
1972	US		CUT	77	83			160	16		160		56T	107T		500
1973	US		CUT	78	74			152	10		152		86T	74T		500
1975	US		58T	76	71	76	78	301	17	14	147	223	73T	35T	48T	845
1983	US		CUT	82	77			159	17		159		136T	121T		600

Year	*Event*	*A*	*Pos*	*R1*	*R2*	*R3*	*R4*	*Tot*	*P/M*	*SBW*	*R2T*	*R3T*	*R1P*	*R2P*	*R3P*	*W*
Pancratz, Robert "Bobby"																
1985	US		CUT	81	77			158	18		158		143T	143T		600
1986	US		CUT	78	77			155	15		155		77T	110T		600
Pannell, George																
1904	O		33T	82	84	81	81	328		32	166	247			34T	
1905	O		CUT	90	86			176			176					
1906	O		CUT	85	84			169			169					
Panton, John																
1937	O		CUT	75	80			155	11		155		17T	51T		
1948	O		CUT	80	74			154	18		154		86T	63T		
1949	O		CUT	72	81			153	9		153		24T	68T		
1950	O		20T	76	69	70	76	291	11	12	145	215	52T	17T	9T	
1951	O		11	73	72	74	75	294	6	9	145	219	8T	5T	5T	
1952	O		15T	72	72	78	77	299	-1	12	144	222	12T	6T	14T	
1953	O		27T	79	74	76	73	302	14	20	153	229	50T	33T	37	25
1954	O		CUT	80	72			152	6		152		80T	51T		
1955	O		CUT	73	76			149	5		149		32T	50T		
1956	O		5	74	76	72	70	292	8	6	150	222	30T	18T	10T	150
1957	O		15T	71	72	74	73	290	2	11	143	217	11T	8T	16T	
1958	O		CUT	75	75			150	8		150		49T	60T		
1959	O		5T	72	72	71	73	288	0	4	144	215	14T	10T	7T	258
1961	O		32T	73	78	75	78	304	16	20	151	226	35T	30T	23T	
1962	O		16T	74	73	79	71	297	9	21	147	226	12T	10T	24T	
1963	O		CUT	77	76			153	13		153		78T	78T		
1964	O		34T	78	74	77	74	303	15	24	152	229	43T	31T	40	50
1965	O		10T	74	74	75	70	293	1	8	148	223	23T	37T	22T	185
1966	O		50T	78	72	81	74	305	21	23	150	231	89T	55T	60	72
1967	O		47T	73	76	75	75	299	11	21	149	224	30T	49T	45T	68
1968	O		CUT	77	80			157	13		157		42T	81T		
1969	O		45	73	69	76	82	300	16	20	142	218	30T	9T	18T	125
1970	O		9T	72	73	73	71	289	1	6	145	218	45T	34T	25T	1,350
1971	O		CUT	80	72			152	6		152		129T	83T		
1972	O		CUT	75	76	75		226	13		151	226	52T	63T	65T	75
1973	O		CUT	79	74			153	9		153		105T	85T		50
1974	O		56T	77	75	77	80	309	25	27	152	229	46T	32T	42T	125
Pape, James A.																
1972	O		CUT	84	77			161	19		161		150T	138T		50
Pappas, Tyron Brenden "Brenden"																
2004	PGA		CUT	74	74			148	4		148	0	83T	102T		2,000
Parcell, A. K. "Tony"																
1975	O		CUT	73	77			150	6		150		41T	87T		100
Parco, Michael																
1938	US		CUT	91	82			173	31		173		159T	144		
1946	US		CUT	74	84			158	14		158		30T	119T		
1951	US		CUT	76	85			161	21		161		40T	123T		
1956	US		CUT	75	76			151	11		151		45T	59T		
1960	PGA		CUT	81	75			156	16		156		157T	128T		
1961	PGA		WD	79				79	9				129T			
Parel, Scott Adam																
2002	US		CUT	82	83			165	25		165	0	149T	150T		1,000
2005	US		CUT	76	77			153	13		153		94T	122T		2,000
Park, Albert																
1886	O	A	35	88	91			179		22						
Park, David																
1861	O		4	58	57	57		172		9	115					
1863	O		3	55	63	54		172		4	118		1	4		3
1866	O		2	58	57	56		171		2	115					3
1872	O		4T	61	57	61		179		13	118		4	3		3
1874	O		6T	83	83			166		7						2
Park, David Hugh																
1999	O		CUT	77	81			158	16		158		55T	110T		369
2002	O		79	73	67	74	80	294	10	16	140	214	86T	26T	23T	8,500
Park, Frank																
1880	O		UNK													
1881	O		UNK													
1883	O		15	84	85			169		10	169					
1885	O		UNK													

Year	Event	A	Pos	R1	R2	R3	R4	Tot	P/M	SBW	R2T	R3T	R1P	R2P	R3P	W
1887	O		WD													
1889	O		UNK													
1894	O		WD													

Park, John A. "Jack"

Year	Event	A	Pos	R1	R2	R3	R4	Tot	P/M	SBW	R2T	R3T	R1P	R2P	R3P	W
1897	O		WD	92	92			184			184					
1898	O		WD	91				91					67T			
1899	US		6	88	80	75	85	328		13	168	243	29T	11	3T	70
1900	US		DQ	86	90	79		255			176	255	18T	27T	11	
1901	US		9T	87	84	85	85	341		10	171	256	13T	8T	8T	
1902	US		25	79	89	85	81	334		27	168	253	3T	24T	26T	
1903	O		CUT	87	87			174			174					
1908	O		40	78	84	80	81	323		32	162	242	20T	47T	36T	
1909	O		51T	82	82	79	82	325		30	164	243	50T	56T	47T	
1910	O		45T	79	80	80	84	323		24	159	239			42T	
1911	O		CUT	78	90			168			168		35T	121T		
1912	US		WD	83	82			165	17		165	0	74T	72T		
1914	O		73T	86	84	85	84	339		33	170	255	58T	76T	78T	
1915	US		10T	77	77	75	77	306	18	9	154	229	17T	17T	11T	6
1919	US		CUT	91	89			180	38		180		110T	104		
1921	US		62	85	82	85	84	336	56	47	167	252	69T	66T	65	

Park, Mungo, Jr.

Year	Event	A	Pos	R1	R2	R3	R4	Tot	P/M	SBW	R2T	R3T	R1P	R2P	R3P	W
1894	O		WD	105	117			222			222		85	83		
1896	O		41	90	87	92	94	363		47	177	269				
1898	US		WD	95	89	87		271			184	271	39T	33T	23T	
1901	O		CUT	96	86			182			182					

Park, Mungo, Sr.

Year	Event	A	Pos	R1	R2	R3	R4	Tot	P/M	SBW	R2T	R3T	R1P	R2P	R3P	W
1874	O		1	75	84			159		-2						8
1875	O		3	59	57	55		171		5	116					3
1876	O		6PO	95	90			185		9						2
1877	O		7					167		7						
1878	O		17	60	58	62		180		23	118					
1880	O		21	95	92			187		25						
1881	O		UNK													
1883	O		27	93	89			182		23	182					
1885	O		UNK													
1886	O		33T	86	90			176		19						

Park, Unho

Year	Event	A	Pos	R1	R2	R3	R4	Tot	P/M	SBW	R2T	R3T	R1P	R2P	R3P	W
2006	O		CUT	82	74			156	12		156		153T	150		2,000

Park, William "Willie," Jr.

Year	Event	A	Pos	R1	R2	R3	R4	Tot	P/M	SBW	R2T	R3T	R1P	R2P	R3P	W
1880	O		16	92	90			182		20						
1881	O		5T	66	57	58		181		11	123					1
1882	O		18T	90	93			183		12	183					
1883	O		8	77	88			165		6	165					
1884	O		4T	86	83			169		9	169					1
1885	O		4T	86	88			174		3						3
1886	O		4T	84	77			161		4						1
1887	O		1	82	79			161		-1						8
1888	O		11T	90	92			182		11						
1889	O		1PO	39	39	39	38	155		-4	78	117				8
1890	O		4T	90	80			170		6						3
1891	O		6	88	85			173		7						2
1892	O		7	78	77	80	80	315		10	155	235			6	7
1893	O		19T	82	89	86	85	342		20	171	257	10T	17T	20T	
1894	O		12	88	86	82	87	343		17	174	256	15T	11T	10T	3
1896	O		14T	79	80	83	88	330		14	159	242				
1897	O		22T	91	81	83	82	337		23	172	255				
1898	O		2	76	75	78	79	308		1	151	229	1T	1	1	20
1899	O		14	77	79	85	89	330		20	156	241	4T	3T	6T	
1900	O		6	80	83	81	84	328		19	163	244	3T	5T	5	8
1901	O		18T	78	87	81	90	336		27	165	246		6T	7T	
1902	O		23T	79	82	82	86	329		22	161	243			18T	
1903	O		15T	78	86	80	75	319		19	164	244			30T	
1904	O		12T	84	72	81	78	315		19	156	237			15	
1905	O		13T	84	81	85	81	331		13	165	250			16T	
1907	O		WD													
1910	O		38T	81	78	78	84	321		22	159	237			35T	
1911	O		CUT	79	84			163			163		47T	74T		
1919	US		CUT	94	90			184	42		184		121T	108T		

Park, William "Willie," Sr.

Year	Event	A	Pos	R1	R2	R3	R4	Tot	P/M	SBW	R2T	R3T	R1P	R2P	R3P	W
1860	O		1	55	59	60		174		-2	114					

Year	Event	A	Pos	R1	R2	R3	R4	Tot	P/M	SBW	R2T	R3T	R1P	R2P	R3P	W
1861	O		2	54	54	59		167		4	108					
1862	O		2	59	59	58		176		13	118					
1863	O		1	56	54	58		168		-2	110		2T	1		
1864	O		4	55	67	55		177		10	122					1
1865	O		2	56	52	56		164		2	108		2T	1		6
1866	O		1	54	56	59		169		-2	110					6
1867	O		2	58	56	58		172		2	114					5
1868	O		4	58	50	54		162		8	108		8	4		
1870	O		6	60	55	58		173		24	115					
1874	O		13	83	87			170		11						
1875	O		1	56	59	51		166		-2	115					8
1876	O		3	94	89			183		7						4
1877	O		UNK													
1878	O		6T	53	56	57		166		9	109					1
1880	O		15	89	92			181		19						
1881	O		UNK													
1882	O		7T	89	89			178		7	178					2
1883	O		22	94	82			176		17	176					
1886	O		UNK													
Parker, Billy																
1930	US		CUT	78	81			159	13		159		60T	88T		
1932	US		CUT	85	88			173	33		173		114T	130		
Parker, Greg																
1987	US	A	CUT	77	76			153	13		153		121T	127T		
Parker, Perry																
1992	US		CUT	79	76			155	11		155		139T	128T		1,000
1997	US		77T	75	71	77	78	301	21	25	146	223	93T	57T	72T	5,275
1998	US		CUT	75	79			154	14		154		76T	121T		1,000
Parker, Richard																
1990	US		CUT	78	76			154	10		154		136T	134T		1,000
Parker, Roger																
1976	US		CUT	85	82			167	27		167		147T	149		500
Parker, William T. "Billy"																
1965	US		CUT	81	79			160	20		160		114T	111T		300
1966	PGA		CUT	78	78			156	16		156		102T	115T		
1970	PGA		CUT	78	78			156	16		156		103T	110T		
Parkin, A. Philip																
1983	O	A	CUT	69	78			147	5		147		10T	84T		
1984	M	A	CUT	73	78			151	7		151		31T	70T		
	O		31T	73	73	73	69	288	0	12	146	219	55T	58T	57T	2,598
1985	O		25T	68	76	77	68	289	9	7	144	221	2T	17T	56T	3,742
1986	O		21T	78	70	72	74	294	14	14	148	220	71T	30T	16T	5,022
1987	O		CUT	77	71			148	6		148		124T	88T		400
1989	O		CUT	73	77			150	6		150		61T	110T		500
Parkin, W. Byron																
1972	O		CUT	79	75			154	12		154		118T	99T		50
Parks, Samuel McLaughlin, Jr.																
1931	US	A	CUT	87	83			170	28		170		132T	121T		
1932	US	A	66T	81	78	79	80	318	38	32	159	238	60T	52T	61T	
1934	M		46T	79	81	79	74	313	25	29	160	239	52T	60T	59T	
	US		37T	76	76	76	81	309	29	16	152	228	22T	33T	22T	
1935	M		15T	74	70	74	75	293	5	11	144	218	25T	10T	14T	
	PGA		16T													125
	US		1	77	73	73	76	299	11	-2	150	223	28T	4	1T	1,000
1936	M		20T	76	75	72	77	300	12	15	151	223	12T	19T	14T	
	US		CUT	76	76			152	8		152		81T	77T		
1937	M		36T	76	75	80	77	308	20	25	151	231	28T	27T	39T	
	PGA		32T													
	US		16T	74	74	72	74	294	6	13	148	220	29T	25T	17T	88
1938	M		24	75	75	76	74	300	12	15	150	226	24T	25T	22T	
	PGA		64T													100
	US		CUT	85	77			162	20		162		138T	109T		
1939	PGA		64T													100
	US		38T	73	73	77	76	299	23	15	146	223	24T	21T	33T	
1940	US		29T	69	74	79	78	300	12	13	143	222	2T	5T	21T	30
1941	M		19T	75	76	75	71	297	9	17	151	226	23T	31T	28T	
	US		33T	73	82	74	76	305	25	21	155	229	16T	51T	35T	
1942	PGA		32T													

Year	Event	A	Pos	R1	R2	R3	R4	Tot	P/M	SBW	R2T	R3T	R1P	R2P	R3P	W
1946	US		CUT	79	74			153	9		153		111T	71T		
1947	US		CUT	78	83			161	19		161		113T	126T		
1951	US		CUT	79	79			158	18		158		90T	102T		
1953	M		50	73	76	76	79	304	16	30	149	225	13T	33T	41T	200
1954	M		72	86	79	79	80	324	36	35	165	244	75	73	72	250
1955	M		61	80	80	78	78	316	28	37	160	238	61T	66	64	250
1956	M		65T	80	82	76	81	319	31	30	162	238	74T	77T	61T	300
1957	M		CUT	81	76			157	13		157		90T	78T		300
1958	M		CUT	78	80			158	14		158		71T	73T		350
1959	M		CUT	86	79			165	21		165		85	82T		350
1960	M		CUT	78	81			159	15		159		64T	77		350
1961	M		CUT	80	75			155	11		155		73T	64T		400
1962	M		CUT	84	79			163	19		163		105	99T		400

Parnevik, Jesper Bo

Year	Event	A	Pos	R1	R2	R3	R4	Tot	P/M	SBW	R2T	R3T	R1P	R2P	R3P	W
1993	O		21T	68	74	68	69	279	-1	12	142	210	15T	47T	24T	10,000
1994	O		2	68	66	68	67	269	-11	1	134	202	4T	2T	3T	88,000
	PGA		CUT	79	73			152	12		152		143T	130T		1,200
1995	O		24T	75	71	70	73	289	1	7	146	216	116T	68T	29T	10,316
	PGA		20T	69	69	70	69	277	-7	10	138	208	26T	21T	21T	21,000
1996	O		45T	72	69	69	75	285	1	14	141	210	63T	35T	22T	6,400
	PGA		5T	73	67	69	70	279	-9	2	140	209	71T	8T	7T	86,667
1997	M		21T	73	72	71	73	289	1	19	145	216	18T	16T	12T	30,240
	O		2T	70	66	66	73	275	-9	3	136	202	6T	3	1	150,000
	PGA		45T	76	70	71	71	288	8	19	146	217	108T	68T	49T	7,375
	US		48T	72	75	73	71	291	11	15	147	220	40T	74T	61T	8,496
1998	M		31T	75	73	73	72	293	5	14	148	221	42T	27T	35T	21,280
	O		4T	68	72	72	70	282	2	2	140	212	11T	6T	2T	76,666
	PGA		CUT	70	76			146	6		146		21T	76T		1,500
	US		14T	69	74	76	70	289	9	9	143	219	7T	14T	30T	52,214
1999	M		CUT	74	77			151	7		151		41T	66T		5,000
	O		10T	74	71	78	72	295	11	5	145	223	11T	3	14T	34,800
	PGA		10T	72	70	73	70	285	-3	8	142	215	36T	16T	24T	72,167
	US		17T	71	71	76	73	291	11	12	142	218	35T	14T	20T	46,756
2000	M		40T	77	71	70	77	295	7	17	148	218	65T	49T	16T	17,480
	O		36T	73	69	72	72	286	-2	17	142	214	76T	36T	41T	14,000
	PGA		51T	72	74	70	73	289	1	19	146	216	22T	51T	43T	10,964
	US		CUT	73	80			153	11		153		39T	99T		1,000
2001	M		20T	71	71	72	69	283	-5	11	142	214	21T	20T	25T	65,240
	O		9T	69	68	71	71	279	-5	5	137	208	5T	3T	5T	63,750
	PGA		13T	70	68	70	68	276	-4	11	138	208	56T	26T	28T	94,666
	US		30T	73	73	74	68	288	8	12	146	220	46T	61T	69T	30,055
2002	M		29T	70	72	77	72	291	3	15	142	219	7T	13T	32T	38,080
	O		28T	72	72	70	70	284	0	6	144	214	60T	68T	23T	24,000
	PGA		CUT	82	73			155	11		155	0	147T	126T		2,000
	US		54T	72	76	69	80	297	17	20	148	217	25T	41T	22T	14,764
2003	O		DQ	72	75			147	5		147		13T	28T		8,250
	PGA		34T	73	72	72	74	291	11	15	145	217	42T	32T	30T	29,000
	US		CUT	74	71			145	5		145	0	92T	81T		1,000
2004	PGA		CUT	76	71			147	3		147	0	119T	92T		2,000
2005	M		CUT	77	74			151	7		151		62T	60T		5,000
	PGA		28T	68	69	72	75	284	4	8	137	209	7T	6T	14T	41,500
2006	PGA		CUT	71	75			146	2		146		40T	84T		2,000
2008	US		74T	77	72	77	75	301	17	18	149	226	100T	65T	75T	14,306

Parola, Ben

Year	Event	A	Pos	R1	R2	R3	R4	Tot	P/M	SBW	R2T	R3T	R1P	R2P	R3P	W
1923	US		56T	86	84	82	84	336	48	40	170	252	63T	63T	60T	

Parr, George W.

Year	Event	A	Pos	R1	R2	R3	R4	Tot	P/M	SBW	R2T	R3T	R1P	R2P	R3P	W
1908	US		CUT	114	109			223			223		84	80		

Parr, Joseph

Year	Event	A	Pos	R1	R2	R3	R4	Tot	P/M	SBW	R2T	R3T	R1P	R2P	R3P	W
1897	O		WD	90	87			177			177					
1902	O		WD													
1903	O		44T	81	84	80	85	330		30	165	245			34T	
1904	O		WD	89				89								
1905	O		33T	86	82	86	89	343		25	168	254			27T	

Parr, Simon

Year	Event	A	Pos	R1	R2	R3	R4	Tot	P/M	SBW	R2T	R3T	R1P	R2P	R3P	W
1902	O		WD													
1910	O		UNK	84												

Parr, Thomas E.

Year	Event	A	Pos	R1	R2	R3	R4	Tot	P/M	SBW	R2T	R3T	R1P	R2P	R3P	W
1902	O		CUT					185			185					
1904	O		CUT	87	84			171			171					
1905	O		WD	92				92								

Year	Event	A	Pos	R1	R2	R3	R4	Tot	P/M	SBW	R2T	R3T	R1P	R2P	R3P	W
1906	O		CUT	92	87			179			179					
1910	O		CUT	81	91			172			172					
1911	O		CUT	87	89			176			176		170T	172T		

Parris, Darren

Year	Event	A	Pos	R1	R2	R3	R4	Tot	P/M	SBW	R2T	R3T	R1P	R2P	R3P	W
2006	O		CUT	75	72			147	3		147		124T	106T		2,250

Parry, Craig David

Year	Event	A	Pos	R1	R2	R3	R4	Tot	P/M	SBW	R2T	R3T	R1P	R2P	R3P	W
1987	O		CUT	81	81			162	20		162		149T	152		400
1988	O		CUT	75	75			150	8		150		63T	77T		450
1990	M		CUT	80	76			156	12		156		81T	77T		1,500
	O		22T	68	68	69	77	282	-6	12	136	205	4T	3T	4	7,933
	PGA		40T	74	72	75	77	298	10	16	146	221	41T	18T	24T	4,750
	US		46	72	71	68	79	290	2	10	143	211	40T	27T	7T	6,687
1991	O		8	71	70	69	68	278	-2	6	141	210	29T	17T	8T	27,500
	PGA		43T	73	70	76	71	290	2	14	143	219	58T	20T	54T	4,030
	US		11T	70	73	73	74	290	2	8	143	216	7T	16T	8T	20,909
1992	M		13T	69	66	69	78	282	-6	7	135	204	7T	1T	1	26,500
	O		28T	67	71	76	71	285	1	13	138	214	9T	11T	40T	6,659
	US		33T	73	73	73	77	296	8	11	146	219	46T	36T	36T	10,531
1993	M		45T	69	72	75	78	294	6	17	141	216	9T	8T	24T	4,940
	O		59T	72	69	71	74	286	6	19	141	212	84T	35T	37T	4,025
	PGA		31T	70	73	68	72	283	-1	11	143	211	36T	62T	33T	7,058
	US		3T	66	74	69	68	277	-3	5	140	209	1T	13T	6T	78,557
1994	M		30T	75	74	73	73	295	7	16	149	222	44T	42T	35T	13,300
	O		77T	72	68	73	76	289	9	21	140	213	68T	29T	66T	3,650
	PGA		19T	70	69	70	73	282	2	13	139	209	15T	8T	13T	18,667
	US		25T	78	68	71	73	290	6	11	146	217	118T	43T	29T	14,706
1995	O		CUT	76	77			153	9		153		135T	141T		650
	PGA		CUT	76	71			147	5		147		130T	115T		1,200
1996	O		CUT	74	71			145	3		145		109T	87T		650
	PGA		65T	72	73	75	71	291	3	14	145	220	52T	60T	72T	3,913
	US		90T	70	76	75	74	295	15	17	146	221	13T	73T	87T	5,305
1997	O		CUT	79	70			149	7		149		117T	86T		800
	PGA		CUT	74	74			148	8		148		78T	84T		1,300
	US		43T	70	74	69	77	290	10	14	144	213	10T	36T	15T	10,491
1998	O		CUT	73	74			147	7		147		89T	82T		1,000
	PGA		71T	70	75	74	77	296	16	25	145	219	21T	60T	66T	5,450
1999	M		48T	75	73	73	77	298	10	18	148	221	55T	43T	48T	12,000
	O		4T	76	75	67	73	291	7	1	151	218	37T	30T	2T	100,000
	PGA		CUT	75	72			147	3		147		101T	75T		1,750
	US		34T	69	73	79	75	296	16	17	142	221	10T	14T	37T	19,084
2000	M		25T	75	71	72	74	292	4	14	146	218	39T	30T	16T	37,567
	O		36T	72	72	71	71	286	-2	17	144	215	50T	60T	45T	14,000
	PGA		CUT	80	75			155	11		155		135T	129T		2,000
	US		37T	73	74	76	75	298	14	26	147	223	39T	36T	24T	22,056
2002	O		CUT	72	74			146	4		146		60T	95T		2,500
	PGA		CUT	75	77			152	8		152	0	75T	105T		2,000
	US		CUT	79	78			157	17		157	0	137T	130T		1,000
2003	M		37T	74	73	75	75	297	9	16	147	222	27T	24T	34T	31,650
	O		59T	73	73	76	75	297	13	14	146	222	19T	16T	49T	9,550
	PGA		CUT	79	78			157	17		157	0	123T	128T		2,000
	US		CUT	70	74			144	4		144	0	25T	69T		1,000
2004	M		CUT	74	76			150	6		150		31T	58T		5,000
	O		CUT	76	71			147	5		147		128T	85T		2,500
	PGA		55T	70	75	71	76	292	4	12	145	216	22T	57T	47T	13,200
	US		60T	70	73	75	85	303	23	27	143	218	20T	34T	48T	16,353
2005	M		25T	72	75	69	74	290	2	14	147	216	14T	35T	16T	61,600
	O		CUT	78	74			152	8		152		138T	135T		2,000
	PGA		CUT	76	74			150	10		150		119T	121T		2,000
	US		CUT	77	75			152	12		152		113T	113T		2,000
2008	O		70T	77	70	77	77	301	21	18	147	224	91T	38T	59T	9,350
	US		CUT	75	81			156	14		156		64T	124T		2,000

Parry, Steven

Year	Event	A	Pos	R1	R2	R3	R4	Tot	P/M	SBW	R2T	R3T	R1P	R2P	R3P	W
2007	O		CUT	73	81			154	12		154		60T	138T		2,100

Parslow, Geoffrey L.

Year	Event	A	Pos	R1	R2	R3	R4	Tot	P/M	SBW	R2T	R3T	R1P	R2P	R3P	W
1977	O		CUT	79	72			151	11		151		124T	88T		150
1979	O		54T	75	75	76	76	302	18	19	150	226	36T	45T	52T	450

Parsonage, David T.

Year	Event	A	Pos	R1	R2	R3	R4	Tot	P/M	SBW	R2T	R3T	R1P	R2P	R3P	W
1968	O		CUT	78	72	79		229	13		150	229	62T	24T	46T	
1969	O		CUT	80	75			155	13		155		112T	94T		

Year	*Event*	*A*	*Pos*	*R1*	*R2*	*R3*	*R4*	*Tot*	*P/M*	*SBW*	*R2T*	*R3T*	*R1P*	*R2P*	*R3P*	*W*
Parsons, Charles William																
1909	O		WD	86	83			169			169		67T	63T		
1910	O		UNK													
1911	O		CUT	81	82			163			163		76T	74T		
1920	O		40T	79	85	77	85	326		23	164	241	17T	39T	23T	
1924	O		31T	80	77	83	79	319		18	157	240	38T	22T	30T	
Parsons, Lucas																
1996	US		40T	75	71	73	70	289	9	11	146	219	100T	73T	71T	9,918
2000	O		41T	70	72	71	74	287	-1	18	142	213	26T	36T	31T	10,345
Parton, George																
1963	O		CUT	78	77			155	15		155		86T	88T		
1965	O		CUT	76	74			150	4		150		59T	51T		
1968	O		CUT	80	77			157	13		157		87T	81T		
1971	O		CUT	74	84			158	12		158		47T	126T		
1974	O		CUT	81	81			162	20		162		118T	119T		50
Parzick, Stan																
1940	PGA		64T													100
Paschal, Jimmy																
1979	PGA		CUT	76	75			151	11		151		102T	117T		350
Passons, Benny R.																
1976	US		CUT	79	76			155	15		155		106T	92T		500
1977	US		CUT	75	78			153	13		153		77T	104T		500
1978	US		CUT	78	76			154	12		154		80T	93T		600
1980	US		CUT	76	77			153	13		153		96T	109T		600
1982	PGA		CUT	79	74			153	13		153		136T	123T		650
1985	PGA		CUT	75	81			156	12		156		105T	133T		1,000
1988	PGA		CUT	78	75			153	11		153		123T	125T		1,000
1990	PGA		CUT	74	82			156	12		156		41T	106T		1,000
1991	PGA		CUT	85	77			162	18		162		151	143T		1,000
1995	PGA		CUT	80	75			155	13		155		148T	144T		1,200
Pataky, Andy																
1961	PGA		CUT	84	82			166	26		166		157T	153		
1962	PGA		CUT	83	86			169	29		169		165T	165		
Pate, Alan T.																
1978	US		CUT	82	73			155	13		155		131T	99T		600
1980	US		CUT	73	74			147	7		147		50T	64T		600
Pate, Jerome Kendrick "Jerry"																
1975	M	A	37	71	75	78	69	293	5	17	146	224	10T	27T	42T	
	US	A	18T	79	70	72	72	293	9	6	149	221	120T	58T	36T	
1976	O		CUT	73	71	87		231	15		144	231	15T	8T	80T	150
	PGA		4T	69	73	72	69	283	3	2	142	214	7T	20T	18T	9,750
	US		1	71	69	69	68	277	-3	-2	140	209	7T	3T	2	42,000
1977	M		14T	70	72	74	70	286	-2	10	142	216	4T	8T	18T	3,000
	O		15T	74	70	70	73	287	7	19	144	214	48T	27T	21T	1,350
	PGA		5	73	70	69	73	285	-3	3	143	212	29T	12T	4T	10,000
	US		CUT	72	76			148	8		148		27T	61T		500
1978	M		18T	72	71	72	72	287	-1	10	143	215	8T	13T	20T	2,550
	O		WD	76	72	74		222	6		148	222	103T	70T	64	225
	PGA		2PO	72	70	66	68	276	-8	-4	142	208	23T	6T	2	25,000
	US		16T	73	72	74	73	292	8	7	145	219	18T	15T	16T	2,650
1979	M		41T	72	70	75	80	297	9	17	142	217	24T	15T	28T	1,850
	O		26T	69	74	76	78	297	13	14	143	219	3	8T	18T	888
	PGA		5T	69	69	69	71	278	-2	6	138	207	5T	5T	3T	14,500
	US		2T	71	74	69	72	286	2	2	145	214	6T	5T	3T	22,250
1980	M		6T	72	68	76	67	283	-5	8	140	216	19T	4T	25T	9,958
	O		16T	71	67	74	73	285	1	14	138	212	13T	2T	13T	2,900
	PGA		10T	72	73	70	73	288	8	14	145	215	32T	31T	9T	6,000
	US		CUT	77	73			150	10		150		110T	86T		600
1981	M		5T	71	72	71	70	284	-4	4	143	214	12T	13T	10T	12,667
	O		19T	73	73	69	74	289	9	13	146	215	17T	27T	10T	2,013
	PGA		11T	71	68	70	71	280	0	7	139	209	26T	9T	9T	6,750
	US		26T	70	69	72	75	286	6	13	139	211	16T	9T	14T	2,100
1982	M		3T	74	73	67	71	285	-3	1	147	214	10T	8T	2T	21,000
	O		WD	81				81	9		0		129T			225
	PGA		9T	72	69	70	69	280	0	8	141	211	41T	17T	15T	7,919
	US		CUT	79	74			153	9		153		99T	76T		600
1983	PGA		23T	69	72	70	74	285	1	11	141	211	12T	23T	13T	3,913
	US		CUT	78	74			152	10		152		96T	72T		600
1984	PGA		CUT	77	78			155	11		155		100T	115T		1,000

Year	Event	A	Pos	R1	R2	R3	R4	Tot	P/M	SBW	R2T	R3T	R1P	R2P	R3P	W
1985	US		CUT	78	81			159	19		159		126T	148T		600
1986	US		WD													
1989	US		CUT	74	74			148	8		148		87T	99T		1,000
1990	PGA		CUT	73	79			152	8		152		29T	75T		1,000
1991	US		CUT	78	74			152	8		152		123T	111T		1,000
2001	PGA		CUT	73	70			143	3		143	0	101T	85T		2,000

Pate, Stephen Robert

Year	Event	A	Pos	R1	R2	R3	R4	Tot	P/M	SBW	R2T	R3T	R1P	R2P	R3P	W
1986	PGA		53T	76	69	71	76	292	8	16	145	216	118T	50T	38T	1,740
1987	PGA		61T	76	73	76	77	302	14	15	149	225	69T	42T	51T	1,740
	US		24T	71	72	72	72	287	7	10	143	215	18T	31T	35T	7,720
1988	M		36T	75	76	75	72	298	10	17	151	226	29T	41T	43T	4,900
	O		CUT	80	78			158	16		158		135T	134T		450
	PGA		62T	71	72	72	77	292	8	20	143	215	32T	51T	38T	1,930
	US		3T	72	69	72	67	280	-4	2	141	213	21T	11T	11	41,370
1989	M		26T	76	75	74	68	293	5	10	151	225	51T	48T	38T	8,240
	O		13T	69	70	70	73	282	-6	7	139	209	9T	7T	9T	13,000
	PGA		41T	70	72	74	71	287	-1	11	142	216	21T	28T	51T	4,260
	US		51T	74	69	73	76	292	12	14	143	216	87T	37T	34T	4,690
1990	O		8T	70	68	72	69	279	-9	9	138	210	17T	9T	20T	22,000
	PGA		31T	71	75	71	80	297	9	15	146	217	6T	18T	8	6,500
	US		33T	75	68	72	74	289	1	9	143	215	100T	27T	32T	8,221
1991	M		3T	72	73	69	65	279	-9	2	145	214	31T	44T	28T	64,800
	O		64T	73	72	74	68	287	7	15	145	219	77T	67T	92T	3,155
	PGA		7T	70	75	70	69	284	-4	8	145	215	14T	43T	19T	38,000
	US		49T	72	75	77	74	298	10	16	147	224	24T	59T	57	6,034
1992	M		6T	73	71	70	67	281	-7	6	144	214	48T	49T	31T	43,829
	O		4	64	70	69	73	276	-8	4	134	203	1T	4	2T	53,000
	PGA		48T	70	78	70	74	292	8	14	148	218	12T	69T	42T	3,688
	US		CUT	68	80			148	4		148		3T	67T		1,000
1993	M		CUT	73	77			150	6		150		45T	68T		1,500
	O		CUT	79	69			148	8		148		153T	125T		600
	PGA		70	73	70	72	77	292	8	20	143	215	86T	62T	62T	2,550
	US		19T	70	71	71	70	282	2	10	141	212	19T	28T	23T	18,072
1994	US		21T	74	66	71	77	288	4	9	140	211	49T	7T	9T	19,464
1995	PGA		58T	71	71	71	71	284	0	17	142	213	58T	59T	57T	3,630
	US		CUT	78	75			153	13		153		141T	129T		1,000
1998	PGA		CUT	72	79			151	11		151		60T	121T		1,500
	US		32T	72	75	73	73	293	13	13	147	220	24T	50T	39T	18,372
1999	M		4T	71	75	65	73	284	-4	4	146	211	12T	29T	3T	176,000
	O		45T	73	76	80	74	303	19	13	149	229	4T	15T	52T	8,113
	PGA		8T	72	70	73	69	284	-4	7	142	215	36T	16T	24T	96,500
	US		34T	70	75	75	76	296	16	17	145	220	24T	38T	33T	19,084
2000	M		49T	78	69	77	74	298	10	20	147	224	71T	39T	51	11,623
	O		20T	73	70	71	68	282	-6	13	143	214	76T	44T	41T	25,500
	PGA		41T	75	70	74	68	287	-1	17	145	219	80T	41T	65T	17,000
	US		CUT	74	80			154	12		154		53T	106T		1,000
2001	PGA		75	71	69	71	83	294	14	29	140	211	70T	57T	50T	9,500
2002	US		CUT	82	75			157	17		157	0	149T	130T		1,000

Paterson, Archibald R.

Year	Event	A	Pos	R1	R2	R3	R4	Tot	P/M	SBW	R2T	R3T	R1P	R2P	R3P	W
1890	O	A	WD													

Paterson, J. A.

Year	Event	A	Pos	R1	R2	R3	R4	Tot	P/M	SBW	R2T	R3T	R1P	R2P	R3P	W
1939	O		CUT	80	78			158	12		158		110T	98T		

Paton, Andrew W. M.

Year	Event	A	Pos	R1	R2	R3	R4	Tot	P/M	SBW	R2T	R3T	R1P	R2P	R3P	W
1959	O		CUT	76	78			154	10		154		48T	74T		

Patrick, Alexander, Jr.

Year	Event	A	Pos	R1	R2	R3	R4	Tot	P/M	SBW	R2T	R3T	R1P	R2P	R3P	W
1896	US		19T	88	85			173		21			20T			
1899	US		13T	82	83	84	90	339		24	165	249	6T	6T	10	
1901	US		37	90	90	94	95	369		38	180	274	25T	30T	32T	
1903	US		46T	91	89	84	85	349		42	180	264	75T	74T	56T	

Patrick, Alexander, Sr.

Year	Event	A	Pos	R1	R2	R3	R4	Tot	P/M	SBW	R2T	R3T	R1P	R2P	R3P	W
1878	O		15	62	56	60		178		21	118					

Patrick, David M.

Year	Event	A	Pos	R1	R2	R3	R4	Tot	P/M	SBW	R2T	R3T	R1P	R2P	R3P	W
1902	US		45	92	85	86	87	350		43	177	263	67T	52T	44	
1903	US		40T	86	86	85	88	345		38	172	257	46T	46T	43T	
1911	US		34T	83	81	77	85	326	22	19	164	241	49T	42T	28T	

Patrick, E. C.

Year	Event	A	Pos	R1	R2	R3	R4	Tot	P/M	SBW	R2T	R3T	R1P	R2P	R3P	W
1901	US		WD	90	91			181			181		25T	34		

Year	Event	A	Pos	R1	R2	R3	R4	Tot	P/M	SBW	R2T	R3T	R1P	R2P	R3P	W
Patrick, John																
1895	US		7T	46	48	46	43	183		10	94	140	6T	7T	8	
1896	US		16T	86	86			172		20			18			
Patrick, Kenneth Graham																
1931	O	A	CUT	89	83			172	28		172		108T	103T		
1939	O	A	CUT	80	80			160	14		160		110T	111T		
Patrick, Nicol																
1874	O		29	98	98			196		37						
1875	O		16					199		33						
Patrick, R. Stedman																
1899	US		28T	85	92	88	86	351		36	177	265	14T	33T	31T	
1901	US		25T	90	91	87	91	359		28	181	268	25T	34	22T	
1902	US		30T	85	87	84	83	339		32	172	256	28T	35T	33	
1903	US		WD	89	88	87		264			177	264	61T	64T	56T	
Patroni, Jack																
1932	US		23T	79	77	77	71	304	24	18	156	233	30T	34T	37T	
1933	US		CUT	80	82			162	18		162		87T	111T		
1936	PGA		32T													
1949	PGA		16T													350
	US		CUT	79	77			156	14		156		107T	93T		
1950	US		CUT	76	78			154	14		154		75T	84T		
1951	US		CUT	75	79			154	14		154		27T	64T		
1953	US		CUT	75	79			154	10		154		23T	61T		
1954	US		CUT	79	73			152	12		152		77T	51T		
Patterson, Bryan W.																
1966	O		CUT	81	85			166	24		166		113T	128		
Patterson, James A.																
1946	O		CUT	85	81			166	22		166		90T	91		
Patterson, William R.																
1966	O		CUT	73	89			162	20		162		15T	122T		
Pattinson, Reginald "Pat"																
1946	O	A	CUT	81	84			165	21		165		58T	87T		
1948	O	A	CUT	75	76			151	15		151		34T	49T		
Patton, Christopher L.																
1990	M	A	39T	71	73	74	78	296	8	18	144	218	12T	14T	22T	
	O	A	CUT	74	75			149	5		149		105T	134T		
	US	A	CUT	74	72			146	2		146		80T	69T		
Patton, L. B. "Larry"																
1919	US	A	50	86	79	87	83	335	51	34	165	252	81T	48T	50T	
Patton, Mike																
1925	PGA		32T													
1926	PGA		32T													100
Patton, William Joseph "Billy Joe"																
1950	US	A	CUT	76	78			154	14		154		75T	84T		
1952	US	A	36T	76	73	80	75	304	24	23	149	229	58T	23T	48T	
1953	US	A	54T	80	73	77	81	311	23	28	153	230	112T	50T	47T	
1954	M	A	3	70	74	75	71	290	2	1	144	219	1T	1	3T	
	US	A	6T	69	76	71	73	289	9	5	145	216	1	12T	6T	
1955	M	A	49T	79	76	77	78	310	22	31	155	232	53T	50T	48T	
1956	M	A	12T	70	76	79	73	298	10	9	146	225	6T	11T	24T	
	US	A	13	75	73	70	74	292	12	11	148	218	45T	32T	15T	
1957	M	A	CUT	77	83			160	16		160		46T	90T		
	US	A	8T	70	68	76	76	290	10	8	138	214	6T	1T	3T	
1958	M	A	8	72	69	73	74	288	0	4	141	214	18T	2T	8T	
	US	A	CUT	82	82			164	24		164		110T	125T		
1959	M	A	8T	75	70	71	74	290	2	6	145	216	33T	10T	5T	
1960	M	A	13T	75	72	74	72	293	5	11	147	221	45T	24T	22T	
1961	M	A	CUT	78	75			153	9		153		67T	57T		
1962	M	A	CUT	76	78			154	10		154		60T	75T		
	US	A	CUT	76	77			153	11		153		64T	75T		
1963	M	A	48	80	72	74	81	307	19	21	152	226	63T	44T	33T	
1964	M	A	37T	70	74	77	74	295	7	19	144	221	6T	9T	37T	
	US	A	CUT	81	74			155	15		155		129T	102T		
1965	M	A	CUT	70	83			153	9		153		12T	68T		
	US	A	WD													
1966	M	A	CUT	78	78			156	12		156		70T	77T		

Year	Event	A	Pos	R1	R2	R3	R4	Tot	P/M	SBW	R2T	R3T	R1P	R2P	R3P	W
Paulsen, Guy D.																
1929	PGA		32T													
1931	US		13T	74	72	74	80	300	16	8	146	220	13T	4T	3	78
1934	US		CUT	80	78			158	18		158		76T	81T		
1938	PGA		64T													100
1939	PGA		64T													100
1949	US		CUT	78	83			161	19		161		88T	131T		
1955	PGA		64T													100
1956	PGA		128T													50
1957	US		CUT	77	78			155	15		155		74T	90T		
1958	PGA		CUT	79	77			156	16		156		111T	106T		
1959	US		WD	82				82	12				130T			
Paulson, Carl Albert																
1996	US		CUT	78	75			153	13		153		138T	138T		1,000
2001	O		CUT	72	77			149	7		149		52T	112T		1,000
	PGA		CUT	72	73			145	5		145	0	87T	100T		2,000
	US		CUT	73	76			149	9		149	0	46T	97T		1,000
2002	PGA		CUT	73	79			152	8		152	0	38T	105T		2,000
2004	US		CUT	72	81			153	13		153	0	40T	141T		1,000
Paulson, Dennis Jay																
1999	O		58T	74	78	79	74	305	21	15	152	231	11T	46T	66T	6,563
	PGA		CUT	77	70			147	3		147		123T	75T		1,750
2000	M		14T	68	76	73	72	289	1	11	144	217	1	18T	11T	80,500
	O		11T	68	71	69	73	281	-7	12	139	208	4T	11T	7T	37,111
	PGA		58T	72	75	70	73	290	2	20	147	217	22T	66T	52T	10,250
	US		CUT	75	76			151	9		151		72T	76T		1,000
2001	M		CUT	73	73			146	2		146		43T	48T		5,000
	O		CUT	78	70			148	6		148		146T	103T		1,100
	PGA		CUT	73	73			146	6		146	0	101T	106T		2,000
	US		CUT	75	73			148	8		148	0	88T	90T		1,000
2004	US		CUT	72	76			148	8		148	0	40T	95T		1,000
Pautke, Benno E. "Ben"																
1931	US		CUT	81	78			159	17		159		87T	65T		
1933	PGA		32T													85
Pavella, Mike J.																
1938	US		CUT	81	77			158	16		158		91T	79T		
1940	US		54	79	74	81	76	310	22	23	153	234	96T	56T	63T	
1941	US		CUT	76	85			161	21		161		45T	106T		
1949	US		37T	75	75	76	74	300	16	14	150	226	38T	44T	45T	
1950	US		CUT	83	73			156	16		156		148T	100T		
1951	PGA		32T													200
	US		CUT	81	79			160	20		160		119T	116T		
1952	PGA		64T													100
1953	US		CUT	84	78			162	18		162		145T	128T		
1955	PGA		16T													350
1958	US		47T	75	79	79	75	308	28	25	154	233	12T	43T	51T	200
1962	PGA		CUT	76	77			153	13		153		82T	105T		
	US		CUT	88	76			164	22		164		150	145T		
1964	PGA		CUT	76	78			154	14		154		98T	108T		
	US		CUT	78	77			155	15		155		95T	102T		300
1965	PGA		CUT	76	81			157	15		157		78T	129T		
Pavin, Corey Allen																
1981	US	A	CUT	75	74			149	9		149		85T	82T		
1982	M	A	CUT	79	79			158	14		158		53T	61T		
	US	A	61	77	74	78	75	304	16	22	151	229	68T	54T	64T	
1983	US		CUT	79	77			156	14		156		105T	97T		600
1984	O		22T	71	74	72	69	286	-2	10	145	217	21T	42T	33T	3,850
	PGA		20T	73	72	74	67	286	-2	13	145	219	42T	40T	47T	6,030
1985	M		25T	72	75	75	70	292	4	10	147	222	14T	39T	41T	5,670
	O		39T	70	74	72	76	292	12	10	144	216	12T	17T	17T	2,600
	PGA		6T	66	75	73	69	283	-5	5	141	214	2T	10T	12T	17,125
	US		9T	72	68	73	70	283	3	4	140	213	30T	11T	13T	12,440
1986	M		11T	71	72	71	71	285	-3	6	143	214	11T	9T	9T	16,960
	O		CUT	81	76			157	17		157		116T	128T		400
	PGA		21T	71	72	70	73	286	2	10	143	213	26T	27T	16T	6,120
	US		CUT	80	79			159	19		159		111T	134T		600
1987	M		27T	71	71	81	72	295	7	10	142	223	3T	2T	37T	6,267
	O		CUT	73	77			150	8		150		64T	109T		400
	PGA		CUT	78	79			157	13		157		94T	102T		1,000
	US		WD													

Year	Event	A	Pos	R1	R2	R3	R4	Tot	P/M	SBW	R2T	R3T	R1P	R2P	R3P	W
1988	M		42T	76	75	75	75	301	13	20	151	226	39T	41T	43T	4,000
	O		38T	74	73	71	75	293	9	20	147	218	51T	45T	31T	3,455
	PGA		17T	71	70	75	68	284	0	12	141	216	32T	28T	46T	11,500
	US		CUT	78	78			156	14		156		123T	132T		1,000
1989	M		50	74	74	78	76	302	14	19	148	226	26T	24T	43T	2,800
	PGA		CUT	75	74			149	5		149		95T	98T		1,000
1990	O		8T	71	69	68	71	279	-9	9	140	208	31T	23T	8T	22,000
	PGA		14T	73	75	72	74	294	6	12	148	220	29T	38T	19T	20,600
	US		24T	74	70	73	70	287	-1	7	144	217	80T	37T	48T	11,309
1991	M		22T	73	70	69	72	284	-4	7	143	212	53T	30T	14T	12,960
	O		CUT	74	75			149	9		149		94T	114T		600
	PGA		32T	72	73	71	73	289	1	13	145	216	39T	43T	28T	6,000
	US		8T	71	67	79	72	289	1	7	138	217	16T	2T	12T	26,958
1992	M		3	72	71	68	67	278	-10	3	143	211	36T	35T	11T	102,000
	O		34T	69	74	73	70	286	2	14	143	216	21T	63T	55T	5,760
	PGA		12T	71	73	70	71	285	1	7	144	214	20T	29T	12T	30,167
	US		CUT	74	76			150	6		150		65T	90T		1,000
1993	M		11T	67	75	73	71	286	-2	9	142	215	1T	17T	17T	34,850
	O		4T	68	66	68	70	272	-8	5	134	202	15T	3T	1T	50,500
	PGA		CUT	73	72			145	3		145		86T	89T		1,200
	US		19T	68	69	75	70	282	2	10	137	212	6T	4T	23T	18,072
1994	M		8T	71	72	73	70	286	-2	7	143	216	10T	14T	12T	60,000
	O		CUT	75	76			151	11		151		125T	140T		600
	PGA		2	70	67	69	69	275	-5	6	137	206	15T	2T	3T	160,000
	US		CUT	78	73			151	9		151		118T	103T		1,000
1995	M		17T	67	71	72	75	285	-3	11	138	210	4T	7T	13T	28,786
	O		8T	69	70	72	74	285	-3	3	139	211	9T	4T	4T	33,333
	PGA		CUT	71	76			147	5		147		58T	115T		1,200
	US		1	72	69	71	68	280	0	-2	141	212	46T	11T	5T	350,000
1996	M		7T	75	66	73	71	285	-3	9	141	214	57T	10T	9T	77,933
	O		27T	70	66	74	72	282	-2	11	136	210	25T	6T	22T	9,525
	PGA		26T	71	74	70	69	284	-4	7	145	215	29T	60T	33T	18,000
	US		40T	73	70	72	74	289	9	11	143	215	65T	27T	28T	9,918
1997	M		43T	75	74	78	74	301	13	31	149	227	33T	40T	45T	9,720
	O		51T	78	69	76	68	291	7	19	147	223	99T	62T	70	6,156
	US		CUT	74	74			148	8		148		80T	85T		1,000
1998	M		41T	73	77	72	75	297	9	18	150	222	18T	40T	38T	13,440
	O		CUT	74	76			150	10		150		113T	113T		800
	PGA		CUT	71	79			150	10		150		46T	111T		1,500
	US		CUT	76	72			148	8		148		91T	61T		1,000
1999	M		CUT	75	78			153	9		153		55T	76T		5,000
	O		CUT	80	76			156	14		156		100T	83T		1,100
	PGA		10T	69	74	71	71	285	-3	8	143	214	5T	26T	18T	72,167
	US		34T	74	71	78	73	296	16	17	145	223	95T	38T	54T	19,084
2000	M		CUT	80	70			150	6		150		83T	65T		5,000
	O		CUT	73	75			148	4		148		76T	115T		1,000
	PGA		CUT	79	75			154	10		154		130T	123T		2,000
	US		CUT	72	78			150	8		150		29T	64T		1,000
2001	O		CUT	71	75			146	4		146		34T	83T		1,100
	US		19T	70	75	68	72	285	5	9	145	213	10T	43T	16T	63,426
2002	O		22T	69	70	75	69	283	-1	5	139	214	16T	17T	23T	32,000
	US		54T	74	75	70	78	297	17	20	149	219	55T	52T	35T	14,764
2003	O		CUT	74	78			152	10		152		35T	84T		3,000
	US		CUT	72	76			148	8		148	0	57T	113T		1,000
2004	US		17T	67	71	73	79	290	10	14	138	211	4	8T	9T	98,477
2005	US		11T	73	72	70	73	288	8	8	145	215	46T	33T	15T	123,857
2006	PGA		49T	72	71	72	76	291	3	21	143	215	61T	42T	40T	15,533
	US		CUT	76	75			151	11		151		68T	73T		2,000
2007	PGA		62T	74	68	72	79	293	13	21	142	214	70T	19T	24T	13,650
2008	PGA		63T	75	73	73	78	299	19	22	148	221	75T	59T	51T	14,500

Paxton, George

Year	Event	A	Pos	R1	R2	R3	R4	Tot	P/M	SBW	R2T	R3T	R1P	R2P	R3P	W
1874	O		3	80	82			162		3						5
1876	O		10	95	92			187		11						1
1878	O		UNK													
1879	O		4	89	85			174		5						5
1880	O		4T	85	84			169		7						
1883	O		5T	80	83			163		4	163					

Paxton, James Ferdinand Douglas

Year	Event	A	Pos	R1	R2	R3	R4	Tot	P/M	SBW	R2T	R3T	R1P	R2P	R3P	W
1863	O		10	65	65	66		196		29	130		9T	9		
1885	O		UNK													
1889	O		UNK													
1902	O		CUT					180			180					

Year	Event	A	Pos	R1	R2	R3	R4	Tot	P/M	SBW	R2T	R3T	R1P	R2P	R3P	W
Paxton, Peter																
1877	O		UNK													
1878	O		13	58	59	58		175		18	117					
1879	O		24T	99	90			189		20						
1880	O		2	81	86			167		5						
1883	O		10T	85	82			167		8	167					
1885	O		8	85	91			176		5						1
1886	O		23	87	82			169		12						
1889	O		UNK													
1891	O		41T	94	92			186		20						
1892	O		WD													
1894	O		WD	97	94			191			191		60T	58T		
1895	O		WD													
1896	O		30	84	89	86	86	345		29	173	259				
1897	O		51T	86	96	92	90	364		53	182	274				
1898	O		21T	81	82	86	79	328		21	163	249	13T	19T	28T	
1899	O		CUT	89	91			180			180		51T	53		
1900	O		19T	87	87	79	87	340		31	174	253	34T	38T	15T	
1901	O		CUT	91	86			177			177			43T		
1902	O		CUT	91	84			175			175					
1903	O		CUT	91	87			178			178					
Payne, Andrew J.																
1981	O		CUT	74	77			151	11		151		29T	84T		225
Payne, James Robert																
1991	O	A	38T	72	72	70	70	284	4	12	144	214	61T	54T	40T	
1992	O		CUT	71	76			147	5		147		57T	111T		600
1996	O		56T	72	71	73	70	286	2	15	143	216	63T	58T	64T	5,688
1997	O		48T	74	71	74	71	290	6	18	145	219	40T	40T	55T	6,700
2006	O		CUT	73	76			149	5		149		92T	123T		2,250
Payne, Richard																
1971	PGA		CUT	87	80			167	23		167		145	142		
Payne, Robert Joe "Bobby"																
1969	US		52T	71	74	73	79	297	17	16	145	218	14T	26T	35T	865
1970	US		CUT	78	77			155	11		155		51T	80T		500
1977	PGA		62T	73	76	75	79	303	15	21	149	224	29T	48T	51T	488
1978	PGA		CUT	79	74			153	11		153		118T	105T		303
Payseur, Ted																
1937	US		CUT	77	84			161	17		161		70T	135T		
Payton, George																
1947	US		19T	71	75	75	71	292	8	10	146	221	14T	20T	32T	100
Peach, Stanley																
1967	O		13T	71	75	73	70	289	1	11	146	219	14T	23T	24T	195
1968	O		CUT	76	81			157	13		157		28T	81T		
Peacock, Andrew Inglis																
1933	O		WD	81	71			152	6		152		105T	53T		
1935	O		61	80	72	81	80	313	25	30	152	233	91T	44T	61	
1938	O		CUT	80	77			157	17		157		100T	92T		
1939	O		CUT	77	77			154	8		154		65T	65T		
Peacock, Roger S.																
1956	PGA		128T													50
Pearce, Bruce																
1911	O	A	CUT	89	83			172			172		189T	154T		
Pearce, Clyde																
1911	O		WD	81				81					76T			
Pearce, Dick																
1973	PGA		CUT	78	86			164	22		164		104T	143T		
Pearce, Edward Lee "Eddie"																
1968	US	A	CUT	79	77			156	16		156		125T	126T		
1972	M	A	CUT	79	75			154	10		154		73T	57T		
	US	A	CUT	77	83			160	16		160		56T	107T		
1973	US		CUT	79	73			152	10		152		103T	74T		500
1974	PGA		32T	69	72	79	70	290	10	14	141	220	4T	13T	51T	1,260
	US		59	75	71	84	78	308	28	21	146	230	25T	9T	59T	820
1975	O		52	72	75	70	79	296	8	17	147	217	20T	55T	28T	175
	PGA		54T	74	73	77	72	296	16	20	147	224	57T	55T	64T	429

Year	Event	A	Pos	R1	R2	R3	R4	Tot	P/M	SBW	R2T	R3T	R1P	R2P	R3P	W
	US		14T	75	71	70	76	292	8	5	146	216	52T	27T	10T	2,025
1976	M		28T	71	71	79	74	295	7	24	142	221	11T	10T	29T	1,950
	US		47T	80	71	76	72	299	19	22	151	227	112T	60T	60T	1,120
1978	US		CUT	78	78			156	14		156		80T	107T		600
1979	US		53T	75	75	76	78	304	20	20	150	226	47T	38T	51T	1,265
Pearce, W. G.																
1949	O		CUT	79	76			155	11		155		89T	81T		
Pearse, Herbert E. "Bert"																
1927	O		CUT	79	77			156	10		156		75T	63T		
Pearson, George																
1891	O		50T	96	93			189		23						
1894	O		37T	94	96	88	88	366		40	190	278	48T	53T	44T	
1897	US		21T	93	89			182		20			27T			
1898	US		WD	90	91	92		273			181	273	23T	26T	26T	
1905	US		50T	88	83	89	90	350		36	171	260	54T	46T	52	
1907	US		48	81	86	90	84	341		39	167	257	28T	47T	51	
1909	US		CUT	86	85			171			171		71T	72		
Pearson, John S.																
1902	US		39	87	87	85	84	343		36	174	259	41T	44T	37T	
1903	US		46T	83	91	89	86	349		42	174	263	28T	53T	52T	
1907	US		42T	79	83	85	87	334		32	162	247	18T	27T	36T	
1908	US		34T	93	84	92	87	356		34	177	269	43T	28T	42	
1909	US		WD	76	83			159			159		15T	42T		
Pearson, Michael J.																
1961	O	A	CUT	85	84			169	25		169		108	106T		
Pearson, Richard "Rick"																
1981	US		CUT	76	80			156	16		156		102T	133T		600
Pease, J. B.																
1906	O	A	CUT	86	81			167			167					
Peck, Henry G.																
1904	O		CUT	91	86			177			177					
Peck, Michael Haddon																
1979	M	A	CUT	78	75			153	9		153		68T	64T		
1981	US		43T	76	68	71	75	290	10	17	144	215	102T	36T	35T	1,453
1983	US		CUT	84	82			166	24		166		146T	147		600
Peddicord, Chris																
1990	US		CUT	76	79			155	11		155		115T	142T		1,000
1993	PGA		CUT	73	77			150	8		150		86T	128T		1,200
Peddy, Terry																
1979	US	A	CUT	78	85			163	21		163		94T	128T		
Peddy, Wayne																
1971	US		CUT	72	83			155	15		155		38T	116T		500
Peebles, A. F. "Frank"																
1910	US		38T	80	85	77	82	324		26	165	242	35T	49T	32T	
1912	US		10T	73	76	83	75	307	11	13	149	232	3T	4T	17T	25
Peebles, Robert B.																
1905	US		28	81	81	86	88	336		22	162	248	10T	12T	23T	
1907	US		36T	85	78	82	85	330		28	163	245	54T	31T	29T	
1908	US		12T	85	85	85	85	340		18	170	255	8T	12T	13	
1909	US		7T	76	73	73	78	300		10	149	222	15T	6T	3	35
1910	US		38T	83	81	80	80	324		26	164	244	48T	44T	39T	
1911	US		48T	84	82	85	84	335	31	28	166	251	56T	58	58	
1914	US		13T	78	75	74	75	302	14	12	153	227	37T	28T	17T	3
1916	US		15T	73	72	76	79	300	12	14	145	221	5T	3T	6T	
1922	US		61T	84	81	80	77	322	42	34	165	245	75	69T	68T	
Peele, E. B. "Bus"																
1948	US		WD	77				77	6				109T			
1949	US		42T	71	79	75	77	302	18	16	150	225	6T	44T	39T	
1950	US		CUT	82	80			162	22		162		145T	138T		
Peete, Calvin																
1976	US		23T	76	69	74	73	292	12	15	145	219	73T	15T	23T	1,650
1979	PGA		42T	75	71	70	72	288	8	16	146	216	90T	65T	48T	1,050
	US		11T	72	75	71	75	293	9	9	147	218	13T	17T	14T	4,340
1980	M		19T	73	71	76	67	287	-1	12	144	220	30T	27T	42T	3,990

Year	Event	A	Pos	R1	R2	R3	R4	Tot	P/M	SBW	R2T	R3T	R1P	R2P	R3P	W
	PGA		WD													
	US		28T	67	76	74	70	287	7	15	143	217	6T	30T	43T	2,125
1981	M		21T	75	70	71	74	290	2	10	145	216	44T	23T	18T	3,600
	PGA		43T	74	71	74	69	288	8	15	145	219	71T	45T	60T	1,250
	US		14T	73	72	67	70	282	2	9	145	212	58T	40T	19T	3,617
1982	M		30T	77	72	73	74	296	8	12	149	222	39T	19T	24T	2,475
	PGA		3T	69	70	68	69	276	-4	4	139	207	7T	9T	5	27,500
	US		10T	71	72	72	73	288	0	6	143	215	3T	4T	7T	6,332
1983	M		49	70	72	87	80	309	21	29	142	229	11T	11T	48T	1,880
	PGA		36T	69	71	76	72	288	4	14	140	216	12T	14T	38T	2,088
	US		4T	75	68	70	73	286	2	6	143	213	40T	5T	3T	17,969
1984	M		15T	79	66	70	70	285	-3	8	145	215	83T	32T	21T	10,200
	PGA		4	71	70	69	68	278	-10	5	141	210	22T	14T	9T	35,000
	US		WD													
1985	M		31T	75	70	74	74	293	5	11	145	219	46T	13T	24T	4,445
	PGA		18T	69	72	75	70	286	-2	8	141	216	10T	10T	24T	6,600
1986	M		11T	75	71	69	70	285	-3	6	146	215	37T	19T	16T	16,960
	PGA		30T	72	73	69	74	288	4	12	145	214	46T	50T	22T	4,000
	US		24T	77	73	70	69	289	9	10	150	220	66T	55T	36T	6,462
1987	M		33T	71	77	75	73	296	8	11	148	223	3T	32T	37T	5,200
	PGA		WD	75				75	3				52T			1,000
	US		CUT	73	75			148	8		148		54T	78T		600
1988	PGA		38T	74	66	74	73	287	3	15	140	214	78T	18T	31T	3,211
Pelham, William E.																
1979	US		CUT	80	75			155	13		155		114T	85T		600
1980	O		CUT	79	77			156	14		156		123T	136T		225
	PGA		CUT	81	78			159	19		159		134T	130T		500
1981	US		65T	73	73	73	75	294	14	21	146	219	58T	51T	59T	1,300
1982	O		CUT	78	79			157	13		157		95T	126T		225
Pelissier, Albert																
1950	O		CUT	77	72			149	9		149		60T	36T		
1952	M		WD	78	80			158	14		158		58T	63		200
1953	O		CUT	81	79			160	16		160		68T	74T		
Pell, W. O. S.																
1894	O	A	WD	108	103			211			211		87	82T		
Pellegrini, Alfiero																
1971	O		CUT	79	76			155	9		155		120T	107T		
Pellegrini, Sestilio																
1976	O		CUT	79	74			153	9		153		100T	85T		100
Pemberton, R. H. "Bob"																
1938	O		28T	74	72	91	80	317	37	22	146	237	28T	16T	36	
1939	O		CUT	78	77			155	9		155		84T	75T		
Pena, Christian																
1995	US		45T	74	71	76	70	291	11	11	145	221	83T	50T	63T	7,146
Penecale, Samuel Daniel																
1954	US		CUT	80	79			159	19		159		92T	101T		
1956	US		CUT	77	81			158	18		158		78T	116T		
1957	US		26T	71	73	73	78	295	15	13	144	217	11T	9T	11T	240
1958	US		41T	77	77	76	74	304	24	21	154	230	46T	43T	46T	200
1959	US		CUT	77	76			153	13		153		73T	80T		
1960	PGA		CUT	74	78			152	12		152		49T	96T		
	US		49T	73	73	77	75	298	14	18	146	223	35T	39T	53T	240
1961	PGA		57T	72	73	79	76	300	20	23	145	224	24T	28T	58T	225
	US		CUT	77	74			151	11		151		87T	73T		
1962	PGA		CUT	77	81			158	18		158		108T	143T		
1963	PGA		CUT	78	76			154	12		154		108T	99T		
1965	PGA		CUT	74	79			153	11		153		44T	90T		
Penfold, E.																
1911	O		WD	86				86					157T			
Penfold, Ernest																
1927	US		48T	79	80	82	84	325	37	24	159	241	26T	29T	41T	
Penick, Harvey Morrison																
1928	US		CUT	83	85			168	26		168		104T	114T		
Penman, Anthony G. S.																
1934	O	A	CUT	80	74			154	10		154		84T	70T		

Year	Event	A	Pos	R1	R2	R3	R4	Tot	P/M	SBW	R2T	R3T	R1P	R2P	R3P	W
Penna, Antonio "Toney"																
1934	US		55T	76	76	81	83	316	36	23	152	233	22T	33T	42T	
1936	US		CUT	77	78			155	11		155		98T	106T		
1937	US		28T	76	74	75	71	296	8	15	150	225	55T	45T	42T	50
1938	M		31T	71	76	77	80	304	16	19	147	224	4T	12T	18T	
	US		3T	78	72	74	68	292	8	8	150	224	47T	22T	19T	650
1939	M		10T	72	75	72	72	291	3	12	147	219	6T	13T	10T	100
	US		CUT	79	80			159	21		159		108T	115T		
1940	M		10T	73	73	72	72	290	2	10	146	218	16T	18T	14T	100
	PGA		64T													100
	US		42	80	73	76	74	303	15	16	153	229	109T	56T	50T	
1941	M		19T	73	74	80	70	297	9	17	147	227	9T	15T	33T	
	PGA		32T													
	US		33T	75	77	76	77	305	25	21	152	228	37T	32T	32T	
1942	M		22	74	79	73	75	301	13	21	153	226	17T	33T	20T	
	PGA		16T													
1944	PGA		16T													350
1945	PGA		16T													350
1946	M		21T	71	73	80	75	299	11	17	144	224	3T	4T	26T	50
	PGA		32T													200
	US		15T	69	77	74	71	291	3	7	146	220	1T	15T	22T	125
1947	M		8T	71	70	75	71	287	-1	6	141	216	10T	3T	9T	335
	PGA		32T													200
	US		31T	74	73	74	75	296	12	14	147	221	42T	27T	32T	75
1948	M		46	77	78	75	77	307	19	28	155	230	44T	49T	46T	
	PGA		64T													100
	US		8T	70	72	73	72	287	3	11	142	215	5T	10T	12T	300
1949	M		23T	74	76	76	72	298	10	16	150	226	16T	26T	35T	188
	US		CUT	78	76			154	12		154		88T	83T		
1950	M		21T	71	75	77	75	298	10	15	146	223	7T	10	13T	244
	PGA		64T													100
1951	M		WD	80	78	84		242	26		158	242	56T	57T	62T	100
	PGA		32T													200
1952	US		WD	73				73	3				22T			
1954	O		CUT	76	77			153	7		153		45T	61T		
	PGA		64T													100
	US		CUT	80	78			158	18		158		92T	95T		
Penna, Charles																
1939	US		WD	86				86	17				160T			
1940	US		CUT	79	75			154	10		154		96T	66T		
1941	US		CUT	77	80			157	17		157		66T	68T		
1946	US		35T	75	74	75	74	298	10	14	149	224	45T	31T	37	
1950	US		CUT	79	78			157	17		157		108T	107T		
1954	US		CUT	79	84			163	23		163		77T	126T		
Pennington, Cyril G.																
1962	O		CUT	79	80			159	15		159		77T	94T		
1963	O		CUT	80	79			159	19		159		103T	110		
1964	O		CUT	80	77			157	13		157		60T	68T		
1966	O		42	74	75	76	76	301	17	19	149	225	34T	41T	42T	84
1967	O		36T	77	72	74	74	297	9	19	149	223	86T	49T	40T	79
1968	O		CUT	82	83			165	21		165		110T	122T		
1971	O		CUT	78	76			154	8		154		107T	98T		
1972	O		CUT	77	76			153	11		153		86T	89T		50
1975	O		CUT	80	77			157	13		157		133T	135T		100
Pennink, John Jacob Frank "Frank"																
1936	O	A	53T	75	81	79	77	312	16	25	156	235	23T	57T	55T	
1938	O	A	36	74	72	86	90	322	42	27	146	232	28T	16T	29T	
Penrose, John J., Jr.																
1953	US	A	CUT	81	85			166	22		166		125T	143T		
1959	US	A	CUT	79	79			158	18		158		105T	115T		
Peoples, David Roy																
1990	PGA		57T	77	71	77	76	301	13	19	148	225	90T	38T	61T	2,525
1991	PGA		70T	74	73	75	75	297	9	21	147	222	77T	68T	69T	2,225
1992	M		54T	73	71	72	77	293	5	18	144	216	48T	49T	43T	3,440
	PGA		69T	75	73	74	74	296	12	18	148	222	93T	69T	66T	2,488
1993	M		52T	71	73	78	74	296	8	19	144	222	22T	32T	53T	4,050
	US		CUT	77	74			151	11		151		139T	140T		1,000
2001	US		66T	73	73	72	76	294	14	18	146	218	46T	61T	53T	10,368
2002	PGA		CUT	79	76			155	11		155	0	132T	126T		2,000

Year	Event	A	Pos	R1	R2	R3	R4	Tot	P/M	SBW	R2T	R3T	R1P	R2P	R3P	W
Pepp, Frank, Jr.																
1948	US		WD	78				78	7				118T			
Percy, Cameron																
2003	O		CUT	76	77			153	11		153		65T	97T		2,500
Perelli, John "Johnny"																
1927	PGA		32T													
1932	PGA		16T													
1934	M		46T	79	77	79	78	313	25	29	156	235	52T	48T	50T	
Perera, Emilio																
1972	O		CUT	81	74			155	13		155		138T	107T		50
Perez, Antonio																
1926	O		36T	76	75	81	82	314	30	23	151	232	18T	11T	23T	
Perez, Patrick A.																
2002	PGA		70	77	71	85	76	309	21	31	148	233	105T	57T	71	10,300
	US		CUT	76	81			157	17		157	0	96T	130T		1,000
2003	M		45T	74	73	79	75	301	13	20	147	226	27T	24T	47T	22,200
2004	US		40T	73	67	76	81	297	17	21	140	216	60T	12T	34T	30,671
2005	O		67T	72	70	72	77	291	3	17	142	214	41T	39T	39T	9,350
	PGA		6T	68	71	67	73	279	-1	3	139	206	7T	15T	4T	201,500
2006	PGA		CUT	73	73			146	2		146		82T	84T		2,000
2007	O		20T	73	70	71	70	284	0	7	143	214	60T	20T	24T	42,000
	PGA		18T	70	69	77	68	284	4	12	139	216	13T	6T	44T	81,600
	US		CUT	76	78			154	14		154		90T	99T		2,000
2008	O		CUT	82	68			150	10		150		145T	84T		6,395
	PGA		58T	73	73	79	72	297	17	20	146	225	43T	35T	68T	15,375
	US		36T	75	73	75	70	293	9	10	148	223	64T	49T	58T	35,709
Perini, Paul																
1984	US		CUT	79	78			157	17		157		136T	133T		600
Perk, Richard L.																
1950	US	A	WD	82				82	12				145T			
Perkins, Thomas Philip "Phil"																
1927	O	A	10T	76	78	70	76	300	8	15	154	224	34T	45T	15T	
1928	O	A	14T	80	79	76	72	307	19	15	159	235	35T	45T	30T	
1929	O	A	23T	79	73	80	80	312	8	20	152	232	49T	23T	23T	
1930	US	A	43T	76	74	76	83	309	17	22	150	226	33T	18T	17T	
1931	US	A	7T	78	76	73	70	297	13	5	154	227	51T	38T	19T	
1932	US		2T	76	69	74	70	289	9	3	145	219	8T	1T	1	700
1933	US		33T	76	72	81	76	305	17	18	148	229	29T	7T	31T	
1934	M		33	74	76	76	78	304	16	20	150	226	13T	28T	28T	
	US		21T	78	74	79	73	304	24	11	152	231	50T	33T	34T	
1935	M		28T	77	71	75	75	298	10	16	148	223	48T	28T	28T	
	US		36T	77	82	80	77	316	28	17	159	239	28T	48T	43T	
1937	US		CUT	83	75			158	14		158		149T	117T		
1940	US		CUT	80	76			156	12		156		109T	92T		
Perks, Craig William																
2002	M		CUT	81	71			152	8		152		85T	72T		5,000
	O		50T	72	70	71	75	288	4	10	142	213	60T	43T	14T	10,267
	PGA		29T	72	76	74	71	293	5	15	148	222	22T	57T	44T	33,500
	US		CUT	76	76			152	12		152	0	96T	86T		1,000
2003	M		CUT	80	75			155	11		155		79T	69T		5,000
	O		CUT	78	77			155	13		155		101T	113T		2,500
2004	M		CUT	76	73			149	5		149		53T	45T		5,000
	O		CUT	74	77			151	9		151		95T	127T		2,250
Pernice, Thomas Charles, Jr.																
1986	US		CUT	80	71			151	11		151		111T	71T		600
1989	US		13T	67	75	68	74	284	4	6	142	210	4T	28T	7T	15,634
1990	M		CUT	74	76			150	6		150		38T	55T		1,500
	US		CUT	76	75			151	7		151		115T	123T		1,000
1993	O		66T	73	70	70	75	288	8	21	143	213	107T	64T	42T	3,675
1996	US		94T	74	72	74	76	296	16	18	146	220	84T	73T	80T	5,235
1999	PGA		CUT	74	75			149	5		149		80T	100T		1,750
2000	PGA		27T	74	69	70	70	283	-5	13	143	213	58T	19T	23T	34,167
2001	PGA		51T	69	69	74	70	282	2	17	138	212	40T	26T	63T	11,343
	US		CUT	74	73			147	7		147	0	63T	80T		1,000
2002	M		24T	74	72	71	73	290	2	14	146	217	38T	30T	22T	46,480
	US		CUT	75	76			151	11		151	0	74T	73T		1,000
2003	PGA		45T	70	71	72	80	293	13	17	141	213	13T	5T	12T	17,500

Year	Event	A	Pos	R1	R2	R3	R4	Tot	P/M	SBW	R2T	R3T	R1P	R2P	R3P	W
2004	PGA		CUT	75	72			147	3		147	0	104T	92T		2,000
	US		CUT	73	75			148	8		148	0	60T	95T		1,000
2005	O		CUT	78	79			157	13		157		138T	149T		2,000
	PGA		23T	69	73	69	72	283	3	7	142	211	18T	36T	24T	56,400
	US		42T	74	73	73	73	293	13	13	147	220	54T	57T	48T	26,223
2006	O		CUT	71	73			144	0		144		50T	72T		3,000
	PGA		CUT	77	76			153	9		153		138T	144T		2,000
	US		21T	79	70	72	71	292	12	7	149	221	127T	53T	37T	74,252
2007	M		17T	75	72	79	71	297	9	8	147	226	28T	15T	26T	108,750
	O		CUT	74	73			147	5		147		78T	71T		3,200
	PGA		CUT	73	74			147	7		147		53T	85T		2,000
	US		36T	72	72	75	79	298	18	13	144	219	21T	8T	17T	37,159
2008	PGA		CUT	75	74			149	9		149		75T	74T		2,500

Perowne, Arthur Herbert "Tony"

Year	Event	A	Pos	R1	R2	R3	R4	Tot	P/M	SBW	R2T	R3T	R1P	R2P	R3P	W
1947	O	A	CUT	79	84			163	27		163		47T	80T		
1948	O	A	CUT	79	84			163	27		163		71T	96		
1958	O	A	CUT	75	77			152	10		152		49T	78T		

Perry, Alfred "Alf"

Year	Event	A	Pos	R1	R2	R3	R4	Tot	P/M	SBW	R2T	R3T	R1P	R2P	R3P	W
1929	O		45T	80	76	86	76	318	14	26	156	242	62T	47T	60T	
1930	O		30T	78	74	75	82	309	21	18	152	227	35T	20T	16T	
1931	O		46	77	74	82	81	314	26	18	151	233	29T	8T	35T	
1932	O		17T	73	76	77	74	300	12	17	149	226	6T	17T	22T	10
1933	O		26	79	73	74	76	302	10	10	152	226	94T	53T	36T	
1934	O		26T	76	76	74	77	303	15	20	152	226	37T	49T	29T	
1935	O		1	69	75	67	72	283	-5	-4	144	211	2T	4T	1	100
1936	O		50T	76	76	80	79	311	15	24	152	232	33T	33T	44T	
1937	O		CUT	83	76			159	15		159		117T	76T		
1938	O		15T	71	74	77	86	308	28	13	145	222	7T	10T	5	10
1939	O		3T	71	74	73	76	294	2	4	145	218	5T	4T	3	48
1946	O		25T	78	77	78	80	313	21	23	155	233	32T	35T	24T	
1947	O		18T	76	77	70	81	304	32	11	153	223	21T	19T	6T	
1948	O		23T	77	71	76	73	297	25	13	148	224	56T	28T	31T	
1949	O		CUT	73	79			152	8		152		32T	62T		
1950	O		33T	73	74	76	75	298	18	19	147	223	17T	27T	34	
1952	O		CUT	76	76			152	2		152		54T	47T		

Perry, Harold, Jr.

Year	Event	A	Pos	R1	R2	R3	R4	Tot	P/M	SBW	R2T	R3T	R1P	R2P	R3P	W
1992	PGA		83	74	74	78	79	305	21	27	148	226	70T	69T	81T	2,175

Perry, James Christopher "Chris"

Year	Event	A	Pos	R1	R2	R3	R4	Tot	P/M	SBW	R2T	R3T	R1P	R2P	R3P	W
1982	US	A	CUT	76	81			157	13		157		56T	108T		
1984	M	A	CUT	73	77			150	6		150		31T	66T		
1985	US		CUT	73	78			151	11		151		47T	104T		600
1986	US		CUT	75	76			151	11		151		24T	71T		600
1987	PGA		28T	75	75	74	73	297	9	10	150	224	52T	54T	47T	4,383
1989	PGA		17T	67	70	70	76	283	-5	7	137	207	3T	5T	3T	15,000
	US		54T	76	67	72	78	293	13	15	143	215	115T	37T	25T	4,300
1990	PGA		26T	75	74	72	75	296	8	14	149	221	60T	49T	24T	8,650
1991	US		31T	72	73	75	74	294	6	12	145	220	24T	30T	30T	10,133
1994	US		CUT	78	70			148	6		148		118T	66T		1,000
1995	US		56T	70	74	75	74	293	13	13	144	219	11T	42T	46T	4,834
1997	O		WD	80				80	9				131T			650
	PGA		49T	68	71	73	77	289	9	20	139	212	4T	9T	11T	6,375
	US		43T	70	73	71	76	290	10	14	143	214	10T	29T	21T	10,491
1998	PGA		74	73	71	75	78	297	17	26	144	219	81T	45T	66T	5,350
	US		25T	74	71	72	75	292	12	12	145	217	56T	26T	18T	25,640
1999	M		50T	73	72	74	80	299	11	19	145	219	34T	22T	39T	10,960
	PGA		10T	70	73	71	71	285	-3	8	143	214	10T	26T	18T	72,167
	US		42T	72	74	75	76	297	17	18	146	221	52T	46T	37T	15,068
2000	M		14T	73	75	72	69	289	1	11	148	220	22T	49T	31T	80,500
	O		CUT	74	75			149	5		149		94T	128T		1,000
	PGA		34T	72	74	70	69	285	-3	15	146	216	22T	51T	43T	24,000
	US		32T	75	72	78	72	297	13	25	147	225	72T	36T	43T	28,247
2001	M		37T	68	74	74	74	290	2	18	142	216	7T	20T	32T	26,320
	O		WD	78				78	7		0		146T			900
	PGA		CUT	74	74			148	8		148	0	117T	118T		2,000
	US		19T	72	71	73	69	285	5	9	143	216	36T	23T	35T	63,426

Perry, James Kenneth "Kenny"

Year	Event	A	Pos	R1	R2	R3	R4	Tot	P/M	SBW	R2T	R3T	R1P	R2P	R3P	W
1988	US		55T	74	71	77	72	294	10	16	145	222	56T	33T	60T	3,897
1989	PGA		51T	71	74	70	74	289	1	13	145	215	38T	62T	48T	2,750
1990	PGA		49T	73	76	78	73	300	12	18	149	227	29T	49T	67T	2,866
1991	O		CUT	73	76			149	9		149		77T	114T		600
	PGA		77	72	73	79	76	300	12	24	145	224	39T	43T	75T	2,075

Year	*Event*	*A*	*Pos*	*R1*	*R2*	*R3*	*R4*	*Tot*	*P/M*	*SBW*	*R2T*	*R3T*	*R1P*	*R2P*	*R3P*	*W*
1992	M		CUT	72	76			148	4		148		36T	69T		1,500
1993	US		25T	74	70	68	71	283	3	11	144	212	116T	72T	23T	14,532
1994	PGA		55T	78	67	70	74	289	9	20	145	215	135T	65T	47T	3,158
1995	M		12T	73	70	71	69	283	-5	9	143	214	43T	29T	27T	48,400
	PGA		49T	75	67	70	70	282	-2	15	142	212	119T	59T	49T	4,620
	US		CUT	76	75			151	11		151		124T	117T		1,000
1996	M		CUT	75	77			152	8		152		57T	69T		1,500
	PGA		2PO	66	72	71	68	277	-11	-1	138	209	1	3T	7T	260,000
	US		50T	73	71	75	71	290	10	12	144	219	65T	42T	71T	6,619
1997	M		CUT	73	78			151	7		151		18T	53T		5,000
	PGA		23T	73	68	73	71	285	5	16	141	214	64T	21T	27T	22,500
	US		CUT	76	73			149	9		149		115T	93T		1,000
1998	PGA		10T	69	72	70	68	279	-1	8	141	211	10T	23T	17T	69,000
1999	PGA		34T	74	69	72	76	291	3	14	143	215	80T	26T	24T	15,429
2000	PGA		30T	78	68	70	68	284	-4	14	146	216	123T	51T	43T	28,875
2001	PGA		44T	68	70	71	72	281	1	16	138	209	23T	26T	32T	14,250
2002	M		CUT	76	74			150	6		150		67T	61T		5,000
	PGA		29T	73	68	78	74	293	5	15	141	219	38T	8T	22T	33,500
	US		45T	74	76	71	74	295	15	18	150	221	55T	60T	50T	20,072
2003	M		37T	76	72	78	71	297	9	16	148	226	42T	37T	47T	31,650
	O		8T	74	70	70	73	287	3	4	144	214	35T	4T	3T	97,750
	PGA		10T	75	72	70	68	285	5	9	147	217	77T	49T	30T	135,000
	US		3T	72	71	69	67	279	-1	7	143	212	57T	54T	33T	341,367
2004	M		CUT	74	78			152	8		152		31T	75T		5,000
	O		16T	69	70	73	72	284	0	10	139	212	13T	10T	15T	47,000
	PGA		CUT	76	73			149	5		149	0	119T	113T		2,000
	US		CUT	74	77			151	11		151	0	83T	124T		1,000
2005	M		29T	76	68	71	77	292	4	16	144	215	52T	11T	14T	50,750
	O		11T	71	71	68	72	282	-6	8	142	210	30T	39T	9T	66,750
	PGA		23T	69	70	70	74	283	3	7	139	209	18T	15T	14T	56,400
	US		23T	75	70	71	74	290	10	10	145	216	75T	33T	21T	59,633
2006	O		CUT	73	74			147	3		147		92T	106T		2,250
	PGA		49T	72	71	71	77	291	3	21	143	214	61T	42T	34T	15,533
	US		58	77	71	79	74	301	21	16	148	227	90T	42T	62	17,281
2007	PGA		23T	72	72	71	70	285	5	13	144	215	36T	42T	38T	51,000
2008	PGA		WD	79				79	9				136T			
Perry, S. D. "Sam"																
1934	M	A	54T	77	81	80	81	319	31	35	158	238	41T	55T	57T	
1940	US	A	CUT	79	76			155	11		155		96T	79T		
Perske, Wayne																
2006	O		CUT	76	79			155	11		155		137T	149		2,000
Persons, Peter Taylor																
1986	M	A	CUT	76	77			153	9		153		46T	65T		
1991	PGA		CUT	73	75			148	4		148		58T	78T		1,000
	US		19T	70	75	75	72	292	4	10	145	220	7T	30T	30T	14,167
Peters, Ralph, Jr.																
1907	US	A	CUT	85	85			170			170		54T	52T		
Peters, W. E.																
1932	O		CUT	77	80			157	13		157		54T	74T		
Petersen, James																
1962	PGA		CUT	82	83			165	25		165		159T	163		
1966	US		CUT	72	80			152	12		152		16T	65T		300
1967	PGA		CUT	76	77			153	9		153		80T	85T		
Peterson, Les																
1969	US		CUT	76	82			158	18		158		79T	124T		500
Peterson, Randy																
1992	PGA		CUT	80	79			159	17		159		145T	143T		1,200
Peterson, Tony																
1979	US		63	74	75	84	79	312	28	28	149	233	29T	31T	62	1,200
Petraglia, Jim																
1987	PGA		CUT	91	80			171	27		171		149	144		1,000
Petranck, John J. "Pat"																
1921	US		WD	83	85			168	28		168	0	61T	71T		
1926	US		WD	84				84	12				118T			
1931	US		CUT	84	85			169	27		169		114T	117T		

Year	Event	A	Pos	R1	R2	R3	R4	Tot	P/M	SBW	R2T	R3T	R1P	R2P	R3P	W
Petri, Randy																
1965	US	A	CUT	78	79			157	17		157		82T	98T		
1967	US		CUT	77	75			152	12		152		101T	100T		400
1980	US		CUT	77	79			156	16		156		110T	126T		600
Petropolo, Nick																
1948	US	A	CUT	76	78			154	12		154		91T	101T		
1949	US	A	CUT	80	83			163	21		163		120T	137		
Petrovic, Timothy J.																
2001	US		62T	74	71	75	73	293	13	17	145	220	63T	43T	69T	11,443
2002	O		CUT	73	73			146	4		146		86T	95T		2,500
2003	PGA		CUT	82	75			157	17		157	0	146T	128T		2,000
	US		15T	69	70	70	73	282	2	10	139	209	10T	18T	15T	93,359
2004	M		41T	72	75	75	78	300	12	21	147	222	15T	25T	38T	27,950
	PGA		CUT	68	78			146	2		146	0	8T	74T		2,000
	US		24T	69	75	72	76	292	12	16	144	216	14T	45T	34T	63,328
2005	O		CUT	77	75			152	8		152		128T	135T		2,000
	PGA		CUT	75	70			145	5		145		113T	80T		2,000
2007	US		CUT	78	79			157	17		157		115T	123T		2,000
2008	O		CUT	82	76			158	18		158		145T	142T		2,375
Pettersson, Carl																
2002	O		43T	67	70	76	73	286	2	8	137	213	1T	6T	14T	13,750
	PGA		CUT	77	75			152	8		152	0	105T	105T		2,000
2003	PGA		CUT	74	76			150	10		150	0	58T	83T		2,000
2004	O		57T	68	77	74	74	293	9	19	145	219	4T	59T	62T	10,200
	PGA		54	71	71	76	73	291	3	11	142	218	29T	23T	58T	13,600
2005	US		CUT	77	76			153	13		153		113T	122T		2,000
2006	M		27T	72	74	73	73	292	4	11	146	219	19T	30T	29T	49,700
	O		8T	68	72	70	69	279	-9	9	140	210	7T	22T	16T	95,333
	PGA		CUT	72	76			148	4		148		61T	109T		2,000
	US		CUT	77	76			153	13		153		90T	98T		2,000
2007	M		52T	76	76	79	76	307	19	18	152	231	43T	46T	51T	17,255
	O		45T	70	75	73	72	290	6	13	145	218	13T	42T	50T	14,500
	US		17T	72	72	75	74	293	13	8	144	219	21T	8T	17T	102,536
2008	PGA		47T	71	74	76	73	294	14	17	145	221	16T	26T	51T	18,070
	US		6T	71	71	77	68	287	3	4	142	219	12T	9T	24T	220,686
Pettitt, Phillip, Jr.																
2007	US	A	CUT	81	82			163	23		163		144T	144T		
Peyre-Ferry, Kenneth B.																
1998	US		CUT	80	79			159	19		159		138T	144T		1,000
Pezzullo, Harry																
1956	US		CUT	80	80			160	20		160		127T	127T		
Pezzullo, Joseph																
1931	US		CUT	85	76			161	19		161		119T	82T		
1933	US		CUT	85	84			169	25		169		136T	136T		
1937	US		CUT	78	78			156	12		156		83T	96T		
1941	PGA		64T													100
Pfeil, Mark Glenn																
1974	M	A	CUT	75	77			152	8		152		47T	62T		
1975	O		CUT	72	74	77		223	7		146	223	20T	45T	68T	150
1979	US		CUT	73	79			152	10		152		18T	64T		600
1980	PGA		50T	75	72	78	71	296	16	22	147	225	78T	48T	68T	796
1981	M		CUT	74	75			149	5		149		36T	49T		1,500
1982	PGA		22T	68	73	76	67	284	4	12	141	217	7T	17T	62T	3,600
1983	PGA		30T	73	71	70	73	287	3	13	144	214	65T	38T	22T	2,650
1985	PGA		40T	70	70	74	77	291	3	13	140	214	18T	8T	12T	2,500
1986	US		CUT	79	74			153	13		153		94T	93T		600
1993	US		CUT	77	73			150	10		150		139T	132T		1,000
Pfister, Edward T. "EJ," III																
1999	US		CUT	79	77			156	16		156		149T	140T		1,000
Phelps, Mason Elliott																
1904	US	A	43T	90	84	86	88	348		45	174	260	56T	44T	43	
1911	US	A	20T	78	78	78	86	320	16	13	156	234	11T	12T	11T	
Philippon, Marcel																
1932	O		58T	77	77	80	78	312	24	29	154	234	54T	57T	61T	
Phillips, Andrew																
1967	O	A	CUT	74	82			156	12		156		41T	102T		
1974	O		CUT	76	81			157	15		157		34T	82T		50

Year	Event	A	Pos	R1	R2	R3	R4	Tot	P/M	SBW	R2T	R3T	R1P	R2P	R3P	W
Phillips, Billy																
1962	PGA		CUT	78	75			153	13		153		132T	105T		
Phillips, Bobby																
1979	PGA		CUT	78	75			153	13		153		125T	125T		350
Phillips, Chris																
1981	O		CUT	84	76			160	20		160		147T	141T		225
Phillips, Dustin																
1995	US		CUT	74	87			161	21		161		83T	152T		1,000
Phillips, Elliott																
1969	US	A	CUT	82	82			164	24		164		139T	144T		
Phillips, Frank																
1956	O		CUT	75	82			157	15		157		40T	67T		
1958	M		CUT	75	83			158	14		158		53T	73T		350
1961	O		41T	74	79	76	78	307	19	23	153	229	46T	40T	38T	
1962	M		CUT	79	72			151	7		151		85T	61T		400
	US		CUT	77	75			152	10		152		85T	64T		
1963	O		18T	70	73	75	74	292	12	15	143	218	7T	12T	17T	98
1964	O		12	77	75	72	70	294	6	15	152	224	28T	31T	19T	135
1968	O		CUT	81	73	78		232	16		154	232	102T	55T	60T	
Phillips, John P.																
1973	US	A	CUT	74	79			153	11		153		31T	80T		
Phillips, Vanslow L.																
1997	O		CUT	80	71			151	9		151		131T	103T		800
Philo, David K.																
1969	US		58T	71	74	78	76	299	19	18	145	223	14T	26T	58T	805
1973	PGA		CUT	78	75			153	11		153		104T	102T		
1982	PGA		CUT	82	75			157	17		157		147T	137T		650
Philo, Ronald A., Jr.																
1994	PGA		CUT	76	73			149	9		149		112T	103T		1,200
1996	PGA		CUT	78	78			156	12		156		136T	141T		1,300
1997	PGA		CUT	72	76			148	8		148		46T	84T		1,300
1999	US		CUT	77	79			156	16		156		136T	140T		1,000
2003	PGA		CUT	82	78			160	20		160	0	146T	141T		2,000
2004	PGA		CUT	76	79			155	11		155	0	119T	137T		2,000
2005	PGA		66T	71	73	73	72	289	9	13	144	217	40T	62T	70T	12,759
2006	PGA		CUT	82	73			155	11		155		156	150T		2,000
Philo, Ronald A., Sr.																
1976	PGA		CUT	78	83			161	21		161		104T	123T		250
Picard, George H.																
1940	PGA		64T													100
1941	US		CUT	79	82			161	21		161		99T	106T		
Picard, Henry Gilford																
1932	PGA		16T													
1933	PGA		16T													
1934	M		23T	71	76	75	76	298	10	14	147	222	4T	13T	18T	
	US		47T	79	75	80	79	313	33	20	154	234	64T	45T	47T	
1935	M		4	67	68	76	75	286	-2	4	135	211	1	1	3	500
	O		6	72	73	72	75	292	4	9	145	217	11T	7T	4	25
	PGA		64T													85
	US		6T	79	78	70	79	306	18	7	157	227	57T	36T	6T	219
1936	M		9T	75	72	74	73	294	6	9	147	221	6T	9T	12T	150
	PGA		16T													
	US		5T	70	71	74	74	289	1	7	141	215	4T	3T	4T	350
1937	M		33T	75	77	75	78	305	17	22	152	227	23T	32T	32T	
	O		15T	76	77	70	80	303	15	13	153	223	26T	36T	11T	10
	PGA		8T													
	US		10T	71	75	72	74	292	4	11	146	218	8T	15T	9T	175
1938	M		1	71	72	72	70	285	-3	-2	143	215	4T	2T	1	1,500
	PGA		3T													
	US		7T	70	70	77	78	295	11	11	140	217	1T	1	5T	217
1939	M		8	71	71	76	71	289	1	10	142	218	3T	6	8T	200
	PGA		1PO													1,100
	US		12T	72	72	72	74	290	14	6	144	216	17T	11T	12T	108
1940	M		7T	71	71	71	75	288	0	8	142	213	7T	4T	5	200
	PGA		16T													
	US		12T	73	73	71	76	293	5	6	146	217	19T	15T	9T	100

Year	Event	A	Pos	R1	R2	R3	R4	Tot	P/M	SBW	R2T	R3T	R1P	R2P	R3P	W
1941	PGA		64T													100
	US		26T	77	79	72	75	303	23	19	156	228	66T	59T	32T	50
1942	M		15T	75	72	75	75	297	9	17	147	222	27T	15T	12T	
1946	M		25T	79	73	71	77	300	12	18	152	223	42T	31T	20T	
	US		12T	71	73	71	74	289	1	5	144	215	5T	7T	5	150
1947	M		6T	73	70	72	71	286	-2	5	143	215	22T	11T	7T	625
	US		CUT	76	80			156	14		156		76T	98T		
1948	M		25T	73	73	74	77	297	9	18	146	220	17T	18T	15T	
1949	M		21T	74	77	73	73	297	9	15	151	224	16T	29T	27T	248
1950	M		14T	74	71	77	75	297	9	14	145	222	13T	7T	9T	261
	PGA		3T													750
	US		12T	71	71	79	73	294	14	7	142	221	7T	6T	23T	133
1951	PGA		32T													200
	US		24T	78	73	78	72	301	21	14	151	229	76T	37T	41T	100
1952	M		52T	76	77	78	80	311	23	25	153	231	45T	50T	51T	200
1953	M		38T	73	75	74	78	300	12	26	148	222	13T	31T	30T	200
1955	M		41T	78	79	75	75	307	19	28	157	232	46T	59T	48T	250
1956	M		46T	75	76	82	76	309	21	20	151	233	38T	40T	52T	300
1957	M		35T	79	71	78	74	302	14	19	150	228	68T	29T	39T	300
1958	M		CUT	72	78			150	6		150		18T	44T		350
1959	M		CUT	77	76			153	9		153		52T	58T		350
	US		CUT	77	75			152	12		152		73T	69T		
1960	M		CUT	76	77			153	9		153		50T	57T		350
	PGA		32T	77	73	73	73	296	16	15	150	223	106T	68T	44T	247
1962	M		39T	75	73	76	74	298	10	18	148	224	44T	33T	46T	500
1963	M		WD													500
1965	M		CUT	76	79			155	11		155		72T	77T		900
	PGA		CUT	75	81			156	14		156		59T	116T		
1966	M		CUT	78	83			161	17		161		70T	96T		1,000
1967	M		CUT	78	76			154	10		154		66T	67T		1,000
1968	M		WD	78				78	6				61T			1,000
1969	M		CUT	75	76			151	7		151		53T	62T		1,000
1970	M		WD													1,000
Picard, Jim																
1967	US		CUT	80	77			157	17		157		135T	131T		400
1968	PGA		69	77	70	77	79	303	23	22	147	224	103T	43T	57T	365
1977	PGA		CUT	78	78			156	12		156		94T	101T		250
1978	PGA		CUT	76	75			151	9		151		75T	86T		303
Pickworth, Horace Henry Alfred "Ossie"																
1950	O		CUT	75	77			152	12		152		38T	59T		
1953	O		CUT	79	77			156	12		156		50T	54T		
Pieper, Ernest P., Jr.																
1948	US	A	CUT	73	78			151	9		151		35T	75T		
Pierce, Clifton W.																
1984	M	A	CUT	73	77			150	6		150		31T	66T		
Pierce, R. De Z.																
1919	US	A	51	83	82	89	84	338	54	37	165	254	47T	48T	53T	
Piercy, Loyd Scott "Scott"																
2008	US		CUT	78	73			151	9		151		112T	92T		2,000
Pierpoint, Harry																
1934	O		35T	77	73	79	77	306	18	23	150	229	52T	33T	44T	
Pierpoint, Tom																
1936	O		CUT	81	81			162	14		162		84T	82T		
1939	O		CUT	75	78			153	7		153		35T	53T		
Pierse, Arthur D.																
1977	O	A	CUT	78	78			156	16		156		109T	131T		
Pierson, Drew																
1973	PGA		CUT	80	80			160	18		160		128T	135T		
Pigott, Chris S.																
1974	US		CUT	81	82			163	23		163		119T	128T		500
Pilkadaris, Terry																
2007	O		CUT	74	74			148	6		148		78T	81T		2,650
Pilkington, Mark																
2001	O		CUT	77	70			147	5		147		135T	94T		1,100
2006	O		CUT	76	68			144	0		144		137T	72T		3,000

Year	Event	A	Pos	R1	R2	R3	R4	Tot	P/M	SBW	R2T	R3T	R1P	R2P	R3P	W
Pillar, John E.																
1997	US		CUT	76	76			152	12		152		115T	127T		1,000
Pineo, Warren																
2007	US		CUT	82	72			154	14		154		149T	99T		2,000
Pinero Sanchez, Manuel																
1977	O		36T	74	75	71	71	291	11	23	149	220	48T	73T	54T	345
1978	M		CUT	78	72			150	6		150		61T	54T		1,500
	O		CUT	72	72	79		223	7		144	223	26T	23T	65T	225
1979	O		CUT	77	79			156	14		156		77T	102T		200
1980	O		58T	72	72	75	75	294	10	23	144	219	18T	30T	59T	550
1981	O		6T	73	74	68	70	285	5	9	147	215	17T	38T	10T	7,750
1982	O		51T	75	75	74	78	302	14	18	150	224	45T	53T	35T	617
1983	O		45T	74	72	71	70	287	3	12	146	217	82T	71T	56T	791
1984	O		36T	71	71	76	71	289	1	13	142	218	21T	20T	46T	2,230
1985	O		25T	71	73	72	73	289	9	7	144	216	24T	17T	17T	3,742
1986	O		19T	78	71	70	74	293	13	13	149	219	71T	42T	12T	7,250
	PGA		CUT	76	73			149	7		149		118T	97T		1,000
1987	O		CUT	75	73			148	6		148		97T	88T		400
1988	O		65	75	73	77	74	299	15	26	148	225	63T	57T	66T	2,300
1991	O		CUT	79	74			153	13		153		148T	138T		600
1993	O		51T	70	72	71	72	285	5	18	142	213	48T	47T	42T	4,356
Pinkerton, David Y.																
1894	O		WD	96				96					53T			
Pinns, Gary R.																
1982	US		CUT	74	82			156	12		156		33T	102T		600
1985	US		CUT	74	78			152	12		152		64T	115T		600
1987	US		CUT	74	78			152	12		152		71T	118T		600
Pinns, Kenny																
1958	US		CUT	84	80			164	24		164		131T	125T		
Pinsent, Jeffrey																
1985	O		39T	73	74	72	73	292	12	10	147	219	59T	51T	42T	2,600
Piper, J.																
1909	O		58	73	85	82	89	329		34	158	240	2	25T	38T	
1910	O		UNK	78												
1911	O		13T	78	79	80	74	311		8	157	237	35T	33T	27T	
Pipkin, Robert A.																
1969	US		CUT	79	77			156	16		156		116T	115T		500
Pirie, Alexander																
1903	US		WD	90	83			173			173		70T	49T		
1908	US		CUT	95	92			187			187		59T	61T		
1909	US		CUT	87	83			170			170		74	71		
1919	US		WD	85				85	14				70T			
Pirie, John "Jack"																
1907	US		CUT	88	82			170			170		63	52T		
1916	PGA		32T													50
1921	PGA		32T													50
	US		57T	82	80	87	84	333	53	44	162	249	57T	44T	62	
1924	US		WD	86	79	83		248	32		165	248	78T	61T	61T	
Pirie, Robert																
1924	US		WD	89				89	17				83T			
Pirtle, Allwyn W.																
1952	US	A	CUT	80	89			169	29		169		108T	135		
Pisano, Gerald L.																
1961	PGA		CUT	78	73			151	11		151		120T	83T		
1962	PGA		CUT	78	82			160	20		160		132T	154T		
	US		CUT	80	80			160	18		160		129T	132T		
1963	PGA		40T	72	76	69	76	293	9	14	148	217	20T	49T	21T	410
	US		CUT	84	85			169	27		169		141T	146T		150
Pitman, Warren																
1990	US	A	CUT	83	81			164	20		164		154	155		
Pittman, Jerry W.																
1957	US	A	CUT	80	75			155	15		155		125T	90T		
1958	US	A	17T	75	77	71	74	297	17	14	152	223	12T	28T	15T	
1962	US		33T	75	72	75	78	300	16	17	147	222	47T	23T	25T	375

Year	Event	A	Pos	R1	R2	R3	R4	Tot	P/M	SBW	R2T	R3T	R1P	R2P	R3P	W
1963	M		CUT	78	79			157	13		157		52T	67T		600
	US		CUT	76	78			154	12		154		45T	63T		150
1965	PGA		CUT	76	79			155	13		155		78T	110T		
	US		CUT	80	82			162	22		162		105T	126		300
1966	PGA		CUT	77	76			153	13		153		92T	94T		
	US		CUT	76	78			154	14		154		70T	90T		300
1967	PGA		33T	72	78	69	74	293	5	12	150	219	19T	57T	26T	750
	US		16T	72	72	75	69	288	8	13	144	219	21T	21T	30T	1,650
1968	M		7T	70	73	70	69	282	-6	5	143	213	7T	12T	10T	3,460
	O		CUT	78	80			158	14		158		62T	92T		
	PGA		37T	74	71	74	73	292	12	11	145	219	51T	23T	35T	686
	US		7T	73	67	74	71	285	5	10	140	214	28T	3T	7T	3,750
1969	M		CUT	74	75			149	5		149		44T	49T		1,000
	US		CUT	74	81			155	15		155		47T	106T		500
1973	PGA		35T	73	70	76	71	290	6	13	143	219	33T	15T	48T	1,054

Placido, Bob

Year	Event	A	Pos	R1	R2	R3	R4	Tot	P/M	SBW	R2T	R3T	R1P	R2P	R3P	W
1975	PGA		CUT	81	85			166	26		166		123T	130T		

Planchin, Tim

Year	Event	A	Pos	R1	R2	R3	R4	Tot	P/M	SBW	R2T	R3T	R1P	R2P	R3P	W
1981	O	A	CUT	76	79			155	15		155		59T	112T		

Platt, John Wood "Woody"

Year	Event	A	Pos	R1	R2	R3	R4	Tot	P/M	SBW	R2T	R3T	R1P	R2P	R3P	W
1927	US	A	WD													
1934	US	A	CUT	82	77			159	19		159		114T	86T		
1936	US	A	CUT	79	77			156	12		156		125T	113T		

Platt, Percy

Year	Event	A	Pos	R1	R2	R3	R4	Tot	P/M	SBW	R2T	R3T	R1P	R2P	R3P	W
1912	US	A	CUT	84	83			167	19		167		85T	84T		

Platte, Jules William

Year	Event	A	Pos	R1	R2	R3	R4	Tot	P/M	SBW	R2T	R3T	R1P	R2P	R3P	W
1935	US		CUT	80	83			163	19		163		65T	76T		
1948	PGA		64T													100
1949	US		CUT	87	79			166	24		166		155T	142		

Platts, Chris

Year	Event	A	Pos	R1	R2	R3	R4	Tot	P/M	SBW	R2T	R3T	R1P	R2P	R3P	W
1985	O		CUT	74	76			150	10		150		77T	87T		375

Platts, Lionel

Year	Event	A	Pos	R1	R2	R3	R4	Tot	P/M	SBW	R2T	R3T	R1P	R2P	R3P	W
1961	O		20T	70	80	71	79	300	12	16	150	221	7T	22T	12T	
1962	O		24T	78	74	76	72	300	12	24	152	228	65T	33T	32T	
1963	O		39T	74	75	78	71	298	18	21	149	227	30T	40T	45	48
1964	O		CUT	82	73			155	11		155		86T	50T		
1965	O		12T	72	72	73	77	294	2	9	144	217	6T	11T	7T	133
1966	M		CUT	80	79			159	15		159		89T	92T		1,000
	O		55T	74	74	78	81	307	23	25	148	226	34T	29T	46T	37
1967	O		13T	68	73	72	76	289	1	11	141	213	1	3T	6T	195
1968	O		CUT	76	76	77		229	13		152	229	28T	38T	46T	
1969	O		CUT	83	70			153	11		153		126T	81T		
1970	O		CUT	81	72			153	9		153		131T	102T		
1971	O		40T	78	72	73	73	296	4	18	150	223	107T	61T	54T	170
1972	O		CUT	79	75			154	12		154		118T	99T		50
1973	O		CUT	74	77	74		225	9		151	225	25T	68T	61T	75
1974	O		CUT	81	83			164	22		164		118T	131T		50
1975	O		CUT	76	75			151	7		151		90T	97T		100
1976	O		CUT	79	78			157	13		157		100T	122T		100
1977	O		CUT	77	77			154	14		154		93T	110T		150

Plaxton, Jonathan L.

Year	Event	A	Pos	R1	R2	R3	R4	Tot	P/M	SBW	R2T	R3T	R1P	R2P	R3P	W
1982	O	A	CUT	77	76			153	9		153		82T	88T		
1983	O	A	CUT	78	76			154	12		154		130T	127T		

Player, Gary Jim

Year	Event	A	Pos	R1	R2	R3	R4	Tot	P/M	SBW	R2T	R3T	R1P	R2P	R3P	W
1956	O		4	71	76	73	71	291	7	5	147	220	7T	7T	5T	200
1957	M		24T	77	72	75	73	297	9	14	149	224	46T	27T	24T	700
	O		24T	71	74	75	73	293	5	14	145	220	11T	20T	31T	
1958	M		CUT	74	76			150	6		150		42T	44T		350
	O		7	68	74	70	71	283	-1	5	142	212	3T	15T	9T	200
	US		2	75	68	73	71	287	7	4	143	216	12T	2	3	5,000
1959	M		8T	73	75	71	71	290	2	6	148	219	10T	28T	18T	1,740
	O		1	75	71	70	68	284	-4	-2	146	216	40T	19T	10T	1,000
	US		15T	71	69	76	76	292	12	10	140	216	6T	2T	11T	510
1960	M		6T	72	71	72	74	289	1	7	143	215	12T	9T	7	2,800
	O		7	72	71	72	69	284	-8	6	143	215	9T	8T	8T	300
	US		19T	70	72	71	76	289	5	9	142	213	4T	11T	10	473
1961	M		1	69	68	69	74	280	-8	-1	137	206	3	1T	1	20,000
	O		WD	73	77			150	6		150		35T	22T		

Year	*Event*	*A*	*Pos*	*R1*	*R2*	*R3*	*R4*	*Tot*	*P/M*	*SBW*	*R2T*	*R3T*	*R1P*	*R2P*	*R3P*	*W*
	PGA		29T	72	74	71	73	290	10	13	146	217	24T	38T	26T	425
	US		9T	75	72	69	71	287	7	6	147	216	50T	32T	15T	1,750
1962	M		2PO	67	71	71	71	280	-8	-2	138	209	1	2	3	12,000
	O		CUT	74	79			153	9		153		12T	40T		
	PGA		1	72	67	69	70	278	-2	-1	139	208	18T	2T	1	13,000
	US		6T	71	71	72	74	288	4	5	142	214	4T	4T	5T	2,750
1963	M		5T	71	74	74	70	289	1	3	145	219	6T	9T	9T	4,000
	O		7T	75	70	72	70	287	7	10	145	217	42T	16T	10T	250
	PGA		8T	74	75	67	70	286	2	7	149	216	40T	60T	16T	2,090
	US		8T	74	75	75	72	296	12	3	149	224	22T	15T	13T	1,875
1964	M		5T	69	72	72	73	286	-2	10	141	213	1T	2	4T	3,700
	O		8T	78	71	73	70	292	4	13	149	222	43T	14T	10T	183
	PGA		13T	70	71	71	71	283	3	12	141	212	14T	13T	12T	1,650
	US		23T	75	74	72	74	295	15	17	149	221	47T	39T	24T	475
1965	M		2T	65	73	69	73	280	-8	9	138	207	1	1T	2	10,200
	O		WD	76	71	79		226	7		147	226	59T	23T	40T	
	PGA		33T	74	72	74	74	294	10	14	146	220	44T	23T	31T	738
	US		1PO	70	70	71	71	282	2	-2	140	211	4T	1	1	26,000
1966	M		28T	74	77	76	72	299	11	11	151	227	16T	40T	46T	1,175
	O		4T	72	74	71	69	286	2	4	146	217	7T	17T	12T	705
	PGA		3T	73	70	70	73	286	6	6	143	213	17T	5T	3T	8,333
	US		15T	78	72	74	69	293	13	15	150	224	105T	44T	42T	1,700
1967	M		6T	75	69	72	71	287	-1	7	144	216	44T	9T	9T	4,150
	O		3T	72	71	67	74	284	-4	6	143	210	23T	8T	2	1,125
	US		12T	69	73	73	71	286	6	11	142	215	2T	8T	16T	2,000
1968	M		7T	72	67	71	72	282	-6	5	139	210	17T	1T	1	3,460
	O		1	74	71	71	73	289	1	-2	145	216	12T	5T	3	3,000
	US		16T	76	69	70	73	288	8	13	145	215	76T	24T	12T	1,633
1969	M		33T	74	70	75	76	295	7	14	144	219	44T	17T	31T	1,425
	O		23T	74	68	76	74	292	8	12	142	218	46T	9T	18T	225
	PGA		2	71	65	71	70	277	-7	1	136	207	20T	2	2T	20,000
	US		48T	71	75	72	77	295	15	14	146	218	14T	36T	35T	915
1970	M		3	74	68	68	70	280	-8	1	142	210	24T	5T	3	14,000
	O		CUT	74	75	75		224	8		149	224	74T	76T	58T	52
	PGA		12T	74	68	74	70	286	6	7	142	216	45T	6T	13T	3,750
	US		44T	80	73	75	74	302	14	21	153	228	82T	52T	50T	975
1971	M		6T	72	72	71	69	284	-4	5	144	215	12T	14T	10T	5,600
	O		7T	71	70	71	72	284	-8	6	141	212	12T	4T	4T	1,775
	PGA		4T	71	73	68	73	285	-3	4	144	212	5T	16T	2	8,800
	US		27T	76	71	72	70	289	9	9	147	219	105T	49T	47T	1,253
1972	M		10T	73	75	72	71	291	3	5	148	220	16T	24T	15T	3,600
	O		6	71	71	76	67	285	1	7	142	218	8T	3T	18T	2,150
	PGA		1	71	71	67	72	281	1	-2	142	209	14T	7T	1	45,000
	US		15T	72	74	75	78	299	11	9	146	221	7T	8T	9T	1,900
1973	O		14T	76	69	76	69	290	2	14	145	221	55T	12T	26T	950
	PGA		51T	73	72	71	78	294	10	17	145	216	33T	30T	19T	360
	US		12	67	70	77	73	287	3	8	137	214	1	1	9T	3,000
1974	M		1	71	71	66	70	278	-10	-2	142	208	16T	16T	2T	35,000
	O		1	69	68	75	70	282	-2	-4	137	212	1T	1	1	5,500
	PGA		7	73	64	73	70	280	0	4	137	210	43T	3T	6T	7,200
	US		8T	70	73	77	73	293	13	6	143	220	1	1T	8T	5,500
1975	M		30T	72	74	73	73	292	4	16	146	219	17T	27T	28T	1,950
	O		32T	75	71	73	73	292	4	13	146	219	73T	45T	45T	275
	PGA		33T	72	70	73	76	291	11	15	142	215	26T	19T	17T	1,215
	US		43T	75	73	72	77	297	13	10	148	220	52T	49T	27T	985
1976	M		28T	73	73	70	79	295	7	24	146	216	29T	22T	11T	1,950
	O		28T	72	72	79	71	294	6	15	144	223	10T	8T	35T	335
	PGA		13T	70	69	72	75	286	6	5	139	211	12T	3T	5T	4,350
	US		23T	72	77	73	70	292	12	15	149	222	13T	45T	38T	1,650
1977	M		19T	71	70	72	74	287	-1	11	141	213	9T	5T	6T	2,500
	O		22T	71	74	74	69	288	8	20	145	219	15	33T	49T	688
	PGA		31T	74	77	68	74	293	5	11	151	219	40T	64T	33T	1,350
	US		10T	72	67	71	75	285	5	7	139	210	27T	4T	3T	4,100
1978	M		1	72	72	69	64	277	-11	-1	144	213	8T	16T	10T	45,000
	O		34T	74	71	76	71	292	4	11	145	221	68T	37T	48T	450
	PGA		26T	76	72	71	71	290	6	14	148	219	75T	62T	41T	2,350
	US		6T	71	71	70	77	289	5	4	142	212	5T	2T	2	7,548
1979	M		17T	71	72	74	71	288	0	8	143	217	16T	22T	28T	2,700
	O		19T	77	74	69	75	295	11	12	151	220	77T	56T	21T	1,810
	PGA		23T	73	70	70	71	284	4	12	143	213	52T	26T	22T	2,900
	US		2T	73	73	72	68	286	2	2	146	218	18T	11T	14T	22,250
1980	M		6T	71	71	71	70	283	-5	8	142	213	13T	12T	12T	9,958
	O		CUT	77	71	72		220	7		148	220	96T	66T	66T	350
	PGA		26T	72	74	71	75	292	12	18	146	217	32T	39T	17T	2,950

Year	Event	A	Pos	R1	R2	R3	R4	Tot	P/M	SBW	R2T	R3T	R1P	R2P	R3P	W
	US		CUT	77	72			149	9		149		110T	79T		600
1981	M		15T	73	73	71	71	288	0	8	146	217	28T	27T	24T	5,500
	O		CUT	81	68	75		224	14		149	224	126	66T	67	350
	PGA		49T	75	72	71	71	289	9	16	147	218	88T	69T	54T	913
	US		26T	72	72	71	71	286	6	13	144	215	47T	36T	35T	2,100
1982	M		15T	74	73	71	74	292	4	8	147	218	10T	8T	11T	5,850
	O		42T	75	74	76	75	300	12	16	149	225	45T	46T	42T	650
	PGA		CUT	76	70			146	6		146		107T	75T		650
	US		CUT	78	78			156	12		156		78T	102T		600
1983	M		CUT	73	78			151	7		151		42T	62T		1,610
	O		CUT	76	71			147	5		147		113T	84T		250
	PGA		42T	74	68	73	74	289	5	15	142	215	86T	25T	29T	1,875
	US		20T	73	74	76	71	294	10	14	147	223	17T	20T	30T	5,555
1984	M		21T	71	72	73	71	287	-1	10	143	216	13T	16T	30T	6,475
	O		CUT	74	75			149	5		149		69T	97T		330
	PGA		2T	74	63	69	71	277	-11	4	137	206	54T	1T	3	62,500
	US		43T	74	72	72	76	294	14	18	146	218	72T	42T	29T	3,374
1985	M		36T	71	75	73	75	294	6	12	146	219	9T	25T	24T	3,612
	O		CUT	72	77	73		222	12		149	222	39T	70T	62T	700
	PGA		CUT	72	76			148	4		148		52T	77T		1,000
1986	M		CUT	77	73			150	6		150		61T	49T		1,500
	O		35T	75	72	73	76	296	16	16	147	220	22T	23T	16T	3,168
1987	M		35T	75	75	71	76	297	9	12	150	221	35T	40T	27T	4,257
	O		66T	72	74	79	75	300	16	21	146	225	45T	70T	67T	1,750
1988	M		CUT	78	75			153	9		153		53T	54T		1,500
	O		60T	72	76	73	76	297	13	24	148	221	19T	57T	52T	2,525
	US		CUT	77	72			149	7		149		105T	81T		1,000
1989	M		CUT	76	77			153	9		153		51T	56T		1,500
	O		CUT	79	73			152	8		152		140T	127T		500
	US		CUT	78	69			147	7		147		139T	86T		1,000
1990	M		24T	73	74	68	76	291	3	13	147	215	33T	34T	12T	11,000
	O		CUT	72	73			145	1		145		51T	83T		550
1991	M		CUT	72	75			147	3		147		31T	58T		1,500
	O		57T	75	71	69	71	286	6	14	146	215	115T	78T	54T	3,550
1992	M		CUT	75	73			148	4		148		69T	69T		1,500
	O		CUT	71	75			146	4		146		57T	102T		600
1993	M		60	71	76	75	80	302	14	25	147	222	22T	57T	53T	3,700
	O		CUT	73	71			144	4		144		107T	79T		600
1994	M		CUT	71	79			150	6		150		10T	52T		1,500
	O		CUT	72	73			145	5		145		68T	93T		600
1995	M		CUT	76	73			149	5		149		64T	68T		1,500
	O		68T	71	73	77	74	295	7	13	144	221	34T	41T	78T	4,975
1996	M		CUT	73	76			149	5		149		42T	56T		1,500
	O		CUT	71	76			147	5		147		43T	107T		650
1997	M		CUT	76	75			151	7		151		42T	53T		5,000
	O		CUT	78	71			149	7		149		99T	86T		800
1998	M		46	77	72	78	75	302	14	23	149	227	62T	35T	46	11,200
	O		CUT	77	74			151	11		151		147T	124T		700
1999	M		CUT	79	79			158	14		158		87T	89		5,000
	O		CUT	81	83			164	22		164		119T	141T		328
2000	M		CUT	76	74			150	6		150		54T	65T		5,000
	O		CUT	77	79			156	12		156		135T	152		900
2001	M		CUT	73	76			149	5		149		43T	67T		5,000
	O		CUT	77	82			159	17		159		135T	152T		900
2002	M		CUT	80	78			158	14		158		82T	82T		5,000
2003	M		CUT	82	80			162	18		162		82T	84T		5,000
2004	M		CUT	82	80			162	18		162		88T	90		5,000
2005	M		CUT	88	79			167	23		167		90	90		5,000
2006	M		CUT	79	81			160	16		160		72T	85T		5,000
2007	M		CUT	83	77			160	16		160		89T	89		5,000
2008	M		CUT	83	78			161	17		161		94	93		10,000

Player, Wayne

Year	Event	A	Pos	R1	R2	R3	R4	Tot	P/M	SBW	R2T	R3T	R1P	R2P	R3P	W
1979	O	A	CUT	75	75	82		232	19		150	232	36T	45T	79T	
1982	US	A	CUT	81	79			160	16		160		122T	128T		
1990	O		CUT	76	70			146	2		146		137	102T		550

Playfair, N.

Year	Event	A	Pos	R1	R2	R3	R4	Tot	P/M	SBW	R2T	R3T	R1P	R2P	R3P	W
1888	O	A	25	94	93			187		16						

Plemmons, Broyles M.

Year	Event	A	Pos	R1	R2	R3	R4	Tot	P/M	SBW	R2T	R3T	R1P	R2P	R3P	W
1947	US		WD	85				85	14				152T			
1949	US		CUT	82	86			168	26		168		139T	143		
1953	PGA		32T													200

Year	Event	A	Pos	R1	R2	R3	R4	Tot	P/M	SBW	R2T	R3T	R1P	R2P	R3P	W
Ploujoux, Phillippe																
1981	O	A	CUT	80	74			154	14		154		120T	102T		
1982	M	A	CUT	81	82			163	19		163		62T	70T		
1983	M	A	CUT	81	84			165	21		165		81	79		
Plumbridge, M. M. R. "Mike"																
1968	O		CUT	83	75			158	14		158		116T	92T		
Plumbridge, Reginald Thomas																
1936	O		CUT	86	81			167	19		167		102T	99T		
1938	O		CUT	77	78			155	15		155		67T	82T		
Plummer, Cyril																
1891	O	A	UNK													
Plummer, Richard E.																
1965	PGA		CUT	78	78			156	14		156		119T	116T		
1967	US		CUT	87	74			161	21		161		150	144T		400
1968	PGA		CUT	76	80			156	16		156		83T	125T		
1975	PGA		CUT	84	77			161	21		161		130T	127		
Poche, Carl																
1988	PGA		CUT	80	79			159	17		159		144T	145T		1,000
Podolak, Michael E.																
1986	M	A	CUT	82	74			156	12		156		87T	77T		
Podolski, Michael J.																
1969	PGA		CUT	80	79			159	17		159		128T	130T		
Pohl, Danny Joe "Dan"																
1980	PGA		WD													
	US		CUT	76	74			150	10		150		96T	86T		600
1981	PGA		3	69	67	73	69	278	-2	5	136	209	7T	2T	9T	25,000
1982	M		2PO	75	75	67	67	284	-4	-1	150	217	18T	22T	8T	39,000
	PGA		70T	71	71	73	79	294	14	22	142	215	21T	26T	41T	1,100
	US		3T	72	74	70	70	286	-2	4	146	216	8T	17T	9T	14,967
1983	M		8T	74	72	70	71	287	-1	7	146	216	53T	36T	16T	14,500
	PGA		8	72	70	69	69	280	-4	6	142	211	39T	25T	13T	16,000
	US		CUT	84	76			160	18		160		146T	128T		600
1984	M		35T	74	71	72	74	291	3	14	145	217	49T	32T	32T	3,100
	PGA		39T	71	70	73	77	291	3	18	141	214	22T	14T	17T	2,506
1985	PGA		12T	72	74	69	70	285	-3	7	146	215	52T	49T	18T	9,017
	US		CUT	79	72			151	11		151		134T	104T		600
1986	M		31T	76	70	72	73	291	3	12	146	218	46T	19T	30T	4,875
	O		CUT	75	78			153	13		153		22T	88T		400
	PGA		26T	71	71	74	71	287	3	11	142	216	26T	17T	38T	4,900
	US		CUT	79	72			151	11		151		94T	71T		600
1987	M		CUT	81	71			152	8		152		80T	55T		1,500
	PGA		14T	71	78	75	69	293	5	6	149	224	10T	42T	47T	10,750
	US		9T	75	71	69	69	284	4	7	146	215	88T	63T	35T	15,004
1988	M		16T	78	70	69	73	290	2	9	148	217	53T	23T	12T	16,000
	PGA		8	69	71	70	71	281	-3	9	140	210	13T	18T	8T	28,000
	US		12T	74	72	69	69	284	0	6	146	215	56T	49T	23T	14,781
1989	M		42	72	74	78	75	299	11	16	146	224	11T	12T	36T	4,300
	PGA		24T	71	69	74	70	284	-4	8	140	214	38T	14T	42T	10,000
	US		29T	71	71	73	73	288	8	10	142	215	35T	28T	25T	9,007
Points, Darren Andrew "DA"																
2008	US		69T	74	71	77	77	299	15	16	145	222	49T	22T	47T	15,778
Polland, Edward "Eddie"																
1970	O		CUT	75	77			152	8		152		86T	99T		
1971	O		CUT	80	75			155	9		155		129T	107T		
1972	O		CUT	76	77			153	11		153		71T	89T		50
1973	O		18T	74	73	73	72	292	4	16	147	220	25T	22T	21T	409
1974	O		CUT	77	76	79		232	19		153	232	46T	38T	61T	75
1975	O		CUT	78	76			154	10		154		119T	108T		100
1976	O		CUT	77	77			154	10		154		66T	96T		100
1977	O		CUT	72	75	77		224	14		147	224	22T	46T	71T	200
1981	O		53T	75	75	72	75	297	17	21	150	222	40T	75T	54T	550
1983	O		CUT	75	72			147	5		147		101T	84T		250
1985	O		CUT	72	77	75		224	14		149	224	39T	70T	74T	700
1986	O		CUT	79	77			156	16		156		96T	116T		400
Pollard, Jack																
1938	US	A	CUT	84	85			169	27		169		125T	137T		

Year	Event	A	Pos	R1	R2	R3	R4	Tot	P/M	SBW	R2T	R3T	R1P	R2P	R3P	W
Pollock, R.																
1862	O	A	UNK													
Pomerantz, Robb																
1978	US	A	CUT	87	80			167	25		167		151	148T		
Pomeroy, Ewing M.																
1946	PGA		64T													100
1950	US		CUT	76	81			157	17		157		75T	107T		
1957	PGA		32T													
1958	PGA		63	80	74	74	82	310	30	34	154	228	126T	85T	59T	100
1959	US		35T	72	72	76	80	300	20	18	144	220	16T	12T	25T	240
1960	US		CUT	75	77			152	10		152		64T	89T		
1965	US		CUT	83	77			160	20		160		131T	111T		300
Pomy, Art																
1949	US		CUT	82	76			158	16		158		139T	108T		
Pook, Graeme W.																
1981	O	A	CUT	78	81			159	19		159		90T	137T		
Pooley, Sheldon George "Don," Jr.																
1977	US		CUT	74	78			152	12		152		60T	96T		500
1978	PGA		CUT	74	75			149	7		149		44T	73T		303
1980	PGA		46T	74	75	75	71	295	15	21	149	224	58T	65T	63T	893
1981	M		19T	71	75	72	71	289	1	9	146	218	12T	27T	28T	4,500
	PGA		19T	74	70	69	71	284	4	11	144	213	71T	36T	23T	3,631
	US		CUT	75	74			149	9		149		85T	82T		600
1982	M		CUT	79	80			159	15		159		53T	65T		1,500
	PGA		67T	73	71	72	77	293	13	21	144	216	64T	48T	54T	1,110
	US		CUT	79	75			154	10		154		99T	85T		600
1983	PGA		23T	72	68	74	71	285	1	11	140	214	39T	14T	22T	3,913
1984	PGA		34T	70	73	75	71	289	1	16	143	218	13T	24T	38T	3,317
1985	PGA		62T	70	71	76	79	296	8	18	141	217	18T	10T	33T	1,600
	US		15T	73	69	73	71	286	6	7	142	215	47T	22T	23T	8,398
1986	M		41	77	72	73	72	294	6	15	149	222	61T	40T	42T	3,400
	PGA		16T	71	74	69	71	285	1	9	145	214	26T	50T	22T	8,500
	US		24T	75	71	74	69	289	9	10	146	220	24T	18T	36T	6,462
1987	M		45T	76	75	76	73	300	12	15	151	227	49T	46T	51T	2,800
	PGA		5T	73	71	73	72	289	1	2	144	217	23T	11T	10T	37,500
	US		24T	74	72	72	69	287	7	10	146	218	71T	63T	53T	7,720
1988	M		5T	71	72	72	70	285	-3	4	143	215	3T	5T	7T	36,500
	O		16T	70	73	69	74	286	2	13	143	212	4T	9T	5T	10,500
	PGA		58T	72	69	73	77	291	7	19	141	214	44T	28T	31T	1,990
	US		CUT	76	71			147	5		147		89T	66T		1,000
1989	M		14T	70	77	76	67	290	2	7	147	223	4T	17T	33T	19,450
	O		19T	73	70	69	71	283	-5	8	143	212	61T	36T	23T	8,575
	PGA		34T	70	71	72	73	286	-2	10	141	213	21T	23T	30T	5,750
	US		26T	74	69	71	73	287	7	9	143	214	87T	37T	24	9,984
1990	M		42T	73	73	72	79	297	9	19	146	218	33T	24T	22T	4,867
	O		39T	70	73	71	71	285	-3	15	143	214	17T	57T	49T	4,217
	PGA		8T	75	74	71	72	292	4	10	149	220	60T	49T	19T	34,375
	US		CUT	76	72			148	4		148		115T	89T		1,000
1991	M		46T	72	71	69	78	290	2	13	143	212	31T	30T	14T	4,050
	PGA		73T	72	74	72	80	298	10	22	146	218	39T	57T	47T	2,138
1992	US		44T	76	71	76	74	297	9	12	147	223	101T	51T	61T	8,007
1995	O		101T	76	71	80	75	302	14	20	147	227	135T	81T	101T	4,000
	PGA		CUT	71	72			143	1		143		58T	73T		1,200
1997	PGA		29T	72	74	70	70	286	6	17	146	216	46T	68T	38T	13,625
1998	US		CUT	74	77			151	11		151		56T	101T		1,000
2000	US		CUT	76	74			150	8		150		86T	64T		1,000
2003	US		CUT	81	76			157	17		157	0	155	152T		1,000
Pope, Charles William																
1904	O		WD	86				86								
1908	O		42T	85	79	84	77	325		34	164	248	59T	53T	55T	
1912	O		27T	83	80	77	81	321		26	163	240	43T	37T	27T	
Pople, John Thomas																
1904	O		WD													
1906	O		CUT	82	83			165			165					
Popp, Adolph																
1964	US		CUT	75	79			154	14		154		47T	88T		300
Popp, Bob																
1961	PGA		WD	82				82	12				151T			

Year	Event	A	Pos	R1	R2	R3	R4	Tot	P/M	SBW	R2T	R3T	R1P	R2P	R3P	W
1964	PGA		CUT	73	81			154	14		154		50T	108T		
1965	PGA		CUT	78	80			158	16		158		119T	135T		
1967	PGA		CUT	82	75			157	13		157		138T	113T		
Popplewell, Fred T.																
1926	O		CUT	81	80			161	19		161		66T	70T		
Porter, Bill																
1928	US	A	WD	91				91	20				139T			
Porter, Bill G.																
1995	US		36T	73	70	79	67	289	9	9	143	222	65T	30T	67T	9,812
1996	US		60T	73	75	72	71	291	11	13	148	220	65T	98T	80T	5,825
1997	US		CUT	74	76			150	10		150		80T	108T		1,000
2002	PGA		WD	86				86	14		0	0	153T			
Porter, Ewan																
2007	O		CUT	83	79			162	20		162		155T	156		2,100
2008	O		CUT	76	79			155	15		155		74T	134T		2,375
Porter, Joe, III																
1974	PGA		60T	76	72	75	73	296	16	20	148	223	84T	58T	63T	321
	US		CUT	80	75			155	15		155		107T	75T		500
1976	PGA		29	72	71	70	76	289	9	8	143	213	35T	30T	13T	1,550
Porter, Lee McGehee, IV																
1998	US		32T	72	67	76	78	293	13	13	139	215	24T	4T	10T	18,372
2000	US		32T	74	70	83	70	297	13	25	144	227	53T	11T	52T	28,247
Porter, Paul																
1959	PGA		CUT	77	76			153	13		153		119T	121T		
Porter, Robert Leslie																
1937	O		CUT	82	79			161	17		161		104T	94T		
Porter, Scott A.																
2003	PGA		CUT	80	72			152	12		152	0	137T	108T		2,000
Portie, Ben																
2002	US		CUT	77	77			154	14		154	0	113T	107T		1,000
Pose, Martin																
1939	O		8	71	72	76	76	295	3	5	143	219	5T	2	4T	15
1940	M		37	77	76	74	75	302	14	22	153	227	46T	42T	40T	
	US		CUT	78	77			155	11		155		84T	79T		
1941	M		29T	77	74	76	72	299	11	19	151	227	36T	31T	33T	
1956	O		WD	76	75	85		236	23		151	236	55T	26T	46T	
Posey, Ryan																
2006	US	A	CUT	84	78			162	22		162		153T	152T		
Post, Christian																
1992	O		CUT	79	79			158	16		158		154T	155T		600
Post, Robert, Jr.																
1976	PGA		CUT	76	76			152	12		152		84T	94T		250
Poteet, Albert "Buddy"																
1939	PGA		64T													100
1941	PGA		64T													100
	US		CUT	76	83			159	19		159		45T	87T		
Potente, Carlos Celles																
1955	O		37T	73	75	76	74	298	10	17	148	224	32T	42T	41T	
1956	O		40T	71	82	78	76	307	23	21	153	231	7T	42T	41T	
1957	O		CUT	75	74			149	5		149		45T	47T		
1959	O		CUT	76	73			149	5		149		48T	49T		
1960	O		CUT	76	74			150	4		150		50T	47T		
Pott, John "Johnny"																
1957	US		41	74	75	74	77	300	20	18	149	223	33T	35T	38T	240
1959	US		19T	77	72	70	75	294	14	12	149	219	73T	40T	23T	300
1960	PGA		15T	75	72	72	72	291	11	10	147	219	66T	35T	20T	1,250
	US		15T	75	68	69	75	287	3	7	143	212	64T	15T	7T	840
1961	M		19T	71	75	72	73	291	3	11	146	218	5T	18T	22T	1,133
	PGA		5T	71	73	67	71	282	2	5	144	211	14T	21T	5T	2,208
	US		CUT	77	74			151	11		151		87T	73T		
1962	M		20T	77	71	75	69	292	4	12	148	223	70T	33T	41T	1,000
	PGA		27T	71	77	71	72	291	11	13	148	219	12T	54T	35T	530
	US		48T	75	75	75	80	305	21	22	150	225	47T	38T	37T	325

Year	Event	A	Pos	R1	R2	R3	R4	Tot	P/M	SBW	R2T	R3T	R1P	R2P	R3P	W
1963	M		21T	75	76	74	69	294	6	8	151	225	27T	38T	26T	1,000
	PGA		CUT	74	78			152	10		152		40T	84T		
	US		CUT	78	76			154	12		154		79T	63T		150
1964	M		13T	74	70	71	73	288	0	12	144	215	33T	9T	8T	1,340
	PGA		CUT	74	74	74		222	12		148	222	65T	70T	66T	
	US		9T	71	73	73	72	289	9	11	144	217	3T	9T	10	1,950
1965	M		42T	74	74	73	76	297	9	26	148	221	52T	41T	35T	1,025
	PGA		28T	76	70	74	73	293	9	13	146	220	78T	23T	31T	915
	US		CUT	80	80			160	20		160		105T	111T		300
1966	M		CUT	78	78			156	12		156		70T	77T		1,000
	PGA		WD	74				74	4				34T			
1967	M		CUT	78	74			152	8		152		66T	61T		1,000
	PGA		CUT	77	75			152	8		152		94T	76T		
	US		CUT	73	77			150	10		150		34T	80T		400
1968	M		43T	75	68	75	76	294	6	17	143	218	38T	12T	28T	1,350
	PGA		34T	70	70	75	76	291	11	10	140	215	6T	4T	17T	775
	US		62	76	72	76	79	303	23	28	148	224	76T	56T	57T	700
1969	M		28	72	72	71	78	293	5	12	144	215	24T	17T	13T	1,450
	PGA		19T	69	75	71	70	285	1	9	144	215	1T	28T	22T	2,138
	US		CUT	72	78			150	10		150		27T	75T		500
1971	PGA		CUT	74	79			153	9		153		48T	106T		
1972	US		CUT	78	78			156	12		156		72T	80T		500

Potter, Orrin W., Jr.

Year	Event	A	Pos	R1	R2	R3	R4	Tot	P/M	SBW	R2T	R3T	R1P	R2P	R3P	W
1906	US	A	48	81	84	86	91	342		47	165	251	27T	41T	49T	

Poulter, Ian James

Year	Event	A	Pos	R1	R2	R3	R4	Tot	P/M	SBW	R2T	R3T	R1P	R2P	R3P	W
2000	O		64T	74	69	73	75	291	3	22	143	216	94T	44T	55T	7,225
2001	PGA		CUT	73	73			146	6		146	0	101T	106T		2,000
2002	O		50T	69	69	78	72	288	4	10	138	216	16T	9T	43T	10,267
2003	O		46T	78	72	70	75	295	11	12	150	220	101T	59T	34T	11,864
	PGA		61T	72	75	72	79	298	18	22	147	219	31T	49T	43T	12,000
2004	M		31T	75	73	74	73	295	7	16	148	222	44T	32T	38T	41,275
	O		25T	71	72	71	72	286	2	12	143	214	40T	37T	23T	32,250
	PGA		37T	73	72	70	73	288	0	8	145	215	61T	57T	41T	24,688
	US		CUT	74	72			146	6		146	0	83T	67T		1,000
2005	M		33T	72	74	72	76	294	6	18	146	218	14T	23T	26T	39,620
	O		11T	70	72	71	69	282	-6	8	142	213	21T	39T	29T	66,750
	PGA		47T	69	74	69	75	287	7	11	143	212	18T	49T	31T	15,371
	US		57T	77	69	74	76	296	16	16	146	220	113T	45T	48T	15,223
2006	O		CUT	75	76			151	7		151		124T	136T		2,000
	PGA		9T	70	70	68	71	279	-9	9	140	208	21T	18T	8T	165,000
	US		12T	74	71	70	74	289	9	4	145	215	39T	14T	4T	131,670
2007	M		13T	75	75	76	70	296	8	7	150	226	28T	33T	26T	135,937
	O		27T	73	73	70	70	286	2	9	146	216	60T	53T	37T	26,179
	PGA		23T	71	73	70	71	285	5	13	144	214	23T	42T	24T	51,000
	US		36T	72	77	72	77	298	18	13	149	221	21T	43T	26T	37,159
2008	M		25T	70	69	75	78	292	4	12	139	214	6T	3T	7T	54,844
	O		2	72	71	75	69	287	7	4	143	218	15T	11T	9T	450,000
	PGA		31T	74	71	73	73	291	11	14	145	218	61T	26T	33T	38,825
	US		WD	78				78	7				112T			2,000

Poulton, Alan

Year	Event	A	Pos	R1	R2	R3	R4	Tot	P/M	SBW	R2T	R3T	R1P	R2P	R3P	W
1949	O		CUT	73	76			149	5		149		32T	43T		
1950	O		CUT	75	81			156	16		156		38T	78T		
1951	O		28T	77	77	73	75	302	14	17	154	227	46T	42T	32T	
1952	O		25T	71	74	76	82	303	3	16	145	221	7T	10T	10T	
1953	O		29T	75	77	75	76	303	15	21	152	227	15T	26T	30T	25

Pounders, Leon M.

Year	Event	A	Pos	R1	R2	R3	R4	Tot	P/M	SBW	R2T	R3T	R1P	R2P	R3P	W
1956	PGA		128T													50
1959	PGA		CUT	81	77			158	18		158		162T	153T		

Powell, Alexander W.

Year	Event	A	Pos	R1	R2	R3	R4	Tot	P/M	SBW	R2T	R3T	R1P	R2P	R3P	W
1910	O		UNK	85												
1911	O		CUT	91	87			178			178		197T	180T		

Powell, J. H. "Jack"

Year	Event	A	Pos	R1	R2	R3	R4	Tot	P/M	SBW	R2T	R3T	R1P	R2P	R3P	W
1910	O		UNK	86												
1911	O		CUT	90	87			177			177		192T	178T		

Powell, Jimmy Dale

Year	Event	A	Pos	R1	R2	R3	R4	Tot	P/M	SBW	R2T	R3T	R1P	R2P	R3P	W
1959	US		CUT	77	74			151	11		151		73T	62T		
1961	US		CUT	78	77			155	15		155		106T	113T		
1968	PGA		CUT	76	75			151	11		151		83T	83T		
1969	PGA		CUT	77	76			153	11		153		103T	107T		

Year	Event	A	Pos	R1	R2	R3	R4	Tot	P/M	SBW	R2T	R3T	R1P	R2P	R3P	W
1970	PGA		CUT	75	76			151	11		151		61T	71T		
1971	PGA		CUT	75	76			151	7		151		72T	91T		
1972	PGA		53T	72	74	74	78	298	18	17	146	220	22T	32T	40T	333
	US		CUT	85	84			169	25		169		140T	144T		500
1973	PGA		CUT	76	75			151	9		151		78T	90T		
1975	PGA		33T	73	68	76	74	291	11	15	141	217	39T	11T	30T	1,215
Powell, John A.																
1976	O	A	CUT	78	80			158	14		158		75T	127T		
1977	O	A	CUT	76	77			153	13		153		82T	101T		
1978	O		CUT	78	76			154	10		154		128T	127T		175
Powell, Mickey																
1971	PGA		CUT	78	78			156	12		156		111T	120T		
Powell, Trevor																
1981	O		31T	75	68	73	75	291	11	15	143	216	40T	10T	16T	875
Powers, Gregory																
1969	US	A	CUT	74	75			149	9		149		47T	69T		
1973	US		63T	79	70	77	79	305	21	26	149	226	103T	41T	53T	800
1978	PGA		26T	75	70	75	70	290	6	14	145	220	61T	29T	46T	2,350
1981	PGA		33T	70	70	74	72	286	6	13	140	214	12T	12T	31T	2,250
	US		58T	73	73	72	74	292	12	19	146	218	58T	51T	51T	1,310
1982	O		CUT	77	78			155	11		155		82T	109T		225
	PGA		CUT	75	74			149	9		149		99T	94T		650
	US		30T	77	71	74	72	294	6	12	148	222	68T	27T	40T	2,718
1986	US		55T	80	70	72	74	296	16	17	150	222	111T	55T	53T	2,915
1987	US		CUT	76	77			153	13		153		103T	127T		600
1990	O		31T	74	69	69	72	284	-4	14	143	212	105T	57T	34T	5,125
Powers, Lou																
1957	US		CUT	78	79			157	17		157		92T	107T		
Poxon, C. G. "Chris"																
1982	O	A	CUT	80	83			163	19		163		123T	143T		
Poxon, Martin Arthur																
1975	O	A	CUT	72	77	78		227	11		149	227	20T	80T	83	
1976	O	A	CUT	78	80			158	14		158		75T	127T		
1978	O		CUT	75	71	77		223	7		146	223	83T	51T	65T	225
1980	O		CUT	79	78			157	15		157		123T	140T		225
1981	O		CUT	76	74	75		225	15		150	225	59T	75T	68T	350
1982	O		54T	74	70	78	81	303	15	19	144	222	32T	13T	28T	600
1984	O		44T	70	74	73	73	290	2	14	144	217	10T	30T	33T	1,927
1985	O		47T	73	75	71	75	294	14	12	148	219	59T	60T	42T	2,128
1986	O		CUT	79	74			153	13		153		96T	88T		400
1987	O		CUT	77	76			153	11		153		124T	131T		400
1989	O		CUT	71	76			147	3		147		25T	81T		500
1990	O		63T	68	72	74	75	289	1	19	140	214	4T	23T	49T	2,950
1991	O		38T	71	72	67	74	284	4	12	143	210	29T	39T	8T	4,980
Prall, Robert L.																
1957	US	A	CUT	78	85			163	23		163		92T	141T		
Pratt, Bob																
1963	US		CUT	78	76			154	12		154		79T	63T		150
Preisinger, George																
1963	PGA		CUT	84	79			163	21		163		158T	153T		
Preisler, Edwin D.																
1946	US	A	CUT	81	83			164	20		164		131T	149T		
Prentice, Charles, Jr.																
1949	US		CUT	84	78			162	20		162		150T	135T		
1955	US		CUT	84	82			166	26		166		129T	125T		
1956	PGA		64T													
1957	US		CUT	80	77			157	17		157		125T	107T		
1963	PGA		CUT	78	74			152	10		152		108T	84T		
1964	US		CUT	84	76			160	20		160		144T	137T		300
Prentice, Kevin E.																
1984	US		CUT	82	77			159	19		159		149T	138T		600
Pressley, Jack																
1953	O	A	CUT	81	77			158	14		158		68T	67T		

Year	Event	A	Pos	R1	R2	R3	R4	Tot	P/M	SBW	R2T	R3T	R1P	R2P	R3P	W
Preston, Bernard G.																
1948	O		CUT	76	79			155	19		155		47T	70T		
Preuss, Gerald																
1966	US		CUT	78	75			153	13		153		105T	74T		300
Price, John Phillip "Phil"																
1992	O		CUT	75	72			147	5		147		130T	111T		600
1998	O		CUT	72	75			147	7		147		62T	82T		1,000
1999	O		58T	77	76	77	75	305	21	15	153	230	55T	58T	61T	6,563
	US		53T	71	73	75	81	300	20	21	144	219	35T	29T	25T	9,562
2000	O		CUT	75	71			146	2		146		111T	90T		1,100
	PGA		CUT	77	75			152	8		152		113T	114T		2,000
2001	O		30T	74	69	71	71	285	1	11	143	214	87T	48T	40T	21,500
	PGA		59T	68	69	76	70	283	3	18	137	213	23T	23T	68T	10,650
	US		WD													
2002	O		CUT	75	74			149	7		149		124T	126T		2,250
	PGA		CUT	76	83			159	15		159	0	89T	145T		2,000
2003	O		10T	74	72	69	73	288	4	5	146	215	35T	16T	8T	68,000
	PGA		CUT	77	75			152	12		152	0	104T	108T		2,000
2004	M		35T	71	76	73	76	296	8	17	147	220	8T	25T	26T	35,913
	O		CUT	75	73			148	6		148		114T	102T		2,500
	PGA		CUT	72	75			147	3		147	0	40T	92T		2,000
	US		57T	70	73	75	84	302	22	26	143	218	20T	34T	48T	17,304
2006	O		CUT	74	70			144	0		144		108T	72T		3,000
Price, John R.																
1989	O		CUT	80	73			153	9		153		148T	133T		500
Price, Neil																
1999	O		49T	79	74	76	75	304	20	14	153	229	83T	58T	52T	7,217
Price, Nicholas Raymond Leige																
1975	O	A	CUT	77	77			154	10		154		106T	108T		
1978	O		39T	74	73	74	72	293	5	12	147	221	68T	59T	48T	405
1980	O		27T	72	71	71	74	288	4	17	143	214	18T	22T	23T	1,125
1981	O		23T	77	68	76	69	290	10	14	145	221	72T	20T	47T	1,219
1982	O		2T	69	69	74	73	285	-3	1	138	212	2T	2	2	19,300
1983	O		CUT	76	74			150	8		150		113T	106T		250
	PGA		67T	72	74	74	74	294	10	20	146	220	39T	58T	63T	1,506
	US		48T	72	77	72	80	301	17	21	149	221	8T	36T	19T	2,521
1984	M		CUT	77	76			153	9		153		77T	80T		1,500
	O		44T	74	73	72	71	290	2	14	147	219	69T	68T	57T	1,927
	PGA		54T	73	74	71	75	293	5	20	147	218	42T	51T	38T	1,778
1985	O		CUT	74	77			151	11		151		77T	99T		375
	PGA		5	73	73	65	71	282	-6	4	146	211	76T	49T	3T	25,000
	US		CUT	82	74			156	16		156		148T	138T		600
1986	M		5	79	69	63	71	282	-6	3	148	211	73T	32T	2T	32,000
	PGA		CUT	75	78			153	11		153		105T	130T		1,000
1987	M		22T	73	73	71	76	293	5	8	146	217	14T	19T	13T	9,750
	O		8T	68	71	72	73	284	0	5	139	211	5T	10T	8T	18,666
	PGA		10T	76	71	70	75	292	4	5	147	217	69T	26T	10T	17,000
	US		17T	69	74	69	74	286	6	9	143	212	5T	31T	11T	9,747
1988	M		14T	75	76	72	66	289	1	8	151	223	29T	41T	34T	18,500
	O		2	70	67	69	69	275	-9	2	137	206	4T	1	1	60,000
	PGA		17T	74	70	67	73	284	0	12	144	211	78T	61T	14T	11,500
	US		40T	72	74	71	73	290	6	12	146	217	21T	49T	34T	6,015
1989	M		CUT	76	82			158	14		158		51T	75T		1,500
	O		CUT	74	73			147	3		147		81T	81T		500
	PGA		46T	70	72	72	74	288	0	12	142	214	21T	28T	42T	3,220
	US		CUT	74	72			146	6		146		87T	72T		1,000
1990	O		25T	70	67	71	75	283	-5	13	137	208	17T	5T	8T	6,383
	PGA		63T	75	71	81	76	303	15	21	146	227	60T	18T	67T	2,400
1991	M		49T	72	73	72	74	291	3	14	145	217	31T	44T	47T	3,533
	O		44T	69	72	73	71	285	5	13	141	214	12T	17T	40T	4,235
	US		19T	74	69	71	78	292	4	10	143	214	61T	16T	3T	14,167
1992	M		6T	70	71	67	73	281	-7	6	141	208	19T	14T	5T	43,829
	O		51T	69	73	73	74	289	5	17	142	215	21T	44T	47T	4,075
	PGA		1	70	70	68	70	278	-6	-3	140	208	12T	7T	2T	280,000
	US		4T	71	72	77	71	291	3	6	143	220	17T	12T	44T	54,924
1993	M		CUT	72	81			153	9		153		35T	77T		1,500
	O		6T	68	70	67	69	274	-6	7	138	205	15T	12T	5T	33,167
	PGA		31T	74	66	72	71	283	-1	11	140	212	103T	32T	41T	7,058
	US		11T	71	66	70	73	280	0	8	137	207	45T	4T	3	26,249
1994	M		35T	74	73	74	77	298	10	19	147	221	26T	32T	31T	10,300
	O		1	69	66	67	66	268	-12	-1	135	202	15T	4	3T	110,000

Year	Event	A	Pos	R1	R2	R3	R4	Tot	P/M	SBW	R2T	R3T	R1P	R2P	R3P	W
	PGA		1	67	65	70	67	269	-11	-6	132	202	1T	1	1	310,000
	US		CUT	76	72			148	6		148		86T	66T		1,000
1995	M		CUT	76	73			149	5		149		64T	68T		1,500
	O		40T	70	74	70	77	291	3	9	144	214	18T	41T	16T	7,050
	PGA		39T	71	71	70	68	280	-4	13	142	212	58T	59T	49T	6,750
	US		13T	66	73	73	74	286	6	6	139	212	1	5T	5T	30,934
1996	M		18T	71	75	70	74	290	2	14	146	216	18T	37T	18T	32,600
	O		45T	68	73	71	73	285	1	14	141	212	10T	35T	34T	6,400
	PGA		8T	68	71	69	72	280	-8	3	139	208	4T	6T	4T	57,500
1997	M		24T	71	71	75	74	291	3	21	142	217	5T	7T	16T	24,840
	O		CUT	78	72			150	8		150		99T	97T		800
	PGA		13T	72	70	72	70	284	4	15	142	214	46T	29T	27T	35,100
	US		19T	71	74	71	70	286	6	10	145	216	18T	45T	35T	31,915
1998	M		CUT	75	76			151	7		151		42T	47T		5,000
	O		29T	66	72	82	72	292	12	12	138	220	3T	2T	30T	10,030
	PGA		4T	70	73	68	65	276	-4	5	143	211	21T	36T	17T	118,000
	US		4	73	68	71	73	285	5	5	141	212	37T	8T	4T	140,597
1999	M		6T	69	72	72	72	285	-3	5	141	213	1T	5T	9T	125,200
	O		37T	77	74	73	77	301	17	11	151	224	55T	30T	18T	9,500
	PGA		5	70	71	69	71	281	-7	4	141	210	10T	11T	5T	129,000
	US		23T	71	74	74	73	292	12	13	145	219	35T	38T	25T	33,505
2000	M		11T	74	69	73	72	288	0	10	143	216	32T	12T	9T	105,800
	O		CUT	76	70			146	2		146		123T	90T		1,100
	PGA		CUT	77	72			149	5		149		113T	98T		2,000
	US		27T	77	70	78	71	296	12	24	147	225	100T	36T	43T	34,066
2001	M		CUT	73	75			148	4		148		43T	59T		5,000
	O		21T	73	67	68	73	281	-3	7	140	208	70T	17T	5T	32,500
	PGA		29T	71	67	71	70	279	-1	14	138	209	70T	26T	32T	29,437
	US		CUT	74	74			148	8		148	0	63T	90T		1,000
2002	M		20T	70	76	70	73	289	1	13	146	216	7T	30T	17T	65,240
	O		14T	68	70	75	68	281	-3	3	138	213	4T	9T	14T	49,750
	PGA		CUT	72	77			149	5		149	0	22T	73T		2,000
	US		8T	72	75	69	70	286	6	9	147	216	25T	33T	17T	138,669
2003	M		23T	70	75	72	76	293	5	12	145	217	4T	10T	11T	57,600
	O		28T	74	72	72	74	292	8	9	146	218	35T	16T	18T	26,000
	US		5T	71	65	69	75	280	0	8	136	205	45T	5T	3T	185,934
2004	M		6T	72	73	71	70	286	-2	7	145	216	15T	19T	9T	189,893
	O		30T	71	71	69	77	288	4	14	142	211	40T	24T	12T	24,500
	US		24T	73	70	72	77	292	12	16	143	215	60T	34T	25T	63,328
2005	M		CUT	78	76			154	10		154		74T	79T		5,000
	O		CUT	76	72			148	4		148		116T	100T		2,500
	US		9T	72	71	72	72	287	7	7	143	215	32T	20T	15T	150,834
2006	PGA		CUT	75	73			148	4		148		116T	109T		2,000
	US		CUT	81	78			159	19		159		140T	141T		2,000

Price, Rick

Year	Event	A	Pos	R1	R2	R3	R4	Tot	P/M	SBW	R2T	R3T	R1P	R2P	R3P	W
1991	US		CUT	77	74			151	7		151		105T	98T		1,000

Price, Robert H.

Year	Event	A	Pos	R1	R2	R3	R4	Tot	P/M	SBW	R2T	R3T	R1P	R2P	R3P	W
1940	US	A	DQ	85				85	13				151T			

Price, Terence Michael

Year	Event	A	Pos	R1	R2	R3	R4	Tot	P/M	SBW	R2T	R3T	R1P	R2P	R3P	W
1993	O		CUT	72	78			150	10		150		84T	142T		600
1994	O		24T	74	65	71	68	278	-2	10	139	210	112T	22T	39T	7,972
1996	O		CUT	77	70			147	5		147		143T	107T		650

Price, Tony

Year	Event	A	Pos	R1	R2	R3	R4	Tot	P/M	SBW	R2T	R3T	R1P	R2P	R3P	W
1976	O		CUT	80	73			153	9		153		114T	85T		100

Pride, Richard Fletcher "Dicky," III

Year	Event	A	Pos	R1	R2	R3	R4	Tot	P/M	SBW	R2T	R3T	R1P	R2P	R3P	W
1992	US	A	CUT	83	88			171	27		171		153T	154		
1994	PGA		73T	75	69	73	80	297	17	28	144	217	97T	52T	59T	2,463
1995	M		CUT	79	73			152	8		152		77T	75T		1,500
2001	US		CUT	77	78			155	15		155	0	120T	136T		1,000
2003	US		28T	71	69	66	78	284	4	12	140	206	45T	27T	5T	41,254

Prideaux-Brunne, George E.

Year	Event	A	Pos	R1	R2	R3	R4	Tot	P/M	SBW	R2T	R3T	R1P	R2P	R3P	W
1899	O	A	WD													

Pringle, Jim

Year	Event	A	Pos	R1	R2	R3	R4	Tot	P/M	SBW	R2T	R3T	R1P	R2P	R3P	W
1931	US		WD	89				89	18				135			

Pringle, Robert

Year	Event	A	Pos	R1	R2	R3	R4	Tot	P/M	SBW	R2T	R3T	R1P	R2P	R3P	W
1873	O		20	109	102			211		32						
1874	O		14T	85	86			171		12						
1875	O		7T	62	58	61		181		15	120					1
1877	O		2	44	38	40	40	162		2	82	122				6

Year	Event	A	Pos	R1	R2	R3	R4	Tot	P/M	SBW	R2T	R3T	R1P	R2P	R3P	W
1878	O		22	62	65	65		192		35	127					
1880	O		4T	90	79			169		7						
1882	O		23T	92	97			189		18	189					
1883	O		4	79	82			161		2	161					
1886	O		16T	80	86			166		9						
1889	O		UNK													
Pritchett, John D.																
1956	O		CUT	80	75			155	13		155		83T	55T		
Proben, Robert																
1985	US		CUT	73	75			148	8		148		47T	79T		600
1989	US		CUT	73	73			146	6		146		66T	72T		1,000
Proctor, Arthur L.																
1968	PGA		CUT	76	75			151	11		151		83T	83T		
1974	PGA		DQ	77				77	7				96T			
1978	PGA		CUT	77	76			153	11		153		101T	105T		303
Prosser, Darren																
1988	O	A	CUT	81	82			163	21		163		143T	150T		
Prothero, E. Douglas																
1893	O	A	41T	91	90	87	86	354		32	181	268	56T	50T	46	
Prowse, Dean																
2001	PGA		CUT	78	79			157	17		157	0	139T	145T		2,000
Prowse, Hubert																
1929	O		CUT	84	83			167	15		167		99T	100T		
1932	O		13T	75	75	75	73	298	10	15	150	225	28T	27T	20T	10
1933	O		CUT	78	77			155	9		155		86T	79T		
1934	O		58T	80	72	81	78	311	23	28	152	233	84T	49T	64	
1938	O		CUT	83	81			164	24		164		115T	116T		
Prugh, Alexander																
2007	US	A	CUT	82	81			163	23		163		149T	144T		
Pruitt, Dillard																
1989	US		67T	68	74	81	75	298	18	20	142	223	9T	28T	68T	4,099
1991	PGA		66T	72	75	73	76	296	8	20	147	220	39T	68T	60T	2,313
1992	M		13T	75	68	70	69	282	-6	7	143	213	69T	35T	21T	26,500
	PGA		33T	73	70	73	74	290	6	12	143	216	52T	15T	27T	7,000
	US		44T	73	73	74	77	297	9	12	146	220	46T	36T	44T	8,007
1993	M		CUT	76	75			151	7		151		74T	73T		1,500
1995	PGA		66	73	69	72	72	286	2	19	142	214	98T	59T	64T	3,300
Puckett, Earl, Jr.																
1965	US		CUT	93	74			167	27		167		147T	135T		300
Puetz, George																
1955	US		53T	78	77	79	81	315	35	28	155	234	60T	49T	47T	180
Puga, Greg																
2001	M	A	CUT	76	80			156	12		156		74T	86T		
Pulford, George																
1894	O		WD	100	88			188			188		75T	49T		
1895	O		4	84	81	83	87	335		13	165	248	7T		3T	7
1896	O		WD	84	92	82		258			176	258				
1897	O		3T	80	79	79	79	317		3	159	238				20
1898	O		13T	83	81	78	81	323		16	164	242	24T	23T	12T	
1899	O		WD	88				88					46T			
1902	O		22	81	81	85	81	328		21	162	247			25T	
1903	O		18T	79	86	79	76	320		20	165	244			30T	
1904	O		WD	81	85			166			166					
1905	O		CUT	82	96			178			178					
1906	O		30T	80	81	81	78	320		20	161	242			43T	
1907	O		3T	81	78	80	78	317		5	159	239	7T	4T	3T	13
1908	O		18T	81	77	74	80	312		21	158	232	40T	28T	13T	
1909	O		10T	81	76	76	75	308		13	157	233	45T	20T	14T	
1910	O		UNK	82												
1913	O		WD	84	86			170			170		58T	59T		
Pullan, Stephen																
1992	O	A	CUT	74	71			145	3		145		111T	91T		
1994	O	A	CUT	81	74			155	15		155		156	153		

Year	*Event*	*A*	*Pos*	*R1*	*R2*	*R3*	*R4*	*Tot*	*P/M*	*SBW*	*R2T*	*R3T*	*R1P*	*R2P*	*R3P*	*W*
Purcell, Joseph																
1975	O		CUT	79	76			155	11		155		125T	117T		100
Purdie, Robert																
1985	O	A	CUT	77	87			164	24		164		129T	151T		
Purdy, Theodore Townsend																
2004	PGA		CUT	73	74			147	3		147	0	61T	92T		2,000
2005	M		CUT	77	78			155	11		155		62T	81		5,000
	O		74T	72	72	77	72	293	5	19	144	221	41T	55T	76T	8,800
	PGA		10T	69	75	70	66	280	0	4	144	214	18T	62T	44T	131,800
	US		33T	73	71	73	75	292	12	12	144	217	46T	28T	26T	35,759
2006	M		32T	72	76	74	71	293	5	12	148	222	19T	44T	38T	40,512
	O		CUT	74	71			145	1		145		108T	84T		2,500
	PGA		CUT	73	75			148	4		148		82T	109T		2,000
	US		26T	78	71	71	73	293	13	8	149	220	112T	53T	32T	52,341
2007	PGA		CUT	76	76			152	12		152		103T	118T		2,000
Pursey, Ernest A.																
1901	O		CUT	97	89			186			186					
1902	O		CUT					179			179					
1903	O		CUT	91	89			180			180					
1906	O		CUT	94	83			177			177					
Pursey, Walter																
1920	O		70T	81	80	89	86	336		33	161	250	33T	22T	62T	
1921	O		13T	74	82	74	74	304		8	156	230	3T	30T	18T	
1922	O		23T	77	81	80	76	314		14	158	238	18T	21T	31T	
1932	O		29T	76	75	73	79	303	15	20	151	224	44T	33T	17T	
1936	PGA		64T													
Purtzer, Paul W.																
1971	US	A	CUT	78	76			154	14		154		126T	107T		
1978	US		CUT	78	79			157	15		157		80T	112T		600
1979	PGA		CUT	76	73			149	9		149		102T	97T		350
1980	US		CUT	82	77			159	19		159		149T	144T		600
Purtzer, Thomas Warren																
1976	US		44T	73	75	73	77	298	18	21	148	221	22T	32T	31T	1,150
1977	M		CUT	75	75			150	6		150		40T	51T		1,500
	PGA		CUT	79	74			153	9		153		103T	82T		250
	US		4	69	69	72	72	282	2	4	138	210	1T	3	3T	13,000
1978	M		37T	78	69	74	72	293	5	16	147	221	61T	36T	38T	1,900
	PGA		54T	72	70	78	75	295	11	19	142	220	23T	6T	46T	500
	US		24T	75	72	72	76	295	11	10	147	219	44T	25T	16T	2,100
1979	PGA		CUT	73	75			148	8		148		52T	84T		350
	US		8	70	69	75	76	290	6	6	139	214	1T	1T	3T	9,000
1980	M		32	72	71	74	73	290	2	15	143	217	19T	23T	32T	2,150
	PGA		CUT	74	78			152	12		152		58T	89T		500
	US		CUT	74	73			147	7		147		72T	64T		600
1981	PGA		19T	70	70	73	71	284	4	11	140	213	12T	12T	23T	3,631
	US		CUT	78	74			152	12		152		129T	106T		600
1982	O		4T	76	66	75	69	286	-2	2	142	217	64T	9	8T	11,000
	PGA		16T	73	69	73	68	283	3	11	142	215	64T	26T	41T	4,625
	US		CUT	74	80			154	10		154		33T	85T		600
1983	O		CUT	77	76			153	11		153		120T	120T		250
	PGA		CUT	74	75			149	7		149		86T	92T		1,000
1984	M		25T	69	74	76	69	288	0	11	143	219	3T	16T	39T	4,680
	PGA		CUT	78	75			153	9		153		109T	102T		1,000
	US		16T	73	72	72	71	288	8	12	145	217	53T	32T	25T	7,799
1985	M		CUT	76	78			154	10		154		52T	65T		1,500
1986	PGA		CUT	73	75			148	6		148		70T	87T		1,000
1987	PGA		47T	75	73	81	71	300	12	13	148	229	52T	35T	68T	2,400
	US		68T	74	73	77	71	295	15	18	147	224	71T	71T	76T	3,165
1988	PGA		CUT	75	74			149	7		149		100T	101T		1,000
1989	M		24T	71	76	73	72	292	4	9	147	220	6T	17T	16T	10,250
	PGA		53T	69	73	74	74	290	2	14	142	216	13T	28T	51T	2,490
1990	M		45T	71	77	76	74	298	10	20	148	224	12T	42T	46T	4,250
	PGA		31T	74	74	77	72	297	9	15	148	225	41T	38T	61T	6,500
1991	PGA		32T	69	76	71	73	289	1	13	145	216	8T	43T	28T	6,000
	US		37T	77	68	77	73	295	7	13	145	222	105T	30T	48T	8,560
1992	M		61T	76	69	75	75	295	7	20	145	220	73T	55T	59T	3,300
	O		22T	68	69	75	71	283	-1	11	137	212	15T	8T	26T	8,950
	PGA		21T	72	72	74	70	288	4	10	144	218	32T	29T	42T	14,000
	US		33T	70	72	76	78	296	8	11	142	218	7T	8T	28T	10,531
1993	O		70T	70	70	74	75	289	9	22	140	214	48T	24T	51T	3,517

Year	Event	A	Pos	R1	R2	R3	R4	Tot	P/M	SBW	R2T	R3T	R1P	R2P	R3P	W
1996	PGA		CUT	72	75			147	3		147		52T	94T		1,300
	US		32T	76	71	71	70	288	8	10	147	218	115T	87T	54T	14,071
1997	O		62T	72	71	73	78	294	10	22	143	216	17T	18T	37T	5,625
Pushee, George H.																
1919	US	A	CUT	95	82			177	35		177		123T	97T		
Puskarich, Mark																
1984	US		CUT	81	81			162	22		162		145T	149T		600
Putnam, Michael																
2005	US	A	CUT	76	79			155	14		155		94T	137T		
2007	O		CUT	78	72			150	8		150		136T	105T		2,375
	US		55T	73	74	72	83	302	22	17	147	219	34T	27T	17T	18,829
Pyatt, Melvyn																
1975	O		CUT	79	75			154	10		154		125T	108T		100
Pye, Frederick W.																
1903	US		WD	89	86	89		264			175	264	61T	56T	56T	
1909	US		39T	78	81	78	81	318		28	159	237	28T	42T	39T	
Pyle, Leland																
1951	US		CUT	91	82			173	33		173		158T	147		
Pyman, Iain David																
1993	O	A	27T	68	72	70	71	281	1	14	140	210	15T	24T	24T	
1994	M	A	CUT	82	79			161	17		161		84	84		
2003	O		CUT	81	77			158	16		158		133T	138T		2,250
Quagliano, Michael																
2008	US	A	CUT	86	81			167	25		167		152T	151T		
Que, Angelo																
2008	O		CUT	76	78			154	14		154		74T	127T		2,375
Queen, Elwood F.																
1916	US		54	76	75	86	83	320	32	34	151	237	21T	22T	49T	
Querelos, Juan Jose																
1959	O		46	76	72	80	73	301	13	17	148	228	48T	38T	48	
Quick, Leonard Randolph "Randy"																
1962	PGA		CUT	75	78			153	13		153		67T	105T		
	US		CUT	82	77			159	17		159		141T	129T		
Quick, Smiley L.																
1946	US	A	26T	75	76	72	72	295	7	11	151	223	45T	53T	28T	
1947	US	A	CUT	72	80			152	10		152		22T	76T		
1948	US		8T	73	71	69	74	287	3	11	144	213	35T	19T	9	300
1949	US		CUT	80	73			153	11		153		120T	71T		
1951	US		10T	73	76	74	72	295	15	8	149	223	4T	16T	12T	188
1952	M		27T	73	76	79	75	303	15	17	149	228	24T	30T	35T	267
	US		CUT	82	73			155	15		155		124T	73T		
1953	US		WD	84				84	12				145T			
1955	US		16T	76	74	74	77	301	21	14	150	224	22T	11T	12T	226
1958	US		CUT	74	81			155	15		155		8T	56T		
Quigley, Brett Cephas																
2000	US		CUT	75	78			153	11		153		72T	99T		1,000
2001	PGA		CUT	71	72			143	3		143	0	70T	85T		2,000
	US		CUT	71	76			147	7		147	0	21T	80T		1,000
2003	US		28T	65	74	71	74	284	4	12	139	210	1T	18T	20T	41,254
2004	PGA		37T	74	69	73	72	288	0	8	143	216	83T	31T	47T	24,688
2005	PGA		CUT	74	72			146	6		146		97T	91T		2,000
2006	O		CUT	79	71			150	6		150		151	131T		2,000
	PGA		CUT	76	69			145	1		145		131T	71T		2,000
	US		CUT	80	73			153	13		153		135T	98T		2,000
2007	M		51	76	76	79	75	306	18	17	152	231	43T	46T	51T	17,835
	O		CUT	72	76			148	6		148		39T	81T		2,650
	PGA		62T	76	67	73	77	293	13	21	143	216	103T	30T	44T	13,650
	US		CUT	78	86			164	24		164		115T	150		2,000
2008	US		60T	73	72	77	75	297	13	14	145	222	31T	22T	47T	17,691
Quigley, Dana C.																
1979	US		41T	71	78	74	77	300	16	16	149	223	6T	31T	29T	1,430
1980	PGA		41T	73	76	73	72	294	14	20	149	222	45T	65T	53T	1,300
1981	US		CUT	74	79			153	13		153		71T	114T		600
1987	PGA		CUT	79	79			158	14		158		106T	108T		1,000

Year	Event	A	Pos	R1	R2	R3	R4	Tot	P/M	SBW	R2T	R3T	R1P	R2P	R3P	W
1988	PGA		CUT	79	74			153	11		153		137T	125T		1,000
1990	PGA		CUT	77	80			157	13		157		90T	115T		1,000
1993	PGA		CUT	73	73			146	4		146		86T	100T		1,200
1995	PGA		CUT	74	75			149	7		149		109T	132T		1,200
	US		CUT	71	76			147	7		147		29T	74T		1,000
Quigley, Norman																
1937	O		CUT	80	80			160	16		169		78T	132T		
1946	O		CUT	79	80			159	15		159		39T	53T		
1947	O		27T	79	77	76	79	311	39	18	156	232	47T	32T	28T	
1948	O		CUT	80	84			164	28		164		86T	97		
1954	O		CUT	77	78			155	9		155		59T	74T		
Quilter, J. Raymond C.																
1949	O	A	WD	82				82	10				96			
Quilter, Percy C.																
1921	O	A	74T	86	83	78	80	327		31	169	247	83	84	77T	
Quinn, Cameron P.																
1967	US	A	CUT	80	78			158	18		158		135T	134T		
Quinn, Francis, Jr.																
1992	US		CUT	74	74			148	4		148		65T	67T		1,000
1994	O		CUT	77	71			148	8		148		140T	120T		600
	US		43	75	72	73	75	295	11	16	147	220	71T	58T	45T	7,222
1996	US		CUT	73	77			150	10		150		65T	115T		1,000
Quinney, Jeffrey Michael																
2001	M	A	CUT	80	76			156	12		156		86T	86T		
	O	A	CUT	76	73			149	7		149		125T	112T		
	US	A	CUT	82	73			155	15		155	0	153T	136T		
2007	PGA		CUT	78	74			152	12		152		126T	118T		2,000
2008	O		CUT	79	75			154	14		154		123T	127T		2,375
	PGA		CUT	81	75			156	16		156		148T	133T		2,500
	US		29T	79	70	70	73	292	8	9	149	219	126T	65T	24T	48,482
Quiros, Juan																
1983	O		CUT	77	78			155	13		155		120T	133T		250
1990	O		CUT	73	71			144	0		144		81T	73T		550
Rabain, Francis "Frankie"																
1971	O		CUT	85	79			164	18		164		147T	145T		
Rachels, Samuel Tindol "Sammy"																
1981	US		6T	70	71	69	70	280	0	7	141	210	16T	21T	11T	9,920
1989	PGA		CUT	76	74			150	6		150		110T	106T		1,000
1990	PGA		45T	75	73	76	75	299	11	17	148	224	60T	38T	53T	3,700
1993	PGA		CUT	71	74			145	3		145		58T	89T		1,200
Rack, Norman C.																
1969	US		CUT	85	82			167	27		167		147T	147		500
1975	PGA		CUT	87	79			166	26		166		134T	130T		
Radcliffe, Jack S.																
1968	US		CUT	76	77			153	13		153		76T	101T		500
Rafferty, Ronan Patrick																
1980	O	A	CUT	75	76			151	9		151		58T	95T		
1983	O		61	75	67	73	76	291	7	16	142	215	101T	26T	42T	725
1984	O		9T	74	72	67	71	284	-4	8	146	213	69T	58T	8T	11,264
1985	O		44T	74	73	71	75	293	13	11	147	218	77T	51T	34T	2,400
1986	O		21T	75	74	75	70	294	14	14	149	224	22T	42T	48T	5,022
1987	O		CUT	76	77			153	11		153		115T	131T		400
1988	O		38T	74	74	71	74	293	9	20	148	219	51T	57T	36T	3,455
1989	O		61T	70	72	74	76	292	4	17	142	216	17T	27T	47T	2,675
1990	M		14T	72	74	69	73	288	0	10	146	215	20T	24T	12T	20,650
	O		31T	70	71	73	70	284	-4	14	141	214	17T	33T	49T	5,125
	PGA		CUT	81	75			156	12		156		129T	106T		1,000
	US		63	75	70	73	78	296	8	16	145	218	100T	54T	54T	4,507
1991	M		CUT	73	76			149	5		149		53T	66T		1,500
	US		WD	79				79	7				132T			1,000
1992	O		39T	69	71	75	72	287	3	15	140	215	21T	28T	47T	5,084
	US		CUT	71	78			149	5		149		17T	79T		1,000
1994	O		11T	71	66	65	74	276	-4	8	137	202	39T	9T	3T	19,333
1995	O		CUT	75	78			153	9		153		116T	141T		650
Ragan, David William, Jr.																
1958	M		35T	73	73	77	76	299	11	15	146	223	32T	17T	35T	350

Year	Event	A	Pos	R1	R2	R3	R4	Tot	P/M	SBW	R2T	R3T	R1P	R2P	R3P	W
1959	PGA		35T	74	69	74	74	291	11	14	143	217	56T	18T	34T	200
1960	M		25T	74	73	75	75	297	9	15	147	222	35T	24T	24T	875
	PGA		22T	75	75	68	75	293	13	12	150	218	66T	68T	18T	875
	US		38T	71	72	78	73	294	10	14	143	221	12T	15T	46T	300
1961	PGA		33T	73	72	73	73	291	11	14	145	218	41T	28T	30T	263
1962	M		25T	70	73	76	75	294	6	14	143	219	3T	8T	19T	625
	PGA		7T	72	74	70	68	284	4	6	146	216	18T	39T	16T	2,967
	US		CUT	77	76			153	11		153		85T	75T		
1963	M		32T	74	75	76	73	298	10	12	149	225	14T	28T	26T	750
	PGA		2	75	70	67	69	281	-3	2	145	212	65T	22T	4	7,000
	US		12T	78	74	74	74	300	16	7	152	226	79T	42T	18T	1,175
1964	M		44T	73	72	78	75	298	10	22	145	223	20T	21T	42T	825
	PGA		33T	73	71	74	71	289	9	18	144	218	50T	28T	40T	663
	US		CUT	78	76			154	14		154		95T	88T		300
1965	M		31T	73	74	73	74	294	6	23	147	220	45T	33T	31T	1,050
	PGA		33T	73	73	78	70	294	10	14	146	224	30T	23T	52T	738
	US		CUT	76	80			156	16		156		50T	89T		300
1969	US		CUT	74	78			152	12		152		47T	84T		500
1982	PGA		CUT	80	78			158	18		158		140T	141T		650

Raimondi, Louis

Year	Event	A	Pos	R1	R2	R3	R4	Tot	P/M	SBW	R2T	R3T	R1P	R2P	R3P	W
1937	US		CUT	76	79			155	11		155		55T	87T		

Rainbow, William G.

Year	Event	A	Pos	R1	R2	R3	R4	Tot	P/M	SBW	R2T	R3T	R1P	R2P	R3P	W
1911	O		WD	94				94					210			

Rainford, Percy Peter "Peter"

Year	Event	A	Pos	R1	R2	R3	R4	Tot	P/M	SBW	R2T	R3T	R1P	R2P	R3P	W
1896	O		40	87	87	93	95	362		46	174	267				
1897	O		WD	90	89	88		267			179	267				
1899	O		16T	79	83	83	87	332		22	162	245	9T	11T	14T	
1902	O		28T	78	79	88	87	332		25	157	245			23	
1903	O		33T	82	83	78	84	327		27	165	243			24T	
1907	O		50T	85	84	87	87	343		31	169	256	26T	26T	43T	
1909	O		14T	78	76	76	80	310		15	154	230	21T	7T	6T	
1910	O		38T	81	79	78	83	321		22	160	238			38T	
1911	O		CUT	76	87			163			163		17T	74T		
1922	O		52T	79	86	81	77	323		23	165	246	29T	58T	59T	
1926	O		WD													

Rainwater, Crawford

Year	Event	A	Pos	R1	R2	R3	R4	Tot	P/M	SBW	R2T	R3T	R1P	R2P	R3P	W
1937	US	A	CUT	80	85			165	21		165		113T	156T		

Raitt, Andrew

Year	Event	A	Pos	R1	R2	R3	R4	Tot	P/M	SBW	R2T	R3T	R1P	R2P	R3P	W
1999	O		CUT	78	78			156	14		156		68T	83T		1,100
2003	O		CUT	74	78			152	10		152		35T	84T		3,000

Rajoppi, T. J. "Tony"

Year	Event	A	Pos	R1	R2	R3	R4	Tot	P/M	SBW	R2T	R3T	R1P	R2P	R3P	W
1921	PGA		32T													50
	US		51T	84	89	77	79	329	49	40	173	250	65T	77T	63T	

Raklets, Tom

Year	Event	A	Pos	R1	R2	R3	R4	Tot	P/M	SBW	R2T	R3T	R1P	R2P	R3P	W
1927	US		CUT	85	82			167	23		167		91T	80T		
1928	US		CUT	81	84			165	23		165		90T	103T		
1929	US		55T	83	76	83	80	322	34	28	159	242	117T	59T	61T	
1930	US		57	77	77	81	81	316	24	29	154	235	52T	38T	53T	
1931	US		WD	77	79	76		232	19		156	232	43T	50T	37T	

Ralph, Glenn W.

Year	Event	A	Pos	R1	R2	R3	R4	Tot	P/M	SBW	R2T	R3T	R1P	R2P	R3P	W
1980	O		CUT	69	79	77		225	12		148	225	3T	66T	86T	350
1983	O		CUT	76	73			149	7		149		113T	97T		250
1985	O		CUT	78	72			150	10		150		136T	87T		375
1986	O		CUT	81	79			160	20		160		116T	135T		400

Rama, Herman

Year	Event	A	Pos	R1	R2	R3	R4	Tot	P/M	SBW	R2T	R3T	R1P	R2P	R3P	W
1931	US		CUT	82	87			169	27		169		97T	117T		
1933	US		CUT	84	83			167	23		167		130T	132T		

Ramsay, David

Year	Event	A	Pos	R1	R2	R3	R4	Tot	P/M	SBW	R2T	R3T	R1P	R2P	R3P	W
1933	O	A	CUT	77	81			158	12		158		72T	100T		

Ramsay, Eric

Year	Event	A	Pos	R1	R2	R3	R4	Tot	P/M	SBW	R2T	R3T	R1P	R2P	R3P	W
2005	O	A	23T	68	74	74	68	284	-4	10	142	216	3T	39T	56T	

Ramsay, James

Year	Event	A	Pos	R1	R2	R3	R4	Tot	P/M	SBW	R2T	R3T	R1P	R2P	R3P	W
1930	US		CUT	87	84			171	25		171		137T	131		

Ramsay, Richard "Richie"

Year	Event	A	Pos	R1	R2	R3	R4	Tot	P/M	SBW	R2T	R3T	R1P	R2P	R3P	W
2007	M	A	CUT	76	80			156	12		156		43T	77T		
	O	A	CUT	76	75			151	9		151		118T	120T		
	US	A	CUT	78	74			152	12		152		115T	83T		

Year	Event	A	Pos	R1	R2	R3	R4	Tot	P/M	SBW	R2T	R3T	R1P	R2P	R3P	W
Randall, Bob																
1930	US		CUT	82	83			165	19		165		112T	116T		
1932	US		CUT	83	84			167	27		167		90T	115T		
1933	US		65	81	75	83	87	326	38	39	156	239	101T	60T	66	
Randall, C.																
1891	O		UNK													
Randall, John																
1904	O		WD													
1911	O		CUT	86	86			172			172		157T	154T		
Randall, L. G. "Len"																
1958	O	A	CUT	75	79			154	12		154		49T	83T		
Randall, Ross G.																
1982	PGA		CUT	77	77			154	14		154		121T	127T		650
1985	PGA		CUT	83	83			166	22		166		147T	146		1,000
Randhawa, Jyoti																
2000	O		CUT	73	74			147	3		147		76T	99T		1,100
2003	O		CUT	80	77			157	15		157		125T	132T		2,250
2004	O		27T	73	72	70	72	287	3	13	145	215	73T	59T	41T	29,000
2006	US		CUT	77	75			152	12		152		90T	82T		2,000
2007	PGA		WD													
2008	PGA		CUT	77	75			152	12		152		109T	105T		2,500
Randolph, Samuel William																
1985	M	A	18T	70	75	72	73	290	2	8	145	217	4T	13T	15T	
	US	A	CUT	72	75			147	7		147		30T	67T		
1986	M	A	36T	75	73	72	73	293	5	14	148	220	37T	32T	36T	
	O	A	56T	72	76	77	75	300	20	20	148	225	6T	30T	54T	
	US	A	35T	79	71	68	73	291	11	12	150	218	94T	55T	26T	
1987	US		43T	71	71	76	72	290	10	13	142	218	18T	24T	53T	4,857
1988	M		CUT	78	74			152	8		152		53T	47T		1,500
	PGA		CUT	73	75			148	6		148		58T	95T		1,000
1991	US		CUT	81	78			159	15		159		142T	141T		1,000
1994	US		CUT	74	77			151	9		151		49T	103T		1,000
1998	US		CUT	80	70			150	10		150		138T	89T		1,000
Rang, Brad																
1941	US		WD	82				82	12				130T			
Rangel, Rene R.																
1998	US		CUT	82	80			162	22		162		147T	148T		1,000
Ranken, James, Jr.																
1906	O	A	WD													
Rankin, Graham																
2001	O		CUT	79	75			154	12		154		152T	144T		900
Rannells, Laurance J. "Laurie"																
1951	O	A	CUT	80	85			165	21		165		69T	96		
1952	O	A	CUT	76	85			161	11		161		54T	85T		
Ransick, Neil																
1929	US	A	CUT	81	81			162	18		162		93T	92T		
1930	US		CUT	80	86			166	20		166		86T	121		
Ransom, Henry B.																
1938	PGA		64T													100
1939	US		CUT	78	79			157	19		157		96T	104T		
1940	US		29T	75	77	74	74	300	12	13	152	226	45T	48T	35T	30
1941	M		WD													
	PGA		64T													100
	US		13T	72	74	75	75	296	16	12	146	221	9T	8T	11T	100
1946	PGA		32T													200
	US		22T	71	73	73	77	294	6	10	144	217	5T	7T	9T	100
1947	PGA		32T													200
	US		29T	67	74	79	75	295	11	13	141	220	1T	4T	25T	100
1948	PGA		16T													350
1949	PGA		32T													200
1950	M		WD	79				79	7				50T			
	US		5T	72	71	73	73	289	9	2	143	216	18T	12T	7	500
1951	M		25T	74	74	74	76	298	10	18	148	222	18T	22T	20T	150
	PGA		64T													100
	US		16T	74	74	76	73	297	17	10	148	224	14T	9T	19T	100

Year	Event	A	Pos	R1	R2	R3	R4	Tot	P/M	SBW	R2T	R3T	R1P	R2P	R3P	W
1952	PGA		64T													100
	US		CUT	81	77			158	18		158		119T	99T		
1953	PGA		8T													500
1954	PGA		32T													200
1956	PGA		8T													
1957	M		21T	75	73	72	76	296	8	13	148	220	29T	20T	14T	729
	PGA		16T													
	US		CUT	76	76			152	12		152		61T	61T		
1958	M		CUT	73	78			151	7		151		32T	47T		350
	US		CUT	80	78			158	18		158		82T	81T		
1959	US		28T	72	77	71	77	297	17	15	149	220	16T	40T	25T	240
1960	US		43T	69	76	73	78	296	12	16	145	218	2T	29T	32T	270
1961	US		CUT	76	76			152	12		152		69T	91T		
Rashell, Robert Wayne "Rob"																
2005	US		42T	74	72	73	74	293	13	13	146	219	54T	45T	41T	26,223
2008	US		CUT	81	70			151	9		151		143T	92T		2,000
Rassett, Joseph E. "Joey"																
1979	US	A	53T	75	75	77	77	304	20	20	150	227	47T	38T	56T	
1980	M	A	CUT	73	74			147	3		147		30T	53T		
	US	A	CUT	75	78			153	13		153		86T	109T		
1981	US	A	65T	70	70	78	76	294	14	21	140	218	16T	16T	51T	
1982	O		CUT	76	76	76		228	12		152	228	64T	71T	66T	440
1983	US		26T	72	69	78	77	296	12	16	141	219	8T	1T	13T	4,465
1987	US		CUT	75	73			148	8		148		88T	78T		600
Rastall, T. W. "Tim"																
1975	O		CUT	78	83			161	17		161		119T	147T		100
Ratcliffe, Noel A.																
1978	O		CUT	72	72	79		223	7		144	223	26T	23T	65T	225
1979	O		41T	79	73	72	76	300	16	17	152	224	106T	67T	42T	478
1981	O		CUT	77	70	79		226	16		147	226	72T	38T	74T	350
1985	O		CUT	77	79			156	16		156		129T	128T		375
1988	O		38T	70	77	76	70	293	9	20	147	223	4T	45T	62T	3,455
Ratto, Walter C.																
1941	US	A	CUT	90	100			190	50		190		157	136		
Ratty, D. J.																
1952	O		CUT	83	84			167	17		167		94T	94		
Raulerson, Charles Ray, Jr.																
1996	US		WD	83				83	13				154T			1,000
2001	US		CUT	77	75			152	12		152	0	120T	122T		1,000
2002	US		CUT	78	81			159	19		159	0	128T	144T		1,000
Rautenbush, William M.																
1914	US	A	11T	76	75	75	75	301	13	11	151	226	16T	16T	14T	
1922	US		WD	88	78	84		250	40		166	250	78	72T	73T	
Rawlins, Harry E.																
1898	US		19T	91	90	92	88	361		33	181	273	28T	26T	26T	
1899	US		46	89	93	98	86	366		51	182	280	36T	41T	52	
1900	US		19T	86	84	90	85	345		32	170	260	18T	12	20	
1909	US		CUT	82	85			167			167		55T	68T		
Rawlins, Horace T.																
1895	US		1	45	46	41	41	173		-2	91	132	3T	5	2	150
1896	US		2	79	76			155		3			7T			100
1897	US		8T	91	82			173		11			23T			
1898	US		WD	82	92	92		266			174	266	4T	13	16T	
1899	US		25T	81	85	98	86	350		24	166	264	4T	9	27T	
1900	US		31T	98	85	88	85	356		43	183	271	55T	46	40T	
1901	US		17T	90	84	88	89	351		20	174	262	25T	14T	16T	
1902	US		16T	89	83	79	79	330		23	172	251	52T	35T	24T	
1903	US		12	82	77	78	87	324		17	159	237	22T	10T	6	
1904	US		14	79	76	86	81	322		19	155	241	8T	3T	13T	
1905	US		37T	84	90	78	88	340		26	174	252	35T	54T	31T	
1907	US		26T	82	76	83	83	324		22	158	241	35T	14T	23	
1908	US		21T	85	89	88	84	346		24	174	262	8T	23T	24	
1909	US		60	82	83	81	83	329		39	165	246	55T	64T	57T	
1912	US		CUT	88	85			173	25		173		113T	104T		
Rawlinson, Dixon																
1952	O	A	33	74	73	79	80	306	6	19	147	226	28T	19T	28T	

Year	*Event*	*A*	*Pos*	*R1*	*R2*	*R3*	*R4*	*Tot*	*P/M*	*SBW*	*R2T*	*R3T*	*R1P*	*R2P*	*R3P*	*W*
Ray, Conrad																
2005	US		CUT	80	84			164	24		164		145T	154		2,000
Ray, David John																
1982	O	A	CUT	84	73			157	13		157		149T	126T		
1985	O		CUT	73	74	75		222	12		147	222	59T	51T	62T	700
1987	O		CUT	78	75			153	11		153		134T	131T		400
1989	O		CUT	73	74			147	3		147		61T	81T		500
1990	O		57T	71	69	73	75	288	0	18	140	213	31T	23T	43T	3,225
Ray, Edward Rivers G. "Ted"																
1899	O		16T	84	80	84	84	332		22	164	248	25T	18T	18	
1900	O		13	88	80	85	81	334		25	168	253	39T	14T	15T	
1901	O		12T	87	84	74	87	332		23	171	245		26T	6	
1902	O		9	79	74	85	80	318		11	153	238			11T	
1903	O		24	90	78	80	75	323		23	168	248			41T	
1904	O		12T	81	81	77	76	315		19	162	239			17	
1905	O		11T	85	82	81	82	330		12	167	248			12T	
1906	O		8T	80	75	79	78	312		12	155	234			11T	3
1907	O		5T	83	80	79	76	318		6	163	242	12T	10T	7T	8
1908	O		3	79	71	75	76	301		10	150	225	28T	6T	2T	15
1909	O		6	77	76	76	75	304		9	153	229	14T	5T	5	8
1910	O		5T	76	77	74	81	308		9	153	227			3T	7
1911	O		5T	76	72	79	78	305		2	148	227	17T	2T	4T	8
1912	O		1	71	73	76	75	295		-4	144	220	1	1	1	50
1913	O		2	73	74	81	84	312		8	147	228	1T	1	2	25
	US		3PO	79	70	76	79	304	20	-3	149	225	25T	3T	1T	150
1914	O		10T	77	82	76	81	316		10	159	235	13T	19T	10T	
1920	O		3	72	83	78	73	306		3	155	233	1T	4T	7	25
	US		1	74	73	73	75	295	7	-1	147	220	5T	4T	4	500
1921	O		19T	76	72	81	78	307		11	148	229	17T	2T	13T	
1922	O		47T	73	83	85	80	321		21	156	241	1T	16T	41T	
1923	O		12T	79	75	73	77	304		9	154	227				
1924	O		31T	80	80	79	80	319		18	160	239	38T	37T	28T	
1925	O		2T	77	76	75	73	301	13	1	153	228	14T	7T	4T	33
1926	O		30T	78	80	74	80	312	28	21	158	232	30T	49T	23T	
1927	O		30T	78	73	77	78	306	14	21	151	228	62T	24T	30T	
	US		27T	76	83	77	78	314	26	13	159	236	9T	29T	24T	
1928	O		33T	77	78	80	79	314	26	22	155	235	13T	23T	30T	
1929	O		39T	80	76	81	79	316	12	24	156	237	62T	47T	41T	
1930	O		24T	78	75	76	78	307	19	16	153	229	35T	29T	21T	
1931	O		CUT	79	81			160	16		160		55T	67T		
1932	O		56T	75	77	80	79	311	23	28	152	232	28T	40T	53T	
1937	O		CUT	87	88			175	31		175		133T	136T		
Raymond, D. Lee																
1959	US		CUT	81	77			158	18		158		121T	115T		
1960	US		CUT	80	76			156	14		156		124T	118T		
1962	US		CUT	78	80			158	16		158		104T	122T		
Raynor, Harvey																
1948	PGA		64T													100
Raynor, Ray																
1936	US		WD	81				81	9				145T			
Rea, Pat A.																
1959	PGA		CUT	77	75			152	12		152		119T	108T		
1960	US		CUT	74	76			150	8		150		47T	73T		
1967	US		CUT	77	81			158	18		158		101T	134T		400
1968	PGA		64T	76	73	76	75	300	20	19	149	225	83T	64T	64T	365
1969	US		CUT	85	79			164	24		164		147T	144T		500
1977	PGA		DQ	80	82			162	8		162		112T	127		250
Read, Arnold H.																
1926	O	A	CUT	83	78			161	19		161		87T	70T		
Reasor, Mike																
1974	US		15T	71	76	76	73	296	16	9	147	223	2T	14T	16T	1,933
1975	M		CUT	74	75			149	5		149		39T	47T		1,250
	US		65	72	74	82	80	308	24	21	146	228	17T	27T	65	800
Reavie, William Chesney "Chez"																
2002	M	A	CUT	74	86			160	16		160		38T	85		
2003	US	A	CUT	75	78			153	13		153	0	108T	142T		
2004	US	A	62T	73	72	71	88	304	24	28	145	216	60T	57T	34T	
2008	PGA		60T	78	70	78	72	298	18	21	148	226	124T	59T	71	15,000

Year	*Event*	*A*	*Pos*	*R1*	*R2*	*R3*	*R4*	*Tot*	*P/M*	*SBW*	*R2T*	*R3T*	*R1P*	*R2P*	*R3P*	*W*
Rebmann, Eric A.																
1988	M	A	CUT	77	79			156	12		156		45T	69T		
Reckner, Charles A.																
1934	US	A	CUT	81	89			170	30		170		98T	137		
Redford, K.																
1952	O		CUT	76	78			154	4		154		54T	57T		
Redl, Alex																
1955	PGA		64T													100
1960	PGA		CUT	74	81			155	15		155		49T	121T		
Redmond, Alex																
1967	PGA		CUT	77	75			152	8		152		94T	76T		
Redmond, Barry																
1994	PGA		CUT	77	75			152	12		152		121T	130T		1,200
Reece, Michael J.																
1961	O	A	CUT	75	87			162	18		162		60T	94T		
Reed, Claude B. "Buster," Jr.																
1952	US	A	CUT	76	81			157	17		157		58T	92T		
1955	US		CUT	84	73			157	17		157		129T	69T		
Reed, Elmer W.																
1947	PGA		64T													100
1950	PGA		16T													350
	US		CUT	74	81			155	15		155		40T	92T		
1953	US		CUT	76	78			154	10		154		39T	61T		
1955	US		47T	74	79	81	79	313	33	26	153	234	8T	33T	47T	180
1956	PGA		128T													50
	US		CUT	76	76			152	12		152		64T	69T		
Reed, J.																
1882	O		37	98	103			201		30	201					
Reed, Mortimer A.																
1947	US	A	CUT	84	84			168	26		168		150T	142T		
Reekie, William M. "Willie"																
1923	US	A	5T	80	74	75	75	304	16	8	154	229	43T	14T	11	
Rees, Anthony																
1962	O		CUT	80	85			165	21		165		92T	113T		
Rees, David James "Dai"																
1935	O		31T	75	73	77	77	302	14	19	148	225	32T	22T	26T	
1936	O		11	77	71	72	75	295	-1	8	148	220	39T	13T	7T	10
1937	O		21T	75	73	78	79	305	17	15	148	226	17T	8T	16T	10
1938	O		13T	73	72	79	83	307	27	12	145	224	21T	10T	7T	10
1939	O		12	71	74	75	77	297	5	7	145	220	5T	4T	7T	10
1946	O		4T	75	67	73	80	295	3	5	142	215	12T	3	1T	26
1947	O		21T	77	74	73	81	305	33	12	151	224	26T	13T	10T	
1948	O		15T	73	71	76	74	294	22	10	144	220	14T	10T	15T	
1949	O		CUT	73	76			149	5		149		32T	43T		
1950	O		3T	71	68	72	71	282	2	3	139	211	5T	1	1T	88
1951	O		12T	70	77	76	72	295	7	10	147	223	3T	12T	14T	
1952	O		27T	76	74	77	77	304	4	17	150	227	54T	36T	32T	
1953	O		2T	72	70	73	71	286	-2	4	142	215	3T	1T	3T	200
1954	O		2T	72	71	69	72	284	-8	1	143	212	7T	3T	1T	350
1955	O		27T	69	79	73	73	294	6	13	148	221	1T	42T	30T	
1956	O		13T	75	74	75	73	297	13	11	149	224	40T	16T	15T	
1957	O		30T	73	72	79	71	295	7	16	145	224	30T	20T	44	
1958	O		14T	77	69	71	70	287	3	9	146	217	69T	30T	25T	30
1959	O		9T	73	73	69	74	289	1	5	146	215	23T	19T	7T	138
1960	O		9T	73	71	73	69	286	-6	8	144	217	21T	13T	20T	158
1961	O		2	68	74	71	72	285	-3	1	142	213	1T	1T	2	1,000
1962	O		CUT	75	79			154	10		154		21T	52T		
1963	O		42T	72	77	75	75	299	19	22	149	224	16T	40T	41T	43
1964	O		38T	76	77	77	74	304	16	25	153	230	20T	37T	41	28
1965	O		CUT	75	79			154	8		154		41T	90T		
1966	O		36	75	72	77	75	299	15	17	147	224	52T	23T	36T	90
1967	O		CUT	74	81			155	11		155		41T	95T		
1969	O		CUT	75	75	74		224	11		150	224	58T	60T	49T	
1971	O		CUT	76	75	75		226	7		151	226	78T	74T	69T	60
1974	O		CUT	81	84			165	23		165		118T	135T		50

Year	Event	A	Pos	R1	R2	R3	R4	Tot	P/M	SBW	R2T	R3T	R1P	R2P	R3P	W
Rees, Harry D.																
1912	US		CUT	84	91			175	27		175		85T	113T		
1926	US		CUT	85	76			161	17		161		128T	70T		
Reese, Donald D.																
1986	US		CUT	74	77			151	11		151		12T	71T		600
1989	US		CUT	76	80			156	16		156		115T	144T		1,000
Reeves, Jake																
2000	US		CUT	74	81			155	13		155		53T	113T		1,000
Reeves, John																
1995	PGA		CUT	77	68			145	3		145		138T	101T		1,200
	US		CUT	81	80			161	21		161		152T	152T		1,000
1996	PGA		80T	74	71	79	74	298	10	21	145	224	94T	60T	80T	3,563
Reeves, P. H.																
1911	O		CUT	88	92			180			180		181T	183		
Refram, Dean																
1962	US		28T	75	73	77	74	299	15	16	148	225	47T	28T	37T	400
1963	US		14T	72	71	80	79	302	18	9	143	223	7T	4T	10T	900
1964	M		30T	74	72	73	73	292	4	16	146	219	33T	25T	29T	875
	US		CUT	79	74			153	13		153		108T	83T		300
1965	US		28T	71	79	72	76	298	18	16	150	222	8T	37T	22T	630
1966	PGA		CUT	76	76			152	12		152		77T	78T		
1969	PGA		CUT	72	78			150	8		150		25T	81T		
	US		13T	69	74	70	74	287	7	6	143	213	5T	14T	11T	1,889
1970	M		48	76	74	78	75	303	15	24	150	228	44T	43T	48	1,500
	US		36T	79	74	74	74	301	13	20	153	227	68T	52T	41T	1,032
1973	US		CUT	80	75			155	13		155		119T	100T		500
1976	M		CUT	77	79			156	12		156		62T	65T		1,350
	PGA		CUT	72	79			151	11		151		35T	87T		250
	US		CUT	80	80			160	20		160		112T	126T		500
1979	PGA		72	75	69	79	75	298	18	26	144	223	90T	36T	72T	500
1980	PGA		CUT	78	79			157	17		157		112T	119T		500
Regalado, Victor																
1974	PGA		28T	70	72	77	70	289	9	13	142	219	10T	17T	41T	1,565
1975	M		30T	76	72	72	72	292	4	16	148	220	56T	44T	32T	1,950
	PGA		60T	74	69	74	80	297	17	21	143	217	57T	24T	30T	429
1976	PGA		CUT	80	74			154	14		154		117T	104T		250
	US		35T	75	76	71	74	296	16	19	151	222	53T	60T	38T	1,280
1977	US		CUT	77	78			155	15		155		105T	117T		500
1978	PGA		34T	76	71	70	74	291	7	15	147	217	75T	48T	26T	1,750
	US		24T	74	72	73	76	295	11	10	146	219	25T	19T	16T	2,100
1979	M		31T	71	74	75	72	292	4	12	145	220	16T	39T	41	1,975
	PGA		CUT	72	76			148	8		148		39T	84T		350
1980	PGA		76	75	74	79	78	306	26	32	149	228	78T	65T	77	700
1983	PGA		CUT	71	79			150	8		150		27T	108T		1,000
1984	PGA		10T	69	69	73	70	281	-7	8	138	211	4T	4T	13T	12,083
1985	PGA		CUT	75	73			148	4		148		105T	77T		1,000
	US		CUT	77	78			155	15		155		115T	133T		600
Regan, David L.																
1976	O		CUT	83	73			156	12		156		148T	115T		100
1979	O		CUT	81	77			158	16		158		130T	119T		200
1980	O		CUT	80	77			157	15		157		135T	140T		225
1981	O		CUT	85	75			160	20		160		149T	141T		225
Rego, Clyde Paul																
1983	US		CUT	78	78			156	14		156		96T	97T		600
Reid, A.																
1864	O	A	WD													
Reid, Arthur E.																
1902	O		CUT					185			185					
1903	O		UNK	88												
1904	O		WD													
1906	O		WD	87				87								
1909	O		47	83	80	79	81	323		28	163	242	57T	51T	45T	
1910	O		UNK	81												
1911	O		CUT	87	87			174			174		170T	165T		
1915	US		CUT	87	84			171	27		171		63T	61		
1916	US		53	77	76	83	83	319	31	33	153	236	31T	28T	47T	
1919	US		37T	84	80	81	81	326	42	25	164	245	58T	43T	37T	

Year	Event	A	Pos	R1	R2	R3	R4	Tot	P/M	SBW	R2T	R3T	R1P	R2P	R3P	W
1923	US		49T	80	80	80	88	328	40	32	160	240	43T	46T	42T	
1924	US		WD	83	81			164	20		164		64T	60		
1926	US		CUT	82	86			168	24		168		93T	117T		
Reid, Bill																
1978	O		CUT	82	75			157	13		157		151T	141T		175
Reid, David H.																
1957	O	A	CUT	82	74			156	12		156		92T	88T		
Reid, Greg																
1989	US	A	CUT	76	76			152	12		152		115T	122T		
Reid, John "Jack"																
1895	US		10	49	51	55	51	206		33	100	155	9T	10	10	
1896	US		16T	88	84			172		20			20T			
1899	US		43T	90	93	95	87	365		50	183	278	40T	43T	49T	
1900	US		WD	88	93	94		275			181	275	27T	41T	44	
1902	US		WD	87	87			174			174	0	41T	44T		
1903	US		24T	82	82	84	84	332		25	164	248	22T	22T	26T	
1906	US		44T	82	86	85	82	335		40	168	253	39T	47T	52	
1912	US		CUT	83	84			167	19		167		74T	84T		
Reid, John, Jr.																
1897	US	A	33T	98	96			194		32			31T			
Reid, Michael Daniel																
1975	US	A	CUT	78	73			151	9		151		106T	73T		
1976	US	A	50T	67	81	80	72	300	20	23	148	228	1	32T	63	
1977	US		CUT	73	80			153	13		153		35T	104T		500
1979	PGA		CUT	75	74			149	9		149		90T	97T		350
	US		25T	74	75	74	74	297	13	13	149	223	29T	31T	29T	2,000
1980	PGA		55T	74	73	78	72	297	17	23	147	225	58T	48T	68T	768
	US		6T	69	67	75	69	280	0	8	136	211	13T	2T	10T	11,950
1981	M		CUT	76	75			151	7		151		53T	57T		1,500
	PGA		WD													
	US		20T	71	72	69	72	284	4	11	143	212	32T	31T	19T	2,550
1982	PGA		42T	71	72	73	72	288	8	16	143	216	21T	37T	54T	1,643
	US		CUT	75	77			152	8		152		43T	67T		600
1983	PGA		9T	69	71	72	70	282	-2	8	140	212	12T	14T	16T	10,800
	US		43T	75	75	78	72	300	16	20	150	228	40T	47T	60T	2,847
1984	PGA		14T	68	72	72	71	283	-5	10	140	212	1T	10T	15T	8,750
	US		52T	70	72	77	76	295	15	19	142	219	12T	10T	36T	2,802
1985	PGA		70T	72	75	75	77	299	11	21	147	222	52T	61T	63T	1,500
	US		23T	69	75	70	73	287	7	8	144	214	3T	40T	17T	6,345
1986	PGA		41T	71	73	70	76	290	6	14	144	214	26T	38T	22T	2,850
	US		24T	74	73	66	76	289	9	10	147	213	12T	22T	5T	6,462
1987	PGA		47T	71	79	74	76	300	12	13	150	224	10T	54T	47T	2,400
	US		CUT	74	77			151	11		151		71T	111T		600
1988	M		CUT	78	76			154	10		154		53T	57T		1,500
	O		CUT	78	73			151	9		151		113T	86T		450
	PGA		64	68	71	79	75	293	9	21	139	218	6T	12T	61T	1,900
	US		CUT	74	75			149	7		149		56T	81T		1,000
1989	M		6	72	71	71	72	286	-2	3	143	214	11T	3T	2T	40,000
	O		61T	74	72	73	73	292	4	17	146	219	81T	69T	68T	2,675
	PGA		2T	66	67	70	74	277	-11	1	133	203	1T	1	1	83,333
	US		CUT	72	75			147	7		147		51T	86T		1,000
1990	M		CUT	76	73			149	5		149		57T	50T		1,500
	O		39T	70	67	73	75	285	-3	15	137	210	17T	5T	20T	4,217
	PGA		45T	71	78	78	72	299	11	17	149	227	6T	49T	67T	3,700
	US		33T	70	73	68	78	289	1	9	143	211	12T	27T	7T	8,221
1991	O		26T	68	71	70	73	282	2	10	139	209	5T	4T	6T	6,750
	US		26T	74	72	74	73	293	5	11	146	220	61T	45T	30T	11,712
1992	US		CUT	77	71			148	4		148		118T	67T		1,000
1996	PGA		CUT	74	72			146	2		146		94T	83T		1,300
1997	US		CUT	72	77			149	9		149		40T	93T		1,000
1998	US		49T	76	70	73	77	296	16	16	146	219	91T	38T	30T	9,711
1999	PGA		65T	72	74	76	75	297	9	20	146	222	36T	63T	65T	6,800
2005	PGA		CUT	78	79			157	17		157		141T	150T		2,000
Reid, Stephen																
1965	PGA		52T	76	75	73	75	299	15	19	151	224	78T	70T	52T	440
	US		CUT	80	71			151	11		151		105T	52T		300
1968	PGA		26T	73	73	71	72	289	9	8	146	217	35T	27T	29T	1,063
1969	PGA		35T	72	75	71	71	289	5	13	147	218	25T	54T	43T	890
1970	US		CUT	84	74			158	14		158		135T	103T		500

Year	Event	A	Pos	R1	R2	R3	R4	Tot	P/M	SBW	R2T	R3T	R1P	R2P	R3P	W
Reid, Wilfrid Ewart																
1903	O		52T	81	86	84	84	335		35	167	251			51T	
1904	O		CUT	89	89			178			178					
1905	O		37T	81	88	85	94	348		30	169	254			27T	
1906	O		CUT	85	80			165			165					
1907	O		38T	85	87	82	84	338		26	172	254	26T	43T	36T	
1908	O		35T	79	81	83	77	320		29	160	243	28T	37T	41T	
1909	O		21T	77	83	78	76	314		19	160	238	14T	35T	27T	
1910	O		24T	78	83	77	78	316		17	161	238			38T	
1911	O		16T	78	79	80	76	313		10	157	237	35T	33T	27T	
1912	O		20T	80	79	79	79	317		22	159	238	29T	29	19T	
1913	O		26	78	82	85	79	324		20	160	245	18T	27T	31	
	US		16T	75	72	85	86	318	34	14	147	232	8T	1T	13T	
1914	O		41T	83	80	86	80	329		23	163	249	59T	38T	50T	
1915	US		10T	77	78	75	76	306	18	9	155	230	17T	21T	14T	6
1916	PGA		32T													50
	US		4T	70	72	79	72	293	5	7	142	221	1T	2	6T	83
1919	PGA		16T													60
	US		21T	82	78	80	80	320	36	19	160	240	38T	28T	22T	
1920	US		56T	80	85	78	78	321	33	26	165	243	44T	65T	62	
1922	PGA		64T													
1923	PGA		32T													
1924	US		47T	79	83	83	82	327	39	30	162	245	30T	50T	50T	
1925	US		28	79	75	73	79	306	22	15	154	227	51T	32T	18T	
1926	US		CUT	82	84			166	22		166		93T	105T		
1927	US		48T	80	79	86	80	325	37	24	159	245	36T	29T	54	
1929	US		CUT	81	87			168	24		168		93T	119T		
1932	US		49T	81	79	77	74	311	31	25	160	237	60T	61T	58T	
1939	US		CUT	87	87			174	36		174		162	154		
Reid, William																
1895	O		WD	97	92			189			189		64T			
1898	O	A	CUT	87	89			176			176		50T	59		
Reif, Ronald "Ronnie"																
1960	US		CUT	83	72			155	13		155		141T	110T		
1964	PGA		CUT	77	79			156	16		156		114T	124T		
1966	PGA		CUT	77	77			154	14		154		92T	102T		
1968	US		48T	72	74	74	76	296	16	21	146	220	19T	32T	37T	815
1971	US		62	73	72	75	78	298	18	18	145	220	54T	34T	51T	820
Reilly, F.																
1899	US		WD	107	96	92		295			203	295	70T	67	58	
Reilly, Robert R.																
1964	US	A	CUT	79	79			158	18		158		108T	126T		
Reinhart, F. O.																
1903	US	A	13T	81	75	89	80	325		18	156	245	18T	5T	18T	
Reinserg, Rick																
2003	US	A	CUT	76	76			152	12		152	0	125T	139T		
Reith, C. H.																
1920	O		63T	87	82	82	82	333		30	169	251	74T	59T	64T	
1921	O		36T	79	83	75	74	311		15	162	237	43T	63T	46T	
1922	O		75	84	87	84	84	339		39	171	255	66T	75T	72T	
Reith, Robert G., Jr.																
1953	US		CUT	79	79			158	14		158		92T	105T		
1955	US		CUT	82	81			163	23		163		112T	112T		
1958	PGA		CUT	79	76			155	15		155		111T	94T		
1959	PGA		CUT	79	79			158	18		158		148T	153T		
1965	PGA		CUT	80	72			152	10		152		143T	78T		
	US		48T	73	76	73	83	305	25	23	149	222	20T	30T	22T	385
1970	PGA		CUT	83	73			156	16		156		129T	110T		
1973	PGA		CUT	80	73			153	11		153		128T	102T		
Reitz, Ron																
1967	PGA		CUT	71	88			159	15		159		13T	123T		
Remesy, Jean-Francois																
1997	O		CUT	79	75			154	12		154		117T	125T		700
1998	O		CUT	77	82			159	19		159		147T	154		650
2000	O		CUT	69	77			146	2		146		11T	90T		1,100
2002	O		CUT	68	77			145	3		145		4T	84T		3,000
2004	O		CUT	74	73			147	5		147		95T	85T		2,500

Year	Event	A	Pos	R1	R2	R3	R4	Tot	P/M	SBW	R2T	R3T	R1P	R2P	R3P	W
	PGA		17T	72	71	70	72	285	-3	5	143	213	40T	31T	25T	76,857
2005	O		CUT	73	74			147	3		147		56T	92T		2,500
	PGA		CUT	71	77			148	8		148		40T	109T		2,000

Renaghan, James Richard "Dick"

Year	Event	A	Pos	R1	R2	R3	R4	Tot	P/M	SBW	R2T	R3T	R1P	R2P	R3P	W
1937	US		CUT	80	82			162	18		162		113T	141T		
1938	PGA		64T													100

Renner, Clark

Year	Event	A	Pos	R1	R2	R3	R4	Tot	P/M	SBW	R2T	R3T	R1P	R2P	R3P	W
2000	US		CUT	85	76			161	19		161		156	152		1,000

Renner, Jack

Year	Event	A	Pos	R1	R2	R3	R4	Tot	P/M	SBW	R2T	R3T	R1P	R2P	R3P	W
1978	PGA		CUT	77	74			151	9		151		101T	86T		303
1979	PGA		12T	71	74	66	70	281	1	9	145	211	27T	51T	13T	5,250
	US		41T	76	75	75	74	300	16	16	151	226	59T	51T	51T	1,430
1980	M		14T	72	70	72	71	285	-3	10	142	214	19T	12T	15T	5,917
	PGA		CUT	70	80			150	10		150		10T	78T		500
	US		CUT	77	77			154	14		154		110T	121T		600
1981	M		31T	73	72	73	75	293	5	13	145	218	28T	23T	28T	2,013
	PGA		49T	74	70	73	72	289	9	16	144	217	71T	36T	49T	913
	US		17T	68	71	72	72	283	3	10	139	211	3T	9T	14T	2,950
1982	M		20T	72	75	76	71	294	6	10	147	223	2T	8T	28T	4,300
	PGA		CUT	73	77			150	10		150		64T	109T		650
	US		30T	74	71	77	72	294	6	12	145	222	33T	13T	40T	2,718
1983	M		16T	67	75	78	70	290	2	10	142	220	1T	11T	30T	8,000
	PGA		55T	74	71	73	73	291	7	17	145	218	86T	47T	51T	1,610
1984	M		11T	71	73	71	69	284	-4	7	144	215	13T	24T	21T	13,200
	PGA		48T	73	69	78	72	292	4	19	142	220	42T	20T	50T	1,978
	US		43T	73	71	73	77	294	14	18	144	217	53T	23T	25T	3,374
1985	M		47T	72	77	70	79	298	10	16	149	219	14T	50T	24T	2,115
	PGA		CUT	72	76			148	4		148		52T	77T		1,000
	US		9T	72	69	72	70	283	3	4	141	213	30T	16T	13T	12,440
1986	M		CUT	76	77			153	9		153		46T	65T		1,500
	US		WD	85				85	15				147T			600
1987	US		58T	73	73	71	76	293	13	16	146	217	54T	63T	47T	3,178

Rennie, Frank C.

Year	Event	A	Pos	R1	R2	R3	R4	Tot	P/M	SBW	R2T	R3T	R1P	R2P	R3P	W
1966	O		52T	74	75	81	76	306	22	24	149	230	34T	41T	59	72
1968	O		CUT	83	77			160	16		160		116T	101T		
1970	O		CUT	78	74			152	8		152		121T	99T		
1971	O		CUT	77	77			154	8		154		92T	98T		
1973	O		CUT	78	78			156	12		156		87T	115T		50

Rennie, G. M. M.

Year	Event	A	Pos	R1	R2	R3	R4	Tot	P/M	SBW	R2T	R3T	R1P	R2P	R3P	W
1893	O	A	38T	86	88	90	89	353		31	174	264	27T	30T	38T	

Rennie, James

Year	Event	A	Pos	R1	R2	R3	R4	Tot	P/M	SBW	R2T	R3T	R1P	R2P	R3P	W
1875	O		5	61	59	57		177		11	120					1
1879	O		12T	93	88			181		12						
1882	O		7T	90	88			178		7	178					2
1885	O		18T	90	92			182		11						

Renouf, Francis G. "Frank"

Year	Event	A	Pos	R1	R2	R3	R4	Tot	P/M	SBW	R2T	R3T	R1P	R2P	R3P	W
1904	O		CUT	92	83			175			175					
1905	O		CUT	91	86			177			177					
1906	O		CUT	88	82			170			170					

Renouf, Thomas George "Tommy"

Year	Event	A	Pos	R1	R2	R3	R4	Tot	P/M	SBW	R2T	R3T	R1P	R2P	R3P	W
1897	O		14T	86	79	83	84	332		18	165	248				
1898	O		9	77	79	81	83	320		13	156	237	3T	3T	8	
1899	O		12T	79	82	84	84	329		19	161	245	9T	10	14T	
1900	O		WD													
1901	O		12T	83	86	81	82	332		23	169	250		18T	13T	
1902	O		20T	84	82	77	84	327		20	166	243			18T	
1903	O		UNK	83												
1904	O		23	82	79	79	81	321		25	161	240			18T	
1905	O		16T	81	85	84	83	333		15	166	250			16T	
1906	O		8T	76	77	76	83	312		12	153	229			7	3
1907	O		17T	83	80	82	83	328		16	163	245	12T	10T	13T	
1908	O		28T	78	78	83	77	316		25	156	239	20T	19T	32T	
1909	O		5	76	78	76	73	303		8	154	230	8T	7T	6T	8
1910	O		8T	77	76	75	81	309		10	153	228			5T	1
1911	O		13T	75	76	79	81	311		8	151	230	10T	9T	11	
1912	O		19	77	80	80	79	316		21	157	237	20T	17T	18	
1913	O		5T	75	78	84	78	315		11	153	237	4T	4	5T	8
1922	O		43T	85	78	77	80	320		20	163	240	70T	47T	39T	

Year	Event	A	Pos	R1	R2	R3	R4	Tot	P/M	SBW	R2T	R3T	R1P	R2P	R3P	W
1926	O		CUT	79	81			160	18		160		41T	62T		
1929	O		CUT	82	79			161	9		161		84T	78T		
Rentz, Lawrence J.																
1979	US	A	CUT	76	87			163	21		163		59T	128T		
1985	US		CUT	75	74			149	9		149		85T	90T		600
Replogle, Dee A.																
1948	US	A	CUT	74	80			154	12		154		57T	101T		
Reuter, John J., Jr.																
1906	US		CUT	91	86			177			177		64T	63		
1926	US		CUT	87	90			177	33		177		135T	127T		
Revell, R. P.																
1972	O	A	CUT	75	76	77		228	15		151	228	52T	63T	77T	
Revolta, John F. "Johnny"																
1928	US		WD	85				85	14				124T			
1933	PGA		16T													
	US		15T	73	76	75	74	298	10	11	149	224	2T	9T	11T	73
1934	M		18T	75	72	75	74	296	8	12	147	222	27T	13T	18T	
	PGA		16T													
	US		8T	76	73	77	73	299	19	6	149	226	22T	12T	10T	116
1935	M		13T	70	74	73	75	292	4	10	144	217	6T	10T	9T	50
	PGA		1													1,000
	US		36T	80	75	82	79	316	28	17	155	237	65T	22T	33T	
1936	M		25	77	72	76	76	301	13	16	149	225	20T	13T	22T	
	PGA		32T													
	US		14T	70	71	77	75	293	5	11	141	218	4T	3T	15T	60
1937	M		13T	71	72	72	81	296	8	13	143	215	6T	6T	4	
	O		32T	76	76	83	76	311	23	21	152	235	26T	28T	45	
	PGA		32T													
	US		28T	75	73	75	73	296	8	15	148	223	45T	25T	33T	50
1938	M		18T	73	72	76	77	298	10	13	145	221	12T	8T	11T	
	PGA		32T													
	US		16T	74	72	77	76	299	15	15	146	223	7T	10	14T	50
1939	M		31T	77	74	76	76	303	15	24	151	227	34T	28	30T	
	PGA		16T													
	US		22T	73	76	71	74	294	18	10	149	220	24T	41T	22T	50
1940	M		27T	74	74	74	75	297	9	17	148	222	27T	26T	25T	
	PGA		64T													100
	US		16T	73	74	72	76	295	7	8	147	219	19T	22T	13T	50
1941	US		WD	80				80	10				108T			
1945	PGA		16T													350
1947	M		42T	75	73	77	76	301	13	20	148	225	34T	29T	42T	
	PGA		64T													100
1949	M		39T	71	77	80	76	304	16	22	148	228	3T	14T	39T	
1951	M		42T	74	75	75	81	305	17	25	149	224	18T	29T	32T	100
	US		19T	78	72	72	76	298	18	11	150	222	76T	27T	10T	100
1952	M		13	71	71	77	77	296	8	10	142	219	6T	3T	7T	450
	US		40	74	75	78	78	305	25	24	149	227	29T	23T	43T	100
1953	M		58	77	77	75	81	310	22	36	154	229	50T	58T	55	200
	US		CUT	80	77			157	13		157		112T	93T		
1954	M		60T	81	79	75	75	310	22	21	160	235	68T	68T	62	250
	PGA		16T													350
	US		29T	72	75	73	79	299	19	15	147	220	8T	16T	19T	180
1955	M		49T	75	78	79	78	310	22	31	153	232	19T	41T	48T	250
1956	M		75	84	81	79	84	328	40	39	165	244	81	79T	74	300
	PGA		128T													50
	US		CUT	78	73			151	11		151		101T	59T		
1957	M		CUT	81	79			160	16		160		90T	90T		300
	US		30T	76	74	74	72	296	16	14	150	224	61T	40T	40T	240
1958	M		CUT	74	80			154	10		154		42T	61T		350
1959	M		CUT	76	76			152	8		152		45T	52T		350
1960	M		CUT	81	81			162	18		162		78T	78		350
1961	M		CUT	84	80			164	20		164		85	82		400
	PGA		CUT	77	78			155	15		155		105T	122T		
	US		CUT	79	77			156	16		156		122T	118T		
1962	M		CUT	81	82			163	19		163		97T	99T		400
Reynolds, Lester																
1939	US		CUT	80	80			160	22		160		114T	123T		
Reynolds, Sam																
1961	PGA		CUT	77	75			152	12		152		105T	93T		

Year	Event	A	Pos	R1	R2	R3	R4	Tot	P/M	SBW	R2T	R3T	R1P	R2P	R3P	W
1963	US		32T	79	72	79	77	307	23	14	151	230	91T	31T	37	367
1964	PGA		CUT	70	77	77		224	14		147	224	14T	56T	80T	
1965	PGA		CUT	76	77			153	11		153		78T	90T		
1966	PGA		CUT	83	72			155	15		155		156T	107T		
Reynolds, Walter H.																
1903	US		42	91	83	86	86	346		39	174	260	75T	53T	48T	
Rheim, James																
1977	US	A	CUT	87	82			169	29		169		153	151T		
Rhett, A. E.																
1912	US	A	WD	77	78			155	7		155		23T	18T		
Rhett, J. M.																
1912	US	A	CUT	78	88			166	18		166		34T	80T		
Rhoads, Richard S. "Rick"																
1969	US		CUT	79	78			157	17		157		116T	118T		500
1976	US		CUT	81	79			160	20		160		121T	126T		500
Rhodes, Arthur, Jr.																
1964	US		CUT	80	77			157	17		157		120T	118T		300
Rhodes, Bill																
1941	US		WD	77				77	7				66T			
Rhodes, Herbert B.																
1939	O		CUT	75	76			151	5		151		35T	35T		
1947	O		CUT	79	79			158	22		158		47T	47T		
Rhodes, James																
1974	O		CUT	78	80			158	16		158		66T	90T		50
1979	O		CUT	78	77			155	13		155		93T	97T		200
Rhodes, Theodore "Teddy" "Rags"																
1948	US		51T	70	76	77	79	302	18	26	146	223	5T	29T	42T	
1949	US		CUT	75	76			151	9		151		38T	52T		
1956	US		CUT	77	83			160	20		160		78T	127T		
1959	US		CUT	77	75			152	12		152		73T	69T		
Rhyan, Richard M., Jr.																
1964	PGA		23T	71	72	71	73	287	7	16	143	214	22T	21T	17T	930
1965	PGA		CUT	79	77			156	14		156		134T	116T		
1967	PGA		CUT	76	77			153	9		153		80T	85T		
1968	PGA		20T	72	72	68	75	287	7	6	144	212	23T	19T	3T	1,700
1969	PGA		CUT	74	77			151	9		151		54T	94T		
	US		CUT	78	75			153	13		153		104T	93T		500
1975	US		45T	74	70	77	77	298	14	11	144	221	38T	12T	36T	955
1976	US		CUT	74	80			154	14		154		34T	87T		500
Rhyan, Tad																
1993	US		CUT	73	77			150	10		150		99T	132T		1,000
Ribner, Lloyd D.																
1951	US	A	CUT	83	77			160	20		160		141T	116T		
Ricardo, F.																
1934	O	A	63T	78	75	76	84	313	25	30	153	229	64T	59T	44T	
Rice, Anthony A.																
1967	O		CUT	79	81			160	16		160		107T	118T		
1970	O		CUT	76	80			156	12		156		104T	116T		
Rice, Charles																
1950	US		CUT	81	79			160	20		160		136T	123T		
Rice, George T.																
1898	US	A	WD	102	102	104		308			204	308	42T	43T	39	
Rich, Rocco "Rocky"																
1929	US		59T	80	79	81	85	325	37	31	159	240	77T	59T	52T	
1930	US		CUT	81	81			162	16		162		99T	106T		
Richards, B. C.																
1965	O	A	CUT	79	82			161	15		161		99T	118T		
Richards, Henry A.																
1911	O		CUT	87	94			181			181		170T	184		

Year	Event	A	Pos	R1	R2	R3	R4	Tot	P/M	SBW	R2T	R3T	R1P	R2P	R3P	W
Richards, T. H.																
1932	O		CUT	78	79			157	13		157		69T	74T		
1935	O		CUT	80	75			155	11		155		91T	71T		
Richardson, F.																
1910	O		CUT	85	87			172			172					
Richardson, Ian																
1968	O		CUT	77	78	79		234	18		155	234	42T	64T	64T	
1971	O		CUT	78	75			153	7		153		107T	91T		
1979	O		54T	75	73	77	77	302	18	19	148	225	36T	31T	46T	450
1980	O		CUT	78	76			154	12		154		115T	119T		225
1983	O		CUT	74	84			158	16		158		82T	146T		250
Richardson, John Charles																
1964	O		CUT	90	79			169	25		169		118T	117T		
1970	O		13T	67	72	76	77	292	4	9	139	215	3T	4T	11T	621
1971	O		CUT	77	81			158	12		158		92T	126T		
Richardson, Matthew																
2005	O	A	80	75	69	77	76	297	8	22	144	221	97T	55T	76T	
Richardson, Robert John																
1986	O		CUT	85	77			162	22		162		139T	143T		400
1988	O		CUT	82	81			163	21		163		148T	150T		450
Richardson, Steven John																
1991	O		32T	74	70	72	67	283	3	11	144	216	94T	54T	66T	5,633
	PGA		5T	70	72	72	69	283	-5	7	142	214	14T	13T	13T	60,000
1992	M		31T	69	75	70	71	285	-3	10	144	214	7T	49T	31T	8,717
	O		39T	74	68	73	72	287	3	15	142	215	111T	44T	47T	5,084
	PGA		48T	73	66	75	78	292	8	14	139	214	52T	5T	12T	3,688
	US		CUT	78	71			149	5		149		131T	79T		1,000
1993	O		CUT	72	73			145	5		145		84T	96T		600
1994	O		CUT	69	77			146	6		146		15T	102T		600
	US		58T	74	73	76	76	299	15	20	147	223	49T	58T	55T	4,105
Richter, Ben																
1929	US		WD	80				80	8				77T			
1936	PGA		64T													
1937	PGA		64T													
Richter, John F.																
1947	US		CUT	75	77			152	10		152		60T	76T		
Ricketts, Alfred																
1896	US		10	80	83			163		11			9			
1897	US		6T	91	81			172		10			23T			
1899	US		16	87	85	88	80	340		25	172	260	23T	15T	20T	
1900	US		WD	94	94			188			188		47T	51		
1901	US		WD	96	91	91		278			187	278	45T	43	37T	
Riddell, John F.																
1937	M	A	41	79	81	82	79	321	33	38	160	242	42T	45	43	
Ridenhour, C. F. "Sonny"																
1968	PGA		CUT	78	74			152	12		152		119T	93T		
Ridings, Taggart Twain																
2000	US		CUT	80	76			156	14		156		141T	121T		1,000
2006	US		CUT	77	76			153	13		153		90T	98T		2,000
Ridley, David John																
1969	O		CUT	79	78			157	15		157		102T	104T		
1971	O		CUT	74	76	75		225	6		150	225	47T	61T	65T	60
1974	O		CUT	82	79			161	19		161		128T	113T		50
1984	O		CUT	80	77			157	13		157		150T	153		330
Ridley, Frederick S.																
1976	M	A	CUT	77	81			158	14		158		62T	67T		
	O	A	CUT	82	84			166	22		166		134T	153		
	US	A	CUT	80	74			154	14		154		112T	87T		
1977	M	A	CUT	76	78			154	10		154		51T	71T		
1978	M	A	CUT	84	81			165	21		165		78	75T		
Riegel, Robert F. "Bobby"																
1936	M		44T	84	78	74	83	319	31	34	162	236	46T	48T	44	
Riegel, Robert Henry "Skee"																
1946	US	A	CUT	74	79			153	9		153		30T	71T		

Year	Event	A	Pos	R1	R2	R3	R4	Tot	P/M	SBW	R2T	R3T	R1P	R2P	R3P	W
1947	M	A	50T	75	80	75	75	305	17	24	155	230	34T	54	50	
	US	A	59T	75	75	73	82	305	21	23	150	223	60T	53T	37T	
1948	M	A	13T	71	74	73	75	293	5	14	145	218	6T	13T	9T	
	US	A	CUT	75	77			152	10		152		74T	87T		
1949	M	A	30T	75	74	74	77	300	12	18	149	223	23T	21T	24T	
	US	A	14T	72	75	73	74	294	10	8	147	220	13T	16T	18T	
1950	M		21T	69	75	78	76	298	10	15	144	222	1	5T	9T	244
	US		12T	73	69	79	73	294	14	7	142	221	29T	6T	23T	113
1951	M		2	73	68	70	71	282	-6	2	141	211	12T	1	1T	1,875
	US		10T	75	76	71	73	295	15	8	151	222	27T	37T	10T	188
1952	M		14T	75	71	78	73	297	9	11	146	224	41T	19T	20T	443
	US		CUT	74	78			152	12		152		29T	54T		
1953	M		29T	74	72	76	75	297	9	23	146	222	26T	16T	30T	200
1954	M		38T	75	76	76	76	303	15	14	151	227	25T	22T	31T	250
	US		42T	75	76	77	77	305	25	21	151	228	28T	41T	46T	180
1955	M		13T	73	73	73	75	294	6	15	146	219	8T	7T	10T	594
	PGA		64T													100
	US		40T	75	79	78	78	310	30	23	154	232	13T	40T	39T	180
1956	M		40T	72	79	76	80	307	19	18	151	227	11T	40T	33T	300
	PGA		32T													
	US		CUT	76	81			157	17		157		64T	107T		
1957	M		31T	73	74	78	75	300	12	17	147	225	7T	13T	28T	300
	PGA		32T													
1958	PGA		40T	76	77	74	71	298	18	22	153	227	67T	74T	52T	110
	US		CUT	80	79			159	19		159		82T	86T		
1959	PGA		CUT	75	77			152	12		152		77T	108T		
	US		CUT	77	75			152	12		152		73T	69T		
1962	PGA		CUT	76	75	74		225	15		151	225	82T	81T	68T	
1963	PGA		63T	78	73	76	72	299	15	20	151	227	108T	67T	71T	230
	US		CUT	82	79			161	19		161		127T	123T		150
1964	US		48	80	70	82	74	306	26	28	150	232	120T	48T	53T	300
1966	PGA		CUT	80	79			159	19		159		131T	131T		
1967	PGA		51T	76	75	74	72	297	9	16	151	225	80T	67T	61T	430
	US		CUT	76	78			154	14		154		87T	115T		400
1969	US		CUT	79	76			155	15		155		116T	106T		500

Riegger, John Stewart

Year	Event	A	Pos	R1	R2	R3	R4	Tot	P/M	SBW	R2T	R3T	R1P	R2P	R3P	W
2002	O		CUT	78	74			152	10		152		148T	146T		2,000

Rielly, Patrick

Year	Event	A	Pos	R1	R2	R3	R4	Tot	P/M	SBW	R2T	R3T	R1P	R2P	R3P	W
1967	PGA		CUT	78	82			160	16		160		109T	127T		

Riepen, Warren L.

Year	Event	A	Pos	R1	R2	R3	R4	Tot	P/M	SBW	R2T	R3T	R1P	R2P	R3P	W
1934	US	A	CUT	80	82			162	22		162		76T	111T		

Rifman, Melvin S.

Year	Event	A	Pos	R1	R2	R3	R4	Tot	P/M	SBW	R2T	R3T	R1P	R2P	R3P	W
1976	US		CUT	84	77			161	21		161		144T	132T		500

Rigby, Arthur S.

Year	Event	A	Pos	R1	R2	R3	R4	Tot	P/M	SBW	R2T	R3T	R1P	R2P	R3P	W
1900	US		WD	91	85	95		271			176	271	41T	27T	40T	

Rigby, C. W. W.

Year	Event	A	Pos	R1	R2	R3	R4	Tot	P/M	SBW	R2T	R3T	R1P	R2P	R3P	W
1948	O		CUT	77	82			159	23		159		56T	85T		

Rigden, Fred E.

Year	Event	A	Pos	R1	R2	R3	R4	Tot	P/M	SBW	R2T	R3T	R1P	R2P	R3P	W
1898	US		WD	88	93	100		281			181	281	18T	26T	34T	

Riggins, James

Year	Event	A	Pos	R1	R2	R3	R4	Tot	P/M	SBW	R2T	R3T	R1P	R2P	R3P	W
1958	US		CUT	90	77			167	27		167		156T	141T		
1963	PGA		CUT	78	79			157	15		157		108T	123T		
1966	PGA		76	76	70	82	79	307	27	27	146	228	77T	14T	69T	300
1967	PGA		CUT	78	82			160	16		160		109T	127T		
1975	PGA		CUT	74	80			154	14		154		57T	105T		

Riley, Chris J.

Year	Event	A	Pos	R1	R2	R3	R4	Tot	P/M	SBW	R2T	R3T	R1P	R2P	R3P	W
1999	US		CUT	74	79			153	13		153		95T	125T		1,000
2001	PGA		51T	68	71	73	70	282	2	17	139	212	23T	45T	63T	11,343
2002	O		22T	70	71	76	66	283	-1	5	141	217	23T	36T	54T	32,000
	PGA		3	71	70	72	70	283	-5	5	141	213	11T	8T	6	374,000
2003	M		23T	76	72	70	75	293	5	12	148	218	42T	37T	18T	57,600
	O		CUT	78	75			153	11		153		101T	97T		2,500
	PGA		CUT	73	78			151	11		151	0	42T	94T		2,000
	US		CUT	76	72			148	8		148	0	125T	113T		1,000
2004	M		44	70	78	78	78	304	16	25	148	226	4T	32T	44	25,350
	O		CUT	72	75			147	5		147		57T	85T		2,500
	PGA		4T	69	70	69	73	281	-7	1	139	208	17T	7T	3T	267,500
	US		48T	72	71	72	83	298	18	22	143	215	40T	34T	25T	23,324

Year	Event	A	Pos	R1	R2	R3	R4	Tot	P/M	SBW	R2T	R3T	R1P	R2P	R3P	W
2005	M		49	71	77	78	78	304	16	28	148	226	8T	42T	47T	20,300
	O		67T	68	73	75	75	291	3	17	141	216	3T	25T	56T	9,350
	PGA		66T	72	68	72	77	289	9	13	140	212	59T	23T	31T	12,750
2006	PGA		41T	66	72	73	77	288	0	18	138	211	1T	8T	21T	23,080

Riley, Dale L.

Year	Event	A	Pos	R1	R2	R3	R4	Tot	P/M	SBW	R2T	R3T	R1P	R2P	R3P	W
1985	US		CUT	74	79			153	13		153		64T	123T		600

Riley, Wayne Graham

Year	Event	A	Pos	R1	R2	R3	R4	Tot	P/M	SBW	R2T	R3T	R1P	R2P	R3P	W
1984	O		CUT	74	72	78		224	8		146	224	69T	58T	87T	610
1985	O		33T	71	70	77	72	290	10	8	141	218	24T	6T	34T	3,150
1988	O		34T	72	71	72	76	291	7	18	143	215	19T	9T	18T	4,150
1989	O		CUT	76	77			153	9		153		117T	133T		500
1992	O		59T	71	72	75	73	291	7	19	143	218	57T	63T	66T	3,650
1994	O		72T	77	66	70	73	286	6	18	143	213	140T	61T	66T	3,900
1995	O		88T	70	72	75	80	297	9	15	142	217	18T	20T	39T	4,125
1996	O		CUT	73	76			149	7		149		92T	128T		650
	US		40T	73	69	74	73	289	9	11	142	216	65T	19T	37T	9,918
1997	O		51T	74	71	75	71	291	7	19	145	220	40T	40T	62T	6,156
2001	O		CUT	78	77			155	13		155		146T	148T		900

Rimmer, H.

Year	Event	A	Pos	R1	R2	R3	R4	Tot	P/M	SBW	R2T	R3T	R1P	R2P	R3P	W
1930	O		52T	79	79	79	80	317	29	26	158	237	54T	58T	56	
1934	O		CUT	80	77			157	13		157		84T	83T		
1936	O		40T	79	75	81	74	309	13	22	154	235	60T	44T	55T	

Rimmer, J.

Year	Event	A	Pos	R1	R2	R3	R4	Tot	P/M	SBW	R2T	R3T	R1P	R2P	R3P	W
1924	O		31T	79	82	79	79	319		18	161	240	27T	43T	30T	

Ringer, Larry R.

Year	Event	A	Pos	R1	R2	R3	R4	Tot	P/M	SBW	R2T	R3T	R1P	R2P	R3P	W
1974	US		WD	84				84	14				141T			500
1977	PGA		71	77	74	79	85	315	27	33	151	230	79T	64T	70	488
1979	PGA		CUT	78	74			152	12		152		125T	120T		350
1990	US		CUT	79	75			154	10		154		143T	134T		1,000

Rinker, Lawrence Ronnie

Year	Event	A	Pos	R1	R2	R3	R4	Tot	P/M	SBW	R2T	R3T	R1P	R2P	R3P	W
1978	PGA		CUT	75	75			150	8		150		61T	82T		303
1980	US		CUT	77	76			153	13		153		110T	109T		600
1982	US		15T	74	67	75	74	290	2	8	141	216	33T	2	9T	4,661
1983	M		CUT	75	81			156	12		156		63T	74		1,500
	US		CUT	77	80			157	15		157		82T	104T		600
1984	PGA		59T	75	73	74	73	295	7	22	148	222	73T	60T	64T	1,662
1985	PGA		CUT	75	75			150	6		150		105T	96T		1,000
1986	M		CUT	73	81			154	10		154		19T	71T		1,500
	PGA		CUT	78	69			147	5		147		137T	74T		1,000
	US		24T	77	71	70	71	289	9	10	148	218	66T	30T	26T	6,462
1989	O		CUT	75	75			150	6		150		101T	110T		500
1990	US		CUT	70	76			146	2		146		12T	69T		1,000
1991	US		53T	72	72	77	78	299	11	17	144	221	24T	20T	40T	5,389
1992	O		12T	69	68	70	73	280	-4	8	137	207	21T	8T	9	17,384
1993	O		CUT	78	73			151	11		151		152	145T		600
1997	US		CUT	76	72			148	8		148		115T	85T		1,000

Rinker, Lee Cross

Year	Event	A	Pos	R1	R2	R3	R4	Tot	P/M	SBW	R2T	R3T	R1P	R2P	R3P	W
1983	US	A	CUT	79	78			157	15		157		105T	104T		
1985	US		58T	74	69	75	78	296	16	17	143	218	64T	30T	44T	2,606
1991	PGA		CUT	73	76			149	5		149		58T	89T		1,000
1992	PGA		56T	72	75	73	73	293	9	15	147	220	32T	57T	58T	3,000
1993	US		33T	70	72	71	71	284	4	12	142	213	19T	44T	36T	11,052
1996	PGA		52T	73	71	73	72	289	1	12	144	217	71T	45T	56T	4,717
1997	PGA		61T	70	71	75	76	292	12	23	141	216	23T	21T	38T	4,333
	US		CUT	73	75			148	8		148		58T	85T		1,000
1998	PGA		29T	70	70	71	73	284	4	13	140	211	21T	15T	17T	17,100
2005	US		CUT	76	74			150	10		150		94T	99T		2,000
2006	PGA		CUT	72	75			147	3		147		61T	100T		2,000

Rintoul, A. Steven

Year	Event	A	Pos	R1	R2	R3	R4	Tot	P/M	SBW	R2T	R3T	R1P	R2P	R3P	W
1988	US	A	CUT	82	76			158	16		158		148T	140T		
1995	PGA		CUT	77	67			144	2		144		138T	87T		1,200

Risch, Robert

Year	Event	A	Pos	R1	R2	R3	R4	Tot	P/M	SBW	R2T	R3T	R1P	R2P	R3P	W
1971	US		49T	74	74	73	73	294	14	14	148	221	70T	59T	57T	915
1977	US		CUT	77	78			155	15		155		105T	117T		500

Risdon, P. W. L.

Year	Event	A	Pos	R1	R2	R3	R4	Tot	P/M	SBW	R2T	R3T	R1P	R2P	R3P	W
1935	O	A	27T	78	74	75	74	301	13	18	152	227	70T	44T	33T	

Year	Event	A	Pos	R1	R2	R3	R4	Tot	P/M	SBW	R2T	R3T	R1P	R2P	R3P	W
Riseborough, Ernest Harry																
1902	O		CUT	87	84			171			171					
1903	O		CUT	85	85			170			170					
1904	O		35T	85	81	85	78	329		33	166	251			40T	
1905	O		CUT	88	91			179			179					
1906	O		24T	81	77	80	80	318		18	158	238			23T	
1907	O		56T	90	92	87	82	351		39	182	269	55T	64T	62	
1910	O		WD	84				84								
1911	O		57T	82	80	86	78	326		23	162	248	89T	58T	67	
1914	O		41T	86	83	81	79	329		23	169	250	78T	70T	57T	
1920	O		56T	81	88	82	79	330		27	169	251	33T	59T	64T	
1930	O		CUT	83	81			164	20		164		92T	93T		
Riseborough, Herbert																
1949	O		CUT	77	76			153	9		153		77T	68T		
Riseborough, Herbert "Bert"																
1910	O		28T	75	81	80	81	317		18	156	236			28T	
1911	O		CUT	82	82			164			164		89T	86T		
1920	O		53T	83	84	82	80	329		26	167	249	51T	55T	55T	
1927	O		CUT	76	83			159	13		159		34T	80T		
Ritchie, ____																
1870	O	A	WD													
Ritchie, George T.																
1986	O		CUT	87	84			171	31		171		149T	150		400
Ritchie, W. G.																
1906	O	A	WD	89				89								
Ritchie, William Leggat																
1910	O		16T	78	74	82	79	313		14	152	234			20T	
1911	O		CUT	82	82			164			164		89T	86T		
1913	O		WD	82	85			167			167		48T	54T		
1914	O		60	81	87	85	80	333		27	168	253	38T	66T	71T	
1920	O		29T	79	86	81	78	324		21	165	246	17T	43T	46T	
1921	O		72	82	80	82	81	325		29	162	244	74T	63T	67T	
1922	O		70	80	85	83	84	332		32	165	248	35T	58T	63T	
1923	O		37	78	83	73	79	313		18	161	234				
1932	O		CUT	81	81			162	18		162		90T	98T		
Ritter, Tommy																
1958	US		CUT	86	82			168	28		168		145T	144T		
1959	PGA		CUT	81	73			154	14		154		162T	132T		
Rivas, George																
1972	US		40T	80	73	79	75	307	19	17	153	232	103T	45T	64	994
Rivero Sanchez, Jose																
1984	O		CUT	74	77			151	7		151		69T	125T		330
1985	O		3T	74	72	70	68	284	4	2	146	216	77T	36T	17T	23,600
1986	O		CUT	81	75			156	16		156		116T	116T		400
1987	O		CUT	76	74			150	8		150		115T	109T		400
1988	O		16T	75	69	70	72	286	2	13	144	214	63T	19T	13T	10,500
1989	O		42T	71	75	72	70	288	0	13	146	218	25T	69T	63T	3,725
1990	O		25T	70	70	70	73	283	-5	13	140	210	17T	23T	20T	6,383
1991	O		57T	74	73	68	71	286	6	14	147	215	94T	87T	54T	3,550
1992	O		CUT	72	77			149	7		149		81T	127T		600
1993	O		14T	68	73	67	70	278	-2	11	141	208	15T	35T	12T	15,214
1994	O		CUT	72	72			144	4		144		68T	82T		600
1995	O		68T	70	72	75	78	295	7	13	142	217	18T	20T	39T	4,975
1996	O		CUT	74	71			145	3		145		109T	87T		650
Riviere, Bertrand Jay "Jay"																
1958	US		CUT	90	75			165	25		165		156T	134T		
1959	US		CUT	76	79			155	15		155		58T	96T		
Roach, A. L.																
1974	O		CUT	87	85			172	30		172		152T	152		50
Roach, Bill																
1935	US		CUT	85	88			173	29		173		129T	141		
Robb, Albert E.																
1905	O		CUT	96	95			191			191					
1910	O		UNK	84												

Year	Event	A	Pos	R1	R2	R3	R4	Tot	P/M	SBW	R2T	R3T	R1P	R2P	R3P	W
Robb, Gilbert M.																
1910	O		CUT	87	85			172			172					
Robb, James, Jr.																
1895	O	A	13T	89	88	81	82	340		18	177	258	33T		20T	
1903	O	A	48T	83	80	85	85	333		33	163	248			41T	
1910	O	A	UNK	87												
Robbins, Hillman, Jr.																
1952	US	A	CUT	78	77			155	15		155		85T	73T		
1953	US	A	CUT	82	79			161	17		161		133T	125T		
1955	M	A	24T	77	76	74	72	299	11	20	153	227	31T	41T	29T	
1956	M	A	17T	73	73	78	76	300	12	11	146	224	17T	11T	18T	
1957	M	A	40	77	73	74	80	304	16	21	150	224	46T	29T	24T	
1958	M	A	CUT	80	84			164	20		164		76T	81T		
	US	A	CUT	81	89			170	30		170		98T	149T		
1959	US		CUT	70	81			151	11		151		5	62T		
Roberts, Charles T.																
1902	O		CUT	87	84			171			171					
1903	O		CUT	87	90			177			177					
1904	O		38T	83	82	86	80	331		35	165	251			40T	
1905	O		CUT	89	95			184			184					
1906	O		48T	82	79	80	85	326		26	161	241			39T	
1907	O		25T	86	83	84	80	333		21	169	253	33T	26T	31T	
1908	O		33	81	79	83	75	318		27	160	243	40T	37T	41T	
1909	O		44T	80	81	79	82	322		27	161	240	36T	41T	38T	
1910	O		24T	81	73	79	83	316		17	154	233			14T	
1911	O		CUT	82	81			163			163		89T	74T		
1912	O		27T	82	81	83	75	321		26	163	246	38T	37T	42T	
1913	O		14T	78	79	84	78	319		15	157	241	18T	11T	17T	
1914	O		50T	79	86	81	85	331		25	165	246	25T	51T	38T	
Roberts, David L. "Len"																
1955	O		CUT	78	74			152	8		152		81T	66T		
Roberts, Ernest Charles																
1905	O		WD	91				91								
Roberts, H.																
1903	O		CUT	96	85			181			181					
Roberts, Hugh																
1921	O		26T	79	82	74	74	309		13	161	235	43T	57T	38T	
1923	O		44T	73	82	75	86	316		21	155	230				
1925	O		37T	84	82	77	80	323	35	23	166	243	66T	58T	40	
1926	O		CUT	80	86			166	24		166		58T	99T		
1930	O		CUT	80	84			164	20		164		68T	93T		
1931	O		CUT	85	83			168	24		168		103T	98T		
1932	O		CUT	81	78			159	15		159		90T	89T		
1933	O		CUT	82	79			161	15		161		111T	109T		
1934	O		CUT	81	78			159	15		159		94T	92T		
1935	O		CUT	80	78			158	14		158		91T	86T		
Roberts, James O.																
1908	US	A	WD	103				103					77T			
Roberts, Loren Lloyd																
1985	PGA		CUT	75	75			150	6		150		105T	96T		1,000
	US		34T	74	71	74	70	289	9	10	145	219	64T	45T	47T	4,994
1987	US		CUT	79	78			157	17		157		142T	147T		600
1989	PGA		34T	69	71	72	74	286	-2	10	140	212	13T	14T	18T	5,750
	US		CUT	72	75			147	7		147		51T	86T		1,000
1990	PGA		5T	73	71	70	76	290	2	8	144	214	29T	10T	4T	51,667
1991	M		CUT	72	77			149	5		149		31T	66T		1,500
	PGA		27T	72	74	72	70	288	0	12	146	218	39T	57T	47T	8,150
	US		49T	75	70	74	79	298	10	16	145	219	76T	30T	19T	6,034
1993	PGA		28T	67	67	76	72	282	-2	10	134	210	5T	4T	29T	10,167
	US		11T	70	70	71	69	280	0	8	140	211	19T	13T	18T	26,249
1994	M		5T	75	68	72	70	285	-3	6	143	215	44T	14T	8T	73,000
	O		24T	68	69	69	72	278	-2	10	137	206	4T	9T	9T	7,972
	PGA		9T	69	72	67	71	279	-1	10	141	208	7T	23T	8T	41,000
	US		2PO	76	69	64	70	279	-5	-1	145	209	86T	36T	3T	141,828
1995	M		24T	72	69	72	73	286	-2	12	141	213	34T	19T	24T	18,260
	O		CUT	76	74			150	6		150		135T	116T		650
	PGA		58T	74	68	71	71	284	0	17	142	213	109T	59T	57T	3,630
	US		WD	73				73	3				65T			1,000

Year	Event	A	Pos	R1	R2	R3	R4	Tot	P/M	SBW	R2T	R3T	R1P	R2P	R3P	W
1996	M		23T	71	73	72	75	291	3	15	144	216	18T	22T	18T	25,000
	O		18T	67	69	72	72	280	-4	9	136	208	2T	6T	11T	15,500
	PGA		CUT	72	75			147	3		147		52T	94T		1,300
	US		40T	72	73	69	75	289	9	11	145	214	43T	56T	22T	9,918
1997	M		CUT	85	77			162	18		162		83T	82		5,000
	O		CUT	76	73			149	7		149		63T	86T		800
	PGA		49T	76	70	74	69	289	9	20	146	220	108T	68T	67T	6,375
	US		13T	72	69	72	71	284	4	8	141	213	40T	9T	15T	47,348
1998	O		29T	66	76	76	74	292	12	12	142	218	3T	22T	16T	10,030
	PGA		65T	72	71	74	75	292	12	21	143	217	60T	36T	54T	5,750
	US		18T	71	76	71	72	290	10	10	147	218	16T	50T	25T	41,833
1999	M		CUT	76	76			152	8		152		65T	71T		5,000
	PGA		CUT	70	77			147	3		147		10T	75T		1,750
2000	M		3T	73	69	71	69	282	-6	4	142	213	22T	7T	3T	266,800
	O		7T	69	68	70	73	280	-8	11	137	207	11T	3T	4T	66,250
	PGA		58T	74	72	71	73	290	2	20	146	217	58T	51T	52T	10,250
	US		8T	68	78	73	72	291	7	19	146	219	4T	26T	9T	112,766
2001	M		37T	71	74	73	72	290	2	18	145	218	21T	41T	37T	26,320
	O		13T	70	70	70	70	280	-4	6	140	210	21T	17T	20T	40,036
	PGA		CUT	74	69			143	3		143	0	117T	85T		2,000
	US		52T	69	76	69	78	292	12	16	145	214	5T	43T	23T	13,164
2002	O		28T	74	69	70	71	284	0	6	143	213	106T	50T	14T	24,000
	PGA		43T	77	70	77	72	296	8	18	147	224	105T	42T	55T	17,000
2003	M		33T	74	72	76	73	295	7	14	146	222	27T	21T	34T	36,375
	PGA		7T	70	73	70	71	284	4	8	143	213	13T	18T	12T	175,667
	US		42T	69	72	74	71	286	6	14	141	215	10T	40T	50T	25,002
2004	PGA		17T	68	72	70	75	285	-3	5	140	210	8T	11T	9T	76,857
2005	PGA		CUT	71	74			145	5		145		40T	80T		2,000
2007	O		CUT	74	75			149	7		149		78T	91T		2,650

Roberts, Robert

Year	Event	A	Pos	R1	R2	R3	R4	Tot	P/M	SBW	R2T	R3T	R1P	R2P	R3P	W
1926	O		CUT	82	81			163	21		163		75T	83T		

Roberts, Samuel Basil

Year	Event	A	Pos	R1	R2	R3	R4	Tot	P/M	SBW	R2T	R3T	R1P	R2P	R3P	W
1934	O	A	CUT	77	80			157	13		157		52T	83T		
1936	O	A	50T	77	78	75	81	311	15	24	155	230	39T	52T	35T	
1937	O	A	CUT	79	86			165	21		165		60T	114T		
1938	O	A	CUT	72	78			150	10		150		14T	43T		
1939	O	A	CUT	74	81			155	9		155		26T	75T		

Robertson, Alexander

Year	Event	A	Pos	R1	R2	R3	R4	Tot	P/M	SBW	R2T	R3T	R1P	R2P	R3P	W
1889	O	A	UNK													

Robertson, Alexander G.

Year	Event	A	Pos	R1	R2	R3	R4	Tot	P/M	SBW	R2T	R3T	R1P	R2P	R3P	W
1955	O	A	CUT	77	82			159	15		159		72T	94		

Robertson, Alexander M.

Year	Event	A	Pos	R1	R2	R3	R4	Tot	P/M	SBW	R2T	R3T	R1P	R2P	R3P	W
1946	O		27T	79	75	80	81	315	23	25	154	234	39T	28T	27T	
1947	O		CUT	80	79			159	23		159		59T	58T		
1948	O		CUT	77	82			159	23		159		56T	85T		
1950	O		CUT	75	74			149	9		149		38T	36T		
1955	O		CUT	79	75			154	10		154		88T	77T		
1957	O		CUT	77	79			156	12		156		69T	88T		
1966	O		CUT	78	80			158	16		158		89T	106T		

Robertson, D.

Year	Event	A	Pos	R1	R2	R3	R4	Tot	P/M	SBW	R2T	R3T	R1P	R2P	R3P	W
1910	O		UNK	80												

Robertson, David

Year	Event	A	Pos	R1	R2	R3	R4	Tot	P/M	SBW	R2T	R3T	R1P	R2P	R3P	W
1904	US		19	82	78	80	88	328		25	160	240	18T	12	10T	
1905	US		50T	88	87	91	84	350		36	175	266	54T	56T	54	
1906	US		29T	82	79	81	84	326		31	161	242	39T	24T	26	
1907	US		13	80	78	75	81	314		12	158	233	20T	14T	6T	
1908	US		20	89	83	86	86	344		22	172	258	20T	16T	19T	
1912	US		27	77	78	79	81	315	19	21	155	234	23T	18T	23T	
1920	US		53T	82	77	83	78	320	32	25	159	242	55T	44T	59T	
1922	PGA		32T													50
	US		55T	76	84	77	84	321	41	33	160	237	20T	62T	55T	
1924	US		10T	73	76	77	81	307	19	10	149	226	2T	4T	5T	63
1925	PGA		32T													
	US		WD	81	79			160	18		160	0	63T	62T		
1926	US		CUT	80	82			162	18		162		69T	78T		
1927	US		48T	74	85	77	89	325	37	24	159	236	5	29T	24T	

Robertson, David Donaldson

Year	Event	A	Pos	R1	R2	R3	R4	Tot	P/M	SBW	R2T	R3T	R1P	R2P	R3P	W
1890	O	A	23T	94	95			189		25						

Year	Event	A	Pos	R1	R2	R3	R4	Tot	P/M	SBW	R2T	R3T	R1P	R2P	R3P	W
Robertson, David M.																
1978	O		CUT	75	79			154	10		154		83T	127T		175
1980	O		CUT	78	78			156	14		156		115T	136T		225
Robertson, Dean																
1995	O		79T	71	73	74	78	296	8	14	144	218	34T	41T	52T	4,500
1997	O		CUT	76	72			148	6		148		63T	71T		1,000
1999	O		49T	76	75	78	75	304	20	14	151	229	37T	30T	52T	7,217
2000	O		26T	73	70	68	72	283	-5	14	143	211	76T	44T	18T	20,000
Robertson, Don																
1982	US		CUT	78	82			160	16		160		78T	128T		600
Robertson, Douglas																
1873	O	A	WD													
1879	O	A	29	97	93			190		21						
Robertson, Fred																
1933	O		22T	71	71	77	82	301	9	9	142	219	5T	3T	10T	10
1935	O		CUT	79	82			161	17		161		83T	101T		
1937	O		17T	73	75	78	78	304	16	14	148	226	6T	8T	16T	10
1938	O		CUT	83	77			160	20		160		115T	112		
1939	O		CUT	79	79			158	12		158		96T	98T		
Robertson, Ian G.																
1936	PGA		64T													
	US		CUT	78	76			154	10		154		113T	97T		
1938	PGA		64T													100
Robertson, Jack																
1924	PGA		32T													75
Robertson, L.																
1890	O	A	31	108	104			212		48						
Robertson, Peter (Scotland)																
1901	O		CUT	90	89			179			179			54T		
1912	O		43T	85	79	80	85	329		34	164	244	57	44T	36T	
1914	O		65T	82	83	85	86	336		30	165	250	49T	51T	57T	
1921	O		47T	81	84	79	72	316		20	165	244	62T	74T	67T	
1923	O		49T	83	73	83	78	317		22	156	239				
1924	O		36T	79	79	82	81	321		20	158	240	27T	26T	30T	
1927	O		50	75	77	80	81	313	21	28	152	232	24T	31T	47T	
1933	O		CUT	83	84			167	21		167		114T	114T		
Robertson, Peter (USA)																
1904	US		29T	82	87	85	80	334		31	169	254	18T	33T	34T	
1905	US		3T	79	80	81	77	317		3	159	240	4T	6	6	113
1906	US		14T	79	78	80	83	320		25	157	237	15T	14T	14T	
1907	US		5T	81	77	78	74	310		8	158	236	28T	14T	12	60
1908	US		6T	89	84	77	83	333		11	173	250	20T	18T	5	45
1909	US		20T	79	72	78	79	308		18	151	229	38T	9T	18T	
1910	US		32T	79	81	80	82	322		24	160	240	30T	27T	27T	
1911	US		9T	79	76	78	79	312	8	5	155	233	15T	11	9T	25
1912	US		28T	80	82	77	77	316	20	22	162	239	50T	54T	37	
1913	US		21T	79	80	78	82	319	35	15	159	237	25T	33T	22T	
Robertson, Roy																
1927	US		WD	86				86	14				97T			
Robertson, Stephen																
1994	O		CUT	75	70			145	5		145		125T	93T		600
Robertson, Thomas C.																
1983	PGA		CUT	74	77			151	9		151		86T	119T		1,000
Robertson, William George "Willie"																
1924	O		22T	84	75	77	80	316		15	159	236	69T	31T	21T	
1926	O		CUT	81	81			162	20		162		66T	78T		
1927	O		CUT	74	85			159	13		159		14T	80T		
1929	O		56T	79	78	85	80	322	18	30	157	242	49T	54T	60T	
1936	O		57T	78	77	79	80	314	18	27	155	234	50T	52T	52T	
Robertson-Dunham, G.																
1948	O	A	CUT	79	81			160	24		160		71T	91T		
Robeson, Irving S.																
1912	US	A	CUT	87	79			166	18		166		109T	80T		

Year	Event	A	Pos	R1	R2	R3	R4	Tot	P/M	SBW	R2T	R3T	R1P	R2P	R3P	W
Robins, C.																
1939	O		CUT	80	83			163	17		163		110T	121		
Robinson, Bill																
1972	PGA		CUT	83	79			162	22		162		132T	123T		
1974	PGA		CUT	76	75			151	11		151		84T	84T		
Robinson, Charles D.																
1932	O		CUT	77	79			156	12		156		54T	70T		
Robinson, Eugene																
1949	US	A	CUT	89	85			174	32		174		158T	148T		
Robinson, Gary G.																
1975	US		49T	72	72	76	79	299	15	12	144	220	17T	12T	27T	905
1978	US		CUT	78	77			155	13		155		80T	99T		600
Robinson, Gary R.																
1981	PGA		CUT	78	81			159	19		159		128T	137T		550
1982	PGA		CUT	77	73			150	10		150		121T	109T		650
1984	PGA		CUT	78	75			153	9		153		109T	102T		1,000
1986	PGA		CUT	83	75			158	16		158		148	143T		1,000
Robinson, J.																
1887	O		WD													
Robinson, Jeremy G. S.																
1986	O	A	CUT	83	79			162	22		162		134T	143T		
1987	O	A	CUT	77	78			155	13		155		124T	142T		
1992	O		CUT	71	73			144	2		144		57T	76T		600
1999	O		58T	77	76	77	75	305	21	15	153	230	55T	58T	61T	6,563
Robinson, Joe																
1941	PGA		64T													100
1948	US		CUT	73	76			149	7		149		35T	58T		
Robinson, John E.																
1906	O		WD	93				93								
Robinson, John F.																
1939	US	A	WD	86				86	17				160T			
Robinson, Joseph																
1911	O		CUT	87	87			174			174		170T	165T		
Robinson, Samuel																
1924	O	A	63	85	81	82	81	329		28	166	248	76T	70T	68T	
Robinson, William D.																
1902	US		WD	90	86			176			176	0	56T	48T		
1903	US		WD	92	86			178			178		81	69T		
1904	US		WD	89	85			174			174		49T	44T		
1905	US		CUT	87	91			178			178		50T	61		
1907	US		26T	82	84	80	78	324		22	166	246	35T	41T	33T	
1908	US		42T	95	87	86	91	359		37	182	268	59T	44T	40T	
1909	US		55	84	81	82	79	326		36	165	247	66T	64T	59T	
1910	US		26	83	81	78	75	317		19	164	242	48T	44T	32T	
1912	US		CUT	82	89			171	23		171		65T	100T		
1919	US		32T	81	78	85	80	324	40	23	159	244	28T	22T	35T	
1922	PGA		64T													
Robison, Gary L.																
1989	PGA		CUT	80	71			151	7		151		139T	116T		1,000
1992	PGA		CUT	77	79			156	14		156		126T	134T		1,200
1993	PGA		CUT	76	75			151	9		151		131T	133T		1,200
1997	US		CUT	78	74			152	12		152		137T	127T		1,000
Robison, Jerry M.																
1952	US		CUT	76	85			161	21		161		58T	113T		
1960	US		CUT	80	74			154	12		154		124T	104T		
Roblin, Henry																
1991	O	A	CUT	71	80			151	11		151		29T	131T		
Robson, "Scotty"																
1919	US		52T	83	81	92	84	340	56	39	164	256	47T	43T	55	
Robson, Frederick																
1908	O		18T	72	79	83	78	312		21	151	234	3	8T	22T	
1909	O		31T	79	78	77	83	317		22	157	234	27T	20T	16T	

Year	Event	A	Pos	R1	R2	R3	R4	Tot	P/M	SBW	R2T	R3T	R1P	R2P	R3P	W
1910	O		5T	75	80	77	76	308		9	155	232			11T	7
1911	O		10T	78	74	79	78	309		6	152	231	35T	11T	12	
1913	O		WD	85	85			170			170		58T	59T		
1914	O		41T	78	82	85	84	329		23	160	245	20T	25T	34T	
1921	O		51T	80	78	80	79	317		21	158	238	53T	40T	49T	
1923	O		29T	82	78	74	75	309		14	160	234				
1924	O		22T	83	80	77	76	316		15	163	240	65T	57T	30T	
1925	O		11T	80	77	78	76	311	23	11	157	235	34T	19T	13T	
1926	O		18T	79	76	77	75	307	23	16	155	232	41T	24T	23T	
1927	O		2T	76	72	69	74	291	-1	6	148	217	34T	11T	2	63
	US		WD													
1928	O		4T	79	73	73	73	298	10	6	152	225	23T	10T	5T	15
1929	O		36T	78	76	83	78	315	11	23	154	237	40T	37T	41T	
1930	O		4T	71	72	78	75	296	8	5	143	221	4T	2	6T	38
1931	O		21T	80	76	76	74	306	18	10	156	232	64T	36T	32T	10
	US		WD	73	79	78		230	17		152	230	6T	23T	31T	
1932	O		9	74	71	78	71	294	6	11	145	223	12T	6T	12T	15
1933	O		37T	76	76	79	76	307	15	15	152	231	50T	53T	55T	
1934	O		58T	75	78	78	80	311	23	28	153	231	29T	59T	56T	
1938	O		WD	81				81	11				103T			
1939	O		CUT	78	82			160	14		160		84T	111T		

Robson, Jon

Year	Event	A	Pos	R1	R2	R3	R4	Tot	P/M	SBW	R2T	R3T	R1P	R2P	R3P	W
1992	O		68T	70	71	78	74	293	9	21	141	219	36T	37T	71T	3,238
1996	O		CUT	75	74			149	7		149		124T	128T		650

Robyn, Timothy

Year	Event	A	Pos	R1	R2	R3	R4	Tot	P/M	SBW	R2T	R3T	R1P	R2P	R3P	W
1991	US		CUT	79	70			149	5		149		132T	72T		1,000

Rocca, Constantino

Year	Event	A	Pos	R1	R2	R3	R4	Tot	P/M	SBW	R2T	R3T	R1P	R2P	R3P	W
1991	O		44T	68	73	70	74	285	5	13	141	211	5T	17T	12T	4,235
1992	O		55T	67	75	73	75	290	6	18	142	215	9T	44T	47T	3,875
1993	O		CUT	71	73			144	4		144		70T	79T		600
1994	M		41T	79	70	78	73	300	12	21	149	227	78T	42T	49	7,400
	O		CUT	73	71			144	4		144		93T	82T		600
	PGA		CUT	73	77			150	10		150		61T	111T		1,200
	US		CUT	77	74			151	9		151		104T	103T		1,000
1995	O		2PO	69	70	70	73	282	-6	-1	139	209	9T	4T	2	100,000
	PGA		17T	70	69	68	69	276	-8	9	139	207	44T	29T	16T	26,000
1996	M		CUT	78	75			153	9		153		78T	74T		1,500
	O		64T	71	70	74	73	288	4	17	141	215	43T	35T	57T	5,300
	PGA		52T	72	72	73	72	289	1	12	144	217	52T	45T	56T	4,717
	US		67T	71	74	73	74	292	12	14	145	218	24T	56T	54T	5,645
1997	M		5T	71	69	70	75	285	-3	15	140	210	5T	3	2	102,600
	O		CUT	75	75			150	8		150		50T	97T		800
	PGA		71T	69	69	79	78	295	15	26	138	217	11T	3T	49T	3,875
1998	M		CUT	81	72			153	9		153		81T	61T		5,000
	O		9T	72	74	70	70	286	6	6	146	216	62T	65T	10T	40,850
	PGA		CUT	73	74			147	7		147		81T	83T		1,500
	US		CUT	71	83			154	14		154		16T	121T		1,000
1999	O		18T	81	69	74	73	297	13	7	150	224	119T	21T	18T	20,500

Roccisano, Joseph D.

Year	Event	A	Pos	R1	R2	R3	R4	Tot	P/M	SBW	R2T	R3T	R1P	R2P	R3P	W
1958	US	A	CUT	94	90			184	44		184		160	158		

Rocco, Carl

Year	Event	A	Pos	R1	R2	R3	R4	Tot	P/M	SBW	R2T	R3T	R1P	R2P	R3P	W
1923	PGA		64T													
1926	US		CUT	79	81			160	16		160		55T	63T		
1933	US		CUT	80	78			158	14		158		87T	78T		

Roche, James M.

Year	Event	A	Pos	R1	R2	R3	R4	Tot	P/M	SBW	R2T	R3T	R1P	R2P	R3P	W
1910	US		CUT	90	83			173			173		67T	60T		
1912	US		CUT	84	87			171	23		171		85T	100T		
1932	US		CUT	83	85			168	28		168		90T	119T		

Rock, Robert

Year	Event	A	Pos	R1	R2	R3	R4	Tot	P/M	SBW	R2T	R3T	R1P	R2P	R3P	W
2005	O		67T	73	71	75	72	291	3	17	144	219	56T	55T	73T	9,350
2006	O		16T	69	69	73	71	282	-6	12	138	211	20T	8	25T	45,000

Roddy, Tommy

Year	Event	A	Pos	R1	R2	R3	R4	Tot	P/M	SBW	R2T	R3T	R1P	R2P	R3P	W
1995	US		CUT	74	76			150	10		150		83T	107T		1,000

Roderick, R. Neil

Year	Event	A	Pos	R1	R2	R3	R4	Tot	P/M	SBW	R2T	R3T	R1P	R2P	R3P	W
1995	O		CUT	74	79			153	9		153		100T	141T		650

Rodgers, Philamon Webster "Phil"

Year	Event	A	Pos	R1	R2	R3	R4	Tot	P/M	SBW	R2T	R3T	R1P	R2P	R3P	W
1956	US	A	CUT	76	75			151	11		151		64T	59T		

Year	Event	A	Pos	R1	R2	R3	R4	Tot	P/M	SBW	R2T	R3T	R1P	R2P	R3P	W
1958	M	A	22	77	72	73	72	294	6	10	149	222	68T	35T	29T	
1959	M	A	CUT	78	77			155	11		155		60T	62T		
	US	A	CUT	77	76			153	13		153		73T	80T		
1962	M		CUT	76	75			151	7		151		60T	61T		400
	O		3T	75	70	72	72	289	1	13	145	217	21T	3T	4	710
	PGA		CUT	75	73	78		226	16		148	226	67T	54T	70T	
	US		3T	74	70	69	72	285	1	2	144	213	30T	9T	3T	5,500
1963	M		CUT	77	76			153	9		153		47T	51T		600
	O		2PO	67	68	73	69	277	-3	-1	135	208	1T	1	3T	1,000
	PGA		CUT	78	77			155	13		155		108T	112T		
	US		32T	77	74	77	79	307	23	14	151	228	65T	31T	26T	367
1964	M		25T	75	72	72	72	291	3	15	147	219	48T	32T	29T	875
	O		19T	74	79	74	71	298	10	19	153	227	10T	37T	34T	86
1965	O		CUT	75	75			150	4		150		41T	51T		
	US		CUT	77	75			152	12		152		64T	58T		300
1966	M		17T	76	73	75	73	297	9	9	149	224	42T	28T	25T	1,335
	O		4T	74	66	70	76	286	2	4	140	210	34T	3T	1	705
	PGA		CUT	76	76			152	12		152		77T	78T		
	US		6	70	70	73	74	287	7	9	140	213	5T	3T	4T	5,000
1967	M		36T	72	77	75	73	297	9	17	149	224	6T	38T	39T	1,275
	O		43T	74	73	77	74	298	10	20	147	224	41T	27T	45T	74
	PGA		28T	71	76	72	73	292	4	11	147	219	13T	30T	26T	900
	US		CUT	78	71			149	9		149		119T	67T		400
1969	PGA		48T	70	72	75	75	292	8	16	142	217	10T	17T	35T	289
	US		13T	76	70	69	72	287	7	6	146	215	79T	36T	16T	1,889
1970	M		CUT	78	79			157	13		157		63T	74T		1,000
	PGA		48T	74	74	76	72	296	16	17	148	224	45T	48T	57T	420
	US		CUT	84	73			157	13		157		135T	99T		500
1971	PGA		CUT	73	77			150	6		150		33T	84T		
1972	PGA		7T	71	72	68	74	285	5	4	143	211	14T	11T	3T	6,383
1973	M		23	71	75	75	73	294	6	11	146	221	6T	19T	23T	2,200
	O		CUT	74	77	77		228	12		151	228	25T	68T	73T	75
	PGA		71T	79	69	76	76	300	16	23	148	224	117T	64T	68T	360
1974	M		7T	72	69	68	73	282	-6	4	141	209	22T	11T	4T	4,750
	O		CUT	76	84			160	18		160		34T	103T		50
1975	M		CUT	77	72			149	5		149		64T	47T		1,250
	US		CUT	82	72			154	12		154		137T	98T		500
1976	US		CUT	75	77			152	12		152		53T	67T		500
1977	US		CUT	72	76			148	8		148		27T	61T		500

Rodgers, Phillip Hugh

Year	Event	A	Pos	R1	R2	R3	R4	Tot	P/M	SBW	R2T	R3T	R1P	R2P	R3P	W
1924	O		65T	82	81	86	82	331		30	163	249	57T	57T	70T	
1927	O		10T	76	73	74	77	300	8	15	149	223	34T	13T	11T	3
1930	O		15T	74	73	76	80	303	15	12	147	223	10T	4T	9T	
1931	O		29T	77	74	78	80	309	21	13	151	229	29T	8T	18T	
1932	O		25T	74	79	75	74	302	14	19	153	228	12T	50T	31T	
1933	O		CUT	79	77			156	10		156		94T	86T		
1934	O		CUT	79	76			155	11		155		73T	76T		
1935	O		18T	74	76	74	75	299	11	16	150	224	19T	32T	21T	10
1936	O		CUT	79	82			161	13		161		60T	77T		

Rodia, Frank

Year	Event	A	Pos	R1	R2	R3	R4	Tot	P/M	SBW	R2T	R3T	R1P	R2P	R3P	W
1929	US		CUT	87	77			164	20		164		140T	104T		
1930	US		WD	81				81	8				999			
1938	PGA		64T													100
1946	PGA		64T													100

Rodiles, Carlos

Year	Event	A	Pos	R1	R2	R3	R4	Tot	P/M	SBW	R2T	R3T	R1P	R2P	R3P	W
2006	O		CUT	81	76			157	13		157		152	151T		2,000

Rodriguez, Emilio

Year	Event	A	Pos	R1	R2	R3	R4	Tot	P/M	SBW	R2T	R3T	R1P	R2P	R3P	W
1984	O		55T	74	74	69	76	293	5	17	148	217	69T	79T	33T	1,295
1985	O		54T	71	70	77	77	295	15	13	141	218	24T	6T	34T	1,750

Rodriguez, Jose Manuel

Year	Event	A	Pos	R1	R2	R3	R4	Tot	P/M	SBW	R2T	R3T	R1P	R2P	R3P	W
1971	O		CUT	84	82			166	20		166		144T	148T		

Rodriguez, Juan Antonio "Chi Chi"

Year	Event	A	Pos	R1	R2	R3	R4	Tot	P/M	SBW	R2T	R3T	R1P	R2P	R3P	W
1961	M		CUT	77	73			150	6		150		61T	42T		400
1962	M		33T	72	72	75	77	296	8	16	144	219	12T	10T	19T	500
1963	M		CUT	80	75			155	11		155		63T	61T		600
1964	M		21T	71	73	73	73	290	2	14	144	217	10T	9T	16T	1,100
	PGA		44T	71	74	71	75	291	11	20	145	216	22T	35T	24T	403
	US		WD	74	74			148	8		148	0	36T	31T		300
1965	M		CUT	75	76			151	7		151		64T	58T		900
	PGA		71T	72	77	77	79	305	21	25	149	226	19T	52T	62T	300

Year	Event	A	Pos	R1	R2	R3	R4	Tot	P/M	SBW	R2T	R3T	R1P	R2P	R3P	W
	US		40T	78	72	77	75	302	22	20	150	227	82T	37T	46T	455
1966	US		44T	74	76	73	77	300	20	22	150	223	41T	44T	35T	698
1967	M		26T	73	73	73	76	295	7	15	146	219	17T	16T	16T	1,300
	US		42T	69	75	76	75	295	15	20	144	220	2T	21T	32T	785
1969	PGA		15T	72	72	71	69	284	0	8	144	215	25T	28T	22T	2,713
1970	M		10T	70	76	73	68	287	-1	8	146	219	4T	17T	25T	3,500
	PGA		CUT	77	74			151	11		151		95T	71T		
	US		27T	73	77	75	73	298	10	17	150	225	2T	23T	26T	1,280
1971	M		30T	73	75	71	75	294	6	15	148	219	24T	35T	25T	1,750
	PGA		67T	73	76	73	77	299	11	18	149	222	33T	71T	56T	258
	US		13T	70	71	73	72	286	6	6	141	214	8T	5T	16T	2,220
1972	M		CUT	74	79			153	9		153		25T	55T		1,000
	PGA		24T	71	74	73	73	291	11	10	145	218	14T	25T	28T	1,800
	US		9T	71	75	78	75	299	11	9	146	224	1T	8T	20T	3,250
1973	M		10T	72	70	73	76	291	3	8	142	215	8T	5	5T	3,425
	O		28T	72	73	73	75	293	5	17	145	218	10T	12T	13T	245
	PGA		24T	72	71	74	70	287	3	10	143	217	22T	15T	30T	1,774
	US		29T	75	71	75	74	295	11	16	146	221	48T	24T	28T	1,212
1974	M		20T	70	74	71	71	286	-2	8	144	215	10T	22T	19T	2,550
	PGA		39T	71	74	74	72	291	11	15	145	219	20T	34T	41T	817
	US		26T	75	75	77	73	300	20	13	150	227	25T	35T	42T	1,300
1975	M		CUT	74	75			149	5		149		39T	47T		1,250
	PGA		22T	73	72	74	69	288	8	12	145	219	39T	39T	45T	2,115
1976	US		CUT	74	83			157	17		157		34T	111T		500
1977	PGA		CUT	80	78			158	14		158		112T	111T		250
	US		60	74	71	75	84	304	24	26	145	220	60T	36T	45T	1,020
1978	US		46T	74	73	77	76	300	16	15	147	224	25T	25T	45T	1,350
1979	PGA		46T	71	72	72	74	289	9	17	143	215	27T	26T	38T	704
	US		32T	73	76	71	78	298	14	14	149	220	18T	31T	20T	1,725
1980	M		44T	74	72	71	76	293	5	18	146	217	40T	42T	32T	1,500
	PGA		WD	83				83	13				143T			500
	US		CUT	74	74			148	8		148		72T	75T		600
1981	US		6T	68	73	67	72	280	0	7	141	208	3T	21T	4T	9,920
1982	M		38T	78	75	73	75	301	13	17	153	226	47T	36T	40T	1,667
	US		CUT	80	74			154	10		154		115T	85T		600

Rodriguez, Leo Anthony "Anthony"

Year	Event	A	Pos	R1	R2	R3	R4	Tot	P/M	SBW	R2T	R3T	R1P	R2P	R3P	W
1996	US		94T	71	77	76	72	296	16	18	148	224	24T	98T	103T	5,235

Rodriguez, Miguel

Year	Event	A	Pos	R1	R2	R3	R4	Tot	P/M	SBW	R2T	R3T	R1P	R2P	R3P	W
2007	US		CUT	84	76			160	20		160		152T	138T		2,000

Roe, Mark Adrian

Year	Event	A	Pos	R1	R2	R3	R4	Tot	P/M	SBW	R2T	R3T	R1P	R2P	R3P	W
1987	O		17T	74	68	72	72	286	2	7	142	214	79T	25T	18T	7,450
1988	O		CUT	76	75			151	9		151		83T	86T		450
1989	O		52T	74	71	73	73	291	3	16	145	218	81T	57T	63T	3,100
1990	O		16T	71	70	72	68	281	-7	11	141	213	31T	33T	43T	11,150
1991	O		CUT	73	82			155	15		155		77T	149T		600
1992	O		CUT	73	71			144	2		144		98T	76T		600
1993	O		24T	70	71	73	66	280	0	13	141	214	48T	35T	51T	8,400
1994	O		67T	74	68	73	70	285	5	17	142	215	112T	54T	75T	4,050
1995	O		CUT	75	75			150	6		150		116T	116T		650
	US		13T	71	69	74	72	286	6	6	140	214	29T	7T	12T	30,934
1996	M		CUT	74	79			153	9		153		48T	74T		1,500
1997	O		CUT	79	76			155	13		155		117T	131		700
2001	O		CUT	73	78			151	9		151		70T	130T		1,000
2003	O		DQ	77	70			147	5		147		82T	28T		8,250

Roesch, David

Year	Event	A	Pos	R1	R2	R3	R4	Tot	P/M	SBW	R2T	R3T	R1P	R2P	R3P	W
2004	US		31T	68	73	74	80	295	15	19	141	215	5T	18T	25T	41,758

Roesink, Martin

Year	Event	A	Pos	R1	R2	R3	R4	Tot	P/M	SBW	R2T	R3T	R1P	R2P	R3P	W
1967	O		CUT	75	82			157	13		157		63T	110T		
1969	O		CUT	76	75	74		225	12		151	225	71T	65T	52T	

Roffe, G. Norman

Year	Event	A	Pos	R1	R2	R3	R4	Tot	P/M	SBW	R2T	R3T	R1P	R2P	R3P	W
1937	O		CUT	77	80			157	13		157		39T	62T		
1938	O		CUT	81	77			158	18		158		103T	101T		
1949	O		CUT	73	75			148	4		148		32T	32T		
1950	O		CUT	79	75			154	14		154		78T	70T		
1951	O		31T	78	76	78	71	303	15	18	154	232	51T	42T	44T	

Rogan, Henry

Year	Event	A	Pos	R1	R2	R3	R4	Tot	P/M	SBW	R2T	R3T	R1P	R2P	R3P	W
1932	US		CUT	84	85			169	29		169		106T	122T		

Rogers, Andrew

Year	Event	A	Pos	R1	R2	R3	R4	Tot	P/M	SBW	R2T	R3T	R1P	R2P	R3P	W
1988	O	A	CUT	82	75			157	15		157		148T	130T		

Year	Event	A	Pos	R1	R2	R3	R4	Tot	P/M	SBW	R2T	R3T	R1P	R2P	R3P	W
Rogers, Jacob																
2007	US		CUT	85	83			168	28		168		155	154T		2,000
Rogers, John E. "Jock"																
1920	US		65	90	82	81	76	329	41	34	172	253	70	69	66T	
1922	PGA		64T													
	US		55T	83	83	79	76	321	41	33	166	245	72T	72T	68T	
1924	US		19T	82	77	77	78	314	26	17	159	236	60T	39T	20T	
1926	US		20T	80	79	75	73	307	19	14	159	234	69T	55T	33T	50
1927	US		CUT	87	86			173	29		173		103T	107T		
1929	US		11T	78	76	77	74	305	17	11	154	231	45T	18T	19T	113
1930	US		35T	72	79	80	76	307	15	20	151	231	5T	23T	37T	
1933	US		33T	80	74	76	75	305	17	18	154	230	87T	46T	39T	
1935	US		CUT	85	81			166	22		166		129T	106T		
1936	US		WD	79				79	7				125T			
1937	US		47T	77	72	78	75	302	14	21	149	227	70T	35T	48T	
1938	US		24T	71	76	73	84	304	20	20	147	220	3	11	7T	50
1939	US		20T	75	70	69	79	293	17	9	145	214	48T	16T	7T	50
1940	US		47T	73	76	79	78	306	18	19	149	228	19T	32T	45T	
1947	US		CUT	79	74			153	11		153		124T	82T		
1950	US		CUT	76	76			152	12		152		75T	67T		
Rogers, Ken																
1948	US	A	34	69	76	72	78	295	11	19	145	217	3T	23T	18T	
Rogers, Stockton																
1939	US	A	CUT	81	84			165	27		165		128T	147T		
Rogers, William Charles																
1971	US	A	CUT	79	79			158	18		158		132T	132T		
1973	US	A	CUT	84	77			161	19		161		140T	127T		
1975	US		61	75	73	81	75	304	20	17	148	229	52T	49T	66	820
1977	PGA		CUT	77	75			152	8		152		79T	72T		250
	US		CUT	73	76			149	9		149		35T	70T		500
1978	M		29T	76	70	68	76	290	2	13	146	214	50T	32T	14T	1,975
	PGA		42T	72	74	73	74	293	9	17	146	219	23T	38T	41T	813
	US		44T	79	69	73	78	299	15	14	148	221	105T	34T	28T	1,430
1979	PGA		35T	70	72	73	72	287	7	15	142	215	16T	19T	38T	1,600
	US		4T	71	72	73	72	288	4	4	143	216	6T	4	7T	13,733
1980	M		33T	73	71	76	71	291	3	16	144	220	30T	27T	42T	1,860
	O		19T	76	73	68	69	286	2	15	149	217	72T	80T	39T	2,012
	PGA		8T	71	71	72	72	286	6	12	142	214	20T	6T	8	8,500
	US		16T	69	72	70	73	284	4	12	141	211	13T	19T	10T	2,892
1981	M		37T	76	72	75	72	295	7	15	148	223	53T	44T	42T	1,617
	O		1	72	66	67	71	276	-4	-4	138	205	9T	1	1	25,000
	PGA		27T	72	75	66	72	285	5	12	147	213	43T	69T	23T	2,850
	US		2T	70	68	69	69	276	-4	3	138	207	16T	5T	3	24,650
1982	M		38T	77	77	77	70	301	13	17	154	231	39T	46T	46T	1,667
	O		22T	73	70	76	75	294	6	10	143	219	18T	10T	15T	2,200
	PGA		29T	73	71	70	71	285	5	13	144	214	64T	48T	30T	3,100
	US		3T	70	73	69	74	286	-2	4	143	212	1T	4T	1T	14,967
1983	M		CUT	72	78			150	6		150		29T	58T		1,690
	O		8T	67	71	73	69	280	-4	5	138	211	2T	6T	13T	9,625
	PGA		CUT	81	72			153	11		153		146T	136T		1,000
	US		CUT	77	76			153	11		153		82T	78T		600
1984	M		CUT	76	71			147	3		147		70T	48T		1,500
	O		CUT	82	77			159	15		159		154T	155T		330
	US		57	71	73	76	77	297	17	21	144	220	19T	23T	42T	2,471
1985	M		CUT	78	75			153	9		153		65T	64		1,500
	O		CUT	74	83			157	17		157		77T	135T		375
	US		WD	81				81	11				143T			600
1986	M		CUT	80	76			156	12		156		81T	77T		1,500
	O		CUT	80	72			152	12		152		105T	78T		400
	US		CUT	75	76			151	11		151		24T	71T		600
Rohde, Mark L.																
1980	US		CUT	77	79			156	16		156		110T	126T		600
Rolfe, Gene																
1963	PGA		DQ	76				76	5				83T			
Rolfe, Rial E.																
1928	US	A	51T	82	74	79	79	314	30	20	156	235	100T	46T	51T	
Rolland, J. E. Douglas Stewart "Douglas"																
1882	O	A	13T	88	93			181		10	181					
1883	O	A	10T	82	85			167		8	167					

Year	Event	A	Pos	R1	R2	R3	R4	Tot	P/M	SBW	R2T	R3T	R1P	R2P	R3P	W
1884	O		2T	81	83			164		4	164					3
1894	O		2	86	79	84	82	331		5	165	249	8T	2T	3	20
1895	O		WD													

Rolley, Stephen

Year	Event	A	Pos	R1	R2	R3	R4	Tot	P/M	SBW	R2T	R3T	R1P	R2P	R3P	W
1971	O	A	CUT	85	75			160	14		160		148T	138		
1972	O		CUT	77	73	76		226	13		150	226	86T	49T	65T	75
1979	O		CUT	80	80			160	18		160		118T	132T		200
1980	O		CUT	80	74			154	12		154		135T	119T		225
1981	O		CUT	80	75			155	15		155		120T	112T		225

Rollins, John H.

Year	Event	A	Pos	R1	R2	R3	R4	Tot	P/M	SBW	R2T	R3T	R1P	R2P	R3P	W
2002	PGA		CUT	77	73			150	6		150	0	105T	86T		2,000
2003	M		47	74	71	80	77	302	14	21	145	225	27T	10T	44T	21,000
	O		70	72	76	78	75	301	17	18	148	226	13T	35T	69	8,700
	PGA		CUT	78	73			151	11		151	0	115T	94T		2,000
	US		53T	73	70	68	77	288	8	16	143	211	81T	54T	24T	17,004
2004	M		CUT	74	75			149	5		149		31T	45T		5,000
	US		48T	76	68	76	78	298	18	22	144	220	119T	45T	59T	23,324
2005	PGA		40T	68	71	73	74	286	6	10	139	212	7T	15T	31T	22,300
	US		CUT	75	74			149	9		149		75T	84T		2,000
2006	PGA		CUT	73	73			146	2		146		82T	84T		2,000
	US		CUT	83	80			163	23		163		151T	154		2,000
2007	M		20T	77	74	76	71	298	10	9	151	227	59T	40T	34T	84,462
	O		CUT	72	76			148	6		148		39T	81T		2,650
	PGA		CUT	73	75			148	8		148		53T	94T		2,000
	US		42T	75	74	74	76	299	19	14	149	223	77T	43T	35T	31,084
2008	M		CUT	77	73			150	6		150		75T	63T		10,000
	O		70T	73	75	77	76	301	21	18	148	225	27T	52T	64T	9,350
	US		48T	75	68	79	72	294	10	11	143	222	64T	14T	47T	23,985

Roman, Kevin J.

Year	Event	A	Pos	R1	R2	R3	R4	Tot	P/M	SBW	R2T	R3T	R1P	R2P	R3P	W
1993	US		CUT	81	84			165	25		165		155	156		1,000

Romans, Walter A.

Year	Event	A	Pos	R1	R2	R3	R4	Tot	P/M	SBW	R2T	R3T	R1P	R2P	R3P	W
1940	PGA		64T													100
	US		CUT	79	76			155	11		155		96T	79T		
1947	PGA		64T													100
	US		CUT	73	83			156	14		156		30T	98T		
1949	PGA		16T													350
1953	US		CUT	78	82			160	16		160		77T	120T		
1955	PGA		64T													100
	US		CUT	81	83			164	24		164		93T	121T		
1956	US		WD	79				79	9				118T			
1958	PGA		CUT	77	83			160	20		160		81T	132T		
1959	PGA		CUT	75	75	75		225	15		150	225	77T	84T	80T	
1960	PGA		CUT	80	75			155	15		155		148T	121T		
1961	PGA		CUT	73	76			149	9		149		41T	66T		
1962	PGA		CUT	77	74	76		227	17		151	227	108T	81T	76T	
1967	PGA		CUT	76	77			153	9		153		80T	85T		
1969	US		CUT	82	83			165	25		165		139T	146		500

Romero, Andres

Year	Event	A	Pos	R1	R2	R3	R4	Tot	P/M	SBW	R2T	R3T	R1P	R2P	R3P	W
2006	O		8T	70	70	68	71	279	-9	9	140	208	33T	22T	10T	95,333
	PGA		CUT	71	77			148	4		148		40T	109T		2,000
2007	O		3	71	70	70	67	278	-6	1	141	211	25T	7T	10T	290,000
	PGA		CUT	81	72			153	13		153		146T	124T		2,000
2008	M		8T	72	72	70	73	287	-1	7	144	214	19T	20	7T	217,500
	O		32T	77	72	74	72	295	15	12	149	223	91T	69T	48T	25,036
	PGA		7T	69	78	65	72	284	4	7	147	212	3T	48T	7T	231,250
	US		36T	71	73	77	72	293	9	10	144	221	12T	16T	42T	35,709

Romero, Eduardo Alejandro

Year	Event	A	Pos	R1	R2	R3	R4	Tot	P/M	SBW	R2T	R3T	R1P	R2P	R3P	W
1985	O		CUT	74	79			153	13		153		77T	111T		375
1988	O		13T	72	71	69	73	285	1	12	143	212	19T	9T	5T	14,000
1989	O		8T	68	70	75	67	280	-8	5	138	213	2T	4T	30T	21,000
1990	O		53T	69	71	74	73	287	-1	17	140	214	12T	23T	49T	3,475
	PGA		CUT	84	75			159	15		159		146T	125T		1,000
1991	O		26T	70	73	68	71	282	2	10	143	211	18T	39T	12T	6,750
	PGA		52T	72	75	73	72	292	4	16	147	220	39T	68T	60T	2,725
1992	O		CUT	71	77			148	6		148		57T	119T		600
	PGA		CUT	73	77			150	8		150		52T	92T		1,200
	US		CUT	75	76			151	7		151		82T	99T		1,000
1993	O		CUT	73	72			145	5		145		107T	96T		600
	PGA		20T	67	67	74	71	279	-5	7	134	208	5T	4T	19T	18,500
1994	O		CUT	73	72			145	5		145		93T	93T		600

Year	Event	A	Pos	R1	R2	R3	R4	Tot	P/M	SBW	R2T	R3T	R1P	R2P	R3P	W
1995	O		88T	74	74	72	77	297	9	15	148	220	100T	95T	72T	4,125
	US		51T	73	71	75	73	292	12	12	144	219	65T	42T	46T	5,843
1996	O		33T	70	71	75	67	283	-1	12	141	216	25T	35T	64T	7,843
1997	O		7T	74	68	67	72	281	-3	9	142	209	40T	13T	5T	40,666
	PGA		41T	71	72	72	72	287	7	18	143	215	33T	41T	34T	8,375
1998	O		57T	71	70	79	77	297	17	17	141	220	42T	12T	30T	6,264
	PGA		CUT	70	78			148	8		148		21T	93T		1,500
	US		25T	72	70	76	74	292	12	12	142	218	24T	12T	25T	25,640
1999	PGA		CUT	71	77			148	4		148		24T	84T		1,750
2000	O		35	71	68	72	74	285	-3	16	139	211	40T	11T	18T	15,500
	PGA		CUT	75	78			153	9		153		80T	118T		2,000
2001	M		CUT	75	73			148	4		148		66T	59T		5,000
	O		25T	70	68	72	73	283	-1	9	138	210	21T	6T	20T	27,500
	PGA		CUT	73	72			145	5		145	0	101T	100T		2,000
	US		51	74	72	72	73	291	11	15	146	218	63T	61T	53T	15,035
2002	O		CUT	72	73			145	3		145		60T	84T		3,000
	PGA		CUT	73	77			150	6		150	0	38T	86T		2,000
2003	M		CUT	74	76			150	6		150		27T	50T		5,000
	O		CUT	75	76			151	9		151		54T	76T		3,000
	PGA		61T	77	71	76	74	298	18	22	148	224	104T	61T	66T	12,000
	US		15T	70	66	70	76	282	2	10	136	206	25T	5T	5T	93,359
2004	M		39	74	73	74	77	298	10	19	147	221	31T	25T	34T	30,550
	O		CUT	77	75			152	10		152		137T	133T		2,000
	PGA		55T	72	73	70	77	292	4	12	145	215	40T	57T	41T	13,200
	US		CUT	72	74			146	6		146	0	40T	67T		1,000

Ronald, Craig

Year	Event	A	Pos	R1	R2	R3	R4	Tot	P/M	SBW	R2T	R3T	R1P	R2P	R3P	W
1994	O		75T	71	72	72	73	288	8	20	143	215	39T	61T	75T	3,775

Rooke, W. S. M. "Steve"

Year	Event	A	Pos	R1	R2	R3	R4	Tot	P/M	SBW	R2T	R3T	R1P	R2P	R3P	W
1975	O		CUT	74	72	79		225	9		146	225	55T	45T	79T	150
1982	O		CUT	76	78			154	10		154		64T	100T		225

Rooney, Michael C.

Year	Event	A	Pos	R1	R2	R3	R4	Tot	P/M	SBW	R2T	R3T	R1P	R2P	R3P	W
1950	US		CUT	78	78			156	16		156		99T	100T		
1956	PGA		32T													

Roos, Robert A., Jr.

Year	Event	A	Pos	R1	R2	R3	R4	Tot	P/M	SBW	R2T	R3T	R1P	R2P	R3P	W
1950	US	A	CUT	77	85			162	22		162		89T	138T		
1953	US	A	48T	75	78	78	77	308	20	25	153	231	23T	50T	51T	

Roper, Henry Sidney

Year	Event	A	Pos	R1	R2	R3	R4	Tot	P/M	SBW	R2T	R3T	R1P	R2P	R3P	W
1937	O		CUT	80	80			160	16		160		78T	83T		

Rosburg, Robert Reginald

Year	Event	A	Pos	R1	R2	R3	R4	Tot	P/M	SBW	R2T	R3T	R1P	R2P	R3P	W
1948	M	A	53	79	81	80	78	318	30	39	160	240	55	57	56	
	US	A	CUT	73	77			150	8		150		35T	64T		
1953	US		21T	76	72	78	74	300	12	17	148	226	39T	15T	27T	163
1954	M		6T	73	73	76	70	292	4	3	146	222	7T	3T	8T	1,042
	US		29T	74	77	74	74	299	19	15	151	225	21T	41T	30T	180
1955	M		4T	72	72	72	73	289	1	10	144	216	4T	5	4	1,333
	US		5T	78	74	67	76	295	15	8	152	219	60T	22T	4T	870
1956	M		16	70	74	81	74	299	11	10	144	225	6T	9T	24T	675
	US		45T	68	76	79	81	304	24	23	144	223	1	13	29T	200
1957	M		CUT	76	76			152	8		152		38T	50T		300
1958	PGA		11T	71	73	76	68	288	8	12	144	220	10T	14T	28T	1,016
	US		5T	75	74	72	70	291	11	8	149	221	12T	12T	8T	1,625
1959	M		30T	75	74	73	73	295	7	11	149	222	33T	38T	33T	350
	PGA		1	71	72	68	66	277	-3	-1	143	211	19T	18T	6T	8,250
	US		2	75	70	67	71	283	3	1	145	212	39T	19T	3T	6,600
1960	M		20T	74	74	71	76	295	7	13	148	219	35T	31T	16T	875
	PGA		CUT	74	75	77		226	16		149	226	49T	52T	65T	
	US		23T	72	75	71	72	290	6	10	147	218	19T	48T	32T	390
1961	M		15T	68	73	73	75	289	1	9	141	214	1T	3	6T	1,300
	PGA		19T	70	71	73	73	287	7	10	141	214	7T	8T	14T	1,017
	US		21	72	67	74	78	291	11	10	139	213	11T	1T	7T	500
1962	M		DQ	71	73	78		222	6		144	222	7T	10T	37T	400
	PGA		WD													
	US		13	70	69	74	79	292	8	9	139	213	2T	1T	3T	1,100
1963	M		CUT	77	76			153	9		153		47T	51T		600
	PGA		40T	72	75	74	72	293	9	14	147	221	20T	39T	48T	410
	US		CUT	81	77			158	16		158		118T	101T		150
1964	M		CUT	78	75			153	9		153		78T	71T		700
	PGA		56T	72	75	71	75	293	13	22	147	218	35T	56T	40T	270
	US		9T	73	73	70	73	289	9	11	146	216	22T	20T	8T	1,950
1965	M		CUT	76	80			156	12		156		72T	80T		900

Year	Event	A	Pos	R1	R2	R3	R4	Tot	P/M	SBW	R2T	R3T	R1P	R2P	R3P	W
	PGA		CUT	78	79			157	15		157		119T	129T		
	US		38T	73	75	75	78	301	21	19	148	223	20T	25T	35T	480
1966	M		10T	73	71	76	74	294	6	6	144	220	10T	3T	11T	1,770
	PGA		43T	73	76	69	79	297	17	17	149	218	17T	48T	14T	543
	US		44T	77	73	75	75	300	20	22	150	225	86T	44T	46T	698
1967	M		21T	73	72	76	72	293	5	13	145	221	17T	13T	28T	1,700
	PGA		CUT	79	74			153	9		153		121T	85T		
1968	M		30T	74	73	71	72	290	2	13	147	218	30T	36T	28T	1,400
	PGA		CUT	75	75			150	10		150		65T	75T		
1969	PGA		CUT	72	78			150	8		150		25T	81T		
	US		2T	70	69	72	71	282	2	1	139	211	8T	4	5	11,000
1970	M		44	77	73	75	73	298	10	19	150	225	55T	43T	46	1,500
	PGA		63	72	75	74	81	302	22	23	147	221	20T	37T	41T	400
	US		64T	79	73	76	80	308	20	27	152	228	68T	38T	50T	800
1971	PGA		9T	74	72	70	71	287	-1	6	146	216	48T	43T	11T	4,800
	US		3T	71	72	70	69	282	2	2	143	213	18T	17T	11T	9,000
1972	M		45T	74	73	83	78	308	20	22	147	230	25T	18T	43T	1,600
	PGA		53T	71	79	72	76	298	18	17	150	222	14T	63T	55T	333
	US		CUT	79	81			160	16		160		88T	107T		500
1973	PGA		66T	71	76	73	78	298	14	21	147	220	12T	49T	52T	360
1974	PGA		76	75	72	74	82	303	23	27	147	221	69T	47T	55T	321

Rose, Andy

Year	Event	A	Pos	R1	R2	R3	R4	Tot	P/M	SBW	R2T	R3T	R1P	R2P	R3P	W
1982	O	A	CUT	79	77			156	12		156		109T	118T		

Rose, Clarence Haywood

Year	Event	A	Pos	R1	R2	R3	R4	Tot	P/M	SBW	R2T	R3T	R1P	R2P	R3P	W
1982	US		49T	73	78	73	74	298	10	16	151	224	17T	54T	50T	1,599
1983	PGA		CUT	75	80			155	13		155		104T	141T		1,000
	US		CUT	77	75			152	10		152		82T	72T		600
1984	PGA		CUT	76	73			149	5		149		87T	71T		1,000
1985	PGA		CUT	72	78			150	6		150		52T	96T		1,000
1986	PGA		53T	73	71	72	76	292	8	16	144	216	70T	38T	38T	1,740
1987	PGA		CUT	81	80			161	17		161		123T	123T		1,000
1988	PGA		CUT	73	74			147	5		147		58T	85T		1,000
	US		40T	75	71	68	76	290	6	12	146	214	74T	49T	12T	6,015
1989	PGA		53T	74	71	72	73	290	2	14	145	217	77T	62T	54T	2,490
	US		59T	70	75	73	76	294	14	16	145	218	22T	57T	46T	4,120
1997	M		43T	73	75	79	74	301	13	31	148	227	18T	28T	45T	9,720
	PGA		CUT	74	77			151	11		151		78T	111T		1,300
	US		58T	72	71	73	78	294	14	18	143	216	40T	29T	35T	6,530
1998	US		CUT	75	75			150	10		150		76T	89T		1,000

Rose, D. G.

Year	Event	A	Pos	R1	R2	R3	R4	Tot	P/M	SBW	R2T	R3T	R1P	R2P	R3P	W
1888	O	A	27T	101	89			190		19						

Rose, J. B.

Year	Event	A	Pos	R1	R2	R3	R4	Tot	P/M	SBW	R2T	R3T	R1P	R2P	R3P	W
1921	US	A	WD	84	83			167	27		167	0	65T	66T		

Rose, James J.

Year	Event	A	Pos	R1	R2	R3	R4	Tot	P/M	SBW	R2T	R3T	R1P	R2P	R3P	W
1919	PGA		32T													50

Rose, Justin Peter

Year	Event	A	Pos	R1	R2	R3	R4	Tot	P/M	SBW	R2T	R3T	R1P	R2P	R3P	W
1998	O	A	4T	72	66	75	69	282	2	2	138	213	62T	2T	5	
1999	O		CUT	79	77			156	14		156		83T	83T		1,100
2001	O		30T	69	72	74	70	285	1	11	141	215	5T	26T	52T	21,500
2002	O		22T	68	75	68	72	283	-1	5	143	211	4T	50T	3T	32,000
	PGA		23T	69	73	76	74	292	4	14	142	218	3T	12T	13T	44,250
2003	M		37T	73	76	71	77	297	9	16	149	220	11T	43T	27T	31,650
	O		CUT	79	80			159	17		159		115T	140		2,250
	PGA		CUT	77	78			155	15		155	0	104T	121T		2,000
	US		5T	70	71	70	69	280	0	8	141	211	25T	40T	24T	185,934
2004	M		22T	67	71	81	71	290	2	11	138	219	1	1	20T	70,200
	PGA		CUT	73	74			147	3		147	0	61T	92T		2,000
	US		CUT	77	78			155	15		155	0	135T	150		1,000
2006	PGA		41T	73	70	70	75	288	0	18	143	213	82T	42T	29T	23,080
2007	M		5T	69	75	75	73	292	4	3	144	219	1T	4T	2T	275,500
	O		12T	75	70	67	70	282	-2	5	145	212	104T	42T	15T	58,571
	PGA		12T	70	73	70	69	282	2	10	143	213	13T	30T	17T	119,833
	US		10T	71	71	73	76	291	11	6	142	215	5T	3T	3T	154,093
2008	M		36T	68	78	73	76	295	7	15	146	219	1T	29T	35T	36,875
	O		70T	74	72	82	73	301	21	18	146	228	38T	27T	79T	9,350
	PGA		9T	73	67	74	71	285	5	8	140	214	43T	2T	13T	176,725
	US		CUT	79	72			151	9		151		126T	92T		2,000

Rose, Todd H.

Year	Event	A	Pos	R1	R2	R3	R4	Tot	P/M	SBW	R2T	R3T	R1P	R2P	R3P	W
2002	US		CUT	71	80			151	11		151	0	13T	73T		1,000

Year	Event	A	Pos	R1	R2	R3	R4	Tot	P/M	SBW	R2T	R3T	R1P	R2P	R3P	W
Rose, Wallace																
1960	US	A	CUT	80	79			159	17		159		124T	134T		
Roseman, Joseph A., Sr.																
1907	US		WD	92				92					71T			
1911	US		CUT	90	84			174	22		174		72	68T		
1912	US		CUT	82	87			169	21		169		65T	90T		
1919	PGA		32T													50
1920	PGA		32T													50
Rosensteel, Alan C.																
1983	US		CUT	86	86			172	30		172		152T	153		600
Ross, Alexander																
1901	US		WD	90	89			179			179		25T	27T		
1902	US		10	83	77	84	79	323		16	160	244	19T	3	11T	30
1903	US		9T	83	82	78	80	323		16	165	243	28T	26T	14T	33
1904	US		15T	87	78	80	79	324		21	165	245	43T	20T	17	
1905	US		13T	79	86	78	83	326		12	165	243	4T	18T	12T	
1906	US		6	76	79	75	80	310		15	155	230	5T	6T	5T	60
1907	US		1	76	74	76	76	302		-2	150	226	2T	1	3	300
1908	US		23T	89	85	91	82	347		25	174	265	20T	23T	26T	
1909	US		36	76	79	78	84	317		27	155	223	15T	30T	4T	
1910	US		22	78	84	73	79	314		16	162	235	22T	33T	20T	
1911	US		9T	74	75	81	82	312	8	5	149	230	1	1T	4T	25
1912	US		CUT	82	85			167	19		167		65T	84T		
1913	US		36T	71	80	93	82	326	42	22	151	244	1T	7T	40T	
1914	US		22T	72	75	82	76	305	17	15	147	229	3T	6T	23T	
1916	US		15T	73	76	76	75	300	12	14	149	225	10T	12T	17	
1919	US		16T	77	78	77	86	318	34	17	155	232	6T	10T	7T	
1920	US		27T	80	76	77	77	310	22	15	156	233	44T	27T	33T	
1926	US		34T	81	75	79	78	313	25	20	156	235	81T	34T	42T	
Ross, Alexander MacKenzie "Mackenzie"																
1889	O	A	13	42	45	42	40	169		14	87	129				
1892	O	A	WD	86	88			174			174					
1893	O	A	WD	89	81	93		263			170	263	47T	14T	33T	
1895	O	A	27T	92	85	88	88	353		31	177	265	44T		29T	
1901	O	A	CUT	91	91			182			182					
Ross, Donald James																
1897	O		WD	90	85	87		262			175	262				
1899	US		WD	93	93			186			186		51T	52T		
1901	US		21	94	86	91	84	355		24	180	271	40T	30T	29T	
1902	US		9	80	83	78	81	322		15	163	241	8T	8	6T	40
1903	US		5	79	79	78	82	318		11	158	236	10T	9	4T	80
1904	US		10	80	82	78	78	318		15	162	240	10T	14	10T	25
1905	US		25	83	83	86	81	333		19	166	252	29T	24T	31T	
1907	US		10	78	80	76	78	312		10	158	234	9T	14T	10	20
1908	US		40T	93	86	88	91	358		36	179	267	43T	33T	32T	
1910	O		8T	78	79	75	77	309		10	157	232			11T	1
Ross, Frank D.																
1936	US	A	CUT	79	83			162	18		162		125T	141T		
Ross, Graham																
1935	US		CUT	85	84			169	25		169		129T	129T		
Ross, Jack																
1910	O		UNK	86												
1911	O		CUT	88	90			178			178		181T	180T		
Ross, Jack B.																
1910	O		CUT	85	87			172			172					
1911	O		WD	79				79					47T			
1913	O		30T	75	89	84	79	327		23	164	248	4T	44T	36T	
1914	O		50T	79	85	84	83	331		25	164	248	25T	46T	50T	
1920	O		WD	85	91	90		266			176	266	64T	79T	79	
1922	O		66T	80	84	82	84	330		30	164	246	35T	54T	59T	
Ross, John																
1991	US		CUT	77	79			156	12		156		105T	132T		1,000
Ross, John "Jack"																
1894	O		WD	93	91	84		268			184	268	39T	34T	27	
1895	O		24	87	84	89	88	348		26	171	260	22T		25	
1896	O		18T	83	87	84	81	335		19	170	254				
1897	O		41T	83	84	93	92	352		38	167	260				

Year	Event	A	Pos	R1	R2	R3	R4	Tot	P/M	SBW	R2T	R3T	R1P	R2P	R3P	W
1898	O		WD	87	83			170			170		50T	41T		
1901	O		25T	84	85	86	84	339		30	169	255		18T	23T	
Ross, L.																
1885	O	A	WD													
Ross, Lindsay G., Sr.																
1891	O		56	96	95			191		25						
1892	O		WD	87	95			182			182					
1894	O		47	92	98	90	96	376		50	190	280	34T	53T	49T	
1895	O		WD	91	93			184			184		38T			
1896	O		WD	90	89	88		267			179	267				
1897	O		WD	98	94			192			192					
1898	O		CUT	94	84			178			178		74	61T		
Ross, Robert A.																
1962	PGA		57T	72	74	75	77	298	18	20	146	221	18T	39T	49T	223
	US		CUT	73	84			157	15		157		15T	116T		
1967	PGA		CUT	73	79			152	8		152		30T	76T		
1968	PGA		CUT	77	75			152	12		152		103T	93T		
1971	US		CUT	72	81			153	13		153		38T	99T		500
1980	US		CUT	76	78			154	14		154		96T	121T		600
Ross, Robert E., Jr.																
1961	US		CUT	76	75			151	11		151		69T	73T		
Rossetti, Christopher Tod "Todd"																
2007	US		CUT	78	87			165	25		165		115T	151		2,000
Rossi, Ricardo																
1949	O		CUT	74	74			148	4		148		43T	32T		
1953	M		55T	75	81	80	72	308	20	34	156	236	35T	61	65	200
1956	O		17T	75	77	72	76	300	16	14	152	224	40T	34T	15T	
Rotar, Charles "Chuck"																
1948	O		CUT	75	78			153	17		153		34T	54T		
1951	O		31T	76	76	76	75	303	15	18	152	228	36T	34T	36	
1955	US		28T	76	75	80	75	306	26	19	151	231	22T	14T	35T	180
1962	US		CUT	80	76			156	14		156		129T	108T		
1964	US		CUT	76	76			152	12		152		63T	70T		300
1965	PGA		CUT	76	81			157	15		157		78T	129T		
1966	PGA		CUT	84	73			157	17		157		158T	121T		
Roth, Jeffrey R.																
1988	PGA		CUT	77	82			159	17		159		116T	145T		1,000
1991	PGA		CUT	80	78			158	14		158		139T	134T		1,000
1994	PGA		CUT	73	73			146	6		146		61T	77T		1,200
1996	PGA		CUT	69	77			146	2		146		11T	83T		1,300
2004	PGA		CUT	79	77			156	12		156	0	144T	141T		2,000
Rothwell, James																
1947	O	A	WD	77	79			156	20		156		26T	32T		
Rouse, John Patrick "Sonny," Jr.																
1925	US		WD	80	83	85		248	35		163	248	56T	71T	72	
1928	US		36T	78	79	78	75	310	26	16	157	235	53T	52T	51T	
1929	US		WD	76	79	84		239	23		155	239	21T	24T	49T	
1930	US		39T	77	77	80	74	308	16	21	154	234	52T	38T	48T	
1932	US		CUT	80	84			164	24		164		46T	93T		
1933	US		CUT	83	76			159	15		159		124T	94T		
1935	US		CUT	82	85			167	23		167		90T	108T		
1950	US		CUT	78	80			158	18		158		99T	109T		
1959	PGA		CUT	78	79			157	17		157		137T	148T		
1960	PGA		60	74	75	75	82	306	26	25	149	224	49T	52T	52T	200
1961	PGA		CUT	75	81			156	16		156		71T	130T		
Rouse, Joseph																
1928	O		WD													
1929	O		CUT	80	79			159	7		159		62T	69T		
1932	O		64	74	76	84	85	319	31	36	150	234	12T	27T	61T	
Rowe, Arthur John "John"																
1894	O		23T	90	90	84	91	355		29	180	264	20T	29	22T	
1896	O		31	89	85	87	86	347		31	174	261				
1897	O		28	84	86	86	86	342		28	170	256				
1898	O		32T	84	77	88	85	334		27	161	249	35T	11T	28T	
1899	O		31	87	80	89	87	343		33	167	256	41T	22T	30T	
1902	O		15T	79	78	85	81	323		16	157	242			14T	

Year	Event	A	Pos	R1	R2	R3	R4	Tot	P/M	SBW	R2T	R3T	R1P	R2P	R3P	W
1903	O		CUT	88	85			173			173					
1904	O		16T	86	82	75	73	316		20	168	243			25T	
1905	O		11T	87	81	80	82	330		12	168	248			12T	
1906	O		CUT	85	80			165			165					
1907	O		23	83	83	85	80	331		19	166	251	12T	16T	26	
1910	O		22T	81	74	80	80	315		16	155	235			25T	
1911	O		35T	74	80	81	84	319		16	154	235	6T	21T	23T	
1913	O		34T	78	82	86	82	328		24	160	246	18T	27T	32	
1920	O		50T	80	83	81	84	328		25	163	244	24T	33T	38T	
1924	O		47T	78	83	83	81	325		24	161	244	18T	43T	47T	
Rowe, Charles H.																
1899	O		WD													
1905	US		32T	86	79	83	91	339		25	165	248	46T	18T	23T	
1906	US		32	83	80	84	81	328		33	163	247	43T	33T	38T	
1908	US		CUT	99	92			191			191		72T	72T		
1909	US		20T	74	77	76	81	308		18	151	227	7T	9T	9T	
1910	US		WD	79				79					30T			
1911	US		36T	83	82	83	79	327	23	20	165	248	49T	52T	51T	
1912	US		28T	77	82	81	76	316	20	22	159	240	23T	44T	38T	
1915	US		47T	78	85	82	79	324	36	27	163	245	25T	49T	49T	
1920	US		14T	76	78	77	74	305	17	10	154	231	15T	21T	22T	18
1921	US		WD	86	82			168	28		168	0	73T	71T		
1922	PGA		8T													75
	US		55T	83	82	77	79	321	41	33	165	242	72T	69T	64T	
1923	PGA		64T													
	US		40T	81	78	79	85	323	35	27	159	238	48T	42T	34T	
1926	US		39T	78	78	78	81	315	27	22	156	234	46T	34T	33T	
1927	US		CUT	86	81			167	23		167		97T	80T		
1928	US		WD	81				81	10				90T			
Rowe, John J. "Johnny"																
1921	US		WD													
1922	PGA		64T													
Rowe, Melvin																
1963	PGA		CUT	76	80			156	14		156		83T	119T		
1966	PGA		CUT	79	75			154	14		154		118T	102T		
Rowe, Philip																
2000	O	A	CUT	72	76			148	4		148		50T	115T		
Rowley, Earl																
1922	PGA		64T													
1927	US		CUT	88	85			173	29		173		110T	107T		
Roy, James S. "Jimmy"																
1983	US		CUT	74	81			155	13		155		25T	91T		600
1989	US		CUT	77	75			152	12		152		128T	122T		1,000
Royer, Hugh H., Jr.																
1963	US		CUT	77	81			158	16		158		65T	101T		150
1964	US		CUT	74	83			157	17		157		36T	118T		300
1967	US		CUT	75	76			151	11		151		65T	93T		400
1968	PGA		CUT	75	79			154	14		154		65T	109T		
	US		22T	75	72	73	69	289	9	14	147	220	59T	42T	37T	1,425
1969	US		CUT	76	74			150	10		150		79T	75T		500
1970	PGA		48T	76	74	73	73	296	16	17	150	223	78T	63T	52T	420
	US		46T	77	76	73	77	303	15	22	153	226	35T	52T	33T	940
1971	PGA		58T	78	71	73	75	297	9	16	149	222	111T	71T	56T	258
	US		CUT	79	77			156	16		156		132T	125T		500
Royer, Hugh H., III																
1994	US		55T	72	71	77	78	298	14	19	143	220	23T	23T	45T	4,325
Rubis, Edward A.																
1959	US		CUT	77	76			153	13		153		73T	80T		
1961	US		CUT	78	79			157	17		157		106T	122T		
1962	PGA		CUT	73	75	75		223	13		148	223	29T	54T	61T	
	US		50T	76	74	81	78	309	25	26	150	231	64T	38T	51	313
1963	US		CUT	77	76			153	11		153		65T	52T		150
1964	US		CUT	75	78			153	13		153		47T	83T		300
1965	PGA		CUT	74	80			154	12		154		44T	102T		
1966	PGA		67T	76	72	77	77	302	22	22	148	225	77T	38T	59T	300
1973	PGA		WD	88				88	17				147T			

Year	Event	A	Pos	R1	R2	R3	R4	Tot	P/M	SBW	R2T	R3T	R1P	R2P	R3P	W
Rucker, Gene																
1978	US		CUT	80	85			165	23		165		120T	144T		600
Rudd, J. H.																
1947	O		CUT	79	78			157	21		157		47T	41T		
Rudduck, D.																
1952	O		CUT	82	75			157	7		157		92T	68T		
Rudolph, Edgar Mason "Mason," Jr.																
1950	US	A	CUT	85	84			169	29		169		157T	148		
1951	US	A	CUT	79	79			158	18		158		90T	102T		
1958	M	A	CUT	79	73			152	8		152		73T	54T		
1960	M		CUT	78	73			151	7		151		64T	46T		350
	PGA		22T	72	71	76	74	293	13	12	143	219	19T	9	20T	875
	US		CUT	75	73			148	6		148		64T	56T		
1961	M		28T	77	69	72	77	295	7	15	146	218	61T	18T	22T	500
	PGA		37T	71	71	73	77	292	12	15	142	215	14T	11T	18T	250
	US		45T	78	70	72	79	299	19	18	148	220	106T	39T	29T	275
1962	US		28T	74	74	73	78	299	15	16	148	221	30T	28T	23T	400
1963	M		15T	75	72	72	74	293	5	7	147	219	27T	17T	9T	1,100
	PGA		23T	69	75	71	74	289	5	10	144	215	2T	12T	13T	775
	US		27T	76	75	78	76	305	21	12	151	229	45T	31T	32T	400
1964	M		18T	75	72	69	73	289	1	13	147	216	48T	32T	14T	1,100
	PGA		4	73	66	68	69	276	-4	5	139	207	50T	5T	3T	5,000
	US		34T	76	73	74	76	299	19	21	149	223	63T	39T	35T	369
1965	M		4	70	75	66	72	283	-5	12	145	211	12T	16T	5	6,200
	PGA		20T	67	76	75	74	292	8	12	143	218	2T	10T	17T	1,450
	US		11T	69	72	73	76	290	10	8	141	214	2T	2T	4	1,650
1966	M		CUT	81	76			157	13		157		93T	85T		1,000
	PGA		22T	74	73	76	69	292	12	12	147	223	34T	24T	46T	1,400
	US		8T	74	72	71	73	290	10	12	146	217	41T	19T	11T	2,800
1967	M		10T	72	76	72	70	290	2	10	148	220	6T	30T	22T	2,720
	PGA		28T	72	73	73	74	292	4	11	145	218	19T	16T	22T	900
	US		38T	78	70	75	71	294	14	19	148	223	119T	58T	56T	850
1968	M		14T	73	73	72	66	284	-4	7	146	218	24T	28T	28T	2,650
	PGA		17T	69	75	70	72	286	6	5	144	214	3T	19T	11T	2,050
	US		CUT	76	74			150	10		150		76T	72T		500
1969	M		11	69	73	74	70	286	-2	5	142	216	5T	5T	18T	3,200
	PGA		CUT	74	80			154	12		154		54T	113T		
	US		CUT	82	79			161	21		161		139T	137T		500
1970	M		CUT	76	76			152	8		152		44T	55T		1,000
	PGA		10T	71	70	73	71	285	5	6	141	214	11T	3T	7T	4,800
	US		27T	73	75	73	77	298	10	17	148	221	2T	8T	8T	1,280
1971	PGA		58T	76	72	75	74	297	9	16	148	223	84T	62T	63T	258
	US		42T	72	75	71	74	292	12	12	147	218	38T	49T	38T	998
1972	M		CUT	74	78			152	8		152		25T	48T		1,000
	PGA		36T	74	75	71	74	294	14	13	149	220	54T	55T	40T	1,147
	US		40T	71	80	86	70	307	19	17	151	237	1T	30T	70	994
1973	M		14T	72	72	77	71	292	4	9	144	221	8T	10T	23T	3,000
	PGA		3T	69	70	70	73	282	-2	5	139	209	5T	1T	2T	11,908
	US		CUT	76	75			151	9		151		60T	66T		500
1974	M		CUT	78	71			149	5		149		70	45T		1,200
	PGA		51T	70	72	70	81	293	13	17	142	212	10T	17T	11T	321
	US		CUT	77	81			158	18		158		52T	101T		500
Rudolph, Griffin																
1987	US		CUT	77	78			155	15		155		121T	140T		600
Rudolph, James D.																
1956	PGA		128T													50
1958	PGA		CUT	76	80			156	16		156		67T	106T		
1963	PGA		CUT	82	88			170	28		170		148T	160		
1969	PGA		DQ	87				87	16				141			
Rudosky, Micah R.																
2007	PGA		CUT	83	76			159	19		159		152T	149		2,000
Ruedi, John F.																
1962	PGA		CUT	82	82			164	24		164		159T	162		
1967	PGA		CUT	75	78			153	9		153		62T	85T		
Ruffin, Arthur A., Jr.																
1953	US	A	CUT	83	81			164	20		164		140T	137T		
Ruiz, Leopoldo																
1958	O		5T	71	65	72	73	281	-3	3	136	208	16T	2	4T	275

Year	Event	A	Pos	R1	R2	R3	R4	Tot	P/M	SBW	R2T	R3T	R1P	R2P	R3P	W
1959	O		9T	72	74	69	74	289	1	5	146	215	14T	19T	7T	138
1960	O		32T	72	77	73	71	293	1	15	149	222	9T	42T	38T	60
1961	O		CUT	76	87			163	19		163		73T	96T		
1962	M		CUT	82	74			156	12		156		102	82T		400
1965	M		CUT	76	73			149	5		149		72T	50T		900
1968	O		CUT	75	77	78		230	14		152	230	20T	38T	52T	
Ruiz, Marco																
2003	O		34T	73	71	75	74	293	9	10	144	219	19T	4T	27T	18,778
2006	O		63T	71	70	80	70	291	3	21	141	221	50T	37T	70T	9,750
Ruiz, Michael																
2005	US		CUT	79	79			158	18		158		135T	147T		2,000
Rule, Jackson D., Jr.																
1964	M		CUT	81	71			152	8		152		92T	64T		700
	PGA		39T	74	71	72	73	290	10	19	145	217	65T	35T	31T	527
1966	PGA		CUT	74	78			152	12		152		34T	78T		
1974	US		54T	78	75	73	81	307	27	20	153	226	78T	58T	32T	845
1976	US		CUT	75	81			156	16		156		53T	101T		500
1978	US		CUT	78	77			155	13		155		80T	99T		600
Rumford, Brett M.																
2001	O		CUT	73	78			151	9		151		70T	130T		1,000
2006	O		16T	68	71	72	71	282	-6	12	139	211	7T	9T	25T	45,000
Rummells, David Lawrence																
1986	US		CUT	78	76			154	14		154		77T	101T		600
1987	US		77	74	73	76	78	301	21	24	147	223	71T	71T	74T	3,165
1988	PGA		6T	73	64	68	75	280	-4	8	137	205	58T	5T	2	32,500
	US		WD	80				80	9				138T			1,000
1989	M		31T	74	74	75	71	294	6	11	148	223	26T	24T	33T	6,900
	PGA		5	68	69	69	72	278	-10	2	137	206	6T	5T	2	45,000
1990	M		CUT	77	74			151	7		151		63T	59T		1,500
	PGA		31T	73	73	77	74	297	9	15	146	223	29T	18T	43T	6,500
	US		47T	73	71	70	77	291	3	11	144	214	61T	37T	28T	6,141
1991	PGA		CUT	77	79			156	12		156		125T	129T		1,000
	US		31T	72	73	77	72	294	6	12	145	222	24T	30T	48T	10,133
1993	PGA		CUT	73	76			149	7		149		86T	123T		1,200
1994	US		60T	71	74	82	74	301	17	22	145	227	10T	36T	64T	3,967
Runkle, Richard																
1948	US	A	CUT	79	81			160	18		160		130T	140T		
Runyan, Paul Scott																
1928	US		63	78	80	88	81	327	43	33	158	246	53T	59T	63	
1931	PGA		16T													
1932	PGA		32T													85
	US		12T	79	77	69	76	301	21	15	156	225	30T	34T	9T	78
1933	O		CUT	76	77			153	7		153		50T	62T		
	PGA		8T													
	US		DQ	75	75			150	6		150		16T	15T		
1934	M		3T	74	71	70	71	286	-2	2	145	215	13T	7T	5	550
	PGA		1PO													1,000
	US		28T	74	78	79	76	307	27	14	152	231	5T	33T	34T	
1935	M		7	70	72	75	72	289	1	7	142	217	6T	7T	9T	300
	PGA		8T													150
	US		10T	76	77	79	75	307	19	8	153	232	21T	13T	16T	95
1936	M		4T	76	69	70	75	290	2	5	145	215	12T	4T	3	450
	PGA		64T													
	US		8T	69	75	73	73	290	2	8	144	217	1T	10T	12T	138
1937	M		19T	74	77	72	76	299	11	16	151	223	19T	27T	21T	
	PGA		16T													
	US		14T	76	72	73	72	293	5	12	148	221	55T	25T	21T	113
1938	M		4	71	73	74	70	288	0	3	144	218	4T	6T	7T	500
	PGA		1													1,100
	US		7T	78	71	72	74	295	11	11	149	221	47T	20T	9T	217
1939	M		16T	73	71	75	76	295	7	16	144	219	13T	7T	10T	
	PGA		8T													
	US		9T	76	70	71	72	289	13	5	146	217	65T	21T	15T	175
1940	M		12T	72	73	72	74	291	3	11	145	217	12T	10T	10T	50
	PGA		8T													
	US		49	74	79	78	76	307	19	20	153	231	36T	56T	59T	
1941	M		35T	78	78	74	73	303	15	23	156	230	42T	43T	39T	
	PGA		64T													100
	US		5T	73	72	71	75	291	11	7	145	216	16T	5T	2T	413

Year	Event	A	Pos	R1	R2	R3	R4	Tot	P/M	SBW	R2T	R3T	R1P	R2P	R3P	W
1942	M		3	67	73	72	71	283	-5	3	140	212	1T	3T	4	600
1946	US		21	75	72	76	70	293	5	9	147	223	45T	21T	28T	100
1947	US		6T	71	74	72	72	289	5	7	145	217	14T	13T	11T	400
1948	US		53T	74	73	80	76	303	19	27	147	227	57T	38T	53	
1950	PGA		64T													100
	US		25T	76	73	73	75	297	17	10	149	222	75T	42T	26T	100
1951	US		6T	73	74	72	75	294	14	7	147	219	4T	4T	3T	388
1952	US		22T	73	78	73	73	297	17	16	151	224	22T	44T	27T	100
1953	US		CUT	79	75			154	10		154		92T	61T		
1954	US		CUT	77	79			156	16		156		46T	75T		
1956	US		CUT	77	75			152	12		152		78T	69T		
1957	M		CUT	74	79			153	9		153		16T	55T		300
1958	M		35T	73	76	73	77	299	11	15	149	222	32T	35T	29T	350
1960	M		CUT	73	78			151	7		151		22T	46T		350
	US		CUT	76	76			152	10		152		82T	89T		
1961	O		18T	75	77	75	72	299	11	15	152	227	60T	34T	32T	
1962	O		CUT	79	77			156	12		156		77T	72T		
1965	PGA		WD	84				84	13				157T			
1968	PGA		CUT	79	74			153	13		153		127T	100T		
1973	PGA		CUT	88	83			171	29		171		147T	145		
1974	PGA		WD	84				84	14				138			

Rush, Samuel G. "Sid"

Year	Event	A	Pos	R1	R2	R3	R4	Tot	P/M	SBW	R2T	R3T	R1P	R2P	R3P	W
1920	O		47T	82	84	80	81	327		24	166	246	43T	49T	46T	

Rush, William J.

Year	Event	A	Pos	R1	R2	R3	R4	Tot	P/M	SBW	R2T	R3T	R1P	R2P	R3P	W
1911	O		CUT	86	84			170			170		157T	137T		

Russell, Arthur S.

Year	Event	A	Pos	R1	R2	R3	R4	Tot	P/M	SBW	R2T	R3T	R1P	R2P	R3P	W
1977	US		CUT	77	74			151	11		151		105T	84T		500
1980	US		CUT	77	76			153	13		153		110T	109T		600
1982	US		CUT	78	75			153	9		153		78T	76T		600
1984	O		CUT	75	73	73		221	5		148	221	95T	79T	71T	610
1985	O		CUT	77	82			159	19		159		129T	141T		375

Russell, David Alexander

Year	Event	A	Pos	R1	R2	R3	R4	Tot	P/M	SBW	R2T	R3T	R1P	R2P	R3P	W
1984	O		CUT	77	71	76		224	8		148	224	134T	79T	87T	610
1985	O		44T	74	72	71	76	293	13	11	146	217	77T	36T	22T	2,400
1986	O		CUT	81	73			154	14		154		116T	99T		400
1988	O		38T	72	73	72	76	293	9	20	145	217	19T	27T	24T	3,455
1990	O		CUT	75	73			148	4		148		127T	123T		550
1996	O		67T	70	72	74	73	289	5	18	142	216	25T	44T	64T	5,150
1997	O		24T	75	72	68	69	284	0	12	147	215	50T	62T	31T	10,362

Russell, David John

Year	Event	A	Pos	R1	R2	R3	R4	Tot	P/M	SBW	R2T	R3T	R1P	R2P	R3P	W
1973	O	A	CUT	72	79	77		228	12		151	228	10T	68T	73T	
1974	O		CUT	79	77	83		239	26		156	239	89T	73T	80T	75
1977	O		CUT	78	75			153	13		153		109T	101T		150
1978	O		CUT	82	76			158	14		158		151T	145T		175
1979	O		CUT	81	82			163	21		163		130T	146T		200
1981	O		CUT	79	73			152	12		152		105T	91T		225
1982	O		35T	72	72	76	78	298	10	14	144	220	14T	13T	20T	834
1983	O		CUT	74	79			153	11		153		82T	120T		250
1984	O		55T	73	74	71	75	293	5	17	147	218	55T	68T	46T	1,295
1988	O		11T	71	74	69	70	284	0	11	145	214	8T	27T	13T	16,500
1989	O		CUT	80	78			158	14		158		148T	151T		500
1996	O		CUT	77	71			148	6		148		143T	120T		650

Russell, J. C. "Jimmy"

Year	Event	A	Pos	R1	R2	R3	R4	Tot	P/M	SBW	R2T	R3T	R1P	R2P	R3P	W
1956	US		CUT	86	75			161	21		161		157	131T		

Russell, Jacobus

Year	Event	A	Pos	R1	R2	R3	R4	Tot	P/M	SBW	R2T	R3T	R1P	R2P	R3P	W
1932	US		WD	86				86	16				125T			

Russell, Jimmy

Year	Event	A	Pos	R1	R2	R3	R4	Tot	P/M	SBW	R2T	R3T	R1P	R2P	R3P	W
1963	US		CUT	85	81			166	24		166		145T	139T		150

Russell, Raymond

Year	Event	A	Pos	R1	R2	R3	R4	Tot	P/M	SBW	R2T	R3T	R1P	R2P	R3P	W
1997	O		38T	72	72	74	70	288	4	16	144	218	17T	26T	48T	7,550
	US		CUT	79	81			160	20		160		144T	151T		1,000
1998	O		4T	68	73	75	66	282	2	2	141	216	11T	12T	10T	76,666
1999	O		CUT	82	78			160	18		160		131T	126T		328
2000	O		CUT	74	76			150	6		150		94T	135T		900
2002	O		CUT	71	79			150	8		150		38T	131T		2,250

Russell, Robert

Year	Event	A	Pos	R1	R2	R3	R4	Tot	P/M	SBW	R2T	R3T	R1P	R2P	R3P	W
1999	US		CUT	77	82			159	19		159		136T	150T		1,000

Year	Event	A	Pos	R1	R2	R3	R4	Tot	P/M	SBW	R2T	R3T	R1P	R2P	R3P	W
Rutan, Charles R. "Chick"																
1946	US		CUT	78	75			153	9		153		93T	71T		
1947	PGA		64T													100
Rutherford, Gordon M.																
1963	O	A	CUT	78	78			156	16		156		86T	93T		
1964	O	A	CUT	82	79			161	17		161		86T	94T		
Rutherford, Robert (earlier)																
1897	O		47	94	90	88	89	361		47	184	272				
Rutherford, Robert (later)																
1933	O	A	CUT	76	78			154	8		154		50T	72T		
1934	O	A	CUT	76	79			155	11		155		37T	76T		
1935	O	A	41T	76	76	77	76	305	17	22	152	229	44T	44T	43T	
Rutherford, Winthrop																
1895	US	A	WD													
1898	US	A	28	100	99	98	91	388		60	199	297	41	42	38	
Rutkiewicz, Frank																
1956	US		CUT	77	89			166	26		166		78T	148		
Rutledge, James Edgar																
1990	O		57T	71	69	76	72	288	0	18	140	216	31T	23T	64T	3,225
1991	O		CUT	74	76			150	10		150		94T	118T		600
Rutter, Frank																
1923	O		WD	83	84			167			167					
Ryall, Ernest L.																
1923	US		WD	88	82	81		251	35		170	251	67	63T	58T	
Ryall, Fred W.																
1913	US		CUT	90	76			166	24		166		65	56T		
Ryan, Jack																
1936	US		CUT	81	75			156	12		156		145T	113T		
1937	US		CUT	82	80			162	18		162		143T	141T		
1939	PGA		32T													
1940	US		29T	75	75	77	73	300	12	13	150	227	45T	35T	41T	30
1941	M		17	73	74	74	74	295	7	15	147	221	9T	15T	16T	
	PGA		32T													
	US		45T	71	82	80	77	310	30	26	153	233	4T	36T	47T	
1942	M		36T	77	71	76	83	307	19	27	148	224	34T	20T	16T	
1948	PGA		64T													100
	US		35T	74	69	76	77	296	12	20	143	219	57T	13T	24T	
1949	PGA		64T													100
	US		CUT	79	80			159	17		159		107T	119T		
1950	PGA		64T													100
Ryan, M. J.																
1938	O	A	CUT	76	77			153	13		153		47T	71T		
Ryiz, Paul																
1987	PGA		CUT	84	84			168	24		168		137T	141T		1,000
Rymer, Charles C.																
1988	O	A	CUT	83	77			160	18		160		151T	139T		
1992	US		CUT	72	77			149	5		149		30T	79T		1,000
Rystrom, Johan																
1987	O		CUT	73	77			150	8		150		64T	109T		400
1988	O		CUT	74	78			152	10		152		51T	95T		450
1989	O		CUT	79	79			158	14		158		140T	151T		500
1992	O		CUT	75	74			149	7		149		130T	127T		600
1999	O		62T	78	75	76	77	306	22	16	153	229	68T	58T	52T	6,350
Saavedra, Armando E.																
1979	O		30T	76	76	73	73	298	14	15	152	225	58T	67T	46T	712
1980	O		CUT	77	83			160	18		160		96T	146T		225
1985	O		CUT	80	81			161	21		161		148T	148T		375
1990	O		70	72	69	75	75	291	3	21	141	216	51T	33T	64T	2,700
Sabbatini, Rory Mario Trevor																
2000	PGA		77	74	71	76	78	299	11	29	145	221	58T	41T	73T	9,050
	US		CUT	79	75			154	12		154		130T	106T		1,000
2001	M		CUT	73	75			148	4		148		43T	59T		5,000
	O		54T	70	69	76	74	289	5	15	139	215	21T	9T	52T	8,943
	PGA		CUT	78	76			154	14		154	0	139T	142T		2,000

Year	Event	A	Pos	R1	R2	R3	R4	Tot	P/M	SBW	R2T	R3T	R1P	R2P	R3P	W
2002	M		CUT	73	75			148	4		148		25T	46T		5,000
	PGA		CUT	74	75			149	5		149	0	53T	73T		2,000
2003	O		53T	79	71	75	71	296	12	13	150	225	115T	59T	66T	10,200
	PGA		68	71	75	75	81	302	22	26	146	221	22T	39T	57T	11,500
	US		CUT	73	75			148	8		148	0	81T	113T		1,000
2004	O		66T	71	72	73	81	297	13	23	143	216	40T	37T	47T	9,450
	PGA		CUT	81	73			154	10		154	0	154T	133T		2,000
	US		CUT	72	74			146	6		146	0	40T	67T		1,000
2005	M		CUT	80	72			152	8		152		82T	64T		5,000
	O		CUT	72	79			151	7		151		41T	128T		2,250
	PGA		74T	67	69	76	80	292	12	16	136	212	1T	3T	31T	12,050
	US		71T	72	74	76	76	298	18	18	146	222	32T	45T	63T	12,551
2006	M		36T	76	70	74	74	294	6	12	146	220	55T	30T	33T	34,416
	O		26T	69	70	73	72	284	-4	14	139	212	20T	9T	33T	29,100
	PGA		CUT	72	73			145	1		145		61T	71T		2,000
	US		CUT	74	76			150	10		150		39T	64T		2,000
2007	M		2T	73	76	73	69	291	3	2	149	222	15T	27T	8T	541,333
	O		CUT	76	74			150	8		150		118T	105T		2,375
	PGA		CUT	74	76			150	10		150		70T	109T		2,000
	US		51T	73	77	78	73	301	21	16	150	228	34T	51T	61	20,282
2008	M		CUT	75	74			149	5		149		52T	56T		10,000
	O		CUT	79	75			154	14		154		123T	127T		2,375
	PGA		39T	72	73	73	74	292	12	15	145	218	33T	26T	33T	30,200
	US		58T	73	72	75	76	296	12	13	145	220	31T	22T	35T	18,664

Sabo, Edward V.

Year	Event	A	Pos	R1	R2	R3	R4	Tot	P/M	SBW	R2T	R3T	R1P	R2P	R3P	W
1992	PGA		CUT	77	78			155	13		155		126T	130T		1,200
2000	PGA		CUT	78	72			150	6		150		123T	108T		2,000

Sabol, Jack

Year	Event	A	Pos	R1	R2	R3	R4	Tot	P/M	SBW	R2T	R3T	R1P	R2P	R3P	W
1929	US		32T	76	78	79	81	314	26	20	154	233	21T	18T	27T	
1934	US		CUT	76	88			164	24		164		22T	124T		
1937	PGA		64T													
1939	US		CUT	82	76			158	20		158		139T	111T		

Saddler, Alexander C. "Sandy"

Year	Event	A	Pos	R1	R2	R3	R4	Tot	P/M	SBW	R2T	R3T	R1P	R2P	R3P	W
1960	O	A	CUT	75	76			151	5		151		41T	55T		
1962	O	A	CUT	76	77			153	9		153		33T	40T		
1963	O	A	CUT	76	76			152	12		152		59T	69T		
1964	O	A	CUT	82	79			161	17		161		86T	94T		
1968	O	A	CUT	80	80			160	16		160		87T	101T		

Sadler, Adrian R.

Year	Event	A	Pos	R1	R2	R3	R4	Tot	P/M	SBW	R2T	R3T	R1P	R2P	R3P	W
1966	O		CUT	83	81			164	22		164		124T	125T		
1968	O		CUT	83	78			161	17		161		116T	111T		
1977	O		CUT	76	79			155	15		155		82T	121T		150

Safera, John B.

Year	Event	A	Pos	R1	R2	R3	R4	Tot	P/M	SBW	R2T	R3T	R1P	R2P	R3P	W
1948	US	A	CUT	78	81			159	17		159		118T	134T		

Sagardia, Nicasio

Year	Event	A	Pos	R1	R2	R3	R4	Tot	P/M	SBW	R2T	R3T	R1P	R2P	R3P	W
1934	O		42T	76	75	74	83	308	20	25	151	225	37T	41T	25T	

Sage, Joe

Year	Event	A	Pos	R1	R2	R3	R4	Tot	P/M	SBW	R2T	R3T	R1P	R2P	R3P	W
1948	US		CUT	82	75			157	15		157		152T	125T		

Sakas, William

Year	Event	A	Pos	R1	R2	R3	R4	Tot	P/M	SBW	R2T	R3T	R1P	R2P	R3P	W
1981	US		CUT	79	81			160	20		160		141T	147T		600
1986	US		CUT	86	75			161	21		161		151T	140T		600

Sala, Miguel J.

Year	Event	A	Pos	R1	R2	R3	R4	Tot	P/M	SBW	R2T	R3T	R1P	R2P	R3P	W
1961	M		38	74	75	78	81	308	20	28	149	227	22T	38T	41	500
1962	M		CUT	74	76			150	6		150		28T	53T		400
1963	M		CUT	75	78			153	9		153		27T	51T		600
1964	M		CUT	78	77			155	11		155		78T	82T		700

Salas, Alberto

Year	Event	A	Pos	R1	R2	R3	R4	Tot	P/M	SBW	R2T	R3T	R1P	R2P	R3P	W
1956	O		33T	79	72	78	76	305	21	19	151	229	78T	26T	33T	

Salerno, Gus J.

Year	Event	A	Pos	R1	R2	R3	R4	Tot	P/M	SBW	R2T	R3T	R1P	R2P	R3P	W
1950	US		WD	84				84	14				154T			
1954	US		CUT	85	80			165	25		165		142T	131T		
1955	PGA		32T													200
1958	PGA		59T	79	75	74	78	306	26	30	154	228	111T	85T	59T	100
	US		CUT	81	81			162	22		162		98T	102T		
1960	PGA		CUT	75	78			153	13		153		66T	105T		
1961	US		CUT	73	78			151	11		151		20T	73T		

Year	Event	A	Pos	R1	R2	R3	R4	Tot	P/M	SBW	R2T	R3T	R1P	R2P	R3P	W
Sales, Henry Arthur																
1932	O		CUT	78	80			158	14		158		69T	81T		
1933	O		57	75	77	76	88	316	24	24	152	228	37T	53T	46T	
Salinas, Arnold																
1974	US		CUT	79	79			158	18		158		92T	101T		500
Salmen, Raymond																
1938	US	A	CUT	88	95			183	41		183		153T	147		
Saltman, Lloyd																
2005	O	A	15T	73	71	68	71	283	-5	9	144	212	56T	55T	22T	
Samborsky, Gene																
1977	PGA		CUT	79	76			155	11		155		103T	94T		250
Sampson, Harold A.																
1923	US		36T	76	81	83	80	320	32	24	157	240	13T	28T	42T	
1930	PGA		8T													
1931	US		CUT	82	80			162	20		162		97T	90T		
1935	PGA		32T													100
San Filippo, Mike																
1984	PGA		CUT	75	80			155	11		155		73T	115T		1,000
1986	PGA		CUT	71	85			156	14		156		26T	139T		1,000
1987	PGA		CUT	80	81			161	17		161		118T	123T		1,000
1988	PGA		CUT	80	77			157	15		157		144T	138T		1,000
1990	PGA		CUT	81	77			158	14		158		129T	120T		1,000
1992	PGA		CUT	80	77			157	15		157		145T	137T		1,200
1995	US		CUT	76	72			148	8		148		124T	87T		1,000
Sanchez, Gayle M.																
1981	US	A	CUT	79	75			154	14		154		141T	117T		
Sanchez, Javier																
1993	US		CUT	78	77			155	15		155		147T	150T		1,000
1994	US		CUT	79	80			159	17		159		133T	150T		1,000
1995	US		CUT	82	75			157	17		157		154T	145T		1,000
1996	US		90T	71	76	74	74	295	15	17	147	221	24T	87T	87T	5,305
2000	US		CUT	77	79			156	14		156		100T	121T		1,000
Sandelin, Jarmo Sakari																
1995	O		79T	75	71	77	73	296	8	14	146	223	116T	68T	89T	4,500
1999	O		65	75	78	77	77	307	23	17	153	230	24T	58T	61T	6,250
	PGA		CUT	77	72			149	5		149		123T	100T		1,750
2000	O		31T	70	70	75	69	284	-4	15	140	215	26T	15T	45T	16,750
	PGA		24T	74	72	68	68	282	-6	12	146	214	58T	51T	32T	41,000
	US		CUT	77	80			157	15		157		100T	130T		1,000
2001	US		WD	72				72	2		0	0	36T			1,000
Sander, William Knox																
1977	M	A	49	80	69	78	72	299	11	23	149	227	73T	44T	50	
	US	A	CUT	79	75			154	14		154		130T	111T		
1985	US		CUT	74	79			153	13		153		64T	123T		600
1989	US		CUT	72	75			147	7		147		51T	86T		1,000
1990	PGA		CUT	80	75			155	11		155		124T	100T		1,000
	US		CUT	79	69			148	4		148		143T	89T		1,000
Sanders, A. W. "Alf"																
1946	O		CUT	90	78			168	24		168		100	96T		
Sanders, Andrew																
2000	US	A	CUT	77	78			155	13		155		100T	113T		
2002	US		CUT	77	77			154	14		154	0	113T	107T		1,000
Sanders, Curt																
2008	PGA		CUT	78	80			158	18		158		124T	143T		2,500
Sanders, George Douglas "Doug"																
1957	M		31T	76	72	75	77	300	12	17	148	223	38T	20T	21T	300
1958	US		CUT	83	73			156	16		156		120T	64T		
1959	PGA		2T	72	66	68	72	278	-2	1	138	206	27T	3	2	3,563
1960	M		29T	73	71	81	73	298	10	16	144	225	22T	13T	38	500
	PGA		3T	70	71	69	73	283	3	2	141	210	5T	3T	1	3,350
	US		46T	70	68	77	82	297	13	17	138	215	4T	2	15T	260
1961	M		11T	76	71	68	73	288	0	8	147	215	54T	25T	9T	1,667
	PGA		3	70	68	74	68	280	0	3	138	212	7T	2T	7T	3,600
	US		2T	72	67	71	72	282	2	1	139	210	11T	1T	1	6,000
1962	M		33T	74	74	73	75	296	8	16	148	221	28T	33T	31T	500

Year	Event	A	Pos	R1	R2	R3	R4	Tot	P/M	SBW	R2T	R3T	R1P	R2P	R3P	W
	PGA		15T	76	69	73	69	287	7	9	145	218	82T	31T	27T	1,225
	US		11T	74	74	74	69	291	7	8	148	222	30T	28T	25T	1,325
1963	M		28T	73	74	77	73	297	9	11	147	224	10T	17T	26T	750
	O		CUT	75	75			150	10		150		42T	48T		
	PGA		17T	74	69	70	75	288	4	9	143	213	40T	8T	5T	1,075
	US		21T	77	74	75	78	304	20	11	151	226	65T	31T	18T	525
1964	O		11	78	73	74	68	293	5	14	151	225	43T	23T	24T	140
	PGA		28T	71	73	76	68	288	8	17	144	220	22T	28T	53T	800
	US		32T	74	74	76	74	298	18	20	148	224	36T	31T	37T	375
1965	M		11T	69	72	74	74	289	1	18	141	215	7T	6T	10T	1,550
	O		CUT	78	78			156	10		156		90T	100T		
	PGA		20T	71	73	74	74	292	8	12	144	218	13T	14T	17T	1,450
	US		11T	77	73	69	71	290	10	8	150	219	64T	37T	12T	1,650
1966	M		4T	74	70	75	71	290	2	2	144	219	16T	3T	7T	5,700
	O		2T	71	70	72	70	283	-1	1	141	213	3T	6T	3	1,350
	PGA		6T	69	74	73	71	287	7	7	143	216	3T	5T	8T	5,000
	US		8T	70	75	74	71	290	10	12	145	219	5T	12T	14T	2,800
1967	M		16T	74	72	73	73	292	4	12	146	219	28T	16T	16T	2,100
	O		18T	71	73	73	73	290	2	12	144	217	14T	10T	18T	157
	PGA		28T	72	71	76	73	292	4	11	143	219	19T	7T	26T	900
	US		34T	76	72	74	70	292	12	17	148	222	87T	58T	48T	940
1968	M		12T	76	69	70	68	283	-5	6	145	215	48T	22T	18T	2,850
	O		34	78	76	73	77	304	16	15	154	227	62T	55T	32T	140
	PGA		8T	72	67	73	73	285	5	4	139	212	23T	3	3T	3,406
	US		37T	73	72	73	74	292	12	17	145	218	28T	24T	27T	950
1969	M		36T	72	71	76	77	296	8	15	143	219	24T	14T	31T	1,425
	PGA		CUT	72	79			151	9		151		25T	94T		
1970	O		2PO	68	71	71	73	283	-5	-2	139	210	8T	4T	2T	3,750
	PGA		41T	75	74	71	74	294	14	15	149	220	61T	59T	33T	750
1971	O		9T	73	71	74	67	285	-7	7	144	218	29T	14T	20T	1,550
	PGA		CUT	79	75			154	10		154		123T	112T		
	US		37T	68	75	71	76	290	10	10	143	214	2T	17T	16T	1,080
1972	O		4	71	71	69	70	281	-3	3	142	211	8T	3T	3	3,250
	PGA		7T	72	72	68	73	285	5	4	144	212	22T	15T	6T	6,383
	US		CUT	81	79			160	16		160		111T	107T		500
1973	M		CUT	83	78			161	17		161		81	78		1,000
	O		28T	79	72	72	70	293	5	17	151	223	105T	68T	43T	245
1975	US		45T	75	73	76	74	298	14	11	148	224	52T	49T	53T	955
1976	O		28T	77	73	73	71	294	6	15	150	223	66T	55T	35T	335

Sanders, Jeffrey

Year	Event	A	Pos	R1	R2	R3	R4	Tot	P/M	SBW	R2T	R3T	R1P	R2P	R3P	W
1985	US		46T	71	75	73	73	292	12	13	146	219	15T	57T	47T	3,496

Sanders, Mark

Year	Event	A	Pos	R1	R2	R3	R4	Tot	P/M	SBW	R2T	R3T	R1P	R2P	R3P	W
2001	O		CUT	79	73			152	10		152		152T	137T		900

Sanders, Monte M.

Year	Event	A	Pos	R1	R2	R3	R4	Tot	P/M	SBW	R2T	R3T	R1P	R2P	R3P	W
1958	US		CUT	77	79			156	16		156		46T	64T		

Sanderson, Archibald J.

Year	Event	A	Pos	R1	R2	R3	R4	Tot	P/M	SBW	R2T	R3T	R1P	R2P	R3P	W
1915	US		21	77	76	77	79	309	21	12	153	230	17T	13T	14T	
1919	US		24T	85	79	83	74	321	37	20	164	247	70T	43T	42T	
1921	US		WD	87	78			165	25		165	0	76T	57T		

Sanderson, Harold J.

Year	Event	A	Pos	R1	R2	R3	R4	Tot	P/M	SBW	R2T	R3T	R1P	R2P	R3P	W
1932	US		49T	77	74	82	78	311	31	25	151	233	12T	9T	37T	
1954	US		CUT	82	76			158	18		158		116T	95T		
1956	US		CUT	80	83			163	23		163		127T	141T		
1960	PGA		CUT	81	85			166	26		166		157T	178T		

Sanderson, Owen

Year	Event	A	Pos	R1	R2	R3	R4	Tot	P/M	SBW	R2T	R3T	R1P	R2P	R3P	W
1921	O		WD	82	84	79		245			166	245	74T	78T	73T	
1926	O		CUT	82	79			161	19		161		75T	70T		
1927	O		CUT	81	83			164	18		164		93T	101T		
1929	O		CUT	78	81			159	7		159		40T	69T		
1930	O		39T	83	74	77	78	312	24	21	157	234	92T	50T	40T	
1931	O		63T	84	75	81	82	322	34	26	159	240	100T	58T	62T	
1932	O		CUT	80	79			159	15		159		85T	89T		
1933	O		WD	76	73	82		231	12		149	231	50T	34T	55T	
1934	O		CUT	79	77			156	12		156		73T	80T		
1935	O		CUT	78	78			156	12		156		70T	78T		
1939	O		WD													

Sanderson, Richard Lionel Burdon

Year	Event	A	Pos	R1	R2	R3	R4	Tot	P/M	SBW	R2T	R3T	R1P	R2P	R3P	W
1929	O	A	CUT	79	82			161	9		161		49T	78T		

Year	*Event*	*A*	*Pos*	*R1*	*R2*	*R3*	*R4*	*Tot*	*P/M*	*SBW*	*R2T*	*R3T*	*R1P*	*R2P*	*R3P*	*W*
Sanderson, Stuart																
1923	PGA		64T													
	US		40T	83	76	81	83	323	35	27	159	240	55T	42T	42T	
Sanderson, Tommy																
1970	PGA		CUT	82	79			161	21		161		124T	125T		
1972	US		CUT	82	83			165	21		165		120T	132T		500
Sandry, Barry M.																
1975	O		CUT	81	75			156	12		156		142	126T		100
Sandywell, Andrew																
1997	O		CUT	80	75			155	13		155		131T	131T		700
Sanok, Chester																
1949	US	A	CUT	76	77			153	11		153		55T	71T		
1952	US	A	CUT	84	75			159	19		159		140T	107T		
1953	US	A	CUT	79	85			164	20		164		92T	137T		
Santilli, Angelo																
1954	M	A	68T	79	81	82	75	317	29	28	160	242	56T	68T	70T	
Sanudo, Cesar																
1966	M	A	CUT	81	78			159	15		159		93T	92T		
1967	US		54T	73	73	79	73	298	18	23	146	225	34T	35T	63T	655
1970	US		CUT	80	75			155	11		155		82T	80T		500
1971	PGA		47T	77	72	73	73	295	7	14	149	222	104T	71T	56T	348
1972	US		9T	72	72	78	77	299	11	9	144	222	7T	1T	11T	3,250
1973	M		43T	72	75	76	76	299	11	16	147	223	8T	28T	38T	1,675
	US		39T	75	73	76	74	298	14	19	148	224	48T	36T	47T	1,000
1976	US		CUT	81	79			160	20		160		121T	126T		500
Sarazen, Eugene																
1920	US		30T	79	79	76	77	311	23	16	158	234	38T	37T	36T	
1921	PGA		8T													75
	US		17	83	74	77	77	311	31	22	157	234	61T	26T	19T	
1922	PGA		1													500
	US		1	72	73	75	68	288	8	-1	145	220	3T	3T	5	500
1923	PGA		1PO													500
	US		16T	79	78	73	80	310	22	14	157	230	34T	28T	12T	
1924	O		40T	83	75	84	81	323		22	158	242	65T	26T	40T	
	PGA		16T													100
	US		17T	74	80	80	79	313	25	16	154	234	4T	14T	20T	
1925	PGA		32T													
	US		5T	72	72	75	74	293	9	2	144	219	4T	6	7T	175
1926	PGA		16T													
	US		3T	78	77	72	70	297	9	4	155	227	46T	28T	15T	188
1927	PGA		8T													
	US		3	74	74	80	74	302	14	1	148	228	3T	2	4	200
1928	O		2	72	76	73	73	294	6	2	148	221	2	2T	2T	50
	PGA		3T													
	US		6T	78	76	73	72	299	15	5	154	227	53T	36T	18T	74
1929	O		8T	73	74	81	76	304	0	12	147	228	8T	5T	11T	9
	PGA		8T													
	US		3T	71	71	76	78	296	8	2	142	218	3	1T	2	700
1930	PGA		2													
	US		28T	76	78	77	75	306	14	19	154	231	33T	38T	37T	
1931	O		3T	74	76	75	73	298	10	2	150	225	5T	5T	6T	40
	PGA		3T													
	US		4T	74	78	74	70	296	12	4	152	226	13T	23T	15T	450
1932	O		1	70	69	70	74	283	-5	-5	139	209	1	1	1	100
	US		1	74	76	70	66	286	6	-3	150	220	3T	6T	2T	1,000
1933	O		3T	72	73	73	75	293	1	1	145	218	8T	8T	8T	35
	PGA		1													1,000
	US		26T	74	77	77	75	303	15	16	151	228	8T	20T	27T	
1934	O		21T	75	73	74	80	302	14	19	148	222	29T	20T	13T	10
	PGA		16T													
	US		2	73	72	73	76	294	14	1	145	218	4	2	1	750
1935	M		1PO	68	71	73	70	282	-6	-2	139	212	2T	2T	4	1,500
	PGA		32T													100
	US		6T	75	74	78	79	306	18	7	149	227	11T	3	6T	219
1936	M		3	78	67	72	70	287	-1	2	145	217	26T	4T	4T	600
	O		5T	73	75	70	73	291	-5	4	148	218	6T	13T	5	22
	PGA		64T													
	US		28T	75	72	75	74	296	8	14	147	222	60T	23T	32T	
1937	M		24T	74	80	73	73	300	12	17	154	227	19T	39T	32T	

Year	*Event*	*A*	*Pos*	*R1*	*R2*	*R3*	*R4*	*Tot*	*P/M*	*SBW*	*R2T*	*R3T*	*R1P*	*R2P*	*R3P*	*W*
	O		CUT	81	76			157	13		157		92T	62T		
	PGA		32T													
	US		10T	78	69	71	74	292	4	11	147	218	83T	19T	9T	175
1938	M		13T	78	70	68	79	295	7	10	148	216	37T	18T	2T	
	PGA		8T													
	US		10	74	74	75	73	296	12	12	148	223	7T	12T	14T	106
1939	M		5	73	66	72	72	283	-5	4	139	211	13T	1	2	400
	PGA		64T													100
	US		47T	74	72	79	76	301	25	17	146	225	38T	21T	41T	
1940	M		21T	74	71	77	73	295	7	15	145	222	27T	10T	25T	
	PGA		8T													
	US		2PO	71	74	70	72	287	-1	-1	145	215	8T	11T	4	800
1941	M		19T	76	72	74	75	297	9	17	148	222	28T	18T	19T	
	PGA		3T													
	US		7T	74	73	72	75	294	14	10	147	219	26T	14T	5T	217
1942	M		28T	80	74	75	75	304	16	24	154	229	41	37T	30T	
1945	PGA		32T													200
1946	M		WD													
	US		CUT	79	73			152	8		152		111T	65T		
1947	M		26T	75	76	74	70	295	7	14	151	225	34T	44T	42T	
	PGA		16T													350
	US		39T	72	75	74	79	300	16	18	147	221	22T	27T	32T	
1948	M		23T	77	74	73	72	296	8	17	151	224	44T	39T	27T	
	PGA		16T													350
	US		CUT	77	77			154	12		154		109T	101T		
1949	M		39T	75	74	76	79	304	16	22	149	225	23T	21T	29T	
	PGA		64T													100
	US		CUT	75	79			154	12		154		38T	83T		
1950	M		10T	80	70	72	72	294	6	11	150	222	54T	19T	9T	321
	US		38T	72	72	82	76	302	22	15	144	226	18T	16T	42	100
1951	M		12T	75	73	74	71	293	5	13	148	222	27T	22T	20T	356
	PGA		32T													200
	US		35T	74	76	76	77	303	23	16	150	226	14T	27T	28T	100
1952	M		WD													200
	O		17T	74	73	77	76	300	0	13	147	224	28T	19T	19T	
	US		33T	76	74	75	75	300	20	19	150	225	58T	34T	33T	100
1953	M		38T	75	78	73	74	300	12	26	153	226	35T	52T	44T	200
	PGA		64T													100
	US		CUT	82	79			161	17		161		133T	125T		
1954	M		53T	79	75	78	75	307	19	18	154	232	56T	38T	54T	250
	O		17T	75	74	73	70	292	0	9	149	222	35T	32T	30T	
	US		WD	79				79	9				77T			
1955	M		WD	83	80			163	19		163		73T	70		250
	PGA		32T													200
1956	M		49T	77	75	78	80	310	22	21	152	230	53T	46T	43T	300
	O		WD	78	74			152	10		152		70T	34T		
	PGA		16T													
1957	M		CUT	80	75			155	11		155		81T	67T		300
	US		CUT	79	79			158	18		158		106T	115T		
1958	M		CUT	81	78			159	15		159		79	75T		350
	O		16T	73	73	70	72	288	4	10	146	216	31T	30T	20T	30
	PGA		CUT	78	78			156	16		156		92T	106T		
	US		CUT	84	80			164	24		164		131T	125T		
1959	M		CUT	77	79			156	12		156		52T	67T		350
	PGA		CUT	73	74			147	7		147		42T	53T		
1960	M		CUT	76	80			156	12		156		50T	70T		350
	O		WD	83				83	10				74			
1961	M		CUT	79	77			156	12		156		69T	66T		400
1962	M		WD	74	74			148	4		148		28T	33T		400
1963	M		49	74	73	81	80	308	20	22	147	228	14T	17T	40T	750
1964	M		WD	73				73	1				20T			700
1965	M		CUT	78	76			154	10		154		84T	73T		900
1966	M		CUT	82	80			162	18		162		96T	98		1,000
1967	M		WD	84				84	12				81T			1,000
1969	M		CUT	78	80			158	14		158		74T	79		1,000
1970	M		CUT	81	74			155	11		155		77T	67T		1,000
	O		CUT	81	85			166	22		166		131T	133		
1971	M		CUT	83	80			163	19		163		74T	73T		1,000
	PGA		CUT	81	79			160	16		160		132T	136		
1972	M		CUT	79	79			158	14		158		73T	73T		1,000
	PGA		WD	79				79	9				112T			
1973	M		CUT	88	86			174	30		174		82	82		1,000
	O		CUT	79	81			160	16		160		105T	137T		50
1976	O		WD													

Year	Event	A	Pos	R1	R2	R3	R4	Tot	P/M	SBW	R2T	R3T	R1P	R2P	R3P	W
Sargent, Alfred																
1926	US	A	CUT	85	84			169	25		169		128T	119T		
1931	PGA		32T													85
1934	US		WD	76	78	83		237	27		154	237	22T	45T	54T	
1935	US		CUT	89	85			174	30		174		150T	142T		
1936	US		CUT	75	78			153	9		153		60T	85T		
Sargent, George J.																
1901	O		32	81	90	86	89	346		37	171	257		26T	28	
1902	O		CUT	86	86			172			172					
1903	O		WD	80	84	83		247			164	247				
1904	O		WD													
1905	O		CUT	98	88			186			186					
1908	US		WD													
1909	US		1	75	72	72	71	290		-4	147	219	9T	3	2	300
1910	US		16T	77	81	74	77	309		11	158	232	16T	22T	16T	
1911	US		7T	76	77	84	74	311	7	4	153	237	3T	4T	17T	45
1912	US		6	72	78	76	77	303	7	9	150	226	1T	7T	4	60
1913	US		21T	75	76	79	89	319	35	15	151	230	8T	7T	6T	
1914	US		3T	74	77	74	72	297	9	7	151	225	10T	16T	10T	125
1915	US		10T	75	77	79	75	306	18	9	152	231	6T	10T	17T	6
1916	US		4T	75	71	72	75	293	5	7	146	218	15T	5T	3	83
1919	US		29T	84	79	82	78	323	39	22	163	245	58T	39T	37T	
1920	US		38T	76	81	78	78	313	25	18	157	235	15T	30T	40T	
1921	US		WD	76				76	6				15T			
1922	PGA		64T													
1923	US		29T	77	77	81	82	317	29	21	154	235	20T	14T	27T	
1924	US		43	79	84	77	84	324	36	27	163	240	30T	54T	38T	
1927	US		44T	80	79	80	83	322	34	21	159	239	36T	29T	35T	
1930	US		WD	81				81	8				99T			
1934	M		50T	80	76	82	78	316	28	32	156	238	58T	48T	57T	
1935	M		62	80	79	79	81	319	31	37	159	238	62	63T	64	
1936	M		WD	85				85	13				48T			
	US		CUT	87	81			168	24		168		162	154		
1937	M		WD	76	76			152	8		152		28T	32T		
1938	M		WD													
1939	M		WD													
1940	M		WD													
1956	M		WD													300
1958	M		WD													350
Sargent, Rae																
1981	O		CUT	79	79			158	18		158		105T	131T		225
Sasaki, Hasayuki																
1995	O		31T	74	71	72	73	290	2	8	145	217	100T	56T	39T	8,122
Sato, Achi																
2007	O		CUT	71	78			149	7		149		25T	91T		2,650
Sato, Nobuhito																
1997	O		CUT	85	78			163	21		163		153T	151		650
2000	O		CUT	75	70			145	1		145		111T	75T		1,300
2001	O		CUT	76	72			148	6		148		125T	103T		1,100
2003	O		CUT	72	83			155	13		155		13T	113T		2,500
Satterstrom, Steven H.																
1978	PGA		CUT	79	76			155	13		155		118T	113T		303
	US		CUT	78	79			157	15		157		80T	112T		600
Saubaber, Francois																
1956	O		CUT	75	80			155	13		155		40T	55T		
Saubaber, Jean																
1936	O		28T	74	78	75	77	304	8	17	152	227	12T	33T	28T	
1937	O		CUT	82	81			163	19		163		104T	105T		
Sauers, Gene Craig																
1984	US		CUT	73	79			152	12		152		53T	98T		600
1985	US		58T	70	73	80	73	296	16	17	143	223	8T	30T	61T	2,606
1986	PGA		30T	69	73	70	76	288	4	12	142	212	9T	17T	12T	4,000
1987	M		33T	75	73	74	74	296	8	11	148	222	35T	32T	30T	5,200
	PGA		24T	76	74	68	78	296	8	9	150	218	69T	54T	14T	5,975
	US		58T	72	69	73	79	293	13	16	141	214	34T	18T	23T	3,178
1988	PGA		CUT	74	73			147	5		147		78T	85T		1,000
1989	M		CUT	74	79			153	9		153		26T	56T		1,500
	O		52T	70	73	72	76	291	3	16	143	215	17T	36T	39T	3,100

Year	Event	A	Pos	R1	R2	R3	R4	Tot	P/M	SBW	R2T	R3T	R1P	R2P	R3P	W
	PGA		58T	76	68	75	72	291	3	15	144	219	110T	50T	62T	2,380
1990	PGA		CUT	75	81			156	12		156		60T	106T		1,000
1991	PGA		63T	75	71	70	79	295	7	19	146	216	103T	57T	28T	2,400
1992	PGA		2T	67	69	70	75	281	-3	3	136	206	1T	1	1	101,250
1993	M		34T	74	71	75	71	291	3	14	145	220	54T	41T	45T	8,975
	PGA		22T	68	74	70	69	281	-3	9	142	212	14T	48T	41T	14,500
1995	O		88T	69	73	75	80	297	9	15	142	217	9T	20T	39T	4,125
	PGA		44T	69	71	68	73	281	-3	14	140	208	26T	37T	21T	5,600
2003	PGA		CUT	72	77			149	9		149	0	31T	71T		2,000
Sauger, Reggie																
1959	PGA		CUT	82	78			160	20		160		167T	165T		
1961	PGA		CUT	83	85			168	28		168		156	156		
Saunders, Albert W.																
1910	O		WD													
Saunders, Frederick																
1899	O		WD													
1900	O		CUT	90	86			176			176		54T	47T		
1901	O		CUT	92	90			182			182					
1902	O		CUT	86	85			171			171					
1903	O		UNK	88												
1905	O		CUT	95	88			183			183					
1906	O		CUT	87	85			172			172					
1910	O		UNK													
1911	O		WD	85				85					143T			
Saunders, George																
1899	O		WD													
Saunders, James																
1906	O		CUT	87	88			175			175					
Saunders, John Bertrand deCusance Morant																
1929	O	A	CUT	84	81			165	13		165		99T	97		
Saunders, W. G. "Bill"																
1932	O		CUT	82	78			160	16		160		94T	93T		
1935	O		CUT	79	80			159	15		159		83T	93T		
1938	O		CUT	77	78			155	15		155		67T	82T		
Savage, James																
1911	O		WD	92				92					202T			
Savel, Steve																
1944	PGA		32T													200
1962	PGA		CUT	84	83			167	27		167		167T	164		
Sawyer, Charles "Pat"																
1933	US	A	52T	79	75	80	77	311	23	24	154	234	66T	46T	56T	
1937	US		16T	72	70	75	77	294	6	13	142	217	12T	5T	8	88
1938	US		CUT	81	77			158	16		158		91T	79T		
1939	US		47T	75	75	77	74	301	25	17	150	227	48T	51T	52T	
Sawyer, Daniel Edward "Ned"																
1911	US	A	18T	84	79	77	79	319	15	12	163	240	56T	37T	25T	
1919	US	A	44T	82	84	81	82	329	45	28	166	247	38T	53T	42T	
Saxton, Reinier																
2008	O	A	CUT	80	77			157	17		157		136T	140T		
Sayers, Bernard "Ben," Jr.																
1905	O		UNK													
1906	O		60T	75	87	86	83	331		31	162	248			59T	
1907	O		46	89	85	83	84	341		29	174	257	49T	52T	46T	
1908	O		46T	81	82	79	85	327		36	163	242	40T	51T	36T	
1909	O		48T	82	81	81	80	324		29	163	244	50T	51T	50T	
1910	O		45T	79	78	83	83	323		24	157	240			45	
1911	O		CUT	80	84			164			164		59T	86T		
1912	O		31T	81	82	76	83	322		27	163	239	33T	37T	24T	
Sayers, Bernard "Ben," Sr.																
1878	O		12	56	59	58		173		16	115					
1879	O		23	92	95			187		18						
1880	O		20	91	93			184		22						
1881	O		UNK													
1882	O		18T	92	91			183		12	183					
1883	O		7T	81	83			164		5	164					

Year	Event	A	Pos	R1	R2	R3	R4	Tot	P/M	SBW	R2T	R3T	R1P	R2P	R3P	W
1884	O		6	83	87			170		10	170					1
1885	O		15	94	86			180		9						
1886	O		16T	84	82			166		9						
1887	O		5T	83	85			168		7						1
1888	O		2PO	85	87			172		1						6
1889	O		3	39	40	41	39	159		4	79	120				3
1890	O		19	90	93			183		19						
1891	O		10T	91	85			176		10						1
1892	O		5T	80	76	81	75	312		7	156	237			7T	9
1893	O		11T	87	88	84	76	335		13	175	259	34T	32	23T	3
1894	O		5T	85	81	84	84	334		8	166	250	6T	4	4T	4
1895	O		9T	84	87	85	82	338		16	171	256	7T		17T	1
1896	O		7T	83	76	79	86	324		8	159	238				3
1897	O		12T	84	78	85	84	331		17	162	247				2
1898	O		19T	85	78	79	85	327		20	163	242	41T	19T	12T	
1899	O		11	81	78	83	86	328		18	159	242	14T	6	9T	
1900	O		9	81	83	85	81	330		21	164	249	5T	7	9	
1901	O		CUT	87	90			177			177			43T		
1902	O		19	84	80	80	82	326		19	164	244			21T	
1903	O		22T	79	84	80	78	321		21	163	243			24T	
1904	O		10T	80	80	76	77	313		17	160	236			11T	
1905	O		35	84	88	85	87	344		26	172	257			37T	
1906	O		CUT	86	78			164			164					
1907	O		47T	86	83	86	87	342		30	169	255	33T	26T	38T	
1908	O		30T	74	76	84	83	317		26	150	234	4T	6T	22T	
1909	O		17T	79	77	79	77	312		17	156	235	27T	17T	19T	
1910	O		UNK	84												
1911	O		CUT	82	83			165			165		89T	100T		
1914	O		50T	89	79	79	84	331		25	168	247	94T	66T	43T	
1915	US		29T	80	79	79	77	315	27	18	159	238	38T	37T	37T	

Sayers, George Thomson

Year	Event	A	Pos	R1	R2	R3	R4	Tot	P/M	SBW	R2T	R3T	R1P	R2P	R3P	W
1885	O		UNK													
1891	O		UNK													
1892	O		46T	89	94	87	89	359		54	183	270			47	
1893	O		WD	92	91			183			183		58	53T		
1910	O		CUT	80	83			163			163					
1911	O		WD													
1915	US		28	76	80	81	77	314	26	17	156	237	10T	24T	30T	
1920	PGA		32T													50
1921	US		WD	81	78	87		246	36		159	246	43T	34T	54T	
1934	US		CUT	81	83			164	24		164		98T	124T		

Sayner, Cedric H.

Year	Event	A	Pos	R1	R2	R3	R4	Tot	P/M	SBW	R2T	R3T	R1P	R2P	R3P	W
1924	O		WD	83	78	81		242			161	242	65T	43T	40T	
1925	O		28T	83	80	78	79	320	32	20	163	241	56T	41T	32T	
1926	O		47T	80	77	82	81	320	36	29	157	239	58T	36T	50T	
1927	O		43T	77	74	80	77	308	16	23	151	231	49T	24T	40T	
1928	O		CUT	80	80			160	16		160		35T	54T		
1929	O		25T	80	75	78	80	313	9	21	155	233	62T	44T	26T	
1931	O		47T	80	78	77	80	315	27	19	158	235	64T	48T	40T	
1932	O		29T	74	74	79	76	303	15	20	148	227	12T	13T	25T	
1935	O		CUT	80	74			154	10		154		91T	63T		

Scally, Charles J. "Chuck"

Year	Event	A	Pos	R1	R2	R3	R4	Tot	P/M	SBW	R2T	R3T	R1P	R2P	R3P	W
1952	US		35	72	73	77	79	301	21	20	145	222	17T	8T	19T	100
1955	US		45T	77	76	79	80	312	32	25	153	232	41T	33T	39T	180
1956	US		CUT	82	79			161	21		161		142T	131T		
1959	US		51T	80	70	76	79	305	25	23	150	226	112T	49T	53T	240
1963	US		CUT	82	82			164	22		164		127T	137		150
1964	US		CUT	83	76			159	19		159		140T	134T		300
1966	PGA		CUT	79	80			159	19		159		118T	131T		
1967	US		64	73	74	79	80	306	26	31	147	226	34T	50T	65	600
1968	US		CUT	73	78			151	11		151		28T	79T		500
1969	US		CUT	78	74			152	12		152		104T	84T		500
1970	PGA		CUT	73	82			155	15		155		34T	106T		
1972	PGA		71	74	76	73	80	303	23	22	150	223	54T	63T	62T	333
	US		CUT	81	76			157	13		157		111T	89T		500
1973	PGA		CUT	75	79			154	12		154		66T	110T		
1976	PGA		WD	74	73	84		231	21		147	231	57T	52T	76	250
1977	PGA		CUT	80	77			157	13		157		112T	106T		250

Scanlan, Denis P.

Year	Event	A	Pos	R1	R2	R3	R4	Tot	P/M	SBW	R2T	R3T	R1P	R2P	R3P	W
1963	O		CUT	73	80			153	13		153		22T	78T		
1974	O		CUT	82	77			159	17		159		128T	99T		50

Year	Event	A	Pos	R1	R2	R3	R4	Tot	P/M	SBW	R2T	R3T	R1P	R2P	R3P	W
1975	O		CUT	76	75			151	7		151		90T	97T		100
1976	O		CUT	81	79			160	16		160		123T	140T		100
1982	O		CUT	78	75			153	9		153		95T	88T		225
Scarth, James																
1927	O		36T	76	76	79	76	307	15	22	152	231	34T	31T	40T	
1928	O		CUT	82	82			164	20		164		66T	84T		
Schacht, Alfred																
1894	O	A	35T	89	96	91	89	365		39	185	276	18T	37T	36T	
Schalk, Larry P.																
1937	US		CUT	83	76			159	15		159		149T	124T		
Schall, Kenneth																
1989	US		CUT	72	76			148	8		148		51T	99T		1,000
1990	PGA		CUT	77	78			155	11		155		90T	100T		1,000
1991	PGA		CUT	74	75			149	5		149		77T	89T		1,000
1996	PGA		CUT	75	81			156	12		156		109T	141T		1,300
1997	US		CUT	74	77			151	11		151		80T	116T		1,000
1998	PGA		CUT	79	80			159	19		159		140T	146T		1,500
1999	PGA		CUT	75	75			150	6		150		101T	110T		1,750
2001	PGA		CUT	74	77			151	11		151	0	117T	133T		2,000
2003	PGA		CUT	80	74			154	14		154	0	137T	115T		2,000
Schamp, John																
1971	US		CUT	77	80			157	17		157		116T	129T		500
Scharlau, Herman																
1947	US		55T	71	77	80	76	304	20	22	148	228	14T	35T	59T	
1950	PGA		64T													100
1952	US		CUT	77	81			158	18		158		73T	99T		
1953	US		CUT	81	77			158	14		158		125T	105T		
1955	PGA		64T													100
	US		CUT	76	82			158	18		158		22T	79T		
1959	PGA		CUT	70	77	77		224	14		147	224	10T	53T	77T	
1960	PGA		CUT	75	77			152	12		152		66T	96T		
1961	PGA		CUT	79	76			155	15		155		129T	122T		
	US		34T	75	69	73	78	295	15	14	144	217	50T	18T	20T	325
1963	PGA		63T	75	76	76	72	299	15	20	151	227	65T	67T	71T	230
1969	PGA		CUT	78	78			156	14		156		113T	120T		
Schauman, Wilhelm																
2005	O		CUT	81	71			152	8		152		151T	135T		2,000
Schecter, Bob																
1956	PGA		128T													50
Scheider, Francis																
1930	US		58T	76	77	83	81	317	25	30	153	236	33T	33T	57T	
1931	US		41T	78	75	78	80	311	27	19	153	231	51T	33T	34T	
1932	US		54	79	79	77	77	312	32	26	158	235	30T	46T	51T	
1933	US		CUT	81	79			160	16		160		101T	100T		
1935	PGA		32T													100
	US		CUT	90	78			168	24		168		154	120T		
Scherrer, Thomas Cregg																
1999	US		23T	72	72	74	74	292	12	13	144	218	52T	29T	20T	33,505
2000	O		CUT	77	74			151	7		151		135T	138T		900
	PGA		WD	77				77	5				113T			
2001	M		25	71	71	70	73	285	-3	13	142	212	21T	20T	19T	49,280
Schieber, Walter																
1933	US		CUT	79	81			160	16		160		66T	100T		
Schiefelbein, Brad																
1971	PGA		CUT	77	79			156	12		156		104T	120T		
Schiene, Martin																
1989	US		CUT	77	77			154	14		154		128T	138T		1,000
1994	US		CUT	74	79			153	11		153		49T	123T		1,000
1997	US		CUT	81	78			159	19		159		154	148T		1,000
2001	US		CUT	78	79			157	17		157	0	136T	149		1,000
Schiller, Evan																
1986	US		CUT	82	74			156	16		156		130T	122T		600
Schirmer, Raymond																
1937	US		WD	81				81	9				132T			

Year	Event	A	Pos	R1	R2	R3	R4	Tot	P/M	SBW	R2T	R3T	R1P	R2P	R3P	W
Schlee, John H.																
1967	US		CUT	75	79			154	14		154		65T	115T		400
1968	US		CUT	78	72			150	10		150		115T	72T		500
1969	US		52T	74	74	78	71	297	17	16	148	226	47T	56T	65T	865
1971	M		36T	76	74	73	74	297	9	18	150	223	47T	44T	36T	1,675
	PGA		41T	72	76	75	71	294	6	13	148	223	17T	62T	63T	693
	US		42T	70	73	77	72	292	12	12	143	220	8T	17T	51T	998
1972	PGA		40T	75	75	69	76	295	15	14	150	219	69T	63T	32T	784
1973	M		57	76	73	74	82	305	17	22	149	223	47T	43T	38T	1,600
	O		WD	77				77	5				77T			50
	PGA		60T	74	71	77	74	296	12	19	145	222	52T	30T	60T	360
	US		2	73	70	67	70	280	-4	1	143	210	16T	11T	1T	18,000
1974	M		26T	75	71	71	71	288	0	10	146	217	47T	32T	27T	1,850
	PGA		17T	68	67	75	75	285	5	9	135	210	1T	1	6T	2,925
	US		CUT	78	78			156	16		156		78T	82T		500
1975	PGA		10T	71	68	75	72	286	6	10	139	214	17T	6T	15T	4,468
	US		38T	75	73	72	76	296	12	9	148	220	52T	49T	27T	1,040
1976	PGA		4T	72	71	70	70	283	3	2	143	213	35T	30T	13T	9,750
1977	M		8T	75	73	69	68	285	-3	9	148	217	40T	36T	24T	5,667
	PGA		36T	73	73	73	75	294	6	12	146	219	29T	28T	33T	1,125
	US		CUT	80	79			159	19		159		137T	141T		500
1978	M		42T	68	75	77	75	295	7	18	143	220	1	13T	36T	1,850
Schlicht, Kully																
1931	US		WD	84				84	13				114T			
1932	US		70	80	80	78	83	321	41	35	160	238	46T	61T	61T	
1933	US		CUT	81	83			164	20		164		101T	125		
1935	US		WD	83	78	87		248	32		161	248	105T	60T	64	
Schlotman, Joseph B.																
1900	US		22	85	94	83	88	350		37	179	262	13T	36T	22T	
1901	US		WD	92	91	94		277			183	277	34T	36T	35T	
Schlueter, Mike																
1975	PGA		CUT	77	82			159	19		159		90T	119T		
1977	PGA		CUT	73	79			152	8		152		29T	72T		250
1980	PGA		CUT	71	80			151	11		151		20T	86T		500
1986	PGA		CUT	74	74			148	6		148		89T	87T		1,000
Schmidt, Frank F.																
1960	US	A	CUT	81	73			154	12		154		136T	104T		
Schmidt, Heinrich																
1913	US	A	CUT	83	83			166	24		166		48T	56T		
Schmidt, Howard																
1948	US		CUT	72	79			151	9		151		23T	75T		
1949	PGA		64T													100
Schmitt, Philip																
2007	PGA		CUT	79	68			147	7		147		132T	85T		2,000
Schmutte, Leonard B.																
1926	US		CUT	82	84			166	22		166		93T	105T		
1927	US		37	79	80	78	81	318	30	17	159	237	26T	29T	27T	
1928	US		25T	71	81	75	78	305	21	11	152	227	3	23T	18T	
1929	US		27T	73	75	89	75	312	24	18	148	237	6T	6T	42T	
1930	US		CUT	81	78			159	13		159		99T	88T		
1931	US		CUT	82	78			160	18		160		97T	76T		
1932	US		64	82	76	79	79	316	36	30	158	237	74T	46T	58T	
1946	PGA		64T													100
1950	PGA		32T													200
1952	PGA		32T													200
Schneider, Charles W., Sr.																
1930	PGA		32T													
1933	PGA		32T													85
1935	PGA		32T													100
1936	US		66T	74	74	82	77	307	19	25	148	230	37T	33T	70	
1937	PGA		32T													
1939	PGA		64T													100
	US		CUT	76	78			154	16		154		65T	78T		
1946	US		CUT	76	76			152	8		152		57T	65T		
Schneider, Sam																
1937	PGA		64T													
	US		CUT	79	79			158	14		158		98T	117T		

Year	Event	A	Pos	R1	R2	R3	R4	Tot	P/M	SBW	R2T	R3T	R1P	R2P	R3P	W
1941	US		CUT	78	81			159	19		159		82T	87T		
1946	PGA		64T													100
1948	PGA		64T													100
Schneiter, Earl																
1938	US		CUT	84	85			169	27		169		125T	137T		
Schneiter, Ernest, Jr.																
1957	PGA		64T													
1968	PGA		CUT	75	75			150	10		150		65T	75T		
1970	PGA		CUT	80	79			159	19		159		114T	120T		
Schneiter, George Henery "Hank"																
1934	US		28T	76	76	79	76	307	27	14	152	231	22T	33T	34T	
1935	US		50T	77	84	79	81	321	33	22	161	240	28T	60T	46T	
1937	PGA		64T													
1941	PGA		32T													
1944	PGA		3T													750
1945	PGA		32T													200
1946	M		12T	73	73	72	75	293	5	11	146	218	10T	11T	12	213
	PGA		16T													350
1947	M		26T	70	75	78	72	295	7	14	145	223	3T	21T	37T	
	PGA		32T													200
	US		WD	76	74			150	8		150	0	76T	53T		
1948	PGA		64T													100
	US		14T	73	68	75	74	290	6	14	141	216	35T	5T	15T	114
1949	M		42T	77	76	73	79	305	17	23	153	226	38T	38T	35T	
	PGA		32T													200
	US		CUT	79	74			153	11		153		107T	71T		
1951	US		CUT	82	81			163	23		163		131T	129T		
1955	US		19T	78	74	77	73	302	22	15	152	229	60T	22T	25T	226
1956	M		64	77	80	82	79	318	30	29	157	239	53T	63T	63T	300
1959	PGA		CUT	76	74	77		227	17		150	227	102T	84T	89T	
1960	PGA		CUT	76	74	75		225	15		150	225	83T	68T	61T	
1961	PGA		CUT	77	73			150	10		150		105T	74T		
1962	PGA		CUT	76	79			155	15		155		82T	130T		
1963	PGA		CUT	74	79			153	11		153		40T	94T		
Schneiter, George Malan "Jr."																
1967	PGA		CUT	80	81			161	17		161		126T	129T		
Schneiter, Stephen D.																
1996	PGA		CUT	77	75			152	8		152		132T	129T		1,300
1997	PGA		CUT	75	78			153	13		153		97T	122T		1,300
1999	PGA		CUT	74	74			148	4		148		80T	84T		1,750
2001	PGA		CUT	72	74			146	6		146	0	87T	106T		2,000
2002	PGA		CUT	86	76			162	18		162	0	153T	151		2,000
2003	PGA		CUT	77	80			157	17		157	0	104T	128T		2,000
2004	PGA		CUT	75	78			153	9		153	0	104T	126T		2,000
2005	PGA		40T	72	72	72	70	286	6	10	144	216	59T	62T	60T	22,300
2006	PGA		CUT	72	79			151	7		151		61T	134T		2,000
Schnell, Curt																
1990	PGA		CUT	82	84			166	22		166		136T	144		1,000
Schoener, Robert P. "Junie," Jr.																
1962	US		CUT	71	84			155	13		155		4T	96T		
1963	US		CUT	76	83			159	17		159		45T	111T		150
1964	US		CUT	78	77			155	15		155		95T	102T		300
1965	PGA		CUT	77	76			153	11		153		104T	90T		
1968	PGA		70T	79	70	79	78	306	26	25	149	228	127T	64T	72T	365
Scholl, Willard W. "Willie"																
1965	US		CUT	79	76			155	15		155		93T	83T		300
Schopfer, Otto																
1960	O		CUT	77	73			150	4		150		59T	47T		
Schoux, Al																
1948	US		CUT	75	79			154	12		154		74T	101T		
Schoux, George																
1946	US		CUT	79	77			156	12		156		111T	106T		
1947	M		38	71	72	78	78	299	11	18	143	221	10T	11T	30T	
1948	US		41T	74	72	76	76	298	14	22	146	222	57T	29T	37T	
Schreyer, William David "David"																
1997	US		65T	68	73	82	74	297	17	21	141	223	6T	9T	72T	6,000

Year	Event	A	Pos	R1	R2	R3	R4	Tot	P/M	SBW	R2T	R3T	R1P	R2P	R3P	W
Schrimer, Raymond																
1936	US		76	74	77	81	82	314	26	32	151	232	37T	60T	74T	
Schroeder, J. MacD.																
1899	US		WD													
Schroeder, John Lawrence																
1968	US	A	CUT	74	81			155	15		155		42T	116T		
1970	US		CUT	80	78			158	14		158		82T	103T		500
1971	PGA		22T	72	74	74	71	291	3	10	146	220	17T	43T	40T	2,088
	US		27T	73	72	69	75	289	9	9	145	214	54T	34T	16T	1,253
1972	US		47T	78	75	75	80	308	20	18	153	228	72T	45T	42T	930
1973	US		CUT	75	86			161	19		161		48T	127T		500
1974	M		CUT	76	75			151	7		151		56T	56T		1,200
	PGA		CUT	73	79			152	12		152		43T	88T		
	US		CUT	75	79			154	14		154		25T	67T		500
1977	O		9T	66	74	73	71	284	4	16	140	213	1	8T	14T	2,875
	PGA		19T	73	76	68	74	291	3	9	149	217	29T	48T	20T	2,700
1978	O		7T	74	69	70	72	285	-3	4	143	213	68T	17T	7T	3,990
	PGA		12T	76	69	70	72	287	3	11	145	215	75T	29T	15T	4,813
1979	O		41T	74	75	72	79	300	16	17	149	221	25T	37T	26T	478
	PGA		21T	72	72	70	69	283	3	11	144	214	39T	36T	31T	3,250
	US		CUT	80	82			162	20		162		114T	125T		600
1981	PGA		CUT	74	79			153	13		153		71T	116T		550
	US		4T	71	68	69	71	279	-1	6	139	208	32T	9T	4T	16,200
1982	M		24T	77	71	70	77	295	7	11	148	218	39T	15T	11T	3,075
	US		CUT	80	78			158	14		158		115T	119T		600
1983	M		CUT	79	79			158	14		158		78T	75T		1,500
Schroeder, Michael J.																
1981	US		CUT	79	78			157	17		157		141T	139T		600
Schroeder, Steve																
1989	US		CUT	79	75			154	14		154		147T	138T		1,000
1990	US		CUT	87	71			158	14		158		155	149T		1,000
Schuchart, Michael R.																
1983	US	A	CUT	80	81			161	19		161		112T	132T		
1987	PGA		CUT	82	84			166	22		166		127T	139T		1,000
1990	US		CUT	75	74			149	5		149		100T	103T		1,000
1992	PGA		CUT	74	75			149	7		149		70T	86T		1,200
1995	US		CUT	74	77			151	11		151		83T	117T		1,000
2003	PGA		CUT	77	81			158	18		158	0	104T	133T		2,000
2004	PGA		CUT	79	79			158	14		158	0	144T	147T		2,000
Schuchart, William E.																
1936	US		64T	78	73	81	74	306	18	24	151	232	113T	60T	74T	
1938	US		WD	81				81	10				91T			
Schuchat, Bradley M.																
1974	US		CUT	80	77			157	17		157		107T	92T		500
1976	US		CUT	84	79			163	23		163		144T	140T		500
Schuebel, John F. "Johnny"																
1930	US		CUT	82	85			167	21		167		112T	122T		
1931	US		CUT	76	83			159	17		159		34T	65T		
1934	US		60T	78	77	80	84	319	39	26	155	235	50T	54T	50T	
Schuller, Rick Q.																
1986	US		CUT	85	76			161	21		161		147T	140T		600
1988	US		CUT	78	74			152	10		152		123T	103T		1,000
2001	PGA		44T	68	70	72	71	281	1	16	138	210	23T	26T	43T	14,250
2003	PGA		CUT	79	80			159	19		159	0	123T	137T		2,000
Schulte, Alan																
2004	PGA		CUT	75	76			151	7		151	0	104T	120T		2,000
2006	PGA		CUT	75	77			152	8		152		116T	140T		2,000
Schultheis, Gerard																
1961	PGA		CUT	73	78			151	11		151		41T	83T		
Schultz, Carl																
1935	US		CUT	88	84			172	28		172		148T	134T		
Schultz, E. C. "Eddie"																
1929	PGA		16T													
1930	US		50T	76	80	79	78	313	21	26	156	235	33T	59T	53T	
1931	PGA		32T													85

Year	Event	A	Pos	R1	R2	R3	R4	Tot	P/M	SBW	R2T	R3T	R1P	R2P	R3P	W
1932	PGA		32T													85
1935	PGA		8T													150
1936	PGA		64T													
	US		CUT	76	80			156	12		156		81T	113T		
1937	PGA		64T													
	US		CUT	81	76			157	13		157		132T	109T		
1939	PGA		64T													100
	US		CUT	74	82			156	18		156		38T	92T		
1940	US		CUT	78	76			154	10		154		84T	66T		

Schulz, Theodore James

Year	Event	A	Pos	R1	R2	R3	R4	Tot	P/M	SBW	R2T	R3T	R1P	R2P	R3P	W
1989	PGA		CUT	72	74			146	2		146		50T	71T		1,000
1990	M		CUT	75	76			151	7		151		50T	59T		1,500
	PGA		CUT	78	74			152	8		152		109T	75T		1,000
	US		33T	73	70	69	77	289	1	9	143	212	61T	27T	13T	8,221
1991	M		CUT	74	78			152	8		152		62T	74T		1,500
	PGA		CUT	75	75			150	6		150		103T	99T		1,000
1992	M		6T	68	69	72	72	281	-7	6	137	209	3T	4T	7T	43,829
	PGA		69T	75	71	74	76	296	12	18	146	220	93T	48T	58T	2,488
	US		51T	71	75	73	79	298	10	13	146	219	17T	36T	36T	6,370
1993	M		39T	69	76	76	72	293	5	16	145	221	9T	41T	49T	6,817
	US		81T	71	73	69	78	291	11	19	144	213	45T	72T	36T	4,933

Schumacher, Don

Year	Event	A	Pos	R1	R2	R3	R4	Tot	P/M	SBW	R2T	R3T	R1P	R2P	R3P	W
1941	US		CUT	78	82			160	20		160		82T	96T		
1946	US	A	WD	81				81	9				131T			

Schumaker, Bill

Year	Event	A	Pos	R1	R2	R3	R4	Tot	P/M	SBW	R2T	R3T	R1P	R2P	R3P	W
1977	PGA		CUT	75	77			152	8		152		54T	72T		250
1982	US		CUT	81	79			160	16		160		122T	128T		600
1985	PGA		CUT	75	82			157	13		157		105T	135T		1,000
	US		CUT	81	76			157	17		157		143T	141T		600
1986	PGA		CUT	74	77			151	9		151		89T	118T		1,000

Schuman, Jim A.

Year	Event	A	Pos	R1	R2	R3	R4	Tot	P/M	SBW	R2T	R3T	R1P	R2P	R3P	W
1998	PGA		CUT	71	79			150	10		150		46T	111T		1,500

Schuster, Tino

Year	Event	A	Pos	R1	R2	R3	R4	Tot	P/M	SBW	R2T	R3T	R1P	R2P	R3P	W
2005	O		60T	68	74	74	73	289	1	15	142	216	3T	39T	56T	10,000

Schutte, Warren

Year	Event	A	Pos	R1	R2	R3	R4	Tot	P/M	SBW	R2T	R3T	R1P	R2P	R3P	W
1992	US	A	CUT	77	76			153	9		153		118T	113T		
1993	M	A	CUT	73	79			152	8		152		45T	77T		
2000	US		51T	74	75	74	77	300	16	28	149	223	53T	53T	24T	13,578
2003	US		CUT	77	71			148	8		148	0	142T	113T		1,000

Schwab, Ralph G. "Pat"

Year	Event	A	Pos	R1	R2	R3	R4	Tot	P/M	SBW	R2T	R3T	R1P	R2P	R3P	W
1956	US		CUT	73	81			154	14		154		21T	86T		
1957	US		WD	72				72	2				17T			
1958	US		49	75	75	79	80	309	29	26	150	229	12T	20T	43T	200
1960	US		CUT	83	83			166	24		166		141T	149		
1962	PGA		47T	76	75	71	73	295	15	17	151	222	82T	81T	55T	325
1967	PGA		64T	75	76	75	75	301	13	20	151	226	62T	67T	65T	300
1968	US		24T	76	70	75	69	290	10	15	146	221	76T	32T	44T	1,204
1969	PGA		59T	75	72	73	74	294	10	18	147	220	72T	54T	56T	241
1970	PGA		CUT	75	76			151	11		151		61T	71T		
1971	PGA		CUT	78	78			156	12		156		111T	120T		
1972	PGA		58T	73	73	77	76	299	19	18	146	223	36T	32T	62T	333
1973	PGA		CUT	76	76			152	10		152		78T	98T		
1976	PGA		CUT	77	81			158	18		158		92T	119T		250

Schwartz, Francis R.

Year	Event	A	Pos	R1	R2	R3	R4	Tot	P/M	SBW	R2T	R3T	R1P	R2P	R3P	W
1928	US		CUT	88	88			176	34		176		134T	128T		
1930	US		CUT	85	77			162	16		162		133T	106T		
1933	US		CUT	80	82			162	18		162		87T	111T		
1936	US		CUT	84	83			167	23		167		157T	153		

Schwartz, Ray

Year	Event	A	Pos	R1	R2	R3	R4	Tot	P/M	SBW	R2T	R3T	R1P	R2P	R3P	W
1933	US		52T	77	79	76	79	311	23	24	156	232	42T	60T	51T	
1937	US		CUT	77	77			154	10		154		70T	78T		
1938	US		CUT	83	88			171	29		171		113T	139T		
1948	US		CUT	75	77			152	10		152		74T	87T		

Schwartz, William J.

Year	Event	A	Pos	R1	R2	R3	R4	Tot	P/M	SBW	R2T	R3T	R1P	R2P	R3P	W
1931	US		CUT	85	76			161	19		161		119T	82T		
1933	US		29T	75	81	72	76	304	16	17	156	228	16T	60T	27T	
1934	M		18T	75	72	71	78	296	8	12	147	218	27T	13T	8T	

Year	Event	A	Pos	R1	R2	R3	R4	Tot	P/M	SBW	R2T	R3T	R1P	R2P	R3P	W
	US		28T	81	74	73	79	307	27	14	155	228	98T	54T	22T	
1935	M		56T	76	74	81	79	310	22	28	150	231	40T	42T	55T	
	US		CUT	77	86			163	19		163		28T	76T		
Schwartzel, Charl Adriaan																
2003	O		CUT	78	77			155	13		155		101T	113T		2,500
2005	O		CUT	76	72			148	4		148		116T	100T		2,500
2006	O		22T	74	66	72	71	283	-5	13	140	212	108T	22T	33T	35,375
	PGA		CUT	72	73			145	1		145		61T	71T		2,000
	US		48T	74	72	76	75	297	17	12	146	222	39T	21T	46T	20,482
2007	O		CUT	75	75			150	8		150		104T	105T		2,375
	PGA		CUT	77	76			153	13		153		116T	124T		2,000
	US		30T	75	73	73	76	297	17	12	148	221	77T	33T	26T	45,313
2008	PGA		52T	77	70	73	75	295	15	18	147	220	109T	48T	47T	16,250
Sciorra, Cary M.																
2003	PGA		CUT	76	82			158	18		158	0	95T	133T		2,000
Scodeller, Emil																
1960	PGA		CUT	78	82			160	20		160		122T	154T		
1963	PGA		CUT	83	74			157	15		157		154T	123T		
1968	PGA		CUT	81	77			158	18		158		147T	138T		
Scodeller, Paul J.																
1964	US		34T	72	76	72	79	299	19	21	148	220	8T	31T	20T	369
1969	PGA		CUT	83	74			157	15		157		135T	125T		
Scotland, Zane																
1999	O	A	CUT	82	81			163	21		163		131T	140		
Scott, A. G.																
1905	O		WD	94				94								
Scott, Adam Derek																
2000	O		CUT	72	75			147	3		147		50T	99T		1,100
2001	O		47T	73	71	70	74	288	4	14	144	214	70T	62T	40T	10,629
	PGA		CUT	71	72			143	3		143	0	70T	85T		2,000
2002	M		9T	71	72	72	70	285	-3	9	143	215	18T	16T	13T	151,200
	O		CUT	77	68			145	3		145		142T	84T		3,000
	PGA		23T	71	71	76	74	292	4	14	142	218	11T	12T	13T	44,250
	US		CUT	77	80			157	17		157	0	113T	130T		1,000
2003	M		23T	77	72	74	70	293	5	12	149	223	53T	43T	40T	57,600
	O		CUT	82	74			156	14		156		137T	122T		2,250
	PGA		23T	72	69	72	75	288	8	12	141	213	31T	5T	12T	52,000
	US		CUT	72	72			144	4		144	0	57T	69T		1,000
2004	M		CUT	80	73			153	9		153		84T	79T		5,000
	O		42T	73	68	74	75	290	6	16	141	215	73T	17T	41T	14,800
	PGA		9T	71	71	69	72	283	-5	3	142	211	29T	23T	11T	152,000
	US		CUT	75	75			150	10		150	0	99T	118T		1,000
2005	M		33T	71	76	72	75	294	6	18	147	219	8T	35T	35T	39,620
	O		34T	70	71	70	75	286	-2	12	141	211	21T	25T	20T	22,000
	PGA		40T	74	69	72	71	286	6	10	143	215	97T	49T	54T	22,300
	US		28T	70	71	74	76	291	11	11	141	215	10T	10T	15T	44,486
2006	M		27T	72	74	75	71	292	4	11	146	221	19T	30T	35T	49,700
	O		8T	68	69	70	72	279	-9	9	137	207	7T	5T	8T	95,333
	PGA		3T	71	69	69	67	276	-12	6	140	209	40T	18T	12T	353,600
	US		21T	72	76	70	74	292	12	7	148	218	15T	42T	16T	74,252
2007	M		27T	74	78	76	72	300	12	111	152	228	20T	46T	44T	53,650
	O		27T	73	70	72	71	286	2	9	143	215	60T	20T	31T	26,179
	PGA		12T	72	68	70	72	282	2	10	140	210	36T	9T	6T	119,833
	US		CUT	76	82			158	18		158		90T	127T		2,000
2008	M		25T	75	71	70	76	292	4	12	146	216	52T	29T	19T	54,844
	O		16T	70	74	77	72	293	13	10	144	221	4T	16T	27T	53,167
	PGA		CUT	77	73			150	10		150		109T	87T		2,500
	US		26T	73	73	75	70	291	7	8	146	221	31T	35T	42T	61,252
Scott, Andrew Herd																
1893	O		WD	83				83			0		13T			
1895	O		41T	94	84	93	93	364		42	178	271	54T		39T	
1896	O		7T	83	84	77	80	324		8	167	244				3
1897	O		16	83	83	84	83	333		19	166	250				
1898	O		29T	83	84	78	87	332		25	167	245	24T	36T	20T	
1899	O		25T	86	85	87	81	339		29	171	258	36T	30T	32	
1900	O		22T	84	84	84	90	342		33	168	252	19T	14T	12T	
1901	O		18T	85	80	81	90	336		27	165	246		6T	7T	
1902	O		35	84	84	82	85	335		28	168	250			34T	
1903	O		6T	77	77	83	77	314		14	154	237			11	4

Year	Event	A	Pos	R1	R2	R3	R4	Tot	P/M	SBW	R2T	R3T	R1P	R2P	R3P	W
1905	O		CUT	93	83			176			176					
1906	O		CUT	85	85			170			170					
1910	O		CUT	87	89			176			176					
Scott, E. H. W.																
1922	O	A	65	87	77	83	82	329		29	164	247	74T	54T	62	
1923	O	A	80T	84	83	76	85	328		33	167	243				
Scott, Hugh																
1910	O		CUT	91	78			169			169					
Scott, James																
1893	O		WD	93				93			0		59T			
Scott, James M. "Jimmy"																
1954	PGA		64T													100
1956	PGA		128T													50
1962	PGA		CUT	81	78			159	19		159		155T	148T		
1964	PGA		CUT	79	76			155	15		155		139T	117T		
Scott, Michael																
1911	O	A	41T	78	80	81	81	320		17	158	239	35T	37T	33T	
1912	O	A	37T	82	81	83	81	327		32	163	246	38T	37T	42T	
1920	O	A	60	89	82	80	80	331		28	171	251	81	68T	64T	
1922	O	A	20T	77	83	79	74	313		13	160	239	18T	31T	34T	
1932	O	A	WD	81				81	9				90T			
Scott, Osmund																
1905	O	A	CUT	88	89			177			177					
Scott, Peter																
1993	O		CUT	73	79			152	12		152		107T	149T		600
Scott, Robert																
1891	O	A	60	102	92			194		28						
1893	O		47	88	89	88	95	360		38	177	265	41T	35T	41T	
Scott, Robert, Jr.																
1923	O	A	22T	74	76	79	78	307		12	150	229				
Scott, Steve																
1996	US		105T	71	73	81	76	301	21	23	144	225	24T	42T	105T	5,035
1997	M	A	CUT	78	79			157	13		157		63T	73		
Scott, Sydney Simeon																
1939	O		CUT	76	77			153	7		153		49T	53T		
1946	O		CUT	82	77			159	15		159		71T	53T		
1947	O		CUT	86	73			159	23		159		95T	58T		
1949	O		CUT	76	74			150	6		150		68T	53T		
1950	O		32	75	71	75	75	296	16	17	146	221	38T	22T	27T	
1952	O		9T	75	69	76	78	298	-2	11	144	220	40T	6T	6T	
1953	O		22T	74	74	78	74	300	12	18	148	226	9T	13T	26T	25
1954	O		2T	76	67	69	72	284	-8	1	143	212	45T	3T	1T	350
1955	O		19T	69	77	73	73	292	4	11	146	219	1T	26T	21T	
1956	O		28T	78	74	74	77	303	19	17	152	226	70T	34T	21T	
1957	O		39T	76	72	73	77	298	10	19	148	221	61T	41T	35T	
1958	O		34T	73	74	74	76	297	13	19	147	221	31T	38T	33T	25
1959	O		4	73	70	73	71	287	-1	3	143	216	23T	6T	10T	400
1960	O		9T	73	71	67	75	286	-6	8	144	211	21T	13T	3T	158
1961	O		10T	76	75	71	71	293	5	9	151	222	73T	30T	14	140
1962	M		CUT	75	76			151	7		151		44T	61T		400
	O		10	77	74	75	68	294	6	18	151	226	47T	26T	24T	145
1963	O		CUT	75	75			150	10		150		42T	48T		
1964	O		19T	75	74	73	76	298	10	19	149	222	15T	14T	10T	86
1965	O		CUT	79	81			160	14		160		99T	116T		
1967	O		CUT	81	75			156	12		156		117T	102T		
1968	O		CUT	84	76			160	16		160		122T	101T		
Screeton, David A.																
1984	O		CUT	72	77			149	5		149		38T	97T		330
Scrutton, Phillip F.																
1958	O	A	CUT	75	76			151	9		151		49T	70T		
Seager, P. Jack																
1923	O		82T	87	79	79	84	329		34	166	245				
1924	O		59T	79	84	82	83	328		27	163	245	27T	57T	55T	
1928	O		CUT	81	80			161	17		161		49T	66T		
1929	O		CUT	83	81			164	12		164		95T	93T		

Year	Event	A	Pos	R1	R2	R3	R4	Tot	P/M	SBW	R2T	R3T	R1P	R2P	R3P	W
1931	O		60T	84	74	81	82	321	33	25	158	239	100T	48T	59T	
1936	O		CUT	81	77			158	10		158		84T	66T		
1937	O		47	78	75	83	81	317	29	27	153	236	51T	36T	46T	
1938	O		CUT	76	79			155	15		155		47T	82T		
1939	O		CUT	80	78			158	12		158		110T	98T		
1946	O		CUT	82	82			164	20		164		71T	84T		
Seamer, Richard W.																
1981	O	A	CUT	79	76			155	15		155		105T	112T		
Sears, Larry																
1968	US		CUT	78	79			157	17		157		115T	134T		500
Seavall, Eric																
1926	US		WD	91				91	19				143T			
1930	PGA		32T													
1935	PGA		64T													85
1938	US		CUT	82	74			156	14		156		106T	61T		
Sechrest, Don																
1961	PGA		CUT	75	76			151	11		151		71T	83T		
	US		CUT	82	76			158	18		158		144T	128T		
Seckel, Albert																
1911	US	A	11	78	80	80	75	313	9	6	158	238	11T	16T	19T	
Seeley, Charles H.																
1902	US	A	48T	82	90	93	88	353		46	172	265	12T	35T	46T	
1903	US	A	WD	80	89	96		265			169	265	13T	36T	60	
Seeley, James R.																
1974	PGA		CUT	82	70			152	12		152		134T	88T		
1977	O		CUT	82	77			159	19		159		142T	138T		150
Segerlund, Paul																
1959	PGA		CUT	72	81			153	13		153		27T	121T		
Segura, Juan																
1951	M	A	50T	72	80	79	82	313	25	33	152	231	9T	43T	49T	
Seitz, Matthew																
2007	PGA		CUT	83	81			164	24		164		152T	152		2,000
Selby, John H. "Jack"																
1948	M	A	54	81	76	84	80	321	33	42	157	241	56	53T	57	
Sellberg, Ove																
1985	O		33T	71	78	70	71	290	10	8	149	219	24T	70T	42T	3,150
1986	O		CUT	76	76			152	12		152		38T	78T		400
1987	O		57T	71	72	78	76	297	13	18	143	221	28T	31T	48T	2,250
1988	O		CUT	79	73			152	10		152		124T	95T		450
Sellers, Gilbert "Gib"																
1940	PGA		64T													100
1947	PGA		64T													100
	US		WD	75				75	4				60T			
1957	PGA		128T													50
Sellers, John M.																
1906	US	A	46T	79	84	81	93	337		42	163	244	15T	33T	28T	
1911	US	A	48T	80	81	85	89	335	31	28	161	246	22T	26T	46T	
Sellman, Jack E.																
1963	PGA		13T	75	70	74	68	287	3	8	145	219	65T	22T	37T	1,550
1964	PGA		CUT	76	81			157	17		157		98T	133T		
	US		CUT	83	72			155	15		155		140T	102T		300
Seltzer, Jack																
1976	US		CUT	74	78			152	12		152		34T	67T		500
1980	PGA		CUT	77	78			155	15		155		102T	111T		500
1983	PGA		CUT	77	74			151	9		151		127T	119T		1,000
1984	PGA		CUT	74	78			152	8		152		54T	93T		1,000
1985	PGA		CUT	71	82			153	9		153		32T	120T		1,000
1987	PGA		CUT	78	75			153	9		153		94T	77T		1,000
Semeleng, Nils																
1963	US		CUT	81	85			166	24		166		118T	139T		150
Semelsberger, Jason																
1997	US	A	CUT	78	76			154	14		154		137T	139T		

Year	Event	A	Pos	R1	R2	R3	R4	Tot	P/M	SBW	R2T	R3T	R1P	R2P	R3P	W
Senden, John Gerard																
2002	O		CUT	76	70			146	4		146		133T	95T		2,500
2004	US		CUT	76	70			146	6		146	0	119T	67T		1,000
2006	O		35T	70	73	73	70	286	-2	16	143	216	33T	57T	54T	19,625
	PGA		CUT	75	72			147	3		147		116T	100T		2,000
2007	O		45T	72	74	71	73	290	6	13	146	217	39T	53T	45T	14,500
	PGA		4T	69	70	69	71	279	-1	7	139	208	6T	6T	4	308,000
2008	M		CUT	80	71			151	7		151		88T	71T		10,000
	PGA		42T	76	72	72	73	293	13	16	148	220	90T	59T	47T	24,500
Senior, Peter Albert Charles																
1979	O		CUT	75	76	77		228	15		151	228	36T	56T	62T	300
1984	O		14T	74	70	70	71	285	-3	9	144	214	69T	30T	16T	6,752
1985	O		44T	70	71	80	72	293	13	11	141	221	12T	6T	56T	2,400
1986	O		CUT	81	73			154	14		154		116T	99T		400
1987	O		CUT	74	78			152	10		152		79T	123T		400
1988	O		6	70	73	70	69	282	-2	9	143	213	4T	9T	9T	27,000
	PGA		58T	68	73	74	76	291	7	19	141	215	6T	28T	38T	1,990
1989	O		CUT	74	73			147	3		147		81T	81T		500
1990	M		42T	72	75	73	77	297	9	19	147	220	20T	34T	31T	4,867
	O		CUT	72	75			147	3		147		51T	110T		550
	PGA		62	74	75	72	81	302	14	20	149	221	41T	49T	24T	2,450
	US		CUT	75	74			149	5		149		100T	103T		1,000
1991	O		17T	74	67	71	69	281	1	9	141	212	94T	17T	22T	10,055
	PGA		CUT	74	74			148	4		148		77T	78T		1,000
1992	O		25T	70	69	70	75	284	0	12	139	209	36T	18T	15T	7,700
	PGA		48T	71	76	73	72	292	8	14	147	220	20T	57T	58T	3,688
1993	O		4T	66	69	70	67	272	-8	5	135	205	1T	6	5T	50,500
	PGA		51T	69	70	70	76	285	1	13	139	209	23T	26T	22T	3,600
1994	O		20T	68	71	67	71	277	-3	9	139	206	4T	22T	9T	12,500
	PGA		71T	74	71	70	77	292	12	23	145	215	80T	65T	47T	2,513
1995	O		58T	71	75	78	70	294	6	12	146	224	34T	68T	93T	5,475
	PGA		44T	68	71	74	68	281	-3	14	139	213	15T	29T	57T	5,600
1996	O		CUT	74	72			146	4		146		109T	96T		650
	PGA		CUT	76	76			152	8		152		122T	129T		1,300
1997	O		51T	76	70	73	72	291	7	19	146	219	63T	49T	55T	6,156
1998	O		CUT	71	77			148	8		148		42T	94T		800
2000	O		72T	71	71	74	79	295	7	26	142	216	40T	36T	55T	7,000
Seppanen, Matt																
2003	US		CUT	76	76			152	12		152	0	125T	139T		1,000
Serafin, Felix																
1927	US		DQ	82	81			163	19		163		62T	57T		
1928	US		28T	75	76	77	79	307	23	13	151	228	22T	15T	23T	
1929	US		WD	82	75	83		240	24		157	240	106T	39T	52T	
1930	US		CUT	79	83			162	16		162		72T	106T		
1932	US		CUT	81	81			162	22		162		60T	80T		
1934	US		CUT	82	75			157	17		157		114T	76T		
1935	US		55T	80	79	81	84	324	36	25	159	240	65T	48T	46T	
1936	US		22T	72	73	74	76	295	7	13	145	219	15T	14T	20T	
1937	M		19T	75	76	71	77	299	11	16	151	222	23T	27T	18T	
	US		40T	75	74	73	78	300	12	19	149	222	45T	35T	27T	
1938	M		6T	72	71	78	70	291	3	6	143	221	7T	2T	11T	275
	PGA		16T													
1939	M		16T	74	76	73	72	295	7	16	150	223	16T	24T	21T	
	PGA		64T													100
	US		29T	80	72	71	73	296	20	12	152	223	114T	60T	33T	50
1940	M		46	85	72	80	71	308	20	28	157	237	58	55	53	
	US		20T	77	74	71	74	296	8	9	151	222	69T	42T	21T	50
1941	M		19T	72	79	74	72	297	9	17	151	225	7T	31T	25T	
	US		42T	76	79	78	76	309	29	25	155	233	45T	51T	47T	
1942	M		18T	75	74	77	73	299	11	19	149	226	27T	25T	20T	
1945	PGA		32T													200
1946	M		21T	76	75	79	69	299	11	17	151	230	27T	26T	40T	50
1947	M		47T	75	73	79	77	304	16	23	148	227	34T	29T	46	
Serafin, John E.																
1957	PGA		128T													50
1958	PGA		CUT	78	79			157	17		157		92T	117T		
Serizawa, Nobuo																
1989	O		CUT	79	78			157	13		157		140T	146T		500
Serra, Enrique																
1939	O		17T	77	72	73	77	299	7	9	149	222	65T	24T	11T	10

Year	Event	A	Pos	R1	R2	R3	R4	Tot	P/M	SBW	R2T	R3T	R1P	R2P	R3P	W
Servis, Robert																
1934	US	A	CUT	81	78			159	19		159		98T	86T		
1935	US	A	CUT	84	80			164	20		164		115T	91T		
1936	US	A	CUT	77	75			152	8		152		98T	77T		
1938	US	A	CUT	76	86			162	20		162		25T	109T		
1946	US	A	50T	76	75	77	76	304	16	20	151	228	57T	53T	59	
Servos, Launcelot Cressy "Lance"																
1901	US		28T	94	83	91	93	361		30	177	268	40T	22T	22T	
1903	US		WD	82	82	88		252			164	252	22T	22T	36	
1905	US		WD	85	85	89		259			170	259	39T	40T	48T	
Severson, Art																
1955	US		CUT	83	77			160	20		160		121T	95T		
1957	US		CUT	79	78			157	17		157		106T	107T		
1960	US		CUT	79	73			152	10		152		114T	89T		
Sewell, Douglas N.																
1963	O		26T	75	72	73	74	294	14	17	147	220	42T	27T	26T	60
1964	O		CUT	77	80			157	13		157		28T	68T		
1965	O		25T	72	75	74	77	298	6	13	147	221	6T	23T	17T	
1966	O		20T	76	69	74	75	294	10	12	145	219	61T	11T	19T	156
1967	O		31T	71	77	74	73	295	7	17	148	222	14T	35T	36T	90
1971	O		25T	73	74	74	71	292	0	14	147	221	29T	36T	38T	266
1972	O		50T	75	74	75	74	298	14	20	149	224	52T	44T	50T	130
Sewell, Jonathan M.																
1989	O		CUT	78	72			150	6		150		130T	110T		500
1993	O		51T	70	72	69	74	285	5	18	142	211	48T	47T	32T	4,356
Sewgolum, Sewsunker "Papwa"																
1959	O		CUT	79	73			152	8		152		78T	67T		
1960	O		CUT	76	75			151	5		151		50T	55T		
1963	O		13	71	74	73	72	290	10	13	145	218	10T	16T	17T	130
1964	O		CUT	78	76			154	10		154		43T	46T		
1967	O		53	73	75	77	76	301	13	23	148	225	30T	35T	50T	46
1970	O		CUT	72	78			150	6		150		45T	81T		
Seymour, Albert Victor George "Bert"																
1911	O		CUT	86	80			166			166		157T	109T		
1914	O		39T	84	85	81	78	328		22	169	250	65T	70T	57T	
1921	O		74T	82	81	83	81	327		31	163	246	74T	67T	76	
1923	O		74T	81	84	78	83	326		31	165	243				
1924	O		65T	85	78	84	84	331		30	163	247	76T	57T	64T	
Seymour, Mark William, Jr.																
1921	O	A	41T	75	78	76	85	314		18	153	229	9T	18T	13T	
1922	O		62T	78	88	82	80	328		28	166	248	23T	64T	63T	
1923	O		44T	84	77	81	74	316		21	161	242				
1924	O		28T	74	81	80	82	317		16	155	235	2T	16T	17T	
1926	O		CUT	83	77			160	18		160		87T	62T		
1927	O		52T	73	81	84	80	318	26	33	154	238	9T	45T	53	
1929	O		18T	75	74	78	83	310	6	18	149	227	19T	12T	8T	
1931	O		23T	80	79	75	73	307	19	11	159	234	64T	58T	38T	10
1932	O		22T	74	75	81	71	301	13	18	149	230	12T	17T	44T	10
1934	O		35T	78	75	78	75	306	18	23	153	231	64T	59T	56T	
1935	O		18T	75	76	75	73	299	11	16	151	226	32T	38T	31T	10
1937	O		CUT	80	81			161	17		161		78T	94T		
Shacklady, David																
1998	O		CUT	76	74			150	10		150		137T	113T		800
2007	O		CUT	76	77			153	11		153		118T	130T		2,100
Shade, Ronald David Bell Michael "Ronnie"																
1960	O	A	43T	75	74	77	73	299	7	21	149	226	41T	42T	46	
1962	O	A	CUT	81	74			155	11		155		100T	62T		
1964	O	A	CUT	86	79			165	21		165		111T	110		
1965	O	A	CUT	74	78			152	6		152		23T	70T		
1966	O	A	16T	71	70	75	77	293	9	11	141	216	3T	6T	7T	
1968	O		CUT	80	77			157	13		157		87T	81T		
1969	O		CUT	73	74	79		226	13		147	226	30T	35T	60T	
1970	O		25T	72	75	69	79	295	7	12	147	216	45T	57T	14T	250
1971	O		CUT	78	72	82		232	13		150	232	107T	61T	81	60
1972	O		CUT	75	77	75		227	14		152	227	52T	78T	70T	75
1973	O		51T	75	73	76	75	299	11	23	148	224	38T	33T	55T	130
1974	O		22T	78	75	73	72	298	14	16	153	226	66T	38T	25T	363

Year	Event	A	Pos	R1	R2	R3	R4	Tot	P/M	SBW	R2T	R3T	R1P	R2P	R3P	W
1975	O		CUT	74	73	77		224	8		147	224	55T	55T	75T	150
1977	O		CUT	75	72	79		226	16		147	226	62T	46T	79T	200
Shafer, George C.																
1950	PGA		32T													200
Shankland, Cowan S.																
1928	O	A	WD													
1931	O	A	63T	77	81	80	84	322	34	26	158	238	29T	48T	53T	
Shankland, Craig																
1967	PGA		CUT	78	80			158	14		158		109T	120T		
1968	PGA		CUT	78	79			157	17		157		119T	134T		
1970	PGA		CUT	75	78			153	13		153		61T	85T		
1973	PGA		CUT	78	79			157	15		157		104T	123T		
	US		CUT	81	75			156	14		156		128T	105T		500
Shankland, William																
1937	O		42T	74	77	82	81	314	26	24	151	233	11T	19T	36T	
1938	O		18	74	72	84	81	311	31	16	146	230	28T	16T	19T	10
1939	O		3T	72	73	72	77	294	2	4	145	217	11T	4T	2	48
1946	O		13	76	76	77	75	304	12	14	152	229	15T	18T	17T	
1947	O		4	76	74	75	70	295	23	2	150	225	21T	9T	14T	75
1949	O		11T	69	73	74	73	289	1	6	142	216	3T	2T	7T	
1950	O		CUT	77	73			150	10		150		60T	45T		
1951	O		6T	73	76	72	72	293	5	8	149	221	8T	19T	10	20
1952	O		CUT	75	81			156	6		156		40T	64T		
1953	O		41	78	76	78	79	311	23	29	154	232	41T	42T	43T	25
1954	O		41	72	72	79	76	299	7	16	144	223	7T	7T	37	
1955	O		37T	73	74	77	74	298	10	17	147	224	32T	32T	41T	
1956	O		40T	72	78	79	78	307	23	21	150	229	12T	18T	33T	
Shanks, John																
1930	O		CUT	85	80			165	21		165		103T	96T		
Shanks, Peter J.																
1952	O		CUT	75	82			157	7		157		40T	68T		
1954	O		CUT	77	79			156	10		156		59T	79T		
1959	O		29T	76	70	75	74	295	7	11	146	221	48T	19T	29T	
1960	O		36T	70	73	77	75	295	3	17	143	220	4T	8T	32T	50
Shannon, Tom																
1910	O		CUT	84	85			169			169					
Sharkey, John "Jack"																
1959	O		41T	74	74	74	78	300	12	16	148	222	33T	38T	34T	
1962	O		CUT	77	79			156	12		156		47T	72T		
1963	O		CUT	80	78			158	18		158		103T	101T		
1965	O		CUT	77	79			156	10		156		77T	100T		
1968	O		CUT	82	79			161	17		161		110T	111T		
1971	O		49T	73	75	72	78	298	6	20	148	220	29T	43T	29T	129
Sharp, Robert Bower																
1891	O	A	15T	94	85			179		13						
Sharp, William Rayne																
1956	O	A	CUT	75	79			154	12		154		40T	50T		
Sharrock, Brian F.																
1985	O		CUT	79	76			155	15		155		144T	121T		375
Shave, Ernest																
1928	US		WD	90				90	19				138			
1932	US		CUT	86	85			171	31		171		125T	126T		
Shave, Robert J., Jr.																
1960	US		27T	72	71	71	77	291	7	11	143	214	19T	15T	11T	368
1961	US		45T	73	75	74	77	299	19	18	148	222	20T	39T	40T	275
1962	US		CUT	75	77			152	10		152		47T	64T		
1966	PGA		49T	78	72	77	71	298	18	18	150	227	102T	58T	67T	436
	US		26T	76	71	74	75	296	16	18	147	221	70T	25T	23T	998
1967	US		CUT	81	79			160	20		160		141T	141T		400
Shave, Robert J., Sr.																
1925	US		20T	81	72	77	74	304	20	13	153	230	63T	28T	30T	
1926	US		CUT	82	82			164	20		164		93T	94T		
1927	PGA		32T													
	US		CUT	80	84			164	20		164		36T	63T		
1929	PGA		32T													

Year	Event	A	Pos	R1	R2	R3	R4	Tot	P/M	SBW	R2T	R3T	R1P	R2P	R3P	W
1930	PGA		16T													
	US		17T	76	72	78	77	303	11	16	148	226	33T	11T	17T	48
1931	US		WD	74	77	81		232	19		151	232	13T	19T	37T	
1933	US		33T	77	74	79	75	305	17	18	151	230	42T	20T	39T	
1934	US		WD	85				85	15				134T			
1938	PGA		32T													
	US		CUT	86	75			161	19		161		145T	100T		
Shaw, A.																
1911	O		WD	88				88					181T			
Shaw, James H.																
1952	US		CUT	90	88			178	38		178		155T	142T		
1953	US		CUT	86	80			166	22		166		156T	143T		
1956	US		CUT	84	78			162	22		162		153T	136T		
Shaw, Peter																
1974	O	A	CUT	86	87			173	31		173		149T	153		
Shaw, Quincy A., Jr.																
1898	US	A	21T	88	85	93	98	364		36	173	266	18T	10T	16T	
Shaw, Robert J.																
1968	O		27T	75	76	73	78	302	14	13	151	224	20T	28T	17T	168
1969	US		CUT	84	79			163	23		163		146	141T		500
1970	US		CUT	87	79			166	22		166		147	143T		500
1972	PGA		20T	72	72	74	72	290	10	9	144	218	22T	15T	28T	2,385
1973	M		CUT	74	78			152	8		152		23T	58T		1,000
Shaw, Thomas G., III																
1966	US		52T	75	74	73	80	302	22	24	149	222	58T	34T	29T	625
1967	US		CUT	78	74			152	12		152		119T	100T		400
1968	PGA		41T	76	71	77	69	293	13	12	147	224	83T	43T	57T	586
1969	PGA		21T	69	75	73	69	286	2	10	144	217	1T	28T	35T	1,719
1970	O		28T	73	71	73	79	296	8	13	144	217	64T	29T	20T	215
	PGA		CUT	82	76			158	18		158		124T	118T		
	US		CUT	79	78			157	13		157		68T	99T		500
1971	M		36T	77	70	74	76	297	9	18	147	221	57T	26T	31T	1,675
	PGA		CUT	75	75			150	6		150		72T	84T		
	US		CUT	71	79			150	10		150		18T	72T		500
1972	US		40T	71	79	80	77	307	19	17	150	230	1T	26T	54T	994
1973	US		25T	73	71	74	76	294	10	15	144	218	16T	16T	19T	1,383
1974	US		61	77	76	78	81	312	32	25	153	231	52T	58T	62T	800
1975	PGA		40T	75	72	71	74	292	12	16	147	218	69T	55T	35T	813
	US		CUT	82	75			157	15		157		137T	128T		500
1980	US		CUT	74	79			153	13		153		72T	109T		600
Shea, Christopher A.																
1919	US		WD	89				89	18				100T			
Shea, John T. "Jack"																
1919	US		52T	83	84	84	89	340	56	39	167	251	47T	57T	49	
1926	US		WD	81				81	9				81T			
Shea, Leo W.																
1926	PGA		32T													100
Shea, Mike																
1976	US		38T	72	73	72	80	297	17	20	145	217	13T	15T	18T	1,200
Sheals, Hubert S.																
1937	O	A	CUT	77	89			166	22		166		39T	121T		
Shearer, Robert Alan																
1972	O		31T	77	75	68	74	294	10	16	152	220	86T	78T	25T	205
1974	O		59T	77	79	73	81	310	26	28	156	229	46T	73T	42T	125
1975	O		32T	69	72	74	77	292	4	13	141	215	2T	15T	18T	275
1976	M		39T	73	75	76	75	299	11	28	148	224	29T	33T	37T	1,750
	O		21T	76	73	75	69	293	5	14	149	224	52T	48T	46T	522
1977	M		35T	74	67	75	76	292	4	16	141	216	33T	5T	18T	1,925
	O		15T	72	69	72	74	287	7	19	141	213	22T	14T	14T	1,350
1978	O		7T	71	69	74	71	285	-3	4	140	214	13T	4T	11T	3,937
	PGA		26T	73	73	71	73	290	6	14	146	217	31T	38T	26T	2,350
	US		16T	78	72	71	71	292	8	7	150	221	80T	49T	28T	2,650
1979	M		WD	73				73	1				34T			1,500
	O		CUT	80	74			154	12		154		118T	88T		200
	US		CUT	77	80			157	15		157		69T	96T		600
1980	O		51T	76	71	70	76	293	9	22	147	217	72T	54T	39T	554

Year	Event	A	Pos	R1	R2	R3	R4	Tot	P/M	SBW	R2T	R3T	R1P	R2P	R3P	W
1982	O		42T	73	72	81	74	300	12	16	145	226	18T	21T	54T	650
	PGA		WD	79				79	9				136T			650
	US		49T	75	75	72	76	298	10	16	150	222	43T	46T	40T	1,599
1983	M		48	70	77	82	76	305	17	25	147	229	11T	43T	48T	1,900
	O		CUT	73	76			149	7		149		62T	97T		250
	PGA		36T	73	67	76	72	288	4	14	140	216	65T	14T	38T	2,088
	US		50T	76	74	75	77	302	18	22	150	225	61T	47T	46T	2,105
1985	O		35T	75	73	68	75	291	11	9	148	216	97T	60T	17T	2,862
Sheehan, Patrick James																
2004	PGA		49T	70	71	75	74	290	2	10	141	216	22T	14T	47T	14,660
2005	PGA		40T	73	71	71	71	286	6	10	144	215	81T	62T	54T	22,300
2008	US		29T	71	74	74	73	292	8	9	145	219	12T	22T	24T	48,482
Sheehan, Paul																
2004	O		CUT	75	72			147	5		147		114T	85T		2,500
2007	O		CUT	75	75			150	8		150		104T	105T		2,375
Sheehan, Robert Richard "Butch"																
2007	PGA		CUT	82	74			156	16		156		149T	140T		2,000
Sheehan, Thomas E., Jr.																
1940	US	A	CUT	81	83			164	20		164		125T	141T		
1947	US	A	51T	73	74	78	78	303	19	21	147	225	30T	27T	48T	
Shelden, Charles F.																
1941	US	A	WD													
Shelton, Brian																
1954	O		29T	74	77	71	73	295	3	12	151	222	26T	45T	30T	
1955	O		CUT	77	75			152	8		152		72T	66T		
1959	O		CUT	76	75			151	7		151		48T	58T		
Shelton, Jim																
1960	PGA		CUT	74	78			152	12		152		49T	96T		
Shepard, Basil A.																
1939	O		CUT	76	77			153	7		153		49T	53T		
1947	O		27T	78	78	77	78	311	39	18	156	233	35T	32T	30T	
1948	O		CUT	80	74			154	18		154		86T	63T		
Shephard, Harvey																
1936	US	A	CUT	89	76			165	21		165		164	150		
Shepherd, Alastair G.																
1951	O		CUT	78	79			157	13		157		51T	58T		
Shepherd, Sydney O.																
1910	O	A	CUT	81	88			169			169					
1912	O	A	59	85	86	91	86	348		53	171	262	54T	59T	59	
1914	O	A	69T	82	85	82	88	337		31	167	249	49T	61T	50T	
Shepherd, William																
1954	O	A	CUT	75	79			154	8		154		35T	69T		
Sheppard, Charles S.																
1928	US		CUT	84	82			166	24		166		115T	107T		
1938	US		26	79	73	74	79	305	21	21	152	226	61T	29T	22T	50
1940	PGA		32T													
1941	PGA		32T													
1948	PGA		64T													100
1949	PGA		64T													100
1950	PGA		64T													100
1957	PGA		8PO													1,000
1958	M		CUT	83	79			162	18		162		83	77T		350
	PGA		CUT	77	78			155	15		155		81T	94T		
1959	PGA		CUT	76	77			153	13		153		102T	121T		
Sheppard, D.																
1891	O	A	62T	98	101			199		33						
Sheppard, James, Jr.																
1919	US		CUT	87	86			173	31		173		84T	83T		
Shepperson, Alex E.																
1956	O	A	CUT	82	77			159	17		159		91T	74T		
1957	O	A	CUT	76	75			151	7		151		61T	62T		
Sherba, Russell Nemo																
1938	US		CUT	84	76			160	18		160		125T	97T		

Year	Event	A	Pos	R1	R2	R3	R4	Tot	P/M	SBW	R2T	R3T	R1P	R2P	R3P	W
1939	US		CUT	82	78			160	22		160		139T	123T		
1952	US		CUT	81	84			165	25		165		119T	127T		
1953	US		CUT	75	80			155	11		155		23T	73T		
1957	US		CUT	80	83			163	23		163		125T	141T		
Sherborne, Andrew Geoffrey																
1981	O	A	CUT	74	78			152	12		152		29T	91T		
1984	O	A	CUT	75	71	75		221	5		146	221	95T	58T	71T	
1987	O		CUT	72	75			147	5		147		45T	79T		400
1988	O		62T	71	72	76	79	298	14	25	143	219	8T	9T	36T	2,400
1991	O		17T	73	70	68	70	281	1	9	143	211	77T	39T	12T	10,055
1992	O		68T	72	69	75	77	293	9	21	141	216	81T	37T	55T	3,238
1993	O		CUT	73	78			151	11		151		107T	145T		600
1996	O		CUT	73	74			147	5		147		92T	107T		650
1999	O		CUT	87	80			167	25		167		153	149T		287
Sherfy, Bradley L.																
1979	US		CUT	84	80			164	22		164		140T	134T		600
1982	US		CUT	78	79			157	13		157		78T	108T		600
1990	US		CUT	75	79			154	10		154		100T	134T		1,000
1991	PGA		CUT	76	82			158	14		158		117T	134T		1,000
	US		CUT	78	72			150	6		150		123T	87T		1,000
1993	PGA		CUT	76	78			154	12		154		131T	143		1,200
1994	PGA		CUT	79	74			153	13		153		143T	134T		1,200
2000	PGA		CUT	80	74			154	10		154		135T	123T		2,000
Sheridan, J.																
1925	O		WD	86	88			174	30		174		77T	78T		
Sherlock, James George																
1897	O		27	85	86	84	85	340		26	171	255				
1899	O		WD													
1901	O		WD	91				91								
1902	O		17	79	84	80	81	324		17	163	243			18T	
1903	O		CUT	84	86			170			170					
1904	O		6	83	71	78	77	309		13	154	232			9	8
1905	O		8	81	84	80	83	328		10	165	245			7T	
1906	O		CUT	82	83			165			165					
1908	O		37T	81	79	79	82	321		30	160	239	40T	37T	32T	
1909	O		34	78	81	78	81	318		23	159	237	21T	27T	23T	
1910	O		28T	77	81	80	79	317		18	158	238			38T	
1911	O		16T	73	80	76	84	313		10	153	229	4T	14T	9T	
1912	O		31T	79	79	85	79	322		27	158	243	26T	24T	33T	
1913	O		7T	77	86	79	75	317		13	163	242	11T	39T	21T	3
1914	O		34T	84	78	85	79	326		20	162	247	65T	36T	43T	
1920	O		16T	82	81	80	76	319		16	163	243	43T	33T	31T	
1924	O		9T	76	75	78	80	309		8	151	229	8T	5	7T	3
1926	O		36T	76	76	77	85	314	30	23	152	229	18T	17	15T	
1930	O		CUT	81	78			159	15		159		76T	63T		
1936	O		CUT	79	82			161	13		161		60T	77T		
Sherman, John K.																
1983	US	A	63	80	71	79	74	304	20	24	151	230	112T	58T	64T	
Sherman, Michael																
1916	PGA		32T													50
Sherman, Thomas M.																
1912	US	A	CUT	86	82			168	20		168		101T	90T		
Sherratt, Simon P.																
1983	O		CUT	81	85			166	24		166		146T	150		250
Sherreard, Thomas																
2008	O	A	19T	77	69	76	72	294	14	11	146	222	91T	27T	35T	
Sherry, Gordon																
1995	O	A	40T	70	71	74	76	291	3	9	141	215	18T	13T	21T	
1996	M	A	CUT	78	77			155	11		155		78T	80T		
Sherwood, H. W.																
1910	US	A	CUT	104	95			199			199		73	66		
Sherwood, William C.																
1905	US		CUT	92	92			184			184		70	69T		
1907	US		36T	82	84	85	79	330		28	166	251	35T	41T	43T	
1911	US		46	79	80	87	87	333	29	26	159	246	15T	19T	46T	
1912	US		WD													

Year	Event	A	Pos	R1	R2	R3	R4	Tot	P/M	SBW	R2T	R3T	R1P	R2P	R3P	W
1916	US		37T	78	76	76	79	309	21	23	154	230	39T	32T	34T	
1919	US		34T	80	79	83	83	325	41	24	159	242	21T	22T	30T	
1921	US		WD	87				87	17				76T			
Shiaper, Richard																
1966	US		CUT	79	83			162	22		162		122T	139T		300
Shields, Gene																
1963	PGA		CUT	74	80			154	12		154		40T	99T		
Shields, Jack																
1953	PGA		64T													100
	US		CUT	81	81			162	18		162		125T	128T		
Shields, Robert																
1902	US		WD	91				91					63T			
1903	US		57	93	93	85	94	365		58	186	271	82T	83	70	
Shields, Robert J.																
1961	US		CUT	77	77			154	14		154		87T	110T		
1962	PGA		CUT	74	80			154	14		154		48T	118T		
1964	US		CUT	77	74			151	11		151		77T	56T		300
1965	PGA		CUT	77	78			155	13		155		104T	110T		
	US		CUT	83	77			160	20		160		131T	111T		300
Shields, William J.																
1951	M	A	50T	82	76	76	79	313	25	33	158	234	62	57T	56T	
1956	US	A	CUT	74	82			156	16		156		27T	97T		
Shimada, Kosaku																
1979	O		54T	75	74	75	78	302	18	19	149	224	36T	37T	42T	450
Shimamura, Yufei																
1960	O		CUT	79	78			157	11		157		68T	70		
Shimkonis, John E.																
1933	US		WD	81				81	9				101T			
1937	PGA		64T													
Shippen, Cyrus S.																
1899	US		WD													
Shippen, John Matthew, Jr.																
1896	US		5T	78	81			159		7			1T			25
1899	US		25T	86	88	88	88	350		35	174	262	19T	23T	25T	
1900	US		27T	94	87	89	83	353		40	181	270	47T	41T	36T	
1902	US		5T	83	81	75	79	318		11	164	239	19T	9T	4T	90
1908	US		CUT	96	89			185			185		64T	54T		
1913	US		41T	81	73	87	87	328	44	24	154	241	38T	17T	33T	
Shiral, Toyo																
1948	US		CUT	73	82			155	13		155		35T	110T		
1949	US		CUT	85	86			171	29		171		153T	146T		
Shirey, Don, Jr.																
1985	US		CUT	83	72			155	15		155		154T	133T		600
1990	US		CUT	74	78			152	8		152		80T	128T		1,000
Shock, Donald D.																
1959	PGA		CUT	70	75	77		222	12		145	222	10T	32T	65T	
1961	PGA		CUT	84	77			161	21		161		157T	146T		
1964	PGA		CUT	78	81			159	19		159		126T	143T		
Shoemaker, Dick																
1939	PGA		64T													100
1940	PGA		64T													100
	US		CUT	76	82			158	14		158		58T	114T		
1946	PGA		16T													350
	US		53T	78	72	76	79	305	17	21	150	226	93T	39T	44T	
1947	PGA		64T													100
1951	PGA		16T													350
1953	US		WD	77				77	5				60T			
1958	PGA		29T	79	72	73	70	294	14	18	151	224	111T	52T	39T	335
1960	PGA		57T	74	76	74	79	303	23	22	150	224	49T	68T	52T	200
Shook, Lorin																
1941	US		WD	86				86	16				154T			
Shorey, Melvin																
1930	US		CUT	79	82			161	15		161		72T	99T		

Year	Event	A	Pos	R1	R2	R3	R4	Tot	P/M	SBW	R2T	R3T	R1P	R2P	R3P	W
1932	US		WD													
1933	US		CUT	84	82			166	22		166		130T	131		
1934	US		CUT	81	75			156	16		156		98T	66T		
1936	US		CUT	80	79			159	15		159		138T	130T		

Short, Wesley Earl, Jr.

Year	Event	A	Pos	R1	R2	R3	R4	Tot	P/M	SBW	R2T	R3T	R1P	R2P	R3P	W
2006	PGA		CUT	72	74			146	2		146		61T	84T		2,000

Shortridge, George M.

Year	Event	A	Pos	R1	R2	R3	R4	Tot	P/M	SBW	R2T	R3T	R1P	R2P	R3P	W
1968	PGA		CUT	76	78			154	14		154		83T	109T		
1969	PGA		CUT	79	78			157	15		157		120T	125T		
1972	PGA		CUT	79	81			160	20		160		112T	118T		
1979	PGA		CUT	76	74			150	10		150		102T	105T		350
1980	PGA		CUT	74	78			152	12		152		58T	89T		500
1988	US		CUT	73	75			148	6		148		38T	73T		1,000

Shreeve, Virgil

Year	Event	A	Pos	R1	R2	R3	R4	Tot	P/M	SBW	R2T	R3T	R1P	R2P	R3P	W
1953	PGA		64T													100

Shute, Herman Densmore "Denny"

Year	Event	A	Pos	R1	R2	R3	R4	Tot	P/M	SBW	R2T	R3T	R1P	R2P	R3P	W
1926	US	A	43T	75	78	81	82	316	28	23	153	234	20T	18T	33T	
1927	US	A	48T	81	81	80	83	325	37	24	162	242	50T	47T	43T	
1928	US		6T	75	73	79	72	299	15	5	148	227	22T	7T	18T	74
1929	PGA		32T													
	US		3T	73	71	76	76	296	8	2	144	220	6T	3T	4	700
1930	PGA		16T													
	US		25T	76	78	77	74	305	13	18	154	231	33T	38T	37T	
1931	PGA		2													
	US		25T	79	73	77	76	305	21	13	152	229	63T	23T	26T	
1932	PGA		32T													85
	US		14T	78	76	76	72	302	22	16	154	230	21T	21T	25T	63
1933	O		1PO	73	73	73	73	292	0	-1	146	219	14T	13T	10T	100
	US		21T	76	77	72	76	301	13	14	153	225	29T	41T	16T	50
1934	M		13T	73	73	76	72	294	6	10	146	222	10T	11T	18T	
	O		20	71	72	80	78	301	13	18	143	223	3T	3T	18T	10
	PGA		3T													
	US		43T	78	73	81	79	311	31	18	151	232	50T	25T	39T	
1935	M		5	73	71	70	73	287	-1	5	144	214	15T	10T	5T	400
	PGA		16T													125
	US		4T	78	73	76	76	303	15	4	151	227	47T	5T	6T	500
1936	M		11T	76	68	75	77	296	8	11	144	219	12T	2T	8	100
	PGA		1													1,000
	US		10	72	69	73	77	291	3	9	141	214	15T	3T	3	100
1937	M		13T	74	75	71	76	296	8	13	149	220	19T	21T	15	
	O		14	73	73	76	80	302	14	12	146	222	6T	4T	6T	10
	PGA		1PO													1,000
	US		10T	69	76	75	72	292	4	11	145	220	1T	11T	17T	175
1938	M		WD	75	78	78		231	15		153	231	24T	34T	33T	
	PGA		16T													
	US		11T	77	71	72	77	297	13	13	148	220	35T	12T	7T	106
1939	M		15	78	71	73	72	294	6	15	149	222	36T	19T	19T	
	PGA		16T													
	US		3PO	70	72	70	72	284	8	-1	142	212	5T	4T	2T	700
1941	M		18	77	75	74	70	296	8	16	152	226	36T	36T	28T	
	PGA		8T													
	US		2	69	75	72	71	287	7	3	144	216	1	1T	2T	800
1942	M		WD	72	73	81		226	10		145	226	10T	10T	20T	
	PGA		32T													
1945	PGA		8T													500
1946	M		25T	79	77	71	73	300	12	18	156	227	42T	41T	34T	
	US		CUT	74	79			153	9		153		30T	71T		
1947	M		20	73	75	72	71	291	3	10	148	220	22T	29T	28T	100
	US		CUT	77	77			154	12		154		95T	87T		
1948	M		32	74	73	76	77	300	12	21	147	223	24T	21T	23T	
1949	M		45T	79	74	76	77	306	18	24	153	229	50T	38T	41T	
	PGA		64T													100
	US		CUT	78	75			153	11		153		88T	71T		
1950	M		35T	77	72	81	75	305	17	22	149	230	33T	16T	37T	
	PGA		16T													350
	US		31T	71	73	76	79	299	19	12	144	220	7T	16T	18T	100
1951	M		47T	79	76	79	74	308	20	28	155	234	52T	51T	56T	100
	PGA		32T													200
	US		CUT	73	82			155	15		155		4T	74T		
1952	M		49T	74	77	78	81	310	22	24	151	229	29T	38T	39T	200
	PGA		64T													100

Year	Event	A	Pos	R1	R2	R3	R4	Tot	P/M	SBW	R2T	R3T	R1P	R2P	R3P	W
1953	M		55T	78	81	74	75	308	20	34	159	233	54T	65T	61T	200
	US		CUT	74	82			156	12		156		18T	85T		
1954	M		68T	73	85	82	77	317	29	28	158	240	7T	62T	69	250
	US		CUT	77	75			152	12		152		46T	51T		
1955	M		36T	78	71	77	80	306	18	27	149	226	46T	20T	25T	250
1956	M		71	82	79	89	74	324	36	35	161	250	77T	74T	77	300
1957	M		CUT	75	79			154	10		154		29T	61T		300
	PGA		64T													
	US		CUT	77	79			156	16		156		74T	97T		
1958	M		CUT	75	82			157	13		157		53T	68T		350
	PGA		CUT	77	72	80		229	19		149	229	81T	38T	65T	
1959	M		CUT	81	75			156	12		156		71T	67T		350
	PGA		44T	75	73	70	75	293	13	16	148	218	77T	62T	38T	200
1960	M		CUT	78	77			155	11		155		64T	69		350
	PGA		CUT	78	80			158	18		158		122T	143T		
1961	M		CUT	77	88			165	21		165		61T	83T		400
	PGA		CUT	76	77			153	13		153		92T	103T		
1962	M		CUT	77	79			156	12		156		70T	82T		400
1964	PGA		CUT	77	82			159	19		159		114T	143T		
1965	PGA		CUT	82	81			163	21		163		152	153T		
1966	PGA		CUT	77	80			157	17		157		92T	121T		
1969	PGA		CUT	85	80			165	23		165		138	138		
1970	O		CUT	82	78			160	16		160		134	127		
	PGA		CUT	85	76			161	21		161		134T	125T		
1971	PGA		CUT	81	87			168	24		168		132T	143		
1972	PGA		CUT	91	85			176	36		176		139	133		

Sidebottom, Israel

Year	Event	A	Pos	R1	R2	R3	R4	Tot	P/M	SBW	R2T	R3T	R1P	R2P	R3P	W
1926	O	A	CUT	91	81			172	30		172		115	107		

Siderowf, Richard L.

Year	Event	A	Pos	R1	R2	R3	R4	Tot	P/M	SBW	R2T	R3T	R1P	R2P	R3P	W
1961	US	A	CUT	75	75			150	10		150		50T	58T		
1964	US	A	CUT	79	75			154	14		154		108T	88T		
1967	M	A	CUT	78	81			159	15		159		66T	77T		
1968	US	A	57T	71	76	76	77	300	20	25	147	223	10T	42T	52T	
1969	M	A	46	78	69	80	82	309	21	28	147	227	74T	35T	46	
1970	M	A	CUT	80	76			156	12		156		75T	72T		
	US	A	CUT	86	74			160	16		160		142T	118T		
1974	M	A	CUT	74	77			151	7		151		38T	56T		
1975	M	A	CUT	75	78			153	9		153		48T	69T		
1976	M	A	46	76	73	77	81	307	19	36	149	226	54T	35T	42T	
1977	M	A	CUT	76	75			151	7		151		51T	57T		
1978	M	A	49	77	72	78	71	298	10	21	149	227	57T	50T	53	

Sidey, Jack

Year	Event	A	Pos	R1	R2	R3	R4	Tot	P/M	SBW	R2T	R3T	R1P	R2P	R3P	W
1911	O		CUT	83	85			168			168		113T	121T		
1914	O		65T	85	82	84	85	336		30	167	251	75T	61T	66T	

Sieckmann, Thomas Edward

Year	Event	A	Pos	R1	R2	R3	R4	Tot	P/M	SBW	R2T	R3T	R1P	R2P	R3P	W
1979	US		CUT	79	82			161	19		161		103T	119T		600
1982	US		56T	77	73	75	76	301	13	19	150	225	68T	46T	54T	1,358
1984	US		CUT	80	82			162	22		162		141T	149T		600
1985	US		23T	73	73	70	71	287	7	8	146	216	47T	57T	28T	6,345
1986	US		CUT	77	81			158	18		158		66T	132T		600
1988	PGA		CUT	73	74			147	5		147		58T	85T		1,000
1989	M		CUT	79	75			154	10		154		75T	65T		1,500
	US		51T	73	71	74	74	292	12	14	144	218	66T	44T	46T	4,690
1990	US		8T	70	74	68	72	284	-4	4	144	212	12T	37T	13T	22,237
1991	M		CUT	72	76			148	4		148		31T	62T		1,500
	PGA		52T	68	76	74	74	292	4	16	144	218	3T	29T	47T	2,725
	US		19T	74	70	74	74	292	4	10	144	218	61T	20T	16T	14,167
1992	US		CUT	72	79			151	7		151		30T	99T		1,000

Sierocinski, Philip A.

Year	Event	A	Pos	R1	R2	R3	R4	Tot	P/M	SBW	R2T	R3T	R1P	R2P	R3P	W
1977	O		CUT	83	84			167	27		167		148T	151		150

Sifford, Charles Luther

Year	Event	A	Pos	R1	R2	R3	R4	Tot	P/M	SBW	R2T	R3T	R1P	R2P	R3P	W
1959	US		32T	78	72	73	76	299	19	17	150	223	93T	49T	37T	240
1960	US		46T	74	70	77	76	297	13	17	144	221	47T	22T	46T	260
1962	US		43T	75	74	76	78	303	19	20	149	225	47T	34T	37T	325
1964	US		27	72	70	77	77	296	16	18	142	219	8T	4T	16T	400
1965	PGA		33T	73	75	71	75	294	10	14	148	219	30T	40T	23T	738
	US		CUT	77	77			154	14		154		64T	76T		300
1968	PGA		59T	73	74	77	75	299	19	18	147	224	35T	43T	57T	369
	US		32T	75	69	75	72	291	11	16	144	219	59T	22T	31T	1,020
1969	PGA		CUT	82	78			160	18		160		132T	132T		

Year	Event	A	Pos	R1	R2	R3	R4	Tot	P/M	SBW	R2T	R3T	R1P	R2P	R3P	W
1971	US		49T	75	72	69	78	294	14	14	147	216	87T	49T	24T	915
1972	US		21T	79	74	72	78	303	15	13	153	225	88T	45T	25T	1,625
1973	US		CUT	83	72			155	13		155		137T	100T		500
1974	US		60	77	76	76	80	309	29	22	153	229	52T	58T	52T	810
1975	PGA		48T	74	72	75	73	294	14	18	146	221	57T	48T	55T	518
	US		CUT	78	74			152	10		152		106T	81T		500
1977	PGA		CUT	79	85			164	20		164		103T	128		250
1978	US		CUT	78	78			156	14		156		80T	107T		600
1980	PGA		CUT	74	79			153	13		153		58T	96T		500
Sigel, Robert Jay "Jay"																
1978	M	A	CUT	76	77			153	9		153		50T	64T		
1979	M	A	CUT	72	75			147	3		147		24T	50T		
1980	M	A	26T	71	71	73	74	289	1	14	142	215	13T	12T	21T	
	O	A	38T	72	72	74	73	291	7	20	144	218	18T	30T	50T	
	US	A	CUT	76	71			147	7		147		96T	64T		
1981	M	A	35T	72	75	75	72	294	6	14	147	222	18T	35T	41	
1982	M	A	CUT	80	75			155	11		155		59T	49T		
1983	M	A	CUT	72	81			153	9		153		29T	70T		
	US	A	CUT	77	78			155	13		155		82T	91T		
1984	M	A	CUT	79	76			155	11		155		83T	83T		
	O	A	CUT	72	77			149	5		149		38T	97T		
	US	A	43T	69	72	78	75	294	14	18	141	219	5T	8T	36T	
1985	M	A	44T	76	71	77	72	296	8	14	147	224	52T	39T	52T	
	US	A	64T	76	69	78	79	302	22	23	145	223	96T	45T	61T	
1986	M	A	CUT	74	78			152	8		152		25T	56T		
1987	M	A	CUT	77	83			160	16		160		58T	79T		
1988	M	A	39T	77	72	73	78	300	12	19	149	222	45T	29T	29T	
1989	US	A	CUT	77	76			153	13		153		128T	132T		
Sikes, Daniel David, Jr.																
1962	US		36T	74	72	78	77	301	17	18	146	224	30T	17T	33T	375
1963	M		15T	74	76	72	71	293	5	7	150	222	14T	34T	17T	1,100
	PGA		47T	74	70	73	77	294	10	15	144	217	40T	12T	21T	365
	US		10	77	73	73	74	297	13	4	150	223	65T	24T	10T	1,550
1964	M		13T	76	68	71	73	288	0	12	144	215	63T	9T	8T	1,340
	US		44T	77	73	76	77	303	23	25	150	226	77T	48T	43	325
1965	M		5	67	72	71	75	285	-3	14	139	210	2T	4	3T	5,000
	PGA		45T	74	75	73	75	297	13	17	149	222	44T	52T	42T	528
	US		36T	72	78	75	75	300	20	18	150	225	10T	37T	41T	495
1966	M		36T	76	74	75	76	301	13	13	150	225	42T	35T	32T	1,175
	PGA		28T	72	76	74	72	294	14	14	148	222	12T	38T	38T	900
1967	PGA		3T	69	70	70	73	282	-6	1	139	209	3T	2T	1	9,000
1968	M		35T	73	76	70	72	291	3	14	149	219	24T	46T	35T	1,375
	PGA		8T	70	72	73	70	285	5	4	142	215	6T	9T	17T	3,406
	US		15	71	71	73	72	287	7	12	142	215	10T	7T	12T	1,900
1969	M		12	69	71	73	74	287	-1	6	140	213	5T	3T	8T	3,000
	PGA		25T	71	74	69	73	287	3	11	145	214	20T	35T	19T	1,300
	US		38T	74	74	72	72	292	12	11	148	220	47T	56T	46T	1,030
1970	M		36T	70	77	71	77	295	7	16	147	218	4T	28T	19T	1,575
	PGA		18T	74	70	75	70	289	9	10	144	219	45T	19T	29T	2,500
	US		27T	81	69	72	76	298	10	17	150	222	101T	23T	15T	1,280
1971	M		CUT	72	82			154	10		154		12T	62T		1,000
	PGA		47T	73	73	75	74	295	7	14	146	221	33T	43T	47T	348
1972	PGA		13T	70	72	72	73	287	7	6	142	214	8T	7T	11T	4,167
1973	PGA		6T	72	68	72	71	283	-1	6	140	212	22T	3T	7T	7,312
1974	M		15T	69	71	74	71	285	-3	7	140	214	5T	6T	14T	2,900
	PGA		17T	71	75	71	68	285	5	9	146	217	20T	39T	30T	2,925
1975	M		CUT	76	82			158	14		158		56T	74T		1,250
Sikes, Richard H.																
1962	M	A	CUT	80	80			160	16		160		90T	98		
1963	M	A	46T	76	76	77	77	306	18	20	152	229	42T	44T	44	
1964	M	A	46T	75	73	78	73	299	11	23	148	226	48T	37T	48	
	US		CUT	74	80			154	14		154		36T	88T		300
1965	PGA		13T	71	71	71	75	288	4	8	142	213	13T	7T	6T	2,800
1966	M		39T	73	78	74	77	302	14	14	151	225	10T	40T	32T	1,150
	O		12	73	72	73	72	290	6	8	145	218	15T	11T	15T	228
	PGA		28T	75	72	73	74	294	14	14	147	220	58T	24T	26T	900
1967	PGA		14T	72	71	71	73	287	-1	6	143	214	19T	7T	10	2,360
	US		46T	74	74	76	72	296	16	21	148	224	49T	58T	62	755
1968	M		CUT	75	77			152	8		152		38T	60T		1,000
	PGA		CUT	76	75			151	11		151		83T	83T		
1969	M		CUT	75	75			150	6		150		53T	57T		1,000
	US		CUT	73	77			150	10		150		39T	75T		500

Year	Event	A	Pos	R1	R2	R3	R4	Tot	P/M	SBW	R2T	R3T	R1P	R2P	R3P	W
1970	M		47	70	75	77	78	300	12	21	145	222	4T	12T	39T	1,500
	PGA		CUT	74	77			151	11		151		45T	71T		
1971	PGA		72T	76	73	79	72	300	12	19	149	228	84T	71T	81	258
Sills, Anthony Irvin																
1976	US	A	CUT	74	78			152	12		152		34T	67T		
1984	PGA		62T	74	74	73	75	296	8	23	148	221	54T	60T	57T	1,600
	US		34T	73	72	76	71	292	12	16	145	221	53T	32T	50T	4,574
1985	PGA		CUT	73	79			152	8		152		76T	114T		1,000
	US		15T	75	70	71	70	286	6	7	145	216	85T	45T	28T	8,398
1986	M		36T	76	73	73	71	293	5	14	149	222	46T	40T	42T	3,850
	PGA		16T	71	72	69	73	285	1	9	143	212	26T	27T	12T	8,500
1987	PGA		CUT	81	75			156	12		156		123T	94T		1,000
	US		31T	71	70	75	72	288	8	11	141	216	18T	18T	42T	6,555
1989	US		63T	72	72	71	81	296	16	18	144	215	51T	44T	25T	4,099
1990	M		CUT	77	74			151	7		151		63T	59T		1,500
Silva, Kevin																
2008	US		CUT	80	76			156	14		156		136T	124T		2,000
Silva, Leroy																
1955	US		CUT	93	83			176	36		176		158	146		
Silveira, Larry																
1997	US		CUT	77	72			149	9		149		125T	93T		1,000
Silverio, Luis F. "Golem"																
1966	M	A	61T	77	76	77	84	314	26	26	153	230	58T	56T	59	
1967	M	A	CUT	76	76			152	8		152		50T	61T		
Silverstein, Raymond																
1939	US	A	CUT	85	77			162	24		162		156T	133T		
Silverstrone, Arthur																
1961	US		CUT	77	78			155	15		155		87T	113T		
1966	US		CUT	78	81			159	19		159		105T	130T		300
1970	PGA		CUT	83	79			162	22		162		129T	128T		
1971	PGA		CUT	76	74			150	6		150		84T	84T		
	US		49T	74	70	76	74	294	14	14	144	220	70T	24T	51T	915
1975	US		CUT	76	75			151	9		151		73T	73T		500
1977	US		CUT	78	74			152	12		152		123T	96T		500
1981	PGA		CUT	77	76			153	13		153		117T	116T		550
Silvestri, Daniel J. "Bob"																
1955	US	A	CUT	81	77			158	18		158		93T	79T		
Sime, W. H. "Willie"																
1903	US		WD													
1907	US		CUT	89	92			181			181		64	70T		
1908	US		CUT	105	99			204			204		82	77T		
Simmonds, A. B. "Tony"																
1966	O		CUT	84	83			167	25		167		127T	129		
Simmons, Dan																
1978	US		CUT	85	78			163	21		163		148T	139T		600
Simmons, Warren L.																
1956	US	A	CUT	78	73			151	11		151		101T	59T		
Simms, Peter M.																
1973	O		CUT	87	82			169	25		169		150T	150		50
Simon, Deray																
1977	O		CUT	78	71	78		227	17		149	227	109T	73T	82T	200
1978	O		CUT	75	77			152	8		152		83T	113T		175
Simon, Gaylon "Tex"																
1970	US		CUT	83	82			165	21		165		128T	142		500
Simons, James Bradley																
1967	US	A	CUT	86	78			164	24		164		149	148		
1968	US	A	63	75	73	81	81	310	30	35	148	229	59T	56T	63	
1971	M	A	CUT	83	74			157	13		157		74T	66T		
	US	A	5T	71	71	65	76	283	3	3	142	207	18T	11T	1	
1972	M	A	41T	71	79	76	80	306	18	20	150	226	4T	36T	36	
	US	A	15T	75	75	79	72	301	13	11	150	229	31T	26T	48T	
1973	M		CUT	79	78			157	13		157		65T	71T		1,000
	US		CUT	81	76			157	15		157		128T	112T		500
1974	US		62T	77	72	81	83	313	33	26	149	230	52T	24T	59T	800

Year	Event	A	Pos	R1	R2	R3	R4	Tot	P/M	SBW	R2T	R3T	R1P	R2P	R3P	W
1976	PGA		60T	75	73	72	77	297	17	16	148	220	70T	59T	50T	450
	US		CUT	77	76			153	13		153		89T	79T		500
1977	PGA		25T	74	74	69	75	292	4	10	148	217	40T	42T	20T	1,717
	US		35T	75	67	71	78	291	11	13	142	213	77T	13T	14T	1,270
1978	M		CUT	79	77			156	12		156		65T	69T		1,500
	PGA		CUT	76	73			149	7		149		75T	73T		303
1979	M		23T	72	70	75	73	290	2	10	142	217	24T	15T	28T	2,225
	PGA		46T	76	68	73	72	289	9	17	144	217	102T	36T	52T	704
	US		16T	74	74	78	68	294	10	10	148	226	29T	24T	51T	2,833
1980	M		19T	70	70	72	75	287	-1	12	140	212	8T	4T	7T	3,990
	PGA		CUT	76	75			151	11		151		87T	86T		500
	US		22T	70	72	71	72	285	5	13	142	213	20T	25T	21T	2,400
1981	M		15T	70	75	71	72	288	0	8	145	216	5T	23T	18T	5,500
	PGA		CUT	73	75			148	8		148		55T	79T		550
	US		58T	78	69	67	78	292	12	19	147	214	129T	59T	30T	1,310
1982	M		15T	77	74	69	72	292	4	8	151	220	39T	32T	16T	5,850
	PGA		5T	68	67	73	69	277	-3	5	135	208	7T	3T	6T	16,000
	US		CUT	81	78			159	15		159		122T	123T		600
1983	M		CUT	74	77			151	7		151		53T	62T		1,500
	PGA		30T	69	75	72	71	287	3	13	144	216	12T	38T	38T	2,650
1984	PGA		CUT	74	75			149	5		149		54T	71T		1,000

Simonsen, Adrian "Ade"

Year	Event	A	Pos	R1	R2	R3	R4	Tot	P/M	SBW	R2T	R3T	R1P	R2P	R3P	W
1939	US		WD	85				85	16				156T			
1952	US	A	CUT	83	93			176	36		176		133T	139T		

Simpson, A.

Year	Event	A	Pos	R1	R2	R3	R4	Tot	P/M	SBW	R2T	R3T	R1P	R2P	R3P	W
1914	O		46T	81	87	82	80	330		24	168	250	38T	66T	57T	
1924	O		47T	82	78	80	85	325		24	160	240	57T	37T	30T	

Simpson, Andrew

Year	Event	A	Pos	R1	R2	R3	R4	Tot	P/M	SBW	R2T	R3T	R1P	R2P	R3P	W
1896	O		36	86	92	88	88	354		38	178	266				

Simpson, Archibald

Year	Event	A	Pos	R1	R2	R3	R4	Tot	P/M	SBW	R2T	R3T	R1P	R2P	R3P	W
1882	O		UNK													
1885	O		2	83	89			172		1						7
1886	O		4T	82	79			161		4						1
1887	O		5T	81	87			168		7						1
1888	O		16T	91	93			184		13						
1889	O		12	44	45	37	41	167		12	89	126				
1890	O		2T	85	82			167		3						10
1891	O		12T	86	91			177		11						
1892	O		9	81	81	76	79	317		12	162	238			9T	4
1893	O		14	84	86	84	85	339		17	170	254	18T	14T	16	2
1894	O		13T	90	86	86	82	344		18	176	262	20T	20T	18T	1
1895	O		5	88	85	78	85	336		14	173	251	26T		7T	5
1896	O		12T	85	79	78	87	329		13	164	242				2
1897	O		7T	83	81	81	79	324		10	164	245				3
1898	O		15T	83	80	82	79	324		17	163	245	24T	19T	20T	
1899	O		16T	84	84	81	83	332		22	168	249	25T	24T	19T	
1900	O		7T	82	85	83	79	329		20	167	250	11T	13	10T	
1902	O		30T	88	79	85	81	333		26	167	252			38	
1903	O		29T	79	85	80	81	325		25	164	244			30T	
1904	O		CUT	84	89			173			173					
1905	O		18T	87	84	81	83	335		17	171	252			21T	
1906	O		35T	80	80	79	82	321		21	160	239			31T	

Simpson, D.

Year	Event	A	Pos	R1	R2	R3	R4	Tot	P/M	SBW	R2T	R3T	R1P	R2P	R3P	W
1876	O		WD													

Simpson, David

Year	Event	A	Pos	R1	R2	R3	R4	Tot	P/M	SBW	R2T	R3T	R1P	R2P	R3P	W
1882	O		23T	98	91			189		18	189					
1885	O		UNK													
1886	O		26	84	88			172		15						
1888	O		32T	99	96			195		24						
1891	O		20T	91	89			180		14						

Simpson, George O.

Year	Event	A	Pos	R1	R2	R3	R4	Tot	P/M	SBW	R2T	R3T	R1P	R2P	R3P	W
1911	US		3PO	76	77	79	75	307	3	-1	153	232	3T	4T	7T	100
1912	US		13T	79	73	77	79	308	12	14	152	229	44T	11T	6T	
1914	US		13T	73	76	76	77	302	14	12	149	225	7T	9T	10T	3
1915	US		47T	83	78	76	87	324	36	27	161	237	51T	45T	30T	
1916	PGA		16T													60
	US		25T	76	76	77	74	303	15	17	152	229	21T	27	27T	

Simpson, Harry

Year	Event	A	Pos	R1	R2	R3	R4	Tot	P/M	SBW	R2T	R3T	R1P	R2P	R3P	W
1902	US		WD	97				97					79			
1909	US		CUT	92	85			177			177		80T	76T		

Year	*Event*	*A*	*Pos*	*R1*	*R2*	*R3*	*R4*	*Tot*	*P/M*	*SBW*	*R2T*	*R3T*	*R1P*	*R2P*	*R3P*	*W*
Simpson, Harry B.																
1905	O		CUT	94	92			186			186					
1913	O		39T	80	83	88	81	332		28	163	251	32T	39T	40T	
1914	O		3	77	80	78	75	310		4	157	235	13T	13T	10T	15
Simpson, Jack																
1883	O	A	17T	90	81			171		12	171					
1884	O		1	78	82			160		-4	164					8
1885	O		13T	87	92			179		8						
1886	O		12T	83	81			164		7						
1887	O		12T	85	91			176		15						
1891	O		41T	94	92			186		20						
1892	O		28T	84	78	82	87	331		26	162	244			18T	
1893	O		34T	86	91	86	87	350		28	177	263	27T	35T	33T	
1894	O		39T	94	89	94	90	367		41	183	277	48T	31T	39T	
Simpson, James																
1906	US		46T	81	77	87	92	337		42	158	245	27T	17T	33T	
Simpson, James B. "Jimmy"																
1911	US		27T	81	82	78	80	321	17	14	163	241	30T	37T	28T	
1914	US		11T	76	71	77	77	301	13	11	147	224	16T	6T	8T	30
1916	US		15T	75	76	76	73	300	12	14	151	227	15T	22T	22T	
Simpson, Jim																
1949	US	A	CUT	79	79			158	16		158		107T	108T		
Simpson, John Milton																
1920	US	A	50T	78	77	85	78	318	30	23	155	240	30T	23T	53T	
1927	US	A	CUT	87	79			166	22		166		103T	77T		
Simpson, R. L.																
1911	US		17	81	82	75	79	317	13	10	163	238	30T	37T	19T	
Simpson, Robert																
1885	O		4T	85	89			174		3						3
1886	O		15	84	81			165		8						
1887	O		16	90	89			179		18						
1888	O		30	90	101			191		20						
1889	O		UNK													
1891	O		38T	89	95			184		18						
1893	O		6T	81	81	80	85	327		5	162	242	4T	2T	3T	5
1895	O		WD	92	88			180			180		44T			
1897	O		35T	92	80	84	90	346		32	172	256				
1898	O		29T	84	81	82	85	332		25	165	247	35T	27T	24T	
1905	O		40	87	85	90	90	352		34	172	262			41T	
Simpson, Robert S.																
1900	US		14T	84	84	88	87	343		30	168	256	7T	10T	12T	
1901	US		14T	88	87	87	87	349		18	175	262	18T	16T	16T	
1904	US		6T	82	82	76	76	316		13	164	240	18T	18T	10T	53
1905	US		WD	82	82			164			164		21T	15T		
1909	US		45T	84	76	77	84	321		31	160	237	66T	46T	39T	
Simpson, Scott William																
1980	PGA		30T	74	74	74	71	293	13	19	148	222	58T	53T	53T	2,200
	US		45T	73	72	73	73	291	11	19	145	218	50T	51T	53T	1,530
1981	M		CUT	77	72			149	5		149		63T	49T		1,500
	PGA		CUT	71	79			150	10		150		26T	96T		550
	US		23T	72	67	71	75	285	5	12	139	210	47T	9T	11T	2,350
1982	PGA		32T	71	71	75	69	286	6	14	142	217	21T	26T	62T	2,850
	US		15T	73	69	72	76	290	2	8	142	214	17T	3	3T	4,661
1983	M		11	70	73	72	73	288	0	8	143	215	11T	21T	9T	12,500
	PGA		9T	66	73	70	73	282	-2	8	139	209	2T	11T	7T	10,800
	US		13T	73	71	73	76	293	9	13	144	217	17T	8T	9T	6,994
1984	M		40	72	70	76	74	292	4	15	142	218	23T	13T	35T	2,800
	PGA		6T	69	69	72	70	280	-8	7	138	210	4T	4T	9T	17,250
	US		25T	72	75	74	69	290	10	14	147	221	33T	55T	50T	5,718
1985	M		41T	71	73	77	74	295	7	13	144	221	9T	11T	34T	3,010
	PGA		12T	72	68	72	73	285	-3	7	140	212	52T	8T	6T	9,017
	US		15T	73	73	68	72	286	6	7	146	214	47T	57T	17T	8,398
1986	M		25T	76	72	67	74	289	1	10	148	215	46T	32T	16T	6,533
	O		65T	78	71	75	78	302	22	22	149	224	71T	42T	48T	1,650
	PGA		41T	70	70	75	75	290	6	14	140	215	17T	8T	33T	2,850
	US		CUT	78	76			154	14		154		77T	101T		600
1987	M		27T	72	75	72	76	295	7	10	147	219	9T	24T	20T	6,267
	O		62T	75	71	82	71	299	15	20	146	228	97T	70T	74T	1,975

Year	Event	A	Pos	R1	R2	R3	R4	Tot	P/M	SBW	R2T	R3T	R1P	R2P	R3P	W
	PGA		47T	78	73	76	73	300	12	13	151	227	94T	59T	60T	2,400
	US		1	71	68	70	68	277	-3	-1	139	209	18T	8T	2T	150,000
1988	M		CUT	79	76			155	11		155		62T	62T		1,500
	PGA		CUT	74	72			146	4		146		78T	78T		1,000
	US		6T	69	66	72	74	281	-3	3	135	207	4T	1	2T	25,415
1989	M		38T	72	77	72	77	298	10	15	149	221	11T	29T	24T	4,900
	O		26T	73	66	72	74	285	-3	10	139	211	61T	7T	13T	5,800
	PGA		53T	70	74	75	71	290	2	14	144	219	21T	50T	62T	2,490
	US		6T	67	70	69	75	281	1	3	137	206	4T	3T	2	28,221
1990	M		7T	74	71	68	73	286	-2	8	145	213	38T	19T	7T	35,150
	O		39T	73	70	69	73	285	-3	15	143	212	81T	57T	34T	4,217
	PGA		66T	76	75	72	81	304	16	22	151	223	82T	70T	43T	2,325
	US		14T	66	73	73	73	285	-3	5	139	212	1T	5T	13T	15,712
1991	M		22T	69	73	69	73	284	-4	7	142	211	9T	20T	9T	12,960
	O		57T	74	72	70	70	286	6	14	146	216	94T	78T	66T	3,550
	PGA		CUT	72	79			151	7		151		39T	104T		1,000
	US		2PO	70	68	72	72	282	-6	-3	138	210	7T	2T	1T	117,500
1992	M		13T	70	71	71	70	282	-6	7	141	212	19T	14T	19T	26,500
	US		64T	76	71	68	88	303	15	18	147	215	101T	51T	8T	5,773
1993	M		11T	72	71	71	72	286	-2	9	143	214	35T	25T	12T	34,850
	O		9T	68	70	71	66	275	-5	8	138	209	15T	12T	14T	25,792
	PGA		6T	64	70	71	72	277	-7	5	134	205	1	4T	8T	47,813
	US		46T	70	73	72	70	285	5	13	143	215	19T	57T	63T	8,179
1994	M		27T	74	74	73	73	294	6	15	148	221	26T	36T	31T	14,800
	O		CUT	73	73			146	6		146		93T	102T		600
	PGA		CUT	75	73			148	8		148		97T	98T		1,200
	US		55T	74	73	73	78	298	14	19	147	220	49T	58T	45T	4,325
1995	O		CUT	72	77			149	5		149		60T	104T		650
	PGA		54T	71	67	71	74	283	-1	16	138	209	58T	21T	34T	4,050
	US		28T	67	75	74	72	288	8	8	142	216	2	21T	23T	13,912
1996	M		29T	69	76	76	73	294	6	18	145	221	6T	28T	34T	15,571
	O		33T	71	69	73	70	283	-1	12	140	213	43T	29T	44T	7,843
	PGA		CUT	73	74			147	3		147		71T	94T		1,300
	US		40T	70	71	76	72	289	9	11	141	217	13T	10T	47T	9,918
1997	US		CUT	76	73			149	9		149		115T	93T		1,000
1998	M		CUT	79	78			157	13		157		71T	74T		5,000
	PGA		CUT	70	78			148	8		148		21T	93T		1,500
	US		58	72	71	78	79	300	20	20	143	221	24T	14T	44T	7,844

Simpson, Thomas William

Year	Event	A	Pos	R1	R2	R3	R4	Tot	P/M	SBW	R2T	R3T	R1P	R2P	R3P	W
1900	O		14T	84	86	83	84	337		28	170	253	19T	18T	15T	
1901	O		CUT	89	88			177			177			43T		
1902	O		CUT	89	86			175			175					
1905	O		9T	82	88	78	81	329		11	170	248			12T	
1906	O		15T	78	78	81	79	316		16	156	237			19T	
1908	O		7T	75	77	76	79	307		16	152	228	7T	10T	6T	
1911	O		54T	80	82	83	80	325		22	162	245	59T	58T	57T	
1913	O		27T	79	83	85	78	325		21	162	247	27T	35T	33T	

Simpson, Timothy Jay

Year	Event	A	Pos	R1	R2	R3	R4	Tot	P/M	SBW	R2T	R3T	R1P	R2P	R3P	W
1978	US		CUT	78	78			156	14		156		80T	107T		600
1979	US		CUT	79	80			159	17		159		103T	110T		600
1980	PGA		CUT	79	72			151	11		151		118T	86T		500
	US		38T	70	73	73	74	290	10	18	143	216	20T	30T	38T	1,630
1981	US		43T	70	75	74	71	290	10	17	145	219	16T	40T	59T	1,453
1982	PGA		CUT	72	74			146	6		146		41T	75T		650
1983	O		45T	73	69	72	73	287	3	12	142	214	62T	26T	31T	791
	PGA		36T	76	70	70	72	288	4	14	146	216	116T	58T	38T	2,088
	US		32T	76	74	73	74	297	13	17	150	223	61T	47T	30T	4,014
1984	PGA		25T	73	70	72	72	287	-1	14	143	215	42T	24T	23T	4,506
	US		11T	72	71	68	76	287	7	11	143	211	33T	15T	5	9,891
1985	M		18T	73	72	75	70	290	2	8	145	220	27T	13T	30T	9,128
	PGA		CUT	78	73			151	7		151		134T	106T		1,000
	US		46T	74	72	72	74	292	12	13	146	218	64T	57T	44T	3,496
1986	M		CUT	78	79			157	13		157		65T	85		1,500
	PGA		CUT	73	77			150	8		150		70T	109T		1,000
	US		CUT	78	74			152	12		152		77T	85T		600
1987	PGA		43T	71	70	81	77	299	11	12	141	222	10T	3T	35T	3,050
	US		14T	76	66	70	73	285	5	8	142	212	103T	24T	11T	12,065
1988	M		CUT	80	74			154	10		154		70T	57T		1,500
	PGA		CUT	72	74			146	4		146		44T	78T		1,000
	US		CUT	77	73			150	8		150		105T	89T		1,000
1989	M		CUT	75	77			152	8		152		43T	53T		1,500
	PGA		27T	69	70	73	73	285	-3	9	139	212	13T	12T	18T	7,536

Year	Event	A	Pos	R1	R2	R3	R4	Tot	P/M	SBW	R2T	R3T	R1P	R2P	R3P	W
	US		CUT	74	74			148	8		148		87T	99T		1,000
1990	M		CUT	77	75			152	8		152		63T	66T		1,500
	O		12T	70	69	69	72	280	-8	10	139	208	17T	15T	8T	16,375
	PGA		8T	71	73	75	73	292	4	10	144	219	6T	10T	10T	34,375
	US		5T	66	69	75	73	283	-5	3	135	210	1T	1	3T	33,271
1991	M		CUT	73	78			151	7		151		53T	72T		1,500
	O		57T	72	72	72	70	286	6	14	144	216	61T	54T	66T	3,550
	PGA		CUT	74	76			150	6		150		77T	99T		1,000
	US		26T	73	72	76	72	293	5	11	145	221	45T	30T	40T	11,712
1994	US		CUT	79	73			152	10		152		133T	116T		1,000

Simpson, W. Gordon

Year	Event	A	Pos	R1	R2	R3	R4	Tot	P/M	SBW	R2T	R3T	R1P	R2P	R3P	W
1921	O	A	WD	93				93					85			

Simson, Paul

Year	Event	A	Pos	R1	R2	R3	R4	Tot	P/M	SBW	R2T	R3T	R1P	R2P	R3P	W
1998	US	A	CUT	76	72			148	8		148		91T	61T		

Sinclair, Alex

Year	Event	A	Pos	R1	R2	R3	R4	Tot	P/M	SBW	R2T	R3T	R1P	R2P	R3P	W
1958	PGA		CUT	85	76			161	21		161		155T	137T		
1959	PGA		CUT	75	75	75		225	15		150	225	77T	84T	80T	
1960	PGA		CUT	82	78	.		160	20		160		170T	154T		
1962	PGA		CUT	76	74	78		228	18		150	228	82T	73T	82T	
1965	PGA		CUT	83	78			161	19		161		153T	145T		

Sinclair, Alexander, Jr.

Year	Event	A	Pos	R1	R2	R3	R4	Tot	P/M	SBW	R2T	R3T	R1P	R2P	R3P	W
1957	O	A	CUT	79	72			151	7		151		84T	62T		
1962	O	A	CUT	77	76			153	9		153		47T	40T		

Sinclair, Edwin

Year	Event	A	Pos	R1	R2	R3	R4	Tot	P/M	SBW	R2T	R3T	R1P	R2P	R3P	W
1905	O		CUT	87	92			179			179					
1911	O		CUT	88	83			171			171		181T	144T		
1912	O		53T	84	89	82	80	335		40	173	255	51T	61T	56	
1920	O		73	91	80	87	82	340		37	171	258	82	68T	74T	
1923	O		80T	80	84	76	88	328		33	164	240				
1929	O		CUT	84	87			171	19		171		99T	104		

Sindelar, Joseph Paul "Joey"

Year	Event	A	Pos	R1	R2	R3	R4	Tot	P/M	SBW	R2T	R3T	R1P	R2P	R3P	W
1980	US	A	CUT	74	73			147	7		147		72T	64T		
1981	US	A	CUT	74	77			151	11		151		71T	99T		
1982	US		CUT	80	75			155	11		155		115T	94T		600
1984	PGA		62T	72	76	73	75	296	8	23	148	221	30T	60T	57T	1,600
1985	M		31T	73	73	75	72	293	5	11	146	221	27T	25T	34T	4,445
	PGA		28T	71	75	71	71	288	0	10	146	217	32T	49T	33T	4,300
	US		15T	72	72	69	73	286	6	7	144	213	30T	40T	13T	8,398
1986	M		CUT	79	73			152	8		152		73T	56T		1,500
	O		CUT	80	73			153	13		153		105T	88T		400
	PGA		53T	74	72	73	73	292	8	16	146	219	89T	65T	62T	1,740
	US		15T	81	66	70	71	288	8	9	147	217	121T	22T	22T	8,885
1987	M		35T	74	70	81	72	297	9	12	144	225	26T	9T	45T	4,257
	PGA		CUT	80	79			159	15		159		118T	115T		1,000
	US		51T	75	71	75	71	292	12	15	146	221	88T	63T	67T	3,462
1988	M		39T	79	70	74	77	300	12	19	149	223	62T	29T	34T	4,400
	PGA		CUT	74	73			147	5		147		78T	85T		1,000
	US		17T	76	68	70	71	285	1	7	144	214	89T	28T	12T	11,981
1989	M		CUT	75	78			153	9		153		43T	56T		1,500
	PGA		CUT	71	77			148	4		148		38T	88T		1,000
	US		33T	67	77	74	71	289	9	11	144	218	4T	44T	46T	7,577
1991	M		46T	72	70	70	78	290	2	13	142	212	31T	20T	14T	4,050
	PGA		63T	74	73	71	77	295	7	19	147	218	77T	68T	47T	2,400
1992	PGA		56T	72	75	75	71	293	9	15	147	222	32T	57T	66T	3,000
	US		6T	74	72	68	78	292	4	7	146	214	65T	36T	5T	32,316
1993	M		27T	72	69	76	72	289	1	12	141	217	35T	8T	32T	12,350
	PGA		WD	70				70	-1				36T			1,200
	US		CUT	66	79			145	5		145		1T	89T		1,000
1996	PGA		14T	73	72	69	67	281	-7	4	145	214	71T	60T	30T	39,000
1997	PGA		10T	72	71	71	69	283	3	14	143	214	46T	41T	27T	60,000
1998	PGA		40T	71	71	75	70	287	7	16	142	217	46T	29T	54T	11,250
	US		43T	71	75	75	74	295	15	15	146	221	16T	38T	44T	12,537
1999	PGA		WD	73	70	75		218	2		143	218	58T	26T	41T	
	US		CUT	73	78			151	11		151		71T	105T		1,000
2002	PGA		64T	77	71	78	76	302	14	24	148	226	105T	57T	63T	10,750
	US		CUT	76	79			155	15		155	0	96T	119T		1,000
2003	US		CUT	76	81			157	17		157	0	125T	152T		1,000
2004	PGA		CUT	71	77			148	4		148	0	29T	102T		2,000
	US		CUT	79	69			148	8		148	0	147T	95T		1,000
2006	PGA		49T	74	70	73	74	291	3	21	144	217	100T	62T	52T	15,533

Year	Event	A	Pos	R1	R2	R3	R4	Tot	P/M	SBW	R2T	R3T	R1P	R2P	R3P	W
	US		CUT	79	76			155	15		155		127T	121T		2,000
2007	US		CUT	73	78			151	11		151		34T	64T		2,000
Singer, Mark																
1993	US		CUT	77	82			159	19		159		139T	154		1,000
Singh, Jeev Milkha																
2002	US		62T	75	75	75	75	300	20	23	150	225	74T	60T	65T	12,794
2006	US		59T	73	76	77	76	302	22	17	149	226	28T	53T	59T	16,676
2007	M		37T	72	75	76	79	302	14	13	147	223	10T	15T	16T	31,900
	O		CUT	77	73			150	8		150		128T	105T		2,375
	PGA		CUT	76	74			150	10		150		103T	109T		2,000
	US		36T	75	75	73	75	298	18	13	150	223	77T	51T	35T	37,159
2008	M		25T	71	74	72	75	292	4	12	145	217	11T	21T	23T	65,844
Singh, Jeeve Milkha																
2008	PGA		9T	68	74	70	73	285	5	8	142	212	1T	7T	7T	176,725
Singh, Vijay																
1989	O		23T	71	73	69	71	284	-4	9	144	213	25T	44T	30T	6,733
1990	O		12T	70	69	72	69	280	-8	10	139	211	17T	15T	27T	16,375
1991	O		12T	71	69	69	71	280	0	8	140	209	29T	10T	6T	17,100
1992	O		51T	69	72	76	72	289	5	17	141	217	21T	37T	60T	4,075
	PGA		48T	70	73	73	76	292	8	14	143	216	12T	15T	27T	3,688
1993	O		59T	69	72	72	73	286	6	19	141	213	29T	35T	42T	4,025
	PGA		4	68	63	73	70	274	-10	2	131	204	14T	1	2T	90,000
	US		CUT	73	72			145	5		145		99T	89T		1,000
1994	M		27T	70	75	74	75	294	6	15	145	219	4T	21T	19T	14,800
	O		20T	70	68	69	70	277	-3	9	138	207	31T	13T	20T	12,500
	PGA		CUT	70	79			149	9		149		15T	103T		1,200
1995	M		CUT	77	71			148	4		148		70T	63T		1,500
	O		6T	68	72	73	71	284	-4	2	140	213	5T	10T	10T	40,500
	PGA		CUT	73	75			148	6		148		98T	127T		1,200
	US		10T	70	71	72	72	285	5	5	141	213	11T	11T	10T	44,184
1996	M		39T	69	71	74	82	296	8	20	140	214	6T	7T	9T	11,050
	O		11T	69	67	69	73	278	-6	7	136	205	18T	6T	3T	27,000
	PGA		5T	69	69	69	72	279	-9	2	138	207	11T	3T	2T	86,667
	US		7T	71	72	70	69	282	2	4	143	213	24T	27T	15T	66,295
1997	M		17T	75	74	69	70	288	0	18	149	218	33T	40T	18T	39,150
	O		38T	77	69	70	72	288	4	16	146	216	90T	49T	37T	7,550
	PGA		13T	73	66	76	69	284	4	15	139	215	64T	9T	34T	35,100
	US		77T	71	76	77	77	301	21	25	147	224	18T	74T	77T	5,275
1998	M		CUT	76	80			156	12		156		54T	71T		5,000
	O		19T	67	74	78	71	290	10	10	141	219	6T	12T	25T	17,220
	PGA		1	70	66	67	68	271	-9	-2	136	203	21T	1	1T	540,000
	US		25T	73	72	73	74	292	12	12	145	218	37T	26T	25T	25,640
1999	M		24T	72	76	71	72	291	3	11	148	219	20T	43T	39T	35,200
	O		CUT	77	84			161	19		161		55T	131T		328
	PGA		49T	74	70	77	72	293	5	16	144	221	80T	40T	61T	8,180
	US		3T	69	70	73	69	281	1	2	139	212	10T	4T	5T	196,792
2000	M		1	72	67	70	69	278	-10	-3	139	209	10T	2T	1	828,000
	O		11T	70	70	73	68	281	-7	12	140	213	26T	15T	31T	37,111
	PGA		CUT	77	71			148	4		148		113T	81T		2,000
	US		8T	70	73	80	68	291	7	19	143	223	11T	9T	24T	112,766
2001	M		18T	69	71	73	69	282	-6	10	140	213	11T	14T	23T	81,200
	O		13T	70	70	71	69	280	-4	6	140	211	21T	17T	24T	40,036
	PGA		51T	73	68	70	71	282	2	17	141	211	101T	69T	50T	11,343
	US		7T	74	70	74	64	282	2	6	144	218	63T	34T	53T	125,172
2002	M		7	70	65	72	76	283	-5	7	135	207	7T	1	3	187,600
	O		CUT	72	75			147	5		147		60T	108T		2,500
	PGA		8	71	74	74	68	287	-1	9	145	219	11T	27T	22T	159,000
	US		30T	75	75	67	75	292	12	15	150	217	74T	60T	22T	35,639
2003	M		6T	73	71	70	73	287	-1	6	144	214	11T	5T	3T	208,500
	O		2T	75	70	69	70	284	0	1	145	214	54T	11T	3T	345,000
	PGA		34T	69	73	70	79	291	11	15	142	212	6T	12T	9T	29,000
	US		20T	70	63	72	78	283	3	11	133	205	25T	1T	3T	64,170
2004	M		6T	75	73	69	69	286	-2	7	148	217	44T	32T	15	189,893
	O		20T	68	70	76	71	285	1	11	138	214	4T	5T	23T	38,100
	PGA		1PO	67	68	69	76	280	-8	-1	135	204	4T	1T	1	1,125,000
	US		28T	68	70	77	78	293	13	17	138	215	5T	8T	25T	51,774
2005	M		5T	68	73	71	72	284	-4	8	141	212	2T	4T	6T	237,300
	O		5T	69	69	71	72	281	-7	7	138	209	13T	3T	7T	122,166
	PGA		10T	70	67	69	74	280	0	4	137	206	28T	6T	4T	131,800
	US		6T	70	70	74	72	286	6	6	140	214	10T	6T	11T	187,813
2006	M		8T	67	74	73	71	285	-3	4	141	214	1	2T	4T	210,000

Year	Event	A	Pos	R1	R2	R3	R4	Tot	P/M	SBW	R2T	R3T	R1P	R2P	R3P	W
	O		CUT	70	76			146	2		146		33T	91T		2,500
	PGA		CUT	73	72			145	1		145		82T	71T		2,000
	US		6T	71	74	70	73	288	8	3	145	215	7T	14T	4T	183,255
2007	M		13T	73	71	79	73	296	8	7	144	223	15T	4T	16T	135,937
	O		27T	72	71	68	75	286	2	9	143	211	39T	20T	10T	26,179
	PGA		CUT	75	71			146	6		146		85T	73T		2,000
	US		20T	71	77	70	76	294	14	9	148	218	5T	33T	13T	86,200
2008	M		14T	72	71	72	74	289	1	9	143	215	19T	13T	16T	135,000
	O		CUT	80	71			151	11		151		136T	102T		2,650
	PGA		CUT	76	76			152	12		152		90T	105T		2,500
	US		65T	71	78	76	73	298	14	15	149	225	12T	65T	70T	16,514

Singletary, Robert K.

Year	Event	A	Pos	R1	R2	R3	R4	Tot	P/M	SBW	R2T	R3T	R1P	R2P	R3P	W
1988	US		CUT	80	78			158	16		158		138T	140T		1,000

Singleton, C. W.

Year	Event	A	Pos	R1	R2	R3	R4	Tot	P/M	SBW	R2T	R3T	R1P	R2P	R3P	W
1912	US		41T	82	76	82	85	325	29	31	158	240	65T	41T	38T	

Sipula, Mike, Sr.

Year	Event	A	Pos	R1	R2	R3	R4	Tot	P/M	SBW	R2T	R3T	R1P	R2P	R3P	W
1949	US		CUT	76	77			153	11		153		55T	71T		

Sipula, Tom L.

Year	Event	A	Pos	R1	R2	R3	R4	Tot	P/M	SBW	R2T	R3T	R1P	R2P	R3P	W
1993	US		CUT	72	73			145	5		145		76T	89T		1,000
1998	US		60	75	71	78	81	305	25	25	146	224	76T	38T	54T	7,549

Sirman, John

Year	Event	A	Pos	R1	R2	R3	R4	Tot	P/M	SBW	R2T	R3T	R1P	R2P	R3P	W
1968	O		CUT	86	76			162	18		162		126T	114T		

Sisk, Geoffrey

Year	Event	A	Pos	R1	R2	R3	R4	Tot	P/M	SBW	R2T	R3T	R1P	R2P	R3P	W
1995	US		CUT	75	79			154	14		154		108T	133T		1,000
1999	US		30T	71	72	76	75	294	14	15	143	219	35T	20T	25T	23,805
2003	US		CUT	76	70			146	6		146	0	125T	90T		1,000
2004	US		40T	72	72	71	82	297	17	21	144	215	40T	45T	25T	30,671
2007	US		CUT	77	79			156	16		156		104T	114T		2,000

Sjoland, Patrik

Year	Event	A	Pos	R1	R2	R3	R4	Tot	P/M	SBW	R2T	R3T	R1P	R2P	R3P	W
1998	O		38T	72	72	77	73	294	14	14	144	221	62T	38T	44T	8,350
	PGA		CUT	74	79			153	13		153		99T	130T		1,500
1999	M		CUT	76	75			151	7		151		65T	66T		5,000
	O		18T	74	72	77	74	297	13	7	146	223	11T	4T	14T	20,500
	PGA		CUT	78	77			155	11		155		133T	138T		1,750
	US		CUT	75	77			152	12		152		120T	119T		1,000
2000	O		CUT	76	72			148	4		148		123T	115T		1,000
2002	O		CUT	75	76			151	9		151		124T	138T		2,250
2005	O		73	74	71	76	71	292	4	18	145	221	74T	70T	76T	9,000

Skander, Steve

Year	Event	A	Pos	R1	R2	R3	R4	Tot	P/M	SBW	R2T	R3T	R1P	R2P	R3P	W
1955	US		WD	89				89	19				151T			

Skelly, William C.

Year	Event	A	Pos	R1	R2	R3	R4	Tot	P/M	SBW	R2T	R3T	R1P	R2P	R3P	W
1908	US		CUT	103	101			204			204		77T	77T		
1910	US		CUT	89	83			172			172		65T	59		
1912	US		CUT	85	84			169	21		169		97T	90T		

Skerritt, Austin

Year	Event	A	Pos	R1	R2	R3	R4	Tot	P/M	SBW	R2T	R3T	R1P	R2P	R3P	W
1968	O		CUT	86	80			166	22		166		126T	124T		

Skerritt, Patrick Joseph "Paddy"

Year	Event	A	Pos	R1	R2	R3	R4	Tot	P/M	SBW	R2T	R3T	R1P	R2P	R3P	W
1967	O		CUT	77	74			151	7		151		86T	65T		
1968	O		18T	72	73	77	77	299	11	10	145	222	5T	5T	10T	255
1969	O		CUT	79	72	75		226	13		151	226	102T	65T	60T	
1973	O		CUT	79	75			154	10		154		105T	99T		50
1978	O		CUT	74	75			149	5		149		68T	81T		175

Skilling, Jack K.

Year	Event	A	Pos	R1	R2	R3	R4	Tot	P/M	SBW	R2T	R3T	R1P	R2P	R3P	W
1984	US		CUT	74	77			151	11		151		72T	87T		600

Skinner, Henry E. "Sonny," Jr.

Year	Event	A	Pos	R1	R2	R3	R4	Tot	P/M	SBW	R2T	R3T	R1P	R2P	R3P	W
2008	PGA		CUT	78	75			153	13		153		124T	113T		2,500

Skipper, Tom

Year	Event	A	Pos	R1	R2	R3	R4	Tot	P/M	SBW	R2T	R3T	R1P	R2P	R3P	W
1910	O		CUT	84	88			172			172					
1911	O		CUT	82	90			172			172		89T	154T		
1926	US		CUT	78	83			161	17		161		46T	70T		

Skoyles, B.

Year	Event	A	Pos	R1	R2	R3	R4	Tot	P/M	SBW	R2T	R3T	R1P	R2P	R3P	W
1909	O		57	85	76	85	81	327		32	161	246	62T	41T	57	

Slater, Alan "Tony"

Year	Event	A	Pos	R1	R2	R3	R4	Tot	P/M	SBW	R2T	R3T	R1P	R2P	R3P	W
1958	O	A	CUT	82	80			162	20		162		90T	93T		

Year	*Event*	*A*	*Pos*	*R1*	*R2*	*R3*	*R4*	*Tot*	*P/M*	*SBW*	*R2T*	*R3T*	*R1P*	*R2P*	*R3P*	*W*
Slater, Michael J.																
1974	O		54T	77	74	80	77	308	24	26	151	231	46T	27T	53T	125
Slattery, Lee																
2006	O		26T	69	72	71	72	284	-4	14	141	212	20T	37T	33T	29,100
Slaughter, John																
1987	O		48T	72	71	76	75	294	10	15	143	219	45T	31T	39T	2,675
Slawter, Mark																
1999	US		CUT	72	78			150	10		150		52T	96T		1,000
2000	US		CUT	77	74			151	9		151		100T	76T		1,000
Sleichter, Theodore Richard "Dick"																
1957	PGA		128T													50
1958	PGA		CUT	78	77			155	15		155		92T	94T		
1961	PGA		CUT	77	76			153	13		153		105T	103T		
1963	PGA		CUT	79	76			155	13		155		124T	112T		
1964	PGA		CUT	78	78			156	16		156		126T	124T		
1965	PGA		63T	77	71	78	77	303	19	23	148	226	104T	40T	62T	300
Sleppy, Oliver C.																
1934	US		CUT	85	79			164	24		164		134T	124T		
1948	US		CUT	74	77			151	9		151		57T	75T		
Slingerland, George																
1931	US		WD	85				85	14				119T			
1935	PGA		32T													100
1939	US		62T	74	78	81	75	308	32	24	152	233	38T	60T	64	
1941	US		CUT	79	78			157	17		157		99T	68T		
Slipko, Mike																
1979	US		CUT	78	79			157	15		157		94T	96T		600
Slocum, Jack																
1984	PGA		CUT	83	79			162	18		162		144T	140T		1,000
Slocum, Tyler Heath "Heath"																
2002	PGA		22T	73	74	75	69	291	3	13	147	222	38T	42T	44T	57,000
	US		CUT	83	82			165	25		165	0	153T	150T		1,000
2004	PGA		CUT	74	72			146	2		146	0	83T	74T		2,000
2005	PGA		47T	68	75	73	71	287	7	11	143	216	7T	49T	60T	15,371
2006	PGA		29T	73	70	72	70	285	-3	15	143	215	82T	42T	40T	41,100
2007	PGA		23T	72	70	72	71	285	5	13	142	214	36T	19T	24T	51,000
2008	M		33T	71	76	77	69	293	5	13	147	224	11T	40T	43	42,375
	O		32T	73	76	74	72	295	15	12	149	223	27T	69T	48T	25,036
	PGA		CUT	74	77			151	11		151		61T	95T		2,500
	US		9T	75	74	74	65	288	4	5	149	223	64T	65T	58T	160,769
Sludds, Martin F.																
1989	O		76	72	74	73	78	297	9	22	146	219	42T	69T	68T	2,400
Sluman, Jeffrey George																
1980	US	A	CUT	74	81			155	15		155		72T	125		
1986	PGA		30T	70	71	76	71	288	4	12	141	217	17T	11T	49T	4,000
	US		62T	75	74	75	74	298	18	19	149	224	24T	46T	61T	2,791
1987	PGA		14T	72	69	78	74	293	5	6	141	219	16T	3T	17T	10,750
1988	M		45T	80	71	78	75	304	16	23	151	229	70T	41T	46	3,400
	PGA		1	69	70	68	65	272	-12	-3	139	207	13T	12T	3	160,000
	US		CUT	72	76			148	6		148		21T	73T		1,000
1989	M		8T	74	72	74	68	288	0	5	146	220	26T	12T	16T	32,200
	O		CUT	78	73			151	7		151		130T	123T		500
	PGA		24T	75	70	69	70	284	-4	8	145	214	95T	62T	42T	10,000
	US		CUT	75	71			146	6		146		107T	72T		1,000
1990	M		27T	78	68	75	71	292	4	14	146	221	74T	24T	35T	9,267
	O		25T	72	70	70	71	283	-5	13	142	212	51T	46T	34T	6,383
	PGA		31T	74	74	73	76	297	9	15	148	221	41T	38T	24T	6,500
	US		14T	66	70	74	75	285	-3	5	136	210	1T	2	3T	15,712
1991	M		29T	71	71	72	72	286	-2	9	142	214	22T	20T	28T	9,200
	O		101T	71	71	75	77	294	14	22	142	217	29T	28T	75T	3,000
	PGA		61T	73	73	74	74	294	6	18	146	220	58T	57T	60T	2,463
	US		CUT	75	73			148	4		148		76T	66T		1,000
1992	M		4T	65	74	70	71	280	-8	5	139	209	1T	6T	7T	66,000
	O		CUT	70	74			144	2		144		36T	76T		600
	PGA		12T	73	71	72	69	285	1	7	144	216	52T	29T	27T	30,167
	US		2	73	74	69	71	287	-1	2	147	216	46T	51T	13T	137,500
1993	M		17T	71	72	71	73	287	-1	10	143	214	22T	25T	12T	24,650
	O		CUT	74	72			146	6		146		132T	110T		600

Year	Event	A	Pos	R1	R2	R3	R4	Tot	P/M	SBW	R2T	R3T	R1P	R2P	R3P	W
	PGA		61T	74	69	72	72	287	3	15	143	215	103T	62T	62T	2,800
	US		11T	71	71	69	69	280	0	8	142	211	45T	44T	18T	26,249
1994	M		25T	74	75	71	73	293	5	14	149	220	26T	42T	22T	16,800
	PGA		25T	70	72	66	75	283	3	14	142	208	15T	28T	8T	13,000
	US		9T	72	69	72	71	284	0	5	141	213	23T	11T	16T	37,180
1995	M		41T	73	72	71	77	293	5	19	145	216	43T	42T	39T	8,567
	PGA		8T	69	67	68	70	274	-10	7	136	204	26T	9T	7T	50,000
	US		13T	72	69	74	71	286	6	6	141	215	46T	11T	15T	30,934
1996	M		CUT	74	73			147	3		147		48T	45T		1,500
	O		60T	72	70	70	75	287	3	16	142	212	63T	44T	34T	5,475
	PGA		41T	72	72	72	71	287	-1	10	144	216	52T	45T	45T	7,375
	US		50T	70	74	74	72	290	10	12	144	218	13T	42T	54T	6,619
1997	M		7T	74	67	72	73	286	-2	16	141	213	25T	4T	6T	78,570
	PGA		CUT	74	77			151	11		151		78T	111T		1,300
	US		28T	69	72	72	75	288	8	12	141	213	8T	9T	15T	17,443
1998	M		CUT	78	76			154	10		154		68T	65T		5,000
	PGA		27T	71	73	70	69	283	3	12	144	214	46T	45T	35T	20,500
	US		10T	72	74	74	68	288	8	8	146	220	24T	38T	39T	64,490
1999	M		31T	70	75	70	78	293	5	13	145	215	5T	22T	17T	23,720
	O		45T	80	74	77	72	303	19	13	154	231	100T	64T	66T	8,113
	PGA		54T	72	73	73	76	294	6	17	145	218	36T	53T	41T	7,400
	US		CUT	74	75			149	9		149		95T	82T		1,000
2000	M		18	73	69	77	71	290	2	12	142	219	22T	7T	28T	69,000
	O		60T	72	68	75	75	290	2	21	140	215	50T	15T	45T	7,425
	PGA		41T	73	69	72	73	287	-1	17	142	214	42T	15T	32T	17,000
	US		CUT	78	74			152	10		152		122T	91T		1,000
2001	PGA		CUT	72	76			148	8		148	0	87T	118T		2,000
2002	M		24T	73	72	71	74	290	2	14	145	216	25T	23T	17T	46,480
	PGA		23T	70	75	74	73	292	4	14	145	219	6T	27T	22T	44,250
	US		24T	73	73	72	73	291	11	14	146	218	41T	20T	25T	47,439
2003	M		44	75	72	76	75	298	10	17	147	223	35T	24T	40T	23,400
	O		CUT	78	75			153	11		153		101T	97T		2,500
	PGA		CUT	75	79			154	14		154	0	77T	115T		2,000
	US		CUT	74	71			145	5		145	0	92T	81T		1,000
2004	M		43	73	70	82	77	302	14	23	143	225	22T	11T	43	26,650
	PGA		62T	72	72	79	70	293	5	13	144	223	40T	44T	70T	12,650
2005	PGA		CUT	77	76			153	13		153		132T	140T		2,000
2006	O		41T	71	72	68	76	287	-1	17	143	211	50T	57T	25T	14,857
	PGA		CUT	74	73			147	3		147		100T	100T		2,000
	US		6T	74	73	72	69	288	8	3	147	219	39T	29T	20T	183,255
2007	M		49T	76	75	79	75	305	17	16	151	230	43T	40T	48T	18,560
	PGA		CUT	74	73			147	7		147		70T	85T		2,000
	US		CUT	74	78			152	12		152		57T	83T		2,000

Smack, Tom

Year	Event	A	Pos	R1	R2	R3	R4	Tot	P/M	SBW	R2T	R3T	R1P	R2P	R3P	W
1975	PGA		CUT	80	77			157	17		157		117T	114T		

Smail, David

Year	Event	A	Pos	R1	R2	R3	R4	Tot	P/M	SBW	R2T	R3T	R1P	R2P	R3P	W
2001	O		68	71	72	76	79	298	14	24	143	219	34T	48T	66T	8,150
2003	O		CUT	77	83			160	18		160		82T	141T		2,250
	US		CUT	74	72			146	6		146	0	92T	90T		1,000
2005	O		67T	73	72	69	77	291	3	17	145	214	56T	70T	39T	9,350
2006	O		CUT	76	70			146	2		146		137T	91T		2,500
2008	O		CUT	76	76			152	12		152		74T	114T		2,650

Small, Derek

Year	Event	A	Pos	R1	R2	R3	R4	Tot	P/M	SBW	R2T	R3T	R1P	R2P	R3P	W
1970	O		54	69	74	80	79	302	14	19	143	223	16T	24T	53T	125
1971	O		CUT	78	75			153	7		153		107T	91T		
1974	O		42T	73	75	77	79	304	20	22	148	225	13T	15T	22T	168

Small, Michael G.

Year	Event	A	Pos	R1	R2	R3	R4	Tot	P/M	SBW	R2T	R3T	R1P	R2P	R3P	W
1994	US		CUT	77	76			153	11		153		104T	123T		1,000
1998	US		CUT	76	77			153	13		153		91T	112T		1,000
2004	PGA		CUT	75	76			151	7		151	0	104T	120T		2,000
2005	PGA		76	74	68	80	73	295	15	19	142	222	97T	36T	78T	11,900
2006	PGA		CUT	72	73			145	1		145		61T	71T		2,000
2007	PGA		69T	73	70	78	75	296	16	24	143	221	53T	30T	69T	13,050
	US		CUT	86	77			163	23		163		156	144T		2,000

Small, Terry

Year	Event	A	Pos	R1	R2	R3	R4	Tot	P/M	SBW	R2T	R3T	R1P	R2P	R3P	W
1969	US	A	CUT	76	79			155	15		155		79T	106T		
1972	US		CUT	84	78			162	18		162		137T	121T		500
1975	US		CUT	78	79			157	15		157		106T	128T		500

Smalldon, Dennis F.

Year	Event	A	Pos	R1	R2	R3	R4	Tot	P/M	SBW	R2T	R3T	R1P	R2P	R3P	W
1950	O		CUT	78	73			151	11		151		74T	51T		

Year	Event	A	Pos	R1	R2	R3	R4	Tot	P/M	SBW	R2T	R3T	R1P	R2P	R3P	W
1952	O		CUT	82	80			162	12		162		92T	88T		
1955	O		17T	70	69	78	73	290	2	9	139	217	4T	1T	15T	
1956	O		28T	68	79	78	78	303	19	17	147	225	1	7T	17T	
1957	O		CUT	78	74			152	8		152		76T	69T		
Smart, Donald																
1958	O		CUT	85	83			168	26		168		93T	94		
1964	O		CUT	85	72			157	13		157		106T	68T		
1967	O		CUT	78	79			157	13		157		101T	110T		
1968	O		CUT	78	82			160	16		160		62T	101T		
Smart, Douglas W. "Dougie"																
1973	O		CUT	81	72			153	9		153		129T	85T		50
Smith, ____																
1870	O	A	WD													
Smith, ____ (Cambridge)																
1879	O		24T	94	95			189		20						
Smith, Alexander																
1860	O		7					196		22						
Smith, Alexander C.																
1898	US		2	78	86	86	85	335		7	164	250	1	2	2T	100
1899	US		7	82	81	82	85	330		15	163	245	6T	4T	6T	50
1900	US		13	90	84	82	84	340		27	174	256	37T	19T	12T	
1901	US		2PO	82	82	87	80	331		-2	164	251	2T	1	3	150
1902	US		18T	79	86	80	86	331		24	165	245	3T	16T	14T	
1903	US		4	77	77	81	81	316		9	154	235	5T	2T	3	100
1904	US		18	78	81	82	85	326		23	159	241	5T	10T	13T	
1905	O		16T	81	88	86	78	333		15	169	255			30T	
	US		2	76	80	80	80	316		2	156	238	2	1T	2T	150
1906	US		1	73	74	73	75	295		-7	147	220	1T	1	1	300
1907	O		25T	85	84	84	80	333		21	169	253	26T	26T	31T	
1908	US		3	80	83	83	81	327		5	163	246	2	3	3	100
1909	US		3	76	73	74	72	295		5	149	223	15T	6T	4T	100
1910	US		1PO	73	73	79	73	298		-1	146	225	2T	1	3T	300
1911	US		23T	76	78	82	85	321	17	14	154	236	3T	9T	16	
1912	US		3T	77	70	77	75	299	3	5	147	224	23T	1T	3	90
1913	US		16T	82	75	82	79	318	34	14	157	239	44T	25T	25T	
1915	US		22T	78	76	78	79	311	23	14	154	232	25T	17T	20T	
1916	PGA		16T													60
1919	US		WD													
1921	US		5T	75	75	79	74	303	23	14	150	229	8T	5T	11T	125
Smith, Alfred L.																
1946	US		CUT	82	79			161	17		161		145T	139T		
1947	PGA		64T													100
	US		19T	70	73	76	73	292	8	10	143	219	9T	11T	20T	100
1948	M		16T	73	73	74	74	294	6	15	146	220	17T	18T	15T	138
	PGA		16T													350
	US		21T	73	72	77	69	291	7	15	145	222	35T	23T	37T	100
1949	M		42T	78	77	74	76	305	17	23	155	229	46T	47T	41T	
	PGA		64T													100
1950	PGA		64T													100
1951	US		CUT	79	77			156	16		156		90T	89T		
1952	PGA		16T													350
	US		CUT	74	81			155	15		155		29T	73T		
1953	PGA		16T													350
	US		CUT	80	80			160	16		160		112T	120T		
1956	PGA		64T													
	US		CUT	78	76			154	14		154		101T	86T		
1957	PGA		32T													
1958	PGA		CUT	82	78			160	20		160		142T	132T		
1959	US		46T	75	75	75	78	303	23	21	150	225	39T	49T	46T	240
1965	US		CUT	77	75			152	12		152		64T	58T		300
Smith, Andrew W.																
1879	O	A	11					180		11						
1896	US	A	3T	78	80			158		6			1T			
1897	O	A	49T	95	86	92	92	365		51	181	273				
Smith, Andrew W. (Canada)																
1895	US	A	3T	47	43	44	42	176		3	90	134	8	4	5	

Year	*Event*	*A*	*Pos*	*R1*	*R2*	*R3*	*R4*	*Tot*	*P/M*	*SBW*	*R2T*	*R3T*	*R1P*	*R2P*	*R3P*	*W*
Smith, Andrew W. (Scotland)																
1876	O	A	WD													
Smith, Arthur (earlier)																
1899	US		13T	83	89	82	85	339		24	172	254	10T	15T	13	
1900	US		16T	89	85	85	85	344		31	174	259	30T	19T	19	
1903	US		26T	80	87	83	83	333		26	167	250	13T	30T	32T	
1905	US		10	81	77	80	86	324		10	158	238	10T	3T	2T	25
1908	US		29T	97	85	85	85	352		30	182	267	68T	44T	32T	
1914	US		9T	79	73	76	72	300	12	10	152	228	49T	22T	20T	45
Smith, Arthur (later)																
1932	US		CUT	85	76			161	21		161		114T	74T		
1934	US		CUT	88	80			168	28		168		144T	134T		
1947	PGA		64T													100
Smith, B.																
1904	O	A	CUT	101	94			195			195					
Smith, Ben																
1933	US		CUT	80	79			159	15		159		87T	94T		
Smith, Bob L.																
1985	PGA		CUT	82	73			155	11		155		146	130T		1,000
Smith, Bruce A.																
2004	PGA		CUT	77	77			154	10		154	0	129T	133T		2,000
Smith, Bruce D.																
1904	US	A	CUT	90	99			189			189		56T	64T		
Smith, C. N.																
1911	O		WD													
Smith, Charles B.																
1961	US	A	CUT	80	78			158	18		158		131T	128T		
1962	M	A	CUT	76	74			150	6		150		60T	53T		
	US	A	CUT	75	78			153	11		153		47T	75T		
1963	M	A	CUT	80	76			156	12		156		63T	64T		
1964	M	A	CUT	74	78			152	8		152		33T	64T		
1965	M	A	CUT	73	80			153	9		153		45T	68T		
Smith, Charles D.																
1978	US		CUT	79	77			156	14		156		105T	107T		600
Smith, Charles G.																
1962	US		CUT	83	84			167	25		167		145T	147		
1964	PGA		CUT	75	74	81		230	20		149	230	83T	82T	91	
1977	US		CUT	76	75			151	11		151		94T	84T		500
Smith, Charles Ralph "Ralph"																
1889	O	A	UNK													
1894	O		43	98	89	89	93	369		43	187	276	64T	47T	36T	
1895	O		34T	88	87	90	94	359		37	175	265	26T		29T	
1897	O		30T	88	82	94	80	344		30	170	264				
1898	O		27T	84	78	85	82	329		22	162	247	35T	14T	24T	
1899	O		34T	84	91	85	90	350		40	175		25T	37T		
1900	O		30T	83	87	88	91	349		40	170	258	15T	18T	27T	
1901	O		CUT	88	91			179			179			54T		
1902	O		27	85	79	85	82	331		24	164	249			31T	
1903	O		CUT	89	83			172			172					
1904	O		CUT	88	81			169			169					
1905	O		CUT	87	86			173			173					
1908	O		50	81	80	85	82	328		37	161	246	40T	43T	49T	
1909	O		35T	85	79	77	78	319		24	164	241	62T	56T	41T	
1912	O		43T	80	81	81	87	329		34	161	242	29T	32T	30T	
1913	O		47T	82	82	93	84	341		37	164	257	48T	44T	49	
1914	O		21T	81	79	80	82	322		16	160	240	38T	25T	18T	
1920	O		28	84	80	79	80	323		20	164	243	56T	39T	31T	
1926	US		CUT	88	75			163	19		163		138T	86T		
Smith, Christopher																
2003	O		CUT	77	78			155	13		155		82T	113T		2,500
Smith, Christopher McClain																
1997	US		60T	77	69	74	75	295	15	19	146	220	125T	57T	61T	6,270
1999	US		62T	69	77	77	80	303	23	24	146	223	10T	46T	54T	8,178
2001	PGA		29T	69	71	68	71	279	-1	14	140	208	40T	57T	28T	29,437
	US		CUT	74	78			152	12		152	0	63T	122T		1,000

Year	Event	A	Pos	R1	R2	R3	R4	Tot	P/M	SBW	R2T	R3T	R1P	R2P	R3P	W
2002	O		75T	74	69	71	78	292	8	14	143	214	106T	50T	23T	8,500
	PGA		53T	75	73	72	78	298	10	20	148	220	75T	57T	27T	11,743
2003	O		71	74	73	76	79	302	18	19	147	223	35T	28T	58T	8,600
	US		CUT	77	77			154	14		154	0	142T	148T		1,000
2004	US		CUT	77	71			148	8		148	0	135T	95T		1,000
Smith, David G.																
1966	PGA		WD	80				80	10				131T			
1975	PGA		CUT	84	76			160	20		160		130T	125T		
1976	PGA		CUT	80	85			165	25		165		117T	132T		250
1977	PGA		CUT	77	77			154	10		154		79T	88T		250
Smith, David W., Jr.																
1958	US	A	CUT	81	81			162	22		162		98T	102T		
Smith, Doyle																
1936	US		CUT	75	81			156	12		156		60T	113T		
1937	US		CUT	80	74			154	10		154		113T	78T		
Smith, E.																
1952	O		CUT	83	76			159	9		159		94T	77T		
Smith, E. A.																
1935	O		CUT	78	79			157	13		157		70T	81T		
Smith, Eddie																
1933	O		CUT	81	82			163	17		163		105T	111T		
Smith, Edward																
1902	O		CUT	83	89			172			172					
1910	O		58	81	80	83	87	331		32	161	244			54T	
1911	O		CUT	85	87			172			172		143T	154T		
Smith, Eric Martin																
1934	O	A	CUT	81	77			158	14		158		94T	89T		
1938	O	A	CUT	79	74			153	13		153		92T	71T		
Smith, Ernest A.																
1933	O		CUT	81	76			157	11		157		105T	95T		
1936	O		CUT	81	83			164	16		164		84T	93		
Smith, Everard Reginald Martin																
1899	O	A	WD													
Smith, Garden Grant																
1891	O	A	61	97	98			195		29						
1892	O	A	21T	84	82	79	81	326		21	166	245			20T	
1893	O	A	45T	88	94	91	86	359		37	182	273	41T	52	50T	
1894	O	A	WD	98	94			192			192		64T	60T		
1897	O	A	WD	87	92	92		271			179	271				
Smith, Gary																
1975	O		CUT	74	73	75		222	6		147	222	55T	55T	64T	150
1984	O		CUT	76	73			149	5		149		120T	97T		330
1985	O		CUT	74	80			154	14		154		77T	117T		375
Smith, George																
1906	US		18T	79	76	82	85	322		27	155	237	15T	6T	14T	
1907	US	A	34	78	82	83	85	328		26	160	243	9T	22T	26	
1910	US		21	76	78	79	80	313		15	154	233	12T	16T	18	
Smith, George B.																
1925	PGA		32T													
1929	US		16T	77	77	77	77	308	20	14	154	231	33T	18T	19T	60
1930	US		CUT	79	78			157	11		157		72T	70T		
1931	US		46T	75	78	76	86	315	31	23	153	229	20T	33T	26T	
1932	PGA		32T													85
	US		21T	81	76	72	74	303	23	17	157	229	60T	39T	20T	
1933	US		CUT	78	79			157	13		157		51T	68T		
1935	US		CUT	80	83			163	19		163		65T	76T		
1940	PGA		64T													100
Smith, George E.																
1921	O		66T	80	80	83	80	323		27	160	243	53T	49T	61T	
1923	O		WD													
1928	O		CUT	81	79			160	16		160		49T	54T		
1929	O		WD	86				86	10				107			
1931	O		CUT	80	81			161	17		161		64T	72T		

Year	Event	A	Pos	R1	R2	R3	R4	Tot	P/M	SBW	R2T	R3T	R1P	R2P	R3P	W
Smith, George G., Jr.																
1966	US		CUT	76	80			156	16		156		70T	102T		300
1972	PGA		CUT	73	79			152	12		152		36T	84T		
Smith, George M.																
1926	US		39T	75	79	78	83	315	27	22	154	232	20T	21T	25T	
1927	US		CUT	86	82			168	24		168		97T	91T		
1928	US		CUT	80	83			163	21		163		75T	92T		
1930	US		11T	72	81	74	74	301	9	14	153	227	5T	33T	22T	86
1931	US		WD	77				77	6				43T			
1933	US		46T	81	75	74	79	309	21	22	156	230	101T	60T	39T	
1935	US		CUT	80	84			164	20		164		65T	91T		
Smith, Gordon																
1936	US	A	CUT	74	81			155	11		155		37T	106T		
Smith, H.																
1946	O		CUT	80	79			159	15		159		52T	53T		
Smith, Harry																
1947	O		WD	86				86	18				95T			
Smith, Horton																
1927	US		44T	83	75	81	83	322	34	21	158	239	68T	26T	35T	
1928	PGA		3T													
	US		28T	72	79	76	80	307	23	13	151	227	4T	15T	18T	
1929	O		25T	76	76	84	77	313	9	21	152	236	24T	23T	37T	
	PGA		32T													
	US		10	76	77	74	75	302	14	8	153	227	21T	15T	11	150
1930	O		4T	72	73	78	73	296	8	5	145	223	6T	3	9T	38
	PGA		8T													
	US		3	72	70	76	74	292	0	5	142	218	5T	1	3T	750
1931	O		12T	77	79	75	72	303	15	7	156	231	29T	36T	26T	10
	PGA		8T													
	US		27T	77	78	75	76	306	22	14	155	230	43T	44T	31T	
1932	PGA		32T													85
	US		55T	80	80	74	79	313	33	27	160	234	46T	61T	47T	
1933	O		14T	73	73	75	76	297	5	5	146	221	14T	13T	15T	10
	PGA		32T													85
	US		24T	75	76	76	75	302	14	15	151	227	16T	20T	22T	25
1934	M		1	70	72	70	72	284	-4	-1	142	212	1T	1	1	1,500
	PGA		32T													85
	US		17T	74	73	79	77	303	23	10	147	226	5T	4T	10T	50
1935	M		19T	74	75	74	73	296	8	14	149	223	25T	36T	28T	
	PGA		8T													150
	US		6T	73	79	79	75	306	18	7	152	231	3T	8T	13T	219
1936	M		1	74	71	68	72	285	-3	-1	145	213	3T	4T	2	1,500
	PGA		8T													
	US		22T	75	75	72	73	295	7	13	150	222	60T	48T	32T	
1937	M		19T	75	72	77	75	299	11	16	147	224	23T	13	26	
	O		10	77	71	79	72	299	11	9	148	227	39T	8T	20	10
	PGA		16T													
	US		36T	74	74	75	75	298	10	17	148	223	29T	25T	33T	
1938	M		22T	75	75	78	71	299	11	14	150	228	24T	25T	28T	
	PGA		8T													
	US		19T	80	73	73	74	300	16	16	153	226	82T	40T	22T	50
1939	M		26T	75	79	74	72	300	12	21	154	228	19T	36	32T	
	PGA		8T													
	US		15	72	68	75	76	291	15	7	140	215	17T	2	11	100
1940	M		47T	76	76	80	77	309	21	29	152	232	39T	40T	52	
	PGA		64T													100
	US		3	69	72	78	69	288	0	1	141	219	2T	1T	13T	700
1941	M		19T	74	72	77	74	297	9	17	146	223	18T	11T	22	
	PGA		16T													
	US		13T	73	75	73	75	296	16	12	148	221	16T	16T	11T	100
1942	M		5	67	73	74	73	287	-1	7	140	214	1T	3T	5	400
1946	M		21T	78	77	75	69	299	11	17	155	230	38T	39T	40T	50
	US		CUT	77	76			153	9		153		77T	71T		
1947	M		22T	72	70	76	75	293	5	12	142	218	16T	6T	20T	50
	US		WD	70	77			147	5		147	0	9T	27T		
1948	M		34	78	73	76	75	302	14	23	151	227	50T	39T	38T	
	PGA		64T													100
	US		CUT	75	74			149	7		149		74T	58T		
1949	M		23T	75	72	78	73	298	10	16	147	225	23T	10T	29T	188
	PGA		32T													200

Year	Event	A	Pos	R1	R2	R3	R4	Tot	P/M	SBW	R2T	R3T	R1P	R2P	R3P	W
	US		23T	72	75	74	76	297	13	11	147	221	13T	16T	25T	100
1950	M		12T	70	79	75	72	296	8	13	149	224	2T	16T	19T	285
	US		CUT	75	76			151	11		151		52T	59T		
1951	M		32T	79	77	70	75	301	13	21	156	226	52T	53	37T	100
	US		CUT	79	76			155	15		155		90T	74T		
1952	M		30T	74	73	77	80	304	16	18	147	224	29T	24T	20T	200
	PGA		64T													100
	US		15T	70	73	76	76	295	15	14	143	219	3T	5T	8T	113
1953	M		45T	78	76	72	76	302	14	28	154	226	54T	58T	44T	200
	US		CUT	76	82			158	14		158		39T	105T		
1954	M		38T	80	78	71	74	303	15	14	158	229	62T	62T	42T	250
	PGA		16T													350
1955	M		59T	81	81	79	74	315	27	36	162	241	64T	68T	66T	250
1956	M		76	86	84	84	82	336	48	47	170	254	82	81	79	300
1957	M		CUT	77	82			159	15		159		46T	87T		300
1958	M		CUT	80	86			166	22		166		76T	84		350
1959	M		CUT	83	83			166	22		166		80T	84		350
1960	M		CUT	76	77			153	9		153		50T	57T		350
1961	M		CUT	86	83			169	25		169		86	85		400
1962	M		CUT	92	88			180	36		180		106	103		400
1963	M		CUT	91	86			177	33		177		82	80		600

Smith, I.

Year	Event	A	Pos	R1	R2	R3	R4	Tot	P/M	SBW	R2T	R3T	R1P	R2P	R3P	W
1864	O	A	WD													

Smith, Ian D.

Year	Event	A	Pos	R1	R2	R3	R4	Tot	P/M	SBW	R2T	R3T	R1P	R2P	R3P	W
1957	O		CUT	71	78			149	5		149		11T	47T		
1960	O		16T	74	70	73	71	288	-4	10	144	217	31T	13T	20T	60
1961	O		CUT	77	83			160	16		160		81T	85T		
1963	O		CUT	79	85			164	24		164		94T	119		
1965	O		CUT	74	82			156	10		156		23T	100T		
1973	O		CUT	83	80			163	19		163		141T	145T		50

Smith, Ivan

Year	Event	A	Pos	R1	R2	R3	R4	Tot	P/M	SBW	R2T	R3T	R1P	R2P	R3P	W
1987	US		CUT	74	78			152	12		152		71T	118T		600
1990	US		CUT	71	77			148	4		148		24T	89T		1,000

Smith, Jack

Year	Event	A	Pos	R1	R2	R3	R4	Tot	P/M	SBW	R2T	R3T	R1P	R2P	R3P	W
1947	PGA		32T													200

Smith, James

Year	Event	A	Pos	R1	R2	R3	R4	Tot	P/M	SBW	R2T	R3T	R1P	R2P	R3P	W
1986	US		CUT	86	78			164	24		164		151T	149T		600

Smith, Jerry Dean

Year	Event	A	Pos	R1	R2	R3	R4	Tot	P/M	SBW	R2T	R3T	R1P	R2P	R3P	W
1988	US		CUT	76	78			154	12		154		89T	117T		1,000
1993	US		CUT	72	76			148	8		148		76T	118T		1,000
2005	US		CUT	78	71			149	9		149		131T	84T		2,000

Smith, John A. "Jack"

Year	Event	A	Pos	R1	R2	R3	R4	Tot	P/M	SBW	R2T	R3T	R1P	R2P	R3P	W
1925	O		17T	75	78	82	80	315	27	15	153	235	4T	7T	13T	
1926	O		35	78	80	76	79	313	29	22	158	234	30T	49T	35T	
1927	O		23T	81	73	73	76	303	11	18	154	227	93T	45T	24T	
1928	O		13	79	77	76	74	306	18	14	156	232	23T	31T	17T	

Smith, John Nelson

Year	Event	A	Pos	R1	R2	R3	R4	Tot	P/M	SBW	R2T	R3T	R1P	R2P	R3P	W
1931	O	A	CUT	83	86			169	25		169		92T	100T		

Smith, Joseph

Year	Event	A	Pos	R1	R2	R3	R4	Tot	P/M	SBW	R2T	R3T	R1P	R2P	R3P	W
1866	O		UNK													

Smith, Leslie

Year	Event	A	Pos	R1	R2	R3	R4	Tot	P/M	SBW	R2T	R3T	R1P	R2P	R3P	W
1888	O	A	31T	95	97			192		21						

Smith, Macdonald

Year	Event	A	Pos	R1	R2	R3	R4	Tot	P/M	SBW	R2T	R3T	R1P	R2P	R3P	W
1910	US		3PO	74	78	75	71	298		-1	152	227	5T	9T	7T	100
1913	US		4T	71	79	80	77	307	23	3	150	230	1T	5T	6T	78
1914	US		WD	74	79			153	9		153		10T	28T		
1915	US		37T	80	79	80	79	318	30	21	159	239	38T	37T	40T	
1923	O		3	80	73	69	75	297		2	153	222				25
	US		20T	77	76	81	78	312	24	16	153	234	20T	12T	23T	
1924	O		3T	76	74	77	77	304		3	150	227	8T	3T	3T	20
	US		4T	78	72	77	76	303	15	6	150	227	23T	6T	7	150
1925	O		4	76	69	76	82	303	15	3	145	221	7T	1	1	15
	US		11T	73	79	72	75	299	15	8	152	224	8T	23T	15	63
1926	US		9T	82	76	68	75	301	13	8	158	226	93T	45T	10T	68
1927	US		18T	78	76	81	76	311	23	10	154	235	15T	14T	22T	50
1928	US		6T	75	77	75	72	299	15	5	152	227	22T	23T	18T	74
1929	O		15T	73	78	78	80	309	5	17	151	229	8T	18T	13T	

Year	Event	A	Pos	R1	R2	R3	R4	Tot	P/M	SBW	R2T	R3T	R1P	R2P	R3P	W
	US		23T	77	78	80	76	311	23	17	155	235	33T	24T	35T	
1930	O		2T	70	77	75	71	293	5	2	147	222	1T	4T	8	88
	US		2	70	75	74	70	289	-3	2	145	219	1T	5	5T	1,000
1931	O		5T	75	77	71	76	299	11	3	152	223	11T	15T	2T	23
	US		10T	73	73	75	78	299	15	7	146	221	6T	4T	4T	105
1932	O		2	71	76	71	70	288	0	5	147	218	2T	11T	5T	75
	US		14T	80	76	74	72	302	22	16	156	230	46T	34T	25T	63
1933	US		19T	77	72	77	74	300	12	13	149	226	42T	9T	18T	50
1934	M		7T	74	70	74	74	292	4	8	144	218	13T	3T	8T	175
	O		4T	77	71	72	72	292	4	9	148	220	52T	20T	12	25
	US		6T	75	73	78	70	296	16	3	148	226	13T	4T	10T	300
1935	O		18T	69	77	75	78	299	11	16	146	221	2T	12T	14T	10
	US		14T	74	82	76	77	309	21	10	156	232	7T	29T	16T	55
1936	US		4	73	73	72	70	288	0	6	146	218	25T	19T	15T	550
1937	US		40T	79	73	73	75	300	12	19	152	225	98T	55T	42T	
Smith, Mark																
2003	O		CUT	80	77			157	15		157		125T	132T		2,250
Smith, Mel																
1927	PGA		32T													
Smith, Michael Earl																
1985	PGA		76	71	76	83	75	305	17	27	147	230	32T	61T	76	1,500
	US		CUT	74	75			149	9		149		64T	90T		600
1986	US		CUT	81	75			156	16		156		121T	122T		600
1987	US		58T	73	71	74	75	293	13	16	144	218	54T	48T	53T	3,178
1988	O		57T	75	71	76	74	296	12	23	146	222	63T	34T	57T	2,625
1989	O		CUT	76	71			147	3		147		117T	81T		500
1990	US		67	72	72	82	80	306	18	26	144	226	40T	37T	67T	4,507
1992	US		62	74	71	74	82	301	13	16	145	219	65T	29T	36T	5,773
1993	US		62T	68	72	74	73	287	7	15	140	214	6T	13T	46T	5,941
1994	US		62T	74	73	78	77	302	18	23	147	225	49T	58T	60T	3,800
Smith, Nathan T.																
2004	M	A	CUT	78	72			150	6		150		75T	58T		
	US	A	CUT	73	76			149	9		149	0	60T	107T		
Smith, Niel																
1903	O		CUT	82	90			172			172					
Smith, Norman																
1930	PGA		32T													
Smith, Peter																
1991	O		CUT	78	74			152	12		152		145T	134T		600
1993	O		CUT	75	74			149	9		149		144T	132T		600
1994	O		CUT	73	76			149	9		149		93T	131T		600
Smith, Richard N., Sr.																
1970	US		44T	76	77	76	73	302	14	21	153	229	22T	52T	56T	975
1971	PGA		CUT	78	77			155	11		155		111T	116T		
1974	PGA		CUT	77	76			153	13		153		96T	99T		
1975	PGA		CUT	77	72			149	9		149		90T	72T		
1978	PGA		CUT	82	79			161	19		161		134T	134T		303
1982	PGA		CUT	77	80			157	17		157		121T	137T		650
Smith, Rick																
1983	US		CUT	83	82			165	23		165		140T	143T		600
Smith, Robert																
1974	PGA		CUT	79	76			155	15		155		120T	108T		
Smith, Robert Edwin "Bob E."																
1967	US	A	CUT	75	76			151	11		151		65T	93T		
1969	PGA		CUT	76	74			150	8		150		91T	81T		
	US		31T	76	67	72	75	290	10	9	143	215	79T	14T	16T	1,140
1970	PGA		35T	77	73	72	71	293	13	14	150	222	95T	63T	45T	1,017
1971	PGA		20T	73	70	75	72	290	2	9	143	218	33T	11T	24T	2,300
	US		24T	71	74	71	72	288	8	8	145	216	18T	34T	24T	1,500
1972	PGA		24T	72	69	76	74	291	11	10	141	217	22T	4T	25T	1,800
1974	PGA		39T	72	75	72	72	291	11	15	147	219	29T	47T	41T	817
	US		35T	77	74	73	78	302	22	15	151	224	52T	46T	19T	1,060
1975	PGA		WD	79				79	9				110T			
	US		45T	78	71	72	77	298	14	11	149	221	106T	58T	36T	955
1976	US		28T	72	75	74	73	294	14	17	147	221	13T	26T	31T	1,412
1977	PGA		47	76	70	77	75	298	10	16	146	223	64T	28T	49T	650
	US		57	70	77	77	76	300	20	22	147	224	8T	54T	57T	1,040

Year	Event	A	Pos	R1	R2	R3	R4	Tot	P/M	SBW	R2T	R3T	R1P	R2P	R3P	W
1978	US		62	74	73	82	81	310	26	25	147	229	25T	25T	62	1,200
1979	US		25T	77	71	69	80	297	13	13	148	217	69T	24T	10T	2,000
1982	US		CUT	91	76			167	23		167		152	148T		600
1984	US		CUT	76	74			150	10		150		105T	79T		600
1989	O		CUT	70	77			147	3		147		17T	81T		500
Smith, Roger M.																
1962	O		CUT	79	85			164	20		164		77T	111T		
1964	O		CUT	82	84			166	22		166		86T	111T		
Smith, Ron, Jr.																
1972	US		CUT	85	83			168	24		168		140T	142T		500
1975	US		CUT	82	77			159	17		159		137T	135T		500
Smith, Steven W.																
1978	PGA		CUT	79	84			163	21		163		118T	137T		303
Smith, Stuart																
1985	US		CUT	78	78			156	16		156		126T	138T		600
Smith, Talbert C.																
1965	US		CUT	79	81			160	20		160		93T	111T		300
1968	PGA		CUT	78	76			154	14		154		119T	109T		
Smith, Taylor																
1997	PGA		53T	71	71	74	74	290	10	21	142	216	33T	29T	38T	5,280
Smith, Thomas M. "Herky"																
1962	US	A	CUT	81	80			161	19		161		138T	138T		
1968	US	A	CUT	76	74			150	10		150		76T	72T		
Smith, Todd M.																
1992	PGA		79T	75	73	79	76	303	19	25	148	227	93T	69T	84T	2,250
1993	PGA		CUT	70	74			144	2		144		36T	75T		1,200
1994	PGA		66T	74	69	71	77	291	11	22	143	214	80T	38T	42T	2,600
1998	PGA		CUT	77	77			154	14		154		128T	134T		1,500
2000	PGA		CUT	78	73			151	7		151		123T	111T		2,000
Smith, W. E.																
1919	US	A	CUT	88	89			177	35		177		89T	97T		
Smith, Walter B.																
1897	US	A	29	98	91			189		27			31T			
Smith, Warren F. "Tex," Jr.																
1956	PGA		128T													50
1957	PGA		16T													
1963	US		WD	84				84	13				141T			
1966	US		CUT	78	78			156	16		156		105T	102T		300
Smith, Wayne																
1986	US		CUT	77	77			154	14		154		66T	101T		600
1988	O		WD	81				81	10				143T			450
Smith, Wes																
1994	PGA		CUT	72	78			150	10		150		39T	111T		1,200
Smith, William Brufton																
1920	O		21T	81	81	77	81	320		17	162	239	33T	27T	14T	
1922	O		23T	81	78	74	81	314		14	159	233	45T	28T	13T	
1924	O		55T	80	82	82	83	327		26	162	244	38T	50T	47T	
1926	O		CUT	83	76			159	17		159		87T	54T		
1927	O		CUT	78	79			157	11		157		62T	70T		
1928	O		CUT	83	81			164	20		164		80T	84T		
1932	O		39T	75	74	80	77	306	18	23	149	229	28T	17T	38T	
1933	O		48T	77	73	74	85	309	17	17	150	224	72T	42T	25T	
Smith, William Dickson "Dick"																
1957	O	A	5T	71	72	72	71	286	-2	7	143	215	11T	8T	8T	
1959	O	A	CUT	74	78			152	8		152		33T	67T		
1960	O	A	40T	74	71	78	74	297	5	19	145	223	31T	21T	40T	
1966	O	A	CUT	79	76			155	13		155		104T	88T		
Smith, William "Willie"																
1895	O		WD	86	94			180			180		15T			
1898	US		5	82	91	85	82	340		12	173	258	4T	10T	7T	10
1899	US		1	77	82	79	77	315		-11	159	238	1T	2	1	150
1900	US		4T	82	83	79	83	327		14	165	244	5	7	3T	90
1901	US		3	84	86	82	81	333		2	170	252	5T	7	4T	125
1902	US		4	82	79	80	75	316		9	161	241	12T	4T	6T	125

Year	Event	A	Pos	R1	R2	R3	R4	Tot	P/M	SBW	R2T	R3T	R1P	R2P	R3P	W
1903	US		9T	80	81	83	79	323		16	161	244	13T	14T	16T	33
1905	US		13T	86	81	76	83	326		12	167	243	46T	29T	12T	
1906	US		2	73	81	74	74	302		7	154	228	1T	4T	3	150
1908	US		2PO	77	82	85	78	322		-5	159	244	1	1	1	150
1910	O		5T	77	71	80	80	308		9	148	228			5T	7
Smitha, Steve																
1994	PGA		CUT	83	74			157	17		157		150	145T		1,200
Smithers, Walter D. "Wally"																
1936	O		15T	75	73	77	74	299	3	12	148	225	23T	13T	20T	10
1937	O		CUT	84	75			159	15		159		122T	76T		
1938	O		CUT	73	78			151	11		151		21T	54T		
1939	O		CUT	76	76			152	6		152		49T	46T		
1946	O		CUT	84	78			162	18		162		84T	69T		
1949	O		8T	72	75	70	71	288	0	5	147	217	24T	25T	12T	20
1950	O		12T	74	70	73	70	287	7	8	144	217	30T	11T	14T	
1951	O		28T	75	73	76	78	302	14	17	148	224	26T	14T	17T	
1952	O		17T	73	74	76	77	300	0	13	147	223	20T	19T	17T	
Smoak, Ronald																
1979	PGA		73T	72	74	78	79	303	23	31	146	224	39T	65T	74	500
Smyth, Desmond John																
1975	O		CUT	78	78			156	12		156		119T	126T		100
1976	O		CUT	75	78			153	9		153		38T	85T		100
1977	O		CUT	78	72	72		222	12		150	222	109T	79T	65T	200
1980	O		CUT	74	73	75		222	9		147	222	46T	54T	77T	350
1981	O		31T	77	67	73	74	291	11	15	144	217	72T	14T	21T	875
1982	O		4T	70	69	74	73	286	-2	2	139	213	4T	3T	3T	11,000
1983	O		CUT	76	73			149	7		149		113T	97T		250
1984	O		CUT	73	77			150	6		150		55T	113T		330
1985	O		CUT	75	74	76		225	15		149	225	97T	70T	80T	700
1986	O		CUT	80	73			153	13		153		105T	88T		400
1987	O		CUT	72	75			147	5		147		45T	79T		400
1989	O		CUT	78	69			147	3		147		130T	81T		500
1990	O		CUT	73	74			147	3		147		81T	110T		550
1991	O		44T	71	73	73	68	285	5	13	144	217	29T	54T	75T	4,235
1992	O		CUT	72	75			147	5		147		81T	111T		600
1993	O		27T	67	74	70	70	281	1	14	141	211	5T	35T	32T	7,225
1994	O		CUT	80	69			149	9		149		153T	131T		600
1996	O		DQ	72				72	1				63T			650
1998	O		15T	74	69	75	71	289	9	9	143	218	113T	30T	16T	23,650
1999	O		CUT	75	82			157	15		157		24T	100T		369
2001	O		13T	74	65	70	71	280	-4	6	139	209	87T	9T	14T	40,036
2002	O		28T	68	69	74	73	284	0	6	137	211	4T	6T	3T	24,000
Snape, Alan Paul																
1971	O		CUT	77	72	80		229	10		149	229	92T	57T	77T	60
Snead, Jesse Carlyle "JC"																
1969	US		CUT	75	77			152	12		152		72T	84T		500
1970	US		CUT	80	75			155	11		155		82T	80T		500
1971	PGA		CUT	76	78			154	10		154		84T	112T		
	US		CUT	73	76			149	9		149		54T	65T		500
1972	M		30	74	77	72	75	298	10	12	151	223	25T	42T	30T	1,750
	PGA		20T	72	72	71	75	290	10	9	144	215	22T	15T	15T	2,385
	US		CUT	78	77			155	11		155		72T	71T		500
1973	M		2	70	71	73	70	284	-4	1	141	214	4T	1T	2T	22,500
	PGA		3T	71	74	68	69	282	-2	5	145	213	12T	30T	9T	11,908
	US		CUT	77	78			155	13		155		72T	100T		500
1974	M		26T	73	68	74	73	288	0	10	141	215	28T	11T	19T	1,850
	PGA		24T	72	72	75	68	287	7	11	144	219	29T	26T	41T	1,925
	US		21T	76	71	76	75	298	18	11	147	223	41T	14T	16T	1,575
1975	M		10T	69	72	75	70	286	-2	10	141	216	4T	5T	12T	3,600
	PGA		28T	73	67	75	75	290	10	14	140	215	39T	8T	17T	1,531
	US		49T	76	73	75	75	299	15	12	149	224	73T	58T	53T	905
1976	M		43T	72	77	76	76	301	13	30	149	225	22T	35T	39T	1,650
	PGA		15T	74	71	70	72	287	7	6	145	215	57T	42T	25T	3,400
	US		14T	73	69	71	76	289	9	12	142	213	22T	6T	9T	2,310
1977	M		39T	72	76	73	72	293	5	17	148	221	16T	36T	42T	1,900
	PGA		19T	76	71	72	72	291	3	9	147	219	64T	36T	33T	2,700
	US		27T	72	75	68	75	290	10	12	147	215	27T	54T	22T	1,413
1978	US		2T	70	72	72	72	286	2	1	142	214	2T	2T	3T	19,750
1979	M		22	73	71	72	73	289	1	9	144	216	34T	32T	23T	2,400
	PGA		CUT	72	76			148	8		148		39T	84T		350

Year	Event	A	Pos	R1	R2	R3	R4	Tot	P/M	SBW	R2T	R3T	R1P	R2P	R3P	W
	US		CUT	76	78			154	12		154		59T	79T		600
1980	M		14T	73	69	69	74	285	-3	10	142	211	30T	12T	3T	5,917
	PGA		50T	74	74	78	70	296	16	22	148	226	58T	53T	73T	796
	US		22T	69	71	73	72	285	5	13	140	213	13T	11T	21T	2,400
1981	M		CUT	72	78			150	6		150		18T	55T		1,500
	PGA		15	70	71	70	70	281	1	8	141	211	12T	18T	14T	5,500
	US		33T	67	77	73	70	287	7	14	144	217	2	36T	47T	1,828
1982	M		DQ	78	75			153	9		153		47T	36T		1,500
	PGA		CUT	77	73			150	10		150		121T	109T		650
	US		15T	73	75	71	71	290	2	8	148	219	17T	27T	21T	4,661
1983	M		12T	68	74	74	73	289	1	9	142	216	4T	11T	16T	10,125
	PGA		CUT	77	77			154	12		154		127T	140		1,000
	US		43T	76	73	76	75	300	16	20	149	225	61T	36T	46T	2,847
1984	M		CUT	75	74			149	5		149		62T	61T		1,500
	PGA		CUT	81	77			158	14		158		136T	130T		1,000
1986	PGA		72	70	76	75	79	300	16	24	146	221	17T	65T	72	1,550
1987	PGA		CUT	73	79			152	8		152		23T	75T		1,000
1988	M		CUT	79	79			158	14		158		62T	76T		1,500

Snead, Samuel Jackson

Year	Event	A	Pos	R1	R2	R3	R4	Tot	P/M	SBW	R2T	R3T	R1P	R2P	R3P	W
1937	M		18	76	72	71	79	298	10	15	148	219	28T	14T	12T	
	O		11T	75	74	75	76	300	12	10	149	224	17T	14T	14	10
	PGA		16T													
	US		2	69	73	70	71	283	-5	2	142	212	1T	5T	2T	800
1938	M		31T	78	78	75	73	304	16	19	156	231	37T	39T	33T	
	PGA		2													600
	US		38T	77	76	76	80	309	25	25	153	229	35T	40T	30T	
1939	M		2	70	70	72	68	280	-8	1	140	212	2	2T	3T	800
	US		5	68	71	73	74	286	10	2	139	212	1	1	2T	600
1940	M		7T	71	72	69	76	288	0	8	143	212	7T	6T	3T	200
	PGA		2													
	US		16T	67	74	73	81	295	7	8	141	214	1	1T	2T	50
1941	M		6T	73	75	72	69	289	1	9	148	220	9T	18T	12T	275
	PGA		8T													
	US		13T	76	70	77	73	296	16	12	146	223	45T	8T	16T	100
1942	M		7T	78	69	72	73	292	4	12	147	219	38T	15T	11	200
	PGA		1													1,000
1946	M		7T	74	75	70	71	290	2	8	149	219	12T	21T	13T	356
	O		1	71	70	74	75	290	-2	-4	141	215	4T	2	1T	150
	PGA		32T													200
	US		19T	69	75	74	74	292	4	8	144	218	1T	7T	13T	100
1947	M		22T	72	71	75	75	293	5	12	143	218	16T	11T	20T	50
	PGA		32T													200
	US		2PO	72	70	70	70	282	-2	-3	142	212	22T	7T	2T	1,500
1948	M		16T	74	75	72	73	294	6	15	149	221	24T	27T	19T	138
	PGA		8T													500
	US		5	69	69	73	72	283	-1	7	138	211	3T	1	4	600
1949	M		1	73	75	67	67	282	-6	-3	148	215	8T	14T	2T	2,750
	PGA		1													3,500
	US		2T	73	73	71	70	287	3	1	146	217	18T	11T	6T	1,250
1950	M		3	71	74	70	72	287	-1	4	145	215	7T	7T	5	1,020
	PGA		32T													200
	US		12T	73	75	72	74	294	14	7	148	220	29T	35T	18T	133
1951	M		8T	69	74	68	80	291	3	11	143	211	2T	5T	1T	450
	PGA		1													3,500
	US		10T	71	78	72	74	295	15	8	149	221	1	16T	8T	188
1952	M		1	70	67	77	72	286	-2	-4	137	214	3T	1	1T	4,000
	PGA		64T													100
	US		10T	70	75	76	72	293	13	12	145	221	3T	8T	14T	200
1953	M		16T	71	75	71	75	292	4	18	146	217	6T	16T	16T	443
	PGA		32T													200
	US		2	72	69	72	76	289	1	6	141	213	7T	2T	2	3,000
1954	M		1PO	74	73	70	72	289	1	-1	147	217	17T	5T	2	5,000
	PGA		8T													500
	US		11T	72	73	72	73	290	10	6	145	217	8T	12T	8T	300
1955	M		3	72	71	74	70	287	-1	8	143	217	4T	3T	5T	2,125
	PGA		32T													200
	US		3T	79	69	70	74	292	12	5	148	218	69T	7T	2T	1,500
1956	M		4T	73	76	72	71	292	4	3	149	221	17T	29T	11T	2,325
	PGA		8T													
	US		24T	75	71	77	73	296	16	15	146	223	45T	16T	29T	200
1957	M		2	72	68	74	72	286	-2	3	140	214	2T	1	1	4,375
	PGA		16T													
	US		8T	74	74	69	73	290	10	8	148	217	33T	26T	11T	465

Year	Event	A	Pos	R1	R2	R3	R4	Tot	P/M	SBW	R2T	R3T	R1P	R2P	R3P	W
1958	M		13	72	71	68	79	290	2	6	143	211	18T	6T	1T	1,125
	PGA		3	73	67	67	73	280	0	4	140	207	26T	3T	1	2,400
	US		CUT	75	80			155	15		155		12T	56T		
1959	M		22T	74	73	72	74	293	5	9	147	219	19T	21T	18T	1,275
	PGA		8T	71	73	68	70	282	2	5	144	212	19T	23T	9T	1,600
	US		8T	73	72	67	75	287	7	5	145	212	27T	19T	3T	1,350
1960	M		11T	73	74	72	73	292	4	10	147	219	22T	24T	16T	1,225
	PGA		3T	68	73	70	72	283	3	2	141	211	2	3T	2T	3,350
	US		19T	72	69	73	75	289	5	9	141	214	19T	6T	11T	473
1961	M		15T	74	73	69	73	289	1	9	147	216	22T	25T	13T	1,300
	PGA		27T	72	71	71	75	289	9	12	143	214	24T	16T	14T	575
	US		17T	73	70	74	73	290	10	9	143	217	20T	13T	20T	625
1962	M		15T	72	75	70	74	291	3	11	147	217	12T	26T	13T	1,160
	O		6T	76	73	72	71	292	4	16	149	221	33T	18T	9T	300
	PGA		17T	75	70	71	72	288	8	10	145	216	67T	31T	16T	967
	US		38T	76	74	78	74	302	18	19	150	228	64T	38T	48T	350
1963	M		3T	70	73	74	71	288	0	2	143	217	3T	6T	4T	7,000
	PGA		27T	71	73	70	76	290	6	11	144	214	13T	12T	8T	559
	US		42T	74	75	79	83	311	27	18	149	228	22T	15T	26T	325
1964	M		CUT	79	73			152	8		152		84T	64T		700
	US		34T	77	72	75	75	299	19	21	149	224	77T	39T	37T	369
1965	M		CUT	75	74			149	5		149		64T	50T		900
	O		CUT	74	76			150	4		150		23T	51T		
	PGA		6T	68	75	70	72	285	1	5	143	213	4T	10T	6T	5,750
	US		24T	75	71	77	74	297	17	15	146	223	41T	11T	35T	733
1966	M		42T	77	72	76	78	303	15	15	149	225	58T	28T	32T	1,150
	PGA		6T	68	71	75	73	287	7	7	139	214	1T	1	5T	5,000
1967	M		10T	72	76	71	71	290	2	10	148	219	6T	30T	16T	2,720
1968	M		42	73	74	75	71	293	5	16	147	222	24T	36T	45T	1,350
	PGA		34T	75	71	72	73	291	11	10	146	218	65T	27T	31T	775
	US		9T	73	71	74	68	286	6	11	144	218	28T	22T	27T	2,517
1969	M		CUT	74	77			151	7		151		44T	62T		1,000
	PGA		63T	75	72	71	78	296	12	20	147	218	72T	54T	43T	241
	US		38T	71	77	70	74	292	12	11	148	218	14T	56T	35T	1,030
1970	M		23T	76	73	71	72	292	4	13	149	220	44T	37T	31T	2,020
	PGA		12T	70	75	68	73	286	6	7	145	213	5T	26T	5T	3,750
	US		CUT	79	79			158	14		158		68T	103T		500
1971	M		CUT	76	77			153	9		153		47T	61		1,000
	PGA		35T	71	74	74	74	293	5	12	145	219	5T	27T	33T	1,037
1972	M		27T	69	75	76	77	297	9	11	144	220	2	7T	15T	1,750
	PGA		4T	70	74	71	69	284	4	3	144	215	8T	15T	15T	9,275
1973	M		29T	74	76	73	73	296	8	13	150	223	23T	51T	38T	1,750
	PGA		9T	71	71	71	71	284	0	7	142	213	12T	9T	9T	5,625
	US		29T	75	74	73	73	295	11	16	149	222	48T	41T	34T	1,212
1974	M		20T	72	72	71	71	286	-2	8	144	215	22T	22T	19T	2,550
	PGA		3T	69	71	71	68	279	-1	3	140	211	4T	7T	10	10,956
1975	M		WD	71				71	-1				10T			1,250
	PGA		CUT	75	74			149	9		149		69T	72T		
	US		CUT	78	76			154	12		154		106T	98T		500
1976	M		CUT	72	79			151	7		151		22T	48T		1,350
	O		CUT	79	75			154	10		154		100T	96T		100
	PGA		CUT	75	76			151	11		151		70T	87T		250
1977	M		WD	83				83	11				76T			1,500
	PGA		54T	80	71	71	79	301	13	19	151	222	112T	64T	44T	488
	US		CUT	74	78			152	12		152		60T	96T		500
1978	M		CUT	79	75			154	10		154		65T	66T		1,500
1979	M		CUT	74	74			148	4		148		49T	52T		1,500
	PGA		42T	73	71	71	73	288	8	16	144	215	52T	36T	38T	1,050
1980	M		CUT	77	77			154	10		154		70T	81T		1,500
	PGA		WD	82				82	12				138T			500
1981	M		CUT	77	78			155	11		155		63T	73T		1,500
	PGA		WD	79				79	9				134T			550
1982	M		WD	82				82	10				66T			1,500
1983	M		WD	79				79	7				78T			1,500

Snedeker, Brandt

Year	Event	A	Pos	R1	R2	R3	R4	Tot	P/M	SBW	R2T	R3T	R1P	R2P	R3P	W
2004	M	A	41T	73	75	75	77	300	12	21	148	223	22T	32T	40	
2005	US		CUT	79	75			154	14		154		135T	132T		2,000
2007	PGA		18T	74	71	69	70	284	4	12	145	214	70T	55T	24T	81,600
	US		23T	71	73	77	74	295	15	10	144	221	5T	8T	26T	71,905
2008	M		3T	69	68	70	77	284	-4	4	137	207	3T	2	2	435,000
	O		CUT	72	79			151	11		151		15T	102T		2,650
	PGA		24T	71	71	74	73	289	9	12	142	216	16T	7T	22T	57,000
	US		9T	76	73	68	71	288	4	5	149	217	85T	65T	15T	160,769

Year	Event	A	Pos	R1	R2	R3	R4	Tot	P/M	SBW	R2T	R3T	R1P	R2P	R3P	W
Sneed, Edgar Morris, Jr.																
1972	US		CUT	73	85			158	14		158		11T	95T		500
1973	PGA		35T	73	70	73	74	290	6	13	143	216	33T	15T	19T	1,054
	US		CUT	76	76			152	10		152		60T	74T		500
1974	M		43	74	74	77	72	297	9	19	148	225	38T	43T	43T	1,700
	PGA		CUT	72	80			152	12		152		29T	88T		
1975	M		CUT	74	76			150	6		150		39T	53T		1,250
	PGA		54T	72	75	74	75	296	16	20	147	221	26T	55T	55T	429
	US		29T	75	74	73	73	295	11	8	149	222	52T	58T	43T	1,193
1976	PGA		57T	71	76	76	73	296	16	15	147	223	21T	52T	65T	450
1977	PGA		36T	74	73	72	75	294	6	12	147	219	40T	36T	33T	1,125
1978	M		18T	74	70	70	73	287	-1	10	144	214	34T	16T	14T	2,550
	O		CUT	75	75			150	6		150		83T	91T		175
	PGA		64T	76	72	73	79	300	16	24	148	221	75T	62T	58T	500
	US		46T	78	70	75	77	300	16	15	148	223	80T	34T	37T	1,350
1979	M		2PO	68	67	69	76	280	-8	-1	135	204	2T	1T	1	30,000
	O		26T	76	75	70	76	297	13	14	151	221	58T	56T	26T	888
	PGA		28T	77	67	70	71	285	5	13	144	214	116T	36T	31T	2,300
	US		11T	72	73	75	73	293	9	9	145	220	13T	5T	20T	4,340
1980	M		44T	70	70	79	74	293	5	18	140	219	8T	4T	37T	1,500
	PGA		55T	80	68	72	77	297	17	23	148	220	126T	53T	34T	768
	US		8T	72	70	70	70	282	2	10	142	212	30T	25T	18T	8,050
1981	M		CUT	81	72			153	9		153		77T	63T		1,500
	PGA		70T	71	75	72	76	294	14	21	146	218	26T	60T	54T	750
	US		CUT	73	75			148	8		148		58T	71T		600
1982	O		CUT	76	77			153	9		153		64T	88T		225
	PGA		61T	72	72	70	77	291	11	19	144	214	41T	48T	30T	1,138
1983	M		CUT	74	74			148	4		148		53T	50T		1,820
	PGA		80T	74	73	75	79	301	17	27	147	222	86T	69T	73T	1,500
	US		CUT	77	79			156	14		156		82T	97T		600
1984	O		CUT	73	80			153	9		153		55T	139T		330
1988	O		CUT	79	77			156	14		156		124T	122T		450
Snell, David																
1957	O		CUT	78	74			152	8		152		76T	69T		
1958	O		30T	72	72	72	79	295	11	17	144	216	23T	23T	20T	25
1959	O		CUT	76	77			153	9		153		48T	72T		
1960	O		CUT	77	74			151	5		151		59T	55T		
1961	O		41T	72	81	77	77	307	19	23	153	230	25T	40T	42T	
1962	O		CUT	77	78			155	11		155		47T	62T		
1963	O		CUT	76	75			151	11		151		59T	59T		
1964	O		CUT	81	75			156	12		156		74T	56T		
1965	O		CUT	80	71			151	5		151		109T	62T		
1966	O		37T	73	75	76	76	300	16	18	148	224	15T	29T	36T	88
1967	O		31T	77	70	73	75	295	7	17	147	220	86T	27T	27T	90
1968	O		CUT	79	77			156	12		156		75T	70T		
1969	O		CUT	75	74	76		225	12		149	225	58T	55T	52T	
1970	O		CUT	74	76			150	6		150		74T	81T		
1971	O		58T	75	75	74	76	300	8	22	150	224	61T	61T	59T	94
1972	O		CUT	73	77	77		227	14		150	227	23T	49T	70T	75
1973	O		CUT	74	77	82		233	17		151	233	25T	68T	83	75
Snodgrass, J. A.																
1906	O	A	WD	89				89								
Snodgrass, Terry																
1991	US		63T	74	73	80	78	305	17	23	147	227	61T	59T	65	4,958
Snow, Ansel																
1956	PGA		128T													50
1961	PGA		CUT	74	76			150	10		150		54T	74T		
Snowball, Bertie																
1906	O		38T	83	80	78	81	322		22	163	241			39T	
1908	O		54	85	84	80	82	331		40	169	249	59T	60T	57	
Snyder, John																
1990	US		CUT	78	72			150	6		150		136T	113T		1,000
1995	US		CUT	82	73			155	15		155		154T	137T		1,000
Snyder, Larry																
1964	US		CUT	82	76			158	18		158		135T	126T		300
Sobb, Jim																
1988	PGA		CUT	78	80			158	16		158		123T	143T		1,000
1990	PGA		CUT	76	83			159	15		159		82T	125T		1,000
1995	PGA		CUT	72	76			148	6		148		82T	127T		1,200

Year	Event	A	Pos	R1	R2	R3	R4	Tot	P/M	SBW	R2T	R3T	R1P	R2P	R3P	W
Sockwell, Tom																
1941	US		CUT	82	83			165	25		165		130T	124T		
Sodd, Joseph																
1957	PGA		128T													50
	US		CUT	79	79			158	18		158		106T	115T		
1958	US		CUT	79	87			166	26		166		69T	137T		
Soero, Pierre-Henri																
2005	US	A	CUT	83	77			160	20		160		154T	151T		
Soerries, Tony																
2002	US		CUT	84	76			160	20		160	0	155T	146		1,000
Sokol, Stephen																
2004	US		CUT	75	79			154	14		154	0	99T	146T		1,000
Soli, Michael William "Mick"																
1979	US		CUT	83	82			165	23		165		136T	136T		600
1981	US		43T	77	69	72	72	290	10	17	146	218	115T	51T	51T	1,453
1984	US		CUT	69	79			148	8		148		5T	64T		600
1994	US		CUT	78	76			154	12		154		118T	131T		1,000
Soltis, Johnny																
1926	US		CUT	85	84			169	25		169		128T	119T		
Somers, Vaughan T.																
1978	O		52T	72	72	76	76	296	8	15	144	220	26T	23T	40T	305
1982	O		CUT	78	73	78		229	13		151	229	95T	61T	72T	375
1983	O		45T	68	75	71	73	287	3	12	143	214	5T	35T	31T	791
1984	O		CUT	72	80			152	8		152		38T	132T		330
1985	O		60	76	72	73	80	301	21	19	148	221	116T	60T	56T	1,460
1986	O		21T	73	77	72	72	294	14	14	150	222	12T	51T	34T	5,022
1987	O		CUT	76	72			148	6		148		115T	88T		400
Somerville, Charles Ross "Sandy"																
1929	US	A	CUT	79	82			161	17		161		60T	82T		
1933	O	A	28T	72	78	75	79	304	12	12	150	225	8T	42T	31T	
1934	M	A	43T	82	78	74	77	311	23	27	160	234	67T	60T	47T	
1938	M	A	36T	77	78	82	71	308	20	23	155	237	35T	38	41	
Somerville, John Andrew "Andrew"																
1884	O		WD													
1887	O		WD													
1891	O		UNK													
Sommers, Jack																
1977	US		CUT	77	81			158	18		158		105T	135T		500
1979	PGA		CUT	74	79			153	13		153		75T	125T		350
1982	PGA		CUT	76	79			155	15		155		107T	129T		650
1983	PGA		CUT	75	77			152	10		152		104T	126T		1,000
Sonnier, Randolph J.																
1977	US	A	CUT	77	74			151	11		151		105T	84T		
1978	US	A	CUT	76	79			155	13		155		57T	99T		
1985	M	A	CUT	75	77			152	8		152		46T	61T		
1986	M	A	CUT	81	77			158	14		158		86	86		
1994	US	A	CUT	82	75			157	15		157		153T	143T		
Sorensen, Anders Bo Agersten																
1987	O		CUT	74	75			149	7		149		79T	99T		400
1989	O		CUT	74	76			150	6		150		81T	110T		500
1990	O		57T	70	68	71	79	288	0	18	138	209	17T	9T	14T	3,225
1993	O		39T	69	70	72	72	283	3	16	139	211	29T	18T	32T	5,328
Sorley, James																
1910	O		UNK													
Sota, Marcelino																
1960	O		45	73	75	76	76	300	8	22	148	224	21T	38T	44T	40
1961	O		CUT	77	82			159	15		159		81T	79T		
Sota, Ramon																
1958	O		CUT	73	78			151	9		151		31T	70T		
1959	O		CUT	76	76			152	8		152		48T	67T		
1960	O		15	74	72	71	70	287	-5	9	146	217	31T	31T	20T	60
1961	O		12	71	76	72	76	295	7	11	147	219	13T	5T	8T	
1962	O		CUT	78	80			158	14		158		65T	90T		
1963	O		7T	69	73	73	72	287	7	10	142	215	5T	8T	7T	250

Year	Event	A	Pos	R1	R2	R3	R4	Tot	P/M	SBW	R2T	R3T	R1P	R2P	R3P	W
1964	M		34T	76	72	74	72	294	6	18	148	222	63T	37T	40T	850
	O		30T	77	74	74	76	301	13	22	151	225	28T	23T	24T	55
1965	M		6T	71	73	70	72	286	-2	15	144	214	21T	10T	8T	3,800
	O		25T	75	70	78	75	298	6	13	145	223	41T	15T	22T	
1966	M		33T	79	73	77	71	300	12	12	152	229	85T	47T	53T	1,175
1967	M		31T	74	73	73	76	296	8	16	147	220	28T	23T	22T	1,300
1969	M		CUT	75	79			154	10		154		53T	72T		1,000
1971	O		11T	72	72	70	73	287	-5	9	144	214	20T	14T	9T	1,150
1972	M		CUT	78	79			157	13		157		66T	69T		1,000
	O		CUT	75	78			153	11		153		52T	89T		50

Soto, Arturo

Year	Event	A	Pos	R1	R2	R3	R4	Tot	P/M	SBW	R2T	R3T	R1P	R2P	R3P	W
1955	O		17T	72	73	72	73	290	2	9	145	217	21T	20T	15T	

Souchak, Frank S.

Year	Event	A	Pos	R1	R2	R3	R4	Tot	P/M	SBW	R2T	R3T	R1P	R2P	R3P	W
1938	US	A	CUT	79	86			165	23		165		61T	122T		
1953	US	A	9T	70	76	76	74	296	8	13	146	222	2T	7T	11T	
1954	M	A	WD	90				90	18				77			
	US	A	CUT	80	77			157	17		157		92T	84T		
1962	US	A	CUT	74	81			155	13		155		30T	96T		

Souchak, Michael T.

Year	Event	A	Pos	R1	R2	R3	R4	Tot	P/M	SBW	R2T	R3T	R1P	R2P	R3P	W
1953	US		CUT	84	73			157	13		157		145T	93T		
1954	US		CUT	76	78			154	14		154		38T	61T		
1955	M		4T	71	74	72	72	289	1	10	145	217	2T	6	5T	1,333
	US		10T	73	79	72	73	297	17	10	152	224	5T	22T	12T	390
1956	M		17T	73	73	74	80	300	12	11	146	220	17T	11T	8T	660
	O		8T	74	74	74	72	294	10	8	148	222	30T	9T	10T	63
	US		29T	78	71	72	77	298	18	17	149	221	101T	39T	22T	200
1957	M		CUT	78	74			152	8		152		59T	50T		300
	PGA		16T													
	US		CUT	76	76			152	12		152		61T	61T		
1958	M		14T	72	75	73	71	291	3	7	147	220	18T	21T	25	1,050
	PGA		8T	75	69	69	74	287	7	11	144	213	43T	14T	7T	1,300
	US		CUT	75	80			155	15		155		12T	56T		
1959	M		25T	73	71	74	76	294	6	10	144	218	10T	3T	14T	1,200
	PGA		5T	69	67	71	74	281	1	4	136	207	1T	2	3	2,000
	US		3T	71	70	72	71	284	4	2	141	213	6T	5T	6T	3,600
1960	M		16T	72	75	72	75	294	6	12	147	219	12T	24T	16T	1,050
	PGA		12T	73	73	70	74	290	10	9	146	216	34T	24T	11T	1,500
	US		3T	68	67	73	75	283	-1	3	135	208	1	1	1	3,950
1961	M		28T	75	72	75	73	295	7	15	147	222	45T	25T	34T	500
	PGA		45T	72	72	74	77	295	15	18	144	218	24T	21T	30T	225
	US		4T	73	70	68	73	284	4	3	143	211	20T	13T	2T	4,000
1962	M		5T	70	72	74	71	287	-1	7	142	216	3T	5T	9T	3,600
	PGA		39T	75	73	72	73	293	13	15	148	220	67T	54T	43T	400
	US		14T	75	73	72	73	293	9	10	148	220	47T	28T	17T	975
1963	M		11T	69	70	79	74	292	4	6	139	218	1T	1	6T	1,350
	PGA		23T	72	72	73	72	289	5	10	144	217	20T	12T	21T	775
	US		32T	77	75	82	73	307	23	14	152	234	65T	42T	48T	367
1964	M		9T	73	74	70	70	287	-1	11	147	217	20T	32T	16T	1,700
	PGA		13T	67	73	71	72	283	3	12	140	211	2T	9T	10T	1,650
1965	M		35T	74	74	72	75	295	7	24	148	220	52T	41T	31T	1,050
	PGA		15T	70	72	77	70	289	5	9	142	219	8T	7T	23T	2,425
	US		CUT	79	78			157	17		157		93T	98T		300
1966	M		33T	71	74	77	78	300	12	12	145	222	2T	8T	19T	1,175
	PGA		CUT	79	74			153	13		153		118T	94T		
	US		CUT	74	79			153	13		153		41T	74T		300
1967	PGA		20T	70	73	70	76	289	1	8	143	213	7T	7T	5T	1,600
1968	PGA		CUT	76	74			150	10		150		83T	75T		
1969	PGA		59T	75	73	74	72	294	10	18	148	222	72T	59T	70T	241
	US		42T	72	73	74	75	294	14	13	145	219	27T	26T	41T	955
1971	US		CUT	78	81			159	19		159		126T	136T		500
1972	PGA		29T	73	73	71	75	292	12	11	146	217	36T	32T	25T	1,497
1976	O		CUT	82	77			159	15		159		134T	132T		100
	US		CUT	82	81			163	23		163		135T	140T		500

Soulby, Donald Eustace Boardman

Year	Event	A	Pos	R1	R2	R3	R4	Tot	P/M	SBW	R2T	R3T	R1P	R2P	R3P	W
1923	O	A	40T	80	82	75	78	315		20	162	237				
1927	O	A	CUT	78	83			161	15		161		62T	95T		
1930	O	A	60	75	82	82	83	322	34	31	157	239	16T	50T	57T	

Soulsby, Bruce A.

Year	Event	A	Pos	R1	R2	R3	R4	Tot	P/M	SBW	R2T	R3T	R1P	R2P	R3P	W
1985	US		CUT	72	79			151	11		151		30T	104T		600
1990	US		CUT	81	73			154	10		154		150T	134T		1,000

Year	Event	A	Pos	R1	R2	R3	R4	Tot	P/M	SBW	R2T	R3T	R1P	R2P	R3P	W
Souter, Bill																
1936	US		CUT	79	79			158	14		158		125T	130T		
1941	US		CUT	80	84			164	24		164		108T	121T		
Souter, James																
1909	O		38T	80	78	86	76	320		25	158	244	36T	25T	50T	
1910	O		CUT	85	85			170			170					
1911	O		54T	86	76	81	82	325		22	162	243	157T	58T	52T	
1914	O		69T	85	81	86	85	337		31	166	252	75T	57T	68T	
1921	O		63T	80	79	83	80	322		26	159	242	53T	47T	59T	
Southerden, Ernest A.																
1948	O		CUT	74	79			153	17		153		21T	54T		
1949	O		20T	69	76	74	77	296	8	13	145	219	3T	12T	16T	
Southon, J.																
1911	O		CUT	90	84			174			174		192T	165T		
Souza, Stanley K. M.																
1977	M	A	CUT	75	83			158	14		158		40T	75		
Sowa, Adan D.																
1978	O		CUT	79	77			156	12		156		139T	137T		175
1979	O		CUT	80	77			157	15		157		118T	111T		200
1986	O		CUT	86	75			161	21		161		147T	137T		400
Sowards, Robert K.																
1997	PGA		CUT	74	77			151	11		151		78T	111T		1,300
2001	PGA		CUT	78	72			150	10		150	0	139T	128T		2,000
2003	PGA		CUT	81	78			159	19		159	0	143T	137T		2,000
2004	PGA		CUT	78	77			155	11		155	0	141T	137T		2,000
Spallone, Sal																
2005	US		CUT	79	81			160	20		160		135T	151T		2,000
Spark, William																
1933	O		28T	73	72	79	80	304	12	12	145	224	14T	8T	25T	
1935	O		WD													
Sparling, George S.																
1902	US		WD	92	91			183			183	0	67T	67		
1908	US		CUT	94	93			187			187		50T	61T		
1909	US		33T	78	79	76	81	314		24	157	233	28T	37T	27T	
1912	US		CUT	80	86			166	18		166		50T	80T		
1915	US		CUT	85	84			169	25		169		59T	59T		
Sparrow, Lloyd E.																
1941	US		CUT	85	87			172	32		172		152T	133T		
1946	US		CUT	76	78			154	10		154		57T	88T		
Spears, Don																
1964	PGA		52T	73	71	76	72	292	12	21	144	220	50T	28T	53T	319
Spears, Herschel G.																
1947	US		38	73	75	75	75	298	14	16	148	223	30T	35T	37T	
1948	US		14T	72	71	76	71	290	6	14	143	219	23T	13T	24T	114
1949	M		42T	76	77	77	75	305	17	23	153	230	29T	38T	46T	
	US		11T	76	71	71	74	292	8	6	147	218	55T	16T	11T	175
1950	M		27T	70	74	79	78	301	13	18	144	223	2T	5T	13T	
	US		34T	75	72	75	78	300	20	13	147	222	52T	29T	26T	100
1952	US		44T	75	76	80	76	307	27	26	151	231	42T	44T	50T	100
1954	US		CUT	78	75			153	13		153		63T	56T		
Spears, Richard A.																
1966	US	A	CUT	77	82			159	19		159		86T	130T		
1971	M	A	CUT	75	79			154	10		154		39T	62T		
Speer, James S.																
1957	PGA		128T													50
1963	PGA		CUT	87	88			175	33		175		163T	161		
Speer, Sam																
1956	PGA		128T													50
Speirs, Adam																
2002	US		CUT	80	85			165	25		165	0	142T	150T		1,000
2007	US		CUT	78	78			156	16		156		115T	114T		2,000
Spence, Bob																
1965	PGA		CUT	76	78			154	12		154		78T	102T		
1966	PGA		CUT	74	78			152	12		152		34T	78T		

Year	Event	A	Pos	R1	R2	R3	R4	Tot	P/M	SBW	R2T	R3T	R1P	R2P	R3P	W
Spence, Craig																
1999	O		CUT	81	79			160	18		160		119T	126T		328
2000	US		CUT	76	83			159	17		159		86T	143T		1,000
Spence, James Stephen "Jamie"																
1990	O		22T	72	65	73	72	282	-6	12	137	210	51T	5T	20T	7,933
1991	O		44T	70	73	70	72	285	5	13	143	213	18T	39T	31T	4,235
1992	O		12T	71	68	70	71	280	-4	8	139	209	57T	18T	15T	17,378
1993	O		63T	69	72	72	74	287	7	20	141	213	29T	35T	42T	3,850
1995	O		CUT	77	73			150	6		150		147T	116T		650
1997	O		62T	78	69	72	75	294	10	22	147	219	99T	62T	55T	5,625
2000	O		CUT	74	71			145	1		145		94T	75T		1,300
2002	O		CUT	77	78			155	13		155		142T	151T		2,000
Spence, John																
1888	O	A	UNK													
Spence, Scott M.																
1982	US		CUT	79	74			153	9		153		99T	76T		600
1988	US		CUT	78	72			150	8		150		123T	89T		1,000
1999	PGA		CUT	80	79			159	15		159		145T	148		1,750
2005	PGA		CUT	79	74			153	13		153		149T	140T		2,000
Spence, Thomas W. "Bill"																
1948	O		CUT	76	78			154	18		154		47T	63T		
1949	O		CUT	74	79			153	9		153		43T	68T		
1954	O		12T	69	72	74	75	290	-2	7	141	215	1T	1	5T	
1956	O		CUT	81	85			166	24		166		88T	96		
1963	O		CUT	82	80			162	22		162		113T	116T		
Spencer, Ian																
1992	O		CUT	76	70			146	4		146		141T	102T		600
2004	O		CUT	79	78			157	15		157		147T	148T		2,000
Spencer, J. Cliff																
1931	US		WD	81	77			158	16		158		87T	60T		
1935	US		45T	73	82	80	84	319	31	20	155	235	3T	22T	26T	
1937	US		CUT	81	78			159	15		159		132T	124T		
1941	US		CUT	80	77			157	17		157		108T	68T		
Spencer, John H.																
1955	US		CUT	89	82			171	31		171		151T	140T		
1957	PGA		128T													50
1958	US		CUT	81	80			161	21		161		98T	97T		
1959	PGA		CUT	79	74			153	13		153		148T	121T		
Spencer, W. Glenn																
1926	US		CUT	84	79			163	19		163		118T	86T		
1928	PGA		16T													
1929	US		CUT	80	80			160	16		160		77T	68T		
1930	US		CUT	83	75			158	12		158		123T	76T		
1932	US		CUT	85	80			165	25		165		114T	99T		
Spencer, Wynsol																
1965	PGA		CUT	70	83			153	11		153		8T	90T		
Spengler, Dave																
2003	PGA		CUT	81	80			161	21		161	0	143T	144T		2,000
Spicer, R. Emmett, Jr.																
1929	US	A	WD	81				81	9				93T			
Spiller, Bill																
1960	US		CUT	76	82			158	16		158		82T	132T		
Spittall, David																
1923	US		WD													
1924	US		WD	80	80	82		242	26		160	242	41T	42T	46T	
Sporre, William																
1967	PGA		CUT	81	78			159	15		159		130T	123T		
1968	PGA		37T	73	73	76	70	292	12	11	146	222	35T	27T	49T	686
Sposa, Michael J.																
1997	US		CUT	77	74			151	11		151		125T	116T		1,000
2001	US		CUT	78	73			151	11		151	0	136T	112T		1,000
Spradlin, Jack R. Jr.																
1984	US		CUT	76	75			151	11		151		105T	87T		600

Year	Event	A	Pos	R1	R2	R3	R4	Tot	P/M	SBW	R2T	R3T	R1P	R2P	R3P	W
Spray, John Steven "Steve"																
1961	M	A	CUT	80	79			159	15		159		73T	73T		
1964	M	A	CUT	74	75			149	5		149		33T	49T		
1967	US		CUT	77	72			149	9		149		101T	67T		400
1968	US		5T	73	75	71	65	284	4	9	148	219	28T	56T	31T	5,500
1969	M		43	75	72	74	78	299	11	18	147	221	53T	35T	37T	1,400
	US		CUT	74	79			153	13		153		47T	93T		500
1970	PGA		CUT	78	73			151	11		151		103T	71T		
	US		51T	78	74	74	78	304	16	23	152	226	51T	38T	33T	900
1971	PGA		79T	75	73	79	76	303	15	22	148	227	72T	62T	80	258
1977	US		CUT	80	78			158	18		158		137T	135T		500
1978	PGA		CUT	73	79			152	10		152		31T	95T		303
1979	PGA		CUT	77	77			154	14		154		116T	131T		350
	US		CUT	85	73			158	16		158		149T	102T		600
1980	PGA		CUT	76	82			158	18		158		87T	124T		500
1982	US		CUT	80	81			161	17		161		115T	134T		600
1989	PGA		CUT	74	74			148	4		148		77T	88T		1,000
Spring, Graham																
1998	O		CUT	74	80			154	14		154		113T	139T		700
Springer, Marshall "Moe"																
1941	US	A	CUT	85	80			165	25		165		152T	124T		
1955	US		WD	87				87	17				148T			
1957	PGA		64T													
1958	US		CUT	81	82			163	23		163		98T	115T		
1961	PGA		61	74	71	77	80	302	22	25	145	222	54T	28T	48T	225
Springer, Michael Paul																
1993	PGA		CUT	74	72			146	4		146		103T	100T		1,200
	US		CUT	77	71			148	8		148		139T	118T		1,000
1994	O		24T	72	67	68	71	278	-2	10	139	207	68T	22T	20T	7,972
	PGA		55T	77	66	69	77	289	9	20	143	212	121T	38T	25T	3,158
	US		25T	74	72	73	71	290	6	11	146	219	49T	43T	38T	14,706
1995	M		CUT	77	80			157	13		157		70T	81T		1,500
	O		CUT	75	74			149	5		149		116T	104T		650
	PGA		CUT	70	73			143	1		143		44T	73T		1,200
	US		CUT	75	81			156	16		156		108T	140T		1,000
Sprogell, Frank T.																
1920	US		59T	81	82	79	80	322	34	27	163	242	53T	63T	59T	
1922	PGA		16T													60
	US		63T	80	79	79	85	323	43	35	159	238	56T	59T	57T	
1924	US		52	80	83	85	81	329	41	32	163	248	41T	54T	61T	
1926	US		43T	81	75	80	80	316	28	23	156	236	81T	34T	48T	
Sproston, Anthony																
2003	O		CUT	83	80			163	21		163		145T	148		2,000
Squires, Alan																
1976	O	A	CUT	82	74			156	12		156		134T	115T		
Srirot, Thammanoon																
2005	O		CUT	84	77			161	17		161		155T	155		2,000
Stables, Kevin																
1994	O		CUT	74	70			144	4		144		112T	82T		600
Stacey, Bill, Jr.																
1962	US		CUT	78	74			152	10		152		104T	64T		
Stacey, John																
1994	US		CUT	78	73			151	9		151		118T	103T		1,000
Stackhouse, Wilburn Artist "Lefty"																
1940	US		CUT	81	80			161	17		161		125T	128T		
1941	US		CUT	75	83			158	18		158		37T	77T		
1944	PGA		32T													200
1952	US		WD	82				82	12				124T			
1962	PGA		CUT	77	77			154	14		154		108T	118T		
Stadler, Craig Robert																
1974	M	A	CUT	79	74			153	9		153		71T	68T		
	US	A	CUT	79	77			156	16		156		92T	82T		
1975	M	A	CUT	80	76			156	12		156		74T	73		
	O	A	CUT	77	72	74		223	7		149	223	106T	80T	68T	
1978	PGA		6	70	74	67	71	282	-2	6	144	211	7T	20T	6	10,000
1979	M		7T	69	66	74	76	285	-3	5	135	209	6T	1T	2T	9,000

Year	*Event*	*A*	*Pos*	*R1*	*R2*	*R3*	*R4*	*Tot*	*P/M*	*SBW*	*R2T*	*R3T*	*R1P*	*R2P*	*R3P*	*W*
	PGA		CUT	73	75			148	8		148		52T	84T		350
	US		CUT	78	79			157	15		157		94T	96T		600
1980	M		26T	74	70	72	73	289	1	14	144	216	40T	27T	25T	2,430
	O		6T	72	70	69	71	282	-2	11	142	211	18T	17T	7T	7,250
	PGA		55T	67	75	74	81	297	17	23	142	216	1	6T	12T	768
	US		16T	73	67	69	75	284	4	12	140	209	50T	11T	7T	2,892
1981	M		43T	76	71	73	77	297	9	17	147	220	53T	35T	36T	1,500
	O		CUT	83	68			151	11		151		141T	84T		225
	PGA		CUT	72	77			149	9		149		43T	87T		550
	US		26T	71	76	68	71	286	6	13	147	215	32T	59T	35T	2,100
1982	M		1PO	75	69	67	73	284	-4	-1	144	211	18T	1T	1	64,000
	O		35T	71	74	79	74	298	10	14	145	224	7T	21T	35T	834
	PGA		16T	71	70	70	72	283	3	11	141	211	21T	17T	15T	5,625
	US		22T	76	70	70	76	292	4	10	146	216	56T	17T	9T	3,404
1983	M		6T	69	72	69	76	286	-2	6	141	210	9T	7T	1T	17,400
	O		12T	64	70	72	75	281	-3	6	134	206	1	1	2	7,250
	PGA		63T	72	73	76	72	293	9	19	145	221	39T	47T	68T	1,535
	US		10T	76	74	73	69	292	8	12	150	223	61T	47T	30T	8,976
1984	M		35T	74	70	74	73	291	3	14	144	218	49T	24T	35T	3,100
	O		28T	75	70	70	72	287	-1	11	145	215	95T	42T	22T	2,970
	PGA		18T	71	73	73	68	285	-3	12	144	217	22T	30T	34T	7,050
	US		WD	71				71	1				19T			600
1985	M		6T	73	67	76	70	286	-2	4	140	216	27T	1T	8T	22,663
	O		CUT	76	72	74		222	12		148	222	116T	60T	62T	700
	PGA		18T	72	73	74	67	286	-2	8	145	219	52T	40T	44T	6,600
	US		CUT	80	80			160	20		160		137T	150T		600
1986	M		CUT	74	76			150	6		150		25T	49T		1,500
	O		WD	82				82	12				130T			400
	PGA		30T	67	74	73	74	288	4	12	141	214	2T	11T	22T	4,000
	US		15T	74	71	74	69	288	8	9	145	219	12T	14T	31T	8,885
1987	M		17T	74	74	72	71	291	3	6	148	220	26T	32T	24T	13,050
	O		8T	69	69	71	75	284	0	5	138	209	9T	6T	4T	18,666
	PGA		28T	75	72	75	75	297	9	10	147	222	52T	26T	35T	4,383
	US		24T	72	68	74	73	287	7	10	140	214	34T	12T	23T	7,720
1988	M		3	76	69	70	68	283	-5	2	145	215	39T	12T	7T	69,400
	O		60T	72	68	81	76	297	13	24	140	221	19T	3T	52T	2,525
	PGA		15T	68	73	75	67	283	-1	11	141	216	6T	28T	46T	16,500
	US		25T	70	73	71	73	287	3	9	143	214	9T	19T	12T	8,856
1989	M		CUT	74	79			153	9		153		26T	56T		1,500
	O		13T	73	69	69	71	282	-6	7	142	211	61T	27T	13T	13,000
	PGA		7T	71	64	72	73	280	-8	4	135	207	38T	2T	3T	36,250
1990	M		14T	72	70	74	72	288	0	10	142	216	20T	5T	18	20,650
	O		CUT	82	71			153	9		153		154T	153T		550
	PGA		57T	75	73	74	79	301	13	19	148	222	60T	38T	34T	2,525
	US		8T	71	70	72	71	284	-4	4	141	213	24T	11T	20T	22,237
1991	M		12T	70	72	71	69	282	-6	5	142	213	13T	20T	24T	26,500
	O		101T	77	71	74	72	294	14	22	148	222	134T	98T	106T	3,000
	PGA		7T	68	71	69	76	284	-4	8	139	208	3T	4T	2T	38,000
	US		19T	71	69	77	75	292	4	10	140	217	16T	5T	12T	14,167
1992	M		25T	70	71	70	73	284	-4	9	141	211	19T	14T	11T	11,467
	O		64T	72	70	75	75	292	8	20	142	217	81T	44T	60T	3,425
	PGA		48T	67	72	75	78	292	8	14	139	214	1T	5T	12T	3,688
	US		33T	71	72	72	81	296	8	11	143	215	17T	12T	8T	10,531
1993	M		34T	73	74	69	75	291	3	14	147	216	45T	57T	24T	8,975
	PGA		CUT	73	74			147	5		147		86T	108T		1,200
	US		33T	67	74	71	72	284	4	12	141	212	4T	28T	23T	11,052
1994	M		CUT	76	74			150	6		150		52T	52T		1,500
	O		24T	71	69	66	72	278	-2	10	140	206	39T	29T	9T	7,972
	PGA		19T	70	70	74	68	282	2	13	140	214	15T	14T	42T	18,667
	US		CUT	78	74			152	10		152		118T	116T		1,000
1995	M		CUT	70	76			146	2		146		16T	48T		1,500
	O		CUT	74	76			150	6		150		100T	116T		650
	PGA		8T	71	66	66	71	274	-10	7	137	203	58T	16T	5T	50,000
1996	M		29T	73	72	71	78	294	6	18	145	216	42T	28T	18T	15,571
	O		45T	71	71	75	68	285	1	14	142	217	43T	44T	73T	6,400
	PGA		CUT	77	72			149	5		149		132T	110T		1,300
1997	M		26T	77	72	71	72	292	4	22	149	220	47T	40T	30T	21,195
	O		CUT	78	71			149	7		149		99T	86T		800
	PGA		53T	72	72	74	72	290	10	21	144	218	46T	50T	59T	5,280
1998	M		41T	79	68	73	77	297	9	18	147	220	71T	21T	31T	13,440
	PGA		38T	69	74	71	72	286	6	15	143	214	10T	36T	35T	12,750
1999	M		38T	72	76	70	77	295	7	15	148	218	20T	43T	32T	17,200
	PGA		CUT	77	77			154	10		154		123T	133T		1,750
2000	M		CUT	73	77			150	6		150		22T	65T		5,000

Year	Event	A	Pos	R1	R2	R3	R4	Tot	P/M	SBW	R2T	R3T	R1P	R2P	R3P	W
	PGA		64T	74	69	71	77	291	3	21	143	214	58T	19T	32T	9,700
	US		CUT	79	72			151	9		151		130T	76T		1,000
2001	M		CUT	79	74			153	9		153		84T	83T		5,000
2002	M		32T	73	72	76	71	292	4	16	145	221	25T	23T	39T	32,410
	US		18T	74	72	70	74	290	10	13	146	216	55T	20T	17T	68,995
2003	M		49	76	73	79	77	305	17	24	149	228	42T	43T	49	18,600
2004	M		CUT	74	75			149	5		149		31T	45T		5,000
2005	M		50	75	73	79	79	306	18	30	148	227	42T	42T	49	19,180
2006	M		CUT	77	78			155	11		155		65T	76T		5,000
2007	M		49T	74	73	79	79	305	17	16	147	226	20T	15T	26T	18,560
2008	M		CUT	77	72			149	5		149		75T	56T		10,000
Stadler, Kevin																
2004	US		65	68	72	82	85	307	27	31	140	222	5T	12T	64T	15,372
2006	US		CUT	71	81			152	12		152		7T	82T		2,000
2007	O		51T	75	71	74	73	293	9	16	146	220	104T	53T	62T	12,125
2008	O		58T	72	75	78	73	298	18	15	147	225	15T	38T	64T	10,650
Stafford, Gary E.																
1988	O		70	76	72	78	79	305	21	32	148	226	83T	57T	66T	2,050
1995	O		CUT	78	84			162	18		162		153T	157		650
Stafford, Roland C.																
1961	US		CUT	77	81			158	18		158		87T	128T		
1965	PGA		73T	76	74	74	82	306	22	26	150	224	78T	62T	52T	300
1967	PGA		71	74	76	78	76	304	16	23	150	228	47T	57T	69T	300
1968	US		CUT	77	81			158	18		158		101T	138T		500
1969	PGA		CUT	76	74			150	8		150		91T	81T		
1973	PGA		CUT	76	74			150	8		150		78T	77T		
	US		CUT	75	83			158	16		158		48T	119T		500
1974	PGA		CUT	79	83			162	22		162		120T	131T		
Stafford, Timothy																
1993	PGA		CUT	75	77			152	10		152		121T	136T		1,200
Stahl, John																
1949	US		CUT	73	79			152	10		152		18T	64T		
Stahl, Marvin D.																
1937	US		47T	72	77	78	75	302	14	21	149	227	12T	35T	48T	
1938	PGA		16T													
1940	US		CUT	75	79			154	10		154		45T	66T		
1941	US		33T	77	76	73	79	305	25	21	153	226	66T	36T	23T	
Stahl, Walter																
1964	M	A	CUT	80	79			159	15		159		87T	88T		
Stait, W. J. M. "Jack"																
1923	PGA		16T													
1924	US		25T	79	77	81	79	316	28	19	156	237	30T	24T	26T	
1930	O		WD	79				79	7				54T			
Stalls, Bill																
1958	US		CUT	85	81			166	26		166		141T	137T		
Stamm, Robert																
1940	US	A	WD													
Stammer, John																
1946	US	A	CUT	79	79			158	14		158		111T	119T		
Stamps, James W.																
1955	US		CUT	77	82			159	19		159		41T	86T		
1960	PGA		CUT	76	77			153	13		153		83T	105T		
1961	US		CUT	79	79			158	18		158		122T	128T		
1962	PGA		57T	72	72	75	79	298	18	20	144	219	18T	21T	35T	223
	US		CUT	78	75			153	11		153		104T	75T		
1965	PGA		CUT	78	75			153	11		153		119T	90T		
1967	PGA		55T	77	74	73	74	298	10	17	151	224	94T	67T	53T	389
Stanard, Ed																
1936	US		CUT	84	86			170	26		170		157T	156		
Stanard, Frank																
1937	US		CUT	87	85			172	28		172		164T	162		
Standly, Michael Dean																
1993	M		CUT	78	79			157	13		157		83T	86		1,500
	PGA		61T	72	71	68	76	287	3	15	143	211	74T	62T	33T	2,800

Year	Event	A	Pos	R1	R2	R3	R4	Tot	P/M	SBW	R2T	R3T	R1P	R2P	R3P	W
	US		16T	70	69	70	72	281	1	9	139	209	19T	7T	6T	21,577
1994	M		41T	77	69	79	75	300	12	21	146	225	64T	27T	44	7,400
1995	US		CUT	75	72			147	7		147		108T	74T		1,000
1997	PGA		CUT	76	78			154	14		154		108T	129T		1,300
Stankowski, Paul Francis																
1994	US		CUT	75	75			150	8		150		71T	98T		1,000
1995	PGA		CUT	75	72			147	5		147		119T	115T		1,200
1996	M		CUT	74	78			152	8		152		48T	69T		1,500
	PGA		47T	70	75	71	72	288	0	11	145	216	21T	60T	45T	6,000
1997	M		5T	68	74	69	74	285	-3	15	142	211	2	7T	3	102,600
	O		CUT	80	76			156	14		156		131T	137T		650
	PGA		67T	68	71	77	77	293	13	24	139	216	4T	9T	38T	4,100
	US		19T	75	70	68	73	286	6	10	145	213	93T	45T	15T	31,915
1998	M		39T	70	80	72	74	296	8	17	150	222	2T	40T	38T	14,720
	PGA		CUT	72	74			146	6		146		60T	76T		1,500
	US		CUT	76	73			149	9		149		91T	76T		1,000
2000	PGA		41T	75	72	68	72	287	-1	17	147	215	80T	66T	39T	17,000
2001	PGA		74	67	71	76	79	293	13	28	138	214	11T	26T	70T	9,550
2002	US		62T	72	77	77	74	300	20	23	149	226	25T	52T	70	12,794
Stankowski, Thomas																
1992	US		CUT	80	77			157	13		157		144T	140T		1,000
Stanley, Ian E.																
1972	O		CUT	76	77			153	11		153		71T	89T		50
1973	O		CUT	74	74	78		226	10		148	226	25T	33T	65T	75
1974	O		56T	77	79	75	78	309	25	27	156	231	46T	73T	53T	125
1975	O		46	75	71	70	78	294	6	15	146	216	73T	45T	25T	200
1976	O		CUT	81	69	79		229	13		150	229	123T	55T	78T	150
1977	O		CUT	70	76	78		224	14		146	224	9T	41T	71T	200
1978	O		CUT	73	77			150	6		150		41T	91T		175
1982	O		CUT	77	77			154	10		154		82T	100T		225
1986	O		30T	72	74	78	71	295	15	15	146	224	6T	18T	48T	3,800
2002	O		CUT	76	72			148	6		148		133T	118T		2,250
Stanley, Kyle																
2008	US	A	CUT	72	78			150	8		150		19T	81T		
Stanton, Robert James "Bobby"																
1966	O		27T	73	72	73	79	297	13	15	145	218	15T	11T	15T	123
1967	M		CUT	78	80			158	14		158		66T	75T		1,000
	US		WD	81				81	11				141T			400
1969	PGA		73T	77	72	73	76	298	14	22	149	222	103T	69T	70T	241
	US		22T	74	70	71	73	288	8	7	144	215	47T	20T	16T	1,500
1970	PGA		22T	71	74	72	73	290	10	11	145	217	11T	26T	19T	1,825
	US		CUT	77	77			154	10		154		35T	74T		500
1971	PGA		CUT	78	72			150	6		150		111T	84T		
1975	PGA		40T	71	73	74	74	292	12	16	144	218	17T	33T	35T	813
	US		49T	77	72	78	72	299	15	12	149	227	89T	58T	62T	905
Stapp, John "Johnny"																
1948	PGA		64T													100
	US		WD	76				76	5				91T			
Stark, George																
1922	PGA		32T													50
1923	PGA		64T													
1925	US		52	82	78	81	77	318	34	27	160	241	74T	62T	59T	
1926	US		CUT	80	84			164	20		164		69T	94T		
1927	US		55T	80	79	84	89	332	44	31	159	243	36T	29T	48T	
Starkjohann, Chris L.																
1993	PGA		CUT	74	71			145	3		145		103T	89T		1,200
2005	PGA		CUT	78	75			153	13		153		141T	140T		2,000
Starks, Nathaniel "Nate"																
1971	US		CUT	75	79			154	14		154		87T	107T		500
1974	US		CUT	77	78			155	15		155		52T	75T		500
1975	US		29T	75	72	76	72	295	11	8	147	223	52T	35T	48T	1,193
1976	US		CUT	76	76			152	12		152		73T	67T		500
1978	US		53T	74	75	78	75	302	18	17	149	227	25T	39T	57	1,275
Starr, Al																
1963	PGA		CUT	86	80			166	24		166		162	156T		
Startzel, Larry																
1977	PGA		CUT	81	79			160	16		160		120T	119T		250
1979	PGA		CUT	77	75			152	12		152		116T	120T		350

Year	Event	A	Pos	R1	R2	R3	R4	Tot	P/M	SBW	R2T	R3T	R1P	R2P	R3P	W
Staskewicz, William																
1966	PGA		CUT	82	82			164	24		164		149T	147T		
Staszowski, Frank J.																
1949	PGA		64T													100
1950	PGA		64T													100
Staszowski, Stanley																
1940	PGA		64T													100
1949	PGA		64T													100
1959	PGA		CUT	82	75			157	17		157		167T	148T		
1960	PGA		CUT	81	76			157	17		157		157T	135T		
1969	PGA		CUT	86	74			160	18		160		139T	132T		
Stauffer, Kent W.																
1988	US		47T	72	72	78	69	291	7	13	144	222	21T	28T	60T	5,119
1990	PGA		CUT	78	76			154	10		154		109T	95T		1,000
1998	PGA		CUT	74	76			150	10		150		99T	111T		1,500
2002	PGA		CUT	87	80			167	23		167	0	155T	153T		2,000
Steadman, Michael																
1974	O		CUT	83	83			166	24		166		135T	139T		50
1981	O		CUT	79	72			151	11		151		105T	84T		225
Stear, Kenneth J.																
1959	PGA		CUT	78	75			153	13		153		137T	121T		
Stedman, T. E.																
1925	O		WD	84	87	85		256	40		171	256	66T	77	71	
1926	O		WD	82				82	10				75T			
Steel, Iain																
1996	O		CUT	72	77			149	7		149		63T	128T		650
Steel, William																
1860	O		8					232		58						
Steele, David M. A.																
1970	O	A	CUT	78	76			154	10		154		121T	107T		
Steele, Robert D.																
2005	O	A	CUT	78	75			153	9		153		138T	139T		
Steele, Tom C.																
1968	O		CUT	81	82			163	19		163		102T	117T		
Steelsmith, Jerry																
1961	US		29T	74	74	72	74	294	14	13	148	220	35T	39T	29T	350
1969	US		31T	72	72	75	71	290	10	9	144	219	27T	20T	41T	1,140
1970	PGA		48T	73	72	78	73	296	16	17	145	223	34T	26T	52T	420
1972	PGA		62T	73	77	75	75	300	20	19	150	225	36T	63T	66T	333
1973	PGA		66T	77	72	76	73	298	14	21	149	225	94T	68T	72T	360
1974	PGA		WD	79				79	9				120T			
Steenkamer, Joost																
1997	O		CUT	78	73			151	9		151		99T	103T		800
Steer, J. S.																
1928	O		CUT	88	82			170	26		170		108T	104		
Stefanik, Bernard M.																
1948	US		WD	84				84	13				162T			
Stefanik, Raymond																
1948	US		CUT	82	83			165	23		165		152T	152T		
Steffen, Douglas B.																
1975	US		CUT	77	78			155	13		155		89T	113T		500
1984	PGA		CUT	81	78			159	15		159		136T	136T		1,000
Stegner, Scott Modrall																
1977	US		CUT	75	77			152	12		152		77T	96T		500
1979	US		CUT	77	75			152	10		152		69T	64T		600
1982	US		CUT	81	77			158	14		158		122T	119T		600
1987	US		CUT	77	77			154	14		154		121T	131T		600
1994	PGA		CUT	81	74			155	15		155		147T	144		1,200
Steidle, Frank																
1947	US		CUT	77	81			158	16		158		95T	108T		
1953	US		CUT	82	75			157	13		157		133T	93T		

Year	*Event*	*A*	*Pos*	*R1*	*R2*	*R3*	*R4*	*Tot*	*P/M*	*SBW*	*R2T*	*R3T*	*R1P*	*R2P*	*R3P*	*W*
Steiger, E. M. "Joe"																
1959	US		CUT	82	80			162	22		162		130T	136T		
Stein, Al																
1968	PGA		CUT	82	86			168	28		168		153T	157T		
Stein, Bon																
1926	US		WD													
Stein, W. Joseph																
1926	US		CUT	78	87			165	21		165		46T	99T		
1927	US		CUT	88	87			175	31		175		110T	113T		
Steinmetz, Rich																
2005	PGA		CUT	81	77			158	18		158		156	152T		2,000
Stelten, Ronald J.																
1998	PGA		CUT	78	81			159	19		159		134T	146T		1,500
1999	PGA		CUT	77	79			156	12		156		123T	144T		1,750
2000	PGA		CUT	85	79			164	20		164		147T	141T		2,000
Stenard, Richard																
1946	PGA		64T													100
Stenhouse, Samuel																
1937	O		CUT	81	85			166	22		166		92T	121T		
1949	O		CUT	74	79			153	9		153		43T	68T		
Stenson, Henrik																
2001	O		CUT	75	77			152	10		152		105T	137T		900
2005	O		34T	74	67	73	72	286	-2	12	141	214	74T	25T	39T	22,000
	PGA		47T	74	67	75	71	287	7	11	141	216	97T	30T	60T	15,371
2006	M		CUT	77	74			151	7		151		65T	60T		5,000
	O		48T	72	71	74	71	288	0	18	143	217	68T	57T	58T	11,607
	PGA		14T	68	68	73	72	281	-7	11	136	209	4T	1T	12T	115,000
	US		26T	75	71	73	74	293	13	8	146	219	52T	21T	20T	52,341
2007	M		17T	72	76	77	72	297	9	8	148	225	10T	25T	23T	108,750
	O		CUT	71	76			147	5		147		25T	71T		3,200
	PGA		CUT	75	74			149	9		149		85T	98T		2,000
	US		CUT	79	76			155	15		155		128T	107T		2,000
2008	M		17T	74	72	72	72	290	2	10	146	218	44T	29T	28T	112,500
	O		3T	76	72	70	71	289	9	6	148	218	74T	52T	9T	255,000
	PGA		4T	71	70	68	72	281	1	4	141	209	16T	5T	2T	330,000
	US		CUT	78	76			154	12		154		112T	114T		2,000
Stephen, Alexander R. "Sandy"																
1972	O	A	CUT	74	77	76		227	14		151	227	35T	63T	70T	
1975	O	A	CUT	73	72	78		223	7		145	223	41T	32T	68T	
1988	O		CUT	82	78			160	18		160		148T	139T		450
1989	O		69T	71	74	71	77	293	5	18	145	216	25T	57T	47T	2,425
1991	O		CUT	75	79			154	14		154		115T	145T		600
Stephens, Pat																
1988	US		CUT	82	78			160	18		160		148T	147T		1,000
Stephens, Richard A.																
1964	US	A	CUT	77	79			156	16		156		77T	110T		
Stephens, Roger J. F.																
1981	O		CUT	77	80			157	17		157		72T	127T		225
Stephens, Wayne																
1989	O		61T	66	72	76	78	292	4	17	138	214	1	4T	33T	2,675
Stephenson, David																
1901	O		CUT	94	88			182			182					
1903	O		CUT	80	91			171			171					
1904	O		WD	86	80	80		246			166	246				
1905	O		28T	84	86	83	86	339		21	170	253			25T	
1906	O		48T	80	81	83	82	326		26	161	244			49	
1907	O		WD	84	87	81		252			171	252	22T	34T	27T	
1911	O		CUT	87	84			171			171		170T	144T		
Stephenson, George Henry																
1904	O		CUT	93	96			189			189					
1906	O		CUT	84	85			169			169					
Stephenson, Thomas A.																
1936	US	A	CUT	83	86			169	25		169		155T	155		
1949	US	A	WD													

Year	*Event*	*A*	*Pos*	*R1*	*R2*	*R3*	*R4*	*Tot*	*P/M*	*SBW*	*R2T*	*R3T*	*R1P*	*R2P*	*R3P*	*W*
Sterling, William Scott "Scott"																
2008	US		CUT	80	70			150	8		150		136T	81T		2,000
Sterne, Richard																
2006	O		CUT	76	73			149	5		149		137T	123T		2,250
2007	O		CUT	76	74			150	8		150		118T	105T		2,375
	PGA		WD	76				76	6				103T			
2008	M		25T	73	72	73	74	292	4	12	145	218	33T	21T	28T	54,844
	O		CUT	78	72			150	10		150		110T	84T		6,395
	US		CUT	76	75			151	9		151		85T	92T		2,000
Stevens, Anthony																
1987	O		78	71	75	82	84	312	28	33	146	228	28T	70T	74T	1,600
Stevens, C. G. B.																
1934	M	A	WD	82	81			163	19		163		67T	68T		
Stevens, Craig																
2001	PGA		CUT	73	76			149	9		149	0	101T	123T		2,000
2002	PGA		CUT	82	75			157	13		157	0	147T	138T		2,000
Stevens, David																
1912	US		WD	80	84			164	16		164	0	50T	64T		
1915	US		32T	76	80	80	80	316	28	19	156	236	10T	24T	27T	
1923	PGA		64T													
Stevens, F. C., Jr.																
1930	O	A	WD	80	78			158	14		158		68T	58T		
Stevens, Johnny																
1969	US		CUT	78	71			149	9		149		104T	69T		500
Stevens, Leicester B.																
1904	O	A	CUT	97	93			190			190					
1911	O	A	24T	79	83	77	76	315		12	162	239	47T	58T	33T	
Stevens, Melvin M. "Bud"																
1961	US	A	CUT	77	75			152	12		152		87T	91T		
1963	US	A	CUT	82	78			160	18		160		127T	118T		
1965	US	A	CUT	80	81			161	21		161		105T	121T		
1968	US	A	CUT	81	75			156	16		156		142T	126T		
Stevens, R. F. "Fred"																
1954	O	A	CUT	87	78			165	19		165		97	95		
Stevens, Thomas																
1923	US		40T	77	79	82	85	323	35	27	156	238	20T	24T	34T	
1926	US		23T	79	78	76	76	309	21	16	157	233	55T	42T	29T	
1927	O		20T	76	73	74	79	302	10	17	149	223	34T	13T	11T	
	US		WD	84	78			162	18		162	0	78T	47T		
Stevenson, A.																
1950	O	A	CUT	85	76			161	21		161		93	91		
Stevenson, Douglas T.																
1937	O	A	CUT	82	83			165	21		165		104T	114T		
1947	O	A	CUT	79	81			160	24		160		47T	65T		
Stevenson, Frank																
1935	US		CUT	84	84			168	24		168		115T	120T		
Stevenson, Harlan																
1963	US		CUT	83	78			161	19		161		137T	123T		150
1970	US		CUT	80	75			155	11		155		82T	80T		500
Stevenson, Philip G.																
1951	O		CUT	81	79			160	16		160		79T	75T		
Stevenson, Thomas																
1905	O		CUT	92	90			182			182					
Stevenson, Thomas G.																
1905	US	A	CUT	91	89			180			180		66T	62		
1908	US	A	CUT	96	94			190			190		64T	69T		
Stewart, Arthur																
1938	US	A	WD	83				83	12				113T			
Stewart, David																
1938	US		CUT	84	74			158	16		158		125T	79T		

Year	Event	A	Pos	R1	R2	R3	R4	Tot	P/M	SBW	R2T	R3T	R1P	R2P	R3P	W
Stewart, Earl Richard, Jr.																
1951	US		24T	74	74	78	75	301	21	14	148	226	14T	9T	28T	100
1952	M		34T	75	80	75	75	305	17	19	155	230	41T	59T	43T	200
	US		10T	76	75	70	72	293	13	12	151	221	58T	44T	14T	200
1953	M		16T	75	72	70	75	292	4	18	147	217	35T	22T	16T	443
	US		WD	76				76	4				39T			
1954	M		22T	78	75	75	71	299	11	10	153	228	47T	34T	39T	443
1955	M		43T	78	80	72	78	308	20	29	158	230	46T	62T	39T	250
	US		CUT	77	80			157	17		157		41T	69T		
1958	US		23T	75	74	77	73	299	19	16	149	226	12T	12T	29T	200
1962	US		17T	75	73	75	71	294	10	11	148	223	47T	28T	28T	800
1963	PGA		27T	70	77	70	73	290	6	11	147	217	7T	39T	21T	559
1967	PGA		26T	77	70	72	72	291	3	10	147	219	94T	30T	26T	1,150
1969	PGA		CUT	76	76			152	10		152		91T	101T		
1970	US		CUT	81	81			162	18		162		101T	132T		500
Stewart, J. W. E.																
1888	O	A	UNK													
Stewart, Jack P.																
1950	US	A	WD	96				96	26				162			
1954	US	A	WD	85				85	15				142T			
Stewart, John																
1861	O	A	UNK													
Stewart, Ray																
1986	O		CUT	85	79			164	24		164		139T	145		400
1990	PGA		26T	73	73	75	75	296	8	14	146	221	29T	18T	24T	8,650
	US		51T	70	74	73	75	292	4	12	144	217	12T	37T	48T	5,184
1991	US		CUT	77	76			153	9		153		105T	116T		1,000
Stewart, Rufus																
1928	O		37T	79	75	82	79	315	27	23	154	236	23T	18T	34T	
	US		CUT	80	83			163	21		163		75T	92T		
1931	O		47T	76	83	76	80	315	27	19	159	235	19T	58T	40T	
Stewart, Verne																
1941	US	A	55	76	78	80	83	317	37	33	154	234	45T	44T	52T	
Stewart, W. G.																
1897	US	A	20	91	90			181		19			23T			
1898	O	A	CUT	93	89			182			182		72T	68		
Stewart, Wheeler																
1984	PGA		CUT	78	77			155	11		155		109T	115T		1,000
1986	PGA		CUT	76	76			152	10		152		118T	122T		1,000
1987	PGA		CUT	80	77			157	13		157		118T	102T		1,000
Stewart, William																
1864	O	A	WD													
Stewart, William L.																
1955	US	A	CUT	83	88			171	31		171		121T	140T		
Stewart, William Payne "Payne"																
1981	O		58T	73	75	74	77	299	19	23	148	222	17T	54T	54T	550
1982	PGA		CUT	76	72			148	8		148		107T	88T		650
1983	M		32T	70	76	78	71	295	7	15	146	224	11T	36T	42	2,900
	PGA		CUT	78	71			149	7		149		132T	92T		1,000
1984	M		21T	76	69	68	74	287	-1	10	145	213	70T	32T	12T	6,475
	O		CUT	74	72	74		220	4		146	220	69T	58T	64T	610
	PGA		CUT	80	73			153	9		153		131T	102T		1,000
	US		CUT	75	78			153	13		153		89T	113T		600
1985	M		25T	69	71	76	76	292	4	10	140	216	2T	1T	8T	5,670
	O		2	70	75	70	68	283	3	1	145	215	12T	26T	11T	43,000
	PGA		12T	72	72	73	68	285	-3	7	144	217	52T	29T	33T	9,017
	US		5T	70	70	71	70	281	1	2	140	211	8T	11T	8T	18,459
1986	M		8T	75	71	69	69	284	-4	5	146	215	37T	19T	16T	23,200
	O		35T	76	69	75	76	296	16	16	145	220	38T	10T	16T	3,168
	PGA		5T	70	67	72	72	281	-3	5	137	209	17T	2T	4T	32,500
	US		6T	76	68	69	70	283	3	4	144	213	48T	7T	5T	19,009
1987	M		42T	71	75	74	78	298	10	13	146	220	3T	19T	24T	3,333
	O		4T	71	66	72	72	281	-3	2	137	209	28T	2T	4T	31,000
	PGA		24T	72	75	75	74	296	8	9	147	222	16T	26T	35T	5,975
	US		CUT	74	74			148	8		148		71T	78T		600
1988	M		25T	75	76	71	72	294	6	13	151	222	29T	41T	29T	7,975
	O		7T	73	75	68	67	283	-1	10	148	216	35T	57T	21T	21,000

Year	Event	A	Pos	R1	R2	R3	R4	Tot	P/M	SBW	R2T	R3T	R1P	R2P	R3P	W
	PGA		9T	70	69	70	73	282	-2	10	139	209	19T	12T	5T	21,500
	US		10T	73	73	70	67	283	-1	5	146	216	38T	49T	29T	17,871
1989	M		24T	73	75	74	70	292	4	9	148	222	21T	24T	28T	10,250
	O		8T	72	65	69	74	280	-8	5	137	206	42T	2T	3	21,000
	PGA		1	74	66	69	67	276	-12	-1	140	209	77T	14T	11T	200,000
	US		13T	66	75	72	71	284	4	6	141	213	1T	18T	18T	15,634
1990	M		36T	71	73	77	74	295	7	17	144	221	12T	14T	35T	6,133
	O		2T	68	68	68	71	275	-13	5	136	204	4T	3T	2T	60,000
	PGA		8T	71	72	70	79	292	4	10	143	213	6T	6T	2T	34,375
	US		CUT	73	75			148	4		148		61T	89T		1,000
1991	O		32T	72	72	71	68	283	3	11	144	215	61T	54T	54T	5,633
	PGA		13T	74	70	71	70	285	-3	9	144	215	77T	29T	19T	24,000
	US		1PO	67	70	73	72	282	-6	-3	137	210	1T	1	1T	235,000
1992	M		CUT	74	75			149	5		149		64T	77		1,500
	O		34T	70	73	71	72	286	2	14	143	214	36T	63T	40T	5,760
	PGA		69T	76	69	79	72	296	12	18	145	224	111T	39T	72T	2,488
	US		51T	73	70	72	83	298	10	13	143	215	46T	12T	8T	6,370
1993	M		9T	74	70	72	69	285	-3	8	144	216	54T	32T	24T	47,600
	O		12	71	72	70	63	276	-4	9	143	213	70T	64T	42T	21,500
	PGA		44T	71	70	70	73	284	0	12	141	211	58T	36T	33T	4,607
	US		2	70	66	68	70	274	-6	2	136	204	19T	2T	2	145,000
1994	M		CUT	78	78			156	12		156		72T	79T		1,500
	O		CUT	74	74			148	8		148		112T	120T		600
	PGA		66T	72	73	72	74	291	11	22	145	217	39T	65T	59T	2,600
	US		CUT	74	75			149	7		149		49T	82T		1,000
1995	M		41T	71	72	72	78	293	5	19	143	215	24T	29T	33T	8,567
	O		11T	72	68	75	71	286	-2	4	140	215	60T	10T	21T	26,000
	PGA		13T	69	70	69	67	275	-9	8	139	208	26T	29T	21T	33,750
	US		21T	74	71	73	69	287	7	7	145	218	83T	50T	35T	20,085
1996	M		CUT	74	76			150	6		150		48T	60T		1,500
	O		45T	70	73	71	71	285	1	14	143	214	25T	58T	52T	6,400
	PGA		69T	73	70	73	76	292	4	15	143	216	71T	32T	45T	3,813
	US		27T	67	71	76	73	287	7	9	138	214	1T	1	22T	17,809
1997	O		59	73	74	71	74	292	8	20	147	218	29T	62T	48T	5,800
	PGA		29T	70	70	72	74	286	6	17	140	212	23T	16T	11T	13,625
	US		28T	71	73	73	71	288	8	12	144	217	18T	36T	42T	17,443
1998	O		44T	71	71	78	75	295	15	15	142	220	42T	22T	30T	7,581
	PGA		CUT	76	74			150	10		150		122T	111T		1,500
	US		2	66	71	70	74	281	1	1	137	207	1	1	1	315,000
1999	M		52T	73	75	77	75	300	12	20	148	225	34T	43T	54	9,980
	O		30T	79	73	74	74	300	16	10	152	226	83T	46T	33T	11,557
	PGA		57T	75	71	75	74	295	7	18	146	221	101T	63T	61T	7,175
	US		1	68	69	72	70	279	-1	-1	137	209	5T	1T	1	625,000

Stickley, Arnold F.

Year	Event	A	Pos	R1	R2	R3	R4	Tot	P/M	SBW	R2T	R3T	R1P	R2P	R3P	W
1955	O		CUT	77	77			154	10		154		72T	77T		
1959	O		11T	68	74	77	71	290	2	6	142	219	1T	3T	20T	
1961	O		CUT	74	86			160	16		160		46T	85T		
1962	O		CUT	82	79			161	17		161		105T	100T		

Stiles, Darron Gary

Year	Event	A	Pos	R1	R2	R3	R4	Tot	P/M	SBW	R2T	R3T	R1P	R2P	R3P	W
2003	US		48T	71	68	72	76	287	7	15	139	211	45T	18T	24T	19,025
2007	US		CUT	74	80			154	14		154		57T	99T		2,000

Still, Kenneth Allan

Year	Event	A	Pos	R1	R2	R3	R4	Tot	P/M	SBW	R2T	R3T	R1P	R2P	R3P	W
1958	US		CUT	80	85			165	25		165		82T	134T		
1959	US		CUT	77	83			160	20		160		73T	125T		
1963	US		19T	76	75	78	74	303	19	10	151	229	45T	31T	32T	725
1966	US		36T	73	74	77	75	299	19	21	147	224	26T	25T	42T	790
1967	M		CUT	76	76			152	8		152		50T	61T		1,000
	PGA		38T	73	74	76	71	294	6	13	147	223	30T	30T	47T	633
1969	M		36T	73	75	71	77	296	8	15	148	219	31T	44T	31T	1,425
	PGA		CUT	78	75			153	11		153		113T	107T		
	US		56T	74	74	72	78	298	18	17	148	220	47T	56T	46T	835
1970	M		31T	74	73	74	73	294	6	15	147	221	24T	28T	35T	1,650
	PGA		CUT	76	78			154	14		154		78T	92T		
	US		5	78	71	71	71	291	3	10	149	220	51T	15T	6T	7,000
1971	M		6T	72	71	72	69	284	-4	5	143	215	12T	11T	10T	5,600
	PGA		79T	76	72	77	78	303	15	22	148	225	84T	62T	72T	258
	US		19T	71	72	69	75	287	7	7	143	212	18T	17T	8T	1,700
1972	M		40	74	77	77	76	304	16	18	151	228	25T	42T	39T	1,675
	PGA		40T	72	75	72	76	295	15	14	147	219	22T	42T	32T	784
	US		CUT	82	75			157	13		157		120T	89T		500
1973	PGA		56T	77	72	73	73	295	11	18	149	222	94T	68T	60T	360
1983	US		CUT	78	86			164	22		164		96T	138T		600

Year	Event	A	Pos	R1	R2	R3	R4	Tot	P/M	SBW	R2T	R3T	R1P	R2P	R3P	W
Still, William "Willie"																
1893	O	A	WD	95	96			191			191		65	63		
1900	US		WD	96	95	91		282			191	282	50T	52T	48	
Stillman, James A.																
1899	US	A	54	101	94	98	95	388		73	195	293	65T	61	56	
1902	US	A	WD	106	88			194			194	0	82	77		
Stills, Adrian A.																
1986	US		CUT	78	75			153	13		153		77T	93T		600
1998	US		CUT	85	81			166	26		166		155	153		1,000
Stimmel, Rick																
2000	US		CUT	76	83			159	17		159		86T	143T		1,000
Stinchcomb, Verl																
1938	US		WD	89				89	18				156			
1945	PGA		32T													200
1957	PGA		128T													50
Stirling, John																
1966	O		CUT	81	76			157	15		157		113T	100T		
Stirling, W.																
1865	O		WD	71	68			139			139		13	13		
Stobart, H. C.																
1894	O	A	WD	96	98			194			194		53T	67		
Stockdale, Brian																
1954	O	A	CUT	76	76			152	6		152		45T	51T		
1963	O	A	CUT	82	79			161	21		161		113T	114T		
Stockton, David Knapp																
1968	PGA		17T	75	71	68	72	286	6	5	146	214	65T	27T	11T	2,050
	US		9T	72	73	69	72	286	6	11	145	214	19T	24T	7T	2,517
1969	M		18	71	71	75	72	289	1	8	142	217	16T	5T	24T	2,400
	PGA		35T	75	67	71	76	289	5	13	142	213	72T	17T	16T	890
	US		25T	75	69	72	73	289	9	8	144	216	72T	20T	23T	1,300
1970	M		5T	72	72	69	70	283	-5	4	144	213	11T	9T	7T	6,667
	PGA		1	70	70	66	73	279	-1	-2	140	206	5T	1T	1	40,000
1971	M		9T	72	73	69	72	286	-2	7	145	214	12T	17T	7T	3,767
	O		11T	74	74	68	71	287	-5	9	148	216	47T	43T	13T	1,150
	PGA		41T	73	73	75	73	294	6	13	146	221	33T	43T	47T	693
	US		CUT	76	74			150	10		150		105T	72T		500
1972	M		10T	76	70	74	71	291	3	5	146	220	49T	15T	15T	3,600
	O		31T	72	72	76	74	294	10	16	144	220	15T	13T	25T	205
	PGA		40T	74	73	74	74	295	15	14	147	221	54T	42T	51T	784
	US		CUT	80	81			161	17		161		103T	116T		500
1973	M		14T	72	74	71	75	292	4	9	146	217	8T	19T	11T	3,000
	PGA		12T	72	69	75	69	285	1	8	141	216	22T	6T	19T	3,975
	US		39T	77	73	77	71	298	14	19	150	227	72T	55T	55T	1,000
1974	M		2T	71	66	70	73	280	-8	2	137	207	16T	1	1	21,250
	PGA		26T	71	73	70	74	288	8	12	144	214	20T	26T	13T	1,765
	US		40T	79	74	78	72	303	23	16	153	231	92T	58T	62T	980
1975	M		26T	72	72	73	74	291	3	15	144	217	17T	17T	16T	2,000
	PGA		CUT	77	74			151	11		151		90T	89T		
	US		43T	73	73	77	74	297	13	10	146	223	29T	27T	48T	985
1976	PGA		1	70	72	69	70	281	1	-1	142	211	12T	20T	5T	45,000
	US		CUT	81	78			159	19		159		121T	123T		500
1977	M		39T	73	72	75	73	293	5	17	145	220	24T	26T	38T	1,900
	PGA		31T	75	75	69	74	293	5	11	150	219	54T	57T	33T	1,350
	US		CUT	78	75			153	13		153		123T	104T		500
1978	M		CUT	76	75			151	7		151		50T	59T		1,500
	PGA		19T	68	75	74	72	289	5	13	143	217	2	13T	26T	3,100
	US		2T	71	73	70	72	286	2	1	144	214	5T	9T	3T	19,750
1979	M		CUT	74	75			149	5		149		49T	55T		1,500
	PGA		35T	70	75	72	70	287	7	15	145	217	16T	51T	52T	1,600
	US		36T	75	70	78	76	299	15	15	145	223	47T	5T	29T	1,560
1980	M		26T	74	70	76	69	289	1	14	144	220	40T	27T	42T	2,430
	PGA		CUT	73	81			154	14		154		45T	103T		500
	US		51T	73	73	77	70	293	13	21	146	223	50T	56T	60T	1,410
1981	M		31T	72	72	70	79	293	5	13	144	214	18T	21T	10T	2,013
	PGA		43T	70	75	70	73	288	8	15	145	215	12T	45T	37T	1,250
	US		CUT	76	79			155	15		155		102T	124T		600
1982	PGA		CUT	73	73			146	6		146		64T	75T		650
	US		45T	79	71	73	74	297	9	15	150	223	99T	46T	45T	1,855

Year	Event	A	Pos	R1	R2	R3	R4	Tot	P/M	SBW	R2T	R3T	R1P	R2P	R3P	W
1983	PGA		CUT	78	74			152	10		152		132T	126T		1,000
1984	PGA		39T	73	74	71	73	291	3	18	147	218	42T	51T	38T	2,506
1985	PGA		59T	72	72	77	74	295	7	17	144	221	52T	29T	54T	1,662
1986	PGA		53T	70	75	74	73	292	8	16	145	219	17T	50T	62T	1,740
1987	PGA		CUT	79	80			159	15		159		106T	115T		1,000
1988	PGA		48T	70	69	75	75	289	5	17	139	214	19T	12T	31T	2,231
	US		CUT	76	73			149	7		149		89T	81T		1,000
1989	PGA		68	76	69	75	77	297	9	21	145	220	110T	62T	64T	2,200
1990	PGA		CUT	80	77			157	13		157		124T	115T		1,000
1991	PGA		CUT	71	77			148	4		148		27T	78T		1,000
1997	US		CUT	76	78			154	14		154		115T	139T		1,000
Stoddard, Jack																
1941	US		WD	79				79	9				99T			
Stoddard, Joe																
1960	US		CUT	75	80			155	13		155		64T	110T		
Stoddard, Walter E.																
1898	US		29	103	95	97	96	391		63	198	295	44	41	37	
1899	US		56	101	106	96	95	398		83	207	303	65T	68	60	
1902	US		WD	95	96			191			191	0	73T	76		
1903	US		WD	86	88	90		264			174	264	46T	53T	56T	
1905	US		CUT	94	95			189			189		71T	71		
Stoddart, Lawrence B.																
1895	US	A	WD													
Stoehr, Allen																
1947	US	A	CUT	86	85			171	29		171		156T	145		
Stokes, Earl M., Jr.																
1935	US	A	62	76	80	93	85	334	46	35	156	249	21T	29T	65	
Stokes, Ed																
1928	US		CUT	85	81			166	24		166		124T	107T		
Stokes, Waddy																
1979	PGA		CUT	78	71			149	9		149		125T	97T		350
Stolz, Andre Pierre																
2003	PGA		CUT	75	83			158	18		158	0	77T	133T		2,000
Stone, John																
1997	PGA		CUT	75	75			150	10		150		97T	103T		1,300
Stone, Mike																
1999	US		CUT	77	80			157	17		157		136T	144T		1,000
Stone, Robert P.																
1961	US		CUT	75	75			150	10		150		50T	58T		
1963	US		CUT	79	81			160	18		160		91T	118T		150
1967	PGA		44T	74	74	75	73	296	8	15	148	223	47T	43T	47T	501
	US		CUT	76	74			150	10		150		87T	80T		400
1968	PGA		45T	74	72	72	76	294	14	13	146	218	51T	27T	31T	535
	US		48T	75	72	75	74	296	16	21	147	222	59T	42T	49T	815
1969	US		50T	74	72	75	75	296	16	15	146	221	47T	36T	52T	895
1970	PGA		48T	73	77	75	71	296	16	17	150	225	34T	63T	62	420
1971	PGA		67T	73	75	72	79	299	11	18	148	220	33T	62T	40T	258
1974	US		45T	75	74	77	78	304	24	17	149	226	25T	24T	32T	935
Stonehouse, Ralph S.																
1932	PGA		8T													
1934	M		16T	74	70	75	76	295	7	11	144	219	13T	3T	11T	
	US		CUT	80	76			156	16		156		76T	66T		
1935	M		54T	78	74	80	77	309	21	27	152	232	52T	49T	57T	
	PGA		64T													85
1936	PGA		64T													
1937	US		38T	75	74	74	76	299	11	18	149	223	45T	35T	33T	
1941	PGA		32T													
Stonehouse, Russell																
1934	US		CUT	85	79			164	24		164		134T	124T		
Stoops, Colin																
1995	US		CUT	79	77			156	16		156		147T	140T		1,000
Stopa, Stan B.																
1976	US		CUT	73	83			156	16		156		22T	101T		500
1982	US		CUT	78	77			155	11		155		78T	94T		600

Year	Event	A	Pos	R1	R2	R3	R4	Tot	P/M	SBW	R2T	R3T	R1P	R2P	R3P	W
Storey, Edward Francis "Eustace"																
1927	O	A	CUT	72	88			160	14		160		3T	91T		
1934	O	A	58T	77	76	76	82	311	23	28	153	229	52T	59T	44T	
1938	O	A	26T	77	71	84	84	316	36	21	148	232	67T	31T	29T	
Storey, Kenneth																
1939	US	A	CUT	82	81			163	25		163		139T	140T		
Storey, Thomas Rodger																
1974	US		CUT	80	84			164	24		164		107T	135T		500
Storm, Graeme																
1999	O	A	CUT	82	79			161	19		161		131T	131T		
2000	M	A	CUT	83	76			159	15		159		91	90		
2005	O		78T	75	70	80	71	296	8	22	145	225	97T	70T	80	8,450
2006	US		CUT	81	76			157	17		157		140T	137T		2,000
2007	O		CUT	78	80			158	16		158		136T	149T		2,100
	PGA		62T	65	76	74	78	293	13	21	141	215	1	15T	38T	13,650
2008	O		39T	76	70	72	78	296	16	13	146	218	74T	27T	9T	16,646
Stough, Donald N.																
1959	US		CUT	74	78			152	12		152		33T	69T		
1968	US		CUT	78	72			150	10		150		115T	72T		500
Stowe, Charles																
1936	O	A	CUT	79	82			161	13		161		60T	77T		
Strafaci, Frank																
1937	US	A	9	70	72	77	72	291	3	10	142	219	3T	5T	13T	
1938	M	A	WD	74	74	82		230	14		148	230	18T	18T	31T	
1946	US	A	CUT	83	75			158	14		158		154T	119T		
1947	US	A	67	72	79	81	79	311	27	29	151	232	22T	60T	69T	
1950	M	A	58	77	82	84	81	324	36	41	159	243	33T	56T	59T	
Strafaci, Tom																
1956	US		CUT	75	75			150	10		150		45T	52T		
1959	PGA		CUT	76	77			153	13		153		102T	121T		
1960	PGA		CUT	76	75	80		231	21		151	231	83T	81T	89T	
1961	US		CUT	78	80			158	18		158		106T	128T		
Straker, Reginald																
1931	O	A	CUT	83	82			165	21		165		92T	89T		
Stranahan, Frank R.																
1946	M	A	20	76	74	73	75	298	10	16	150	223	27T	23T	20T	
	US	A	45T	74	76	77	75	302	14	18	150	227	30T	39T	49T	
1947	M	A	2T	73	72	70	68	283	-5	2	145	215	22T	21T	7T	
	O	A	2T	71	79	72	72	294	22	1	150	222	3	9T	5	
	US	A	13T	73	74	72	72	291	7	9	147	219	30T	27T	20T	
1948	O	A	23T	77	71	75	74	297	25	13	148	223	56T	28T	27T	
	US	A	41T	72	69	78	79	298	14	22	141	219	23T	5T	24T	
1949	M	A	19T	70	77	75	74	296	8	14	147	222	2	10T	18T	
	O	A	13	71	73	74	72	290	2	7	144	218	15T	6T	14T	
	US	A	CUT	82	73			155	13		155		139T	87T		
1950	M	A	14T	74	79	73	71	297	9	14	153	226	13T	36T	28T	
	O	A	9T	77	70	73	66	286	6	7	147	220	60T	27T	23T	
	US	A	46T	79	70	79	78	306	26	19	149	228	108T	42T	46T	
1951	M	A	32T	74	74	74	79	301	13	21	148	222	18T	22T	20T	
	O	A	12T	75	75	72	73	295	7	10	150	222	26T	22T	11T	
	US	A	42T	74	77	78	77	306	26	19	151	229	14T	37T	41T	
1952	M	A	19T	72	74	76	76	298	10	12	146	222	14T	19T	16T	
	O	A	37T	75	76	78	80	309	9	22	151	229	40T	42T	37T	
	US	A	CUT	77	75			152	12		152		73T	54T		
1953	M	A	14T	72	75	69	75	291	3	17	147	216	10T	22T	10T	
	O	A	2T	70	74	73	69	286	-2	4	144	217	1	4T	6T	
	US	A	21T	75	75	75	75	300	12	17	150	225	23T	22T	22T	
1954	M	A	43T	79	75	72	78	304	16	15	154	226	56T	38T	28T	
	O	A	29T	73	75	71	76	295	3	12	148	219	19T	26T	16T	
	US	A	CUT	80	81			161	21		161		92T	120T		
1955	M		15T	77	76	71	71	295	7	16	153	224	31T	41T	21T	563
	US		12T	80	71	76	71	298	18	11	151	227	81T	14T	21T	226
1956	M		22T	72	75	79	76	302	14	13	147	226	11T	19T	29T	630
	O	A	12	72	76	72	76	296	12	10	148	220	12T	9T	5T	
	US		34T	76	71	75	77	299	19	18	147	222	64T	23T	26T	200
1957	M		CUT	79	75			154	10		154		68T	61T		300
	O	A	19T	74	71	74	72	291	3	12	145	219	37T	20T	25T	
	US		13T	72	76	69	74	291	11	9	148	217	17T	26T	11T	360

Year	Event	A	Pos	R1	R2	R3	R4	Tot	P/M	SBW	R2T	R3T	R1P	R2P	R3P	W
1958	M		CUT	72	79			151	7		151		18T	47T		350
	PGA		31T	76	76	74	69	295	15	19	152	226	67T	59T	46T	270
	US		10T	72	72	75	75	294	14	11	144	219	4T	3	5T	567
1959	M		34T	74	72	73	77	296	8	12	146	219	19T	18T	18T	350
	PGA		53T	74	72	70	79	295	15	18	146	216	56T	43T	25T	200
	US		CUT	76	79			155	15		155		58T	96T		
1960	PGA		49T	75	75	74	75	299	19	18	150	224	66T	68T	52T	200
	US		49T	72	73	74	79	298	14	18	145	219	19T	29T	39T	240
1961	O	A	CUT	75	81			156	12		156		60T	62T		
	PGA		CUT	75	76			151	11		151		71T	83T		
	US		45T	73	76	76	74	299	19	18	149	225	20T	47T	52T	275
1962	PGA		17T	69	73	72	74	288	8	10	142	214	3T	7T	12T	967
1963	PGA		59T	74	73	77	74	298	14	19	147	224	40T	39T	64T	275
	US		CUT	76	78			154	12		154		45T	63T		150
1964	PGA		CUT	78	75			153	13		153		126T	108T		

Stranahan, Richard A.

Year	Event	A	Pos	R1	R2	R3	R4	Tot	P/M	SBW	R2T	R3T	R1P	R2P	R3P	W
1959	PGA		35T	74	70	72	75	291	11	14	144	216	56T	23T	25T	200
1960	PGA		51T	76	72	74	78	300	20	19	148	222	83T	43T	39T	200
	US		27T	70	73	73	75	291	7	11	143	216	4T	15T	24T	368
1962	PGA		CUT	79	75			154	14		154		140T	118T		
1965	US		CUT	77	79			156	16		156		64T	89T		300
1967	PGA		CUT	81	83			164	20		164		130T	136		
1968	PGA		CUT	80	72			152	12		152		140T	93T		
1971	US		CUT	76	78			154	14		154		105T	107T		500
1972	PGA		CUT	79	79			158	18		158		112T	113T		

Strange, Curtis Northrop

Year	Event	A	Pos	R1	R2	R3	R4	Tot	P/M	SBW	R2T	R3T	R1P	R2P	R3P	W
1975	M	A	CUT	75	77			152	8		152		48T	64T		
1976	M	A	15T	71	76	73	71	291	3	20	147	220	11T	27T	24T	
	O	A	CUT	79	74			153	9		153		100T	85T		
1977	M		CUT	79	74			153	9		153		72	67T		1,500
	US		CUT	77	74			151	11		151		105T	84T		500
1978	PGA		58T	72	74	71	79	296	12	20	146	217	23T	38T	26T	500
1979	PGA		CUT	74	76			150	10		150		75T	105T		350
1980	M		CUT	77	70			147	3		147		70T	53T		1,500
	PGA		5T	68	72	72	72	284	4	10	140	212	2T	4	5T	14,500
	US		16T	69	74	71	70	284	4	12	143	214	13T	30T	28T	2,892
1981	M		19T	69	79	70	71	289	1	9	148	218	1T	44T	28T	4,500
	PGA		27T	73	72	74	66	285	5	12	145	219	55T	45T	60T	2,850
	US		17T	71	69	72	71	283	3	10	140	212	32T	16T	19T	2,950
1982	M		7T	74	70	73	72	289	1	5	144	217	10T	1T	8T	11,067
	O		15T	72	73	76	70	291	3	7	145	221	14T	21T	24T	3,900
	PGA		14T	72	70	71	69	282	2	10	142	213	41T	26T	25T	5,750
	US		39T	74	73	74	75	296	8	14	147	221	33T	21T	34T	2,175
1983	M		CUT	77	72			149	5		149		72T	50T		1,750
	O		29T	74	68	70	73	285	1	10	142	212	82T	26T	18T	1,465
	PGA		86	71	74	85	74	304	20	30	145	230	27T	47T	87	1,500
	US		26T	74	72	78	72	296	12	16	146	224	25T	17T	37T	4,465
1984	M		46T	71	74	75	77	297	9	20	145	220	13T	32T	43T	2,100
	PGA		CUT	79	79			158	14		158		119T	130T		1,000
	US		3	69	70	74	68	281	1	5	139	213	5T	5T	10T	36,000
1985	M		2T	80	65	68	71	284	-4	2	145	213	74	13T	2	52,267
	PGA		CUT	77	76			153	9		153		128T	120T		1,000
	US		31T	71	68	76	73	288	8	9	139	215	15T	7T	23T	5,431
1986	M		21T	73	74	68	72	287	-1	8	147	215	19T	29T	16T	9,300
	O		14T	79	69	74	69	291	11	11	148	222	96T	30T	34T	11,500
	PGA		CUT	74	75			149	7		149		89T	97T		1,000
	US		CUT	76	79			155	15		155		48T	110T		600
1987	M		12T	71	70	73	76	290	2	5	141	214	3T	1	5T	17,640
	PGA		9	70	76	71	74	291	3	4	146	217	4T	18T	10T	22,500
	US		4T	71	72	69	71	283	3	6	143	212	18T	31T	11T	24,543
1988	M		21T	76	70	72	74	292	4	11	146	218	39T	17T	14T	11,200
	O		13T	79	69	69	68	285	1	12	148	217	124T	57T	24T	14,000
	PGA		31T	72	72	73	69	286	2	14	144	217	44T	61T	53T	4,843
	US		1PO	70	67	69	72	278	-6	-2	137	206	9T	3T	1	180,000
1989	M		18T	74	71	74	72	291	3	8	145	219	26T	9T	11T	14,000
	O		61T	70	74	74	74	292	4	17	144	218	17T	44T	63T	2,675
	PGA		2T	70	68	70	69	277	-11	1	138	208	21T	9T	6T	83,333
	US		1	71	64	73	70	278	-2	-1	135	208	35T	1	3	200,000
1990	M		7T	70	73	71	72	286	-2	8	143	214	5T	10T	10T	35,150
	O		CUT	74	71			145	1		145		105T	83T		550
	PGA		CUT	79	76			155	11		155		119T	100T		1,000
	US		21T	73	70	68	75	286	-2	6	143	211	61T	27T	7T	12,843

Year	Event	A	Pos	R1	R2	R3	R4	Tot	P/M	SBW	R2T	R3T	R1P	R2P	R3P	W
1991	M		42T	72	74	72	71	289	1	12	146	218	31T	54T	50T	4,875
	O		38T	70	73	69	72	284	4	12	143	212	18T	39T	22T	4,980
	PGA		WD	81				81	9				142T			1,000
	US		CUT	77	74			151	7		151		105T	98T		1,000
1992	M		31T	73	72	71	69	285	-3	10	145	216	48T	55T	43T	8,717
	O		CUT	74	73			147	5		147		111T	111T		600
	PGA		CUT	74	78			152	10		152		70T	109T		1,200
	US		23T	67	78	76	74	295	7	10	145	221	2	29T	51T	13,906
1993	M		WD	77				77	5				80T			1,500
	PGA		CUT	72	73			145	3		145		74T	89T		1,200
	US		25T	73	68	75	67	283	3	11	141	216	99T	28T	71T	14,532
1994	M		27T	74	70	75	75	294	6	15	144	219	26T	16T	19T	14,800
	PGA		19T	73	71	68	70	282	2	13	144	212	61T	52T	25T	18,667
	US		4	70	70	70	70	280	-4	1	140	210	6T	7T	7T	75,728
1995	M		9	72	71	65	73	281	-7	7	143	208	34T	29T	8T	63,800
	O		CUT	73	76			149	5		149		85T	104T		650
	PGA		17T	72	68	68	68	276	-8	9	140	208	82T	37T	21T	26,000
	US		36T	70	72	76	71	289	9	9	142	218	11T	21T	35T	9,812
1996	M		CUT	71	77			148	4		148		18T	51T		1,500
	O		72T	71	72	72	77	292	8	21	143	215	43T	58T	57T	4,875
	PGA		26T	73	70	68	73	284	-4	7	143	211	71T	32T	15T	18,000
	US		27T	74	73	71	69	287	7	9	147	218	84T	87T	54T	17,809
1997	O		44T	71	71	70	77	289	5	17	142	212	11T	13T	13T	7,050
	PGA		CUT	76	77			153	13		153		108T	122T		1,300
	US		CUT	79	71			150	10		150		144T	108T		1,000
1998	O		19T	73	73	74	70	290	10	10	146	220	89T	65T	30T	17,220
	US		CUT	77	78			155	15		155		110T	130T		1,000
1999	US		CUT	78	74			152	12		152		146T	119T		1,000
2000	PGA		58T	72	70	76	72	290	2	20	142	218	22T	15T	58T	10,250
	US		CUT	81	81			162	20		162		147T	153T		1,000
2001	PGA		CUT	74	77			151	11		151	0	117T	133T		2,000
2002	PGA		CUT	81	76			157	13		157	0	145T	138T		2,000

Strange, Scott

Year	Event	A	Pos	R1	R2	R3	R4	Tot	P/M	SBW	R2T	R3T	R1P	R2P	R3P	W
2008	O		CUT	84	72			156	16		156		152	136T		4,746
	PGA		CUT	73	78			151	11		151		43T	95T		2,500

Strange, Thomas Wright, Jr.

Year	Event	A	Pos	R1	R2	R3	R4	Tot	P/M	SBW	R2T	R3T	R1P	R2P	R3P	W
1949	US	A	CUT	80	84			164	22		164		120T	138T		
1950	US	A	CUT	79	82			161	21		161		108T	132T		
1951	US	A	CUT	80	78			158	18		158		102T	102T		
1964	US		CUT	77	74			151	11		151		77T	56T		300
1967	US		48T	72	73	76	76	297	17	22	145	221	21T	29T	42T	715
1968	US		CUT	79	76			155	15		155		125T	116T		500

Strath, Andrew

Year	Event	A	Pos	R1	R2	R3	R4	Tot	P/M	SBW	R2T	R3T	R1P	R2P	R3P	W
1860	O		3					180		6						
1863	O		4	61	55	58		174		6	116		5T	3		2
1864	O		2	56	57	56		169		2	113					5
1865	O		1	55	54	53		162		-2	109		1	2		8
1866	O		6	61	61	60		182		13	122					
1867	O		3	61	57	56		174		4	118					3

Strath, David "Davie"

Year	Event	A	Pos	R1	R2	R3	R4	Tot	P/M	SBW	R2T	R3T	R1P	R2P	R3P	W
1869	O		3	53	56	60		169		12	109			2		2
1870	O		3PO	54	49	58		161		12	103					2
1872	O		2	56	52	61		169		3	108		1	1		5
1873	O		5	97	90			187		8						
1874	O		18T	86	90			176		17						
1875	O		6	59	61	58		178		12	120					1
1876	O		2WO	86	90			176		-7						5
1877	O		5T	45	40	38	43	166		6	86	124				1

Strath, George

Year	Event	A	Pos	R1	R2	R3	R4	Tot	P/M	SBW	R2T	R3T	R1P	R2P	R3P	W
1878	O		14	63	62	51		176		19	125					
1879	O		30T	97	94			191		22						
1880	O		17T	87	96			183		21						
1881	O		UNK													
1883	O		29	91	93			184		25	184					
1884	O		20					183		23						
1886	O		24T	86	84			170		13						
1887	O		WD													
1896	US		22T	91	89			180		28			28T			

Strath, William

Year	Event	A	Pos	R1	R2	R3	R4	Tot	P/M	SBW	R2T	R3T	R1P	R2P	R3P	W
1864	O		6	60	62	60		182		15	122					
1865	O		8	60	60	62		182		20	120		5T	8T		

Year	Event	A	Pos	R1	R2	R3	R4	Tot	P/M	SBW	R2T	R3T	R1P	R2P	R3P	W
Straub, Art																
1931	US		CUT	79	81			160	18		160		63T	76T		
1936	US		CUT	80	76			156	12		156		138T	113T		
Straub, Austin																
1969	US		CUT	83	75			158	18		158		143T	124T		500
1972	US		67T	76	77	75	87	315	27	25	153	228	45T	45T	42T	800
1973	US		CUT	74	80			154	12		154		31T	88T		500
1979	PGA		65T	73	70	72	79	294	14	22	143	215	52T	26T	38T	515
	US		CUT	77	80			157	15		157		69T	96T		600
Straub, Tim																
1998	US		CUT	74	78			152	12		152		56T	105T		1,000
Strauss, Robert																
1933	US		CUT	83	75			158	14		158		124T	78T		
Strawinski, Ben																
1946	US	A	WD	90				90	18				167			
Strawn, David J.																
1974	M	A	CUT	77	75			152	8		152		66T	62T		
	US	A	CUT	78	76			154	14		154		78T	67T		
1976	O		CUT	78	77			155	11		155		75T	105T		100
1977	US		CUT	77	71			148	8		148		105T	61T		500
Strazza, Frank																
1934	US		CUT	81	81			162	22		162		98T	111T		
1939	US		CUT	81	85			166	28		166		128T	147T		
1950	US		CUT	77	77			154	14		154		89T	84T		
Streck, Ronald Raymond																
1977	US		23T	73	73	71	71	288	8	10	146	217	35T	44T	33T	1,700
1979	M		CUT	78	76			154	10		154		68T	67		1,500
	PGA		4	68	71	69	68	276	-4	4	139	208	3T	9T	6	20,000
	US		CUT	80	81			161	19		161		114T	119T		600
1980	M		CUT	75	73			148	4		148		55T	62T		1,500
	PGA		59T	75	71	70	82	298	18	24	146	216	78T	39T	12T	743
	US		56T	72	71	76	77	296	16	24	143	219	30T	30T	55T	1,355
1981	O		44T	78	70	72	74	294	14	18	148	220	90T	54T	39T	575
	PGA		49T	69	77	75	68	289	9	16	146	221	7T	60T	70T	913
1982	M		32	74	76	75	73	298	10	14	150	225	10T	22T	32T	2,300
	PGA		22T	71	72	71	70	284	4	12	143	214	21T	37T	30T	3,600
	US		56T	72	77	75	77	301	13	19	149	224	8T	35T	50T	1,358
1983	PGA		76	72	73	77	76	298	14	24	145	222	39T	47T	73T	1,500
1984	PGA		CUT	79	76			155	11		155		119T	115T		1,000
1985	PGA		65T	70	76	77	75	298	10	20	146	223	18T	49T	67T	1,536
	US		CUT	80	72			152	12		152		137T	115T		600
Streelman, Kevin																
2008	US		53T	68	77	78	72	295	11	12	145	223	1T	22T	58T	20,251
Street, Don																
1961	PGA		CUT	82	77			159	19		159		151T	141T		
Street, Jeff																
1999	US		CUT	76	75			151	11		151		132T	105T		1,000
Stricker, Steven Charles																
1993	US		83	72	72	76	72	292	12	20	144	220	76T	72T	84T	4,838
1995	PGA		23T	75	64	69	70	278	-6	11	139	208	119T	29T	21T	15,500
	US		13T	71	70	71	74	286	6	6	141	212	29T	11T	5T	30,934
1996	M		CUT	80	69			149	5		149		89T	56T		1,500
	O		22T	71	70	66	74	281	-3	10	141	207	43T	35T	7T	11,875
	PGA		26T	73	72	72	67	284	-4	7	145	217	71T	60T	56T	18,000
	US		60T	74	71	75	71	291	11	13	145	220	84T	56T	80T	5,825
1997	M		CUT	77	79			156	12		156		47T	70T		5,000
	O		62T	72	73	74	75	294	10	22	145	219	17T	40T	55T	5,625
	PGA		CUT	73	75			148	8		148		64T	84T		1,300
	US		36T	66	76	75	72	289	9	13	142	217	2T	19T	42T	13,483
1998	O		52T	70	72	80	74	296	16	16	142	222	28T	22T	50T	6,860
	PGA		2	69	68	66	70	273	-7	2	137	203	10T	2T	1T	324,000
	US		5T	73	71	69	73	286	6	6	144	213	37T	20T	6T	107,392
1999	M		38T	75	72	69	79	295	7	15	147	216	55T	35T	25T	17,200
	O		CUT	80	77			157	15		157		100T	100T		369
	PGA		CUT	72	76			148	4		148		36T	84T		1,750
	US		5	70	73	69	73	285	5	6	143	212	24T	20T	5T	130,655
2000	M		19T	70	73	75	73	291	3	13	143	218	3T	12T	16T	53,820

Year	Event	A	Pos	R1	R2	R3	R4	Tot	P/M	SBW	R2T	R3T	R1P	R2P	R3P	W
	O		CUT	73	74			147	3		147		76T	99T		1,100
	PGA		CUT	80	73			153	9		153		135T	118T		2,000
	US		27T	75	74	75	72	296	12	24	149	224	72T	53T	35T	34,066
2001	M		10T	66	71	72	71	280	-8	8	137	209	2T	4T	10T	128,800
	O		42T	71	69	72	75	287	3	13	140	212	34T	17T	28T	13,500
	PGA		66T	75	65	75	70	285	5	20	140	215	128T	57T	74T	9,950
	US		CUT	73	75			148	8		148	0	46T	90T		1,000
2002	M		CUT	75	76			151	7		151		53T	69T		5,000
	O		59T	69	70	81	69	289	5	11	139	220	16T	17T	72T	9,300
	PGA		CUT	74	78			152	8		152	0	53T	105T		2,000
	US		16T	72	77	69	71	289	9	12	149	218	25T	52T	25T	86,372
2004	US		CUT	75	73			148	8		148	0	99T	95T		1,000
2006	PGA		7T	72	67	70	69	278	-10	8	139	209	61T	12T	12T	207,788
	US		6T	70	69	76	73	288	8	3	139	215	2T	1	4T	183,255
2007	M		CUT	77	79			156	12		156		59T	77T		5,000
	O		8T	71	72	64	74	281	-3	4	143	207	25T	20T	2	94,750
	PGA		23T	77	68	69	71	285	5	13	145	214	116T	55T	24T	51,000
	US		13T	75	73	68	76	292	12	7	148	216	77T	33T	7T	124,706
2008	M		CUT	73	77			150	6		150		33T	63T		10,000
	O		7T	77	71	71	73	292	12	9	148	219	91T	52T	15T	96,944
	PGA		39T	71	75	77	69	292	12	15	146	223	16T	35T	61T	30,200
	US		29T	73	76	71	72	292	8	9	149	220	31T	65T	35T	48,482

Striley, Lawrence H.

Year	Event	A	Pos	R1	R2	R3	R4	Tot	P/M	SBW	R2T	R3T	R1P	R2P	R3P	W
1908	US		CUT	99	94			193			193		72T	75		

Stringer, Irving

Year	Event	A	Pos	R1	R2	R3	R4	Tot	P/M	SBW	R2T	R3T	R1P	R2P	R3P	W
1910	US		28T	83	77	82	78	320		22	160	242	48T	27T	32T	
1912	US		52T	83	82	83	86	334	38	40	165	248	74T	72T	53	

Stroble, Bobby

Year	Event	A	Pos	R1	R2	R3	R4	Tot	P/M	SBW	R2T	R3T	R1P	R2P	R3P	W
1976	US		62T	77	70	82	76	305	25	28	147	229	89T	26T	64T	1,000

Stroh, Stan

Year	Event	A	Pos	R1	R2	R3	R4	Tot	P/M	SBW	R2T	R3T	R1P	R2P	R3P	W
1948	US	A	DQ	88				88	17				168T			

Strong, Herbert W.

Year	Event	A	Pos	R1	R2	R3	R4	Tot	P/M	SBW	R2T	R3T	R1P	R2P	R3P	W
1899	O		CUT	89	90			179			179		51T	52		
1903	O		CUT	87	91			178			178					
1904	O		CUT	93	88			181			181					
1905	US		46T	88	85	83	88	344		30	173	256	54T	52T	42	
1907	US		38	82	85	84	80	331		29	167	251	35T	47T	43T	
1908	US		29T	91	89	88	84	352		30	180	268	33T	36T	40T	
1909	US		37T	75	79	80	83	317		27	154	234	9T	25T	31T	
1910	US		CUT	82	86			168			168		43T	54T		
1912	US		WD	84	80			164	16		164	0	85T	64T		
1913	US		9	75	74	82	79	310	26	6	149	231	8T	3T	9T	40
1915	US		26T	83	76	78	76	313	25	16	159	237	51T	37T	30T	
1916	US		37T	78	77	77	77	309	21	23	155	232	39T	39T	36T	
1919	US		WD	88				88	17				89T			

Stronnar, Robert

Year	Event	A	Pos	R1	R2	R3	R4	Tot	P/M	SBW	R2T	R3T	R1P	R2P	R3P	W
1898	O		CUT	90	88			178			178		64T	61T		

Stroud, Christopher Jam

Year	Event	A	Pos	R1	R2	R3	R4	Tot	P/M	SBW	R2T	R3T	R1P	R2P	R3P	W
2007	US		CUT	80	75			155	15		155		140T	107T		2,000
2008	US		CUT	84	77			161	19		161		149T	139T		2,000

Stroup, Lenny

Year	Event	A	Pos	R1	R2	R3	R4	Tot	P/M	SBW	R2T	R3T	R1P	R2P	R3P	W
1974	PGA		CUT	79	82			161	21		161		120T	128T		

Struver, Sven

Year	Event	A	Pos	R1	R2	R3	R4	Tot	P/M	SBW	R2T	R3T	R1P	R2P	R3P	W
1998	O		35T	75	70	80	68	293	13	13	145	225	127T	47T	64T	8,900
1999	O		66	77	73	79	79	308	24	18	150	229	55T	21T	52T	6,200
	PGA		CUT	71	76			147	3		147		24T	75T		1,750
	US		32T	70	76	75	74	295	15	16	146	221	24T	46T	37T	22,449
2004	O		CUT	74	73			147	5		147		95T	85T		2,500

Stuart, Alexander

Year	Event	A	Pos	R1	R2	R3	R4	Tot	P/M	SBW	R2T	R3T	R1P	R2P	R3P	W
1887	O	A	22T	96	88			184		23						
1891	O	A	UNK													
1892	O	A	38T	87	84	84	85	340		35	171	255			36T	
1894	O	A	35T	88	95	96	86	365		39	183	279	15T	31T	47T	
1895	O	A	33	86	88	88	94	356		34	174	262	15T		27	
1903	O	A	CUT	85	88			173			173					

Stuart, Everett

Year	Event	A	Pos	R1	R2	R3	R4	Tot	P/M	SBW	R2T	R3T	R1P	R2P	R3P	W
1953	US		WD	82				82	10				133T			
1955	US		WD	84				84	14				129T			

Year	Event	A	Pos	R1	R2	R3	R4	Tot	P/M	SBW	R2T	R3T	R1P	R2P	R3P	W
Stuart, Glenn																
1964	PGA		CUT	71	77	75		223	13		148	223	22T	70T	71T	
1965	PGA		CUT	75	82			157	15		157		59T	129T		
1966	PGA		CUT	80	79			159	19		159		131T	131T		
1967	PGA		CUT	77	80			157	13		157		94T	113T		
1968	PGA		CUT	72	79			151	11		151		23T	83T		
1969	PGA		CUT	78	76			154	12		154		113T	113T		
1974	PGA		CUT	82	78			160	20		160		134T	126T		
Stuart, Hugh Bannerman																
1973	O	A	CUT	78	75			153	9		153		87T	85T		
Stuart, J. M.																
1925	O		65T	81	89	84	86	340	52	40	170	254	44T	74T	66T	
Stuart, James P.																
1991	M	A	CUT	81	72			153	9		153		85T	77T		
1992	M	A	CUT	79	79			158	14		158		81	80T		
Stuart, Jeb																
1991	US		CUT	78	79			157	13		157		123T	135T		1,000
1999	US		CUT	77	78			155	15		155		136T	135T		1,000
Stuart, John																
1900	US	A	39	94	92	84	92	362		49	186	270	47T	49	36T	
Stuart, John E.																
1959	O	A	CUT	80	78			158	14		158		82T	84T		
1962	O	A	CUT	77	77			154	10		154		47T	52T		
Stuart, John G.																
1902	O		WD													
Stubblefield, Larry																
1972	US		CUT	75	81			156	12		156		31T	80T		500
Stubblefield, Michael E.																
1982	US		CUT	76	81			157	13		157		56T	108T		600
Stubbs, Andrew K.																
1982	O	A	CUT	74	80			154	10		154		32T	100T		
1989	O		CUT	72	78			150	6		150		42T	110T		500
Studer, Brent A.																
1994	US		CUT	76	74			150	8		150		86T	98T		1,000
Studinger, George																
1948	US	A	CUT	83	80			163	21		163		158T	149T		
Stuhler, Arthur																
1957	PGA		128T													50
1958	PGA		CUT	80	87			167	27		167		126T	149T		
Stuhler, Frank																
1937	US		CUT	79	80			159	15		159		98T	124T		
1939	US		CUT	77	82			159	21		159		84T	115T		
1954	US		CUT	82	78			160	20		160		116T	113T		
Stuhler, George M.																
1948	US		CUT	78	76			154	12		154		118T	101T		
1949	PGA		64T													100
Stukart, Henry W. "Hank"																
1973	PGA		CUT	83	81			164	22		164		143T	143T		
1976	PGA		CUT	81	82			163	23		163		124T	126T		250
Stuntebeck, Pete																
1946	US	A	WD													
Stupple, Alex																
1935	US		CUT	89	85			174	30		174		150T	142T		
Stupple, Robert A.																
1927	US		CUT	91	84			175	31		175		129T	113T		
1928	O		CUT	82	85			167	23		167		66T	97T		
1937	US		20T	73	73	73	76	295	7	14	146	219	21T	15T	13T	50
1938	US		41T	78	74	81	77	310	26	26	152	233	47T	29T	48T	
1957	PGA		128T													50
1958	PGA		CUT	81	76			157	17		157		136T	117T		

Year	Event	A	Pos	R1	R2	R3	R4	Tot	P/M	SBW	R2T	R3T	R1P	R2P	R3P	W
Stuttle, Jess																
1929	US		CUT	84	84			168	24		168		127T	119T		
1931	US		CUT	81	79			160	18		160		87T	76T		
Suddards, Kevin																
1976	O		CUT	81	77			158	14		158		123T	127T		100
Sugai, Noboru																
1993	O		CUT	74	82			156	16		156		132T	154		600
2003	O		CUT	83	82			165	23		165		145T	150		2,000
Sugihara, Teruo																
1978	O		CUT	84	73			157	13		157		155	141T		175
Sugimoto, Hideyo																
1967	M		CUT	76	76			152	8		152		50T	61T		1,000
1968	M		35T	71	75	73	72	291	3	14	146	219	10T	28T	35T	1,375
	US		CUT	75	74			149	9		149		59T	65T		500
Sugrue, Daniel																
2004	O		CUT	74	74			148	6		148		95T	102T		2,500
Suico, Henry H.																
1948	US		WD	78				78	7				118T			
Sullivan, Buddy Charles																
1958	PGA		CUT	80	80			160	20		160		126T	132T		
1959	PGA		CUT	78	76			154	14		154		137T	132T		
	US		CUT	81	84			165	25		165		121T	144		
1960	PGA		51T	75	73	73	79	300	20	19	148	221	66T	43T	30T	200
1963	PGA		WD	75	74			149	7		149	0	65T	60T		
1964	PGA		CUT	82	76			158	18		158		156T	139T		
Sullivan, "Chip"																
2003	PGA		CUT	74	78			152	12		152	0	58T	108T		2,000
2004	PGA		31T	72	71	73	71	287	-1	7	143	216	40T	31T	47T	34,250
2006	PGA		CUT	79	72			151	7		151		149T	134T		2,000
2007	PGA		CUT	78	80			158	18		158		126T	145T		2,000
Sullivan, Dennis M.																
1978	US		CUT	82	71			153	11		153		131T	85T		600
1979	US		CUT	74	79			153	11		153		29T	72T		600
Sullivan, John																
1925	O		54T	81	85	82	85	333	45	33	166	248	44T	58T	52T	
1926	O		52	78	78	83	89	328	44	37	156	239	30T	29T	50T	
1927	O		36T	77	77	77	76	307	15	22	154	231	49T	45T	40T	
Sullivan, Michael James																
1978	PGA		34T	70	75	73	73	291	7	15	145	218	7T	29T	39T	1,750
1980	PGA		30T	71	74	76	72	293	13	19	145	221	20T	31T	46T	2,200
1981	M		35T	72	74	74	74	294	6	14	146	220	18T	27T	36T	1,800
	PGA		56T	70	72	74	75	291	11	18	142	216	12T	24T	43T	810
	US		CUT	77	71			148	8		148		115T	71T		600
1982	PGA		CUT	71	77			148	8		148		21T	88T		650
1983	O		14T	72	68	74	68	282	-2	7	140	214	48T	14T	31T	5,040
	PGA		CUT	76	75			151	9		151		116T	119T		1,000
	US		34T	74	76	74	74	298	14	18	150	224	25T	47T	37T	3,687
1984	O		CUT	72	77			149	5		149		38T	97T		330
	PGA		65T	76	72	79	70	297	9	24	148	227	87T	60T	70	1,543
	US		25T	70	73	70	77	290	10	14	143	213	12T	15T	10T	5,718
1986	PGA		53T	72	73	74	73	292	8	16	145	219	46T	50T	62T	1,740
1987	PGA		56T	73	72	74	82	301	13	14	145	219	23T	14T	17T	1,856
1989	M		46T	76	74	73	78	301	13	18	150	223	51T	37T	33T	3,125
	PGA		12T	76	66	67	73	282	-6	6	142	209	110T	28T	11T	21,900
1990	PGA		CUT	75	77			152	8		152		60T	75T		1,000
1994	US		CUT	75	74			149	7		149		71T	82T		1,000
1995	M		CUT	72	75			147	3		147		34T	55T		1,500
	PGA		63T	72	69	71	73	285	1	18	141	212	82T	48T	49T	3,400
Sullivan, Timmy																
1950	US	A	CUT	76	78			154	14		154		75T	84T		
Sullivan, Vincent																
1965	PGA		49T	72	73	79	74	298	14	18	145	224	19T	17T	52T	467
1966	US		30T	77	73	73	74	297	17	19	150	223	86T	44T	35T	920
Summerhays, Bruce Patton																
1967	US		CUT	79	79			158	18		158		129T	134T		400

Year	Event	A	Pos	R1	R2	R3	R4	Tot	P/M	SBW	R2T	R3T	R1P	R2P	R3P	W
1968	US		CUT	80	80			160	20		160		134T	143T		500
1972	US		CUT	78	78			156	12		156		72T	80T		500
1974	US		66	77	76	79	83	315	35	28	153	232	52T	58T	64	800
1977	PGA		CUT	83	84			167	23		167		130T	131T		250
1978	PGA		CUT	74	79			153	11		153		44T	105T		303
1979	PGA		CUT	78	74			152	12		152		125T	120T		350
1981	PGA		77	73	74	75	80	302	22	29	147	222	55T	69T	74T	750
Sumner, R. H. Nigel																
1970	O	A	CUT	75	80			155	11		155		87T	109T		
Suneson, Carl																
1991	O		96T	69	77	69	77	292	12	20	146	215	12T	78T	54T	3,000
1996	O		64T	73	69	74	72	288	4	17	142	216	92T	44T	64T	5,300
1998	O		CUT	77	70			147	7		147		147T	82T		1,000
Sunesson, Arvid Magnus "Magnus"																
1991	O		12T	72	73	68	67	280	0	8	145	213	61T	67T	31T	17,100
1992	O		CUT	74	75			149	7		149		111T	127T		600
1993	O		66T	70	73	73	72	288	8	21	143	216	48T	64T	68T	3,675
Sunter, A. B.																
1905	O		WD	85				85								
Susalla, Eddie																
1949	US		CUT	87	84			171	29		171		155T	146T		
1951	US		WD	85				85	15				148T			
Sutherland, David																
1924	O		44T	79	80	85	80	324		23	159	244	27T	31T	47T	
1926	US		WD													
1927	US		34T	78	81	78	80	317	29	16	159	237	15T	29T	27T	
1928	US		CUT	81	84			165	23		165		90T	103T		
1930	US		CUT	83	85			168	22		168		123T	124T		
Sutherland, David Allan																
1998	PGA		70	77	68	77	73	295	15	24	145	222	128T	60T	73T	5,550
2000	O		CUT	75	72			147	3		147		111T	99T		1,100
Sutherland, Kevin John Woodward																
1996	US		CUT	73	80			153	13		153		65T	138T		1,000
1997	PGA		76T	73	73	73	78	297	17	28	146	219	64T	68T	65T	3,675
1998	PGA		44T	74	71	71	72	288	8	17	145	216	99T	60T	50T	7,990
	US		CUT	77	76			153	13		153		110T	112T		1,000
1999	PGA		CUT	74	74			148	4		148		80T	84T		1,750
2000	PGA		CUT	74	74			148	4		148		58T	81T		2,000
2001	O		9T	75	69	68	67	279	-5	5	144	212	105T	62T	28T	63,750
	PGA		CUT	73	70			143	3		143	0	101T	85T		2,000
	US		44T	73	72	73	72	290	10	14	145	218	46T	43T	53T	18,780
2002	M		CUT	78	70			148	4		148		75T	46T		5,000
	O		CUT	73	78			151	9		151		86T	138T		2,250
	PGA		43T	72	75	71	78	296	8	18	147	218	22T	42T	13T	17,000
	US		37T	74	75	70	75	294	14	17	149	219	55T	52T	35T	26,783
2003	M		33T	77	72	76	70	295	7	14	149	225	53T	43T	44T	36,375
	PGA		18T	69	74	71	73	287	7	11	143	214	6T	18T	20T	73,000
	US		28T	71	71	72	70	284	4	12	142	214	45T	46T	42T	41,254
2004	PGA		CUT	74	72			146	2		146	0	83T	74T		2,000
	US		CUT	76	71			147	7		147	0	119T	87T		1,000
2005	PGA		77	74	70	75	77	296	16	20	144	219	97T	62T	76	11,800
2007	PGA		9T	73	69	68	71	281	1	9	142	210	53T	19T	6T	170,333
	US		58T	74	76	79	75	304	24	19	150	229	57T	51T	62T	17,371
2008	PGA		63T	76	71	77	75	299	19	22	147	224	90T	48T	65T	14,500
Sutherland, W.																
1877	O		UNK													
Sutter, Tom																
1998	US		CUT	79	73			152	12		152		135T	105T		1,000
Sutton, Alexander R.																
1966	US		CUT	74	78			152	12		152		41T	65T		300
Sutton, Hal Evan																
1980	M	A	52	73	73	82	73	301	13	26	146	228	30T	42T	52	
	US	A	CUT	73	78			151	11		151		50T	92T		
1981	M	A	CUT	80	75			155	11		155		75T	73T		
	O	A	47T	71	77	73	74	295	15	19	148	221	3T	54T	47T	
	US	A	CUT	77	73			150	10		150		115T	89T		

Year	Event	A	Pos	R1	R2	R3	R4	Tot	P/M	SBW	R2T	R3T	R1P	R2P	R3P	W
1982	O		CUT	80	73			153	9		153		123T	88T		225
	PGA		29T	72	68	70	75	285	5	13	140	210	41T	14T	10T	3,100
	US		19T	73	76	72	70	291	3	9	149	221	17T	35T	34T	4,008
1983	M		27T	73	73	70	77	293	5	13	146	216	42T	36T	16T	3,667
	O		29T	68	71	75	71	285	1	10	139	214	5T	9T	31T	1,465
	PGA		1	65	66	72	71	274	-10	-1	131	203	1	1	1	100,000
	US		6	73	70	73	71	287	3	7	143	216	17T	5T	7T	13,254
1984	M		CUT	74	73			147	3		147		49T	48T		1,500
	O		CUT	76	77			153	9		153		120T	139T		330
	PGA		6T	74	73	64	69	280	-8	7	147	211	54T	51T	13T	17,250
	US		16T	72	72	74	70	288	8	12	144	218	33T	23T	29T	7,799
1985	M		31T	77	69	70	77	293	5	11	146	216	58T	25T	8T	4,445
	PGA		65T	69	75	76	78	298	10	20	144	220	10T	29T	48T	1,536
	US		23T	74	71	74	68	287	7	8	145	219	64T	45T	47T	6,345
1986	M		CUT	80	72			152	8		152		81T	56T		1,500
	PGA		21T	73	71	70	72	286	2	10	144	214	70T	38T	22T	6,120
	US		4T	75	70	66	71	282	2	3	145	211	24T	14T	2T	26,269
1987	M		CUT	77	76			153	9		153		58T	61T		1,500
	O		11T	71	70	73	71	285	1	6	141	214	28T	19T	18T	13,500
	PGA		28T	73	74	74	76	297	9	10	147	221	23T	26T	28T	4,383
	US		31T	74	70	70	74	288	8	11	144	214	71T	48T	23T	6,555
1988	M		CUT	80	77			157	13		157		70T	74T		1,500
	O		CUT	76	78			154	12		154		83T	113T		450
	PGA		66T	69	74	75	77	295	11	23	143	218	13T	51T	61T	1,840
	US		64	74	72	75	77	298	14	20	146	221	56T	49T	56T	3,691
1989	M		CUT	72	82			154	10		154		11T	65T		1,500
	PGA		CUT	76	70			146	2		146		110T	71T		1,000
	US		29T	69	75	72	72	288	8	10	144	216	9T	44T	34T	9,007
1990	M		CUT	81	71			152	8		152		84	66T		1,500
	PGA		49T	72	74	78	76	300	12	18	146	224	16T	18T	53T	2,866
	US		CUT	76	73			149	5		149		115T	103T		1,000
1991	PGA		7T	74	67	72	71	284	-4	8	141	213	77T	8T	11T	38,000
	US		CUT	77	73			150	6		150		105T	87T		1,000
1992	M		CUT	76	75			151	7		151		73T	78T		1,500
	PGA		CUT	77	78			155	13		155		126T	130T		1,200
1993	PGA		31T	69	72	70	72	283	-1	11	141	211	23T	36T	33T	7,058
1994	PGA		55T	76	69	72	72	289	9	20	145	217	112T	65T	59T	3,158
1995	M		CUT	77	69			146	2		146		70T	48T		1,500
	PGA		CUT	70	74			144	2		144		44T	87T		1,200
	US		36T	71	74	76	68	289	9	9	145	221	29T	50T	63T	9,812
1996	M		CUT	72	76			148	4		148		33T	51T		1,500
	PGA		CUT	73	81			154	10		154		71T	139T		1,300
1997	PGA		CUT	78	78			156	16		156		132T	135T		1,300
	US		19T	66	73	73	74	286	6	10	139	212	2T	4T	12T	31,915
1998	PGA		27T	72	68	72	71	283	3	12	140	212	60T	15T	24T	20,500
1999	M		CUT	79	76			155	11		155		87T	84T		5,000
	O		10T	73	78	72	72	295	11	5	151	223	4T	30T	14T	34,800
	PGA		26T	72	73	73	71	289	1	12	145	218	36T	53T	41T	24,000
	US		7T	69	70	76	72	287	7	8	139	215	10T	4T	10T	96,260
2000	M		10	72	75	71	69	287	-1	9	147	218	10T	39T	16T	124,200
	O		CUT	75	70			145	1		145		111T	75T		1,300
	PGA		CUT	74	75			149	5		149		58T	98T		2,000
	US		23T	69	73	83	70	295	11	23	142	225	7T	6T	43T	45,537
2001	M		36	74	69	71	75	289	1	17	143	214	56T	30T	25T	28,840
	PGA		44T	67	71	73	70	281	1	16	138	211	11T	26T	50T	14,250
	US		24T	70	75	71	71	287	7	11	145	216	10T	43T	35T	42,523
2002	O		CUT	74	75			149	7		149		106T	126T		2,250
	PGA		60T	73	73	75	78	299	11	21	146	221	38T	38T	35T	11,200
	US		CUT	77	77			154	14		154	0	113T	107T		1,000
2003	O		CUT	76	76			152	10		152		65T	84T		3,000
	PGA		39T	75	71	67	79	292	12	16	146	213	77T	39T	12T	22,000
2004	PGA		CUT	73	74			147	3		147	0	61T	92T		2,000
2005	PGA		79	69	73	80	78	300	20	24	142	222	18T	36T	78T	11,600

Sutton, Harry L.

Year	Event	A	Pos	R1	R2	R3	R4	Tot	P/M	SBW	R2T	R3T	R1P	R2P	R3P	W
1924	O		64	81	79	83	87	330		29	160	243	50T	37T	43T	

Sutton, Norman

Year	Event	A	Pos	R1	R2	R3	R4	Tot	P/M	SBW	R2T	R3T	R1P	R2P	R3P	W
1930	O		24T	72	80	76	79	307	19	16	152	228	6T	20T	18T	
1936	O		23T	75	72	78	77	302	6	15	147	225	23T	11T	20T	10
1937	O		CUT	78	78			156	12		156		51T	56T		
1938	O		32T	72	75	87	85	319	39	24	147	234	14T	25T	32T	
1939	O		CUT	77	76			153	7		153		65T	53T		
1946	O		33	76	77	80	84	317	25	27	153	233	15T	24T	24T	

Year	Event	A	Pos	R1	R2	R3	R4	Tot	P/M	SBW	R2T	R3T	R1P	R2P	R3P	W
1947	O		17	77	76	73	77	303	31	10	153	226	26T	19T	18T	
1948	O		23T	72	73	77	75	297	25	13	145	222	9T	14T	24T	
1949	O		19	69	78	75	73	295	7	12	147	222	3T	25T	21T	
1950	O		24T	71	75	74	73	293	13	14	146	220	5T	22T	23T	
1951	O		6T	73	70	74	76	293	5	8	143	217	8T	2	2T	20
1952	O		20	72	74	79	76	301	1	14	146	225	12T	15T	25T	
1953	O		29T	76	72	76	79	303	15	21	148	224	25T	13T	15T	25
1954	O		27T	70	80	72	72	294	2	11	150	222	3	39T	30T	
1955	O		27T	71	74	75	74	294	6	13	145	220	10T	20T	23T	
1956	O		CUT	73	81			154	12		154		22T	50T		
1957	O		30T	69	76	73	77	295	7	16	145	218	4T	20T	20T	
1958	O		CUT	79	78			157	15		157		84T	90		
1963	O		CUT	82	81			163	23		163		113T	118		
1966	O		CUT	77	82			159	17		159		77T	111T		
1967	O		CUT	79	79			158	14		158		107T	113T		

Sutton, William

Year	Event	A	Pos	R1	R2	R3	R4	Tot	P/M	SBW	R2T	R3T	R1P	R2P	R3P	W
1924	O	A	40T	85	76	80	82	323		22	161	241	76T	43T	38T	
1930	O	A	52T	78	76	81	82	317	29	26	154	235	35T	34T	47T	
1931	O	A	59	80	79	79	82	320	32	24	159	238	64T	58T	53T	

Suveges, John

Year	Event	A	Pos	R1	R2	R3	R4	Tot	P/M	SBW	R2T	R3T	R1P	R2P	R3P	W
1959	PGA		CUT	81	78			159	19		159		162T	161T		
1963	PGA		CUT	75	80			155	13		155		65T	112T		

Suzuki, Norio

Year	Event	A	Pos	R1	R2	R3	R4	Tot	P/M	SBW	R2T	R3T	R1P	R2P	R3P	W
1976	O		10T	69	75	75	70	289	1	10	144	219	1T	8T	11T	1,975
1977	O		26T	74	71	69	75	289	9	21	145	214	48T	33T	21T	449
1980	O		19T	74	68	72	72	286	2	15	142	214	46T	17T	23T	2,012
1981	M		45T	74	74	75	77	300	12	20	148	223	36T	44T	42T	1,500

Suzuki, Toru

Year	Event	A	Pos	R1	R2	R3	R4	Tot	P/M	SBW	R2T	R3T	R1P	R2P	R3P	W
1995	O		CUT	80	73			153	9		153		156T	141T		650
1998	O		CUT	78	77			155	15		155		153T	146T		650
2002	O		CUT	79	72			151	9		151		152T	138T		2,250

Sviland, Tore C.

Year	Event	A	Pos	R1	R2	R3	R4	Tot	P/M	SBW	R2T	R3T	R1P	R2P	R3P	W
1981	O	A	CUT	86	78			164	24		164		151T	151T		

Svoboda, Andrew

Year	Event	A	Pos	R1	R2	R3	R4	Tot	P/M	SBW	R2T	R3T	R1P	R2P	R3P	W
2006	US		CUT	75	75			150	10		150		52T	64T		2,000
2008	US		71T	77	71	74	78	300	16	17	148	222	100T	49T	47T	15,189

Swaelens, Donald

Year	Event	A	Pos	R1	R2	R3	R4	Tot	P/M	SBW	R2T	R3T	R1P	R2P	R3P	W
1958	O	A	11T	74	67	74	70	285	1	7	141	215	39T	11T	15T	
1961	O	A	CUT	74	80			154	10		154		46T	49T		
1962	O		23	72	79	74	74	299	11	23	151	225	5T	26T	20T	
1963	O		44	70	75	77	78	300	20	23	145	222	7T	16T	33T	43
1967	O		CUT	72	78			150	6		150		23T	59T		
1968	O		CUT	80	75	80		235	19		155	235	87T	64T	67T	
1969	O		30T	72	73	76	74	295	11	15	145	221	18T	23T	36T	177
1970	O		CUT	72	72	80		224	8		144	224	45T	29T	58T	52
1971	O		49T	75	73	72	78	298	6	20	148	220	61T	43T	29T	129
1972	O		CUT	78	78			156	14		156		107T	114T		50
1973	O		CUT	80	76			156	12		156		119T	115T		50
1974	O		7T	77	73	74	69	293	9	11	150	224	46T	21T	19T	1,717

Swartz, Michael

Year	Event	A	Pos	R1	R2	R3	R4	Tot	P/M	SBW	R2T	R3T	R1P	R2P	R3P	W
1988	US		CUT	73	75			148	6		148		38T	73T		1,000
1992	US		CUT	76	86			162	18		162		101T	152		1,000
1996	US		32T	72	72	74	70	288	8	10	144	218	43T	42T	54T	14,071
1997	US		CUT	77	72			149	9		149		125T	93T		1,000

Sweatt, Gregory

Year	Event	A	Pos	R1	R2	R3	R4	Tot	P/M	SBW	R2T	R3T	R1P	R2P	R3P	W
1997	US		CUT	78	89			167	27		167		137T	154		1,000

Sweborg, Tim

Year	Event	A	Pos	R1	R2	R3	R4	Tot	P/M	SBW	R2T	R3T	R1P	R2P	R3P	W
1974	PGA		CUT	81	85			166	26		166		129T	134		

Sweeny, Robert J., Jr.

Year	Event	A	Pos	R1	R2	R3	R4	Tot	P/M	SBW	R2T	R3T	R1P	R2P	R3P	W
1932	O	A	44	78	74	77	78	307	19	24	152	229	69T	40T	38T	
1934	O	A	CUT	80	79			159	15		159		84T	92T		
1935	O	A	46T	72	73	82	80	307	19	24	145	227	11T	7T	33T	
1936	M	A	44T	83	75	74	87	319	31	34	158	232	45	42	36T	
1937	O	A	CUT	75	85			160	16		160		17T	83T		
1939	O	A	33T	74	75	80	79	308	16	18	149	229	26T	24T	30	
1940	M	A	39T	76	78	73	78	305	17	25	154	227	39T	46T	40T	
1946	O	A	CUT	85	77			162	18		162		90T	69T		

Year	Event	A	Pos	R1	R2	R3	R4	Tot	P/M	SBW	R2T	R3T	R1P	R2P	R3P	W
1947	O	A	WD													
1949	M	A	52	82	80	79	77	318	30	36	162	241	56T	56	56	
1950	M	A	51T	77	76	79	78	310	22	27	153	232	33T	36T	46T	
1951	M	A	55T	80	79	78	78	315	27	35	159	237	56T	60T	61	
1952	M	A	55T	74	77	79	83	313	25	27	151	230	29T	38T	43T	
1953	M	A	34T	75	76	72	75	298	10	24	151	223	35T	42T	34T	
1954	M	A	63	81	76	79	76	312	24	23	157	236	68T	55T	63T	
1955	M	A	WD													
	US	A	CUT	80	77			157	17		157		81T	69T		
1959	M	A	CUT	81	77			158	14		158		71T	73T		
	O	A	CUT	78	73			151	7		151		69T	58T		
1960	M	A	CUT	81	73			154	10		154		78T	65T		
1961	M	A	CUT	74	77			151	7		151		22T	49T		
1967	O	A	CUT	81	75			156	12		156		117T	102T		
1968	O	A	CUT	79	77			156	12		156		75T	70T		
1970	O	A	CUT	75	80			155	11		155		86T	109T		

Sweet, Arthur B.

Year	Event	A	Pos	R1	R2	R3	R4	Tot	P/M	SBW	R2T	R3T	R1P	R2P	R3P	W
1924	US	A	57	81	88	87	87	343	55	46	169	256	48T	73	69T	
1928	US	A	CUT	84	88			172	30		172		115T	122T		

Sweetser, Jesse W. "Jess"

Year	Event	A	Pos	R1	R2	R3	R4	Tot	P/M	SBW	R2T	R3T	R1P	R2P	R3P	W
1921	US	A	14T	78	78	77	77	310	30	21	156	233	22T	23T	18	
1923	US	A	WD	79	80	80		239	23		159	239	34T	42T	38T	
1934	M	A	58	80	82	81	78	321	33	37	162	243	58T	67	65T	
1936	M	A	WD	89	79			168	24		168		53	51		
1937	M	A	40	75	80	85	79	319	31	36	155	240	23T	41	42	
1938	M	A	33	82	75	73	75	305	17	20	157	230	42	43	31T	
1939	M	A	29T	75	75	75	77	302	14	23	150	225	19T	24T	26	
1952	M	A	WD	84				84	12				67			
1953	M	A	WD	75	78	77		230	14		153	230	35T	52T	56T	
1954	M	A	WD	79				79	7				56T			
1955	M	A	WD	79				79	7				53T			

Sweny, Henry Roy

Year	Event	A	Pos	R1	R2	R3	R4	Tot	P/M	SBW	R2T	R3T	R1P	R2P	R3P	W
1897	US	A	33T	96	98			194		32			29			
1898	US	A	27	92	97	96	99	384		56	189	285	33T	40	36	
1899	US		WD													

Swift, Alden B.

Year	Event	A	Pos	R1	R2	R3	R4	Tot	P/M	SBW	R2T	R3T	R1P	R2P	R3P	W
1904	US	A	CUT	90	88			178			178		56T	54T		

Swift, Robert

Year	Event	A	Pos	R1	R2	R3	R4	Tot	P/M	SBW	R2T	R3T	R1P	R2P	R3P	W
1964	PGA		CUT	78	79			157	17		157		126T	133T		

Swilor, Milan

Year	Event	A	Pos	R1	R2	R3	R4	Tot	P/M	SBW	R2T	R3T	R1P	R2P	R3P	W
1999	PGA		CUT	80	80			160	16		160		145T	149		1,750

Swindells, R.

Year	Event	A	Pos	R1	R2	R3	R4	Tot	P/M	SBW	R2T	R3T	R1P	R2P	R3P	W
1910	O		CUT	89	91			180			180					

Swing, William

Year	Event	A	Pos	R1	R2	R3	R4	Tot	P/M	SBW	R2T	R3T	R1P	R2P	R3P	W
1937	US		CUT	84	87			171	27		171		160T	161		

Sylvester, Joseph F.

Year	Event	A	Pos	R1	R2	R3	R4	Tot	P/M	SBW	R2T	R3T	R1P	R2P	R3P	W
1913	US		45T	81	81	87	83	332	48	28	162	249	38T	42T	47T	
1915	US		50	81	76	84	88	329	41	32	157	241	44T	31T	45T	
1919	PGA		32T													50
	US		WD	84				84	13				58T			
1920	PGA		16T													60
1921	PGA		32T													50
	US		44T	81	82	84	78	325	45	36	163	247	43T	51T	57T	
1923	US		24T	77	80	79	79	315	27	19	157	236	20T	28T	30T	
1927	US		CUT	79	85			164	20		164		26T	63T		

Sym, Alan M. B.

Year	Event	A	Pos	R1	R2	R3	R4	Tot	P/M	SBW	R2T	R3T	R1P	R2P	R3P	W
1973	O	A	CUT	81	78			159	15		159		129T	131T		

Szwedko, Andrew

Year	Event	A	Pos	R1	R2	R3	R4	Tot	P/M	SBW	R2T	R3T	R1P	R2P	R3P	W
1938	US	A	CUT	82	76			158	16		158		106T	79T		
1939	US	A	CUT	81	78			159	21		159		128T	115T		
1940	US	A	29T	76	77	76	71	300	12	13	153	229	58T	56T	50T	
1941	M	A	47	81	79	78	81	319	31	39	160	238	47	47	47	

Tabor, J.

Year	Event	A	Pos	R1	R2	R3	R4	Tot	P/M	SBW	R2T	R3T	R1P	R2P	R3P	W
1895	O		46T	99	93	91	91	374		52	192	283	68		48	

Taggart, Fred

Year	Event	A	Pos	R1	R2	R3	R4	Tot	P/M	SBW	R2T	R3T	R1P	R2P	R3P	W
1926	O		CUT	80	83			163	21		163		58T	83T		

Year	Event	A	Pos	R1	R2	R3	R4	Tot	P/M	SBW	R2T	R3T	R1P	R2P	R3P	W
1928	O		11T	76	74	77	78	305	17	13	150	227	10T	6T	9T	
1929	O		32T	75	75	83	81	314	10	22	150	233	19T	15T	26T	
1930	O		CUT	78	81			159	15		159		35T	63T		
1931	O		56	76	81	81	80	318	30	22	157	238	19T	42T	53T	
1932	O		39T	73	81	75	77	306	18	23	154	229	6T	57T	38T	
1933	O		CUT	78	79			157	11		157		86T	95T		
1934	O		31T	70	76	82	77	305	17	22	146	228	2	11	36T	
1937	O		CUT	81	75			156	12		156		92T	56T		
1938	O		CUT	79	78			157	17		157		92T	92T		
1939	O		26T	73	77	76	78	304	12	14	150	226	16T	29T	24T	
1946	O		CUT	83	82			165	21		165		78T	87T		
1947	O		CUT	81	79			160	24		160		70T	65T		

Taggart, Joseph E.

Year	Event	A	Pos	R1	R2	R3	R4	Tot	P/M	SBW	R2T	R3T	R1P	R2P	R3P	W
1906	O		CUT	86	83			169			169					

Taggart, Stanley

Year	Event	A	Pos	R1	R2	R3	R4	Tot	P/M	SBW	R2T	R3T	R1P	R2P	R3P	W
1960	O		CUT	75	80			155	9		155		41T	67T		

Taggert, S.

Year	Event	A	Pos	R1	R2	R3	R4	Tot	P/M	SBW	R2T	R3T	R1P	R2P	R3P	W
1938	O		CUT	82	73			155	15		155		110T	82T		

Tailer, Thomas Suffern "Tommy," Jr.

Year	Event	A	Pos	R1	R2	R3	R4	Tot	P/M	SBW	R2T	R3T	R1P	R2P	R3P	W
1938	M	A	18T	74	69	75	80	298	10	13	143	218	18T	2T	7T	
1939	M	A	21	78	75	73	71	297	9	18	153	226	36T	32T	27T	
1940	M	A	39T	79	74	74	78	305	17	25	153	227	53T	42T	40T	
	US	A	CUT	78	84			162	18		162		84T	135T		
1949	US	A	CUT	82	79			161	19		161		139T	131T		

Tait, Alexander G.

Year	Event	A	Pos	R1	R2	R3	R4	Tot	P/M	SBW	R2T	R3T	R1P	R2P	R3P	W
1891	O	A	UNK													

Tait, Frederick Guthrie "Freddie"

Year	Event	A	Pos	R1	R2	R3	R4	Tot	P/M	SBW	R2T	R3T	R1P	R2P	R3P	W
1891	O	A	30T	94	88			182		16						
1892	O	A	21T	81	83	84	78	326		21	164	248			24T	
1894	O	A	9	90	83	83	84	340		14	173	256	20T	9T	10T	
1895	O	A	15T	87	86	82	86	341		19	173	255	22T		15T	
1896	O	A	3T	83	75	84	77	319		3	158	242				
1897	O	A	3T	79	79	80	79	317		3	158	238				
1898	O	A	5	81	77	75	82	315		8	158	233	13T	7T	3T	
1899	O	A	7T	81	82	79	82	324		14	163	242	14T	14T	9T	

Tait, Robert

Year	Event	A	Pos	R1	R2	R3	R4	Tot	P/M	SBW	R2T	R3T	R1P	R2P	R3P	W
1879	O		21T					186		17						
1883	O		28	89	94			183		24	183					
1886	O		20T	84	83			167		10						
1888	O		18T	95	90			185		14						
1889	O		UNK	40												
1891	O		UNK													
1894	O		WD	100	98			198			198		75T	75		
1901	O		CUT	89	89			178			178			49T		
1903	O		CUT	91	91			182			182					

Takai, Yoshiharu

Year	Event	A	Pos	R1	R2	R3	R4	Tot	P/M	SBW	R2T	R3T	R1P	R2P	R3P	W
1980	O		CUT	72	77	74		223	10		149	223	18T	80T	80T	350

Takami, Kazuhiro

Year	Event	A	Pos	R1	R2	R3	R4	Tot	P/M	SBW	R2T	R3T	R1P	R2P	R3P	W
1995	O		CUT	76	77			153	9		153		135T	141T		650

Takayama, Tadahiro

Year	Event	A	Pos	R1	R2	R3	R4	Tot	P/M	SBW	R2T	R3T	R1P	R2P	R3P	W
2005	O		23T	72	72	70	70	284	–4	10	144	214	41T	55T	39T	32,500
2006	US		CUT	77	75			152	12		152		90T	82T		2,000

Talbot, David

Year	Event	A	Pos	R1	R2	R3	R4	Tot	P/M	SBW	R2T	R3T	R1P	R2P	R3P	W
1958	O	A	CUT	86	76			162	20		162		95	93T		
1961	O		CUT	79	84			163	19		163		94T	96T		
1962	O		CUT	82	80			162	18		162		105T	107T		
1965	O		40T	75	72	76	82	305	13	20	147	223	41T	23T	22T	
1966	O		CUT	77	77			154	12		154		77T	82T		
1967	O		CUT	74	82			156	12		156		41T	102T		
1968	O		CUT	74	79	76		229	13		153	229	12T	44T	46T	
1969	O		CUT	77	75			152	10		152		82T	74T		
1970	O		CUT	75	71	80		226	10		146	226	86T	44T	70T	35
1971	O		63	77	72	75	78	302	10	24	149	224	92T	57T	59T	94
1972	O		50T	72	76	76	74	298	14	20	148	224	15T	38T	50T	130
1976	O		55T	74	74	74	78	300	12	21	148	222	24T	39T	26T	175

Year	Event	A	Pos	R1	R2	R3	R4	Tot	P/M	SBW	R2T	R3T	R1P	R2P	R3P	W
Talbot, Philip																
1993	O		CUT	70	74			144	4		144		48T	79T		600
Talbot, Thomas																
1933	US		CUT	83	86			169	25		169		124T	136T		
1947	US		CUT	73	85			158	16		158		30T	108T		
Talkington, Tom D., Sr.																
1958	PGA		33T	75	73	73	75	296	16	20	148	221	43T	35T	32T	220
1959	PGA		CUT	76	77			153	13		153		102T	121T		
1961	US		CUT	78	75			153	13		153		106T	102T		
Talman, Maurice V. "Morrie"																
1919	US		CUT	91	84			175	33		175		110T	91T		
Tambellini, Roger H.																
2004	US		CUT	79	73			152	12		152	0	147T	132T		1,000
Tampion, Andrew																
2008	O		CUT	78	73			151	11		151		110T	102T		5,296
Tanaka, Hidemichi																
1996	O		33T	67	71	70	75	283	-1	12	138	208	2T	16T	11T	7,843
1999	O		CUT	82	74			156	14		156		131T	83T		1,100
	PGA		CUT	78	76			154	10		154		133T	133T		1,750
2000	PGA		79	72	73	77	79	301	13	31	145	222	22T	41T	77	8,950
2001	O		CUT	76	78			154	12		154		124T	144T		900
	PGA		CUT	80	72			152	12		152	0	146T	139T		2,000
2002	US		37T	73	73	72	76	294	14	17	146	218	41T	20T	25T	26,783
2003	US		15T	69	71	71	71	282	2	10	140	211	10T	27T	24T	93,359
2004	PGA		55T	72	71	71	78	292	4	12	143	214	40T	31T	35T	13,200
	US		36T	70	74	73	79	296	16	20	144	217	20T	45T	43T	36,812
Taniguchi, Toru																
1998	O		CUT	71	77			148	8		148		42T	94T		800
2001	O		37T	72	69	72	73	286	2	12	141	213	52T	26T	33T	16,300
	PGA		CUT	72	78			150	10		150	0	87T	128T		2,000
	US		CUT	78	71			149	9		149	0	136T	97T		1,000
2002	M		CUT	80	70			150	6		150		82T	61T		5,000
	O		69T	71	73	76	71	291	7	13	144	220	38T	68T	72T	8,517
	PGA		CUT	75	77			152	8		152	0	75T	105T		2,000
2003	M		CUT	71	79			150	6		150		6T	50T		5,000
	O		CUT	82	87			169	27		169		137T	151		2,000
	PGA		CUT	82	79			161	21		161	0	146T	144T		2,000
	US		CUT	79	68			147	7		147	0	151T	104T		1,000
2005	O		CUT	75	78			153	9		153		97T	139T		2,000
	PGA		CUT	76	76			152	12		152		119T	138T		2,000
	US		CUT	70	79			149	9		149		10T	84T		2,000
2006	US		CUT	75	82			157	17		157		52T	137T		2,000
2007	O		60T	72	72	76	76	296	12	19	144	220	39T	31T	62T	10,500
	PGA		CUT	77	72			149	9		149		116T	98T		2,000
	US		CUT	78	75			153	13		153		115T	92T		2,000
2008	M		CUT	76	72			148	4		148		65T	46T		10,000
	PGA		CUT	79	75			154	14		154		136T	120T		2,500
	US		CUT	74	76			150	8		150		49T	81T		2,000
Tanihara, Hideto																
2003	O		CUT	79	78			157	15		157		115T	132T		2,250
2006	O		5T	72	68	66	71	277	-11	7	140	206	68T	22T	7	159,500
	PGA		55T	73	71	78	70	292	4	22	144	222	82T	62T	68T	14,320
2007	M		CUT	85	79			164	20		164		94	91T		5,000
	O		CUT	72	77			149	7		149		39T	91T		2,650
2008	O		CUT	76	75			151	11		151		74T	102T		5,296
Tapia, Michel																
1986	O		CUT	78	78			156	16		156		71T	116T		400
Tapie, Alan Francis																
1974	O		13T	73	77	73	73	296	12	14	150	223	13T	21T	15T	1,000
	US		54T	77	74	77	79	307	27	20	151	228	52T	46T	46T	845
1975	O		16T	70	72	67	79	288	0	9	142	209	8T	18	10T	1,150
1976	O		21T	74	72	75	72	293	5	14	146	221	24T	21T	22T	522
1978	PGA		CUT	77	76			153	11		153		101T	105T		303
1979	PGA		23T	73	65	76	70	284	4	12	138	214	52T	5T	31T	2,900
	US		CUT	78	76			154	12		154		94T	79T		600
1980	PGA		20T	74	75	69	73	291	11	17	149	218	58T	65T	22T	3,450
1985	O		CUT	79	75			154	14		154		144T	117T		375
1987	US		CUT	78	77			155	15		155		136T	140T		600

Year	Event	A	Pos	R1	R2	R3	R4	Tot	P/M	SBW	R2T	R3T	R1P	R2P	R3P	W
Tappin, Charles L.																
1903	US	A	54	89	88	92	90	359		52	177	269	61T	64T	68	
Tapping, David																
1997	O		44T	71	66	78	74	289	5	17	137	215	11T	4T	31T	7,050
Tarnaud, Fabrice																
1996	O		CUT	74	75			149	7		149		109T	128T		650
1999	O		CUT	80	79			159	17		159		100T	116T		369
Tarrant, Jack																
1928	US		46T	76	79	84	73	312	28	18	155	239	29T	39T	60	
Tataurangi, Philip Mikaera "Spud"																
1998	US		CUT	77	73			150	10		150		110T	89T		1,000
2002	US		CUT	74	78			152	12		152	0	55T	86T		1,000
2003	M		37T	75	70	74	78	297	9	16	145	219	35T	10T	23T	31,650
	PGA		61T	72	71	78	77	298	18	22	143	221	31T	18T	57T	12,000
2006	US		CUT	86	73			159	19		159		156	141T		2,000
Tate, J. K. "Keith"																
1956	O	A	CUT	74	82			156	14		156		30T	63T		
Tattersall, ____																
1894	O	A	WD													
Tatum, Tom																
1987	PGA		CUT	83	81			164	20		164		132T	132T		1,000
Taylor, A. B.																
1946	O	A	CUT	84	80			164	20		164		84T	84T		
Taylor, Alexander																
1900	US		35T	89	87	93	91	360		47	177	269	30T	31T	34T	
1901	US		22T	94	84	92	87	357		26	178	270	40T	25T	27T	
1904	US		23T	85	83	83	80	331		28	168	251	34T	27T	31T	
1906	US		WD	81	84	82		247			165	247	27T	41T	38T	
1907	US		CUT	84	90			174			174		50T	62T		
1911	US		42T	85	82	79	83	329	25	22	167	246	60T	59	46T	
1912	US		WD	83	80			163	15		163	0	74T	62T		
1914	US		35T	80	77	77	79	313	25	23	157	234	53T	42T	32T	
Taylor, Bill																
1936	US	A	CUT	77	80			157	13		157		98T	124T		
Taylor, Brett																
1997	PGA		CUT	82	83			165	25		165		149T	147		1,300
2004	O		CUT	86	75			161	19		161		156	153		2,000
Taylor, Charles C.																
1938	O	A	CUT	82	77			159	19		159		110T	104T		
Taylor, Frank M. "Bud," Jr.																
1955	US	A	CUT	78	83			161	21		161		60T	101T		
1956	US	A	29T	72	71	80	75	298	18	17	143	223	10T	10T	29T	
1957	M	A	13T	74	74	77	69	294	6	11	148	225	16T	20T	28T	
	US	A	CUT	78	75			153	13		153		92T	75T		
1958	M	A	CUT	79	83			162	18		162		73T	77T		
1959	M	A	CUT	81	73			154	10		154		71T	60T		
1960	M	A	20T	70	74	73	78	295	7	13	144	217	5T	13T	12T	
1961	M	A	CUT	74	78			152	8		152		22T	52T		
Taylor, Gerard "Gerry"																
1987	O		25	69	68	75	75	287	3	8	137	212	9T	2T	12T	5,300
1988	O		CUT	76	75			151	9		151		83T	86T		450
Taylor, Harry B.																
1994	US		CUT	76	73			149	7		149		86T	82T		1,000
Taylor, Herbert E.																
1911	O	A	16T	83	73	76	81	313		10	156	232	113T	26T	13T	
Taylor, J.																
1902	O		CUT	91	85			176			176					
Taylor, J. D. "Jackie"																
1959	PGA		CUT	73	74	79		226	16		147	226	42T	53T	84T	
1962	PGA		CUT	73	81			154	14		154		29T	118T		
1963	PGA		CUT	81	78			159	17		159		137T	136T		
1967	PGA		CUT	77	80			157	13		157		94T	113T		

Year	Event	A	Pos	R1	R2	R3	R4	Tot	P/M	SBW	R2T	R3T	R1P	R2P	R3P	W
Taylor, J. H.																
1913	US		30T	81	80	78	84	323	39	19	161	239	38T	40T	25T	
1914	US		WD	75	75			150	6		150		13T	12T		
Taylor, J. J. "Jack"																
1924	O		WD	89	81			170			170		87	81T		
1925	O		WD	80	88	81		249	33		168	249	34T	69T	55T	
1926	O		WD	81				81	9				66T			
1928	O		CUT	82	78			160	16		160		66T	54T		
1929	O		32T	77	75	81	81	314	10	22	152	233	32T	23T	26T	
1930	O		39T	76	78	82	76	312	24	21	154	236	26T	34T	52T	
1933	O		CUT	76	77			153	7		153		50T	62T		
1934	O		CUT	79	81			160	16		160		73T	96		
1937	O		37T	73	80	83	76	312	24	22	153	236	6T	36T	46T	
Taylor, James W.																
1990	M	A	CUT	83	78			161	17		161		85	84		
Taylor, Joe																
1950	PGA		64T													100
1952	PGA		64T													100
1953	US		CUT	78	79			157	13		157		77T	93T		
1954	US	A	CUT	78	76			154	14		154		63T	61T		
1960	US		CUT	70	79			149	7		149		4T	66T		
1961	US		40T	76	71	74	76	297	17	16	147	221	69T	32T	37T	300
1962	PGA		CUT	76	75	76		227	17		151	227	82T	81T	76T	
1964	PGA		CUT	76	76			152	12		152		98T	99T		
1965	US		CUT	76	75			151	11		151		50T	52T		300
Taylor, Joel																
1970	PGA		CUT	76	81			157	17		157		78T	114T		
Taylor, John																
1893	O	A	WD	95	91			186			186		63T	58		
Taylor, John Henry "JH"																
1893	O		10T	75	89	86	83	333		11	164	250	1	8	10	3
1894	O		1	84	80	81	81	326		-5	164	245	2T	1	1	30
1895	O		1	86	78	80	78	322		-4	164	244	15T		2	30
1896	O		2PO	77	78	81	80	316		-3	155	236				20
1897	O		10T	82	80	82	86	330		16	162	244				3
1898	O		4	78	78	77	79	312		5	156	233	5	3T	3T	15
1899	O		4	77	76	83	84	320		10	153	236	4T	2	2	10
1900	O		1	79	77	78	75	309		-8	156	234	1T	1	1	50
	US		2	76	82	79	78	315		2	158	237	1	2	2	150
1901	O		3	79	83	74	77	313		4	162	236		3	3	15
1902	O		6T	81	76	77	80	314		7	157	234			3T	8
1903	O		9T	80	82	78	76	316		16	162	240			16T	
1904	O		2T	77	78	74	68	297		1	155	229			4T	15
1905	O		2T	80	85	78	80	323		5	165	243			2T	20
1906	O		2	77	72	75	80	304		4	149	224			1	25
1907	O		2	79	79	76	80	314		2	158	234	3T	2T	1	25
1908	O		7T	79	77	76	75	307		16	156	232	28T	19T	13T	
1909	O		1	74	73	74	74	295		-6	147	221	3T	1	1	50
1910	O		14T	76	80	78	78	312		13	156	234			20T	
1911	O		5T	72	76	78	79	305		2	148	226	2T	2T	2T	8
1912	O		11T	75	76	77	84	312		17	151	228	7T	6T	4T	
1913	O		1	73	75	77	79	304		-8	148	225	1T	2	1	50
1914	O		2	74	78	74	83	309		3	152	226	2T	3	1	25
1920	O		12	78	79	80	79	316		13	157	237	10T	6	10T	
1921	O		26T	80	80	75	74	309		13	160	235	53T	49T	38T	
1922	O		6	73	78	76	77	304		4	151	227	1T	2T	2T	10
1923	O		44T	80	78	79	79	316		21	158	237				
1924	O		5	75	74	79	79	307		6	149	228	5T	2	6	10
1925	O		6T	74	79	80	77	310	22	10	153	233	2T	7T	10T	7
1926	O		11T	75	78	71	80	304	20	13	153	224	11T	18T	7	5
1927	O		49	76	78	77	80	311	19	26	154	231	34T	45T	40T	
1928	O		WD	88				88	16				108T			
1929	O		CUT	79	80			159	7		159		49T	69T		
Taylor, John William																
1893	O		WD													
1896	O		29	87	83	84	90	344		28	170	254				
1897	O		30T	87	84	85	88	344		30	171	256				
1898	O		27T	83	84	80	82	329		22	167	247	24T	36T	24T	
1899	O		25T	82	85	86	86	339		29	167	253	19T	22T	25T	

Year	Event	A	Pos	R1	R2	R3	R4	Tot	P/M	SBW	R2T	R3T	R1P	R2P	R3P	W
1900	O		18	91	81	84	83	339		30	172	256	60T	31T	22	
1901	O		CUT	82	94			176			176			39T		
1902	O		CUT	85	86			171			171					
1903	O		36T	80	82	82	84	328		28	162	244			30T	
1904	O		CUT	86	86			172			172					
1907	O		53	90	92	81	81	344		32	182	263	55T	64T	58	
Taylor, Joshua																
1905	O		39	89	83	91	88	351		33	172	263			43	
1906	O		CUT	86	84			170			170					
1910	O		55T	78	81	85	81	325		26	159	244			54T	
1911	O		24T	79	81	80	75	315		12	160	240	47T	46T	40T	
1912	O		43T	84	79	87	79	329		34	163	250	51T	37T	51T	
1913	O		14T	80	75	85	79	319		15	155	240	32T	8T	15T	
1914	O		25T	82	79	84	78	323		17	161	245	49T	29T	34T	
1920	O		35T	78	81	81	85	325		22	159	240	10T	10T	18T	
1921	O		57T	81	79	78	82	320		24	160	238	62T	49T	49T	
1926	O		WD	85				85	13				105T			
Taylor, Lestyn																
1997	O	A	CUT	81	76			157	15		157		142T	141T		
Taylor, Lew																
1962	O		CUT	76	81			157	13		157		33T	83T		
1966	O		62	77	71	78	87	313	29	31	148	226	77T	29T	46T	37
Taylor, Mark																
1979	US	A	CUT	82	86			168	26		168		130T	148T		
Taylor, Mike																
1996	PGA		CUT	79	73			152	8		152		143T	129T		
Taylor, Nick																
2008	US	A	CUT	77	75			152	10		152		100T	104T		
Taylor, Philip E.																
1910	O		50T	80	79	85	80	324		25	159	244			54T	
1911	O		WD	79				79					47T			
1912	O		24T	76	82	81	80	319		24	158	239	12T	24T	24T	
1913	O		17	78	81	83	78	320		16	159	242	18T	23T	21T	
1920	O		16T	78	84	77	80	319		16	162	239	10T	27T	14T	
Taylor, Richard																
1946	US	A	CUT	84	80			164	20		164		157T	149T		
Taylor, Robert																
1906	US		35T	81	80	83	86	330		35	161	244	27T	24T	28T	
1916	US		WD	79	79	79		237	21		158	237	45T	49T	49T	
Taylor, Scott Allen																
1983	US	A	CUT	77	86			163	21		163		82T	137		
1985	US		CUT	74	77			151	11		151		64T	104T		600
1989	US		29T	69	71	76	72	288	8	10	140	216	9T	7T	34T	9,007
Taylor, Steve																
1976	PGA		CUT	76	78			154	14		154		84T	104T		250
1977	PGA		CUT	77	76			153	9		153		79T	82T		250
Taylor, Vaughn Joseph																
1998	US	A	CUT	76	76			152	12		152		91T	105T		
2005	PGA		28T	75	69	71	69	284	4	8	144	215	113T	62T	54T	41,500
2006	M		CUT	75	74			149	5		149		48T	48T		5,000
	O		66T	72	71	77	74	294	6	24	143	220	68T	57T	67T	9,450
	PGA		CUT	71	78			149	5		149		40T	124T		2,000
2007	M		10T	71	72	77	75	295	7	6	143	220	5T	3	4T	181,250
	O		CUT	82	74			156	14		156		153T	145T		2,100
	PGA		CUT	76	73			149	9		149		103T	98T		2,000
	US		CUT	74	78			152	12		152		57T	83T		2,000
2008	M		CUT	75	76			151	7		151		52T	71T		10,000
	PGA		CUT	78	72			150	10		150		124T	87T		2,500
Teal, Glenn																
1948	US		CUT	78	79			157	15		157		118T	125T		
1949	US		CUT	78	80			158	16		158		88T	108T		
1950	US		CUT	75	75			150	10		150		52T	53T		
1951	US		CUT	77	79			156	16		156		59T	89T		
1953	US		CUT	79	78			157	13		157		92T	93T		
1967	PGA		73	77	74	77	80	308	20	27	151	228	94T	67T	69T	300

Year	Event	A	Pos	R1	R2	R3	R4	Tot	P/M	SBW	R2T	R3T	R1P	R2P	R3P	W
Tedder, Walter																
1911	O		CUT	85	78			163			163		143T	74T		
Tedesco, Larry																
1995	US		CUT	78	79			157	17		157		141T	145T		1,000
Teichmann, Werner																
1968	PGA		CUT	80	80			160	20		160		140T	143T		
Telford, George																
1937	O		CUT	83	85			168	24		168		117T	130T		
1939	O		CUT	80	79			159	13		159		110T	109T		
Telleria, Benoit																
1993	O		CUT	73	77			150	10		150		107T	142T		600
Tellier, Louis																
1911	O		CUT	84	80			164			164		130T	86T		
1913	O		22T	77	80	85	80	322		18	157	242	11T	11T	21T	
	US		4T	76	76	79	76	307	23	3	152	231	13T	11T	9T	78
1914	US		8	72	75	74	78	299	11	9	147	221	3T	6T	4T	60
1915	US		4T	75	71	76	79	301	13	4	146	222	6T	1T	2T	90
1916	PGA		32T													50
	US		13T	74	75	72	78	299	11	13	149	221	10T	12T	6T	
1919	PGA		32T													50
	US		5T	73	78	82	75	308	24	7	151	233	2T	3T	10	90
1920	PGA		8T													75
	US		38T	78	75	77	83	313	25	18	153	230	30T	16T	20T	
1921	US		14T	76	74	78	82	310	30	21	150	228	15T	5T	8T	
Ten Broeck, Lance M.																
1975	US	A	49T	71	74	79	75	299	15	12	145	224	9T	23T	53T	
1980	US		56T	73	71	71	81	296	16	24	144	215	50T	43T	34T	1,355
1983	US		CUT	80	77			157	15		157		112T	104T		600
1984	US		CUT	74	74			148	8		148		72T	64T		600
1985	US		CUT	77	71			148	8		148		115T	79T		600
1991	US		31T	72	73	74	75	294	6	12	145	219	24T	30T	19T	10,133
1992	US		CUT	77	80			157	13		157		118T	140T		1,000
Tennent, Thomas																
1937	O	A	CUT	88	78			166	22		166		139T	121T		
Tennyson, Brian Jerome																
1987	US		CUT	75	74			149	9		149		88T	96T		600
1988	US		CUT	73	76			149	7		149		38T	81T		1,000
1989	PGA		27T	71	69	72	73	285	-3	9	140	212	38T	14T	18T	7,536
	US		CUT	75	76			151	11		151		107T	114T		1,000
1990	PGA		26T	71	77	71	77	296	8	14	148	219	6T	38T	10T	8,650
1991	M		53T	78	67	75	73	293	5	16	145	220	78T	44T	54T	3,200
	PGA		CUT	76	83			159	15		159		117T	137T		1,000
	US		CUT	77	79			156	12		156		105T	132T		1,000
1997	US		CUT	79	80			159	19		159		144T	148T		1,000
Tentis, David M.																
1984	M	A	CUT	74	78			152	8		152		49T	75T		
	US	A	CUT	76	72			148	8		148		105T	64T		
2002	PGA		68	76	72	78	78	304	16	26	148	226	89T	57T	63T	10,500
2003	PGA		CUT	79	76			155	15		155	0	123T	121T		2,000
2004	PGA		CUT	76	80			156	12		156	0	119T	141T		2,000
2005	PGA		CUT	77	72			149	9		149		132T	118T		2,000
Terasa, Ed																
1989	PGA		CUT	77	79			156	12		156		120T	133T		1,000
1994	PGA		CUT	78	79			157	17		157		135T	145T		1,200
1996	PGA		CUT	74	79			153	9		153		94T	135T		1,300
1998	PGA		CUT	72	76			148	8		148		60T	93T		1,500
2000	PGA		CUT	76	76			152	8		152		99T	114T		2,000
Teravainen, Peter George																
1984	O		CUT	73	77			150	6		150		55T	113T		330
1985	O		CUT	73	74	77		224	14		147	224	59T	51T	74T	700
1986	O		CUT	75	79			154	14		154		22T	99T		400
1989	O		73T	72	73	72	78	295	7	20	145	217	42T	57T	55T	2,400
1991	O		92T	71	72	72	75	290	10	18	143	215	29T	39T	54T	3,000
1996	US		CUT	75	79			154	14		154		100T	142T		1,000
1997	O		62T	74	72	73	75	294	10	22	146	219	40T	49T	55T	5,625
	US		52T	71	73	74	75	293	13	17	144	218	18T	36T	47T	7,138

Year	Event	A	Pos	R1	R2	R3	R4	Tot	P/M	SBW	R2T	R3T	R1P	R2P	R3P	W
Terrell, Richard L. "Rick"																
1978	US		CUT	75	76			151	9		151		44T	64T		600
1979	US		CUT	77	79			156	14		156		69T	92T		600
Terry, Orrin A. "Ernie"																
1905	US		46T	91	82	86	85	344		30	173	259	66T	52T	48T	
1908	US		17T	86	87	83	87	343		21	173	256	14T	18T	14T	
1909	US		15T	78	80	73	73	304		14	158	231	28T	39T	25	
1910	US		32T	82	84	79	77	322		24	166	245	43T	51	42T	
1912	US		WD	75	80			155	7		155	0	13T	18T		
1915	US		44	82	80	78	82	322	34	25	162	240	48T	47T	44	
1919	US		CUT	89	84			173	31		173		100T	83T		
Terry, Ronald																
1972	US		CUT	83	85			168	24		168		130T	142T		500
1979	PGA		CUT	74	74			148	8		148		75T	84T		350
1983	US		34T	75	75	73	75	298	14	18	150	223	40T	47T	30T	3,687
1984	US		CUT	74	80			154	14		154		72T	122T		600
Teshima, Taichi																
2001	O		CUT	74	72			146	4		146		87T	83T		1,100
2002	O		CUT	69	77			146	4		146		16T	95T		2,500
	PGA		CUT	77	74			151	7		151	0	105T	100T		2,000
Tewell, Douglas Fred																
1979	PGA		CUT	75	73			148	8		148		90T	84T		350
1980	M		38T	71	69	79	73	292	4	17	140	219	13T	4T	37T	1,525
	PGA		30T	73	71	75	74	293	13	19	144	219	45T	20T	29T	2,200
1981	M		CUT	79	74			153	9		153		72T	63T		1,500
	PGA		55	71	73	76	70	290	10	17	144	220	26T	36T	67T	825
	US		CUT	72	76			148	8		148		47T	71T		600
1982	PGA		22T	72	70	72	70	284	4	12	142	214	41T	26T	30T	3,600
	US		66	75	75	79	90	319	31	37	150	229	43T	46T	64T	1,300
1983	PGA		9T	74	72	69	67	282	-2	8	146	215	86T	58T	29T	10,800
1984	PGA		25T	72	71	71	73	287	-1	14	143	214	30T	24T	17T	4,506
	US		CUT	71	77			148	8		148		19T	64T		600
1985	PGA		12T	64	72	77	72	285	-3	7	136	213	1	3T	9T	9,017
1986	M		CUT	74	80			154	10		154		25T	71T		1,500
	PGA		10	73	71	68	71	283	-1	7	144	212	70T	38T	12T	15,000
	US		41T	74	73	71	74	292	12	13	147	218	12T	22T	26T	4,566
1987	M		CUT	85	76			161	17		161		84T	82T		1,500
	PGA		CUT	77	80			157	13		157		86T	102T		1,000
	US		CUT	75	73			148	8		148		88T	78T		600
1988	M		14T	75	73	68	73	289	1	8	148	216	29T	23T	10T	18,500
	PGA		70	70	68	81	79	298	14	26	138	219	19T	10T	68T	1,800
1989	M		CUT	77	81			158	14		158		64T	75T		1,500
	PGA		53T	73	69	72	76	290	2	14	142	214	57T	28T	42T	2,490
1991	PGA		32T	75	72	74	68	289	1	13	147	221	103T	68T	66T	6,000
Texier, Alberto																
1957	O	A	CUT	76	76			152	8		152		61T	69T		
Thacker, Joseph E.																
1948	US		CUT	82	75			157	15		157		152T	125T		
1949	US		CUT	77	79			156	14		156		74T	93T		
1950	US		43T	75	69	83	77	304	24	17	144	227	52T	16T	43T	100
1952	US		CUT	77	76			153	13		153		73T	60T		
1955	US		CUT	77	82			159	19		159		41T	86T		
1964	PGA		CUT	79	78			157	17		157		139T	133T		
Thatcher, Roland Churchill, IV																
2003	US		CUT	73	73			146	6		146	0	81T	90T		1,000
Thaxton, Mark																
1988	US		CUT	80	72			152	10		152		138T	103T		1,000
Thayer, Fred G.																
1919	US	A	WD	92				92	21				114T			
Thelen, Timothy R.																
1999	PGA		CUT	78	77			155	11		155		133T	138T		1,750
2000	PGA		CUT	85	79			164	20		164		147T	141T		2,000
2001	PGA		CUT	74	71			145	5		145	0	117T	100T		2,000
2002	PGA		CUT	75	78			153	9		153	0	75T	119T		2,000
2003	PGA		CUT	75	79			154	14		154	0	77T	115T		2,000
2005	PGA		CUT	77	73			150	10		150		132T	121T		2,000
2007	PGA		CUT	74	75			149	9		149		70T	98T		2,000
2008	PGA		CUT	81	76			157	17		157		148T	138T		2,500

Year	Event	A	Pos	R1	R2	R3	R4	Tot	P/M	SBW	R2T	R3T	R1P	R2P	R3P	W
Thirlwell, Alan																
1950	O	A	CUT	78	77			155	15		155		74T	74T		
1951	O	A	CUT	77	82			159	15		159		46T	68T		
1952	O	A	CUT	79	80			159	9		159		79T	77T		
1956	O	A	CUT	77	83			160	18		160		63T	78T		
Thirsk, Stan																
1958	US		CUT	82	82			164	24		164		110T	125T		
1959	US		CUT	82	77			159	19		159		130T	120T		
1962	PGA		CUT	77	75			152	12		152		108T	92T		
	US		CUT	76	75			151	9		151		64T	52T		
1963	PGA		63T	73	74	73	79	299	15	20	147	220	30T	39T	39T	230
	US		44T	73	77	79	83	312	28	19	150	229	11T	24T	32T	325
1965	PGA		CUT	74	79			153	11		153		44T	90T		
1966	PGA		37T	74	77	70	75	296	16	16	151	221	34T	67T	32T	659
	US		61T	72	79	72	82	305	25	27	151	223	16T	55T	35T	540
1968	PGA		CUT	77	73			150	10		150		103T	75T		
1969	PGA		73T	73	75	75	75	298	14	22	148	223	38T	59T	75T	241
1971	PGA		CUT	76	76			152	8		152		84T	99T		
1972	PGA		72T	68	82	76	80	306	26	25	150	226	1T	63T	69T	333
1973	US		CUT	78	75			153	11		153		86T	80T		500
1975	US		CUT	76	77			153	11		153		73T	93T		500
1976	PGA		71T	76	71	76	82	305	25	24	147	223	84T	52T	65T	450
1978	PGA		CUT	81	82			163	21		163		129T	137T		303
1979	US		CUT	86	82			168	26		168		151T	148T		600
Thom, C.																
1894	O		53	97	102	99	90	388		62	199	298	60T	76T	60	
Thom, Charles D.																
1902	US		7	80	82	80	77	319		12	162	242	8T	7	8T	70
1910	US		12T	80	72	78	75	305		7	152	230	35T	9T	12T	
1913	US		26T	76	76	84	85	321	37	17	152	236	13T	11T	19T	
1920	US		45T	79	83	78	75	315	27	20	162	240	38T	62	53T	
1921	PGA		32T													50
	US		46T	82	86	78	80	326	46	37	168	246	57T	71T	54T	
1922	US		53	77	79	80	81	317	37	29	156	236	33T	44T	48T	
1925	US		WD													
Thom, Kenneth Gordon																
1946	O	A	CUT	84	78			162	18		162		84T	69T		
1947	O	A	WD	82				82	14				77T			
Thomas, Craig W.																
2004	PGA		CUT	73	75			148	4		148	0	61T	102T		2,000
2005	PGA		CUT	80	79			159	19		159		154T	155T		2,000
2006	PGA		CUT	76	70			146	2		146		131T	84T		2,000
Thomas, David C.																
1955	O		CUT	78	71			149	5		149		81T	50T		
1956	O		17T	70	78	77	75	300	16	14	148	225	3T	9T	17T	
1957	O		5T	72	74	70	70	286	-2	7	146	216	20T	27T	12T	107
1958	O		2PO	70	68	69	71	278	-6	-1	138	207	9T	3T	2T	650
1959	M		30T	73	71	77	74	295	7	11	144	221	10T	3T	30T	350
1961	O		20T	71	77	77	75	300	12	16	148	225	13T	9T	21T	
1962	O		8T	77	70	71	75	293	5	17	147	218	47T	10T	5	190
1963	O		26T	74	74	75	71	294	14	17	148	223	30T	32T	36T	60
1964	M		CUT	74	78			152	8		152		33T	64T		700
	O		13T	75	74	75	72	296	8	17	149	224	15T	14T	19T	122
	US		CUT	84	74			158	18		158		144T	126T		300
1965	O		39	73	73	78	80	304	12	19	146	224	15T	18T	30T	
1966	M		CUT	78	77			155	11		155		70T	70T		1,000
	O		2T	72	73	69	69	283	-1	1	145	214	7T	11T	4T	1,350
1967	M		46T	74	74	72	81	301	13	21	148	220	28T	30T	22T	1,250
	O		CUT	73	77			150	6		150		30T	59T		
1968	O		27T	75	71	78	78	302	14	13	146	224	20T	8T	17T	168
1969	O		CUT	76	75	77		228	15		151	228	71T	65T	68T	
1970	O		32T	70	72	76	79	297	9	14	142	218	25T	15T	25T	175
1972	O		CUT	82	73			155	13		155		146T	107T		50
Thomas, Emery																
1950	PGA		32T													200
1954	US		CUT	77	79			156	16		156		46T	75T		
1956	PGA		128T													50
	US		CUT	75	77			152	12		152		45T	69T		

Year	Event	A	Pos	R1	R2	R3	R4	Tot	P/M	SBW	R2T	R3T	R1P	R2P	R3P	W
1961	US		CUT	83	80			163	23		163		148	148		
1962	PGA		CUT	78	74			152	12		152		132T	92T		
Thomas, George L.																
1965	US		CUT	77	75			152	12		152		64T	58T		300
1974	PGA		CUT	82	74			156	16		156		134T	114T		
1976	US		CUT	77	78			155	15		155		89T	92T		500
Thomas, Gill Fletcher																
1911	O		WD	90				90					192T			
Thomas, Henry																
1939	US		WD													
Thomas, Ivor Somerville																
1930	O	A	CUT	83	77			160	16		160		92T	73T		
1936	O	A	CUT	77	81			158	10		158		39T	66T		
Thomas, Jeffrey																
1994	M	A	CUT	78	78			156	12		156		72T	79T		
Thomas, Len																
1964	O		40T	76	75	82	72	305	17	26	151	233	20T	23T	44T	28
Thomas, Mark																
1981	O		CUT	77	70	80		227	17		147	227	72T	38T	74T	350
1982	O		32T	72	74	75	76	297	9	13	146	221	14T	27T	24T	1,200
Thomas, Paul A.																
1960	PGA		CUT	79	72	80		231	21		151	231	140T	81T	89T	
1961	PGA		CUT	74	78			152	12		152		54T	93T		
1962	US		CUT	80	77			157	15		157		129T	116T		
Thomas, Paul W.																
1981	O	A	CUT	79	75			154	14		154		105T	102T		
1983	O	A	CUT	81	74			155	13		155		146T	133T		
1984	O		CUT	78	78			156	12		156		139T	149T		330
1985	O		CUT	75	74	75		224	14		149	224	97T	70T	74T	700
1987	O		CUT	75	73			148	6		148		97T	88T		400
Thomas, Ralph																
1919	US		CUT	87	88			175	33		175		84T	91T		
1923	PGA		64T													
Thomas, Richard																
1958	US		CUT	76	82			158	18		158		32T	81T		
Thomas, Wally C.																
1925	O		61T	83	85	87	82	337	49	37	168	255	56T	69T	70	
1926	O		CUT	80	89			169	27		169		58T	105		
1928	O		CUT	83	82			165	21		165		80T	89T		
1929	O		CUT	82	81			163	11		163		84T	89T		
1930	O		CUT	81	78			159	15		159		76T	63T		
1938	O		CUT	78	80			158	18		158		78T	101T		
Thompson, Alan E.																
1976	O		CUT	82	77			159	15		159		134T	132T		100
1977	O		CUT	82	77			159	19		159		142T	138T		150
Thompson, Alvie																
1963	M		28T	79	72	75	71	297	9	11	151	226	58T	38T	33T	750
Thompson, Arthur Spencer Guy																
1934	O	A	39T	76	75	75	81	307	19	24	151	226	37T	41T	29T	
1938	O	A	CUT	79	75			154	14		154		92T	76T		
1949	O	A	CUT	77	79			156	12		156		77T	86T		
Thompson, Barney G.																
1972	US		CUT	81	76			157	13		157		111T	89T		500
1974	US		54T	72	77	80	78	307	27	20	149	229	4T	24T	52T	845
1981	PGA		CUT	78	74			152	12		152		128T	110T		550
1986	US		CUT	80	83			163	23		163		111T	148		600
1993	US		77T	71	73	71	75	290	10	18	144	215	45T	72T	63T	5,122
Thompson, Brian																
1972	O		31T	74	77	72	71	294	10	16	151	223	35T	63T	42T	205
1974	O		CUT	79	75	79		233	20		154	233	89T	46T	66T	75
1980	O		CUT	76	71	76		223	10		147	223	72T	54T	80T	350
1981	O		CUT	80	79			159	19		159		120T	137T		225

Year	*Event*	*A*	*Pos*	*R1*	*R2*	*R3*	*R4*	*Tot*	*P/M*	*SBW*	*R2T*	*R3T*	*R1P*	*R2P*	*R3P*	*W*
Thompson, C.																
1898	US		WD	114				114					47			
Thompson, Dicky																
1991	US		CUT	75	79			154	10		154		76T	121T		1,000
Thompson, E.																
1905	O		WD	95				95								
Thompson, Frank																
1927	US	A	CUT	87	82			169	25		169		103T	96T		
1928	US	A	CUT	78	83			161	19		161		53T	75T		
Thompson, Gene																
1963	US		CUT	80	82			162	20		162		105T	129T		150
1970	PGA		CUT	74	79			153	13		153		45T	85T		
1974	PGA		CUT	81	76			157	17		157		129T	120T		
Thompson, Hugh Deland "Rocky"																
1958	US	A	CUT	83	80			163	23		163		120T	115T		
1966	US		CUT	76	77			153	13		153		70T	74T		300
1967	US		54T	75	71	77	75	298	18	23	146	223	65T	35T	56T	655
1968	US		CUT	77	74			151	11		151		101T	79T		500
1969	PGA		CUT	77	75			152	10		152		103T	101T		
1973	US		18T	73	71	71	76	291	7	12	144	215	16T	16T	11T	1,775
1978	O		52T	73	73	76	74	296	8	15	146	222	41T	51T	54T	305
1979	PGA		62T	72	72	73	76	293	13	21	144	217	39T	36T	52T	535
1983	US		68T	76	75	79	80	310	26	30	151	230	61T	58T	64T	1,898
1984	US		CUT	82	79			161	21		161		149T	144T		600
Thompson, Jack																
1926	US		CUT	79	82			161	17		161		55T	70T		
1927	US		CUT	84	87			171	27		171		78T	103T		
1930	US		CUT	78	79			157	11		157		60T	70T		
1931	US		DQ	75				75	4				20T			
1932	US		CUT	87	82			169	29		169		125T	122T		
1933	US		CUT	80	77			157	13		157		87T	68T		
1938	US		CUT	79	87			166	24		166		61T	129T		
1939	US		CUT	81	78			159	21		159		128T	115T		
1946	US		CUT	74	81			155	11		155		30T	98T		
1952	US		CUT	82	81			163	23		163		124T	121T		
Thompson, James E. "Jimmy"																
1958	PGA		CUT	76	80			156	16		156		67T	106T		
1959	PGA		CUT	76	79			155	15		155		102T	143		
1962	PGA		CUT	77	73	78		228	18		150	228	108T	73T	82T	
Thompson, Jimmy																
1949	PGA		32T													200
	US		37T	75	72	76	77	300	16	14	147	223	38T	16T	32T	
	US		CUT	80	79			159	17		159		120T	119T		
1951	US		CUT	78	77			155	15		155		76T	74T		
Thompson, John (earlier)																
1876	O		14T	89	101			190		14						
Thompson, John (later)																
1982	O		CUT	79	77			156	12		156		109T	118T		225
Thompson, Joseph																
1939	M		43	81	84	79	78	322	34	43	165	244	43T	44	43	
Thompson, Kim R.																
1990	PGA		CUT	80	76			156	12		156		124T	106T		1,000
1991	PGA		CUT	79	76			155	11		155		136T	124T		1,000
1999	PGA		CUT	78	77			155	11		155		133T	138T		1,750
2002	PGA		CUT	87	80			167	23		167	0	155T	153T		2,000
Thompson, Lee																
1999	O		67	75	78	76	80	309	25	19	153	229	24T	58T	52T	6,150
Thompson, Leonard Stephen																
1971	US		CUT	70	80			150	10		150		8T	72T		500
1973	PGA		35T	72	75	70	73	290	6	13	147	217	22T	49T	30T	1,054
1974	M		41T	73	72	77	73	295	7	17	145	222	28T	26T	40T	1,700
	PGA		17T	69	71	70	75	285	5	9	140	210	4T	7T	6T	2,925
	US		21T	75	75	76	72	298	18	11	150	226	25T	35T	32T	1,575
1975	PGA		10T	74	69	72	71	286	6	10	143	215	57T	24T	17T	4,468
1976	PGA		22T	73	69	72	74	288	8	7	142	214	48T	20T	18T	2,064

Year	Event	A	Pos	R1	R2	R3	R4	Tot	P/M	SBW	R2T	R3T	R1P	R2P	R3P	W
1977	PGA		15T	72	73	69	75	289	1	7	145	214	21T	23T	9T	3,700
1978	M		24T	72	69	75	72	288	0	11	141	216	8T	5T	24T	2,200
	PGA		42T	72	76	74	71	293	9	17	148	222	23T	62T	65T	813
	US		35T	74	76	73	75	298	14	13	150	223	25T	49T	37T	1,567
1979	M		7T	68	70	73	74	285	-3	5	138	211	2T	3T	6T	9,000
	PGA		54T	72	67	78	74	291	11	19	139	217	39T	9T	52T	568
	US		CUT	78	76			154	12		154		94T	79T		600
1980	M		CUT	75	73			148	4		148		55T	62T		1,500
	PGA		26T	71	75	73	73	292	12	18	146	219	20T	39T	29T	2,950
1981	PGA		61T	75	72	71	74	292	12	19	147	218	88T	69T	54T	783
	US		43T	75	71	74	70	290	10	17	146	220	85T	51T	65T	1,453
1982	PGA		22T	72	72	71	69	284	4	12	144	215	41T	48T	41T	3,600
1983	PGA		84T	73	74	75	81	303	19	29	147	222	65T	69T	73T	1,500
	US		CUT	77	75			152	10		152		82T	72T		600
1984	PGA		48T	70	71	71	80	292	4	19	141	212	13T	14T	15T	1,978
1986	PGA		CUT	79	73			152	10		152		140T	122T		1,000
1989	PGA		34T	66	69	73	78	286	-2	10	135	208	1T	2T	6T	5,750
	US		CUT	75	71			146	6		146		107T	72T		1,000
1990	M		CUT	80	75			155	11		155		81T	74T		1,500

Thompson, Martin S.

Year	Event	A	Pos	R1	R2	R3	R4	Tot	P/M	SBW	R2T	R3T	R1P	R2P	R3P	W
1982	O	A	CUT	78	76			154	10		154		95T	100T		
1983	M	A	CUT	76	76			152	8		152		66T	67T		
	O	A	CUT	78	76			154	12		154		130T	127T		

Thompson, Martyn John

Year	Event	A	Pos	R1	R2	R3	R4	Tot	P/M	SBW	R2T	R3T	R1P	R2P	R3P	W
1995	O		CUT	76	79			155	11		155		135T	153		650
1999	O		72T	76	78	78	81	313	29	23	154	232	37T	64T	68T	6,000

Thompson, Michael

Year	Event	A	Pos	R1	R2	R3	R4	Tot	P/M	SBW	R2T	R3T	R1P	R2P	R3P	W
2008	M	A	CUT	73	78			151	7		151		33T	71T		
	US	A	29T	74	73	73	72	292	8	9	147	220	49T	42T	35T	

Thompson, N. F.

Year	Event	A	Pos	R1	R2	R3	R4	Tot	P/M	SBW	R2T	R3T	R1P	R2P	R3P	W
1938	O		CUT	81	78			159	19		159		103T	104T		

Thompson, Nicholas

Year	Event	A	Pos	R1	R2	R3	R4	Tot	P/M	SBW	R2T	R3T	R1P	R2P	R3P	W
2006	US		CUT	81	74			155	15		155		140T	121T		2,000
2008	PGA		24T	71	72	73	73	289	9	12	143	216	16T	14T	22T	57,000

Thompson, Nicol

Year	Event	A	Pos	R1	R2	R3	R4	Tot	P/M	SBW	R2T	R3T	R1P	R2P	R3P	W
1921	US		WD	85	82			167	27		167	0	69T	66T		

Thompson, Raymond T.

Year	Event	A	Pos	R1	R2	R3	R4	Tot	P/M	SBW	R2T	R3T	R1P	R2P	R3P	W
1976	US		CUT	77	78			155	15		155		89T	92T		500
1977	US		CUT	77	78			155	15		155		105T	117T		500

Thompson, Richard

Year	Event	A	Pos	R1	R2	R3	R4	Tot	P/M	SBW	R2T	R3T	R1P	R2P	R3P	W
1988	O		CUT	77	75			152	10		152		99T	95T		450

Thompson, Robert L.

Year	Event	A	Pos	R1	R2	R3	R4	Tot	P/M	SBW	R2T	R3T	R1P	R2P	R3P	W
1981	US		CUT	72	81			153	13		153		47T	114T		600
1984	US		CUT	72	81			153	13		153		33T	113T		600
1990	US		47T	71	73	72	75	291	3	11	144	216	24T	37T	40T	6,141
1992	US		CUT	80	73			153	9		153		144T	113T		1,000
1998	PGA		CUT	73	73			146	6		146		81T	76T		1,500
2002	PGA		CUT	78	77			155	11		155	0	123T	126T		2,000
2004	PGA		CUT	77	79			156	12		156	0	129T	141T		2,000

Thompson, William Lawrie "Willie"

Year	Event	A	Pos	R1	R2	R3	R4	Tot	P/M	SBW	R2T	R3T	R1P	R2P	R3P	W
1899	US		53	97	101	96	91	385		70	198	294	57T	63	57	
1900	US		WD	89	84			173			173		30T	16T		
1903	US		WD	80	84	82		246			164	246	13T	22T	21T	
1910	US		WD	84	79			163			163		56T	39T		

Thompson, Writ L.

Year	Event	A	Pos	R1	R2	R3	R4	Tot	P/M	SBW	R2T	R3T	R1P	R2P	R3P	W
1899	US		24	82	90	87	90	349		34	172	259	6T	15T	16T	

Thomsen, Clyde

Year	Event	A	Pos	R1	R2	R3	R4	Tot	P/M	SBW	R2T	R3T	R1P	R2P	R3P	W
1963	PGA		CUT	82	80			162	20		162		148T	148T		

Thomsen, Jeff M.

Year	Event	A	Pos	R1	R2	R3	R4	Tot	P/M	SBW	R2T	R3T	R1P	R2P	R3P	W
1978	O		CUT	76	77			153	9		153		103T	124T		175
1983	US		CUT	76	78			154	12		154		61T	85T		600
1990	PGA		CUT	77	76			153	9		153		90T	88T		1,000
1998	PGA		CUT	78	76			154	14		154		134T	134T		1,500

Thomson, A. (earlier)

Year	Event	A	Pos	R1	R2	R3	R4	Tot	P/M	SBW	R2T	R3T	R1P	R2P	R3P	W
1898	O		WD													

Year	Event	A	Pos	R1	R2	R3	R4	Tot	P/M	SBW	R2T	R3T	R1P	R2P	R3P	W
1904	O		26	86	81	75	81	323		27	167	242			22T	
1905	O		CUT	92	89			181			181					
1906	O		56T	82	80	85	82	329		29	162	247			57T	
Thomson, A. (later)																
1927	O		CUT	79	80			159	13		159		75T	80T		
Thomson, A. N. Garth																
1901	O		UNK													
Thomson, Alistair P.																
1974	O		CUT	78	84			162	20		162		66T	119T		50
1980	O		CUT	83	74			157	15		157		148T	140T		225
Thomson, Archie																
1925	O		65T	83	84	84	89	340	52	40	167	251	56T	63T	61T	
Thomson, C. B.																
1966	O		CUT	82	75			157	15		157		117T	100T		
Thomson, Cyril William																
1922	O		76	82	90	84	84	340		40	172	256	55T	78	74T	
1925	O		48T	84	84	81	82	331	43	31	168	249	66T	69T	55T	
1928	O		CUT	83	84			167	23		167		80T	97T		
1930	O		56T	81	74	81	83	319	31	28	155	236	76T	41T	52T	
1933	O		58	76	74	86	88	324	32	32	150	236	50T	42T	59	
1934	O		CUT	79	76			155	11		155		73T	76T		
1935	O		31T	74	76	75	77	302	14	19	150	225	19T	32T	26T	
1936	O		CUT	85	77			162	14		162		101	82T		
1938	O		CUT	82	75			157	17		157		110T	92T		
Thomson, D.																
1884	O		WD													
Thomson, D. Wilfred																
1911	O		CUT	86	83			169			169		157T	128T		
1914	O		WD	79	80			159			159		25T	19T		
Thomson, George																
1902	US		WD	86	92			178			178	0	36T	55T		
1904	US		15T	78	87	81	78	324		21	165	246	5T	20T	18T	
1907	US		32T	83	86	82	76	327		25	169	251	48T	49T	43T	
1920	PGA		16T													60
Thomson, Hector																
1935	O	A	55T	75	76	80	78	309	21	26	151	231	32T	38T	50T	
1936	O	A	15T	76	76	73	74	299	3	12	152	225	33T	33T	20T	
1937	O	A	CUT	88	75			163	19		163		139T	105T		
1938	O	A	32T	77	71	82	89	319	39	24	148	230	67T	31T	19T	
1939	O	A	CUT	74	77			151	5		151		26T	35T		
1948	O		CUT	78	81			159	23		159		71T	85T		
1949	O		CUT	74	74			148	4		148		43T	32T		
1950	O		14T	71	72	73	72	288	8	9	143	216	5T	7T	11T	
1951	O		CUT	79	78			157	13		157		60T	58T		
1952	O		37T	73	77	80	79	309	9	22	150	230	20T	36T	41T	
1953	O		22T	76	74	74	76	300	12	18	150	224	25T	20T	15T	25
1954	O		47T	76	75	74	79	304	12	21	151	225	45T	45T	43T	
1956	O		CUT	77	84			161	19		161		63T	83T		
Thomson, J.																
1908	O	A	51T	85	84	79	81	329		38	169	248	59T	60T	55T	
Thomson, James Laurie "Jimmy"																
1925	US		58	84	78	81	78	321	37	30	162	243	85T	67T	66T	
1926	US		16T	77	82	73	74	306	18	13	159	232	39T	55T	25T	50
1927	US		DQ	81				81	9				50T			
1929	O		13T	78	78	75	77	308	4	16	156	231	40T	47T	17T	
	US		38T	77	79	79	81	316	28	22	156	235	33T	32T	35T	
1930	US		CUT	82	76			158	12		158		112T	76T		
1931	US		WD	75	81			156	14		156		20T	50T		
1932	US		WD													
1934	US		43T	74	75	78	84	311	31	18	149	227	5T	12T	16T	
1935	M		51T	74	72	80	81	307	19	25	146	226	25T	18T	43T	
	PGA		16T													125
	US		2	73	73	77	78	301	13	2	146	223	3T	1	1T	750
1936	M		15T	76	78	71	74	299	11	14	154	225	12T	28T	22T	
	PGA		2													
	US		14T	74	73	71	75	293	5	11	147	218	37T	23T	15T	60

Year	Event	A	Pos	R1	R2	R3	R4	Tot	P/M	SBW	R2T	R3T	R1P	R2P	R3P	W
1937	M		6	71	73	74	73	291	3	8	144	218	6T	9T	11	300
	PGA		16T													
	US		28T	74	66	78	78	296	8	15	140	218	29T	1T	9T	50
1938	M		8T	74	70	76	72	292	4	7	144	220	18T	6T	10	175
	PGA		32T													
	US		32T	82	70	77	79	308	24	24	152	229	106T	29T	30T	
1939	M		18T	75	71	73	77	296	8	17	146	219	19T	11T	10T	
	PGA		64T													100
1940	M		33T	77	76	70	78	301	13	21	153	223	46T	42T	32T	
	PGA		64T													100
	US		CUT	80	77			157	13		157		109T	101T		
1941	M		14T	73	75	72	73	293	5	13	148	220	9T	18T	12T	
	PGA		64T													100
	US		CUT	81	77			158	18		158		119T	77T		
1942	M		12	73	70	74	77	294	6	14	143	217	14T	6T	8T	100
	PGA		32T													
1946	M		25T	72	70	79	79	300	12	18	142	221	6T	2	16T	
	PGA		32T													200
	US		CUT	78	74			152	8		152		93T	65T		
1947	PGA		64T													100
	US		39T	74	75	75	76	300	16	18	149	224	42T	46T	43T	
1948	O		CUT	74	76			150	14		150		21T	45T		
	US		48T	77	71	76	76	300	16	24	148	224	109T	47T	45T	
Thomson, James R. S.																
1971	O		CUT	81	84			165	19		165		135T	147T		
1972	O		CUT	79	84			163	21		163		118T	146T		50
Thomson, James Ramage																
1907	US		32T	80	82	84	81	327		25	162	246	20T	27T	33T	
1908	US		CUT	94	90			184			184		50T	49T		
1909	US		33T	78	80	78	78	314		24	158	236	28T	39T	35T	
1910	US		18T	74	80	80	76	310		12	154	234	5T	16T	19	
1912	US		34T	78	78	78	86	320	24	26	156	234	34T	30T	23T	
1913	US		41T	80	80	84	84	328	44	24	160	244	32T	37T	40T	
1914	US		49T	81	77	84	83	325	37	35	158	242	59T	48T	48T	
1915	US		37T	81	80	78	79	318	30	21	161	239	44T	45T	40T	
1916	PGA		32T													50
Thomson, James Wilfred Stevenson "Wilfred"																
1921	US		40T	79	80	82	83	324	44	35	159	241	30T	34T	41T	
Thomson, John																
1898	O	A	CUT	85	90			175			175		41T	53T		
Thomson, John W.																
1924	O		65T	88	78	78	87	331		30	166	244	86	70T	47T	
Thomson, Oliver																
1896	O	A	43T	86	93	94	94	367		51	179	273				
Thomson, Peter William																
1951	O		6T	70	75	73	75	293	5	8	145	218	3T	5T	4	20
1952	O		2	68	73	77	70	288	-12	1	141	218	2	3	3	200
1953	M		38T	77	76	74	73	300	12	26	153	227	50T	52T	49T	200
	O		2T	72	72	71	71	286	-2	4	144	215	3T	4T	3T	200
	US		26T	80	73	73	75	301	13	18	153	226	112T	50T	27T	150
1954	M		16T	76	72	76	73	297	9	8	148	224	32T	7T	18T	563
	O		1	72	71	69	71	283	-9	-1	143	212	7T	3T	1T	750
	US		CUT	77	76			153	13		153		46T	56T		
1955	M		18T	74	73	74	76	297	9	18	147	221	12T	14T	12T	525
	O		1	71	68	70	72	281	-7	-2	139	209	10T	1T	1	1,000
1956	O		1	70	70	72	74	286	2	-3	140	212	3T	1	1	1,000
	US		4T	70	69	75	71	285	5	4	139	214	2	1	6T	1,033
1957	M		5	72	73	73	71	289	1	6	145	218	2T	6T	9T	1,750
	O		2	73	69	70	70	282	-6	3	142	212	30T	5T	2T	500
	US		22T	71	72	74	77	294	14	12	143	217	11T	8	11T	260
1958	M		23T	72	74	73	76	295	7	11	146	219	18T	17T	21T	900
	O		1PO	66	72	67	73	278	-6	-1	138	205	1	3T	1	1,000
1959	M		DQ	72	74	71		217	1		146	217	5T	18T	10T	350
	O		23T	74	74	72	74	294	6	10	148	220	33T	38T	27T	
1960	O		9T	72	69	75	70	286	-6	8	141	216	9T	3T	15T	158
1961	M		19T	73	76	68	74	291	3	11	149	217	16T	38T	16T	1,133
	O		7	75	72	70	73	290	2	6	147	217	60T	5T	5T	275
	US		CUT	78	75			153	13		153		106T	102T		
1962	O		6T	70	77	75	70	292	4	16	147	222	2	10T	13T	300

Year	Event	A	Pos	R1	R2	R3	R4	Tot	P/M	SBW	R2T	R3T	R1P	R2P	R3P	W
1963	O		5	67	69	71	78	285	5	8	136	207	1T	2	2	500
1964	O		24T	79	73	72	75	299	11	20	152	224	56T	31T	19T	61
1965	O		1	74	68	72	71	285	-7	-2	142	214	23T	5T	1	1,750
1966	O		8T	73	75	69	71	288	4	6	148	217	15T	29T	12T	330
1967	O		8T	71	74	70	72	287	-1	9	145	215	14T	16T	11T	331
1968	O		24T	77	71	78	75	301	13	12	148	226	42T	15T	27T	195
1969	M		CUT	78	75			153	9		153		74T	68T		1,000
	O		3T	71	70	70	72	283	-1	3	141	211	11T	6T	4T	2,125
1970	O		9T	68	74	73	74	289	1	6	142	215	8T	15T	11T	1,350
1971	O		9T	70	73	73	69	285	-7	7	143	216	5T	11T	13T	1,550
1972	O		31T	71	72	74	77	294	10	16	143	217	8T	10T	13T	205
1973	O		31T	76	75	70	73	294	6	18	151	221	55T	68T	26T	213
1974	O		CUT	79	81			160	18		160		89T	103T		50
1975	O		CUT	73	75	81		229	13		148	229	41T	63T	85T	150
1976	O		CUT	75	79			154	10		154		38T	96T		100
1977	O		13T	74	72	67	73	286	6	18	146	213	48T	41T	14T	2,200
1978	O		24T	72	70	72	76	290	2	9	142	214	26T	12T	11T	685
1979	O		26T	76	75	72	74	297	13	14	151	223	58T	566	33T	888
1984	O		CUT	72	73	76		221	5		145	221	38T	42T	71T	610

Thomson, R. J.

Year	Event	A	Pos	R1	R2	R3	R4	Tot	P/M	SBW	R2T	R3T	R1P	R2P	R3P	W
1947	O	A	CUT	83	83			166	30		166		85T	87T		

Thomson, Robert

Year	Event	A	Pos	R1	R2	R3	R4	Tot	P/M	SBW	R2T	R3T	R1P	R2P	R3P	W
1901	O		CUT	89	90			179			179			54T		
1903	O		6T	83	78	77	76	314		14	161	238			12T	4
1904	O		12T	75	76	80	84	315		19	151	231			7T	
1905	O		7	81	81	82	83	327		9	162	244			5T	
1906	O		30T	76	78	83	83	320		20	154	237			19T	
1907	O		38T	86	87	85	80	338		26	173	258	33T	47T	48T	
1908	O		39	78	78	86	80	322		31	156	242	20T	19T	36T	
1909	O		17T	81	79	75	77	312		17	160	235	45T	35T	19T	
1910	O		DQ	74	85			159			159					
1911	O		35T	77	76	85	81	319		16	153	238	22T	14T	32	
1912	O		13T	73	77	80	83	313		18	150	230	3T	5	7	

Thomson, Robert Marr

Year	Event	A	Pos	R1	R2	R3	R4	Tot	P/M	SBW	R2T	R3T	R1P	R2P	R3P	W
1899	US		33	90	95	85	85	355		40	185	270	40T	46T	40T	
1902	US		43T	87	92	83	86	348		41	179	262	41T	59T	43	
1903	US		35	81	84	88	85	338		31	165	253	18T	26T	37T	
1908	US		CUT	95	89			184			184		59T	49T		
1909	US		33T	83	78	78	75	314		24	161	239	61T	50T	43T	
1910	US		WD	76				76					12T			
1913	US		49	84	79	90	87	340	56	36	163	253	56T	45T	50	
1914	US		25T	79	75	78	75	307	19	17	154	232	49T	35T	29T	

Thomson, Samuel C.

Year	Event	A	Pos	R1	R2	R3	R4	Tot	P/M	SBW	R2T	R3T	R1P	R2P	R3P	W
1900	O	A	CUT	89	95			184			184		47T	65T		

Thomson, W. B.

Year	Event	A	Pos	R1	R2	R3	R4	Tot	P/M	SBW	R2T	R3T	R1P	R2P	R3P	W
1947	O		35	78	76	78	83	315	43	22	154	232	35T	26T	28T	

Thomson, William R.

Year	Event	A	Pos	R1	R2	R3	R4	Tot	P/M	SBW	R2T	R3T	R1P	R2P	R3P	W
1901	O		CUT	93	85			178			178			49T		

Thomson, William "Willie"

Year	Event	A	Pos	R1	R2	R3	R4	Tot	P/M	SBW	R2T	R3T	R1P	R2P	R3P	W
1873	O		17T	98	109			207		28						
1874	O		6T	84	82			166		7						2
1876	O		5PO	90	95			185		9						2
1877	O		UNK													
1880	O		22T	96	94			190		28						
1882	O		16T	95	87			182		11	182					
1883	O		23	90	87			177		18	177					
1886	O		UNK													
1889	O		10T	43	42	40	41	166		11	85	125				
1896	O		WD	91	89			180			180					

Thorburn, John

Year	Event	A	Pos	R1	R2	R3	R4	Tot	P/M	SBW	R2T	R3T	R1P	R2P	R3P	W
1910	O		CUT	88	81			169			169					

Thore, David Michael

Year	Event	A	Pos	R1	R2	R3	R4	Tot	P/M	SBW	R2T	R3T	R1P	R2P	R3P	W
1980	US		CUT	78	71			149	9		149		127T	79T		600
1981	US		CUT	78	76			154	14		154		129T	117T		600
1986	US		CUT	79	74			153	13		153		94T	93T		600
1988	O		CUT	78	78			156	14		156		113T	122T		450
	PGA		CUT	78	70			148	6		148		123T	95T		1,000
	US		CUT	79	75			154	12		154		133T	117T		1,000

Year	Event	A	Pos	R1	R2	R3	R4	Tot	P/M	SBW	R2T	R3T	R1P	R2P	R3P	W
Thoren, John A.																
1938	PGA		32T													
1939	US		CUT	81	74			155	17		155		128T	89T		
1940	PGA		64T													100
	US		43T	73	78	77	77	305	17	18	151	228	19T	42T	45T	
1946	US		WD	76	74			150	6		150		57T	39T		
1949	PGA		64T													100
1954	US		CUT	81	76			157	17		157		105T	84T		
1956	PGA		64T													
1957	PGA		32T													
Thorn, Arthur B. "Abe"																
1930	US		CUT	82	77			159	13		159		112T	88T		
Thornton, C. William "Billy"																
1955	US	A	57	79	75	82	81	317	37	30	154	236	69T	40T	56	
Thornton, John B.																
1962	US	A	CUT	77	82			159	17		159		85T	129T		
Thorp, David J.																
1976	O		CUT	73	79	82		234	18		152	234	15T	77T	84	150
1979	O		CUT	74	74	84		232	19		148	232	25T	31T	79T	300
1981	O		50T	76	69	74	77	296	16	20	145	219	59T	20T	34T	667
1983	O		CUT	75	71	80		226	13		146	226	101T	71T	83	400
Thorp, Marius																
2006	O	A	48T	71	71	75	71	288	0	18	142	217	50T	48T	58T	
Thorpe, Charles C. "Chuck," Jr.																
1980	US		CUT	74	73			147	7		147		72T	64T		600
Thorpe, Jimmy Lee "Jim"																
1979	PGA		CUT	71	76			147	7		147		27T	75T		350
1981	PGA		39T	71	72	72	72	287	7	14	143	215	26T	27T	37T	1,750
	US		11T	66	73	70	72	281	1	8	139	209	1	9T	7T	5,500
1982	M		CUT	88	74			162	18		162		74	69		1,500
	PGA		34T	72	71	73	71	287	7	15	143	216	41T	37T	54T	2,350
	US		30T	72	73	72	77	294	6	12	145	217	8T	13T	14T	2,718
1983	PGA		14T	68	72	74	69	283	-1	9	140	214	7T	14T	22T	6,750
	US		13T	75	70	75	73	293	9	13	145	220	40T	11T	16T	6,994
1984	M		CUT	77	72			149	5		149		77T	61T		1,500
	PGA		59T	74	73	75	73	295	7	22	147	222	54T	51T	64T	1,662
	US		4T	68	71	70	73	282	2	6	139	209	1T	5T	4	22,335
1985	M		18T	73	71	72	74	290	2	8	144	216	27T	11T	8T	9,128
	US		34T	73	69	74	73	289	9	10	142	216	47T	22T	28T	4,994
1986	M		45T	74	74	73	77	298	10	19	148	221	25T	32T	39T	2,700
	O		CUT	77	79			156	16		156		54T	116T		400
	PGA		7T	71	67	73	71	282	-2	6	138	211	26T	4T	8T	20,833
	US		CUT	79	73			152	12		152		94T	85T		600
1987	M		42T	77	74	76	71	298	10	13	151	227	58T	46T	51T	3,333
	O		CUT	74	73			147	5		147		79T	79T		400
	PGA		CUT	75	79			154	10		154		52T	82T		1,000
	US		9T	70	68	73	73	284	4	7	138	211	8T	3T	5T	15,004
1988	M		WD													1,500
	US		CUT	75	81			156	14		156		74T	132T		1,000
1990	PGA		CUT	77	83			160	16		160		90T	130T		1,000
1993	US		CUT	77	73			150	10		150		139T	132T		1,000
1994	US		CUT	71	80			151	9		151		10T	103T		1,000
1996	US		97T	75	71	78	73	297	17	19	146	224	100T	73T	103T	5,165
Thorsen, Jeff																
1998	US		CUT	77	81			158	18		158		110T	141T		1,000
Tibbles, Alex S.																
1948	O		CUT	74	79			153	17		153		21T	54T		
Tickell, Geoff																
1977	O		CUT	79	82			161	21		161		124T	143T		150
1980	O		CUT	77	76			153	11		153		96T	116T		225
1987	O		CUT	78	82			160	18		160		134T	151		400
Tickner, Chris																
1978	O		CUT	77	77			154	10		154		119T	127T		175
Tiddy, George																
1963	PGA		CUT	80	79			159	17		159		131T	136T		

Year	Event	A	Pos	R1	R2	R3	R4	Tot	P/M	SBW	R2T	R3T	R1P	R2P	R3P	W
Tidland, Christopher Lee																
1995	US		CUT	70	79			149	9		149		11T	96T		1,000
1998	US		CUT	76	80			156	16		156		91T	136T		1,000
1999	US		51T	71	75	75	78	299	19	20	146	221	35T	46T	37T	10,305
2000	US		CUT	77	76			153	11		153		100T	99T		1,000
Tierney, Tommy																
1980	US		CUT	81	77			158	18		158		146T	140T		600
Tiffany, Gilman P.																
1909	US	A	39T	81	81	79	77	318		28	162	241	51T	55T	47T	
Tiley, Steven																
2004	O	A	CUT	71	76			147	5		147		40T	85T		
Tillinghast, Albert Warren																
1907	US	A	WD	80	79	79		238			159	238	20T	20T	16T	
1910	US	A	25	80	81	79	76	316		18	161	240	35T	30T	27T	
Tillman, Adam																
1995	O		CUT	75	78			153	9		153		116T	141T		650
Timberman, Wayne A.																
1945	PGA		32T													200
Timmis, Charles W.																
1930	O	A	CUT	81	83			164	20		164		76T	93T		
1936	O	A	55T	77	79	79	78	313	17	26	156	235	39T	57T	55T	
Timms, Arthur Ronald																
1954	O	A	CUT	80	72			152	6		152		80T	51T		
Tindall, William L.																
1974	US		CUT	75	85			160	20		160		25T	113T		500
Tinder, Mark E.																
1976	US	A	CUT	77	81			158	18		158		89T	118T		
Tinder, W. O. "Bill"																
1930	US		63T	79	77	82	81	319	27	32	156	238	72T	59T	64T	
Tingey, Albert																
1891	O		57	98	94			192		26						
1892	O		31T	84	83	81	86	334		29	167	248			24T	
1894	O		31T	90	91	90	90	361		35	181	271	20T	30	33	
1895	O		21T	83	88	87	88	346		24	171	258	6		20T	
1896	O		28	84	84	88	86	342		26	168	256				
1897	O		30T	86	86	87	85	344		30	172	259				
1898	O		CUT	84	90			174			174		35T	48T		
1899	O		9T	81	81	79	85	326		16	162	241	14T	11T	6T	
1900	O		WD	82	92			174			174		11T	38T		
1901	O		UNK													
1903	O		CUT	85	86			171			171					
1904	O		CUT	90	92			182			182					
1905	O		CUT	91	86			177			177					
1906	O		CUT	80	84			164			164					
1907	O		38T	87	84	88	79	338		26	171	259	41T	34T	53	
1908	O		30T	76	82	79	80	317		26	158	237	10T	28T	28	
1909	O		38T	81	79	84	76	320		25	160	244	45T	35T	50T	
1910	O		50T	80	77	81	86	324		25	157	238			38T	
1911	O		CUT	84	85			169			169		130T	128T		
Tingey, Albert Stanley, Jr.																
1910	O		WD	83				83								
1911	O		CUT	85	87			172			172		143T	154T		
1923	O		86	94	76	79	82	331		36	170	249				
1924	O		52T	82	81	82	81	326		25	163	245	57T	57T	55T	
1925	O		41T	78	81	83	85	327	39	27	159	242	21T	30T	37T	
1928	O		51T	81	78	81	85	325	37	33	159	240	49T	45T	49T	
1930	O		WD	79	78			157	13		157		54T	50T		
1931	O		66	79	79	86	84	328	40	32	158	244	55T	48T	66	
Tinkler, Lucien																
1988	O		CUT	77	75			152	10		152		99T	95T		450
1991	O		CUT	75	77			152	12		152		115T	134T		600
Tinnin, Jack																
1941	US	A	WD	77				77	7				66T			

Year	Event	A	Pos	R1	R2	R3	R4	Tot	P/M	SBW	R2T	R3T	R1P	R2P	R3P	W
Tinning, Steen																
1988	O		CUT	76	82			158	16		158		83T	134T		450
1989	O		CUT	78	72			150	6		150		130T	110T		500
1994	O		CUT	75	73			148	8		148		125T	120T		600
1996	O		CUT	72	75			147	5		147		63T	107T		650
1998	O		38T	69	76	77	72	294	14	14	145	222	21T	47T	50T	8,350
2000	O		CUT	76	71			147	3		147		123T	99T		1,100
2003	O		CUT	78	73			151	9		151		101T	76T		3,000
Tinsley, David G.																
1935	US	A	CUT	82	87			169	25		169		90T	129T		
1937	US		CUT	81	80			161	17		161		132T	135T		
1938	US		CUT	85	87			172	30		172		138T	142T		
1946	PGA		32T													200
1961	PGA		CUT	72	80			152	12		152		24T	93T		
Tipping, Edward Baumer																
1928	O	A	CUT	87	82			169	25		169		105T	102T		
1932	O	A	WD	84				84	12				104T			
Tiso, Anthony "Toney"																
1957	PGA		128T													50
Tiso, Cosimo J. "Cos"																
1960	PGA		CUT	78	81			159	19		159		122T	148T		
Tiso, Patrick Joseph																
1935	M		51T	76	75	75	81	307	19	25	151	226	40T	46T	43T	
1940	PGA		64T													100
	US		CUT	79	78			157	13		157		96T	101T		
Tiziani, Dennis B.																
1976	PGA		51T	77	68	75	75	295	15	14	145	220	92T	42T	50T	450
	US		CUT	77	75			152	12		152		89T	67T		500
1977	US		CUT	76	78			154	14		154		94T	111T		500
1984	US		CUT	76	85			161	21		161		105T	144T		600
Tiziani, Larry J.																
1983	US		CUT	80	81			161	19		161		112T	132T		600
Tiziani, Mario Steven																
2000	US		CUT	80	79			159	17		159		141T	143T		1,000
2002	US		CUT	76	80			156	16		156	0	96T	126T		1,000
Tobin, Chris																
1973	O		CUT	80	79			159	15		159		119T	131T		50
Toda, Toichro "Torchy"																
1935	US		CUT	83	84			167	23		167		105T	108T		
1936	M		29T	81	74	75	75	305	17	20	155	230	39T	30T	33T	
	US		CUT	73	80			153	9		153		25T	85T		
Todd, Harry																
1936	US	A	WD	74				74	2				37T			
1938	US	A	CUT	81	78			159	17		159		91T	91T		
1941	US	A	13T	72	77	76	71	296	16	12	149	225	9T	19T	21T	
1946	US		22T	75	73	70	76	294	6	10	148	218	45T	29T	13T	100
1947	M		29T	74	74	71	77	296	8	15	148	219	27T	29T	24T	
	US		13T	67	75	77	72	291	7	9	142	219	1T	10	20T	140
1948	M		8T	72	67	80	71	290	2	11	139	219	13T	1	13T	350
	US		CUT	76	74			150	8		150		91T	64T		
1949	M		39T	74	79	76	75	304	16	22	153	229	16T	38T	41T	
	US		14T	76	72	73	73	294	10	8	148	221	55T	28T	25T	125
1950	M		49T	76	75	81	77	309	21	26	151	232	27T	23T	46T	
1952	PGA		64T													100
	US		13T	71	76	74	73	294	14	13	147	221	6T	14T	14T	150
1953	M		53T	78	73	75	80	306	18	32	151	226	54T	42T	44T	200
	US		37T	75	76	79	74	304	16	21	151	230	23T	31T	47T	150
1954	US		CUT	81	79			160	20		160		105T	113T		
1955	US		CUT	81	81			162	22		162		93T	107T		
1956	US		WD	77				77	7				78T			
Todd, Rick																
1996	O		72T	74	69	73	76	292	8	21	143	216	109T	58T	64T	4,875
1998	US		CUT	80	76			156	16		156		138T	136T		1,000
Todd, W. J. "Billy"																
1975	O		CUT	86	77			163	19		163		152T	151T		100

Year	Event	A	Pos	R1	R2	R3	R4	Tot	P/M	SBW	R2T	R3T	R1P	R2P	R3P	W
Tolan, Derek																
2002	US	A	CUT	78	88			166	26		166	0	128T	153		
Toledo, Esteban L.																
1999	US		34T	70	72	76	78	296	16	17	142	218	24T	14T	20T	19,084
2001	US		CUT	74	77			151	11		151	0	63T	112T		1,000
2002	O		43T	73	70	75	68	286	2	8	143	218	86T	50T	59T	13,750
Tolles, Thomas Louis "Tommy," Jr.																
1988	US	A	CUT	77	79			156	14		156		105T	132T		
1991	US		CUT	74	77			151	7		151		61T	98T		1,000
1996	O		33T	73	70	71	69	283	-1	12	143	214	92T	58T	52T	7,843
	PGA		3T	69	71	71	67	278	-10	1	140	211	11T	8T	15T	140,000
	US		40T	77	68	71	73	289	9	11	145	216	129T	56T	37T	9,918
1997	M		3	72	72	72	67	283	-5	13	144	216	8T	13T	12T	183,600
	O		69	77	68	75	76	296	12	24	145	220	90T	40T	62T	5,350
	PGA		13T	75	70	73	66	284	4	15	145	218	97T	57T	59T	35,100
	US		5T	74	67	69	72	282	2	6	141	210	80T	9T	5T	79,875
1998	M		CUT	75	76			151	7		151		42T	47T		5,000
	PGA		CUT	80	72			152	12		152		144T	125T		1,500
	US		WD	78				78	8				124T			1,000
1999	PGA		CUT	78	69			147	3		147		133T	75T		1,750
Tolley, Cyril James Hastings																
1920	O	A	40T	85	84	79	78	326		23	169	248	64T	59T	52T	
1922	O	A	43T	87	80	78	75	320		20	167	245	74T	68T	55T	
1923	O	A	35T	81	75	77	79	312		17	156	233				
1924	O	A	18T	73	82	80	79	314		13	155	235	1	16T	17T	
1925	O	A	28T	82	81	78	79	320	32	20	163	241	53T	41T	32T	
1926	O	A	CUT	79	85			164	22		164		41T	90T		
1927	O	A	36T	77	73	77	80	307	15	22	150	227	49T	18T	24T	
1929	O	A	25T	74	76	87	76	313	9	21	150	237	14T	15T	41T	
1930	O	A	52T	84	71	80	82	317	29	26	155	235	99T	41T	47T	
	US	A	CUT	80	80			160	14		160		86T	95T		
1933	O	A	18T	70	73	76	79	298	6	6	143	219	2T	5	10T	
1936	O	A	CUT	81	81			162	14		162		84T	82T		
1938	O	A	28T	77	68	86	86	317	37	22	145	231	67T	10T	26T	
1949	O	A	CUT	79	81			160	16		160		89T	92T		
Tolley, David T.																
1983	M	A	CUT	77	74			151	7		151		72T	62T		
Tolley, Earl																
1939	US		CUT	77	81			158	20		158		84T	111T		
Tollifson, Arner																
1897	US		30	91	100			191		29			23T			
1900	US		25T	93	87	88	84	352		39	180	268	45T	38T	32T	
1904	US		43T	86	85	94	83	348		45	171	265	37T	38T	45	
Tolmie, J.																
1888	O		UNK													
1892	O		WD	90				90								
Tomasino, Larry																
1955	US		CUT	84	80			164	24		164		129T	121T		
1962	PGA		CUT	76	77			153	13		153		82T	105T		
Tomasulo, Peter Jeffrey																
2008	US		CUT	76	75			151	9		151		85T	92T		2,000
Tominaga, Hiroshi																
1985	US	A	CUT	77	81			158	18		158		115T	143T		
Tomlinson, George D.																
1967	O		CUT	77	78			155	11		155		86T	95T		
1969	O		CUT	77	79			156	14		156		82T	101T		
Tomori, Katsuyoshi																
1993	O		CUT	71	73			144	4		144		70T	79T		600
1994	O		51T	69	69	73	71	282	2	14	138	211	15T	13T	46T	4,925
1995	O		24T	70	68	73	78	289	1	7	138	211	18T	1T	4T	10,316
1998	O		44T	75	71	70	79	295	15	15	146	216	127T	65T	10T	7,581
1999	O		49T	74	75	79	76	304	20	14	149	228	11T	15T	44T	7,217
2000	O		CUT	73	72			145	1		145		76T	75T		1,300
2003	O		69	72	77	75	76	300	16	17	149	224	13T	48T	61T	8,800

Year	Event	A	Pos	R1	R2	R3	R4	Tot	P/M	SBW	R2T	R3T	R1P	R2P	R3P	W
Toms, David Wayne																
1996	US		CUT	76	77			153	13		153		115T	138T		1,000
1997	PGA		CUT	73	75			148	8		148		64T	84T		1,300
	US		WD	78				78	8				137T			1,000
1998	M		6T	75	72	72	64	283	-5	4	147	219	42T	21T	26T	111,200
	PGA		CUT	72	76			148	8		148		60T	93T		1,500
1999	M		CUT	78	76			154	10		154		79T	81T		5,000
	PGA		CUT	76	76			152	8		152		116T	126T		1,750
	US		CUT	74	82			156	16		156		95T	140T		1,000
2000	M		49T	74	72	73	79	298	10	20	146	219	32T	30T	28T	11,623
	O		4T	69	67	71	71	278	-10	9	136	207	11T	2	4T	130,000
	PGA		41T	72	68	72	75	287	-1	17	140	212	22T	9T	19T	17,000
	US		16T	73	76	72	72	293	9	21	149	221	39T	53T	15T	65,214
2001	M		31T	72	72	71	73	288	0	16	144	215	33T	34T	29T	33,208
	O		CUT	74	73			147	5		147		87T	94T		1,100
	PGA		1	66	65	65	69	265	-15	-1	131	196	2T	1T	1	936,000
	US		66T	71	71	77	75	294	14	18	142	219	21T	17T	66T	10,368
2002	M		36T	73	74	76	71	294	6	18	147	223	25T	39T	44T	26,950
	O		83	67	75	81	75	298	14	20	142	223	1T	43T	82T	8,500
	PGA		CUT	77	74			151	7		151	0	105T	100T		2,000
	US		45T	74	74	70	77	295	15	18	148	218	55T	41T	25T	20,072
2003	M		8T	71	73	70	74	288	0	7	144	214	6T	5T	3T	162,000
	O		CUT	80	73			153	11		153		125T	97T		2,500
	PGA		29T	75	72	71	72	290	10	14	147	218	77T	49T	40T	36,600
	US		5T	72	67	70	71	280	0	8	139	209	57T	18T	15T	185,934
2004	M		CUT	78	73			151	7		151		75T	67T		5,000
	O		30T	71	71	74	72	288	4	14	142	216	40T	24T	47T	24,500
	PGA		17T	72	72	69	72	285	-3	5	144	213	40T	44T	25T	76,857
	US		20T	73	72	70	76	291	11	15	145	215	60T	57T	25T	80,643
2005	M		CUT	77	75			152	8		152		62T	64T		5,000
	O		DQ	75				75	3				97T			2,000
	PGA		10T	71	72	69	68	280	0	4	143	212	40T	49T	31T	131,800
	US		15T	70	72	70	77	289	9	9	142	212	10T	17T	6	88,120
2006	M		CUT	72	78			150	6		150		19T	55T		5,000
	PGA		16T	71	67	71	73	282	-6	12	138	209	40T	8T	12T	94,000
	US		WD	79				79	9				127T			2,000
2007	M		9	70	78	74	72	294	6	5	148	222	3T	25T	8T	210,250
	O		CUT	71	77			148	6		148		25T	81T		2,650
	PGA		42T	71	74	71	72	288	8	16	145	216	23T	55T	44T	20,850
	US		5T	72	72	73	72	289	9	4	144	217	21T	8T	10T	248,948
2008	M		42T	73	74	72	80	299	11	19	147	219	33T	40T	35T	28,500
	PGA		15T	72	69	72	74	287	7	10	141	213	33T	5T	9T	107,060
	US		60T	76	72	72	77	297	13	14	148	220	85T	49T	35T	17,691
Toms, George																
1957	US	A	CUT	78	80			158	18		158		92T	115T		
Toogood, Alfred Henry, Sr.																
1894	O		4	84	85	82	82	333		7	169	251	2T	7	6	7
1895	O		9T	85	84	83	86	338		16	169	252	11T		9	1
1896	O		17	81	85	84	84	334		18	166	250				
1897	O		22T	88	82	84	83	337		23	170	254				
1899	O		23	83	85	85	84	337		27	168	253	23T	24T	25T	
1903	O		18T	86	77	80	77	320		20	163	243			24T	
1904	O		12T	88	76	74	77	315		19	164	238			16	
1905	O		WD	89	83			172			172					
1906	O		CUT	79	85			164			164					
1907	O		24	87	83	85	77	332		20	170	255	41T	31T	38T	
1908	O		18T	82	76	77	77	312		21	158	235	50T	28T	25T	
Toogood, Peter A.																
1954	O	A	15T	72	75	73	71	291	-1	8	147	220	7T	21T	19T	
Toogood, Walter George																
1895	O		27T	87	91	88	87	353		31	178	266	22T		34T	
1896	O		22	87	84	80	85	336		20	171	251				
1897	O		26	87	89	80	83	339		25	176	256				
1898	O		19T	82	84	83	78	327		20	166	249	18T	31T	28T	
1899	O		20	82	86	81	84	333		23	168	249	19T	24T	19T	
1900	O		CUT	87	90			177			177		34T	51T		
1901	O		28	87	86	85	82	340		31	173	258		30T	29T	
1902	O		20T	83	83	80	81	327		20	166	246			24	
1903	O		UNK													
1904	O		CUT	86	85			171			171					
1905	O		28T	80	83	87	89	339		21	165	252			21T	

Year	Event	A	Pos	R1	R2	R3	R4	Tot	P/M	SBW	R2T	R3T	R1P	R2P	R3P	W
1906	O		15T	83	79	83	71	316		16	162	245			50T	
1907	O		13T	76	86	82	82	326		14	162	244	1T	7T	11T	
1908	O		18T	80	75	78	79	312		21	155	233	35T	17T	18T	
1910	O		37	80	81	74	85	320		21	161	235			25T	
1911	O		CUT	85	82			167			167		143T	115T		

Toomer, Jack

Year	Event	A	Pos	R1	R2	R3	R4	Tot	P/M	SBW	R2T	R3T	R1P	R2P	R3P	W
1936	US		55T	74	74	78	77	303	15	21	148	226	37T	33T	54T	
1939	US		CUT	78	76			154	16		154		96T	78T		

Topping, Henry J.

Year	Event	A	Pos	R1	R2	R3	R4	Tot	P/M	SBW	R2T	R3T	R1P	R2P	R3P	W
1915	US	A	WD	84				84	12				57T			

Topping, Lambert

Year	Event	A	Pos	R1	R2	R3	R4	Tot	P/M	SBW	R2T	R3T	R1P	R2P	R3P	W
1946	O		CUT	81	81			162	18		162		58T	69T		
1947	O		CUT	82	78			160	24		160		77T	65T		
1952	O		CUT	80	81			161	11		161		84T	85T		
1953	O		42T	77	73	81	81	312	24	30	150	231	32T	20T	41T	25
1954	O		20T	75	76	69	73	293	1	10	151	220	35T	45T	19T	
1955	O		CUT	76	78			154	10		154		64T	77T		
1957	O		CUT	75	75			150	6		150		45T	55T		

Torbett, Gary

Year	Event	A	Pos	R1	R2	R3	R4	Tot	P/M	SBW	R2T	R3T	R1P	R2P	R3P	W
1992	O		CUT	78	74			152	10		152		152T	149T		600

Toronto, Frank

Year	Event	A	Pos	R1	R2	R3	R4	Tot	P/M	SBW	R2T	R3T	R1P	R2P	R3P	W
1948	US	A	CUT	77	75			152	10		152		109T	87T		

Torpey, Bernard F. "Bunny"

Year	Event	A	Pos	R1	R2	R3	R4	Tot	P/M	SBW	R2T	R3T	R1P	R2P	R3P	W
1930	US		CUT	81	82			163	17		163		99T	111T		
1933	PGA		32T													85
1934	US		WD	78	75	85		238	28		153	238	50T	40T	59T	
1937	PGA		32T													
1941	PGA		64T													100
	US		40T	72	79	78	79	308	28	24	151	229	9T	26T	35T	
1947	US		CUT	82	77			159	17		159		142T	120T		

Torrance, Samuel Robert

Year	Event	A	Pos	R1	R2	R3	R4	Tot	P/M	SBW	R2T	R3T	R1P	R2P	R3P	W
1972	O		46T	72	74	76	74	296	12	18	146	222	15T	24T	36T	143
1973	O		CUT	78	72	76		226	10		150	226	87T	53T	65T	75
1974	O		CUT	77	86			163	21		163		46T	126T		50
1975	O		19T	72	74	71	72	289	1	10	146	217	20T	45T	28T	769
1976	O		CUT	82	71			153	9		153		134T	85T		100
1977	O		CUT	77	72	75		224	14		149	224	93T	73T	71T	200
1978	O		DQ	71	75			146	2		146		13T	51T		225
1979	O		CUT	75	78			153	11		153		36T	83T		200
1980	O		38T	74	71	73	73	291	7	20	145	218	46T	40T	50T	600
1981	O		5	72	69	73	70	284	4	8	141	214	9T	5	6T	8,500
1982	O		12	73	72	73	71	289	1	5	145	218	18T	21T	13T	6,300
1983	O		53T	68	73	74	73	288	4	13	141	215	5T	19T	42T	725
1984	O		9T	74	74	66	70	284	-4	8	148	214	69T	79T	16T	11,264
1985	M		31T	73	73	75	72	293	5	11	146	221	27T	25T	34T	4,445
	O		16T	74	74	69	70	287	7	5	148	217	77T	60T	22T	7,900
1986	O		21T	78	69	71	76	294	14	14	147	218	71T	23T	8T	5,022
1987	O		50T	76	69	77	73	295	11	16	145	222	115T	52T	52T	2,525
1988	O		47T	74	74	75	71	294	10	21	148	223	51T	57T	62T	3,050
1989	O		CUT	70	77			147	3		147		17T	81T		500
1990	O		39T	68	70	75	72	285	-3	15	138	213	4T	9T	43T	4,217
1991	O		44T	72	76	70	67	285	5	13	148	218	61T	98T	83T	4,235
	PGA		CUT	74	78			152	8		152		77T	109T		1,000
1992	O		CUT	73	72			145	3		145		98T	91T		600
1993	O		51T	72	70	72	71	285	5	18	142	214	84T	47T	51T	4,356
1994	M		33T	76	73	74	74	297	9	18	149	223	52T	42T	40T	11,550
	O		CUT	74	73			147	7		147		112T	110T		600
	PGA		30T	69	75	69	71	284	4	15	144	213	7T	52T	34T	8,458
	US		21T	72	71	76	69	288	4	9	143	219	23T	23T	38T	19,464
1995	O		11T	71	70	71	74	286	-2	4	141	212	34T	13T	8T	26,000
	PGA		23T	69	69	69	71	278	-6	11	138	207	26T	21T	16T	15,500
1996	M		CUT	80	71			151	7		151		89T	64T		1,500
	O		CUT	72	72			144	2		144		63T	78T		650
	PGA		CUT	71	79			150	6		150		29T	115T		1,300
	US		16T	71	69	71	74	285	5	7	140	211	24T	5T	6T	33,188
1997	M		39T	75	73	73	78	299	11	29	148	221	33T	28T	36T	11,610
	O		CUT	78	74			152	10		152		99T	111T		700
	PGA		45T	74	72	70	72	288	8	19	146	216	78T	68T	38T	7,375
1998	O		24T	69	77	75	70	291	11	11	146	221	21T	65T	44T	12,480

Year	*Event*	*A*	*Pos*	*R1*	*R2*	*R3*	*R4*	*Tot*	*P/M*	*SBW*	*R2T*	*R3T*	*R1P*	*R2P*	*R3P*	*W*
1999	US		CUT	75	74			149	9		149		120T	82T		1,000
2000	O		CUT	72	75			147	3		147		50T	99T		1,100
	PGA		CUT	82	78			160	16		160		141T	139		2,000
Torrance, Thomas Arthur "Tony"																
1928	O	A	41T	79	74	81	82	316	28	24	153	234	23T	15T	23T	
1932	O	A	22T	75	73	76	77	301	13	18	148	224	28T	13T	17T	
Torrance, William Breck "Willie"																
1925	O		WD	83				83	11				56T			
1927	O	A	10T	72	80	74	74	300	8	15	152	226	3T	31T	18T	
Torres, Gene																
1972	PGA		72T	79	70	77	80	306	26	25	149	226	112T	55T	69T	333
1973	US		CUT	78	79			157	15		157		86T	112T		500
1978	PGA		CUT	77	78			155	13		155		101T	113T		303
Tortorici, Victor																
1980	US		CUT	80	76			156	16		156		140T	126T		600
1983	US		CUT	78	80			158	16		158		96T	114T		600
Torza, Felice J.																
1947	US	A	66	72	78	80	80	310	26	28	150	230	22T	53T	66T	
1948	M		35T	75	73	76	79	303	15	24	148	224	35T	23T	27T	
	US		CUT	77	75			152	10		152		109T	87T		
1949	US		CUT	80	72			152	10		152		120T	64T		
1952	US		24T	74	76	70	78	298	18	17	150	220	29T	34T	11T	100
1953	M		29T	78	73	72	74	297	9	23	151	223	54T	42T	34T	200
	PGA		2													3,000
	US		37T	75	74	77	78	304	16	21	149	226	23T	17T	27T	150
1954	M		43T	74	78	74	78	304	16	15	152	226	17T	27T	28T	250
	US		CUT	79	75			154	14		154		77T	61T		
1956	PGA		128T													50
1957	PGA		128T													50
1958	PGA		35T	69	72	75	81	297	17	21	141	216	3T	6T	13T	162
	US		CUT	82	78			160	20		160		110T	92T		
1960	PGA		CUT	82	72			154	14		154		170T	112T		
	US		CUT	80	75			155	13		155		124T	110T		
1961	PGA		CUT	78	77			155	15		155		120T	122T		
1962	PGA		CUT	77	75			152	12		152		108T	92T		
Toscano, Harry																
1966	US		CUT	76	77			153	13		153		70T	74T		300
1969	US		CUT	74	77			151	11		151		47T	81T		500
1976	US		CUT	75	77			152	12		152		53T	67T		500
1978	US		55T	74	75	75	79	303	19	18	149	224	25T	39T	45T	1,255
1984	US		CUT	78	77			155	15		155		128T	127T		600
Toski, Bennie																
1941	US		CUT	83	79			162	22		162		141T	112T		
1957	PGA		128T													50
Toski, Robert J.																
1950	PGA		16T													350
	US		20T	73	69	80	74	296	16	9	142	222	29T	6T	26T	100
1951	M		18T	75	73	73	75	296	8	16	148	221	27T	22T	19	315
	PGA		64T													100
	US		CUT	74	80			154	14		154		14T	64T		
1952	M		40T	80	72	78	77	307	19	21	152	230	62T	47T	43T	200
	PGA		64T													100
1953	PGA		32T													200
1954	M		22T	80	74	71	74	299	11	10	154	225	62T	38T	22T	443
	PGA		32T													200
	US		18T	70	74	78	73	295	15	11	144	222	2T	8T	24T	240
1955	M		41T	78	71	79	79	307	19	28	149	228	46T	20T	32T	250
1956	PGA		32T													
	US		17T	76	71	74	73	294	14	13	147	221	64T	23T	22T	260
1957	M		CUT	78	73			151	7		151		59T	41T		300
	PGA		128T													50
1958	PGA		20T	79	70	71	72	292	12	16	149	220	111T	38T	28T	566
	US		CUT	76	80			156	16		156		32T	64T		
1959	PGA		CUT	77	82			159	19		159		119T	161T		
	US		CUT	78	73			151	11		151		93T	62T		
1961	PGA		CUT	76	74			150	10		150		92T	74T		
1967	PGA		51T	72	76	71	78	297	9	16	148	219	19T	43T	26T	430

Year	*Event*	*A*	*Pos*	*R1*	*R2*	*R3*	*R4*	*Tot*	*P/M*	*SBW*	*R2T*	*R3T*	*R1P*	*R2P*	*R3P*	*W*
Toulson, Christopher J.																
1997	PGA		CUT	75	74			149	9		149		97T	94T		1,300
1999	PGA		CUT	79	78			157	13		157		141T	146T		1,750
Toussaint, Phillippe																
1973	O		CUT	76	77			153	9		153		55T	85T		50
1974	O		CUT	75	83			158	16		158		27T	90T		50
1975	O		CUT	83	79			162	18		162		150	149T		100
1976	O		CUT	80	74			154	10		154		114T	96T		100
1977	O		CUT	76	71	77		224	14		147	224	82T	46T	71T	200
1979	O		41T	76	75	74	75	300	16	17	151	225	58T	56T	46T	478
Towne, Greg																
1997	US		77T	71	73	83	74	301	21	25	144	227	18T	36T	83T	5,275
Townend, Simon																
1991	O		CUT	78	72			150	10		150		145T	118T		600
Townes, Allen																
1911	US		CUT	79	92			171	19		171		15T	64T		
Townes, Chris																
1985	US	A	CUT	84	78			162	22		162		156	154		
Townhill, Gordon																
1988	O		CUT	78	77			155	13		155		113T	119T		450
1989	O		CUT	79	77			156	12		156		140T	145		500
Towns, Edwin D. "Eddie"																
1913	US		CUT	92	88			180	38		180		67	67		
1916	PGA		32T													50
1921	PGA		32T													50
	US		44T	80	77	82	86	325	45	36	157	239	38T	26T	30T	
1922	PGA		16T													60
	US		WD	81	79			160	20		160	0	65T	62T		
1924	PGA		16T													100
	US		WD	84	83			167	23		167	0	69T	67T		
Towns, Kenneth J.																
1956	US		CUT	74	77			151	11		151		27T	59T		
1968	US		CUT	82	83			165	25		165		146T	150		500
1970	PGA		CUT	79	75			154	14		154		108T	92T		
1971	PGA		76T	75	74	76	77	302	14	21	149	225	72T	71T	72T	258
1972	PGA		CUT	81	78			159	19		159		127T	116T		
1973	PGA		CUT	83	74			157	15		157		143T	123T		
1975	PGA		CUT	75	76			151	11		151		69T	89T		
Townsend, Jay																
1990	US		CUT	76	75			151	7		151		115T	123T		1,000
1996	O		CUT	72	78			150	8		150		63T	138T		650
Townsend, Peter Michael Paul																
1966	O	A	23T	73	75	72	75	295	11	13	148	220	15T	29T	22T	
1968	O		CUT	76	79	80		235	19		155	235	28T	64T	67T	
1969	M		42	75	71	73	79	298	10	17	146	219	53T	28T	31T	1,400
	O		16T	73	70	76	72	291	7	11	143	219	30T	11T	24T	327
	US		CUT	79	82			161	21		161		116T	137T		500
1970	O		45T	72	73	74	80	299	11	16	145	219	45T	34T	36T	130
1971	O		40T	73	75	75	73	296	4	18	148	223	29T	43T	54T	170
1972	O		13T	70	72	76	70	288	4	10	142	218	3T	3T	18T	1,150
1973	O		55	79	73	71	77	300	11	24	152	223	105T	78T	43T	125
1974	O		13T	79	76	72	69	296	12	14	155	227	89T	60T	32T	1,000
1975	O		57T	74	70	76	78	298	10	19	144	220	55T	23T	50T	175
1976	O		CUT	78	81			159	15		159		75T	132T		100
1978	O		CUT	73	76			149	5		149		41T	81T		175
1980	O		CUT	77	73			150	8		150		96T	88T		225
1981	O		19T	73	70	73	73	289	9	13	143	216	17T	10T	16T	2,013
1982	O		54T	76	73	76	78	303	15	19	149	225	64T	46T	42T	600
Trahan, Donald Roland "DJ," Jr.																
2001	M	A	CUT	78	75			153	9		153		81T	83T		
2006	US		CUT	75	81			156	15		156		52T	128T		2,000
2007	PGA		CUT	72	74			146	6		146		36T	73T		2,000
2008	M		CUT	76	77			153	9		153		65T	82T		10,000
	PGA		31T	72	71	76	72	291	11	14	143	219	33T	14T	39T	38,825
	US		4T	72	69	73	72	286	2	3	141	214	19T	5T	4T	307,303

Year	Event	A	Pos	R1	R2	R3	R4	Tot	P/M	SBW	R2T	R3T	R1P	R2P	R3P	W
Trammell, G. Marshall, Jr.																
1950	US	A	CUT	79	81			160	20		160		108T	123T		
Transue, Oliver M.																
1935	US	A	CUT	77	87			164	20		164		28T	91T		
Trapp, Charles																
1911	O		CUT	86	90			176			176		157T	172T		
Trapp, Tom																
1911	O		CUT	86	86			172			172		157T	154T		
Traub, John A.																
1981	PGA		CUT	77	81			158	18		158		117T	134T		550
1982	US		CUT	81	74			155	11		155		122T	94T		600
1989	PGA		CUT	92	79			171	27		171		150	148		1,000
Trauner, Mark																
1985	US	A	CUT	80	72			152	12		152		137T	115T		
Travena, T.																
1954	O		32T	75	74	75	72	296	4	13	149	224	35T	32T	38T	
Travers, Jerome Dunstan "Jerry"																
1907	US	A	26T	81	84	80	79	324		22	165	245	28T	39T	29T	
1909	US	A	DQ	77	78			155			155		22T	30T		
1913	US	A	28T	78	78	81	85	322	38	18	156	237	21T	22T	22T	
1915	US	A	1	76	72	73	76	297	9	-1	148	221	10T	4	1	
Traviani, Pulvio																
1951	O		24T	74	79	73	74	300	12	15	153	226	16T	38T	28T	
Travieso, Raul																
1968	M		CUT	76	74			150	6		150		48T	53T		1,000
1969	M		CUT	76	76			152	8		152		64T	66T		1,000
Travis, Walter John																
1899	US	A	WD	89	91	90		270			180	270	36T	38T	40T	
1902	US	A	2T	82	82	75	74	313		6	164	239	12T	9T	4T	
1903	US	A	15T	83	80	81	82	326		19	163	244	28T	16T	16T	
1904	O	A	CUT	83	88			171			171					
1905	US	A	11T	81	80	80	84	325		11	161	241	10T	8T	7T	
1908	US	A	23T	90	83	87	87	347		25	173	260	26T	18T	21T	
1909	US	A	7T	72	78	77	73	300		10	150	227	3T	8	9T	
1912	US	A	10T	73	79	78	77	307	11	13	152	230	3T	11T	9T	
Treacy, Raymond W. "Doc"																
1924	US		44T	83	79	85	78	325	37	28	162	247	64T	50T	56T	
Tredway, Eugene L.																
1982	US		CUT	76	81			157	13		157		56T	108T		600
Trepsas, Henry																
1963	PGA		CUT	80	74			154	12		154		131T	99T		
Trevino, Lee Buck																
1966	US		54T	74	73	78	78	303	23	25	147	225	41T	25T	46T	600
1967	US		5	72	70	71	70	283	3	8	142	213	21T	8T	9T	6,000
1968	M		40T	71	72	69	80	292	4	15	143	212	10T	12T	7T	1,375
	PGA		23T	69	71	72	76	288	8	7	140	212	3T	4T	3T	1,400
	US		1	69	68	69	69	275	-5	-4	137	206	2T	2	2	30,000
1969	M		19T	72	74	75	69	290	2	9	146	221	24T	28T	37T	2,100
	O		34T	75	72	71	78	296	12	16	147	218	58T	35T	18T	152
	PGA		48T	73	71	72	76	292	8	16	144	216	38T	28T	26T	289
	US		CUT	74	75			149	9		149		47T	69T		500
1970	O		3T	68	68	72	77	285	-3	2	136	208	8T	1	1	2,750
	PGA		26T	72	77	77	65	291	11	12	149	226	20T	59T	63T	1,480
	US		8T	77	73	74	70	294	6	13	150	224	35T	23T	20T	3,325
1971	O		1	69	70	69	70	278	-14	-1	139	208	1T	1T	1	5,500
	PGA		13T	71	73	75	69	288	0	7	144	219	5T	16T	33T	3,400
	US		1PO	70	72	69	69	280	0	-2	142	211	8T	11T	4T	30,000
1972	M		33T	75	76	77	72	300	12	14	151	228	37T	42T	39T	1,675
	O		1	71	70	66	71	278	-6	-1	141	207	8T	1T	1	5,500
	PGA		11T	73	71	71	71	286	6	5	144	215	36T	15T	15T	4,950
	US		4T	74	72	71	78	295	7	5	146	217	17T	8T	2T	7,500
1973	M		43T	74	75	75	75	299	11	16	149	224	23T	43T	46T	1,675
	O		10T	75	73	73	68	289	1	13	148	221	38T	33T	26T	1,350
	PGA		18T	76	70	73	67	286	2	9	146	219	78T	40T	48T	2,603
	US		4T	70	72	70	70	282	-2	3	142	212	2T	6T	6T	9,000

Year	Event	A	Pos	R1	R2	R3	R4	Tot	P/M	SBW	R2T	R3T	R1P	R2P	R3P	W
1974	O		31T	79	70	78	74	301	17	19	149	227	89T	18T	32T	213
	PGA		1	73	66	68	69	276	-4	-1	139	207	43T	6	1	45,000
	US		CUT	78	78			156	16		156		78T	82T		500
1975	M		10T	71	70	74	71	286	-2	10	141	215	10T	5T	7T	3,600
	O		40T	76	69	73	75	293	5	14	145	218	90T	32T	40T	218
	PGA		60T	73	72	78	74	297	17	21	145	223	39T	39T	60T	429
	US		29T	72	69	75	79	295	11	8	141	216	17T	4T	10T	1,193
1976	M		28T	75	75	69	76	295	7	24	150	219	46T	43T	23	1,950
	PGA		CUT	70	80			150	10		150		12T	77T		250
1977	O		4	68	70	72	70	280	0	12	138	210	3T	2T	7T	5,000
	PGA		13T	71	73	71	73	288	0	6	144	215	14T	15T	15T	4,350
	US		27T	74	70	73	73	290	10	12	144	217	60T	26T	33T	1,413
1978	M		14T	70	69	72	74	285	-3	8	139	211	3T	1T	5T	3,300
	O		29T	75	72	73	71	291	3	10	147	220	83T	59T	40T	527
	PGA		7T	69	73	70	72	284	0	8	142	212	3T	6T	7	8,000
	US		12T	72	71	75	73	291	7	6	143	218	12T	5T	13T	3,400
1979	M		12T	73	71	70	73	287	-1	7	144	214	34T	32T	16T	3,740
	O		17T	71	73	74	76	294	10	11	144	218	5T	12T	15T	2,500
	PGA		35T	70	73	72	72	287	7	15	143	215	16T	26T	38T	1,600
	US		19T	77	73	73	72	295	11	11	150	223	69T	38T	29T	2,410
1980	M		26T	74	71	70	74	289	1	14	145	215	40T	35T	21T	2,430
	O		2	68	67	71	69	275	-9	4	135	206	1T	1	2T	17,500
	PGA		7	74	71	71	69	285	5	11	145	216	58T	31T	12T	11,000
	US		12T	68	72	69	74	283	3	11	140	209	9T	11T	7T	4,388
1981	M		CUT	77	77			154	10		154		63T	69T		1,500
	O		11T	77	67	70	73	287	7	11	144	214	72T	14T	6T	5,000
	PGA		DQ	74				74	4				87			550
	US		CUT	72	76			148	8		148		47T	71T		600
1982	M		38T	75	78	75	73	301	13	17	153	228	18T	36T	44	1,667
	O		27T	78	72	71	75	296	8	12	150	221	95T	53T	24T	1,600
	US		CUT	78	76			154	10		154		78T	85T		600
1983	M		20T	71	72	72	77	292	4	12	143	215	22T	21T	9T	5,214
	O		5	69	66	73	70	278	-6	3	135	208	10T	2T	6	13,600
	PGA		14T	70	68	74	71	283	-1	9	138	212	19T	7T	16T	6,750
1984	M		43	68	73	74	79	294	6	17	141	215	2	6T	21T	2,500
	O		14T	70	67	75	73	285	-3	9	137	212	10T	2T	5T	6,752
	PGA		1	69	68	67	69	273	-15	-4	137	204	4T	1T	1	125,000
	US		9T	71	72	69	74	286	6	10	143	212	19T	15T	6T	12,122
1985	M		10T	70	73	72	72	287	-1	5	143	215	4T	6T	5T	16,800
	O		20T	73	76	68	71	288	8	6	149	217	59T	70T	22T	5,260
	PGA		2	66	68	75	71	280	-8	2	134	209	2T	1	2	75,000
	US		CUT	76	72			148	8		148		96T	79T		600
1986	M		47	76	73	73	77	299	11	20	149	222	46T	40T	42T	2,500
	O		59T	80	71	75	75	301	21	21	151	226	105T	63T	59T	1,925
	PGA		11T	71	74	69	70	284	0	8	145	214	26T	50T	22T	12,000
	US		4T	74	68	69	71	282	2	3	142	211	12T	2T	2T	26,269
1987	M		CUT	80	76			156	12		156		76T	72T		1,500
	O		17T	67	74	73	72	286	2	7	141	214	2T	19T	18T	7,450
	US		CUT	73	78			151	11		151		54T	111T		600
1988	M		CUT	81	83			164	20		164		79T	85		1,500
	O		CUT	75	74			149	7		149		63T	72T		450
	PGA		CUT	77	71			148	6		148		116T	95T		1,000
	US		40T	73	73	73	71	290	6	12	146	219	38T	49T	46T	6,015
1989	M		18T	67	74	81	69	291	3	8	141	222	1	1T	28T	14,000
	O		42T	68	73	73	74	288	0	13	141	214	2T	18T	33T	3,725
	PGA		CUT	74	75			149	5		149		77T	98T		1,000
	US		CUT	74	79			153	13		153		87T	132T		1,000
1990	M		24T	78	69	72	72	291	3	13	147	219	74T	34T	27T	11,000
	O		25T	69	70	73	71	283	-5	13	139	212	12T	15T	34T	6,383
	PGA		CUT	77	75			152	8		152		90T	75T		1,000
1991	M		49T	71	72	77	71	291	3	14	143	220	22T	30T	54T	3,533
	O		17T	71	72	71	67	281	1	9	143	214	29T	39T	40T	10,055
	US		CUT	77	72			149	5		149		105T	72T		1,000
1992	O		39T	69	71	73	74	287	3	15	140	213	21T	28T	31T	5,084
1994	O		CUT	75	72			147	7		147		125T	110T		600
1995	O		CUT	75	77			152	8		152		116T	137T		650
2000	O		CUT	80	77			157	13		157		153T	153T		900

Trianer, Joe

Year	Event	A	Pos	R1	R2	R3	R4	Tot	P/M	SBW	R2T	R3T	R1P	R2P	R3P	W
1933	US		WD	84				84	12				130T			

Trillini, Antonio

Year	Event	A	Pos	R1	R2	R3	R4	Tot	P/M	SBW	R2T	R3T	R1P	R2P	R3P	W
1978	O		CUT	80	80			160	16		160		145T	151T		175

Year	Event	A	Pos	R1	R2	R3	R4	Tot	P/M	SBW	R2T	R3T	R1P	R2P	R3P	W
Trimble, Kenneth																
1990	O		CUT	75	73			148	4		148		127T	123T		550
1992	O		CUT	75	76			151	9		151		130T	145T		600
Triplett, Kirk Alan																
1986	US		CUT	78	78			156	16		156		77T	122T		600
1987	US		CUT	75	74			149	9		149		88T	96T		600
1990	PGA		CUT	74	82			156	12		156		41T	106T		1,000
	US		33T	72	70	75	72	289	1	9	142	217	40T	17T	48T	8,221
1991	US		CUT	75	75			150	6		150		76T	87T		1,000
1992	PGA		CUT	73	81			154	12		154		52T	124T		1,200
	US		66	73	73	80	79	305	17	20	146	226	46T	36T	66	5,773
1993	US		52T	70	72	75	69	286	6	14	142	217	19T	44T	76T	6,526
1994	O		CUT	71	76			147	7		147		39T	110T		600
	PGA		15T	71	69	71	70	281	1	12	140	211	27T	14T	19T	27,000
	US		23T	70	71	71	77	289	5	10	141	212	6T	11T	12T	17,223
1995	PGA		13T	71	69	68	67	275	-9	8	140	208	58T	37T	21T	33,750
1996	M		CUT	76	75			151	7		151		69T	64T		1,500
	PGA		CUT	72	79			151	7		151		52T	122T		1,300
	US		40T	70	73	72	74	289	9	11	143	215	13T	27T	28T	9,918
1997	PGA		13T	73	70	71	70	284	4	15	143	214	64T	41T	27T	35,100
1998	PGA		CUT	73	77			150	10		150		81T	111T		1,500
	US		CUT	73	79			152	12		152		37T	105T		1,000
1999	PGA		49T	73	70	70	80	293	5	16	143	213	58T	26T	14T	8,180
	US		CUT	71	81			152	12		152		35T	119T		1,000
2000	M		CUT	76	79			155	11		155		54T	82T		5,000
	O		60T	73	71	74	72	290	2	21	144	218	76T	60T	67T	7,425
	PGA		69T	76	71	73	72	292	4	22	147	220	99T	66T	70T	9,425
	US		56	70	71	84	77	302	18	30	141	225	11T	4T	43T	12,153
2001	M		6T	68	70	70	71	279	-9	7	138	208	7T	9T	8T	181,300
	PGA		10T	68	70	71	66	275	-5	10	138	209	23T	26T	32T	122,000
	US		7T	72	69	71	70	282	2	6	141	212	36T	11T	11T	125,172
2002	M		40T	74	70	74	77	295	7	19	144	218	38T	20T	29T	22,960
	PGA		29T	75	69	79	70	293	5	15	144	223	75T	23T	48T	33,500
	US		CUT	73	78			151	11		151	0	41T	73T		1,000
2003	M		CUT	82	72			154	10		154		82T	62T		5,000
	PGA		WD	76				76	6		0	0	95T			
	US		28T	71	68	73	72	284	4	12	139	212	45T	18T	33T	41,254
2004	M		6T	71	74	69	72	286	-2	7	145	214	8T	19T	7	189,893
	PGA		CUT	77	71			148	4		148	0	129T	102T		2,000
	US		20T	71	70	73	77	291	11	15	141	214	30T	18T	19T	80,643
2005	M		17T	75	68	72	73	288	0	12	143	215	42T	9T	14T	112,000
2006	PGA		CUT	75	78			153	9		153		116T	144T		2,000
2007	US		CUT	73	78			151	11		151		34T	64T		2,000
Trish, John																
1952	PGA		32T													200
Trivisonno, Gary Paul																
1980	US		CUT	75	77			152	12		152		86T	102T		600
1991	PGA		CUT	77	75			152	8		152		125T	109T		1,000
1993	PGA		CUT	75	75			150	8		150		121T	128T		1,200
1995	PGA		CUT	71	77			148	6		148		58T	127T		1,200
1996	US		103	69	75	78	77	299	19	21	144	222	5T	42T	95T	5,075
Trixler, Dennis																
1983	US		CUT	85	76			161	19		161		151	132T		600
1985	US		CUT	76	75			151	11		151		96T	104T		600
1988	US		55T	72	73	76	73	294	10	16	145	221	21T	33T	56T	3,897
1989	US		CUT	73	73			146	6		146		66T	72T		1,000
1997	US		CUT	74	77			151	11		151		80T	116T		1,000
Trombley, William J.																
1948	US		CUT	80	79			159	17		159		139T	134T		
1952	US		19T	72	73	81	70	296	16	15	145	226	17T	8T	37T	100
1953	M		59T	78	75	79	79	311	23	37	153	232	54T	52T	59T	200
1954	PGA		32T													200
1955	US		CUT	77	79			156	16		156		41T	59T		
1956	US		CUT	77	74			151	11		151		78T	59T		
Trompas, Gregory A.																
1969	US	A	CUT	83	75			158	18		158		143T	124T		
1976	US		CUT	81	81			162	22		162		121T	134T		500
Trout, Chauncey M. "Chick"																
1926	US		CUT	91	86			177	33		177		143T	127T		
1928	US		61	79	79	83	78	319	35	25	158	241	63T	59T	61	

Year	Event	A	Pos	R1	R2	R3	R4	Tot	P/M	SBW	R2T	R3T	R1P	R2P	R3P	W
Trovinger, William H.																
1912	US		52T	77	82	86	89	334	38	40	159	245	23T	44T	52	
1921	US		33T	79	83	79	77	318	38	29	162	241	30T	44T	41T	
1928	US		CUT	86	83			169	27		169		129T	118T		
1929	US		CUT	84	78			162	18		162		127T	92T		
Trowbridge, Kenneth L.																
1973	US		CUT	80	81			161	19		161		119T	127T		500
Troy, Mike																
2000	US		CUT	79	81			160	18		160		130T	148T		1,000
Trueblood, Odell																
1964	PGA		DQ	76				76	6				98T			
1967	PGA		CUT	76	78			154	10		154		80T	99T		
Trufelli, Dave																
1924	US		47T	84	83	78	82	327	39	30	167	245	69T	67T	50T	
1935	PGA		64T													85
Tryba, Ted Nickolas																
1994	PGA		CUT	74	73			147	7		147		80T	87T		1,200
1995	PGA		CUT	70	79			149	7		149		44T	132T		1,200
	US		51T	71	75	73	73	292	12	12	146	219	29T	59T	46T	5,843
1996	M		CUT	72	75			147	3		147		33T	45T		1,500
	PGA		CUT	78	71			149	5		149		136T	110T		1,300
	US		CUT	74	76			150	10		150		84T	115T		1,000
1997	US		CUT	80	79			159	19		159		150T	148T		1,000
1998	PGA		56T	70	74	76	70	290	10	19	144	220	21T	45T	71T	6,175
1999	O		CUT	80	82			162	20		162		100T	138T		328
	PGA		31T	70	72	76	72	290	2	13	142	218	10T	16T	41T	20,000
	US		66T	72	75	82	79	308	28	29	147	229	52T	59T	67	7,755
2000	M		CUT	75	81			156	12		156		39T	85T		5,000
	O		CUT	73	74			147	3		147		76T	99T		1,100
	PGA		CUT	75	74			149	5		149		80T	98T		2,000
	US		37T	71	73	79	75	298	14	26	144	223	18T	11T	24T	22,056
Tschudin, Andrew																
2004	US		CUT	73	76			149	9		149	0	60T	107T		1,000
Tshabalala, Vincent Vesele																
1976	O		CUT	82	80			162	18		162		134T	147T		100
1977	O		56T	71	73	72	81	297	17	29	144	216	15T	27T	32T	250
Tsukada, Yoshinobu																
2004	O		CUT	79	80			159	17		159		147T	151		2,000
2008	O		CUT	75	75			150	10		150		52T	84T		6,395
Tubbs, Chapin F.																
1911	US	A	CUT	89	84			173	21		173		70T	66T		
Tuck, George V.																
1911	O		57T	77	78	85	86	326		23	155	240	22T	25	40T	
1912	O		WD	83	80			163			163		43T	37T		
1923	O		44T	80	81	79	76	316		21	161	240				
Tuck, Harry Hobart																
1901	O		CUT	98	94			192			192					
1902	O		CUT					182			182					
1906	O		CUT	90	91			181			181					
1910	O		UNK													
Tucke, Arthur																
1950	US		CUT	81	79			160	20		160		136T	123T		
Tucker, Chris M.																
1990	PGA		CUT	76	82			158	14		158		82T	120T		1,000
1996	PGA		CUT	71	76			147	3		147		29T	94T		1,300
1997	PGA		CUT	78	75			153	13		153		132T	122T		1,300
1998	PGA		CUT	78	78			156	16		156		134T	139T		1,500
1999	PGA		CUT	75	74			149	5		149		101T	100T		1,750
Tucker, Clive																
1978	O		CUT	76	75			151	7		151		103T	106T		175
1983	O		45T	73	71	73	70	287	3	12	144	217	62T	50T	56T	791
1984	O		CUT	77	73			150	6		150		134T	113T		330
1985	O		CUT	78	78			156	16		156		136T	128T		375
1988	O		CUT	78	74			152	10		152		113T	95T		450

Year	Event	A	Pos	R1	R2	R3	R4	Tot	P/M	SBW	R2T	R3T	R1P	R2P	R3P	W
Tucker, Jerry																
1981	US		CUT	78	77			155	15		155		129T	124T		600
1984	US		CUT	81	80			161	21		161		145T	144T		600
1989	PGA		CUT	77	78			155	11		155		120T	130T		1,000
1992	PGA		CUT	76	75			151	9		151		111T	102T		1,200
Tucker, John Dunn																
1898	US		WD	157	100			257			257		49	46		
1899	US		51	97	93	93	91	374		59	190	283	57T	58	54	
Tucker, Ken																
1939	PGA		32T													
Tucker, Robert																
1950	PGA		64T													100
Tucker, Samuel																
1895	US		9	49	48	45	43	185		12	97	142	9T	9	9	
1896	US		WD	88				88					20T			
1897	US		25T	87	98			185		23			10T			
Tucker, William Henry "Willie"																
1894	O		37T	92	94	91	89	366		40	186	277	34T	37T	39T	
1896	US		7T	78	82			160		8			1T			5
1897	US		15T	90	87			177		15			20T			
1898	US		14T	90	89	87	89	355		27	179	266	23T	21T	16T	
1899	US		28T	89	91	87	84	351		36	180	267	36T	38T	36T	
1901	US		WD	86	90	93		269			176	269	9T	19T	25T	
1909	US		WD	82	81			163			163		55T	58T		
Tucker, Woodrow																
1958	PGA		CUT	87	80			167	27		167		159T	149T		
Tugot, Celestino																
1955	US		CUT	74	85			159	19		159		8T	86T		
1956	O		CUT	74	84			158	16		158		30T	70T		
Tulloch, Frank																
1888	O	A	UNK													
Tulloch, John																
1898	O		CUT	87	85			172			172		50T	46T		
1903	O		CUT	89	87			176			176					
Tulloch, William																
1926	O	A	CUT	82	82			164	22		164		75T	90T		
1929	O	A	WD	77	80	87		244	16		157	244	32T	54T	62	
1931	O	A	63T	76	81	83	82	322	34	26	157	240	19T	42T	62T	
1932	O	A	34T	75	77	76	76	304	16	21	152	228	28T	40T	31T	
Tunnicliff, Miles Ian																
2004	O		CUT	74	75			149	7		149		95T	112T		2,250
Tupling, Leonard Peter "Peter"																
1969	O	A	28T	73	71	78	72	294	10	14	144	222	30T	16T	42T	
1971	O		CUT	83	77			160	14		160		141T	136T		
1972	O		46T	68	74	73	81	296	12	18	142	215	1	3T	8T	143
1975	O		CUT	79	76			155	11		155		125T	117T		100
1976	O		63T	75	71	77	79	302	14	23	146	223	38T	21T	35T	175
1977	O		CUT	74	85			159	19		159		48T	138T		150
1978	O		CUT	76	73			149	5		149		103T	81T		175
1979	O		CUT	79	78			157	15		157		106T	111T		200
1980	O		63	76	70	73	77	296	12	25	146	219	72T	49T	59T	550
1982	O		CUT	75	77	81		233	17		152	233	45T	71T	85	375
Turcott, Jonathan																
2008	US		CUT	77	73			150	8		150		100T	81T		2,000
Turnbull, E. R.																
1897	O		WD													
Turnbull, George Cairns																
1901	O		CUT	92	93			185			185					
1905	US		20T	81	88	81	81	331		17	169	250	10T	34T	28T	
1908	US		CUT	98	87			185			185		70T	54T		
1909	US		43T	80	76	82	82	320		30	156	238	44T	34T	42	
1916	US		20T	83	73	72	74	302	13	16	156	228	59T	41T	26	
Turnbull, Robert																
1889	O		UNK													
1901	O		WD	87	87	83		257			174	257		35T		

Year	Event	A	Pos	R1	R2	R3	R4	Tot	P/M	SBW	R2T	R3T	R1P	R2P	R3P	W
Turner, Dick																
1963	PGA		69T	75	76	78	72	301	17	22	151	229	65T	67T	78T	200
1968	PGA		CUT	77	76			153	13		153		103T	100T		
Turner, G. M.																
1914	O		39T	81	77	86	84	328		22	158	244	38T	17T	32T	
Turner, Grant																
1978	O	A	CUT	77	81			158	14		158		119T	145T		
1983	O		CUT	80	76			156	14		156		145	139T		250
1985	O		CUT	72	74	80		226	16		146	226	39T	36T	84T	700
Turner, Gregory James																
1986	O		35T	73	71	75	77	296	16	16	144	219	12T	6T	12T	3,168
1990	O		CUT	69	75			144	0		144		12T	73T		550
1991	O		CUT	77	75			152	12		152		134T	134T		600
1992	O		CUT	70	76			146	4		146		36T	102T		600
1993	O		39T	67	76	70	70	283	3	16	143	213	5T	64T	42T	5,328
1994	O		20T	65	71	70	71	277	-3	9	136	206	1	5T	9T	12,500
1996	O		7T	72	69	68	68	277	-7	6	141	209	63T	35T	18T	35,000
1997	O		51T	76	71	72	72	291	7	19	147	219	63T	62T	55T	6,156
1998	O		15T	68	75	75	71	289	9	9	143	218	11T	30T	16T	23,650
	PGA		CUT	72	80			152	12		152		60T	125T		1,500
1999	O		CUT	78	78			156	14		156		68T	83T		1,100
	PGA		16T	73	69	70	75	287	-1	10	142	212	58T	16T	9T	48,600
2000	PGA		CUT	77	77			154	10		154		113T	123T		2,000
2001	O		CUT	79	73			152	10		152		152T	137T		900
Turner, Howard A. "Ike," III																
1961	US		CUT	73	78			151	11		151		20T	73T		
Turner, John Henry																
1910	O		UNK	88												
1911	O		CUT	91	81			172			172		197T	154T		
1914	O		80	85	86	89	86	346		40	171	260	75T	80T	86	
1920	O		66T	80	86	82	87	335		32	166	248	24T	49T	52T	
1921	O		70T	81	84	78	81	324		28	165	243	62T	74T	61T	
1926	O		CUT	83	79			162	20		162		87T	78T		
Turner, Joseph S., Jr.																
1959	US		CUT	81	75			156	16		156		121T	103T		
Turner, Robert																
1923	O		53T	82	80	76	80	318		23	162	238				
1926	O		CUT	83	78			161	19		161		87T	70T		
Turner, Theodore Robert																
1930	US		CUT	87	83			170	24		170		137T	128T		
1934	PGA		16T													
1935	PGA		64T													85
	US		14T	80	71	81	77	309	21	10	151	232	65T	5T	16T	55
1936	M		38	76	79	80	75	310	22	25	155	235	12T	30T	41T	
	O		15T	75	74	76	74	299	3	12	149	225	23T	19T	20T	10
	PGA		64T													
	US		59T	77	74	78	75	304	16	22	151	229	98T	60T	64T	
1939	US		58	75	74	80	76	305	29	21	149	229	48T	41T	62	
1940	US		CUT	80	75			155	11		155		109T	79T		
Turnesa, James R.																
1937	US		50T	73	78	77	75	303	15	22	151	228	21T	48T	54T	
1938	US		CUT	81	75			156	14		156		91T	61T		
1939	US		32T	75	74	75	73	297	21	13	149	224	48T	41T	35T	13
1940	US		CUT	77	81			158	14		158		69T	114T		
1941	US		33T	74	80	77	74	305	25	21	154	231	26T	44T	42T	
1942	PGA		2													
1945	PGA		16T													350
1946	M		37T	73	78	71	81	303	15	21	151	222	10T	26T	19	
	PGA		8T													500
1947	M		44T	80	72	77	73	302	14	21	152	229	55T	47T	47T	
	PGA		16T													350
	US		39T	74	74	80	72	300	16	18	148	228	42T	35T	59T	
1948	PGA		64T													100
	US		3	71	69	70	70	280	-4	4	140	210	8T	4	3	1,000
1949	M		4T	73	72	71	70	286	-2	4	145	216	8T	4T	5T	440
	PGA		16T													350
	US		4T	78	69	70	72	289	5	3	147	217	88T	16T	6T	700
1950	M		46T	81	74	79	74	308	20	25	155	234	58T	46T	52T	

Year	Event	A	Pos	R1	R2	R3	R4	Tot	P/M	SBW	R2T	R3T	R1P	R2P	R3P	W
	US		38T	74	71	78	79	302	22	15	145	223	40T	20T	31T	100
1951	PGA		32T													200
1952	PGA		1													3,500
1953	M		27T	73	74	73	76	296	8	22	147	220	13T	22T	25	200
	PGA		32T													200
	US		17T	75	78	72	74	299	11	16	153	225	23T	50T	22T	200
1954	M		60T	83	79	75	73	310	22	21	162	237	71T	71T	65	250
	O		5T	72	72	71	71	286	-6	3	144	215	7T	7T	5T	108
	PGA		64T													100
	US		33T	74	76	72	78	300	20	16	150	222	21T	30T	24T	180
1955	M		48	77	75	79	78	309	21	30	152	231	31T	36T	45T	250
1956	M		22T	74	74	74	80	302	14	13	148	222	30T	23T	13T	630
	PGA		16T													
1957	M		CUT	76	76			152	8		152		38T	50T		300
	PGA		128T													50
	US		CUT	79	75			154	14		154		106T	81T		
1958	M		35T	72	76	76	75	299	11	15	148	224	18T	28T	40	350
	PGA		CUT	78	78			156	16		156		92T	106T		
	US		CUT	81	75			156	16		156		98T	64T		
1959	M		CUT	77	76			153	9		153		52T	58T		350
	PGA		38T	73	72	74	73	292	12	15	145	219	42T	32T	44T	200
1960	M		39T	76	73	73	79	301	13	19	149	222	50T	37T	24T	500
	PGA		32T	76	73	72	75	296	16	15	149	221	83T	52T	30T	247
	US		46T	76	71	72	78	297	13	17	147	219	82T	48T	39T	260
1961	M		CUT	80	70			150	6		150		73T	42T		400
	PGA		CUT	79	75			154	14		154		129T	110T		
	US		CUT	76	74			150	10		150		69T	58T		
1962	M		CUT	79	75			154	10		154		85T	75T		400
	PGA		CUT	77	77			154	14		154		108T	118T		
1963	PGA		CUT	81	76			157	15		157		137T	123T		
1964	PGA		62T	76	72	73	74	295	15	24	148	221	98T	70T	60T	220
	US		CUT	83	78			161	21		161		140T	140T		300
1965	PGA		CUT	74	78			152	10		152		44T	78T		
1966	PGA		CUT	80	73			153	13		153		131T	94T		
1968	PGA		CUT	78	78			156	16		156		119T	125T		
1969	PGA		76T	74	74	77	74	299	15	23	148	225	54T	59T	79	241

Turnesa, Joseph R.

Year	Event	A	Pos	R1	R2	R3	R4	Tot	P/M	SBW	R2T	R3T	R1P	R2P	R3P	W
1922	US		40T	75	78	81	78	312	32	24	153	234	17T	30T	42T	
1923	US		14T	76	81	74	78	309	21	13	157	231	13T	28T	16T	25
1924	US		15T	76	78	78	78	310	22	13	154	232	12T	14T	17T	
1925	US		11T	76	74	71	78	299	15	8	150	221	30T	15T	11	63
1926	PGA		32T													100
	US		2	71	74	72	77	294	6	1	145	217	4T	2	1	500
1927	PGA		2													
	US		27T	81	79	78	76	314	26	13	160	238	50T	38T	32T	
1928	US		6T	74	77	74	74	299	15	5	151	225	15T	15T	11T	74
1929	O		25T	78	74	81	80	313	9	21	152	233	40T	23T	26T	
	US		CUT	76	84			160	16		160		21T	68T		
1930	US		17T	73	78	78	74	303	11	16	151	229	10T	23T	29T	48
1931	O		CUT	77	83			160	16		160		29T	67T		
	US		32T	73	75	79	81	308	24	16	148	227	6T	8T	19T	
1932	PGA		32T													85
	US		45T	79	81	80	70	310	30	24	160	240	30T	61T	67T	
1933	US		46T	79	73	80	77	309	21	22	152	232	66T	25T	51T	
1934	M		34T	75	75	77	79	306	18	22	150	227	27T	28T	30T	
1935	M		9T	73	71	74	73	291	3	9	144	218	15T	10T	14T	138
	PGA		64T													85
	US		WD	78	83			161	17		161		47T	60T		
1936	M		WD	80	82			162	18		162		35T	48T		
	US		CUT	78	75			153	9		153		113T	85T		
1937	PGA		64T													
1939	PGA		64T													100
1940	PGA		64T													100
	US		CUT	77	77			154	10		154		69T	66T		

Turnesa, Michael C.

Year	Event	A	Pos	R1	R2	R3	R4	Tot	P/M	SBW	R2T	R3T	R1P	R2P	R3P	W
1928	US		CUT	80	81			161	19		161		75T	75T		
1932	US		68T	79	75	82	84	320	40	34	154	236	30T	21T	55T	
1934	M		28T	75	74	77	74	300	12	16	149	226	27T	25T	28T	
1935	M		25T	72	74	75	76	297	9	15	146	221	11T	18T	22T	
1936	PGA		64T													
1937	PGA		64T													
	US		32T	71	74	76	76	297	9	16	145	221	8T	11T	21T	33

Year	Event	A	Pos	R1	R2	R3	R4	Tot	P/M	SBW	R2T	R3T	R1P	R2P	R3P	W
1938	US		31	75	79	75	78	307	23	23	154	229	18T	47T	30T	
1939	PGA		32T													
1941	PGA		16T													
	US		42T	77	79	75	78	309	29	25	156	231	66T	59T	42T	
1942	PGA		32T													
1945	PGA		16T													350
1946	US		26T	70	76	74	75	295	7	11	146	220	3T	15T	22T	100
1947	PGA		16T													350
	US		59T	75	73	78	79	305	21	23	148	226	60T	35T	51T	
1948	PGA		2													1,500
1949	M		51	78	75	80	78	311	23	29	153	233	46T	38T	50T	
	PGA		64T													100
1952	PGA		64T													100
	US		CUT	76	78			154	14		154		58T	68T		
1953	PGA		32T													200
1954	PGA		64T													100
	US		CUT	85	74			159	19		159		142T	101T		
1955	PGA		64T													100
1956	PGA		64T													

Turnesa, Philip

Year	Event	A	Pos	R1	R2	R3	R4	Tot	P/M	SBW	R2T	R3T	R1P	R2P	R3P	W
1932	US		61T	79	81	76	79	315	35	29	160	236	30T	61T	55T	
1935	US		52T	77	82	82	81	322	34	23	159	241	28T	48T	55T	

Turnesa, William P. "Willie"

Year	Event	A	Pos	R1	R2	R3	R4	Tot	P/M	SBW	R2T	R3T	R1P	R2P	R3P	W
1934	M	A	45	75	78	80	79	312	24	28	153	233	27T	37T	45T	
1935	US	A	CUT	81	83			164	20		164		81T	91T		
1939	M	A	26T	78	70	79	73	300	12	21	148	227	36T	18	30T	
	US	A	47T	77	74	76	74	301	25	17	151	227	84T	57T	52T	
1940	M	A	47T	76	74	81	78	309	21	29	150	231	39T	34T	47T	
1941	US	A	40T	75	77	75	81	308	28	24	152	227	37T	32T	27T	

Turpie, George

Year	Event	A	Pos	R1	R2	R3	R4	Tot	P/M	SBW	R2T	R3T	R1P	R2P	R3P	W
1900	US		37T	89	84	91	97	361		48	173	264	30T	16T	26T	
1904	US		38	84	88	84	85	341		38	172	256	29T	40	38T	

Turpie, Henry S. "Harry"

Year	Event	A	Pos	R1	R2	R3	R4	Tot	P/M	SBW	R2T	R3T	R1P	R2P	R3P	W
1895	O		30T	90	85	84	95	354		32	175	259	35T		23T	
1896	O		37	85	90	88	95	358		42	175	263				
1897	US		14	85	90			175		13			6T			
1898	US		12	85	87	86	91	349		21	172	258	11T	8T	7T	
1899	US		18T	91	88	83	83	345		30	179	262	44T	36T	25T	
1900	US		8	84	87	79	84	334		21	171	250	7T	13T	9T	25
1901	US		22T	92	87	88	90	357		26	179	267	34T	27T	21	
1902	US		8	79	85	78	78	320		13	164	242	3T	9T	8T	50
1903	US		23	86	82	81	82	331		24	168	249	46T	34T	30T	
1904	US		20T	81	82	86	80	329		26	163	249	15T	15T	26	
1905	US		32T	80	86	82	91	339		25	166	248	6T	24T	23T	
1906	US		13	80	80	76	83	319		24	160	236	24T	20T	12T	
1911	US		12T	77	76	82	79	314	10	7	153	235	8T	4T	13T	

Tuten, William H. "Billy," Jr.

Year	Event	A	Pos	R1	R2	R3	R4	Tot	P/M	SBW	R2T	R3T	R1P	R2P	R3P	W
1984	M	A	CUT	80	75			155	11		155		87	83T		
1990	US		24T	74	70	72	71	287	-1	7	144	216	80T	37T	40T	11,309
1991	US		CUT	75	76			151	7		151		76T	98T		1,000
1993	US		CUT	73	79			152	12		152		99T	145T		1,000

Tuttle, Britt

Year	Event	A	Pos	R1	R2	R3	R4	Tot	P/M	SBW	R2T	R3T	R1P	R2P	R3P	W
1990	US		CUT	78	84			162	18		162		136T	154		1,000

Tutwiler, Edgar M., Jr.

Year	Event	A	Pos	R1	R2	R3	R4	Tot	P/M	SBW	R2T	R3T	R1P	R2P	R3P	W
1953	US	A	CUT	80	79			159	15		159		112T	114T		
1959	US	A	CUT	76	81			157	17		157		58T	108T		
1961	US	A	CUT	76	75			151	11		151		69T	73T		
1965	M	A	CUT	76	73			149	5		149		72T	50T		
	US	A	38T	77	73	76	75	301	21	19	150	226	64T	37T	43T	
1966	M	A	54T	79	74	73	81	307	19	19	153	226	85T	56T	40T	
	US	A	36T	73	78	76	72	299	19	21	151	227	26T	55T	53T	
1968	M	A	CUT	82	75			157	13		157		72T	71		
1969	US	A	CUT	80	83			163	23		163		126T	141T		

Tuveson, Russell

Year	Event	A	Pos	R1	R2	R3	R4	Tot	P/M	SBW	R2T	R3T	R1P	R2P	R3P	W
1962	PGA		CUT	77	82			159	19		159		108T	148T		
1965	PGA		CUT	84	83			167	25		167		157T	161T		

Tvoran, Art

Year	Event	A	Pos	R1	R2	R3	R4	Tot	P/M	SBW	R2T	R3T	R1P	R2P	R3P	W
1930	US		CUT	76	82			158	12		158		33T	76T		

Year	*Event*	*A*	*Pos*	*R1*	*R2*	*R3*	*R4*	*Tot*	*P/M*	*SBW*	*R2T*	*R3T*	*R1P*	*R2P*	*R3P*	*W*
Tway, Kevin																
2008	US	A	CUT	75	78			153	11		153		64T	107T		
Tway, Robert Raymond, III																
1981	M	A	CUT	75	76			151	7		151		44T	57T		
1986	M		8T	70	73	71	70	284	-4	5	143	214	5T	9T	9T	23,200
	O		46T	74	71	76	77	298	18	18	145	221	16T	10T	24T	2,475
	PGA		1	72	70	64	70	276	-8	-2	142	206	46T	17T	2	140,000
	US		8T	70	73	69	72	284	4	5	143	212	1	4T	4	14,501
1987	M		CUT	78	75			153	9		153		66T	61T		1,500
	O		35T	67	72	75	77	291	7	12	139	214	2T	10T	18T	3,500
	PGA		47T	78	71	76	75	300	12	13	149	225	94T	42T	51T	2,400
	US		68T	70	71	79	75	295	15	18	141	220	8T	18T	63T	3,165
1988	M		33T	74	73	74	76	297	9	16	147	221	18T	19T	25T	5,667
	O		20T	71	71	72	73	287	3	14	142	214	8T	6T	13T	7,000
	PGA		48T	71	71	70	77	289	5	17	142	212	32T	42T	19T	2,231
	US		25T	77	68	73	69	287	3	9	145	218	105T	33T	41T	8,856
1989	M		CUT	77	77			154	10		154		64T	65T		1,500
	O		61T	76	70	71	75	292	4	17	146	217	117T	69T	55T	2,675
	PGA		CUT	78	71			149	5		149		130T	98T		1,000
	US		CUT	74	74			148	8		148		87T	99T		1,000
1990	M		36T	72	76	73	74	295	7	17	148	221	20T	42T	35T	6,133
	O		CUT	73	73			146	2		146		81T	102T		550
	PGA		45T	72	76	73	78	299	11	17	148	221	16T	38T	24T	3,700
	US		33T	69	72	74	74	289	1	9	141	215	8T	11T	32T	8,221
1991	M		CUT	75	75			150	6		150		70T	69T		1,500
	O		5T	75	66	70	66	277	-3	5	141	211	115T	17T	12T	34,167
	PGA		66T	73	71	78	74	296	8	20	144	222	58T	29T	69T	2,313
	US		26T	75	69	75	74	293	5	11	144	219	76T	20T	19T	11,712
1992	O		CUT	71	73			144	2		144		57T	76T		600
	PGA		56T	74	73	72	74	293	9	15	147	219	70T	57T	49T	3,000
1993	PGA		CUT	70	74			144	2		144		36T	75T		1,200
	US		CUT	72	79			151	11		151		76T	140T		1,000
1994	PGA		CUT	77	72			149	9		149		121T	103T		1,200
	US		CUT	78	71			149	7		149		118T	82T		1,000
1995	O		CUT	71	78			149	5		149		34T	104T		650
	PGA		CUT	71	72			143	1		143		58T	73T		1,200
	US		10T	69	69	72	75	285	5	5	138	210	5T	3T	3T	44,184
1996	M		12T	67	72	76	72	287	-1	11	139	215	3T	5T	16T	52,500
	O		CUT	79	73			152	10		152		155	147T		650
	PGA		CUT	75	73			148	4		148		109T	102T		1,300
	US		67T	72	75	68	77	292	12	14	147	215	43T	87T	28T	5,645
1997	M		CUT	78	73			151	7		151		63T	53T		5,000
	O		CUT	78	73			151	9		151		99T	103T		800
	PGA		13T	68	75	72	69	284	4	15	143	215	4T	41T	34T	35,100
	US		5T	71	71	70	70	282	2	6	142	212	18T	19T	12T	79,875
1998	M		CUT	74	78			152	8		152		25T	57T		5,000
	O		CUT	68	79			147	7		147		11T	82T		1,000
	PGA		13T	69	76	67	68	280	0	9	145	212	10T	60T	24T	46,000
	US		3	68	70	73	73	284	4	4	138	211	3T	2T	2T	201,730
1999	M		52T	75	73	78	74	300	12	20	148	226	55T	43T	55T	9,980
	O		CUT	75	81			156	14		156		24T	83T		1,100
	PGA		57T	73	71	80	71	295	7	18	144	224	58T	40T	71T	7,175
	US		62T	69	77	79	78	303	23	24	146	225	10T	46T	59T	8,178
2000	M		CUT	77	72			149	5		149		65T	58T		5,000
	O		CUT	73	78			151	7		151		76T	138T		900
	PGA		CUT	77	73			150	6		150		113T	108T		2,000
2001	PGA		29T	69	69	71	70	279	-1	14	138	209	40T	26T	32T	29,437
	US		52T	75	71	72	74	292	12	16	146	218	88T	61T	53T	13,164
2002	O		50T	70	66	78	74	288	4	10	136	214	23T	1T	23T	10,267
	PGA		CUT	74	76			150	6		150	0	53T	86T		2,000
	US		59T	72	78	73	76	299	19	22	150	223	25T	60T	59T	13,493
2003	PGA		CUT	78	73			151	11		151	0	115T	94T		2,000
	US		CUT	74	73			147	7		147	0	92T	104T		1,000
2004	M		27T	75	71	74	72	292	4	13	146	220	44T	22T	26T	51,025
	O		70	76	68	73	82	299	15	25	144	217	128T	53T	51T	9,100
	PGA		55T	71	70	74	77	292	4	12	141	215	29T	14T	41T	13,200
	US		CUT	73	73			146	6		146	0	60T	67T		1,000
2005	O		41T	69	71	72	75	287	-1	13	140	212	13T	15T	22T	14,977
	PGA		CUT	71	76			147	7		147		40T	98T		2,000
	US		78T	71	75	79	75	300	20	20	146	225	17T	45T	80T	11,048
2006	PGA		65T	72	71	75	78	296	8	26	143	218	61T	42T	57T	13,175
2007	PGA		50T	71	72	71	75	289	9	17	143	214	23T	30T	24T	15,236
2008	PGA		CUT	75	74			149	9		149		75T	74T		2,500

Year	Event	A	Pos	R1	R2	R3	R4	Tot	P/M	SBW	R2T	R3T	R1P	R2P	R3P	W
Tweddell, William																
1927	O	A	30T	78	74	78	76	306	14	21	152	230	62T	31T	39	
Twiggs, Gregory Wofford																
1989	M		43T	75	76	79	70	300	12	17	151	230	43T	48T	52	3,900
	PGA		63T	71	73	74	75	293	5	17	144	218	38T	50T	58T	2,290
1990	US		51T	72	70	73	77	292	4	12	142	215	40T	17T	32T	5,184
1992	US		64T	72	71	80	80	303	15	18	143	223	30T	12T	61T	5,773
1993	PGA		22T	70	69	70	72	281	-3	9	139	209	36T	26T	22T	14,500
	US		33T	72	72	70	70	284	4	12	144	214	76T	72T	46T	11,052
Twine, D. G.																
1938	O		CUT	78	79			157	17		157		78T	92T		
Twine, Harry G.																
1925	O		WD	81	79	85		245	29		160	245	44T	34	43T	
1928	O		CUT	86	79			165	21		165		100T	89T		
Twine, William Thomas																
1922	O		54T	80	81	83	80	324		24	161	244	35T	38T	51T	
1924	O		36T	80	79	86	76	321		20	159	245	38T	31T	55T	
1925	O		47	85	82	82	81	330	42	30	167	249	73T	63T	55T	
1927	O		30T	75	78	78	75	306	14	21	153	231	24T	40T	40T	
1928	O		14T	75	79	77	76	307	19	15	154	231	4T	18T	15T	
1929	O		36T	74	79	84	78	315	11	23	153	237	14T	34T	41T	
1930	O		44T	78	78	78	79	313	25	22	156	234	35T	47T	40T	
1931	O		26T	72	78	79	79	308	20	12	150	229	1T	5T	18T	
1932	O		25T	80	74	71	77	302	14	19	154	225	85T	57T	20T	
1933	O		37T	73	74	80	80	307	15	15	147	227	14T	21T	42T	
1934	O		11	72	76	75	74	297	9	14	148	223	10T	20T	18T	10
1935	O		CUT	80	75			155	11		155		91T	71T		
1936	O		CUT	80	79			159	11		159		73T	70		
1938	O		CUT	76	79			155	15		155		47T	82T		
Twite, B. C.																
1951	O	A	CUT	81	81			162	18		162		79T	86T		
Twitty, Howard Allen																
1971	US	A	CUT	74	77			151	11		151		70T	88T		
1976	PGA		38T	73	71	74	74	292	12	11	144	218	48T	36T	37T	1,000
1978	PGA		64T	75	72	77	76	300	16	24	147	224	61T	48T	70	500
1979	PGA		7T	70	73	69	67	279	-1	7	143	212	16T	26T	18T	9,200
	US		32T	73	78	71	76	298	14	14	151	222	18T	51T	26T	1,725
1980	M		38T	72	72	77	71	292	4	17	144	221	19T	27T	47T	1,525
	PGA		5T	68	74	71	71	284	4	10	142	213	2T	6T	7	14,500
	US		CUT	74	74			148	8		148		72T	75T		600
1981	M		40T	75	72	74	75	296	8	16	147	221	44T	35T	40	1,500
	PGA		43T	74	71	74	69	288	8	15	145	219	71T	45T	60T	1,250
	US		CUT	74	77			151	11		151		71T	99T		600
1982	PGA		CUT	76	79			155	15		155		107T	129T		650
1983	US		CUT	78	81			159	17		159		96T	121T		600
1985	PGA		51T	70	77	74	72	293	5	15	147	221	18T	61T	54T	1,905
	US		CUT	76	71			147	7		147		96T	67T		600
1986	PGA		CUT	72	76			148	6		148		46T	87T		1,000
	US		66	79	71	75	76	301	21	22	150	225	94T	55T	63T	2,791
1987	PGA		CUT	79	77			156	12		156		106T	94T		1,000
1989	PGA		27T	72	71	68	74	285	-3	9	143	211	50T	41T	16T	7,536
1990	US		65	73	72	77	77	299	11	19	145	222	61T	54T	66	4,507
1991	PGA		16T	70	71	75	70	286	-2	10	141	216	14T	8T	28T	17,000
1992	PGA		CUT	76	75			151	9		151		111T	102T		1,200
1993	M		17T	70	71	73	73	287	-1	10	141	214	14T	8T	12T	24,650
	O		34T	71	71	67	73	282	2	15	142	209	70T	47T	14T	6,180
	PGA		CUT	71	76			147	5		147		58T	108T		1,200
	US		CUT	71	76			147	7		147		45T	112T		1,000
1994	M		48T	73	76	74	81	304	16	25	149	223	22T	42T	40T	5,250
	O		47T	71	72	66	72	281	1	13	143	209	39T	61T	27T	5,450
	US		CUT	78	75			153	11		153		118T	123T		1,000
1998	US		CUT	79	81			160	20		160		135T	146T		1,000
Tyner, Tray																
1992	US		17T	74	72	78	70	294	6	9	146	224	65T	36T	65	18,069
Tyng, James A.																
1897	US	A	15T	86	91			177		15			8T			
1898	US	A	19T	92	91	88	90	361		33	183	271	33T	31T	23T	

Year	Event	A	Pos	R1	R2	R3	R4	Tot	P/M	SBW	R2T	R3T	R1P	R2P	R3P	W
Tyree, Warner E. "Eddie"																
1965	PGA		CUT	84	80			164	22		164		157T	155T		
1966	PGA		CUT	79	76			155	15		155		118T	107T		
Tyron, Howard A.																
1935	US	A	CUT	81	82			163	19		163		81T	76T		
1936	US	A	CUT	80	79			159	15		159		138T	130T		
Tyska, Jason																
1999	US		53T	72	74	75	79	300	20	21	146	221	52T	46T	37T	9,562
Tyson, Scott																
1995	US		CUT	86	73			159	19		159		157	150T		1,000
Ukauka, James L. "Jimmy"																
1951	US		CUT	78	84			162	22		162		76T	128		
1955	US		53T	76	76	82	81	315	35	28	152	234	22T	22T	47T	180
Ulozas, Tom																
1974	US		45T	77	75	74	78	304	24	17	152	226	52T	56T	32T	935
1975	US		CUT	75	80			155	13		155		52T	113T		500
1976	PGA		57T	73	76	74	73	296	16	15	149	223	48T	67T	65T	450
1977	US		CUT	74	74			148	8		148		60T	61T		500
1978	US		46T	73	73	75	79	300	16	15	146	221	18T	19T	28T	1,350
1981	PGA		CUT	75	80			155	15		155		88T	127T		550
Ulrich, Wallace W.																
1946	US		CUT	78	76			154	10		154		93T	88T		
1950	US		DQ	73	74	73	76	296	16	9	147	220	29T	29T	18T	
1951	US		CUT	74	82			156	16		156		14T	89T		
1953	PGA		16T													350
	US		CUT	77	77			154	10		154		60T	61T		
1954	PGA		32T													200
	US		CUT	82	77			159	19		159		116T	101T		
1955	PGA		16T													350
	US		CUT	79	78			157	17		157		69T	69T		
1958	PGA		WD	82				82	12				142T			
Umbinetti, Harry																
1955	US		CUT	75	85			160	20		160		13T	95T		
1961	US		CUT	82	76			158	18		158		144T	128T		
1964	PGA		CUT	74	81			155	15		155		65T	117T		
Underwood, George																
1922	PGA		64T													
1923	PGA		32T													
1927	US		CUT	84	84			168	24		168		78T	91T		
1928	US		WD	82				82	11				100T			
1929	US		CUT	80	84			164	20		164		77T	104T		
Unis, Carl																
1967	US		54T	74	72	75	77	298	18	23	146	221	49T	35T	42T	655
Updegraff, Edgar R.																
1962	M	A	CUT	74	77			151	7		151		28T	61T		
1963	M	A	CUT	82	75			157	13		157		72T	67T		
1964	M	A	CUT	73	76			149	5		149		20T	49T		
1965	M	A	WD	76				76	4				72T			
1966	M	A	44T	76	75	77	76	304	16	16	151	228	42T	40T	50T	
1970	M	A	CUT	78	74			152	8		152		63T	55T		
Upper, Brett Wayne																
1985	PGA		54T	72	74	73	75	294	6	16	146	219	52T	49T	44T	1,764
1986	PGA		36T	71	73	72	73	289	5	13	144	216	26T	38T	38T	3,400
	US		CUT	79	74			153	13		153		94T	93T		600
1988	US		CUT	77	77			154	12		154		105T	117T		1,000
1991	PGA		CUT	74	79			153	9		153		77T	116T		1,000
1992	US		CUT	77	77			154	10		154		118T	124T		1,000
1999	PGA		CUT	79	78			157	13		157		141T	146T		1,750
Upton, F. R., Jr.																
1909	US	A	15T	72	79	78	75	304		14	151	229	3T	9T	18T	
Uresti, Omar David																
1995	US		45T	71	74	75	71	291	11	11	145	220	29T	50T	54T	7,146
1996	US		101T	76	72	74	76	298	18	20	148	222	115T	98T	95T	5,105
1998	US		CUT	78	71			149	9		149		124T	76T		1,000
1999	US		CUT	72	77			149	9		149		52T	82T		1,000

Year	Event	A	Pos	R1	R2	R3	R4	Tot	P/M	SBW	R2T	R3T	R1P	R2P	R3P	W
2004	US		CUT	75	71			146	6		146	0	99T	67T		1,000
2005	US		75T	75	73	75	76	299	19	19	148	223	75T	72T	75T	11,674

Ureta, Martin

Year	Event	A	Pos	R1	R2	R3	R4	Tot	P/M	SBW	R2T	R3T	R1P	R2P	R3P	W
2007	US	A	CUT	80	83			163	23		163		140T	144T		

Urquhart, Murray M.

Year	Event	A	Pos	R1	R2	R3	R4	Tot	P/M	SBW	R2T	R3T	R1P	R2P	R3P	W
2005	O		CUT	73	78			151	7		151		56T	128T		2,250

Urry, John Marshall "Jack"

Year	Event	A	Pos	R1	R2	R3	R4	Tot	P/M	SBW	R2T	R3T	R1P	R2P	R3P	W
1946	O	A	37	79	75	87	85	326	34	36	154	241	39T	28T	36	

Urzetta, Sam "Babe"

Year	Event	A	Pos	R1	R2	R3	R4	Tot	P/M	SBW	R2T	R3T	R1P	R2P	R3P	W
1951	M	A	25T	73	72	78	75	298	10	18	145	223	12T	12T	27T	
	US	A	29T	78	71	78	75	302	22	15	149	227	76T	16T	33T	
1952	M	A	46T	78	73	76	82	309	21	23	151	227	58T	38T	32T	
	US	A	CUT	77	83			160	20		160		73T	110T		
1953	US	A	48T	77	74	82	75	308	20	25	151	233	60T	31T	55	
1954	US	A	CUT	78	78			156	16		156		63T	75T		
1956	M		12T	73	75	76	74	298	10	9	148	224	17T	23T	18T	735
1957	M		35T	74	73	78	77	302	14	19	147	225	16T	13T	28T	300
1958	US		CUT	83	79			162	22		162		120T	102T		
1959	PGA		CUT	75	75	86		236	26		150	236	77T	84T	97	
1960	PGA		CUT	81	76			157	17		157		157T	135T		
1961	PGA		CUT	78	75			153	13		153		120T	103T		
1962	PGA		CUT	76	76			152	12		152		82T	92T		
1966	PGA		CUT	81	84			165	25		165		141T	149T		
1968	PGA		CUT	77	79			156	16		156		103T	125T		

Usina, Clyde A., Jr.

Year	Event	A	Pos	R1	R2	R3	R4	Tot	P/M	SBW	R2T	R3T	R1P	R2P	R3P	W
1935	US		CUT	86	79			165	21		165		139T	99T		
1938	PGA		64T													100
1946	US		CUT	81	77			158	14		158		131T	119T		
1956	PGA		128T													50
1958	PGA		CUT	75	79	80		234	24		154	234	43T	85T	90T	
1960	PGA		CUT	81	75			156	16		156		157T	128T		

Utley, C. B.

Year	Event	A	Pos	R1	R2	R3	R4	Tot	P/M	SBW	R2T	R3T	R1P	R2P	R3P	W
1912	US	A	CUT	95	89			184	36		184		120	120		

Utley, Stanley Frank

Year	Event	A	Pos	R1	R2	R3	R4	Tot	P/M	SBW	R2T	R3T	R1P	R2P	R3P	W
1986	US		CUT	80	86			166	26		166		111T	152		600
1989	US		CUT	74	74			148	8		148		87T	99T		1,000
1990	PGA		49T	71	72	80	77	300	12	18	143	223	6T	6T	43T	2,866
1991	PGA		CUT	77	77			154	10		154		125T	118T		1,000
	US		61	73	71	81	78	303	15	21	144	225	45T	20T	58T	4,958

Vale, Simon

Year	Event	A	Pos	R1	R2	R3	R4	Tot	P/M	SBW	R2T	R3T	R1P	R2P	R3P	W
2001	O		CUT	85	74			159	17		159		156	152T		900

Valentine, Thomas Ervin "Tommy"

Year	Event	A	Pos	R1	R2	R3	R4	Tot	P/M	SBW	R2T	R3T	R1P	R2P	R3P	W
1979	US		CUT	80	78			158	16		158		114T	102T		600
1980	PGA		75	73	71	82	79	305	25	31	144	226	45T	20T	73T	700
1981	PGA		11T	73	70	71	66	280	0	7	143	214	55T	27T	31T	6,750
	US		26T	69	68	72	77	286	6	13	137	209	8T	3T	7T	2,100
1982	PGA		49T	73	68	70	78	289	9	17	141	211	64T	17T	15T	1,315

Valpone, Charles

Year	Event	A	Pos	R1	R2	R3	R4	Tot	P/M	SBW	R2T	R3T	R1P	R2P	R3P	W
1974	PGA		39T	72	75	71	73	291	11	15	147	218	29T	47T	32T	817

Van de Velde, Jean

Year	Event	A	Pos	R1	R2	R3	R4	Tot	P/M	SBW	R2T	R3T	R1P	R2P	R3P	W
1991	O		CUT	73	77			150	10		150		77T	118T		600
1993	O		34T	75	67	73	67	282	2	15	142	215	144T	47T	62T	6,180
1994	O		38T	68	70	71	71	280	0	12	138	209	4T	13T	27T	6,100
1997	O		CUT	77	76			153	11		153		90T	118T		700
1999	O		2PO	75	68	70	77	290	6	-1	143	213	24T	1	1	185,000
	PGA		26T	74	70	75	70	289	1	12	144	219	80T	40T	48T	24,000
2000	M		19T	76	70	75	70	291	3	13	146	221	54T	30T	38T	53,820
	O		31T	71	68	72	73	284	-4	15	139	211	40T	11T	18T	16,750
	PGA		30T	70	74	69	71	284	-4	14	144	213	10T	32T	23T	28,875
	US		CUT	76	76			152	10		152		86T	91T		1,000
2001	O		CUT	77	75			152	10		152		135T	137T		900
2002	US		45T	71	75	74	75	295	15	18	146	220	13T	20T	42T	20,072
2005	O		CUT	77	73			150	6		150		128T	123T		2,250
2008	O		19T	73	71	80	70	294	14	11	144	224	27T	16T	59T	37,771

Van der Walt, Tjaart Nicolas

Year	Event	A	Pos	R1	R2	R3	R4	Tot	P/M	SBW	R2T	R3T	R1P	R2P	R3P	W
2004	O		36T	70	73	72	74	289	5	15	143	215	26T	37T	41T	18,750

Year	Event	A	Pos	R1	R2	R3	R4	Tot	P/M	SBW	R2T	R3T	R1P	R2P	R3P	W
Vanderwater, Edward D.																
1902	US		WD	99	91			190			190	0	80	74T		
van Donck, Flory																
1938	O		CUT	79	73			152	12		152		92T	63T		
1946	O		27T	76	78	83	78	315	23	25	154	237	15T	28T	33	
1947	O		21T	73	76	81	75	305	33	12	149	230	4T	5T	24T	
1948	O		7T	69	73	73	76	291	19	7	142	215	1T	4T	3T	15
1949	O		CUT	70	80			150	6		150		10T	53T		
1950	O		9T	73	71	72	70	286	6	7	144	216	17T	11T	11T	20
1951	O		24T	72	76	76	76	300	12	15	148	224	7	14T	17T	
1952	O		7	74	75	71	76	296	-4	9	149	220	28T	31T	6T	20
1953	O		20T	77	71	78	73	299	11	17	148	226	32T	13T	26T	30
1954	O		10T	77	71	70	71	289	-3	6	148	218	59T	26T	12T	
1955	O		5T	71	72	71	72	286	-2	5	143	214	10T	13T	8	90
1956	O		2	71	74	70	74	289	5	3	145	215	7T	4T	2	500
1957	O		5T	72	68	74	72	286	-2	7	140	214	20T	2	6T	107
1958	M		32T	70	74	75	79	298	10	14	144	219	6T	12T	21T	350
	O		5T	70	70	67	74	281	-3	3	140	207	9T	7T	2T	275
1959	O		2T	70	70	73	73	286	-2	2	140	213	4T	2	3T	613
Vandover, Lee																
1979	US		CUT	81	84			165	23		165		127T	136T		600
Van Dyke, Joseph																
1927	O		CUT	80	83			163	17		163		84T	99T		
Van Every, H. L.																
1916	US		55T	81	79	85	83	328	40	42	160	245	54T	55T	58	
Vanhootegem, Nicolas																
2001	O		30T	72	68	70	75	285	1	11	140	210	52T	17T	20T	21,500
Van Kleeck, R. V. "Dick"																
1941	US	A	WD	84				84	14				147T			
Van Liere, Adrian "Ade"																
1937	US		CUT	79	81			160	16		160		98T	130T		
Van Ness, C. M.																
1903	US		WD													
Van Orman, William K.																
1985	US	A	CUT	82	75			157	17		157		148T	141T		
2000	US		CUT	76	75			151	9		151		86T	76T		1,000
Van Pelt, Bo C.																
2004	O		30T	72	71	71	74	288	4	14	143	214	57T	37T	23T	24,500
	PGA		31T	74	71	70	72	287	-1	7	145	215	83T	57T	41T	34,250
	US		31T	69	73	73	80	295	15	19	142	215	14T	23T	25T	41,758
2005	M		CUT	76	75			151	7		151		52T	60T		5,000
	O		52T	72	67	73	76	288	0	14	139	212	41T	11T	22T	10,931
	PGA		17T	70	70	68	74	282	2	6	140	208	28T	23T	13	82,500
2006	O		CUT	74	72			146	2		146		108T	91T		2,500
	US		40T	72	75	73	76	296	16	11	147	220	15T	29T	32T	29,459
2007	PGA		CUT	77	74			151	11		151		116T	114T		2,000
van Rensburg, Nicholas Marthinus Janse																
1993	O		CUT	82	77			159	19		159		156	156		600
Van Sickle, H. A.																
1941	US	A	CUT	83	77			160	20		160		141T	96T		
Van Wezel, Roy																
1967	O		CUT	81	77			158	14		158		117T	113T		
Vardon, Alfred																
1899	O	A	33	87	88	88	85	348		38	175		41T	37T		
1902	O		CUT	85	85			170			170					
1910	O		CUT	80	83			163			163					
Vardon, Henry William "Harry"																
1893	O		23T	84	90	81	89	344		22	174	255	18T	30T	17T	
1894	O		5T	86	86	82	80	334		8	172	254	8T	8	7T	4
1895	O		9T	80	85	85	88	338		16	165	250	1		6	1
1896	O		1PO	83	78	78	77	316		-3	161	239				30
1897	O		6	84	80	80	76	320		6	164	244				7
1898	O		1	79	75	77	76	307		-1	154	231	6T	2	2	30
1899	O		1	76	76	81	77	310		-4	152	233	1T	1	1	30

Year	Event	A	Pos	R1	R2	R3	R4	Tot	P/M	SBW	R2T	R3T	R1P	R2P	R3P	W
1900	O		2	79	81	80	77	317		8	160	240	1T	2	2	25
	US		1	79	78	76	80	313		-2	157	233	3	1	1	150
1901	O		2	77	78	79	78	312		3	155	234		1T	2	25
1902	O		2T	72	77	80	79	308		1	149	229			2	20
1903	O		1	73	77	72	78	300		-6	150	222			1	50
1904	O		5	76	73	79	74	302		6	149	228			3	8
1905	O		9T	80	82	84	83	329		11	162	246			10	
1906	O		3	77	73	77	78	305		5	150	227			3T	15
1907	O		7T	84	81	74	80	319		7	165	239	22T	15	3T	
1908	O		5T	79	78	74	75	306		15	157	231	28T	27	12	8
1909	O		26T	82	77	79	78	316		21	159	238	50T	27T	27T	
1910	O		16T	77	81	75	80	313		14	158	233			14T	
1911	O		1PO	74	74	75	80	303		-1	148	223	6T	2T	1	50
1912	O		2	75	72	81	71	299		4	147	228	7T	2	4T	25
1913	O		3T	79	75	79	80	313		9	154	233	27T	5T	4	13
	US		2PO	75	72	78	79	304	20	-3	147	225	8T	1T	1T	300
1914	O		1	73	77	78	78	306		-3	150	228	1	1	2	50
1920	O		14T	78	81	81	78	318		15	159	240	10T	10T	18T	
	US		2T	74	73	71	78	296	8	1	147	218	5T	4T	1	188
1921	O		23T	77	77	80	74	308		12	154	234	22T	25T	35T	
1922	O		8T	79	79	74	75	307		7	158	232	29T	21T	10T	6
1925	O		17T	79	80	77	79	315	27	15	159	236	26T	30T	16T	
1926	O		CUT	80	82			162	20		162		58T	78T		
1927	O		CUT	78	78			156	10		156		62T	63T		
1928	O		47T	78	79	80	80	317	29	25	157	237	18T	35T	40T	
1929	O		CUT	82	78			160	8		160		84T	78T		

Vardon, Thomas Alfred

Year	Event	A	Pos	R1	R2	R3	R4	Tot	P/M	SBW	R2T	R3T	R1P	R2P	R3P	W
1891	O		10T	89	87			176		10						1
1892	O		12	83	75	80	82	320		15	158	238			9T	4
1893	O		28T	85	86	82	92	345		23	171	253	20T	17T	13T	
1894	O		19	87	88	82	91	348		22	175	257	13T	13T	12T	
1895	O		9T	82	83	84	89	338		16	165	249	4T		5	1
1896	O		10	83	82	77	83	325		9	165	242				3
1897	O		7T	81	81	79	83	324		10	162	241				3
1898	O		WD													
1899	O		WD	87	88	88		263			175	263	41T	37T	35	
1900	O		10T	81	85	84	81	331		22	166	250	5T	10T	10T	
1901	O		WD	87	86			173			173			30T		
1902	O		5	80	76	78	79	313		6	156	234			3T	10
1903	O		2	76	81	75	74	306		6	157	232			3T	25
1904	O		4	77	77	75	72	301		5	154	229			4T	10
1905	O		WD	84	86			170			170					
1906	O		12T	76	81	81	77	315		15	157	238			23T	
1907	O		3T	81	81	80	75	317		5	162	242	7T	7T	7T	13
1908	O		13T	77	79	76	79	311		20	156	232	15T	19T	13T	
1909	O		19T	80	75	80	78	313		18	155	235	36T	11T	19T	
	US		23T	80	75	82	74	311		21	155	237	44T	30T	39T	
1910	O		WD	77	80	80		237			157	237				
1911	US		WD	81	79	81		241	13		160	241	30T	23T	28T	
1912	US		21T	74	83	79	76	312	16	18	157	236	5T	35T	26T	
1913	US		39T	85	78	79	85	327	43	23	163	242	58T	45T	35T	
1914	US		31	76	76	77	82	311	23	21	152	229	16T	22T	23T	
1916	US		9T	76	72	75	74	297	9	11	148	223	21T	8T	11T	30
1930	US		WD	81				81	8				99T			

Vasco, John P. "Johnny"

Year	Event	A	Pos	R1	R2	R3	R4	Tot	P/M	SBW	R2T	R3T	R1P	R2P	R3P	W
1954	US		CUT	83	82			165	25		165		125T	131T		

Vaughan, Bradford

Year	Event	A	Pos	R1	R2	R3	R4	Tot	P/M	SBW	R2T	R3T	R1P	R2P	R3P	W
2001	O		CUT	72	74			146	4		146		52T	83T		1,100

Vaughan, Bruce Lloyd

Year	Event	A	Pos	R1	R2	R3	R4	Tot	P/M	SBW	R2T	R3T	R1P	R2P	R3P	W
1990	US		CUT	76	74			150	6		150		115T	113T		1,000
1993	US		CUT	75	72			147	7		147		125T	112T		1,000
1994	O		CUT	69	78			147	7		147		15T	110T		600
1995	US		CUT	74	73			147	7		147		83T	74T		1,000
2006	O		CUT	75	77			152	8		152		124T	142T		2,000

Vaughan, David I.

Year	Event	A	Pos	R1	R2	R3	R4	Tot	P/M	SBW	R2T	R3T	R1P	R2P	R3P	W
1971	O		CUT	78	74			152	6		152		107T	83T		
1972	O		7T	74	73	70	69	286	2	8	147	217	35T	29T	13T	1,663
1973	O		37T	78	70	72	75	295	7	19	148	220	87T	33T	21T	193
1975	O		53T	72	71	74	80	297	9	18	143	217	20T	19T	28T	175
1977	O		41T	71	74	73	74	292	12	24	145	218	15T	33T	43T	310
1978	O		CUT	74	78			152	8		152		68T	113T		175

Year	Event	A	Pos	R1	R2	R3	R4	Tot	P/M	SBW	R2T	R3T	R1P	R2P	R3P	W
1980	O		CUT	79	73			152	10		152		123T	104T		225
1983	O		CUT	76	73			149	7		149		113T	97T		250

Veech, Thomas R. "Tommy"

Year	Event	A	Pos	R1	R2	R3	R4	Tot	P/M	SBW	R2T	R3T	R1P	R2P	R3P	W
1951	M	A	WD	80	79	77		236	20		159	236	56T	60T	60	
1958	US		CUT	80	83			163	23		163		82T	115T		
1960	US		CUT	80	79			159	17		159		124T	134T		
1966	US		34T	72	73	77	76	298	18	20	145	222	16T	12T	29T	870
1967	US		CUT	76	73			149	9		149		87T	67T		400
1973	US		CUT	77	77			154	12		154		72T	88T		500

Veenstra, Brent

Year	Event	A	Pos	R1	R2	R3	R4	Tot	P/M	SBW	R2T	R3T	R1P	R2P	R3P	W
1991	PGA		CUT	77	82			159	15		159		125T	137T		1,000

Velican, Andrew

Year	Event	A	Pos	R1	R2	R3	R4	Tot	P/M	SBW	R2T	R3T	R1P	R2P	R3P	W
1930	US		CUT	82	85			167	21		167		112T	122T		

Vennes, E.

Year	Event	A	Pos	R1	R2	R3	R4	Tot	P/M	SBW	R2T	R3T	R1P	R2P	R3P	W
1910	O		UNK	82												

Venturi, Kenneth Paul

Year	Event	A	Pos	R1	R2	R3	R4	Tot	P/M	SBW	R2T	R3T	R1P	R2P	R3P	W
1953	US	A	CUT	78	76			154	10		154		77T	61T		
1954	M	A	16T	76	74	73	74	297	9	8	150	223	32T	17T	12T	
1956	M	A	2	66	69	75	80	290	2	1	135	210	1	1	1	
	US	A	8	77	71	68	73	289	9	8	148	216	78T	32T	11T	
1957	M		13T	74	76	74	70	294	6	11	150	224	16T	29T	24T	853
	US		6T	69	71	75	71	286	6	4	140	215	3T	3T	8T	840
1958	M		4T	68	72	74	72	286	-2	2	140	214	1	1	8T	1,968
	PGA		20T	72	73	74	73	292	12	16	145	219	17T	20T	25T	566
	US		35T	79	73	75	75	302	22	19	152	227	69T	28T	34T	200
1959	M		CUT	75	76			151	7		151		33T	47T		350
	PGA		5T	70	72	70	69	281	1	4	142	212	10T	12T	9T	2,000
	US		38T	78	69	76	78	301	21	19	147	223	93T	26T	37T	240
1960	M		2	73	69	71	70	283	-5	1	142	213	22T	6T	2T	10,500
	PGA		9	70	72	73	72	287	7	6	142	215	5T	6T	8T	1,900
	US		23T	71	73	74	72	290	6	10	144	218	12T	22T	32T	390
1961	M		11T	72	71	72	73	288	0	8	143	215	9T	5T	9T	1,667
	PGA		37T	72	72	77	71	292	12	15	144	221	24T	21T	45T	250
1962	M		9T	75	70	71	72	288	0	8	145	216	44T	15T	9T	2,000
	PGA		51T	73	72	77	74	296	16	18	145	222	29T	31T	55T	280
1963	M		34	77	74	77	71	299	11	13	151	228	47T	38T	40T	750
1964	PGA		5T	72	65	73	69	279	-1	8	137	210	35T	3T	5T	3,850
	US		1	72	70	66	70	278	-2	-4	142	208	8T	4T	2	17,000
1965	M		CUT	77	80			157	13		157		82T	83T		900
	US		CUT	81	79			160	20		160		114T	111T		300
1966	M		16	75	74	73	74	296	8	8	149	222	29T	28T	19T	1,500
	PGA		15T	74	75	69	72	290	10	10	149	218	34T	48T	14T	2,350
	US		17T	73	77	71	73	294	14	16	150	221	26T	44T	23T	1,430
1967	M		21T	76	73	71	73	293	5	13	149	220	50T	38T	22T	1,700
	PGA		11T	73	74	71	68	286	-2	5	147	218	30T	30T	22T	3,200
	US		28T	74	74	72	71	291	11	16	148	220	49T	58T	32T	1,063
1968	M		50T	75	74	73	75	297	9	20	149	222	38T	46T	45T	1,350
	PGA		48T	74	71	75	75	295	15	14	145	220	51T	23T	40T	483
	US		CUT	79	74			153	13		153		125T	101T		500
1969	M		CUT	83	77			160	16		160		82T	81T		1,000
	US		CUT	76	77			153	13		153		79T	93T		500
1973	O		CUT	79	76			155	11		155		105T	107T		50
1974	US		CUT	84	81			165	25		165		141T	137T		500

Ver Brugge, Maurice W.

Year	Event	A	Pos	R1	R2	R3	R4	Tot	P/M	SBW	R2T	R3T	R1P	R2P	R3P	W
1967	US		CUT	77	77			154	14		154		101T	115T		400
1970	PGA		CUT	82	72			154	14		154		124T	92T		
1973	PGA		CUT	78	73			151	9		151		104T	90T		
1975	PGA		60T	72	68	84	73	297	17	21	140	224	26T	8T	64T	429
1976	PGA		CUT	81	75			156	16		156		124T	114T		250

Veriato, Steven Wayne

Year	Event	A	Pos	R1	R2	R3	R4	Tot	P/M	SBW	R2T	R3T	R1P	R2P	R3P	W
1979	US		CUT	77	81			158	16		158		69T	102T		600
1985	PGA		CUT	72	77			149	5		149		52T	85T		1,000
1986	PGA		CUT	72	81			153	11		153		46T	130T		1,000
1987	PGA		CUT	76	80			156	12		156		69T	94T		1,000
1988	US		CUT	75	72			147	5		147		74T	66T		1,000
1991	PGA		CUT	82	80			162	18		162		146T	143T		1,000
1992	PGA		76T	70	73	77	80	300	16	22	143	220	12T	15T	58T	2,325

Verplank, Scott Rachal

Year	Event	A	Pos	R1	R2	R3	R4	Tot	P/M	SBW	R2T	R3T	R1P	R2P	R3P	W
1985	M	A	CUT	78	74			152	8		152		65T	61T		

Year	*Event*	*A*	*Pos*	*R1*	*R2*	*R3*	*R4*	*Tot*	*P/M*	*SBW*	*R2T*	*R3T*	*R1P*	*R2P*	*R3P*	*W*
	US	A	34T	77	69	74	69	289	9	10	146	220	115T	57T	57T	
1986	M	A	CUT	77	77			154	10		154		61T	71T		
	O	A	CUT	77	75			152	12		152		54T	78T		
	US	A	15T	75	72	67	74	288	8	9	147	214	24T	22T	10T	
1987	M		CUT	76	76			152	8		152		49T	55T		1,500
	US		CUT	78	73			151	11		151		136T	111T		600
1988	O		CUT	72	78			150	8		150		19T	77T		450
	PGA		CUT	77	72			149	7		149		116T	101T		1,000
1989	M		CUT	79	79			158	14		158		75T	75T		1,500
	PGA		CUT	73	73			146	2		146		57T	71T		1,000
1990	PGA		31T	70	76	73	78	297	9	15	146	219	4T	18T	10T	6,500
	US		61T	72	69	77	76	294	6	14	141	218	40T	11T	54T	4,530
1994	US		18T	70	72	75	70	287	3	8	142	217	6T	15T	29T	22,478
1995	PGA		CUT	73	71			144	2		144		98T	87T		1,200
	US		21T	72	69	71	75	287	7	7	141	212	46T	11T	5T	20,085
1998	PGA		54T	71	71	71	76	289	9	18	142	213	46T	29T	32T	6,550
	US		49T	74	72	73	77	296	16	16	146	219	56T	38T	30T	9,711
1999	M		CUT	78	76			154	10		154		79T	81T		5,000
	O		15T	80	74	73	69	296	12	6	154	227	100T	64T	37T	26,000
	PGA		34T	73	72	73	73	291	3	14	145	218	58T	53T	41T	15,429
	US		17T	72	73	72	74	291	11	12	145	217	52T	38T	14T	46,756
2000	O		CUT	72	73			145	1		145		50T	75T		1,300
	PGA		CUT	75	74			149	5		149		80T	98T		2,000
	US		46T	72	74	78	75	299	15	27	146	224	29T	26T	35T	15,891
2001	M		CUT	69	78			147	3		147		11T	55T		5,000
	O		30T	71	72	70	72	285	1	11	143	213	34T	48T	33T	21,500
	PGA		7T	69	68	70	67	274	-6	9	137	207	40T	23T	18T	152,333
	US		22T	71	71	73	71	286	6	10	142	215	21T	17T	30T	54,813
2002	M		43	70	75	76	75	296	8	20	145	221	7T	23T	39T	20,720
	O		37T	72	68	74	71	285	1	7	140	214	60T	26T	23T	16,917
	PGA		CUT	77	72			149	5		149	0	105T	73T		2,000
	US		CUT	75	78			153	13		153	0	74T	94T		1,000
2003	M		8T	76	73	70	69	288	0	7	149	219	42T	43T	23T	162,000
	O		CUT	78	74			152	10		152		101T	84T		3,000
	PGA		CUT	77	72			149	9		149	0	104T	71T		2,000
	US		10T	76	67	68	70	281	1	9	143	211	125T	54T	24T	124,936
2004	M		29	74	71	76	72	293	5	14	145	221	31T	19T	34T	48,100
	O		7T	69	70	70	71	280	-4	6	139	209	13T	10T	7T	117,500
	PGA		62T	67	76	77	73	293	5	13	143	220	4T	31T	64T	12,650
	US		40T	71	71	72	83	297	17	21	142	214	30T	23T	19T	30,671
2005	M		20T	72	75	69	73	289	1	13	147	216	14T	35T	16T	84,840
	O		23T	68	70	72	74	284	-4	10	138	210	3T	3T	9T	32,500
	PGA		34T	71	72	71	71	285	5	9	143	214	40T	49T	44T	31,917
	US		CUT	76	74			150	10		150		94T	99T		2,000
2006	M		16T	74	70	74	71	289	1	8	144	218	37T	17T	22T	112,000
	O		31T	70	73	67	75	285	-3	15	143	210	33T	57T	16T	24,500
	PGA		CUT	72	76			148	4		148		61T	109T		2,000
	US		CUT	76	76			152	12		152		68T	82T		2,000
2007	M		30T	73	77	76	75	301	13	12	150	226	15T	33T	26T	43,085
	O		57T	72	73	72	78	295	11	18	145	217	39T	42T	45T	10,800
	PGA		9T	70	66	74	71	281	1	9	136	210	13T	2	6T	170,333
	US		7T	73	71	74	72	290	10	5	144	218	34T	8T	13T	194,245
2008	M		CUT	77	76			153	9		153		75T	82T		10,000
	O		58T	77	67	78	76	298	18	15	144	222	91T	16T	35T	10,650
	PGA		CUT	77	78			155	15		155		109T	125T		2,500
	US		29T	72	72	74	74	292	8	9	144	218	19T	16T	19T	48,482

Vershure, Richard A. "Rick"

Year	*Event*	*A*	*Pos*	*R1*	*R2*	*R3*	*R4*	*Tot*	*P/M*	*SBW*	*R2T*	*R3T*	*R1P*	*R2P*	*R3P*	*W*
1980	US		CUT	78	83			161	21		161		127T	148T		600
1986	PGA		CUT	75	76			151	9		151		105T	118T		1,000
1988	PGA		CUT	78	81			159	17		159		123T	145T		1,000
1991	US		CUT	79	80			159	15		159		132T	141T		1,000

Verwey, Frank Robert "Bobby"

Year	*Event*	*A*	*Pos*	*R1*	*R2*	*R3*	*R4*	*Tot*	*P/M*	*SBW*	*R2T*	*R3T*	*R1P*	*R2P*	*R3P*	*W*
1960	O		43T	73	76	74	76	299	7	21	149	223	21T	42T	40T	40
	US		53	75	72	79	75	301	17	21	147	226	64T	48T	55	240
1961	O		CUT	76	78			154	10		154		73T	49T		
1962	O		CUT	84	81			165	21		165		113T	113T		
1964	O		CUT	81	73			154	10		154		74T	46T		
1965	US		17T	73	74	75	72	294	14	12	147	222	20T	17T	22T	1,088
1966	PGA		71T	76	75	78	74	303	23	23	151	229	77T	67T	73T	300
	US		22T	72	73	75	75	295	15	17	145	220	16T	12T	18T	1,175
1967	M		CUT	79	73			152	8		152		72T	61T		1,000
	US		18T	75	71	69	74	289	9	14	146	215	65T	35T	16T	1,475

Year	Event	A	Pos	R1	R2	R3	R4	Tot	P/M	SBW	R2T	R3T	R1P	R2P	R3P	W
1968	US		CUT	79	76			155	15		155		125T	116T		500
1969	US		CUT	77	75			152	12		152		96T	84T		500
1979	O		30T	75	77	74	72	298	14	15	152	226	36T	67T	52T	712
1980	O		CUT	77	75			152	10		152		96T	104T		225
Veylupek, Bob																
1956	PGA		128T													50
Viar, Sam "Buddy"																
1950	US		CUT	77	82			159	19		159		89T	117T		
1956	PGA		128T													50
Vickers, James W.																
1958	US	A	CUT	80	82			162	22		162		82T	102T		
1959	US	A	CUT	84	80			164	24		164		143T	143		
1966	M	A	CUT	82	72			154	10		154		96T	65T		
Vickers, Roland D. "Ron"																
1923	O		78T	79	81	82	85	327		32	160	242				
1925	O		39	80	83	81	80	324	36	24	163	244	34T	41T	41T	
1926	O		WD	81				81	9				66T			
1927	O		10T	75	75	77	73	300	8	15	150	227	24T	18T	24T	3
1928	O		CUT	81	80			161	17		161		49T	66T		
1933	O		31T	73	77	79	76	305	13	13	150	229	14T	42T	49T	
Victor, George Edward																
1938	US	A	CUT	84	81			165	23		165		125T	122T		
1946	US	A	CUT	81	75			156	12		156		131T	106T		
Vileno, Frank																
1956	US		CUT	81	80			161	21		161		134T	131T		
Villegas Restrepo, Camilo																
2004	US		CUT	73	76			149	9		149	0	60T	107T		1,000
2006	PGA		CUT	75	71			146	2		146		116T	84T		2,000
	US		59T	74	72	79	77	302	22	17	146	225	39T	21T	58	16,676
2007	M		CUT	80	85			165	21		165		85T	93T		5,000
	PGA		23T	69	71	74	71	285	5	13	140	214	6T	9T	24T	51,000
	US		26T	73	77	75	71	296	16	11	150	225	34T	51T	45T	57,026
2008	M		CUT	73	77			150	6		150		33T	63T		10,000
	O		39T	76	65	79	76	296	16	13	141	220	74T	3	20T	16,646
	PGA		4T	74	72	67	68	281	1	4	146	213	61T	35T	9T	330,000
	US		9T	73	71	71	73	288	4	5	144	215	31T	16T	6T	160,769
Vinall, Harry, Sr.																
1902	US		WD	92	86			178			178	0	67T	55T		
1907	US		CUT	92	89			181			181		71T	70T		
1909	US		53	80	80	83	81	324		34	160	243	44T	46T	52	
Vincent, Jimmy																
1934	M		54T	80	80	77	82	319	31	35	160	237	58T	60T	55T	
Vincent, Orrin Daniel, III																
1992	O		55T	67	75	77	71	290	6	18	142	219	9T	44T	71T	3,875
Vines, Harry Ellsworth "Ellsworth," Jr.																
1946	PGA		64T													100
	US		26T	73	72	75	75	295	7	11	145	220	24T	12T	22T	100
1947	M		24T	75	71	75	73	294	6	13	146	221	34T	25T	30T	
	US		51T	76	74	74	79	303	19	21	150	224	76T	53T	43T	
1948	M		28T	76	71	77	74	298	10	19	147	224	41T	21T	27T	
	US		14T	75	72	69	74	290	6	14	147	216	74T	38T	15T	114
1949	M		38	76	77	76	74	303	15	21	153	229	29T	38T	41T	
	PGA		64T													100
	US		14T	73	72	71	78	294	10	8	145	216	18T	8T	5	125
1950	PGA		32T													200
1951	PGA		3T													750
1953	PGA		64T													100
1954	PGA		64T													100
1956	PGA		64T													
1957	PGA		32T													
Vines, Randall Colin																
1967	O		CUT	82	69			151	7		151		122T	65T		
1968	O		CUT	80	79			159	15		159		87T	95T		
1971	O		25T	75	71	73	73	292	0	14	146	219	61T	29T	24T	266
1972	O		CUT	75	75	78		228	15		150	228	52T	49T	77T	75

Year	Event	A	Pos	R1	R2	R3	R4	Tot	P/M	SBW	R2T	R3T	R1P	R2P	R3P	W
Vinton, Donald																
1919	US		CUT	88	83			171	29		171		89T	72T		
1925	US		WD	84				84	13				85T			
1927	US		WD													
Vinzant, Everett L.																
1964	PGA		CUT	81	80			161	21		161		154T	151T		
1968	US		CUT	75	77			152	12		152		59T	94T		500
1970	US		CUT	83	79			162	18		162		128T	132T		500
1972	US		CUT	83	79			162	18		162		130T	121T		500
1973	PGA		CUT	77	80			157	15		157		94T	123T		
Viola, Pascuel																
1949	O		CUT	78	71			149	5		149		84T	43T		
Vitense, George																
1961	PGA		WD	80				80	10				140T			
Vlosich, Ron																
1982	US		CUT	78	79			157	13		157		78T	108T		600
1989	PGA		CUT	77	74			151	7		151		120T	116T		1,000
Voges, Mitchell C.																
1972	US	A	CUT	76	83			159	15		159		45T	103T		
1992	M	A	CUT	73	75			148	4		148		48T	69T		
	O	A	CUT	71	79			150	8		150		57T	137T		
	US	A	CUT	78	77			155	11		155		131T	128T		
1993	O	A	CUT	80	75			155	15		155		155	152T		
Voight, Elmer A.																
1928	US		CUT	84	84			168	26		168		115T	114T		
1929	US		CUT	85	87			172	28		172		135T	125T		
Voigt, George J.																
1929	US	A	CUT	79	84			163	19		163		60T	98T		
1930	US		54T	76	79	79	81	315	23	28	155	234	33T	50T	48T	
Volpe, Jerry																
1948	US		CUT	80	80			160	18		160		139T	140T		
Volpone, Charles J., Jr.																
1964	US		CUT	73	78			151	11		151		22T	56T		300
1967	US		CUT	73	83			156	16		156		34T	124T		400
1968	PGA		CUT	79	76			155	15		155		127T	119T		
1972	PGA		CUT	73	79			152	12		152		36T	84T		
1973	PGA		CUT	77	73			150	8		150		94T	77T		
1980	PGA		CUT	74	84			158	18		158		58T	124T		500
von Elm, George																
1926	O	A	3T	75	72	76	72	295	11	4	147	223	11T	6	5T	
	US	A	CUT	78	83			161	17		161		46T	70T		
1928	US	A	4T	74	72	76	74	296	12	2	146	222	15T	2T	6T	
1929	O	A	45T	79	78	84	77	318	14	26	157	241	49T	54T	56T	
	US	A	5T	79	70	74	74	297	9	3	149	223	60T	8	6T	
1930	O	A	CUT	81	79			160	16		160		76T	73T		
	US	A	11T	80	74	73	74	301	9	14	154	227	86T	38T	22T	
1931	US		2PO	75	69	73	75	292	8	-2	144	217	20T	1	1	750
1932	US		27T	79	73	77	77	306	26	20	152	229	30T	15T	20T	
1933	US		CUT	80	78			158	14		158		87T	78T		
1934	US		28T	74	76	80	77	307	27	14	150	230	5T	19T	29T	
1935	US		55T	81	74	83	86	324	36	25	155	238	81T	22T	36T	
1938	US		11T	78	72	71	76	297	13	13	150	221	47T	22T	9T	106
1939	US		59T	72	77	76	81	306	30	22	149	225	17T	41T	41T	
1941	US		WD													
1948	US		CUT	76	75			151	9		151		91T	75T		
1951	M		50T	77	76	79	81	313	25	33	153	232	43T	45T	52T	100
von Nida, Norman Guy																
1939	US		59T	79	73	72	82	306	30	22	152	224	108T	60T	35T	
1946	O		4T	70	76	74	75	295	3	5	146	220	2T	6T	7	26
1947	O		6T	74	76	71	76	297	25	4	150	221	8T	9T	1T	
1948	O		3T	71	72	76	71	290	18	6	143	219	6T	6T	13T	41
1950	M		27T	77	74	74	76	301	13	18	151	225	33T	23T	23T	
	O		20T	74	72	76	69	291	11	12	146	222	30T	22T	30T	
	US		CUT	75	75			150	10		150		52T	53T		
1951	O		WD	68	77	80		225	9		145	225	1T	5T	23T	
1952	M		27T	77	77	73	76	303	15	17	154	227	51T	54T	32T	267
	O		9T	77	70	74	77	298	-2	11	147	221	67T	19T	10T	

Year	Event	A	Pos	R1	R2	R3	R4	Tot	P/M	SBW	R2T	R3T	R1P	R2P	R3P	W
1954	O		35T	76	74	74	73	297	5	14	150	224	45T	39T	38T	
1958	M		43	69	80	79	80	308	20	24	149	228	2T	35T	43	350
	O		CUT	77	71			148	6		148		69T	41T		
1960	M		CUT	79	73			152	8		152		73T	54T		350
1962	M		CUT	78	77			155	11		155		79T	80T		400
	O		CUT	82	78			160	16		160		105T	98T		
1967	O		CUT	73	80			153	9		153		30T	84T		
1968	O		CUT	79	77			156	12		156		75T	70T		
Von Tacky, Richard L., Jr.																
1981	M	A	CUT	76	85			161	17		161		53T	82		
Voss, Jeff																
1968	US		CUT	80	73			153	13		153		134T	101T		500
Vossler, Ernest O.																
1955	US		21T	77	76	76	74	303	23	16	153	229	41T	33T	25T	226
1956	M		61T	78	79	83	77	317	29	28	157	240	64T	63T	66T	300
	US		CUT	76	78			154	14		154		64T	86T		
1958	US		CUT	76	80			156	16		156		32T	64T		
1959	M		38	74	74	75	76	299	11	15	148	223	19T	28T	36T	350
	PGA		17T	75	71	72	69	287	7	10	146	218	77T	43T	38T	775
	US		5T	72	70	72	72	286	6	4	142	214	16T	7T	9	2,100
1960	M		CUT	78	80			158	14		158		64T	76		350
	PGA		24T	71	77	74	72	294	14	13	148	222	9T	43T	39T	660
	US		CUT	78	74			152	10		152		108T	89T		
1961	PGA		15T	68	72	71	75	286	6	9	140	211	2T	5T	5T	1,225
	US		CUT	75	80			155	15		155		50T	113T		
1962	PGA		CUT	74	74	75		223	13		148	223	48T	54T	61T	
1963	PGA		57T	74	77	73	73	297	13	18	151	224	40T	67T	64T	300
1964	PGA		CUT	76	75			151	11		151		98T	94T		
1966	PGA		18T	77	70	75	69	291	11	11	147	222	92T	24T	38T	1,863
1967	PGA		33T	72	74	73	74	293	5	12	146	219	19T	22T	26T	750
1969	PGA		CUT	79	77			156	14		156		120T	120T		
Vucinich, P. Roy																
1978	PGA		CUT	82	77			159	17		159		134T	130T		303
1984	US		CUT	80	73			153	13		153		141T	113T		600
1986	PGA		CUT	76	80			156	14		156		118T	139T		1,000
Wade, G. R.																
1931	O	A	CUT	87	87			174	30		174		106	105		
Wade, James																
1949	O		25	71	74	77	75	297	9	14	145	222	15T	12T	21T	
1950	O		CUT	75	74			149	9		149		38T	36T		
1951	O		CUT	76	80			156	12		156		36T	55T		
1952	O		CUT	78	81			159	9		159		73T	77T		
1956	O		CUT	79	81			160	18		160		78T	78T		
Wade, John																
2005	O		CUT	76	82			158	14		158		116T	151T		2,000
Wadkins, Jerry Lanston "Lanny," Jr.																
1970	M	A	CUT	79	72			151	7		151		72T	49T		
1971	M	A	CUT	73	78			151	7		151		24T	49T		
	US	A	13T	68	75	75	68	286	6	6	143	218	2T	17T	38T	
1972	M		19T	72	72	77	74	295	7	9	144	221	6T	7T	22T	2,500
	PGA		16T	74	68	72	75	289	9	8	142	214	54T	7T	11T	3,262
	US		25T	76	68	79	81	304	16	14	144	223	45T	1T	14T	1,427
1973	M		29T	75	74	71	76	296	8	13	149	220	38T	43T	19T	1,750
	O		7T	71	73	70	74	288	0	12	144	214	5T	10T	6	1,716
	PGA		3T	73	69	71	69	282	-2	5	142	213	33T	14	9T	11,908
	US		7T	74	69	75	65	283	-1	4	143	218	31T	11T	19T	6,000
1974	M		CUT	74	80			154	10		154		38T	71T		1,200
	O		22T	78	71	75	74	298	14	16	149	224	66T	18T	19T	363
	PGA		CUT	78	74			152	12		152		110T	88T		
	US		26T	75	73	76	76	300	20	13	148	224	25T	19T	19T	1,300
1975	O		CUT	75	76			151	7		151		73T	97T		100
	US		38T	69	77	77	73	296	12	9	146	223	4T	27T	48T	1,040
1976	PGA		CUT	73	78			151	11		151		48T	87T		250
1977	PGA		1PO	69	71	72	70	282	-6	-1	140	212	5T	3T	4T	45,000
1978	M		18T	74	70	73	70	287	-1	10	144	217	34T	16T	29T	2,550
	O		CUT	76	73			149	5		149		103T	81T		175
	PGA		34T	70	73	72	76	291	7	15	143	215	7T	13T	15T	1,750
	US		CUT	77	79			156	14		156		70T	107T		600
1979	M		7T	73	69	70	73	285	-3	5	142	212	34T	15T	11T	9,000

Year	Event	A	Pos	R1	R2	R3	R4	Tot	P/M	SBW	R2T	R3T	R1P	R2P	R3P	W
	PGA		70	71	75	73	76	295	15	23	146	219	27T	65T	62T	500
	US		19T	73	74	71	77	295	11	11	147	218	18T	17T	14T	2,410
1980	M		CUT	76	75			151	7		151		62T	71T		1,500
	PGA		30T	76	72	72	73	293	13	19	148	220	87T	53T	34T	2,200
	US		CUT	74	79			153	13		153		72T	109T		600
1981	M		21T	72	71	71	76	290	2	10	143	214	18T	13T	10T	3,600
	PGA		33T	70	71	74	71	286	6	13	141	215	12T	18T	37T	2,250
	US		14T	71	68	72	71	282	2	9	139	211	32T	9T	14T	3,617
1982	M		33T	75	78	72	74	299	11	15	153	225	18T	36T	32T	2,100
	PGA		2	71	68	69	67	275	-5	3	139	208	21T	13	6T	45,000
	US		6T	73	76	67	71	287	-1	5	149	216	17T	35T	9T	8,011
1983	M		8T	73	70	73	71	287	-1	7	143	216	42T	21T	16T	14,500
	O		29T	72	73	72	68	285	1	10	145	217	48T	57T	56T	1,465
	PGA		CUT	70	80			150	8		150		19T	108T		1,000
	US		7	72	73	74	69	288	4	8	145	219	8T	11T	13T	12,088
1984	M		CUT	74	77			151	7		151		49T	70T		1,500
	O		4T	70	69	73	69	281	-7	5	139	212	10T	6T	5T	19,800
	PGA		2T	68	69	68	72	277	-11	4	137	205	1T	1T	2	62,500
	US		11T	72	71	72	72	287	7	11	143	215	33T	15T	15T	9,891
1985	M		18T	72	73	72	73	290	2	8	145	217	14T	13T	15T	9,128
	O		CUT	73	74	76		223	13		147	223	59T	51T	69T	700
	PGA		10T	70	69	73	72	284	-4	6	139	212	18T	7	6T	12,625
	US		5T	70	72	69	70	281	1	2	142	211	8T	22T	8T	18,459
1986	M		31T	78	71	73	69	291	3	12	149	222	65T	40T	42T	4,875
	PGA		11T	71	75	70	68	284	0	8	146	216	26T	65T	38T	12,000
	US		2T	74	70	72	65	281	1	2	144	216	12T	7T	16T	47,646
1987	M		12T	73	72	70	75	290	2	5	145	215	14T	13T	9T	17,640
	O		29T	72	71	75	71	289	5	10	143	218	45T	31T	35T	4,200
	PGA		2PO	70	70	74	73	287	-1	-1	140	214	4T	1T	5T	90,000
	US		36T	73	71	72	73	289	9	12	144	216	54T	48T	42T	5,626
1988	M		11T	74	75	69	70	288	0	7	149	218	18T	29T	14T	23,000
	O		34T	73	71	71	76	291	7	18	144	215	35T	19T	18T	4,150
	PGA		25T	74	69	70	72	285	1	13	143	213	78T	51T	28T	6,667
	US		12T	70	71	70	73	284	0	6	141	211	9T	11T	9	14,781
1989	M		26T	76	71	73	73	293	5	10	147	220	51T	17T	16T	8,240
	O		26T	72	70	69	74	285	-3	10	142	211	42T	27T	13T	5,800
	PGA		CUT	74	74			148	4		148		77T	88T		1,000
	US		CUT	73	73			146	6		146		66T	72T		1,000
1990	M		3T	72	73	70	68	283	-5	5	145	215	20T	19T	12T	72,500
	O		CUT	71	74			145	1		145		31T	83T		550
	PGA		CUT	74	81			155	11		155		41T	100T		1,000
	US		51T	72	72	70	78	292	4	12	144	214	40T	37T	28T	5,184
1991	M		3T	67	71	70	71	279	-9	2	138	208	1T	2T	3T	64,800
	O		73T	71	75	71	71	288	8	16	146	217	29T	78T	75T	3,000
	PGA		43T	71	74	72	73	290	2	14	145	217	27T	43T	40T	4,030
	US		63T	76	70	80	79	305	17	23	146	226	90T	45T	64	4,958
1992	M		48T	65	75	76	74	290	2	15	140	216	1T	9T	43T	3,933
	O		45T	69	69	75	75	288	4	16	138	213	21T	11T	31T	4,675
	PGA		40T	72	71	73	75	291	7	13	143	216	32T	15T	27T	5,163
	US		CUT	72	76			148	4		148		30T	67T		1,000
1993	M		3T	69	72	71	71	283	-5	6	141	212	9T	8T	4T	81,600
	O		CUT	72	73			145	5		145		84T	96T		600
	PGA		14T	65	68	71	74	278	-6	6	133	204	2	2T	2T	25,000
1994	M		18T	73	74	73	72	292	4	13	147	220	22T	32T	22T	24,343
	PGA		61T	69	73	73	75	290	10	21	142	215	7T	28T	47T	2,800
1995	M		CUT	74	75			149	5		149		53T	68T		1,500
	PGA		63T	73	69	71	72	285	1	18	142	213	98T	59T	57T	3,400
1996	PGA		CUT	75	77			152	8		152		109T	129T		1,300
1997	PGA		58T	72	72	77	70	291	11	22	144	221	46T	50T	70T	4,700
1999	PGA		34T	72	69	74	76	291	3	14	141	215	36T	11T	24T	15,429
2000	PGA		CUT	76	83			159	15		159		99T	137T		2,000
2001	PGA		CUT	86	85			171	31		171	0	149T	149		2,000

Wadkins, Lloyd

Year	Event	A	Pos	R1	R2	R3	R4	Tot	P/M	SBW	R2T	R3T	R1P	R2P	R3P	W
1939	US		CUT	75	78			153	15		153		48T	67T		
1947	PGA		32T													200
	US		35T	76	73	74	74	297	13	15	149	223	76T	46T	37T	
1951	US		CUT	82	78			160	20		160		131T	116T		

Wadkins, Robert Edwin "Bobby"

Year	Event	A	Pos	R1	R2	R3	R4	Tot	P/M	SBW	R2T	R3T	R1P	R2P	R3P	W
1976	US		35T	76	72	72	76	296	16	19	148	220	73T	32T	28T	1,280
1978	PGA		54T	74	74	71	76	295	11	19	148	219	44T	62T	41T	500
	US		46T	71	78	77	74	300	16	15	149	226	5T	39T	52T	1,350
1979	PGA		71	77	68	75	76	296	16	24	145	220	116T	51T	66T	500

Year	Event	A	Pos	R1	R2	R3	R4	Tot	P/M	SBW	R2T	R3T	R1P	R2P	R3P	W
1980	PGA		59T	75	74	71	78	298	18	24	149	220	78T	65T	34T	743
	US		12T	72	71	68	72	283	3	11	143	211	30T	30T	10T	4,388
1981	M		CUT	73	76			149	5		149		28T	49T		1,500
	PGA		67T	73	74	72	74	293	13	20	147	219	55T	69T	60T	760
	US		43T	70	72	71	77	290	10	17	142	213	16T	26T	26T	1,453
1982	PGA		49T	71	71	75	72	289	9	17	142	217	21T	26T	62T	1,315
	US		60	73	74	82	75	304	16	22	147	229	17T	21T	64T	1,319
1983	PGA		27T	73	72	74	67	286	2	12	145	219	65T	47T	56T	3,200
	US		65T	71	77	81	77	306	22	26	148	229	5T	25T	63	1,898
1984	PGA		CUT	74	77			151	7		151		54T	88T		1,000
1985	PGA		WD	72				72	0				52T			1,000
	US		46T	72	69	75	76	292	12	13	141	216	30T	16T	28T	3,496
1986	PGA		41T	69	74	70	77	290	6	14	143	213	9T	27T	16T	2,850
	US		15T	75	69	72	72	288	8	9	144	216	24T	7T	16T	8,885
1987	M		21	76	69	73	74	292	4	7	145	218	49T	13T	17T	10,800
	PGA		7T	68	74	71	77	290	2	3	142	213	1	5T	3T	27,500
	US		4T	71	71	70	71	283	3	6	142	212	18T	24T	11T	24,543
1988	M		CUT	79	76			155	11		155		62T	62T		1,500
	PGA		66T	75	69	76	75	295	11	23	144	220	100T	61T	70T	1,840
	US		CUT	74	75			149	7		149		56T	81T		1,000
1989	PGA		CUT	75	76			151	7		151		95T	116T		1,000
	US		66	73	72	75	77	297	17	19	145	220	66T	57T	60	4,099
1990	PGA		66T	68	75	80	81	304	16	22	143	223	1	6T	43T	2,325
	US		33T	71	73	71	74	289	1	9	144	215	24T	37T	32T	8,221
1991	PGA		CUT	77	72			149	5		149		125T	89T		1,000
	US		CUT	75	76			151	7		151		76T	98T		1,000
1995	PGA		CUT	75	76			151	9		151		119T	136T		1,200
1999	US		CUT	75	73			148	8		148		120T	69T		1,000

Wadsworth, Frederick William

Year	Event	A	Pos	R1	R2	R3	R4	Tot	P/M	SBW	R2T	R3T	R1P	R2P	R3P	W
1985	US		CUT	76	74			150	10		150		96T	99T		600
1986	US		CUT	81	73			154	14		154		121T	101T		600
1987	M		CUT	74	82			156	12		156		26T	72T		1,500
	PGA		CUT	78	76			154	10		154		94T	82T		1,000
	US		75T	75	71	77	77	300	20	23	146	223	88T	63T	74T	3,165

Wadsworth, George

Year	Event	A	Pos	R1	R2	R3	R4	Tot	P/M	SBW	R2T	R3T	R1P	R2P	R3P	W
1912	US	A	WD													

Wagner, Curtis E.

Year	Event	A	Pos	R1	R2	R3	R4	Tot	P/M	SBW	R2T	R3T	R1P	R2P	R3P	W
1968	US	A	CUT	77	79			156	16		156		101T	126T		
1980	US	A	CUT	76	73			149	9		149		96T	79T		

Wagner, John E. "Pick"

Year	Event	A	Pos	R1	R2	R3	R4	Tot	P/M	SBW	R2T	R3T	R1P	R2P	R3P	W
1949	US	A	45	72	77	79	76	304	20	18	149	228	13T	38T	49	
1950	US	A	WD	81				81	11				136T			
1954	US	A	CUT	84	84			168	28		168		132T	141T		
1956	US	A	CUT	79	84			163	23		163		118T	141T		

Wagner, Leonard A.

Year	Event	A	Pos	R1	R2	R3	R4	Tot	P/M	SBW	R2T	R3T	R1P	R2P	R3P	W
1940	US		CUT	83	86			169	25		169		142T	148		
1954	PGA		64T													100
1955	PGA		32T													200
1957	PGA		128T													50
1959	PGA		63	72	73	75	85	305	25	28	145	220	27T	32T	50T	200
1960	PGA		CUT	74	86			160	20		160		49T	154T		

Wagner, Montford Johnson "Johnson"

Year	Event	A	Pos	R1	R2	R3	R4	Tot	P/M	SBW	R2T	R3T	R1P	R2P	R3P	W
2004	US		CUT	77	77			154	14		154	0	135T	146T		1,000
2007	US		CUT	77	83			160	20		160		104T	138T		2,000
2008	M		36T	72	74	74	75	295	7	15	146	220	19T	29T	38	36,875
	PGA		CUT	78	71			149	9		149		124T	74T		2,500

Waite, Grant Osten

Year	Event	A	Pos	R1	R2	R3	R4	Tot	P/M	SBW	R2T	R3T	R1P	R2P	R3P	W
1993	PGA		CUT	71	73			144	2		144		58T	75T		1,200
	US		72T	69	73	74	73	289	9	17	142	216	13T	44T	71T	5,405
1994	M		CUT	74	78			152	8		152		26T	65T		1,500
1995	PGA		CUT	71	73			144	2		144		58T	87T		1,200
1996	PGA		CUT	76	75			151	7		151		122T	122T		1,300
	US		DQ													
1997	US		36T	72	74	72	71	289	9	13	146	218	40T	57T	47T	13,483
1998	PGA		CUT	79	79			158	18		158		140T	141T		1,500
	US		CUT	77	71			148	8		148		110T	61T		1,000
2001	M		CUT	79	71			150	6		150		84T	73T		5,000
	PGA		59T	64	74	73	72	283	3	18	138	211	1	26T	50T	10,650
2003	US		CUT	74	72			146	6		146	0	92T	90T		1,000

Year	Event	A	Pos	R1	R2	R3	R4	Tot	P/M	SBW	R2T	R3T	R1P	R2P	R3P	W
Waites, Brian J.																
1964	O		CUT	80	79			159	15		159		60T	86T		
1969	O		34T	73	75	74	74	296	12	16	148	222	30T	46T	42T	152
1971	O		58T	70	79	72	79	300	8	22	149	221	5T	57T	38T	94
1974	O		51T	78	74	74	81	307	23	25	152	226	66T	32T	25T	125
1975	O		40T	74	72	69	78	293	5	14	146	215	55T	45T	18T	218
1976	O		CUT	78	72	77		227	11		150	227	75T	55T	67T	150
1977	O		52T	78	70	69	79	296	16	28	148	217	109T	61T	36T	250
1979	O		CUT	76	82			158	16		158		58T	119T		200
1980	O		32T	75	72	69	74	290	6	19	147	216	58T	54T	29T	779
1981	O		50T	75	69	74	78	296	16	20	144	218	40T	14T	27T	667
1982	O		47T	75	77	73	76	301	13	17	152	225	45T	71T	42T	650
1983	O		19T	70	70	73	70	283	-1	8	140	213	17T	14T	22T	2,957
1984	O		CUT	71	76	74		221	5		147	221	21T	68T	71T	610
Waitt, George H. "Rocky," III																
1973	US	A	CUT	79	83			162	20		162		103T	135T		
Wakefield, Simon																
2003	O		CUT	82	74			156	14		156		137T	122T		2,250
2004	O		CUT	73	77			150	8		150		73T	121T		2,250
2006	O		48T	72	71	70	75	288	0	18	143	213	68T	57T	39T	11,607
2008	O		19T	71	74	70	79	294	14	11	145	215	7T	22T	4	37,771
Walach, Mark																
1978	US		CUT	82	83			165	23		165		131T	144T		600
Walcher, Raymond "Rocky"																
1991	US		CUT	76	76			152	8		152		90T	111T		1,000
1998	US		59	77	70	77	79	303	23	23	147	224	110T	50T	54T	7,696
Waldespuhl, Gordon																
1960	US		CUT	84	81			165	23		165		146T	146T		
1976	PGA		CUT	80	83			163	23		163		117T	126T		250
Waldorf, James Joseph "Duffy," Jr.																
1987	US		58T	74	69	75	75	293	13	16	143	218	71T	31T	53T	3,178
1988	US		CUT	73	77			150	8		150		38T	89T		1,000
1989	US		CUT	78	73			151	11		151		139T	114T		1,000
1992	O		25T	69	70	73	72	284	0	12	139	212	21T	18T	26T	7,700
	PGA		9T	74	73	68	69	284	0	6	147	215	70T	57T	20T	40,000
	US		57T	72	70	74	83	299	11	14	142	216	30T	8T	13T	5,903
1993	M		39T	72	75	73	73	293	5	16	147	220	35T	57T	45T	6,817
	O		39T	68	71	73	71	283	3	16	139	212	15T	18T	37T	5,977
	PGA		CUT	77	71			148	6		148		137T	118T		1,200
	US		72T	71	72	71	75	289	9	17	143	214	45T	57T	46T	5,405
1994	US		9T	74	68	73	69	284	0	5	142	215	49T	15T	23T	37,180
1995	M		24T	74	69	67	76	286	-2	12	143	210	53T	29T	13T	18,260
	PGA		20T	69	69	67	72	277	-7	10	138	205	26T	21T	10T	21,000
	US		13T	72	70	75	69	286	6	6	142	217	46T	21T	32T	30,934
1996	M		5T	72	71	69	72	284	-4	8	143	212	33T	16T	4T	95,000
	PGA		CUT	73	79			152	8		152		71T	129T		1,300
	US		CUT	73	77			150	10		150		65T	115T		1,000
1997	M		36	74	75	72	75	296	8	26	149	221	25T	40T	36T	13,905
	PGA		CUT	74	78			152	12		152		78T	118T		1,300
	US		60T	73	73	73	76	295	15	19	146	219	58T	57T	53T	6,270
1998	PGA		38T	74	70	70	72	286	6	15	144	214	99T	45T	35T	12,750
1999	O		43T	80	72	76	74	302	18	12	152	228	100T	46T	44T	8,700
	PGA		41T	74	71	70	77	292	4	15	145	215	80T	53T	24T	11,250
2000	M		CUT	78	71			149	5		149		71T	58T		5,000
	PGA		46T	75	70	71	72	288	0	18	145	216	80T	41T	43T	12,650
	US		CUT	73	78			151	9		151		39T	76T		1,000
2001	M		31T	72	70	71	75	288	0	16	142	213	33T	20T	23T	33,208
	O		54T	70	73	69	77	289	5	15	143	212	21T	48T	28T	8,943
	PGA		CUT	75	72			147	7		147	0	128T	114T		2,000
	US		44T	75	68	69	78	290	10	14	143	212	88T	23T	11T	18,780
2002	O		18T	67	69	77	69	282	-2	4	136	213	1T	1T	14T	41,000
	PGA		CUT	77	73			150	6		150	0	105T	86T		2,000
2003	O		34T	76	73	71	73	293	9	10	149	220	65T	48T	34T	18,778
	PGA		45T	70	75	72	76	293	13	17	145	217	13T	32T	30T	17,500
2004	PGA		49T	69	72	70	79	290	2	10	141	211	17T	14T	11T	14,660
	US		CUT	72	74			146	6		146	0	40T	67T		1,000
2005	O		67T	74	68	81	68	291	3	17	142	223	74T	39T	79	9,350
2006	US		CUT	75	76			151	11		151		52T	73T		2,000
2007	O		CUT	82	73			155	13		155		153T	144		2,100

Year	Event	A	Pos	R1	R2	R3	R4	Tot	P/M	SBW	R2T	R3T	R1P	R2P	R3P	W
Waldron, Lew																
1932	US		CUT	82	81			163	23		163		74T	87T		
Wales, Ralph H.																
1919	US	A	57	84	84	91	90	349	65	48	168	259	58T	62	57	
Walker, A. R.																
1930	US	A	CUT	87	81			168	22		168		137T	124T		
Walker, Cyril																
1913	O		WD	82	83			165			165		48T	48T		
1916	PGA		8T													75
1921	PGA		3T													125
	US		13	78	76	76	79	309	29	20	154	230	22T	14T	13T	50
1922	US		40T	76	81	77	78	312	32	24	157	234	20T	52T	42T	
1923	PGA		16T													
	US		23	76	78	80	80	314	26	18	154	234	13T	14T	23T	
1924	US		1	74	74	74	75	297	9	-3	148	222	4T	3	1T	500
1925	US		47T	81	73	80	82	316	32	25	154	234	63T	32T	42T	
1926	O		18T	79	71	80	77	307	23	16	150	230	41T	7T	19T	
	US		55T	78	81	80	82	321	33	28	159	239	46T	55T	57	
1931	PGA		8T													
1933	US		CUT	78	85			163	19		163		51T	119T		
1934	M		61	88	85	81	80	334	46	50	173	254	72	71	68	
Walker, Graham M.																
1982	O		CUT	80	75			155	11		155		123T	109T		225
Walker, Harry																
1924	O		69T	81	87	81	84	333		32	168	249	50T	77T	70T	
1926	O		14T	74	77	78	77	306	22	15	151	229	8T	11T	15T	
Walker, J.																
1904	O	A	CUT	101	94			195			195					
1906	O	A	UNK													
Walker, James																
1960	O	A	CUT	73	77			150	4		150		21T	47T		
1962	O	A	CUT	80	77			157	13		157		92T	83T		
Walker, James W.																
1935	O		CUT	77	82			159	15		159		58T	93T		
1936	O		CUT	78	80			158	10		158		50T	66T		
Walker, Jimmy M.																
2001	US	A	52T	79	66	74	73	292	12	16	145	219	145T	43T	66T	
2002	US		CUT	77	76			153	13		153	0	113T	94T		1,000
Walker, Kaye																
1963	US		CUT	86	81			167	25		167		147T	143T		150
Walker, Kenneth H. "Kenny"																
1992	O		CUT	75	70			145	3		145		130T	91T		600
1994	O		CUT	72	76			148	8		148		68T	120T		600
Walker, M. S.																
1924	O	A	68	81	81	82	88	332		31	162	244	50T	50T	47T	
Walker, Maitland J.																
1904	O		WD													
1905	O		CUT	89	90			179			179					
1910	O		UNK	84												
1911	O		CUT	87	85			172			171		170T	144T		
Walker, Menter G., Jr.																
1951	US		CUT	80	78			158	18		158		102T	102T		
Walker, Peter																
1899	US		9T	84	86	77	86	333		18	170	247	13	13	8T	
1900	O		WD	86				86					29T			
Walker, R. F.																
1901	O		CUT	97	93			190			190					
1904	O		WD													
1906	O		CUT	87	87			174			174					
Walker, Robert																
1911	O		WD	80	80			160			160		59T	46T		
1929	O		CUT	82	77			159	7		159		84T	69T		

Year	Event	A	Pos	R1	R2	R3	R4	Tot	P/M	SBW	R2T	R3T	R1P	R2P	R3P	W
Walker, Robert S.																
1935	O	A	CUT	77	80			157	13		157		58T	81T		
1936	O	A	57T	74	76	82	82	314	18	27	150	232	12T	25T	44T	
1937	O	A	CUT	80	82			162	18		162		78T	101T		
Walker, Robert Taylor "Bobby"																
1960	O	A	CUT	75	83			158	12		158		41T	71		
1961	O	A	CUT	78	85			163	19		163		94T	96T		
1963	O		45	75	73	75	78	301	21	24	148	223	42T	32T	36T	43
1964	O		CUT	80	76			156	12		156		60T	56T		
1966	O		43T	74	72	76	80	302	18	20	146	222	34T	17T	30T	81
1968	O		CUT	75	76	79		230	14		151	230	20T	28T	52T	
1969	O		CUT	73	74	78		225	12		147	225	30T	35T	52T	
1972	O		58	74	74	74	78	300	16	22	148	222	35T	38T	36T	125
1974	O		CUT	79	78			157	15		157		89T	82T		50
Walker, Samuel																
2007	US		CUT	78	89			167	27		167		115T	152T		2,000
Walker, "Sandy"																
1970	O		57	70	78	75	84	307	19	24	148	223	25T	65T	53T	125
Walker, Tom																
1905	O		CUT	89	95			184			184					
1906	O		WD	86				86								
1910	O		UNK													
Walker, Tom, Jr.																
1931	O		CUT	89	83			172	28		172		108T	103T		
Walkerley, R.																
1903	O		CUT	93	90			183			183					
Walkup, James "Jimmy," Jr.																
1949	US		CUT	76	76			152	10		152		55T	64T		
1952	PGA		64T													100
Wall, Anthony David																
2003	O		46T	75	74	71	75	295	11	12	149	220	54T	48T	34T	11,864
2006	O		11T	67	73	71	69	280	-8	10	140	211	2T	22T	25T	69,333
	PGA		CUT	73	72			145	1		145		82T	71T		2,000
2007	O		CUT	77	76			153	11		153		128T	130T		2,100
	PGA		WD													
	US		CUT	73	81			154	14		154		34T	99T		2,000
2008	O		51T	71	73	81	72	297	17	14	144	225	7T	16T	64T	11,786
Wall, Arthur Jonathan, Jr.																
1952	US		47	76	73	77	82	308	28	27	149	226	58T	23T	37T	100
1953	US		26T	80	72	77	72	301	13	18	152	229	112T	44T	41T	150
1954	US		CUT	78	84			162	22		162		63T	123T		
1955	US		16T	77	78	72	74	301	21	14	155	227	41T	49T	21T	226
1956	M		34T	75	80	75	75	305	17	16	155	230	38T	54T	43T	300
	PGA		32T													
	US		CUT	75	81			156	16		156		45T	97T		
1957	M		CUT	79	72			151	7		151		68T	41T		300
	PGA		64T													
	US		CUT	79	73			152	12		152		106T	61T		
1958	M		6T	71	72	70	74	287	-1	3	143	213	9T	6T	4T	1,519
	PGA		11T	71	78	67	72	288	8	12	149	216	10T	38T	13T	1,016
1959	M		1	73	74	71	66	284	-4	-1	147	218	10T	21T	14T	15,000
	PGA		25T	70	72	73	73	288	8	11	142	215	10T	12T	19T	510
	US		WD	75	74	79		228	18		149	228	39T	40T	59	
1960	PGA		39T	75	74	72	76	297	17	16	149	221	66T	52T	30T	200
	US		43T	72	73	78	73	296	12	16	145	223	19T	29T	53T	270
1961	PGA		5T	67	72	73	70	282	2	5	139	212	1	4	7T	2,208
1962	M		CUT	76	74			150	6		150		60T	53T		400
	PGA		23T	72	75	71	71	289	9	11	147	218	18T	47T	27T	665
	US		11T	73	72	72	74	291	7	8	145	217	15T	12T	11T	1,325
1963	M		21T	75	74	73	72	294	6	8	149	222	27T	28T	17T	1,000
	PGA		8T	73	76	66	71	286	2	7	149	215	30T	60T	13T	2,090
	US		40T	73	77	76	84	310	26	17	150	226	11T	24T	18T	338
1964	M		CUT	73	77			150	6		150		20T	51T		700
1965	M		45T	71	76	77	75	299	11	28	147	224	21T	33T	44	1,025
1966	M		CUT	75	80			155	11		155		29T	70T		1,000
	PGA		58T	73	73	78	75	299	19	19	146	224	17T	14T	52T	340
1967	M		49T	74	76	77	75	302	14	22	150	227	28T	46T	53	1,250
	US		9T	69	73	72	71	285	5	10	142	214	2T	8T	12T	2,567

Year	Event	A	Pos	R1	R2	R3	R4	Tot	P/M	SBW	R2T	R3T	R1P	R2P	R3P	W
1968	M		22T	74	74	73	67	288	0	11	148	221	30T	42T	43T	1,760
	US		50T	74	74	75	74	297	17	22	148	223	42T	56T	52T	795
1969	M		40T	70	77	78	72	297	9	16	147	225	12T	35T	45	1,400
	PGA		CUT	78	72			150	8		150		113T	81T		
1970	M		CUT	76	76			152	8		152		44T	55T		1,000
1971	M		27T	71	76	72	74	293	5	14	147	219	9T	26T	25T	1,750
	US		CUT	75	79			154	14		154		87T	107T		500
1972	M		CUT	77	75			152	8		152		60T	48T		1,000
	PGA		24T	72	71	75	73	291	11	10	143	218	22T	11T	28T	1,800
1973	M		37T	79	69	74	76	298	10	15	148	222	65T	33T	30T	1,675
	US		45T	73	77	71	78	299	15	20	150	221	16T	55T	28T	930
1974	M		37T	70	77	72	72	291	3	13	147	219	10T	37T	35T	1,775
1975	M		15T	72	74	72	70	288	0	12	146	218	17T	27T	19T	2,900
	PGA		50T	70	74	74	77	295	15	19	144	218	8T	33T	35T	434
1976	M		28T	74	71	75	75	295	7	24	145	220	37T	18T	24T	1,950
	PGA		CUT	75	78			153	13		153		70T	99T		250
1977	M		35T	75	74	71	72	292	4	16	149	220	40T	44T	38T	1,925
1978	M		CUT	74	78			152	8		152		34T	62T		1,500
1979	M		CUT	74	75			149	5		149		49T	55T		1,500
1980	M		51	73	73	77	77	300	12	25	146	223	30T	42T	50T	1,500
1981	M		CUT	76	79			155	11		155		53T	73T		1,500
1982	M		CUT	75	82			157	13		157		18T	59T		1,500
1983	M		CUT	74	84			158	14		158		53T	75T		1,500
1984	M		CUT	75	81			156	12		156		62T	86		1,500
1985	M		CUT	76	81			157	13		157		52T	71T		1,500
1987	M		CUT	85	76			161	17		161		84T	82T		1,500
1988	M		CUT	86	79			165	21		165		88	86		1,500
Wall, Chris																
2001	US		CUT	81	79			160	20		160	0	151T	151		1,000
Wallace, Jack																
1946	O	A	CUT	82	78			160	16		160		71T	61T		
Wallace, Leo																
1923	O		78T	83	85	82	77	327		32	168	250				
1928	O		47T	79	80	75	83	317	29	25	159	234	23T	45T	23T	
Wallace, P. Bruce M.																
1934	O	A	CUT	77	77			154	10		154		52T	70T		
Waller, William																
1900	US	A	WD	91	93			184			184		41T	47T		
Wallin, Roy																
1952	PGA		64T													100
	US		CUT	75	83			158	18		158		42T	99T		
1954	US		CUT	84	82			166	26		166		132T	135T		
1955	PGA		64T													100
Wallin, Tony																
1982	PGA		WD	78				78	8				133T			650
Wallis, A. G.																
1930	O		CUT	80	82			162	18		162		68T	85T		
1937	O		CUT	80	78			158	14		158		78T	72T		
Wallis, Charles W.																
1912	O		54	81	88	80	88	337		42	169	249	33T	57	49T	
1914	O		WD	86	85	85		256			171	256	78T	80T	82	
1924	O		59T	80	85	81	82	328		27	165	246	38T	66T	60T	
Wallis, F. H. G.																
1938	O		CUT	78	76			154	14		154		78T	76T		
Wallis, J. William "Willie"																
1904	O		WD													
1905	O		WD													
1906	O		CUT	85	84			169			169					
1910	O		UNK													
1911	O		CUT	89	87			176			176		189T	172T		
Walliss, E. J.																
1953	O		CUT	87	86			173	29		173		89T	90		
Walls, George																
1899	O		WD													

Year	Event	A	Pos	R1	R2	R3	R4	Tot	P/M	SBW	R2T	R3T	R1P	R2P	R3P	W
Walper, Leo J.																
1935	US		CUT	85	87			172	28		172		129T	134T		
1936	PGA		16T													
	US		CUT	78	79			157	13		157		113T	124T		
1938	PGA		64T													100
1939	US		36T	74	75	79	70	298	22	14	149	228	38T	41T	57T	
1941	US		CUT	81	81			162	22		162		119T	112T		
Walsh, Edwin																
1961	O		CUT	78	78			156	12		156		94T	62T		
Walsh, Frank A.																
1926	US		47T	76	83	76	82	317	29	24	159	235	28T	55T	42T	
1928	US		27	74	74	80	78	306	22	12	148	228	15T	7T	23T	
1929	PGA		32T													
1930	US		28T	75	78	77	76	306	14	19	153	230	26T	33T	33T	
1931	US		13T	73	77	75	75	300	16	8	150	225	6T	14T	11T	78
1932	PGA		2													
	US		CUT	85	81			166	26		166		114T	108T		
1933	PGA		16T													
	US		29T	79	73	72	80	304	16	17	152	224	66T	25T	11T	
1934	M		WD	75	82	79		236	20		157	236	27T	52T	53T	
	US		41T	78	74	78	80	310	30	17	152	230	50T	33T	29T	
1935	M		43T	75	82	73	73	303	15	21	157	230	32T	61T	52T	
	PGA		64T													85
	US		26T	76	82	82	73	313	25	14	158	240	21T	43T	46T	
1936	M		39T	80	77	78	76	311	23	26	157	235	35T	38T	41T	
	PGA		32T													
	US		40T	74	74	73	78	299	11	17	148	221	37T	33T	30T	
1937	US		20T	70	70	78	77	295	7	14	140	218	3T	1T	9T	50
1938	M		27T	74	75	77	76	302	14	17	149	226	18T	22T	22T	
	PGA		32T													
	US		32T	75	77	80	76	308	24	24	152	232	18T	29T	43T	
1939	M		29T	76	76	72	78	302	14	23	152	224	28T	29T	23T	
	US		42T	74	75	76	75	300	24	16	149	225	38T	41T	41T	
1940	M		12T	73	75	69	74	291	3	11	148	217	16T	26T	10T	50
	PGA		32T													
	US		10T	73	69	71	79	292	4	5	142	213	19T	4	1	138
1941	M		37	74	76	76	78	304	16	24	150	226	18T	26T	28T	
	PGA		64T													100
1954	US		CUT	84	83			167	27		167		132T	138T		
Walsh, Maurice																
1936	US		CUT	78	75			153	9		153		113T	85T		
Walsh, Peter																
1920	US		66	85	88	80	83	336	48	41	173	253	68T	70	66T	
1922	PGA		32T													50
1927	US		CUT	85	86			171	27		171		91T	103T		
1928	US		CUT	79	85			164	22		164		63T	101T		
Walsh, Richard A.																
1923	US	A	59	87	87	83	83	340	52	44	174	257	66	68	65	
Walsh, Sam																
1935	O		CUT	78	80			158	14		158		70T	86T		
1936	O		CUT	86	79			165	17		165		102T	94T		
Walsworth, Don																
1994	US		44T	71	75	73	77	296	12	17	146	219	10T	43T	38T	6,595
1995	US		CUT	76	74			150	10		150		124T	107T		1,000
Walter, H. E.																
1930	US		CUT	83	80			163	17		163		123T	111T		
Walter, Scott																
1993	PGA		CUT	78	77			155	13		155		141T	144		1,200
Walters, Eric Martin																
1972	O		CUT	85	73			158	16		158		152T	127T		50
1973	O		CUT	80	80			160	16		160		119T	137T		50
Walters, Euan																
2005	O		CUT	72	74			146	2		146		41T	81T		3,000
	US		CUT	76	73			149	9		149		94T	84T		2,000
Walters, Michael																
1977	US		CUT	75	76			151	11		151		77T	84T		500

Year	*Event*	*A*	*Pos*	*R1*	*R2*	*R3*	*R4*	*Tot*	*P/M*	*SBW*	*R2T*	*R3T*	*R1P*	*R2P*	*R3P*	*W*
Waltman, Retief																
1959	M		CUT	84	77			161	17		161		82T	78		350
1964	M		CUT	72	78			150	6		150		16T	51T		700
Walton, Michael																
1989	US		CUT	79	74			153	13		153		147T	132T		1,000
1992	US		CUT	75	81			156	12		156		82T	136T		1,000
Walton, Philip Joseph																
1981	O	A	CUT	77	73	73		223	13		150	223	72T	75T	62T	
1985	O		CUT	74	85			159	19		159		77T	141T		375
1986	O		CUT	75	77			152	12		152		22T	78T		400
1987	O		50T	72	73	75	75	295	11	16	145	220	45T	52T	42T	2,525
1988	O		52T	72	74	75	74	295	11	22	146	221	19T	34T	52T	2,800
1989	O		13T	69	74	69	70	282	-6	7	143	212	9T	36T	23T	13,000
1990	O		CUT	74	75			149	5		149		105T	134T		550
1991	O		CUT	74	76			150	10		150		94T	118T		600
1992	O		CUT	71	74			145	3		145		57T	91T		600
1995	O		WD	75				75	3				116T			650
	PGA		39T	71	70	71	68	280	-4	13	141	212	58T	48T	49T	6,750
1996	O		CUT	72	72			144	2		144		63T	78T		650
	PGA		CUT	70	76			146	2		146		21T	83T		1,300
	US		97T	69	73	78	77	297	17	19	142	220	5T	19T	80T	5,165
1998	O		38T	68	76	74	76	294	14	14	144	218	11T	38T	16T	8,350
2008	O		CUT	77	82			159	19		159		91T	145T		4,746
Walton, Thomas																
1922	O		8T	75	78	77	77	307		7	153	230	4T	5T	7	6
1923	O		19T	77	74	78	77	306		11	151	229				
1924	O		39	77	86	82	77	322		21	163	245	14T	57T	55T	
1925	O		32T	79	83	84	75	321	33	21	162	246	26T	39T	45T	
1928	O		CUT	80	83			163	19		163		35T	79T		
Walzel, Robert M. "Bobby"																
1975	US		CUT	74	78			152	10		152		38T	81T		500
1977	PGA		CUT	79	74			153	9		153		103T	82T		250
1979	PGA		CUT	75	73			148	8		148		90T	84T		350
	US		19T	74	72	71	78	295	11	11	146	217	29T	11T	10T	2,410
1980	PGA		8T	68	76	71	71	286	6	12	144	215	2T	20T	9T	8,500
	US		60T	73	70	81	75	299	19	27	143	224	50T	30T	63	1,310
1981	M		CUT	75	78			153	9		153		44T	63T		1,500
	PGA		CUT	74	75			149	9		149		71T	87T		550
Wampler, Fred, Jr.																
1951	US		WD	83				83	13				141T			
1952	US		CUT	80	76			156	16		156		108T	78T		
1953	US		37T	75	76	75	78	304	16	21	151	226	23T	31T	27T	150
1954	US		WD													
1957	US		CUT	78	74			152	12		152		92T	61T		
1959	PGA		CUT	74	76	79		229	19		150	229	56T	84T	93T	
	US		28T	74	73	75	75	297	17	15	147	222	33T	26T	31T	240
1960	PGA		49T	73	72	79	75	299	19	18	145	224	34T	15T	52T	200
	US		CUT	74	76			150	8		150		47T	73T		
1961	PGA		CUT	76	76			152	12		152		92T	93T		
1963	US		CUT	80	76			156	14		156		105T	83T		150
1964	PGA		44T	74	73	71	73	291	11	20	147	218	65T	56T	40T	403
1965	PGA		54T	74	74	76	76	300	16	20	148	224	44T	40T	52T	403
	US		CUT	85	74			159	19		159		141T	107T		300
1967	PGA		38T	73	75	74	72	294	6	13	148	222	30T	43T	43T	633
	US		CUT	77	73			150	10		150		101T	80T		400
1968	PGA		CUT	74	76			150	10		150		51T	75T		
1969	PGA		CUT	77	73			150	8		150		103T	81T		
1972	PGA		CUT	76	76			152	12		152		87T	84T		
1974	PGA		CUT	80	75			155	15		155		127T	108T		
1975	PGA		54T	69	74	80	73	296	16	20	143	223	4T	24T	60T	429
	US		CUT	75	77			152	10		152		52T	81T		500
1976	US		CUT	77	80			157	17		157		89T	111T		500
1978	US		CUT	82	76			158	16		158		131T	119T		600
Wansa, William M.																
1949	US		CUT	77	76			153	11		153		74T	71T		
Warburton, W.																
1902	O		WD													
1905	O		CUT	94	91			185			185					

Year	Event	A	Pos	R1	R2	R3	R4	Tot	P/M	SBW	R2T	R3T	R1P	R2P	R3P	W
Ward, Charles Harold																
1932	O		17T	73	77	77	73	300	12	17	150	227	6T	27T	25T	10
1933	O		28T	76	73	76	79	304	12	12	149	225	50T	34T	31T	
1934	O		13T	76	71	72	80	299	11	16	147	219	37T	12T	8T	10
1939	O		30T	74	74	78	80	306	14	16	148	226	26T	17T	24T	
1946	O		4T	73	73	73	76	295	3	5	146	219	9T	6T	6	26
1947	O		6T	76	73	76	72	297	25	4	149	225	21T	5T	14T	
1948	O		3T	69	72	75	74	290	18	6	141	216	1T	2T	7T	41
1949	O		4T	73	71	70	72	286	-2	3	144	214	32T	6T	4T	63
1950	O		CUT	77	75			152	12		152		60T	59T		
1951	O		3	75	73	74	68	290	2	5	148	222	26T	14T	11T	100
1952	O		CUT	77	76			153	3		153		67T	52T		
1953	O		17T	78	71	76	73	298	10	16	149	225	41T	18T	20T	30
1954	O		CUT	77	75			152	6		152		59T	51T		
1955	O		CUT	77	73			150	6		150		72T	56T		
1956	O		17T	73	75	78	74	300	16	14	148	226	22T	9T	21T	
1957	O		CUT	75	74			149	5		149		45T	47T		
1958	O		CUT	77	73			150	8		150		69T	60T		
1959	O		35T	78	70	73	76	297	9	13	148	221	69T	38T	29T	
1962	O		CUT	83	76			159	15		159		109T	94T		
1965	O		CUT	81	76			157	11		157		120T	106T		
Ward, E. W.																
1950	O		CUT	81	75			156	16		156		85T	78T		
1953	O		CUT	82	79			161	17		161		72T	77T		
Ward, Edward Harvie "Harvie," Jr.																
1948	M	A	51T	78	78	81	79	316	28	37	156	237	50T	52	53T	
1950	M	A	35T	79	78	74	74	305	17	22	157	231	50T	51T	42T	
1951	M	A	35T	74	77	77	74	302	14	22	151	228	18T	39T	43T	
	US	A	39T	74	76	78	76	304	24	17	150	228	14T	27T	36T	
1952	M	A	21T	72	71	78	78	299	11	13	143	221	14T	6T	11T	
1953	M	A	14T	73	74	69	75	291	3	17	147	216	13T	22T	10T	
	US	A	CUT	79	76			155	11		155		92T	73T		
1954	M	A	20T	78	75	74	71	298	10	9	153	227	47T	34T	31T	
	US	A	CUT	77	77			154	14		154		46T	61T		
1955	M	A	8T	77	69	75	71	292	4	13	146	221	31T	7T	12T	
	US	A	7T	74	70	76	76	296	16	9	144	220	8T	1T	6T	
1956	M	A	34T	76	70	81	78	305	17	16	146	227	47T	11T	33T	
	US	A	47	74	73	81	77	305	25	24	147	228	27T	23T	49T	
1957	M	A	4	73	71	71	73	288	0	5	144	215	7T	4T	2T	
	US	A	26T	72	75	74	74	295	15	13	147	221	17T	21T	29T	
1958	M	A	CUT	76	76			152	8		152		60T	54T		
	US	A	37T	74	80	79	70	303	23	20	154	233	8T	43T	51T	
1959	US	A	CUT	81	76			157	17		157		121T	108T		
1966	M	A	CUT	81	84			165	21		165		93T	100T		
Ward, John M.																
1903	US	A	56	91	93	89	90	363		56	184	273	75T	79	71	
1908	US	A	CUT	95	95			190			190		59T	69T		
Ward, John P.																
1951	M	A	57T	78	75	81	84	318	30	38	153	234	49T	45T	56T	
Ward, Lester																
1959	PGA		CUT	80	78			158	18		158		153T	153T		
1961	PGA		CUT	73	78			151	11		151		41T	83T		
1962	PGA		CUT	79	74			153	13		153		140T	105T		
Ward, Marvin Harvey "Bud"																
1938	M	A	36T	77	76	79	76	308	20	23	153	232	35T	34T	37T	
1939	US	A	4	69	73	71	72	285	9	1	142	213	2T	4T	6	
1940	M	A	21T	74	68	75	78	295	7	15	142	217	27T	4T	10T	
	US	A	CUT	78	77			155	11		155		84T	79T		
1941	US	A	30T	76	77	75	76	304	24	20	153	228	45T	36T	32T	
1942	M	A	28T	76	73	80	75	304	16	24	149	229	31T	25T	30T	
1946	US	A	26T	74	77	72	72	295	7	11	151	223	30T	53T	28T	
1947	US	A	5	69	72	73	73	287	3	5	141	214	5T	4T	4T	
1948	M	A	30T	74	74	77	74	299	11	20	148	225	24T	23T	32T	
	US	A	CUT	71	78			149	7		149		8T	58T		
1949	US	A	WD	75				75	4				38T			
1952	M		WD	74				74	2				29T			200
1955	M		30T	77	73	77	77	304	16	25	150	227	31T	25T	29T	250
	US		39	76	76	80	77	309	29	22	152	232	22T	22T	39T	180
1957	M		31T	73	75	76	76	300	12	17	148	224	7T	20T	24T	300
	US		17T	70	74	70	78	292	12	10	144	214	6T	9T	3T	315
1958	US		37T	78	76	74	75	303	23	20	154	228	58T	43T	40T	200

Year	Event	A	Pos	R1	R2	R3	R4	Tot	P/M	SBW	R2T	R3T	R1P	R2P	R3P	W
Ward, Walter E.																
1923	US		61	86	89	85	85	345	57	49	175	260	63T	69	66	
Ward, William																
1936	US	A	CUT	78	76			154	10		154		113T	97T		
Ware, Cobby																
1959	US	A	56	73	75	83	80	311	31	29	148	231	27T	32T	61	
1961	US	A	CUT	75	78			153	13		153		50T	102T		
Ware, Robby M.																
1996	PGA		CUT	80	73			153	9		153		145T	135T		1,300
Warga, Stephen, Jr.																
1941	US		CUT	76	81			157	17		157		45T	68T		
Wargo, Amos Tom "Tom"																
1987	PGA		CUT	84	74			158	14		158		137T	108T		1,000
1988	PGA		CUT	78	72			150	8		150		123T	107T		1,000
1991	PGA		CUT	76	78			154	10		154		117T	118T		1,000
1992	PGA		28T	72	72	73	72	289	5	11	144	217	32T	29T	35T	9,000
1993	PGA		31T	71	70	71	71	283	-1	11	141	212	58T	36T	41T	7,058
1995	O		CUT	72	79			151	7		151		60T	128T		650
Waring, Paul																
2007	O	A	CUT	74	80			154	12		154		78T	138T		
2008	O		19T	73	74	76	71	294	14	11	147	223	27T	38T	48T	37,771
Warobick, Lou																
1959	PGA		CUT	74	78			152	12		152		56T	108T		
1960	PGA		CUT	80	74			154	14		154		148T	112T		
1963	PGA		81	74	77	78	80	309	25	30	151	229	40T	67T	78T	150
1964	PGA		CUT	80	79			159	19		159		145T	143T		
1968	PGA		CUT	74	80			154	14		154		51T	109T		
Warren, Charles Otis																
2000	US		37T	75	74	75	74	298	14	26	149	224	72T	53T	35T	22,056
2006	PGA		62T	73	70	77	75	295	7	25	143	220	82T	42T	65T	13,425
Warren, George E.																
1896	US		WD													
Warren, Keith T.																
1965	O		CUT	81	80			161	15		161		120T	118T		
1970	O		CUT	71	77	82		230	14		148	230	31T	65T	78T	30
Warren, Leonard																
1960	PGA		CUT	74	86			160	20		160		49T	154T		
Warren, Matt																
1952	US		CUT	80	82			162	22		162		108T	118T		
1954	US		CUT	82	79			161	21		161		116T	120T		
Warrender, Thomas, Jr.																
1896	US		28	97	93			190		38			32			
Warrick, Kevin																
2002	US	A	72	73	76	84	74	307	27	30	149	233	41T	52T	72	
Waryan, Don																
1958	US		CUT	82	81			163	23		163		110T	115T		
1959	PGA		61	72	76	72	79	299	19	22	148	220	27T	62T	50T	200
1960	PGA		CUT	82	80			162	22		162		170T	164T		
1961	PGA		CUT	77	75			152	12		152		105T	93T		
Watabu, Casey Mitsuru																
2007	M	A	CUT	87	78			165	21		165		96	93T		
Watanabe, Tsukasa																
1994	O		51T	72	71	68	71	282	2	14	143	211	68T	61T	46T	4,925
Waters, Alan																
1947	O		23	75	78	76	77	306	34	13	153	229	11T	19T	23	
1948	O		11T	75	71	70	77	293	21	9	146	216	34T	16T	7T	
1949	O		18	70	76	75	73	294	6	11	146	221	10T	19T	20	
1950	O		CUT	76	74			150	10		150		52T	45T		
1951	O		17T	74	75	78	71	298	10	13	149	227	16T	19T	32T	
Waters, Harry																
1907	US		CUT	83	87			170			170		48T	52T		

Year	Event	A	Pos	R1	R2	R3	R4	Tot	P/M	SBW	R2T	R3T	R1P	R2P	R3P	W
Waters, Keith R.																
1978	O	A	CUT	79	81			160	16		160		139T	151T		
1982	O		54T	73	78	71	81	303	15	19	151	222	18T	61T	28T	600
1983	O		CUT	79	77			156	14		156		140T	139T		250
1984	O		CUT	75	75			150	6		150		95T	113T		330
1989	O		CUT	74	76			150	6		150		81T	110T		500
1990	O		CUT	76	74			150	6		150		137T	142T		550
1992	O		CUT	74	70			144	2		144		111T	76T		600
1994	O		CUT	75	75			150	10		150		125T	137T		600
Waters, Laurie																
1895	O		18T	86	83	85	90	344		22	169	254	15T		13T	
1901	O		22T	86	87	86	78	337		28	173	259		30T	31T	
Waters, Richard H.																
1952	US	A	CUT	86	86			172	32		172		148T	137		
Watine, Gery																
1976	O		CUT	82	71			153	9		153		134T	85T		100
Watkins, Roderick G. R.																
1978	O		CUT	78	78			156	12		156		128T	137T		175
Watkins, Scott Lewis																
1984	US		CUT	74	80			154	14		154		72T	122T		600
Watkins, Thomas Randy "Randy"																
1984	US		CUT	82	76			158	18		158		149T	135T		600
Watkinson, David S.																
1979	O		CUT	79	76			155	13		155		106T	97T		200
Watney, Mike																
1980	US		CUT	79	69			148	8		148		133T	75T		600
Watney, Nicholas Alan																
2007	O		35T	72	71	70	75	288	4	11	143	213	39T	20T	20T	20,107
	PGA		CUT	78	75			153	13		153		126T	124T		2,000
	US		CUT	79	72			151	11		151		128T	64T		2,000
2008	M		11T	75	70	72	71	288	0	8	145	217	52T	21T	23T	172,500
	US		60T	73	75	77	72	297	13	14	148	225	31T	49T	70T	17,691
Watrous, Andrew Albert "Al"																
1921	US		32	78	76	83	80	317	37	28	154	237	22T	14T	26T	
1922	PGA		32T													50
	US		37	73	79	79	79	310	30	22	152	231	6T	23T	29T	
1923	PGA		64T													
	US		8T	74	75	76	81	306	18	10	149	225	7T	6	4T	82
1924	PGA		16T													100
	US		WD	79	82			161	17		161	0	30T	44T		
1925	PGA		32T													
	US		13T	78	73	74	75	300	16	9	151	225	43T	19T	16T	53
1926	O		2	71	75	69	78	293	9	2	146	215	3T	4T	1	75
	PGA		32T													100
	US		WD	80	74	76		230	14		154	230	69T	21T	20T	
1927	US		18T	82	74	78	77	311	23	10	156	234	62T	19T	16T	50
1928	PGA		16T													
	US		41T	77	75	78	81	311	27	17	152	230	37T	23T	29	
1929	O		8T	73	79	75	77	304	0	12	152	227	8T	23T	8T	9
	PGA		3T													
	US		32T	80	79	78	77	314	26	20	159	237	77T	59T	42T	
1930	PGA		16T													
	US		17T	79	73	73	78	303	11	16	152	225	72T	27T	12T	48
1931	US		15T	74	78	76	73	301	17	9	152	228	13T	23T	24T	58
1932	PGA		32T													85
	US		35T	85	73	74	76	308	28	22	158	232	114T	46T	34T	
1933	US		13T	74	76	77	70	297	9	10	150	227	8T	15T	22T	85
1934	M		11T	74	74	71	74	293	5	9	148	219	13T	22T	11T	100
	PGA		8T													
	US		47T	77	78	82	76	313	33	20	155	237	44T	54T	54T	
1935	M		34	78	72	75	75	300	12	18	150	225	52T	42T	36T	
	PGA		3T													200
	US		14T	75	80	79	75	309	21	10	155	234	11T	22T	23T	55
1936	M		29T	78	76	73	78	305	17	20	154	227	26T	28T	28T	
	US		33T	76	75	74	72	297	9	15	151	225	81T	60T	42T	
1937	M		7	74	72	71	75	292	4	9	146	217	19T	11T	7T	250
	PGA		32T													

Year	Event	A	Pos	R1	R2	R3	R4	Tot	P/M	SBW	R2T	R3T	R1P	R2P	R3P	W
	US		32T	77	75	75	70	297	9	16	152	227	70T	55T	48T	33
1938	M		27T	73	77	76	76	302	14	17	150	226	12T	25T	22T	
	US		CUT	80	78			158	16		158		82T	79T		
1939	M		25	75	75	74	75	299	11	20	150	224	19T	24T	23T	
	PGA		16T													
1940	M		21T	75	70	73	77	295	7	15	145	218	35T	10T	14T	
	PGA		32T													
	US		CUT	79	80			159	15		159		96T	120T		
1941	M		32	74	75	76	75	300	12	20	149	225	18T	22T	25T	
	US		52	79	75	81	79	314	34	30	154	235	99T	44T	54T	
1946	M		32T	80	76	72	74	302	14	20	156	228	47T	41T	37T	
	US		43T	76	75	74	76	301	13	17	151	225	57T	53T	38T	
1947	PGA		64T													100
1948	PGA		64T													100
1950	PGA		32T													200
1951	US		35T	77	75	77	74	303	23	16	152	229	59T	47T	41T	100
1953	PGA		64T													100
1954	O		42T	76	72	74	78	300	8	17	148	222	45T	26T	30T	
1955	PGA		64T													100
1957	PGA		64T													
1961	PGA		CUT	78	75			153	13		153		120T	103T		
	US		CUT	79	79			158	18		158		122T	128T		
Watrous, Thomas																
1963	PGA		73T	78	70	75	81	304	20	25	148	223	108T	49T	60T	175
Watson, A., Jr.																
1923	O	A	84T	82	79	87	82	330		35	161	248				
Watson, Alex																
1928	US		CUT	78	83			161	19		161		53T	75T		
1931	US		32T	75	79	78	76	308	24	16	154	232	20T	38T	37T	
1932	US		CUT	81	82			163	23		163		60T	87T		
1938	PGA		64T													100
	US		WD													
Watson, Craig																
1985	PGA		CUT	77	81			158	14		158		128T	138T		1,000
Watson, Craig R.																
1997	O	A	CUT	73	76			149	7		149		29T	86T		
1998	M	A	CUT	79	78			157	13		157		71T	74T		
Watson, Denis Leslie																
1979	O		41T	75	70	76	79	300	16	17	145	221	36T	17T	26T	478
1980	O		CUT	80	67	75		222	9		147	222	135T	54T	77T	350
1982	O		15T	75	69	73	74	291	3	7	144	217	45T	13T	8T	3,900
	PGA		CUT	72	75			147	7		147		41T	82T		650
1983	O		WD	85				85	14				151			
1984	PGA		33	73	68	74	73	288	0	15	141	215	42T	14T	23T	3,600
1985	M		53T	76	72	75	76	299	11	17	148	223	52T	47T	45T	1,800
	O		47T	72	74	75	73	294	14	12	146	221	39T	36T	56T	2,128
	PGA		40T	74	73	74	70	291	3	13	147	221	94T	61T	54T	2,500
	US		2T	72	65	73	70	280	0	1	137	210	30T	5	5T	39,185
1986	M		CUT	80	76			156	12		156		81T	77T		1,500
	O		CUT	78	75			153	13		153		71T	88T		400
	PGA		71	71	74	77	77	299	15	23	145	222	26T	50T	73	1,550
	US		12T	72	70	71	72	285	5	6	142	213	3T	2T	5T	11,870
1987	M		27T	76	74	73	72	295	7	10	150	223	49T	40T	37T	6,267
	PGA		40T	76	75	72	75	298	10	11	151	223	69T	59T	41T	3,400
	US		36T	69	74	72	74	289	9	12	143	215	5T	31T	35T	5,626
1988	PGA		48T	70	70	79	70	289	5	17	140	219	19T	18T	68T	2,231
	US		CUT	77	75			152	10		152		105T	103T		1,000
1992	US		WD	84				84	12				155			1,000
2007	PGA		CUT	74	84			158	18		158		70T	145T		2,000
Watson, Erle George Robertson																
1933	O	A	CUT	81	80			161	15		161		105T	109T		
1938	O	A	CUT	76	83			159	19		159		47T	104T		
1946	O	A	CUT	84	81			165	21		165		84T	87T		
Watson, Gerry "Bubba"																
2004	US		CUT	73	74			147	7		147	0	60T	87T		1,000
2007	PGA		CUT	79	79			158	18		158		132T	145T		2,000
	US		5T	70	71	74	74	289	9	4	141	215	3T	2	3T	248,948
2008	M		20T	74	71	73	73	291	3	11	145	218	44T	21T	28T	84,300
	PGA		70	75	73	77	76	301	21	24	148	225	75T	59T	68T	14,000
	US		CUT	77	77			154	12		154		100T	114T		2,000

Year	Event	A	Pos	R1	R2	R3	R4	Tot	P/M	SBW	R2T	R3T	R1P	R2P	R3P	W
Watson, Harold C.																
1956	US	A	CUT	94	80			174	34		174		162	154		
Watson, James H.																
1900	US		WD													
1904	US		29T	83	83	82	86	334		31	166	248	22T	23T	23T	
1906	US		27T	76	80	81	88	325		30	156	237	5T	9T	14T	
Watson, James W. "Jamie"																
1912	US		CUT	87	80			167	19		167		109T	84T		
Watson, John																
1995	O		CUT	76	73			149	5		149		135T	104T		650
Watson, Robert C., Jr.																
1902	US	A	40T	88	85	86	86	345		38	173	259	46T	40T	37T	
1903	US	A	55	88	91	89	92	360		53	179	268	60	72T	67	
1909	US	A	58T	80	82	85	81	328		38	162	247	44T	55T	59T	
1910	US	A	47	86	76	86	83	331		33	162	248	59T	33T	46	
1911	US	A	23T	82	79	78	82	321	17	14	161	239	39T	26T	24	
1912	US	A	CUT	93	81			174	26		174		119	109T		
Watson, Robert L.																
1954	US		33T	72	76	77	75	300	20	16	148	225	8T	22T	30T	180
1956	US		CUT	80	77			157	17		157		127T	107T		
1957	PGA		64T													
1959	O		CUT	82	71			153	9		153		86T	72T		
1960	US		54	72	73	73	84	302	18	22	145	218	19T	29T	32T	240
1963	US		CUT	80	74			154	12		154		105T	63T		150
1965	PGA		CUT	83	73			156	14		156		153T	116T		
1966	PGA		CUT	87	77			164	24		164		163	147T		
	US		CUT	73	79			152	12		152		26T	65T		300
Watson, Roger																
1975	PGA		60T	73	73	76	75	297	17	21	146	222	39T	48T	58T	419
1976	PGA		CUT	77	78			155	15		155		92T	109T		250
	US		CUT	80	77			157	17		157		112T	111T		500
Watson, Scott																
1999	O		CUT	74	81			155	13		155		11T	74T		1,100
2000	O		CUT	76	74			150	6		150		123T	135T		900
Watson, Thomas Sturges																
1970	M	A	CUT	77	76			153	9		153		55T	61T		
1972	US		29T	74	79	76	76	305	17	15	153	229	17T	45T	48T	1,217
1973	PGA		12T	75	70	71	69	285	1	8	145	216	66T	30T	19T	3,975
	US		CUT	81	73			154	12		154		128T	88T		500
1974	PGA		11T	69	72	73	70	284	4	8	141	214	4T	13T	13T	4,275
	US		5T	73	71	69	79	292	12	5	144	213	9T	5T	1	8,000
1975	M		8T	70	70	72	73	285	-3	9	140	212	7T	2T	4	4,500
	O		1PO	71	67	69	72	279	-9	-1	138	207	12T	2T	4	7,500
	PGA		9	70	71	71	73	285	5	9	141	212	8T	11T	6T	6,075
	US		9T	67	68	78	77	290	6	3	135	213	1T	1	2T	5,000
1976	M		33T	77	73	76	70	296	8	25	150	226	62T	43T	42T	1,900
	O		CUT	75	72	80		227	11		147	227	38T	30T	67T	150
	PGA		15T	70	74	70	73	287	7	6	144	214	12T	36T	18T	3,400
	US		7	74	72	68	70	284	4	7	146	214	34T	20T	12T	8,500
1977	M		1	70	69	70	67	276	-12	-2	139	209	4T	1T	1T	40,000
	O		1	68	70	65	65	268	-12	-1	138	203	3T	2T	1T	10,000
	PGA		6T	68	73	71	74	286	-2	4	141	212	2T	5T	4T	7,300
	US		7T	74	72	71	67	284	4	6	146	217	60T	44T	33T	8,000
1978	M		2T	73	68	68	69	278	-10	1	141	209	20T	5T	2T	21,667
	O		14T	73	68	70	76	287	-1	6	141	211	41T	6T	1T	2,400
	PGA		2PO	67	69	67	73	276	-8	-4	136	203	1	1	1	25,000
	US		6T	74	75	70	70	289	5	4	149	219	25T	39T	16T	7,548
1979	M		2PO	68	71	70	71	280	-8	-1	139	209	2T	5T	2T	30,000
	O		26T	72	68	76	81	297	13	14	140	216	9T	4	8T	888
	PGA		12T	66	72	69	74	281	1	9	138	207	1	5T	3T	5,250
	US		CUT	75	77			152	10		152		47T	64T		600
1980	M		12T	73	69	71	71	284	-4	9	142	213	30T	12T	12T	7,250
	O		1	68	70	64	69	271	-13	-4	138	202	1T	2T	1	25,000
	PGA		10T	75	74	72	67	288	8	14	149	221	78T	65T	46T	6,000
	US		3T	71	68	67	70	276	-4	4	139	206	25T	9T	4T	17,400
1981	M		1	71	68	70	71	280	-8	-2	139	209	12T	2T	1	60,000
	O		23T	73	69	75	73	290	10	14	142	217	17T	6T	21T	1,219
	PGA		CUT	75	73			148	8		148		88T	79T		550
	US		23T	70	69	73	73	285	5	12	139	212	16T	9T	19T	2,350

Year	Event	A	Pos	R1	R2	R3	R4	Tot	P/M	SBW	R2T	R3T	R1P	R2P	R3P	W
1982	M		5T	77	69	70	71	287	-1	3	146	216	39T	4T	6T	13,500
	O		1	69	71	74	70	284	-4	-1	140	214	2T	5T	5	32,000
	PGA		9T	72	69	71	68	280	0	8	141	212	41T	17T	20T	7,919
	US		1	72	72	68	70	282	-6	-2	144	212	8T	8T	1T	60,000
1983	M		4T	70	71	71	73	285	-3	5	141	212	11T	7T	4T	22,000
	O		1	67	68	70	70	275	-9	-1	135	205	2T	2T	1	40,000
	PGA		47T	75	67	78	70	290	6	16	142	220	104T	25T	63T	1,730
	US		2	72	70	70	69	281	-3	1	142	212	8T	3T	1T	44,000
1984	M		2	74	67	69	69	279	-9	2	141	210	49T	6T	6	64,800
	O		2T	71	68	66	73	278	-10	2	139	205	21T	6T	1T	31,900
	PGA		39T	74	72	74	71	291	3	18	146	220	54T	43T	50T	2,506
	US		11T	72	72	74	69	287	7	11	144	218	33T	23T	29T	9,891
1985	M		10T	69	71	75	72	287	-1	5	140	215	2T	1T	5T	16,800
	O		47T	72	73	72	77	294	14	12	145	217	39T	26T	22T	2,128
	PGA		6T	67	70	74	72	283	-5	5	137	211	6T	5T	3T	17,125
	US		CUT	75	72			147	7		147		85T	67T		600
1986	M		6T	70	74	68	71	283	-5	4	144	212	5T	13T	6T	27,800
	O		35T	77	71	77	71	296	16	16	148	225	54T	30T	54T	3,168
	PGA		16T	72	69	72	72	285	1	9	141	213	46T	11T	16T	8,500
	US		24T	72	71	71	75	289	9	10	143	214	3T	4T	10T	6,462
1987	M		7T	71	72	74	72	289	1	4	143	217	3T	6T	13T	26,200
	O		7	69	69	71	74	283	-1	4	138	209	9T	6T	4T	23,000
	PGA		14T	70	79	73	71	293	5	6	149	222	4T	42T	35T	10,750
	US		2	72	65	71	70	278	-2	1	137	208	34T	1T	1	75,000
1988	M		9T	72	71	73	71	287	-1	6	143	216	7T	5T	10T	28,000
	O		28T	74	72	72	72	290	6	17	146	218	51T	34T	31T	4,600
	PGA		31T	72	68	74	72	286	2	14	140	214	44T	18T	31T	4,843
	US		36T	74	71	69	75	289	5	11	145	214	56T	33T	12T	7,003
1989	M		14T	72	73	74	71	290	2	7	145	219	11T	9T	11T	19,450
	O		4	69	68	68	72	277	-11	2	137	205	9T	2T	2	40,000
	PGA		9T	67	69	74	71	281	-7	5	136	210	3T	4	13T	30,000
	US		46T	76	69	73	73	291	11	13	145	218	115T	57T	46T	5,486
1990	M		7T	77	71	67	71	286	-2	8	148	215	63T	42T	12T	35,150
	O		CUT	72	73			145	1		145		51T	83T		550
	PGA		19T	74	71	77	73	295	7	13	145	222	41T	15T	34T	14,000
	US		CUT	74	75			149	5		149		80T	103T		1,000
1991	M		3T	68	68	70	73	279	-9	2	136	206	4T	1	2	64,800
	O		26T	69	72	72	69	282	2	10	141	213	12T	17T	31T	6,750
	PGA		CUT	74	75			149	5		149		77T	89T		1,000
	US		16T	73	71	77	70	291	3	9	144	221	45T	20T	40T	17,186
1992	M		48T	73	70	76	71	290	2	15	143	219	48T	35T	55T	3,933
	O		CUT	73	75			148	6		148		98T	119T		600
	PGA		62T	72	71	73	78	294	10	16	143	216	32T	15T	27T	2,725
	US		CUT	75	73			148	4		148		82T	67T		1,000
1993	M		45T	71	75	73	75	294	6	17	146	219	22T	51T	43T	4,940
	O		CUT	71	73			144	4		144		70T	79T		600
	PGA		5	69	65	70	72	276	-8	4	134	204	23T	4T	2T	75,000
	US		5T	70	66	73	69	278	-2	6	136	209	19T	2T	6T	48,730
1994	M		13	70	71	73	74	288	0	9	141	214	4T	5T	7	42,000
	O		11T	68	65	69	74	276	-4	8	133	202	4T	1	3T	19,333
	PGA		9T	69	72	67	71	279	-1	10	141	208	7T	23T	8T	41,000
	US		6T	68	73	68	74	283	-1	4	141	209	1	11T	3T	49,485
1995	M		14T	73	70	69	72	284	-4	10	143	212	43T	29T	19T	39,600
	O		31T	67	76	70	77	290	2	8	143	213	1T	31T	10T	8,122
	PGA		58T	71	71	72	70	284	0	17	142	214	58T	59T	64T	3,630
	US		56T	70	73	77	73	293	13	13	143	220	11T	30T	54T	4,834
1996	M		CUT	75	72			147	3		147		57T	45T		1,500
	PGA		17T	69	71	73	69	282	-6	5	140	213	11T	8T	25T	27,286
	US		13T	70	71	71	72	284	4	6	141	212	13T	10T	11T	43,725
1997	M		4	75	68	69	72	284	-4	14	143	212	33T	10T	4T	129,600
	O		10T	71	70	70	71	282	-2	10	141	211	11T	9T	11T	24,300
	PGA		CUT	71	79			150	10		150		33T	103T		1,300
	US		64	72	74	72	78	296	16	20	146	218	40T	57T	47T	6,120
1998	M		CUT	78	73			151	7		151		68T	47T		5,000
	O		CUT	73	76			149	9		149		89T	103T		800
	PGA		CUT	72	76			148	8		148		60T	93T		1,500
	US		CUT	73	75			148	8		148		37T	61T		1,000
1999	M		CUT	74	77			151	7		151		41T	66T		5,000
	O		CUT	82	73			155	13		155		131T	74T		1,100
	PGA		CUT	74	74			148	4		148		80T	84T		1,750
	US		57T	75	70	77	79	301	21	22	145	222	120T	38T	46T	8,840
2000	M		CUT	75	76			151	7		151		39T	73T		5,000
	O		55T	73	71	72	73	289	1	20	144	216	76T	60T	55T	7,800
	PGA		9T	76	70	65	68	279	-9	9	146	211	99T	51T	15T	112,500

Year	Event	A	Pos	R1	R2	R3	R4	Tot	P/M	SBW	R2T	R3T	R1P	R2P	R3P	W
	US		27T	71	74	78	73	296	12	24	145	223	18T	19T	24T	34,066
2001	M		CUT	78	70			148	4		148		81T	59T		5,000
	O		CUT	74	78			152	10		152		87T	137T		900
	PGA		66T	69	70	76	70	285	5	20	139	215	40T	45T	74T	9,950
2002	M		40T	71	76	76	72	295	7	19	147	223	18T	39T	44T	22,960
	O		CUT	77	78			155	13		155		142T	151T		2,000
	PGA		48T	76	71	83	67	297	9	19	147	230	89T	42T	78T	13,120
2003	M		CUT	75	77			152	8		152		35T	58T		5,000
	O		18T	71	77	73	69	290	6	7	148	221	6T	35T	44T	42,000
	PGA		CUT	75	75			150	10		150	0	77T	83T		2,000
	US		28T	65	72	75	72	284	4	12	137	212	1T	10T	33T	41,254
2004	M		CUT	76	76			152	8		152		53T	75T		5,000
2005	M		CUT	77	76			153	9		153		62T	74T		5,000
	O		41T	75	70	70	72	287	-1	13	145	215	97T	70T	50T	14,977
2006	M		CUT	79	75			154	10		154		72T	73T		5,000
	O		48T	72	70	75	71	288	0	19	142	217	68T	48T	58T	11,607
2007	M		CUT	75	78			153	9		153		28T	61T		5,000
2008	M		CUT	75	75			150	6		150		52T	63T		10,000
	O		CUT	74	76			150	10		150		38T	84T		3,200

Watson, William

Year	Event	A	Pos	R1	R2	R3	R4	Tot	P/M	SBW	R2T	R3T	R1P	R2P	R3P	W
1957	O		CUT	78	80			158	14		158		76T	92		

Watt, David P.

Year	Event	A	Pos	R1	R2	R3	R4	Tot	P/M	SBW	R2T	R3T	R1P	R2P	R3P	W
1914	O		25T	84	80	78	81	323		17	164	242	65T	46T	25T	

Watt, Hugh

Year	Event	A	Pos	R1	R2	R3	R4	Tot	P/M	SBW	R2T	R3T	R1P	R2P	R3P	W
1906	O	A	59	74	87	84	85	330		30	161	245			50T	

Watt, Hugh Beatty

Year	Event	A	Pos	R1	R2	R3	R4	Tot	P/M	SBW	R2T	R3T	R1P	R2P	R3P	W
1950	O		CUT	75	76			151	11		151		38T	51T		

Watt, J. E. "Jimmy"

Year	Event	A	Pos	R1	R2	R3	R4	Tot	P/M	SBW	R2T	R3T	R1P	R2P	R3P	W
1947	O		CUT	82	83			165	29		165		77T	85T		
1950	O		CUT	82	75			157	17		157		88T	85T		

Watt, Thomas

Year	Event	A	Pos	R1	R2	R3	R4	Tot	P/M	SBW	R2T	R3T	R1P	R2P	R3P	W
1900	O		CUT	90	89			179			179		54T	56T		
1905	O		18T	86	85	79	85	335		17	171	250			16T	
1906	O		38T	81	78	86	77	322		22	159	245			50T	
1908	O		11T	81	73	78	78	310		19	154	232	40T	15T	13T	
1910	O		UNK	85												
1913	O		42T	86	82	84	83	335		31	168	252	60T	56T	43T	

Watt, William Martin "Willie"

Year	Event	A	Pos	R1	R2	R3	R4	Tot	P/M	SBW	R2T	R3T	R1P	R2P	R3P	W
1910	O		32T	74	82	78	84	318		19	156	234			20T	
1911	O		21T	76	80	79	79	314		11	156	235	17T	26T	23T	
1912	O		34	79	79	81	84	323		28	158	239	26T	24T	24T	
1914	O		33	77	81	84	83	325		19	158	242	13T	17T	25T	
1920	O		56T	81	88	80	81	330		27	169	249	33T	59T	55T	
1921	O		19T	81	77	75	74	307		11	158	233	62T	40T	31T	
1922	O		28T	82	78	79	77	316		16	160	239	55T	31T	34T	
1923	O		8T	76	77	72	78	303		8	153	225				4
1926	O		CUT	81	83			164	22		164		66T	90T		
1927	O		CUT	75	82			157	11		157		24T	70T		
1928	O		37T	79	76	78	82	315	27	23	155	233	23T	23T	20T	
1929	O		55	78	76	86	80	320	16	28	154	240	40T	37T	53T	
1933	O		CUT	75	78			153	7		153		37T	62T		

Watts, Brian Peter

Year	Event	A	Pos	R1	R2	R3	R4	Tot	P/M	SBW	R2T	R3T	R1P	R2P	R3P	W
1986	US	A	CUT	82	75			157	17		157		130T	129T		
1993	O		CUT	72	77			149	9		149		84T	132T		600
1994	O		55T	68	70	71	74	283	3	15	138	209	4T	13T	27T	4,700
1995	O		40T	72	71	73	75	291	3	9	143	216	60T	31T	29T	7,050
	PGA		CUT	72	73			145	3		145		82T	101T		1,200
1996	O		CUT	80	70			150	8		150		156	138T		650
	PGA		47T	70	71	71	76	288	0	11	141	212	21T	18T	19T	6,000
1997	O		CUT	75	74			149	7		149		50T	86T		800
	PGA		CUT	78	77			155	15		155		132T	132T		1,300
1998	O		2PO	68	69	73	70	280	0	-1	137	210	11T	1	1	188,000
	PGA		56T	72	73	72	73	290	10	19	145	217	60T	60T	54T	6,175
1999	M		31T	73	73	70	77	293	5	13	146	216	34T	29T	25T	23,720
	O		24T	74	73	77	74	298	14	8	147	224	11T	7T	18T	15,300
	PGA		41T	69	71	72	80	292	4	15	140	212	5T	9T	9T	11,250
	US		23T	69	73	77	73	292	12	13	142	219	10T	14T	25T	33,505
2000	M		CUT	78	79			157	13		157		71T	87		5,000
	PGA		51T	72	74	73	70	289	1	19	146	219	22T	51T	65T	10,964

Year	Event	A	Pos	R1	R2	R3	R4	Tot	P/M	SBW	R2T	R3T	R1P	R2P	R3P	W
Wauchope, A.																
1861	O	A	UNK													
Waugh, William A.																
1957	O		CUT	80	80			160	16		160		88T	93		
Way, H. Ernest																
1897	O		48	87	93	95	88	363		49	180	275				
1898	O		CUT	85	90			175			175		41T	53T		
1899	US		23	85	87	87	89	348		33	172	259	14T	15T	16T	
1900	US		21	89	92	81	84	346		33	181	262	30T	41T	22T	
1903	US		38	85	88	80	87	340		33	173	253	41T	49T	37T	
1906	US		27T	83	81	80	81	325		30	164	244	43T	38T	28T	
1908	US		34T	89	90	93	84	356		34	179	272	20T	33T	45	
Way, Jack H.																
1912	US		CUT	84	92			176	28		176		85T	116		
Way, Paul Graham Albert																
1980	O	A	CUT	80	74			154	12		154		135T	119T		
1982	O		35T	72	75	78	73	298	10	14	147	225	14T	34T	42T	834
1983	O		CUT	72	71	78		221	8		143	221	48T	35T	78T	400
1984	O		22T	73	72	69	72	286	-2	10	145	214	55T	42T	16T	3,850
1985	O		CUT	71	76	76		223	13		147	223	24T	51T	69T	700
1986	O		CUT	79	77			156	16		156		96T	116T		400
	PGA		CUT	82	84			166	24		166		147	150		1,000
1987	O		CUT	75	74			149	7		149		97T	99T		400
1990	O		CUT	75	77			152	8		152		127T	150T		550
1992	O		CUT	74	71			145	3		145		111T	91T		600
1993	O		CUT	72	74			146	6		146		84T	110T		600
1994	O		CUT	73	71			144	4		144		93T	82T		600
Way, William H. "Bert"																
1896	US		11	83	81			164		12			13T			
1897	US		25T	89	96			185		23			17T			
1899	US		2T	80	85	80	81	326		11	165	245	3	6T	6T	125
1900	US		16T	88	85	84	87	344		31	173	257	27T	16T	16	
1903	US		15T	84	79	82	81	326		19	163	245	36T	16T	18T	
1904	US		26T	88	83	79	82	332		29	171	250	45T	38T	27T	
1905	US		20T	81	89	84	77	331		17	170	254	10T	40T	37	
1908	US		29T	92	88	87	85	352		30	180	267	40T	36T	32T	
1912	US		WD	83	81			164	16		164	0	74T	64T		
Wayment, Brett																
1997	US		CUT	78	77			155	15		155		137T	143T		1,000
Weager, H. James																
1925	US		WD	86	80	85		251	38		166	251	87	83	74	
1926	US		CUT	83	78			161	17		161		103T	70T		
1931	US		WD													
Weager, J.																
1920	O		WD	88	89	90		267			177	267	78T	81	80	
Weare, F. G. C.																
1934	O	A	CUT	84	79			163	19		163		98T	99		
1938	O	A	CUT	76	80			156	16		156		47T	90T		
Weastell, Bertram S.																
1924	O		20T	76	82	78	79	315		14	158	236	8T	26T	21T	
1925	O		41T	81	80	83	83	327	39	27	161	244	44T	35T	41T	
1926	O		51	79	79	82	83	323	39	32	158	240	41T	49T	52	
1929	O		56T	76	78	83	85	322	18	30	154	237	24T	37T	41T	
1931	O		CUT	80	82			162	18		162		64T	78T		
1932	O		CUT	77	81			158	14		158		54T	81T		
1933	O		35T	72	78	77	79	306	14	14	150	227	8T	42T	42T	
1935	O		CUT	80	77			157	13		157		91T	81T		
Weatherly, Scott																
2004	US		CUT	76	74			150	10		150	0	119T	118T		1,000
Weaver, DeWitt Thompson, Jr.																
1966	US		CUT	76	78			154	14		154		70T	90T		300
1970	US		54T	82	71	74	78	305	17	24	153	227	114T	52T	41T	850
1971	PGA		64T	73	76	77	72	298	10	17	149	226	33T	71T	75T	258
1972	M		47	74	76	81	79	310	22	24	150	231	25T	36T	47	1,600
	PGA		33T	74	74	72	73	293	13	12	148	220	54T	49T	40T	1,305
1973	M		CUT	81	77			158	14		158		72T	73T		1,000

Year	Event	A	Pos	R1	R2	R3	R4	Tot	P/M	SBW	R2T	R3T	R1P	R2P	R3P	W
	PGA		CUT	75	78			153	11		153		66T	102T		
1974	O		18T	73	80	70	74	297	13	15	153	223	13T	38T	15T	550
	PGA		55T	70	73	76	76	295	15	19	143	219	10T	20T	41T	321
	US		CUT	81	81			162	22		162		119T	123T		500
1975	O		CUT	76	72	74		222	6		148	222	90T	63T	64T	150
	US		CUT	77	73			150	8		150		89T	68T		500
1978	PGA		42T	75	69	72	77	293	9	17	144	216	61T	20T	22T	813
1979	O		50T	73	71	80	77	301	17	18	144	224	16T	12T	42T	462
	PGA		54T	73	73	71	74	291	11	19	146	217	52T	65T	52T	568
1980	PGA		74	75	73	77	78	303	23	29	148	225	78T	53T	68T	700
1981	US		CUT	75	77			152	12		152		85T	106T		600

Weaver, Doug E.

Year	Event	A	Pos	R1	R2	R3	R4	Tot	P/M	SBW	R2T	R3T	R1P	R2P	R3P	W
1989	US		69T	72	73	80	75	300	20	22	145	225	51T	57T	71	4,099
1993	US		85T	70	73	77	75	295	15	23	143	220	19T	57T	84T	4,681

Weaver, Drew

Year	Event	A	Pos	R1	R2	R3	R4	Tot	P/M	SBW	R2T	R3T	R1P	R2P	R3P	W
2007	O	A	CUT	76	72			148	6		148		118T	81T		
2008	M	A	CUT	76	80			156	12		156		65T	89		

Weaver, Frank

Year	Event	A	Pos	R1	R2	R3	R4	Tot	P/M	SBW	R2T	R3T	R1P	R2P	R3P	W
1952	US	A	WD	83				83	13				133T			

Weaver, H. R. "Bert"

Year	Event	A	Pos	R1	R2	R3	R4	Tot	P/M	SBW	R2T	R3T	R1P	R2P	R3P	W
1960	PGA		CUT	77	74	77		228	18		151	228	106T	81T	80T	
1962	US		CUT	77	76			153	11		153		85T	75T		
1963	PGA		27T	76	73	71	70	290	6	11	149	220	83T	60T	39T	559
1965	M		31T	72	75	72	75	294	6	23	147	219	34T	33T	23T	1,050
	PGA		CUT	77	78			155	13		155		104T	110T		
	US		WD													
1971	US		CUT	72	78			150	10		150		38T	72T		500
1972	US		CUT	81	77			158	14		158		111T	95T		500
1973	PGA		CUT	74	76			150	8		150		52T	77T		
1974	PGA		WD	78				78	8				110T			
1976	PGA		51T	73	70	78	74	295	15	14	143	221	48T	30T	57T	450
1977	PGA		CUT	79	81			160	16		160		103T	119T		250

Weaver, John

Year	Event	A	Pos	R1	R2	R3	R4	Tot	P/M	SBW	R2T	R3T	R1P	R2P	R3P	W
1972	PGA		CUT	79	77			156	16		156		112T	110T		

Webb, Gene O.

Year	Event	A	Pos	R1	R2	R3	R4	Tot	P/M	SBW	R2T	R3T	R1P	R2P	R3P	W
1948	US		CUT	71	78			149	7		149		8T	58T		
1949	US		19T	73	77	70	75	295	11	9	150	220	18T	44T	18T	100
1950	M		55	76	78	75	83	312	24	29	154	229	27T	43T	36	
	US		46T	75	74	82	75	306	26	19	149	231	52T	42T	50T	100
1951	US		49T	76	74	76	82	308	28	21	150	226	40T	27T	28T	100
1954	PGA		64T													100
1956	US		CUT	78	75			153	13		153		101T	80T		
1959	PGA		WD	76	73	72		221	11		149	221	102T	75T	59T	
1967	US		CUT	77	82			159	19		159		101T	139T		400
1968	PGA		70T	76	73	79	78	306	26	25	149	228	83T	64T	72T	365

Webb, Jack

Year	Event	A	Pos	R1	R2	R3	R4	Tot	P/M	SBW	R2T	R3T	R1P	R2P	R3P	W
1970	PGA		CUT	80	81			161	21		161		114T	125T		
1971	PGA		CUT	81	83			164	20		164		132T	139T		

Webb, Kenneth Lawrence "Larry," Jr.

Year	Event	A	Pos	R1	R2	R3	R4	Tot	P/M	SBW	R2T	R3T	R1P	R2P	R3P	W
1974	US		CUT	77	80			157	17		157		52T	92T		500
1984	PGA		CUT	76	82			158	14		158		87T	130T		1,000
1986	PGA		CUT	76	74			150	8		150		118T	109T		1,000

Webb, Pete

Year	Event	A	Pos	R1	R2	R3	R4	Tot	P/M	SBW	R2T	R3T	R1P	R2P	R3P	W
1940	US		55T	77	74	83	78	312	24	25	151	234	69T	42T	63T	
1954	US		CUT	80	79			159	19		159		92T	101T		

Webb, Warren H.

Year	Event	A	Pos	R1	R2	R3	R4	Tot	P/M	SBW	R2T	R3T	R1P	R2P	R3P	W
1906	O		CUT	86	93			179			179					

Webber, Edward Arthur "Teddy"

Year	Event	A	Pos	R1	R2	R3	R4	Tot	P/M	SBW	R2T	R3T	R1P	R2P	R3P	W
1986	O		CUT	77	76			153	13		153		54T	88T		400
1987	O		CUT	77	72			149	7		149		124T	99T		400
1988	O		CUT	79	73			152	10		152		124T	95T		450

Weber, Dewey E.

Year	Event	A	Pos	R1	R2	R3	R4	Tot	P/M	SBW	R2T	R3T	R1P	R2P	R3P	W
1922	US	A	55T	77	80	82	82	321	41	33	157	239	33T	52T	60	
1924	US		WD	87	84			171	27		171	0	80T	76T		
1926	US		CUT	81	91			172	28		172		81T	123T		
1928	US		CUT	88	84			172	30		172		134T	122T		

Year	Event	A	Pos	R1	R2	R3	R4	Tot	P/M	SBW	R2T	R3T	R1P	R2P	R3P	W
Weber, Nick																
1931	US		54	81	76	84	80	321	37	29	157	241	87T	55T	59	
1933	US		CUT	78	79			157	13		157		51T	68T		
Weber, Ronald M.																
1960	US	A	CUT	80	75			155	13		155		124T	110T		
1972	US		CUT	78	86			164	20		164		72T	127T		500
1973	US		CUT	75	78			153	11		153		48T	80T		500
Webster, Alastair J.																
1978	O	A	CUT	81	72			153	9		153		148T	124T		
1991	O		96T	73	74	73	72	292	12	20	147	220	77T	87T	96T	3,000
Webster, David Keir "Davie"																
1968	O		21T	77	71	78	74	300	12	11	148	226	42T	15T	27T	220
1970	O		CUT	71	77	76		224	8		148	224	31T	65T	58T	52
1973	O		46T	73	76	72	76	297	9	21	149	221	16T	43T	26T	150
1974	O		CUT	76	85			161	19		161		34T	113T		50
1975	O		CUT	77	77			154	10		154		106T	108T		100
1976	O		CUT	78	76			154	10		154		75T	96T		100
Webster, Robert																
1970	O	A	CUT	75	74	78		227	11		149	227	86T	76T	73T	
1972	O		CUT	80	82			162	20		162		132T	142T		50
Webster, Shaun Paul																
1997	O	A	CUT	75	78			153	11		153		50T	118T		
Webster, Steve																
1995	O	A	24T	70	72	74	73	289	1	7	142	216	18T	20T	29T	
2000	O		CUT	74	73			147	3		147		94T	99T		1,100
2005	O		41T	71	72	71	73	287	-1	13	143	214	30T	47T	39T	14,977
	PGA		59T	72	70	75	71	288	8	12	142	217	59T	36T	70T	13,343
2008	O		CUT	79	80			159	19		159		123T	145T		4,746
	PGA		CUT	78	76			154	14		154		124T	120T		2,500
Weeden, James W.																
1988	PGA		CUT	75	76			151	9		151		100T	112T		1,000
Weekley, Thomas Brent "Boo"																
2007	O		35T	68	72	75	73	288	4	11	140	215	3T	5T	31T	20,107
	PGA		9T	76	69	65	71	281	1	9	145	210	103T	55T	6T	170,333
	US		26T	72	75	77	72	296	16	11	147	224	21T	27T	40T	57,026
2008	M		20T	72	74	68	77	291	3	11	146	214	19T	29T	7T	84,300
	O		CUT	80	73			153	13		153		136T	124T		4,746
	PGA		20T	72	71	79	66	288	8	11	143	222	33T	14T	56T	78,900
	US		26T	73	76	70	72	291	7	8	149	219	31T	65T	24T	61,252
Weeks, Michael																
1991	US		CUT	79	80			159	15		159		132T	141T		1,000
1993	US		CUT	69	76			145	5		145		13T	89T		1,000
1994	US		CUT	83	83			166	24		166		156T	159		1,000
Weetman, Harry																
1949	O		CUT	78	76			154	10		154		84T	76T		
1950	O		CUT	75	78			153	13		153		38T	67T		
1951	O		6T	73	71	75	74	293	5	8	144	219	8T	3T	5T	20
1952	O		15T	74	77	71	77	299	-1	12	151	222	28T	42T	14T	
1953	O		14T	80	73	72	72	297	9	15	153	225	58T	33T	20T	30
1954	O		CUT	75	77			152	6		152		35T	51T		
1955	O		5T	71	71	70	74	286	-2	5	142	212	10T	8T	3T	90
1956	O		10T	72	76	75	72	295	11	9	148	223	12T	9T	12T	
1957	M		CUT	79	77			156	12		156		68T	73T		300
	O		12T	75	71	71	71	288	0	9	146	217	45T	27T	16T	
1958	O		8T	73	67	73	71	284	0	6	140	213	31T	7T	12T	125
1959	O		16T	72	73	76	70	291	3	7	145	221	14T	13T	29T	
1960	M		34T	70	78	74	78	300	12	18	148	222	5T	31T	24T	500
	O		9T	74	70	71	71	286	-6	8	144	215	31T	13T	8T	158
1961	O		CUT	77	83			160	16		160		81T	85T		
1962	O		12T	75	73	73	75	296	8	20	148	221	21T	16T	9T	
1963	O		CUT	76	75			151	11		151		59T	59T		
1964	O		6T	72	71	75	73	291	3	12	143	218	3T	2	5T	313
1965	O		29T	76	69	80	74	299	7	14	145	225	59T	15T	36T	
1966	O		WD	74	74			148	6		148		34T	29T		
1967	O		31T	76	69	79	71	295	7	17	145	224	75T	16T	45T	90
1968	O		45	77	76	74	86	313	24	24	153	227	42T	44T	32T	100

Year	Event	A	Pos	R1	R2	R3	R4	Tot	P/M	SBW	R2T	R3T	R1P	R2P	R3P	W
Wehrle, Wilford																
1933	US	A	63T	79	77	81	85	322	34	35	156	237	66T	60T	62T	
1936	US	A	55T	74	77	74	78	303	15	21	151	225	37T	60T	42T	
1938	US	A	45	74	76	81	80	311	27	27	150	231	7T	22T	38T	
1939	US	A	16T	71	77	69	75	292	16	8	148	217	11T	31T	15T	
1940	M	A	33T	74	71	76	80	301	13	21	145	221	27T	10T	23T	
	US	A	23T	78	73	72	74	297	9	10	151	223	84T	42T	26T	
1941	US	A	CUT	78	81			159	19		159		82T	87T		
1946	US	A	CUT	77	75			152	8		152		77T	65T		
Weibring, Donald Albert "DA," Jr.																
1979	PGA		CUT	76	73			149	9		149		102T	97T		350
	US		19T	74	76	71	74	295	11	11	150	221	29T	38T	24T	2,410
1980	M		CUT	77	74			151	7		151		70T	71T		1,500
	PGA		46T	76	73	71	75	295	15	21	149	220	87T	65T	34T	893
	US		CUT	77	73			150	10		150		110T	86T		600
1981	PGA		39T	71	74	74	68	287	7	14	145	219	26T	45T	60T	1,750
	US		43T	71	72	72	75	290	10	17	143	215	32T	31T	35T	1,453
1982	PGA		CUT	75	72			147	7		147		99T	82T		650
1983	PGA		CUT	73	77			150	8		150		65T	108T		1,000
	US		20T	71	74	80	69	294	10	14	145	225	5T	11T	46T	5,555
1984	PGA		69	76	72	74	76	298	10	25	148	222	87T	60T	64T	1,510
	US		38T	76	71	73	73	293	13	17	147	220	105T	55T	42T	4,060
1985	O		8T	69	71	74	71	285	5	3	140	214	7T	3T	9T	15,566
	PGA		65T	72	71	77	78	298	10	20	143	220	52T	22T	48T	1,536
	US		CUT	78	69			147	7		147		126T	67T		600
1986	O		30T	75	70	76	74	295	15	15	145	221	22T	10T	24T	3,800
	PGA		4	71	72	68	69	280	-4	4	143	211	26T	27T	8T	42,865
1987	M		7T	72	75	71	71	289	1	4	147	218	9T	24T	17T	26,200
	PGA		3T	73	72	67	76	288	0	1	145	212	23T	14T	1T	58,750
	US		CUT	77	77			154	14		154		121T	131T		600
1988	M		CUT	79	77			156	12		156		62T	69T		1,500
	PGA		52T	72	72	73	73	290	6	18	144	217	44T	61T	53T	2,093
	US		3T	71	69	68	72	280	-4	2	140	208	12T	9T	5T	41,370
1989	M		46T	72	79	74	76	301	13	18	151	225	11T	48T	38T	3,125
	US		21T	70	74	73	69	286	6	8	144	217	22T	44T	43T	11,306
1991	US		11T	76	71	75	68	290	2	8	147	222	90T	59T	48T	20,909
1992	M		25T	71	68	72	73	284	-4	9	139	211	29T	6T	11T	11,467
	PGA		CUT	74	77			151	9		151		70T	102T		1,200
	US		CUT	76	74			150	6		150		101T	90T		1,000
1993	PGA		44T	68	74	72	70	284	0	12	142	214	14T	48T	56T	4,607
	US		CUT	76	72			148	8		148		130T	118T		1,000
1994	O		CUT	72	72			144	4		144		68T	82T		600
	PGA		47T	69	73	70	76	288	8	19	142	212	7T	28T	25T	4,113
1995	PGA		31T	74	68	69	68	279	-5	12	142	211	109T	59T	46T	8,906
1996	M		CUT	74	81			155	11		155		48T	80T		1,500
	O		60T	71	72	72	72	287	3	16	143	215	43T	58T	57T	5,475
	PGA		17T	71	73	71	67	282	-6	5	144	215	29T	45T	33T	27,286
1997	M		CUT	78	73			151	7		151		63T	53T		5,000
1998	US		25T	72	72	75	73	292	12	12	144	219	24T	20T	30T	25,640
1999	US		23T	69	74	74	75	292	12	13	143	217	10T	20T	14T	33,505
Weidenkopf, Ralph M.																
1912	US		CUT	90	92			182	34		182		117T	119		
Weiland, Donald M.																
1950	US	A	CUT	80	78			158	18		158		122T	109T		
Weiler, Paul M.																
1946	US		WD													
Weinhart, Timothy G.																
2002	PGA		CUT	77	82			159	15		159	0	105T	145T		2,000
2005	PGA		CUT	78	81			159	19		159		141T	155T		2,000
2006	PGA		CUT	77	74			151	7		151		138T	134T		2,000
2008	PGA		CUT	74	79			153	13		153		61T	113T		2,500
Weir, Alexander Neish																
1903	O		UNK	96												
1905	O		CUT	98	93			191			191					
1910	O		WD	83				83								
Weir, Gary																
1986	O		75	78	69	80	80	307	27	27	147	227	71T	23T	64T	1,500
Weir, Michael Richard																
1999	O		37T	83	71	72	75	301	17	11	154	226	142T	64T	33T	9,500

Year	Event	A	Pos	R1	R2	R3	R4	Tot	P/M	SBW	R2T	R3T	R1P	R2P	R3P	W
	PGA		10T	68	68	69	80	285	-3	8	136	205	2T	2	1T	72,167
	US		CUT	73	76			149	9		149		71T	82T		1,000
2000	M		28T	75	70	70	78	293	5	15	145	215	39T	24T	5T	28,673
	O		52T	75	68	70	75	288	0	19	143	213	111T	44T	31T	8,400
	PGA		30T	76	69	68	71	284	-4	14	145	213	99T	41T	23T	28,875
	US		16T	76	72	76	69	293	9	21	148	224	86T	45T	35T	65,214
2001	M		27T	74	69	72	72	287	-1	15	143	215	56T	30T	29T	40,600
	O		CUT	78	72			150	8		150		146T	123T		1,000
	PGA		16T	69	72	66	70	277	-3	12	141	207	40T	69T	18T	70,666
	US		19T	67	76	68	74	285	5	9	143	211	2T	23T	9T	63,426
2002	M		24T	72	71	71	76	290	2	14	143	214	22T	16T	12	46,480
	O		69T	73	69	74	75	291	7	13	142	216	86T	43T	43T	8,517
	PGA		34T	73	74	77	70	294	6	16	147	224	38T	42T	55T	26,300
	US		CUT	78	74			152	12		152	0	128T	86T		1,000
2003	M		1PO	70	68	75	68	281	-7	-2	138	213	4T	1	2	1,080,000
	O		28T	74	76	71	71	292	8	9	150	221	35T	59T	44T	26,000
	PGA		7T	68	71	70	75	284	4	8	139	209	4T	2T	3	176,667
	US		3T	73	67	68	71	279	-1	7	140	208	81T	27T	12T	341,367
2004	M		CUT	79	70			149	5		149		80T	45T		5,000
	O		9T	71	68	71	71	281	-3	7	139	210	40T	10T	9T	89,500
	PGA		CUT	73	73			146	2		146	0	61T	74T		2,000
	US		4T	69	70	71	74	284	4	8	139	210	14T	10T	8	267,756
2005	M		5T	74	71	68	71	284	-4	8	145	213	33T	18T	8T	237,300
	O		CUT	76	75			151	7		151		116T	128T		2,250
	PGA		47T	72	72	71	72	287	7	11	144	215	59T	62T	54T	15,371
	US		42T	75	72	75	71	293	13	13	147	222	75T	57T	63T	26,223
2006	M		11T	71	73	73	70	287	-1	6	144	217	8T	17T	16T	161,000
	O		56T	68	72	73	76	289	1	19	140	213	7T	22T	39T	10,300
	PGA		6	72	67	65	73	277	-11	7	139	204	61T	12T	3	244,800
	US		6T	71	74	71	72	288	8	3	145	216	7T	14T	8T	183,255
2007	M		20T	75	72	80	71	298	10	9	147	227	28T	15T	34T	84,462
	O		7T	71	68	72	70	281	-3	4	139	211	25T	3T	10T	94,750
	PGA		CUT	77	72			149	9		149		116T	98T		2,000
	US		20T	74	72	73	75	294	14	9	146	219	57T	19T	17T	86,200
2008	M		17T	73	68	75	74	290	2	10	141	216	33T	8T	19T	112,500
	O		39T	71	76	74	75	296	16	13	147	221	7T	38T	27T	16,646
	PGA		42T	73	75	71	74	293	13	16	148	219	43T	59T	39T	24,500
	US		18T	73	74	69	74	290	6	7	147	216	31T	42T	11T	87,230

Weir, Russell D.

Year	Event	A	Pos	R1	R2	R3	R4	Tot	P/M	SBW	R2T	R3T	R1P	R2P	R3P	W
1975	O		CUT	76	80			156	12		156		90T	126T		100
1976	O		CUT	79	75			154	10		154		100T	96T		100
1987	O		CUT	72	76			148	6		148		45T	88T		400
1988	O		CUT	77	74			151	9		151		99T	86T		450
1990	O		CUT	77	73			150	6		150		142T	142T		550
1995	O		CUT	71	82			153	9		153		34T	141T		650

Weir, William

Year	Event	A	Pos	R1	R2	R3	R4	Tot	P/M	SBW	R2T	R3T	R1P	R2P	R3P	W
1905	US		WD													

Weiskopf, Thomas Daniel

Year	Event	A	Pos	R1	R2	R3	R4	Tot	P/M	SBW	R2T	R3T	R1P	R2P	R3P	W
1965	US		40T	76	72	77	77	302	22	20	148	225	50T	25T	41T	455
1966	PGA		73T	75	73	80	76	304	24	24	148	228	58T	38T	69T	300
1967	US		15	72	71	74	70	287	7	12	143	217	21T	15T	20T	1,800
1968	M		16T	74	71	69	71	285	-3	8	145	214	30T	22T	12T	2,400
	PGA		CUT	77	82			159	19		159		103T	142		
	US		24T	75	72	70	73	290	10	15	147	217	59T	42T	22T	1,204
1969	M		2T	71	71	69	71	282	-6	1	142	211	16T	5T	4T	12,333
	PGA		44T	70	76	70	75	291	7	15	146	216	10T	44T	26T	513
	US		22T	69	75	71	73	288	8	7	144	215	5T	20T	16T	1,500
1970	M		23T	73	73	72	74	292	4	13	146	218	15T	17T	19T	2,020
	O		22T	70	74	72	78	294	6	11	144	216	25T	29T	14T	283
	PGA		CUT	72	80			152	12		152		20T	82T		
	US		30T	76	73	78	72	299	11	18	149	227	22T	15T	41T	1,150
1971	M		6T	71	69	72	72	284	-4	5	140	212	9T	4	4T	5,600
	O		40T	75	73	75	73	296	4	18	148	223	61T	43T	54T	170
	PGA		22T	72	70	77	72	291	3	10	142	219	17T	4T	33T	2,088
	US		CUT	70	83			153	13		153		8T	99T		500
1972	M		2T	74	71	70	74	289	1	3	145	215	25T	12T	3T	15,833
	O		7T	73	74	70	69	286	2	8	147	217	23T	29T	13T	1,663
	PGA		62T	73	72	75	80	300	20	19	145	220	36T	25T	40T	333
	US		8	73	74	73	78	298	10	8	147	220	11T	14T	7T	4,000
1973	M		34T	77	71	75	74	297	9	14	148	223	53T	33T	38T	1,750
	O		1	68	67	71	70	276	-12	-3	135	206	1	1	1	5,500
	PGA		6T	70	71	71	71	283	-1	6	141	212	5T	6T	7T	7,312

Year	Event	A	Pos	R1	R2	R3	R4	Tot	P/M	SBW	R2T	R3T	R1P	R2P	R3P	W
	US		3	73	69	69	70	281	-3	2	142	211	16T	6T	5	13,000
1974	M		2T	71	69	70	70	280	-8	2	140	210	16T	6T	6T	21,250
	O		7T	72	72	74	75	293	9	11	144	218	8T	5T	5T	1,717
	PGA		WD	75				75	5				69T			
	US		15T	76	73	72	75	296	16	9	149	221	41T	24T	10T	1,933
1975	M		2T	69	72	66	70	277	-11	1	141	207	4T	5T	1	21,250
	O		15	73	72	70	72	287	-1	8	145	215	41T	32T	18T	1,450
	PGA		3	70	71	70	68	279	-1	3	141	211	8T	11T	4T	16,000
	US		29T	75	71	74	75	295	11	8	146	220	52T	27T	27T	1,193
1976	M		9T	73	71	70	74	288	0	17	144	214	29T	15T	8	6,000
	O		17T	73	72	76	71	292	4	13	145	221	15T	18T	22T	963
	PGA		8T	65	74	73	72	284	4	3	139	212	1	3T	10T	6,000
	US		2T	73	70	68	68	279	-1	2	143	211	22T	11T	4	18,000
1977	M		14T	73	71	71	71	286	-2	10	144	215	24T	19T	13T	3,000
	O		22T	74	71	71	72	288	8	20	145	216	48T	33T	32T	688
	PGA		58T	77	72	74	79	302	14	20	149	223	79T	48T	49T	488
	US		3	71	71	68	71	281	1	3	142	210	18T	13T	3T	16,000
1978	M		11T	72	71	70	71	284	-4	7	143	213	8T	13T	10T	4,417
	O		17T	69	72	72	75	288	0	7	141	213	2T	6T	7T	1,600
	PGA		4T	73	67	69	71	280	-4	4	140	209	31T	2T	3T	14,500
	US		4T	77	73	70	68	288	4	3	150	220	70T	49T	25T	13,000
1979	M		41T	73	72	71	81	297	9	17	145	216	34T	39T	23T	1,850
	O		CUT	79	75			154	12		154		106T	88T		200
	PGA		CUT	79	71			150	10		150		135T	105T		350
	US		4T	71	74	67	76	288	4	4	145	212	6T	5T	2	13,733
1980	M		CUT	85	79			164	20		164		90	89		1,500
	O		16T	72	72	71	70	285	1	14	144	215	18T	30T	27T	2,900
	PGA		10T	71	73	72	72	288	8	14	144	216	20T	20T	12T	6,000
	US		37	63	75	76	75	289	9	17	138	214	1T	7T	28T	1,760
1981	PGA		27T	71	72	72	70	285	5	12	143	215	26T	27T	37T	2,850
1982	M		10T	75	72	68	75	290	2	6	147	215	18T	8T	4T	8,550
	O		CUT	79	73	75		227	11		152	227	109T	71T	61T	440
	PGA		CUT	76	73			149	9		149		107T	94T		650
	US		39T	74	77	73	72	296	8	14	151	224	33T	54T	50T	2,175
1983	M		20T	75	72	71	74	292	4	12	147	218	63T	43T	26T	5,214
	O		45T	73	73	69	72	287	3	12	146	215	62T	71T	42T	791
	PGA		30T	76	70	69	72	287	3	13	146	215	116T	58T	29T	2,650
	US		24T	75	73	74	73	295	11	15	148	222	40T	25T	27T	5,017
1984	M		35T	74	71	74	72	291	3	14	145	219	49T	32T	39T	3,100
	PGA		CUT	74	76			150	6		150		54T	81T		1,000
1989	O		CUT	74	73			147	3		147		81T	81T		500
1990	O		CUT	73	74			147	3		147		81T	110T		550
1991	O		101T	74	74	73	73	294	14	22	148	221	94T	98T	102T	3,000
1992	O		CUT	74	71			145	3		145		111T	91T		600
1995	O		CUT	76	75			151	7		151		135T	128T		650
1996	US		CUT	76	75			151	11		151		115T	126T		1,000
2004	O		CUT	80	80			160	18		160		152T	152		2,000
Weisner, Charles																
1938	US		CUT	83	78			161	19		161		113T	100T		
1946	PGA		64T													100
Weitzel, Jay J.																
1956	PGA		128T													50
1960	PGA		CUT	80	81			161	21		161		148T	161T		
	US		CUT	83	78			161	19		161		141T	141T		
1961	US		CUT	76	77			153	13		153		69T	102T		
Weitzel, John "Johnny"																
1951	PGA		64T													100
1952	US		41T	74	74	76	82	306	26	25	148	224	29T	16T	27T	100
1953	PGA		64T													100
	US		CUT	80	74			154	10		154		112T	61T		
1954	PGA		64T													100
	US		21T	74	76	69	77	296	16	12	150	219	21T	30T	17T	240
1955	M		49T	78	80	78	74	310	22	31	158	236	46T	62T	61T	250
1956	US		CUT	82	71			153	13		153		142T	80T		
Welborn, Ryan																
1999	US		CUT	82	78			160	20		160		156	154T		1,000
Welch, Harry																
1948	US	A	CUT	78	82			160	18		160		118T	140T		
Welch, Michael L.																
1992	O	A	CUT	76	74			150	8		150		141T	137T		

Year	Event	A	Pos	R1	R2	R3	R4	Tot	P/M	SBW	R2T	R3T	R1P	R2P	R3P	W
1993	O	A	CUT	74	74			148	8		148		132T	125T		
1996	O		18T	71	68	73	68	280	-4	9	139	212	43T	22T	34T	15,500
Welch, William M., Jr.																
1948	US		CUT	74	80			154	12		154		57T	101T		
1953	US		CUT	79	77			156	12		156		92T	85T		
Wellington, Ross																
2006	O		CUT	75	73			148	4		148		124T	117T		2,250
Wells, J. E.																
1905	US		CUT	113	102			215			215		76	73		
Wells, Ron																
1985	PGA		CUT	81	79			160	16		160		144T	141T		1,000
1986	PGA		CUT	84	79			163	21		163		149T	149		1,000
Welsh, Alex																
1947	US	A	CUT	79	78			157	15		157		124T	104T		
1955	US	A	CUT	79	77			156	16		156		69T	59T		
Welsh, Darrell																
1962	O		CUT	75	78			153	9		153		21T	40T		
1977	O		CUT	77	71	74		222	12		148	222	93T	61T	65T	200
Welsh, William																
1900	US		WD													
Wemyss, David S., Jr.																
1937	O	A	CUT	82	83			165	21		165		104T	114T		
Wen-Chong, Liang																
2007	PGA		CUT	73	74			147	7		147		53T	85T		2,000
Wenli, James																
1950	US	A	CUT	79	81			160	20		160		108T	123T		
Wentworth, Kevin Tyler																
1993	US		CUT	71	74			145	5		145		45T	89T		1,000
1998	US		CUT	76	73			149	9		149		91T	76T		1,000
1999	PGA		21T	72	70	72	74	288	0	11	142	214	36T	16T	18T	33,200
Wenz, Robert, Jr.																
1985	US		CUT	82	81			163	23		163		148T	155		600
Werkell, Arne																
1946	O		CUT	77	83			160	16		160		23T	61T		
Werner, Ed																
1937	US		CUT	84	78			162	18		162		160T	141T		
Werner, Richard "Rick"																
1983	PGA		CUT	78	74			152	10		152		132T	126T		1,000
1985	PGA		WD	87				87	15				149			1,000
Weslock, Nick K.																
1958	M	A	CUT	76	77			153	9		153		60T	58T		
1964	M	A	CUT	73	78			151	7		151		20T	57T		
1965	M	A	CUT	80	76			156	12		156		87T	80T		
Wesselingh, Paul																
1992	O		CUT	75	74			149	7		149		130T	127T		600
2003	O		CUT	79	78			157	15		157		115T	132T		2,250
2004	O		68T	73	72	76	77	298	14	24	145	221	73T	59T	71T	9,250
Wessels, Roger Mark																
2002	O		77T	72	71	73	77	293	9	15	143	216	60T	50T	43T	8,500
West, G. R.																
1911	US	A	CUT	89	88			177	25		177		70T	71		
West, Harold E.																
1946	PGA		64T													100
1947	US		45T	77	72	75	77	301	17	19	149	224	95T	46T	43T	
1956	US		CUT	80	82			162	22		162		127T	136T		
West, James "Jimmy"																
1916	PGA		32T													50
1919	PGA		8T													75
	US		18T	79	82	80	78	319	35	18	161	241	16T	32T	24T	
1920	US		20T	80	77	75	75	307	19	12	157	232	44T	30T	26T	

Year	Event	A	Pos	R1	R2	R3	R4	Tot	P/M	SBW	R2T	R3T	R1P	R2P	R3P	W
1921	PGA		16T													60
	US		40T	81	81	77	85	324	44	35	162	239	43T	44T	30T	
1923	PGA		32T													
	US		WD													
1924	US		22T	81	72	78	84	315	27	18	153	231	48T	11T	14T	
West, Martin R., III																
1972	M	A	CUT	80	77			157	13		157		77T	69T		
1973	M	A	37T	75	70	77	76	298	10	15	145	222	38T	15T	30T	
1974	M	A	CUT	73	80			153	9		153		28T	68T		
1976	US	A	62T	73	73	80	79	305	25	28	146	226	22T	20T	58T	
1980	M	A	CUT	82	78			160	16		160		87T	87		
West, Mike																
1992	PGA		CUT	75	76			151	9		151		93T	102T		1,200
West, William T.																
1907	US	A	44T	87	79	90	79	335		33	166	256	62	41T	50	
Westbrook, Terrence E.																
1964	O		CUT	78	81			159	15		159		43T	86T		
1972	O		CUT	79	75			154	12		154		118T	99T		50
1973	O		CUT	75	74	77		226	10		149	226	38T	43T	65T	75
Westland, Alfred John "Jack"																
1926	US	A	43T	75	79	79	83	316	28	23	154	233	20T	21T	29T	
1934	US	A	41T	77	76	81	76	310	30	17	153	234	44T	40T	47T	
1935	M	A	63	77	82	77	84	320	32	38	159	236	48T	63T	62	
1938	US	A	CUT	79	82			161	19		161		61T	100T		
1953	M	A	53T	81	74	75	76	306	18	32	155	230	65T	60	56T	
1959	M	A	CUT	78	74			152	8		152		60T	52T		
Westner, Wayne Brett																
1983	O		CUT	77	73			150	8		150		120T	106T		250
1986	O		CUT	78	78			156	16		156		71T	116T		400
1987	O		71	71	75	84	71	301	17	22	146	230	28T	70T	78T	1,600
1990	O		CUT	72	72			144	0		144		51T	73T		550
1993	O		34T	67	73	72	70	282	2	15	140	212	5T	24T	37T	6,180
1994	O		CUT	73	74			147	7		147		93T	110T		600
1996	O		CUT	78	70			148	6		148		149T	120T		650
	US		50T	72	75	74	69	290	10	12	147	221	43T	87T	87T	6,619
1997	O		CUT	75	73			148	6		148		50T	71T		1,000
Weston, Frederick																
1902	O		CUT	86	87			173			173					
1903	O		CUT	87	87			174			174					
Weston, Gordon Frank																
1959	O		CUT	81	74			155	11		155		84T	76T		
1963	O		CUT	78	76			154	14		154		86T	81T		
Weston, Percy Frank																
1924	O		9T	76	77	77	79	309		8	153	230	8T	8T	9T	3
1926	O		CUT	79	80			159	17		159		41T	54T		
1930	O		32T	81	77	76	76	310	22	19	158	234	76T	58T	40T	
1932	O		29T	75	79	76	73	303	15	20	154	230	28T	57T	44T	
1934	O		21T	72	76	77	77	302	14	19	148	225	10T	20T	25T	10
1936	O		CUT	83	86			169	21		169		96T	106		
Weston, Wesley W.																
1998	US		CUT	79	76			155	15		155		135T	130T		1,000
Westwood, Lee John																
1995	O		96T	71	72	82	74	299	11	17	143	225	34T	31T	96T	4,000
1996	O		CUT	71	74			145	3		145		43T	87T		650
1997	M		24T	77	71	73	70	291	3	21	148	221	47T	28T	36T	24,840
	O		10T	73	70	67	72	282	-2	10	143	210	29T	18T	8T	24,300
	PGA		29T	74	68	71	73	286	6	17	142	213	78T	29T	19T	13,625
	US		19T	71	71	73	71	286	6	10	142	215	18T	19T	28T	31,915
1998	M		44	74	76	72	78	300	12	21	150	222	25T	40T	38T	11,840
	O		64T	71	71	78	78	298	18	18	142	220	42T	22T	30T	5,975
	PGA		CUT	74	76			150	10		150		99T	111T		1,500
	US		7T	72	74	70	71	287	7	7	146	216	24T	38T	13T	83,794
1999	M		6T	75	71	68	71	285	-3	5	146	214	55T	29T	13T	125,200
	O		18T	76	75	74	72	297	13	7	151	225	37T	30T	25T	20,500
	PGA		16T	70	68	74	75	287	-1	10	138	212	10T	4	9T	48,600
	US		CUT	73	76			149	9		149		71T	82T		1,000
2000	M		CUT	77	75			152	8		152		65T	76T		5,000

Year	Event	A	Pos	R1	R2	R3	R4	Tot	P/M	SBW	R2T	R3T	R1P	R2P	R3P	W
	O		64T	70	70	76	75	291	3	22	140	216	26T	15T	55T	7,225
	PGA		15T	72	72	69	67	280	-8	10	144	213	22T	32T	23T	77,500
	US		5T	71	71	76	71	289	5	17	142	218	18T	6T	7T	162,526
2001	O		47T	73	70	71	74	288	4	14	143	214	70T	48T	40T	10,629
	PGA		44T	71	68	68	74	281	1	16	139	207	70T	45T	18T	14,250
	US		CUT	75	76			151	11		151	0	88T	112T		1,000
2002	M		44	75	72	74	76	297	9	21	147	221	53T	39T	39T	19,600
	O		CUT	72	73			145	3		145		60T	84T		3,000
	PGA		CUT	75	83			158	14		158	0	75T	143T		2,000
2003	O		CUT	76	75			151	9		151		65T	76T		3,000
	PGA		CUT	73	78			151	11		151	0	42T	94T		2,000
2004	O		4	72	71	68	67	278	-6	4	143	211	57T	37T	12T	210,000
	PGA		CUT	75	71			146	2		146	0	104T	74T		2,000
	US		36T	73	71	73	79	296	16	20	144	217	60T	45T	43T	36,812
2005	M		CUT	78	72			150	6		150		74T	56T		5,000
	O		CUT	76	70			146	2		146		116T	81T		3,000
	PGA		17T	68	68	71	75	282	2	6	136	207	7T	3T	8T	82,500
	US		33T	68	72	73	79	292	12	12	140	213	3T	6T	7T	35,759
2006	M		CUT	75	75			150	6		150		48T	55T		5,000
	O		31T	69	72	75	69	285	-3	15	141	216	20T	37T	54T	24,500
	PGA		29T	69	72	71	73	285	-3	15	141	212	10T	25T	25T	41,100
2007	M		30T	79	73	72	77	301	13	12	152	224	75T	46T	19T	43,085
	O		35T	71	70	73	74	288	4	11	141	214	25T	7T	24T	20,107
	PGA		32T	69	74	75	68	286	6	14	143	218	6T	30T	58T	34,750
	US		36T	72	75	79	72	298	18	13	147	226	21T	27T	50T	37,159
2008	M		11T	69	73	73	73	288	0	8	142	215	3T	11T	16T	172,500
	O		67T	75	74	78	73	300	20	17	149	227	52T	69T	76T	9,900
	PGA		CUT	77	78			155	15		155		109T	125T		2,500
	US		3	70	71	70	73	284	0	1	141	211	7T	5T	2	491,995

Wethered, Roger Henry

Year	Event	A	Pos	R1	R2	R3	R4	Tot	P/M	SBW	R2T	R3T	R1P	R2P	R3P	W
1921	O	A	2PO	78	75	72	71	296		-2	153	225	31T	18T	6T	
1922	O	A	32T	78	83	76	80	317		17	161	237	23T	38T	27T	
1924	O	A	WD	82	84			166			166		57T	70T		
1928	O	A	CUT	82	81			163	19		163		66T	79T		

Wetterich, Brett M.

Year	Event	A	Pos	R1	R2	R3	R4	Tot	P/M	SBW	R2T	R3T	R1P	R2P	R3P	W
1998	US		CUT	78	80			158	18		158		124T	141T		1,000
2006	O		CUT	74	72			146	2		146		108T	91T		2,500
	PGA		CUT	76	77			153	9		153		131T	144T		2,000
2007	M		37T	69	73	83	77	302	14	13	142	225	1T	1T	23T	31,900
	O		CUT	75	74			149	7		149		104T	91T		2,650
	PGA		32T	74	71	70	71	286	6	14	145	215	70T	55T	38T	34,750
	US		CUT	77	75			152	12		152		104T	83T		2,000
2008	M		CUT	73	75			148	4		148		33T	46T		10,000

Wettlaufer, H. Ward

Year	Event	A	Pos	R1	R2	R3	R4	Tot	P/M	SBW	R2T	R3T	R1P	R2P	R3P	W
1959	M	A	CUT	77	74			151	7		151		52T	47T		
1960	M	A	45	73	77	83	78	311	23	29	150	233	22T	43T	45	
	US	A	CUT	82	75			157	15		157		138T	126T		
1961	M	A	CUT	80	85			165	21		165		73T	83T		
1965	US	A	CUT	77	78			155	15		155		64T	83T		

Whalen, Dan

Year	Event	A	Pos	R1	R2	R3	R4	Tot	P/M	SBW	R2T	R3T	R1P	R2P	R3P	W
1963	PGA		CUT	83	75			158	16		158		154T	132T		
1965	US		CUT	83	73			156	16		156		131T	89T		300

Whaling, Allen

Year	Event	A	Pos	R1	R2	R3	R4	Tot	P/M	SBW	R2T	R3T	R1P	R2P	R3P	W
1951	US	A	CUT	81	78			159	19		159		119T	110T		

Whalley, Ed, Jr.

Year	Event	A	Pos	R1	R2	R3	R4	Tot	P/M	SBW	R2T	R3T	R1P	R2P	R3P	W
1962	PGA		CUT	77	80			157	17		157		108T	139T		
1963	PGA		CUT	77	75			152	10		152		94T	84T		
1967	PGA		CUT	85	78			163	19		163		141	135		

Wharton, Frank

Year	Event	A	Pos	R1	R2	R3	R4	Tot	P/M	SBW	R2T	R3T	R1P	R2P	R3P	W
1957	US	A	CUT	74	78			152	12		152		33T	61T		
1959	US		CUT	79	75			154	14		154		105T	87T		
1966	US		CUT	72	80			152	12		152		16T	65T		300
1967	US		CUT	72	80			152	12		152		21T	100T		400
1968	PGA		CUT	77	79			156	16		156		103T	125T		
1973	US		CUT	78	74			152	10		152		86T	74T		500

Wheeler, Howard "Butch"

Year	Event	A	Pos	R1	R2	R3	R4	Tot	P/M	SBW	R2T	R3T	R1P	R2P	R3P	W
1950	US		CUT	85	77			162	22		162		157T	138T		
1951	US		CUT	75	78			153	13		153		27T	56T		

Year	*Event*	*A*	*Pos*	*R1*	*R2*	*R3*	*R4*	*Tot*	*P/M*	*SBW*	*R2T*	*R3T*	*R1P*	*R2P*	*R3P*	*W*
Wheeler, Larry L.																
1978	PGA		CUT	88	79			167	25		167		148T	144T		303
Wheildon, Adrian Richard "Dick"																
1910	O		UNK													
1920	O		21T	82	78	83	77	320		17	160	243	43T	16T	31T	
1922	O		17T	80	80	76	75	311		11	160	236	35T	31T	23T	
1923	O		74T	83	79	82	82	326		31	162	244				
1925	O		67T	79	85	90	89	343	55	43	164	254	26T	46T	66T	
1926	O		50	78	78	81	84	321	37	30	156	237	30T	29T	44T	
1927	O		CUT	79	80			159	13		159		75T	80T		
1928	O		WD	88				88	16				108T			
1930	O		WD													
Whelan, David																
1979	O	A	CUT	86	79			165	23		165		150	148T		
1985	O		58	69	74	75	80	298	18	16	143	218	7T	14T	34T	1,550
1988	O		CUT	81	80			161	19		161		143T	147T		450
Wherry, Douglas F.																
1988	US		CUT	78	78			156	14		156		123T	132T		1,000
Whetzle, Dick J.																
1959	US		CUT	82	74			156	16		156		130T	103T		
1961	US		CUT	72	79			151	11		151		11T	73T		
1962	US		CUT	75	78			153	11		153		47T	75T		
1965	PGA		CUT	73	79			152	10		152		30T	78T		
1966	PGA		CUT	75	77			152	12		152		58T	78T		
	US		CUT	79	74			153	13		153		122T	74T		300
1967	US		CUT	77	76			153	13		153		101T	111T		400
Whibley, Franklin D.																
1958	PGA		CUT	86	77			163	23		163		157T	141T		
Whiffin, Sean																
2004	O		47T	73	72	71	75	291	7	17	145	216	73T	59T	47T	11,964
Whigham, Charles F.																
1890	O	A	27T	93	106			199		35						
1893	O	A	36T	87	90	94	81	352		30	177	271	34T	35T	49	
1898	O	A	32T	85	82	84	83	334		27	167	251	41T	36T	34T	
Whigham, Gilbert C.																
1898	O	A	WD	91				91					67T			
Whigham, Henry James "Jim"																
1890	O	A	WD													
1893	O	A	49	91	97	87	94	369		47	188	275	56T	59T	52	
1896	US	A	5T	82	77			159		7			10T			
1897	US	A	8T	87	86			173		11			10T			
Whiston, Adam																
1951	O		CUT	83	80			163	19		163		94T	88T		
Whitaker, Robert																
1957	PGA		128T													50
Whitbread, Elliott																
1928	US	A	CUT	86	84			170	28		170		129T	120		
Whitcomb, William A.																
1919	US	A	CUT	93	82			175	33		175		116T	91T		
Whitcombe, Charles Albert																
1914	O		WD	91				91					98T			
1922	O		5	77	79	72	75	303		3	156	228	18T	16T	4T	10
1923	O		6T	70	76	74	82	302		7	146	220				9
1924	O		DQ	81	78			159			159		50T	31T		
1925	O		WD	80	77			157	13		157		34T	19T		
1926	O		24T	79	78	75	78	310	26	19	157	232	41T	36T	23T	
1927	O		6	74	76	71	75	296	4	11	150	221	14T	18T	7T	15
	US		CUT	84	80			164	20		164		78T	63T		
1928	O		CUT	84	76			160	16		160		90T	54T		
1929	O		39T	77	76	85	78	316	12	24	153	238	32T	34T	49T	
1930	O		9T	74	75	72	79	300	12	9	149	221	10T	10T	6T	10
1931	O		29T	80	76	75	78	309	21	13	156	231	64T	36T	26T	
1932	O		4T	71	73	73	75	292	4	9	144	217	2T	3T	3T	25
1933	O		CUT	76	77			153	7		153		50T	62T		
1934	O		7T	71	72	74	78	295	7	12	143	217	3T	3T	5T	18

Year	Event	A	Pos	R1	R2	R3	R4	Tot	P/M	SBW	R2T	R3T	R1P	R2P	R3P	W
1935	O		3	71	68	73	76	288	0	5	139	212	7T	1	2	50
1936	O		19T	73	76	79	72	300	4	13	149	228	6T	19T	30T	10
1937	O		4	73	71	74	76	294	6	4	144	218	6T	2T	2	30
1938	O		10T	71	75	79	80	305	25	10	146	225	7T	16T	11T	10
1939	O		CUT	75	76			151	5		151		35T	35T		
1947	O		CUT	80	80			160	24		160		59T	65T		
1948	O		32T	74	72	75	81	302	30	18	146	221	21T	16T	20T	
Whitcombe, Ernest Edward "Eddie"																
1937	O		29T	76	76	81	77	310	22	20	152	233	26T	28T	36T	
1938	O		CUT	77	74			151	11		151		67T	54T		
1939	O		CUT	77	80			157	11		157		65T	90T		
1946	O		21T	75	79	77	79	310	18	20	154	231	12T	28T	21T	
1947	O		18T	77	76	74	77	304	32	11	153	227	26T	19T	20T	
1948	O		15T	74	73	73	74	294	22	10	147	220	21T	22T	15T	
1949	O		CUT	75	74			149	5		149		58T	43T		
1950	O		17T	69	76	72	73	290	10	11	145	217	2T	17T	14T	
1951	O		24T	74	74	76	76	300	12	15	148	224	16T	14T	17T	
1952	O		CUT	75	77			152	2		152		40T	47T		
1953	O		34T	76	78	73	78	305	17	23	154	227	25T	42T	30T	25
1954	O		CUT	80	74			154	8		154		80T	69T		
1956	O		CUT	79	84			163	21		163		78T	87T		
1957	O		CUT	78	76			154	10		154		76T	79T		
1958	O		CUT	77	72			149	7		149		69T	52T		
1959	O		29T	71	77	74	73	295	7	11	148	222	7T	38T	34T	
Whitcombe, Ernest Robert																
1911	O		33T	77	85	80	76	318		15	162	242	22T	58T	49T	
1914	O		29T	74	83	84	83	324		18	157	241	2T	13T	22T	
1922	O		12T	77	78	77	78	310		10	155	232	18T	10T	10T	
1923	O		38T	83	76	77	78	314		19	159	236				
1924	O		2	77	70	77	78	302		1	147	224	14T	1	1T	40
1925	O		26T	81	83	77	77	318	30	18	164	241	44T	46T	32T	
1927	O		4T	74	73	73	73	293	1	8	147	220	14T	7T	5T	20
1928	O		CUT	82	79			161	17		161		66T	66T		
1930	O		17T	80	72	76	77	305	17	14	152	228	68T	20T	18T	
1931	O		23T	79	76	76	76	307	19	11	155	231	55T	34T	26T	10
	US		WD	77	77	82		236	23		154	236	43T	38T	51T	
1932	O		CUT	76	79			155	11		155		44T	65T		
1933	O		12T	73	73	75	75	296	4	4	146	221	14T	13T	15T	10
1934	O		9T	72	77	73	74	296	8	13	149	222	10T	27T	13T	13
1935	O		18T	75	72	74	78	299	11	16	147	221	32T	16T	14T	10
1936	O		CUT	79	87			166	18		166		60T	96T		
1937	O		WD	82				82	10				104T			
1938	O		19	70	77	83	82	312	32	17	147	230	1T	25T	19T	10
1939	O		CUT	77	80			157	11		157		65T	90T		
Whitcombe, Reginald Arthur																
1925	O		20T	81	80	79	76	316	28	16	161	240	44T	35T	28T	
1926	O		14T	73	82	76	75	306	22	15	155	231	6T	24T	22	
1927	O		CUT	79	76			155	9		155		75T	55T		
1928	O		23T	79	77	81	75	312	24	20	156	237	23T	31T	40T	
1929	O		45T	77	75	84	82	318	14	26	152	236	32T	23T	37T	
1930	O		13T	78	72	73	79	302	14	11	150	223	35T	13T	9T	
1931	O		17T	75	78	71	80	304	16	8	153	224	11T	17T	4T	10
1932	O		17T	75	74	75	76	300	12	17	149	224	28T	17T	17T	10
1933	O		7T	76	75	72	72	295	3	3	151	223	50T	49T	20T	14
1934	O		16T	75	76	74	75	300	12	17	151	225	29T	41T	25T	10
1935	O		34T	72	75	74	82	303	15	20	147	221	11T	16T	14T	
1936	O		8T	72	77	71	74	294	-2	7	149	220	3T	19T	7T	15
1937	O		2	72	70	74	76	292	4	2	142	216	2T	1	1	75
1938	O		1	71	71	75	78	295	15	-2	142	217	7T	6	1	100
1939	O		3T	71	75	74	74	294	2	4	146	220	5T	10T	7T	48
1946	O		14T	71	76	82	76	305	13	15	147	229	4T	10	17T	
1947	O		13T	75	77	71	77	300	28	7	152	223	11T	15T	6T	
1948	O		18T	77	67	77	74	295	23	11	144	221	56T	10T	20T	
1949	O		CUT	71	77			148	4		148		15T	32T		
1950	O		CUT	77	72			149	9		149		60T	36T		
1951	O		CUT	82	80			162	18		162		89T	86T		
White, A. L.																
1905	US	A	50T	85	87	85	93	350		36	172	257	39T	49T	43T	
White, Alan																
1969	PGA		CUT	86	76			162	20		162		139T	137		
1974	PGA		CUT	75	78			153	13		153		69T	99T		

Year	Event	A	Pos	R1	R2	R3	R4	Tot	P/M	SBW	R2T	R3T	R1P	R2P	R3P	W
1977	PGA		CUT	81	78			159	15		159		120T	115T		250
1979	PGA		CUT	80	79			159	19		159		139T	145T		350
White, Carlton P. "Slugger," II																
1975	US		66	74	75	76	86	311	27	24	149	225	38T	58T	58	800
1976	US		50T	75	75	75	75	300	20	23	150	225	53T	54T	55T	1,090
White, Charles Frank																
1925	O		69	80	85	94	85	344	56	44	165	259	34T	54T	73	
1927	O		CUT	78	81			159	13		159		62T	80T		
White, Darwin																
1955	PGA		64T													100
1965	PGA		CUT	76	88			164	22		164		78T	155T		
White, David J.																
1992	US		CUT	75	81			156	12		156		82T	136T		1,000
1997	US		51	70	72	73	77	292	12	16	142	215	10T	19T	28T	7,786
White, David K.																
1901	US		WD	99	100			199			199		49T	53		
1906	US		37T	81	81	83	87	332		37	162	245	27T	29T	33T	
1912	US		CUT	89	81			170	22		170		115T	97T		
1920	US		23T	78	75	79	77	309	21	14	153	232	30T	16T	26T	
1923	PGA		32T													
1926	US		CUT	85	82			167	23		167		128T	111T		
White, Don																
1963	PGA		CUT	90	79			169	27		169		165	159		
White, Dustin																
2006	US		CUT	78	75			153	13		153		112T	98T		2,000
White, Edward																
1941	US	A	CUT	77	80			157	17		157		66T	68T		
White, Geoff M.																
1938	O		CUT	78	72			150	10		150		78T	43T		
1939	O		CUT	79	75			154	8		154		96T	65T		
1949	O		30	74	71	80	78	303	15	20	145	225	43T	12T	30	
1950	O		24T	74	74	73	72	293	13	14	148	221	30T	31T	27T	
1951	O		CUT	79	81			160	16		160		60T	75T		
White, H. C. "Sam"																
1909	US		CUT	83	84			167			167		61T	68T		
1910	US		36T	82	79	82	80	323		25	161	243	43T	30T	35T	
White, James																
1988	O		CUT	77	79			156	14		156		99T	122T		450
White, James B.																
1979	PGA		CUT	78	70			148	8		148		125T	84T		350
1981	US		CUT	74	76			150	10		150		71T	89T		
1983	PGA		CUT	80	72			152	10		152		144T	126T		1,000
1985	PGA		CUT	73	76			149	5		149		76T	85T		1,000
1986	PGA		CUT	75	75			150	8		150		105T	109T		1,000
1987	US		CUT	76	72			148	8		148		103T	78T		600
1991	PGA		CUT	76	87			163	19		163		117T	146T		1,000
1994	PGA		CUT	81	68			149	9		149		147T	103T		1,200
1997	PGA		CUT	82	75			157	17		157		149T	138T		1,300
1999	US		CUT	76	83			159	19		159		132T	150T		1,000
White, Jay Alan																
1968	PGA		CUT	79	76			155	15		155		127T	119T		
White, John "Jack"																
1891	O		UNK													
1892	O		11	82	78	78	81	319		14	160	238			9T	4
1893	O		11T	81	86	80	88	335		13	167	247	4T	9T	8	3
1894	O		WD	86	89	89		264			175	264	8T	13T	22T	
1895	O		21T	88	86	85	87	346		24	174	259	26T		23T	
1896	O		WD	85	92	88		265			177	265				
1897	O		WD	89				89								
1898	O		13T	82	81	77	83	323		16	163	240	18T	19T	10	
1899	O		2	79	79	82	75	315		5	158	240	9T	5	3T	20
1900	O		4	80	81	82	80	323		14	161	243	3T	3	3T	10
1901	O		6	82	82	80	82	326		17	164	244		4T	4T	8
1902	O		18	82	75	82	86	325		18	157	239			13	
1903	O		3	77	78	74	79	308		8	155	229			2	15

Year	Event	A	Pos	R1	R2	R3	R4	Tot	P/M	SBW	R2T	R3T	R1P	R2P	R3P	W
1904	O		1	80	75	72	69	296		-1	155	227			2	50
1905	O		18T	86	83	83	83	335		17	169	252			21T	
1906	O		WD	78	82			160			160					
1910	O		UNK													
1911	O		WD													
1912	O		35T	82	81	83	78	324		29	163	246	38T	37T	42T	
1921	O		57T	76	82	81	81	320		24	158	239	17T	40T	53	
1922	O		WD													
1929	US		WD	72	86			158	14		158		4T	50T		

White, Leonard L.

Year	Event	A	Pos	R1	R2	R3	R4	Tot	P/M	SBW	R2T	R3T	R1P	R2P	R3P	W
1941	US	A	CUT	82	81			163	23		163		130T	117T		

White, Mike

Year	Event	A	Pos	R1	R2	R3	R4	Tot	P/M	SBW	R2T	R3T	R1P	R2P	R3P	W
1988	US		CUT	79	74			153	11		153		133T	109T		1,000

White, Murray

Year	Event	A	Pos	R1	R2	R3	R4	Tot	P/M	SBW	R2T	R3T	R1P	R2P	R3P	W
1975	O		CUT	84	85			169	25		169		151	153		100

White, Neil E.

Year	Event	A	Pos	R1	R2	R3	R4	Tot	P/M	SBW	R2T	R3T	R1P	R2P	R3P	W
1933	US		50T	73	80	79	78	310	22	23	153	232	2T	41T	51T	

White, O'Neal "Buck"

Year	Event	A	Pos	R1	R2	R3	R4	Tot	P/M	SBW	R2T	R3T	R1P	R2P	R3P	W
1938	US		CUT	79	83			162	20		162		61T	109T		
1939	US		CUT	81	78			159	21		159		128T	115T		
1941	US		CUT	80	82			162	22		162		108T	112T		
1946	M		45	77	82	76	75	310	22	28	159	235	35T	47T	46T	
1947	US		CUT	76	78			154	12		154		76T	87T		
1948	US		50	75	73	80	73	301	17	25	148	228	74T	47T	54	
1949	US		6T	74	68	70	78	290	6	4	142	212	25T	2T	2	450
1950	M		42T	78	76	73	79	306	18	23	154	227	43T	43T	30T	
	US		31T	77	71	77	74	299	19	12	148	225	89T	35T	39T	100
1951	PGA		32T													200
	US		16T	76	75	74	72	297	17	10	151	225	40T	37T	24T	100
1952	M		WD													200
	US		CUT	80	77			157	17		157		108T	92T		
1953	PGA		32T													200
	US		48T	77	75	78	78	308	20	25	152	230	60T	44T	47T	150
1955	PGA		64T													100
1956	US		44	75	74	76	78	303	23	22	149	225	45T	39T	38T	200
1957	PGA		32T													
1958	US		35T	76	77	71	78	302	22	19	153	224	32T	37T	20T	200
1960	US		CUT	75	75			150	8		150		64T	73T		
1962	PGA		CUT	74	70	86		230	20		144	230	48T	21T	89	

White, Orville

Year	Event	A	Pos	R1	R2	R3	R4	Tot	P/M	SBW	R2T	R3T	R1P	R2P	R3P	W
1934	PGA		32T													85
	US		25T	76	79	76	75	306	26	13	155	231	22T	54T	34T	
1935	M		47T	76	74	75	80	305	17	23	150	225	40T	42T	36T	
	PGA		32T													100
	US		CUT	79	84			163	19		163		57T	76T		
1936	M		15T	78	73	77	71	299	11	14	151	228	26T	19T	30T	
1937	US		58T	77	75	80	74	306	18	25	152	232	70T	55T	60T	
1946	PGA		64T													100
1954	PGA		64T													100

White, Robert W.

Year	Event	A	Pos	R1	R2	R3	R4	Tot	P/M	SBW	R2T	R3T	R1P	R2P	R3P	W
1897	US		27	89	97			186		24			17T			
1898	US		WD	83	102			185			185		6T	37T		
1900	US		43	99	94	93	92	378		65	193	286	57	55T	50	
1901	US		WD	96	97			193			193		45T	48T		
1904	US		CUT	86	91			177			177		37T	52T		
1906	US		42T	81	87	80	86	334		39	168	248	27T	47T	40T	

White, Ronald James "Ronnie"

Year	Event	A	Pos	R1	R2	R3	R4	Tot	P/M	SBW	R2T	R3T	R1P	R2P	R3P	W
1946	O	A	30T	76	79	84	77	316	24	26	155	239	15T	35T	35	
1961	O	A	38T	71	79	80	76	306	18	22	150	230	13T	22T	42T	

White, Todd

Year	Event	A	Pos	R1	R2	R3	R4	Tot	P/M	SBW	R2T	R3T	R1P	R2P	R3P	W
1995	US		CUT	73	79			152	12		152		65T	124T		1,000

Whitecross, Robert W.

Year	Event	A	Pos	R1	R2	R3	R4	Tot	P/M	SBW	R2T	R3T	R1P	R2P	R3P	W
1906	O	A	15T	74	83	80	79	316		16	157	237			19T	

Whitehead, Charles

Year	Event	A	Pos	R1	R2	R3	R4	Tot	P/M	SBW	R2T	R3T	R1P	R2P	R3P	W
1939	US	A	WD	73				73	4				24T			

Year	Event	A	Pos	R1	R2	R3	R4	Tot	P/M	SBW	R2T	R3T	R1P	R2P	R3P	W
Whitehead, E. Ross																
1956	O	A	CUT	75	82			157	15		157		40T	67T		
1958	O	A	CUT	79	77			156	14		156		84T	88T		
1962	O		12T	74	75	72	75	296	8	20	149	221	12T	18T	9T	
1963	O		CUT	80	77			157	17		157		103T	100		
1965	O		CUT	79	71			150	4		150		99T	51T		
1969	O		CUT	82	71			153	11		153		122T	81T		
1970	O		CUT	74	79			153	9		153		74T	102T		
1981	O		CUT	76	75			151	11		151		59T	84T		225
1982	O		CUT	78	79			157	13		157		95T	126T		225
1983	O		CUT	78	77			155	13		155		130T	133		250
Whitehead, G.																
1952	O	A	CUT	79	82			161	11		161		79T	85T		
Whitehead, George																
1938	PGA		32T													
Whitehead, J.																
1904	O		WD	90				90								
Whitehouse, Tom																
2002	O		CUT	75	71			146	4		146		124T	95T		2,500
Whiteway, Thomas																
1940	US	A	WD	85				85	13				151T			
Whitfield, Rick																
1978	US		CUT	85	86			171	29		171		148T	151		600
1979	US		CUT	79	80			159	17		159		103T	110T		600
Whiting, Albert Edward																
1928	O		11T	78	76	76	75	305	17	13	154	230	18T	18T	12T	
1929	O		45T	76	81	83	78	318	14	26	157	240	24T	54T	53T	
1932	O		CUT	77	80			157	13		157		54T	74T		
1934	O		66	78	74	83	80	315	27	32	152	235	64T	49T	66	
1938	O		CUT	81	73			154	14		154		103T	76T		
Whiting, J. W.																
1906	O		CUT	87	84			171			171					
1910	O		CUT	84	87			171			171					
Whiting, Richard L.																
1950	US	A	WD	79				79	9				108T			
Whiting, Samuel																
1902	O		CUT					185			185					
1904	O		CUT	89	84			173			173					
1910	O		32T	80	81	80	77	318		19	161	241			46T	
1911	O		CUT	87	82			169			169		170T	128T		
1913	O		WD	83	82			165			165		55T	48T		
1914	O		WD	87	82	85		254			169	254	87T	70T	76T	
Whitman, Edward																
1983	PGA		CUT	76	74			150	8		150		116T	108T		1,000
1989	PGA		CUT	79	77			156	12		156		133T	133T		1,000
1990	PGA		CUT	84	76			160	16		160		146T	130T		1,000
1992	PGA		CUT	75	83			158	16		158		93T	140T		1,200
1993	US		CUT	73	77			150	10		150		99T	132T		1,000
2000	US		CUT	82	75			157	15		157		151	130T		1,000
Whitney, Nelson W.																
1921	US	A	40T	79	80	85	80	324	44	35	159	244	30T	34T	48T	
Whitt, Donald E.																
1957	PGA		4PO													3,000
	US		42	71	77	78	75	301	21	19	148	226	11T	26T	43T	240
1958	M		CUT	72	80			152	8		152		18T	54T		350
	PGA		29T	71	72	73	78	294	14	18	143	216	10T	12T	13T	335
1959	PGA		38T	71	77	72	72	292	12	15	148	220	19T	62T	50T	200
	US		CUT	80	77			157	17		157		112T	108T		
1960	PGA		CUT	71	76	80		227	17		147	227	9T	35T	70T	
	US		17T	75	69	72	72	288	4	8	144	216	64T	22T	24T	630
1961	PGA		15T	76	72	70	68	286	6	9	148	218	92T	57T	30T	1,225
1962	PGA		30T	74	73	70	75	292	12	14	147	217	48T	47T	24T	470
	US		17T	73	71	75	75	294	10	11	144	219	15T	9T	16	800
1963	PGA		CUT	72	82			154	12		154		20T	99T		
1968	PGA		54T	75	71	74	77	297	17	16	146	220	65T	27T	40T	415

Year	Event	A	Pos	R1	R2	R3	R4	Tot	P/M	SBW	R2T	R3T	R1P	R2P	R3P	W
Whittemore, Parker W.																
1919	US	A	WD	84	77			161	19		161	0	58T	32T		
Whitten, William E. "Buddy"																
1977	US		CUT	79	74			153	13		153		130T	104T		500
1978	PGA		CUT	76	76			152	10		152		75T	95T		303
1980	PGA		CUT	81	78			159	19		159		134T	130T		500
1981	PGA		CUT	76	77			153	13		153		107T	116T		550
1982	PGA		CUT	73	74			147	7		147		64T	82T		650
1983	PGA		27T	66	70	73	77	286	2	12	136	209	2T	4T	7T	3,200
Whittington, Harold "Hal"																
1950	PGA		64T													100
1951	US		CUT	80	75			155	15		155		102T	74T		
Whittington, Oran																
1963	PGA		CUT	82	80			162	20		162		148T	148T		
Whymark, Stephen J.																
1974	O		CUT	81	81			162	20		162		118T	119T		50
Whyte, Alex W.																
1937	O	A	CUT	79	81			160	16		160		60T	83T		
1938	O	A	CUT	83	81			164	24		164		115T	116T		
Whyte, Logan																
1882	O	A	39	100	115			215		44	215					
Whyte, Thomson																
1879	O	A	40	102	99			201		32						
Wi, Charlie																
2008	PGA		9T	70	70	71	74	285	5	8	140	211	8T	2T	4T	176,725
Wiatr, Ed J.																
1964	US		CUT	86	79			165	25		165		150	146		300
Widener, Buford M. "Boots"																
1956	PGA		128T													50
Wiebe, Mark Charles																
1985	PGA		CUT	71	79			150	6		150		32T	96T		1,000
	US		CUT	75	73			148	8		148		85T	79T		600
1986	M		CUT	76	78			154	10		154		46T	71T		1,500
	PGA		47T	75	67	72	77	291	7	15	142	214	105T	17T	22T	2,250
1987	M		35T	73	74	71	79	297	9	12	147	218	14T	24T	17T	4,257
	PGA		65T	78	73	75	80	306	18	19	151	226	94T	59T	56T	1,650
	US		58T	70	67	77	79	293	13	16	137	214	8T	1T	23T	3,178
1988	PGA		38T	74	68	73	72	287	3	15	142	215	78T	42T	38T	3,211
	US		25T	75	70	73	69	287	3	9	145	218	74T	33T	41T	8,856
1989	M		CUT	77	75			152	8		152		64T	53T		1,500
	PGA		12T	71	70	69	72	282	-6	6	141	210	38T	23T	13T	21,900
	US		33T	69	71	72	77	289	9	11	140	212	9T	7T	13T	7,577
1990	PGA		19T	74	73	75	73	295	7	13	147	222	41T	32T	34T	14,000
	US		CUT	73	75			148	4		148		61T	89T		1,000
1991	PGA		66T	72	73	73	78	296	8	20	145	218	39T	43T	47T	2,313
1993	PGA		67	74	69	73	73	289	5	17	143	216	103T	62T	66	2,625
	US		77T	71	72	77	70	290	10	18	143	220	45T	57T	84T	5,122
1996	PGA		61T	73	72	75	70	290	2	13	145	220	71T	60T	72T	4,069
	US		104	74	74	75	77	300	20	22	148	223	84T	98T	102	5,055
1997	O		CUT	73	75			148	6		148		29T	71T		1,000
	PGA		WD	77				77	7				125T			1,300
	US		CUT	71	80			151	11		151		18T	116T		1,000
1998	PGA		CUT	75	72			147	7		147		110T	83T		1,500
2001	O		CUT	73	74			147	5		147		70T	94T		1,100
	US		52T	73	72	74	73	292	12	16	145	219	46T	43T	66T	13,164
Wiechers, James L.																
1970	PGA		31T	72	75	73	72	292	12	13	147	220	20T	37T	33T	1,225
	US		69T	76	75	81	79	311	23	30	151	232	22T	31T	68T	800
1972	PGA		29T	70	73	69	80	292	12	11	143	212	8T	11T	6T	1,497
	US		25T	74	79	69	82	304	16	14	153	222	17T	45T	11T	1,427
1973	PGA		44T	75	70	71	75	291	7	14	145	216	66T	30T	19T	710
1974	PGA		CUT	72	80			152	12		152		29T	88T		
1975	US		14T	68	73	76	75	292	8	5	141	217	3	4T	15T	2,025
1976	M		CUT	74	79			153	9		153		37T	51T		1,350
	US		CUT	79	78			157	17		157		106T	111T		500

Year	Event	A	Pos	R1	R2	R3	R4	Tot	P/M	SBW	R2T	R3T	R1P	R2P	R3P	W
Wiechman, Bernard Clements "Ben"																
1926	US		CUT	83	82			165	21		165		103T	99T		
	US		CUT	82	84			166	22		166		93T	105T		
1929	US		CUT	82	78			160	16		160		106T	68T		
1937	US		CUT	79	74			153	9		153		98T	66T		
1939	US		CUT	76	86			162	24		162		65T	133T		
Wiechman, Philip S.																
1963	US		CUT	79	81			160	18		160		91T	118T		150
Wiegele, Martin																
2008	O		70T	75	74	78	74	301	21	18	149	227	52T	69T	76T	9,350
Wiemers, Chris W.																
2005	PGA		CUT	74	77			151	11		151		97T	132T		2,000
2006	PGA		CUT	73	76			149	5		149		82T	124T		2,000
Wiese, Kent																
1996	US		CUT	77	73			150	10		150		129T	115T		1,000
Wiggett, John E.																
1950	O		CUT	73	80			153	13		153		17T	67T		
1951	O		CUT	77	83			160	16		160		46T	75T		
Wilbert, James R.																
1955	US		CUT	83	84			167	27		167		121T	130T		
Wilcock, Peter Howard																
1969	O		42T	73	74	74	77	298	14	18	147	221	30T	35T	36T	125
1971	O		CUT	74	81			155	9		155		47T	107T		
1973	O		18T	71	76	72	73	292	4	16	147	219	5T	22T	17T	409
1974	O		CUT	79	76	77		232	19		155	232	89T	60T	61T	75
1975	O		47T	77	68	75	75	295	7	16	145	220	106T	32T	50T	185
1978	O		CUT	77	79			156	12		156		119T	137T		175
Wilcox, Terry D.																
1965	US		28T	74	73	73	78	298	18	16	147	220	30T	17T	14T	630
1966	US		CUT	73	83			156	16		156		26T	102T		300
1968	PGA		34T	74	73	71	73	291	11	10	147	218	51T	43T	31T	775
	US		CUT	75	76			151	11		151		59T	79T		500
1969	PGA		7T	72	71	72	66	281	-3	5	143	215	25T	23T	22T	5,143
	US		CUT	77	77			154	14		154		96T	100T		500
1970	M		21T	79	70	70	72	291	3	12	149	219	72T	37T	25T	2,250
1971	M		CUT	78	80			158	14		158		63T	68T		1,000
	US		CUT	75	75			150	10		150		87T	72T		500
1974	PGA		CUT	74	76			150	10		150		58T	79T		
1976	PGA		CUT	79	74			153	13		153		111T	99T		250
Wild, Claude C., Jr.																
1961	M	A	CUT	78	83			161	17		161		67T	79		
Wilde, Earl G.																
1959	US		WD	72				72	2				16T			
Wilder, Henry H.																
1908	US	A	CUT	90	97			187			187		26T	61T		
Wilkes, Brian B. S.																
1955	O		37T	75	73	74	76	298	10	17	148	222	54T	42T	36T	
1957	O		CUT	75	77			152	8		152		45T	69T		
1958	O		34T	73	73	75	76	297	13	19	146	221	31T	30T	33T	25
1959	O		CUT	76	73			149	5		149		48T	49T		
1961	O		31	72	76	77	78	303	15	19	148	225	25T	9T	21T	
1962	M		44T	74	75	74	78	301	13	21	149	223	28T	40T	41T	500
	O		CUT	75	82			157	13		157		21T	83T		
1963	O		20T	70	77	74	72	293	13	16	147	221	7T	27T	30T	78
1964	O		34T	77	76	74	76	303	15	24	153	227	28T	37T	34T	50
Wilkes, Trevor																
1956	O		46	74	78	85	75	312	28	26	152	237	30T	34T	48	
1957	M		CUT	75	76			151	7		151		29T	41T		300
	O		24T	75	73	71	74	293	5	14	148	219	45T	41T	25T	
1958	O		26T	76	70	69	77	292	8	14	146	215	59T	30T	15T	25
1963	O		CUT	79	73			152	12		152		94T	69T		
Wilkie, Edward A.																
1896	US		DQ													

Year	*Event*	*A*	*Pos*	*R1*	*R2*	*R3*	*R4*	*Tot*	*P/M*	*SBW*	*R2T*	*R3T*	*R1P*	*R2P*	*R3P*	*W*
Wilkie, George																
1906	O	A	WD	88				88								
Wilkin, Robert "Rob"																
1988	US		59T	74	71	77	73	295	11	17	145	222	56T	33T	60T	3,752
1991	PGA		CUT	76	84			160	16		160		117T	140T		1,000
1997	PGA		CUT	78	78			156	16		156		132T	135T		1,300
2000	PGA		CUT	76	78			154	10		154		99T	123T		2,000
2001	PGA		CUT	86	75			161	21		161	0	149T	148		2,000
Wilkins, Gary																
1984	PGA		CUT	79	79			158	14		158		119T	130T		1,000
Wilkinson, J. R. "Ray"																
1956	O		CUT	82	82			164	22		164		91T	92T		
Wilkinson, John																
1982	O		CUT	83	72			155	11		155		143T	109T		225
Wilkinson, Stephan K.																
1963	US	A	CUT	81	84			165	23		165		118T	138		
1971	US		CUT	79	75			154	14		154		132T	107T		500
Wilkinson, William John "John"																
1971	O		CUT	81	75			156	10		156		135T	115T		
Wilkshire, John W. "Jack"																
1955	O		CUT	76	78			154	10		154		64T	77T		
1956	O		47	77	74	85	77	313	29	27	151	236	63T	26T	46T	
1957	O		CUT	76	75			151	7		151		61T	62T		
1958	O		33	74	70	78	74	296	12	18	144	222	39T	23T	37	25
1959	O		CUT	76	75			151	7		151		48T	58T		
1961	O		CUT	74	82			156	12		156		46T	62T		
1963	O		CUT	74	76			150	10		150		30T	48T		
1966	O		CUT	78	76			154	12		154		89T	82T		
1967	O		47T	69	78	79	73	299	11	21	147	226	2T	27T	55T	68
1969	O		CUT	76	76			152	10		152		71T	74T		
1971	O		49T	75	71	76	76	298	6	20	146	222	61T	29T	47T	129
Will, George Duncan																
1957	O		CUT	79	73			152	8		152		84T	69T		
1960	O		CUT	76	74			150	4		150		50T	47T		
1961	O		29T	74	75	75	78	302	14	18	149	224	46T	18T	18T	
1962	O		CUT	79	76			155	11		155		77T	62T		
1963	O		CUT	75	75			150	10		150		42T	48T		
1964	O		29	74	79	71	76	300	12	21	153	224	10T	37T	19T	60
1965	O		21T	75	69	74	79	297	5	12	144	218	41T	11T	11T	83
1966	M		CUT	80	78			158	14		158		89T	88T		1,000
	O		23T	74	75	73	73	295	11	13	149	222	34T	41T	30T	141
1967	O		CUT	79	72			151	7		151		107T	65T		
1968	O		CUT	80	81			161	17		161		87T	111T		
1969	O		CUT	81	79			160	18		160		118T	114T		
1970	O		45T	69	78	74	78	299	11	16	147	221	16T	57T	47T	130
1971	O		CUT	82	76			158	12		158		139T	126T		
Willcox, Leland J. "Pat"																
1933	US		CUT	74	83			157	13		157		8T	68T		
1934	US		WD	84				84	14				132T			
1935	PGA		64T													85
1937	PGA		32T													
	US		CUT	78	79			157	13		157		83T	109T		
1938	US		CUT	80	76			156	14		156		82T	61T		
1939	US		CUT	79	74			153	15		153		108T	67T		
1940	US		23T	75	73	74	75	297	9	10	148	222	45T	28T	21T	50
1941	US		49T	80	75	79	78	312	32	28	155	234	108T	51T	52T	
1947	US		WD	78				78	7				113T			
1951	US		WD	87				87	17				155T			
Willey, Andrew																
2004	O		CUT	80	76			156	14		156		152T	146T		2,000
Williams, Dan																
1923	US		60	91	82	81	87	341	53	45	173	254	69	67	64	
1924	PGA		16T													100
1925	PGA		16T													
1926	US		9T	72	74	80	75	301	13	8	146	226	6T	3	10T	68
1927	US		CUT	81	83			164	20		164		50T	63T		
1929	US		32T	78	76	78	82	314	26	20	154	232	45T	18T	24T	

Year	Event	A	Pos	R1	R2	R3	R4	Tot	P/M	SBW	R2T	R3T	R1P	R2P	R3P	W
1932	US		CUT	83	78			161	21		161		90T	74T		
1939	US		CUT	80	73			153	15		153		114T	67T		
Williams, David F.																
1981	O		CUT	82	74			156	16		156		133T	123T		225
1982	O		CUT	81	81			162	18		162		129T	142		225
1985	O		59	74	71	74	81	300	20	18	145	219	77T	26T	42T	1,500
1986	O		CUT	81	72			153	13		153		116T	88T		400
1988	O		CUT	77	76			153	11		153		99T	104T		450
1989	O		CUT	77	75			152	8		152		126T	127T		500
1990	O		CUT	74	71			145	1		145		105T	83T		550
1991	O		12T	74	71	68	67	280	0	8	145	213	94T	67T	31T	17,100
1992	O		CUT	74	74			148	6		148		111T	119T		600
Williams, Donald A., Jr.																
1964	PGA		CUT	87	79			166	26		166		162	157T		
Williams, Eddie																
1923	US		55	80	83	87	85	335	47	39	163	250	43T	52	56T	
1924	US		WD	76	85	79		240	24		161	240	12T	44T	38T	
1930	US		35T	73	76	78	80	307	15	20	149	227	10T	15T	22T	
1931	US		25T	71	74	81	79	305	21	13	145	226	1T	2T	15T	
1932	US		WD													
1933	US		CUT	79	78			157	13		157		66T	68T		
1935	PGA		64T													85
	US		CUT	82	81			163	19		163		90T	76T		
1936	US		CUT	79	80			159	15		159		125T	130T		
1939	US		WD													
1946	US		CUT	79	78			157	13		157		111T	113T		
Williams, Elbert																
1937	US		CUT	81	78			159	15		159		132T	124T		
Williams, Frank C.																
1924	US		WD	79	84	84		247	31		163	247	30T	54T	56T	
Williams, Harold																
1946	US		CUT	80	78			158	14		158		124T	119T		
1947	US		CUT	81	81			162	20		162		135T	130T		
1948	US		CUT	81	75			156	14		156		145T	118T		
1950	PGA		32T													200
	US		20T	69	75	75	77	296	16	9	144	219	5T	16T	14T	100
1951	M		46	76	77	76	78	307	19	27	153	229	33T	45T	46T	100
	PGA		64T													100
	US		WD	81				81	11				119T			
1952	US		WD	85				85	15				145T			
1954	US		CUT	76	76			152	12		152		38T	51T		
1958	US		CUT	80	77			157	17		157		82T	77T		
1961	US		CUT	81	80			161	21		161		139T	141T		
1964	PGA		CUT	79	77			156	16		156		139T	124T		
	US		CUT	77	78			155	15		155		77T	102T		300
Williams, Henry E., Jr.																
1944	PGA		32T													200
1948	PGA		32T													200
1949	PGA		8T													500
	US		CUT	79	79			158	16		158		107T	108T		
1950	M		53T	82	78	81	70	311	23	28	160	241	60T	58T	58	
	PGA		2													1,500
	US		29T	69	76	76	77	298	18	11	145	221	5T	20T	23T	100
1951	M		47T	77	76	77	78	308	20	28	153	230	43T	45T	48	100
	PGA		64T													100
	US		CUT	81	74			155	15		155		119T	74T		
1952	PGA		16T													350
	US		36T	77	74	74	79	304	24	23	151	225	73T	44T	33T	100
1953	PGA		16T													350
	US		CUT	76	81			157	13		157		39T	93T		
1954	PGA		32T													200
	US		CUT	77	79			156	16		156		46T	75T		
1956	PGA		128T													50
1958	PGA		49T	75	74	77	75	301	21	25	149	226	43T	38T	46T	100
1959	PGA		44T	74	73	74	72	293	13	16	147	221	56T	53T	59T	200
1960	US		CUT	74	85			159	17		159		47T	134T		
Williams, Jack S.																
1952	US		CUT	79	84			163	23		163		100T	121T		

Year	Event	A	Pos	R1	R2	R3	R4	Tot	P/M	SBW	R2T	R3T	R1P	R2P	R3P	W
Williams, James																
1959	PGA		CUT	74	77			151	11		151		56T	100T		
Williams, John "Jack"																
1932	US		CUT	86	85			171	31		171		125T	126T		
Williams, Keith L.																
1984	O		CUT	78	77			155	11		155		139T	146T		330
Williams, Lee																
2005	US	A	CUT	79	79			158	18		158		135T	147T		
2006	US		40T	75	73	73	75	296	16	11	148	221	52T	42T	37T	29,459
2007	US		CUT	80	78			158	18		158		140T	127T		2,000
Williams, Robie																
1941	US		CUT	78	82			160	20		160		82T	96T		
Williams, Scott																
1986	US		CUT	83	78			161	21		161		138T	140T		600
1989	US		CUT	81	75			156	16		156		154T	144T		1,000
1991	PGA		66T	70	77	76	73	296	8	20	147	223	14T	68T	71T	2,313
1994	PGA		CUT	77	81			158	18		158		121T	148T		1,200
1998	PGA		CUT	78	74			152	12		152		134T	125T		1,500
Williams, Tommy																
1969	PGA		CUT	81	79			160	18		160		130T	132T		
Williamson, E. Bert																
1939	O		CUT	81	81			162	16		162		119T	118T		
1946	O		CUT	85	78			163	19		163		90T	79T		
1947	O		CUT	85	81			166	30		166		92T	87T		
1949	O		CUT	74	76			150	6		150		43T	53T		
1954	O		27T	76	73	75	70	294	2	11	149	224	45T	32T	38T	
1955	O		CUT	74	80			154	10		154		45T	77T		
1957	O		44	74	70	77	80	301	13	22	144	221	37T	14T	35T	
1960	O		36T	75	70	73	77	295	3	17	145	218	41T	21T	28	50
Williamson, Hugh																
1922	O		47T	80	82	83	76	321		21	162	245	35T	47T	55T	
Williamson, John M.																
1891	O	A	50T	97	92			189		23						
1892	O	A	35T	88	82	82	85	337		32	170	252			33T	
1895	O	A	39T	93	83	92	95	363		41	176	268	48T		37	
1896	O	A	WD	89	89	92		270			178	270				
1900	O	A	29	87	82	88	89	346		37	169	257	34T	17	23T	
1901	O	A	CUT	92	92			184			184					
1906	O	A	CUT	90	83			173			173					
Williamson, Justin Arch, IV "Jay"																
1999	US		CUT	73	78			151	11		151		71T	105T		1,000
2001	US		DQ	75				75	4			0	88T			1,000
2003	US		20T	72	69	69	73	283	3	11	141	210	57T	40T	20T	64,170
2008	O		39T	73	72	77	74	296	16	13	145	222	27T	22T	35T	16,646
Williamson, R. William "Bud"																
1947	US		CUT	75	80			155	13		155		60T	93T		
1948	US		CUT	79	77			156	14		156		130T	118T		
1957	PGA		64T													
1958	PGA		CUT	78	77			155	15		155		92T	94T		
1959	PGA		58T	72	75	72	78	297	17	20	147	219	27T	53T	44T	200
1960	PGA		CUT	79	76			155	15		155		140T	121T		
1963	PGA		CUT	77	77			154	12		154		94T	99T		
1964	PGA		CUT	78	80			158	18		158		126T	139T		
1966	PGA		CUT	78	80			158	18		158		102T	128T		
Williamson, Ralph "Bud"																
1961	PGA		CUT	76	76			152	12		152		92T	93T		
Williamson, Roy																
1969	O		CUT	80	80			160	18		160		112T	114T		
Williamson, Sandy Blyth																
1946	O	A	CUT	79	80			159	15		159		39T	53T		
1948	O	A	CUT	75	74			149	13		149		34T	37T		
Williamson, Thomas W.																
1897	O		37T	87	88	86	88	349		35	175	261				
1898	O		21T	86	84	77	81	328		21	170	247	48T	41T	24T	

Year	Event	A	Pos	R1	R2	R3	R4	Tot	P/M	SBW	R2T	R3T	R1P	R2P	R3P	W
1899	O		9T	76	84	80	86	326		16	160	240	1T	7T	3T	
1900	O		CUT	89	88			177			177		47T	51T		
1901	O		CUT	91	87			178			178			49T		
1902	O		30T	78	80	90	85	333		26	158	248			28T	
1903	O		11T	76	80	79	82	317		17	156	235			7T	
1904	O		CUT	89	83			172			172					
1905	O		13T	84	81	79	87	331		13	165	244			5T	
1906	O		19T	77	77	78	85	317		17	154	232			8T	
1907	O		7T	82	77	82	78	319		7	159	241	9T	4T	6	
1908	O		35T	81	75	82	82	320		29	156	238	40T	19T	29T	
1910	O		19T	78	80	78	78	314		15	158	236			28T	
1911	O		CUT	81	85			166			166		76T	109T		
1912	O		17T	80	77	79	79	315		20	157	236	29T	17T	15T	
1913	O		7T	77	80	80	80	317		13	157	237	11T	11T	5T	3
1914	O		4T	75	79	79	79	312		6	154	233	5T	5T	4T	9
1920	O		26T	77	86	79	80	322		19	163	242	7T	33T	26T	
1921	O		6T	79	71	74	78	302		6	150	224	43T	8T	5	6
1922	O		28T	83	77	75	81	316		16	160	235	60T	31T	19T	
1923	O		12T	79	78	73	74	304		9	157	230				
1924	O		13T	79	76	80	75	310		9	155	235	27T	16T	17T	
1926	O		14T	78	76	76	76	306	22	15	154	230	30T	21T	19T	
1927	O		10T	75	76	78	71	300	8	15	151	229	24T	24T	34T	3
1928	O		21T	77	73	77	84	311	23	19	150	227	13T	6T	9T	
1929	O		25T	73	78	80	82	313	9	21	151	231	8T	18T	17T	
1931	O		12T	77	76	73	77	303	15	7	153	226	29T	17T	11T	10
1932	O		CUT	85	80			165	21		165		107	103T		
1933	O		44T	75	76	79	78	308	16	16	151	230	37T	49T	54	
1934	O		42T	80	70	79	79	308	20	25	150	229	84T	33T	44T	
1935	O		CUT	78	80			158	14		158		70T	86T		
1936	O		CUT	81	85			166	18		166		84T	96T		
Willis, Garrett Michael																
1998	US		CUT	83	70			153	13		153		151T	112T		1,000
1999	US		CUT	77	74			151	11		151		136T	105T		1,000
2001	PGA		CUT	70	72			142	2		142	0	56T	77T		2,000
Willison, Ricky Brian																
1987	O	A	75	75	71	83	76	305	21	26	146	229	97T	70T	76T	
1993	O		78	73	70	74	76	293	13	26	143	217	107T	64T	74T	3,500
1996	O		CUT	72	72			144	2		144		63T	78T		650
Willits, Robert W.																
1947	M	A	47T	76	78	75	75	304	16	23	154	229	45T	51T	47T	
	US	A	65	75	76	79	79	309	25	27	151	230	60T	60T	66T	
Willman, Ben																
2004	O		CUT	72	76			148	6		148		57T	102T		2,500
Willmann, Kyle																
2005	US		CUT	75	77			152	12		152		75T	113T		2,000
Willoweit, Oscar G. "Ock"																
1935	US		CUT	81	84			165	21		165		81T	99T		
1938	US		CUT	80	77			157	15		157		82T	73T		
1940	US		55T	75	78	82	77	312	24	25	153	235	45T	56T	66	
1947	US		WD	77	73			150	8		150	0	95T	53T		
1956	US		CUT	74	83			157	17		157		27T	107T		
1958	PGA		CUT	78	75	79		232	22		153	232	92T	74T	83T	
Wilmers, Bob																
1959	US		CUT	80	81			161	21		161		112T	128T		
Wilor, Milan																
1991	PGA		CUT	77	78			155	11		155		125T	124T		1,000
Wilshire, Jonathan																
1991	O	A	CUT	76	79			155	15		155		129T	149T		
Wilson, C. T.																
1934	M	A	59	80	83	80	79	322	34	38	163	243	58T	68T	65T	
Wilson, Charles																
1906	O		CUT	85	86			171			171					
Wilson, David																
1919	PGA		32T													50
Wilson, Dean Hiroshi																
2001	O		CUT	72	78			150	8		150		52T	123T		1,000

Year	Event	A	Pos	R1	R2	R3	R4	Tot	P/M	SBW	R2T	R3T	R1P	R2P	R3P	W
	US		30T	71	74	72	71	288	8	12	145	217	21T	43T	44T	30,055
2002	O		CUT	71	79			150	8		150		38T	131T		2,250
	PGA		CUT	74	76			150	6		150	0	53T	86T		2,000
2003	PGA		CUT	78	77			155	15		155	0	115T	121T		2,000
	US		CUT	76	70			146	6		146	0	125T	90T		1,000
2006	PGA		29T	74	70	74	67	285	-3	15	144	218	100T	62T	57T	41,100
	US		CUT	76	75			151	11		151		68T	73T		2,000
2007	M		30T	75	72	76	78	301	13	12	147	223	28T	15T	16T	43,085
	PGA		CUT	75	73			148	8		148		85T	94T		2,000
	US		51T	76	74	76	75	301	21	16	150	226	90T	51T	50T	20,282
2008	PGA		47T	73	73	77	71	294	14	17	146	223	43T	35T	61T	18,070
	US		CUT	76	79			155	13		155		85T	117T		2,000
Wilson, F.																
1881	O	A	UNK													
Wilson, George J.																
1966	O		CUT	78	80			158	16		158		89T	106T		
1967	O		CUT	77	77			154	10		154		86T	92T		
Wilson, Harry																
1921	O		78T	80	82	90	81	333		37	162	252	53T	63T	82	
Wilson, Henry																
1877	O		UNK													
1879	O		WD													
1884	O		WD													
Wilson, J.																
1901	O		WD	99				99								
Wilson, James (earlier, USA)																
1916	US		37T	79	79	74	77	309	21	23	158	232	45T	49T	36T	
Wilson, James (later, Scotland)																
1955	O		CUT	79	77			156	12		156		88T	88T		
Wilson, James Croall																
1939	O	A	CUT	74	78			152	6		152		26T	46T		
1946	O	A	25T	78	76	81	78	313	21	23	154	235	32T	28T	29T	
1950	O	A	35	72	76	79	72	299	19	20	148	227	10T	31T	35	
1953	O	A	CUT	78	82			160	16		160		41T	74T		
Wilson, James W.																
1946	US	A	CUT	76	82			158	14		158		57T	119T		
Wilson, Jeffrey																
1982	US	A	CUT	78	75			153	9		153		78T	76T		
1990	US		CUT	80	67			147	3		147		147T	78T		1,000
2000	US		59	74	72	82	76	304	20	32	146	228	53T	26T	57T	
2008	US	A	CUT	78	81			159	17		159		112T	134T		
Wilson, John (earlier, Scotland)																
1900	O		CUT	100	92			192			192		80	74		
Wilson, John (later, USA)																
1991	US		CUT	78	72			150	6		150		123T	87T		1,000
1996	PGA		CUT	74	75			149	5		149		94T	110T		1,300
Wilson, Mark Joseph																
1998	US		CUT	74	76			150	10		150		56T	89T		1,000
2007	PGA		CUT	69	77			146	6		146		6T	73T		2,000
Wilson, Oliver																
2006	US		CUT	80	76			156	16		156		135T	128T		2,000
2007	O		CUT	80	72			152	10		152		149	124T		2,375
2008	O		CUT	77	74			151	11		151		91T	102T		5,286
	PGA		CUT	78	77			155	15		155		124T	125T		2,500
	US		36T	72	71	74	76	293	9	10	143	217	19T	14T	15T	35,709
Wilson, Percy																
1878	O	A	WD													
1887	O	A	20T	90	92			182		21						
Wilson, Peter																
1977	O	A	CUT	77	79			156	16		156		93T	131T		
Wilson, Reginald George W.																
1906	O		CUT	82	82			164			164					
1908	O		46T	77	85	82	83	327		36	162	244	15T	47T	43T	
1910	O		CUT	81	84			165			165					

Year	Event	A	Pos	R1	R2	R3	R4	Tot	P/M	SBW	R2T	R3T	R1P	R2P	R3P	W
1912	O		7T	82	75	75	78	310		15	157	232	38T	17T	9T	3
1913	O		34T	80	83	88	77	328		24	163	251	32T	39T	40T	
1914	O		6	76	77	80	80	313		7	153	233	7T	4	4T	8
1920	O		21T	76	82	78	84	320		17	158	236	5T	7T	9	
1921	O		41T	80	77	78	79	314		18	157	235	53T	35T	38T	
1922	O		36T	75	84	82	77	318		18	159	241	4T	28T	41T	
1923	O		29T	78	77	75	79	309		14	155	230				
1925	O		48T	79	86	80	86	331	43	31	165	245	26T	54T	43T	
1927	O		CUT	81	77			158	12		158		93T	76T		
1928	O		23T	82	73	77	80	312	24	20	155	232	66T	23T	17T	
1929	O		CUT	83	85			168	16		168		95T	103		
1933	O		CUT	78	80			158	12		158		86T	100T		
Wilson, Robert																
1919	US		CUT	93	86			179	37		179		116T	103		
Wilson, Robert Black "Buff"																
1888	O		UNK													
1890	O		22	91	96			187		23						
1893	O		33	81	91	93	83	348		26	172	265	4T	20T	41T	
1895	O		WD	94	93			187			187		54T			
1896	US		9	82	80			162		10			10T			
1897	US		11T	83	91			174		12			4T			
1899	US		36T	87	88	89	93	357		42	175	264	23T	27T	27T	
Wilson, "Sandy"																
1962	O	A	CUT	85	77			162	18		162		115	107T		
1965	O		CUT	80	76			156	10		156		109T	100T		
1966	O		55T	76	74	76	81	307	23	25	150	226	61T	55T	46T	37
1968	O		27T	73	81	74	74	302	14	13	154	228	9T	55T	40T	168
1969	O		CUT	82	83			165	23		165		122T	125		
1972	O		CUT	79	79			158	16		158		118T	127T		50
1975	O		CUT	82	75			157	13		157		143T	135T		100
Wilson, Stuart																
2001	O	A	CUT	77	70			147	5		147		135T	94T		
2004	O	A	63T	68	75	77	76	296	12	22	143	220	4T	37T	66T	
2005	M		CUT	82	82			164	20		164		85T	89		5,000
Wilson, Tom																
1925	O		52T	77	90	79	86	332	44	32	167	246	14T	63T	45T	
1926	O		WD	73				73	1				6T			
1927	O		CUT	78	78			156	10		156		62T	63T		
1931	O		WD	83				83	9				92T			
1946	O		CUT	87	84			171	27		171		97T	99		
Wiltshire, Mark																
1986	O		CUT	85	84			169	29		169		139T	149		400
1987	O		CUT	78	77			155	13		155		134T	142T		400
Wiman, Charles E.																
1926	US		WD	85				85	13				128T			
Winchester, Roger																
1987	O	A	CUT	73	75			148	6		148		64T	88T		
Winders, N.																
1930	O		CUT	85	77			162	18		162		103T	85T		
Wingate, Charles Henry																
1906	O		WD	85				85								
Wingate, Frank																
1897	O		46	92	88	92	87	359		45	180	272				
Wingate, John C. H.																
1898	O	A	CUT	88	86			174			174		58T	48T		
Wingate, Sydney																
1920	O		7T	81	74	76	82	313		10	155	231	33T	4T	4T	8
1923	O		12T	80	75	74	75	304		9	155	229				
1924	O		22T	79	79	82	76	316		15	158	240	27T	26T	30T	
1925	O		6T	74	78	80	78	310	22	10	152	232	2T	4T	7T	7
1926	O		CUT	78	82			160	18		160		30T	62T		
1928	O		23T	75	82	79	76	312	24	20	157	236	4T	35T	34T	
Wininger, Francis G. "Bo"																
1951	US	A	29T	75	71	77	79	302	22	15	146	223	27T	3	12T	
1952	US		24T	78	72	69	79	298	18	17	150	219	85T	34T	8T	100

Year	Event	A	Pos	R1	R2	R3	R4	Tot	P/M	SBW	R2T	R3T	R1P	R2P	R3P	W
1953	M		29T	80	70	72	75	297	9	23	150	222	61T	39T	30T	200
1954	US		40T	74	77	76	77	304	24	20	151	227	21T	41T	40T	180
1955	M		66	81	74	81	84	320	32	41	155	236	64T	50T	61T	250
	US		47T	75	79	75	84	313	33	26	154	229	13T	40T	25T	180
1956	US		48T	74	75	77	80	306	26	25	149	226	27T	39T	44T	200
1957	US		21	70	71	76	76	293	13	11	141	217	6T	5T	11T	300
1958	M		17T	69	73	71	79	292	4	8	142	213	2T	4T	4T	975
	PGA		16T	76	73	69	73	291	11	15	149	218	67T	38T	19T	740
	US		27T	78	74	74	74	300	20	17	152	226	58T	28T	29T	200
1959	M		18T	75	70	72	75	292	4	8	145	217	33T	10T	10T	1,300
	PGA		49T	77	73	71	73	294	14	17	150	221	119T	84T	59T	200
	US		19T	71	73	72	78	294	14	12	144	216	6T	12T	11T	300
1960	M		CUT	79	75			154	10		154		73T	65T		350
	PGA		29T	73	77	71	74	295	15	14	150	221	34T	68T	30T	450
1962	US		17T	73	74	69	78	294	10	11	147	216	15T	23T	8T	800
1963	M		8	69	72	77	72	290	2	4	141	218	1T	4T	6T	2,400
	PGA		27T	75	71	71	73	290	6	11	146	217	65T	30T	21T	559
1964	M		21T	74	71	69	76	290	2	14	145	214	33T	21T	7	1,100
	PGA		7	69	68	73	70	280	0	9	137	210	10T	3T	5T	3,200
1965	M		26T	70	72	75	76	293	5	22	142	217	12T	8	14T	1,075
	PGA		4	73	72	72	66	283	-1	3	145	217	30T	17T	13T	8,000
1966	M		CUT	77	77			154	10		154		58T	65T		1,000
	PGA		58T	76	75	75	73	299	19	19	151	226	77T	67T	62T	340

Winks, Charles A.

Year	Event	A	Pos	R1	R2	R3	R4	Tot	P/M	SBW	R2T	R3T	R1P	R2P	R3P	W
1936	O		CUT	92	76			168	20		168		107	104T		
1938	O		CUT	77	73			150	10		150		67T	43T		
1946	O		CUT	87	86			173	29		173		97T	100		

Winney, Jack E.

Year	Event	A	Pos	R1	R2	R3	R4	Tot	P/M	SBW	R2T	R3T	R1P	R2P	R3P	W
1941	US		CUT	83	77			160	20		160		141T	96T		

Winter, Alpheus P., Jr.

Year	Event	A	Pos	R1	R2	R3	R4	Tot	P/M	SBW	R2T	R3T	R1P	R2P	R3P	W
1950	US	A	CUT	78	82			160	20		160		99T	123T		

Winter, Bryan

Year	Event	A	Pos	R1	R2	R3	R4	Tot	P/M	SBW	R2T	R3T	R1P	R2P	R3P	W
1931	US	A	CUT	83	78			161	19		161		108T	82T		

Winton, Thomas Stanley "Stanley"

Year	Event	A	Pos	R1	R2	R3	R4	Tot	P/M	SBW	R2T	R3T	R1P	R2P	R3P	W
1937	O	A	CUT	81	85			166	22		166		92T	121T		

Winton, William M.

Year	Event	A	Pos	R1	R2	R3	R4	Tot	P/M	SBW	R2T	R3T	R1P	R2P	R3P	W
1901	O		CUT	91	92			183			183					
1903	O		CUT	91	89			180			180					
1904	O		CUT	91	85			176			176					
1905	O		WD	91				91								

Wintz, Gary

Year	Event	A	Pos	R1	R2	R3	R4	Tot	P/M	SBW	R2T	R3T	R1P	R2P	R3P	W
1981	PGA		CUT	76	76			152	12		152		107T	110T		550

Wipperman, Charles

Year	Event	A	Pos	R1	R2	R3	R4	Tot	P/M	SBW	R2T	R3T	R1P	R2P	R3P	W
1957	PGA		128T													50
	US		CUT	77	74			151	11		151		74T	54T		
1958	PGA		CUT	78	80			158	18		158		92T	124T		
1959	PGA		CUT	77	75			152	12		152		119T	108T		
1960	PGA		CUT	80	77			157	17		157		148T	135T		

Wiratchant, Thaworn

Year	Event	A	Pos	R1	R2	R3	R4	Tot	P/M	SBW	R2T	R3T	R1P	R2P	R3P	W
2006	O		31T	71	68	74	72	285	-3	15	139	213	50T	9T	39T	24,500

Wise, Larry M.

Year	Event	A	Pos	R1	R2	R3	R4	Tot	P/M	SBW	R2T	R3T	R1P	R2P	R3P	W
1964	PGA		CUT	79	76			155	15		155		139T	117T		
1968	PGA		45T	75	71	74	74	294	14	13	146	220	65T	27T	40T	535
1970	PGA		CUT	76	77			153	13		153		78T	85T		
1971	US		CUT	73	79			152	12		152		54T	95T		500
1972	PGA		20T	74	71	67	78	290	10	9	145	212	54T	25T	6T	2,385
1973	US		34T	74	73	76	73	296	12	17	147	223	31T	30T	40T	1,110

Wise, Paul

Year	Event	A	Pos	R1	R2	R3	R4	Tot	P/M	SBW	R2T	R3T	R1P	R2P	R3P	W
1983	PGA		CUT	77	72			149	7		149		127T	92T		1,000
1984	PGA		CUT	76	76			152	8		152		87T	93T		1,000
1986	PGA		CUT	84	72			156	14		156		149T	139T		1,000

Wise, William Singleton

Year	Event	A	Pos	R1	R2	R3	R4	Tot	P/M	SBW	R2T	R3T	R1P	R2P	R3P	W
1946	O	A	CUT	79	83			162	18		162		39T	69T		

Wisz, Gerald E. "Jerry"

Year	Event	A	Pos	R1	R2	R3	R4	Tot	P/M	SBW	R2T	R3T	R1P	R2P	R3P	W
1980	US		CUT	74	79			153	13		153		72T	109T		600
1994	PGA		CUT	74	77			151	11		151		80T	123T		1,200

Year	Event	A	Pos	R1	R2	R3	R4	Tot	P/M	SBW	R2T	R3T	R1P	R2P	R3P	W
Wither, John																
1995	O		CUT	75	78			153	9		153		116T	141T		650
Witt, Frank																
1962	PGA		CUT	77	85			162	22		162		108T	157T		
Witt, Mark																
1975	US		CUT	75	77			152	10		152		52T	81T		500
Wittenberg, Casey																
2004	M	A	13T	76	72	71	69	288	0	9	148	219	53T	32T	20T	
	US	A	36T	71	71	75	79	296	16	20	142	217	30T	23T	43T	
2005	M		33T	72	72	74	76	294	6	18	144	218	14T	11T	26T	39,620
	US		CUT	75	78			153	13		153		75T	122T		2,000
2008	US		CUT	72	78			150	8		150		19T	81T		2,000
Wittenberg, James A.																
1947	US	A	CUT	75	81			156	14		156		60T	98T		
Wittenberg, James A. "Jimmy," Jr.																
1977	US		CUT	77	74			151	11		151		105T	84T		500
1978	US		CUT	74	78			152	10		152		25T	75T		600
Wogan, Eugene F. "Skip"																
1919	US		WD	82	84			166	24		166	0	38T	53T		
Wolcott, Bob Evans, Jr.																
1991	PGA		63T	73	71	79	72	295	7	19	144	223	58T	29T	71T	2,400
1992	US		51T	76	70	74	78	298	10	13	146	220	101T	36T	44T	6,370
Wolf, Erik J.																
2007	PGA		CUT	83	77			160	20		160		152T	150		2,000
Wolfe, Robert																
1966	US		36T	77	72	76	74	299	19	21	149	225	86T	34T	46T	790
1974	PGA		CUT	73	81			154	14		154		43T	104T		
Wolff, Clarence L.																
1926	US	A	CUT	78	83			161	17		161		46T	70T		
1927	US	A	CUT	89	86			175	31		175		117T	113T		
1928	US	A	59T	75	78	79	85	317	33	23	153	232	22T	29T	33T	
Wolff, Gregg																
1991	PGA		CUT	81	81			162	18		162		142T	143T		1,000
Wolff, Randy																
1970	US		18T	78	67	76	75	296	8	15	145	221	51T	3T	8T	1,675
Wollmann, Chris																
1996	M	A	CUT	79	79			158	14		158		85T	86		
1997	US		CUT	75	74			149	9		149		93T	93T		1,000
Wolstenholme, Gary Peter																
1992	M	A	CUT	72	79			151	7		151		36T	78T		
	O	A	CUT	77	76			153	11		153		150T	151T		
2003	O	A	CUT	74	82			156	14		156		35T	122T		
2004	M	A	CUT	77	76			153	9		153		67T	79T		
2008	US	A	CUT	83	82			165	23		165		147T	150		
Wolstenholme, Guy Bertram																
1954	O	A	CUT	78	79			157	11		157		68T	83		
1959	O	A	16T	78	70	73	70	291	3	7	148	221	69T	38T	29T	
1960	O	A	6	74	70	71	68	283	-9	5	144	215	31T	13T	8T	
1961	O		32T	72	80	77	75	304	16	20	152	229	25T	34T	38T	
1962	O		24T	78	74	76	72	300	12	24	152	228	65T	33T	32T	
1963	O		CUT	76	74			150	10		150		59T	48T		
1964	O		CUT	82	80			162	18		162		86T	98T		
1965	O		17T	72	75	77	72	296	4	11	147	224	6T	23T	30T	103
1966	O		37T	73	76	73	78	300	16	18	149	222	15T	41T	30T	88
1967	O		13T	74	71	73	71	289	1	11	145	218	41T	16T	22T	195
1968	O		CUT	78	76	75		229	13		154	229	62T	55T	46T	
1969	O		11T	70	71	76	72	289	5	9	141	217	7T	6T	13T	657
1970	O		22T	68	77	72	77	294	6	11	145	217	8T	34T	20T	283
1971	O		33T	75	72	73	73	293	1	15	147	220	61T	36T	29T	218
1973	O		39T	77	72	75	72	296	8	20	149	224	77T	43T	55T	173
1976	O		17T	76	72	71	73	292	4	13	148	219	52T	39T	11T	963
1977	O		CUT	82	72			154	14		154		142T	110T		150
1978	O		39T	73	74	71	75	293	5	12	147	218	41T	59T	29T	405
1979	O		57T	77	75	71	80	303	19	20	152	223	77T	67T	33T	450

Year	Event	A	Pos	R1	R2	R3	R4	Tot	P/M	SBW	R2T	R3T	R1P	R2P	R3P	W
Wolveridge, Michael																
1963	O		CUT	76	75			151	11		151		59T	59T		
Womack, Dave																
2007	M	A	CUT	84	81			165	21		165		93	93T		
Wood, Chris																
2008	O	A	5T	75	70	73	72	290	10	7	145	218	52T	22T	9T	
Wood, Craig Ralph																
1925	US		WD	81	78			159	17		159		63T	59T		
1927	US		CUT	80	85			165	21		165		36T	72T		
1928	US		46T	79	70	82	81	312	28	18	149	231	63T	11T	30T	
1929	PGA		8T													
	US		16T	79	71	80	78	308	20	14	150	230	60T	9T	17T	60
1930	US		9T	73	75	72	80	300	8	13	148	220	10T	11T	7	138
1932	PGA		32T													85
	US		14T	79	71	79	73	302	22	16	150	229	30T	6T	20T	63
1933	O		2PO	77	72	68	75	292	0	-1	149	217	72T	34T	6T	75
	US		3	73	74	71	72	290	2	3	147	218	2T	5T	3	750
1934	M		2	71	74	69	71	285	-3	1	145	214	4T	7T	3T	800
	PGA		2PO													
	US		DQ	75	73			148	8		148		13T	8T		
1935	M		2PO	69	72	68	73	282	-6	-2	141	209	5	6	1	800
	US		21T	76	80	79	77	312	24	13	156	235	21T	29T	26T	
1936	M		20T	88	67	69	76	300	12	15	155	224	51T	30T	18T	
	PGA		3T													
	US		66T	71	80	78	78	307	19	25	151	229	10T	60T	64T	
1937	M		26T	79	77	74	71	301	13	18	156	230	42T	42T	38	
	PGA		32T													
	US		36T	78	71	73	76	298	10	17	149	222	83T	35T	27T	
1938	M		34T	73	75	83	75	306	18	21	148	231	12T	18T	33T	
1939	M		6	72	73	71	68	284	-4	5	145	216	6T	9T	7	300
	US		2PO	70	71	71	72	284	8	-1	141	212	5T	3	2T	800
1940	M		7T	70	75	67	76	288	0	8	145	212	5T	10T	3T	200
	PGA		32T													
	US		4	72	73	72	72	289	1	2	145	217	13T	11T	9T	600
1941	M		1	66	71	71	72	280	-8	-2	137	208	1	1	1	1,500
	PGA		32T													
	US		1	73	71	70	70	284	4	-3	144	214	16T	1T	1	1,000
1942	M		23T	72	75	82	73	302	14	22	147	229	10T	15T	30T	
	PGA		8T													
1944	PGA		16T													350
1946	M		WD	83				83	11				50			
	US		CUT	78	75			153	9		153		93T	71T		
1947	M		53T	78	80	75	78	311	23	30	158	233	53T	57	55T	
	US		WD													
1948	M		43T	77	80	77	71	305	17	26	157	234	44T	53T	50T	
	US		CUT	76	75			151	9		151		91T	75T		
1949	M		34	81	75	72	73	301	13	19	156	228	52T	49T	39T	
	PGA		64T													100
	US		27T	76	73	76	73	298	14	12	149	225	55T	38T	39T	71
1950	US		CUT	77	76			153	13		153		89T	75T		
1951	US		47T	76	72	82	77	307	27	20	148	230	40T	9T	49T	100
1952	M		59	73	81	80	80	314	26	28	154	234	24T	54T	56T	200
1953	M		62	81	78	76	80	315	27	41	159	235	65T	65T	64	200
1954	M		71	87	80	78	75	320	32	31	167	245	76	74	73	250
1955	M		62	81	81	79	76	317	29	38	162	241	64T	68T	66T	250
1956	M		70	76	80	78	88	322	34	33	156	234	47T	59T	54T	300
1957	M		CUT	82	77			159	15		159		93T	87T		300
1958	M		CUT	82	77			159	15		159		80T	75T		350
1959	M		CUT	83	81			164	20		164		80T	81		350
1960	M		WD	80				80	8				73T			350
1961	M		CUT	80	80			160	16		160		73T	75T		400
1963	M		WD													500
1964	M		WD													700
Wood, Daniel Phillip																
1992	PGA		CUT	76	74			150	8		150		111T	92T		1,200
Wood, John, II																
1947	US	A	CUT	88	82			170	28		170		159	144		
Wood, Larry E.																
1966	US		CUT	79	82			161	21		161		122T	136T		300
1971	PGA		22T	74	71	72	74	291	3	10	145	217	48T	27T	18T	2,088

Year	Event	A	Pos	R1	R2	R3	R4	Tot	P/M	SBW	R2T	R3T	R1P	R2P	R3P	W
	US		CUT	78	76			154	14		154		126T	107T		500
1972	US		CUT	82	80			162	18		162		120T	121T		500
1973	US		52T	79	71	76	74	300	16	21	150	226	103T	55T	53T	880
Wood, Norman D.																
1970	O		50T	73	73	77	78	301	13	18	146	223	64T	44T	53T	125
1971	O		CUT	78	75			153	7		153		107T	91T		
1972	O		50T	74	78	71	75	298	14	20	152	223	35T	78T	42T	130
1973	O		CUT	79	75			154	10		154		105T	99T		50
1974	O		54T	74	78	78	78	308	24	26	152	230	19T	32T	47T	125
1975	O		40T	74	74	71	74	293	5	14	148	219	55T	63T	45T	218
1976	O		CUT	75	78			153	9		153		38T	85T		100
1977	O		CUT	76	78			154	14		154		82T	110T		150
Wood, Ron																
1979	O		CUT	83	84			167	25		167		141T	150		200
Wood, Simon J.																
1983	O	A	CUT	78	76			154	12		154		130T	127T		
1984	O	A	CUT	76	76			152	8		152		120T	132T		
Wood, Taylor																
2006	US		CUT	74	78			152	12		152		39T	82T		2,000
Wood, Thorne																
1958	PGA		53T	77	75	70	80	302	22	26	152	222	81T	59T	36T	100
1959	PGA		CUT	74	72	80		226	16		146	226	56T	43T	84T	
1960	US		CUT	76	85			161	19		161		82T	141T		
Wood, Walter W.																
1955	US	A	CUT	83	86			169	29		169		121T	134T		
1959	US	A	CUT	86	77			163	23		163		149	140T		
Wood, Warren K.																
1906	US	A	31	78	85	81	83	327		32	163	244	12T	33T	28T	
Wood, Warren Kenneth																
1914	US	A	22T	77	73	77	78	305	17	15	150	227	25T	12T	17T	
Wood, Wendell E.																
1955	US		CUT	82	81			163	23		163		112T	112T		
Wood, Willard																
1970	PGA		CUT	79	75			154	14		154		108T	92T		
Wood, William West "Willie"																
1980	US	A	CUT	72	78			150	10		150		30T	86T		
1982	M	A	41T	78	75	73	76	302	14	18	153	226	47T	36T	40T	
	US	A	CUT	78	78			156	12		156		78T	102T		
1985	PGA		23T	71	73	74	69	287	-1	9	144	218	32T	29T	40T	5,260
	US		CUT	77	70			147	7		147		115T	67T		600
1986	PGA		CUT	76	78			154	12		154		118T	134T		1,000
1992	US		17T	70	75	75	74	294	6	9	145	220	7T	29T	44T	18,069
1993	US		CUT	73	73			146	6		146		99T	106T		1,000
1996	PGA		65T	70	75	71	75	291	3	14	145	216	21T	60T	45T	3,913
1997	M		12T	72	76	71	68	287	-1	17	148	219	8T	28T	24T	52,920
1998	M		21T	74	74	70	70	288	0	9	148	218	25T	27T	23T	38,400
	US		CUT	80	70			150	10		150		138T	89T		1,000
1999	M		CUT	79	72			151	7		151		87T	66T		5,000
2001	US		CUT	75	81			156	16		156	0	88T	136T		1,000
Woodard, Stephen																
2006	US		CUT	79	77			156	16		156		127T	128T		2,000
Woodard, Thomas M.																
1988	US		CUT	82	77			159	17		159		148T	144T		1,000
1991	PGA		CUT	84	76			160	16		160		150	140T		1,000
1993	US		CUT	72	76			148	8		148		76T	118T		1,000
Woodland, Jeffrey E.																
1989	O		39T	74	67	75	71	287	-1	12	141	216	81T	18T	47T	4,100
1990	O		CUT	73	71			144	0		144		81T	73T		550
Woodman, Don																
1968	O		CUT	85	82			167	23		167		124T	126		
Woodman, J.																
1948	O		CUT	75	78			153	17		153		34T	54T		

Woods, Eldrick Tont "Tiger"

Year	Event	A	Pos	R1	R2	R3	R4	Tot	P/M	SBW	R2T	R3T	R1P	R2P	R3P	W
1995	M	A	41T	72	72	77	72	293	5	19	144	221	34T	38T	46T	
	O	A	68T	74	71	72	78	295	7	13	145	217	100T	56T	39T	
	US	A	WD	74				74	4				83T			
1996	M	A	CUT	75	75			150	6		150		57T	60T		
	O	A	22T	75	66	70	70	281	-3	10	141	211	124T	35T	29T	
	US	A	82T	76	69	77	72	294	14	16	145	222	115T	56T	95T	
1997	M		1	70	66	65	69	270	-18	-12	136	201	4	1	1	486,000
	O		24T	72	74	64	74	284	0	12	146	210	17T	49T	8T	10,362
	PGA		29T	70	70	71	75	286	6	17	140	211	23T	16T	5T	13,625
	US		19T	74	67	73	72	286	6	10	141	214	80T	9T	21T	31,915
1998	M		8T	71	72	72	70	285	-3	6	143	215	5T	4T	10T	89,600
	O		3	65	73	77	66	281	1	1	138	215	1T	2T	6T	135,000
	PGA		10T	66	72	70	71	279	-1	8	138	208	1	5T	6T	69,000
	US		18T	74	72	71	73	290	10	10	146	217	56T	38T	18T	41,833
1999	M		18T	72	72	70	75	289	1	9	144	214	20T	18T	13T	52,160
	O		7T	74	72	74	74	294	10	4	146	220	11T	4T	4T	50,000
	PGA		1	70	67	68	72	277	-12	-1	137	205	10T	3	1T	630,000
	US		3T	68	71	72	70	281	1	2	139	211	5T	4T	3T	196,792
2000	M		5	75	72	68	69	284	-4	6	147	215	39T	39T	5T	184,000
	O		1	67	66	67	69	269	-19	-8	133	200	2T	1	1	500,000
	PGA		1PO	66	67	70	67	270	-18	-5	133	203	1T	1	1	900,000
	US		1	65	69	71	67	272	-12	-15	134	205	1	1	1	800,000
2001	M		1	70	66	68	68	272	-16	-2	136	204	15T	2T	1	1,008,000
	O		25T	71	68	73	71	283	-1	9	139	212	34T	9T	28T	27,500
	PGA		29T	73	67	69	70	279	-1	14	140	209	101T	57T	32T	29,437
	US		12T	74	71	69	69	283	3	7	145	214	63T	43T	23T	91,734
2002	M		1	70	69	66	71	276	-12	-3	139	205	7T	4T	1T	1,008,000
	O		28T	70	68	81	65	284	0	6	138	219	23T	9T	67T	24,000
	PGA		2	71	69	72	67	279	-9	1	140	212	11T	6T	4T	594,000
	US		1	67	68	70	72	277	-3	-3	135	205	1	1	1	1,000,000
2003	M		15T	76	73	66	75	290	2	9	149	215	42T	43T	5T	93,000
	O		4T	73	72	69	71	285	1	2	145	214	19T	11T	3T	185,000
	PGA		39T	74	72	73	73	292	12	16	146	219	58T	39T	43T	22,000
	US		20T	70	66	75	72	283	3	11	136	211	25T	5T	24T	64,170
2004	M		22T	75	69	75	71	290	2	11	144	219	44T	14T	20T	70,200
	O		9T	70	71	68	72	281	-3	7	141	209	26T	17T	7T	89,500
	PGA		24T	75	69	69	73	286	-1	7	144	213	104T	44T	25T	46,714
	US		17T	72	69	73	76	290	10	14	141	214	40T	18T	19T	98,477
2005	M		1PO	74	66	65	71	276	-12	-7	140	205	33T	3	1	1,260,000
	O		1	66	67	71	70	274	-14	-5	133	204	1	1	1	720,000
	PGA		4T	75	69	66	68	278	-2	2	144	210	113T	62T	20T	286,000
	US		2	70	71	72	69	282	2	2	141	213	10T	10T	7T	700,000
2006	M		3T	72	71	71	70	284	-4	3	143	214	19T	10T	4T	315,700
	O		1	67	65	71	67	270	-18	-2	132	203	2T	1	1	720,000
	PGA		1	69	68	65	68	270	-18	-5	137	202	10T	5T	1T	1,224,000
	US		CUT	76	76			152	12		152		68T	82T		2,000
2007	M		2T	73	74	72	72	291	3	2	147	219	15T	15T	2T	541,333
	O		12T	69	74	69	70	282	-2	5	143	212	8T	20T	15T	58,571
	PGA		1	71	63	69	69	272	-8	-2	134	203	23T	1	1	1,260,000
	US		2T	71	74	69	72	286	6	1	145	214	5T	13T	2	611,336
2008	M		2	72	71	68	72	283	-5	3	143	211	19T	13T	5	810,000
	US		1PO	72	68	70	73	283	-1		140	210	19T	2T	1	1,350,000

Woods, H.

Year	Event	A	Pos	R1	R2	R3	R4	Tot	P/M	SBW	R2T	R3T	R1P	R2P	R3P	W
1900	O		WD	93				93					70T			
1904	O		CUT	91	89			180			180					
1905	O		UNK													

Woodward, Arthur B.

Year	Event	A	Pos	R1	R2	R3	R4	Tot	P/M	SBW	R2T	R3T	R1P	R2P	R3P	W
1912	US		46T	79	86	79	82	326	38	32	165	244	44T	72T	50T	

Woodward, Harvey E.

Year	Event	A	Pos	R1	R2	R3	R4	Tot	P/M	SBW	R2T	R3T	R1P	R2P	R3P	W
1957	US	A	CUT	84	81			165	25		165		151T	145		

Woodward, James Manson

Year	Event	A	Pos	R1	R2	R3	R4	Tot	P/M	SBW	R2T	R3T	R1P	R2P	R3P	W
1987	PGA		61T	79	72	69	82	302	14	15	151	220	106T	59T	22T	1,740
	US		17T	71	74	72	69	286	6	9	145	217	18T	56T	47T	9,747
2000	PGA		CUT	78	77			155	11		155		123T	129T		2,000
2001	PGA		CUT	77	73			150	10		150	0	135T	128T		2,000

Woodward, Len

Year	Event	A	Pos	R1	R2	R3	R4	Tot	P/M	SBW	R2T	R3T	R1P	R2P	R3P	W
1960	US		CUT	77	76			153	11		153		98T	97T		
1961	O		CUT	73	81			154	10		154		35T	49T		

Year	*Event*	*A*	*Pos*	*R1*	*R2*	*R3*	*R4*	*Tot*	*P/M*	*SBW*	*R2T*	*R3T*	*R1P*	*R2P*	*R3P*	*W*
Woolbank, T. J. "Tim"																
1967	O		CUT	78	73			151	7		151		101T	65T		
1968	O		CUT	78	79			157	13		157		62T	81T		
Wooliscroft, Harold W.																
1930	O		CUT	87	84			171	27		171		108	105		
Woollam, John																
1936	O	A	44T	75	81	77	77	310	14	23	156	233	23T	57T	47T	
Woolley, Frank A.																
1911	O		CUT	86	79			165			165		157T	100T		
Woosnam, Ian Harold																
1982	O		CUT	78	73	80		231	15		151	231	95T	61T	81T	375
1983	O		CUT	77	73			150	8		150		120T	106T		250
1984	O		CUT	72	69	79		220	4		141	220	38T	13T	64T	610
1985	O		16T	70	71	71	75	287	7	5	141	212	12T	6T	3T	7,900
1986	O		3T	70	74	70	72	286	6	6	144	214	1	6T	3T	35,000
	PGA		30T	72	70	75	71	288	4	12	142	217	46T	17T	49T	4,000
1987	O		8T	71	69	72	72	284	0	5	140	212	28T	16T	12T	18,666
	PGA		CUT	86	75			161	17		161		145T	123T		1,000
1988	M		CUT	81	74			155	11		155		79T	62T		1,500
	O		25T	76	71	72	69	288	4	15	147	219	83T	45T	36T	5,500
	PGA		CUT	78	79			157	15		157	0	123T	138T		1,000
1989	M		14T	74	76	71	69	290	2	7	150	221	26T	37T	24T	19,450
	O		49T	74	72	73	71	290	2	15	146	219	81T	69T	68T	3,400
	PGA		6	68	70	70	71	279	-9	3	138	208	6T	9T	6T	40,000
	US		2T	70	68	73	68	279	-1	1	138	211	22T	5T	9T	67,823
1990	M		30T	72	75	70	76	293	5	15	147	217	20T	34T	19T	8,133
	O		4T	68	69	70	69	276	-12	6	137	207	4T	5T	6T	40,000
	PGA		31T	74	75	70	78	297	9	15	149	219	41T	49T	10T	6,500
	US		21T	70	70	74	72	286	-2	6	140	214	12T	7T	28T	12,843
1991	M		1	72	66	67	72	277	-11	-1	138	205	31T	2T	1	243,000
	O		17T	70	72	69	70	281	1	9	142	211	18T	28T	12T	10,055
	PGA		48T	67	72	76	76	291	3	15	139	215	1T	4T	19T	3,175
	US		55T	73	68	79	80	300	12	18	141	220	45T	8T	30T	5,165
1992	M		19T	69	66	73	75	283	-5	8	135	208	7T	1T	5T	17,550
	O		5T	65	73	70	71	279	-5	7	138	208	3T	11T	10T	30,072
	PGA		CUT	73	80			153	11		153		52T	116T		1,200
	US		6T	72	72	69	79	292	4	7	144	213	30T	23T	2T	32,316
1993	M		17T	71	74	73	69	287	-1	10	145	218	22T	41T	35T	24,650
	O		51T	72	71	72	70	285	5	18	143	215	84T	64T	62T	4,356
	PGA		22T	70	71	68	72	281	-3	9	141	209	36T	36T	22T	14,500
	US		52T	70	74	72	70	286	6	14	144	216	19T	72T	71T	6,526
1994	M		46T	76	73	77	75	301	13	22	149	226	52T	42T	45T	6,000
	O		CUT	79	73			152	12		152		152	144T		600
	PGA		9T	68	72	73	66	279	-1	10	140	213	3T	14T	34T	41,000
	US		CUT	77	75			152	10		152		104T	116T		1,000
1995	M		17T	69	72	71	73	285	-3	11	141	212	9T	19T	19T	28,786
	O		49T	71	74	76	71	292	4	10	145	221	34T	56T	78T	6,350
	PGA		CUT	71	72			143	1		143		58T	73T		1,200
	US		21T	72	71	69	75	287	7	7	143	212	46T	30T	5T	20,085
1996	M		29T	72	69	73	80	294	6	18	141	214	33T	10T	9T	15,571
	O		CUT	75	72			147	5		147		124T	107T		650
	PGA		36T	68	72	75	71	286	-2	9	140	215	4T	8T	33T	9,050
	US		79T	72	72	74	75	293	13	15	144	218	43T	42T	54T	5,505
1997	M		39T	77	68	75	79	299	11	29	145	220	47T	16T	30T	11,610
	O		24T	71	73	69	71	284	0	12	144	213	11T	26T	18T	10,362
	PGA		CUT	77	72			149	9		149		125T	94T		1,300
	US		CUT	76	74			150	10		150		115T	108T		1,000
1998	M		16T	74	71	72	70	287	-1	8	145	217	25T	11T	20T	48,000
	O		57T	72	74	76	75	297	17	17	146	222	62T	65T	50T	6,264
	PGA		29T	70	75	67	72	284	4	13	145	212	21T	60T	24T	17,100
	US		CUT	72	79			151	11		151		24T	101T		1,000
1999	M		14T	71	74	71	72	288	0	8	145	216	12T	22T	25T	70,000
	O		24T	76	74	74	74	298	14	8	150	224	37T	21T	18T	15,300
	PGA		CUT	73	74			147	3		147		58T	75T		1,750
2000	M		40T	74	70	76	75	295	7	17	144	220	32T	18T	31T	17,480
	O		68T	72	72	73	75	292	4	23	144	217	50T	60T	64T	7,075
	PGA		CUT	73	75			148	4		148		42T	81T		2,000
2001	M		CUT	71	77			148	4		148		21T	59T		5,000
	O		3T	72	68	67	71	278	-6	4	140	207	52T	17T	1T	141,667
	PGA		51T	71	70	73	68	282	2	17	141	214	70T	69T	70T	11,343
2002	M		CUT	77	78			155	11		155		72T	79		5,000

Year	Event	A	Pos	R1	R2	R3	R4	Tot	P/M	SBW	R2T	R3T	R1P	R2P	R3P	W
	O		37T	72	72	73	68	285	1	7	144	217	60T	68T	54T	16,917
	PGA		CUT	77	73			150	6		150	0	105T	86T		2,000
2003	M		CUT	80	74			154	10		154		79T	62T		5,000
	O		72T	73	75	80	75	303	19	20	148	228	19T	35T	72T	8,450
2004	M		CUT	76	75			151	7		151		53T	67T		5,000
	PGA		CUT	79	74			153	10		153	0	144T	126T		2,000
2005	M		CUT	78	78			156	12		156		74T	82T		5,000
	O		CUT	73	75			148	4		148		56T	100T		2,500
2006	M		CUT	77	72			149	5		149		65T	48T		5,000
2007	M		WD													5,000
2008	M		44	75	71	76	78	300	12	20	146	222	52T	29T	40T	26,250

Worley, Curtis, Jr.

Year	Event	A	Pos	R1	R2	R3	R4	Tot	P/M	SBW	R2T	R3T	R1P	R2P	R3P	W
1980	O		CUT	75	77			152	10		152		58T	104T		225

Wormstead, Rolie

Year	Event	A	Pos	R1	R2	R3	R4	Tot	P/M	SBW	R2T	R3T	R1P	R2P	R3P	W
1960	PGA		CUT	86	82			168	28		168		182	181		

Worrell, Joe

Year	Event	A	Pos	R1	R2	R3	R4	Tot	P/M	SBW	R2T	R3T	R1P	R2P	R3P	W
1957	US		CUT	81	78			159	19		159		137T	121T		

Worsham, Lewis Elmer, Jr.

Year	Event	A	Pos	R1	R2	R3	R4	Tot	P/M	SBW	R2T	R3T	R1P	R2P	R3P	W
1938	US		WD	83	70	83		236	23		153	236	113T	40T	55	
1940	US		CUT	78	81			159	15		159		84T	120T		
1941	US		CUT	77	82			159	19		159		66T	87T		
1946	PGA		32T													200
	US		22T	73	74	76	71	294	6	10	147	223	24T	21T	28T	100
1947	M		33T	70	76	71	80	297	9	16	146	217	3T	25T	14T	
	PGA		8T													500
	US		1PO	70	70	71	71	282	-2	-3	140	211	9T	3	1	2,000
1948	M		30T	74	78	71	76	299	11	20	152	223	24T	42T	23T	
	PGA		16T													350
	US		6	67	74	71	73	285	1	9	141	212	1T	5T	5T	500
1949	M		6	76	75	70	68	289	1	7	151	221	29T	29T	12T	330
	PGA		16T													350
	US		27T	71	76	71	80	298	14	12	147	218	6T	16T	11T	71
1950	M		42T	77	78	76	75	306	18	23	155	231	33T	46T	42T	
	PGA		32T													200
	US		CUT	82	76			158	18		158		145T	109T		
1951	M		3T	71	71	72	72	286	-2	6	142	214	5T	2T	5	1,163
	PGA		32T													200
	US		14T	76	71	76	73	296	16	9	147	223	40T	4T	12T	150
1952	M		7T	71	75	73	74	293	5	7	146	219	6T	19T	7T	625
	PGA		32T													200
	US		7T	72	71	74	75	292	12	11	143	217	17T	5T	6T	350
1953	M		44	74	70	77	80	301	13	27	144	221	26T	8T	26T	200
	PGA		64T													100
	US		CUT	78	78			156	12		156		77T	85T		
1954	M		12T	74	74	74	74	296	8	7	148	222	17T	7T	8T	631
	US		23T	72	77	77	71	297	17	13	149	226	8T	25T	36T	180
1955	M		49T	80	75	79	76	310	22	31	155	234	61T	50T	54T	250
	PGA		8T													500
	US		CUT	77	79			156	16		156		41T	59T		
1956	M		34T	74	72	80	79	305	17	16	146	226	30T	11T	29T	300
	PGA		16T													
	US		CUT	83	72			155	15		155		149T	93T		
1957	M		CUT	77	76			153	9		153		46T	55T		300
	US		38T	78	72	76	73	299	19	17	150	226	92T	40T	43T	240
1958	M		CUT	75	82			157	13		157		53T	68T		350
	US		45T	77	72	77	81	307	27	24	149	226	46T	12T	29T	200
1959	M		CUT	76	80			156	12		156		45T	67T		350
1960	M		44	72	76	74	84	306	18	24	148	222	12T	31T	24T	500
1961	M		22T	74	71	73	74	292	4	12	145	218	22T	13T	22T	1,000
	PGA		37T	75	73	73	71	292	12	15	148	221	71T	57T	45T	250
	US		CUT	75	75			150	10		150		50T	58T		
1962	M		29T	75	70	78	72	295	7	15	145	223	44T	15T	41T	500
	PGA		CUT	74	78			152	12		152		48T	92T		
1963	PGA		CUT	77	75			152	10		152		94T	84T		

Worsham, Virgil G. "Buck"

Year	Event	A	Pos	R1	R2	R3	R4	Tot	P/M	SBW	R2T	R3T	R1P	R2P	R3P	W
1947	US		CUT	81	81			162	20		162		135T	130T		

Worthington, James S.

Year	Event	A	Pos	R1	R2	R3	R4	Tot	P/M	SBW	R2T	R3T	R1P	R2P	R3P	W
1904	O	A	22	85	79	78	78	320		24	164	242			22T	
1916	US	A	42T	77	77	79	80	313	25	27	154	233	31T	32T	40T	

Year	Event	A	Pos	R1	R2	R3	R4	Tot	P/M	SBW	R2T	R3T	R1P	R2P	R3P	W
Wren, David C.																
1973	O		CUT	87	78			165	21		165		150T	147		50
1975	O		CUT	76	72	77		225	9		148	225	90T	63T	79T	150
Wrenn, Robert Brenaman, Jr.																
1987	PGA		40T	75	72	76	75	298	10	11	147	223	52T	26T	41T	3,400
	US		CUT	74	74			148	8		148		71T	78T		600
1988	M		25T	69	75	76	74	294	6	13	144	220	1T	10T	21T	7,975
	PGA		52T	72	68	73	77	290	6	18	140	213	44T	18T	28T	2,093
1989	PGA		CUT	73	74			147	3		147		57T	80T		1,000
	US		26T	74	71	73	69	287	7	9	145	218	87T	57T	46T	9,984
1993	US		87	68	73	80	76	297	17	25	141	221	6T	28T	88	4,586
Wright, Andrew																
1890	O		20	92	92			184		20						
Wright, Claude L.																
1937	US	A	CUT	80	84			164	20		164		113T	151T		
1938	US	A	CUT	83	83			166	24		166		113T	129T		
1952	US	A	CUT	78	81			159	19		159		85T	107T		
1960	US	A	CUT	74	80			154	12		154		47T	104T		
Wright, Frederick J., Jr.																
1919	US	A	41T	82	83	81	81	327	43	26	165	246	38T	48T	39T	
1922	US	A	24T	76	77	73	80	306	26	18	153	226	20T	30T	13T	
1954	US	A	CUT	82	77			159	19		159		116T	101T		
Wright, Innes																
1960	O	A	CUT	75	75			150	4		150		41T	47T		
1965	O		CUT	76	81			157	11		157		59T	106T		
Wright, James																
1994	O		CUT	71	77			148	8		148		39T	120T		600
Wright, James A.																
1931	O	A	CUT	78	91			169	25		169		47T	102		
Wright, Jim Darrel "Jimmy"																
1962	US		CUT	81	81			162	20		162		138T	143		
1963	US		CUT	80	79			159	17		159		105T	111T		150
1967	PGA		51T	73	74	77	73	297	9	16	147	224	30T	30T	53T	430
1969	PGA		4	71	68	69	71	279	-5	3	139	208	20T	7T	5	8,300
1970	M		29T	75	72	71	75	293	5	14	147	218	32T	28T	19T	1,650
	PGA		55T	74	74	76	74	298	18	19	148	224	45T	48T	57T	400
	US		CUT	78	80			158	14		158		51T	103T		500
1971	PGA		CUT	82	77			159	15		159		136T	132T		
	US		CUT	79	82			161	21		161		132T	140		500
1972	PGA		48T	74	72	75	75	296	16	15	146	221	54T	32T	51T	471
1973	PGA		CUT	74	79			153	11		153		52T	102T		
1974	O		CUT	80	80			160	18		160		107T	103T		50
	PGA		CUT	74	76			150	10		150		58T	79T		
1975	PGA		54T	73	74	76	73	296	16	20	147	223	39T	55T	60T	429
1976	PGA		60T	77	72	72	76	297	17	16	149	221	92T	67T	57T	450
1977	PGA		CUT	81	77			158	14		158		120T	111T		250
	US		CUT	76	75			151	11		151		94T	84T		500
1978	US		CUT	80	75			155	13		155		120T	99T		600
1979	PGA		42T	72	69	72	75	288	8	16	141	213	39T	16T	22T	1,050
1981	US		CUT	77	80			157	17		157		115T	139T		600
1982	PGA		CUT	81	85			166	26		166		145T	148		650
	US		CUT	79	86			165	21		165		99T	143T		600
1984	PGA		CUT	79	77			156	12		156		119T	123T		1,000
Wright, Kenneth D.																
1958	PGA		WD	80				80	10				126T			
1960	PGA		CUT	79	83			162	22		162		140T	164T		
Wright, Michael																
2006	O		CUT	72	75			147	3		147		68T	106T		2,250
Wright, Parke																
1912	US	A	CUT	84	87			171	23		171		85T	100T		
Wright, Robert W.																
1910	O		CUT	83	84			167			167					
Wright, Tommy																
1939	US		CUT	75	80			155	17		155		48T	89T		
1940	US		CUT	77	79			156	12		156		69T	92T		

Year	Event	A	Pos	R1	R2	R3	R4	Tot	P/M	SBW	R2T	R3T	R1P	R2P	R3P	W
Wright, Walter																
1905	O	A	WD	93				93								
Wright, William																
1959	PGA		CUT	80	76			156	16		156		153T	144T		
1966	US		CUT	84	80			164	24		164		149T	144T		300
Wroe, John R.																
1954	O	A	CUT	77	79			156	10		156		59T	79T		
Wurtz, Mark																
1994	US		CUT	71	77			148	6		148		10T	66T		1,000
2003	US		CUT	76	72			148	8		148	0	125T	113T		1,000
Wyatt, Percy G.																
1904	O		35T	83	82	81	83	329		33	165	246			29T	
1905	O		CUT	88	85			173			173					
1906	O		CUT	81	83			164			164					
1908	O		34	83	77	85	74	319		28	160	245	54T	37T	47T	
1910	O		45T	79	79	81	84	323		24	158	239			42T	
1911	O		CUT	80	84			164			164		59T	86T		
1920	O		63T	83	89	81	80	333		30	172	253	51T	72T	68T	
1922	O		66T	81	83	85	81	330		30	164	249	45T	54T	66T	
1924	O		72	86	84	83	81	334		33	170	253	79T	81T	75	
Wykle, Lee																
1972	US		CUT	81	75			156	12		156		111T	80T		500
1973	US		CUT	78	78			156	14		156		86T	105T		500
Wyland, John																
1929	US		WD	95				95	23				143			
Wylie, Randy																
1990	US		68	70	75	81	82	308	20	28	145	226	12T	54T	67T	4,507
1997	US		75T	71	76	77	76	300	20	24	147	224	18T	74T	77T	5,467
Wynn, Mikel "Mike"																
1971	US		CUT	75	74			149	9		149		87T	65T		500
1982	PGA		CUT	74	75			149	9		149		86T	94T		650
1983	PGA		CUT	73	76			149	7		149		65T	92T		1,000
Wynn, Robert																
1973	O		31T	74	71	76	73	294	6	18	145	221	25T	12T	26T	213
1976	O		60T	79	70	75	77	301	13	22	149	224	100T	48T	46T	175
1978	O		60T	73	72	76	77	298	10	17	145	221	41T	37T	48T	300
Wynn, Robert L.																
1967	PGA		CUT	77	78			155	11		155		94T	105T		
1972	PGA		WD	76				76	6				87T			
1975	PGA		28T	69	69	80	72	290	10	14	138	218	4T	3T	35T	1,531
1977	M		24T	75	73	70	70	288	0	12	148	218	40T	36T	28T	2,200
	PGA		CUT	81	80			161	17		161		120T	125T		250
1978	M		50	74	70	78	77	299	11	22	144	222	34T	16T	43T	1,750
Wynne, James																
1937	O		CUT	84	84			168	24		168		122T	130T		
Wynne, P.																
1911	O		CUT	93	91			184			184		205T	185		
Wynne, Patrick Phillip, Jr.																
1931	O		CUT	83	81			164	20		164		92T	88		
1933	O		CUT	79	76			155	9		155		94T	79T		
1935	O		CUT	77	83			160	16		160		58T	97T		
1937	O		CUT	82	80			162	18		162		104T	101T		
Wynne, Philip																
1898	O		10T	83	79	81	78	321		14	162	243	24T	14T	15T	
1899	O		CUT	89	87			176			176		51T	43T		
1900	O		CUT	89	87			176			176		47T	47T		
1904	O		CUT	90	84			174			174					
1905	O		CUT	87	87			174			174					
1907	O		47T	90	83	85	84	342		30	173	258	55T	47T	48T	
1910	O		UNK	82												
1911	O		CUT	82	84			166			166		89T	109T		
Wysong, Henry Dudley "Dudley," Jr.																
1960	M	A	CUT	79	77			156	12		156		73T	70T		
1962	M	A	CUT	78	79			157	13		157		79T	93		
1964	US		23T	74	73	75	73	295	15	17	147	222	36T	26T	28T	475

Year	*Event*	*A*	*Pos*	*R1*	*R2*	*R3*	*R4*	*Tot*	*P/M*	*SBW*	*R2T*	*R3T*	*R1P*	*R2P*	*R3P*	*W*
1965	US		8T	72	75	70	72	289	9	7	147	217	10T	17T	6T	2,500
1966	M		39T	77	75	73	77	302	14	14	152	225	58T	47T	32T	1,150
	PGA		2	74	72	66	72	284	4	4	146	212	34T	14T	2	15,000
	US		CUT	75	78			153	13		153		58T	74T		300
1967	M		CUT	76	75			151	7		151		50T	56T		1,000
	PGA		33T	73	70	76	74	293	5	12	143	219	30T	7T	26T	750
1968	PGA		CUT	77	76			153	13		153		103T	100T		
1969	PGA		48T	72	76	73	71	292	8	16	148	221	25T	59T	64T	289
1970	US		CUT	79	75			154	10		154		68T	74T		500
Wysowski, Ed																
1956	PGA		128T													50
1967	PGA		WD													
Yamamoto, Guy																
1995	M	A	CUT	84	77			161	17		161		85	84		
Yamamoto, Yoshitaka																
1979	O		57T	76	74	77	76	303	19	20	150	227	58T	45T	58T	450
Yancey, Albert Winsborough "Bert"																
1964	US		WD	77				77	7				77T			300
1966	PGA		49T	74	75	77	72	298	18	18	149	226	34T	48T	62T	436
1967	M		3	67	73	71	73	284	-4	4	140	211	1	1	1T	9,000
	O		43T	75	73	71	79	298	10	20	148	219	63T	35T	24T	74
	PGA		WD	74	76			150	6		150	0	47T	57T		
	US		42T	72	73	71	79	295	15	20	145	216	21T	29T	18T	785
1968	M		3	71	71	72	65	279	-9	2	142	214	10T	7T	12T	10,000
	O		42T	78	75	74	84	311	22	22	153	227	62T	44T	32T	100
	PGA		23T	75	71	70	72	288	8	7	146	216	65T	27T	24T	1,400
	US		3	67	68	70	76	281	1	6	135	205	1	1	1	10,000
1969	M		13T	69	75	71	73	288	0	7	144	215	5T	17T	13T	2,700
	O		16T	72	71	71	77	291	7	11	143	214	18T	11T	8T	327
	PGA		CUT	76	76			152	10		152		91T	101T		
	US		22T	71	71	74	72	288	8	7	142	216	14T	12T	23T	1,500
1970	M		4	69	70	72	70	281	-7	2	139	211	2T	1T	4T	10,000
	O		13T	71	71	73	77	292	4	9	142	215	31T	15T	11T	621
	PGA		22T	74	69	75	72	290	10	11	143	218	45T	10T	26T	1,825
	US		22T	81	72	73	71	297	9	16	153	226	101T	52T	33T	1,452
1971	M		CUT	71	81			152	8		152		9T	55T		1,000
	O		11T	75	70	71	71	287	-5	9	145	216	61T	19T	13T	1,150
	PGA		22T	71	74	70	76	291	3	10	145	215	5T	27T	4T	2,088
	US		9T	75	69	69	72	285	5	5	144	213	87T	24T	11T	3,325
1972	M		12T	72	69	76	75	292	4	6	141	217	6T	3	9T	3,100
	O		19T	73	72	72	73	290	6	12	145	217	23T	17T	13T	469
	PGA		29T	72	74	71	75	292	12	11	146	217	22T	32T	25T	1,497
	US		11T	75	79	70	76	300	12	10	154	224	31T	60T	20T	2,500
1973	M		51T	75	74	74	77	300	12	17	149	223	38T	43T	38T	1,600
	O		5	69	69	73	70	281	-7	5	138	211	2T	2T	3	2,450
	PGA		24T	74	72	69	72	287	3	10	146	215	52T	40T	15T	1,774
	US		25T	73	70	75	76	294	10	15	143	218	16T	11T	19T	1,383
1974	PGA		32T	75	74	73	68	290	10	14	149	222	69T	69T	58T	1,260
	US		3T	76	69	73	72	290	10	3	145	218	41T	7T	4T	11,500
1975	M		30T	74	71	74	73	292	4	16	145	219	39T	23T	28T	1,950
	US		CUT	78	77			155	13		155		106T	113T		500
Yancey, Jim																
1956	US		CUT	77	81			158	18		158		78T	116T		
Yang, Yong-Eun "YE"																
2005	O		CUT	76	71			147	3		147		116T	92T		2,500
	PGA		47T	71	67	76	73	287	7	11	138	214	40T	11T	44T	15,371
	US		CUT	74	79			153	13		153		54T	122T		2,000
2007	M		30T	75	74	78	74	301	13	12	149	227	28T	27T	34T	43,085
	O		CUT	74	78			152	10		152		78T	124T		2,375
	PGA		CUT	74	76			150	10		150		70T	109T		2,000
Yano, Azuma																
2008	O		CUT	74	76			150	10		150		38T	84T		6,395
Yarbrough, Charles																
1967	US		CUT	78	76			154	14		154		119T	115T		400
Yarian, Jonathan																
1989	US	A	CUT	90	88			178	38		178		156	155		

Year	Event	A	Pos	R1	R2	R3	R4	Tot	P/M	SBW	R2T	R3T	R1P	R2P	R3P	W
Yasuda, Harou																
1981	O		CUT	75	79			154	14		154		40T	102T		225
Yates, Archie																
1925	O		WD	78	80			158	14		158		21T	26T		
Yates, Charles Richardson																
1934	M	A	21T	76	72	77	72	297	9	13	148	225	35T	22T	26T	
	US	A	50T	75	77	81	81	314	34	21	152	233	13T	33T	42T	
1935	M	A	19T	75	70	76	75	296	8	14	145	221	32T	15T	22T	
	US	A	52T	77	79	84	82	322	34	23	156	240	28T	29T	46T	
1936	M	A	34T	82	73	75	77	307	19	22	155	230	42T	30T	33T	
1937	M	A	26T	76	73	74	78	301	13	18	149	223	28T	21T	21T	
1938	M	A	39	76	78	82	76	312	24	27	154	236	30T	36T	40	
1939	M	A	18T	74	73	74	75	296	8	17	147	221	16T	13T	15T	
1940	M	A	17T	72	75	71	75	293	5	13	147	218	12T	20T	14T	
1941	M	A	35T	78	75	75	75	303	15	23	153	228	42T	39T	36T	
1942	M	A	28T	78	76	74	76	304	16	24	154	228	38T	37T	28T	
1946	M	A	50	78	79	78	86	321	33	39	157	235	38T	43T	46T	
1947	M	A	55T	77	75	81	79	312	24	31	152	233	48T	47T	55T	
Yates, James																
1960	PGA		CUT	80	87			167	27		167		148T	180		
Yates, P. Daniel "Danny," III																
1971	US	A	55T	72	75	76	72	295	15	15	147	223	38T	49T	61T	
1989	M	A	CUT	81	77			158	14		158		78T	75T		
1993	M	A	CUT	76	79			155	11		155		74T	83		
Yates, Wayne C.																
1966	PGA		71T	73	76	79	75	303	23	23	149	228	17T	48T	69T	300
1968	US		CUT	76	73			149	9		149		76T	65T		500
1969	US		CUT	80	77			157	17		157		126T	118T		500
1970	PGA		CUT	76	75			151	11		151		78T	71T		
	US		63	78	75	79	75	307	19	26	153	232	51T	52T	68T	800
1971	US		CUT	79	80			159	19		159		132T	136T		500
1972	PGA		62T	75	74	76	75	300	20	19	149	225	69T	55T	66T	333
Yeh, Wei-Tze																
2000	O		CUT	77	70			147	3		147		135T	99T		1,100
Yeoman, Thomas																
1897	O		43	91	86	89	87	353		39	177	266				
1899	O		WD													
1900	O		37	86	85	92	95	358		49	171	263	29T	25T	34T	
1901	O		12T	85	83	82	82	332		23	168	250		15T	13T	
1902	O		25T	85	83	79	83	330		23	168	247			25T	
1903	O		36T	81	86	83	78	328		28	167	250			48T	
1904	O		WD	86	81			167			167					
1905	O		CUT	91	87			178			178					
1906	O		WD													
Yockey, Clarence																
1932	US		CUT	82	83			165	25		165		74T	99T		
1933	US		CUT	82	75			157	13		157		116T	68T		
1936	PGA		64T													
1938	PGA		64T													100
Yokoi, Tyoji "Mickey"																
1979	O	A	CUT	76	82			158	16		158		58T	119T		
1981	US	A	CUT	77	78			155	15		155		115T	124T		
Yokoo, Kaname																
1999	US		57T	68	74	78	81	301	21	22	142	220	5T	14T	33T	8,840
2002	US		CUT	78	79			157	17		157	0	128T	130T		1,000
2007	US		CUT	78	75			153	13		153		115T	92T		2,000
Yokota, Rich																
1996	US		105T	79	67	76	79	301	21	23	146	222	146T	73T	95T	5,035
Yoneyama, Tsuyoshi																
1999	O		15T	77	74	73	72	296	12	6	151	224	55T	30T	18T	26,000
2000	O		41T	74	69	70	74	287	-2	17	143	213	94T	44T	31T	10,345
Yost, Richard L.																
1957	M	A	CUT	74	79			153	9		153		16T	55T		
Youds, Jack																
1897	O		41T	91	85	86	90	352		38	176	262				
1898	US		21T	92	90	92	90	364		36	182	274	33T	29T	30T	

Year	Event	A	Pos	R1	R2	R3	R4	Tot	P/M	SBW	R2T	R3T	R1P	R2P	R3P	W
Young, Arthur J.																
1920	O		76	87	89	82	89	347		44	176	258	74T	79T	74T	
1923	O		59T	86	79	74	81	320		25	165	239				
1924	O		55T	82	79	87	79	327		26	161	248	57T	43T	68T	
1926	O		45T	79	78	85	76	318	34	27	157	242	41T	36T	53	
1927	O		CUT	77	78			155	9		155		49T	55T		
1928	O		31T	77	77	78	81	313	25	21	154	232	13T	18T	17T	
1930	O		17T	75	78	78	74	305	17	14	153	231	16T	29T	31T	
1931	O		53T	77	82	78	80	317	29	21	159	237	29T	58T	49T	
Young, H. O.																
1941	US	A	CUT	78	86			164	24		164		82T	121T		
Young, Hilary Arthur John "Hal"																
1946	O		CUT	79	80			159	15		159		39T	53T		
1950	O		CUT	74	75			149	9		149		30T	36T		
1951	O		CUT	82	77			159	15		159		89T	68T		
1952	O		37T	70	77	77	85	309	9	22	147	224	4T	19T	19T	
1953	O		CUT	76	79			155	11		155		25T	50T		
Young, Ian																
1957	O		CUT	74	81			155	11		155		37T	84T		
Young, Ian D.																
1981	O	A	CUT	76	74	75		225	15		150	225	59T	75T	68T	
1982	O	A	CUT	82	79			161	17		161		140T	139T		
1983	O		CUT	78	78			156	14		156		130T	139T		250
1987	O		CUT	74	75			149	7		149		79T	99T		400
Young, John																
1902	US		37T	84	86	80	92	342		35	170	250	24T	27T	21T	
Young, John W.																
1905	US		WD	94				94					71T			
Young, Kim A.																
1984	US		CUT	75	77			152	12		152		89T	98T		600
1995	US		CUT	75	74			149	9		149		108T	96T		1,000
Young, Knox M., Jr.																
1933	US	A	CUT	83	76			159	15		159		124T	94T		
1946	US	A	WD	87				87	15				166			
Young, Simon																
2002	O	A	CUT	76	71			147	5		147		133T	108T		
Young, Steven																
1997	O	A	CUT	79	80			159	17		159		117T	146T		
1998	O		CUT	74	78			152	12		152		113T	132T		700
Young, Tom																
1910	O		CUT	85	85			170			170					
Young, William																
1891	O	A	54T	91	99			190		24						
1893	O	A	44	87	84	93	94	358		36	171	264	34T	17T	38T	
1895	O	A	WD	95	100			195			195		57T			
Yount, Kenneth L.																
1957	US		CUT	80	82			162	22		162		125T	137T		
1960	PGA		CUT	81	78			159	19		159		157T	148T		
1967	PGA		CUT	76	78			154	10		154		80T	99T		
Yrene, Donald P.																
2006	PGA		68T	71	72	77	80	300	12	30	143	220	40T	42T	65T	12,875
2007	PGA		CUT	80	77			157	17		157		143T	143T		2,000
2008	PGA		CUT	75	76			151	11		151		75T	95T		2,500
Yurkiewicz, Jeff M.																
2005	PGA		CUT	72	73			145	5		145		59T	80T		2,000
Yusada, Jack K.																
1935	US		CUT	86	83			169	25		169		139T	129T		
Zabell, David																
1976	US	A	CUT	80	80			160	20		160		112T	126T		
1977	US	A	CUT	73	76			149	9		149		35T	70T		
1979	US		CUT	83	74			157	15		157		136T	96T		600
1981	US		CUT	77	73			150	10		150		115T	89T		600

Year	Event	A	Pos	R1	R2	R3	R4	Tot	P/M	SBW	R2T	R3T	R1P	R2P	R3P	W
Zabriski, Bruce A.																
1986	O		CUT	77	79			156	16		156		54T	116T		400
	US		CUT	77	76			153	13		153		66T	93T		600
1991	US		CUT	83	71			154	10		154		151T	121T		1,000
1994	PGA		CUT	78	74			152	12		152		135T	130T		1,200
1995	PGA		CUT	69	76			145	3		145		26T	101T		1,200
1997	PGA		CUT	76	77			153	13		153		108T	122T		1,300
1998	PGA		CUT	79	74			153	13		153		140T	130T		1,500
	US		32T	74	71	74	74	293	13	13	145	219	56T	26T	30T	18,372
1999	PGA		68T	70	75	77	76	298	10	21	145	222	10T	53T	65T	6,675
2001	PGA		CUT	69	75			144	4		144	0	40T	96T		2,000
2002	PGA		CUT	75	77			152	8		152	0	75T	105T		2,000
Zabrowski, Kasmir C.																
1938	US		WD	79	76	83		238	25		155	238	61T	55T	57	
1939	US		CUT	82	80			162	24		162		139T	133T		
Zacharias, John R.																
1936	O	A	CUT	80	80			160	12		160		73T	71T		
Zadolis, Matt																
1946	US	A	CUT	77	82			159	15		159		77T	132T		
Zahringer, George																
2003	M	A	CUT	82	85			167	23		167		82T	91		
Zakarian, Joseph																
1957	US		CUT	75	79			154	14		154		51T	81T		
1961	US		CUT	79	80			159	19		159		122T	137T		
1962	PGA		CUT	73	79			152	12		152		29T	92T		
	US		CUT	75	80			155	13		155		47T	96T		
1963	PGA		49T	75	73	76	71	295	11	16	148	224	65T	49T	64T	335
	US		CUT	81	82			163	21		163		118T	131T		150
1964	PGA		CUT	73	74	78		225	15		147	225	50T	56T	82T	
	US		CUT	71	80			151	11		151		3T	56T		300
1966	PGA		CUT	80	81			161	21		161		131T	142T		
	US		64	77	74	79	80	310	30	32	151	230	86T	55T	63	520
Zambri, Chris																
1995	US		CUT	70	81			151	11		151		11T	117T		1,000
1999	US		CUT	73	75			148	8		148		71T	69T		1,000
Zander, Joshua A.																
1992	US		CUT	75	76			151	7		151		82T	99T		1,000
Zander, Robert																
1956	PGA		64T													
Zappe, Stephen A.																
1934	US		CUT	80	82			162	22		162		76T	111T		
1937	PGA		64T													
1939	PGA		64T													100
Zarhardt, Joseph																
1935	US		CUT	84	86			170	26		170		115T	132T		
1936	US		CUT	75	77			152	8		152		60T	77T		
1939	PGA		32T													
1941	US		25	74	76	77	75	302	22	18	150	227	26T	22T	27T	50
1942	M		38	76	76	83	76	311	23	31	152	235	31T	31T	39	
1944	PGA		32T													200
1946	PGA		64T													100
	US		50T	74	76	79	75	304	16	20	150	229	30T	39T	60T	
1948	PGA		64T													100
1950	PGA		64T													100
1951	US		WD	77				77	7				59T			
1954	US		CUT	83	80			163	23		163		125T	126T		
1955	PGA		64T													100
Zarley, Kermit Millard, Jr.																
1965	US		CUT	83	80			163	23		163		131T	127T		300
1968	M		20T	70	73	74	70	287	-1	10	143	217	7T	12T	25T	2,050
	PGA		8T	72	75	68	70	285	5	4	147	215	23T	43T	17T	3,406
1969	M		36T	73	73	76	74	296	8	15	146	222	31T	28T	41T	1,425
	PGA		59T	75	74	69	76	294	10	18	149	218	72T	69T	43T	241
	US		13T	74	72	70	71	287	7	6	146	216	47T	36T	23T	1,889
1970	M		CUT	74	78			152	8		152		24T	55T		1,000
	PGA		22T	73	74	73	70	290	10	11	147	220	34T	37T	33T	1,825
	US		36T	76	76	74	75	301	13	20	152	226	22T	38T	33T	1,032

Year	Event	A	Pos	R1	R2	R3	R4	Tot	P/M	SBW	R2T	R3T	R1P	R2P	R3P	W
1971	PGA		CUT	76	76			152	8		152		84T	99T		
	US		27T	74	70	72	73	289	9	9	144	216	70T	24T	24T	1,253
1972	PGA		68T	75	75	73	79	302	22	21	150	223	69T	63T	62T	333
	US		6	71	73	73	79	296	8	6	144	217	1T	1T	2T	6,000
1973	M		17T	74	71	77	71	293	5	10	145	222	23T	15T	30T	2,550
	PGA		9T	76	71	68	69	284	0	7	147	215	78T	49T	15T	5,625
	US		CUT	76	75			151	9		151		60T	66T		500
1974	M		31T	73	71	77	69	290	2	12	144	221	28T	22T	39	1,775
	PGA		51T	70	73	73	77	293	13	17	143	216	10T	20T	24T	321
	US		40T	74	73	78	78	303	23	16	147	225	17T	14T	24T	980
1975	US		24T	73	71	75	75	294	10	7	144	219	29T	12T	21T	1,452
1976	PGA		43T	71	73	74	75	293	13	12	144	218	21T	36T	37T	725
	US		44T	75	73	75	75	298	18	21	148	223	53T	32T	45T	1,150
1977	PGA		51T	76	75	75	74	300	12	18	151	226	64T	64T	63	488
	US		CUT	74	75			149	9		149		60T	70T		500
1978	PGA		19T	75	71	67	76	289	5	13	146	213	61T	38T	8T	3,100
1979	PGA		42T	73	69	71	75	288	8	16	142	213	52T	19T	22T	1,050
1980	PGA		CUT	82	72			154	14		154		138T	103T		500
1982	US		39T	75	74	69	78	296	8	14	149	218	43T	35T	16T	2,175
Zastko, Jacob																
1959	PGA		CUT	82	76			158	18		158		167T	153T		
	US		CUT	77	78			155	15		155		73T	96T		
Zebroski, John																
1981	US		CUT	73	82			155	15		155		58T	124T		600
Zelazny, Joe																
1959	US		CUT	85	77			162	22		162		145T	136T		
1961	PGA		CUT	81	80			161	21		161		145T	146T		
Zellers, James																
1931	US		WD													
1935	US		CUT	84	81			165	21		165		115T	99T		
Zembriski, Walter J.																
1978	US		61	76	73	84	76	309	25	24	149	233	57T	39T	63	1,210
1982	US		WD	88				88	16				149T			600
Zender, Robert I.																
1970	M	A	CUT	77	78			155	11		155		55T	67T		
1972	US		CUT	78	77			155	11		155		72T	71T		500
1973	US		CUT	77	77			154	12		154		72T	88T		500
1974	US		54T	77	73	79	78	307	27	20	150	229	52T	35T	52T	845
1975	US		CUT	72	82			154	12		154		17T	98T		500
1976	PGA		30T	69	71	73	77	290	10	9	140	213	7T	6T	13T	1,425
	US		CUT	81	74			155	15		155		121T	92T		500
1977	PGA		CUT	76	78			154	10		154		64T	88T		250
1978	PGA		26T	73	69	74	74	290	6	14	142	216	31T	6T	22T	2,350
1980	US		CUT	72	75			147	7		147		30T	64T		600
Zerbst, Hector A.																
1972	O		CUT	81	81			162	20		162		138T	142T		50
Zerman, Manuel																
1991	M	A	57	71	71	77	80	299	11	22	142	219	22T	20T	52T	
1992	M	A	59T	70	71	76	77	294	6	19	141	217	19T	14T	49T	
2000	O		CUT	78	68			146	2		146		142T	90T		1,100
Zhang, Lian-Wei																
2004	M		CUT	77	72			149	5		149		67T	45T		5,000
Ziats, Ray																
1968	PGA		CUT	86	78			164	24		164		162T	154T		
Ziegler, Lawrence Edward																
1965	US		CUT	81	76			157	17		157		114T	98T		300
1968	PGA		73T	75	73	76	83	307	27	26	148	224	65T	58T	57T	365
	US		24T	71	71	74	74	290	10	15	142	216	10T	7T	18T	1,204
1969	PGA		5T	69	71	70	70	280	-4	4	140	210	1T	9T	9T	6,725
	US		CUT	76	74			150	10		150		79T	75T		500
1970	M		CUT	76	78			154	10		154		44T	64T		1,000
	PGA		45T	71	73	79	72	295	15	16	144	223	11T	19T	52T	560
	US		8T	75	73	73	73	294	6	13	148	221	8T	8T	8T	3,325
1971	M		30T	73	70	77	74	294	6	15	143	220	24T	11T	28T	1,750
	PGA		47T	74	68	76	77	295	7	14	142	218	48T	4T	24T	348
	US		CUT	78	77			155	15		155		126T	116T		500
1972	US		CUT	80	78			158	14		158		103T	95T		500

Year	Event	A	Pos	R1	R2	R3	R4	Tot	P/M	SBW	R2T	R3T	R1P	R2P	R3P	W
1973	PGA		CUT	78	74			152	10		152		104T	98T		
	US		13T	73	74	69	72	288	4	9	147	216	16T	30T	13T	2,333
1974	M		39T	72	73	73	74	292	4	14	145	218	22T	26T	32T	1,700
	PGA		32T	75	72	71	72	290	10	14	147	218	69T	47T	32T	1,260
	US		12T	78	68	78	71	295	15	8	146	224	78T	9T	19T	2,633
1975	M		13T	71	73	74	69	287	-1	11	144	218	10T	17T	19T	3,250
	PGA		CUT	78	74			152	12		152		103T	96T		
	US		CUT	75	80			155	13		155		52T	113T		500
1976	M		3T	67	71	72	72	282	-6	11	138	210	3T	4	3	16,250
	PGA		CUT	78	77			155	15		155		104T	109T		250
1977	M		CUT	83	71			154	10		154		76T	71T		1,500
1979	US		41T	77	72	78	73	300	16	16	149	227	69T	31T	56T	1,430
1980	US		CUT	72	79			151	11		151		30T	92T		600
1981	PGA		CUT	77	76			153	13		153		117T	116T		550
1982	US		53T	77	74	73	75	299	11	17	151	224	68T	54T	50T	1,409

Zimmerman, Eldred P. "Al"

Year	Event	A	Pos	R1	R2	R3	R4	Tot	P/M	SBW	R2T	R3T	R1P	R2P	R3P	W
1932	US		27T	79	77	73	77	306	26	20	156	229	30T	34T	20T	
1935	PGA		3T													200
1936	PGA		32T													
1938	US		19T	76	77	75	72	300	16	16	153	228	25T	40T	28T	50
1940	PGA		64T													100
1946	M		29T	76	76	74	75	301	13	19	152	226	27T	31T	32T	
	PGA		64T													100
1948	US		48T	71	74	77	78	300	16	24	145	222	8T	23T	37T	
1951	O		CUT	81	83			164	20		164		79T	94T		
1952	US		CUT	78	76			154	14		154		85T	68T		
1953	US		CUT	77	78			155	11		155		60T	73T		
1955	US		52	78	74	85	77	314	34	27	152	237	60T	22T	57	180

Zimmerman, Emery

Year	Event	A	Pos	R1	R2	R3	R4	Tot	P/M	SBW	R2T	R3T	R1P	R2P	R3P	W
1935	PGA		64T													85
1938	US		5T	72	71	73	78	294	10	10	143	216	4	3T	4	413

Zimmerman, Nelson H.

Year	Event	A	Pos	R1	R2	R3	R4	Tot	P/M	SBW	R2T	R3T	R1P	R2P	R3P	W
1922	PGA		64T													
1926	US		CUT	80	82			162	18		162		69T	78T		

Zimmerman, Robert F.

Year	Event	A	Pos	R1	R2	R3	R4	Tot	P/M	SBW	R2T	R3T	R1P	R2P	R3P	W
1962	US		CUT	77	75			152	10		152		85T	64T		
1965	US		CUT	75	79			154	14		154		41T	76T		300
1966	US		CUT	80	74			154	14		154		132T	90T		300
1967	PGA		38T	76	74	76	68	294	6	13	150	226	80T	57T	65T	633
	US		48T	73	75	72	77	297	17	22	148	220	34T	58T	32T	715

Zinkon, Dennis Lee

Year	Event	A	Pos	R1	R2	R3	R4	Tot	P/M	SBW	R2T	R3T	R1P	R2P	R3P	W
1991	US		CUT	78	73			151	7		151		123T	98T		1,000
1997	US		CUT	76	74			150	10		150		115T	108T		1,000
1999	US		CUT	71	78			149	9		149		35T	82T		1,000

Ziobro, William J. "Billy"

Year	Event	A	Pos	R1	R2	R3	R4	Tot	P/M	SBW	R2T	R3T	R1P	R2P	R3P	W
1972	US		40T	76	77	77	77	307	19	17	153	230	45T	45T	54T	994
1973	US		39T	77	69	77	75	298	14	19	146	223	72T	24T	40T	1,000
1974	US		CUT	79	81			160	20		160		92T	113T		500
1975	US		CUT	75	80			155	13		155		52T	113T		500
1976	PGA		CUT	77	79			156	16		156		92T	114T		250
1977	US		CUT	75	73			148	8		148		77T	61T		500

Zions, Matthew

Year	Event	A	Pos	R1	R2	R3	R4	Tot	P/M	SBW	R2T	R3T	R1P	R2P	R3P	W
2007	O		CUT	72	75			147	5		147		39T	71T		3,200

Zoeller, Frank Urban "Fuzzy"

Year	Event	A	Pos	R1	R2	R3	R4	Tot	P/M	SBW	R2T	R3T	R1P	R2P	R3P	W
1976	US		38T	72	75	73	77	297	17	20	147	220	13T	26T	28T	1,200
1977	PGA		54T	70	72	79	80	301	13	19	142	221	8T	9T	43	488
	US		44T	73	69	79	73	294	14	16	142	221	35T	13T	48T	1,150
1978	PGA		10	75	69	73	68	285	1	9	144	217	61T	20T	26T	6,500
	US		CUT	80	77			157	15		157		120T	112T		600
1979	M		1PO	70	71	69	70	280	-8	-1	141	210	11T	12T	4T	50,000
	O		CUT	78	72	79		229	16		150	229	93T	45T	67T	300
	PGA		54T	70	75	75	71	291	11	19	145	220	16T	51T	66T	568
	US		CUT	77	78			155	13		155		69T	85T		600
1980	M		19T	72	70	70	75	287	-1	12	142	212	19T	12T	7T	3,990
	O		CUT	79	73			152	10		152		123T	104T		225
	PGA		41T	76	73	71	74	294	14	20	149	220	87T	65T	34T	1,300
	US		53T	75	70	72	77	294	14	22	145	217	86T	51T	43T	1,385
1981	M		43T	77	70	78	72	297	9	17	147	225	63T	35T	47	1,500
	PGA		2	70	68	68	71	277	-3	4	138	206	12T	6T	2	40,000

Year	Event	A	Pos	R1	R2	R3	R4	Tot	P/M	SBW	R2T	R3T	R1P	R2P	R3P	W
1982	M		10T	72	76	70	72	290	2	6	148	218	2T	15T	11T	8,550
	O		8T	73	71	73	70	287	-1	3	144	217	18T	13T	8T	8,750
	PGA		CUT	74	74			148	8		148		86T	88T		650
	US		15T	72	76	71	71	290	2	8	148	219	8T	27T	21T	4,661
1983	M		20T	70	74	76	72	292	4	12	144	220	11T	26T	30T	5,214
	O		14T	71	71	67	73	282	-2	7	142	209	31T	26T	7T	5,040
	PGA		6T	72	71	67	69	279	-5	5	143	210	39T	32T	11T	19,000
	US		CUT	79	76			155	13		155		105T	91T		600
1984	M		31T	72	73	70	74	289	1	12	145	215	23T	32T	21T	4,000
	O		14T	71	72	71	71	285	-3	9	143	214	21T	24T	16T	6,752
	PGA		WD													
	US		1PO	71	66	69	70	276	-4	-5	137	206	19T	2	2	94,000
1985	M		CUT	77	75			152	8		152		58T	61T		1,500
	O		11T	69	76	70	71	286	6	4	145	215	7T	26T	11T	11,400
	PGA		54T	71	73	75	75	294	6	16	144	219	32T	29T	44T	1,764
	US		9T	71	69	72	71	283	3	4	140	212	15T	11T	10T	12,440
1986	M		21T	73	73	69	72	287	-1	8	146	215	19T	19T	16T	9,300
	O		8T	75	73	72	69	289	9	9	148	220	22T	30T	16T	17,333
	PGA		CUT	73	75			148	6		148		70T	87T		1,000
	US		15T	75	74	71	68	288	8	9	149	220	24T	46T	36T	8,885
1987	M		27T	76	71	76	72	295	7	10	147	223	49T	24T	37T	6,267
	O		29T	71	70	76	72	289	5	10	141	217	28T	19T	30T	4,200
	PGA		64	76	71	76	80	303	15	16	147	223	69T	26T	41T	1,700
	US		CUT	78	74			152	12		152		136T	118T		600
1988	M		16T	76	66	72	76	290	2	9	142	214	39T	3T	4T	16,000
	O		52T	72	74	76	73	295	11	22	146	222	19T	34T	57T	2,800
	PGA		CUT	74	73			147	5		147		78T	85T		1,000
	US		8T	73	72	71	66	282	-2	4	145	216	38T	33T	29T	20,904
1989	M		26T	76	74	69	74	293	5	10	150	219	51T	37T	11T	8,240
	O		CUT	73	75			148	4		148		61T	98T		500
	PGA		CUT	75	72			147	3		147		95T	80T		1,000
	US		CUT	78	73			151	11		151		139T	114T		1,000
1990	M		20T	72	74	73	70	289	1	11	146	219	20T	24T	27T	15,100
	PGA		14T	72	71	76	75	294	6	12	143	219	16T	6T	10T	20,600
	US		8T	73	70	68	73	284	-4	4	143	211	61T	27T	7T	22,237
1991	M		12T	70	70	75	67	282	-6	5	140	215	13T	10T	34T	26,500
	O		80T	72	72	75	70	289	9	17	144	219	61T	54T	92T	3,000
	PGA		CUT	72	76			148	4		148		39T	78T		1,000
	US		5	72	73	74	67	286	-2	4	145	219	24T	30T	19T	41,542
1992	M		19T	71	70	73	69	283	-5	8	141	214	29T	14T	31T	17,550
	US		CUT	73	79			152	8		152		46T	107T		1,000
1993	M		11T	75	67	71	73	286	-2	9	142	213	68T	17T	8T	34,850
	O		14T	66	70	71	71	278	-2	11	136	207	1T	7T	10T	15,214
	PGA		31T	72	70	71	70	283	-1	11	142	213	74T	48T	51T	7,058
	US		68T	73	67	78	70	288	8	16	140	218	99T	13T	80T	5,657
1994	M		35T	74	72	74	78	298	10	19	146	220	26T	27T	22T	10,300
	O		3	71	66	64	70	271	-9	3	137	201	39T	9T	1T	74,000
	PGA		19T	69	71	72	70	282	2	13	140	212	7T	14T	25T	18,667
	US		58T	76	70	76	77	299	15	20	146	222	86T	43T	52T	4,105
1995	M		CUT	72	74			146	2		146		34T	48T		1,500
	PGA		69	72	69	75	72	288	4	21	141	216	82T	48T	69T	3,225
	US		21T	69	74	76	68	287	7	7	143	219	5T	30T	46T	20,085
1996	M		CUT	74	73			147	3		147		48T	45T		1,500
	O		CUT	70	75			145	3		145		25T	87T		650
	PGA		36T	76	67	72	71	286	-2	9	143	215	122T	32T	33T	9,050
1997	M		34T	75	73	69	78	295	7	25	148	217	33T	28T	16T	14,918
	PGA		CUT	73	75			148	8		148		64T	84T		1,300
	US		28T	72	73	69	74	288	8	12	145	214	40T	45T	21T	17,443
1998	M		33T	71	74	75	74	294	6	15	145	220	5T	11T	31T	18,112
	US		CUT	75	76			151	11		151		76T	101T		1,000
1999	M		CUT	72	77			149	5		149		20T	57T		5,000
	US		CUT	74	77			151	11		151		95T	105T		1,000
2000	M		CUT	82	74			156	12		156		90	85T		5,000
2001	M		CUT	77	72			149	5		149		78T	67T		5,000
2002	M		CUT	75	77			152	8		152		53T	72T		5,000
	PGA		CUT	76	73			149	5		149	0	89T	73T		2,000
2003	M		CUT	77	78			155	11		155		53T	69T		5,000
2004	M		CUT	79	81			160	16		160		80T	89		5,000
2005	M		CUT	84	78			162	18		162		89	88		5,000
2006	M		CUT	78	81			159	15		159		68T	82T		5,000
2007	M		60	74	78	79	82	313	25	23	152	231	20T	46T	51T	15,950
2008	M		CUT	81	79			160	16		160		91T	92		10,000

Year	Event	A	Pos	R1	R2	R3	R4	Tot	P/M	SBW	R2T	R3T	R1P	R2P	R3P	W
Zokol, Richard Francis																
1984	PGA		39T	74	74	70	73	291	3	18	148	218	54T	60T	38T	2,506
1985	US		CUT	79	72			151	11		151		134T	104T		600
1988	PGA		17T	70	70	74	70	284	0	12	140	214	19T	18T	31T	11,500
1989	US		46T	71	69	76	75	291	11	13	140	216	35T	7T	34T	5,486
1992	US		33T	72	72	72	80	296	8	11	144	216	30T	23T	13T	10,531
1993	M		CUT	75	79			154	10		154		68T	82		1,500
	PGA		14T	66	71	71	70	278	-6	6	137	208	3T	14T	19T	25,000
1994	PGA		30T	77	67	67	73	284	4	15	144	211	121T	52T	19T	8,458
1999	US		CUT	73	76			149	9		149		71T	82T		1,000
2000	US		32T	74	74	80	69	297	13	25	148	228	53T	45T	57T	28,247
2001	US		62T	72	71	74	76	293	13	17	143	217	36T	23T	44T	11,443
Zontek, John																
1959	PGA		CUT	77	77			154	14		154		119T	132T		
1960	PGA		CUT	77	74	76		227	17		151	227	106T	81T	70T	
1961	PGA		CUT	77	78			155	15		155		105T	122T		
1963	PGA		CUT	74	79			153	11		153		40T	94T		
1964	PGA		CUT	71	84			155	15		155		22T	117T		
Zoric, Zoran																
2000	US		CUT	80	76			156	14		156		141T	121T		1,000
Zueblin, Charles																
1904	US	A	CUT	89	87			176			176		49T	50T		
Zuspann, Eugene P.																
1958	US	A	CUT	89	85			174	34		174		155	154		
Zwemke, Zane T.																
2004	PGA		CUT	72	76			148	4		148	0	40T	102T		2,000
Zylstra, William H.																
1946	US	A	CUT	77	76			153	9		153		77T	71T		

APPENDICES

Appendix A: Tournament Information

The Open Championship: Sites

Num	*Year*	*Site*	*Course*	*City*	*Yards*	*Par*
1	1860	Prestwick GC		Prestwick, Ayrshire	3,802	
2	1861	Prestwick GC		Prestwick, Ayrshire	3,802	
3	1862	Prestwick GC		Prestwick, Ayrshire	3,802	
4	1863	Prestwick GC		Prestwick, Ayrshire	3,802	
5	1864	Prestwick GC		Prestwick, Ayrshire	3,802	
6	1865	Prestwick GC		Prestwick, Ayrshire	3,802	
7	1866	Prestwick GC		Prestwick, Ayrshire	3,802	
8	1867	Prestwick GC		Prestwick, Ayrshire	3,802	
9	1868	Prestwick GC		Prestwick, Ayrshire	3,802	
10	1869	Prestwick GC		Prestwick, Ayrshire	3,802	
11	1870	Prestwick GC		Prestwick, Ayrshire	3,802	
	1871	Tournament Not Held				
12	1872	Prestwick GC		Prestwick, Ayrshire	3,802	
13	1873	St. Andrews Links	Old Course	St. Andrews, Fife	6,577	
14	1874	Musselburgh Links	Old Golf Course	Musselburgh, East Lothian	4,700	
15	1875	Prestwick GC		Prestwick, Ayrshire	3,802	
16	1876	St. Andrews Links	Old Course	St. Andrews, Fife	6,577	
17	1877	Musselburgh Links	Old Golf Course	Musselburgh, East Lothian	4,700	
18	1878	Prestwick GC		Prestwick, Ayrshire	3,802	
19	1879	St. Andrews Links	Old Course	St. Andrews, Fife	6,577	
20	1880	Musselburgh Links	Old Golf Course	Musselburgh, East Lothian	4,700	
21	1881	Prestwick GC		Prestwick, Ayrshire	3,802	
22	1882	St. Andrews Links	Old Course	St. Andrews, Fife	6,577	
23	1883	Musselburgh Links	Old Golf Course	Musselburgh, East Lothian	4,700	
24	1884	Prestwick GC		Prestwick, Ayrshire	5,805	
25	1885	St. Andrews Links	Old Course	St. Andrews, Fife	6,577	
26	1886	Musselburgh Links	Old Golf Course	Musselburgh, East Lothian	4,700	
27	1887	Prestwick GC		Prestwick, Ayrshire	5,805	
28	1888	St. Andrews Links	Old Course	St. Andrews, Fife	6,577	
29	1889	Musselburgh Links	Old Golf Course	Musselburgh, East Lothian	4,700	
30	1890	Prestwick GC		Prestwick, Ayrshire	5,805	
31	1891	St. Andrews Links	Old Course	St. Andrews, Fife	6,577	
32	1892	Muirfield Links	Muirfield	Gullane, East Lothian	4,890	
33	1893	Prestwick GC		Prestwick, Ayrshire	5,805	
34	1894	Royal Saint Georges GC		Sandwich, Kent	6,143	
35	1895	St. Andrews Links	Old Course	St. Andrews, Fife	6,577	
36	1896	Muirfield Links	Muirfield	Gullane, East Lothian	4,890	
37	1897	Royal Liverpool GC		Hoylake, Merseyside	6,150	
38	1898	Prestwick GC		Prestwick, Ayrshire	5,732	
39	1899	Royal Saint Georges GC		Sandwich, Kent	6,012	
40	1900	St. Andrews Links	Old Course	St. Andrews, Fife	6,323	
41	1901	Muirfield Links	Muirfield	Gullane, East Lothian	4,890	
42	1902	Royal Liverpool GC		Hoylake, Merseyside	6,335	
43	1903	Prestwick GC		Prestwick, Ayrshire	5,805	
44	1904	Royal Saint Georges GC		Sandwich, Kent	6,233	
45	1905	St. Andrews Links	Old Course	St. Andrews, Fife	6,333	
46	1906	Muirfield Links	Muirfield	Gullane, East Lothian	4,890	
47	1907	Royal Liverpool GC		Hoylake, Merseyside	6,355	
48	1908	Prestwick GC		Prestwick, Ayrshire	5,948	
49	1909	Royal Cinque Ports GC		Deal, Kent	6,495	
50	1910	St. Andrews Links	Old Course	St. Andrews, Fife	6,192	
51	1911	Royal Saint Georges GC		Sandwich, Kent	6,549	
52	1912	Muirfield Links	Muirfield	Gullane, East Lothian	6,328	
53	1913	Royal Liverpool GC		Hoylake, Merseyside	6,455	
54	1914	Prestwick GC		Prestwick, Ayrshire	6,122	

Num	Year	Site	Course	City	Yards	Par
	1915	Tournament Not Held				
	1916	Tournament Not Held				
	1917	Tournament Not Held				
	1918	Tournament Not Held				
	1919	Tournament Not Held				
55	1920	Royal Cinque Ports GC		Deal, Kent	6,653	
56	1921	St. Andrews Links	Old Course	St. Andrews, Fife	6,487	
57	1922	Royal Saint Georges GC		Sandwich, Kent	6,616	
58	1923	Royal Troon GC	Old Course	Troon, Ayrshire	6,415	
59	1924	Royal Liverpool GC		Hoylake, Merseyside	6,750	
60	1925	Prestwick GC		Prestwick, Ayrshire	6,444	72
61	1926	Royal Lytham & St. Anne's GC		Lytham St. Anne's, Lancashire	6,456	71
62	1927	St. Andrews Links	Old Course	St. Andrews, Fife	6,572	73
63	1928	Royal Saint Georges GC		Sandwich, Kent	6,616	72
64	1929	Muirfield Links	Muirfield	Gullane, East Lothian	6,693	76
65	1930	Royal Liverpool GC		Hoylake, Merseyside	6,750	72
66	1931	Carnoustie Links	Championship	Carnoustie, Angus	6,701	72
67	1932	Prince's GC		Sandwich, Kent	6,890	72
68	1933	St. Andrews Links	Old Course	St. Andrews, Fife	6,572	73
69	1934	Royal Saint Georges GC		Sandwich, Kent	6,776	72
70	1935	Muirfield Links	Muirfield	Gullane, East Lothian	6,706	72
71	1936	Royal Liverpool GC		Hoylake, Merseyside	7,087	74
72	1937	Carnoustie Links	Championship	Carnoustie, Angus	7,200	72
73	1938	Royal Saint Georges GC		Sandwich, Kent	6,728	70
74	1939	St. Andrews Links	Old Course	St. Andrews, Fife	6,842	73
	1940	Tournament Not Held				
	1941	Tournament Not Held				
	1942	Tournament Not Held				
	1943	Tournament Not Held				
	1944	Tournament Not Held				
	1945	Tournament Not Held				
75	1946	St. Andrews Links	Old Course	St. Andrews, Fife	6,923	73
76	1947	Royal Liverpool GC		Hoylake, Merseyside	6,960	68
77	1948	Muirfield Links	Muirfield	Gullane, East Lothian	6,806	68
78	1949	Royal Saint Georges GC		Sandwich, Kent	6,728	72
79	1950	Royal Troon GC	Old Course	Troon, Ayrshire	6,583	70
80	1951	Royal Portrush GC		Portrush, Antrim	6,802	72
81	1952	Royal Lytham & St. Anne's GC		Lytham St. Anne's, Lancashire	6,657	75
82	1953	Carnoustie Links	Championship	Carnoustie, Angus	7,252	72
83	1954	Royal Birkdale GC, The		Southport, Merseyside	6,837	73
84	1955	St. Andrews Links	Old Course	St. Andrews, Fife	6,883	72
85	1956	Royal Liverpool GC		Hoylake, Merseyside	6,960	71
86	1957	St. Andrews Links	Old Course	St. Andrews, Fife	6,936	72
87	1958	Royal Lytham & St. Anne's GC		Lytham St. Anne's, Lancashire	6,635	71
88	1959	Muirfield Links	Muirfield	Gullane, East Lothian	6,806	72
89	1960	St. Andrews Links	Old Course	St. Andrews, Fife	6,936	73
90	1961	Royal Birkdale GC, The		Southport, Merseyside	6,844	72
91	1962	Royal Troon GC	Old Course	Troon, Ayrshire	7,045	72
92	1963	Royal Lytham & St. Anne's GC		Lytham St. Anne's, Lancashire	6,757	70
93	1964	St. Andrews Links	Old Course	St. Andrews, Fife	6,926	72
94	1965	Royal Birkdale GC, The		Southport, Merseyside	7,037	73
95	1966	Muirfield Links	Muirfield	Gullane, East Lothian	6,887	71
96	1967	Royal Liverpool GC		Hoylake, Merseyside	6,995	72
97	1968	Carnoustie Links	Championship	Carnoustie, Angus	7,252	72
98	1969	Royal Lytham & St. Anne's GC		Lytham St. Anne's, Lancashire	6,848	71
99	1970	St. Andrews Links	Old Course	St. Andrews, Fife	6,951	72
100	1971	Royal Birkdale GC, The		Southport, Merseyside	7,080	73
101	1972	Muirfield Links	Muirfield	Gullane, East Lothian	7,029	71
102	1973	Royal Troon GC	Old Course	Troon, Ayrshire	7,064	72
103	1974	Royal Lytham & St. Anne's GC		Lytham St. Anne's, Lancashire	6,822	71
104	1975	Carnoustie Links	Championship	Carnoustie, Angus	7,065	72
104	1976	Royal Birkdale GC, The		Southport, Merseyside	7,001	72
106	1977	Westin Turnberry Resort, The	Ailsa	Turnberry, Ayrshire	6,875	70
107	1978	St. Andrews Links	Old Course	St. Andrews, Fife	6,933	72
108	1979	Royal Lytham & St. Anne's GC		Lytham St. Anne's, Lancashire	6,822	71
109	1980	Muirfield Links	Muirfield	Gullane, East Lothian	6,806	71
110	1981	Royal Saint Georges GC		Sandwich, Kent	6,857	70
111	1982	Royal Troon GC	Old Course	Troon, Ayrshire	7,067	72
112	1983	Royal Birkdale GC, The		Southport, Merseyside	6,968	71
113	1984	St. Andrews Links	Old Course	St. Andrews, Fife	6,933	72
114	1985	Royal Saint Georges GC		Sandwich, Kent	6,857	70
115	1986	Westin Turnberry Resort, The	Ailsa	Turnberry, Ayrshire	6,957	70
116	1987	Muirfield Links	Muirfield	Gullane, East Lothian	6,963	71
117	1988	Royal Lytham & St. Anne's GC		Lytham St. Anne's, Lancashire	6,857	71

Num	*Year*	*Site*	*Course*	*City*	*Yards*	*Par*
118	1989	Royal Troon GC	Old Course	Troon, Ayrshire	7,097	72
119	1990	St. Andrews Links	Old Course	St. Andrews, Fife	6,933	72
120	1991	Royal Birkdale GC, The		Southport, Merseyside	6,953	70
121	1992	Muirfield Links	Muirfield	Gullane, East Lothian	6,970	71
122	1993	Royal Saint Georges GC		Sandwich, Kent	6,860	70
123	1994	Westin Turnberry Resort, The	Ailsa	Turnberry, Ayrshire	6,957	70
124	1995	St. Andrews Links	Old Course	St. Andrews, Fife	6,933	72
125	1996	Royal Lytham & St. Anne's GC		Lytham St. Anne's, Lancashire	6,892	71
126	1997	Royal Troon GC	Old Course	Troon, Ayrshire	7,079	71
127	1998	Royal Birkdale GC, The		Southport, Merseyside	7,018	70
128	1999	Carnoustie Links	Championship	Carnoustie, Angus	7,361	71
129	2000	St. Andrews Links	Old Course	St. Andrews, Fife	7,115	72
130	2001	Royal Lytham & St. Anne's GC		Lytham St. Anne's, Lancashire	6,905	71
131	2002	Muirfield Links	Muirfield	Gullane, East Lothian	7,034	71
132	2003	Royal Saint Georges GC		Sandwich, Kent	7,106	71
133	2004	Royal Troon GC	Old Course	Troon, Ayrshire	7,175	71
134	2005	St. Andrews Links	Old Course	St. Andrews, Fife	7,279	72
135	2006	Royal Liverpool GC		Hoylake, Merseyside	7,258	72
136	2007	Carnoustie Links	Championship	Carnoustie, Angus	7,421	71
137	2008	Royal Birkdale GC, The		Southport, Merseyside	7,173	70

The Open Championship: Dates and Fields

Num	*Year*	*Dates*	*Fday*	*Days*	*Holes*	*Rounds*	*Field*	*Com*	*CUT*	*WD*	*DQ*	*UNK*	*MC1*	*MC2*
1	1860	17-Oct	Wed	1	36	3 @ 12	8	8						
2	1861	26-Sep	Thu	1	36	3 @ 12	18	12				6		
3	1862	11-Sep	Thu	1	36	3 @ 12	8	6				2		
4	1863	18-Sep	Fri	1	36	3 @ 12	14	14						
5	1864	16-Sep	Fri	1	36	3 @ 12	16	6		10				
6	1865	14-Sep	Thu	1	36	3 @ 12	13	11		2				
7	1866	13-Sep	Thu	1	36	3 @ 12	16	12				4		
8	1867	26-Sep	Thu	1	36	3 @ 12	14	10		4				
9	1868	23-Sep	Wed	1	36	3 @ 12	12	12						
10	1869	16-Sep	Thu	1	36	3 @ 12	14	9		5				
11	1870	15-Sep	Thu	1	36	3 @ 12	20	17		3				
	1871	Tournament Not Held												
12	1872	13-Sep	Fri	1	36	3 @ 12	8	8						
13	1873	4-Oct	Sat	1	36	2 @ 18	28	21		2		5		
14	1874	10-Apr	Fri	1	36	4 @ 9	32	31				1		
15	1875	10-Sep	Fri	1	36	3 @ 12	18	16		2				
16	1876	30-Sep	Sat	1	36	2 @ 18	34	16		18				
17	1877	6-Apr	Fri	1	36	2 @ 18	24	7				17		
18	1878	4-Oct	Fri	1	36	3 @ 12	27	22		4		1		
19	1879	27-Sep	Sat	1	36	2 @ 18	46	41		5				
20	1880	9-Apr	Fri	1	36	4 @ 9	30	24				6		
21	1881	14-Oct	Fri	1	36	3 @ 12	22	8				14		
22	1882	30-Sep	Sat	1	36	2 @ 18	40	39				1		
23	1883	11/16–11/17	Fri	2	36	4 @ 9-36PO of 4 @ 9	34	32		2				
24	1884	3-Oct	Fri	1	36	2 @ 18	28	20		8				
25	1885	3-Oct	Sat	1	36	2 @ 18	62	46		5		11		
26	1886	5-Nov	Fri	1	36	4 @ 9	42	35				7		
27	1887	16-Sep	Fri	1	36	2 @ 18	40	27		13				
28	1888	6-Oct	Sat	1	36	2 @ 18	53	36				17		
29	1889	11/08–11/11	Fri	4	36	4 @ 9-O-O-36PO of 4 @ 9	48	14				34		
30	1890	11-Sep	Thu	1	36	2 @ 18	40	31		9				
31	1891	6-Oct	Tue	1	36	2 @ 18	83	63				20		
32	1892	09/22–09/23	Thu	2	72	(18 18)-(18 18)	66	52		14				
33	1893	08/31–09/01	Thu	2	72	(18 18)-(18 18)	72	52		20				
34	1894	06/11–06/12	Mon	2	72	(18 18)-(18 18)	94	53		41				
35	1895	06/12–06/13	Wed	2	72	(18 18)-(18 18)	76	49		27				
36	1896	06/10–06/13	Wed	4	72	(18 18)-(18 18)-O-36PO	65	45		19		1		
37	1897	05/19–05/20	Wed	2	72	(18 18)-(18 18)	88	52		36				
38	1898	06/08–06/09	Wed	2	72	(18 18)-(18 18)	80	39	27	14				
39	1899	06/07–06/08	Wed	2	72	(18 18)-(18 18)	98	35	17	46				
40	1900	06/06–06/07	Wed	2	72	(18 18)-(18 18)	84	37	28	19				
41	1901	06/05–06/06	Wed	2	72	(18 18)-(18 18)	102	34	47	14		7		

Num	*Year*	*Dates*	*Fday*	*Days*	*Holes*	*Rounds*	*Field*	*Com*	*CUT*	*WD*	*DQ*	*UNK*	*MC1*	*MC2*
42	1902	06/04–06/05	Wed	2	72	(18 18)-(18 18)	112	41	48	23				
43	1903	06/09–06/10	Tue	2	72	(18 18)-(18 18)	128	56	43	2	1	26		
44	1904	06/08–06/10	Wed	3	72	18-18-(18 18)	144	44	61	38	1			
45	1905	06/07–06/09	Wed	3	72	18-18-(18 18)	152	41	78	28		5		
46	1906	06/13–06/15	Wed	3	72	18-18-(18 18)	186	67	87	28		4		
47	1907	06/20–06/21	Thu	2	72	(18 18)-(18 18)	67	58		9				
48	1908	06/18–06/19	Thu	2	72	(18 18)-18 18)	65	61		4				
49	1909	06/10–06/11	Thu	2	72	(18 18)-(18 18)	69	62		7				
50	1910	06/21–06/24	Tue	4	72	P-18-18-(18 18)	210	58	54	14	3	81		
51	1911	06/26–06/29	Mon	4	72	18-18-(18 18)-35PO	226	68	114	44				
52	1912	06/24–06/25	Mon	2	72	(18 18)-(18 18)	62	59		3				
53	1913	06/23–06/24	Mon	2	72	(18 18)-(18 18)	65	52		13				
54	1914	06/18–06/19	Thu	2	72	(18 18)-(18 18)	100	82		18				
	1915	Tournament Not Held												
	1916	Tournament Not Held												
	1917	Tournament Not Held												
	1918	Tournament Not Held												
	1919	Tournament Not Held												
55	1920	06/30–07/01	Wed	2	72	(18 18)-(18 18)	82	77		5				
56	1921	06/23–06/25	Thu	3	72	(18 18)-(18 18)-36PO	85	80		5				
57	1922	06/22–06/23	Thu	2	72	(18 18)-(18 18)	80	77		3				
58	1923	06/14–06/15	Thu	2	72	(18 18)-(18 18)	88	86		2				
59	1924	06/26–06/27	Thu	2	72	(18 18)-(18 18)	86	75		10	1			
60	1925	06/24–06/26	Wed	3	72	18-18-(18 18)	83	69		14				
61	1926	06/23–06/25	Wed	3	72	18-18-(18 18)	117	52	56	8	1			
62	1927	07/13–07/15	Wed	3	72	18-18-(18 18)	108	53	51	4				
63	1928	05/09–05/11	Wed	3	72	18-18-(18 18)	113	52	53	8				
64	1929	05/08–05/10	Wed	3	72	18-18-(18 18)	109	61	40	8				
65	1930	06/18–06/20	Wed	3	72	18-18-(18 18)	112	60	44	8				
66	1931	06/03–06/05	Wed	3	72	18-18-(18 18)	109	66	40	3				
67	1932	06/08–06/10	Wed	3	72	18-18-(18 18)	110	64	43	3				
68	1933	07/05–07/08	Wed	4	72	18-18-(18 18)-36PO	117	58	54	5				
69	1934	06/27–06/29	Wed	3	72	18-18-(18 18)	101	66	31	4				
70	1935	06-26–06/28	Wed	3	72	18-18-(18 18)	109	62	45	2				
71	1936	06/24–06/26	Wed	3	72	18-18-(18 18)	107	62	44	1				
72	1937	07/07–07/09	Wed	3	72	18-18-(18 18)	141	47	91	3				
73	1938	07/06–07/08	Wed	3	72	18-18-(18 18)	120	36	81	3				
74	1939	07/05–07/07	Wed	3	72	18-18-(18 18)	129	34	92	3				
	1940	Tournament Not Held												
	1941	Tournament Not Held												
	1942	Tournament Not Held												
	1943	Tournament Not Held												
	1944	Tournament Not Held												
	1945	Tournament Not Held												
75	1946	07/03–07/05	Wed	3	72	18-18-(18 18)	100	37	62	1				
76	1947	07/02–07/04	Wed	3	72	18-18-(18 18)	100	39	54	7				
77	1948	06/30–07/02	Wed	3	72	18-18-(18 18)	97	36	61					
78	1949	07/06–07/09	Wed	4	72	18-18-(18 18)-36PO	96	31	64	1				
79	1950	07/05–07/07	Wed	3	72	18-18-(18 18)	93	35	57	1				
80	1951	07/04–07/06	Wed	3	72	18-18-(18 18)	98	45	52	1				
81	1952	07/09–07/11	Wed	3	72	18-18-(18 18)	96	46	48	2				
82	1953	07/08–07/10	Wed	3	72	18-18-(18 18)	91	49	42					
83	1954	07/07–07/09	Wed	3	72	18-18-(18 18)	97	50	46	1				
84	1955	07/06–07/08	Wed	3	72	18-18-(18 18)	94	49	45					
85	1956	07/04–07/06	Wed	3	72	18-18-(18 18)	96	47	47	2				
86	1957	07/03–07/05	Wed	3	72	18-18-(18 18)	96	46	50					
87	1958	07/02–07/05	Wed	4	72	18-18-(18 18)-36PO	96	40	55	1				
88	1959	07/01–07/03	Wed	3	72	18-18-(18 18)	90	48	41	1				
89	1960	07/06–07/08	Wed	4	72	18-18-P-(18 18)	74	47	26	1				
90	1961	07/12–07/15	Wed	4	72	18-18-P-(18 18)	108	47	59	2				
91	1962	07/11–07/13	Wed	3	72	18-18-(18 18)	119	39	80					
92	1963	07/10–07/13	Wed	4	72	18-18-(18 18)-36PO	119	47	72					
93	1964	07/08–07/10	Wed	3	72	18-18-(18 18)	120	45	75					
94	1965	07/07–07/09	Wed	3	72	18-18-(18 18)	130	49	78	3				
95	1966	07/06–07/09	Wed	4	72	18-18-18-18	130	63	66	1				
96	1967	07/12–07/15	Wed	4	72	18-18-18-18	130	57	72	1				
97	1968	07/10–07/13	Wed	4	72	18-18-18-18	130	45	84		1		59	25
98	1969	07/09–07/12	Wed	4	72	18-18-18-18	130	46	81	2	1		54	27

Num	*Year*	*Dates*	*Fday*	*Days*	*Holes*	*Rounds*	*Field*	*Com*	*CUT*	*WD*	*DQ*	*UNK*	*MC1*	*MC2*
99	1970	07/08–07/12	Wed	5	72	18-18-18-18-18PO	134	57	76	1			53	23
100	1971	07/07–07/10	Wed	4	72	18-18-18-18	150	64	84	2			66	18
101	1972	07/12–07/15	Wed	4	72	18-18-18-18	153	64	88	1			64	24
102	1973	07/11–07/14	Wed	4	72	18-18-18-18	153	60	92	1			68	24
103	1974	07/10–07/13	Wed	4	72	18-18-18-18	154	60	93	1			72	21
104	1975	07/09–07/13	Wed	5	72	18-18-18-(18+18PO)	153	63	90				67	23
104	1976	07/07–07/10	Wed	4	72	18-18-18-18	155	66	88	1			70	18
106	1977	07/06–07/09	Wed	4	72	18-18-18-18	156	64	90	2			67	23
107	1978	07/12–07/15	Wed	4	72	18-18-18-18	155	63	90	1	1		75	15
108	1979	07/18–07/21	Wed	4	72	18-18-18-18	152	61	90	1			69	21
109	1980	07/17–07/20	Thu	4	72	18-18-18-18	151	65	86				64	22
110	1981	07/16–07/19	Thu	4	72	18-18-18-18	153	61	90		2		70	20
111	1982	07/15–07/18	Thu	4	72	18-18-18-18	150	60	87	3			60	27
112	1983	07/14–07/17	Thu	4	72	18-18-18-18	151	63	87	1			67	20
113	1984	07/19–07/22	Thu	4	72	18-18-18-18	156	63	92	1			62	30
114	1985	07/18–07/21	Thu	4	72	18-18-18-18	153	60	92	1			67	25
115	1986	07/17–07/20	Thu	4	72	18-18-18-18	153	76	74	3				
116	1987	07/16–07/19	Thu	4	72	18-18-18-18	153	78	74	1				
117	1988	07/14–07/18	Thu	5	72	18-18-P-18-18	153	71	81	1				
118	1989	07/20–07/23	Thu	4	72	18-18-18-(18+4PO)	156	80	76					
119	1990	07/19–07/22	Thu	4	72	18-18-18-18	156	72	84					
120	1991	07/18–07/21	Thu	4	72	18-18-18-18	156	112	42	1	1			
121	1992	07/16–07/19	Thu	4	72	18-18-18-18	156	75	81					
122	1993	07/15–07/18	Thu	4	72	18-18-18-18	156	78	78					
123	1994	07/14–07/17	Thu	4	72	18-18-18-18	156	81	75					
124	1995	07/20–07/23	Thu	4	72	18-18-18-(18+4PO)	159	103	54	2				
125	1996	07/18–07/21	Thu	4	72	18-18-18-18	156	77	76	1	2			
126	1997	07/17–07/20	Thu	4	72	18-18-18-18	156	70	82	4				
127	1998	07/16–07/19	Thu	4	72	18-18-18-(18+4PO)	156	81	72	2	1			
128	1999	07/15–07/18	Thu	4	72	18-18-18-(18+4PO)	156	73	81	2				
129	2000	07/20–07/23	Thu	4	72	18-18-18-18	156	73	82	1				
130	2001	07/19–07/22	Thu	4	72	18-18-18-18	156	70	84	2				
131	2002	07/18–07/21	Thu	4	72	18-18-18-18	156	83	70	1	2			
132	2003	07/17–07/20	Thu	4	72	18-18-18-18	156	73	77	4	2			
133	2004	07/15–07/18	Thu	4	72	18-18-18-18	156	73	83					
134	2005	07/14–07/17	Thu	4	72	18-18-18-18	156	80	75		1			
135	2006	07/20–07/23	Thu	4	72	18-18-18-18	156	71	84	1				
136	2007	07/19–07/22	Thu	4	72	18-18-18-(18+4PO)	156	70	86					
137	2008	07/17–07/20	Thu	4	72	18-18-18-18	156	83	71	2				

U.S. Open Championship: Sites

Num	*Year*	*Site*	*Course*	*City*	*Yards*	*Par*
1	1895	Newport GC	Original	Newport, RI	2,755	
2	1896	Shinnecock Hills GC	Original	Southampton, NY	4,423	
3	1897	Chicago GC		Wheaton, IL	6,826	
4	1898	Myopia Hunt Club		South Hamilton, MA	2,960	
5	1899	Baltimore CC	Roland Park	Baltimore, MD	5,410	
6	1900	Chicago GC		Wheaton, IL	6,032	
7	1901	Myopia Hunt Club		South Hamilton, MA	6,130	
8	1902	Garden City GC		Garden City, NY	6,170	
9	1903	Baltusrol GC	Original	Springfield, NJ	6,003	
10	1904	Glen View Club		Golf, IL	6,266	
11	1905	Myopia Hunt Club		South Hamilton, MA	6,300	
12	1906	The Onwentsia Club		Lake Forest, IL	6,107	
13	1907	Philadelphia Cricket Club	St. Martin's	Flourtown, PA	5,952	
14	1908	Mypoia Hunt Club		South Hamilton, MA	6,335	
15	1909	Englewood GC		Englewood, NJ	6,205	
16	1910	Philadelphia Cricket Club	St. Martin's	Flourtown, PA	5,956	
17	1911	Chicago GC		Wheaton, IL	6,605	76
18	1912	Buffalo, CC of		Williamsville, NY	6,326	74
19	1913	The Country Club		Brookline, MA	6,245	71

Num	Year	Site	Course	City	Yards	Par
20	1914	Midlothian CC		Midlothian, IL	6,355	72
21	1915	Baltusrol GC	Revised	Springfield, NJ	6,212	72
22	1916	The Minikahda Club		Minneapolis, MN	6,130	72
	1917	Tournament Not Held				
	1918	Tournament Not Held				
23	1919	Brae Burn CC		West Newton, MA	6,375	71
24	1920	The Inverness Club		Toledo, OH	6,569	72
25	1921	Columbia CC		Chevy Chase, MD	6,380	70
26	1922	Skokie CC		Glencoe, IL	6,563	70
27	1923	Inwood CC		Inwood, NY	6,632	72
28	1924	Oakland Hills CC	South	Bloomfield Hills, MI	6,880	72
29	1925	Worcester CC		Worcester, MA	6,430	71
30	1926	Scioto CC		Columbus, OH	6,675	72
31	1927	Oakmont CC		Oakmont, PA	6,965	72
32	1928	Olympia Fields CC	North	Olympia Fields, IL	6,725	71
33	1929	Winged Foot GC	West	Mamaroneck, NY	6,786	72
34	1930	Interlachen CC		Edina, MN	6,609	73
35	1931	The Inverness Club		Toledo, OH	6,529	71
36	1932	Fresh Meadow CC		Lake Success, NY	6,815	70
37	1933	North Shore CC		Glenview, IL	6,927	72
38	1934	Merion Cricket Club*	East	Ardmore, PA	6,694	70
39	1935	Oakmont CC		Oakmont, PA	6,981	72
40	1936	Baltusrol GC	Upper	Springfield, NJ	6,866	72
41	1937	Oakland Hills CC	South	Bloomfield Hills, MI	7,037	72
42	1938	Cherry Hills CC		Englewood, CO	6,888	71
43	1939	Philadelphia CC	Spring Mill	Gladwynne, PA	6,786	69
44	1940	Canterbury GC		Cleveland, OH	6,894	72
45	1941	Colonial CC		Fort Worth, TX	7,005	70
	1942	Tournament Not Held				
	1943	Tournament Not Held				
	1944	Tournament Not Held				
	1945	Tournament Not Held				
46	1946	Canterbury GC		Cleveland, OH	6,926	72
47	1947	St. Louis CC		Clayton, MO	6,532	71
48	1948	Riviera CC		Pacific Palisades, CA	7,020	71
49	1949	Medinah CC	#3	Medinah, IL	6,936	71
50	1950	Merion GC	East	Ardmore, PA	6,694	70
51	1951	Oakland Hills CC	South	Bloomfield Hills, MI	6,927	70
52	1952	The Northwood Club		Dallas, TX	6,782	70
53	1953	Oakmont CC		Oakmont, PA	6,916	72
54	1954	Baltusrol GC	Lower	Springfield, NJ	7,027	70
55	1955	The Olympic Club	Lake	San Francisco, CA	6,700	70
56	1956	Oak Hill CC	East	Rochester, NY	6,902	70
57	1957	The Inverness Club		Toledo, OH	6,919	70
58	1958	Southern Hills CC		Tulsa, OK	6,907	70
59	1959	Winged Foot GC	West	Mamaroneck, NY	6,873	70
60	1960	Cherry Hills CC		Englewood, CO	7,089	71
61	1961	Oakland Hills CC	South	Bloomfield Hills, MI	6,927	70
62	1962	Oakmont CC		Oakmont, PA	6,894	71
63	1963	The Country Club		Brookline, MA	6,870	71
65	1964	Congressional CC	Blue	Bethesda, MD	7,053	70
65	1965	Bellerive CC		St. Louis, MO	7,191	70
66	1966	The Olympic Club	Lake	San Francisco, CA	6,719	70
67	1967	Baltusrol GC	Lower	Springfield, NJ	7,065	70
68	1968	Oak Hill CC	East	Rochester, NY	6,962	70
69	1969	Champions GC	Cypress Creek	Houston, TX	6,967	70
70	1970	Hazeltine National GC		Chaska, MN	7,151	72
71	1971	Merion GC	East	Ardmore, PA	6,544	70
72	1972	Pebble Beach GL		Pebble Beach, CA	6,815	72
73	1973	Oakmont CC		Oakmont, PA	6,921	71
74	1974	Winged Foot GC	West	Mamaroneck, NY	6,961	70
75	1975	Medinah CC	#3	Medinah, IL	7,032	71
76	1976	Atlanta AC	Highlands	Duluth, GA	7,015	70
77	1977	Southern Hills CC		Tulsa, OK	6,873	70
78	1978	Cherry Hills CC		Englewood, CO	7,083	71
79	1979	The Inverness Club		Toledo, OH	6,982	71
80	1980	Baltusrol GC	Lower	Springfield, NJ	7,076	70
81	1981	Merion GC	East	Ardmore, PA	6,528	70
82	1982	Pebble Beach GL		Pebble Beach, CA	6,815	72
83	1983	Oakmont CC		Oakmont, PA	6,972	71
84	1984	Winged Foot GC	West	Mamaroneck, NY	6,930	70
85	1985	Oakland Hills CC	South	Bloomfield Hills, MI	6,996	70

*now Merion GC

Num	Year	Site	Course	City	Yards	Par
86	1986	Shinnecock Hills GC	New	Southampton, NY	6,912	70
87	1987	The Olympic Club	Lake	San Francisco, CA	6,714	70
88	1988	The Country Club		Brookline, MA	7,010	71
89	1989	Oak Hill CC	East	Rochester, NY	6,902	70
90	1990	Medinah CC	#3	Medinah, IL	6,996	72
91	1991	Hazeltine National GC		Chaska, MN	7,149	72
92	1992	Pebble Beach GL		Pebble Beach, CA	6,809	72
93	1993	Baltusrol GC	Lower	Springfield, NJ	7,152	70
94	1994	Oakmont CC		Oakmont, PA	6,946	71
95	1995	Shinnecock Hills GC	New	Southampton, NY	6,944	70
96	1996	Oakland Hills CC	South	Bloomfield Hills, MI	6,974	70
97	1997	Congressional CC	Blue	Bethesda, MD	7,213	70
98	1998	The Olympic Club	Lake	San Francisco, CA	6,797	70
99	1999	Pinehurst Resort & CC	#2	Pinehurst, NC	7,175	70
100	2000	Pebble Beach GL		Pebble Beach, CA	6,846	71
101	2001	Southern Hills CC		Tulsa, OK	6,973	70
102	2002	Bethpage State Park	Black	Farmingdale, NY	7,214	70
103	2003	Olympia Fields CC	North	Olympia Fields, IL	7,190	70
104	2004	Shinnecock Hills GC	New	Southampton, NY	6,996	70
105	2005	Pinehurst Resort & CC	#2	Pinehurst, NC	7,214	70
106	2006	Winged Foot GC	West	Mamaroneck, NY	7,264	70
107	2007	Oakmont CC		Oakmont, PA	7,230	70
108	2008	Torrey Pines GC	South	La Jolla, CA	7,643	71

U.S. Open Championship: Dates and Fields

Num	Year	Dates	Fday	Days	Holes	Rounds	Field	Com	CUT	WD	DQ
1	1895	4-Oct	Fri	1	36	4 @ 9	14	10		4	
2	1896	18-Jul	Sat	1	36	2 @ 18	35	28		6	1
3	1897	17-Sep	Fri	1	36	2 @ 18	35	35			
4	1898	06/17–06/18	Fri	2	72	4 @ 9-4 @ 9	49	29		20	
5	1899	09/14–09/15	Thu	2	72	4 @ 9-4 @ 9	76	58		18	
6	1900	10/04–10/05	Thu	2	72	(18 18)-(18 18)	62	45		16	1
7	1901	06/14–06/17	Fri	4	72	(18 18)-(18 18)-O-18PO	54	39		15	
8	1902	10/10–10/11	Fri	2	72	(18 18)-(18 18)	82	55		27	
9	1903	06/26–06/29	Fri	4	72	(18 18)-(18 18)-O-18PO	94	60		34	
10	1904	07/08–07/09	Fri	2	72	(18 18)-(18 18)	69	46	18	5	
11	1905	09/21–09/22	Thu	2	72	(18 18)-(18 18)	78	53	16	9	
12	1906	06/28–06/29	Thu	2	72	(18 18)-(18 18)	66	49	10	7	
13	1907	06/20–06/21	Thu	2	72	(18 18)-(18 18)	73	50	20	3	
14	1908	08/27–08/29	Thu	3	72	(18 18)-(18 18)-18PO	87	45	32	9	1
15	1909	06/24–06/25	Thu	2	72	(18 18)-(18 18)	81	60	12	8	1
16	1910	06/17–06/20	Fri	4	72	(18 18)-(18 18)-O-18PO	73	49	15	9	
17	1911	06/23–06/26	Fri	4	72	(18 18)-(18 18)-O-18PO	72	55	12	5	
18	1912	08/01–08/02	Thu	2	72	(18 18)-(18 18)	127	53	41	33	
19	1913	09/18–09/20	Thu	3	72	(18 18)-(18 18)-18PO	67	49	12	6	
20	1914	08/20–08/21	Thu	2	72	(18 18)-(18 18)	65	50		15	
21	1915	06/17–06/18	Thu	2	72	(18 18)-(18 18)	65	51	6	8	
22	1916	06/29–06/30	Thu	2	72	(18 18)-(18 18)	64	57		7	
	1917	Tournament Not Held									
	1918	Tournament Not Held									
23	1919	06/09–06/12	Mon	4	72	18-18-(18 18)-36PO	132	57	44	31	
24	1920	08/12–08/13	Thu	2	72	(18 18)-(18 18)	70	67		3	
25	1921	07/21–07/22	Thu	2	72	(18 18)-(18 18)	88	64		24	
26	1922	07/14–07/15	Fri	2	72	(18 18)-(18 18)	78	71		7	
27	1923	07/13–07/15	Fri	3	72	(18 18)-(18 18)-18PO	77	61		16	
28	1924	06/05–06/06	Thu	2	72	(18 18)-(18 18)	83	57		26	
29	1925	06/03–06/05	Wed	3	72	(18 18)-(18 18)-36PO	95	65		30	
30	1926	07/08–07/10	Thu	3	72	18-18-(18 18)	153	58	67	28	
31	1927	06/14–06/17	Tue	4	72	18-18-(18 18)-18PO	150	58	60	28	4
32	1928	06/21–06/24	Thu	4	72	18-18-(18 18)-36PO	141	63	65	13	
33	1929	06/27–06/30	Thu	4	72	18-18-(18 18)-36PO	146	63	62	21	
34	1930	07/10–07/12	Thu	3	72	18-18-(18 18)	143	66	62	14	1
35	1931	07/02–07/06	Thu	5	72	18-18-(18 18)-36PO-36PO	140	55	60	24	1
36	1932	06/23–06/25	Thu	3	72	18-18-(18 18)	151	72	62	17	

Num	*Year*	*Dates*	*Fday*	*Days*	*Holes*	*Rounds*	*Field*	*Com*	*CUT*	*WD*	*DQ*
37	1933	06/08–06/10	Thu	3	72	18-18-(18 18)	146	65	73	7	1
38	1934	06/07–06/09	Thu	3	72	18-18-(18 18)	150	62	75	12	1
39	1935	06/06–06/08	Thu	3	72	18-18-(18 18)	162	62	80	19	1
40	1936	06/04–06/06	Thu	3	72	18-18-(18 18)	164	76	80	8	
41	1937	06/10–06/12	Thu	3	72	18-18-(18 18)	166	64	98	3	1
42	1938	06/09–06/11	Thu	3	72	18-18-(18 18)	167	55	87	25	
43	1939	06/08–06/12	Thu	5	72	18-18-(18 18)-18PO-18PO	166	64	88	14	
44	1940	06/06–06/09	Thu	4	72	18-18-(18 18)-18PO	165	58	86	18	3
45	1941	06/05–06/07	Thu	3	72	18-18-(18 18)	163	57	69	37	
	1942	Tournament Not Held									
	1943	Tournament Not Held									
	1944	Tournament Not Held									
	1945	Tournament Not Held									
46	1946	06/13–06/16	Thu	4	72	18-18-(18 18)-18PO	172	62	93	17	
47	1947	06/12–06/15	Thu	4	72	18-18-(18 18)-18PO	163	67	71	25	
48	1948	06/10–06/12	Thu	3	72	18-18-(18 18)	171	54	100	15	2
49	1949	06/09–06/11	Thu	3	72	18-18-(18 18)	162	47	98	16	1
50	1950	06/08–06/11	Thu	4	72	18-18-(18 18)-18PO	165	51	98	15	1
51	1951	06/14–06/16	Thu	3	72	18-18-(18 18)	162	55	93	14	
52	1952	06/12–06/14	Thu	3	72	18-18-(18 18)	162	52	90	18	2
53	1953	06/11–06/13	Thu	3	72	18-18-(18 18)	157	59	87	11	
54	1954	06/17–06/19	Thu	3	72	18-18-(18 18)	162	50	97	15	
55	1955	06/16–06/19	Thu	4	72	18-18-(18 18)-18PO	162	58	92	11	1
56	1956	06/14–06/16	Thu	3	72	18-18-(18 18)	162	51	104	7	
57	1957	06/13–06/16	Thu	4	72	18-18-(18 18)-18PO	162	52	101	9	
58	1958	06/12–06/14	Thu	3	72	18-18-(18 18)	162	53	102	7	
59	1959	06/11–06/13	Thu	3	72	18-18-(18 18)	150	56	85	9	
60	1960	06/16–06/18	Thu	3	72	18-18-(18 18)	150	55	94	1	
61	1961	06/15–06/17	Thu	3	72	18-18-(18 18)	150	57	92	1	
62	1962	06/14–06/17	Thu	4	72	18-18-(18 18)-18PO	150	51	96	3	
63	1963	06/20–06/23	Thu	4	72	18-18-(18 18)-18PO	150	51	97	2	
65	1964	06/18–06/20	Thu	3	72	18-18-(18 18)	150	54	92	4	
65	1965	06/17–06/21	Thu	5	72	18-18-18-18-18PO	150	50	91	9	
66	1966	06/16–06/20	Thu	5	72	18-18-18-18-18PO	151	64	85	2	
67	1967	06/15–06/18	Thu	4	72	18-18-18-18	150	64	82	4	
68	1968	06/13–06/16	Thu	4	72	18-18-18-18	150	63	86	1	
69	1969	06/12–06/15	Thu	4	72	18-18-18-18	150	68	80	2	
70	1970	06/18–06/21	Thu	4	72	18-18-18-18	150	72	75	3	
71	1971	06/17–06/21	Thu	5	72	18-18-18-18-18PO	150	64	84	1	1
72	1972	06/15–06/18	Thu	4	72	18-18-18-18	150	70	80		
73	1973	06/14–06/17	Thu	4	72	18-18-18-18	150	65	82	3	
74	1974	06/13–06/16	Thu	4	72	18-18-18-18	150	66	81	3	
75	1975	06/19–06/23	Thu	5	72	18-18-18-18-18PO	150	67	83		
76	1976	06/17–06/20	Thu	4	72	18-18-18-18	150	66	84		
77	1977	06/16–06/19	Thu	4	72	18-18-18-18	153	60	92	1	
78	1978	06/15–06/18	Thu	4	72	18-18-18-18	153	63	88		2
79	1979	06/14–06/17	Thu	4	72	18-18-18-18	153	63	87	3	
80	1980	06/12–06/15	Thu	4	72	18-18-18-18	156	63	92		1
81	1981	06/18–06/21	Thu	4	72	18-18-18-18	156	70	86		
82	1982	06/17–06/20	Thu	4	72	18-18-18-18	153	66	83	4	
83	1983	06/16–06/20	Thu	5	72	18-18-18-P-18	156	70	82	3	1
84	1984	06/14–06/18	Thu	5	72	18-18-18-18-18PO	156	63	90	3	
85	1985	06/13–06/16	Thu	4	72	18-18-18-18	156	66	89	1	
86	1986	06/12–06/15	Thu	4	72	18-18-18-18	156	70	83	3	
87	1987	06/18–06/21	Thu	4	72	18-18-18-18	156	77	77	2	
88	1988	06/16–06/20	Thu	5	72	18-18-18-18-18PO	156	65	89	2	
89	1989	06/15–06/18	Thu	4	72	18-18-18-18	156	71	84	1	
90	1990	06/14–06/18	Thu	5	72	18-18-18-18-19PO	156	68	88		
91	1991	06/13–06/17	Thu	4	72	18-18-18-18	156	65	88	3	
92	1992	06/18–06/21	Thu	4	72	18-18-18-18	156	66	89	1	
93	1993	06/17–06/20	Thu	4	72	18-18-18-18	156	88	68		
94	1994	06/16–06/20	Thu	5	72	18-18-18-18-20PO	159	64	92	2	1
95	1995	06/15–06/18	Thu	4	72	18-18-18-18	156	73	81	2	
96	1996	06/13–06/16	Thu	4	72	18-18-18-18	156	108	45	1	2
97	1997	06/12–06-15	Thu	4	72	18-18-18-18	156	84	70	2	
98	1998	06/18–06/21	Thu	4	72	18-18-18-18	156	60	94	2	
99	1999	06/17–06/20	Thu	4	72	18-18-18-18	156	68	86	2	
100	2000	06/15–06/18	Thu	4	72	18-18-18-18	156	63	91	1	1
101	2001	06/14–06/17	Thu	4	72	18-18-18-18	156	79	73	3	1
102	2002	06/13–06/16	Thu	4	72	18-18-18-18	156	72	83	1	
103	2003	06/12–06-15	Thu	4	72	18-18-18-18	156	68	87	1	
104	2004	06/17–06-20	Thu	4	72	18-18-18-18	156	66	89	1	
105	2005	06/16–06-19	Thu	4	72	18-18-18-18	156	83	71	2	

Num	Year	Dates	Fday	Days	Holes	Rounds	Field	Com	CUT	WD	DQ
106	2006	06/15–06/18	Thu	4	72	18-18-18-18	156	63	92	1	
107	2007	06/14–06/17	Thu	4	72	18-18-18-18	156	63	92	1	
108	2008	06/12–06/15	Thu	5	72	18-18-18-18-18PO	156	79	74	3	

PGA Championship: Sites

Num	Year	Site	Course	City	Yards	Par
1	1916	Siwanoy CC		Bronxville, NY	6,251	
	1917	Tournament Not Held				
	1918	Tournament Not Held				
2	1919	Engineers CC, The		Roslyn, NY	6,262	70
3	1920	Flossmoor CC		Flossmoor, IL	6,110	72
4	1921	Inwood CC		Far Rockaway, NY	6,600	73
5	1922	Oakmont CC		Oakmont, PA	6,707	71
6	1923	Pelham GC		Pelham Manor, NY	6,419	72
7	1924	French Lick Resort & Spa	Hill Course	French Lick, IN	6,471	71
8	1925	Olympia Fields CC	North Course	Olympia Fields, IL	6,490	70
9	1926	Salisbury GL	#4 Course	Westbury, NY	6,750	72
10	1927	Cedar Crest CC		Dallas, TX	6,371	71
11	1928	Five Farms CC		Baltimore, MD	6,622	70
12	1929	Hillcrest CC		Los Angeles, CA	6,438	71
13	1930	Fresh Meadow CC		Lake Success, NY	6,505	70
14	1931	Wannamoisett CC		Rumford, RI	6,583	69
15	1932	Keller GC		St. Paul, MN	6,686	71
16	1933	Blue Mound G & CC		Wauwatosa, WI	6,330	70
17	1934	Park CC		Williamsville, NY	6,579	72
18	1935	Twin Hills G & CC		Oklahoma City, OK	6,280	70
19	1936	Pinehurst Resort & CC	#2 Course	Pinehurst, NC	6,879	72
20	1937	Pittsburgh Field Club		Aspinwall, PA	6,656	72
21	1938	Shawnee CC		Shawnee-on-Delaware, PA	6,656	72
22	1939	Pomonok CC		Flushing, NY	6,354	71
23	1940	Hershey CC		Hershey, PA	7,017	73
24	1941	Cherry Hills CC		Englewood, CO	6,888	71
25	1942	Seaview CC		Absecon, NJ	6,590	71
	1943	Tournament Not Held				
26	1944	Manito G & CC		Spokane, WA	6,454	72
27	1945	Moraine CC, The		Kettering, OH	6,625	72
28	1946	Portland GC		Portland, OR	6,524	72
29	1947	Plum Hollow CC		Southfield, MI	6,907	72
30	1948	Norwood Hills CC		St. Louis, MO	6,440	71
31	1949	Hermitage CC*	Hillard Road Course	Richmond, VA	6,667	71
32	1950	Scioto CC		Columbus, OH	7,032	72
33	1951	Oakmont CC		Oakmont, PA	6,882	72
34	1952	Big Spring CC		Louisville, KY	6,620	72
35	1953	Birmingham CC		Birmingham, MI	6,465	71
36	1954	Keller GC		St. Paul, MN	6,652	71
37	1955	Meadowbrook CC		Northville, MI	6,701	71
38	1956	Blue Hill CC		Canton, MA	6,634	71
38	1957	Miami Valley GC		Dayton, OH	6,773	71
40	1958	Llanerch CC		Havertown, PA	6,710	70
41	1959	Minneapolis GC		St. Louis Park, MN	6,850	70
42	1960	Firestone CC	South Course	Akron, OH	7,165	70
43	1961	Olympia Fields CC	North Course	Olympia Fields, IL	6,722	70
44	1962	Aronimink GC		Newtown Square, PA	7,045	70
45	1963	Dallas AC		Dallas, TX	7,046	71
46	1964	Columbus CC		Columbus, OH	6,851	70
47	1965	Laurel Valley GC		Ligonier, PA	7,090	71
48	1966	Firestone CC	South Course	Akron, OH	7,180	70
49	1967	Columbine CC		Littleton, CO	7,436	72
50	1968	Pecan Valley GC		San Antonio, TX	7,096	70
51	1969	National Cash Register CC	South Course	Dayton, OH	6,915	71
52	1970	Southern Hills CC		Tulsa, OK	6,962	70
53	1971	PGA National GC		Palm Beach Gardens, FL	7,096	72
54	1972	Oakland Hills CC	South Course	Bloomfield Hills, MI	7,054	70
55	1973	Canterbury GC		Cleveland, OH	6,852	71
56	1974	Tanglewood GC		Clemmons, NC	7,050	70
57	1975	Firestone CC	South Course	Akron, OH	7,180	70
58	1976	Congressional CC	Blue Course	Bethesda, MD	7,054	70
59	1977	Pebble Beach GL		Pebble Beach, CA	6,804	72

***now Belmont GC**

Num	Year	Site	Course	City	Yards	Par
60	1978	Oakmont CC		Oakmont, PA	6,989	71
61	1979	Oakland Hills CC	South Course	Bloomfield Hills, MI	7,014	70
62	1980	Oak Hill CC	East Course	Rochester, NY	6,964	70
63	1981	Atlanta AC	Highlands Course	Duluth, GA	7,070	70
64	1982	Southern Hills CC		Tulsa, OK	6,862	70
65	1983	Riviera CC		Pacific Palisades, CA	6,946	71
66	1984	Shoal Creek CC		Shoal Creek, AL	7,145	72
67	1985	Cherry Hills CC		Englewood, CO	7,145	72
68	1986	Inverness Club, The		Toledo, OH	6,982	71
69	1987	PGA National GC		Palm Beach Gardens, FL	7,002	72
70	1988	Oak Tree GC		Edmond, OK	7,015	71
71	1989	Kemper Lakes GC		Hawthorn Woods, IL	7,217	72
72	1990	Shoal Creek CC		Shoal Creek, AL	7,145	72
73	1991	Crooked Stick GC		Carmel, IN	7,295	72
74	1992	Bellerive CC		St. Louis, MO	7,148	71
75	1993	Inverness Club, The		Toledo, OH	7,024	71
76	1994	Southern Hills CC		Tulsa, OK	6,824	70
77	1995	Riviera CC		Pacific Palisides, CA	6,956	71
78	1996	Valhalla GC		Louisville, KY	7,144	72
79	1997	Winged Foot GC	West Course	Mamaroneck, NY	6,987	70
80	1998	Sahalee CC		Redmond, WA	6,906	70
81	1999	Medinah CC	#3 Course	Medinah, IL	7,401	72
82	2000	Valhalla GC		Louisville, KY	7,167	72
83	2001	Atlanta AC	Highlands Course	Duluth, GA	7,213	70
84	2002	Hazeltine National GC		Chaska, MN	7,355	72
85	2003	Oak Hill CC	East Course	Rochester, NY	7,098	70
86	2004	Whistling Straits	Straits Course	Kohler, WI	7,514	72
87	2005	Baltusrol GC	Lower Course	Springfield, NJ	7,392	70
88	2006	Medinah CC	#3 Course	Medinah, IL	7,561	72
89	2007	Southern Hills CC		Tulsa, OK	7,131	70
90	2008	Oakland Hills CC	South Course	Bloomfield Hills, MI	7,395	70

PGA Championship: Dates and Fields

Num	Year	Dates	Fday	Days	Holes	Rounds	Field	Com	CUT	WD	DQ	DF	MC1	MC2
1	1916	10/10–10/14	Tue	5		36-36-36-36-36	32	29				3		
	1917	Tournament Not Held												
	1918	Tournament Not Held												
2	1919	09/16–09/20	Tue	5		36-36-36-36-36	32	30				2		
3	1920	08/17–08/21	Tue	5		36-36-36-36-36	32	32						
4	1921	09/27–10/01	Tue	5		36-36-36-36-36	32	31				1		
5	1922	08/13–08/18	Sun	6		18-18-18-36-36-36	64	60				4		
6	1923	09/24–09/29	Mon	6		36-36-36-36-36-36	64	62				2		
7	1924	09/16–09/20	Tue	5		36-36-36-36-36	32	32						
8	1925	09/22–09/26	Tue	5		36-36-36-36-36	32	32						
9	1926	09/21–09/25	Tue	5		36-36-36-36-36	32	32						
10	1927	11/01–11/05	Tue	5		36-36-36-36-36	32	32						
11	1928	10/02–10/06	Tue	5		36-36-36-36-36	32	32						
12	1929	12/03–12/07	Tue	5		36-36-36-36-36	32	32						
13	1930	09/09–09/13	Tue	5		36-36-36-36-36	32	32						
14	1931	09/15–09/19	Tue	5		36-36-36-36-36	32	32						
15	1932	08/31–09/04	Wed	5		36-36-36-36-36	32	32						
16	1933	08/09–08/13	Wed	5		36-36-36-36-36	32	32						
17	1934	07/25–07/29	Wed	5		36-36-36-36-36	32	32						
18	1935	10/18–10/23	Fri	6		18-18-36-36-36-36	64	64						
19	1936	11/18–11/22	Wed	5		(18-18)-36-36-36-36	64	64						
20	1937	05/26–05/30	Wed	5		(18-18)-36-36-36-36	64	64						
21	1938	07/12–07/16	Tue	5		(18-18)-36-36-36-36	64	64						
22	1939	07/11–07/15	Tue	5		(18-18)-36-36-36-36	64	64						
23	1940	08/28–09/01	Wed	6		(18-18)-36-36-36-P-36	64	64						
24	1941	07/09–07/13	Wed	5		(18-18)-36-36-36-36	64	63				1		
25	1942	05/27–05/31	Wed	5		36-36-36-36-36	32	32						
	1943	Tournament Not Held												
26	1944	08/16–08/20	Wed	5		36-36-36-36-36	32	32						
27	1945	07/11–07/15	Wed	5		36-36-36-36-36	32	32						
28	1946	08/21–08/25	Wed	5		(18-18)-36-36-36-36	64	64						
29	1947	06/20–06/24	Fri	5		(18-18)-36-36-36-36	64	64						
30	1948	05/21–05/25	Fri	5		(18-18)-36-36-36-36	64	64						
31	1949	05/27–05/31	Fri	5		(18-18)-36-36-36-36	64	64						
32	1950	06/23–06/27	Fri	5		(18-18)-36-36-36-36	64	64						

Num	Year	Dates	Fday	Days	Holes	Rounds	Field	Com	CUT	WD	DQ	DF	MC1	MC2
33	1951	06/29–07/03	Fri	5		(18-18)-36-36-36-36	64	64						
34	1952	06/20–06/25	Fri	6		(18-18)-P-36-36-36-36	64	63				1		
35	1953	07/03–07/07	Fri	5		(18-18)-36-36-36-36	64	64						
36	1954	07/23–07/27	Fri	5		(18-18)-36-36-36-36	64	64						
37	1955	07/22–07/26	Fri	5		(18-18)-36-36-36-36	64	64						
38	1956	07/20–07/24	Fri	5		18-(18-18)-(18-18)-36-36	128	127				1		
38	1957	07/17–07/21	Wed	5		18-(18-18)-(18-18)-36-36	128	128						
40	1958	07/17–07/20	Thu	4	72	18-18-18-18	162	64	90	7	1		61	29
41	1959	07/30–08/02	Thu	4	72	18-18-18-18	174	63	108	3			75	33
42	1960	07/21–07/24	Thu	4	72	18-18-18-18	183	60	120	3			87	33
43	1961	07/27–07/31	Thu	5	72	18-18-18-18-18PO	161	64	91	6				
44	1962	07/19–07/22	Thu	4	72	18-18-18-18	170	60	104	6			75	29
45	1963	07/18–07/21	Thu	4	72	18-18-18-18	165	81	78	5	1			
46	1964	07/16–07/19	Thu	4	72	18-18-18-18	162	65	93	3	1		67	26
47	1965	08/12–08/15	Thu	4	72	18-18-18-18	167	76	86	4	1			
48	1966	07/21–07/24	Thu	4	72	18-18-18-18	165	76	77	12				
49	1967	07/20–07/24	Thu	5	72	18-18-18-18-18PO	145	73	65	6	1			
50	1968	07/18–07/21	Thu	4	72	18-18-18-18	166	74	86	6				
51	1969	08/14–08/17	Thu	4	72	18-18-18-18	142	79	57	5	1			
52	1970	08/13–08/16	Thu	4	72	18-18-18-18	136	70	63	3				
53	1971	02/25–02/28	Thu	4	72	18-18-18-18	146	81	61	4				
54	1972	08/03–08/06	Thu	4	72	18-18-18-18	139	77	54	7	1			
55	1973	08/09–08/12	Thu	4	72	18-18-18-18	148	75	69	3	1			
56	1974	08/08–08/11	Thu	4	72	18-18-18-18	141	78	57	5	1			
57	1975	08/07–08/10	Thu	4	72	18-18-18-18	136	71	62	3				
58	1976	08/12–08/16	Thu	5	72	18-18-18-P-18	138	73	62	3				
59	1977	08/11–08/14	Thu	4	72	18-18-18-(18+3PO)	138	71	64	2	1			
60	1978	08/03–08/06	Thu	4	72	18-18-18-(18+2PO)	150	70	77	1	2			
61	1979	08/02–08/05	Thu	4	72	18-18-18-(18+3PO)	150	74	75	1				
62	1980	08/07–08/10	Thu	4	72	18-18-18-18	150	77	67	6				
63	1981	08/06–08/09	Thu	4	72	18-18-18-18	150	78	65	5	2			
64	1982	08/05–08/08	Thu	4	72	18-18-18-18	150	74	74	2				
65	1983	08/04–08/07	Thu	4	72	18-18-18-18	150	87	63					
66	1984	08/16–08/19	Thu	4	72	18-18-18-18	149	70	77	2				
67	1985	08/08–08/11	Thu	4	72	18-18-18-18	149	76	70	3				
68	1986	08/07–08/10	Thu	4	72	18-18-18-18	150	72	77	1				
69	1987	08/06–08/09	Thu	4	72	18-18-18-(18+1PO)	150	73	73	3	1			
70	1988	08/11–08/14	Thu	4	72	18-18-18-18	150	71	76	3				
71	1989	08/10–08/13	Thu	4	72	18-18-18-18	150	70	79	1				
72	1990	08/09–08/12	Thu	4	72	18-18-18-18	151	74	74	3				
73	1991	08/08–08/11	Thu	4	72	18-18-18-18	151	77	72	2				
74	1992	08/13–08/16	Thu	4	72	18-18-18-18	151	85	65	1				
75	1993	08/12–08/15	Thu	4	72	18-18-18-(18+1PO)	151	74	74	3				
76	1994	08/11–08/14	Thu	4	72	18-18-18-18	151	76	75					
77	1995	08/10–08/13	Thu	4	72	18-18-18-(18+1PO)	150	72	76	2				
78	1996	08/08–08/11	Thu	4	72	18-18-18-(18+1PO)	150	81	67	2				
79	1997	08/14–08/17	Thu	4	72	18-18-18-18	150	77	70	3				
80	1998	08/13–08/16	Thu	4	72	18-18-18-18	150	75	74	1				
81	1999	08/12–08/15	Thu	4	72	18-18-18-18	150	73	75	2				
82	2000	08/17–08/20	Thu	4	72	18-18-18-(18+3PO)	150	80	64	6				
83	2001	08/16–08/19	Thu	4	72	18-18-18-18	150	75	73	1	1			
84	2002	08/15–08/18	Thu	4	72	18-18-18-18	156	71	83	2				
85	2003	08/14–08/17	Thu	4	72	18-18-18-18	156	70	81	5				
86	2004	08/12–08/15	Thu	4	72	18-18-18-18	156	73	79	3	1			
87	2005	08/11–08-15	Thu	4	72	18-18-18-18	156	79	77					
88	2006	08/17–08/20	Thu	4	72	18-18-18-18	156	70	84	2				
89	2007	08/09–08/12	Thu	4	72	18-18-18-18	156	71	80	4	1			
90	2008	08/16–08/19	Thu	4	72	18-18-18-18	156	73	82	1				

Masters Tournament

Held at Augusta National GC in Augusta, Georgia; par 72

Num	Year	Yards	Dates	Fday	Days	Holes	Rounds	Field	Com	CUT	WD	DQ
1	1934	6,925	03/22–03/25	Thu	4	72	18-18-18-18	73	61		12	
2	1935	6,925	04/04–04/08	Thu	5	72	18-18-18-18-36PO	65	64		1	
3	1936	6,925	04/02–04/06	Thu	5	72	P-18-P-18-(18 18)	54	45		9	

Num	Year	Yards	Dates	Fday	Days	Holes	Rounds	Field	Com	CUT	WD	DQ
4	1937	6,925	04/01–04/04	Thu	4	72	18-18-18-18	46	41		5	
5	1938	6,925	04/01–04/04	Fri	4	72	P-18-(18 18)-18	44	39		5	
6	1939	6,925	03/30–04/02	Thu	4	72	P-18-18-(18 18)	47	43		4	
7	1940	6,925	04/04–04/07	Thu	4	72	18-18-18-18	59	51		8	
8	1941	6,925	04/03–04/06	Thu	4	72	18-18-18-18	50	47		3	
9	1942	6,925	04/09–04/13	Thu	5	72	18-18-18-18-18PO	42	40		2	
	1943	Tournament Not Held										
	1944	Tournament Not Held										
	1945	Tournament Not Held										
10	1946	6,925	04/04–04/07	Thu	4	72	18-18-18-18	52	50		2	
11	1947	6,925	04/03–04/06	Thu	4	72	18-18-18-18	58	57		1	
12	1948	6,925	04/08–04/11	Thu	4	72	18-18-18-18	57	54		3	
13	1949	6,925	04/07–04/10	Thu	4	72	18-18-18-18	58	53		5	
14	1950	6,925	04/06–04/09	Thu	4	72	18-18-18-18	65	59		6	
15	1951	6,925	04/05–04/08	Thu	4	72	18-18-18-18	64	59		5	
16	1952	6,925	04/03–04/06	Thu	4	72	18-18-18-18	72	61		10	1
17	1953	6,925	04/09–04/12	Thu	4	72	18-18-18-18	73	64		9	
18	1954	6,925	04/08–04/12	Thu	5	72	18-18-18-18-18PO	79	72		7	
19	1955	6,925	04/07–04/10	Thu	4	72	18-18-18-18	78	68		10	
20	1956	6,925	04/05–04/08	Thu	4	72	18-18-18-18	84	77		7	
21	1957	6,925	04/04–04/07	Thu	4	72	18-18-18-18	101	40	55	5	1
22	1958	6,925	04/03–04/06	Thu	4	72	18-18-18-18	87	43	41	3	
23	1959	6,925	04/02–04/05	Thu	4	72	18-18-18-18	87	40	43	3	1
24	1960	6,925	04/07–04/10	Thu	4	72	18-18-18-18	83	45	34	3	1
25	1961	6,925	04/06–04/10	Thu	5	72	18-18-18-P-18	88	38	44	6	
26	1962	6,925	04/05–04/09	Thu	5	72	18-18-18-18-18PO	110	50	51	8	1
27	1963	6,925	04/04–04/07	Thu	4	72	18-18-18-18	84	49	30	5	
28	1964	6,925	04/09–04/12	Thu	4	72	18-18-18-18	96	48	46	2	
29	1965	6,925	04/08–04/11	Thu	4	72	18-18-18-18	91	49	38	2	2
30	1966	6,925	04/07–04/11	Thu	5	72	18-18-18-18-18PO	103	62	37	4	
31	1967	6,925	04/06–04/09	Thu	4	72	18-18-18-18	83	55	25	2	1
32	1968	6,925	04/11–04/14	Thu	4	72	18-18-18-18	74	52	20	2	
33	1969	6,925	04/10–04/13	Thu	4	72	18-18-18-18	83	46	34	3	
34	1970	6,925	04/09–04/13	Thu	5	72	18-18-18-18-18PO	83	48	34	1	
35	1971	6,925	04/08–04/11	Thu	4	72	18-18-18-18	77	48	26	3	
36	1972	6,925	04/06–04/09	Thu	4	72	18-18-18-18	85	47	36	2	
37	1973	6,925	04/05–04/09	Thu	5	72	18-18-P-18-18	82	57	25		
38	1974	6,925	04/11–04/14	Thu	4	72	18-18-18-18	78	44	33	1	
39	1975	6,925	04/10–04/13	Thu	4	72	18-18-18-18	76	46	29	1	
40	1976	6,925	04/08–04/11	Thu	4	72	18-18-18-18	72	47	25		
41	1977	6,925	04/07–04/10	Thu	4	72	18-18-18-18	77	50	26	1	
42	1978	6,925	04/06–04/09	Thu	4	72	18-18-18-18	78	53	23	2	
43	1979	6,925	04/12–04/15	Thu	4	72	18-18-18-(18+2PO)	72	45	24	3	
44	1980	6,925	04/10–04/13	Thu	4	72	18-18-18-18	91	52	38	1	
45	1981	6,925	04/09–04/12	Thu	4	72	18-18-18-18	82	48	34		
46	1982	6,925	04/08–04/11	Thu	4	72	18-18-18-(18+1PO)	76	47	26	2	1
47	1983	6,925	04/07–04/11	Thu	5	72	18-P-18-18-18	82	49	30	3	
48	1984	6,925	04/12–04/15	Thu	4	72	18-18-18-18	88	47	41		
49	1985	6,925	04/11–04/14	Thu	4	72	18-18-18-18	77	60	16	1	
50	1986	6,925	04/10–04/13	Thu	4	72	18-18-18-18	88	48	40		
51	1987	6,925	04/09–04/12	Thu	4	72	18-18-18-(18+2PO)	85	54	31		
52	1988	6,925	04/07–04/10	Thu	4	72	18-18-18-18	90	46	43	1	
53	1989	6,925	04/06–04/09	Thu	4	72	18-18-18-(18+2PO)	85	52	32	1	
54	1990	6,925	04/05–04/08	Thu	4	72	18-18-18-(18+2PO)	85	49	36		
55	1991	6,925	04/11–04/14	Thu	4	72	18-18-18-18	87	57	28	2	
56	1992	6,925	04/09–04/12	Thu	4	72	18-18-18-18	83	63	19		1
57	1993	6,925	04/08–04/11	Thu	4	72	18-18-18-18	90	61	28	1	
58	1994	6,925	04/07–04/10	Thu	4	72	18-18-18-18	86	51	34	1	
59	1995	6,925	04/06–04/09	Thu	4	72	18-18-18-18	86	47	38	1	
60	1996	6,925	04/11–04/14	Thu	4	72	18-18-18-18	92	44	48		
61	1997	6,925	04/10–04/13	Thu	4	72	18-18-18-18	86	46	40		
62	1998	6,925	04/09–04/12	Thu	4	72	18-18-18-18	88	46	41	1	
63	1999	6,985	04/08–04/11	Thu	4	72	18-18-18-18	96	56	37	3	
64	2000	6,985	04/06–04/09	Thu	4	72	18-18-18-18	95	57	36	2	
65	2001	6,985	04/05–04/08	Thu	4	72	18-18-18-18	92	47	44	1	
66	2002	7,270	04/11–04/14	Thu	4	72	18-18-18-18	88	45	42	1	
67	2003	7,290	04/10–04/13	Thu	4	72	P-(18 18)-18-(18+1PO)	93	49	43	1	
68	2004	7,290	04/08–04/11	Thu	4	72	18-18-18-18	93	44	49		
69	2005	7,290	04/07–04/10	Thu	4	72	18-18-18-(18+1PO)	93	50	41	2	
70	2006	7,445	04/06–04/09	Thu	4	72	18-18-18-18	90	47	43		
71	2007	7,445	04/05–04/08	Thu	4	72	18-18-18-18	97	60	36	1	
72	2008	7,445	04/10–04/13	Thu	4	72	18-18-18-18	94	45	48	1	

Appendix B: Data Discrepancies

Following is a list of players with known data discrepancies in one or more tournaments.

Player	*Event*	*Year*
Allan, John "Johnnie"	O	1865
Alves, Grange	US	1912
Anderson, Andy	US	1951
Anderson, David "Auld Da," Sr.	O	1879
Anderson, Thomas, Jr.	US	1913
Andrew, John H.	O	1893
Andrew, Robert "The Rook"	O	1865
Andrews, Robert	US	1912
Archer, George William	O	1969
Armit, Robert	O	1873
Armour, Alexander A. "Sandy"	US	1923
Armour, Thomas Dickson "Tommy"	US	1924
	US	1925
Arnold, Ralph R. "Rip"	US	1941
Auchterlonie, Laurence "Laurie"	O	1888
Ayton, Alexander "Alec"	US	1920
	US	1927
	US	1930
Ayton, David, Sr.	O	1895
Baker-Finch, Michael Ian "Ian"	O	1996
Ball, Donald G.	US	1899
Ball, John, Jr.	O	1894
Bannister, Eric	O	1914
Barker, Herbert H.	US	1915
Barker, James B.	US	1969
Barnes, James Martin	US	1926
Barrett, Percy F.	US	1906
Barron, Herman	O	1963
Batley, James B.	O	1904
Bell, David "Davie"	US	1900
Bell, William J. "Willie"	US	1912
Bellworthy, Albert E.	O	1903
Bennett, W.	O	1910
Bird, John B.	US	1926
Black, David Lambie "Davey"	US	1913
Black, James A.	US	1912
Black, James L.	O	1947
Blackmar, Philip Arnold	US	1985
Blackwell, Edward Baird Hay "Ted"	O	1898
Blaikie, Robert H.	O	1892
Blancas, Homero, Jr.	PGA	1970
Bole, J. K.	US	1912
Bolt, Thomas Henry "Tommy"	PGA	1972
Bond, Ralph B.	US	1946
Bowden, George L.	US	1912
Bradshaw, Harold "Harry"	O	1947
Brand, Frederick	US	1912
	US	1923
Brown, A.	O	1880
Brown, Stuart D.	O	1969
Brown, Thomas	O	1889
Bullock, George Frederick "Fred"	O	1937
Burgess, Charles D. "Chay"	O	1905
Burgess, Charles M., Sr.	US	1910
Byers, Eben MacBurney	O	1904
	US	1908
Byrne, William C.	US	1912
Calcavecchia, Mark John	M	1995
Campbell, Alexander "Nipper"	US	1902
	US	1903
Campbell, Andrew	US	1912
Campbell, Matt	US	1919
Campbell, William "Willie"	O	1893
Canausa, Fred C.	US	1921
Carr, Joseph Benedict	M	1968
Catlin, Arthur	O	1905
Cawsey, Jack H.	US	1931
Cheal, H.	O	1910
Chestney, Henry Rowland "Harry"	O	1904
Chiapetta, Louis	US	1923
Chisholm, William "Willie"	US	1903
	US	1919
Christy, Andrew J.	US	1912
Ciuci, Henry	US	1936
Coburn, George S.	O	1910
Collins, William "Willie"	US	1898
Compston, Archibald Edward Wones	O	1926
Cook, John Neuman	US	1977
Cowie, Harry A.	US	1919
Cox, Charles S.	US	1899
Cox, Wilfred Hiram "Wiffy"	US	1931
Crampton, Bruce Sidney	O	1956
	US	1973
Crossan, James J. (USA)	US	1919
Crowley, Robert W.	PGA	1964
Cumming, George W.	O	1898
Cunningham, Alexander	US	1925
Curtis, James F.	US	1898
Dailey, Allan Marshall	O	1949
Dalgleish, Joseph	O	1896
Daly, Frederick J.	O	1976
Daniel, George	O	1914
Davies, Barry N.	O	1958
Day, W., Jr.	O	1896
Day, W. D., Jr.	O	1896
de la Torre, Manuel	PGA	1966
Del Vecchio, Perry	US	1926
De Vicenzo, Roberto	M	1968
Dill, Terrance Darby	PGA	1971
Doleman, William	O	1865
	O	1866
	O	1870
Donaldson, James Alexander "Jimmie"	US	1912
Donovan, William A.	US	1899
	US	1902
Dowling, John "Jack"	US	1913
Duncan, George I.	O	1947
Dunlap, Scott Michael	US	1997
Dunn, R. William "Willie," Jr.	O	1884
Dunn, Thomas	O	1879
	O	1884
Dunsford, W. E.	O	1894
Edwards, Jerry A.	US	1969
Estes, Bob Alan	US	1992
Fenn, Arthur H.	US	1908
Ferguson, James C.	US	1916
Fernie, Thomas R.	O	1910
Fernie, William "Willie"	O	1905
Ferrier, James	US	1965
Findlay, Alexander H., Sr.	US	1899
Findlay, David H.	US	1912
Foord, Ernest	O	1904
Forrest, H. M.	US	1907
Foulis, James B., Jr.	US	1898
Fovargue, Walter G.	US	1914
Fowler, William Herbert "Herbert"	O	1905
Fox, Alex M.	O	1966
Fraser, Leo	US	1932
Frost, David Laurence	PGA	1994
Frostick, H. G.	O	1910

Player	*Event*	*Year*
Froy, D. Stanley	O	1904
Fulford, Thomas Henry "Harry"	O	1914
Fulke, Pierre Olof	O	1994
Furyk, James Michael	US	1997
Gadd, Herbert "Bert"	O	1937
Gagan, Steve A.	US	1923
Gairdner, John R.	O	1899
Gallacher, A.	O	1905
Gaudin, William C.	O	1897
Gerard, Alexander	US	1919
Ghezzi, Victor J.	M	1946
	PGA	1972
Glenn, George	US	1976
Glover, John	O	1965
Gordon, George M.	US	1919
Gourlay, Walter	O	1879
Gow, Edward H. "Teddy"	US	1923
Graham, John "Jack," Jr.	O	1905
Gray, Arthur G.	O	1910
Grego, Anthony	US	1926
Griffin, George E., Sr.	US	1910
Guild, Alex	US	1922
Gullickson, Lloyd	US	1926
Gunn, Watts	O	1926
	US	1926
Hambro, C. Eric	O	1894
Harland, John	US	1903
Harris, Labron E., Jr.	M	1963
Hart, P. O.	US	1926
Hasmann, Eddie	US	1927
Hendry, James	US	1923
Henley, William	O	1910
Henry, Peter J., Sr.	US	1923
Herd, Alexander "Sandy"	O	1905
	O	1933
Herd, David	O	1889
Herr, A. G.	US	1914
Hilton, Harold Horsfall	O	1891
	O	1904
Hoare, William Vincent "Willie"	US	1899
	US	1911
	US	1919
Hobens, John Owen "Jack"	US	1901
	US	1905
Hold, Robert M., Sr.	PGA	1966
Honeyman, Philip S.	US	1912
Hughes, Cyril	O	1910
Hunt, Bernard John	O	1974
Hunter, Charles	O	1862
	O	1868
Hunter, John G. "Jack"	O	1906
Hunter, Thomas Mansfield	O	1901
Hunter, W. H. "Willie"	US	1901
Hunter, William Irvine "Willie," Jr.	US	1926
Hunter, William Irvine "Willie," Sr.	US	1926
Hutchinson, Horatio Gordon "Horace"	O	1899
Hutchison, Cecil Key	O	1906
	O	1910
Hutchison, Jack Fowler "Jock," Jr.	US	1949
Hutchison, Jack Fowler "Jock," Sr.	US	1912
Hutchison, James	O	1866
Hutchison, James L.	US	1900
Hutchison, William B. "Bill"	US	1926
Ingalis, Fay	US	1905
Irwin, Hale S., Jr.	PGA	1970
Isaacs, Thomas H. "Jack"	O	1962
Jacobus, George R.	US	1923
Jeffrey, Ben	O	1914
Jenson, Charles R.	US	1898
Jimenez Rodriguez, Miguel Angel	O	1998
Jobe, Brandt William	US	1990
Jolly, John I. "Jack"	US	1902
Jones, Gordon E.	US	1969
Jones, John "Jack"	US	1901

Player	*Event*	*Year*
Jones, Rowland	O	1903
	O	1907
Jordan, Harold C.	US	1931
Kay, James	O	1887
	O	1900
Keenan, John J.	US	1902
Keffer, Karl	US	1910
Kelly, R. R.	O	1938
Kenny, Daniel F.	US	1912
Kerrigan, Thomas Francis	US	1922
	US	1926
Kimball, Richard	US	1912
Kirk, Robert, Jr.	O	1865
Kirkaldy, Andrew "Andra"	O	1904
	O	1909
Kirkaldy, Hugh	O	1888
Kirkwood, Joseph Henry, Sr.	US	1925
Kline, William L. "Willie"	US	1923
Knowles, Robert W., Jr.	US	1953
Kuramoto, Masahiro "Massy"	O	1984
Lagerblade, Herbert C.	US	1912
Lally, M. Tom	US	1926
Langer, Bernhard	US	1985
Leach, Frederick	O	1910
Leitch, David	O	1890
Leonard, Stanley	O	1956
Lewis, Alfred John "Alf"	O	1904
Lewis, Hugh	O	1966
Lewis, William Price	O	1892
Linneaweaver, C. P.	US	1899
Litster, James	US	1898
Lloyd, Joseph	US	1896
Loeffler, Emil F. "Dutch," Jr.	US	1923
Loeffler, Walter	US	1921
Logan, Hugh	O	1906
Longworth, Art W.	US	1927
Lonie, William Roy	O	1910
Lorms, Charles H.	US	1923
MacFarlane, Charles B.	O	1903
MacFarlane, William A. "Willie"	US	1915
	M	1938
MacFie, Allan Fullarton	O	1887
Mackie, Isaac S.	US	1912
Mackie, William L.	O	1904
Mackrell, James N.	US	1908
McAndrew, John	O	1904
	O	1910
McCammon, Ormsby	US	1899
McCarthy, Eugene K.	US	1919
McDowall, George	O	1910
McEvoy, Peter M.	O	1984
McEwan, Douglas (II)	O	1895
	O	1905
McEwan, Peter (III)	O	1900
McEwan, William "Willie"	O	1904
McIntyre, Neal	US	1931
McKay, James	O	1890
McLean, George S.	US	1921
McLean, John "Jack"	O	1934
McLeod, Frederick Robertson "Freddie"	US	1916
McNamara, Thomas L.	US	1909
McNamara, Thomas L.	O	1913
Mearns, Robert, Sr. "Robbie"	O	1890
Menne, Robert A.	PGA	1970
Metters, Ernest	O	1910
Middlecoff, Emmett Cary "Cary"	M	1946
Mijovic, Danny	US	1985
Millar, J. M.	O	1870
Millensted, Dudley J.	O	1969
Miller, E. R. "Eddie"	US	1930
Miller, Massie B.	US	1930
Miller, Ralph Larry	US	1935
Miller, William (earlier)	O	1865
Milligan, James	US	1912

Player	Event	Year
Miner, D. E.	US	1912
Mitchell, Arthur	O	1910
Moehling, Ed, Jr.	PGA	1969
More, W. D. "Willie"	O	1894
Morris, John "Jack"	O	1887
Morris, Thomas Mitchell "Young Tom," Jr.	O	1868
	O	1869
Morris, Thomas Mitchell "Old Tom," Sr.	O	1865
	O	1868
	O	1869
	O	1893
Munro, Robert	O	1892
Murphy, Edward P. "Eddie"	US	1927
Murray, Walter	US	1929
Myles, Reggie, Jr.	US	1929
Nelson, James	O	1906
Nelson, Larry Gene	O	1985
Nicholls, F. Bernard "Ben"	US	1902
	US	1919
Nicholls, Gilbert C.	US	1912
	US	1921
Nicklaus, Jack William	M	1992
Nodus, Robert	US	1961
Noon, William R.	US	1923
Novak, Joe	US	1925
Oaks, Wilbur, Sr.	US	1912
	US	1919
O'Connor, John J. "Jack"	US	1925
	US	1926
Ogg, William "Willie"	US	1927
O'Loughlin, Martin J.	US	1907
Oosterhuis, Peter Arthur	O	1969
Park, John A. "Jack"	US	1912
Park, Mungo, Jr.	US	1898
Parr, Joseph	O	1904
Parr, Thomas E.	O	1910
Paxton, James Ferdinand Douglas	O	1863
Paxton, Peter	O	1889
	O	1897
Pearson, John S.	US	1909
Penna, Antonio "Toney"	US	1938
Pennington, Cyril G.	O	1964
Pierce, R. De Z.	US	1919
Pittman, Jerry W.	O	1968
Platts, Lionel	O	1962
Pollock, R.	O	1862
Pope, Charles William	O	1904
Porter, Bill	US	1928
Pringle, Robert	O	1873
Pulford, George	O	1895
Pursey, Ernest A.	O	1906
Ragan, David William, Jr.	M	1963
Rawlins, Harry E.	US	1898
	US	1899
	US	1900
Rawlins, Horace T.	US	1898
	US	1899
	US	1900
	US	1902
Reid, Arthur E.	US	1926
Reid, Wilfrid Ewart	US	1926
Ricketts, Alfred	US	1899
Riseborough, Ernest Harry	O	1906
Robertson, David	US	1926
Robertson, William George "Willie"	O	1926
Robson, Frederick	US	1931
Ross, Alexander	US	1909
Ross, Jack B.	O	1910
Rossi, Ricardo	O	1956
Runyan, Paul Scott	US	1933
Saddler, Alexander C. "Sandy"	O	1962
Sargent, Alfred	US	1926
Sawyer, D. E. "Ned"	US	1919
Sayers, Bernard"Ben," Jr.	O	1910
Sayers, George Thomson	O	1910
Schacht, Alfred	O	1894
Schneiter, George Henery "Hank"	M	1946
Scott, Andrew Herd	O	1893
Scott, James	O	1893
Servos, Launcelot Cressy "Lance"	US	1903
Shave, Ernest	US	1928
Shea, John T. "Jack"	US	1919
	US	1926
Shepherd, Sydney O.	O	1910
Shields, Robert J.	US	1965
Shook, Lorin	US	1941
Simpson, Archibald	O	1890
	O	1905
Simpson, Robert S.	US	1904
Smith, Alexander	O	1860
Smith, Alexander C.	US	1899
	US	1905
Smith, Andrew W.	O	1879
Smith, Arthur (earlier)	US	1899
Smith, William "Willie"	US	1900
Spencer, J. Cliff	US	1931
Spittall, David	US	1923
Stadler, Craig Robert	US	1985
Steel, William	O	1860
Stephenson, David	O	1904
Stevens, David	US	1912
Stevenson, Thomas G.	US	1908
Strafaci, Tom	PGA	1960
Strong, Herbert W.	US	1912
Stupple, Robert A.	US	1927
Sunter, A. B.	O	1905
Sylvester, Joseph F.	US	1923
Tait, Robert	O	1879
Taylor, Alexander	US	1900
	US	1912
Taylor, John William	O	1901
Terry, Orrin A. "Ernie"	US	1910
	US	1912
Thompson, William Lawrie "Willie"	US	1903
Thomson, James Laurie "Jimmy"	US	1926
	US	1931
Thomson, James Ramage	US	1915
Thomson, Robert	O	1911
Tingey, Albert	O	1904
Tingey, Albert Stanley, Jr.	O	1924
Tinnin, Jack	US	1941
Tollifson, Arner	US	1900
Toogood, Walter George	O	1905
Tucker, John Dunn	US	1898
Tucker, William Henry "Willie"	US	1898
Turnbull, George Cairns	US	1916
Vardon, Alfred	O	1910
Vardon, Thomas Alfred	O	1899
	O	1910
Wales, Ralph H.	US	1919
Walker, James W.	O	1935
Walker, Robert S.	O	1935
Walker, Tom	O	1905
Walsh, Frank A.	M	1934
Warburton, W.	O	1905
Ward, Charles Harold	O	1939
Ward, John M.	US	1908
Watine, Gery	O	1976
Watrous, Andrew Albert "Al"	US	1926
Way, H. Ernest	US	1899
Way, William H. "Bert"	US	1912
Weager, H. James	US	1926
Weetman, Harry	O	1966
Weiskopf, Thomas Daniel	O	1995
West, James "Jimmy"	US	1923
White, John "Jack"	O	1893
	O	1894
	O	1906

Player	Event	Year
White, Robert W.	US	1901
Whitehead, J.	O	1904
Whiting, Samuel	O	1914
Wiechers, James L.	PGA	1970
Wiechman, Bernard Clements "Ben"	US	1926
Wilde, Earl G.	US	1959
Williams, Tommy	PGA	1969
Williamson, E. Bert	O	1947
Williamson, John M.	O	1895
Wilson, George J.	O	1967
Wilson, Reginald George W.	O	1910
Wilson, Robert Black "Buff"	O	1890
	O	1893
Wingate, Sydney	O	1924
Wogan, Eugene F. "Skip"	US	1919
Wood, Craig Ralph	US	1925
	M	1961
Wright, Andrew	O	1890
Wright, Innes	O	1960
Yeoman, Thomas	O	1904

Appendix C: Players' Name Variations

Player	Name May Be
Alexander, A. (earlier)	Andrew Alexander
Alexander, A. (later)	Andrew Alexander
Anderson, A. S.	A. Stanley Anderson
Anderson, J. M.	T. M. Anderson
Anderson, John	Jerry Anderson
Anderson, Unknown	L. Stuart Anderson
Andrews, Robert	Robert Andrew
Anson, John I.	Joseph Anson
Barnes, Thomas William	Thomas William Barnes, Sr., or Jr.
Beckett, Walter R.	J. Walter Beckett
Black, James	James L. Black
Black, John L.	John S. Black
Bolesta, Henry	Henry F. Bolesta
Bone, David	A. Bone
Boyd, J.	James or J. W. Boyd
Boyd, W.	William Boyd
Bradbeer, George	George Henry Bradbeer
Bradshaw, W.	William or Walter Bradshaw
Braid, George E.	George E. Braid
Broadwood, Charles G.	C. E. Broadwood
Brown, A.	A. C. Brown
Brown, J.	Joseph C. Brown
Bruno, George	George Bruno, Jr.
Burgess, Charles M., Sr.	Charles M. Burgess, Jr.
Campbell, Joseph E.	Joe E. Campbell
Carrick, David G.	David J. Carrick
Chisholm, A. Thomas	T. C. or Tom C. or Thomas Chisholm
Clark, Bob	Bobby Clark
Clark, James C., Jr.	James "Jimmy" Clark
Clark, James S. "Jimmy"	James S. "Jimmy" Clark, Jr.
Coffey, Billy Bob	William R. Coffey
Collins, Al	A. L. Collins
Collins, John G. "Jock," "Jack"	John C. Collins
Couch, Ira C.	Ira L. Couch
Cronin, C. D.	O. H. Cronin
Curtis, Herbert Lewis	R. Curtis
Dailey, R.	Russell Dailey
Damen, W. J.	Bill or W. F. Damen
Davidson, J. S.	J. C. Davidson
DeForest, John B.	John B. DeForest, Jr.
Diegel, Leo Harvey	Louis H. "Leo" Diegel
Douglas, J. Gordon	James Gordon Douglas
Douglas, James	James Gordon Douglas
Douglas, James "Jimmy"	James Douglas (Scotland) or J. Gordon Douglas
Dow, J.	James Dow
Draper, Tom	Tom L. Draper, Jr.
Driggs, Edmond H., Jr.	Edmund or Edward H. Driggs, Jr.
Duncan, Alan F.	Allan F. Duncan
Duncan, John (USA)	John Duncan (Scotland)
Dunlop, R.	Robert H. Dunlop
Dunlop, Robert	Robert H. Dunlop
Espinosa, Albert R.	Alelardus "Al" Wexler or Abel Ruben
Felker, Mike	Morris T. Felker
Ferguson, Michael "Mick"	S. Michael Ferguson
Foy, Eddie	Eddie Fory or Froy
Frey, John S.	John W. Frey
Friday, J.	Lord or Viscount Maidstone
Fulford, J.	Jack or John Wesley Fulford
Fulford, Jack	John Wesley Fulford
Fullerton, Robert	Robert Fullarton
Galbraith, "Sandy"	Alexander Galbraith
Gerard, Alexander	Alex Gerard, Jr. or Sr.
Gillespie, J. S.	J. Stuart Gillespie
Gourlay, Alex	Alex H. Gourlay
Gourlay, Thomas	Thomas P. Gourlay
Gow, J.	J. or James Dow
Grant, James	James Robert Grant
Green, Adam C.	A. G. Green
Hammett, J. T.	J. G. Hammett
Harris, C.	Charles E. or Christopher Harris
Harris, Robert	Robert Bruce Harris
Herd, James L.	John L. Herd
Herron, Carson	Carson L. Herron
Hopkins, Edwin B., Jr.	Edward Hopkins
Horne, A. "Sandy"	Alexander Horne
Hunter, W. (USA?)	W. H. "Willie" Hunter
Hurry, H.	Harry Hurry
Hutchison, James	James H. Hutchison
Jackson, L.	Lewis Jackson
Jarman, Fred	H. F. Jarman
Johnson, Mark	Mark N. or Mark E. Johnson
Jones, Thomas L.	Thomas S. Jones
Kaye, James	James R. Kaye
Kenney, James W.	W. James Kenny
Kinnell, David L.	David Lindsay Kinnell
Kinnell, James	James W.
Kinnell, James	James W. Kinnell
Lawrence, C.	Charles H. Lawrence
Leonard, G. L.	Grant Leonard
Leonard, Grant	G. L. Leonard
Linneaweaver, C. P.	C. A. Linneaweaver
Lock, William "Willie"	William F. "Willie" Lock
Loeffler, William R.	Middle initial may not be R.
Lopez, Tony	Tomas A. Lopez
Lowe, James	Jack Lowe
Lyons, Toby	A. Toby Lyons

Player	Name May Be
MacAndrew, Jock	James W. or Charles B. MacAndreww
MacArthur, G.	George McArthur
Macey, C.	Charles Macey
Mackie, I.	Isaac S. Mackie
Marks, W.	W. S. Marks
Maroney, Harry	Harry E. Maroney
Martin, "Happy"	Russell "Happy" Martin
McArthur, George	G. MacArthur
McCathie, R. F. B.	Robert McCathie
McClain, Walter R.	Walter R. McLain
McIntosh, B. E.	David B. McIntosh
McKay, George	George MacKay
McNamara, Frank	Frank T. McNamara
Mercer, Anderson	Andrew March
Middleton, Harry	Henry D. Middleton
Miller, Bill	W. "Bill" Miller
Mitchell, Chris	Christopher S. Mitchell
Morris, H.	Hugh Morris
Morris, John "Jack"	J. O. F. Morris
Murphy, Jack R.	James Murphy
Murphy, Paul	Paul D. Murphy
Murray, Stuart W. T.	Stewart W. Y.
Myers, Harold W.	H. W. "Bert" Myers
Nelson, John "Rocky"	Rocky William Nelson
Nicholls, Gilbert C.	Gilbert E. Nicholls
Norton, William "Willie"	William H. "Willie" Norton
O'Brien, Chester	Chester F. O'Brien
Oliver, John	Joseph W. Oliver
Payne, Robert Joe "Bobby"	Robert R. Payne
Pearson, George	George S. Pearson
Pearson, Michael J.	Michael G. Pearson
Penfold, E.	Ernest Penfold
Polland, Edward "Eddie"	Edward "Eddie" Pollard, Jr.
Pringle, Jim	J. Amos Pringle
Quick, Smiley L.	Smiley Lyman Quick
Quigley, Dana C.	Dana Cephas Quigley
Quiros, Juan	Juan Quiros Segura
Reece, Michael J.	Michael John Reece
Reeves, Jake	John or John A. Reeves
Reeves, John	John A. or Jake Reeves
Richardson, F.	Fred or Fred M. Richardson
Riseborough, Ernest Harry	Ernest Harry Risebro
Riseborough, Herbert	Herbert Risebro
Riseborough, Herbert "Bert"	Herbert "Bert" Risebro
Roberts, H.	Harry Roberts
Roberts, Robert	R. L. Roberts
Robins, C.	G. Robins
Robinson, J.	Joseph Robinson
Robinson, John E.	Joseph Robinson
Rogers, John E. "Jock"	J. E. "Jock" or John E. "Johnny" Rogers
Ross, L.	Lindsey G. Ross, Sr.
Russell, Jimmy	J. C. "Jimmy" Russell

Player	Name May Be
Ryiz, Paul	Paul Ryiz, Jr. or Sr.
Sauger, Reggie	Regis Sauger
Saunders, W. G. "Bill"	Walter Saunders
Serra, Enrique	Emilio Serra
Sheppard, James, Jr.	Shepperd or Shepherd
Shields, Robert	Robert Shiels
Simpson, A.	Andrew Simpson
Simpson, D.	David Simpson
Simpson, Harry	Harry B. Simpson
Simpson, James	James B. Simpson
Simpson, John Milton	John B. Simpson
Simpson, R. L.	Robert L. or Robert S. Simpson
Simpson, Robert S.	Robert L. Simpson
Singleton, C. W.	Charles Singleton
Skoyles, B.	Albert B. Skoyles
Smith, David W., Jr.	David G. Smith
Smith, E. A.	Ernest A. or Eddie Smith
Smith, H.	Harry Smith
Smith, Robert	Bob L. Smith
Stenhouse, Samuel	Stanley Stenhouse
Stevenson, Thomas	Thomas G. Stevenson
Sullivan, Timmy	Tommy Sullivan
Swindells, R.	J. Swindells
Taylor, J. D. "Jackie"	Joe or Joel Taylor
Taylor, Joel	Joe Taylor
Thompson, E.	Ernest W. Thompson
Thompson, Nicol	Nicol Thompson, Sr. or Jr.
Thomson, A. (earlier)	Alexander Thomson
Thomson, A. (later)	Archie Thomson
Thomson, John W.	Cyril W. Thompson
Thomson, William "Willie"	R. Thomson
Thornton, John B.	John T. Thornton
Tinsley, David G.	David T. Tinsley
Tolles, Thomas Louis "Tommy," Jr.	A. Thomas Tolles
Tollifson, Arner	Arner C. Tollifson
Tulloch, John	John Tulloch, Jr. or Sr.
Turnbull, E. R.	E. Robert Turnbull
Turnbull, Robert	E. Robert or E. R. Turnbull
Turner, Grant	Grant M. Turner
Van Every, H. L.	Harry or H. T. Van Every
Walker, "Sandy"	Alexander "Sandy" Walker
Waters, Harry	Henry Waters
Weager, J.	James Weager
Wilson, "Sandy"	Stewart C. or Alexander Wilson
Wilson, C. T.	R. A. Wilson
Wiman, Charles E.	Cal or Carl Wiman
Woodman, J.	J. D. Woodman
Woods, H.	Henry Woods, Sr. or Jr.
Wynne, P.	Peter Wynne
Wynne, Philip	Patrick Philip Wynne, Sr.
Young, John	John W. Young
Young, John W.	John Young

Bibliography

Books

Alliss, Peter. *The Who's Who of Golf.* Englewood Cliffs, NJ: Prentice-Hall, Inc., 1983.
Augusta National Golf Club. *2000 Masters Media Guide.* Augusta, Ga: Augusta National, Inc, 1999.
Georgiady, Peter. *North American Club Makers.* Greensboro, NC: Arlie Hall Press, 1998.
Georgiady, Peter. *The Compendium of British Club Makers.* Kernersville, NC: Arlie Hall Press, 2004.
Jackson, Alan F. *Registry of British Professional Golfers 1887–1939 A Registry.* Droitwich, England: Grant Books, 1994.
Johnson, Salvatore. *The Official U.S. Open Almanac.* Dallas: Taylor Press, 1995.
Joy, David. *The Scrapbook of Old Tom Morris.* Chelsea, MI: Sleeping Bear Press, 2001.
Lowe, Douglas, and Alex Brownlie. *The Herald Book of The Open Championships.* Edinburgh: Brown & White Publishing, Ltd, 2000.
Prestwick Golf Club. *Prestwick Golf Club Birthplace of the Open.* Prestwick, Scotland: Prestwick Golf Club, 1989.
Professional Golfers Association of America. The. *2003 PGA Media Guide.* Palm Beach Gardens, FL: PGA, 2003.
Royal and Ancient Golf Club St Andrews. The. *Royal and Ancient Championship Records 1860–1980* with *Supplement 1981–1983.* Edited by Peter Ryde. St. Andrews: The Royal and Ancient Golf Club St. Andrews, Scotland, 1984.
The Golfer's Handbook. The Golfer's Handbook, Edinburgh, 1934
The Golfer's Handbook. The Golfer's Handbook, Edinburgh, 1956
The Golfer's Handbook. The Golfer's Handbook, Glasgow, 1968
United States Golf Association. *Record Book of USGA Championships and International Events 1895 through 1959.* Far Hills, NJ: USGA.
United States Golf Association. *Record Book of USGA Championships and International Events 1960 through 1980.* Far Hills, NJ: USGA.
United States Golf Association. *Record Book of USGA Championships and International Events 1981 through 1990.* Far Hills, NJ: USGA.
United States Golf Association. *USGA Record Book, 1991–1995.* Far Hills, NJ: USGA.
United States Golf Association. *1996–2000 Record Book of the United States Golf Association.* Far Hills, NJ: USGA, 2003.
United Sates Golf Association. *2001–2005 Record Book of the United States Golf Association.* Far Hills, NJ: USGA, 2006.
Wexler, Daniel. *The Book of Golfers.* Ann Arbor, MI: J. W. Edwards, Inc. 2005.

Newspapers

Boston Globe
Chicago Tribune
Evening Citizen (Glasgow)
Evening News (Edinburgh)
Evening News (Manchester)
Evening Times (Glasgow)
Los Angeles Times
New York Times
The Herald (Glasgow)
The Scotsman (Edinburgh)
The Times (London)
Washington Post
Washington Post & Times Herald

Periodicals

The American Golfer, The American Golfer, Inc. New York
Golf Illustrated & Outdoor America, The American Golfer, Inc., New York
The Official Golf Guide, Garden City, NY
American Annual Golf Guide, Golf Guide Co., Inc., New York
Golfers Green Book, National Golf Bureau, Chicago
The Professional Golfer of America, The Professional Golfers Association of America, Palm Beach Gardens, FL

Yearbooks

Spalding's Official Golf Guide, American Sports Publishing Company, New York

Websites

www.antiquegolfscotland.com
www.golfonline.com (Golf Stats, defunct)
www.opengolf.com
www.wikipedia.org